孟森著作集

孟森政法著譯輯刊

上

中華書局

圖書在版編目(CIP)數據

孟森政法著譯輯刊/孟森著;孫家紅編. —北京:中華書局,2008.4

(孟森著作集)

ISBN 978-7-101-06061-4

Ⅰ. 孟… Ⅱ. ①孟…②孫… Ⅲ. ①政治-著作②政治-翻譯-著作③法律-著作④法律-翻譯-著作 Ⅳ. D

中國版本圖書館 CIP 數據核字(2008)第 029165 號

責任編輯:俞國林

孟 森 著 作 集

孟森政法著譯輯刊

(全三册)

孟 森 著

孫家紅 編

*

中 華 書 局 出 版 發 行

(北京市豐臺區太平橋西里 38 號 100073)

http://www.zhbc.com.cn

E-mail:zhbc@zhbc.com.cn

北京市白帆印務有限公司印刷

*

880×1230 毫米 1/32 · 35⅝印張 · 7 插頁 · 820 千字

2008 年 4 月第 1 版 2008 年 4 月北京第 1 次印刷

印數:1-3000 册 定價:86.00 元

ISBN 978-7-101-06061-4

孟森與鄭孝胥（左）、吴怡泉（右）合影

孟森著作集

出版説明

孟森(1869—1938),字蒓孫,號心史,江蘇武進人。早年留學日本,就讀於東京法政大學。歸國後,於1913年當選爲民國臨時政府衆議院議員,爲配合議會活動,曾撰寫時政論文;與此同時,相繼發表有關清代歷史的專題考證文章,在當時學術界引起很大反響。1929年,就聘於南京中央大學歷史系,主講清史課程。1931年應聘北京大學歷史系教授,講授滿洲開國史,至七七事變止。

孟森先生的清史研究成果,主要在於對清先世源流考定、滿洲名稱考辨、八旗制度考實、雍正繼統考證、清初史事人物考辨等,對明清史的研究有着較深遠的影響,被史學界譽爲我國近代清史學派的開山祖。

我局此次出版《孟森著作集》,除收有孟森先生《清朝前紀》、《心史叢刊》、《滿洲開國史講義》、《明史講義》、《清史講義》、《明元清系通紀》等專著外,其餘散篇論文分别輯爲《明清史論著集刊》、《孟森政論文集刊》、《孟森政法著譯輯刊》、《心史文録》,共十種。

中華書局編輯部

2008年2月

前　　言

孫家紅

1938年1月14日，一代史學大家孟森(心史)先生在日本人佔領的北平齎志以殁，距今正好七十周年。關於孟森先生的生平志業，筆者曾專門寫過一篇文章，並在該文結尾做了這樣的概括：

> 他的一生，不管是爲學，還是從政，皆貫穿着"愛國"這樣一條主綫。他東渡扶桑，尋求的是新知，爲的是富國强兵；主張君主立憲，希望地方自治、司法早日獨立，爲的是中國能夠自立於世界强國之林；著書立説，倡憲政民主，反獨裁專制，興辦雜誌，提倡實業，也是爲中國的興旺發達；乃至晚年勤於考證，求真是，辟訛説，絲毫不存狹隘民族成見，在大是大非面前，行得穩，站得牢，大義不屈，"先天下之憂而憂，後天下之樂而樂"，真正體現了中國知識份子的優良品德。①

筆者的一個基本看法是：孟森先生固然是中國明清史學第一代的傑出代表，但是，如果僅將孟森先生看作"學院派"的歷史學家，未免過於簡單，甚至是"有眼不識泰山"了。然而，遺憾的是，幾十年來，人們對於孟森先生的定位大多停留在歷史

① 孫家紅：《師之大者：史學家孟森的生平和著述》，《書品》(2007年第二輯)，中華書局，2007年。

學家的層面上，對他的認識也大多局限於明清史學研究領域。對於孟森先生早年在政治學、法律學等方面的造詣和成就，以及他在若干重大政治和社會變革運動中所扮演的角色，所發揮的作用，很少有人能説個究竟。較好一點兒的，也就是吴相湘了，他在《我的業師孟心史先生》一文中，將孟森先生早年政治法律活動第一次做了大體勾勒①。

如今，筆者能夠有幸從事孟森先生政法類文章著述（包括譯著）的整理工作，並將之貢獻給學界諸君，也算是機緣巧合的事。2001 年 9 月，我從江西財經大學考入北京大學歷史系，攻讀中國古代史專業清史方向的碩士學位，算是與孟森先生有了一點兒淵源。2003 年“非典”剛過，我應李貴連教授之邀，參與“北京大學法學院百年院史”的整理、研究和編寫工作。整整一個暑假，在北大的圖書館、檔案館查閲了衆多民國時期政治法律類書籍和檔案資料，這其中赫然發現多種孟森先生早年的政法類著述和譯作，便萌生了整理和研究孟森先生早年政治法律活動的念頭。但當時自己正忙於做碩士論文，也缺乏適當的條件，只得暫時作罷。2004 年暑假，北大校史館的楊琥先生組織人手編寫《北大的大師們》一書，得知我對孟森比較感興趣，並掌握了一些新材料，提議由我來給孟森先生寫一個較爲完整的傳記。那時我碩士剛畢業，博士還没入學，比較空閒，也就欣然應命。幾個月下來，便有了《孟森——明清史學大師》那樣一篇文章。經過若干删改，尤其在將行文語句通俗化後，於 2004 年底正式發表②。翌年 5 月，此文的“原始版”在《中華

① 吴相湘：《我的業師孟心史先生》，《傳記文學》第一卷第一期，傳記文學出版社，1962 年。

② 孫家紅：《孟森——明清史學大師》，《北大的大師們》，中國經濟出版社，2004 年，第 1—17 頁。

文史網》上以《明清史學大師孟森傳略》的題目公開發佈，隨後被多家網站轉載，並引起一些人的注意，其中就包括中華書局的俞國林先生。當時國林先生正在進行《孟森著作集》的編輯出版，在他讀到這篇文章後，輾轉用電話聯繫到我，向我瞭解孟森先生的生平狀況，尤其對孟森先生政法類著述表示了濃厚興趣。電話中，我們談得甚是痛快，而且深有同感：應該將孟森先生這一部分著述進行整理出版，讓世人更爲完整地見識這位史學大師的豐功偉績。最後，國林先生提議將之列入《孟森著作集》的出版計畫，並由我負責整理，一拍即合，君子協定就這樣達成了。

在這之後，我利用功課間隙，不斷地進行孟森史學以外——其實也包括《明清史論著集刊正續編》未能收入的一些史學類——文章著述(包括譯述)的搜集和整理。兩年下來，發現的内容相當可觀，借用孟森先生當年《明元清系通紀》序文中的説法，真可謂"自訝其多"了。此次出版的兩種(《孟森政論文集刊》與《孟森政法著譯輯刊》)，總數已近一百八十萬字，也只能算是階段性的成果。還有相當數量的文字，"天假成書"，有待將來陸續整理和發表之。現將兩書所收録的内容作一簡要説明。

其一名爲《孟森政論文集刊》，收録清末至20世紀20年代孟森先生發表在《法政學交通社雜誌》、《預備立憲公會報》、《東方雜誌》、《外交報》、《法政雜誌》、《教育雜誌》、《申報》、《興業雜誌〔附〈改正條約會刊〉〕》等報刊雜誌上面的文章，共215篇。雖然個别篇章屬於譯作，或者專業性、學術性較强，但都是針對時政有感而發，用"政論文"來概括，似乎並不爲過。其二名爲《孟森政法著譯輯刊》，收録(1)著作五種：《廣西邊事旁記》，由嚴復題寫書名，並作跋文，商務印書館初版於光緒三十一年(1905)七月;《地方自治淺説》,商務印書館初版於光緒三十四年(1908)二月;《諮議局章程講義》,光緒三十四年(1908)十二月付印,宣統元年(1909)正月由預備立憲公會發行;《各省諮議局章程箋釋〔附〈諮議局議員選舉章程箋釋〉〕》,署名孟森、杜亞泉合纂,光緒三十四年冬月由商務印書館發行;《新編法學通論》,宣統二年(1910)正月由商務印書館發行初版。(2)譯作三種:《統計通論》,日本横山雅男原著,孟森譯述,光緒三十四年四月由商務印書館發行初版,今將其中有關政法部分采入;《日本民法要義》,日本梅謙次郎原著,宣統二年(1910)十二月初版。該書共五册,分總則、物權、債權、親族、相續五編。其中《總則編》和《債權編》由孟森譯述①,今將這兩編一併采入。

從發表時間來看,以上文字主要集中在清末預備立憲運動(包括法律改革)時期和20世紀20年代。衆所周知,這也是近代中國變化十分劇烈的兩個重要階段。在前一階段,古老的中華帝國艱難地進行着地方自治、議會民主的嘗試,欲圖模仿列强,改革政治和法律,找回民族的自尊和自信,重新踏上大國崛起之路;在後一階段,中國四分五裂,軍閥割據,北洋政府不足以駕馭諸侯,廣州政府亦不足以底定全局,南北交相爭鬥,犬牙參互,國内外形勢波詭雲譎,整個社會醖釀着大革命的狂瀾。而在這兩個階段,孟森並没有“躲進小樓”,而是積極投身於社會的洪流當中,踐履着知識份子“天下興亡,匹夫有責”的時代使命。在清末預備立憲運動時期,孟森成爲立憲派中重要的一員,活躍於上海、北京等地。除參與衆多的政治活動外,孟森還主編雜誌,著書立説,闡揚君主立憲、地方自治

① 此外,《物權編》由陳承澤、陳時夏譯述,《親族編》由陳與燊譯述,《相續編》由金泯蘭譯述。其中,陳與燊後參加黄花崗起義,成爲七十二烈士之一。

的道理；介紹域外法學新知，關注國計民生，爲近代中國法學的發展做出巨大貢獻。在 20 世紀 20 年代，孟森不僅身體力行，興辦實業，或利用報刊，或創辦雜誌，爲中國擺脱内外交困的局面而奔走呼號①。單從孟森先生 1923 年至 1924 年間在《申報》所發表的文章來看，這一篇篇激揚的文字，或針砭時弊，對軍閥、官僚和政客們倒行逆施的做法大張撻伐，極盡嬉笑怒駡之能事；或入木三分，對政治、法律和社會的現實問題勇於揭露，足顯經邦濟世之氣概；或頻發壯語，對國家和民族的前途命運充滿信心，坦露書生報國之豪情。一言以蔽之，我們絶不應忽視這些滿含激情的文字。

以前有一種比較流行的看法，即孟森在進入民國後，便不再關注政治，而將全部精力傾注於明清史研究。今日看來，此論大謬，《申報》以及《興業雜誌〔附〈改正條約會刊〉〕》上面的文字就是最好的證據。上述内容，足以説明民國初以至整個 20 世紀 20 年代，孟森對於國家社會、政治法律、内政外交的熱情，絲毫没有改變，或者説是一以貫之，或者説是有增無減。在筆者看來，如果一定要説孟森先生何時才將主要精力轉移到明清史學研究上面，大致應自南京中央大學任教開始，距離孟森先生去世，前後不過八年左右時間。事實上，孟森先生有關明清史研究的幾種大部頭著作，也都是在 1930 年代以後寫就的。綜合來看，孟森先生除幾百萬字的傳世經典史學著作外，政法類文章著述(包括譯述)又有如許之多，真令我輩汗顔不已！當然，可以預言：孟森先生這些政法類文章著述也一定是可以傳世的。但它們的意義不僅僅在於傳世，事實上他們早已成爲記録中國近現代歷史演變的重要資料。因此，我們説孟森

① 參見孫家紅：《師之大者——史學家孟森的生平和著述》，《書品》2007 年第二輯，中華書局，2007 年。

先生一生不僅在閱讀歷史、研究歷史和書寫歷史，他更是一個歷史的積極參與者。在這個積極參與的過程中，他不僅創造了自己的歷史，也使中國近現代史的内容變得豐富和生動起來。

對於如何評價史學著作和史學家，清代史學家章學誠曾在唐代劉知幾"史學三才"(史才、史學、史識)的基礎上，增加一個標準——"史德"①，很受後人稱道。如果以史才、史學、史識、史德這四個標準來衡量孟森先生以及他的史學著作，無疑都是具備的。然則，筆者猶以爲不足。因爲，以今日視角觀之，上述這四個標準基本上是針對"學院派"的史學家，或者説是"象牙塔"裏面的標準。而孟森先生的成就和貢獻，除了史學之外，至少還有兩個重要方面：第一，撰寫了大量的政治法律類文章著述(包括譯述)，其實還有一些關於財政學、軍事學、統計學、銀行簿記學、紡織印染等方面的專業文章；第二，親身經歷並積極參與到社會變革的潮流當中，並且發揮突出的作用。前者屬於專業知識領域的拓展，對於一些肯下功夫並興趣廣泛的學者來説，並非不可企及。對於後者，可能有人强調歷史機遇"可遇而不可求"，孟森也不過是生逢其時罷了。其實不然，機遇往往是垂青那些有準備的人，對於一些乾喫坐等的懶漢來説，從來是没有機遇可言的。而綜其一生，孟森先生可謂是一個地道的"有心人"。這裏的心，是經邦濟世、憂國憂民的赤子心；這裏的心，是達則兼濟天下、以天下爲己任的報國心；這裏的心，是追求真理、獨立思考的求知心；這裏的心，是不畏時艱，投身社會變革的洪流，積極參與歷史、創造歷史的勇敢心。透過孟森先生如此汗漫的文字，我們既見識了一代史學大師學識的豐贍，更深切體會到他滿腔的愛國熱情和追求

① 章學誠：《文史通義》，内篇三《史德》，中華書局，1994年。

真理的執着精神。因此，在上述四個標準之外，似乎還應加上“史心”一條。如果没有心靈上的主動和高標準，“史才”可能會被濫用，或者無法發揮出來，寫出的總是枯燥乏味和無精打采的文字；“史學”便不易獲得，或者受到視野的局限，盲人摸象般，永遠看不清事情的整體和全貌；“史識”更無法獲得，因爲見識深淺與思考是否主動，二者是密切相關的；“史德”也就無從談起，一個没有才、學、識的人，單純有德，毫不用心，除了做“老好人”，還有什麽用？

孟森先生的確是值得紀念的，但是，應該如何紀念，卻又是一個需要思考的事情。近幾年經常看到和聽到一些名人紀念會召開的消息，有時也曾到現場“見習”，總覺得有些紀念會開得不倫不類。發言——合影——吃飯——散場，幾乎是固定的套路。而且發言的時間，大部分被一些無關的領導佔去了。除此以外，竟也很難聽到像樣的發言。甚至有些紀念會的氣氛開得就像是追悼會，整個過程死氣沉沉的。如果給孟森先生也搞這樣的紀念會，竊以爲，不舉行也罷。因爲，類似的紀念會多半不是爲了逝去的人，而是爲了活人的眼目。最好的紀念，實也不在於這些形式上的東西，而在於有人來繼承和發揚先輩學者的真精神。如果没有人能夠將孟森的史學精神繼承和發揚下去，賡續孟森先生未竟的事業，並有新的開拓和進步，紀念會開再多次也没有用。

不管怎樣，在孟森先生逝世七十周年之際，筆者還是有心做點事情。一來將孟森先生政法類的文章著述加以彙集，讓世人較爲全面地領略這位大師的風采，二來借此表示一下後學對前輩的景仰之情。因此，也就有了現今這兩部書。對於這兩部書的史料價值和學術價值，自無需多言，明眼者一看便知。全書整理，儘量遵依原稿，對於一些舊時譯名亦保持原貌，如美温(今譯梅因)、薩比尼(今譯薩維尼)、委内瑞辣(今譯委内瑞拉)等。主要在以下兩個方面，略有改動：(1)將原稿由豎排改爲横排。(2)相應地，原文“如左”、“如右”等字樣改爲“如下”、“如上”。但如果屬於(A)原文引述(B)譯述，皆不作更動。此次整理，由我一人獨任，兹事體大，錯訛誠所難免，還請讀者諸君不吝賜教。

最後，感謝中華書局俞國林先生。他在本書體例編排上花費不少心思，現今的模樣，與原稿相比，真有脱胎换骨之感。而能夠有幸合作完成此帙，也是很值得紀念的事。此外，北京大學歷史系尚小明副教授、北大校史館楊琥先生對此書的整理一直給以關注和鼓勵，北京大學圖書館師曉峰老師、蔣剛苗老師爲此書原始資料的獲取提供了不少幫助，在此一併表示感謝。

謹以此文、此書紀念孟森先生逝世七十周年暨誕辰一百四十周年！

丁亥歲末於北京大學暢春園

目　録

廣西邊事旁記

地方自治淺説

諮議局章程講義

各省諮議局章程箋釋

諮議局議員選舉章程箋釋

新編法學通論

統計通論

日本民法要義(總則編)

日本民法要義(債權編)

廣西邊事旁記

原　　序

乙巳春，游鄭太夷邊防幕。暇取積牘消永日，見公私牋奏、函牘、批答高數尺者數十束，悉太夷筆，無一字假他人手，私歎其精力之絶。閲既夥，參以所聞見，得首尾可舉者如干條，私爲之記。記是游所得如此，他日北歸，有就詢邊事者，出以示之，其所不知，蓋闕如也。陽湖孟森。

邊亂始末記第一

開國以來，邊不治，亦無與爲亂，近二十餘年間，求治得亂，亂極思治，相倚伏也。法越搆兵以前，是爲不治之邊。自有邊防以後，始有求治之名，而造亂者至矣。亂且急，不得不有今日之小治。廣西與安南爲邊者，東自土思州屬派遷山，西至鎮邊縣各達村巖峒橋頭，計長千八百九十四里。安南故孱國，奉大朝謹。緣邊土司糺錯，三五州縣，多康雍以來土司改流，闕設而官不時至，猶仍前代羈縻意，領以左江道，示約束而已。洪楊亂起右江，而左江猶無故。大憝漸除，餘孽逋誅，假道出邊，小小擾動旋已。嘉道以後，朝廷以無事爲福。疆吏承風，視先朝刳剔偶未盡瑩澈，乃相與鄙夷之，以爲荒遠不足治，安南更隔絶化外，中法蘭西之欲。光緒八九年間，法兵壓安南北圻，安南不能抗，劉永福稍支梧其間。廷議用兵，既小捷，亟言撫，撫成而亟爲之備，朝廷乃有經營邊防計矣。始廣西自桂、平、梧三府外，左右江向惟兩道分轄，廣西提督駐右江之柳州府，而駐右江鎮總兵官於百色廳，以靖云貴之邊，左江鎮道均駐南甯，遥制並邊二千里。光緒十二年，始分左江，屬之太平一府，鎮安府之歸順州，設一邊道，升歸順爲直隸州，就鎮安通判分駐之舊土司設鎮邊縣，隸歸順，以清邊滇、邊越之界。十八年，又升南甯府屬之上思州爲直隸廳，隸邊道。廳境十萬大山，毗連廣東，易藏慝。且西南境切近太平，屬土思州之越邊，並爲一道，乃與廣東邊防相聯屬，移提督駐太平府屬之龍州廳，當入邊水陸之衝。柳慶别設一總兵填之，提標之外，募勇二十餘營，名邊防營，即由提督督邊防，巡撫月解邊餉三萬七千兩給之，是爲沿邊有邊防之始。提督者，隨故提督馮子材禦法有功以敢戰名之蘇元春也。法越事後，始議防邊，一切倚元春爲重。元春故嗜鴉片，及綰大任，益侈自奉，多内嬖，任提督，握邊餉。締造之始，築礮臺，購軍實，朝請而夕報可。軍事稍定，又議築鐵路。營建萬端，於常餉外，糜帑數百萬，礮臺工築，草草不如法，鐵路則數年無所就，止成局房一所，頗爽塏。元春自提督署移居之，迄被逮而止。方其盛時，恣揮霍，博中朝大官譽，内侈聲色，外結權要，費無紀極。白日偃卧，非有事故不起，軍中罕覯其面。遇法國官吏厚饋遺以爲禮，一如結朝貴狀。章程每勇月給餉銀三兩餘，遞減爲番銀一圓、米三十觔，猶不能給，將士各自爲計。有獲交元春門下狎客厮養之尤暱者，則能詗其蓋藏之窘否。乘時乞居問道地，隨多寡有所獲，獲即各恤己私，弁勇以販私縱賭售槍彈爲業。元春因蓋屋爲賭館，分博進利。高檯一間，每日收銀十圓。中檯一張，每日收銀一圓三角。據二十九年八月册報，是月收銀一千三百四十五圓三角。民以賭傾家，多試爲盗，盗久益衆。軍中槍彈益售，將弁以下，時有緩急，不免時一爲盗。盗與軍合，民被掠奪，訴之官不應，即生致盗，官必毒民縱盗，盗又讎民而殃之，民不附盗者僅矣。元春在邊久，邊亂益急。二十五年，朝廷練武衛軍，元春方以宿將應召。明年拳匪禍作，武衛軍燬，元春復回，防邊人已匪多於民數倍。地小不足供，剽奪駸駸，移疾腹地，天下始大譁曰：廣西亂，廣西亂矣！二十九年，朝命四川總督岑春煊移督兩廣。岑籍廣西，兩廣止爲署任，督師入西省，旋斥巡撫王之春以下，元春亦被逮。數月間，黄呈祥、丁槐迭代爲提督，暫統邊軍。是時在邊軍民，什八九皆匪，小小可欲，白晝殺人，公取之無忌，商貨不通，行旅道絶。法人自諒山之役稍稍受創，樞臣一意議款。十餘年來，法懲前敗，悉力營後路，蓄力甚厚，相時會躍躍欲試。夏六月，春煊奏調湖北武建軍，遣道員鄭孝胥率赴邊。未至而朝命賞孝胥四品京堂，專摺奏事，督辦邊防，邊民向治之機始此。

武建軍防邊記第二

兵貴立功，武建軍無功，匪自滅跡，民自復業。師行於途，非赴敵也，放哨而已。槍轟於野，非殺賊也，打靶而已。武建軍來自湖北，其人籍鄂、豫間，驅中原子弟遠適煙瘴，非曾踐行陣，徒以將弁皆出學堂，步伐進止，仿德意志操有法度，器械齊一，尚足示整而已。並邊水土惡，方惴惴死亡，疾病是患，一有闕補募，非數月不達。又不識道路，匪蹤萬萬不可躡。所以出此策，正緣客軍聲息相隔，與匪異趣，猝不易勾結耳。故是軍惟軍容可觀爲一長，言語不通，短長相半，外此有百短無一長，赴調之日，有識危之。二十九年六月，軍至廣東，鄭孝胥挈以行，逆知邊亂土荒，百物不給，籌軍用甚備，米數千石，銀十三萬兩，由西江取道左江，泝麗江入龍江，水陸依護而行。士宿飽，稍無恐。匪聞大軍來，輒旁匿，軍過即復出，積技如是，行千里不遇一賊。孝胥與軍中約，既過聞警返擊之，冀得一戰。軍抵太平府屬馱盧鎮，下游新甯州安定塘匿匪復擾，追告急，回軍掩之，集數土人隔别詢路徑，得大略吻合狀，遣兩營分堵上下游旁岸。山口村故倚山臨江，匪在圍中將死鬬，嚴陣弗動，相持一晝夜，匪稍窘惰，爭竄匿，其勢已散，陸續搜捕。又一晝夜，村中略無匪，撫慰居民得七十餘户，户給銀三圓。民詫兵不居功恣取求，反有所給，以爲奇，爭導兵，就山巖石隙獲餘匪甚夥。是役雖小試，然“軍不浪戰，以兵衛民，民自縛賊”之旨定於此矣。匪經安定之創，旁匿益遠。九月，至龍州。龍州居全邊水陸輻輳之匯，墟市之盛，向甲旁郡縣。經亂，刦殺公行，提督道廳聚處不能禁，城內外蕭索無復生理。米一石值錢十七千，雞卵一枚值錢百。武建軍至，提督丁槐既得代，分別留汰舊邊營，存數營率之去，隨剿腹匪，俾離窟穴。孝胥首嚴賭禁，自行邊，出鎮南關，退駐關內四十餘里之連城，分布對汛防守，先清中法關鍵。法乘邊兵弁見我軍軍容爲向來邊防所未有，稍動目，意將徐覘其後。於時度地置汛，軍少，萬不敷用，乃留舊立功撫匪都司陸榮廷所統榮軍五營，給以足餉，掃除故習，以武建軍左右提挈之。兩軍合計不足五千人，勉於對汛外得兼顧後路，爲自立地。明年春，邊軍部署稍定，孝胥退駐龍州，專籌後路，邊地起色始此。武建軍抵防，水土異宜。自冬涉春，疾疫大作，全軍病者大半，死亡相枕藉。軍心大恐，逃亡幾不可止。於是急設醫院，延中西醫，儲藥餌，闢房舍，以處病者，死則恤銀十兩，救死扶傷，日不暇給，先盡養兵責。又視水土善惡，以榮軍服習久，留善者爲武建軍防地，示體恤。然後嚴軍令，逃者斬，人心稍定。閱數月，疫已。此數月中，後路已定，匪已熸，民已蘇矣。先是孝胥回龍州，集商民議通商貨。左江以南甯爲大市，復由龍州轉輸全邊。承平時有車渡，道梗久廢，至是議復之。商力不逮，官助其半，主持一歸商，官不過問。軍中轉運給值，較民間優以示勸，道有匪，輪流派隊護送，不需商民毫毛費，議成遂名“通力局”。日用有無，久不足相贍，商貨驟通，利市三倍，墟市盡興。軍與墟市相守，患匪者共依之，民益倚仗，軍益自別於匪。匪聚窮山，不得食，躍躍思出，客軍坐守，完善以待，而主客易位矣。又視需貨多，民間貲本少，市況尚未大盛，再集商議，通匯兑，設銀行。自龍州、南甯至廣東劑銀與百貨樞紐如車渡法，權盡歸商，官合貲本之半。嗣是餉需便捷，軍心大固，邊市殷軫。民間蓋藏稍有可欲者，就以自保，脅從悉反正，日夜詗匪蹤告官，名捕立獲。匪亦利爲民，不利爲匪，爭捕著目，繳械自效。民與匪分，豁然見天日。三十年冬，米石千四百，不及前年什一。民既樂業，軍中專就完善保之，勤放哨，數打靶，振刷士氣，日日儼對大敵，以此坐鎮兩年，市肆無被盜者。詰其辦匪之力，始終無鏖戰，無窮追，晏然坐致之，故曰無功。武建軍者，湖北調直隸武備學堂卒業將弁，就湖北召募成軍者也。分兩旗，候選知府劉承恩督帶左旗四營，候選直隸州知州鍾麟同督帶右旗四營。營三哨，哨八十四人，合兩旗計二千餘人。以此孤軍，驅而納諸言語不通，道路不習，緣邊二千里之地，設鏖戰窮追以疲之，加以死喪疾疫之慘，匪盡民也，民盡匪也，敵不可盡，軍之傷痍不可量，雖有孑遺逃叛立盡耳。榮軍半出匪中，半出舊邊營中，武建軍完，故胥儆而爲善，一挫衄，舟中可爲敵國也。毫釐千里，吁可畏哉。軍事萬變，此亦萬變中之一炯鑒也。

榮軍記第三

以邊防言武建軍爲主，榮軍爲輔，以戰事言，榮軍有功，武建軍無功；以全邊靖亂言，無功之功大，有功之功小。二十九年夏，岑春煊督兩廣，劾罷邊腹數大吏。奏定廣西營制餉章一摺，中言邊防二十餘營最窳敗，釐剔尤宜急。邊營内參將張得貴、都司陸榮廷各統五營較敢戰，得貴所統改爲貴字營，專剿東路南甯、上思匪；榮廷所統改爲榮字營，專剿西路太平、歸順匪。已革總兵陳桂林、副將黄云高所統各五營裁汰，改存衡字五營，親兵一營歸丁槐統入腹地，聽調遣，均俟鄭孝胥所率武建軍到邊换防後施行。前調之熙字四營，見隨總兵黄忠立剿匪泗色，尚得力如故。九月，孝胥至，周視防地，武建軍不敷布置，電請春煊益師。春煊令自擇舊營聽用，孝胥指留榮軍，餘换防後均去。貴軍去之南甯，尚近邊，未幾移剿右江。而邊防自武建軍之外，惟榮軍矣。以十月初一起，劃領邊餉，是爲榮軍助武建軍防邊之始。榮廷故著匪，元春在邊時所撫，其黨成兩營，以能立功，元春又益以三營。三營恃元春舊部蔑榮廷，榮廷無如何，五營分統虚名耳。自聽孝胥節度，餉糈刑賞，統領應有權，悉予之，始具分統之實。榮廷大感奮，飾名馬函珍藥，以邊營故意爲統帥壽，卻之，則深道踧踖狀，少納而厚酬之。榮廷意不測，窺武建軍約束整，竭力自斂。又知武建以每月朔發給前月餉，無底餉等積壓名色，無毫釐剋減，因言軍中新奉總督劄，餉優甚，往時防邊萬餘人，今不及半，分汛多，軍太少，願就餉添募一營，改勇餉四兩二錢爲三兩六錢，將弁皆改損有差，視舊邊餉已增，公私兩有益。孝胥知其誠，則允之。是時，舊軍方議汰，招立至，剋日成一營。軍中以關餉有定期，且無蒂欠，詫爲異事。數略增損非所計，且其實優於舊，又驟擢弁以上數十人，積年隨榮廷有勞者意氣一發舒，軍乃大和。然終以形跡新故間，不敢自比於武建，他無可自結，則揣摩武建守紀律之狀以爲悦。武建本湖北防兵，無騷擾習。來邊，經孝胥日日鼓勵，遂人人油然有保衛地方意。榮軍勉自飭，雖未逼肖，已改舊觀，久而知統帥好尚果在此意，釋然專自洗濯矣。孝胥量水土所宜，與軍之能事，武建善保完善，榮軍久習瘴癘，乘邊之責什八九委榮軍，而邊軍之内徙者，爭言武建不足用，艱鉅皆榮軍任之，陸榮廷之名日噪。省中大吏意疑武建軍果不堪戰，致孝胥加察，孝胥爲白其故，電文有“縱火而救之，不若不失火爲愈”語，然籍籍之口非榮廷意，亦非榮軍意也。匪知民暱武建軍，犯之易敗，遇榮軍猶以故見，故得數小戰，有斬馘。會柳州兵變，廣西大擾，春煊名調陸榮廷内援。三十年秋，榮軍又增募五營，轉戰右江，論功最，别見“邊軍援剿記”。榮廷之内援也，率舊營三營去，留邊者以團練填之，不别立分統，但就營官中簡一營務處，直隸統帥而留分統俸費，以待榮廷之歸，爲立功勸。先是榮廷分統雖已即真，馭各營常惴惴。右營營官楊勝廣尤桀驁，營中數犯法，孝胥命榮廷遣撤收械，更張之。榮廷慮勝廣嗾其下爲變，非己恩信所及，不敢發。孝胥自召集榮右營，持械悉赴，責以所犯，且告弁勇，能從此守法度，統帥自可倚仗，禍福非管帶所能操，必與管帶有恩，誓不相舍者，聽自便，立繳械，候易管帶更募，合營肅然。以曾鬻要匪採茶三之幫帶林俊廷、代勝廣，右營弁勇悉安堵，去者數人而已。由是令益行，榮廷乃無所顧畏。迨應調内援，榮軍留邊者較榮廷親統時益鎮靜，匪擾益稀。蓋自三十年秋冬間，巨匪劉九縛他股農實廷等，赴孝胥軍前投誠。兩股皆絶悍，從匪及槍械甚盛，積年與官軍搏戰，倏勝倏敗，卒不能使就捕。榮廷在邊時，方以傳聞，輒報劉九槍斃。榮廷去，劉九乃以剽奪路窘求撫，孝胥約斬農匪自贖，果誘致實廷兄弟三人並其同黨悍目一人，自是梟目擁衆跳竄邊内外者略盡。劉九既受撫，改名劉日福，委家屬於邊，率故黨五十二人乞赴前敵自效，委員護解榮廷柳慶軍，榮廷頗得其力云。

新龍銀行通力局記第四

以軍與軍論功，無功之功大，以有軍與無軍論功，無軍之功尤大。榮軍能捕匪，武建軍能銷匪，其合多數之匪以受銷，餘少數之匪以受捕，則得力於車渡、銀號二事。車渡者，廣西全省皆灘河，水淺不足容大船，零星雇小艇，又不足容商賈百貨之載。全邊水道下注南甯。南甯古邕州，邕之合江鎮，匯鬱江二源，北源括滇邊諸水，南源括越邊諸水。廣西一省，以黔江爲右江，鬱江爲左江。鬱江又自以北源爲右江，南源爲左江。南甯所匯之水派多而流遠，市肆殷軫，全邊所取給與邊產外輸之路皆萃是。鄭孝胥督師行廣西，常論省會當移南甯，別次其語附篇末。車渡一名扒船，船下有輪，足踏之以行，入水淺而受載多。承平時有巨儈業此，干涉税餉絓累，船盡充公。蘇元春取爲邊軍官物，由官經理轉運事，行否由官，便漏私抗税，公私受其弊，會匪日熾，旋廢不行。邕、龍道絶，近兩年民盡散。三十年春正月，孝胥既駐龍州，籌後路，立意不用官運，招集商人，委以官中銀二千兩，令衆商攢集二千兩，復設車渡，是名通力局。主計由商公舉，官不過問，而任保護責。所過電局用公報，報安否以爲之備。月籍出入呈股東，利弊舉塞。由股東按季輪與商號數家值稽查，武建軍往來護行，不取絲粟酬。商以官本鉅，而官力不相牽涉，邊地百物皆闕，利又可必，曩出鉅貲求官護，今得保護且無所費，翕然樂從，議立就。二月朔，即租船行，旋購蘇元春故物，船益夥，邕、龍道通。邕物力即龍物力，市況立盛，並邊墟市俱復。武建軍行護運道，駐護墟市，民廛完善，始有定所。然邊人銀少，息重力薄，不足致大利，捆載見銀，赴邕交易，又勞費延時日，孝胥復集商，議行匯兑法。官委本銀二萬五千兩，合衆商二萬五千兩，設銀行邕、龍間，仍由商舉主計董理一人，協理一人，呈報稽查，悉歸股東，官不過問如前。匯兑通，邕、龍財力相灌輸，孝胥護商不擾商，通力局已取信於民，議又立就。四月開號，名新龍銀行。龍銀少，萃銀於龍，資周轉。邕息昂，布銀於邕，周商用。龍州向時息三分以上，銀行止取一分二三釐。股東月二次會，檢弊漏，商貨踴躍，民益聚，墟肆日盛，近墟而居者日衆。匪脅拜臺入會之民，有所倚以自遠於匪，於是邊人什八九皆匪者，數月間乃止千百之一二，故曰靖邊之功，無軍尤大。通力局既獲大利，武建軍勞苦數月，地方益安貼，乃就局款募護勇，節武建軍力，局利尚恢然。通力局過太平府城，設分局於太平。新龍則廓張銀市，設分號於廣州，兑款可通上海。通力設專局於南甯，餘就他商肆借一榻地理局事。新龍設專號於龍州，餘就他商號借理行事。各有本末輕重，省糜費。既而通力局，商挾私貨，被詰獲，孝胥徧電關卡。後益嚴詰，無令商人以邊防藉口。吾盡力保應得利，不保非分之益。是年局船行十一閲月，花紅酬勞悉符商例外，餘利銀一千一百數十兩。銀號開九閲月，花紅酬勞外，餘利六千四百數十兩。通力局乃議添船，行北源右江，抵百色廳，通滇邊運。而銀行餘利，孝胥命按年分給每股五百兩者，除官息已逐月付訖外，九閲月而溢利六十四兩，衆商欣然，謂非惟官號所無，即公司既授權經理人手，亦無此公道足倚也。武建衛商甚周至，關内大路商人攜貲行者，孝胥日派放哨之兵伴行，商人感之，或小小酬贈，兵竟卻不受。月領足餉，視戔戔者無足介意，且久有保衛名，軍人自視甚尊貴，竟人人好行其德，可喜也。通力局綰商貨出入之總，新龍綰各業貲本之總，孝胥憑二所册報，盡知邊地可興利，暇與衆商議設商務局，查察邊土有利未興處所，陸續任提倡，以收地寶。然商人智力尚局，趑趄不敢力任，孝胥知時會未至，即不相强，姑就指稱有利之處，力與開闢。今行之而又得大利者，有樟腦硝煤數事，未行者有蔗糖等事。煤礦與製造局相涉，别見“製造局記”，而彙樟腦硝獲利原委附於篇。

樟樹本南方産，湖南、江西、廣東、福建皆有之。煉腦之法或不詳，臺灣獨以樟腦擅大利。乙未割地後，日本益倡腦利，求多而供少，獲利不貲。日本人稔其利，求攬閩、粤、湘、桂腦業者紛至。邊土多樟，承平時遠方商人來相度，製腦運載去。邊人得其製法，邊商亦稍設廠收買，赴南甯、廣東爲市。匪亂以來，業已輟，商不收，民亦不製，幸法未墜地，商號廣萬來業是者也。邊又産硝，山中無收售者，遂棄於地，舊與樟腦並收，山價甚廉。孝胥詢知狀，則自出銀五百兩委廣萬來，設廠處所及收價一聽之。護廠需兵力，就附近防營酌調遣。廣萬來又糾祥興號集貲，出銀千四百兩，分赴崇善、龍州、太平、土州各處收買硝腦，民始復採硝制腦爲生計。三十年七月迄年終，六閲月，除費用息利外，餘銀五百十二兩五錢有奇。孝胥本出金倡人趨利，計折閲雖盡，亦聽之。據月報，乃悉獲利，利占本額少半，殊不自意。諸商更議修改完備章程，且求專利。孝胥允修章程，不允專利，冀商廠雲起，邊民生事大裕，而腦利且與臺灣角，爲大局計，不問己利也。

孝胥論廣西當以南甯爲會城。蓋今昔勢異，桂林偏省極東北，僅通湖南道。今事勢重要，無過法越邊界，注重在南不在北。南甯控滇越兩邊孔道，下近潯梧，通廣東。黔江會於潯，桂江會於梧，樞紐皆在南甯左近。以左江道移設桂江，足鎮湘邊，而巡撫移駐南甯，理邊防事，形勢便。記此覘之，將來必有行者。

邊軍援剿柳慶記第五

三十年五月，柳州降兵叛，戕知府祖繩武，分黨四竄，廣西防剿諸軍俱失利，武匡軍敗衄尤甚。岑春煊進駐桂林，堵賊東向路，柳慶大擾，合省戒嚴。春煊苦諸軍不足倚，電召邊防榮字營馳赴急。邊軍本苦薄弱，辭不往。春煊固要之，急電疊至，以鄭孝胥吝，意不能無少望，且重陸榮廷名，要益切。孝胥不能卻，允調榮廷去，而榮營不可少，留自將，以慰春煊。春煊又言陸榮廷猝統生軍，恐減色，乃議補招五營，由省認餉，新軍防邊，舊軍赴調。榮廷意不欲行，自度官小，往必受轄他將領，不樂爲用，孝胥以言激之。榮廷舊受撫時，其死黨從降，編兩營。二十九年冬，就餉添營時，拔數十人爲將弁，稍稍酬衆意。孝胥責以自負小意氣，不爲患難故人計，榮廷大感動，始應調。孝胥又以前意激衆，令榮廷選拔將弁悉來見。告以丈夫貴有以自見，公等始作賊，有悍名，反正久，無異志，豈非皦然。豪傑十顧，鬱鬱久涸，儕輩無緣，一旦脱囊穎，天假之便。統領以小意氣，幾坐失此會。吾詢畢生何以酬公等，統領始爽然，公等從此爲將立功名。念統領不忘舊，念吾體諸君隱情，何以爲報？衆失聲，矢效死。既而以新軍太無範，又商春煊，赴援三舊營，間兩新營。榮廷籍武緣，往糾其鄉人成兩營，離戰地近，易赴敵。邊防則募團練爲三營，填其闕。孝胥又爲行者計久遠，謂練丁有家可歸，本以荷戈衛鄉里爲責，不出其鄉，不更其業，坐獲榮軍餉。事畢，復其故，有利無損。榮軍舊人鋭立功，此行不患無富貴。脱無大遇，合邊營懸闕盡在，仍與主將相守不失，向來歡，拔跡草澤，爲國宣力而後歸，歸即生計如舊，何憚而不爲誼士？將弁感孝胥意，加以朝氣可用，故榮軍轉鬭有聲，一日千里矣。七月，定赴援議，孝胥電告榮軍行期，朝廷未得春煊奏，不知所以，顧念邊兵弱，飭速遣回。春煊疑孝胥持異議，抗疏辨，朝廷又促榮軍行。久之，春煊始知朝廷誤會，非孝胥爭榮軍也。八月，榮廷赴武緣募練，九月成軍。以省中所備軍械不中式，孝胥力請春煊，改給快槍數百桿，孝胥又自借給數百桿。榮廷方患瘧，稍愈，春煊促之急，力疾就道，春煊令道員龍濟光節制之。時柳慶賊氛熾，逼貴州界，東自融柳，西迄東蘭，中間河池、南丹，蹂躪無完土。榮軍北行。十月十四日，安定土司途次，得河池急足，待援迫。倍道偵匪所在，分隊往撲，連日擊賊曾五、陸三、莫三、楊二、李堯甫、顧二嫂等股，於河池之長腦、南丹之八墟、牛欄關，迭有斬獲。二十日，偵思恩大股歐四、白毛七等匪六七千衆，竄河池境，急調各雕勦隊，厚集州城。二十二日軍合，賊方踞州東北五十里邑崙村，商地方官多雇嚮道，夜半出兩營，渡金城江，由六甲墟進擊，爲正兵；一營東繞搬指坳，渡江横擊，爲奇兵。二十三日黎明，遇賊六甲，轟戰數刻，賊退回邑崙。正兵攻其前，奇兵已繞其後，賊悍甚，堅拒不稍縮。榮廷自率後隊接應，至則賊方用奇，更繞我後，疾掩之，賊少卻，擊以開花礮，乃大潰，入山弄中。官軍追之急，盡棄其輜重騾馬，驅婦女前行，悍賊殿。會晡，收賊所棄，回邑崙村外，據隘露宿。次日搜山，獲數匪，賊去已遠，乃還。自長腦、八墟、牛欄關至此，戰陣亡哨官一、什勇十四，傷什勇十二人，生擒賊十三，斃九十餘，獲新式槍二，舊式八，手槍五，馬三百數十匹，旗幟號衣不計，僞“統領福勝全軍兼理黔滇兩粵兵馬元帥”關防一。是股回竄思恩之廣南，爲張得貴軍所截，匪已膽落奔潰，貴軍獲槍級財物極夥。濟軍踵之，亦大弋獲。殘匪北合南丹大股逼黔邊。十一月初五日，戰賊於南丹之三汛。初八日，又戰於同㛹。兩戰計擒匪八，斬級五十二，獲快槍二十一，餘槍三。生口供匪目陸三於同㛹跳崖死，陸續搜匪而行，頗有斬獲。十二日，匪破黔邊四寨，黔兵不能禦。貴州巡撫曹鴻勳電咨春煊，摘榮廷頂戴，責令驅匪回粵。榮廷憤且笑，馳愬孝胥。二十四日，戰大股賊於黔邊之三普，是股爲曾五、蘇二、蘇八、楊二、包十二、沈二、蔡大、顏二嫂、南丹土匪莫二、王四、貴州獨山土匪李樹成、莫四、何四、陸大等諸股所合，衆二千餘，即由四寨改竄之匪，戰一晝夜，匪衆兵寡，雖迭斃不遽遁。次早，接隊至，復戰至晡，賊始潰。收隊會食，計陣亡什勇四，傷十三，生擒賊二十二，斬級六十餘，獲快槍十四桿，木刻僞關防三。訊供後，至三十日，覓得曾五首級，又焚草間未斬級匪屍百餘具，嗣是匪勢稍衰。黔軍、貴軍、榮軍合搜餘匪，榮軍又獲蘇二、蘇八各匪首。榮廷力求回南甯，遣散新軍，仍赴邊，黔、粵皆靳不之許。而龍濟光以統榮軍故，河池、南丹之役以善戰聞天下。

法蘭西對汛記第六

光緒十一年，中法罷兵，法既敗衄，而大臣主和，非徒勝無所利，反舉安南盡北圻皆爲法人保護地，於是廣東、廣西、云南向以安南爲藩籬者，皆有資敵逼處勢。古海道不通，安南貢道，一出鎮南關，朝廷撫字安藩，本以廣西爲孔道。廣西全省皆與安南邊，即皆與法邊，交涉繁猥，非云南、廣東比。往時，法貿然弄兵，以海爲後路。緣邊斥候不相接，我師出鎮南關，戰不利，退屯關内八里關。前隘又敗，而王德榜之師已由東路愛店襲法人後，此二十年前國威稍振之已事也。今法北圻鐵路由海防抵文淵，距鎮南關止八里，並邊要隘，法悉置戍，聲息相應。其有墟落過往較稠密處所，屯營之外，更置汛房，詰出入。蘇元春在邊時，法所置汛亦置之，是爲對汛。軍政廢弛，名存實亡。法亦盡力營鐵路，鑿山開道，勞費萬狀，不暇肆狡啟，惟數誚讓華官稽察不力，縱盜殃鄰境而已。鄭孝胥督邊防，始至，即盡檢對汛所在。西路陸榮廷防地，東路張得貴防地，或防或否，無定格，然應屯處所具在。既得崖略，知武建軍萬不敷換防用，乃留榮軍助邊防。孝胥夙計保完善以銷匪，思保完善，不得不多留武建軍，以故對汛十二所，武建換防得三所，餘悉榮軍屯地。十二所者，西起鎮邊縣西南境那波大隘，距谷旁法汛十五里；稍東，鎮邊南境百南墟邱匡隘，距郎吉法汛十五里；又東，鎮邊東南境平孟隘，距朔江法汛八里；又東，歸順州南境隴邦隘，距茶嶺法汛二十里；又東，下雷土州東南境石龍墟，距里板法汛四里；折而南，上龍土司西北境苛村隘，距下琅法汛四十里；再折而西，龍州西北境水口關，距大龍法汛八里；再折而南，龍州西境咘局隘，距那爛法汛五里；又南，憑祥土州西北境平而關，距平而法汛六里；折東，憑祥南境鎮南關，距文淵法汛八里；迤東南，思陵土州西南境愛店隘，距峙馬法汛三里；又東，土思州南境九特隘，距䃺䨺法汛□里。緜延近二千里，以鎮南關爲中路。此路本出邊大道，今法鐵路又已抵文淵，地益劇。西路邊綫屈曲，故延長而設汛夥。西路中平而、水口兩關亦要地，水口關扼牧馬河，上通安南高平鎮；平而關扼松溪江，上通安南諒山鎮，兩水會龍州城下。龍、憑三面皆邊，中繞龍州一大墟市，軍實民廛皆萃是。孝胥自駐連城，即以鎮南、水口、平而三關留委武建，餘汛雖控邊，實散地，令榮軍駐之。嗣以水土惡，起大疫，榮軍亦相得久保無他，乃次第代防水口、鎮南兩關。惟平而關稍平善，榮軍亦無可分撥，猶爲武建軍防地。榮軍换防水口，由陸榮廷自駐。法使宣言外部，邊軍中有陸亞充，故著匪，今雖善戰有功，然水口關内外，係往時稔惡地，居民驚疑，請易防他所便。事下邊防，孝胥以軍中調遣不容外人喙，拒不應。陸亞充者，榮廷匪中名也，外部譯作劉和盛。岑春煊聞劉和盛善戰，思引爲腹地用，勸孝胥因徙之，且以解法人紛。孝胥不欲揭榮廷前惡，不言所以。春煊至今思劉和盛，不知即柳慶立功之陸榮廷也。法人又以九特路僻，商外部請彼此撤汛。孝胥以地近十萬山，資鎮攝，告以吾自設汛，法請自便，法人竟不敢撤。疆埸之間，一彼一此，邊外匪内擾，邊内匪外擾，未獲必相約而後能勦捕，既獲必相約而後能訊辦，殆無日無轇轕。乃至户婚田土，鬭毆罵詈，無所不有。有司以對汛故，一以委邊軍，拘犯與之，坐堂皇，一訊鞫，餘不問，故邊防稍稍兼詞訟事。事關兩國，各有膚受，愬以國力左右袒，急則啟釁，緩則召侮，論民事非尋常兩造比，論兵事亦非尋常坐鎮比也。蘇元春時已往不可知，綜兩年來案牘，小者不暇舉，舉一二大者，合他交涉別爲記，而存對汛關係於此。

邊餉記第七

康、雍、乾全盛之日，國家以餘力詰戎兵，西北拓地萬里，將帥未嘗與籌餉事。川楚之變，已出意外，以列朝積累深厚，止患兵力窳，未患餉力絀也。粵匪亂時，始以空名督師，有人無土爲大患。咸、同諸老，皆身膺疆寄，而後有大勳勞，財政之升降可以觀世變矣。二十九年，鄭孝胥始督邊防，尚無籌餉責，已受餉乏之戹。明年夏，定四省合籌之議，而催餉一委邊防，其受戹亦相等，實則皆非法也。蘇元春之防邊，邊餉本由四省合籌，廣東、湖南、〔湖〕北各十二萬，其所不足，悉取給廣西，始定額。歲餉四十九萬餘兩，繼減爲月三萬七千兩。兵食之外，有所興作，輒請帑。無論元春之兵，本不以餉爲應得之款，即發滿餉，當時餉額少，亦頗足給。孝胥之來，岑春煊即指廣西月三萬七千之的餉，然廣西實不足任此。自有邊防以來，湖南欠協餉百五十餘萬，湖北欠百七十餘萬，廣東欠十八萬餘，此三百數十萬之欠，皆取足於廣西，搜括早盡淨。加以腹地亦亂，防勦且不給。巡撫時爲柯逢時，於孝胥始至，即以窘故議武建餉與省章不合，擬不任責，又擬減平。孝胥爭於朝，逢時勉應命，而力實不逮。所謂三萬七千兩者，至邊始悉尚有三千兩，月撥道署款，自元春時已然。由來久，不可革，餉額益短，額短而廣西仍無可羅掘。至明年春，窘益不可耐。彼此所爭執，所號詶，幾於無理取鬧，而邊事岌岌立壞。三月間，四省合籌之議始發端，四月而就。湖廣總督張之洞首念邊軍，約與廣東共之。湖北利害雖不及，而所協無論多寡，願與廣東埒。議定：湖北、廣東各歲協十三萬兩；湖南仍前額十二萬，而乞足解；廣西認十二萬，合五十萬兩，以爲戰時器械賞恤，及小小餝庀邊防費，惟爭以後催提之責孰任。孝胥慮客軍待餉，萬一任催不應，别無酌劑，不如倚一省爲有著。而春煊意督撫互催，自有分土，難盡言，不如令嗷嗷待哺者自叫呼，易動人聽，衆以爲然。孝胥念人盡努力，必由我堅不就緒，一綫生理且立斷，勉應之，遂定岑、張、柯、鄭會奏之局。於湖南無所加索，但求解足原額，即亦不硜硜與磋議。奏入，荷俞允，部覆尤周至。於“收催造報均由邊防主政”一節，覆云：“鄭孝胥雖奉命督辦邊防，究係客軍。若非與該地方督撫會商一切，必致呼應不靈，諸形掣肘。況該督撫身膺疆寄，尤應統籌兼顧，何得顯分畛域，置身事外。應請飭下兩廣總督、廣西巡撫，所有廣西邊防事宜，仍須和衷共濟，勿得諉卸，是爲至要”。然督撫各懷原議，大概由邊爲政，惟至急時，一會催而已。奏方定，首延緩者爲湖南。湖南巡撫時爲陸元鼎，於廣西頗盡力。然徒以右江之匪其害於湖南迫，邊患究稍緩，故元鼎勇於助右江。督撫獲右江之助，不能力催邊餉，邊自催之，猝不遽應，而梗議者首湖南矣。邊軍固未至遽絶望。然原議各省提前一季先解，以防緩不濟急，乃非惟不如約，且過期有未解者數月不見餉至，則慄慄之勢，日在嘩噪中儌天倖，以有用之心力銷耗於無把握之焦灼，於事何補？況邊備尚有至險至急，出於一時嘩噪外者，均非厚餉無以爲力。計邊防，非督撫兼轄不爲功。即任餉不任兵，而於兵事利鈍不關切，於餉事終不免旦夕敷衍，求其計久遠實難。如柯逢時撫廣西時，其驗也。孝胥以督撫兼轄之意忠告於岑李，三疏乞病去。將受代，疏陳鐵路礮隊、沿邊電綫數事，蓋自知非孤軍浮寄所能辦。匪亂已定，餘無可措手者矣。

交涉記第八

武建軍到邊既數月，考定中法軍官相當之等，刺取彼之所以待我，與我舊制相參，定相見禮。凡法官軍衣以七畫爲最尊，越南總督代政府行一方事，始用七畫。大帥六畫，統領五畫，分統四畫，營官三畫，哨官二畫，哨長一畫。邊軍以督辦大員當六畫，無統領故無五畫。武建軍兩督帶、榮軍分統均視四畫，營官以下以次差。敵以上，升礮站隊；敵，不升礮；敵以下公服來者，亦公服延見，因公奉上命，禮之加一等。不預訂期，任便通謁者，不公服。升礮，有七聲、五聲、三聲及三地礮或三排空槍之别。極尊用七礮，餘遞減。排隊多至兩棚，遞減至十名四名。敵以上，迎有遠近，迎送皆出門外；敵，出門送，不出門迎；敵以下二等者，送不出門。凡預訂來謁者，款以煙茶酒餅，便謁者無酒餅。預約接待，有故須改期者，先告之，預約往會。有故不如約，亦然。

華人入安南者需法護照，一年長期者，照費銀三圓，兩月短期者費五毫。三十年春，議法人、安南人入邊者，給照收費如法例。法人受約，既念警察未備，難覺察照有無。安南人尤有錯居内地者，難分别。即徧補照，事亦未允。因告法暫緩收費，但需照而行。俟定收費期，先七日相告。嗣是安南人無照者，亦未加詰，法人入關則多持照矣。

光緒二十一年中法續訂商約第五款，邊界五十里内人民往來，無庸請照。而其先十三年北京續訂天津十二年約第六條，除兵船及運載兵丁軍械之船，所有法國北圻船隻，從諒山至高平，復由高平至諒山，經龍州至高平，並諒山至龍州之河(此二河即松溪江、木馬河)，此項船隻每次路過，每噸納鈔銀五分，惟船内所載貨物一概免税。運入中國貨物可用此二河，皆成約也。三十年春，榮軍駐石龍墟，以内地路不平，數持械假道法屯地赴他汛。法汛向章，遇華兵攜械行安南境，非有知會，法當拘檢。法汛假借邊軍，不遽如法相難，惟數言華軍違章以市德。陸榮廷慊其嘵嘵，忽出示封界，不准人民往來，法駐安南官吏大譁。龍州領事告督師鄭孝胥，孝胥檄榮廷撤示循向約，事良已。法使旋言外部，安南願假邊軍道，但須立約，示限制。而邊界船往以匪擾未行，今邊防足恃，願如約。部中疑有他意，詢兩廣督撫及邊帥。孝胥言，行船本循約，無可禁遏，彼既議詳章，乘勢妥予節制，計良得。岑春煊乃委法文繙譯直隸州知州丁平瀾詣邊，受孝胥指，法亦委四畫官司嘉禄詣龍州會議約三條。彼此簽字畢，法越南總督後悔，言法受損，請就北京重議，事遂中格。彼船不來，我兵亦本不定需假道。孝胥飭邊軍修路自便，約文今尚存案。

二十八年夏，王之春方任廣西巡撫，匪亂已急。之春意窮，民無所適，故爲盜。會安南法商燕北公司招鐵路工，之春特就南甯設資遣局，遣工赴招，冀銷地方患。之春劾去，局亦撤，前事已不復關人意。二十九年冬，法駐廣東領事忽向岑春煊請償資遣費二千五百圓。春煊不省所以，行查左江道、太平、思順道各署卷宗，無所得。惟資遣局舊人稱有簿記，載明遣工七次，共一千五百三十人，支銀四千五百九十圓，又護送兵弁費一千六百二十圓。别無法公司收據，亦無招募定值合同。而法商多肋而亦據已簿，稱工止收一千二十三名，費每人二圓，外加雜支，故得二千五百圓之數。始飭太平、思順道易順鼎檢據向理，順鼎無可據，轉詢龍州法領事，更無所得，順鼎劾罷。代者謝汝欽，益無以爲計。春煊商由孝胥與法理論。七月會議，法人詰資遣局帳何據，孝胥亦詰燕北公司自開工數工價何據，持不下。孝胥言護送費廣西可自認，工資不可少，辦法以此爲定，别無可更讓。已而，法人言公司固不認虧。又久之，法安南總督令公司出所願出之數，餘由官爲補足四千五百九十圓，以全兩國邊誼。至歲暮始繳銀完案，事遂結。

緣邊大宗土物以茴油爲最。茴實俗稱八角果，成油即名八角油，銷外國極廣。商情良莠不一，雜動植物各色油爲僞，寖不可問。光緒二十年，英商定購大批，在香港察出攙和欺僞狀，照章議罰，華商折閱甚鉅。嗣後，衆商公稟提督署道署，設局經理，名保衛局。蒸油之甑，官有成數，以禁私制。果熟時，局給腰牌，始准入山，以防偷採。局收保護費，助邊防製造局用。又以蒸製散户，仍無稽察，設經紀行，驗良窳，别抽行用，而保護經費即由經紀行繳納。二十八年，接充經紀商梁姓等，呈明歲繳經費三千八百兩，充總商三年。三十年秋，梁商等届期將滿。散商時利廣、生祥、祥聚三號，忽藉洋商三聯單抗繳經費，共百零七兩。總商控之官，三號恃符不服。署龍州廳同知馮鏡芳，請孝胥指。孝胥屬如例罰辦，仍不服，封閉三號，警傚尤。遂以八月十五日派武建軍隊，偕龍州廳，涖封訖。梧州英領事致電孝胥，勢洶洶，稱洋單已完正税，出口時照章完半税，電有鄭督辦“違約强抽”字。孝胥覆言，此項經費有光緒二十三年商家公請開辦舊案，本督辦照章保護，照章收費，並非創辦，並非加抽，貴領事失言或繙譯錯誤，即查明見覆。英領來電，仍執正税半税約。又覆云，查此項乃保護茴油經費，商家得有利益，不得認爲貨税與三聯單無干，如衆商公議不要保護，請銷舊案，須於前一年聲明，再候核辦。英領執稱保護費宜抽山主，不應抽販貨之商，抽之商即爲税。又覆云，查保衛局設於西曆一千八百九十七年，因此地匪亂情形與前不同，若不保護必至無油可購，且廣生祥等所購乃已受保護之貨，此貨既由該商經手，自應責成該商，照現行章程完納經費。英領無可措詞，乃多方恫嚇，往擾巡撫李經羲。經羲電詢顛末，即亦據孝胥所持者駁英領，最後勸孝胥所爭者小，略通融，圖速結。孝胥覆電云，胥照案辦理，礙難通融，英領不從，應請聽其所爲，於是經羲亦謝不敏。英領又往擾總督岑春煊，言三家久封，受虧應償。孝胥言，三家咎有應得，無與爲償者。英領稱三家因領洋單受窘，必索洋行償。孝胥言，他商亦領洋單，仍繳經費，三家獨頑，抗累洋行，華官可據理斷令不向洋行滋擾。以後無可言，惟稱受虧幾千金矣。逾時又稱，增虧幾千金矣。孝胥以無所事於英領，置不理。至十二月，英領由春煊所轉圜，言三家罪案究未定，鄭督辦所責經費百七兩，令繳存梧州關，候緩斷曲直，定繳局與否，先行揭封，春煊亦勸省事。乃於十二月二十日揭封，作不了之局。孝胥平生持論，辦交涉，視理直，即應爭先著，放手自辦，待其百計營救而後脱，已受苦累，足殺其餤，欲聲我罪則理曲，窮其伎倆，不過嗾政府易其人而已。若理直而氣不壯，先徧愬外人求公論，外人於彼國無詰責之權，於我國無保護之責，事機落後以我求彼，所得者僅矣。語扼要可喜，附記於此。

武建新軍記第九

客軍遠戍本非計，戍廣西邊，天時地利尤不相得。武建軍取定一時亂，日久人思北歸，强遏不遣，且成弩末勢。往時不敢用土著入伍，以民匪未分故。三十年春，邊人始露生意，民始敢言抗匪。並邊二千里間，亦有結數村爲團，匪來則戰，匪去復業，始終未爲匪脅者。有初與匪抗力不敵，卒往拜臺納貲輸匪自救者。官軍不足倚，受保於匪，以延殘喘，可哀也已。又久之，榮軍内調，團練即充榮字新軍。其技擊行列，尚與榮營爲近，極其長，足與土匪馳逐而已。出邊數里，法蘭西列屯相望，自顧不敢與齒。然邊軍終以土著爲久遠計。三十年十一月，鄭孝胥始以添練武建新軍一營入告。就邊餉撙節取辦，餉從榮營，練從武建，選武建軍中哨弁嫻熟軍械能勝約束之任者，充新軍營官以下，軍各有身家可賴藉，什勇中多有名在庠序者。三十一年春，稍成軍，其人登山鶩水，習道路，狎煙瘴，善馭之，其用出武建軍上。惟就見餉，力必不能，更練第二營，存此芽蘖，以待來者。邊海必練海軍，邊陸必練陸軍，緩急正相等。天下智謀之士，盡力於海濱大埠，山僻窮邊，士大夫所不寓目，爲一二武夫糜爛地，試乘邊望敵，能無寒心？昔幽並突騎，河西武力，皆以近邊故，習匈奴、突厥之長，還以相禦。今朝野未或道此，廣西邊首見端緒，善保之，更擴充添練一兩營。兩年更招，前者退爲預備兵，更迭爲之。緣邊皆得古人寓兵於農之法，即各國常備、預備、後備真面目，視各省就舊有之兵，易號衣胸背字跡，標常備名，即自謂師西法强中國者，何如？且邊人守望，不盡藉屯營，止留少許捍邊，餉可大省。以所省籌邊需鐵路，及緣邊電綫、礮隊、礮臺，諸政並舉，邊防之名於斯爲副，是軍爲民兵嚆矢，故關係之重如此。今未知數年之後此事爲息爲耗，書以覘之。是軍所以得有藉之子弟，不以入伍爲恥者，蓋亦有故。洋操軍卑賤廝役之事，本少於舊營，不甚見可賤。孝胥自蒞邊，終歲服軍人服，遇士以禮，哨弁公服見者，皆公服待之。邊人懷重文輕武之錮見又較淺，以有此效。日本所謂天皇，其人服色與陸軍大將無別，其亦風動之一道歟？北朝以府兵之制貽唐，至開元承平，盡爲豪貴所占役，而府兵一燬不可復，此視乎邊帥之意向矣。孝胥原奏略言："查邊防前此未嘗見新式操法之兵，自武建軍到邊以來，法屯洋員常來看操，民間見其軍容整肅，頗生歆羡。臣念邊地水土惡劣，客軍久駐，有三不便。地勢不熟，一也。言語不通，二也。水土不服，三也。非就邊地各團挑選壯丁，教練操法，不足收長久之效。初苦餉項無出，勢難開辦，自五月間奏定邊餉每年五十萬之額，始欲就款籌辦。仍在武建軍中挑選武備學生生員符鎮堃，前赴明江廳各團内，擇其身家清白，年力精壯，略識文字者，按武建軍三哨爲一營之制，招足一營，來龍州教練月餘，頗著成效。臣親自校閱細察，各勇丁頗肯專心練習。如果精練成軍，則可免客軍三不便之害。將來重加推廣，實爲自強之基。現擬定名爲武建新軍第一營，其每月餉章則照榮字軍三兩六錢支發，俟教成之日，再行酌加"云云。録此以詳原委，爲將來息耗之效有所考也。嗚呼！此事豈徒爲廣西邊防計而已，民兵之效，能使通國皆兵。畢思麥克何人哉？一小國踵之，而勃興不可遏者，又何道也。

德之民兵，乃其故制。始其民三等貴族爲將弁，田農爲卒伍，而中户業士商者免徵發。至一千八百五年，以普魯士大敗於拿破崙，國幾滅。斯達英爲相，主變法，而向豪士特等爲變軍政，始行凡民皆兵之制，陰寄於内政，而實行之，此普魯士所以處四衝至難守之地而爲天下武烈最競之國也。惟此制實與畢相無涉。畢相所爲，不過實行先輩之義而已。即其合邦偉業，亦本之斯達英也。嚴復注。

邊防醫院記第十

各國軍行皆以養病院從，遇敵舍死命相搏，病院所在，敵軍呵護維謹，傷病之兵夷然處戰場，但不當火綫，自餘任軍事，勝敗俱無恐，非彼族仁於我，習兵事久，彼此公理明也。吾華軍中亦間挈流落醫士，病者草草處方藥，退與諸軍雜處，病者擾，不病者亦擾，此尚爲紀律完善者言。防營處無事地方，除召集應文具外，游蕩煙館賭博場，隨意覓食宿，會疾痛放假，鳥獸散不知所之矣。邊軍醫院初非仿傚各國，博文明稱，實武建軍死喪之威，痛定思之，而人人疾首變色者也。二十九年冬，鄭孝胥駐連城，邊水土惡，武建軍大疾，病者死亡接踵，士氣大沮，逃者相望。孝胥憂且憫之。軍人月餉有限，一藥餌需銀數毫，愈否未可必，烏得無戚。乃飭各營查病者，給藥資，遂費千餘金，病不止。龍州法領事伯樂福本起家軍醫，聞邊軍患苦狀，請就營施診，孝胥允之。連城礮臺地重要，不欲處外人，就憑祥覓屋，得寬大者，舁病軍處其中，撥款屬伯樂福購藥。軍人初不信外人，嗣見診者立效，始翕然。大抵病多瘧，醫用金雞納霜。軍人不節食，西醫不許食飯茹葷，專以牛乳供日夕，病多起。伯樂福乃薦安南人學法醫曾給文憑者駐憑祥，非大重難，即安南法醫處診。明年春，孝胥移駐龍州，乃就龍州市西陳氏昭忠祠設醫院焉。春深瘴發，病情萬變，西醫有不效，聘中醫别治。西藥購之安南法肆，不及給，分購之香港。中藥就市購給，藥資計數千金，而前後燒埋恤賞銀，且逾萬矣。院中武建左右旗各撥一哨長值院事，役長夫若干，每房一間，一夫值拚掃，餘調理飲食，浣衣、理髮、除厠之工皆具。房中病者既去，以藥熏屋宇，辟穢氣。選軍中識字士卒十人就學醫，以廣治療。委員日籍院中住若干人，來幾人，去幾人，呈報月籍病名及患者人數，以知何證最易犯，爲補救計。病愈，給調理牛乳食物。軍人視居湖北時爲勝，安意就治，逃者始止。疫最盛時，院中住百數十人，死者甚少。經費多出武建截曠項下。他軍或非軍人求入院者，令貼火食。就診不住宿者，不取資。其住屋以病分類，免傳變。余往觀時，已在乙巳之春，軍中平善，住者二三十人。此事在邊軍萬里赴急，不服水土，犯瘴癘致疫，不得已而設，然意思周摯，足爲法式天下。已知重兵事，似不應久不爲此，反爲飢窘僻遠之軍所先，他日必來取法。嘗爲主者言，即此已爲天下師，亦足以豪也。

邊防將弁學堂記第十一

盜賊無根本，無節制，以紀律足恃之兵，收樂生惡死之民心，相與共保，而賊自無所容於世。敵國有根本，有節制，日淬月試，窮極工巧，相與角一日之利鈍，於是學問出焉。非特今日中外之勢然也，自古應天順人取天下於盜賊之手者，皆以定制度，備教養，以致太平爲急。其相業恒重，而將略恒輕，英雄並世，各據形便，相持數十百年者反是。將之良者，恒兼宰相器，從容諷議，終身不與戎事，而可以名世者罕矣，此不可易之勢，而器械動作，益變益精，則與時代爲進退。總之，武人不可無學問，不可狃於辦盜賊之法待敵國。天下知此義者不爲尠，將弁設學，已有多所。邊防以備兵爲本意，邊兵以與敵國角利鈍爲本意，視腹地爲尤急，因陋就簡，事不愜意，取收急效，又限財力，無如何也。三十年十一月，鄭孝胥奏設邊防將弁學堂，學生額百人，半取軍中，半取邊裔子弟。始邊子弟就學少，多取軍人肄業。廣西學政汪詒書試龍州，就加鼓舞，來者大奮，是爲邊土足兵根本所在。亦録原奏，以俟後效。奏略言："查前此邊防各營均係不學之兵官，不練之兵士，故擾民通匪，習以爲常。今欲革除積習，必先練兵，欲求練兵，必先練官，方可望其轉移風氣。經臣於八月間就武建各營中挑選哨官、哨長係由學堂出身者，分別派充各門教習，又飭武建左旗督帶官選用知府劉承恩、右旗督帶官選用直隸州鍾麟同會同擬定學堂二年卒業功課。在武建軍榮字軍各營中挑選識字勇丁，補入堂中，充當學生，即於九月初一日，在龍州城外暫借昭忠祠房屋一區，試行開辦。因現在籌款未充，即在邊餉每年五十萬項下核實支用。所有監督、稽查、教習、管堂各差，均派督帶哨官各員兼充，酌給津貼，以資撙節”云。孝胥又以邊防不能遽練礮隊爲憾，武建哨弁中有曾學礮學者，給與津貼，令就營教授，冀一旦有此財力，即軍中取材，不至茫然停待。跛者不忘履，用心亦苦矣哉。

龍州製造局記第十二

邊防因陋就簡，不足言製造。蘇元春時，力尚可爲而不爲。至鄭孝胥督邊軍，就餉勉支拄一二，大工程、大興作非所任也。元春舊設製造局於龍州城西四五里之雙山堡，門臨龍江，規模甚略。所能爲者，造鉛彈，修槍枝，稍稍製軍用器具而已。經費仰給茴油保護費，歲三千八百兩，恒不足一千七八百兩，需別取足。人言藉藉，或稱濟匪，或稱所製無幾，虚費款項，檢册報亦無有詳列者。二十九年冬，孝胥接提道移會，局由邊防主政，委員查核，令詳報。據報亦尚明瞭。惟所呈製就鉛彈，已繳軍需局者不可得，而核槍械已修整歸本主者更不可得而核。前領款據稱短少，由委員墊數百金。又向用煤，以亂故，久不開採，存煤盡罄。以薪代之，價倍於煤，而機器受其損。工匠皆廣東人，停則盡散，地僻復招，不易集，不停則耗甚鉅，槍損彈闕，勢不能無修補地。孝胥命前虧與盡償，工停而匠不遣，仍給工食，力復煤礦，已往不復究，掃除更張，責後效。覓煤數處不合用，仍就向采煤稍近處委員集土人開掘，以兵力護之。煤有效，局亦立復。故工匠、藝徒、長夫、司事薪工月費百數十金，委員薪水、局中物料皆由支應所給領。實驗估計各式鉛彈，連耗需料若干，製成後，與領料核銷。令軍中槍械有小損壞，持赴局驗修一次，悉不取值，一洗軍人惜費諱匿之習。機器皆仿英國，工匠藝徒每日工畢時學習英語言文字，延教習教之。三十年一年中，費五千餘金，計製造零件五百五十八件，鉛彈十萬一千二百五十顆，修整零件一百五十七件，槍枝七百二十七桿，改造零件一件，刺刀二百八十把。所造鉛彈因局小，故成本較重，以視購之外國未必見省，且不能製無煙藥，不能煉鋼，所成彈止供打靶之用，戰時無煙鋼彈尚需別購。三十年十一月，孝胥片奏龍州製造不足恃，爲餉力所局，未能擴充在案。慰情勝無，所得如此。煤礦今所開者在上思州遷隆土司境，緣邊産煤地甚夥無運道，土地既暖，薪蒸又足給，民間亦不用。若籌其出路，邊民一大生計也。向來定價每百觔銀九分，由礦直送至水濱。水道約二百四十里，運龍州船價每百觔銀二錢，護勇船隻又需費若干，現計每百觔費銀三錢零七釐六毫，每噸合銀七圓一毫七分八釐。若鐵路可通，運費大減，開采復用機器，此物必爲邊産大宗。現就龍州用煤言，尚較廣東購價爲賤，煤質或稍不及開平，而每噸價輕一圓四五毫，若更由廣東運邊則費不貲矣。三十年二月，采至十二月中旬，存煤已多，暫停采。最旺之月，得煤二十六萬餘觔，地荒僻，役工少，然已不可勝用。需者無幾，又不能外銷，棄寶於地，俟之將來，吾中國要無在非樂土也。

龍州學社記第十三

廣西自古荒服地，東北少許郡縣，先得湖南、廣東風氣，略自比於内郡，其人民亦廣東、湖南移居者爲多。左右江夷獠雜處，四五百年來屢用兵力，改設郡縣。所成就者，尚止江水匯合處數大郡，其民能自贍生事，餘皆榛狉不足道。滇、黔皆腹地，民氣僿陋，傍邊彼此略相等，獨越邊最危。法人經營安南，不變置其君臣，仍其年號，今尚以成泰紀元。正朔服色，徽號器械，一如其故。安藩擁其位號，法以餘食豢養之，妃嬪娱樂亦如故。出犯法人禁令，則拘縶懲罰如法，一釋之，即儼然王者，留以繫士民之望。其民愚陋，無自活計，法占其土，創百業以殖其民，而斥褊賤不屑爲之事，分其毫末利，奔走安南之民，而役使之。邊人知識曾不足以勝安南，視吾内郡，雖有極不肖之流，以一身利害故，時時媚外，以自菲薄。然人心之憤懣可尚者，固有間矣。數年來奔走於匪，得强於匪者來，乃一自洗濯，後事未可量，古之無懷葛天，並世竟無不無懷不葛天者相逼，古人之倖未可徼也。鄭孝胥既定邊亂，三十一年春，驟爲邊民興學，力奬游學，助以資斧，士氣大奮。邊土往時官府亦創書院數所，掌教者未必内郡通人，而相觀相摩者聚如一丘之貉，所造不過如是。爰創學社，以龍州爲全邊薈萃地設社焉，名龍州學社。開社之日，余往觀禮畢，作開社記文，社之人爲軸張之。文不敢言法越事，此事非人人所能喻也。孝胥自充社長，相勉爲學，簡社之秀者，游學日本凡八人：萬承土州許紹經，龍州李炳垣、楊奇才、侯紹勳，甯明州李潤霖、周郁文、羅傳聲，明江廳黄均超。咨送文武各學校肄業，備書其名留以覘後效。龍州設小學堂，經費窘，孝胥助銀五百兩，助學社費銀千兩。開社記文附後，取互明此事原委。聞歸順州貢生曾汝璟兄弟皆能讀書，爲州之望。汝璟通算學，實邊士之秀。小學堂教習黄敬椿，多涉獵，亦邊土宿學也。

龍州學社開社記文

太夷先生督師防邊既二年，鋒鏑銷省，晏然太平。首斥千金，設學社於龍州，自爲社長，以作士氣。一時太平、思順所屬二千里之間，邊裔俊髦，土司官長，雲合響應，爭竭綿薄。自數星至數十金，助費題名，願投身於學界之内者無數。乙巳二月，開社禮成，軍民觀者如堵。余盄其間，默而有所窺。見太夷經畫久遠之微意，喟然歎曰：廣西之亂，積數年矣，禍本起於邊防，蔓延左右江，駸駸闌及云貴、廣東接壤之處。今腹地尚未盡敉，而邊徼根株所在，蕩焉廓焉，野墾其畝，市復其廛，强鄰咫尺，奉其約法，書生受閫外之寄，度亦可以告無罪於天下。而方且爲是僕僕，不憚勞且費者，蓋以爲華離甌脱，阻絶聲教之地，我之來能衽席之，我之去不能禁人復水火之也。向者，邊軍利於通匪，匪無所慴，民無所控，椎埋剽劫之徒，拜臺入會，招集醜類，良懦飲泣。依附匪黨之末，冀緩旦夕之死，其不敢與匪抗者，彼聚而我甚散也。其不能奔走呼籲俛首於邊軍之荼毒者，荒服之民，無名姓於朝列，無聲氣於行省，號跚路絶，天高而聽不聞也。結二千里士人爲社，以學問友朋，光天化日之會，易其狐鳴篝火，暮夜歃血，嘯聚之俗。而又集合群力，貲遣高材生游學各省會，乃迤邐至新興之日本。徧攬其學術之良，將舉開闢以來，淪於蠻夷而爲朝廷所不甚愛惜之土，一旦九地而九天之。後有邊帥，雖欲糜爛是民而顧其士之莘莘，學之彬彬，游學而負笈，及數年後學成，而充公私之用者，其人且遍天下，有不怵然斂跡者乎？龍州陸當鎮南關之衝，水扼平而、水口兩關之匯，爲全邊之所輻輳。設學社於是，以取形便，復由社中推擇，陸續設分社，以捷霑被之效，而貲力則合以見厚，爲永助游學地，擘畫之詳如此。太夷受事近二年，駐龍者年餘耳，浮圖三宿，摯愛不可解，遂爲南荒造萬世之利，太夷真有情人哉！書以質諸社之人，必有嗷然失聲，咤其社爲邊人性命呼吸之所在者，則此忱可以維持於永久而不敝矣。年月日，陽湖孟森爲之記。

利民橋記第十四

自廣東泝西江入廣西，歧而爲桂江，爲黔江，爲鬱江。鬱江又歧爲南盤江，爲麗江，屈曲分派，環絡數萬里。水皆行山峽間不甚廣，無在不可駕橋梁便行者。顧自桂林城外一危窄雕朽之橋外，竟無片板皮閣處。廣西市集之不多，與官其地者，苟簡無經久計皆可想。龍州墟市爲全邊冠，龍江流城南，邊防軍府與龍州市隔一水。鄭孝胥駐龍州，知民之病涉也。墟期負擔滿路，風雨昏暮，呼小艇載渡 。既危且苦，然其人終古不知有橋梁之適。岸旁小溝澮，厲揭可涉者，乃往往有橋，通川數十尋之廣，無敢言徒杠輿梁者。三十年夏，軍中有餘暇，求民瘼，孝胥自斥金建橋，爲廣西開闢以來倡首。初擬駕鐵橋，計工費甚鉅，改建浮橋，數月而成。長四十餘丈，承以木罌，罌上施厚板。北岸石壁下並中泓皆水勢溜處。又以船承橋，俾可下椗。用船四艘，用木罌數百。木罌爲西人貯酒器，堅厚空中，載物上浮，俗名酒篅，西國造行軍橋恒用之。昔曾文正公疑淮陰侯傳罌渡之説爲附會，蓋未得其法也。橋兩旁木闌高三尺一寸，自兩岸歷全橋，夜然四燈照行人。日啟閉二次，以巳申爲定候，餘時有要需，呼護勇開行。護勇額設四名。凡用木之工銀千九百八十五圓，鐵之工七百二圓四毫，修路及他畸零物又費數百圓，名利民橋。孝胥自題額於岸側，登橋徙倚，北岸峭石，嶙峋作勢。龍州全市在其上，西望雙溪合流處，遠山叢列，與水光相照映，風景絶勝。十一月橋成，孝胥自率武建軍，操行軍隊，成列過橋以落之。邊人詫爲自古無此軍，無此橋也。

廣西邊事旁記書後

處困躓之中而求所以自全，凡可以自全者，必姑爲之，其暇擇耶。孟君來龍州浹月，遂取二年以來邊事盡記之。其辭括以覈，使天下知邊事之困，讀是足矣。若孝胥者，其來也固不得不來，其去也亦不得不去，非孝胥之所能爲也。噫！士生今日欲自試於世事之艱者，其所更歷，不至於盡失平生之才智，殆猶未盡世事之變也。彼安常履順，幸而獲濟者有矣。其揶揄之宜哉。乙巳三月。

廣西邊事旁記跋

光緒三十一年五月，余歸自歐西。鄭君稚辛以其兄太夷之意致陽湖孟生所記廣西邊事於余，曰：讀此知故人二年在邊所爲事。則受而讀之，既卒業，喟然歎曰：賢者真不可測。猶憶戊己之際，與太夷抵足卧京邸，太夷數數言兵事。心竊謂兵微萬變，今尤異於古所云。太夷文學士，容貌頎然，身未受武學教育，足未嘗一至歐洲，顧乃憙言兵，書生習自豪耳，不必符他日事實也。别七八年，乃今觀太夷在邊所爲，雖泰西健者，當其時地，殆無以過今。夫士居高位，所百爲而於國終無補者，其故無他，坐務爲聲光，以釣名實，不幸名實之至，又常視其聲光。彼孤行其意，求心之安，冥冥然，悃悃然，於禍亂則消於未兆，於事業則發其未萌。或圖難於其易，或設此以致彼，雖所濟者至大，舉世之人不知重也。何則？聲光蔑如也。今太夷所名爲者，治匪也，防邊也。顧所困苦力行，委折求達者，軍實而外，乃在通民力，利轉輸，設學堂，開醫館，以經費之微而民智之稺也，故其成功僅僅如此，然於一邊已拔水火而衽席之矣。向令權藉不止如是，則年歲之間，其轉貧弱以爲富强，有以決也。孟生不云乎“將之良者，恒兼宰相器”，嗚呼！二語盡之矣。乃爲校讎，别加圜點，題檢背，以付諸手民。侯官嚴復跋。

地方自治淺説

總　　説

我全國父老子弟，無論在鄉在城，無人不有家室，即無人不願安居樂業。朝廷深知吾國人民所謂安居者未必盡安，所謂樂業者未必真樂，明詔天下，講求地方自治。凡向來已講求者，無不欽頌聖明，以爲天下第一急務。但吾父老子弟，畢竟農工商賈，各有恒業，平時多不理會此事。一聞人人有自治之責，非慮不諳，即憂無暇，此誤會也。我父老子弟本各有地方，各有地方上事務，錢漕正供，董保勒限起底，莊首賠墊欠户，押餉差發一告示，送一由單，有常例貼差之圖規。若出一命盜案，協緝賠累，兼應差胥之索擾。又如辦保甲，辦冬防，辦學堂，橋梁，道路，溝洫，堤岸，種種工程，均莊過莊會鄉會圖，種種事實，何一非派多數父老子弟之資財，又勞少數身充董保之父老子弟之氣力者乎？則我父老子弟之於地方，其負擔久已不爲輕矣。

地方自治，原不過做地方應做之事，事體不離乎向來情狀，則何謂不諳？辦事不離乎舊有人員，則何云無暇？省無數差役勢要之侵漁，增一二公共利益之事業，人力物力亦不過一轉移間自治之能事已畢，吾父老子弟何久退讓而不上應詔旨，下謀福利乎？

或有疑者曰：地方自治，似已爲吾國所本具，則何故又特標新名目，以勉我曹從事於此？此正因平時地方辦事，資財氣力由父老子弟共出，意見則由一二官長紳董獨出，負擔者在此，利益者在彼，地方之事愈多，其去自治愈遠。今之特標自治，正今地方身受利害之人各有發表意見之權，所興真公共之利，所除真公共之害，使地方有進步而無退步，則積各地方之興盛，不得不成全國家之繁昌矣。

但人人各出意見，何以意見多而不亂？此中有一次序，向來爲地方辦事者所未想到，然亦一席話可了。下文分部、分章、分節，盡情爲我父老子弟一傾吐焉。

第一部　坊廂鄉圖

坊廂一而已，鄉圖則以鄉統圖，圖爲鄉之分區。

凡稱地方，必有一定疆界。最大者省，次廳州縣，皆地方也。吾民先從至小之地方，現成之自治機杼，切實下手，則必以坊廂鄉圖爲始。蓋有坊廂鄉圖之區域，有董事之職名，則自治之組織與自治之機關皆有端緒，但不完備耳。其次，地方有事務而不明。其次，地方有財政而不理。其次，地方有聯合之法而不定。其次，地方有監督之限而不清。今分六章，釋之如下。

第一章　坊廂鄉圖之組織

組織之要件有二：(一)土地，(二)人民。

土地　必有一定區域自治權，乃有一定之範圍。坊廂鄉圖區域早定，則土地已具。

人民　坊廂鄉圖之内，所住者皆人民也。則第二要件亦非不具，所不具者，定人民資格之法耳。今明定之爲二種。

第一種：住民　凡居址生計在本坊廂、本鄉圖之内者，皆爲住民。

籍貫之説，最不適於實際。實利實害，恒與居址生計相關。凡拘泥於籍貫者，皆草昧之知識也。將來改法律之後，外國人歸我裁判，與我雜居，則住我國某處，即爲某處住民，何籍貫之有？

一　住民之權利，其目有二。

（甲）共用本坊廂、本鄉圖之營造物。如道路橋梁，營造物之專屬物質者也；如學堂病院，營造物之兼有人爲者也。附著於本坊廂、本鄉圖，則住民即有使用之權利。

（乙）共用本坊廂、本鄉圖之所有財產。如社倉金穀，公地芻薪之類。

又先有國家而後有地方，則住民先有受庇於國家之權利，此普通之權利也。

舊時地方辦一公事，並非出自多數住民之意。官長紳董之賢者，藉此以成其名，其不肖者且因以爲利。吾父老子弟明知其未必爲我權利也，故多不願有所興作，常以省事爲幸。於是地方凋敝，公共便利之物絶少。此不自治而權利非權利也。

二　住民之義務，其目有三。

義務即從權利而生。整理公共營造物，維持公共財産，即爲住民之義務。

（甲）租税　此以納之於國家者爲大數即與受庇於國家之權利相對，而爲普通之義務。由自治團體徵收之，較向來少一差胥之擾，豈非至便？而亦有專納於本坊廂、本鄉圖者。向來地方公費，坊廂按鋪户抽捐，鄉圖照田畝科派，由來已久。特今由自治團體自收自用，無抑配不均之弊，亦無浮冒不實之憂。其詳見第四章。

（乙）夫役

（丙）物料　凡夫役物料，專爲所享權利而負擔之，不能充役者，則納其值，此向來慣例，不待言也。

第二種：公民　凡坊廂鄉圖之住民，具有參與自治之資格者，乃爲公民。

舊時坊廂鄉圖中，有鄉董，有圖董，有圖正，有地保，有莊首，爲地方辦公之人，皆公民之職也。其中有奔走紳士官長之門而得之者，有竄卯名於官署而佔爲衣食之世業者，其進退非多數住民之意，又無一定之資格，大半有所利而鑽營充數。地方多一辦公之人，即住民多一苦累。自治團體中之公民，以資格定之，其數極多。其選充公職，以辦地方公事，詳第二章。今先舉其資格。

一　公民之資格，其目有七。

(甲)年齒必在二十五歲以上。　太少則知識太淺，能力太薄。

(乙)能自立，並須二年以上不受賑貧之惠。　自顧不暇之人，難望其能顧公事。賑貧之惠，謂窮無聊賴，待地方周恤以爲活。若遇災變，受人扶助，不爲嫌也。又或私人交際之贈貽，亦不以賑貧論。

(丙)無風狂迷惑之病。　此不待解釋。

(丁)爲住民在二年以上。　利害得失，聞見較確。

(戊)二年以來所負擔於本坊廂、本鄉圖者，遇事無缺。　爲住民時已能顧公，必能勝公民之任。

(己)所納於國家，無論地税或他直接税，能及一定之額。　直接税，謂本人自身所納之税。若牙行店鋪之貨税，仍取之買主者，不得當之。一定之額，在日本爲二圓以上。吾國税法未定，難爲標準。總之視其較有身家，則利害之關係較切。限制太嚴，恐公民之數太少，當師其意而略與分別焉耳。

(庚)特別資格。　未爲二年以上之住民，而品行資財爲衆公認。　若法律足以審判外人，而至雜居之日，則又當以本國人爲公民，外國人不預焉。現今雖以本國人自分籍貫爲可恥，然尚不能不區别國籍。文明更進，乃當别論。

二　公民之權利義務。

公民一面爲權利，一面即爲義務。就其地方欲治即治，乃其權利，不可不治，即其義務。故並權利、義務而言之。其目有二。

（甲）選舉權　其詳見第二章。

（乙）名譽職　以名譽爲權利，以奉職爲義務。若充裕之坊廂鄉圖能容有俸之職員，又當别論。舊時董事、地保、莊首本來無俸，董事尚爲名譽，地保、莊首純係計産而當差，然尚可行。且地保、莊首遇輪值之年，雖女户不免。今之公民，尚不如此之强迫，何爲而不可行耶？

按：今之慮自治無人辦理者，厥有二因。在普通人民，因疑今日之地方自治非舊日之地方辦公，此一因也。不知情事相同，所不同者，意思之所從出。向爲黑闇，今爲大公耳。在學界中人，亦有老成持重，疑近日新政在在需人，安有閒暇之通才伏處地方，盡力名譽之職，此二因也。是又未知公民本地方自有，且不可勝數，並不定借重通才，但依地方自治制度，破除積習，一歸大公，足矣。

三　公民權之剥奪、停止。其目有五。

（甲）曾犯重罪　吾國向有刑傷過犯之説，但舊時官用刑訊，濫刑於未定罪之先。照律笞杖之數，多不過百。而未定罪之先，敲撲可至千萬。且孤寒無勢力之人，到官即可受刑。雖奉旨不准刑訊，而官長竟不奉行。似此慘濫之法，難爲準據。剥奪公權，當以徒以上之罪當之。將來法律改良，重罪輕罪自有定限，且不得濫刑，則所謂重罪，可據法律定之矣。

（乙）入外國籍　各國皆嚴國籍法，我國尚未雜居，更難含混。

（丙）破産未復權　盡其家産，不足償債，是爲破産。債項償清，可以復權。　以上爲剥奪。破産復權，即不剥奪。

（丁）拖欠租税，經官勒催。

（戊）犯事在官，罪狀未定。　以上爲停止。

當海陸軍之兵役，則不服公民之務。納税減至定額以下，亦當然失公民之資格。現方禁煙，將來或全國禁淨，今時停止公權項下，當添“鴉片煙癮未斷”一目。

第二章　坊廂鄉圖之機關

人身爲一實體，必有機關，乃成作用，知覺運動是也。坊廂鄉圖亦然，其中公事必有專辦之人。舊時設董保等，早有作爲機關之形象。但事出董保之意，董保又受他有力者之意，則知覺非坊廂鄉圖之知覺，而運動亦强以坊廂鄉圖之全體，受有力之運動。吾父老子弟何堪以公共之負擔，饜少許有力者之慾望乎？蓋向惟不解自治，宜吾父老子弟漠視地方之公事，以爲益於公者適以損其私也。

今依地方自治制度作成完備之機關，坊廂鄉圖本無知覺，而使有知覺。蓋吾父老子弟以公共身受之利害爲知覺，則爲坊廂鄉圖之知覺，非少許有力者之知覺矣。故必設知覺機關。此在自治制度，謂之議決機關，又推之運動機關。吾父老子弟以公共委任之興利除害爲運動，則爲坊廂鄉圖之運動，非少許有力者之運動，此在自治制度謂之行政機關。

第一節　議決機關

此機關即議會，亦可單稱之曰會。在坊廂曰坊廂會，在鄉圖曰鄉圖會。惟鄉圖會在鄉而不在圖，圖無議會，惟有奉行成議之圖董。

一　坊廂鄉圖會之組織。其目有六。

（甲）議員員數　坊廂人口在千五百以下，得選舉八人；千五百以上，十二人；五千以上，十八人；萬以上，二十四人；二萬以上，三十人；至多不得過三十人。鄉圖，分由每圖各選舉四人。

（乙）選舉權　必須公民，且有公權。但有二例外。（一）在本坊廂本鄉圖之本圖人，不備種種公民資格，甚至女户幼丁，而納税極多無比。但不犯剥奪公權、停止公權各事項，及密營有傷風化之業者，皆得有選舉權。女户幼丁，使人代理可也。（二）依法律所設之公司及他團體，在新法律應定爲法人者，則所納坊廂税必較平人爲重，亦有選舉權。

（丙）被選舉權　公民有選舉權者，皆有被選舉權。但爲議員而難盡其職，或易恤其私，則亦不得有被選舉權。何謂難盡其職？本有要職，不能兼顧是也。如所屬府縣之官吏，坊廂鄉圖之行政部人、檢察官及警察官吏司法不兼立法，慮以恩威迫人從議、僧道及諸宗教師所持宗旨與政治不同，難與共議是也。何謂易恤其私？如父子兄弟同時爲議員，則易於自相團結；父子兄弟同時此爲議員，彼爲董事，則易於兩相勾結是也。又無關本地方之别種官吏，以有奉公之責，非經上官允許，亦無被選舉權。

（丁）選舉方法　各國方法不同，在我國而又爲坊廂鄉圖之選舉，宜用等級選舉法，此又分爲二種。

第一種，三級制。坊廂宜之。全坊廂公民若干人，全坊廂公費需若干，分爲三等，設如本坊廂需歲費三千元，則就公民之出費最多者，揀出若干人。所出費已及一千元，此若干人即有選本坊廂議員三分之一之權利。又揀其次多費者，滿一千元共若干人，再選本坊廂議員三分之一，其餘出費較少之公民，選本坊廂議員三分之一。

第二種，二級制。鄉圖宜之。以鄉圖財力相差較近也。設如本鄉圖需歲費八百元，揀公民之出費多者，滿四百元，則此公民得選議員之半。其餘公民之擔任四百元者，複選議員之半。

但有二種例外：(一)坊廂鄉圖公産甚豐，人民無需派費，則但用普通方法爲選舉；(二)坊廂鄉圖住民極少，有但由公民開會議事者，則可無庸選舉。

坊廂鄉圖議會所以議坊廂鄉圖之利害，利害首及營業財産之上，故議員資格多以出費爲標準。出費即生於營業與財産也。東西各國，大略多同。

上、下級出費不能適均，則逾額之畸零宜歸上級，令下級稍占便宜。又上級末一人與下級首一人出費相同，以其爲公民之久暫分上、下級。再相同，則籤掣之。又一人而出費不止一級，或包有兩級，仍作一級算。此等細則，臨時酌定，舉此以推其類。

(戊)選舉種類　此分爲三。(一)定期改選。議員任期六年，每三年各級改選其半，使輪番交换，不至全無熟手。現今初次選定之議員，其三年改選，當抽籤以定其去、留各半之數。(二)解散後之改選。議會有不法行爲，妨礙公益，地方官可以民政部命令解散之。但解散後三個月内必須再行改選。(三)補缺選舉。議員中有死亡或失其資格時，當另行選舉，以補其缺。

(己)選舉節次。此分六層。

第一層，造册。此册謂之選舉册，又分二種。(一)底册。就全坊廂鄉圖有選舉權之公民造爲一册，各照其資格身份填注，是爲底册。(二)名册。檢底册中既備資格，又無缺點，實行其選舉權者，逐名開列，是爲名册。

造册之任，董事當之。坊廂由董事，鄉圖則由鄉董。前選舉期六十日，詳查確造。造成，置之董事公所。舊時地方董事辦公無定所，有事多就茶肆會議，謂之叙茶，終歲所費亦巨。今宜假祠廟空廨等處，或建造一所，無取輪換。所費或轉省，而辦事有定所，到所有定期，揭示公告，期會召集，一切均便，此必不可少也。令人縱覽七日，以糾其錯誤。七日之後，查明所糾之處，爲之改正。過七日，無人糾正，則作定本。若有改正，必儘選舉期前十日畢事。

凡册上無名者，以自不糾正，雖漏載亦不與以選舉權。不當載而誤載者，則仍不得冒混。蓋選舉後尚可糾察也。

第二層，開會。此其所開，爲選舉會。其場所日時，及各級議員之數，董事於七日前公告於衆。鄉圖地大，則就各圖設分會，日時方法，皆與本會同。第一級人數必少，無庸選舉於分會。坊廂之二三級，鄉圖之二級，則偶有之。凡選舉次序，先下級，依次逆推而上。其必有次序者，恐一人同時當數級之選。其必先下級者，使下級選舉人得擇人以行選舉也。

第三層，執事。選舉會中必有執事之人，先由董事之意，於選舉人中指定二人或四人爲執事員，而己爲執事長，監督是日開會、閉會，及會場一切事務。除選舉人外，不得入場，俾無紛擾，得以平心思索。又檢察選舉人互相商勸之弊。

第四層，投票。選舉人每人給一票，書被選舉人姓名。書票之法有二：(一)連記，謂每票舉若干員；(二)單記，謂一票止舉一員。此二法宜何從，坊廂鄉圖中人或主張不同，分爲兩派。連記之票，既網羅多數被選舉人於一票，地方人數無幾，票中必所記彼此相同，則某派人多票亦多，其票爲全有效，他一派則票且全無效矣。故宜從單記。單記之書法又有二：(一)記名，謂選舉人自己署名；(二)不記名，謂選舉人不署名也。以理論之，記名法爲光明正大之法，但吾國初行選舉，情面勢分，瞻徇必多，不如且專用不記名之法。

凡投票不得倩人代投。以無關係之人，隨意所投，必不切於本地方之利害。但册中載明應倩人代者如公司等之法人，及婦孺之多額納税者等，由執事人核明給票，仍不得以一人代數人，且代者必爲有公權之本國人。

今既用單記不記名之法，可得票式如下：

選舉票		
年　月　日	某某某爲議員	今舉

議會係公共大事，投票一律書名，名姓相同者，選舉册中先注明其不同之字號，投票時亦於名旁注某字某號以爲别。

單記不記名之票，所書止姓名兩三字而已。教育向未普及，文字固愈簡愈妙。但恐鄉僻公民多有並此而不能者，則此數年中，當特開倩代之例，此項公民投票倩代之法，必令所倩替代之人，確由本人之意。此爲暫時通融辦法，教育普及後，若仍有不識字者，竟不許其投票可也。

第五層，點票。投票得多數者爲當選。其多數有二種。(一)過半之數。得票數必逾於全票數之半始爲當選。(二)較多之數。此多於彼，儘多者爲當選。夫求過半之數，可行之於推舉，先指人名，後視贊成之多寡。若投票，則宜專用較多之數，數同則計年，年月又同，則籤掣之。

凡投票而一定無效者有四：(一)被選舉人之名不可辨認；(二)多出人名，難定其所選者果爲何人；(三)誤書無被選舉權之人；(四)被選舉人姓名之外，混記他事。其餘由執事人以法所規定，決其有效無效。所決不當，本人得訴之於上級地方團體。

第六層，就職。凡有效之票，居當選之數，則就議員之職。此爲義務，不容辭免。其有故而辭，則有六種：(一)疾病不堪公務；(二)營業不在本坊廂、本鄉圖，家居時少；(三)年逾六十；(四)現有官職；(五)前曾四年爲坊廂鄉圖無俸之董保，交卸後未滿四年，及六年爲坊廂鄉圖議員，滿期後未過六年；(六)其餘由坊廂鄉圖會議決，許爲正當之事由。就職後辭職，准用此六條。

凡無故辭職，得由坊廂鄉圖會議決處分之。其處分之法，停止公權三年以上、六年以下。此停止年限内，加課其所負擔坊廂鄉圖費額，加至八分之一至四分之一。就職後，曠職者同。

當選之人，若公民中有異議，可儘七日内申告上級參事會處分，得撤消之。

二　坊廂鄉圖會議員之地位。其目有二。

(甲)權利。有二。(一)參與公事。此有一種限制。凡關本身及父母兄弟妻子等事項，則應回避。(二)受領公費。公費乃因公所用之費，議員無俸給，故爲名譽職，若因公又需賠墊，勢有不能，當酌本坊廂、本鄉圖情形，或折給一定歲額，豐儉聽本人自便，或每次開會，照旅費核實支銷。

（乙）義務。亦有二。（一）議事當謀公益，不得爲自己謀私益，並不得爲舉我者代謀私益。（二）議事必須親到，不得託人達意。

三　坊廂鄉圖會之起止。其目有五。

（甲）開會。凡上級地方每年開常會一次，餘則有故開臨時會，坊廂鄉圖則無須拘此，仍沿向時有事即議之例。議長即其董事，傳知開會，並定會期，當由議長或議員有三分之一以上，意見相同，亦可請議長傳知。其本會應開幾日，亦聽議長之約。董事有事故，可使其下辦公之人代爲議長。

（乙）停會。開會中間，視公事上有應暫停再議者，議長可約明停會幾日，至期滿日即仍到會，無庸傳知。惟前議不問已決、未決，均歸無效。

（丙）休會。前所云停會者停由議長，此所云休會者全會皆休。以其生於事實，而别無意見，故休會前所議決者再開議時仍有效力。

（丁）閉會。一切完結，凡本會不決之事，次會即使重提，亦止作爲新發之議端，與本會無涉。

停會、休會、閉會各項限制，歐洲各國，不一律如此之嚴，日本則然。蓋議會初興，人或不恪遵公決之意，會中尚爲定法所限，不至輕易違法。若許其意思，延及會外，恐公決之例有難言者。坊廂鄉圖會議長即其董事，凡非議會所決，絶不許董事有所執行，其限制更不得不嚴矣。

（戊）解散。議員任期中，該議會有違法之行爲，或溢乎議會之職權，或自利而貽他地方之害，凡屬議會違法而非議員違法者，地方官得稟知督撫轉報民政部，而解散之。解散後，即重新選舉，與平常選舉同。

四　坊廂鄉圖之權限。其目有二。

坊廂鄉圖爲地方之起點，人民之有公共事業，政治思想於此發軔，積坊廂鄉圖而爲國家。中間省與廳州縣之團體大率監督此坊廂鄉圖，及聯絡此坊廂鄉圖，爲其責任。以故坊廂鄉圖所劃之區域則隘，而所操之權限則甚寬，蓋有過於省與廳州縣者。

坊廂鄉圖權限何以寬於省與廳州縣乎？凡地方可有之公事，坊廂鄉圖無不有之。而事應普及，如小學教育之類，非坊廂鄉圖各自著力，不能收效。故教育行政，學部之事也，而日本則以小學之行政委之最下級地方。未普及而急求普及，非如此不可。吾父老子弟今豈無品行身家全備公民之資格，而幼年失學，有不能自書選舉票者乎？則教育宜急，無問學部以此見委與否，要當視小學堂之分區設立，爲坊廂鄉圖第一義務矣。其詳當另編《普及教育》一册，求鑒於各父老子弟焉。

何以謂教育爲見委之事？蓋地方自治，所禀者民政部之法令，所受者民政部之監督。教育爲學部之專責，而設立之計畫，寄之地方團體，故爲委託之政。吾國今日設學堂之事，尚無不出於地方之規畫，無所謂學部之委託。父老子弟能負籌畫之義務，即享教育之權利，自勉焉可矣。非權限而可引爲權限，此不得不別論也。

今舉坊廂鄉圖會中確實之權限如下：

一　坊廂鄉圖地方公事之權限，其目有五。

(甲)議決。坊廂鄉圖之意思，託之議會，即託之議會之議決，此爲權限中之根本權限。別爲五種。

第一種，條例及規則。條例者，坊廂鄉圖辦事之條例，及坊廂鄉圖住民所應遵守之條例。規則者，坊廂鄉圖所管之營造物，本供住民使用者，其如何使用之約法也。

條例、規則雖由坊廂鄉圖議決而定之，然有四種限制。(一)限於法律範圍以内，自治團體不得與國家法律相背。(二)限於已經地方官存案，否則不能强人遵守。(三)限於坊廂鄉圖之區域未改，一經分併，利害關係必有不同。(四)限於本坊廂鄉圖，别坊廂、别鄉圖若有相關，當摘出通知之。

第二種，預算及决算。詳第四章。

第三種，基本公産及他公産，賣買互换推收出入等情。

第四種，使用費、酬勞費、地方經費以及夫役物料，各種賦課徵收之法。

使用費，如租借公産之類。酬勞費，如邀作中見，或查閲册籍之類。凡此收款，在坊廂鄉圖當爲正款。使用費從置定之營造物而生，酬勞費由設定之董事等而生，故由議會議决其賦課徵收之法。向來地方公産所生租息，本充公用。而住民以私人之事，必經董保等公人之手而成者，多不以爲公事，而以爲私情。於是酬勞無一定之法，住民以索謝爲苦，董保蒙不廉之名，蓋兩失之矣。

第五種，公共財産及營造物之管理方法。

以上五種皆在坊廂鄉圖會議决權限之内。未議而即行，爲董事之不法。遇此等應議之事項，由董事提告議會，謂之議案。議定，則董事有一定照辦之義務。惟所議有違法律或害公益者，得令重議而已。

(乙)選舉。坊廂鄉圖會有選舉坊廂鄉圖董事及其餘辦公人等之權限。

(丙)監查公事。坊廂鄉圖公事所應監查者有三：(一)坊廂鄉圖之公文及帳目；(二)坊廂鄉圖之議決，已否執行；(三)坊廂鄉圖之出納是否合乎豫算決算之數。凡此三者，有不當之處，監查時可以指摘之。有需急行監查者，董事尚未報告，可要求其報告。有時議會與董事意見不同，可由會中以意見呈之地方官，請其裁奪。此裁決非裁判，不過代決公事上之意見耳，不爲訴訟。且文明之國，司法無不獨立，地方官原無裁判之職。吾國司法獨立雖尚未有定期，要之自治團體之於地方官，決非向來人民之見官長，以觳觫恐懼爲體統也。

(丁)陳述意見。有二：(一)公益事項，坊廂鄉圖會自行陳述；(二)地方官見問之陳述。

(戊)裁決。此裁決非裁決私人爭執之事。吾舊日不合法之紳董局所，往往以招攬民事上小小爭訟，自任排解，以附會於自治之意，此大謬也。裁判乃法部之事，與民政部無涉，非但議會不能過問，即董事亦無此職權。今之所謂裁決，則有四種。

第一種，住民公民之權利。有應得此權利者，而或抑遏之，本人訴願於議會，爲之裁決。對議會不稱控訴，但稱訴願。

第二種，選舉權及被選舉權。此其權之有無，若有爭論，則訴願於議會，爲之裁決。

第三種，選舉人名簿之合否，所分選舉等級之當否。若有舛錯，則訴願於議會，爲之裁決。

第四種，議員選舉之有效無效。若有糾舉，則訴願於議會，爲之裁決。

除四種事項之外，地方自治團體，無裁決之權限。蓋各國司法皆獨立，全國自分許多裁判區，其大不過數里，小小爭議皆可就訴，故司法省之事務，斷無委之地方團體者。裁判之員，皆法律學堂畢業得憑，又經司法省委法律學有名之博士學士，試驗及第之士。其裁判並無威嚇，較之吾國民間排解之法，和藹且有過之。其法學之精嚴，則更非吾國官長之所能及也。

吾國地方官兼司裁判，然小小詞訟，每批飭地方理楚，於是董保有無權之裁判。久之而董保所爲，公益事少而爭訟事多，無論用情索賄，武斷鄉曲，有種種非法之爲。即大公至正之人爲董保，不以心力用於地方之公益，而日爲鬪毆罵詈、奪産爭嗣者所牽率，何補於地方，即何補於國家，此自治團體之中所萬不可蹈之弊也。

然今日政體之下，苟無地方理楚之一方便，動輒對簿公堂，横被敲撲，亦更不成事體。故司法不獨立，於自治制亦大有礙。必不得已，議會中別舉一二明法之人，專待理楚之用。一切責任，與自治團體無關，隱師區裁判之意。此爲不幸之變通，決非善法，惟有日望司法之獨立而已。

二　坊廂鄉圖會内事務之權限。其目有三。

(甲)定會議規則。如何開會，如何決定，凡開會時所行節目，及其規則，得由會中先行規定。

(乙)懲罰議員。議員違背規則，可罰出二圓以内之罰款。

(丙)審查議員資格。本無此資格，而冒選或已充議員，中途失其資格，皆由議會審查之。

第二節　行政機關

坊廂鄉圖之行政，董事所行之職權是也，謂之獨任制。獨任制者，以董事一人獨行議會所議決也。上級地方之行政，屬之官長。而地方舉參事會員，以接近行政之官長，每事又必於參事會中議而後行，是謂合議制。其下分任公務之員，雖數有多少，要皆爲補助者，非可爲行政機關，止稱補助機關而已。鄉圖之行政由鄉董、圖董，止爲補助機關，故凡稱董事，在鄉圖止以鄉董當之。

一　董事

董事由坊廂鄉圖中選出，必經地方官許可。若地方官不許其人，坊廂鄉圖中以另選爲義務。

董事本名譽職，但視地方情形，亦有受俸給者。其人必年在三十歲以上，以期練達可恃。無俸者，必選自公民，以其身家較裕。有俸者，不必公民，住民中才品可信者皆可當之。蓋有俸則有以顧其身家，而選舉之路寬，尤易滿人意也。但非公民而被舉爲董事，經地方官許可後，即有公民之資格。

董事之職務乃爲坊廂鄉圖之代表，其權限止能執行坊廂鄉圖中議決之事項，絕不能自出己意，而行一事。會中所議決，或違法律，或害公益，董事以爲不可執行，則可使會中再議，終不得自出意見。再議而仍不改議，可請地方官裁奪。此裁奪與前議會所請之裁奪同。

外國遇此等公事之爭執，地方官裁奪而仍不服，可訴之行政裁判所。行政裁判所，乃專裁判內外衙門及地方團體公事上之一切爭執者也。吾國司法尚未獨立，更難望有此特別之法官，則姑以此事託之地方官耳。吾父老子弟爲公益計，姑和衷以從事，務少意氣之爭，其亦可也。

董事有兩種責任。在自治團體中，純然奉行議會之意思，然其代表坊廂鄉圖，而對於國家亦兼承國家之命令。如地方警察，董事奉行警部之法規，無庸議會議其規則。但警察爲保護本地方而設，其費應由地方負擔，如何籌費之法，則仍由議會議決。凡法律定自國家，而奉行必在地方者，議會固不能議及法律也。

二　補助各員。其目有六。

（甲）副董。董事不能無事故，必有副董，以便替代。平時辦公，亦可與董事分任。其選法、任期與董事同。在外國法名之曰助役。

（乙）圖董。此惟鄉圖有之。舊時廂董亦稱圖董，今當區別之。

外國法市必分區，區必更設區長，以地大事繁也。在鄉則偶有區長，不必定設。吾國坊廂地小，不過當一圖耳。奔走期會，近在咫尺，故向不分區。而鄉則爲地較廣，舊有圖董分區理事。然則外國分區宜在市，吾國分區宜在鄉，事實有必然矣。

圖董所任本鄉董之事，特分圖辦理，以從簡捷。代表鄉圖，仍由鄉董，與圖董無涉。以有選舉權之公民，由鄉圖會選任之。亦可設副圖董，其選出之法亦同。

（丙）地保。此職向有收錢糧之責。外國法謂之收入役，今仍以地保當之。事關款項出入，必有俸給，當由董事推舉，而坊廂鄉圖決定之，更請地方官許可。其人不必公民，惟必明瞭帳目，一經許可，即有公民資格。依舊例每廂每圖一人，任期同董事。

舊時鄉圖地保尚於收入役之職相近，坊廂地保則因偪近官署，地方官出入，以地保爲作威作福之具，迎送跪起，笞杖横加，不以人理待之。此後當於城廂除去向來甘爲下賤之地保，不得使之應官。須知既奉旨自治，一切自有制度，官亦不能以向來威福相待。專司公款出納，爲體面之公民。

舊時地保遇竊盜人命等案件，在城固無罪而受非刑，在鄉亦協緝擾累，不堪其苦。須知地保並非司法之官，亦非警察之吏。吾國地方官權力絶大，司法、警察一以貫之，威鎮一方，不能使一方不出命盜案件，乃以地保逞其狼籍之手段，不自治之爲虐，由來已久。今奉旨自治，吾父老子弟可以一掃宿弊矣。

（丁）莊首。此惟鄉圖有之。依舊例，每圖十人，每年推住民資産多者輪充，亦當外國之收入役，而爲地保之輔。無俸給，其地位在應納租税之義務以内。

（戊）書記。圖正舊掌册籍，而又由公舉，正合外國法之書記。但須文義粗通，能勝地方文件之任，由董事推舉而議會承認之。

坊廂每廂本止有一圖正，鄉圖則每圖舊有一人，而鄉董之側無其人焉。今宜改稱書記，坊廂即以圖正兼之，不敷則由董事添舉，惟須推舉時兼顧其文義。鄉圖則鄉董之下添書記一職，由董事酌定其員數，而推舉之。圖董下則止圖正兼充書記。蓋將來民法定時，廂董、圖董必兼充户籍吏，圖正之掌册籍，正合户籍之用，必爲每廂每圖不可缺之職，故改書記之名，而可兼者仍由圖正兼之，惟鄉董之左右則添書記之職耳。

書記不必有公民資格，且有俸給。

（己）執事員。外國法謂之委員，吾國多以委員稱無印之官，故改稱執事員。坊廂鄉圖中，有學務水利等事，視其必需專員經理者，得由坊廂鄉圖選出之，無事即停，有事即設，大概有俸。其常設者即稱常時執事員，暫設者即稱臨時執事員。

以上六項，皆爲補助員。補助員之對於董事，雖非如官吏之下屬對於上司，然補助員承董事之命而行，董事之是與否由議會監督之，補助員則以從命爲其職。上對地方官，旁對議會，皆由董事負其責任，補助員止於董事有責任，其餘非所當問。責任不分，則辦公無序。當知自治即行政之性質，不可漫無體統也。

議會對於董事如有爭論，當請地方官裁奪，對於補助員，則糾得差違之處，質問董事而以爲不合，得即議定處分之。處分之法有三。(一)譴責。此過誤之輕者。(二)罰金。不得過五圓，有俸者扣俸，無俸者自出。(三)解職。此爲最重，有俸者於贍給有關，無俸者更於名譽有損。

其納賄及侵蝕等罪，更與刑法相關，是裁判所之責，非自治體之薄懲所能畢事矣。

第三章　坊廂鄉圖之事務

能自治之團體，爲有知覺運動之團體，與有知覺運動之私人同。私人因有知覺運動之故，無日不有向上之心，營養日豐，蓋藏日裕，聲名日泰，品地日隆，此知覺中必有之希望也。有可以致豐、致裕、致泰、致隆之術，則力赴之，此運動中必有之能事也。

團體中公物之便利多，是營養之豐也。公産之儲蓄多，是蓋藏之裕也。公民之智識多，是聲名之泰也。公事之良法美意多，是品地之隆也。吾舊時既有坊廂鄉圖之區域，不可謂非團體之外貌。其中無公共之知覺運動，故求其團體日日向上之心極爲淡薄。

今既合坊廂鄉圖之知覺運動，而行自治之制，則必有自治團體之能力與私人必有各自爲謀之能力，其理無異。此能力之所爲，謂之事務。

前所述自治議會中應議之事項，皆團體所由生存，與其所由發達之根本。自治團體行此事務，謂之助長事務，此爲團體本有之事務。

私人之自謀生存，自謀發達，即爲私人本有之事務。然如納税當兵等義務，私人亦所必有。團體既有人格，而爲法人。知覺運動之機關，定自法律。有知覺運動，即有人格。以其定自法律，故爲法人。豈能盡爲己謀，而絶不負擔國家之事務？於是又有團體受委之事務。蓋國家行政之必需遍及者，每宜委之最下級團體故也。

然則坊廂鄉圖自治權之所及，其事務當分爲二。

（甲）本有事務

（乙）受委事務

受委事務又分爲二。

（一）有以團體受委者，徵收國税是也。向時民情馴善之處，完納錢漕，有所謂議圖之法。勒限起底，地保莊首，自任督催，此即受委之慣例。惟向無完全之團體，故止由行政機關任之。今以團體受委，則督促之如何完密無間，如何公私兩全，議會中亦負議定之責。

（二）有以行政機關受委者，董事任之，教育警察是也。此又有二别。

（甲）民政部之見委。自治團體本屬民政部，警察亦民政之一事。但自治所應爲者皆助長之事，所謂見善如不及，學理上謂之積極事務；警察乃消沮之事，所謂見不善如探湯，學理上爲之消極事務，性質相反，故警察不在自治範圍之内。

若地方官自辦警察，能遍及各坊廂鄉圖，原無需委之自治團體。設或見委，則守望相助，亦民居必有之事。董事任之，而費之所從出，由議會議決。董事自監督巡查，與議會無涉。特董事監督之善否，即其爲董事之稱職與否，則董事亦對於議會，爲有責任。

（乙）非民政部之見委。教育本屬學部，然中學以上，由學部酌宜設立，原不必强以地方爲分配。小學則關係全國民之初等知識，無小學之教育，不能爲文明國之人民。普及教育，必分配坊廂鄉圖，必無一家之孩童不能就學，乃合普及之旨。吾國因教育最不普及，而民間治理最難就緒，則普及教育宜急矣。

若依日本之法，則我國亦當由學部請民政部，轉委自治團體，切實舉辦。但人無小學教育，即不可爲立憲國之國民。吾父老子弟豈肯自棄至此，則無論學部見委與否，吾民間自當急其所急。遵照學部章程，董事任舉辦學堂之責，每圖至少一學，每廂至少三四學，總使居民無一家不便於走讀爲止。

教育之費，坊廂鄉圖自宜分擔，與警察之已受委者同。籌費當由議會，不待言也。吾國教育絶不合法，小學堂縻費太多，地方負擔既不易，學生出費又不資，此與普及之旨大背。外國普及教育絶不如此，收費極廉，或且免費，故能加以强迫。若吾國教育而加强迫，絶貧民終歲之食，剥瘠苦地方全體之命，舉不足填此巨壑。蓋自辦學堂以來，鄉僻之兒童就學者益少。此事規畫當别詳一册，敬告吾父老子弟焉。今特著自治事務中不可少之目而已。

第四章　坊廂鄉圖之財政

私人之用財，不過日行之一事，團體則無事不待財而理，財政舉則無政不舉矣。坊廂鄉圖尤以財政爲要，故前章所謂本有事務之中，除團體自行組織而外，其餘皆關財政。今分三節言之。

第一節　坊廂鄉圖之財産

有二。

坊廂鄉圖有流動之財産，乃可以供周轉，有固定之財産，乃可以供使用，故財産當分爲二。

（甲）周轉財産。此又分爲二。

（一）基本財産。用息而不動本者，如土地房屋積穀存款皆是。若有必需動本之故，當經坊廂鄉圖會決議，及地方官參事會之許可。地方官之行政，必與參事員合成參事會，共爲合議機關。凡坊廂鄉圖舉董事等，以其關係者人也，得地方官許可已足。至基本財産之變動所關係者在地方，必參事會許可，乃見上級地方團體之同意。參事會見下册。

（二）非基本財産。此不問本息皆可動用者。住民所分擔之坊廂鄉圖税，即在其内。凡坊廂鄉圖能不收坊廂鄉圖税，但從基本所生之息，及他項有報酬之收款，即充公用，最爲方便。蓋收税乃强制之性質，不得已而用之耳。

（乙）使用財産。此亦有二。

（一）直接使用。如道路橋梁之類，人人有通行之利益，此之謂營造物。

（二）間接使用。如董事公所之類，雖非地方人人使用，而地方公事由此而辦，即爲全地方之利益。

第二節　坊廂鄉圖之收款

吾國地方攤費之法，向無以情理二字，仔細推求者，以故勢壓情縱，無弊不有。國民之於租税，本無衡情酌理之權，以致全國税法皆無情理，納直接税者大率止有農民，無田者可以攤資鉅萬，而分文不納於國。立憲國民有監督國家財政之責，吾國不養成可以監督之知識，其何以稱國民之資格乎？

財政兼出入而言。監督出款，止能糾其虛糜中飽而已。其事之當辦與否，必有專門之知識者乃能言之，蓋尚非人人所能監督也。負擔納税，則爲人人切身之事，吾民無所旁貸。坊廂鄉圖款目雖單簡，而法意則略具。故叙次稍詳，以其與選舉一事皆爲組織自治之大綱，即爲參與國政之起點，不可不明其條理也。

坊廂鄉圖之收款，大别爲二。

(甲)外來之補助。國庫及省廳州縣，期坊廂鄉圖之發達，而知其力所不逮，以經費助之。夫國庫及省廳州縣之財仍由國民負擔而來，不過移有餘以濟不足耳。吾國本有協濟之名，但係省與省相協，或一省之中，州縣與州縣相協，未有計及坊廂鄉圖者。至公益之物，雖富饒之坊廂鄉圖猶且不辦，貧瘠者更無論矣。

今國家税法且未定，無從定及補助之法，但將來制度完備，必有此舉。其補助之法有二。

(一)定額補助。全坊廂、全鄉圖應支出之數共若干，其幾成歸補助，餘由地方自行負擔。定額者，定其分成之額也。

(二)不定額補助。因某事必需經費而給之，吾國亦間有地方水利動帑興修者，此其類也。

（乙）本體之徵收。除基本財産所生子息之外，其得爲徵收者有二。

（一）公法徵收。凡以坊廂鄉圖名義所徵收者，謂之公法徵收。其類有四：

（呷）使用費、酬勞費。營造物爲全地方所用，不能收使用費。董事等爲全地方辦公，不能收酬勞費。如學堂病院，無學童無病人之家，即不使用，則其使用者宜收費矣。學堂使用費，即係學費。辦學乃地方公事，費已擔定。入學者自納使用費，另爲地方入款，故收費可以極少，便於勸學。如作中作保，無央求之家，即無勞可酬，則其有勞可酬者宜收費矣。

使用酬勞，以用之多寡、勞之輕重計其費額，不問其人之貧富，故與租税不同。其方法由議會議定，民政部立案，勒爲本地方條例，斷無以意出入之事。

（吃）罰款。罰款有二種。（一）警察罰款。坊廂鄉圖境内，無論何人違反警章，不願拘管，以罰款代之。其款至多不得滿兩圓。今吾國警政未完，此款暫無庸議。（二）職員罰款。即第二章所云議員罰款，不得過二圓；董事以外之補助員罰款，不得過五圓者也。

（呐）坊廂鄉圖税。此爲無報償之收款，與國税同。强制全地方，使負擔必不可缺之經費，由議會議定其收法。其收法大概有二。

（子）附加税。附加於直接國税及直接上級地方税者，吾國獨税田畝，並丁税亦攤於地，不均已極。欲爲有良政治之國，則税法不久必改。今據某君主立憲國之税法，提其要領如下：直接税見前。兹更詳之。凡納税人以自己之名入收税之簿者，謂之直接納税也。

直接國税約可分爲三種。

（一）地租税。此即吾國之錢漕。然錢漕止以地畝，不以地價計。有一畝之地，歲可生産數百金者，與生産數百文千餘文者無别，不均孰甚？謂之地租税，則視生産之多寡定税，庶不至獨苦農民。但非地方自治，則地租時有漲落，不易覈實，而無騷擾耳。

（二）所得税。此吾國所無。據外國税法，每年入款至三百圓以上，乃起税。凡滿三百圓者，税百分之一，所得愈多則税愈重。滿十萬圓者，税至百分之五五焉。

（三）營業税。此在吾國惟牙行有牙帖税。外國則各業皆税，而小本經紀者，不在其内，資本大約以五百圓起算。其各業各有情形，用工役若干，一年做生意幾許，法律皆定其小商、大商之分别，以爲收税、不收税之準。又從各業之性質，關於貧民所不可缺者輕之或免之，富人奢侈嗜好之物則重之，是爲以情理納税。

上級地方團體，另有所收直接税，外國法則然。吾國國税尚未定，姑不及地方之直接税，以省繁冗。

附加者，依準國税或上級地方税，每百成加收幾成。其成數，地租税、所得税、營業税又各不同其限制，當由議會以情理定之。

（丑）特别税，凡國家或上級地方所不收税，而獨由坊廂鄉圖收之，無可附加，故爲特别。

凡國家所不税，大率爲本小利薄，不勝負擔之人。故此種課税不可不慎，必其性質本爲一地方所特别，爲普通之税所不及，而並非貧薄之故者，乃爲相宜。否則不得已而附加及間接國税亦可。此皆當由議會議定，民政部立案，乃可施行。

特别税固爲獨立税，即附加税，其税由附加而生。既税之後，亦爲獨立。本税有時蠲免，附加者不必從而免之。

附詳納税方法。又分三目。

(天)納税之人及不納所得税之人。

凡納税之人有三。(一)住所在本坊廂、本鄉圖者。(二)無住所而滯留三月以上者。其義務仍從初滯留之日起算。(三)在本坊廂鄉圖有土地房屋營業所者。

不納所得税之人有五。(一)軍人從軍時之俸給。吾國現已粗行徵兵令，當遵此法，以示優異。(二)因公所受旅費，游學所受學費，積勞所受扶養費。(三)傷病者之撫恤費，孤寡之扶助費。(四)不爲營利事業，偶然得財，及非營利之法人得財。如善堂等公益之團體所收捐助等類是也。(五)從已課所得税之後之法人所受領者。如公司之餘利分紅等，此所以免重税也。又一公司有數處營業所，終年所得，彼此牽連，則並計而數處均分之，皆所以避重税，此類宜審。

(地)納税之物及不納税之物。凡納税之物大率爲土地房屋營業，但本坊廂、本鄉圖之人，其土地房屋營業在别坊廂、别鄉圖者，不在本坊廂、本鄉圖課税之列。吾國舊時歸户之法，土地隨業主而移轉，地方與地方之間有豪强之兼併，各坊廂、各鄉圖所謂負擔經費者益難計算，行自治制，當革除之。

不納税之物。凡國有、官有、公有之土地營造物等，其直接供公用者。如衙署及官立公立學校之類。官有之山林、荒地，則需得民政部度支部之許可，始可徵其負擔地方之費。又新墾地，幾年升科，當由坊廂鄉圖條例載之。向來則通例三年升科也。

(人)諸種期限。不動産過户時，納税户名，必至下一會計年度而改。其過户以後之税，歸得主貼與原業户，此與向來漕入條入同例。課税不公不平，得控之地方官，直至民政部，惟必在課税定後三個月以内，久延將無從會計。逾納税定期，由董事督促。仍不納，則公賣其人之産業，以取應納税額。所需費用仍取之納税者。如實係無力，則許其延期，延至已過會計年度。則何以抵其年度内之缺額，歸坊廂鄉圖會議决。

（叮）夫役及物料。此與附加性質略同，恒視其納國税等税率而定其額。

夫役可以雇代，説已見第一章。惟文明國之夫役税，乃役其人人可能之力。其由專門練習而成之藝業，無課税之理。吾國向時往往强百工技藝之流，以其所業應役，此非尊重知能權之意，不可行也。

公法徵收，本由强制，不能聽人願否。不但租税爲然，以上四項皆然。定期繳納，逾期由董事發催片。再不納，則取其財産准之，變價而扣其應納之數，餘給還。

若徵收者違法，則人民可訴之裁判所。蓋公事權限之爭，訴之行政裁判所。吾國無行政裁判所，既以地方官强充之，今之司法裁判，以事實論，亦止可暫歸地方官。然不可不知權限之爭，平其事理而已。違法之訟，則審實當有罪名也。其訴訟之期，必在發徵收令秋後三個月以内，逾期則無及。

（二）私法徵收。凡但視坊廂鄉圖爲私人所徵收者，謂之私法徵收。如售賣公物，公共營業鐵道、電車、電燈、自來水火等，宜乎地方團體公營之業、住民捐助及募集公債皆是。除公債外，事理明白，無庸贅述。

公債爲最妙之法。向無公共機關，故不可行。凡國民必監督國家財政，此立憲國之通例，故各國可行公債。今議院未立，則雖募國債，亦難確實通行。地方果成自治機關，則公債必在可行之列。

公債須由坊廂鄉圖會決議，並其歸還之期，利息之數，皆須先與議定，由地方官稟督撫，轉報民政部立案。又必限定其借債之原因，止有三種：(一)償還舊債；(二)天災地變；(三)謀本團體永久事業。似此則承借者爲本坊廂、本鄉圖，負償還之責者仍爲本坊廂、本鄉圖，有權起債者即有權付息，有權還債，較之尋常放債，可靠多矣。

但債項畢竟有付息之累，負債過多，則地方之負擔經費僅足顧其債項之本息，又將不及顧其他公益。故非興可以操券之利，則萬不得已，始可起債，此與國家起國債同。苟無能起債之信用，必不成爲國家與地方，債若過多，亦終爲累，信用何在？在監督財政者，共有債權，即共擔債務，國家與地方一也。

第三節　坊廂鄉圖之會計

會計有三：(一)歲出入之豫算；(二)出納事務；(三)決算。

(甲)豫算。坊廂鄉圖之豫算，乃豫算之最簡最近者，然法理則同。吾父老子弟，生爲立憲國民，不久將有參與國家豫算之責任。從坊廂鄉圖中先熟習之，目前則造福於坊廂鄉圖，嗣後且以此盡忠於國。此非細事，不可忽也。

會計往往不稱曆本之年分，而稱年度。何則？年分從歲首始，至歲除止。會計年度則任以何月爲始，如以四月爲始，則以三月末日爲前年度之終。本年度之豫算，在前年度未終之兩個月以前，製成豫算表。豫算者，估計之謂也。

豫算由董事開列款目，本年度内，本坊廂、本鄉圖某事當用費若干，列爲一表，謂之歲出表。表分經常與臨時兩部。經常者，年年有此出款。臨時者，惟本年度特有之出款也。先有出款額，再估計入款。亦開列款目，本年度内本坊廂、本鄉圖某事當收費若干，亦列爲一表，謂之歲入表。豫算必先出後入，謂之量出爲入。蓋有不可不辦之公事，先估定其費用，然後計其所入。相抵不足，則起税以益之，務使相抵而稍有餘。既成，則以歲入居前，歲出居後，合爲一表，謂之某年度歲入歲出豫算表。再摘其總數，另製一表，謂之某年度歲入歲出豫算總表，冠之其首。兩種表式如下。

坊廂鄉圖歲入歲出豫算表式

坊廂鄉圖歲入歲出豫算表	
某廳/州/縣　某廂/鄉	
某年度歲入歲出總計豫算	
歲入	
一歲入豫算銀 ……………………………………………………	
歲出	
一歲出豫算銀 ………………………………………………	經常費
一歲出豫算銀 ………………………………………………	臨時費
合計銀	（本年度若無臨時費，則前行與此行皆不填數目字）
歲入出相抵	
餘銀	

某某省某某廳/州/縣某某廂/鄉

光緒某年度歲入歲出豫算表

歲入表

款目		前年度豫算額	本年度豫算額	附記
第一款	財産所生子息			（前年額與本年額相差之或多或少附記其故於此）

續表

款　　目	前年度豫算額	本年度豫算額	附　　記
一			
二			
三（款目多則照開，非以三爲限，下同）			
第二款　使用費 酬勞費			
一			
二			
三			
第三款　雜收入			
一			
二			
三			
第四款　前年度滚　存			
第五款　坊廂 鄉圖 税			
一			
二			
三			
合計			

歲出表

經常費			
款　目	前年度豫算額	本年度豫算額	附　記
第一款　公所費			
一			
二			
三			
第二款　會議費			
一			
二			
三			
第三款　土木費			
一			
二			
三			
第四款　教育費			
一			
二			
三			
第五款　衛生費			
一			
二			
三			
第六款　救助費			

續表

經常費			
款目	前年度豫算額	本年度豫算額	附記
一			
二			
三			
第七款　警備費			
一			
二			
三			
第八款　勸業費			
一			
二			
三			
第九款　諸税及負擔			
一			
二			
三			
第十款　公債費			
一			
二			
三			
第十一款　雜支出			
一			
二			

續表

經常費			
款目	前年度豫算額	本年度豫算額	附記
三			
第十二款　預備費			
一			
二			
三			
合計			
臨時費			
款目	前年度豫算額	本年度豫算額	附記
第一款			
第二款			
第三款			
第四款			
合計			
通計			

光緒　　年　　月　　日送交

歲出表第九款"諸税及負擔"云者，諸税，如共有財産應納之國税；負擔，如電車、鐵道等境内不得已之供應。坊廂鄉圖自造電車鐵道，國家因軍務等急事，無值通行之類。董事製成此表，既交到坊廂鄉圖會，坊廂鄉圖會照所開款目議其當否，呈報地方官。地方官爲之揭示於坊廂鄉圖境内，方爲有效。議決時若違背法律，董事可返之而使再議。設表中漏載法律上應有之款目，地方官又可使之補載重議。

豫算中既承認徵收税項，後此更議徵收法規，其事與豫算無涉。

照各款目豫算之數，有不敷用，得動用豫備費，無需更由坊廂鄉圖會認可。

（乙）出納事務。豫算已定，準之以爲出納，則有出納事務，由地保掌之。董事以豫算交付地保，地保一遵豫算表，俟董事或地方官之命而支出之。應交之地方官者，俟地方官命。如所命違反法律，或超過範圍，地保有不支出之權限。

所管出納事務，每月必檢查一次，每年至少又必爲臨時檢查一次。月查歸董事，臨時檢查則董事之外，坊廂鄉圖會亦選臨時委員共檢查之。

（三）決算。一年度既終，出納已定，由地保以帳簿交之董事。董事檢察後，得加意見書，再交坊廂鄉圖會。坊廂鄉圖會查其歲出歲入有無違反豫算，及用之得當與否。查無不合，則加認定，是爲決算。

豫算時有決議，決算時有認定，皆爲議會監督之權。決算之後，如發見其中有違反法律超過範圍等情事，由坊廂鄉圖會任其責，與董事等行政機關無涉矣。

決算畢，再呈報地方官存案。

第五章　坊廂鄉圖之聯合

坊廂鄉圖衡宇相望，阡陌交通。其間所生利害，斷無劃然各爲畛域之理，於是有聯合之法。

向時地方公事，關係數區域者，原有會商之法。特無一定規則，故會商有時可不就範，甚且此廂此鄉欲諉其負擔於彼廂彼鄉可以賄賂情面，借紳權官權立無理之案以相壓。彼廂彼鄉不服，則悍者械鬭，黠者纏訟，喪身破家者纍纍。公益不見而公害昭然，此不自治之地方最可痛之事實也。

前文所云之事實，於水利之爭，發見尤夥。外國設有水利組合之專法，又有耕地整理法。凡田畝分割，轉輾易主，以致畸零不便者，法律爲定公平交换之法，不得由一造任意居奇，此皆通力合作，爲共同之國民。自治以後，當逐漸推究。議院一開，人民有參與立法之權，所待於請求者不少。附著於此。蓋由聯合之旨，類舉一二，冀廣自治之意也。

凡坊廂鄉圖其聯合之性質有二：

（甲）協議聯合。利害相關，不止一坊廂鄉圖者，由各坊廂鄉圖協議，呈明地方官存案。

（乙）强制聯合。亦有協議不遂，而貧瘠之區終以不堪負擔而難言公益者。鄰近之地，多一教養不備之區，既爲一方之羞，亦即爲全國之玷。於是地方參事會得强其一造俯就協議，以圖公便。未有參事會，則此條緩議。

凡地方上級團體，如省與廳州縣，皆於議會之外有參事會。蓋有地方推選參事員，與督撫及廳州縣長官爲合議機關。蓋使官長不能獨出意見，以聽地方之治，必有當地參事員合議而後行也。坊廂鄉圖聯合之應否强制，非地方官所能盡瞭，故必由參事會爲之。

無論協議、强制，一經聯合，則利害自然相關，杜爭執於事前，械鬭纏訟自無因而起矣。

坊廂鄉圖其聯合之性質同，其部分又有二種。（甲）一部聯合。指定坊廂鄉圖中某事，如水利、病院、學堂等類聯合之，使其事易舉。(乙)全部聯合。此必爲最貧瘠之坊廂鄉圖，不論何項公事，皆有借助而後成。當其聯合之時，必並規定其聯合會議之組織，聯合事務之管理方法，及其聯合費用之措辦方法。

若一鄉中之某圖當合鄰鄉而後便，則可使此圖竟屬鄰鄉，亦以協議或强制爲之，此屬更變區域之事，與聯合不同。

聯合之事實已畢，亦可解散。由協議聯合者，仍以協議解散之。由强制聯合者，必呈明地方官，得其許可。

第六章　坊廂鄉圖之監督

坊廂鄉圖既爲自治體，而成民政部内之法人，則最高之監督權在民政部，遞至省廳州縣，皆爲監督此團體者。

自治體之所以必有監督，正恐此自治體與彼自治體互有相妨之處。蓋爲全體求公益，吾坊廂吾鄉圖誠受益矣，而或致損及他坊廂他鄉圖，將急公之團體愈多，地方之衝突愈甚，何足爲訓。

吾國既奉諭旨責令地方自治，省廳州縣長官仰體朝廷汲汲圖强之意，斷無過事干涉，妨礙吾坊廂鄉圖自治之理。今各長官之所以監督我者，法律全然未定。但吾坊廂鄉圖不可不先自處於有監督之地位，並自知自治範圍以内，斷不須顧慮監督，坐視公益而不爲。此要義也。

何謂自治範圍？前五章之所述皆是也。最要之一義，尤在自謀地方之利，不可害及他地方之利益。國家既必賴自治，而又不能懈於監督者，正以此故。吾坊廂鄉圖先自嚴定其分限，即所謂自處有監督之地位，甚且顧及國家之大局，於鄰地之力不足謀公益者，來相協議，務平情以酌其宜否，不專主拒絶以自私。則將來法律大定，所求不過如是，吾父老子弟所足以自信者在此矣。

省廳州縣長官其監督若有不當，則省廳州縣之議會自有抗議之權，故監督之法其詳見第二、三部，此所望於坊廂鄉圖者，惟其能受監督之實際焉耳。

第二部　廳　州　縣

前所述之坊廂鄉圖，其於國家，如築室之有基址，基址既固，無論何等材料，皆能承載。廳州縣則其劃分間架之柱與壁也。

廳州縣亦自治團體之一級，凡自治之範圍與坊廂鄉圖原無大異，兹就其相異之處詳言之，亦如第一部分，爲六章如下。

第一章　廳州縣之組織

廳州縣向來自有組織，但意在官治而無所謂自治。今奉諭旨，責令自治，在官長自能講求自治之組織，惟吾民亦當知地方官在我自治團體之中當居何等地位。

地方官之地位，一面爲國家行政機關，一面即爲自治團體中行政之長。如坊廂鄉圖之董事，凡在自治範圍之内，無一事不遵議會所議決而行之者也。特地方官一人具有兩種資格：(一)官治；(二)自治。

(甲)官治資格。廳同知、知州、知縣，爲國家所任命，非由廳州縣境内人民所公舉。其所擔任之事務，如一廳州縣境内所有外交、軍事、警察等事，專爲國家事務，而非自治團體中教養切己之事，此自治團體可以不問。苟於民業無關，一任地方官奉國家之法律或命令行之，此與前述坊廂鄉圖之委任事務同其性質，特其受委任之範圍較大於坊廂都圖耳。

(乙)自治資格。廳州縣乃集若干坊廂鄉圖而成，區域較大，魄力亦較大。吾民自有一廳州縣境内公共之利害，彼廳同知、知州、知縣，特爲廳州縣行政機關之長。至地方之利害，一本於議會之議決，與董事之受成於議會無異。又恐官非公舉，意不相浹，復公舉參事員爲參事會，以與官行合議之制，而官即爲自治體中之一分子。

自治資格中廳州縣長官之作用又有二。

(一)吾民在法律範圍以内，則自治爲謀公益，並不礙他廳州縣之利益，亦不礙國家統治之權。此時廳州縣長官純乎爲行政機關之長，而受成於議決機關。

(二)吾民在法律範圍以外，則自治縱謀公益，而或礙他廳州縣之利益，或並礙國家統治之權。此時廳州縣長官又純乎爲國家任命之官，而盡其監督之職。

知地方官之地位，然後可以言組織。至其職務、權限，自在第二章言廳州縣機關時詳之。特恐吾國初行自治，視官之去民太遠，則組織團體之方法無從措手。既破此一層，其餘所謂廳州縣之組織，仍不過土地人民而已。

土地即向來廳州縣境，亦即合若干坊廂鄉圖之境。人民則廳州縣之住民，即各坊廂鄉圖之住民。公民亦即各坊廂鄉圖之公民。坊廂鄉圖之事理，廳州縣之事即無所不理，故組織無待煩言也。

第二章　廳州縣之機關

廳州縣之機關有三：(一)廳州縣會；(二)廳州縣參事會；(三)廳同知、知州、知縣。

坊廂鄉圖機關，分議決及行政兩種，廳州縣亦何嘗不然。廳州縣會，廳州縣參事會，皆爲議決機關。特廳州縣會純爲民議，廳州縣參事會爲官民合議耳。廳州縣官則率其下之佐貳雜職，爲行政機關，辦理地方一切事務。

第一節　廳州縣會

積若干坊廂鄉圖，劃爲廳州縣之區域。既劃定，則以廳州縣爲一團體。體中之知覺，寄之議會，與坊廂鄉圖同。但坊廂鄉圖之團體，其力僅能自顧，除徵收國税而外，大約不出自顧之範圍，議會正爲自顧而設，故坊廂鄉圖公事多決於議會。廳州縣事務動與國家有關，國家有制定之法律，行乎其間，則應歸議會議決者，其權限轉隘矣。

國家法律，在立憲之後，原須由國會議決而後定，故法律亦未嘗不出於民議。惟其責在國會，非廳州縣會所能過問。獨廳州縣所自爲謀，而爲法律所未定者，則用此議決機關耳。今分五款述之。

一　廳州縣會之組織。其目有八。

(一)選舉主義。坊廂鄉圖有選舉權者，其人數無多，無庸分其主義，廳州縣則有主義可言矣。凡選舉主義有二：(一)直接選舉；(二)間接選舉。

(甲)直接選舉，一名直選舉。凡有選舉人，直接選舉議員，經一次選舉而即定者也。(乙)間接選舉，一名複選舉。凡有選舉權者，所選舉者止爲選舉人，再由選舉人選舉議員，經兩次選舉而後定者也。

現今各國大概用直選舉法。吾國初行選舉，尋常有公民資格之人尚未必有識别議員之能力，似當先行複選舉法。人即甚陋，意中必有一二識字明理，心以爲可恃之人，舉之而使彼識字明理之人，再選議員，較爲得力。然不久即當廢之，選舉法行之數年，不患人民知識之不進也。

(二)議員定數。小縣三十人，中縣四十人，大縣五十人，廳、州視大縣。俟自治體中查清人口，再議人口與議員分配之法。

(三)選舉區。廳州縣即爲省會之選舉區，而廳州縣會之選舉區則大概宜以城廂爲一區，鄉爲四區，蓋分區過小恐人材不易得也。區既劃定，每區得舉幾人，不得不以人口爲比例。舊有煙户册雖不可憑，姑據之清查人口，爲自治第一下手之法。第一年稍含糊，第二年斷無不瞭然矣。

按：除選舉議員之外，税法、學制、警政無不從人口爲分配。吾國以不自治之故，凡言公事，並非人民公共之事，轉爲蠹害人民之事。故胥役謂之公人，民視之爲豺虎，衙署謂之公門，民視之如牢阱。聖君賢相知其然也，務令地方絶少公事，以爲安民之計。於是且以停編審爲德政，人口混淆，政本先墮矣。國無政事，夫豈偶然。

(四)選舉權。廳州縣區域較大，不能如坊廂鄉圖行等級選舉之制。何則？地大人多，核算太煩。且一廳州縣之中，貧富之差甚遠。今雖富人未必納税，税法一定，自不能免。以少數富人，占全廳州縣議決之多數，貧民將被壓不堪，不可行也。

以大概言，在本廳州縣境内，已有坊廂鄉圖之選舉權者，於廳州縣會仍有選舉權，然不能不略加限制。各國多以財産爲限制，亦不盡憑其納税額。今選舉初行，限制宜寬，以期普及。惟酌量選舉人之身家，較更優於坊廂鄉圖之選舉人而已。

(五)被選舉權。此其資格，亦與選舉權同本於坊廂鄉圖，而身家較裕者當之。但其所謂缺格者略異，缺格者本有被選舉權，因其有某種避忌而失之也。

缺格有七：(一)本廳州縣之有給吏員；外國地方官，不必非本地方之人，但由國家任命者即爲官。故地方議員之缺格，並本地方官在內。交通既便，何所謂同省、隔省之别。吾國將來隔省服官之法，亦所必廢。今則暫無本省人爲本省地方官者，故缺格内亦不數及此。(二)執法之官此亦司法獨立以後之事及收税官吏；(三)僧道及諸宗教師；(四)有關係於選舉事務之官吏及吏員而在其關係之區内者；坊廂鄉圖董事等皆在其内。(五)承攬廳州縣公家工作之人，或與廳州縣公款通往來之公司中夥友；(六)現爲官吏，雖不關本廳州縣，然當選後未受所屬長官之許可；(七)現爲國會議員，當選後未辭國會議員之職；此有國會以後之條件。

(六)選舉人名册。每一選舉區立一册，一册又謄成若干本，以備分給各投票所。凡資格合有選舉權者，由所住坊廂鄉圖之董事據本人所自陳明，爲之注册。册内無名，雖合格不算。合格而又有名，則定册後一年之内，凡遇選舉，皆爲有權。其一年之期，設如以十二月十五日爲始，則至次年十二月十四日爲止。

造册有定期。先定册三月而造，造一月而成，成後兩月而定。設如十二月十五日爲定册之期，則九月十五造起，十月十五告成。造册時未能合格，後乃合格者，加入次年之册，本年不中途更改。其實係造册時遺漏，則申請廳州縣參事會，得其裁決公文，亦可參與選舉，此爲册上無名而有選舉權之一例外事。

册有二：(一)底册；(二)名册。與坊廂鄉圖同。其修正及縱覽及異議等情亦同。

(七)選舉種類。(甲)定期改選。以四年爲廳州縣會議員之任期，二年改選半數。(乙)解散後之選舉。(丙)補缺選舉。二者皆與坊廂鄉圖同。(丁)以人口定議員之數，則人口加增亦應增選。

(八)選舉節次。其目有四。

(甲)揭示。地方官必於選舉期前二十日，揭示布告公衆。其必載揭示中之事項：(一)投票日期；(二)選舉員數；(三)各選舉區選舉員數。其餘有應公告者則載之。惟無前三項，則爲不成公告，其揭示爲無效。

(乙)投票。票紙由地方官印給。投票所仍在各鄉各廂之董事公所，或董事指定其場所，於選舉前五日由各董事公告定奪，並由各董事管理其事。鄉之地大，廂之人多，酌分數所投票，聽董事酌定。

前所云選舉區，一廳州縣不過四五所，區内若干廂或若干鄉投票時不分界限，照選舉名册中有被選舉之資格者，此鄉與彼鄉，此廂與彼廂可以通選。

投票，仍用單記不記名之法。投票時管理之人，仍由董事及董事之補助員設數所投票者，必用補助員分管，投票執事人仍由董事於選舉人中選任。每一投票所，二人或四人。其餘一切關防，皆與坊廂鄉圖之投票時無異，惟必另備一空白之册，謂之投票册。

票必親書請人代書，爲目前暫用之寬法，所以便不識字之公民，亦與坊廂鄉圖同，筒必親投。投後書名於投票册中，而捺印於自己姓名之下。捺印一事，西人多用簽字。日本人用漢字，不便於簽，故用捺印代之。凡與人有交涉之人，無不刻一小圖章，隨身攜帶，其質用木用角，一聽自便，並有小硃色盒附之，價廉而用溥。吾民從向無法律之中，漸進於有法律之境。向來口説無憑之事，必以有憑爲宜，則此印章在所必用矣。董事則製投票録，記載投票始末，與執事人一同署名，並一同將票筒及選舉録送至選舉會場。

（丙）開票。選舉會場乃一選舉區一所，選舉區内見地方官揭示選舉期，即由區内若干董事中推舉一人爲本區之選舉長。選舉長指定某一公所或某一祠廟空廨爲選舉會場，先期出示公告，臨時又就各廂各鄉之投票執事人以抽籤選二人至六人爲選舉執事人，次日開筩，即由選舉長會同選舉執事人監視之。

監視之時，先就各筩點其票數與投票册中捺印之數。數目相同，則全筩之票爲有效，否則，全筩皆撤去不算，止以他筩不誤者計票。此有效無效之關係多數者也。至各票之不合格而無效，其條件與坊廂鄉圖會相同。

開票既畢，選舉長偕執事人製選舉録，詳載選舉始末，以其副本報告地方官。

（丁）當選。用比較多數之法，與坊廂鄉圖同，惟由各選舉長通告本人。凡一人産業關數選舉區，則數區之選舉册皆有其名。若當選於數區，則以受最後通告之日起，儘十日内由本人向地方官自認，不認即作爲辭選。其餘當選人亦皆於通告後十日内向地方官承認，不認即作爲辭選。辭選人以次多數爲當選。

承諾後，地方官當給予當選之證，並將各新議員住所姓名揭示署前，以告公衆。

二　廳州縣會之起止。

開會、停會、休會、閉會、解散均與坊廂鄉圖會同。惟彼之應由董事所作爲者，此則以地方官任之而已。

三　廳州縣會議員之地位。

（甲）權利。坊廂鄉圖會議員權利，廳州縣議員皆有之。惟刑法上應有特别保護之權。外國法律，日本以壓力最重聞於天下，然其保護議員及議員之罰則尚有五條，屬於普通刑法。譯録下方，以資參考。

明治二十二年十一月法律第二十八號

朕裁可保護議會並議員之件，茲公布之：

第一條　對於以法律所組織之議會，公然誹毁侮辱者，處二月以上、二年以下之重禁錮，附加十圓以上、百圓以下之罰金，但待議會之告訴，方論其罪。

第二條　對於前條議會之議員，就其公務上之言論行爲，公然誹毁侮辱者，又加暴行於議員者，處一月以上、一年以下之重禁錮，附加五圓以上、五十圓以下之罰金。

第三條　當議員行其公務，以暴行脅迫，妨害其言論行爲者，處四月以下、四年以上之重禁錮，附加五圓以上、五十圓以下之罰金。

第四條　意在使議員辭職，或意在妨害其公務上之言論行爲，而脅迫或恐嚇其議員者，處十一日以上、二月以下之重禁錮，附加二圓以上、二十圓以下之罰金，但待被害者告訴，方論其罪。

第五條　因犯第二條、第三條之罪至毆傷議員者，照刑法毆打創傷各本條，加一等從重處斷。

據彼國律文，所稱法律組織之議會，則最小之自治體議會，如吾坊廂鄉圖會，原未嘗不在法律組織之内，蓋此五條本爲一切議會之通則。惟坊廂鄉圖會議事，彼此皆日常聚首之人，且坊廂鄉圖有事會議，相沿已久，爲議員者，無需動輒挾法律以自重，故不載於彼而載於此。如事實實有妨害議員者，坊廂鄉圖會原可據此以自保也。國家既促我民自治，即其保護之法至少亦必依日本，不久當見明文。即無明文，吾民爲議員者，自有可信者在也。

議員在會場時，據外國法尚有三種特權。(一)不受刑法限制。日本國向沿我國刑法，有誹毁罪及侮辱官吏罪，然於議會中議員之言論獨不能以此律繩之。昨年日本國會中已議定，遂削此律，蓋自後全國民俱無此罪名矣，此官民漸趨平等也。(二)不受官法限制。官吏違抗上官，有一定之懲戒處分，議員對於政府，不受此種懲戒，止可駁回再議。極而至於解散，無餘事矣。(三)不受民法限制。議會所議期於多數人受益，難保少數人不從而受損，受損之人不能以民法中賠償損害等律文責望議員。

以上身體自由、言論自由之權利，坊廂鄉圖會亦同有之。但責任較輕，無對抗官府之事實。廳州縣會則萬不能免，故詳説於此，至省會則一律可推矣。

(乙)義務。與坊廂鄉圖會同。

廳州縣會議員名譽較高，故任職亦不必强制，欲辭即辭，此權利義務之微不同者。

四　廳州縣會之權限。

民生日用之便益，恒在最下級團體爲之代謀。廳州縣已屬補助其缺乏，結合其涣散，監督其衝突之團體，故謀益之事，不甚煩瑣。且法律所已規定者多，其議決當在國會，故權限尤隘。其目有四。

(甲)議決

(一)豫算。此事全由議會議決。

(二)使用費、酬勞費、廳州縣税及夫役物料，各種徵收方法，除法律所應定者之外，由議會議決之。

按：此項今當暫作變通辦法。使用費與坊廂鄉圖無異，此不必言。酬勞費則向來民間所勞動地方官者，大率皆爲訟事。司法未獨立，雖行自治，然詞訟仍不能不由地方官，法律既不全備，吾民當善體朝廷責令自治之意，不可不將訟費由議會議決，不但議決，且監督之。

向來存案立案事件本非訟事，而大半爲構訟張本，吏役視其情事以爲婪索。又田宅賣買過户納税舊名完糧，除契税外契税在外國謂之登録税，區書任意索費。衙門未必全無定章，民間既多不知定章若何，而區書等且明有定章而悍不遵守，民間亦無如之何。此向日酬勞費之難言也。

外國以公團體爲人民所託庇，吾國以公門公差爲荼毒人民之物。前既述之，今於此等處宜議決定章，嚴加監督。

裁書吏之説，有其語而未見實行。差役數目照各地方所額設，原不甚多，而一卯名暗中分作多分，如産業之可以剖割，又有所謂白役者，更在卯名之外。以同廳州縣鄉里鄰好之民，無端令占一賊害鄉鄰之職業，此不自治之過也。

地方議會縱無議改法律之權，然裁書吏，復差額，禁化名，革白役，此本舊法律所有。吾民以議會實行監督，公選其人以充之，又明定其酬勞，而收之爲廳州縣之經入，庶乎有澈底之望。蓋歷來所歎息痛恨者，已垂千百年矣，而莫之能挽，以止有一時之議論，爲之發揮，並無永久之機關爲之釐剔也。

廳州縣税及夫役物料，其理與坊廂鄉圖同，詳見下財政章。

（三）廳州縣公産之賣買出入及處分之方法，亦全由議會議決。

（四）措置積穀存款等事，及以後處分之法，亦全由議會議決。

（五）豫算之外，新負擔之義務，新拋棄之權利，亦全由議會議決。

（六）廳州縣財產及營造物之管理方法，除法律所已定者如官署學宮之類之外，由議會議決之。

（七）廳州縣常設暫設之公共執事人，其委用方法亦全由議會議決。

按：此即善堂司董，及各種因地方公事，聘用雇用之人。向來以趨奉紳士，伺候官長，糜費薪水，侵蝕款項爲其職業，一歸議會議決委用，窟穴之清出不少。

（八）凡法律命令，定爲廳州縣會權限之事項者此將來之事，自由議會議決。

（乙）選舉。議員中選舉議長、副議長等，皆與坊廂鄉圖會同。惟坊廂鄉圖會即選出行政機關，廳州縣會則官吏自有任命，與議會無涉，所得選舉者惟名譽參事會員而已。

選舉名譽參事會員，即由議員中互舉。舉時，照應選員數多加一倍，以爲候補員。有闕時，由地方官序補。其次序選舉同時者，依投票數。票同者，以所生年月論。年月相同，抽籤定之。仍有闕員，再行臨時選舉。補闕員，以前任所遺之任期爲任期。議員既就參事會員之職，仍兼議員之職。但即辭議員之職，仍可專爲參事員。

（丙）認定決算之報告。地方官報告決算於議會，先付參事會審查，參事會若有異言，則地方官更將參事會意見明載決算案中，交至議會。俟議會認定後，乃得報告督撫轉報民政部。此後地方官爲無責，並須揭其大綱，示之公衆。

（丁）陳述意見。與坊廂鄉圖會同。

（戊）内部事務。事務有四。（一）定會議規則。（二）設約束旁聽規則。以上兩項應呈督撫及民政部存案。（三）選任參事員。（四）懲戒議員。凡議員受選舉人委囑，會議時用無禮語，又或涉及他人私德，又事關己身及父母兄弟親戚，未得會中同意，遽來與議，此等違反法律及會議規則之議員，得由議會決議，設五日以内不准到會之罰。

五　廳州縣會議事規程。其目有七。

（甲）整理議場。廳州縣議會由廳同知、知州、知縣發布議案及其議期，由議長定會議之次序。定開會以後，每日之開閉，並約束議場，使有秩序，不至紊亂。

（乙）使用權力。前言約束議場，使有秩序，在議員之紊其秩序，議長所以防止之者，得發聲禁阻。不從命，則得終日禁其發言，或使當日退出議場之外。更甚，得招呼警察官吏彈壓之。議會乃法律設定之機關，與集會不同，原非警察所能干與，故必議長招呼之。在旁聽人妄爲贊否，及嘈雜妨礙議事，議長亦應加防止。不從命，即使退出場外。更甚，亦得招呼警察。凡以上之防止仍難整理，可由議長停止當日之會議，及竟閉止之。

議長非有威力可以加人，特其責任，除可否同數時視以取決之外，以整理議場爲專責。故遇有不整理時，議長不及覺察，議員或地方官或地方官所委蒞會之員，得請議長留意。議長既有此責任，地方官亦不得攙越，止能請議長留意，不能自爲禁沮也。

（丙）公開議事。議會所議，正住民切己之事，自不當禁其旁聽，惟得阻止沈醉及瘋狂者耳。特有兩種例外：（一）地方官請禁旁聽；（二）議員三名以上議禁旁聽，則俟議長許可，得一禁之。但設有全體住民來相反對，仍無不公開之理。

(丁)定數開議。議員不能全數到會，然必定一最少之限，不及乎此，不得開議。今參酌各國之法，以半數爲限。到時有半數，開會後因事退去，至不及半，則由議長宣告停會。又議員中或現有闕額，所定半數仍爲原數之半，不用闕額以後之半數。

(戊)議決方法。過半贊成則爲議決，可否同數，由議長採決。議長除此採決權之外，别無議決便宜之權，此皆與坊廂鄉圖會同。

(己)書記。廳州縣會置書記，隸屬議長，受議長之命，處理會中一切事務。其任免俱由議長，非議員之性質，故由會中開支薪水。

(庚)會議録。書記承議長之命，詳記會場議事始末，並到會議員之姓名，以及公議等件。應發表者，製爲會議録。其中必得議長及議員二人以上署名，議長復將會議之結果添附會議録，報告地方官。

第二節 廳州縣參事會

廳州縣議會議員散處於全境，召集不易，人數較多，程度不一，遇事理較爲艱深，解決亦更不易。各國除最下級自治體外，無不設參事會，常居廳州縣城現在廳州縣大概皆有城垣，將來警察完善，軍事精良之後，斷無斗大一圈，自誇保衛，而置四郊於度外之理。則今日以有城而姑言城，其實則謂與廳州縣署相近，即謂與會場相近也，則召集易，程度經精選而相等，則解決易。故凡廳州縣會中所議事務，其詳細條目，或特有緊急事件皆得由參事會議決之。其目有五。

(甲)組織。廳州縣參事會組織各員：(一)廳同知或知州或知縣；(二)參事會員。

參事會員員數，廳州及大縣八人，中小縣六人，其選舉法詳前。

參事會以廳同知、知州、知縣爲議長，有故則照參事員，選臨時議長代之。其丞簿以下，品格與廳州縣長官相隔太遠，且佐雜爲自治後必裁之員，不得由長官委代莅會。

（乙）起止。招集參事會，亦由地方官。或參事員請求，而地方官爲之。惟地方官又爲參事會之議長，有開會、閉會之權，停會、解散則無法律之關係。蓋無何等事情，得用何等衙門來相停止、解散也。

（丙）參事會員之地位。有關係於自己或其親屬，不得與於議事。倘由全體會員認可，則可以與議，而無議決之權。會議時必有議長或代理者，及參事員半數以上，或參事員尚不及半數，地方官可招集議員中曾舉爲候補參事員，而無本身親屬等關係者暫補充之。仍不及半數，則指名議員之無關係者，暫補充之。此爲與議之權利。

地方官自不得再受公費。名譽職則受之，然不必定月給。設如居近會場，則到會之所費者少，遠鄉奔赴，所費即多，計實費以給之。日本即如此。吾國若用月給，亦無不可。惟既受月給，則非有重大理由不得缺席，以杜素餐之弊，且免時時牽率候補者及他議員也。從支給實費之法，則候補者及他議員有參事會之行，即給莅參事會之費，無所窒礙矣。此爲受公費之權利。

地方官於參事員無處分懲戒之權力，議場本不公開，無旁聽人之喧擾，參事員人數無多，自當守整齊肅靜之法律，不必言也。此即參事會員之義務。

（丁）權限。廳州縣會自以某事項委任參事會，則有議決之權限。否則，不及召集廳州縣會時，得代行議決權。又在廳州縣會已決議之範圍内，可議決其細目。此爲議決權。

坊廂鄉圖公事上之訴願及訴訟有裁奪之權，裁奪訴願謂之裁決，裁奪訴訟謂之判決。又於地方官及他官署，有陳述意見之權，於廳州縣之出納，有檢查之權，於坊廂鄉圖有監督權。

至其内部之權限，參事會議長及代理者，由地方官及地方官所委，會中無選舉之權，地方官與參事員爲合議體，整理内部規則之權，自與參事員共之。

(戊)議事規程。此與廳州縣議會互有同異。

(一)不公開。偶或公開，是爲例外，此與議會相反。

(二)多關細目。不脱離廳州縣會之意，而特代致之完密之地。

(三)定數開會。與議會同。

(四)議決方法。與議會同，惟就所議決，應與調查而後執行者，其調查員即由參事會選舉。

(五)會議録。與議會同。

第三節　廳同知知州知縣

廳同知、知州、知縣爲地方官，其職掌但有舊制，亦多不名爲法律。自治之法既行，與舊職制多不相合。將來改定職掌，乃國會議決之事，非地方團體所能及。吾民今日可研究各國官制，以待建白於國會。至在自治體中，自爲自治之所當爲。則地方官遵旨助我自治，無與我扞格之理。所慮者，我民自治之未必合法耳。

若以上所言，皆自治之有根據者，上奉朝旨，旁采各君主國自治成法。地方官而賢也，則彼亦國民，必惟恐國民之無力，將有以大匡其不逮。即不然，吾自治體自受命於國家，自準據於法理。此後更以求學爲師資，以自治爲實驗，徐俟國會有成，吾民以心理參與立法，微特地方官而已，即政府之爲政府，皆藉吾民心理，結撰而成，吾民苦不自勉耳。

至地方官在自治體中皆居何等地位，已見本部第一章。地方官之補助員，如今日丞簿、巡典之類，皆將改或將廢之物，更不足論。欲令設官與憲政相應，非國會不爲功。今就自治體力所能及者，不言官而言吏，先清地方之弊藪焉。

第四節　吏　役

在外國法，官之所任命者謂之吏員，與議會共任之者謂之委員。吾國向以非本地之印官爲委員，則當以官所任命者爲官，而官與議會共任之者爲吏，吏之中供奔走者又爲役。將來法律定後，吾不敢斷言其無出入，今欲自治制之可行，不能不先去其泰甚者。

書吏之爲吏，吾國已有裁書吏之明文矣。夫書吏之本來面目，原非如今日之窟穴，任職有期，期滿無過，予以一官。明初以吏員爲正途，蓋由地方公吏進而爲國家官吏，與自治體中之公吏無異。所不同者，不由公共監督，吏遁於官法，漸蠹民以自肥，此根本之誤也。

吾國法典，如“會典”等書，處置書吏之法甚備，斷無許其終身盤踞，甚且世襲之理。京内各衙門書吏，期滿叙官，而必勒令回籍候選。有逗遛者，五城司坊官驅逐之。定例何等嚴密。退卯候選，猶恐其在京勾結。各直省大小衙門皆然，書吏之任期與官同，斷無踞爲永業之理。蓋明明可考也。

今國家言裁書吏矣，而書吏之盤踞如故。夫地方官之不能無吏，事實上誠有然者。吾國政體未改，所設吏職亦誠不能以各國之法論。將來自當由國會以法律重定一切，今暫由自治體爲地方破除黑闇，稍見天日，則監督之責自在議會。夫用何種標準監督之，亦惟準於法律而已。今法律雖未備，舊法律自在，録之如下。

《大清光緒會典》第十二卷第十四頁：

設在官之人以治其房科之事，曰吏。凡京吏之别三：一曰供事，二曰儒士，三曰經承。外吏之别四：一曰書吏，二曰承差，三曰典吏，四曰攢典。皆選於民而充之，役五年而更焉。非經制者，曰貼寫，曰幫差。其濫者禁之。

謹按：五年而更，勒爲定典，此無可疑者。惟貼寫幫差，何以能濫？何以待禁？此實政體之關係。事有繁簡，事繁之時以工食雇用數人，事畢停給工食，自然解雇。吾國正以"工食"二字，有名無實，貼寫幫差其人本不爲工食而來，但求依附於吏役之列，即能假官勢以婪民財。至法典有明禁，而趨利者勢不可止，此其所由愈禁愈濫也。由議會監督之，實給工食，而不得假官勢，典吏攢典且然，何論貼寫幫差，此真能代國家行法矣。

凡各衙門之吏，在京則任其管轄之官而稽察之，外省則任稽察衙門。歲終，本管官取其結而申焉。有重役者，朋充者，役滿不退者，舞文弄法者，皆治以法。

謹按：法典嚴稽察，試問從來察出一人否？役本不退，無所謂重。至所謂治以法者，律例具在。

《大清律例·吏律》職制：

濫設官吏律　若吏典、知印及承差、祗候、禁子、弓兵人等，額外濫充者，杖一百，遷徙。比流減半，准徒二年。容留一人，正官笞二十，首領笞三十，吏笞四十。每三人，各加一等，並罪止杖一百。罪坐所由。容留之人不坐。

濫設官吏律條例　各直省大小衙門經制書吏，即在現充書職内，擇勤慎辦事之人，核實取結承充。倘有懸掛空名，並不親身著役，將本人照“吏典人等額外濫充律”治罪，該本管官照例議處。按：吾國有等地方，有紳士竄名吏籍，而使人代應役務者，以吏爲利，至於此極，吾民之受害可想矣。

舉用有過官吏律條例　凡在外各衙門書役投充，務查該役的名，取其並無重役冒充親供互結，行查本籍地方，該地方官加具印結申送，方准著役。倘有役滿不退者，杖一百，革役。本管官不行查出，交部議處。

謹按：行杖雖非文明之法，律文未改，以此見吾國現用罪名焉耳。

吾國官吏，多分六科辦事。外國地方，官爲人民與國家交涉之中心點，六科俱無所用之，刑事則絶不過問。其他間有關涉，或委補助員，或由議會舉員，經理其事。惟户籍吏與收入役，則爲地方必有之職。户籍吏在我謂之區書，收入役在我謂之庫書。依外國法皆爲下級之官，不當以書名之。

司户籍者，即圖董、廂董之兼職。圖董、廂董爲名譽職，户籍吏則受國家之俸給，如是則區書可廢。收入役當存鉅款作擔保，以其款算入地方豫算，而給以利息，亦受國家之俸給，此皆外國成法。參事會議會當逐漸主張之，不能强國家必給以俸，或竟由地方團體給之。多一無給之吏，吾民所負擔者必不止俸給之數。國家將改良幣制，恐平餘等陋規亦不可以久，宜逐漸清其源也。

第三章　廳州縣之事務

廳州縣多不關自治之事務，就地方官爲自治機關而言，則當分關於自治者爲本有事務，不關自治者爲受委事務。

（甲）本有事務。廳州縣議會所應議決之事務，即廳州縣本有事務。地方官止有認其不合法律，還使再議之權，並無認其所決，而不予施行之權。蓋地方官在自治體中雖有意思，止爲第二層意思，且止爲第二層意思之一分子。何則？議會所委任，或議會已議決而未詳定，乃歸參事會議決。地方官又不過參事會中之議長，止有可否相等，以己意擇一之權，無以己意壓參事員之權。

（乙）受委事務。地方官受命於國家供國家之驅策，原屬國家之官制。人民即欲參與之，亦必由國會參與，非地方團體所能問。在吾國，地方官職掌雖不日必改，現尚在權限不清之時，身兼行政、司法之責。受委之事愈多，其受委亦止地方官之一身，並不以自治體之機關受委，此無庸吾民爲之規定者。

徵收國税一事，吾國惟地丁漕糧爲經常之税。既由坊廂鄉圖而納之廳州縣矣，其餘釐課，大宗不歸地方官。惟國家有急用，往往隨地亂派，一切由地方官指名抽捐，所抽大概皆地方特別税之性質，又不名爲税，而名爲捐。税者，負擔義務之義；捐者，拋棄權利之義，事理大有不同。混而同之，既難言税法矣。

國會不立，國家有急，欲增加人民之負擔，而無統一之法，致用地方税之性質爲國税，因而地方官歛捐之時，亦不能不商諸地方之紳。若有議會，勢必商之議會，是法理上不應以機關受委，而事實上必有難與劃清者。遇此事實，吾地方其何以應之？此當詳於下章之言財政。

第四章 廳州縣之財政

廳州縣財政與坊廂鄉圖財政性質相反。坊廂鄉圖財政近乎私人之生活，以基本財産爲主，不得已而收地方税。廳州縣財政近乎國家之度支，以地方税爲主，略有基本財政。分述如下。

第一節 廳州縣之財産

凡廳州縣財産，不甚有使用財産，而多周轉財産。蓋使用財産，多附著於土地，即多分屬於坊廂鄉圖。周轉財産，亦無一定基本非基本之分，如積穀、存款及廳州縣之官産，皆不似坊廂鄉圖之必不動本。蓋地方税爲廳州縣財産之來源，無庸過爲屯積之計。其餘則前年度歲計之餘款，或豫先徵收地方税，皆可作財産論也。

公用與私用不同。負擔者多，臨事徵收，並無窒礙。非比私家，局於一定之入款，非量入爲出，不可持久。蓋從多數人徵收，每人所出無幾。坊廂鄉圖人數較少，即稍顧積儲。廳州縣魄力不同，量出爲入，自足濟事。

古時治國，亦講積儲，以國家不先將用財方法求人民承認，則平時無可恃之蓋藏，恐臨事追呼不易。横徵暴歛，乃暴君之所爲，賢明之主，無有不汲汲於積儲，政體然也。於是“君民一體”四字，盡成虚語。今立憲之政，地方即其具體，觀於廳州縣之財産可以知制國用之道矣。

第二節 廳州縣之收款有二

（甲）外來之補助。國庫及省助廳州縣之經費，即所謂動用國帑，作正開銷者也。吾國廳州縣支款，本取給於國帑，特爲地方謀發達者亦少。間有設施，往往由地方官捐廉，以爲之倡。夫廉俸本以恤官，動輒捐之，何可爲訓？幸而銀價漕價，官之取民，自有旁出之途耳。今當就廳州縣經費通盤籌畫，而以向來正雜錢糧，留支本地方經費者，作國庫之補助。又有貧瘠之區留支不足，又由省撥他廳州縣之解款，協濟一地方者，作省之補助焉。

吾國廳州縣可云無一處不受國之補助，貧瘠之區則兼受省之補助。據外國法，地方受外來之補助分爲兩種：(一)常年經費額中，定幾成爲應受補助之款；(二)遇不敷，即請補助。此二法現時事實皆不便於吾國。今當據廳州縣向來留支及撥濟之定款，作爲國庫省庫之補助，列入地方收款之一宗。

(乙)本體之徵收。與坊廂鄉圖同。分公法徵收、私法徵收二種。

一　公法徵收。其類有五。

(甲)廳州縣稅。亦有附加稅、特别稅之别。大致已見坊廂鄉圖稅法。其詳目更列於後。

今日廳州縣所取之於民者，惟丁漕足當國稅，其餘皆止有廳州縣稅之性質。其中有實以地方稅爲國稅者，甲午、庚子兩次大賠款，所悉索吾民者是也。有實爲地方稅者，諸新政經費是也。吾民向來亦不分國稅、地方稅，但知官取於民而已。

自治制既行，吾民當知所區别。凡國稅，不外地租、營業稅、所得稅三種。吾止有地稅一種，而又不計地價，則農畝之地什而取一，市廛之地百而取一、千而取一不等，採租愈厚，納稅愈薄，已不免寬富而虐貧。營業稅不取小商人，所得税不取僅僅温飽以下，此皆取之殷富。而吾國一切無之。是吾國所謂寬政，獨寬有力之家已耳。

由此當籌兩種辦法：(一)促起國家定税法之意思；(二)清釐地方税，使歸發達地方之用。

第(一)項　定税法，必在國會，國會不立，雖欲定之，而無所措手，在國爲不足，在民爲不均，是爲上下交困。

第(二)項　清釐地方税，又有兩種。(一)就現在爲清釐，歸賠款者，暫認爲國税；歸新政者，則認定爲地方税。取地方税歸入廳州縣會豫算，省地方官之勞，亦以防地方官虧空事故，擅移此等閒款，流攤蒂欠，致爲所蝕。(二)就將來爲清釐，税法既定，凡不合國税性質者，自應歸入地方税，並無賠款、新政之分。且新政之款，當由國税支撥者亦正不少。至此時或嫌地方税太重，有分别蠲緩者矣。

(乙)夫役物料。與坊廂鄉圖同。

(丙)坊廂鄉圖分擔費。事關廳州縣全境公益，亦可以其所需費額分配各坊廂鄉圖，令供給之。其由坊廂鄉圖利息項下撥給，或向住民徵收，聽坊廂鄉圖會自行議決。此亦前述坊廂鄉圖豫算表内所載“諸税及負擔”之一宗也。

以上三項皆爲普及徵收不言酬報之款，廳州縣經費，此爲正宗，故列於前，而以有報酬不普及者列後，亦其與坊廂鄉圖不同之處。

(丁)使用費、酬勞費。大致與坊廂鄉圖同，其不同之處，又已見議會議決事項之内。總之，差胥、吏役皆爲民事而設，事主有事勞其人，自應給費。惟費額由議會定之，且歸入地方收入正款，絶非差胥、吏役所能染指。而差胥、吏役既定相當之名額，又給有著之工食，務足贍其身家而後已。編入豫算，官亦不得而尅減之，此吾自治體之責也。

（戊）罰款。罰款有二：（一）人民罰款；（二）官吏罰款。官吏罰款，必歸入地方收數。今日法律未改，誠未易言。則人民罰款亦何從而規定。地方官既有裁判之權，人民動輒遭罰，而官不自罰其屬，亦非所以持平，則姑緩議此事。惟於坊廂鄉圖行之無窒礙者，實行此種收入而已。

二　私法徵收。廳州縣公産之租息，或其變賣之價，又公債及一時暫挪之款，皆屬私法徵收。除租息外，皆經議會議決而行之，大旨與坊廂鄉圖同。

第三節　廳州縣之出款

凡廳州縣之出款，約計十二目。

（一）警察費。

（二）土木費，及補助坊廂鄉圖土木費。

（三）廳州縣會議諸費。

（四）衛生及病院。

（五）教育費，及補助坊廂鄉圖教育費。

（六）衙署建築修繕費，及分擔本府衙署建築修繕費。將來裁知府一階級，則此項自廢。○言本府並其佐貳首領官在内。

（七）差胥、吏役工食，及因公用費。印官廉俸，向來亦由本地方扣支。今不列入，留作省之財政，以全體統。

（八）文書告示費。紙張筆墨無論已。公告之物，小者懸牌，大者揭榜，通衢廣陌，足耐風雨，足經日月，無不需費爲之。惟向來所謂勒石永禁之事，則可廢去。天下無多年不弊之法，有所不便，臨時議決去之。流水不腐，法亦如之。向惟專制，故不解此意耳。

(九)勸業費。農工固已。照吾國現情，礦業亦宜有所勸。山鄉棄寶於地者不知凡幾，自治而後，地方以公共之機關收公共之樂利，轉貧爲富，此其時矣。

(十)廳州縣税取辦費。此即向時火耗運腳之類。今地方税雖不必傾鎔成錠，然兑差蝕耗及運送現品等費，亦所必有，非工食也。

(十一)監獄費，及監獄建築修繕費。

(十二)豫備費。

以上十二項，除豫備費外，各歸款目，不得彼此牽用。又其有視地方情形，應添列款目者，由議會議決，而呈由督撫向民政部立案焉。

第四節　廳州縣之會計

廳州縣之會計與坊廂鄉圖同爲三事。

(甲)豫算。廳州縣官於每一會計年度之前，估計該年度之歲入歲出，製豫算案，付參事會先行檢查。參事員無異議，則製爲正書，送付議會。經議決之後，即報告督撫及民政部，並揭示其要領於境内。議決之數與官之意見不同，官得請求議會再議。仍執議如前，則得請示於督撫及民政部。

凡豫備費之用有二：(一)豫算以外之款目；(二)豫算額以外之溢數。此二項皆可開支豫備費。然添目添額，已經議會所否決者，則不得擅用此費。

廳州縣豫算書式如下：

某年度某省某廳/州/縣歲入歲出豫算書

歲入

經常部

第一款　國帑留支

第一項　截留以下各項，舉其大略。一款之下，可多至若干項，並無限制，視其需要而已。

第二項　撥協無此項則去之。

第二款　附加税今惟畝捐可當此名。

第三款　特別税凡奢侈游樂之物，以及有力者之所需，由議會平情議税。一應地方雜捐，向有而不合此性質者，宜與蠲除。合此性質者，則可細辨其是否，次第議課之。

第四款　財産所生之息

第一項　不動産生息

第二項　動産生息

第五款　雜收入

第一項　酬勞費

第二項　使用費

第三項　罰款

第四項　醫院藥價及入院費凡醫院學堂，兼人與物而爲一營造物，除藥價尚有原料售給之外，其餘多兼酬勞、使用兩種性質，另款列清，以醒眉目。

第五項　診察及手術費

第六項　學堂授業費此指地方公立者。

第七項　公物賣價

第八項　囚徒工錢將來廢枷杖等刑，則工作之犯尤多。

第九項　施舍物購價售入之款如平糶施粥之類。

第十項　公共營業之利益

第十一項　分賦坊廂鄉圖之款

第十二項　雜款

經常部合計

臨時部

第一款　滾存舊管

第二款　國帑補助此係奏請作正開銷者。

第一項　某費補助

第二項　某費補助逐案開列，不定項數。

第三款　捐助款

第一項　某費捐助

第二項　某費捐助

第四款　財産變價

第一項　不動産變價

第二項　動産變價

第五款　廳州縣債

臨時部合計

歲入總計

歲出

經常部

第一款　警察費

第一項　俸給及辛工

第二項　警署及巡查派出所

第三項　機密費雇用偵探之類。

第二款　警署修繕費

第三款　土木費

第一項　道路橋梁費

第二項　治水堤防費

第三項　測量費

第四款　廳州縣會議諸費

第一項　廳州縣會議費

第二項　廳州縣參事會議費

第五款　衛生及病院費

第一項　衛生諸費

第二項　某病院費病院多而費鉅事煩者，每院列爲一項以計之。

第三項　檢毒費如疫氣、梅毒、麻風之類。

第六款　教育費

第一項　尋常師範學堂費尋常師範學堂，每廳州縣當列一所，與坊廂鄉圖之擔任小學堂同。山僻人少之廳州縣，則合設之。

第二項　某學堂費中學以上無强迫之法，但廳州縣既有團體，必多有公立之學堂。多者，或分項計之。

第三項　學事諸費除補助貧瘠之坊廂鄉圖及視學員等監督費外，又可酌宜設立圖書館、博物院、標本圖畫室等，啟人智識之處所。

第七款　分擔本府署修繕及吏役費

第八款　救助費

第九款　文書告示費

第十款　勸業費

第一項　測地諸費

第二項　勸業諸費

第十一款　廳州縣收税諸費

第十二款　廳州縣署修繕費

第十三款　監獄費

第一項　建築修繕費將來外人就我裁判，亦必就我羈押，文野之度，豈能永遠相隔，建築修繕所費正鉅。文明國辦理監獄，另一法理，本書不能詳言之。

第二項　管理人費

第三項　在監人費

第四項　工業諸費

第十四款　省會議員選舉費省會必以廳州縣爲選舉區，既爲選舉區，廳州縣必有此項費用。

第十五款　廳州縣吏役費

第十六款　財産費
　第一項　維持費
　第二項　管理費
第十七款　豫備費
　　經常部合計
　　臨時部
第一款款目仍照前，有則列之，項目亦視事實爲多少。
　　臨時部合計
　　歲出總計
光緒　年　月　日送交　某廳同知/州知州/縣知縣姓名印

（乙）出納。廳州縣之出納，向以庫書爲歸宿。今即以庫書爲收入役，而移其監督之權於議會，則亦與坊廂鄉圖之制略同。惟坊廂鄉圖之收入役，兼有審查出納當否之權。審查其爲不當，即可對抗董事，不與支出。廳州縣之庫書，則暫無對抗之權，至決算時，由議會審查之。

（丙）決算。決算之法，亦與坊廂鄉圖同。惟未報告廳州縣議會之前，先付參事會審查。參事員有所指摘，即添載決算書後，送交議會公決。議會若認與原議案不符，可訴之省參事會，以至民政部。否則，認決算爲既定，由廳州縣官報告督撫及民政部，並揭示其要領。

第五章　廳州縣之聯合

依吾國制度，廳州縣有向來聯合之機關，即府與直隸廳州是也。前明國初，道員本兩司之佐貳，後漸失本意，而以分巡爲領土。今新官制已去之，府與直隸廳州去不去尚未定。要之，直隸廳州自有轄地，尚可自爲自治體。府則於自治體復沓無用，但指爲經制之聯合法可耳。

坊廂鄉圖之聯合，有協議與强制之不同。廳州縣以府與直隸廳州所轄爲聯合，非協議亦非强制，乃歷史遺傳之聯合，將來即廢此一階，事實上亦往往有相關之處。

此種聯合，比於坊廂鄉圖之聯合，斷然爲一部聯合，而非全部聯合。蓋廳州縣本獨立行政，無兩廳州縣必合爲一之理，故不必另組織聯合會議，無庸另選議員。有全府、全直隸廳州公共之事，由各廳州縣議員中委託一二人聚議足矣。

直隸廳州自有公事，不可作一廳州論。府之公事，本皆各州縣之公事。官與官之統屬，吾民不必過問。爲地方利害計，自治以後，府之爲府，必止能增吾民之負擔，不足增吾民之利益。自知府以下，佐貳首領之官，俸給自歸入省之財政。衙署修繕等事，姑由民任之，已入廳州縣豫算之内。其署中所有胥役，宜議與痛裁。略有留者，由附郭縣議會監督之。涉及旁州縣者，由各該州縣議會監督之，使之不能爲害可也。

知府本無專職，其與民直接者，皆奪州縣之事爲己事。州縣既有議會，助長之事，皆由議會而出。知府所得與民相見者，惟恃司法未經獨立，偶有上控親提等事耳。憲政自以司法獨立爲第一急務，則將來知府一官斷無不裁之理可信也。

聯合自由事實而來，與設官與否無涉。即如今之縣制，有同城設署，無事不相牽連者，故今日暫以府界爲聯合。將來裁知府之官，應聯合者仍自聯合，則與坊廂鄉圖之聯合略無所異矣。財産營造物，往往有爲一府一直隸廳州所共有者，如現在中學堂等是也，將來此等事項皆足生聯合之效果。

第六章　廳州縣之監督

廳州縣以官治論，當受府與直隸廳州之監督，遞受省之監督，然後受民政部之監督。然以自治論，吾民無從組織府與直隸廳州之議會，則凡自治體公共之事，自以有議會、有參事會之團體，能通民隱者爲宜，監督吾廳州縣之自治。是惟以省爲上級自治體，以上即國家行政機關矣。

據法理所以必有監督者，爲其保國家之統一，不至廳州縣各自爲政也。吾國自治初萌，止慮有沮害自治之官，其餘正非所計。吾民且自認定自治之範圍，如前數章所言，則監督一聽於未來之法律而已，此與坊廂鄉圖之受監督者同。

外國法，自治團體即受最高衙門之監督。若已本適法，而政府濫加强制，尚得訴之行政裁判所。故監督之權不妨嚴重，裁判所則止有適用法律之意思，别無他意思行乎其間。吾國司法尚未獨立，行政裁判所更無人提起，則將受監督而初無伸訴不平之地，亦惟自處於無待監督之地，並俟國會開時，論完備之監督而已。

第三部　省

省爲最上級之自治團體，直隸民政部，監督廳州縣及坊廂鄉圖之自治。坊廂鄉圖爲基址，廳州縣爲柱壁，省爲堂室庖湢之各自結構，工事完全。以後但使堂室庖湢相濟爲用，聯絡之，齊一之，乃政府之事耳。

省之自治範圍與廳州縣更無大異，兹亦就其小異，分爲五章如下。

第一章　省之組織

廳州縣自治團體中有官長，省之自治團體中亦有官長，或督或撫，爲其行政之首。督撫在自治團體中地位，與廳州縣之官長同。

土地以省境爲土地，人民以全省之住民、公民爲人民，此不待言。

第二章　省之機關

省之機關有三：(一)省會；(二)省參事會；(三)督撫司道。其位置一切與廳州縣會同。

第一節　省　會

近時朝旨促各省設立諮議局，此即用各國議會之制，施之於省也。故吾國未有廳州縣以下之議會，先有奉旨設立之省議會。然無坊廂鄉圖自治團體遞積而爲廳州縣自治團體，則省議會之組織，何自而成？則欲遵旨設立省會，益促起設立下級議會之機括矣。

省會權限更隘於廳州縣會，其理與廳州縣會之權限隘於坊廂鄉圖會者同。亦分五款。

（甲）省會組織。其目有八。（一）選舉主義，同廳州縣會。（二）議員定數，每廳州縣以三人爲率。（三）選舉區，即廳州縣，分區即廳州縣之選舉區。（四）選舉權。（五）被選舉權，其財產資格當更優於廳州縣，缺格則與廳州縣同。（六）選舉人名册。（七）選舉種類，皆與廳州縣同。（八）選舉節次，其揭示由督撫，揭示方法同廳州縣，其投票票紙由督撫印給，投票在廳州縣署，及分區之公所，餘同廳州縣。其開票在各廳州縣署，餘同廳州縣。其當選向督撫爲承認，由督撫給證揭示，並分投揭示於各廳州縣，餘同廳州縣。

（乙）省會起止。均與廳州縣同。惟廳州縣官長所爲，由督撫爲之。

（丙）省會議員地位。其權利義務悉見廳州縣會。

（丁）省會權限。範圍甚隘，其理與廳州縣同。其目有六。

（一）議決。其目有六。

（呷）豫算。今由議會議決。豫算範圍見財政章。

（吃）使用費、酬勞費、現行釐税及鹽課等。各種徵收之法，除法律所應定者之外，由議會議決之。

有全省之公共産業，如高等學堂之類自生使用費，有督撫司道各衙門及各局所自生酬勞費。向時廳州縣吏役以人民爲魚肉，省吏役則以廳州縣官與吏及其他印委各官爲魚肉，擇肥而噬，故酬勞費之議決，尤當嚴監督之意。

釐税純由省委徵收。承平時，省中止有廳州縣解款，絶少自徵之税。軍興以後，釐税盛行，於是省之財源大裕。此項税中飽難以數計，剥民豢官，成莫大之弊。近或改爲認捐，則漸近地方税辦法。然猶設省委，糜費以養冗員，而此項税款名爲國課，其實則又歸外銷，非但民不得而監督，政府亦不得監督之，此吾國財政之所以爲奇也。

百貨釐捐，使貧富均增負擔，實爲非法。其詳當見財政章。惟認捐雖不革釐捐之弊，尚少入官吏司巡之橐。其究竟雖仍歸外銷，然止便督撫之揮霍，已不便千萬狼虎之分肥。在今日爲少數土豪包徵包解，落其贏餘以自潤。省會若於未裁釐以前，議其徵收方法，多改認捐，而以廳州縣團體任之，亦目前化私爲公一苟且之方法也。

鹽爲國家專賣之物，由來已久。督撫兼管鹽政，軍興後已成省之財政，國家但受其成，以法之不良，漏私則陷民爲盜，緝私又以盜養兵，此爲有鹽省分天然財産。除國課暫應如額外，不可不由議會議決其徵收方法也。

（丙）處分財産方法。省團體原無所謂積儲，向來藩庫所儲，皆爲國帑，與地方無涉。即論財産，其可以團體爲處分者亦極少，蓋自有廳州縣劃境以分配之也。然事實上則往往有之，如近日江甯之出賣貢院，即其一例。其最有關係者，國家不定路礦之律，即政府以意定之，無國民之協贊，無國民之監督，一切處分，皆足以妨民而病國。吾省會急補救之，則賣路賣礦之人無所施其技。路礦自有主人，各省省會是也。吾民宜急認此議決權，是爲愛國之至計矣。又各省官營業亦爲財産，當有處分。其詳見財政章。

(叮)豫算之外，新負擔之義務，新拋棄之權利，全由議會議決。

(戌)起解國税方法，全由議會議決。凡解京之款，但於國庫無損，則一切官吏所從中糜費者，省團體安能坐視議決其方法以剔除之詳財政章。

(叿)凡法律命令定爲省會權限之事項者，應由議會議決。此將來之事。

(二)選舉。與廳州縣會同。

(三)認定決算之報告。由督撫報告議會，先付參事會審查。若有異言，督撫並將參事會意見載入決算案，俟議會認定，乃得報告民政部。以後督撫爲無責，並須揭示各廳州縣。

(四)陳述意見。同廳州縣會。

(五)内部事務。全同廳州縣會。惟呈報存案者，止有民政部耳。

(六)議事規程。同廳州縣。惟地方官所爲，由督撫爲之。

第二節　省參事會

省之必有參事會，其故與廳州縣同。其目有五。

(甲)組織。省參事會組織各員：(一)督撫，三司，守道；(二)參事會員。參事會員員數，不過二十人。會議時，督撫爲議長，有故則委司道之一人代之。

(乙)起止。招集由督撫或參事員請求督撫爲之，閉會亦由督撫。其餘同廳州縣。

(丙)參事會員之地位。同廳州縣。惟以督撫當地方官，官之不另受俸給，並司道在其内。

(丁)權限。議決權與内部權限同廳州縣。裁決判決權及監督權，則並廳州縣在其權限之内，陳述意見之權則及於督撫及中央各署。

(戊)議事規程。同廳州縣。

第三節 督 撫

督撫當廳州縣參事會之地方官，地方官不得以丞簿以下蒞會，督撫則得與司道俱。其對於參事會，法當爲同功合體之人，與廳州縣之意義無别。

第四節 吏 役

省吏役所婪索者，恒在於官，其直接取諸民者較少。今行自治，則廳州縣之公事多由民出，吏役之與民直接者，將益多矣。凡下級地方團體之利害，上達於省，先有議會參事會受之。督撫與議會爲一體，吏役先無壅蔽恐嚇之能力，則積弊去其半矣。

地方公事，誠出於公，不似向時以官爲公，則官之不可告人者，其事漸少，其被刧持於省吏役者亦少。一經自治，官之公事，變爲民之公事。而意思機關，官與民共之，則積弊又去其若干成矣。

司法與行政不分，督撫司道、府廳州縣無一衙門不可問案。則督撫雖爲監臨官，分不應親細事，而私人訴訟，每有上控。督撫司道因有直接民事之時，即省吏役有少許闌及民事之機會。議會於議決酬勞費中，實行其監督之策，又於豫算中，實覈其工食之數。酬勞費爲省團體之入款，工食爲省團體之出款，擅受一文，皆謂之贜，計贜論罪，現時亦尚有舊法律可據。其詳已見廳州縣。

其餘因政體未盡變更，官爲吏所劫持者，未能盡免，然其數必已大減。故不自治而議裁書吏，爲吏役者自有如許之利孔，即必有如許之人以赴之。自治而後，吏役自無所利於故業，不裁亦早自退。故向日之議裁書吏，非知本之談也。將來司法獨立，廷丁執達吏等别有組織，至其時，吏道始爲清澈。二千餘年之積弊，於是而止，豈非吾民重見天日之會乎？以不在自治範圍内，故不贅。

吏役憑藉舊政體，因以病民爲業。政體既更，稱其勞力，以博薪水，皆地方之公民，爲不可少之公益。其人其業皆非昔比矣，此之謂真變法。

廳州縣之庫書，尚爲要職。省之收入，以藩司大員掌之。户籍等吏，乃廳州縣吏，與省無涉。故政體一變，省之需吏役者，更不如廳州縣之重要。窟穴不破，强裁何益？

第三章　省之事務

吾國幅員之大，除去屬地直隸於中央行政之範圍，禮俗政教相齊相一，釐然列爲行省者，其廣大實爲萬國所無。故一省之事務，幾類一國，迥非日本上級地方團體所能比擬。然法律究出於中央，亦不得比西國聯邦之制，則省之行政，不屬於地方之範圍者，殆十之八九矣。

既不屬地方範圍，亦殊不能謂爲委任之事務。蓋廳州縣本名地方官，其事務苟不屬地方，自可謂之委任。省之名乃沿元時行中書省而得，實爲中央政府之分支，亦爲中央政府之具體，則直曰地方事務、非地方事務而已。

(甲)地方事務。督撫在省團體中，與地方官在廳州縣團體中，地位無異，其詳見廳州縣事務章中之“本有事務”。

(乙)非地方事務。督撫所轄，如水陸、軍官、財政、提法、提學、交涉各司，非特地方團體所不能問，即國會議員亦不盡能參與其立法。此當視將來憲法範圍而定。今且不可預知，吾民但守前述之權限而已。

非地方事務，如徵收國税一端，吾國税法既不定，且無國會爲之議決，往往由政府以所需用，配之各省，各省督撫之賢者，則爲民請命，而與政府爭。又由督撫配之廳州縣，廳州縣官之賢者，亦爲民請命，而與督撫爭。蓋皆約略爲之，非真由民人一一細權其利害也。今當入議會權限中，議決之叮項，所謂新負擔之義務或新拋棄之權利是也，餘詳下章。

第四章 省之財政

督撫之用財，界限極寬，其事項多不與自治團體相涉。然既有議會，即有豫算、決算之情事。立憲國之國會於全國之財政，無所不用其監督，則省會之監督全省財政，無可疑也。

雖然自治乃民政部所屬之事，民政上之出入，省議會得議決其當否，此外乃國會之權，省會不能主張其作輟。惟財之所從出，皆爲本省之義務。或本省入不敷出，尚資他省之協餉，亦由國家指定，爲本省之權利。權利、義務吾民所應自知也，則主張雖待國會，而款目仍列入豫算、決算之内。吾民備悉其收支之實況，亦國會中討論之資料也。今分節述之如下。

第一節 省之財産

省之財産使用者少，周轉者多，且無所謂基本。雖不動産有基本之性質，止作私法徵收論，其理已於前述廳州縣財産講明之矣。詳見下節之“私法徵收”。

第二節　省之收款有二

(甲)外來之補助。國庫所徵之税，由廳州縣解省，督撫即留充本省之用。以承平時舊制而言，省收款止有此種。蓋牙釐局未設以前，正雜税項，無不由廳州縣徵收，省無收入之途也。即有貧薄之省，由他省協餉，非由他省義助，實出於國家之指撥，當概稱爲國庫之補助焉。

今亦如廳州縣之例，凡以國家法定徵收之税，除解京師、協各省之外，皆爲留支本省之用款，即爲省收款之一宗。

(乙)本體之徵收。亦分公法、私法二種。

(一)公法徵收。其類有四。

(呷)現行釐税，此本苟且之政，説已屢見前文。數十年來，本稱軍務告竣，即行裁撤，而力有不能。近乃與外國協商，有裁釐併徵關税之約。夫税法爲外國所約束，已非税權獨立之國，日本今日所引爲深恥者此也。吾國之所恥，今且未暇及此，甫議裁釐，即徵落地，總之爲無法之税，不計貧富所需而一之，國會開時，庶將議改乎此。

就目前而論，無論爲釐捐，爲落地，即至爲認捐，弊有輕重而中飽則均不免。由議會議一善法，以舊額歸之國，以向來之中飽歸之地方，以公濟公，使員役司巡無所容其足，則亦目前非法之法矣。其詳章當望之各省議會，大約概歸廳州縣各自認捐，而省會協同廳州縣會議善法以監督之，則自治後，會議等費取足乎此而有餘，且必大增省入款焉。

各省常關與釐税同。凡海關所以嚴國内、國外之限制，至本國道路之阻礙，國家方當以不能平治爲恥，豈有因其阻礙而反以爲利之理。今且税法未定，因仍故習，姑於財政中計之。

(吃)使用費、酬勞費。與廳州縣同。以向時吏役所婪索者，公定其額，而收作經入。實覈吏役之數，而以工食給之。此其恃爲省財源之一宗者，其利猶小，杜無厭之誅求者，其益甚大也。

(呐)罰款。罰俸處分，向來所有，定法以後，尤應加密。凡有給之吏，皆有可罰之道。至於刑事中之折贖等，今亦可歸此類。

(叮)專業。專業本國家之財源，而吾國則各省自總其成。以其已成之數，除本省充用之外，聽中央政府之指撥。如鹽課一宗，專業之事也。依財政原理，鹽爲貧富所必需，原不應爲專業。然各國多未能免，以其每人所需無幾，貧人不至大受鹽累，而無人不需此物，積少又可以極多，且產有定所，甚便專業，故各國多仍之。

但最宜專業，可收寓禁於徵之效者，第一莫急於鴉片，次則莫如煙草，各國皆行之。吾國今方致力於戒煙，鴉片專賣之舉，更不可緩，然非一省所能獨行。煙草亦未禁外國之輸入。此二事，或皆待國會成立而後可議乎。

(二)私法徵收。省之範圍愈大，以前既無自治團體，本無管理公產之人，故向來可謂無私法徵收之性質。然既行自治，則路礦山林，百廢將舉，將來省之財產，發達之力甚大。又其公債及暫挪各款，皆與廳州縣同。凡學田、衛田之類，可清釐爲省財產者，皆屬此項。

各省有官辦之製造紡績等局，皆歸省自爲政，則此亦省團體之公營業也。向惟以糜費之旨爲之，位置情面，虛支乾俸，既視此爲一大漏卮。歸入省團體之財政，庶乎有可救藥。

籤捐一項，直省有恃爲入款一宗者。夫以公團體誘賭，不法已極。有省會以後，首當罷之，以全一省顔面。此爲消極之財政，以捐納爲收款者同。

第三節　省之出款

省之出款，全然爲國家經費之具體。與廳州縣不同，約計爲十九目。

（一）解京之費。又分爲四目。

（呷）京餉。此括一切以現銀起解者在内，其細目當視事實分之。凡匯兑不通，人無輕齎之便，不得爲已開化之國。今國家且設户部銀行矣，斷無匯兑仍不通之理。往時專員解送，所費不貲，沿途需索護送，更多勞擾。此後於應解之數，自不可緩。而盡裁解費，祇費少許，銀行匯費而已足，則省團體之所節省者正多。吾民但求於國庫無損，不應束手受官吏之魚肉。

（吃）漕折。凡税及現品，廳州縣以下之地方團體則可。國家行之，則勞民傷財，不成政體。向惟不立憲，則休戚不與民共，間有削民以實京師之政策，厚擁倉儲以防一朝百姓揭竿，南北道梗，此古人至拙之計也。今已議漕糧盡改折色，而官吏窟穴所在，務爲朝廷留弊以自肥，折漕至今未盡遵行，此亦有漕省分之團體，所不能坐視者。除一切斛面之弊，與夫行月口糧，席袋繩索，種種名色，一以匯費了之。省團體所節省歸公者何限？

（呐）土貢。道路逐漸交通，國内所産，有何異物，不必據“不寶遠物”之經訓，始悟土貢之非也。今以額貢之物，用實價購之京師市上，缺者則高價以招之。

(叮)織造。有織造駐在之省，沿舊例開支鉅款，名爲雇匠自織，實則向機坊定購，糜費國帑，以數十匹之價而致一匹，此爲内務府之窟穴。今地方團體即無力議裁，要不可不知此窟穴，爲國會豫算時駁覆之地。

織造雖有糜費款項之權，而無收入之權，故其數尚可覈。向時尚有關督，爲内務府收入之官。今幸已盡裁，省團體已無不能覈數之財政矣。

(二)俸工之費。其目有三。

(呷)俸廉。此爲通省印官所得。

(吆)薪水。此爲通省委員所得。委員不盡爲候補之官，然正因候補者多，特地生發差事，不惜我民之膏血以位置冗員，此風蓋由來久矣。以各國官制言，非有正副，即必有候補者，以防意外之缺員。吾國府州之有同判，縣之有丞，原有設副之意。乾隆以前，道員本非正印，乃布政司副使、按察司僉事等職，則爲兩司之副。督撫乃京朝之官，是差而非缺。蓋外省官皆有副，原無所用其候補者也。

自督撫漸成外省經制之官，而乾隆間又改官制，於是督撫司皆成孤立，一旦有缺，非由候補道中遞署不可，此候補之一因也。一省事繁，間有非印官所能盡，舊例本有分發人員，先至省中學習政事，仍按次序補官缺，則府廳州縣等官皆有候補者，此候補之二因也。

果如上所云云，乃任官尚有本意之日，有此情事。後自捐輸既濫，無監督之財政，將取足於捐生。既納其資，而無以爲報，則後之來者不勸，且人數衆多，非驅而放之各省，以數萬萬人之膏血飫之，無以供其饜食之地。於是吾省團體中，早爲千萬虎狼所盤踞矣。又有並未成官而挾其薰染於官之臭味，無論其生於本省外省，但有憑藉，即攘臂於候補官之間，爭盡吾民之膏血。吾民不自治，而轉以性命授彼虎狼，此所謂物腐蟲生者也。

夫自治體何嘗不用雇員？彼委員中果有才能，原爲吾團體所樂於羅致。且自治伊始，亦必未能盡剔宿弊，一朝清澈見底。故薪水一項，亦爲省出款之大宗。但自我爲之監督，逐漸使之核實而已。

(㖞)工食。省吏役之工食，向來取足於弄法，無待分明支給也。今歸入省財政，與廳州縣之馭吏役同。惟省吏役尚不盡於督撫司署，新官制，道員皆治一省專門之事，不復重沓廳州縣團體之上，假分巡之名，以受養於若干廳州縣矣。此宜並及者也。

(三)警察之費。警察原爲普及之政，當分寄於廳州縣，省團體不過統一之而已。今各省有專辦警察之員，而作用不越省城内外數里之地，猶自以爲勝於各廳州縣，此知有警察之名，其實未聞警察行政之旨也。今分二目。

(呷)統轄費。即省團體警察行政之費，指其建築物及因公用款。至其人之俸給，則未改巡警道以前爲薪水，既改以後爲俸廉，當歸前項。又此機關無所謂吏役，略有軍事形式，一切人之自贍，皆作俸與薪論。

(吃)專辦費。如一江一河，貫及通省，水上警察等事，非由省專辦，難於一氣。

(四)工作之費。如全省水利塘工等，向所謂動帑興修者。

（五）會議之費。議員之有給無給，當視各省情形，尚難確定。要其即受領公費，亦必甚大於廳州縣之議員。至參事員則常川駐省，非有給不可，此其異於廳州縣者。

（六）衛生之費。造就醫師、産媪、看護婦等，省團體之財力當任其傳之責。其餘衛生事業之實施於各地方者，自由廳州縣擔任之，省惟有監督之責。若向有之清道局，僅就省城中央闤闠，司糞除之役，此其不知政體，可爲笑噱。移此費爲監督衛生之機關費，延聘精於醫學之士，研衛生學理，並取各國日進無疆之規則，布告各廳州縣，使實行之，此衛生之所以需費也。

（七）教育之費。其目有五。

（呷）高等師範學堂費。省團體之財力能勝此任，此費爲萬不可免，非省團體而立之，固非所禁，特以省爲必出此費耳。

（吃）某學堂費。省團體之必設某學堂，雖無强迫之事，然高等專門之學堂，斷不應以此大團體而一無設立。且標本器具設備宜多者，非大團體亦不能任此。故必列爲專款。設立多者，更當分每學堂而計之。

（呐）補助小學堂費。小學堂爲國民教育，乃國家命脈之所繫。省團體宜極力補助，使臻完善，必列爲專款，亦以其爲必有之事也。

（叮）學堂以外教育費。圖書館、博物院等種種公業，省團體宜設立完美，使規模大於廳州縣，以饜學人之望，此亦必有之專款。

（哦）學務機關費。此即現有之學務處經費，又凡教育會、勸學所等皆在其内。

教育會、勸學所等名，合之外國教育行政，未見其適當之比。但吾國今且通行各省，凡教育家宜善用之，多調查各國教育良法，心知其故而改良之，則此等名目爲有效。現時以此爲干涉學務之用，則不知其所可矣。

（八）衙署之費。督撫司道，不論省内省外。

（九）救助之費。以備非常災歉。

（十）文告之費。與廳州縣同。

（十一）勸業之費。路礦製造，範圍甚大。

（十二）徵收之費。兑换蝕耗及匯費之類，皆可列入出款。向時火耗、腳費等名色，取之於民，而不納之於國，中間以包辦爲侵肥，甚至國無製幣，任意加平餘若干，以罔上而剥下。自今劃一幣制之策，吾民宜急要求之，省團體陳述意見之時，度必以此爲首務矣。

折漕以後，糧道在所必裁，此亦徵收費之節省成鉅款者。

（十三）監獄之費。依向例，省監獄亦無異於廳州縣監獄，且其費早分賦於各廳州縣，歲擔司監獄費若干，作爲地方經制解款。以其本爲的款，姑列一目，將來當另議。

（十四）法事之費。舊時招解秋審等費，皆爲廳州縣之苦累，而司署之苞苴。今司法既未獨立，國家何以恤廳州縣，廳州縣何以媚提法司，非吾民所能過問，則不得列入財政矣。惟調查各國監獄良法等，以監督廳州縣，此其費則省團體之責也。

將來司法獨立，刑律之改良，乃政府之責，而國會參與之，此不必論。然分區設裁判所，其細密與坊廂鄉圖無異。民政部劃坊廂鄉圖爲極細，以行積極之政，法部亦劃裁判區爲極細，以行消極之政。其區域不必與坊廂鄉圖相應，以完各自獨立之旨。此其需費甚鉅，由法部籌撥，或由各省分擔，現尚無從豫測。要爲立憲國必然之事，其費當國會議之。附説於此，爲國會議員之豫備。

今之積極團體，無不專爲消極事業，乃吾國政體使然，此最可恥。蓋以地方官之政聲，十八九皆以折獄而起，影響所及，遂至止有禁遏而無興起，司法獨立之後，庶乎免此。

(十五)國會之費。將來開國會，必以省爲選舉區，而以數廳州縣爲一分區，必負擔其選舉費。

(十六)軍事之費。向來督撫兼轄文武，餉項軍實，一切省自爲政。營務處司調遣，當外國之司令部，支應局司供給，則竟當其參謀本部。省自有參謀本部，則軍事費不能不列入省財政矣。分爲二目。

(呷)餉項。徵兵制若行，當兵爲民之義務，所給甚薄。吾國未立憲，無所謂民之權利義務，雖慕徵兵之名，其實際亦不類，且徵兵亦不足當兵之用，故餉項尚爲大宗出款。

(吃)軍實。外國軍實之費甚鉅。吾國既無海軍，陸軍亦器仗窳敗，不足以當勁敵。將來此項費用勢必非常增益，但省之財産亦必有非常發達，始足相抵耳。

(十七)外務之費。向有洋務局以省之地大，督撫之權尊，往往有接待外人之費。然爲數究微，不似中央政府有派遣使臣等鉅款也。

(十八)財産之費。財産已見前“私法徵收”，費目亦分維持、管理爲二，又就每一財産分計之。

(十九)豫備之費。同廳州縣。

以上款目，出入兩宗，皆可按其事實，分經常、臨時兩部。其除豫備費外，各款不相通融，與一切形式，皆與廳州縣同。

第四部　省之會計

省之會計，亦爲三事。

（甲）豫算。一切與廳州縣同。惟所報告，所請示，止有民政部耳。其豫算書式就前述兩節而整列之，大略亦與廳州縣同。

（乙）出納。省以藩司爲收入役，體統甚尊。依舊制，自得審查當否，對抗督撫。但此審查乃國家之官制，非自治之能力，亦至決算時始由議會審查之。

（丙）決算。同廳州縣。惟所控訴及報告亦止有民政部。

第五部　聯合及監督

省之聯合，省之監督，全然由中央政府之統轄，與國會之議決與自治團體無關。蓋省已爲政府之具體，而立法則在中央，既不似外國之上級地方，亦非其聯邦制度，蓋有各國屬地總督之意。惟朝廷特命設諮議局，議會之制，反從省團體始。吾人民急宜有所依據，以自定其所處之地位，至其事屬中央政府者，不必贅也。

諮議局章程講義

序

江蘇教育總會向附設法政講習所，本年秋季開班。時適國家始頒諮議局章程，海上同人爭討論其得失。講習所主任講員雷君繼興，以講習法政，此章程必編入課目，庶有急效。蓋吾國向無法政之學，自留學外國者多，始以此科學之名，轉輾流播。然所講貫，無非沿外國法文，實與吾社會未必相中。特無奈國家本無有統系之法，除刑律外，了無法文，近即稍稍有規定之條，恒局於一事一物，非普通學子所當研究。獨本章程爲始具人民權利義務之觀念，同爲國民，即同有熟嫻之責，學以致用，舍此奚從。用是謬承諉諈，令編講義，以貽同學。此課每一星期授兩點鐘，尅計日程，以半年適蕆吾事，歲云暮矣。此稿隨講隨編，今甫告竣，於講習事則强顔畢業矣。轉念各省籌辦，方興未艾，公民甫獲參政權，正資淺顯之書，以供參考，輒不揣蒙昧，私願梓以問世。其所以不憚學人之非薄者，蓋以此書本爲一般公民計，非與海内學者爭理解之短長，愈淺、顯或愈適用也。竊布其私，以就正於達者。戊申臘月，陽湖孟森。

例　　言

一　凡閱講義，同時必兼閱法文。古人讀書，左圖古史，今亦當左法文而右講義，庶有相説以解之樂。以故章程原文不甚備於講義之内，但講至某條，即注明條數，以待檢查。蓋恐詳載條文，轉無觸發之妙也。

一　講義純從本章程著眼，不泛引外國法文。蓋取達意而止，繁稱博引，轉恐眩目。

一　開講時，各省質問未起。近日始疊奉憲政編查館解釋，一一注入各條之下。館臣解釋，應爲有效，各省籌辦處有應遵守之責。故自今日以前所奉解釋有關章程之出入者，悉備録焉。

緒　言

吾國舊時政治上之慣習，止有君主與一二執政之意思，並無國家公共之意思。此在數百年前，環球各國亦多如此。而吾國聖賢垂教之旨，則恒以國家公共意思，加乎君主之上。古人稱天，以示無上之尊，惟天可以壓君。而“天視自我民視，天聽自我民聽”，明爲周初《泰誓》之文。古聖王尊重國家之公共意思如此，但未嘗設爲意思機關，雖有意思無由集合。三代後，聖王又不作，務令人民之意思不得表現於政治之上，久之而人民自視，亦不應以意思表現於政治，於是名爲國家，實與人民無涉。近自萬國交通，有鑒於東西各國無不以有公共意思而後昌。此今年全國士民所以有請願國會之書，而朝廷亦有允許必開國會之旨。國會則國家之公共意思，即所謂意思之機關，此事當於國法學中細論之，今特舉諮議局之本原而及此耳。

諮議局，應即爲省議會。照“諮議”二字之義，本與議會不同，此由於去年九月十三之諭旨。在降旨時，並未有許設議會之意。數月之後，我國家之程度大進，下有必開國會之志，上有允開國會之言，於是諮議局章程出乎其間，純然成議會之性質，此吾國之進步也。

省議會乃國會之一體，國會以全國爲一個意思機關，省議會以一省爲一個意思機關。夫有公共意思之國家，其全國家爲一人格，人之以身使臂，以臂使指，分支與全體交相爲用。省議會之上有國會，其下必有廳州縣會及城鎮鄉自治團體。觀九年籌備清單，今年將頒布《城鎮鄉自治章程》，明年頒布《廳州縣自治章程》。而省會首成，其名則曰諮議局，章程及選舉章程共一百七十餘條，依法理別白之如下。

第一章　諮議局之性質

（甲）名詞上之性質　諮議局是否即省議會，雖無明文，然實有議會之權限。章程第一條首揭“欽遵諭旨”四字，又節諭旨中三語，以明其宗旨，正聲言其名詞之所由來，是爲歷史上之關係。以此條文冠首，具有二義：其一，全體條文不能越諭旨之範圍，以明其與私家著述，任執一師之説爲定義者不同；其一，即推本事實，見命名之有自也。

“章程”二字，亦係目前通用之名詞。法律完備之國，於法律各有專名。西國文字不同，未易取證，今舉日本言之。凡經國會協贊後，乃由天皇裁可者，謂之法律。法律久遠遵行，非仍由國會議廢，雖天皇不得擅廢之。天皇即欲議廢，不能通過國會，即無廢理，是爲效力之最堅確者。凡未經國會協贊，但由天皇發布者，謂之勅令。勅令得暫代法律之用，俟國會開時，要求國會承認。既承認，可成法律，不予承認，即仍作廢，天皇無强行之權。吾國未有國會，即無協贊之事，法律與勅令並無區别。本章程奉旨施行，依名義儘可謂之法律，蓋吾國本以勅令代法律之用也。今但名之曰“章程”，是沿用便習之名詞，公私可以通用。將來諸法完善，國會協議，亦有定程，自當分别法律、勅令等等。如此項章程，但編入法律第幾號，不問其原名之爲章程與否。總之，有法律之效力，自當列入法律之部分也。

（乙）事實上之性質　省議會對於國會而言，在外國，國會之外皆爲地方議會。省統於國，固亦止爲一地方，然與外國之地方團體大異。外國地方團體，恒屬於内務部(在我國謂之民政部)。除民政之外，一切收賦税，理詞訟，辦交涉，司交通，掌教育，整飭海陸軍，倡率農工商，皆直屬中央政府，並不以地方之區域爲區域，又何論受地方之統轄乎？軍興以前，吾國政體本亦多直接中央者，如鹽政、漕運、河工、關税皆是也。惟司法不獨立，而按察司爲督撫屬員，丁漕與民政混合，統隸布政司，而亦爲督撫屬員，賦税之一宗與詞訟之全部皆以省爲統轄之區域矣。外務部、郵傳部皆新設，至今未能收交涉交通之權。交涉之煩難者，督撫諉之於部則有之，其實亦無一定之權限。至驛傳則舊屬臬司，今雖議設郵傳司，而未必不仍局於省界。縱設專官，勢必仍隸督撫。其他學部雖設，而提學使爲督撫屬員。農工商部雖設，而勸業道爲督撫屬員。海軍甫成而即毁，經制未定。陸軍近方由陸軍部分鎮編制，亦尚無成效。督撫稍稍移舊物冠以新名，即盡攬新政而歸其統轄。軍興以來，督撫皆加兵部尚、侍等銜，原有節制軍隊之習慣，始以鹽與關隸督撫，近又廢漕、河兩督。夫鹽利關税，向爲内務府私財，亦誠非法。但改制以後，度支部於各省之財政，仍無一不仰成於督撫。綜觀今日督撫之權限，政府雖日言中央集權，其實日趨於各省分權之勢。省議會名爲地方議會，其範圍之寬廣，凡中央政府所設爲專部而施行之之政務，省之中無一不分寄其權。故外國之地方最上級團體不過内務部行政之一區，吾國之省則爲各部行政之一區，就一省之中盡分各部之寄，蓋儼然爲全國之一部分，而非國家一政事中之一部分矣。以故諮議局之性質，純然可具國會之性質，就本省界畔之内，議員之能力與國會議員之能力無殊，因省之性質然也。

第二章　諮議局之場所及名額

諮議局爲政治上之機關，吾國官民均當别具眼光，勿混視爲官場濫設之局所，亦勿混視爲士民隨意之集會與結社。蓋三權分立，雖非絶對之定義，然其爲三大綱，則萬國俱無異詞。今司法獨立，吾國略有端倪，具見籌備清單之内。而先有諮議局章程，督撫之向來總攬三權者，因此實已退居行政之一方面。立法機關則寄之諮議局司法一事尚未實行，暫當並入行政範圍之内，但行政並不因兼有司法權而能力較大。總之，有諮議局，而督撫略與對等矣，其詳見"諮議局職務權限"。夫諮議局與督撫法律上既居平等地位，則諮議局爲省之立法者，督撫爲省之行政者。從此不言省則已，一言省則必爲諮議局與督撫之合名是。蓋國家之政治作用，即有時諮議局與督撫反抗，亦純係法律上之反抗，並非任意爲難。在督撫固不容以尋常居所視之，即吾人民亦不當以向時集會結社亦有選舉等事，因以諮議局爲相等之組織。蓋一切集會結社，不過士民自標一種宗旨。宗旨相合，故自相團結，與國家之經制無關。諮議局乃國家法定之機關，故其所在之地，必與省之行政長官最相接近。〔章程第一條第二項：各省諮議局設於督撫所駐之地〕此條文不曰"設於各省省城"者，因省城間有非督撫之所駐也。直隸總督駐天津，近廣西巡撫有移駐南甯之説，將來督撫於地形不便應移駐者尚多，故條文云然。

議員名額有二種：（甲）定額；（乙）專額。

奉天五十名　吉林三十名　黑龍江三十名　順直一百四十名　江甯五十五名　江蘇六十六名　安徽八十三名　江西九十

七名　浙江一百十四名　福建七十二名　湖北八十名　湖南八十二名　山東一百名　河南九十六名　山西八十六名　陝西六十三名　甘肅四十三名　新疆三十名　四川一百零五名　廣東九十一名　廣西五十七名　雲南六十八名　貴州三十九名　〔章程第二條〕以上名爲定額。〔本條云：各省諮議局員以左列數目爲定額〕是也。

定額以學額爲準。惟江蘇省又據漕糧額增加之，而江蘇江甯之加法又不同，故分列爲二，其實際當非析爲兩省。〔章程第二條案語〕

順直設旗籍議員額十名。〔第二條第二項〕各省駐防視舊日取進學額，全數在十名以内者，設議員一名；二十名以内，設二名；二十名以外，設三名。〔選舉章程第一百八條〕至少必有一名，至多不得過三名。〔第二條第二項：各省駐防於該省議員定額外每省暫設專額一名至三名〕以上名爲專額。〔專額之名詞已見上文。又選舉章程第七章自第一百五條至一百十三條，皆定專額議員選舉辦法〕專額議員，指京旗及駐防人員而言。〔選舉章程第一百五條〕名額可以增廣。〔選舉章程第八十五條第二目〕

專額祇爲暫設。旗制裁改，則旗人以所居地方爲本籍。〔章程第二條案語〕

第三章　諮議局議員選舉

第一節　選舉主義

選舉有兩主義，曰普通主義，曰限制主義。本章程用限制主義。〔章程第三條案語〕普通選舉，止要有必要資格謂本國人，及男子及合格年歲，其詳見下講"資格"，及不犯剥奪公權、停止公權等限制。普通選舉亦非無限制，特所限制者爲普通之限制。限制選舉，則外國恒以財産爲限制，且財産之限制又有通常限制及等級限制二種。通常限制或用財産，或用教育，爲之限制；等級限制即用財産。今立法者不欲偏重財産，〔章程第三條案語〕且財産不從税法定後，亦難用爲標準，故兼取教育爲限制。而又以吾國教育去普及尚遠，因合舊時科舉之學識，與新教育互用，尚以爲未足，更取政界及地方公益有經歷者，亦作爲實地練習之學識。於是本章程之限制選舉，兼用學識、經歷、財産三種。

立法者本採普通主義，以初行選舉，不得已而暫從限制主義，又不肯偏重財産，〔均見章程第三條案語〕此皆立法者之厚待國民，將來進步，其效果必遠出日本之上。

第一款　選舉資格

照章程原文，資格共有五項。〔章程第三條〕其文如下。

凡屬本省籍貫之男子，年滿二十五歲以上，具左列資格之一者，有選舉諮議局議員之權。

一　曾在本省地方辦理學務及其他公益事務，滿三年以上，著有成績者。

二　曾在本國或外國中學堂及與中學同等或中學以上之學堂，得有文憑者。

三　有舉貢生員以上之出身者。

四　曾任實缺職官文七品，武五品以上未被參革者。

五　在本省地方有五千元以上之營業資本或不動産者。

然照外國法文及章程言外之意，則共推得十一項。

（一）本國人　此在外國法恒有明文。吾國今日，外人雜居，且猶不可，以領事裁判權未撤故也。本章程雖無明文，而有本省籍貫、非本省籍貫字樣，〔章程第三條第四條〕祇以省界爲言，其意已含有各省人民方可通融之意。省之名目，盡於章程第二條所列之二十二省章程内分作二十三項，因其中江甯、江蘇有分計名額之故，因而各自列開，實非兩省〔當詳味章程第二條案語〕，非特外國人不在其内，並蒙古、西藏未建行省之制者亦不在内。夫蒙藏内屬已二三百年，治法未能統一，此亦吾國負責任者太少，心力不足灌輸之故。惟法文中竟不明定“本國”字樣，究係文字上之習慣，以爲中國之外，本無他國，止有夷狄禽獸而已。若夫蒙藏人民，不雜居於各省則已，雜居則何嘗屏之人民以外？所謂京旗駐防者，即有蒙古在内，特入專額而不入定數耳。謂劃清本章程，決不適用於二十二省人民以外，究不可通。故本國人之一種資格，自不可少。

（二）男子　女子無參政權，各國皆然。惟程度較高之國，女子之要求參政權，其激烈已過於吾國之男子，故外國以男子爲一種資格，以見女子之不得公權即參政權爲被限制之故。吾國方以女子爲自然不有公權，而本章程已入資格項内，可見較往

時考試給狀爲有進步。〔章程第三、第四等條〕

（三）二十五歲 〔章程第三、第四等條〕

以上三種爲必要資格。必要云者，先具此而後再論其餘也。（第一）必要資格，推條文言外之意而得。（第二）（第三）必要資格，具見條文。外國法尚有獨立生活一種，亦爲必要資格，吾國尚未注重及此。民法若定，人有人權，必知有獨立生活乃能日進於强，掃除依賴性質。今尚渾沌未盡分明，故法文亦不及之。

（四）學識 此分三種。章程第三條内第一項之曾在本省地方辦過學務滿三年以上著有成績者，其中如教員及學務課長科員之類，皆以學識見長者，此其一也。第二項則其二，第三項則其三。

（五）經歷 此亦分三種。章程第二條内第一項之曾在本省地方辦過學務滿三年以上著有成績而在管理一方面者，一也。辦過其他公益事務三年以上著有成績者，二也。第四項則其三也。

（六）財産 此分二種。章程第二條第五項之營業資本滿五千元以上者，一也。不動産滿五千元以上者，二也。

以上三種，實有八目，在本章程則分五項。蓋以辦過學務不問關於學識，關於經歷，皆統之爲事務與辦過其他公益事務併爲一項，營業資本與不動産併爲一項。其所以併爲一項者，立法者蓋有深意。何也？如第二項爲新學之學識，第三項爲舊學之學識，若泛爲合併，此兩項亦在可併之列，然各自列開，惟第一項、第五項則併之，此因辦事以年計，財産以元計，計數者可併計。如辦過學務之年與辦過公益事務之年合成三年，亦爲合格。營業資本之元數與不動産之元數合成五千元，亦爲合格，故非併作一項不可。試觀選舉人名册第十九條，造選舉人名册所列應載事項，即以章程第三條内之資格爲事項。然以資格第二、第三兩項併成出身一項，豈非明明可併之證？立法者若曰人名册内應載事項則可併，資格則不可併，資格之可併者必其可以併計者也。依憲政編查館解釋，學務、公益不能並計，且三年之期又加繼續之限制，此解釋之生於章程以外者。

有其他公益事務一項，則除職官及財産足以合格之外，其餘資格不至盡爲學界所占。此公益中，當注意其大部分爲地方之董保正長。此等人古時本爲比閭族黨之官，後世歷稱鄉黨職役，最具自治之能力。以經歷爲資格，此等人實爲首選。依憲政編查館解釋，曾充統領營官而得有勇號及黄馬褂者，得比辦過公益事務著有成績者，其未充營官統領及僅賞翎支者不在此例。

中學以上之文憑。依憲政編查館解釋，二年以上之完全、簡易各師範，一年半以上之講習法政，皆得比中學以上，其不逮此者不預。

舉貢生員之出身。依憲政編查館解釋，止言文而不及武。又廕生未考，得比生員；孝子順孫曾經旌表者，得比孝廉方正，以舉貢論。

"成績"二字，從"參革"二字互證，當知其指未經斥逐等公案而言。

以職官爲經歷，限文七品、武五品以上，且必曾任實缺。此其限制獨嚴，吾國職官受淘汰於法律者如此。"參革"二字乃吾國文字上之遺傳性，即作爲褫革解。依憲政編查館解釋，世職未入營、入學者，得比武五品。參革後，並舉貢生員及學堂文憑，皆不得有選舉權。而賞還原銜，即得比開復原官。又署理、代理，得以曾任實缺論。

凡上開八目，在章程第三條爲資格五項，是爲具一資格，〔採用第三條條文所具左謂列資格之一者〕是也。

非本省籍貫而有本省選舉權者，止有必要資格。無具一資格，蓋上文所云三種必要資格，非本省人亦所必具，此外又必增加二項，爲與本省關係之要項。

(一)寄居本省滿十年以上。(二)營業資本或不動産滿一萬元以上，在其寄居地方。

破除各地方籍貫，然後知有國籍。向來有考試之嚴攻冒籍，其反映之效果，適得莠民之亂入外籍。其攻冒籍也，無關公益，其入外籍也，亦非歸化，無法律之現象，離奇如此。今立法者略破地方籍貫，是一進步，其餘則待訂定國籍法矣。章程明不以籍貫爲重，近依憲政編查館解釋，乃與章程兩歧，依然仍考試陋習，是館員自背章程也，宜各省有不願遵守者矣。

第二款　被選舉資格

被選舉止有必要資格。其資格在本省有籍貫者，與選舉之必要資格同。非本省籍貫者，較選舉之必要資格少一財産之限制。〔章程第五條〕

凡學識、經歷、財産，概不爲被選舉資格。蓋選舉人爲有學識、經歷、財産之人，而肯信服某人爲議員，其聞見較真，自勝於形式上之資格。此於複選用之，爲廣拔真材地也。〔參觀章程第三條案語〕

惟其必要資格中，年歲一項，以三十歲爲及格。參政之年更長於識人之年，此從日本法來。

被選舉並無特別限制於必要資格之外，此即立法者趨重普通主義之證，但今日則止用之於複選。複選另詳。

第三款　剥奪或停止選舉權及被選舉權

章程原文止云"不得有選舉權及被選舉權"，並不明言剥奪。〔章程第六條〕惟停止則有明文。〔章程第七條〕在日本法文則稱剥奪。而我國新刑律草案亦有剥奪公權之罪，則"剥奪"字樣，吾國法文亦可承用。惟刑律草案中之剥奪公權，止有剥奪其爲官吏、爲律師、爲學堂教習監督等，而不及議員，以當時朝廷尚未許設議會故也。今姑以“不得有”三字改爲“剥奪”，以從文義之便。

剥奪事項，不必與各國從同。本章程就吾國政體與習俗以爲必應剥奪者，蓋有八項。〔章程第六條〕其文如下。

凡有左列情事之一者，不得有選舉權及被選舉權。

一　品行悖謬，營私武斷者。

二　曾處監禁以上之刑者。

三　營業不正者。

四　失財産上之信用，被人控實，尚未清結者。

五　吸食鴉片者。

六　有心疾者。

七　身家不清白者。

八　不識文義者。

第一項“品行悖謬，營私武斷”八字，上四字頗嫌寬泛。據本條案語，“品行悖謬”乃指宗旨歧衺、干犯名教而言。夫宗旨歧衺而至於干犯名教，此必非尋常過犯。何則？尋常過犯之干犯名教，如姦淫等事，斷無宗旨之可言。是蓋近今國事犯之問題，所謂革命黨者是也。夫必指出革黨之名，豈不駭人觀聽？然苟不指明，既非立法者之意，又因寬泛無界限，恐且妄行攻訐，以“品行”二字持人短長，爲修怨之地，故必從案語明正其名。夫革命黨原因國家不立憲，而有所逞其怨毒。今果確定立憲政體，則其名不久當息。以故品行悖謬之足以剥奪公權，自是暫行之法文，非通例也。

“營私武斷”四字，亦因我國向無議會，萬事不敢用公議公斷之法，不公議所以爲私，不公斷所以爲武。後此既有議會，一二人無私可營，斷事時亦無所用其武，故營私武斷之剥奪公權亦係目前之事。惟近日將宣布自治章程，而動輒防自治之後，有武斷鄉曲之弊，此實誤會。如執行之董事等欲爲武斷，既有議會抑制之。至議會中，非公議不能决事，但有公斷，何武之有？

第二項"曾處監禁以上之刑者"，此亦當原立法者之意。查新舊律之刑名，俱無監禁一目。惟新刑法之剥奪公權，乃係徒刑以上之附加刑。又舊律亦稱徒以上收禁，徒以下散禁，故"監禁"二字當以徒刑爲準，否則無所依據。

又處某刑云者，謂其情真罪當，宜處此刑。若獄經平反，則前雖受刑，乃由冤濫，自不在剥奪之列。

第三項"營業不正"，乃謂煙館、妓寮、番攤之類，其業足以害人者。若其他將本求利之業，並無所謂不正，蓋止有資本之大小，並無業務之邪正也。味"正"字，當知立法者之意，勿以小本經紀爲剥奪公權之罪狀。

第四、第六兩項自是通例。第五項亦爲今日中國不可不嚴之禁例。依憲政編查館解釋，第五項之吸食鴉片，又擴張至種煙及賃田與人種煙之户，如逾本省煙禁年限，一並削奪其選舉權。

第七項"身家不清白"，案語指娼優隸卒等賤業之人。此種限制，純係科舉時代遺傳而來。析言之，如娼必非男子所爲，優人在外國亦頗高尚，吾國特風俗上有優伶侍酒、玩弄如娼之事。然留學外國關心美術者，亦恒效法外國優人，而具改良風俗之志願。至如隸卒，則又執公家之役，在古人謂之庶人在官，在各國即廷丁、執達吏等。同爲公吏，不過職分較卑，何賤之有？如淪於賤業而至於剥奪公權，則公家何得以此罔民，給微貲以招之使來，既來即禁錮其人，誘人爲非，何其酷毒？且身已足矣，又錮其家，依科舉時舊習，有三代禁錮之例。古云罪不及孥，今以無罪而罰重於罪，故果有賤業，當從"營業不正"四字括之，不當再用身家清白等無理之限制。據九年豫備事宜，至光緒三十九年，當頒布民法。民法首揭人權，人有獨立之權，斷無受限制於有生以前之理。至其時，自當掃除積習，不容此不合公理之條文也。依憲政編查館解釋，稍從狹義。文明戲曲，非以爲業者，不在此例，則已稍稍救正。

第八項“不識文義”，即指不識文字而言。依選舉章程第四十二條，投票人不得倩人代理，故不能自書選舉票，安得爲選舉人？然亦不能深求之。觀九年豫備事宜，明年將頒布簡易識字課本，正爲造就公民而設。簡字尚可用，蓋爲表示意思之用，並非爲高深之文義言也。

停止公權，在外國法亦作爲懲罰之用，本章程則不同。〔章程第七條〕觀條文及案語自明，其文如下。

左列人等，停止其選舉權及被選舉權。

一　本省官吏或幕友。依憲政編查館解釋，本省士紳所執官吏之職，知學務警務公所人員之類，不以本省官吏論。教官亦不以官吏論。

二　常備軍人及徵調期間之續備、後備軍人。

三　巡警官吏。依憲政編查館解釋，限於巡官警長，其在警務公所中所設科長、科員等文職不在此限。

四　僧道及其他宗教師。

五　各學堂肄業生。

其案語云：“謹案所定選舉及被選舉之限制，非以其資格缺乏之故，乃以其所處之地位不適於選舉議員及被選爲議員故也”云云。

以上爲選舉權及被選舉權通共之限制。而本章程尚有獨限制被選舉權者。〔章程第八條〕獨限制現充小學堂教員，此雖取法於外國，但吾國小學教員尚未特定爲一種專業，立法者蓋爲將來計耳。

結　論

本節爲選舉主義。其主義之實際，爲暫採限制主義，而終以普通主義爲歸宿。故第一款選舉資格爲限制，第二、三款即純爲普通主義，此立法者期望較高，不欲中國人民長域於限制選舉主義之故。日本國會議員即有選舉資格，而無被選舉資格，蓋本章程之所本也。

第二節　選舉方法

有選舉區，然後就區以行選舉。以平常論，當先明選舉區制，後言選舉方法。本章程則選舉區從選舉方法而出，故不能不先言方法，而後言其區別。

凡選舉方法有直接、間接之别。直接選舉即單選舉，間接選舉即複選舉，複選舉手續繁難，各國多不取之。本章程則以選舉初行，理宜詳密，以複選舉爲本法，〔章程第二條並其案語〕而以單選舉爲選舉議長及常駐議員之特别法。〔章程第十條〕

第三節　選舉區

選舉區本與選舉方法無涉。凡選舉區分大、小兩種，大區中自可單選，可複選，小區亦然。本章程則以大區爲複選區，以小區爲初選區。大區以府直隸廳州所轄爲界，小區以廳州縣所轄爲界。〔選舉章程第二條〕

初選區已屬小區，其中又分投票區。〔選舉章程第十五條〕據本章程明定初選區、複選區，則投票區本與選舉區無涉。惟據選舉章程第五十四條，檢票時應將選舉票與投票簿對照。其對照而發現之事，有所謂姓名不符者。余以爲本章程所附之選舉章程第四十五條，明言投票用無名單記法，不得自書本人姓名，則所對照之姓名，自係所選舉之人之姓名。所選舉之人出於一投票區者，即能與該區之投票簿相對照，是投票區又能限受人選舉之人，亦出於該投票區矣。是投票區又爲小選舉區，特無小選區之名，而有小選區之實矣。或謂檢票在初選監督所在地，〔選舉章程第四十九條〕已將各投票區之投票簿彙齊，安見所對照者？必各區自爲對照。不知若將各投票區之票混合後，再對照各投票簿，則何如竟對照選舉人名册，乃必任檢一票，遍對各簿，紛亂至不可勝理乎？或又謂“姓名不符”四字實係立法者誤加，此説近於武斷。特本章程既明定初選區，原不當於法律之外，又添一層最小之選舉區。總之，投票區若爲小選區，則選舉章程第二條之後，應加一小選區之明文。投票區若非小選區，則選舉章程第五十四條内應去“姓名不符”四字，或將“投票簿”三字改作“選舉人名册”五字。兩處必有一誤，此當由各省籌辦處具公牘請示憲政編查館，然後定之。依憲政編查館解釋，“姓名不符”四字當作“姓名之數不符”，而將“放棄選舉權”别行解釋，此亦可見其强與斡旋，中間當添出許多文字。法文雖簡質，然固不應脱漏也。且“放棄選舉權”五字中已可該括，又何必多此蛇足乎？

府與直隸州本爲複選區，然直隸州自有本管地方，府亦偶有有本管地方者，即附郭不設縣者是也。立法者恐於此易起疑問，特定此亦爲初選區焉。〔選舉章程第二條第二項〕直隸廳多無屬縣，其所謂有本管地方者，僅指有屬縣者而言。惟直隸廳間有屬縣：有屬縣者，與府直隸州爲同類，尋常之直隸廳祇與廳州縣爲同類。特上無該管之府，立法者又恐有疑問，特定此以附近之府爲複選區。〔選舉章程第二條第二項之下半〕蓋無屬縣之直隸廳，純然爲初選區耳。

因初選、複選之區域不同，而監督之官各異。初選自常以廳州縣爲監督，複選自常以府直隸廳州爲監督。〔選舉章程第四條一項〕但府直隸州以本管地方爲初選區者，因該知府、知州將來必爲複選監督，立法者於是定該府直隸州得遴派教佐員爲初選監督。惟直隸廳之有屬縣者，固與府直隸州同，其無屬縣者，該廳同知或通判果即爲初選監督乎？立法者爲體制起見，雖不能爲複選監督，亦不令爲初選監督，其得遴派教佐，亦與有屬縣者同。〔選舉章程第四條第一、第二項〕

選舉區與行政區域相合，則因行政之便宜。有時更改其區域，立法者主張選舉區永遠合乎行政區，故行政區有更改，選舉區從而更改。〔選舉章程第二條〕因選舉區有更改，或原舉議員尚未任滿，而遇此更改之事，章程不爲規定，必又生疑問，故本章程定爲照舊任職。〔章程第十八條第二項〕此在本省之内自相更改，固毫無出入。若本省内之選舉區改屬他省而此省與彼省，或因解散議會等事，選舉之期不同，原議員之任期未滿，改屬之省已行選舉，設此議員又經當選，謂可照舊任職耶？則彼省所以選舉之主意，固爲彼省之權利義務起見，而此議員之所關係於權利義務者，亦已純在彼省，似不當强令入無復關係之議會，而因以喪失其有關係之議會中應得之議員資格也。惟依《諮議局章程》第十九條“辭職事由”之第三項所云“其餘事由”者，則固有聽其願屬何省之便矣。

第四節　選舉年限及期日

外國地方議會，彼此不必同時，且中間偶有解散等情，重行選舉，即是重起算年限。本章程規定常年會之開會期必爲九月初一日，〔章程第三十二條〕又規定議員之任期以三年爲限，

〔章程第十五條〕更規定任期以每届選舉後第一次開會之日起算，〔章程第十五條第二項〕則議員之任期三年，已縛定必從選舉之年之九月初一日起算，以故選舉年限亦必以三年爲一次。〔選舉章程第十三條〕

依章程，止言三年選舉一次，並不言各省同以某年爲選舉年份，原防各省成立未必同在一年。各省自可各以成立之年之九月初一日爲起算期，即各有選舉之年，特滿三年再行選舉耳。果爾，則解散後再選舉，亦可從外國之例，另起年限，另行選舉矣。然細審章程，解散後應同時通飭重行選舉，於兩個月以内召集開會。〔章程第四十九條〕照兩個月之期，萬不能重造選舉人名册，及爲正式選舉之一切手續。則雖經解散，其年限必仍以原定之每一個三年爲一限，其詳俟下文再論。兹先詳正式選舉一切手續之期日如下。

選舉日期以選舉年分之正月十五日爲初選日期，三月十五日爲複選舉期。〔選舉章程第十四條〕其施功於初選舉以前，以至有事於複選舉以後者，手續甚繁，因其在法律上即本章程上，皆有定期，則功令所懸，不可不臚列如下。

選舉年分之前年

七月十五以前　調查若干日，造册若干日，大約著手在四月間。〔從選舉章程第二十條推出〕

又　選舉人名册一律告成，在初選舉期六個月以前。〔選舉章程第二十條〕

七月十五以後　初選監督即將選舉人名册呈由複選監督申報督撫。〔選舉章程第二十一條〕其間呈複選監督若干日，複選監督申報督撫若干日，必申報後，乃生出下條分配之事。

又　督撫分配複選當選人，〔選舉章程第六十八條〕在各複選區選舉人名册報齊後。

又　初選監督分劃投票區〔從選舉章程第十六條推出〕

十月十五以前　督撫分配複選當選人已定，且已行文到各複選區。〔從第六十八條第三項推出〕

又　初選監督將投票區一律籌定，詳細繪圖，申報複選監督核定。〔選舉章程第十六條〕

又　督撫所分配之複選當選人須榜示各複選區，並諮報民政部。〔選舉章程第六十八條〕

又　初選監督頒發選舉告示，〔選舉章程第二十八條〕投票區、投票所及開票所地址即載其内。

又　初選監督將選舉人名册頒發各投票所，宣示公衆。〔選舉章程第二十一條〕

十月十五以後　複選監督分配初選當選人〔從選舉章程第二十六條遵照督撫所定複選區議員額數則在督撫分配定後、第二十七條第三項推出〕

十一月初五六　宣示期二十日爲滿，期内得請更正，〔選舉章程第二十二條〕期滿即爲確定。

十一月十五以前　複選監督分配初選當選人已定，榜示各初選區。〔選舉章程第二十七條〕

十一月二十五六以内　初選監督於呈請更正人名册者，二十日内加以判定。〔選舉章程第二十二條〕

十一月二十五六以後　經初選監督判定，不准更正人名册，得呈訴複選監督。〔選舉章程第二十三條〕

此在章程無定期，但在經判定後而已。若早經判定，則呈訴尚可提早，至遲至十一月二十五六以後。

十二月二十以前　呈訴後，複選監督亦儘二十日判

定，故約估期限如此。〔選舉章程第二十三條〕

十二月二十五以前　複選監督製投票紙及初選當選執照。〔從選舉章程第三十七條及第六十三條推出〕

又　複選監督製成投票紙及當選執照，分交初選監督。〔選舉章程第三十七條及第六十三條〕

選舉年份之當年

正月初五以前　初選監督造具投票簿，並製成投票匭〔從選舉章程第三十八條推出〕

又　初選監督分交投票紙及投票簿及投票匭於各投票所。〔選舉章程第三十七條及第三十八條〕

又　初選監督擬訂投票所及開票所辦事細則，呈請複選監督核定。〔從選舉章程第三十六條及第五十三條推出〕

正月十五以前　複選監督核定辦事細則。〔同上〕

正月十五　初選舉，〔選舉章程第十四條〕即投票日。

正月十五以後　投票完畢之翌日，造具報告，連同投票匭移交開票所，並申報初選監督。〔選舉章程第三十四條〕

又　各投票匭送齊之翌日，由初選監督酌定時刻，先行榜示，届時親自到場督同開票，即日宣示。〔選舉章程第五十條〕

又　造具報告，於檢票完畢之翌日，申送初選監督。〔選舉章程第五十二條〕

又　當選票不滿額，於開票後第三日再行投票。〔選舉章程第五十七條〕

又　知會當選人，並榜示。〔選舉章程第六十條〕當選人確定後，即爲之正月末、二月初，裁撤投票所。〔選舉章程第三十五條〕投票完畢後十五日以内。

二月上旬　裁撤開票所。〔選舉章程第五十三條〕開票完畢後十五日以内。

二月十五以前　當選人呈明情願。〔選舉章程第六十一條〕自知會之日起，二十日以内，其情願者給與當選執照。〔又第六十二條〕

又　複選監督籌定投票所、開票所。〔從選舉章程第六十九條推出〕

又　複選監督頒發複選告示。〔選舉章程第六十九條〕投票所開票所已定。

又　初選舉訴訟應呈控之限。〔選舉章程第九十條〕選舉之日起三十日以内。

二月十五日前後　訴訟審判之限。〔選舉章程第九十二條〕提前審判，不得稽延。

三月十五以前　複選監督送致投票紙、投票簿、投票匭於投票所。〔選舉章程第七十一條〕

又　複選監督酌定辦事細則。〔選舉章程第七十條〕

三月十五　複選舉。〔選舉章程第十四條〕投票開票大約一日即了，即榜示及知會亦或在一日内。

三月末　投票所、開票所均裁撤。〔選舉章程第七十條〕是條有照三十五條之文，而在五十三條中又規定照三十五條一律辦理。

四月初旬　當選人呈明情願。〔選舉章程第七十條〕情願者給與議員執照。

四月十五　複選舉訴訟應呈控之限。〔選舉章程第九十條〕

四月十五前後　訴訟審判。〔選舉章程第九十二條〕

五月十五前後　初選舉上控之限。〔選舉章程第九十三條〕自判定之日起三個月以内爲限，向按察使衙門上控。

七月十五前後　複選舉上控之限。〔選舉章程第九十三條〕向大理院上控。

以上爲選舉年分之選舉議員一切手續之期日。其選舉議長、副議長、常駐議員年限與議員之選舉同，其期日爲開會之第一日以前，即九月初一日以前。蓋議員任期以每屆選舉後第一次開會之日起算，而議長、副議長之任期亦同，常駐議員之任期以一年爲限。〔章程第十五條〕夫任期既同，必即以開會之日起算。常駐員雖以一年爲限，其年度之起算點，仍必爲開會之第一日，蓋開會時首先舉議長、副議長，事實上自無可疑。常駐員亦即一同舉出，蓋可知也。

又有不在選舉年限，不能定其期日者。此有兩種選舉時用之，一曰改選，一曰補選。〔選舉章程第八十四條、第八十五條〕

改選，據本章程亦有在選舉年分者。〔選舉章程第八十四條〕蓋自第二屆選舉以下，每屆皆稱改選也。〔其詳見下〕此别具各屆正式選舉之章程，即與本章程同。〔選舉章程第八十六條〕兹專論不在年限上而無期日之改選及補選。

無年限之改選與補選，雖無期日，然不無期限，蓋極長以兩個月竣事。何也？選舉無效，即應改選，〔選舉章程第八十四條第二項〕而其選舉無效之事項，解散即在其内。〔選舉章程第七十九條〕解散後於兩個月以内，召集國會，〔章程第四十九條〕全省議員且可就兩月中選畢。非全省之改選及僅僅缺額之補選，可以此準之矣。是兩個月可爲期限之證。

由此可知解散以後之改選，其手續與補選略同，必仍用原有之選舉人名册，原劃定之投票區，原造成之投票簿。通飭選舉，必用電傳。即日奉電，即日頒發初選告示。數日後始投票，投票畢開票，然後知會，然後待其承認，然後給與執照，然後造複選投票簿，遵照複選告示投票，以至給與執照。此等手續，在交通極便之省分兩月中畢事，猶甚竭蹶，而選舉訴訟等事更無論也。〔訴訟另詳〕若另造人名册，則其手續當與正式選舉同，非一年有半不能畢事，故曰此其手續必與補選等略同。

由此又可知解散以後，再選舉之議員，仍與未解散之省分同其任滿之年分。何也？凡造選舉人名册，一次止可供一屆選舉之用。本章程以三年爲一屆，三年内所有選舉人止以入册者爲定。其先未合格，三年中絡續及格者，無從行其固有之權，則觖望者已不少。但爲選舉年限所拘，誠無如何矣。今復因解散之故，原有之人名册，又延長至三年以外，其多者可至五年以上如已開會後逾二年而解散之諮議局，公民資格變遷太多，萬難爲利害關係之準。故曰與未解散之省分同其任滿之年分也。

以上可明諮議局雖有解散，不改其選舉之年限，但事實恐多窒礙。交通不便之省，欲有改選，萬非兩個月所能集事。外國地方議會並不勒定同一之年限，其解散後之選舉與正式選舉同，正式選舉之手續，其期日不似本章程之長，解散改選之期日亦不似本章程之短。此則將來事實發見，而後知其難行，在今日則當感立法者之美意，暫行解散，不使久於停止。〔章程第四十九條案語〕故以兩月爲期，所以杜督撫利其解散之私也。

第五節　選舉投票法

（甲）選舉人姓名　投票法有記名、無記名之别。記名者，選舉人於票中並記自己之名。無記名者，票中但書所選舉人之名也。“無記名”三字，在本章程但稱“無名”。凡投票自以記名爲有責任，在法律思想較爲粗略之民，恒於情面之顧否，不免有恩怨之見存，則姑以無名投票行之。日本選舉法亦然。〔選舉章程第四十五條：投票用無名單記法，每票祇准書被選舉人一名，不得自書本人姓名〕此條文第三句，特解釋“無名”二字，正恐閱章程者，不解此法律名詞也。

投票又用之於開會以後議長、副議長及常駐議員之選舉。章程第十條並不載明其應記名與否，以意度之，當是用記名法。但此項選舉本不甚嚴重，章程所不載，聽議員自酌可也。同爲議員，大約無恩仇可避，用記名投票，自無疑義。

（乙）被選舉人姓名　投票法又有連記、單記之别，連記中更分減記、重記、名簿等法，本章程以用單記法爲主。〔選舉章程第四十五條〕此條文已見前。其第二句，即“單記”二字之解釋。其選議長、副議長及常駐議員，則又或用單記，或用連記。蓋惟選常駐議員用連記法也。減記、重記均見下。名簿投票乃有政黨之國家始有此事，今國家並不提倡政黨，可不必言。

連記之法，如所選出之人需若干名，即於一票内連書若干人，是爲常例。但常駐議員，依本章程須有該省議員額數十分之二。〔章程第十條二項〕如直隸之定額一百四十，加專額十，應有常駐員三十人，投票時連寫三十名，不免紛亂，此或用減記、重記等法調劑之。減記者，如應書三十名，減爲若干名，或十名或八名皆可。重記者，就其人心中所注重之人連書幾遍，即作爲其人多投幾票。此等細則照章程可由諮議局自定。〔章程第十條第三項〕本章程第十條案語則但云連記照應舉人數，列記於票而已。

(丙)次數　至其投票次數，以每一開票爲一次。選舉複選舉人用單記，作一次互選。選舉議員則非互選，而亦用單記一次選出。此在章程無明文，而事實如此。選舉議長、副議長，則用單記，分次互選。選常駐議員，用連記一次互選。〔章程第十條第三項〕其所以有單記分次互選之明文者，據案語謂職任權限不同之故。議長與副議長職任權限誠有不同，然副議長有二人，〔章程第十條〕副議長與副議長職任權限未嘗不同，則但與議長爲分次，而自合兩副議長，用連記一次選之，亦無所不可也。此皆由細則定之。

(丁)當選票數　投票法中計算當選之票數，有比較多數、過半多數之别。比較多數，非定最少之限，則一票亦可當選，過半多數即以半數爲最少。兩法相較，泛言比較多數太失之寬，以過半爲限制又太失之嚴，嚴則選至足額，恐不易易。本章程採日本選舉法，勒定一當選之數，即用應得當選之人數比較投票人數，知其每人均計，應以幾投票人配一當選人，而就其相配之數，折半爲當選之額。蓋取過半數之面貌，而實爲一種最少數之限制。〔選舉章程第五十六條、第七十四條〕惟七十四條，乃複選之當選票額。複選之選舉人乃照該區應出議員之數之十倍。〔選舉章程第二十六條〕是用前法計算，複選當選票額，必爲五票無疑矣。然七十四條條文不明定爲五票，亦言以本區應出議員額數，除初選舉當選人總數，將得數之半爲當選票額。此可知計算票額以來投票之初選當選人爲率，以實到之初選當選人總數，配其區應出之議員額數，一議員應配若干初選當選人，苟有初選當選而因事故不赴複選者，即不計入總數之内，因而不與議員額數相配。故初選當選人，恒可不及十人而選一議員，即恒可折半而不及五數，爲議員當選之票額矣。由是知初選時投票之選舉人總數亦必爲實到投票者，非據選舉人名册而言也。

惟選舉議長、副議長及常駐議員則以純粹之過半多數爲當選。〔章程第十條〕

因當選票額有定，則苟選舉人心意散漫，各舉所知，毫無公認之準的，必致一次選舉，或無人當選，或當選人不足定額。蓋立憲程度較高之國，恒有政黨各樹宗旨，黨内人材自有定評。選舉時各黨内各人注意若干人，不甚相遠。吾國今方以黨爲詬病，秘密集會結社，與政治集會結社嫌疑相等，故此項當選人之不遽足額，當爲事所恒有。本章程規定其必能足額之法，〔選舉章程第五十七條〕以爲補救焉。惟此係初選舉之事，複選舉並不規定及此，不能無疑。推立法者之意，以爲複選之當選票額，恒在五票以下，而複選之投票人，皆係當選於初選、知識較高之人，其所識别於本區人材，必應了了，不似初選時之漫無係屬，故當選人不足定額之患，大約可免，因是而不爲規定歟？然事實發生，設竟有某複選區開票時不足定額，且爲奈何？此其應照初選舉辦理，決無疑義。此吾黨所可以意決之者也。依憲政編查館解釋，已明照初選舉辦理矣。

當選人不足定額，用前法補足之。若浮於定額，則以何人爲應遺於額外，此必有名次定之。名次之序，立法者自有規定。〔選舉章程第五十八條〕至其額外所遺者，爲候補當選人，另爲選舉變更時之用，俟述之於下。

第六節　選舉變更

無論初選、複選，皆有變更。變更者，或變更其一人，或數人，或全部，以原舉行之選舉爲已廢，而另行選舉之謂也。變更之别有二，曰選舉無效，曰當選無效。

(甲)選舉無效。〔選舉章程第七十九條〕選舉無效者，全部皆無效之謂。據條文分三子目，其一、二兩目，病在選舉之時，其第三目病在開議之後。

病在選舉時者，又有二别。

(一)選舉人全體作弊，如第一目是。

(二)辦理選舉，不遵定章，如第二目是。但此當分别言之。選舉人全數作弊，弊必在人名册。蓋全册由作弊而成，所載人名皆歸無效也。若少數人舞弊入册，或少數人舞弊而使少數人不得入册，皆不得牽涉全數人員。故條文明晰言之，且必專在初選始有選舉人名册，但影響則及於複選。〔選舉章程第八十條〕初選無效之當選人，所行複選亦當然無效，此固顯然可見之事。今從第八十條條文詳之，則所謂全數人員，亦不必專指人名册中之全數，而可爲已當選之後之全數，否則複選中不能有第一目之情節。蓋專就複選人名册言之，無可作弊，且被選人原不盡在册中也，因此知第一目之條文，其選舉人名册之舞弊作僞是一件事，舞弊作僞之牽涉全數人員又是一事。其文句中稍嫌未甚分析，其所謂牽涉全數，乃係凡當選者皆結合把持而來，故可通用於初選複選耳。至於辦理選舉之不遵定章，則選舉人無一合法，故可作爲選舉無效之故。蓋並非作弊而抗不遵章，由選舉人之太無分曉也。

就後條罰則而觀，選舉人如有以上情節，自可照罰則以懲之。但罰則中不盡指全部無效，此所謂選舉無效，則必就全部而言。辦理之不遵定章，罰則中並不提及此。蓋辦理人與選舉人胥失之，惟官民蔽塞太甚之區乃有此事。

此又有一限制，所謂舞弊作僞，所謂不遵定章，以被人控告判定確實爲準，以杜不根蜚語輕易變更之弊。

此種變更，條文内尚少一交代。何則？選舉分區，一區中之選舉人，或辦理選舉人，應得無效之咎，未必各區皆然。依外國法，一區無效，即割棄一區，使該區不得選出議員，而勻其缺額於他區。然於本章程，則一律改選，〔選舉章程第八十四條〕此或因期日從容之故也。

病在開議之後者即爲解散，解散則本是選舉所得之議員，一朝失其選舉之效，故亦爲選舉無效，惟此則必爲全省無效。

選舉業已無效，斯時照本章程，惟有改選，〔選舉章程第八十四條第二項〕爲其變更之方法。惟改選之事，又有不關於選舉無效者。〔章程第十八條〕〔選舉章程第八十四條第一項〕議員任滿，即已届選舉年限是也。俟下文詳之。

（乙）當選無效。〔選舉章程第八十一條〕當選無效者，當選之人一人或數人爲無效，據條文分五子目。

（一）辭任。此即諮議局章程之所謂辭職。〔第十九條〕以文義論，辭職與辭任各成名詞，其實際未必合一。且章程第十九條之案語，謂“議員有應盡之義務，一經被選，不得推諉”云云，則辭職似謂甫當選者，故有“一經被選”之語。又辭職必其已爲職員者，辭任乃兼初選、複選而言，據第八十三條中一“各”字可見。然據選舉章程第六十一條，固言初選當選人情願應選與否，聽其隨意呈明，而又章程第七十七條第二項，則明照第六十一條辦理，是當選時無所謂辭職。故知彼處之辭職，即此處之辭任，不過辭任兼初選、複選，較爲廣義耳。夫辭任既即辭職，則依章程當有三種理由，〔第十九條〕及一種例外。〔第二十條〕據彼條文，爲此辭任之注脚可也。

（二）疾病不能應選或身故。疾病不能應選，即章程第十八條辭職中第一目。辭任即辭職，則此當併入辭任中，條文乃與列開，當是駁文。

（三）被選舉資格不符。“被選舉”三字，本應專屬複選當選人。蓋初選當選僅爲選舉人，而非被選舉人。然據選舉章程第五十條第五目，初選之廢票，亦有因不合被選舉資格一目，本屬疑義。前日有人問起草員，據稱係文義之便，使初選、複選公用此條文耳。則初選當選人所有資格之符否，雖係指選舉資格，而亦可借稱爲被選舉資格。蓋"被選舉"三字有時活用，不盡作法律名詞解。然要亦是駁文，此指造入人名册之無效。

（四）當選票數不實。此指當選時之無效。以上兩目，皆以被人控告判定確實爲限。

（五）除名。〔章程第五十八條至第六十條〕此皆其人曾經當選，而後來失其效力者。

當選無效之辦法，有與選舉無效不同者。選舉無效後，一律改選，則前此之選舉，無庸齒及。當選無效，則有特定之人，故當榜示其姓名、職銜及其緣由，已給執照者繳還，皆爲其特定故也。

當選無效，斯時照本章程，惟有遞補。〔選舉章程第八十三條〕爲其變更之方法。

因"遞補"二字，而知當選無效，與章程所謂"出缺"，同爲一事。〔章程第十六條〕該條文之第二、第三兩項，亦皆稱遞補，故可推定如此。惟該條文第一項亦稱"出缺"，然以其關於議長、副議長，則或稱遞補，或稱互選。其故詳下。

遞補之法，必有候選當選人。〔章程第十六條〕〔選舉章程第八十三條〕候補當選人之來歷，由於當選人之有名次。凡在當選票額以上，皆可爲當選人。然當選人有定數，即有額滿見遺之當選人。初選之候補當選人，見選舉章程第五十九條。複選之候補當選人，見選舉章程第七十六條。定當選人名次，一以票數，二以抽籤，〔選舉章程第五十八條及第七十五條〕而候補當選人始出。候補當選人又必有名次，然後遞補時無可爭執推諉。章程第十六條，即明言名次表之列前者。〔第二、第三兩項〕但選舉章程第八十三條，其言遞補則同，而不明載“名次表列前”字樣，要必爲同例無疑，蓋合初選、複選而言之。

議長出缺，亦稱遞補，而不稱有候補當選人。即以副議長當之，身分自合，蓋副議長即議長之候補當選人也。副議長則章程不認其有候補當選人，此不得不出以變例，故但稱“補”而不稱“遞補”。補之之法，又有二種。開會時則由議員中互選，非開會時則由常駐議員中互選。〔以上皆章程第十六條第一項〕常駐議員之候補者，條文中不明載其來歷，而有“名次表”字樣，可知選舉常駐議員時，必定名次，與初選、複選同。候補者即由名次而出，遞補時又以名次而補。〔又第二項〕

議員出缺，即複選之當選無效。〔又第三項〕而選舉章程第八十三條，則並初選之當選無效言。其遞補時之手續，與初當選時同，亦見該條。至議長、副議長、常駐議員等之補缺，則本無需別有手續，但由議員公認而已。

由是而補缺既必需候補當選人，即必有無候補當選人之時，乃生補選一法，爲其變更之方法。〔選舉章程第八十五條第一目〕

由是而非補缺時，亦有需候補當選人者，則增廣定額是也。既經增廣，即是變更。無候補當選人，亦即以補選爲變更之方法。從條文言增廣而別無減少之明文，可知將來議員之數之有增無減。〔又第二目〕

從此可推論改選、補選之性質，以本章而言，既屬於選舉變更章内，自以因選舉變更而行此者爲原則。惟各有例外，選舉年限，均稱改選。雖變更之廣義，一屆告竣，再易一屆，亦爲變更。然以狹義言，可云本屆中有變動者爲變更，則任滿之改選，其例外也。增廣議員，亦用補選或候補當選人，亦止廣義之變更。蓋變更定額，非僅變更選舉也，則增廣之補選，其例外也。

從此又可知，補選固恒爲少數人之事。而改選則有全省改選者二：(一)每届年限；(二)解散重選。非全省之改選亦有二：(一)舞弊作僞；(二)不遵定章。可以知此二者之必非全省，則雖無明文，依外國例與事實，知其如此。外國例一區無效，即剔去一區。本章程必與改選，仍恤之也。然據事實，他有效之區，豈能因有一區或數區之無效，而受波累，豈能恤彼無效而反累及有效，故知爲必非全省也。

改選、補選之應有事宜，據明文謂照本章程辦理。〔選舉章程第八十六條〕惟可推得除任滿之改選外，其餘皆與補選同其手續，其期限至多不過兩個月。〔説已見前〕

第七節　選舉訴訟及罰則

凡關係選舉而有違法行爲，其發覺也以訴訟，其懲處也以罰則，但中間必經判實而已。

得爲訴訟之人必即選舉人。其所訴訟，則分三種。(一)對於辦理選舉人員，以其有不遵定章之行爲，或於選舉人名册有舞弊作僞之證據。〔選舉章程第八十七條〕(二)對於他當選人，確認其有二種情節：(甲)被選舉資格不符此“被選舉”字樣亦兼初、複選而言，即選舉章程第八十一條所規定當選無效之第三目；(乙)當選票數不實〔又第八十八條〕。(三)對於自己之落選，確信其有二種情節：(甲)得票額數，可當選而不與選；(乙)候補當選人名次錯誤遺漏。〔又第八十九條〕

訴訟俱應向該管衙門。〔選舉章程第八十七至八十九條〕該管衙門云者，初選與複選各該管也。立法者以初選、複選之監督，即爲辦理初選、複選人員不應判斷初選複選之訴訟，故以複選監督即府直隸廳州之衙門，爲初選訴訟之該管衙門。而複選則更以上級官廳之專管訴訟者爲該管衙門，即按察使衙門是也。〔選舉章程第九十一條〕惟按照新官制，司法必應獨立，各省皆應設審判廳。現東三省及京師已設。論審判廳制度，即係外國之裁判所，與地方官原無統屬。日本除皇族訟事，以控訴院爲一審外，餘皆以地方裁判所爲第一審，區裁判所則僅理小事而已。立法者以初複選監督，官分上下級，仍相沿用地方審判廳爲初選訴訟該管衙門，高等審判廳爲複選訴訟該管衙門。〔第九十一條第二項〕此皆由複選舉法而來。複選法既非永制，此種訴訟之該管衙門即亦非永制可知也。其判定而不服者，更於遞高一等衙門上控。〔第九十二條〕

訴訟必有期限。在提起訴訟之人，爲呈控期限，照章應在選舉期日三十日以內。〔選舉章程第九十條〕在受理訴訟之衙門，爲審判期限，照章不規定日數。但稱應於各種訴訟事件内提前，又申之曰不得稽延，〔第九十二條〕則受理之官亦非常鄭重乎此矣。上控之期限，則以判定日三個月以内爲限。

訴訟必有訟費。外國有訴訟法，訟費謂之手數料，定以法典，收作正項入款。吾國訟費皆入胥吏之橐，實無限制，但亦有俗例可沿。雖胥吏未必循例，然立法者亦窮於規定，止云“照通行章程辦理”，即是以含糊了之。好在諮議局之訴訟，來訴訟者皆知重公權之人，不似前此之鄉愚可欺。且吾諮議局於此等事，固不難勒一章程，交呈控人及受控衙門行之，不必深論。

訴訟判實，必有罰則，選舉章程第六章專言此事，但罰則並不盡於此章。觀第七十九條一、二兩目，第八十一條三、四兩目，皆有被人控告判定確實之文。明明爲訴訟之事，而其罰則，照各本條自有選舉無效與當選無效之罰，是在罰則所載之外矣。

選舉無效與當選無效，其因訴訟者，不必不另受罰則内之罰，此亦以情罪斷之。其情罪已犯罰則中各節，則除無效外，仍治其罪。要皆以出於有心者爲犯法，如實係初辦選舉時解釋不明，罰則中並無此罪，則以無效而止。無效時，苟有時機更正，固許其更正。即無效時有應治罪之人，亦仍許其更正。無效自無效，罰則自罰則，所以不合爲一也。

罰則中按情罪輕重爲差等。〔選舉章程第九十五至一百二條〕其總綱爲監禁與罰金二種，二種皆可爲本刑。而罰金又可爲附加刑，如第九十六條，第一百條，第一百一條是也。又有監禁與罰金，可以任擇其一者。如第九十五條二項、第九十七條、第九十八條、第一百二條是也。各刑中又有一公共之附加刑，無論已附加罰金與否，皆更與附加之，即剥奪其選舉權及被選舉權是也。〔第一百三條〕其所有情罪，各依條文按之。

罰有最大、最小之限，自第九十五條至第一百三條皆有之。文明法律，皆留此上下之餘地，而不准比照及斷罪無正條等條例，或者疑易於上下其手。不知罰無上下之餘地，即必開比照等弊。比照等弊，不但罰有上下，且罪名亦有離合矣。其間剖析輕重，原有許多裁判例在，久之自有成書。且外國用律師爭論重輕，問官與犯者，可共研一允當之地，特吾國今尚未備此裁判法耳。

法律文明，則分析愈繁。選舉法中既設罰則，即可不更入刑法。日本新刑法，即不及選舉之罰。本章程則不然，蓋明謂此罰則爲暫定，俟新刑律頒行，應照新刑律辦理。〔選舉章程第一百四條〕則尚未認此罰則之可以孤行也。

第八節　選舉事項中應注意之各點

（一）辦理選舉之地　初選、複選監督，即廳州縣與府直隸廳州。遇選舉即有事務，蓋不但選舉年分之正式選舉也。一切補選改選，無不有選舉事務存焉。故選舉監督各以本衙門爲辦理選舉事務之所。〔選舉章程第四條第三項〕此事務所與各該衙門並存，永無裁撤之時，故條文規定如此，又可知以後地方官職掌，永添一選舉事務。今日督撫之側有籌辦處，廳州縣之側有各屬調查事務所，皆初辦時之格外輔助。三年後，地方官亦不似今之隔膜，設仍有不可恃，則輔助之責，仍在士民，蓋此事非可推與地方官也。特官亦當顧名思義，以事務所所在，知其職掌中有此事務耳。在今日則各地方官能明選舉事務者甚尠。

（二）辦理選舉之人　照章程止有選舉監督一人，投票管理員若干人，監察員若干人，開票管理員若干人，監察員若干人。〔選舉章程第五條〕照外國，户籍册已定，無庸臨時調查，但將册内資格相合之人，提作原簿，再就其人之職業等情，去其消極資格，即成選舉人名簿。蓋皆按册而成，如有更正，俟之宣示。現在初行選舉，紛紛調查，乃以户籍册未定之故。九年籌備憲政事宜中，今年應頒布調查户口章程，至今未見頒布。明年調查各省人户總數，而後年彙報之。夫稱總數，則不過計其數耳，非能詳其年齡、職業、財産等等，至第四年又調查，第五年又彙報，而是年頒布户籍法，第六年實行之，意其至此時始將户籍清出乎？則已在光緒三十九年宣統五年而三十八年宣統四年，又爲第二次選舉年分。三十七年宣統三年七月十五日以前即須成第二次選舉人名册，其時恐調查尚須人力，章程則不規定調查員於辦理選舉人員中，乃要其終而言之，户籍既明，無需另設專員，按册挑出，一衙門書吏之事耳。其有未當，俟宣示時改正，故無庸於辦理選舉人員中載調查員，此與今之司選員之類皆爲例外之事，不當以辦理選舉人論。或疑辦理選舉人不當有選舉權、被選舉權，因爲司選及籌辦之紳慮，此過慮也。

辦理人員，惟監察員以本地紳士爲限。〔選舉章程第五條第二項〕亦惟監察員得與於選舉人及被選舉人之數。〔選舉章程第十二條〕而管理員則不拘官紳，皆可派充。〔同上條〕是明以管理之責，與無選舉權、被選舉權之人，而以有選舉權、被選舉權者監察之。監察之任，較尊於管理，以示公權必以紳士爲主體，官不過執役於其間，而耳目則仍寄之紳也。故監察員執掌，與管理員同，而至意見不同時，獨得建議於監督。〔選舉章程第十條〕

依外國之例，投票區之管理員即寄之下級自治團體之董事，是有法定管理員。將來城鎮鄉自治制頒行，本章程所謂派充，所謂初選監督之保薦，複選監督之派定，〔選舉章程第六第七條〕必更有略不同者。

辦理選舉人員之職掌，自第六至第九條，開載分明，無庸解釋。

(三)選舉應用之物　爲物凡五：(一)人名册；(二)投票紙；(三)投票簿；(四)投票匭；(五)當選執照。

人名册在調查時，本爲初選監督之責。今皆仰賴士民，固因户籍册未成，亦緣廳州縣官之太不瞭於選舉事宜故也。人名册非但爲選舉人一身公權之關係，且其人數之多寡，尤爲地方權利之關係。蓋分配當選人，全係乎人名册，且不在宣示更正之後始行分配，則多入册之人，即多得當選人，純由選舉人爲政。其中不無故意濫收，且待宣示時再與剔除，其地之當選額則已定矣。此事將來分配時，各省各屬之間，必頗有紛競，甚且調查員不得力之處，入册人少，自誤地方，然不咎己之疎懈，轉攻擊他人之浮冒。故造具人名册時，選舉人意在從寬，固屬人情，賴初選監督嚴行裁汰。其資格真無缺憾者，官本無如之何。若有不然，則士民含混，而監督聽之，將來支節横生，萬一釀成選舉章程第七十九條第一目情事，不能不謂爲辦理選舉人員之過也。

投票紙止書被選舉人一名，〔選舉章程第四十五條〕則票上應書者不過三兩字，且夾寫他事，票應作廢。〔又第五十五條第二目〕惟該條文又下一轉語，記載被選舉人官銜、職業、住址等項者，不在此限。此等官銜、職業、住址可以不載，即以不載爲宜。或緣名姓相同，不能不載一分别字樣者，始載之。所載亦斷非疊載數項，如有官銜可以爲别，即載一官銜，其他仿是。且人名册中有同姓名者，早應將分别文注明。庶初選舉投票人閲看人名册時，已並其分别文注意。至複選投票人程度已高，則無慮此。投票紙衹准領一頁，則錯誤作廢，雖在當場，不准另給一紙。惟塗改則非條文所禁，止禁模糊至不可視者耳。〔選舉章程第五十五條〕

投票簿爲投票區中之投票人而設，以計選舉人之放棄選舉權與否。凡投票人以列名本屬投票所之投票簿者爲限，〔選舉章程第四十一條〕則其人非臨時可以孱入。在投票簿姓名下籤字，方准領投票紙，〔選舉章程第四十三條〕則不能重復領票。投票簿所載之投票人姓名、年歲、籍貫之外，必及住所。〔選舉章程第三十九條〕正欲分配投票簿時，必就各人住址之便，選舉期前十日分交各投票所。〔又第三十八條〕其中必含有宣示本投票區，使人灼然知應屬某所投票之意。蓋住所介於兩投票區之間，疑有出入，則當先期自查其名，究造入何投票區之投票簿也。

投票匭止供投票之用，無他深意。

當選執照必給於呈明情願之後，則給執照以前，爲願否聽便之當選人，給執照以後則不能無故辭職矣。

(四)投票開票方法　投票方法在選舉章程爲第二章第七節，全節共八條，自第四十一至第四十八條。又第七十二條，亦言此事。凡初選、複選之選舉告示，據條文皆應載投票方法。〔第二十八條及第六十九條〕即將第四節内八條條文録入告示中也。其方法，觀條文自明，惟参互觀之，有應注意者二事。(一)第四十二條言投票人不得倩人代理，第四十八條言投票人倘有頂替及違背定章等事，管理員及監察員得令退出。夫違背定章自有形跡可見，至頂替之形跡，非熟識其人者不能辨。設非管理員、監察員所能及，則奈何？詳條文之意，管理員、監察員原無必能察出之責，如當時不及發覺，尚可待人呈控，歸訴訟罰則辦理。〔第九十六條〕其管理、監察等員知而故縱者，據理論應準第九十五條第二項之例。然該條文屬九十五條之二項，並非九十六條之下，亦有準照之明文，則頗寬於管理、監察等員，殆不欲責之過嚴，致管理監察之事，人人視爲畏途也。(二)投票管理員職掌。〔選舉章程第八條〕其第二目爲決定投票之應否收受，此與投票監察員職掌亦同。〔又第十條〕第四十八條之得令退出，似有不同。夫票之應否作廢，自在檢票時決定。今在投票時管理、監察員即有決定收受與否之責，謂與令其退出同耶？既退出其人，並撤除其票，自不待言。然第一百一條有辦理選舉人員漏洩票上姓名之罰，則管理、監察等員可以將所書之投票紙過目，特不許其漏洩。第一百二條有辦理選舉人員暗記票上姓名之罰，既可過目，又不准其暗記，則何如並不使過目之爲愈乎？惟第四十六條投票人關於投票事宜，得與職員問答，問答之間，不免涉及姓名字樣，據條文不禁其涉及。至有心暗記，除漏洩見端之外，或於投票簿等處私作記號，以留其蹟，非謂留着於記憶中也，決定收受與否，終當以頂替及違背定章等事當之。察頂替止在投票簿中籤字時，管理員等目視其籤字，固爲應有之職掌。若票中姓氏必令管理員過目，恐非無名投票之本意。其票不合式，自有後來檢票人員決定，無庸合投票管理、監察等員，先爲檢票之事，此決定收受與否之界説也。

開票方法，見章程第八、第九兩節，其方法亦具在條文。惟應注意第五十四條之疑問，“姓名不符”四字中，含“之數”二字之意，當作姓名之數不符。“放棄選舉權”五字中，含“另有”二字之意，當作另有放棄選舉權。又第五十五條第三目“字跡模糊不可認”者，必模糊至字跡不可認，票始作廢，則字苟可認，不能廢之，不得以添注塗改爲挑剔也。第五目“選出之人不合被選舉資格”，此“被選舉”字樣非定名詞，説亦已見前矣。

投票之日，不必限於一日，蓋人數衆多，或事實延緩，皆足致一日不能投畢。條文第三十三條投票所之啟閉，以午前八時至午後六時爲率，逾限不得入内，則投票所不能因趕辦不及而繼以夜。又第三十四條，不言投票日之翌日，而言投票完畢之翌日，則以完畢爲準，原不限其在一日以内或以外。

投票情形並報告等，第三十四條稱申報。開票情形並報告等，第五十二條稱申送。當是監督親到不親到之别，不親到者申而兼報，親到者止須申送，蓋完其管理、監察應有之事而已。

（五）選舉特例　凡京旗及駐防特設專額議員，一切具於選

舉章程第七章。其應注意者，初、複選皆不別設投票所及開票所。〔第一百十一及第一百十二條〕

（六）選舉章程之施行與增改　施行與諮議局章程同時。〔第一百十四條〕增改則提議之權在成立後之諮議局，核議之權在憲政編查館及資政院。〔第一百十五條〕

第四章　諮議局之議員

第一節　議員之名稱

議員之名稱有二：(一)以諮議局之全體言，自議長以下，皆爲議員。凡不指明有議長、副議長、常駐議員等之分別者，所稱議員皆指全體。其與議長等名稱對舉者，則在議長、副議長、常駐議員之外，乃爲議員。要以渾指全體爲原則。〔諮議局章程第四十條及其案語〕

因名稱之異，則原則固渾指全體。其例外之有分別者，惟特權與任期二事。

(一)特　　權

惟議長有遇有事故必有人代理之之權，副議長以下即無代理之事。〔諮議局章程第十一條〕又惟議長有委任協議之權。〔又第十二條〕惟議長、副議長有總理及協理其全局事務之權。〔同上〕此所謂全局事務，即諮議局章程第九章辦事處之事務。總理、協理合之爲監理。〔又第五十條〕特其中惟選置書記，長及書記獨由議長。且辦事細則，由諮議局自定。則事務雖有總理、協理之權，然仍守全體議員公定之細則，至議員之職權則與事務無涉。又副議長除協理事務與儘先代理議長之外，據條文其特權乃不及常駐議員。何則？局章第十二條第一項，不開會時，職權中有可以協議辦理之件。〔職權見後〕惟常駐議員得受議長之委任。又第二項惟常駐議員得應督撫招集至會議廳。雖然以論理言之，議長、副議長與常駐議員既同有常川到局辦事之權，〔又第十三條〕亦當同在常駐議員之列。雖名稱不同，實際無異。謂副議長獨不在協議之列，不備詢考之資，恐非通論。至常川到局辦事之權，則又係議長、副議長、常駐議員公共之特權，蓋副議長除前所揭之特權外，其他不失爲與常駐議員相等。或爲立法者之本意如此也。

今舉諮議局中有特權者，條列如下。

(甲)議長之特權

(一)總理全局事務。〔第十一條〕(二)有事故時，已有預定之代理，即副議長是。副議長亦俱有事故，則議員中亦公舉臨時議長代理。〔第十一條〕(三)不在開會期中，得委任常駐議員協議辦理第二十一條第九至第十二各款所列事件。(四)常川到局辦事，此亦爲特有之義務，與得受公費相對待。〔第十三條〕(五)因事出缺，有預定遞補之副議長。(六)與副議長及常駐議員聯名陳請召集臨時會，足當議員三分之一之數。〔第三十三條〕(七)召集開會三十日以前，將本屆開會應議事件預行通知各會員。〔第三十四條〕(八)決議時可否同數，則可取決。〔第三十六條〕(九)與副議長同意，得禁止旁聽，足當議員十人以上之提議。〔第四十一條〕(十)與副議長同意，得認議決事件爲應行秘密，即不與公布。〔第四十五條〕(十一)會議時，違背局章及議事規則之議員得止其發議，違者得令退出。因而紊亂議場秩序，致不能會議者，得令暫時停議。〔第四十三條〕(十二)得令不守規則或紊亂議場秩序之旁聽人退出。〔第四十四條〕(十三)監理辦事處文牘、會計及一切庶務。〔第五十條〕(十四)選置辦事處書記長及書記。〔第五十一條〕(十五)得受公費。〔第五十三條第二目〕(十六)按月清查經費一次。〔第五十五條〕

(十七)與副議長同意，得停止議員到會。〔第五十七條〕

(乙)副議長之特權

(一)協理全局事務。〔第十一條〕(二)議長有事故時，任以一人爲其代理。〔同上〕(三)常川到局辦事。此亦爲特有之義務，與得受公費相對待。〔第十三條〕(四)因事出缺，限於議員中互選補之。不在開會期中，由常駐議員中互選補之。〔第十六條〕(五)與議長及常駐議員聯名陳請召集議會，足當議員三分之一之數。〔第三十三條〕(六)與議長同意，得禁止旁聽，足當議員十人以上之提議。〔第四十一條〕(七)與議長同意，得認議決事件爲應行秘密，即不與公布。〔第四十五條〕(八)監理辦事處文牘、會計及一切庶務。〔第五十條〕(九)得受公費。〔第五十三條第二目〕(十)按月清查經費一次。〔第五十五條〕與議長同意，得停止議員到會。〔第五十七條〕

(丙)常駐議員之特權

(一)在開會期中，得由議長委任協議辦理第二十一條第九至第十二各款所列事件。〔第十二條〕(二)督撫有時招集，亦可至會議廳，以備詢考。〔同上第二項〕(三)常川到局辦事。此亦爲特有之義務，與得受公費相對待。〔第十三條〕(四)因事出缺，別有候補常駐議員，以名次表之列前者遞補之，〔第十六條第二項〕其人即在議員中。(五)與議長、副議長聯名陳請召集臨時會，足當議員三分之一之數。〔第三十三條〕(六)得受公費。〔第五十三條第二目〕

(二)任　期

此惟常駐議員，以一年爲限。〔第十五條〕補缺之常駐議員，亦以補足前任未滿之期爲限。〔第十七條〕

以上二者之不同，由名稱不同而來。從其名稱而核其額數，則議長爲一人，副議長爲二人，常駐議員爲該省議員額數十分之二。〔第十條〕觀此條文，各省議員選出十分之二爲常駐議員，又加議長、副議長三人均常川到局辦事，非在十分之二之中，併計議長、副議長之額數也。

若其統稱議員者，有全體議員與對舉於議長、副議長、常駐議員之外之議員，既如前述。今分別言之，凡條文中稱諮議局者，即指議員之全體，此毫無出入者也。至條文明著議員，則視該條文中有無對舉之他項名稱爲别。無他項名稱在内，其議員亦指全體。有他項名稱在内，則如止有議長，其所謂議員即並副議長、常駐議員而言之，若第三十四、第三十六、第四十三、第四十七條第三目是也。如兼及議長、副議長，其所謂議員，即並常駐議員而言之，若第十一、第十六條第一項、第五十五條是也。如更兼及議長、副議長、常駐議員，其所稱議員，乃獨指其餘之議員，若第十四、第十五、第十六條第三項、第五十三條是也。又有雖舉他項名稱而議員仍止全體者，若第十條第一、第二兩項是也。有雖明稱全體議員，而實在對舉之議長及常駐員以外，若第十二條是也。有雖係對舉，而但缺其所對舉之一種名稱，此外對舉之名稱，即並入議員之内者，若第三十三、第十一條第三目是也。

第二節　議員之職任權限

此所謂議員，專指議員之全體，亦可渾稱之爲諮議局。自議長、副議長直至議員，所成合一不可分之名詞也。

第一款　職　　任

職任從複選當選既受執照而始生，從召集開會之日而始有可見，至任滿之日而畢，中間欲解免此職任，則惟辭職。辭職又有可以自由與不可自由之分，可以自由者，任滿後再被選，欲辭職者聽之。〔第二十條〕不可自由者，必有三種事由，乃得辭職：(一)確有疾病不能擔任職務者；(二)確有職業，不能常住本省境内者；(三)其餘事由，特經諮議局允許者。〔第十九條〕此皆指任職以後，故謂之辭職。未給執照之前，無所爲職。當選後，監督知會來時，不自呈明情願應選，即爲不願應選，更補他人。故知此辭職必爲既任職後之辭職也。

職任有根本的職任，附屬的職任。根本的職任，盡具於第二十一條，謂之應辦事件，共有十二目，關係重大，當分別詳之。

(一)議決本省應興應革事件　此款範圍極廣，故爲第一目。有利必興，有弊必革，改良進步之效不過如此。但據下開第二、三、四、五各目，凡牽涉財政者，不在本目範圍之内。關於財政之事，而議其興革，必於其收入之數無損，乃可議之，否則歸第二、三、四、五目中議之。

(二)議決本省歲出入預算事件　本省明年一歲中之出入款項，先於本年議會中，由督撫算定，作爲草案。〔參觀第二十五條〕某項當出當入，某項不當出不當入，一一當由議會中承認，乃可施行，否則爲預算不成立。此立憲各國之通例。國會則議決全國之預算，州會、府縣會、郡會、市町村會即議決該州府縣郡市町村之預算。從前籌款之法，最重大者不過奏明在案，並不問負擔者之願否。今從各國通例，以預算議決之權，歸之人民公舉之議員，自是憲政之根本。近日憲政編查館通咨，解釋此預算及決算之界限，以地方辦事經費盡之，國家行政費不在其内，此自是劃清“本省”二字之界説。督撫之職務受國家委任，即爲國家行政。惟既爲一省之長官，即以省爲其地方之區域，而辦其地方之事。依館咨所云，正謂輸之國庫者，爲國家行政費。留用於本省與各省者，爲地方辦事經費。觀九年籌備事宜，今年當頒布城鎮鄉自治章程，明年當頒布廳州縣自治章程。廳州縣以下，既各成自治團體，自各有預算決算之事，無待省諮議局代爲議決之理。故所謂地方辦事經費，斷非指廳州縣以下地方自治之經費，此議員所當知也。

（三）議決本省歲出入決算事件　本省今年一歲中已出已入之款項，復於本年議會中，由督撫開列草案。〔參觀第二十五條〕某項與預算相合，某項與預算不符，一一更由議會中承認。承認以後，即責在議會，與督撫無涉。苟不承認，其責盡歸督撫。

凡預算有預算年度，任以何月何日爲年度之起算日，至明年此月此日爲一年度。蓋議會開議，不在年末。當決算時，必皆爲已出已入之款項，則自當以開會以前，爲本年預算。年度之終，而即爲明年預算年度之始。據第三十二條之案語，所云常年會以每年九、十月間爲宜。時值秋冬，民間事務較簡，且於次年預算等事，尤便調查。似乎次年預算即以次年正月一日爲始，故以本年秋冬之際爲調查之期。但事實上能否如此，尚待審查。此在第一次辦預算時議定之。

議決預算、決算方法甚繁，當別有專書詳論之。

（四）議決本省稅法及公債事件　此所謂稅法，非謂增損其稅額，乃謂轉移其收稅之法耳。蓋額有增損，當歸入預算及擔任義務之增加等款中議決。惟同取此額，而某種不宜稅或不宜重稅，則革除或減少之，以其額移於他項合理之稅内。又或稅本合理，特收法不善，易滋姦弊，則但議改良其收法。此皆議決稅法之範圍也。

公債乃以一省人民負擔所借之債。本省有大利可興，而一時無此資本，亦無能任籌此資本之人，則由一省人民共借此債。蓋一省人民所負擔之賦税，一時既未必能集巨款，且驟加賦税，民有不堪。不如負擔公債，一時可集。即以賦税作抵，分期還本還息，究係緩緩加徵，不至病民。況所營事業有利可興，歸還本息固已有著，且餘厚利乎？故公債以用作營利之資本爲宜，至富人放債，最穩莫如公債。借給私人或一公司，不免有負債人破産之患。地方團體乃永久之性質，民人維持此團體，負無限之義務，人有代謝而團體不變。從前籌款不問負擔之人，故從無借債之主人。一省預算既由人民議決，則有一省之信用。將來一國之預算，必經國會之議決，更有一國之信用，下至廳州縣城鎮鄉皆然，國債、公債之發達，自可逆料。向時空慕公債之名，所躍躍欲試行者，在募債者爲無信用之空談，在應募者亦謬附義舉而不可以久。近郵傳部指鐵路召募公債，略有擔保可言。然預算未歸人民，吾終決其應募者罕也。近果聞募債無效，又借洋款，可知外國良法自有本原矣。

（五）議決本省擔任義務之增加事件　此款據案語，擔任義務乃指財政而言。則二、三、四各款皆就原有之總額内，彼此相劑。若欲增加出款之總額，必經此一種議決。

（六）議決本省單行章程規則之增删修改事件　此爲一省之立法權。除部定章程，將來由國會議決外，地方之立法權，無過於諮議局者矣。

（七）議決本省權利之存廢事件　此據按語，乃指參與立法事宜。其實“權利”二字無所不包，尤與“義務”二字爲對文。但其存廢，當以法規定之。故以此屬於立法，蓋注重“存廢”二字之必由法定也。

（八）選舉資政院議員事件　資政院雖非國會，然國會未開以前，即以之議決全國之事。照資政院章程，每省諮議局議員各以十分之一選入資政院。聚各省諮議局十分之一之議員，當得一百七十餘人。其餘王公世爵、宗室覺羅、各部官員，合之不得過一百十五人。别有百萬以上之資本家，而本有諮議局選舉人資格者十人。蓋諮議局議員常居多數，照章程並不以被選入資政院爲出缺事由。則諮議局議員選入資政院後，仍帶本省議員之資格，蓋爲本省議員之代表而已。資政院選舉法尚未頒布，其詳不得而知。要之諮議局議員必有十分之一當入資政院，即有暫代國會議員之能力。其人必由諮議局議員中互選，此於人民代議制大有關係，不可不特别注意。

（九）申覆資政院諮詢事件

（十）申覆督撫諮詢事件　據章程，資政院爲監督諮議局之上級議會，而亦兼監督督撫，督撫則視諮議局在法律範圍内，則與諮議局相對待。若諮議局將軼出法律範圍，則爲諮議局之監督。故於政務上應推究之件，同稱諮詢。所諮詢者，必係政務，故需諮議局申覆，且必係已定之事實，加以答解。其有關權利、義務之出入者，不能率爾申覆也。觀第十二條所言，此申覆可由議長委任常駐議員，協議辦理，不必待開會，但須於次期開會時報告全體議員，此可知其非關議決，而正關解釋。惟解釋亦易生權利、義務之變動，必先之以協議。其中留一不便申覆，即不予申覆之餘地，又申之以報告，更令負責任於全體議員，是既取其申覆之便捷，仍防其輕易申覆以滋弊。本條規定爲諮議局應辦事件，在開議時乃不用常駐議員之名義，由諮議局名義申覆之，其中亦含有全體議員協同辦理之意，特不必由議長委任耳。自第一至第七各款，均需正式之議決。此九、十兩款之申覆，則明爲無庸議決之件。至督撫若以不關政務之事項，諮詢諮議局議員，諮議局無應申覆之義務。風土故實，或亦考訂之資，然止可以私人資格相問答，不能與諮議局應辦事件相混也。

（十一）公斷和解本省自治會之爭議事件 依民政部通咨，現尚未頒布自治章程，未認各省遽有自治會，將來則有廳州縣與城鎮鄉兩級自治會。自治會之爭議有二種，一則自治會與行政官之爭議，一則此自治會與彼自治會之爭議，皆屬因公之爭，故以公斷和解之權委之諮議局。蓋諮議局爲自治會之上級議會也。凡地方團體之爭議，惟上級團體得公斷或和解之，此爲各國自治之通例。自治團體之權利義務，恒與行政官相對待，即其上級官廳，亦無獨斷其爭議之權，必授權於上級議會，所以保公斷和解之公平也。

（十二）收受本省自治會或人民陳請建議事件 "建議"二字出於日本議院法。凡個人或數人以公事陳言於官長或政府，謂之條陳，此吾國所舊有。吾國向無法定之議會，故無所謂建議。今既有諮議局，即用此"建議"之名。"建議"即議會所上之條陳，特出自議會，事較鄭重。雖採用與否，權在政府，然督撫無不爲代達之理。凡建議，不必切己之事，雖他省之事，苟確有所見，欲有益於公家，皆可建議。惟其非切己之事，故無可議決，而止爲建議。日本議院法，以議員三十人之贊成，以建議案經衆議決，乃可實行建議。其建議也，政府有必予收受之義務，而無必予施行之義務。但不予施行，可再行建議。據其憲法，特限制本會期中不得再建議耳。今吾國諮議局章程有建議之名，而不詳建議之方法。據本條文，則以陳請之權與自治會或人民，由諮議局收受之。既經收受，自必即與建議。蓋不予建議，即不當收受。觀其以收受爲應辦事件之一，而第十二條又言不在開會期中，由議長委任常駐議員協議辦理。夫不在會期，既有協議，即會期中必經公議，其可否收受，特不需正式之議決耳。既經公議而收受，則收受後自必爲之建議無疑。至諮議局據本條文，自有建議之權，則又不必經自治會或人民之陳請。苟欲自行建議，必無不可之理，此又可斷言者也。蓋一人民即可陳請，特需經議員公議後實行，則固不難在陳請之人，難在得議員之同意耳。

附屬的職任。有即從第二十一條各款而生者，今列舉如下：(一)議定可行事件，呈候督撫公布施行；〔第二十二條〕覆議督撫所不以爲然而説明原委事由之事件；〔前條第二項〕(三)議定不可行事件，呈請督撫更正施行；〔第二十三條〕(四)覆議督撫所不肯更正而説明原委事由之件；〔同上〕(五)第二十一條所開第一至第七各款，除第二、三兩款外，若無督撫先期草有議案，則自行起草；〔第二十五條〕(六)議決事件除秘密者外，則公布之，並隨時報告督撫及資政院。〔第四十二條〕

有不必從第二十一條而生者，更列舉如下：(一)自定議長、副議長、常駐議員之互選細則；〔第十條〕(二)當議長、副議長俱有事故，公舉臨時議長；〔第十一條〕(三)互選開會時因事出缺之副議長；〔第十六條〕(四)遇本省行政事件及會議廳議決事件有疑問時，呈請督撫批答；(五)本省督撫有侵奪諮議局權限，或違背法律等事，呈請資政院核辦；〔第二十七條〕(六)本省官紳有納賄及違法等事，指明確據，呈候督撫查辦；〔第二十八條〕(七)他省與本省爭論事件，呈請督撫咨送資政院核決；〔第二十九條〕(八)議事細則及旁聽規則，呈請督撫批准後公布之。〔第四十五條〕(九)自定辦事處辦事細則；〔第五十二條〕(十)擬具草案，議定本章程及選舉章程中未盡事宜，呈由督撫咨送憲政編查館，會同資政院核議辦理；〔第六十二條〕〔選舉章程第一百十五條〕。

第二款　權　　限

權限以兩相對待而後成。議長、副議長、常駐議員及議員之各各相對待者，既見於本章第一節矣。今就全體議員對待於諮議局外之各種權限，臚舉如下。

（一）對於國法上之權限 （甲）議事範圍内所發言論，不受局外之詰責，〔第三十九條〕此其權也。然以所發言論在外自行刊布，則如有違犯，仍照各本律辦理，則其限也。（乙）議員於會期内不得逮捕。此其權也。然（一）必除現行犯罪，（二）必未得諮議局承諾，〔第四十條〕此其限也。

（二）對於資政院之權限 惟資政院爲諮議局之上級議會，其權限如下。（甲）督撫交令覆議事件，可仍執前議，致使督撫必將全案咨送核議。〔第二十四條〕（乙）侵奪諮議局權限，或違背法律章程用"或"字，則知違背法律與侵奪諮議局權限各爲一事，非即以侵奪爲違背也。凡督撫有違背法律，諮議局即有呈請資政核辦之權，則監督非虚語矣，得逕自呈請核辦。〔第二十七條〕（丙）他省與本省爭論事件，得呈請督咨送核決。〔第二十九條〕（丁）犯應受督撫解散之情事，得待督撫先將事由咨明。〔第四十八條〕（戊）本章程及選舉章程中未盡事宜，得呈由督撫咨送，會同憲政編查館核議辦理。〔第六十二條〕〔選舉章程第一百十五條〕凡此皆其權也，然止能聽其核議核決、核議辦理。又解散事由，規定之於章程。督撫既能咨明，即於其事由爲已確，故止以咨明爲限。且其第二十四、二十七、二十九條所列各事項，一經議定，與督撫及他省，均宜照行，〔第三十條〕則其限也。

（三）對於督撫之權限 （甲）議定可行事件，呈候公布施行。〔第二十二條〕（乙）議定不可行事件，呈請更正施行。〔第二十三條〕（丙）交令覆議事件，得仍執前議，聽其將全案咨送資政院核議。〔第二十四條〕（丁）第二十一條所開第一至第七各款議案，除第二、三款外，有相互起草之權，而其第二、三兩款又有必令起草提議之權。〔第二十五條〕（戊）本省行政事件，及會議廳議決事件，得呈請批答其疑問。〔第二十六條〕（己）即因秘密而不能詳爲批答，仍應得其大致緣由之聲明。〔前條第二項〕（庚）察其有侵奪本局權限，或其他違背法律，得呈請資政院核辦。〔第二十七條〕（辛）得呈候查辦本省官紳有確據之納賄及違法等事。〔第二十八條〕（壬）應得資政院核決核議，而不關督撫本身之事，得呈請咨送。〔第二十九條〕〔第六十二條〕〔選舉章程第一百十五條〕（癸）犯應解散之情事，受其解散，必先經其照章奏請，並向資政院咨明事由。〔第四十八條〕（呷）雖受解散，止能停兩個月，必令通飭選舉，召集開會；（吃）會議時即親臨或派員到會，聽其陳述意見，不予列議決之數；〔第三十八條〕（哂）特令禁止旁聽，必經公認；（叮）經費當由其指款撥用。〔第五十三條〕凡此皆其權也。然由局議定可行或不可行，若督撫不以爲然，得令局覆議。覆議而仍執前議，督撫得逕將全案咨送資政院核議。〔第二十二、二十三、二十四條〕疑問之呈請批答，是否秘密，聽督撫自認。〔第二十六條〕召集臨時會有三，督撫命令亦居其一。〔第三十三條〕議定議事細則及旁聽規則，經督撫批准，乃可公布。〔第四十五條〕但條文止予督撫批准之權，不予以代定之權。選舉及會議，皆受督撫監督選舉照選舉章程，本屬督撫職務，其監督自不待言，另詳於後文論諮議局與各官衙之關係。至會議之監督，則按語謂不遵定章，可隨時糾正，然則即下條之停會及解散也。又於議案有裁奪施行之權。據按語，即指議定可行或不可行，督撫可不以爲然，交令覆議而言。〔第四十六條〕犯應令停會情事，督撫得令其爲七日以内之停會；〔第四十七條〕犯應令解散情事，督撫但於奏請及將事由咨明資政院後，即解散之；〔第四十七條〕選置書記長及書記，仍請督撫委派。〔第五十一條〕公費及薪金由督撫定其數目〔第五十四條〕則其限也。至常駐議員之應招集而至會議廳備詢考。尤屬常駐員特權之事，亦即督撫對於常住員應有招集之權也。

（四）對於局内之權限　（甲）得陳請召集臨時會，或由三分之一以上之議員，或由聯名之議長、副議長及常駐議員。（乙）會期中逮捕非現行犯罪之議員，必在予以承諾之後。〔第四十條〕（丙）會議時，以局章及議事規則並議場秩序委之議長。〔第四十三、第四十四條〕（丁）議事細則及旁觀規則自行議定。〔第四十五條〕（戊）可受解散，而兩月以内，必得重行選舉召集之替人。〔第四十九條〕（己）自定辦事細則。〔第五十二條〕（庚）自行罰則，自第五十六至六十條，皆由諮議局自己行罰，他人不得過問，觀其中第五十七條自明。蓋罰則凡分二種：（一）十日内之停止到會；（二）除名。停止到會但以議長、副議長同意，即可行之，除名則待到會議員全體決議。（辛）得自議本章程及選舉章程未盡事宜；〔第六十二條〕〔選舉章程第一百十五條〕凡此皆其權也。其權止此，即其限也。

（五）對於局外之權限　（甲）對於旁聽人以不禁爲原則。有應禁事由三種，必經公認。〔第四十一條〕若其不守規則即旁聽規則，或紊亂議場秩序，由議長令其退出。〔第四十四條〕其規則則由局議定。〔第四十五條〕（乙）對於督撫屬下之官及紳，有納賄及違法等事，指明確據，呈候督撫查辦。〔第二十八條〕（丙）對於他省，其與本省爭論事件，呈請督撫咨送資政院核決。〔第二十九條〕（丁）對於選派入局辦事之人，議員之外，有書記長一人，書記四人，由議長選請督撫委派。〔第五十一條〕凡此皆其權也。其權止此，即其限也。

第五章　諮議局之會議

（一）會議之名稱　分常年會及臨時會二種。〔第三十一條〕

（二）會議之期日　（甲）其期，常年會以四十日爲率，有必須接續會議之事，得延長十日以内；〔第三十二條〕臨時會以二十日爲率，其延長不見條文。（乙）其日，常年會每年自九月初一日起，至十月十一日止。延長之日在外，臨時會遇有緊要事件則開，無定日。（丙）與期日相關之件，凡有數目：（一）起算任期無論議長、副議長、常駐議員及議員，任期均以每届選舉後第一次開會之日起算；〔第十五條〕（二）開會禮式行於開會之第一日；〔第三十一條第二項〕（三）通知應議事件，於開會前三十日内，議長將本届應議事件預行通知各議員；〔第三十四條〕（四）停會期限不得過七日；〔第四十七條〕（五）解散期限，距重行選舉後之召集開會，不得過兩個月；〔第四十九條〕（六）停止到會期限不得過十日；〔第五十六條〕（七）無故不到會期限，赴召集後無故不到會，延至十日以上者除名。〔第五十九條〕

（三）會議之形式　（甲）召集。凡有數目：（一）召集之人，無論何種會，均由督撫。〔第三十一條、第四十九條〕（二）主張召集之人，常年會每年一次，有定次，有定期，有定日。是其召集，已主張於本章程。本章程施行以後，即永遠主張其召集，而施行之期則在奏准奉旨文到之日。〔第六十一條〕臨時會之主張召集，則有三種人得爲之：（子）督撫則發命令；（丑）議員則三分之一以上之陳請；（寅）議長、副議長及常駐議員則聯名陳請。（三）召集之期無明文，惟開會前三十日通知應議事件。〔第三十四條〕則召集之時，至遲必與通知同時，即必在開會之三十日以前。又解散後之召集，則不過兩個月以内。〔第四十九條〕(四)不赴召集之罰，無故不赴常年會之召集者除名。〔第五十九條〕不赴臨時會之召集者，無罰則。若多數不赴，又屢經督促而不到，則一律解散。〔第四十八條第四款〕(乙)開會。有禮式，行於開會之第一日，督撫親自涖局行之。〔第三十一條第二項〕(丙)次數。常年會每年一次。〔第三十二條〕臨時會，無定次，以有緊要事件爲斷。〔第三十三條〕(丁)開議。必有議員半數以上到會。〔第三十五條〕(戊)決議。以到會議員過半數所決爲準。若可否同數，則取決於議長。〔第三十六條〕督撫親臨或派員到會，不列議決之數。〔第三十七條〕(己)公開。不禁旁聽。案語謂之公開制，是爲會議之原則。〔第四十一條〕(庚)公布。議決事件，以公布爲原則。〔第四十二條〕

(四)會議之關防　(甲)議員之關防。議案有關係本身親屬及職官，該議員例應回避，不得與議。〔第三十八條〕(乙)旁聽人之關防。有議員公認禁止旁聽之例外，其要求公認者，有三種人得爲之：(一)督撫則用特令；(二)議長、副議長則取同意；(三)議員則需十人以上之提議。〔第四十一條〕(丙)議決事件之關防。議長、副議長可取同意，而認爲應行秘密則不公布，即不遽告督撫及資政院。據案語，報告亦爲公布之一端，故知不公布者即不需報告也。〔第四十二條〕

(五)會議之紀律　(甲)議員之紀律。違背局章及議事規則，議長得止其發議，違者得令退出。因而紊亂秩序，致不能會議，議長得令暫時停議。暫時停議，與停會不同，待當場紊亂稍靜，即可再議。〔第四十三條〕(乙)旁聽人之紀律不守規則或紊亂秩序議長得令退出〔第四十四條〕凡維持紀律爲議長之專責。

(六)會議之監督　(甲)監督之人。分二目：(一)明文上爲督撫；〔第四十六條〕(二)理論上更有資政院。特資政院有並督撫及他省而監督之者，監督本省督撫，則有第二十七條。〔侵奪諮議局權限，或違背法律，諮議局得呈請核辦〕監督本省督撫而兼及本局，則有第二十四條。〔交令覆議事件，而仍執前議，督撫將全案咨送核議〕監督各省而兼及本局，則有第二十九條。〔他省與本省爭議，呈請督撫咨送核決〕以上三端，並經其議定，即各宜照行。〔第三十條〕又若應解散，應由督撫將事由咨明，〔第四十八條〕亦爲兼監督本省督撫之事。有專就本局而監督之者，則受議決事件之報告是也。〔第四十二條〕(乙)監督之事。明文上皆爲督撫所有事。凡有數目：(一)受議決事件之報告。〔第四十二條〕(二)特令禁止旁聽。〔第四十一條第一款〕(三)批准本局所議定之議事細則及旁聽規則。〔第四十五條〕(四)裁奪議案而施行之。據案語，專指第二十二、第二十三兩條，即議定可行或不可行，若不以爲然，可説明原委事由而交令覆議。〔第四十六條〕(五)議事踰越權限之勸告。〔第四十七條第一款〕(六)遇下開情事則令停會。其情事有三：(子)議事踰越權限，不受督撫勸告；(丑)所決事件違背法律；(寅)議員在議場有狂暴舉動，至議長不能處理。〔第四十七條〕凡此皆可予以七日以内之停會。觀(子)項，非已經勸告而不受不遽犯停會之罰，觀(寅)項議長苟自言尚能處理，亦不得遽予停會也。(七)遇下開情事，則奏請及向資政院咨明事由，得予解散。其情事有四：(子)所決事件，有輕蔑朝廷情形；(丑)所決事件，有妨害國家治安；(寅)不遵停會之命令，或屢經停會而不悛；(卯)議員多數不赴召集，屢經督促仍不到會。四項中，觀(子)、(丑)兩項事，非已決不當解散，蓋可援第三十九條言論不受詰責爲證也。觀(寅)項，乃由停會遞嬗而生。觀(卯)項，若非多數如此，不得解散。蓋多數必爲過半數，到會不及半數，即不能開議。〔第四十八條〕

第六章　諮議局之部署

(一)辦事處　〔第五十條至五十二條〕

(二)經費有五款　(甲)議員旅費。(乙)議長、副議長及常駐議員公費。(丙)書記長以下薪水。(丁)雜費。(戊)預備費。其指專款，定數目，均由督撫。〔第五十三五十四條〕其每月清查，由議長、副議長。其開年會時審查清册，則由議員。〔第五十五條〕

第七章　諮議局之處罰

(一)在罰則以外之處罰　(甲)議長罰議員。有三目：(一)止其發議；(二)令其退出；(三)令暫時停議。〔第四十三條〕此皆爲維持紀律起見，已見前。(乙)督撫罰本局。有二目：(一)停會；(二)解散。〔第四十七四十八條〕此皆爲實行監督起見，已見前。

(二)罰則　(甲)停止到會。〔第五十六條第一款〕以議長、副議長同意行之。〔第五十七條〕分二目：(一)議員屢違局章，或言語行止謬妄；〔第五十八條〕(二)議員以本局之名義干預局外之事。〔第六十條〕(乙)除名。〔第五十六條第二項〕以議員全體決議行之。〔第五十七條〕分三目：(一)第五十八條之情節重者；(二)議員無故不赴常年會之召集，或赴召集後，無故不到會，已延至十日以上。臨時會倉猝，不易得赴，故爲罰則所不及。既赴召集，則其無故不到，延至十日以上，無分常年會、臨時會，皆在罰例矣。〔第五十九條〕(三)第六十條之情節重者。

凡處罰，除事關監督全局，祇可授權督撫外，其餘皆惟本局自行其罰。

第八章　諮議局與各官衙之關係

諮議局純爲國家之機關。機關既成，則有立法與行政之别。論政治原理，乃合立法、行政而言之。故諮議局性質雖與立法機關爲相合，然其爲國家政治之作用，則與士民自相結合之公益團體大有不同。立憲國法制，大概分列三權，而總攬於主權者。今司法尚未獨立，在九年籌備事宜中，自由法部籌備獨立之事，立法成一機關，諮議局乃其端倪。各省士民能力薄弱之處，固非官爲督促則不行。即著名開通省分，亦斷斷非離乎官而可自生效力。或者誤以公益團體視之，謂可自爲風氣，此大不然。蓋當與官治爲一體，而相與共圖進步。據章程，即可見諮議局之與官治密切而不可分。其成就此局之責，純乎官長負之。至局已成立，則留完全自主之權於局内，以保立法之全能，非偏暱士民，實以補國家機關之缺，而存政治面目之真。法意如此，不可誣也。今舉兩章程中本局與各官衙之關係，可以觀焉。

(一)與憲政編查館之關係　今日國會未開，即資政院亦尚未具正式。國家立法之權，純在憲政編查館。本章程固由館中奏定，將來關係改良章程之事，即分寄其權於議員，而核議辦理仍歸憲政編查館，不過資政院得會同之而已。〔第六十二條〕〔選舉章程第百十五條〕

(二)與資政院之關係　(甲)未開局之先，但既有議員，即應達資政院。故給與議員執照後，複選監督，即應將議員姓名、職銜申報督撫，由督撫分别咨報本院及民政部立案。〔選舉章程第七十八條〕(乙)既開局以後，本局爲本院之下級議會，與督撫同隸其監督之下。已詳前第三章第二節第二款所論權限之第二目，及第四章第六目所論之監督。其不以權限論者，惟有受其諮詢，而爲申覆耳。〔第二十一條第九款〕

(三)與民政部之關係　凡内治皆屬民政部。外國地方官，皆爲民政部之屬員，不似吾國督撫之具體政府，不名一屬也。然督撫雖不名一屬，與督撫對待之諮議局，則正如外國，屬於此部。惟民政部所掌，爲建設諮議局之政令。故開局以後，非民政部所能遥制。自以資政院爲上級議會而監督之，其未開局之前，則每届選舉年限以章程所定之選舉日期，由督撫咨報立案。〔選舉章程第十四條〕選舉人名册確定後，由督撫咨報。〔第二十五條〕分配複選當選人後，由督撫咨報。〔第六十八條第三項〕議員給與執照後，複選監督，將議員姓名、職銜申報督撫，由督撫咨報立案。此項立案，其對於資政院亦同。以此爲始，正議員之名，將與議事有關，故與資政院亦有關係。〔第七十八條〕此其關係蓋自辦理選舉始，至舉出議員而止，舉出議員與資政院並行立案，以示此後即移屬資政院也。

(四)與司法衙門之關係　此關係純見於選舉章程中之“選舉訴訟”章，將來司法獨立，必歸審判廳辦理。審判廳，照外國司法體制，當以地方審判廳爲初審。不服上控，則以高等審判廳爲再審。再不服上控，則以大理院爲三審。凡司法官與地方官原無統屬，無所謂初選呈控、複選呈控之分。然本章程則沿司法未獨立之制，必上級官廳乃可審判下級官廳之事，猶以已設審判廳之省現惟東三省，分别地方及高等審判廳，受初選之呈控。〔選舉章程第九十一條第二項〕。複選之上控，則向大理院。〔第九十三條〕此審判廳之制也。若未設審判廳之省，雖按察使衙門，亦未爲純粹之司法衙門，姑以府直隸廳州及按察使衙門，分别受初選、複選之呈控。〔第九十一條〕而上控則初選向按察使衙門，複選亦向大理院，〔第九十三條〕此未用審判廳之制者也。

（五）與督撫之關係　（甲）未開局之先，無事不統於督撫。初、複選之監督，即督撫屬員。甚至司法衙門未設審判廳者，固皆督撫屬吏。即已設審判廳者，今日亦不免奉職於督撫之下。觀第四十六條文，督撫有監督諮議局選舉之權。而其案語，又謂如各省選出議員，督撫查明有舞弊及不合格情事，自可即行撤銷。其所云云，正選舉訴訟中情事。則章程所謂監督選舉，正指選舉章程中所有監督之官，無非承督撫之委任也。其明載條文者，凡須達資政院及民政部，皆由督撫咨報。〔選舉章程第十四條、第二十五條、第六十八條第三項、第七十八條〕臨時選舉日期，由複選監督申請督撫酌定。〔選舉章程第十四條第二項〕選舉人名册告成，初選監督呈由複選監督申報督撫。〔第二十一條〕分配全省議員定額。〔第六十七條〕會同將軍都統，定駐防議員專額之數，及酌派專額議員之調查員。〔第百八條、第百十條〕（乙）既開局之後，已詳前第三章第二節第二款所論權限之第三目，及第四章第六目所論之監督。其不以權限論者，則受其諮詢，而爲申覆。〔第二十一條第十款〕召集常駐議員至會議廳，以備詢考。〔第十二條第二項〕

（六）與府直隸廳州及廳州縣之關係　是爲複選及初選監督，條文另各詳其職掌。〔選舉章程第六第七條〕足以明其關係，且其衙門即爲辦理選舉事務之所。〔選舉章程第四條第三項〕

（七）與教佐各官之關係　爲府直隸廳州以本管地方作初選區者之初選監督。〔選舉章程第四條第二項〕大概充初、複選之管理員。〔選舉章程第五條第二項言，管理員不拘官紳〕管理員之職掌，亦見條文。〔選舉章程第八、第九條〕足以明其關係。

（八）與司道以下通省官之關係　本省官納賄違法，指明確據，呈候督撫查辦。〔第二十八條〕

（九）與將軍都統之關係　此因專額議員。〔選舉章程第百八、第百十條〕

第九章　諮議局之入奏

自本章程奏定後，凡有應入奏之情節，且載於章程中者，彙觀之，可以知情節之輕重。

（一）屆選舉年限，由督撫奏明。〔選舉章程第十四條〕言“奏明”即是“奏報”，惟須特奏耳。

（二）督撫酌定臨時選舉日期，彙案奏報。〔同上第二項〕此奏報止需彙案，如解散後之選舉，亦包在内。夫解散後重行選舉，事本非常，所以亦歸彙案者，以解散本由奏請，而本章程又規定解散應同時通飭重行選舉，〔第四十九條〕則當其奏請解散時，必並照章聲明應行選舉之旨，故其後亦止需彙案耳。

（三）解散由督撫奏請。〔第四十八條〕奏請則得請與否，當静俟上意，此即不與督撫得專擅解散之意。

各省諮議局章程箋釋

〔附議員選舉章程箋釋〕

諭　摺

恭録諭旨

光緒三十三年九月十三日，内閣奉上諭："朕欽奉慈禧端佑康頤昭豫莊誠壽恭欽獻崇熙皇太后懿旨，前經降旨，於京師設立資政院，以樹議院基礎。但各省亦應有採取輿論之所，俾其指陳通省利病，籌計地方治安，並爲資政院儲才之階。著各省督撫均在省會速設諮議局，慎選公正明達官紳，創辦其事。即由各屬合格紳民，公舉賢能，作爲該局議員。斷不可使品行悖謬、營私武斷之人，濫厠其間。凡地方應興應革事宜，議員公同集議，候本省大吏裁奪施行。遇有重大事件，由該省督撫奏明辦理。將來資政院選舉議員，可由該局公推遞升。如資政院應需考查詢問等事，一面行文該省督撫轉飭，一面徑行該局具覆。該局有條議事件，准其一面稟知該省督撫，一面徑稟資政院查核。其各州縣議事會一並預爲籌畫，務期取才日宏，進步較速，庶與'庶政公諸輿論'名實相符，以副朝廷勤求治理之意"，欽此。

光緒三十四年六月二十四日，内閣鈔奉上諭："朕欽奉慈禧端佑康頤昭豫莊誠壽恭欽獻崇熙皇太后懿旨，憲政編查館資政院王大臣奕劻、溥倫等會奏擬呈各省諮議局及議員選舉各章程一摺。諮議局爲采取輿論之所，並爲資政院預儲議員之階，議院基礎即肇於此，事體重大，亟宜詳慎釐定。玆據該王大臣擬呈各項章程，詳加披閱，尚屬周妥，應照所議辦理。即著各督撫迅速舉辦，實力奉行。自奉到章程之日起，限一年内一律辦齊。朝廷軫念民依，將來使國民與聞政事，以示大公。因先於各省設諮議局，以資歷練。凡我士庶，均當共體時艱，同攄忠愛。於本省地方應興應革之利弊，切實指陳，於國民應盡之義務，應循之秩序，竭誠踐守。勿挾私心，以妨公益，勿逞意氣，以紊成規，勿見事太易，而議論稍涉囂張，勿權限不明，而定法致滋侵越。總期民情不虞壅蔽，國憲咸知遵循。各該督撫等亦當本集思廣益之懷，行好惡同民之政，虚公審察，惟善是從，庶幾上下一心，漸臻上理。至於選舉議員，尤宜督率各該地方有司，認真監督，精擇慎取，斷不准使心術不正、行止有虧之人託足其内，致妨治安。該王大臣所陳要義三端，甚爲中肯。如宣布開設議院年限一節，自是立憲國必有之義。但各國憲政本難强同，要不外乎行政之權在官吏，建言之權在議員，而大經大法，上以之執行罔越，下以之遵奉弗違。中國立憲政體前已降旨宣示，必須切實預備，慎始圖終，方不致託空言而鮮實效。著憲政編查館、資政院、王大臣督同館院諳習法政人員，甄採列邦之良規，折衷本國之成憲，迅將君主憲法大綱，暨議院選舉各法，擇要編輯。並將議院未開以前，逐年應行籌備各事分期擬議，臚列具奏呈覽。俟朝廷親裁後，當即將開設議院年限欽定宣布，以立臣工進行之準則，而副吾民望治之殷懷，並使天下臣民曉然於朝廷因時制宜、變法圖强之至意”，欽此。

憲政編查館資政院王大臣會奏各省諮議局章程及案語並議員選舉章程摺

奏爲擬訂各省諮議局章程及案語，並議員選舉章程，分別繕具清單，請旨欽定頒行，以資遵守，恭摺仰祈聖鑒事。光緒三十三年九月十三日，内閣奉上諭："朕欽奉慈禧端佑康頤昭豫莊誠壽恭欽獻崇熙皇太后懿旨，前經降旨，於京師設立資政院，以樹議院基礎。但各省亦應有採取輿論之所，俾其指陳通省利病，籌計地方治安，並爲資政院儲才之階。著各省督撫均在省會速設諮議局，慎選公正明達官紳，創辦其事。即由各屬合格紳民，公舉賢能，作爲該局議員。斷不可使品行悖謬、營私武斷之人濫厠其間。凡地方應興應革事宜，議員公同集議，候本省大吏裁奪施行。遇有重大事件，由該省督撫奏明辦理。將來資政院選舉議員，可由該局公推遞升。如資政院應需考查詢問等事，一面行文該省督撫轉飭，一面徑行該局具覆。該局有條議事件，准其一面稟知該省督撫，一面徑稟資政院查核"等因，欽此。仰見皇太后、皇上孜孜求治，重視輿論之至意，欽服莫名。臣等竊維立憲政體之要義，在予民人以與聞政事之權，而使爲行政官吏之監察，故不可無議院，以爲人民聞政之地。東西立憲各國，雖國體不同，法制各異，而要之無不設立議院，使人民選舉議員，代表輿論，是以上下之情通，而暌隔之弊少。中國向無議院之説，今議倡設，人多視爲創舉，且視爲外國之法。不知虞廷之明目達聰，大禹之建鞀設鐸，洪範之謀及庶人，周官之詢於外朝，皆古義也。古昔盛時，無不廣採輿論，以爲行政之準則者，特未有議院之制度耳。記曰："上酌民言，則下天上施。上不酌民言則犯也，下不天上施則亂也。"

傳曰："防民之口，甚於防川。川壅而潰，傷人必多。……是故爲川者決之使導，爲民者宣之使言。"是民言之不可壅障，斷斷然也。然爲川之道，固不可使之壅塞而不流，亦不可任其泛濫而無紀。必也寬予之地，俾其暢行無阻，而仍遥築隄防，不容溢出於界域之外。議院者，予水暢行之地也；規則者，不容外溢之隄防也。既將創設議院，若不嚴定規則，事爲之制，曲爲之防，流弊有不可勝言者。今者欽奉明綸，於京師設立資政院外，復令各省均在省會設立諮議局，以爲各省採取輿論之所，並爲資政院儲才之階，法良意美，薄海同欽。臣等查諮議局即議院之先聲，自當上承德意，下體輿情，將其規則妥爲釐定，以期行之有利而無弊。伏查各國立憲制度，皆設上、下議院於國都，其下多直接地方自治之議會。惟聯邦之制，各邦自有國會，帝國但總其大綱。中國地大民衆，分省而治，各省之政，主於督撫，與各國地方之治直接國都者不同。而郡縣之制，異於封建，督撫仍事事受命於朝廷，亦與聯邦之各爲法制者不同。諮議局之設，爲地方自治與中央集權之樞紐，必使下足以裒集一省之輿論，而上仍無妨於國家統一之大權。此其要義一也。夫議院乃民權所在，然其所謂民權者，不過言之權而非行之權也。議政之權雖在議院，而行政之權仍在政府。即如外國監督政府之説，民權似極强矣。而議院攻擊政府，但有言辭，並無實力。但有政府自行求退，議院並不能驅之使行。普魯士、日本憲法且明載進退宰相任免文武官之權，在於其君，此足見民權之是言非行矣。況諮議局僅爲一省言論之滙歸，尚非中央議院之比，則其言與行之界限，尤須確切訂明，不容稍有踰越。此其要義二也。立憲之國，必有議院，此一定之理。欽定憲法之國，必先期宣布開設議院年限，此亦自然之序。今資政院、諮議局已次第建立，爲議院之基礎矣。基礎既立，則朝廷自將宣布開設議院年限，以定人心而促進步，此可預計者也。是則此日各省諮議局辦法，必須與異日京師議院辦法，有相成而無相悖。宣布年限之後，局中議員即當隨時爲選入議院之預備。故議員資格，議事權限，皆當於此時早爲釐定。此其要義三也。玆經臣等督飭館員，仰體聖訓，博考列國立法之意，兼採外省所擬章程，參伍折衷，悉心編纂，謹擬成《各省諮議局章程》十二章六十二條。第一章，總述綱要，明諮議局之緣起，及其設立之宗旨。第二章至第五章，定諮議局議員之額數、資格、分類、任期，兼及補缺、改選、辭職之事。第六章至第八章，定諮議局之職任權限，及其會議監督之法。第九章以下，定經理本局庶務，籌支經費，保持紀律之事。而以章程之施行、修改，列爲附條殿焉。所有條項文句，均經斟酌再三，屢成屢易，椎輪之作，不敢即謂精密無遺，而因時制宜，斟酌亦不敢不力求詳慎。謹疏通證明，加具案語，附於各條之後，以便解釋而免疑誤。其議員選舉事宜，端緒繁雜，非局章所能備載。若不詳細籌擬，另定專條，誠恐辦理紛歧，漫無把握。故別爲選舉章程一百十五條，以與局章相輔而行，庶幾範圍不過，率由有章。謹分別繕具清單，恭呈御覽。如蒙俞允，擬請明降諭旨，頒行各省，即由臣館分咨各督撫欽遵辦理。其安徽撫臣馮煦所奏諮議局章程，奉旨交臣館議奏之案。此項章程，現既具奏，即無庸再行議覆。是否有當，謹合詞恭摺具陳，伏乞皇太后、皇上聖鑒訓示。再此摺係憲政編查館主稿，會同資政院辦理，合併聲明。謹奏。

序　言

君主立憲國政體，以議院爲國家之立法機關，以政府爲國家之行政機關，以法院爲國家之司法機關，三權分立，而君主總攬之。我國《憲法大綱》，即本斯義而定。至立憲政體，除三權分立以外，尤以地方自治爲重要之制度。蓋國家政務，僅由國家機關以執行之，尚難完密。故於政務之關係於一地方，而與國家無直接之利害者，委任之於地方人民之團體，使得就法律命令之範圍以内，自處理其地方之各種政務，謂之地方行政，又謂之自治行政。而國家機關所執行之政務，則謂之國家行政，又謂之官治行政。至行政機關之内，通常分之爲三部，而各部又有分别。兹就法學家所論定者，列之如第一表。〔此表從日本明治大學編纂之《法律經濟辭解》摘出〕

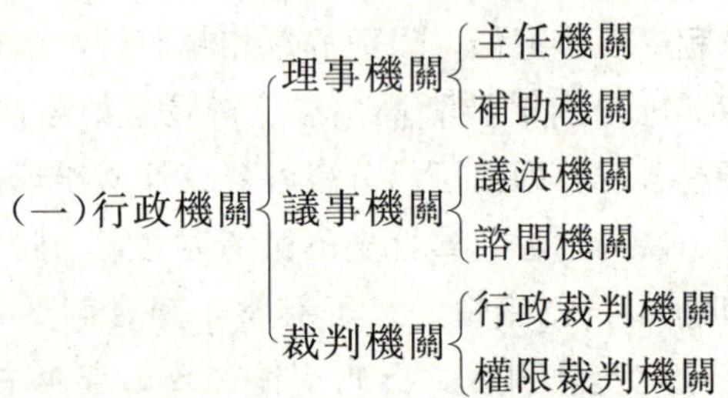

但是表所列，乃一行政法人之内部所具之各機關。至行政有國家與地方之分，而國家行政之機關，又有中央機關與地方機關之别。中央機關，在國之中樞，執行國家之政務。地方機關，在各地方執行國家之政務者也。故更列第二表以明之。

（二）行政機關
- 國家行政機關
  - 中央機關（中央官廳）
  - 地方機關（地方官廳）
- 地方行政機關

若以國家作爲行政之法人觀，則政府爲國家行政之理事機關，議院爲國家行政之議事機關之議決機關，行政判裁所及權限裁判所爲國家行政之裁判機關。至地方行政機關，其議事機關則以地方團體組織之，理事機關及裁判機關或以國家之地方機關兼之，或由地方團體組織。今將（一）、（二）兩表參合爲第三表以明之。

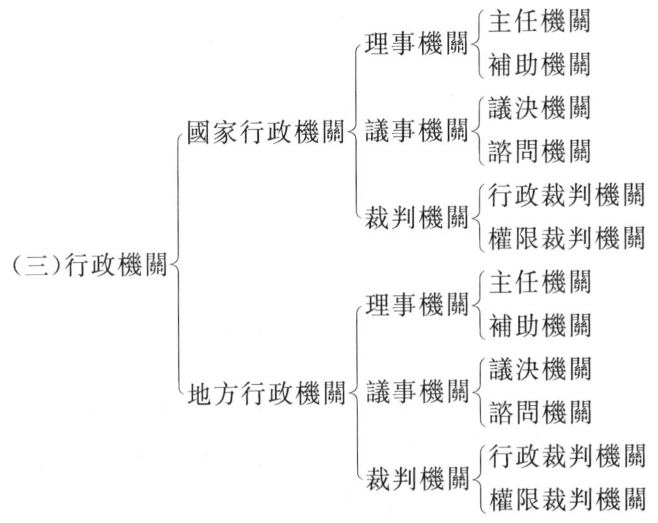

欲就第三表以明各省諮議局之地位，則諮議局當爲地方行政之議事機關。然諮議局，實又兼國家行政之議事機關。試舉憲政編查館、資政院會奏各省諮議局及議員選舉章程摺内所陳要義以考求之。其第一要義謂"各國立憲制度，皆設上、下議院於國都，其下直接地方自治之議會，惟聯邦之制，各邦自有國會，帝國但總其大綱。中國地大民衆，分省而治，各省之政主於督撫，與各國地方之治直接國都者不同。而郡縣之制，異於封建，督撫仍事事受命於朝廷，亦與聯邦之各爲法制者不同。諮議局之設，爲中央集權與地方自治之樞紐，必使下足以裒集一省之輿論，而上仍無妨於國家統一之大權"云云。夫諮議局既與地方自治之議會不同，則其爲國家行政即官治行政之議事機關可知。然國家行政之議會，在今日則有資政院，在將來則有上、下議院，與各省諮議局其權限固如何區别乎？會奏摺内第二要義謂"諮議局爲一省言論之滙歸，尚非中央議院之比"云云。蓋京師之議院，乃國家之中央議院，即國家議事機關中之中央機關，議中央機關所執行之國家政務者也。各省之諮議局，乃國家之地方議會，即國家議事機關中之地方機關，議地方機關所執行之國家政務者也。故議院或資政院所議，乃中央政府所執行之國家政務。諮議局所議，乃督撫以下各官廳所執行之國家政務。其區别自明。〔參看第二十一條案語箋釋〕蓋我國之國家行政機關，不如第三表之式。兹更以第四表以明之。

（四）國家行政機關
- 理事機關
  - 中央機關（中央官廳）
  - 地方機關（地方官廳）
- 議事機關
  - 中央機關（資政院或議院）
  - 地方機關（各省諮議局）
- 裁判機關

夫國家行政之議事機關，有中央、地方之别。雖他國無其先例，然我國地大民衆，分省而治，各省之政主於督撫。若各省地方無議事之機關，則國家雖立憲於上，而各省仍專制於下，未易望其整理也。其所以屬於國家機關者，即無妨於國家統一之大權之意，而又與聯邦之自爲國會不同也。

夫各省諮議局既爲國家議事機關之地方機關，何以又爲地方行政之議事機關乎？會奏摺内第一要義既云“諮議局與地方自治之議會不同”，則諮議局似不得更爲地方行政之議事機關。但諮議局是否爲地方行政之機關，須從各省之是否爲行政法人而知之。查《諮議局章程》第二十一條第五、六兩款“議決本省權利存廢，義務增加事件”，則固認各省爲權利義務之主體，而爲行政法人可知。要義所謂“諮議局與地方自治之議會不同”者，蓋以國家議事機關之地方機關，而兼爲地方行政之議事機關，與他國之地方自治議會專爲地方行政之議事機關者不同也。要義謂“諮議局之設，爲中央集權與地方自治之樞紐”，蓋謂兼官治、自治而渾合之，即諮議局爲國家行政之議事機關，而兼地方行政之議事機關之證。猶之督撫在國家行政之地位則爲理事機關之地方機關，在地方行政之地位則爲理事機關。蓋督撫爲本省之官吏，當行政之任，與諮議局本屬對立。故督撫有監督諮議局之權，得行解散及停會之令。諮議局亦有監察督撫之責，得有糾舉及質問之權也。

諮議局之地位既説明如上，其不曰“省議院”者，示與聯邦議院不同；其不曰“省議會”者，示與地方自治之議會不同。或有誤會諮議局爲“省議會”者，不知就性質言，諮議局兼有國家議會及地方議會之性質；就形式言，諮議局兼有議會及參事會之形式，非“省議會”所能概括。“諮議”二字，一則根本於光緒二十九年九月十三日諭旨，一則示其爲議決機關及諮問機關之意耳。諮議局既爲國家行政議事機關之地方機關，而又兼爲地方行政之議事機關，則其機關之組織及其職任權限，依立憲國之制，當以法律定之。但議院未開之時，君主得發詔令，以代法律。且此章程於光緒三十四年六月二十四日奉旨允准辦理，爲發布憲法以前之法令。依立憲國之制，此等法令苟與憲法不相抵觸者，皆有效力。其稱曰“章程”者，蓋“章程”二字與規則、規程之意略同。世界事物無不各有其規則，就規則而定其程式，曰“規程”。“章程”者，著於篇章之規程也。其意義甚爲廣泛，無事不可立章程，無人不可自定其章程。法律命令，亦國家政務上之章程而已。就我國習用之意義觀之，除私人及私法人所自定之章程外，有由地方紳董訂立者，有由地方官廳頒行者，有由政府頒行者，有奉諭旨頒行者，或與自治條例相同，或與官廳命令相同，或與法令相類，其性質頗難確定。而此章程之性質，則屬於法令無疑。從憲法上觀之，則不外爲有關於人民權利、義務之法規命令，或爲代法律之詔令而已。

此章程之性質，既屬於法令，其附加之案語，亦與章程同時奏准頒行，則此案語爲立法上之解釋，有公正之效力。今吾輩復加以解釋，乃就條文及案語之範圍内，比較印證，互見者使之貫注，概括者使之釐析，引伸其應有之餘義，提出其研究之問題。不過爲私見解釋，無公正之效力，惟足爲當事者及人民參考之資料而已。不名曰“釋義”，而名“箋釋”者，以非逐條解釋其意義，僅箋出其若干條而解釋之，尚非完全之解釋故也。

第一章　總　　綱

第一條　諮議局欽遵諭旨，爲各省採取輿論之地，以指陳通省利病，籌計地方治安爲宗旨。

本條稱“欽遵諭旨”，案語謂“所以示諮議局之緣起”，蓋明諮議局之緣起出於君上大權之詔令，關係於人民之權利義務，非行政上之執行命令及行政官廳之命令，所得而變更或廢止之者也。

各省諮議局，設於督撫所駐之地。

不曰設於省城，而曰設於督撫所駐之地者，以督撫非皆駐於省城，如直隸總督常駐天津府是也。

章程内屢稱“督撫”，均指本省之總督、巡撫而言。現在各省或駐總督，或駐巡撫，除奉天、江蘇二省外，無督撫同駐一省者。然就國家之制度考之，則惟直隸、甘肅、湖北、四川、福建、廣東、雲南爲單設總督不設巡撫之省。惟山東、河南、山西，爲不設總督單設巡撫之省。其餘各省，皆兼設總督及巡撫。故總督之兼轄省分，其總督雖駐於他省，依然本省之總督也。則條文所謂“督撫”者，將指本省之總督乎？抑指本省之巡撫乎？蓋條文之意必非本省總督及巡撫之謂，亦非本省總督或巡撫之謂也。“及”者連類之詞，“或”者未定之意，若依此二説解之，則就本條文言，謂諮議局設於本省總督及巡撫所駐之地固爲不可，即謂諮議局設於本省總督或巡撫所駐之地，亦爲未妥也。然則正當之解釋如何？曰：凡條文中所謂督撫，均指駐在本省之總督、巡撫而言。本條之意，即謂本省駐有總督者，其諮議局設於總督所駐之地；本省駐有巡撫者，其諮議局設於巡撫所駐之地，即謂各省諮議局設於本省駐有督撫之地也。

但依上解釋，於督撫同駐一省而駐所不同者，其諮議局將設於總督所駐之地乎？抑設於巡撫所駐之地乎？或分設二局於總督及巡撫所駐之地乎？奉天之督撫同駐一地，此問題無待研究。惟江蘇一省，總督駐於江甯，巡撫駐於蘇州，與此問題相關。觀下條江蘇江甯，各設定額，則立法之意以江蘇省向分蘇、甯二屬，故以蘇屬選出之議員，組織江蘇諮議局，設於巡撫所駐之地；以甯屬選出議員，組織江甯諮議局，設於總督所駐之地，其意甚明。然謂立法者之意，於督撫同駐一省而駐所不同者，則分設二局於總督及巡撫所駐之地，固不可也。蓋江蘇省之諮議局，非一省而分設二局之謂，乃分一省爲二屬，每屬各設一局之謂也。在形式上言之，雖與分江蘇爲江甯、江蘇二省無異，然不能謂之二省者，不僅於國家之法制上無可據之文，即形式上亦未同一。蓋蘇、甯若爲二省，則以他省之制度比例之，甯屬當爲總督之所直轄，江蘇巡撫當專轄蘇屬，不兼轄甯屬。今江蘇巡撫固統轄蘇、甯二屬者，則不能謂之二省，衹能謂之分一省爲二屬也。或曰分一省爲二屬，每屬各設一諮議局，以爲議事機關，而行政上之理事機關，則統合不分，於職任權限上，有無窒礙混淆之慮乎？本章程各條文內所稱“本省事件”，於一屬所設立之諮議局，其條文亦均適用否乎？抑條文所稱之“本省”，對於一屬所設之諮議局，則以本屬爲限乎？吾輩於此問題雖不能下確當之解説，然既爲一省中之一屬諮議局，則無論其爲國家之地方機關，或爲地方自己之機關，而謂其權限責任可踰於本屬地方以外，則吾輩固不能以爲然也。

謹案：諮議局係奉諭旨設立，凡諸大綱，俱見於光緒三十三年九月十三日上諭。本條特稱欽遵諭旨者，所以示諮議局之緣起，且以見本章程所訂各條，皆根本聖謨。敷鬯厥恉，非出於擬議者之臆見也。

第二章　議　　員

第二條　各省諮議局議員以左列數目爲定額，用複選舉法選任之。

奉天五十名　吉林三十名　黑龍江三十名　順直一百四十名　江甯五十五名　江蘇六十六名　安徽八十三名　江西九十七名　浙江一百十四名　福建七十二名　湖北八十名　湖南八十二名　山東一百名　河南九十六名　山西八十六名　陜西六十三名　甘肅四十三名　新疆三十名　四川一百零五名　廣東九十一名　廣西五十七名　雲南六十八名　貴州三十九名

各省議員定額，以各省取進學額總數百分之五爲準。甯、蘇兩處，則參酌漕糧額數增加。至東三省、新疆地方，因學額漕糧俱難取準，故酌定一相當之名額。見於本條案語，係説明立法之本意。吾輩就事實上言之，定額之至少者，一省僅三十名。按本章程第三十五條及第三十六條，則議員半數以上到會，可以開議議案，以到會過半數之所決爲準。是十五人可以開議，八人同意可以議決，至常駐議員之協議，則三人同意可以取決。其果能免於少數專擅之弊，而盡代表輿論之實乎？是亦不可不研究者。然此固事實上之問題，非解釋上之問題也。

京旗及各省駐防，均以所住地方爲本籍。但旗制未改以前，京旗得於順直議員定額外，暫設專額十名。各省駐防得於該省議員定額外，每省暫設專額一名至三名，其名數由各督撫會同將軍、都統定之。

此爲旗制未改以前暫設之專額。謹案：光緒三十三年八月二十日上諭，每年按旗丁十分之一或十數分之一，授給地畝，旗丁歸農以後，一切與齊民無異。又憲政編查館會同資政院奏准議院未開以前逐年應行籌備事宜，定光緒四十一年變通旗制，一律辦定，化除畛域。則七年以後，旗制自當盡改。既改以後，此暫設之專額，或併入定額，或消滅之。條文雖未明示，然案語云議員定額以比照户口爲最當，則旗人改入民籍之後，民籍之户口自增，其專額自必併入定額可知也。

謹案：議員定額之準則，固以比照户口之數爲最當，惟中國户口尚無確實統計，詳細調查，恐需歲月，不得已參酌各省取進學額及漕糧之數，以定多寡。本條所定，以各該省學額總數百分之五爲準，惟甯、蘇兩處漕糧最重，而學額較少，故就漕糧每三萬石加增一名，於江甯增九名，江蘇增二十三名。其漕糧雖重，而學額已敷，如浙江等省，不再加額。東三省及新疆地方，建設行省未久，學額漕糧俱難取準，故酌定一相當之名額。其府廳州縣劃分名額之法，則以選舉人多寡爲標準，由本省督撫按照另定選舉章程辦理。

又案：各國選舉之法，有單選、複選之別。單選者，逕由選舉人投票選出議員是也；複選者，先由選舉人選出若干選舉議員人，更令選舉議員人投票選出議員是也。現當初行選舉之際，一切辦法自以詳密爲宜。若遽用單選制度，恐揀擇未精，不無濫竽幸進之弊，故本條採用複選舉法，以示謹慎。

又案：近年迭奉諭旨，消融滿漢，將來旗制裁改，則旗人自應以所居地方爲本籍。但旗制未改以前，旗人尚未編人民籍，京旗及駐防若不另爲設額，旗人將全無與聞政事之權，似不足以昭平允，故暫爲旗人設議員專額。京旗則附順直，駐防則附各省，庶免偏枯之慮。至東三省地方，係旗人本籍，非京旗及駐防可比。所有旗漢人等，自應一律辦理，無庸另設專額，以爲實行化除畛域之倡。

第三條　凡屬本省籍貫之男子，年滿二十五歲以上，具左列資格之一者，有選舉諮議局議員之權。

本條所指有選舉權者，以本省籍貫爲限，則外國人及各藩部人、各省人之寄居本省者，均不在本條範圍之内。反之，而本省籍貫之人寄居各省、各藩部及外國者，均得依本條之資格而得選舉權。

各國之制，有國籍之法，得其國籍者，即爲其國之人民。至同國人民，復分籍貫者，惟聯邦而已。我國各省，並非聯邦，不過爲行政上之區劃，全國人民自不能因省而分界。所謂籍貫者，其原意本與住所相同。惟定例更改籍貫，必須寄居滿二十年以上，又須取具保證，呈稟地方官方可。其不呈稟者，雖寄居已久，仍不得入籍。且寄居人入籍者，仍隨時可改歸原籍。故有住所久已移徙，而籍貫則仍不更變者。住所籍貫，遂爲二事，習慣已成，驟難破除。本條規定選舉人資格，不能不以籍貫爲準。但仍於下條定寄居人資格，兼採住所制限，以示通變。寄居人選舉資格，與本省籍貫者有别，與他國之僅以住所爲制限者不同。依條文，則籍貫之制限以一省爲界，至一省以内之府廳州縣，其籍隸本府廳州縣者，與有住所於本府廳州縣而籍隸本省者，於選舉資格自無所區别。惟依《諮議局議員選舉章程》，初選舉區依廳州縣之區域，複選舉區依府、直隸廳州之區域，則選舉人與選舉區不可無所關係。其爲住所之關係乎？抑爲籍貫之關係乎？詳言之，本省籍貫之人，其籍貫在甲區，而住所在乙區者，當於何區行其選舉權乎？他國選舉法，大都以有國籍爲對於本國之條件，以在選舉區有住所爲對於選舉區之條件。諮議局及選舉章程，以本省籍貫及寄居合格，爲對於本省之條件。而其對於選舉區之條件，無規定之明文，則或以籍貫爲制限，或以住所爲制限，實爲當研究之問題也。

如專以住所爲制限，則選舉調查時，當就選舉區内有住所之人，查其有資格者，列入選舉人名册内。然如此，則住所在本省以外之人，在本省有選舉資格者，必至遺漏。必更就選舉區内有籍貫而無住所之人，調查其資格及住所。其住所在本省，則本區之選舉人名册不能列入，否則其人在有住所之區内，及有籍貫之區内，均得行其選舉權，是一人而有二選舉權也，於分配額數、選舉票數均有關係。如其住所不在本省，則須列入選舉人名册，故調查之手續殊繁，惟於選舉人之投票，頗爲便利。苟非移住他省者，皆可依住所所在而投票也。但以住所爲制限，不可不更定其區内有住所之年限，否則本省籍貫之人，偶在區内得有住所，其資格之調查勢難確實。且其暫時住於區内，而於投票時已移居或回本籍者，轉須再至調查時有住所之區内投票，亦爲不便也。如專以籍貫爲制限，則調查時但就在區内有籍貫者，及外省人寄居區内，其住本省已滿十年以上者，調查其資格，列入選舉人名册，調查時之手續較省。且本條所列資格，其合於第二、三、四各款之人，在本籍區内均有册案可稽，其合於第一款之人，既有資望，亦衆所共曉。其調查稍難者，惟第五款之資格而已。然專以籍貫爲制限，則本省之人在區内有住所已久，而未得本區籍貫者，必須回至有籍貫之區内投票，殊爲不便耳。

就目下情形而論，户籍及登記法未立，調查頗難，故不能不爲便於調查起見，而以籍貫爲制限。惟於籍貫制限之中，仍可兼採住所制限。凡本省之人，在區内有住所而非本區籍貫者，如願在本區投票，聽其自行報明資格，並關照其有籍貫區内，不再列入選舉人名册，以免重複，則於投票之人亦無所不便矣。至其選舉之資格，當準本條，不準下條之寄居資格，因其爲本省籍貫故也。無論以籍貫或住所爲制限，在區内之各投票區，自不能不依住所分别，則寄居他處而在本籍之區内無住所者，將在何區之投票所投票乎？是當選定一適宜之投票所，爲區内無住所之人投票，此亦當然之辦法也。

〔追加〕近來憲政編查館復江蘇巡撫電文云：查《諮議局選舉章程》第二條，初選舉以廳州縣爲選舉區，則選舉人、被選舉人應均以籍隸各該廳州縣及其寄居人合格者爲限。依此電文，則選舉區内之選舉人，除非本省籍貫者以外，其餘專以籍貫爲制限。電文内所謂寄居合格者，專指非本省籍貫者而言。其本省籍貫之人，在選舉區内，雖寄居滿十年以上，仍不得爲寄居合格。因下條寄居人之資格，專指非本省籍貫者而言。其選舉資格，專以財産爲重，與本省籍貫者之選舉資格大異也。然則此條本省籍貫之男子云者，作爲在選舉區内有籍貫之男子解可也。前箋釋時，此電文尚未發布，故對於本省籍貫之人，解爲當用籍貫制限而兼採住所制限，與電文專用籍貫制限，不採住所制限者微異。不及改正，於印刷時追加於此。

〔追加〕十月二十六日，憲政編查館復江甯諮議局籌辦處電文云：寄居人資格，非本府本縣人與非本省人均係一律。依此電文，則凡區内之選舉人，除非本省籍貫者以外，其餘以籍貫爲制限，但仍兼採住所制限。其資格則依寄居人之例，雖其人係本省籍貫，亦失其本省籍貫之權利。故下條非本省籍貫寄居本省云者，作爲非本區籍貫寄居本區解可也。前箋釋時，此電文尚未發布，以爲籍隸本府廳州縣與有住所於本府廳州縣而籍隸本省者，於選舉資格無所區别，故對於本省籍貫之人，雖解爲當用籍貫制限而兼採住所制限。惟採用住所制限，仍依本省籍貫之資格，與電文採用住所制限而依非本省籍貫之資格者微異。不及改正，更追加於此。再依本條法文云“凡屬本省籍貫之男子”，則寄居人之屬本省籍貫者，在法文實不能不依本條資格，若須依下條非本省籍貫資格，則條文不可不另有所規定。此皆本章程未盡事宜，可依下第六十二條隨時增添删改。將來各省諮議局擬具草案時，不可不注意焉。條文所云“男子”者，即制限女子不得有選舉權之意。外國亦有女子而與以選舉權者，如奥國之多額納税者中獨立之女子得有選舉權是也。故此條特云男子，以明其制限。

本條所定之年齡，以滿二十五歲以上爲制限。故滿二十五歲者，即可有選舉權。關於選舉權之年齡制限，各國不同。瑞士限二十歲，英、法、美、意、瑞典、希臘皆限二十一歲，奥大利亞、普魯士限二十四歲，日耳曼、比利時、諾威、西班牙、日本限二十五歲，丁抹限三十歲。我國限制，蓋採取各國，而用其適中之數也。

各國計算年齡，皆實計生出後之時日，不依曆法計算。我國習慣，則生出之年，即爲一歲，以後依曆法每更一年即增一歲。我國法律上凡云年若干歲者，皆依習慣計算。此條文特云“年滿二十五歲”，若依習慣計算，則與滿字之意義頗爲不合。參以下“滿十年以上”、“滿三年以上”等條文，實有實計時日之意。但現在創行選舉，調查不易，若年齡必依實計，則必調查各人生出之月日而後可，其繁費殆不可言，不能不用習慣之年齡，亦必然之勢。然就條文觀之，則固有實計年齡之意，不能不釋明之。

年齡之計算，有以調製選舉人名册時達法定年齡爲準者，有以選舉期日達法定年齡爲準者。前者以選舉權發生之時爲準，後者以選舉權行使之時爲準。日本新選舉法依前者計算，舊選舉法依後者計算。然日本選舉法，定調查開始之期日，即以在是日合選舉資格者記載於選舉人名簿。我國諮議局選舉法，不定調查開始之日期，則當以人名册告成之日或確定之日爲選舉權發生之時，而以是日爲準亦可。然年齡之計算，不妨以選舉期日達法定年齡爲準。蓋年齡之增長，可以豫計，故豫計其行使選舉權之時能達法定年齡者，即令其有選舉權。非如他項資格及住所籍貫之類，於選舉權發生時，尚不合資格者，則其後之能合資格與否，不能豫料，不能不以選舉權發生時之資格爲準，必須調查時已合資格者方可入册。其後續得資格，在人名册未確定以前，尚可呈請補入。若在人名册確定以後，則雖合資格，亦不能補入矣。故如辦理公務滿三年以上、寄居滿十年以上等，必須調查時已經合格者方可，不能豫計也。又如吸雅片、有心疾等制限亦然。

本條及下條所列選舉資格，條文稱爲有選舉諮議局議員之權，則不論初選舉人、複選舉人均應合此選舉資格，因初選舉人爲間接選舉議員之人，複選舉人即直接選舉議員之人也。夫複選舉人在複選舉爲選舉人，在初選舉爲被選舉人，介於選舉及被選舉之間，其爲選舉權或被選舉權最易含混。今於本條及下條規定選舉權，條文申明之曰選舉諮議局議員之權，又於第五條規定被選舉權，條文申明之曰被選舉爲諮議局議員之權，則複選舉人乃選舉議員之人，非被選舉爲議員之人，其爲選舉權而非被選舉權，自無疑義。因之凡有爲複選舉人之資格者，即有爲初選舉人之資格可知，即複選舉人必從初選舉人中選出可知。或曰依選舉章程，初選舉章第五十五條，則選出之人，不合被選舉資格，選舉票作廢，而不言不合選舉資格，是初選舉所選出之人，但當合被選舉資格，不必合選舉資格，似與吾輩所解釋複選舉人爲選舉權而非被選舉權之意，微有抵觸。不知就文字上觀之，雖似有抵觸之處，而就意義上論之，則固無所抵觸也。蓋初選舉被選舉之資格，以有選舉權者爲限，複選舉被選舉之資格以有被選舉權者爲限，非謂合被選舉資格者，必限於有被選舉權者也。故選舉章程第五十五條之意義，與吾輩所解釋，殊無抵觸。或云：依選舉章程初選舉章程第五十四條，則檢票時應先將選舉票與投票簿對照，如有姓名不符，應另册記明。夫選舉票用無名單記法，則票中所記之姓名乃被選爲複選舉人之姓名也，投票簿中所記之姓名乃投票所所屬初選舉人之姓名也。既須對照符合，則複選舉人必從初選舉人中選出，固無疑義。惟依此，則似被選爲複選舉人者，不但以初選舉人爲限，且以初選舉區内之投票區所屬選舉人爲限矣。就文字上觀之，誠不能無此疑義。然必依此“姓名不符”四字，而指爲初選被選人以投票區所屬初選舉人爲限，則依複選章第七十三條，複選舉投票方法，照第五十四條辦理，是複選被選人亦以複選投票者爲限，而被選爲議員之資格，當於有選舉權者之内，更擇其有被選舉權者。果爾，則與第五條之案語所謂被選舉資格除年齡以外，無何等要項之意，大相刺謬矣。近來憲政編查館覆江蘇巡撫電云：“姓名不符”四字係指票數與名數多寡不同而言。然則姓名不符者，乃姓名之數目不符之意。初選被選之人，但當以初選舉人爲限。又依憲政編查館所指示，而以本區内之初選舉人爲限，其非以投票區内之選舉人爲限可知矣。

一，曾在本省地方辦理學務，及其他公益事務，滿三年以上，著有成績者；

辦理學務，本在公益事務之内，分爲二項者，以學務尤爲現時公益事務之重要，故特揭之。公益事務對警察事務而言，或稱爲助長行政與警察行政，亦同。蓋公益事務增進臣民之利益幸福，爲積極之行政，與警察事務之限制臣民自由爲消極之行政者不同也。公益事務，約分五項：一，人事事項，如户籍登記之類；二，衛生事項，如防疫檢查醫藥之類；三，經濟事項，謀實業進步之政務是也；四，教化事項，教育及關於宗教之政務是也；五，救恤事項，救助災難及豫防災害之政務是也。云辦理學務及公益事務者，以嚴密之意義解釋之，當指辦理國家行政及地方行政上之學務及公益事務而言。若以廣義解釋之，則雖個人或私法人所辦之事務，關於學務及公益者亦可概括在内。就我國現情論之，各學堂宣講所、傳習所、圖書館、教育會、學會及發刊關於學藝、教育之書報、雜誌等，皆爲學務。商會、農會、義倉、善堂、義塚、義渡、恤嫠、育嬰、施醫施藥、紅十字會、戒煙局、戒纏足會、賑飢平糶、救火救生等，皆公益事務也。其經理者，創辦者，捐助財物或勞力者，皆辦理之人也。然其學務及公益事務，以本省地方爲限，則其不以選舉區内之學務及公益事務爲限可知。即關於全國之學務及公益事務，如京師大學堂、上海義賑會之類，及介於本省非本省之間，如在他省辦理旅居人之學校及商業公所、善堂、義塚之類，當亦可爲本款之條件。又如學務公所、勸業公所之科長、副長、科員等，亦爲辦理學務及公益事務者，以嚴密之意義解釋之，此項人員當屬於官吏，依條文當停止選舉權及被選舉權。近來憲政編查館對於此項人員另有所指示，不在停止選舉權及被選舉權之列，詳下第七條第一款箋釋。

其辦理年限，須滿三年以上。其年分之計算，與習慣上計算年齡之法不同。又所辦理學務及公益事務，非必專就一事而言。蓋條文非謂連續辦理一事滿三年以上，故無論各項學務及公益事務，其辦理之年分，苟合而計之，滿三年以上，於條文即無不合也。

條文中又以著有成績者爲限，“成績”二字，其範圍頗廣。其評定之職任，雖屬於初選監督，以造具選舉人名册及決定初選當選人，皆初選監督之職掌也。然解釋法律者，對於使人負義務之法律，則宜嚴密。若對於使人享權利之法律，則不妨用擴張解釋。故如著有成績等範圍廣大者，在享受權利之法律内，不必嚴密解釋。苟其所辦之事無昭著之劣跡、重大之過誤，有成案可稽考，則即解爲著有成績可也。

又此項資格經取得後，非因第六條至第八條各款不能停止及剥奪之。因條文中“曾”字之意義，則其事實屬於過去，而其效力及於將來也。

二，曾在本國或外國中學堂及與中學同等或中學以上之學堂畢業，得有文憑者；

《奏定學堂章程》：中學畢業，由道府考試，分別等次，給以畢業修業執照，又由督撫考驗，取入高等學堂及程度相同之學堂。取入者，由督撫會同學政覆試，考列最優等作爲拔貢，優等作爲優貢，中等作爲歲貢，下等作爲優廪生。又高等小學畢業，由地方官考驗，給以畢業修業憑單。經府考驗，送入中學及程度相等之學堂。再由學政覆試，分別等次，最優等作爲廪生，優等作爲增生，中等作爲附生，下等作爲佾生。是高等小學畢業而肄業中學者已具有本條第三款資格。後學部《奏改各學堂考試章程》：各省中學畢業，除由本學堂發給文憑外，照章程奏請獎勵。高等小學畢業者，雖無照章奏請獎勵明文，然原定獎勵章程並未廢止。惟此等獎勵章程專就在本國學堂畢業者而言，而此款所謂學堂畢業不以本國爲限，其在本國學堂畢業受獎而得舉貢生員以上之出身者，自可依下款而得資格。所以另行規定此款者，使外國中學畢業者，及在本國中學畢業而尚未照章獎勵者，可以準此條而得選舉權也。

本國及外國之學堂，等級頗難畫一。如速成科、簡易科之類，其程度之高下，學期之久暫，參差無定。學生之學力，亦有在中學程度以上者，或不及中學程度者。此等之裁量，頗非易易。惟對於使人享受權利之法律，不妨用擴張解釋，不必以嚴密之意義繩之也。

又此款條文，冠以"曾"字，則指其過去，非指其現在。故雖現在已撤銷其文憑，仍不失其曾經畢業得有文憑之資格。

三，有舉貢生員以上之出身者；

曰舉貢生員以上之出身，凡現爲舉貢生員，及現非舉貢生員而有舉貢生員出身者，與不由舉貢生員而得進士出身者，均概括在内。

又此款不分文武，則武生、武舉及武職之由科舉出身者，依條文論之，似應有選舉權。故江甯諮議局籌辦處，以文武是否一律，請憲政編查館核示。憲政編查館核覆云：生員以上出身，應以文爲限。此亦爲本章程未盡事宜，屬於增添删改者，將來各省諮議局依章程六十二條擬具草案時，不可不增入焉。

憲政編查館覆浙江巡撫電文云：未考之廕生，得以生員論。蓋因科舉之制，廕生得與鄉試，與生員同也。其由廕襲而得恩騎尉世職，及由廕而入監讀書者，均得準此條出身資格而有選舉權。又憲政編查館核覆山東巡撫電文云：孝子順孫，曾經旌表者，得比照孝廉方正，以舉貢論。則此條文之所概括者，固甚廣也。

四，曾任實缺職官文七品、武五品以上，未被參革者；

曾任實缺職官，依向例嚴密解釋之，乃曾補授實缺職官者之謂。然直隸省諮議局籌辦處討論此款，決定署理、代理者亦在其内，蓋不採用嚴密解釋之意。又官缺者，乃國家所制定官吏之名額，其官吏必由簡授，或由銓選，或由奏補，與委派之官吏不同，故如京外各局所差委人員，及新訂直省官制内之幕職、科長、科員等，其名額雖亦爲國家所制定，而其官吏由於派委者，尚不能謂之實缺。然此種分别，不過從習慣而來，若不用嚴密解釋，則亦未嘗不可謂之實缺也。他如雲騎尉爲五品以上之世襲武職，無實缺與非實缺之辨，當亦可以準此條之職官資格而有選舉權。

此款以未被參革者爲限，因而生種種之疑問。如前出身一款，無未被參革之條文，是否不以未被參革爲限乎？即出身之已被參革者，仍可爲得選舉權之條件否乎？又職官之有前款出身者，其職官被參革後，仍可以其出身爲得選舉權之條件否乎？吾輩解決此問題，對於出身之被參革者，不能認其有選舉權。蓋條文於一、二及四款條件，均冠以“曾”字，係指已往，不指現在。故即使現在不合此條件，於選舉權無關係。如第一款之辦理公務，即使現在已不辦理，仍可爲得選舉權之條件。第二款之學業，即使其畢業之文憑現已撤銷，仍不失其曾經畢業得有文憑之資格。惟第四款之職官，既冠以“曾”字，係指已往，不指現在，故對於現在之被參革，不可不明示制限。若第三款之出身，指現在，不指已往，故一被參革，其出身對於現在而言，自無效力，不必更以未被參革爲限制也。至職官被參革後，其出身不在參革之内，求之向例，固無確據。觀本條案語，則云既經褫奪，即與齊民無異。既爲齊民，則不能更有出身之資格。然或謂職官被革，其出身亦在參革之内。求之向例，亦無確據。至案語云既經褫革，即與齊民無異，不能復謂之職官。其齊民係對職官而言，非對出身而言也。士爲四民之一，舉貢生員乃齊民中學識之資格，本非職官。故依案語所言，亦與出身無礙。且此條各款，皆獨立而無連帶之關係，似不能以職官被革而連帶其出身。是説在習慣上觀之，自不免勉强，然亦非無理，今姑存之。

〔追加〕近來憲政編查館核覆江甯諮議局籌辦處電文云：參革職官雖有中學畢業及生員以上出身，一併革除，至其他項資格不在此限。此皆就本章程未盡事宜，隨時增添删改者也。前箋釋時，此電文尚未發布，故追加於此。

職官被參革而開復原官者，自與未被參革無異。然亦有僅開復原銜者，雖其開復後之職官，僅係虚銜，而一經開復，則被參革之處分業已銷除，即不失曾任實缺之資格矣。又降調與參革不同，故曾任實缺之合格職官，現雖降調而不合資格，於其選舉權無關。

五，在本省地方有五千元以上之營業資本或不動産者；

此款資格，以在本省地方爲制限，則資産之在本省以外者，自不能計入。但在本省之中，雖分置於各府廳州縣，苟合而計之，合於此款，即爲得選舉權之條件，而其資産之對於選舉區無關係也。又關於全國之營業，如大清户部銀行、輪船招商局之類，又介於本省非本省之間，如粤漢鐵路之類，及總行設於他省，而有分店、支店於本省者之類，其資本當亦可計入。

又資産以五千元爲及格，此就通用銀元之各省以爲例。其通行銀兩之省分，可比較核算而得。普通之比較法，則以每元合庫平銀七錢二分爲準，即有值庫平銀三千六百兩以上之資産者爲及格也。

營業資本之意義，在學問上尚無一定之解説。就大體言之，即營業財産之意。營業財産者，對於家事上之財産而言，乃提供營業用之特别財産也。但就“資本”二字解釋之，則土地、房屋不在資本之範圍内，故學者常分營業財産爲土地、房屋、資本等，是營業資本僅爲營業財産之一部矣。就我國習慣上解釋之，則營業資本與營業財産亦略有分别。營業資本者，乃營業者所提出之資本，而餘利、公積等不計在資本之内。營業財産，則不論爲資本、餘利、公積等，皆包括在内也。不動産之解説，各國法律亦略有不同，大致以土地及與土地相連之房屋等爲準。條文以營業資本與不動産並舉。其營業資本若以營業財産解釋之，則不動産即指家事財産中之土地、房屋而言，其營業資本若以營業財産中屬於資本之一部解釋之，則不動産即併營業財産及家事財産中之土地、房屋而言，於事實上均無關係。蓋條文之意，惟限制家事財産上之動産，不得計入而已。

又條文言有五千元以上之營業資本或不動産，依文理解釋之，即謂或有五千元以上之營業資本，或有五千元以上之不動産也。似營業資本不及五千元，不動産亦不及五千元者，雖合而計之在五千元以上，亦不合於本款之資格。然如此解釋，雖甚嚴密，而於事理轉覺不合。以事理論之，則二者均爲財産資格，無不可合并之性質。條文不分列二款，而并作一款者，即合併而計之之意也。

謹案：各國選舉資格有普通選舉、限制選舉之别。普通選舉者，於財産上之資格，不加限制，使全國成年以上之男子皆有選舉權者是也。限制選舉者，據財産上之資格，以定選舉權之有無，如取一定之納税額爲標準，而付與以選舉權者是也。現當初行選舉之際，勢不能驟用普通選舉之制。然使專以財産爲標準，又易啟民間嗜利尚富之風。故本條參用限制選舉法，而推廣之於財産限制之外，另設資望、學識、名位等格，以與財産並重。有一於此，即爲合格。既免冒濫之嫌，亦無偏重之弊，似爲今日適宜之制。至第四款所指曾任實缺職官，必以未被參革爲限者，因既經褫奪，即與齊民無異，不能復謂之職官矣。

第四條　凡非本省籍貫之男子，年滿二十五歲，寄居本省滿十年以上，在寄居地方有一萬元以上之營業資本或不動産者，亦得有選舉諮議局議員之權。

本條所謂非本省籍貫者，以論理學法則言之，含有外國人、各藩部人、各省人在内。然外國人之無選舉權，各國法律大都如是。至各藩部之寄居者，可否依此條而得選舉權，尚須研究。若各省之人可依此條而得選舉權，固無疑義。故此條非本省籍貫男子，若包含藩部在内，則作爲本國之男子解可也。若不含藩部在内，則作爲各省之男子解可也。

寄居人對於選舉區之關係，以住所爲定，參看前條箋釋自明。惟計算寄居年限，不能專就寄居選舉區内而言，其寄居區外而不出本省者，亦應計入。又條文不言連續寄居，則雖常川往來，而先後寄居本省滿十年以上者，即爲合格也。又向例：服官本省者不能作寄籍論，故凡自己或父兄服官本省而寄居者，不能算入寄居年限之内。舊例：寄籍二十年，准令入籍，惟必須呈明後移會原籍地方官。已入寄籍者，可隨時呈明，改歸原籍。故寄居人若已合年例而呈明入籍者，或非本省籍貫，而呈明改歸原籍者，均可照向例辦理。

其關於資産之解釋，及資産以寄居地方爲限之解釋，與關於選舉權之解釋，參看第三條箋釋。

又寄居之人，合本條資格者，既可得寄居省之選舉權。若在其本籍之省内，另有第三條各款之資格，亦可得本省之選舉權。雖一人而得二省之選舉權，於事實上無所窒礙，亦條文之所認許也。惟關於全國或本省及寄居省，共同之營業資本不能重複計算。例如湖北人寄居廣東者，有粤漢鐵路股本一萬元以上，若已在廣東省計入選舉權之條件，則在湖北省不能複計也。

謹案：寄居人於寄居地方所受之利害關係，較本籍人爲輕，則其權利亦不能無所區别。故本條定寄居人之選舉資格，較本籍人爲特嚴。

第五條　凡屬本省籍貫或寄居本省滿十年以上之男子，年滿三十歲以上者，得被選舉爲諮議局議員。

此條所謂本省籍貫者，兼寄居各國、各藩部、各省之本省人而言，所謂寄居本省者，指寄居本省之本國人，或指寄居本省之各省人而言，詳見前二條箋釋。又此項被選舉爲議員之資格，初選被選舉爲複選舉人者，不能適用，詳第三條箋釋。

又寄居人之合於本條資格者，在寄居省分固有被選舉權，同時在原籍省分亦有被選舉權，故在兩省均可選舉。然被選之後，勢不能以一人而兼任兩省議員之職，雖條文不明示限制，而就事實上觀之，則當然知其不可。此時在何省當選，可聽被選者之自由也。

關於被選舉爲議員之資格，或有據選舉章程第五十四條及第七十三條條文，謂複選舉人必須在初選舉人中選出，議員必須在複選舉人中選出，故此被選舉權也，即謂被選舉資格，乃於選舉資格内更加以年齡資格之意。此等解釋，吾等不能以爲然。因案語中謂，不當更立程式，强令選舉人必於何種人内行其選舉權；又謂，各國被選舉資格，除年齡以外，大抵無所限制，語意已極明瞭，不能據選舉章程之條文，而曲爲解釋。近來憲政編查館複江蘇巡撫電文，於選舉章程第五十四條所云"姓名不符"四字已另加解釋，謂係指票數與名數多寡不同而言，則議員不必從複選舉人中選出，已無疑義矣。

年齡之計算，選舉人與被選舉人不同。日本新選舉法，選舉人以調製選舉人名册之時達法定年齡者爲準，被選舉人以選舉期日達法定年齡者爲準，蓋以選舉權、被選舉權發生之時爲準也。吾輩於選舉人之年齡，以爲不妨以選舉權行使之時爲準，故對於被選舉人亦不妨以行使被選舉權之時爲準，即以選舉後第一次開會之期日爲準也。然計算年齡，若依習慣之法，則選舉期日〔正月十五日、三月十五日〕與開會期日〔九月初一日〕本在同年，則選舉人被選舉人之計算年齡，可無區别矣。

此條更有一重大問題，不可不解決明確者，即被選舉之人，對於選舉區是否須有籍貫住所等關係是也。條文内之籍貫及寄居，均以本省爲制限。對於選舉區之關係，無所規定。依條文解釋之，苟係本省籍貫，或寄居本省合格者，不論何區，均可被選。蓋選舉區者，選舉人之區劃也。以一省之人不能同在一地行其選舉權，故分爲數區。而選舉人對於其選舉區之關係，不可不有所規定。本章程規定選舉權，不定選舉人與選舉區之關係，故憲政編查館複江蘇巡撫電文云：初選舉以廳州縣爲選舉區。則選舉人、被選舉人應均以籍隸各該廳州縣，及其寄居合格者爲限，是即指示選舉人對於選舉區之關係。電文雖僅及初選舉，而複選舉人對於複選區之關係亦明，因初選被選者，電文亦以籍隸本區及寄居合格者爲限也。初選被選，仍爲選舉人，故對於選舉區不可不定其關係。若被選爲議員，則爲被選舉人，被選舉人對於選舉區不必有若何之關係。日本衆議院議員選舉法，於被選舉權以其帝國臣民爲限，故苟爲日本人，不論在何區，均可被選。舊選舉法以在選舉區内納税者爲限，改正後廢之。蓋議員選出後，對於選舉區無代表該區之關係。故其被選以前，對於選舉區之關係，亦可不問也。然吾輩所謂被選爲議員者，對於選舉區不必有若何之關係，乃僅就條文上解釋之，於實行上實有窒礙。現在户籍未清，資格之調查頗難，設複選被選之議員不必與選出之區有所關係，則被選以後，其人現住何處，隸何籍，年歲資格之合否，調查甚難，不能不隘其範圍，使選出之人，以在區内有籍貫或住所者爲限，庶得有所依據。近來憲政編查館複浙江巡撫電文云：複選舉被選舉人以籍隸各該府直廳州所屬廳州縣，及其寄居人合格者爲限，以示被選爲議員者對於選出之複選區亦須有籍貫或住所之關係。雖爲條文以外之限制，然亦出於不得已也。

謹案：本章程第六、第七、第八等條，於被選舉之限制已極嚴密。故本條所定被選舉資格，除年齡以外，更無何等要項。蓋選舉議員與任命官吏不同，國家但當指定何種人爲在不應選舉之列，不當更立程式，强令選舉人必於何種人内行其選舉權也。故各國通例，被選舉資格除年齡以外，大抵無所限制。年齡資格，各國亦互有不同。法蘭西、德意志、比利時等國以二十五歲爲及格，英、美則二十一歲爲及格，惟日本議院法必年滿三十歲以上者方有被選舉權。本條採之者，以議員與聞政事，責任綦重，未達壯年之人，識力未富，經驗未深，不宜輕授以代表國民之重任也。

第六條　凡有左列情事之一者，不得有選舉權及被選舉權。

一，品行悖謬，營私武斷者；

此款情事，其範圍頗廣。故案語謂：指宗旨歧衺，干犯名教，及訟棍土豪劣跡昭著者而言，以稍示其範圍。適用此條文者，不可不在案語之範圍以內。然案語之範圍尚廣，凡解釋此消極之資格者，不可不加意嚴密，以免損害人民之公權。

二，曾處監禁以上之刑者；

此監禁之刑，在現時刑律上，尚無確實之規定。故何者屬監禁以上之刑，亦難確指。《大清律》"五刑"爲笞、杖、徒、流、死，又有"五軍"，重於流刑。而爲流之屬，見於《會典》，此爲向來之刑律。至"監禁"二字，雖屢見於例文。如"熱審期内監禁重犯，令管獄官量加寬恤"等語，與刑等無相關係。惟律例載"男子徒犯以上收禁"，本條之"監禁"如作"收禁"解，則監禁以上之刑，即男子之徒以上之刑也。但收禁、監禁，名目究非同一，尚難懸定。查光緒二十九年四月，刑部議准軍流徒犯收所習藝摺，内云"居今日而欲變通軍流徒辦法，尚有足資勸懲者，曰監禁，曰罰鍰"，又云"嗣後各省人犯毋庸發配，收入習藝所，按照所犯徒罪年限，責令工作。遣軍流罪各犯，如係强盗、搶奪、會匪、棍徒等項，仍照定例發配。罪應遣軍者，到配加監禁十年。罪應擬流者，到配加監禁五年。俟監禁滿限後，概行收所習藝。遣軍以二十年爲限，流犯以十年爲限。其非上項致罪而爲常赦所不原者，無論軍流，亦照定例發配，到配一律收所習藝。若爲常赦所得原者，無庸發配，即在本省收所習藝”。是監禁者，乃加於以强盜、搶奪、會匪、棍徒等項犯軍流之罪者也，與收禁之加於徒刑以上者全異。現訂刑律草案，尚未頒行，其主刑爲死刑、無期徒刑、有期徒刑、拘留、罰金五種，從刑爲褫奪公權、没收二種。無期徒刑當舊律遣軍，有期徒刑當舊律徒流，拘留當舊律笞杖。罰金之輕重，在有期徒刑與拘留之間，受有期徒刑或拘留之宣告。其執行上實有窒礙時，易以罰金。其分則有明文者，與徒刑或拘留併科之。無資力完納者，易以監禁。又云“徒刑囚徒，監禁之於監獄。拘留囚徒，監禁之於監獄或巡警署内拘留場”，則草案之所謂監禁者，爲各刑律内所通用，與刑等無關。又云“褫奪公權，以應宣告從刑以上之刑者爲限”，但徒刑以上，則各從分則所定，不拘泥犯罪之大小。所犯雖輕，苟出於無廉恥者，亦應褫奪；所犯雖重，苟有可恕之理，亦不褫奪。則就草案而言，監禁與褫奪公權，亦無關係。故此款條文，頗難解決。若就舊律、現章、新案，參酌而懸擬之，則此項所謂監禁以上者，作爲徒刑以上解釋較妥。因舊律有徒刑以上收禁之明文，現章有徒刑以上收所之成例，新案有徒刑以上可以褫奪公權之規定，似亦折衷之辦法。然究係懸擬之辭，其確實之解釋，不能不賴於立法者或執行法律者之指令矣。

又條文冠以“曾”字，則凡處監禁以上之刑者，終身不得有選舉權及被選舉權。非謂於或時限内不得有選舉權及被選舉權，而經過時限可許其復權也。然亦不能執一而論。試觀選舉章程第一百三條，則處監禁後二年以上、十年以下不得爲選舉人及被選舉人，是關於選舉之罰則而處以監禁者，可因經過時限而復權，乃屬於例外者也。

三，營業不正者；

此款所指，就案語解釋第七款之範圍比照之，則第七款所指，係爲娼優隸卒等賤業之人。此款所指，即雖非自爲娼優等業而營娼優之業之人也。此外如以販買、製造鴉片，或栽種罌粟、製造鴉片器具爲業者，及以賭博或販買、製造賭博器具爲業者，似亦當列入此款内。然亦不能據爲定論，如販買官膏及醫藥用之鴉片者，與官許彩票或義賑票之類，亦不能以營業不正概之也。

〔追加〕種煙及賃田與人種煙者，須逾本省禁煙年限後，方削奪選舉權。見憲政編查館復山東巡撫電。則販買製造者，及販買、製造鴉片器具者，當同一律。惟以賭博及販買、製造賭具爲業者，是否列入此款，不能遽定。

四，失財産上之信用，被人控實，尚未清結者；

此款指無力償還，虧倒破産者而言。但雖非無力償還，不至虧倒破産，而有意圖負，認欠不還者，亦在其内。惟均以被人控實爲限。

五，吸食鴉片者；

此款指現未戒除者而言。

又憲政編查館復山東巡撫電文："吸食鴉片一項，固指本身吸食者而言，惟種煙及賃田與人種煙等户，現值厲行禁煙，如逾本省禁煙年限者，自應一並削奪其選舉權"云云。蓋種煙之人雖非吸食鴉片之人，然營業不正，不應與以選舉權也。

六，有心疾者；

此款以案語所指瘋狂癡騃等人爲限。

七，身家不清白者；

向來所稱爲身家不清白者，不特指其本身爲賤業者而言。即其曾祖、祖、若父之三代内有爲賤業者，亦屬之。然因其祖父之身分而限制其人，實非文明之法，故案語復釋之曰“指爲娼優隸卒等賤業之人而言”，則其人之子孫已不爲此業者，固不能以此款繩之。所謂娼優隸卒者，娼非男子所爲，不過由成語連累而及。若其人之妻女業娼者，則當列入第三款内。優在他國或有不視爲賤業者，故亦爲我國之習慣。隸卒則指在官廳服最下等之役者而言。蓋此等之人若不加限制，則與我國習慣相違。然欲示其確實之範圍，則習慣上亦無一定，故亦祇能就習慣行之，而加以嚴密之解釋而已。

憲政編查館復山東巡撫電文：“身家不清白一項，以向例不准考試出任者爲斷。至‘等’字專指娼優隸卒四等人而言，其偶演文明戲曲，並非以此爲業者，自不得列入優人之内。勞動者爲正當之工人，更不在案語‘等’字範圍之中”云云。然則此款乃專指向例不准考試之娼優隸卒四等人之本身而言也。

八，不識文義者；

此款所稱“文義”，自指本國文義而言。其僅識外國文義，而不識本國文義者，亦適用此款。至我國之文字，有滿、漢、蒙、藏等種種，此章程爲現行於各省者，自指各省通行之漢文而言。雖東三省及各省駐防之人，僅識滿洲文字，而不識漢文者，自不能以此款繩之。然使同在一處，行選舉決議，而用兩種文字，則窒礙殊多，不能不以各省最通行之漢文爲準也。

“文”即文字之謂，不識文義者，即不識字義之意。蓋必明字義，而後可謂之識字。不明字義，即爲不識字之人。但中國文字既多，一字又兼數義，無論何人，不能盡識，則所謂不識字義者，頗難定其標準。惟有以不能書寫選舉票者爲制限，較爲妥當耳。

此條各款，除第二款冠以“曾”字之外，餘款均就現在而言。如品行可以改正，營業可以更换，信用可以恢復，鴉片可戒，心疾可愈，賤業可以改業，文義可以習學，其情事消滅之後，則公權即可復有矣。惟其消滅與否，必以選舉權發生之時爲準。或在人名册告成之日，或在人名册確定之日，其情事已經消滅者，方可復權。否則，其情事之消滅與否，不能豫計，故不能如年齡資格可以豫言而入册也。

謹案：選舉議員及被選舉爲議員，必身無過犯，並具有相當之智識及信用，而後資格乃爲完全。故犯本條諸款中之一者，不得有選舉權及被選舉權。其第一款所謂品行悖謬，營私武斷者，指宗旨歧衺，干犯名教，及訟棍土豪，劣跡昭著者而言。第六款所謂有心疾者，指有瘋狂癡騃等疾，精神已異常人者而言。第七款所謂身家不清白者，指爲娼優隸卒等賤業之人而言。

第七條　左列人等，停止其選舉權及被選舉權。

一，本省官吏或幕友；

“官吏”二字之定義，不可不研究明確。何者爲官吏，何者非官吏，不可不據一定之學理以識別之。法學上解釋官吏之意義，有種種學説。或以執行國家之政務者爲官吏，執行自治團體之政務者爲公吏。然各國之自治行政亦有委託於國家之官吏者，而國家行政亦有委任之於地方公吏者。我國自治章程尚未頒布，既難顯爲區别。而我國之官吏，亦有並未執行政務者，如候補、試用之未奉差委者是也，故不能就其所執行之政務，以爲區别。又有以受俸給與否爲區别者，官吏必受俸給，自治團體之公吏爲名譽職，然各國之公吏亦有受俸給者，如日本之市長是也，而官吏亦有無俸給者，如日本之三等郵便局長是也。在我國，則候補、試用之官吏，不奉差委，皆無俸給，故不能以俸給之有無爲斷。又有以職務上有特别服從之義務爲官吏者，然公吏受委任而執行國家之政務，對於國家之官吏，其職務上亦有服從之義務也。我國習慣上又有官紳之别，大致以職官之現居於本籍者謂之紳，然實不能僅以現居本籍與否爲官吏、非官吏之區别。向例官吏亦有不回避本籍者，新定各直省官制，往往不拘官紳，均可派充，故上列諸説皆非確論。現在通行學説，以國家之任命爲標準。余輩推定"官吏"二字之界説，曰官吏者，受國家任命而處理政務之人也。君主立憲國之制，任命官吏爲君主之大權。吾國憲法大綱亦規定此條，則官吏之必由於任命可知。有由君主直接任命者，如日本所謂親任、敕任是也；有由君主委任之官廳間接任命者，如日本所謂奏任、判任是也。凡受直接、間接之任命，而補缺委差，及候選、候補者，皆處理政務之人也。惟其必由於任命，故地方公選之公吏，及公選後再請君主敕裁，或再由地方官札委之公吏及延聘之幕友、雇用之書記、照會之紳士，皆不合於任命之形式，雖爲處理政務之人，而不得謂之官吏。又受國家任命者，必爲處理政務之人，而後謂之官吏，故受任命而爲上議院議員，及供宫内之職者，與任命爲商辦鐵路公司之總理、副理者，皆非處理政務之人，亦不得謂之官吏。又處理政務之人，除現在授缺委差任官吏之職務者以外，其現雖不任職務，而仍不失爲處理政務之人，有官吏上之關係者，亦爲官吏。如官吏之請假、撤任者，及候補、候選者是也。又官吏必以受任命者爲限，若國家雖任命之，而不受其任命，或未應其任命者，仍不得爲官吏。如補缺而不就任，奉委而不到差，候選而不到部，候補而不到省者，仍不得謂之官吏。

官吏之意義，雖與第三條之職官略同，然就我國言之，則略有區别。有爲官吏而非職官者，如向例有革職留任之官吏。又新訂各省官制，督撫司道所屬人員，及地方佐治各官，不論有無官職，均可委用。其無官職者，於滿三年後，或另行詳請咨部後，方給與職銜，則其未與職銜之先，實爲無職官之官吏。又有職官而非官吏者，蓋職官必被參革而後消滅，其補缺而不就任，奉委而不到差，候選而不到部，候補而不到省者，及丁艱、告病、休致、裁缺者，雖不得謂之官吏，而其職官固仍在也。

本條之官吏，以本省爲限，則中央政府之官吏，及他省之官吏，自不在制限以内，可行使其選舉權及被選舉權。被選以後，除實有職業，不能常駐本省者，可依下列第十九條，聽其辭退。其任職爲議員者，仍與其官吏無相關。各國選舉法，除美國及比利時外，皆許官吏得兼爲議員，惟以不受歲費及無妨其職務爲限而已。

關於本省之官吏，有須研究者。如教官、學務人員，與諮議局籌辦處人員之類是也。現在各省官民，解釋章程，有謂教官非官吏者，有謂現任之教官爲官吏，非現任則不爲官吏者。吾輩就舊制觀之，教官當爲教育行政之官吏。惟其不居現任者，既不必到部候選，又不必到省候補，無官吏關係，不能認之爲官吏也。新訂各省官制，若督撫所屬之幕職、布政司、提學司、提法司、鹽運司、勸業道、巡警道、關道、糧道、河道所屬之人員，府廳州縣之佐治員，或就原有屬員裁併改置，或參用本地士紳，或由徵辟，或由考委，或不拘官階，或僅給職銜。其中有當屬於官吏者，亦有不能認爲官吏者，如提學司所設學務公所之議長、議紳，決不能認爲官吏，議紳由提學司延聘，不出於任命，議長由督撫奏派，雖出於任命，然議長、議紳僅備參畫諮詢，非自己處理政務之官吏。又如各廳州縣勸學所之視學員兼學務總董，及各廳州縣之勸業員，依新訂官制，參用本地士紳，由州縣採訪輿論，詳請考委。以考委言，雖似出於任命，然因考委之先，必採訪輿論，實有公選之意。現在勸業員尚多未設，視學員兼學務總董，大都由教育會或本地學界公舉，再由地方官詳請札委，則實不用任命之形式，而爲地方公吏無疑。諮議局籌辦處，由督撫欽遵諭旨，選派公正明達官紳，創辦其事。現在各省章程，大都設督辦、總辦、會辦、提調、總參議、參議、科長、科員、司選員等，皆承督撫命令，籌辦諮議局設立事宜，及調查選舉事宜。就形式上觀之，籌辦處人員，既出於督撫之遵旨選派，其爲任命也無疑。其籌辦之事，爲院務行政，或屬於内務行政，其爲受任命而處理政務也無疑。然實際上則辦理人員，亦有不用札派，而用照會者，亦有出於紳民推選，經推選而再行札派者，又有任評議、備諮詢而不處理事務者，是籌辦處人員非必盡屬於官吏也。

以上所述官吏之定義，及關於本省官吏之研究，乃僅就官吏而言。故如現任之教官學務、公所之科長科員，及諮議局籌辦處内奉委派辦事之人員，皆屬之於官吏。然近來憲政編查館復浙江巡撫電文，凡此等官吏，皆不停止選舉權及被選舉權。其電文云：“停止選舉權及被選舉權條内所謂本省官吏，專指本省實缺候補各員而言。其學務、警務公所所設科長、科員等處文職，例准用本省士紳充當者，應與教官一例，不在此限。”蓋電文雖亦認教官及學務警務公所之科長、科員等爲官吏，惟以其爲文職，又例准用本省士紳充當，不屬於停止選舉權及被選舉權之限内。或曰：向例不准用本省士紳充當之官吏，其非本省籍貫可知。且服官本省，非寄居本省，本無選舉權及被選舉權，何所用其停止？然電文之意，官吏之不停止選舉權及被選舉權者，惟例准用本省士紳充當之文職而已。其例准用本省人充當之武職，仍在限内。雖軍人另有專款，然武職之在本省候補者，及辦理塘驛運解等事務者，尚不在第二款之限内，故以此條限制之。

幕友者，官吏以私人之資格，訂立聘約，助官吏處理其職務上之文牘者也。其以官吏之公權延聘者，非幕友，如學務公所之議紳、各部之顧問，乃公權上之延聘，非私人所延聘也，故不得爲幕友。又延聘之人，必以助官吏之職務者，方爲幕友。其非助理官吏之職務者，如官吏所延聘教授其子弟之教師等，不得爲幕友。又所助理之事必屬於官吏職務上之文牘者爲幕友，其助理官吏之職務而非文牘者，如官吏與外人交際時，所聘用譯員之類，又助理文牘而不屬於官吏之職務者，如爲代官吏繕寫尋常通候信函之書啟等，皆非幕友。本省幕友者，即受本省官吏之延聘者也。其身分之關係，以現在曾受本省官吏之延聘與否爲斷。如在人名册告成期日，或確定期日以前，未受延聘，或已解聘約者，自可登入選舉人名册。若在選舉日期以前受延聘者，選出時依選舉章程第五十五條五款選舉票作廢，被選後受延聘者，依選舉章程第八十八條三款，爲當選無效。其他官吏關係及一切資格，均可以此推之。

二，常備軍人及徵調期間之續備、後備軍人；

軍人者，自將校以至士卒之統稱。凡文武職官之現在常備軍及徵調期内之續備、後備軍内者，均受此條之限制，不以本省爲限。

八旗都統及各省將軍、副都統所統轄之八旗兵丁，亦在軍人以内。現在京旗駐防，各設專額，則此款限制，應如何適用，亦須研究也。

三，巡警官吏；

巡警官吏，包巡士在内。巡士雖非官吏，然依日本法律上之解釋，則警察官吏，包含巡查而言，以其雖非官吏，而有官吏之待遇也。中國之所謂巡警、巡士，與日本所謂警察、巡查無異，故亦受此款之限制。

此巡警官吏，不僅指本省之巡警官吏而言，凡京外之巡警官吏均概括在内。又憲政編查館復浙江巡撫電文云："停止選舉權及被選舉權條内所謂本省官吏，專指本省實缺候補各員而言，其學務、警務公所所設科長、科員等處文職，例准用本省士紳充當者，應與教官一例，不在此限。惟巡官警長仍應停其選舉權及被選舉權，以防流弊。"則凡准用本省士紳充當之巡警官吏，除巡官警長外，皆不在停止限内，但巡士似當從巡官警長之例。

四，僧道及其他宗教師；

此非信仰宗教之人，皆受本條之限制也。惟信仰宗教而委身於宗教之中，發闡明宗教之願，任傳布宗教之責者，則不與聞政治，以政治與宗教不宜混合也。

五，各學堂肄業生；

學堂肄業生，指在學堂章程所定之各等學堂肄業爲學生者而言。其在私立之講習所、傳習所中研究學術或補習者，當不在此款範圍以內。又游學外國者，以受官費肄業者爲限。其自行出洋游學者，當不在此款範圍以內。否則，其界限難於明確也。

謹案：本條所定選舉及被選舉之限制，非以其資格缺欠之故，乃以其所處之地位不適於選舉議員及被選爲議員故也。蓋本省官吏、幕友當行政之任，與諮議局本屬對立，若與以選舉議決之權，恐生曠職及干涉勾通等弊。軍人以不預政事爲通例，巡警亦然。僧道教師，從事宗教，不預世務，學堂肄業學生正當精勤學業，自不宜與聞政事，故一律停止其選舉權及被選舉權。

第八條　現充小學堂教員者，停止其被選舉權。

此條所謂被選舉權，指被選舉爲議員而言，與本章程第五條所謂被選舉爲諮議局議員同意。又案語云留其選舉權，即兼初選舉、複選舉之選舉權而言，與本章程第三條第四條所稱選舉諮議局議員之權同意。故小學堂教員雖不能被選舉爲議員，而於被選爲複選舉人，則無所礙也。

又小學堂教員，案語謂“職司國民教育，責任綦重”，故可認爲辦理學務之人。如在三年以上，著有成績者，可依第三條第一款得選舉權。其他學堂教員，可準此推之。

謹案：小學堂教員，職司國民教育，責任綦重，若以被選爲議員之故，致曠厥職，殊於學務有礙，故僅留其選舉權，而停止其被選舉權。

第九條　諮議局選舉事宜，照另定選舉章程行之。

謹案：選舉事宜，甚爲繁瑣，非本章程所能備載，故另立專章相輔而行，以期周密。

第三章　議長副議長及常駐議員

第十條　諮議局設議長一人，副議長二人，常駐議員若干人，均由議員中互選。常駐議員，以該省議員額數十分之二爲額。

議員額數，兼定額、專額而言。計算常駐議員之額，法以議員定額，加議員專額，將其加得之數，以二乘之，又以十除之，所得之數，即常駐議員之額數也。如有小數，則用四捨五入之法，即小數不滿五者棄去，滿五者加一名是也。例如順直諮議局議員定額一百四十名，其京旗專額爲十名，相加共一百五十名，以二乘之爲三百，又以十除之爲三十，即順直諮議局常駐議員爲三十名也。又如江甯諮議局議員五十五名，設專額爲三名，相加共五十八名，以二乘之，爲一百十六，又以十除之，得十一，又小數六，滿之爲十二，即江甯諮議局常駐議員爲十二名也。又如浙江諮議局議員定額一百十四名，設專額爲三名，相加共一百十七名，以二乘之，爲二百三十四，以十除之，得二十三，又小數四，棄去小數，得二十三，即浙江諮議局常駐議員爲二十三名也。此常駐議員額數，專指常駐議員而言，議長、副議長不在此數之内，觀條文自明。

議長、副議長用單記投票法，分次互選，常駐議員用連記投票法，一次互選，均以得票過半數者爲當選。其細則由諮議局自定。

單記投票法，分次互選，與連記投票法，一次互選，其選法不同，於票數大有關係。例如吾意中所欲舉者，首甲次乙，若單記投票，分次互選，則第一次投票舉甲，甲若當選，則第二次投票舉乙，甲不當選，則第二次投票，仍可舉甲，不必舉乙。至連記投票，一次互選，則不得不並舉甲、乙二人，有時反乙當選而甲不當選，故論理自以單記投票，分次互選爲當，惟手續較繁，故本條於選舉議長、副議長時用之，以期鄭重。至常駐議員人數較多，一次互選，所以期簡便也。

當選以得票過半數者爲合格，若一次投票，無足額之當選人，則宜將得票最多者加倍開列，再行投票，此等事即定於細則者也。

又凡云過半數者與半數以上不同，半數以上可包括半數在内，過半數必較半數多一而後可。觀下第三十六條云“議案以到會議員過半數所決爲準，若可否同數，則取決於議長”，是過半數必多於半數可知。

謹案：本條係定正、副議長及常駐議員之額數，及其選舉之法，緣諮議局不能常年開會，而一省之中臨時事務甚多，久稽不議，亦非所宜。故設常駐議員，以補救之，所以期議事之敏捷，而省開會之煩數也。

又案：投票之法，有單記、連記之别。單記者，由選舉人記所舉之人一名於票是也。議長與副議長職任權限不同，故用單記法，令分次互選。，每次選出一人。連記者，按照應舉人數，由選舉人列記所舉之人若干名於票是也。常駐議員，彼此職任權限相同，故用連記法，一次互選。

第十一條　議長總理全局事務，副議長協理全局事務。議長有事故時，由副議長中一人代理。議長及副議長俱有事故時，由議員中公舉臨時議長代理。

此條指偶因事故，不能理局事而言，與本章第十六條出缺不同。

謹案：本條係定議長、副議長之權限及其代理之法，一以防將來之牴牾，一以免臨時之紊亂。

第十二條　常駐議員於第二十一條第九至第十二各款所列事件，若不在開會期中，得由議長委任協議辦理，惟須於次期開會時報告全體議員。

常駐議員之性質，略與日本之府縣參事會相同，皆爲地方常設之議決機關。但參事會爲地方行政官與地方議會合議之機關，以地方行政官爲議長。常駐議員仍以議會之議長爲議長，非與督撫爲合議之制，其組織不同。惟常駐議員亦可至會議廳，以備詢考，則又略近於合議之意也。

常駐議員協議事件，此“協議”二字之意義，果如何乎？日本法律家解釋協議之意義，爲協商會議，即以一定之事項，於多數人中得一確定之意見之謂。法律上所謂決議議決，廣言之，皆協議也。觀日本議院法第十二章各條，可知協議之性質。是則協議者，本與會議同意，不曰會議或議決，而曰協議者，不過於文詞上使常駐議員之會議，與諮議局開會時之會議有所區則而已。

常駐議員於第二十一條第九至十二各款所列事件，得協議辦理。此四款與前列諸款之區別，不可不詳加研究。或曰：此四款與前列諸款之區別，在於事件發生之形式，如九、十兩款發生於資政院或督撫之諮詢，十一款發生於自治會之爭議，十二款發生於自治會或人民之陳請建議，與前列第一至七款發生於督撫之提議或諮議局之自行提議，及第八款之發生於資政院之章程者不同也。若就事件之性質言之，則不能嚴爲區别，如第十款申覆督撫諮詢事件，及第十二款自治會或人民所陳請建議事件，非必不能屬於應興應革，或税法、公債及章程規則之增修删改、權利義務之增加存廢等，議決事件以内也。故本條之限制，僅在於事件發生之形式而已。若其形式與此四款相合，則不必問其事件之性質如何，常駐議員皆得協議。不能於既合此四款條文之事件内，又定事件之性質，不能與他款相合，而另加制限於條文以外也。但吾輩細加研究，實不能以或説爲然。果如或説，則凡經督撫之諮詢，自治會或人民之陳請者，雖屬於一款至七款事件，常駐議員亦得而協議之。是則常駐議員協議事件，其形式雖限於此四款以内，而其性質實泛及於各款，此條文不已成爲虚設乎？且依法學上之通理，凡理事機關，對於諮問機關有所諮問，其採納與否，悉聽理事機關之便。又立法機關對於行政機關有所建議，其採納與否，亦聽行政機關之便。故申覆諮詢事件及建議事件，在督撫不負施行之責，與議決事件之效力不同。設使申覆及建議事件可泛及於議決事件，則於事實上大有窒礙。凡事件之應由諮議局議決者，督撫均可以諮詢之形式行之。諮議局所申覆之意見，督撫無異議，固可照行。其所申覆者，督撫或不以爲然，可不必採納，不必説明原委事由，令其覆議，則何必再提出議案，以負施行之責乎？此其窒礙一也。且議決事件既爲諮議局之職任權限，則除現行法令所已規定者以外，未有不經諮議局議決而可以見諸施行者。今督撫所諮詢事件，與自治會或人民所陳請建議事件，既屬於諮議局應行議決事件，若可不由諮議局議決，而僅以申覆或建議之形式表示意見，則督撫實有不能施行之理由。因其事件既應由諮議局議決，則未經議決而施行，督撫將負侵奪諮議局權限之責。此其窒礙二也。故凡常駐議員協議之事件，與議會議決之事件，其性質上亦不可不嚴爲區別。予輩依條文研究，則申覆督撫諮詢事件與建議事件，皆就督撫可以專決處分之事件而言，其應由諮議局議決事件，即非督撫可以專決處分之事件也。何以言申覆督撫諮詢事件，必屬於督撫可以專決處分之事件乎？蓋諮詢事件，其採納與否，可以聽諸督撫，則必本爲督撫可以專決處分者無疑。日本府縣制云“官廳有諮問時，府縣會當申答意見”，又云“於徵府縣會之意見而爲處分時，如府縣會不應召集，或不成立，或不呈出意見，該官廳可不俟其意見而直爲處分”，則諮詢事件之屬於處分事件可知。所謂專決處分事件者，一爲不列於應由諮議局議決之事件，二爲諮議局議決事件之範圍内一切細則及疑問，三爲應由諮議局議決之事件，而因臨時急施不及招集臨時議會者。一與二之事件爲督撫所可專決處分，三爲事實上所不能免者。日本府縣制云“屬於府縣參事會權限以内之事件，若臨時急施不及招集者，府縣知事可專決處分，而報告於次期參事會”，諮議局章程雖無此規定。觀第十條案語云“一省之中，臨時事務甚多，久稽不議，亦非所宜，故設常駐議員以補救之”，即此意也。何以言建議事件必屬於督撫可以專決處分之事件乎？日本憲法載：“議院得以關於法律及其他事件之意見，建議於政府，但不得其採納，則同會期中不得再建議。”此“建議”二字之由來。故諮議局建議於督撫，其採納與否，亦聽諸督撫，與議決事件督撫負施行責任者不同。夫採納與否，既可聽諸督撫，則其爲督撫所可專決處分也可知。其事件之性質，一不列於議決事件以内者，二關於執行議決事件者，如事前之豫備、事後之補救，操切則請其寬弛，延展則求其督促，皆建議之類也。

或曰：申覆督撫諮詢事件，收受自治會或人民陳請建議事件，其事件均非發生於諮議局，諮議局不過處於被動之地位，非能限制督撫所諮詢。自治會或人民所陳請，不泛及於議決事件也。且自治會及人民，對於諮議局議決事件，若不許其陳請，豈合於理乎？則答之曰：關於議決事件，督撫當提出議案，交諮議局議決，不能僅以諮詢形式，徵諮議局之意見而已。故督撫所諮詢，若有出於督撫所專決處分之事件以外者，在諮議局開會時，盡可提出議案，以議決之。諮議局不開會時，常駐議員可分别其事件之重要與否及緊急與否，緊急事件即具意見申覆，由督撫專決處分；其重要事件當招集開會議決者，則由議長等聯名陳請，招集臨時會提議；其不關重要者，則於下次會期内提出可也。至自治會或人民所陳請者，原不能以督撫之專決事件爲限，然關於諮議局議決事件而有所陳請，則屬於請願事件，在諮議局既有議決之權，自有收受之理，不必更行規定。惟關於督撫之專決事件，諮議局無議決之權，其所陳請者，可以收受與否，不可不有所規定。故條文於收受自治會或人民之陳請，僅言建議事件，而不言請願事件也。如其所陳請者不屬於建議事件，而爲諮議局所可議決者，則在會期内可提出議決。不在會期内，則其重要者可招集議會提出，無關重要者或於次期議會提出，或竟棄卻之。此皆當然之辦法也。至條文僅言收受陳請建議而不及建議者，則以指陳利病，根本於聖謨，爲諮議局之宗旨，已規定於第一條，故不必複舉耳。

或曰：常駐議員協議事件，如果無施行效力，則其所協議者，誠不宜泛及於議決事件，以混淆權限。然研究章程，則不能謂協議事件無施行之效力也。觀本章程第二十二條、第二十三條，僅稱諮議局議定，不稱諮議局議會所議定，則所謂諮議局者，實概括開會期内之諮議局與不開會期内之諮議局而言。

本章程各條所稱諮議局大率類此，故協議之效力，當與會議之效力相同。則答之曰：協議之效力，與會議之效力，誠無殊異。然章程所許與協議事件，即在會議時亦無第二十二條、二十三條之施行效力。如申覆資政院諮詢事件，固與第二十二條、二十三條無關。公斷和解事件，雖不可無拘束之效力，但其效力行之於下級機關，亦與第二十二條、二十三條無涉。至申覆督撫諮詢事件及建議事件，就條文内諮詢、建議二語考之，證之以法學上之學説，亦不能有施行效力。然則協議之事件，無可生第二十二條、二十三條之施行效力者，非謂協議所定無施行之效力也。但申覆與建議，在督撫雖不負施行之責，然各省設立諮議局之意，原爲採取輿論。輿論所在，督撫有不可不虚心採取之責任。日本政府於議院之建議，在憲法上雖可以不採納，然以政治上之德義，未有不見諸施行者。則爲督撫者，豈可以不負施行之責而輕視輿論耶？

常駐議員，各督撫有時招集，亦可至會議廳以備詢考。

就"招集"二字意義觀之，乃招集各常駐議員共至會議廳之謂，非招致其中之一二人至會議廳之謂也。會議廳爲一省行政統一之地，與中央政府之有内閣會議相同。招集常駐議員至會議廳以備詢考，全然屬於參與行政之性質，與案語所云"晤談詢訪"，出於私人之交際者不同。至詢考與諮詢之區别，則諮詢者須以公文往復，其申覆之意見，由議員議定；詢考者以言語答述，其答述之意見，非必出於議定者也。

謹案：本條係定常駐議員之權限及職務。常駐議員之協議，以不在開會期内爲限。若值會期，即與尋常議員無别。協議之先，必由議長之委任。事畢之後，必須於次期會議，報告議員，則專擅之漸，亦無自而開矣。

又案：第二項所定，因續訂直省官制，第六條有各省設會議廳，可酌擇公正鄉紳與議之條。當續訂官制時，尚未奉有設立諮議局之旨，是以擬有會議廳一條。現在既專設諮議局，則督撫與司局各官會議時，或招集常駐議員以資詢考，或議論有不便同坐時，即不招集常駐議員，均聽其便。若不在會議廳，督撫願隨時與常駐議員等晤談詢訪，亦無不可。

案語之意，謂直省官制第六條，有各省設會議廳可酌擇公正鄉紳與議之條，當續訂官制時，尚未奉有設立諮議局之旨，故有此條文。但現在既專設諮議局，以議本省之事，若會議廳另擇他紳與議，别成一官紳合議制之機關，與日本之府縣參事會相等，則與當駐議員之協議事件，必有疊牀架屋之弊。故會議廳會議時，可招集常駐議員以資詢考，以合公正鄉紳與議之文。又不招集常駐議員亦聽其便，以合酌擇之本意，蓋謂直省官制第六條之所謂酌擇公正鄉紳與議者，即可招集常駐議員至會議廳之謂，非另行酌擇他紳也。

第十三條　議長、副議長、常駐議員均常川到局辦事。

謹案：正、副議長及常駐議員，既於會期以外有一定之職守，自不得不常川到局，以免曠廢之弊。

常川到局辦事，雖無嚴密之程限。案語更以有職守，免曠廢，申明之，所以期其力盡義務也。日本府縣參事會會員，由知事招集，故於參事會權限内之事件，須臨時急施，無暇招集參事會者，可由知事專決處分，報告其處分於次期之參事會。今常駐議員，既常川到局，則更不待招集矣。

第十四條　議長、副議長、常駐議員除特定職權外，其餘權利義務，均與議員同。

謹案：議長、副議長、常駐議員本皆由議員中互選而來，就特定職任權限言之，則謂之議長、副議長、常駐議員；就普通權利義務言之，則議長等亦一議員也。本章程内，凡以議員與議長、副議長、常駐議員對舉者，專指尋常議員而言。其泛稱議員者，即兼賅議長等在内。本條特聲明議長、副議長、常駐議員權利義務與議員同者，恐解釋者於本章程内所有泛稱議員之處，亦誤以議長等爲不在其列也。

第四章　任期及補缺

第十五條　凡議員之任期，以三年爲限。議長、副議長之任期亦同。但常駐議員之任期，以一年爲限。

任期以每届選舉後第一次開會之日起算。

每届選舉者，依選舉章程第四節選舉年限各條，以三年爲一届也。每届選舉後第一次開會之日者，即每届選舉後第一次開常年會之日。依本章程第三十一條，即選舉年之九月初一日也。議員、議長、副議長任期，以三年爲限。其任期以每届選舉後第一次開常年會之日起算，至下届選舉後第一次開常年會之日期滿。改選之議員，即於是日接任。至常駐議員，任期以一年爲限。每届選舉年限内，應分三任，第一任之任期，固以選舉後第一次開常年會之日起算；其第二任之任期，應以選舉後第二次開常年會之日起算；第三任之任期，應以選舉後第三次開常年會之日起算。條文之意，乃謂任期年度，以每届選舉後第一次開常年會之日起算也。

此條有應研究之一事，即諮議局議員依第四十八條解散後，依第四十九條重行選舉，召集開會，則其任期如何？將仍依本條以三年爲一任乎？抑比附第十七條以補足前任未滿之期爲限乎？就事實上論之，若仍以三年爲一任，則以後各届選舉必因而不能劃一，自以補足前任未滿之期爲合。余輩就條文解釋，亦以補前任未滿之期爲正當。因解散後，改選之議員，其任期雖當依本條以三年爲限，而其計算任期，亦當依本條，以本届選舉後第一次開常年會之日起算，不能以臨時選舉後第一次開會之日起算也。

議員任滿後，再被選，得行連任一次。見下第十八條。議長、副議長、常駐議員任滿後得連任否？雖未明定，但第十八條係泛稱議員，則依前第十四條案語解之，議長、副議長、常駐議員於任滿後再被選，亦得連任一次也。

謹案：本條係定議長、議員等之任期。議員三年一改選者，因歲序屢易，各省情形亦有變遷，前舉之人適宜與否，不可不再卜之輿論也。議長亦由議員中選出，其被選也同，故其改選也亦同。常駐議員以一年爲限者，一以均勞逸，一以杜少數專擅之弊。

第十六條　議長因事出缺時，以副議長遞補之。副議長因事出缺時，由議員中互選補之。若不在開會期中，得由常駐議員中互選補之。

議長出缺時，以副議長遞補，此“遞補”二字，有依名次先後遞補之意。觀本條文屢言遞補均同，故不可不注意。惟副議長名次之先後，如何推定乎？曰：推定之法，不依票數，而依次數。蓋副議長係依分次互選法選出。見前第十條。其第一次被選者列前，第二次被選者列後。雖第二次被選者之票數，多於第一次被選者之票數，不論也。副議長之責任相等，本無名次先後之可言。惟於遞補議長時，依條文不可不有此名次，否則互相推讓，於立法之意未合也。

副議長因事出缺，不在開會期中，得由常駐議員互選補之。“得”之云者，可以如此，非必須如此也。則或特爲之開會，或留缺以待開會，固可由諮議局自酌之也。

常駐議員因事出缺時，以候補常駐議員名次表之列前者遞補之。

議員因事出缺時，以複選候補當選人名次表之列前者遞補之。

複選候補當選人遞補議員，事必常有。其遞補之法，不可不豫行研究明確。如某複選區選出之議員出缺，將合各複選區之候補當選人，擇其票數最多者補之乎？抑僅以某複選區之候補當選人名次列前者補之乎？但此問題甚易解決。因某複選區選出之議員出缺，若可以他複選區之候補當選者補之，則與分配於各複選區之議員名額必不符矣。況各複選區候補當選人之票數，或有因第二次投票而當選者，則得票雖多，亦不能與第一次投票當選之人，以票數相比較也。

謹案：本條係定議長、議員等補缺之法，以免臨時之紊亂，兼省再選之煩瑣。

第十七條　凡補缺之議長、副議長、議員、常駐議員，其任期以補足前任未滿之期爲限。

謹案：議長、議員等改選，必歸一律，不使有參差不齊之病。故本條定各項補缺者之任期，悉以補足前任未滿之期爲限，則顜若畫一矣。

第五章　改選及辭職

第十八條　凡議員任滿後，均分別改選。再被選者，得行連任，但連任以一次爲限。

連任以一次爲限，但若非連續被選，則雖二次以上，亦不受本條之限制。如第一次、第二次被選後，第三次不得被選，但第四次、第五次仍可被選也。

分別改選者，分別議長、副議長、議員與常駐議員，各依其任期及選舉法而改選也。改選之後，議長、副議長、議員即依任期解職。常駐議員於未滿議員任期時，則仍爲議員。

若議員任期未滿，而選舉區有更改者，照舊任職。

選舉區更改者，府廳州有分併改屬之時也。但諮議局議員無論何區選出，均係一省人民之代表，非其選舉區人民之代表。故議員選出之後，與其選舉區全無關係。選舉區即有更改，與選出之議員無涉也。

謹案：改選議員，本以新舊相乘除，然再被選，而亦許連任者，資熟手而順輿情也。但連任或至數次，爲時太久，恐有挾持資望，蔑視同列之弊。且後起者亦將爲所抑壓，而不得進，甚屬非計。故連任止以一次爲限。

第十九條　凡議員非因左列事由，不得辭職。

條文中曰議員，曰辭職，當指已應選爲議員，受議員執照後，欲辭職者而言，非指複選當選人被選後不應選而言也。蓋依選舉章程第七十七條，則複選當選人逾二十日，不呈明情願應選者，作爲不願應選，不必呈明事由，則此條之議員，當解爲已經應選後之議員，方與選舉章程第七十七條無所衝突。惟案語云"一經被選，不得推諉"，則複選當選人亦不應無事由而不願應選矣。

又此條泛稱議員，即兼職議長、副議長、常駐議員在内。故被選爲議長、副議長及常駐議員後，亦不得推諉也。

一，確有疾病，不能擔任職務者；

二，確有職業，不能常住本省境内者；

三，其餘事由，特經諮議局允許者；

謹案：議員有應盡之義務，一經被選，不得推諉。然或真有疾病，或以事不能常住本省，則雖令强留，亦難盡職。故經審查確實，亦可聽其辭退。

案語謂議員有應盡之義務，蓋謂既爲議員，則有應盡之義務也。又謂一經被選，不得推諉，蓋謂國民有應選爲議員及被選爲議長、副議長、常駐議員之義務也。夫既爲義務，則不履行義務者，當有强制執行之法。日本市町村制第八條，認擔任市町村之名譽職爲市町村公民之義務，其無條文所列之理由而拒辭名譽職，或任期中退職，或無任期之職務，不擔當至三年，及不實行其職務者，經市町村會之議決，三年以上六年以下，停止其公民權，且於同年期内，得增課其當擔負之市町村費之八分之一至四分之一。本章程不定此等罰則，蓋以諮議局議員之義務與日本市町村名譽職之義務不同，且選舉初行，未便過加强制也。然則此條之所規定者，果有若何之效力乎？曰：議員無辭職之事由，而欲辭職可依本章程第五十八條、第五十九條停止到會及除名，除名與辭職實雖同而名則異，蓋名譽罰也。至複選當選人，無事由而不應選，無可施以罰則。因本條所規定者，本就議員辭職而言，複選當選後之不得推諉，不過由案語中推類及之耳。

第二十條　凡議員於任滿後再被選，而欲辭職者，聽之。

此條謂議員於任滿後再被選而應選爲議員，或議長、副議長、常駐議員任滿後再被選爲議長、副議長、常駐議員，則雖無前條所列之事由，亦得辭職。又任滿後再被選者，謂已滿一任期，後無論何時再被選，可以聽其辭職也，非僅限於任滿後再被選而連任者。

謹案：議員雖可連任一次，然使久從公務，或於本人私計大有妨害，是亦不近人情。故既經任滿而再被選者，雖辭退，亦無不可。

第六章　職任權限

第二十一條　諮議局應辦事件如下。

一，議决本省應興應革事件；

此款爲諮議局應辦事件之最爲重要者，恭讀光緒三十四年六月二十四日上諭，特以本省地方應興應革之利弊切實指陳，責成諮議局，則此款事件，乃特旨給與吾民之權利也。

應興應革事件，案語謂：總括地方庶政而言。蓋我國立憲之要旨，不外上諭所謂“大權出於朝廷，庶政公諸輿論”之二語。故庶政云者，即不屬於君上大權事項之政務是也。君上大權，載於憲法，我國憲法大綱已列記之。凡屬大權事項，非臣民所得參議。又地方庶政者，乃國家行政之分配於一省地方，爲地方官廳所執行者，及本省地方自治之政務，爲地方官廳及地方團體之所執行者是也。至國家行政之關係全國，而爲中央政府所執行者，其議决之權在議院與現時之資政院，非諮議局所得而議决也。

二，議决本省歲出入豫算事件；

本省歲出入豫算者，豫行計算本省每年度收入、支出之款項也。其年度不必定依曆法，可另以法律定之，謂之會計年度。日本會計年度，以陽曆四月一日爲始，至次年三月三十一日爲止，爲一年度。見《會計法》。我國各省之會計年度雖未規定，然依本章程三十二條案語云“常年會以每年九、十月間爲宜，於次年豫算等事尤便調查”，則其會計年度乃依曆法無疑。

歲入、歲出别以法令或本省章程規則公布之，不能僅依編入豫算而生效力。然僅依法令及章程規則等所定而不立豫算，則恐支出太多而所入不敷，又恐過於防止濫出而不肯企圖本省之事業，故豫定其範圍。若支出超越其範圍，則必有必要之理由，且須由官廳擔其責任。至範圍之内，有豫定之項目者，地方官廳有不可不企圖其事業之義務，故豫算爲國民監察財政之重要職任也。議決之後，即生豫算之效力如下。一，豫算中無項目者，不得支出；二，不得有超過豫算或豫算外支出；三，不得以豫算之款充前年或來年之支出；四，各款目之額數不得彼此流通。至豫算之編制，宜立會計之法，豫算之議決，宜定審查會議之法，皆議員之所宜研究者也。

三，議決本省歲出入決算事件。

豫算者，計算未來之歲入、歲出。決算者，計算已往之歲入、歲出也。行政官廳依豫算行之一年，收支款目，皆已清結。經上級官廳或督撫之檢查，察其無浮冒隱匿之弊，然後將豫算歲入若干，核定歲入若干，已收若干，未收若干，豫算歲出若干，核定歲出若干，已支若干，未支若干，盈絀若干，現在存欠若干，一一開列，各清各款，以提出於議會。再由議會審查其收支之款目，有違背豫算與否，有超過豫算與否。必經議會之承認，而後督撫乃不負其責任。

議決本省預算、決算事件，既在諮議局職任權限以内，則諮議局成立以後，其職任權限，即同時備具。諮議局遵照諭旨，應於光緒三十五年九月初一日成立，其時即爲職任權限備具之日。故光緒三十六年各省之歲出入預決算，應歸諮議局議決。近來憲政編查館咨各省督撫，於三十六年之各省歲出入豫算、決算不復提出，大意謂：諮議局章程第六章第二十一條内，開諮議局應辦事件，二議決本省歲出入豫算事件，三議決本省歲出入決算事件。而逐年籌備事宜清單内，開光緒三十五年調查各省歲出入總數，光緒三十六年覆查各省歲出入總數，試辦各省豫算、決算。各等語。查各省諮議局於三十五年即應開辦，而逐年籌備事宜，試辦預算、決算在於三十六年，彼此年限，似有不同。惟諮議局章程乃總舉該局應辦事項，所謂預算、決算，係概括權限職任之詞。逐年籌備事宜，方定分年辦法，即籌備事宜清單所開預算、決算雖在一年，然必先有預算，方有決算，不能同年舉辦，此條亦係總挈辦法而言。謂自是年辦起，不得因此誤會。自應按照清單，於三十五年先將各省歲出入總數，由督撫責成調查局詳細調查，以便三十六年復查確實，編定預算案，交諮議局議決，是爲試辦預算之事，次年再行接續，試辦決算，方於辦事次序不致紊亂云云。此即憲政編查館所指示，不提出三十六年預算、決算之理由也。

或曰：諮議局應辦事件，非可以分年辦理也。如可以分年辦理，而限甲年不議預算決算，乙年不議應興應革，丙年不議税法公債，丁年不議權利義務，其爲不可，夫人而知。故就諮議局章程觀之，似無不提出三十六年各省歲出入豫算、決算之理由。予輩之意見，則謂諮議局之職任權限，雖同時具備，不能分年給與，然謂諮議局應辦事件必須同時舉辦，亦非確論。如是年無增加之義務，則何必議？是年無募集之公債，則何必議？本省自治會無爭議，則十一款可以不辦。資政院議員不改選，則第九款可以不辦。他如第一次提出豫算時，其決算必不能同年舉辦，尤其明證。故諮議局所辦事件，當以事件之發生與否爲準。因事件不發生而不辦，其應辦之權限職任固在也。咨文之意謂：決算因預算而生，而預算必因調查而生，調查不確實，則預算不能提出，故三十五年之諮議局不議三十六年之預算，三十六年之諮議局不議三十六年之決算者，殆因預算、決算之事件尚未發生而然，非謂是二年之諮議局無議決豫算、決算之職任權限也。

或曰：逐年籌備事宜清單内開光緒三十六年試辦各省豫算決算，即試辦是年之豫算決算之謂。各省諮議局於光緒三十五年成立，則試辦三十六年之各省豫算、決算，其年限適相吻合。清單既總挈豫算、決算，似不能以試辦三十七年之豫算解之。然予輩觀咨文之意，則以豫算必經調查而後可以提出。清單内定於光緒三十五年調查各省歲出入總數，若於同年提出三十六年之豫算，則調查容有未碻，故定於三十六年方提出三十七年之豫算耳。或又曰：諮議局章程，乃君上對於臣民而發，關於臣民之權利義務，爲代法律之詔令；籌備清單，乃君上對於行政官廳而發之執行命令。依立憲國通制，命令不能更改法律，我國憲政大綱已規定之。若清單内年限與章程果有不符，亦應從章程内所規定者。章程既於奉旨文到之日爲施行之期，則此款自在施行以内，不能再以清單内之年限更定之。然或謂命令固不能變更法律，而清單内所定試辦各省豫算、決算之年限，乃因事實上必不得已之故，而於法律之一部分稍緩其施行之期，豈得謂之變更法律乎？

四，議決本省税法及公債事件；

税有國税、地方税之别，供國家行政之支用。納於國庫者，曰國税；供地方政府行政之支用者，曰地方税。國税之種類、税率，定於國家之法律。惟本省徵收國税之手續，可由諮議局議決。因向來各省徵收之方法，各不相同也。至本省地方税之種類、税率及徵收手續，均可由諮議局議決，惟受民政部監督而已。公債者，對於國債而言，由國家借入，歸國庫擔負者，曰國債。由地方團體借入，歸地方擔負者，曰地方公債。本省公債，即由本省借入，歸本省擔負者也。公債之種類，有按期付息，到一定期限，全數償還者；有付息若干年以後，即按年分還本息者；有按期付息，於一定之年限内隨時可償還者；有按期付息而不定償還之期限者，皆公債也。又有因豫算歲入之款緩不濟急，暫時借入，仍以本年之歲入償還之者，謂之證券。雖不稱爲公債，然亦必豫定其借入最多之數，由議會議決之。

五，議決本省擔任義務之增加事件；

此款依文義解釋之，爲本省所擔任義務之增加事件，蓋以一省爲法人，爲義務者，對於他之法人，或自然人，所負義務，有增加時，須由本省之議決機關決議。詳言之，本省對於國家，或對於他省，或對於本省之團體及人民所負義務，如有增加，須由本省諮議局議決也。然依此解釋，尚有宜研究者。如本省人民對於國家之納税義務、當兵義務等，皆定於國家之法律，非地方機關所得決議。即有增加，亦應由議院議決，諮議局祇能就議院之議決案範圍内，規定其細則或施行上之手續而已。

或曰：本款義務，當僅指私法上之義務言，非公法上之義務也。如因起公債而擔任私法上清償本息之義務，因收用或毁棄他人之私有物而擔任損害賠償之義務之類，與納税當兵之公法上義務不同。然余等亦不能以或説爲然。因條文中但言義務，固無公、私之别也。余等之意，以爲納税當兵等，乃本省之人民對於國家之義務，非本省之法人對於國家之義務也。以本省爲法人而擔負義務，對於國家者，例如國税以外之攤派各款是也。此款既不能從國税支出，當由本省地方税擔任，即爲本省法人所擔任之義務也；其對於他省者，例如協餉之義務是也；其對於本省團體者，例如自治團體財力不足時，由省給與之補助款，及允許與實業公司之補助獎勵保息等款是也；其對於人民，例如公吏恩給費之類，皆爲公法上之義務，而爲本省法人所擔負者。此等義務，如有增加時，均須由諮議局議決也。

言增加而不及減少者，或曰：諮議局祇能議決其增加，不能議決其減少，以示所擔義務爲有加無減之意。如國税以外之攤派款，及各省協餉之類，其已擔任者，諮議局不能議其減少，惟有增加時，則議之。或曰：義務增加，則須視人民之力能擔任與否，故須諮議局決議。若義務減少，自無不可之理，何必更待諮議局決議乎？蓋義務減少事件，督撫可以專決也。

又此款之解釋，有指本省人民爲義務者，對於本省所擔任義務，增加時須諮議局之議決。此解釋恐未適當。因本省人民所擔任本省義務，有所增加，當定之於豫算，依税法或章程規則行之，不能於豫算之外有所增加也。日本府縣制第四十一條“府縣會議決事件”六款云：除以歲出入豫算所定之外，新爲義務之擔負及權利之拋棄事。玩其文義，亦謂府縣法人所擔之義務，除豫算所定者以外，如新有擔負，須經府縣會之議決也。

六，議決本省單行章程規則之增删修改事件；

本省單行之章程規則，皆由諮議局議定。蓋我國幅員廣大，各省情形又復不同，議院所議爲全國通行之法律，其法律範圍以内之單行於本省章程規則，其未有者增訂之，已有而不合用者删廢之，或修改之，皆使諮議局擔其職任。其有增修删改，而不經諮議局議決者，不能行於本省也。蓋諮議局對於國家而言，則爲地方行政之議決機關；對於本省自治體而言，則爲本省之立法機關，故案語謂之“參與立法事宜”。

七，議決本省權利之存廢事件；

本省權利者，以本省法人爲權利之主體所享有之權利也。從來學者解釋“權利”二字，有謂惟私權得稱爲權利，公權不稱爲權利者；有謂公法上之權亦可稱爲權利者。尚難確定此款所言權利，係指本省法人之權利，非指本省人民之權利，亦與前五款之義務同。例如參政權、請願訴願權爲人民對於國家之公權，非本省法人之公權也。又如國家允許與本省人民之鐵路建設權，爲本省人民對於國家之私權，亦非本省法人之私權也。其爲本省法人之權利者，如因中央行政之處分不當，而使本省法人蒙其損害時，則有訴願訴訟之權，此公權也。如不欲爲訴願或訴訟而拋棄其權利，或爲訴願訴訟而保存其權利，皆可由諮議局議決。又如以省之財産建築鐵路，即爲省之所有權，此私權也。今欲歸爲國有，或讓與他人，而廢棄其權利，或欲保存之，亦當由諮議局議決也。

又案語指此款爲參與立法事宜，未詳其意，附志於此，以待研究。

八，選舉資政院議員事件；

此款根本於光緒三十四年六月二十四日上諭，以諮議局爲各省採取輿論之地，並爲資政院預儲議員之階。案：資政院章程，各省諮議局俟互選後，由本省督撫，擇其鄉望素優而得票較多者，按照定額咨送。又各省諮議局議員，以各省定額總數十分之一，爲選出資政院議員之定額，故以此事件列入諮議局職任權限内。雖依資政院章程，互選以後，尚須由督撫擇定，然督撫必擇其鄉望素優而得票最多者，則互選時，其被選之票數最多者，自必爲督撫之所擇定也。

被選爲資政院議員後，其本省諮議局議員之職任，是否開去，抑或兼任，尚未規定。日本府縣會議員不得被選爲議員，然他國不皆如是。此事關係頗大，將來必當有所規定。就事實上言，則資政院與諮議局常年會期可以不同，而臨時會期不無重複。僻遠省分，離京萬里，往返半年，京外議員，勢難兼任也。

九，申覆資政院諮詢事件；

資政院爲全國立法機關之基礎，凡有議題，均應詳確審查，方可議決。遇有關於各行省之事件，審查恐有未確，故諮詢於該省諮議局，以爲審查之資料。其諮詢事件，自法律政令，以至風俗習慣，均可隨時諮詢。諮議局於其諮詢事件，宜委員詳細審查後，公議意見，以申覆之。

十，申覆督撫諮詢事件；

督撫諮詢事件，在本款條文上雖無界限，然就下第二十五條參觀之，則凡爲本條第一至第七各款所列事件，必須先期起草，於開會時提議，聽議員之議決。若僅以諮詢之形式詢問議員意見，則不但與第二十五條相抵觸，且必至使常駐議員與議會之責任權限混淆不清。因諮詢事件，常駐議員可以協議，議決事件，非開會不能議決也。然則督撫所諮詢者，必在本條第一至七款諮議局決議事件以外。既在決議事件以外，即爲督撫可以專決之事件，本不必詢問議員之意見而施行。惟本集思廣益之懷，虚心詢問，以期擇善而從而已。至督撫可以專決事件，雖必在諮議局議決事件以外，然遇有臨時急施，督撫以爲不能待至召集議會決議者，則依他國成例，雖議決事件，督撫亦可以專決處分。此時，自當以諮詢之形式詢常駐議員之意見，待其申覆而施行。若諮議局議長、副議長、常駐議員亦認爲臨時急施，當即行申覆，否則聯名呈請召集議會，詳議見第十二條箋釋。

十一，公斷和解本省自治會之爭議事件；

爭議者，即權限爭議之意。日本法律，以行政裁判所與司法裁判所爭權限時，由權限裁判所判決，謂之權限爭議。其行政廳與行政廳之間權限不明時，上級官廳有決定之權，雖亦稱權限爭議，但嚴密之意義，則兩行政廳間之權限不明時，不稱權限爭議也。自治會雖非官廳，然其兩公法人之間有權限不明時，則由上級機關公斷或和解之。與本章程第二十九條，他省與本省有爭論時，由資政院核決，其用意相同。至行政官廳與自治會有權限爭議時，其判決之權，是否在諮議局權限以內，未能遽定。以本章程第二十四條、第二十七條、第三十條及第三十條案語證之，諮議局與督撫，或諮議局與諮議局，有相持時，資政院應有實行解決之權。則自治會與地方官，或自治會與自治會，有相持時，諮議局亦應有實行解決之權可知也。

十二，收受自治會或人民陳請建議事件；

建議者，諮議局對於督撫有所建白之謂，與議決不同。議決者，諮議局職任權限所應議決之事件，議決以後，可呈請督撫施行。建議者，督撫職任權限所得專決之事件，諮議局建白其意見，其採納與否，則聽之於督撫也。陳請建議云者，自治會或人民以其意見陳於諮議局，請諮議局建議於督撫之謂。立憲國之人民，無論爲法人或個人，皆有請願、訴願及行政訴訟之權。訴願者，因行政官廳處分不當，侵害自己之權利或利益，則訴之於上級機關，以求其救濟。行政訴訟者，因行政官廳之違法處分，侵害自己之權利或利益，則訴之於行政裁判所，以求其救濟也。請願者，不問其關於自己之權利、利益或關於公益，不問其對於行政處分或對於法規，亦不問其對於已往之事實，而求救濟，或對於將來之希望，而述意見，均得請願於議院，並得請願於行政官廳或宫内大臣。今所謂陳請建議者，屬於請願之類，而爲請願中之一部分，即對於本省行政處分而提出之請願也。其對於本省行政法規而請願者，諮議局收受後，自有議決之權，不必再行建議，故不在陳請建議之列。至對於全國之行政處分或法規而請願者，則當呈出於議院，或資政院，或各部，非諮議局所得收受也。我國向例，除訴訟事件不准越控以外，其餘事件，人民有所建白，凡行政官廳無不收受之理，且得呈請督撫或都察院代奏。故自治會或人民欲建白意見於督撫，儘可自行呈遞，本不必經由諮議局。其陳請建議者，非以其意見請諮議局代爲呈遞也，乃陳請諮議局，以議決機關之意見，表示之於執行機關，而彼特以其意見，備議決機關之採擇耳。故諮議局收受其陳請之後，當會議或協議以定之。如決定建議，則即以諮議局之名義行之，不僅作爲代達陳請者之意見而已。至諮議局之設，本以指陳通省利病爲宗旨，對於督撫自可隨時建議，非必有自治會或人民之陳請，而後可以建議也。

謹案：本條係定諮議局應辦事件。凡所列舉，均以本省之事爲止，與資政院所定權限，有國家、地方之分。第一款總括地方庶政而言，二、三、四、五等款爲監察財政事宜，六、七兩款爲參與立法事宜，第八款係欽遵諭旨，豫立議院之根基，九、十兩款以備京外之顧問，十一、十二兩款以平自治會之紛爭，以通人民之情悃。

諮議局應辦事件，以本省之事爲止，與資政院所定權限，有國家、地方之分。此權限之分别，不可不研究明確。或曰：國家、地方之分者，即國家行政與地方行政之分。國家行政，即官治行政，地方行政即自治行政。案語之意，即謂諮議局應辦事件，以本省地方自治行政爲止，國家行政不在權限以内也。然省非純然自治團體之區劃，實國家行政之區劃，督撫非純然自治行政之執行機關，乃國家行政之地方機關，故諮議局決非純然自治行政之議事機關，亦國家行政之地方機關也。憲政編查館、資政院王大臣會奏各省諮議局及議員選舉各章程摺内，稱諮議局之設，爲地方自治與中央集權之樞紐，而與各國地方自治直接國都者不同，即係此意。然則以國家、地方之分爲官治、自治之分者，其説無據。蓋國家者，地方之所集合，地方者，國家之一部，乃全體與部分之關係與對待之形式也。會奏摺内稱諮議局爲一省言論之滙歸，尚非中央議院可比，故資政院與諮議局權限之分别，爲國家之中央機關與地方機關之分，故資政院議中央官廳所執行之國家政務，諮議局議地方官廳所執行之國家議務。故案語所謂，國家地方之分，即國家之中央與國家之地方之分，仍全部與部分之關係，非必無關於國家之政務，而後謂之地方政務也。督撫爲國家行政之地方機關，凡督撫職任權限所執行之國家政務，即爲地方政務，爲諮議局職任權限内所得議者。督撫執行國家政務，必在國家法律命令之範圍内。凡君上之大權命令，資政院議定之法律，及中央政府所發之命令，督撫不得違犯之，諮議局即不得更議。故諮議局議決國家政務，亦必在法律命令範圍以内。然則欲明諮議局議事之範圍，即以督撫行政之範圍爲標準，欲明諮議局與資政院權限之區别，亦以督撫與中央政府之權限爲標準可也。近來憲政編查館咨行各省督撫云：交諮議局決預算事項，應以各本省地方經費爲限，國家行政費不在其内。此所謂國家行政者，當亦指中央政府所執行之國家行政而言。

第二十二條　諮議局議定可行事件，呈候督撫公布施行。

前項呈候施行事件，若督撫不以爲然，應説明原委事由，令諮議局複議。

第二十三條　諮議局議定不可行事件，得呈請督撫更正施行。若督撫不以爲然，照前條第二項辦理。

或解此二條之文義曰：條文中所謂議定可行、議定不可行者，與可決否決不同。可決之案當施行，否決之議案不得施行，此所謂議定可行、不可行者，皆就可決之議案而言，於可決之議案内，分别其事件之性質。其屬於當行爲者爲可行事件，有積極之性質，如議定應興事件之類是也。此類議案，即呈候公布施行。其屬於不行爲者，爲不可行事件，有消極之性質，如議定應革事件之類是也。此類議案，得呈請更正施行者，謂更改其向來之辦法，而施行現在之議案，亦與公布施行同意。若謂議會所否決之議案，但更正之，仍得施行，或議定屬於不行爲之議案，但更正之，仍得行爲，則與“議定”二字相悖矣。依此解釋，雖於事實上無甚不合，但案語云“諮議局議定可行事件，督撫若無異議，有公布施行之責。督撫提議事件，諮議局如以爲不可行者，有議請更正之權”，則條文所謂議定可行、不可行者，實指可決、否決而言，非指事件之屬於行爲、不行爲言也。凡督撫所提出，或諮議局自行提出之議案，經議會可決者，督撫無異議，則有公布施行之責。若督撫所提出之議案，議會於其一部分有所否決，則議會有具修正案，呈請督撫依其所議，更正原案而施行之。各國議院於政府所提出之議案，可以爲修正之動議，故諮議局對於督撫所提出之議案亦得修正之，而請其更正施行。至全案否決，不得施行者，諮議局自可不必呈請施行。觀條文“得”字之意，非必須呈請更正施行也。惟以議決不可行之議案，依本章程第四十二條公布之，並報告於督撫及資政院而已。如督撫對此不可行之議案不以爲然，仍可依前條第二項辦理也。

第二十四條　諮議局於督撫交令覆議事件，若仍執前議，督撫得將全案咨送資政院核議。

得將全案咨送資政院核議者，非必須咨送核議也。蓋諮議局仍執前議，督撫如不執成見，自當依議施行，不必咨送核議矣。

謹案：以上三條，係就諮議局所議，與本省大吏或合或不合之事件，而定其往復之辦法，以防諮議局與督撫生意外之齟齬也。其要旨有五：一，諮議局議定可行事件，督撫若無異議，有公布施行之責；二，督撫提議事件，諮議局如以爲不可行者，有議請更正之權；三，諮議局議定可行或不可行事件，督撫如不以爲然者，有交局複議之權；四，交局覆議事件，督撫必須説明原委事由，否則不能令其覆議；五，督撫及諮議局各執一見，不能解決之事件，督撫應咨送資政院以待決定。

第二十五條　第二十一條所開第一至第七各款議案，應由督撫先期起草，於開會時提議。但除第二、三款外，諮議局亦得自行草具議案。

言先期起草者，因本章程第三十四條，須由議長將本屆開會應議事件，於召集開會前三十日預行通知各議員，故督撫有所提議，須先期將草案交與議長，由議長印刷，依期分布於議員也。於開會時提議者，言草案雖先期通知，而提議必在開會期內，未開會時衹可研求，不應預議也。至諮議局自行草具議案者，當由發議者自行具案，附以理由，得規定之贊成員數，然後呈交議長，由議長印刷分配。其自治會或人民陳請建議之案，須由審查委員議定提出。惟本章程第三十四條云：本屆應議事件，須由議長預行通知議員，則其未經通知者，可否在本屆提議，條文尚未聲明。若謂未經通知，不得在本屆提議，則諮議局自行提議之案，必在開會以後，方可行協贊審查之事，勢不能豫行通知也。

謹案：第二十一條所開第一至第七各款議案，皆與行政相關。督撫爲行政長官，應預爲籌畫一切，故先由督撫起草。然或諮議局自有所見，足以補督撫之所不及，若不許其提議，則與採取輿論之旨不符。本條特許諮議局以自草議案者，所以通下情也。

第二十六條　諮議局於本省行政事件及會議廳議決事件，如有疑問，得呈請督撫批答。

此即質問權也，乃立法機關對於行政機關而用之，亦監督行政之一端，不可輕用。故必有規定之贊成者連署，以提出於議長。條文所謂行政事件及會議廳議決事件者，一爲已施行之事件，一爲未施行而已發表、將施行之事件。又司法權未獨立，訴訟法未施行以前，一切民刑訴訟事件，亦與行政事件無異。如督撫之處分，有可疑之處，亦可得依此質問。至議員於本省行政事件，及會議廳決議事件，欲有所審查，則凡重要之報告文件，均可向各官廳請求。依各國通例，苟非涉於秘密者，各官廳當應其求取。此等審查事件，與本條所謂疑問不同。蓋審查者，因事實不明而請求其文件。疑問者，則因其理由不明而呈請其批答也。

若督撫認爲必當秘密者，應將大致緣由聲明。

謹案：本條係申明諮議局於本省政務有與議之權。蓋有問必答，雖秘密者，亦當説明其大致緣由。至詳細内容，無庸宣示。

第二十七條　本省督撫如有侵奪諮議局權限，或違背法律等事，諮議局得呈請資政院核辦。

侵奪諮議局權限者，即本章程第六章“職任權限”内各條所列之事件，督撫有不依定章辦理而侵奪之之謂也。如依第二十一條，應由諮議局議決而施行之事件，督撫若不提議而施行，或不待議決而施行，或議定以後不照二十二條及二十三條施行，亦不交令覆議，或不照所議定施行等，皆侵奪諮議局權限者也。

違背法律，有屬於私人之行爲者，有屬於職務上之行爲者，其事由亦有輕重，有應受懲戒處分者，有負刑事上之責任、負民事上之責任者。現在民法刑法及懲戒法尚未頒布，則凡違背《大清律例》及近日頒行諸法制者，皆違背法律也。至濫用職權，爲刑法中瀆職之罪，且爲立憲國之大害，故案語中特申明之。

司法獨立以後，凡私人之不法行爲，無論官民，均應受裁判所之裁判。其起訴及告訴發訴之人，均爲訴訟法中之所規定。其屬於職務上之違法處分，亦得提起行政訴訟。現在一省司法之權，尚在督撫，故督撫之違法，予諮議局以糾舉之權，以盡監察行政之責。至因督撫違法，而被害之人民或地方團體，仍可依向例赴都察院呈控，與此條無相關也。

謹案：本條所定，係爲保護諮議局之權限，並預防督撫濫用其權力而設。蓋督撫如有侵奪諮議局權限，或違背法律等事，諮議局得呈請資政院核辦，則督撫限於衆議，而不致有病國害民之舉。顧又不令諮議局徑行抗議，而必以核辦之權付諸資政院，則諮議局亦不能肆行挑剔，以掣督撫之肘，凡以避上下之爭突，保行政之平衡而已。

第二十八條　本省官紳如有納賄及違法等事，諮議局得指明確據，呈候督撫查辦。

納賄即爲違法，故前條僅言違法，不更言納賄。此條於違法之外，更申言納賄者，以納賄爲刑法上瀆職罪之重要者，於現在辦理新政關係尤大，故特舉之。此條兼官紳而言，紳之界限頗難確指，就現在之情形觀之，凡辦理地方公務者，及曾得官職或職銜及各項出身者皆是。

我國訴訟法尚未實行，一切罪犯，除由被害者之告訴外，無檢事以任起訴之責，故本條特予諮議局以糾舉之權，以平目前之寃抑。若他日司法獨立，則無論官吏、紳民，苟有違犯，皆可由檢事起訴，無論何人，皆可告發於檢事。其關於行政之違法者，亦可提出行政訴訟於行政裁判所。督撫爲行政之官，於裁判之事不相干涉，除訴願事件以外，不必更呈告於督撫矣。

謹案：諮議局爲一省輿論所集之地，官紳有納賄違法情事，人民必遭其冤抑，自應立予糾舉，俾順群情。其必指明確據者，以防挾嫌誣陷之弊。其必呈候督撫查辦者，以保行政長官監督之權。

第二十九條　凡他省與本省爭論事件，諮議局得呈請督撫，咨送資政院核決。

此所謂他省與本省者，亦指省爲法人而言。

謹案：各省壤地交錯，難保無爭議事件，事關兩省，相持不已，督撫及諮議局俱未便定議，故非經資政院核決，不足以昭平允。

第三十條　凡第二十四、二十七、二十九條所列各事項，經資政院議定後，均宜分別照行。

此章雖爲諮議局之職任權限，但本條所云分別照行者，非謂資政院議定後，諮議局有分別照行之責任權限也。不過云資政院議後，其事即宜照行，諮議局不得更有異議耳。至分別照行之責任，乃行政官廳之責任，非諮議局之責任也。

謹案：資政院居全國輿論最高之地位，故諮議局與督撫，或諮議局與諮議局有相持之時，則資政院應實行其解決之權。既經解決後，諮議局與督撫等即不得另有異議，所以保政治與輿論之統一也。

第七章　會　　議

第三十一條　諮議局會議期，分常年會及臨時會二種，均由督撫召集。開會之第一日，督撫應親自蒞局，行開會儀式。

謹案：諮議局爲一省之議會，與國會不同。其所議係本省之事，故由本省督撫召集之。常年會照下條定期，臨時會期則督撫酌定之。

日本府縣制，府縣會由府縣知事招集，蓋地方議會由地方行政長官招集，亦立憲國之通例也。

第三十二條　常年會每年一次，會期以四十日爲率，自九月初一日起至十月十一日止。其有必須接續會議之事，得延長會期十日以内。

謹案：常年會以每年九十月間爲宜，蓋時值秋冬，民間事務較簡，且於次年豫算等事尤便調查。會期以四十日爲率，可以從容集議。倘仍不足，亦可展期。其不得過十日者，所以防議事迂緩不決之弊。

第三十三條　臨時會於常年會期以外，遇有緊要事件，經督撫之命令，或議員三分之一以上之陳請，或議長、副議長及常駐議員之聯名陳請，均得召集。其會期以二十日爲率。

謹案：臨時會非有緊要重大事件，不宜輕易召集。故開會之事，亦較鄭重。會期二十日，較常年會爲短者，以臨時會所議事項亦簡也。

臨時會可否延長展期，章程雖未規定，然遇有緊要事件，必須續議，則事實上有不能不展期之勢。與其因議事未決而廢弛政務，或重行臨時召集之手續，則固不如展期續議之爲得也。

第三十四條　凡召集開會，應於三十日以前，由議長將本屆開會應議事件，預行通知各議員。

謹案：議事不可無準備，故必由議長早日通知，俾各議員事前有所研求，則臨時自不至漫無定見矣。

諮議局議案由督撫提議者，固可預行通知。其由諮議局自行提議者，議員發議後，必須有規定之贊成員數，方可作爲議題。議員散處各地，非開會後不能定贊成員數之多寡，則其應議與否，尚難決定，勢不能豫行通知。故此條所謂本屆應議事件，須豫行通知者，非謂不預行通知，則本屆不能提議也。又豫行通知事件，除督撫提出之議案外，如諮議局議員發議之案，已得議員或常駐議員之贊成，合於規定之員數者，又自治會人民所陳請，屬於議決事件，經常駐議員審查協贊，合於規定之員數者，亦均爲本屆應議事件，亦可豫行通知也。

又此所謂召集開會，兼常年會、臨時會而言。若召集臨時會，則其事件尤不可不豫行通知，一則使人知所以召集之故，一則因臨時會期日較短，尤須豫行研究也。故召集臨時會之命令，不可不在會期之三十日以前。

第三十五條　凡會議非有議員半數以上到會，不得開議。

第三十六條　凡議案之可行與否，以到會議員過半數之所決爲準。若可否同數，則取決於議長。

議長本與於表決之列，當可否同數時，再取決於議長。非議長先不與於表決，必於可否同數時，始取決於議長也。

謹案：以上二條，定開議、決議之人數。蓋取決多數，乃議會之通例也。

第三十七條　凡會議時，督撫得親臨會所，或派員到會，陳述意見，但不列議決之數。

謹案：諮議局議案既多由督撫提出，則開會之時，自當到局，陳述其意見。惟督撫政務甚繁，勢難常自到會，故派員代理，亦無不可。其不列議決之數者，以督撫及其委員本在議事者之外故也。

第三十八條　凡議案有關係議員本身親屬，及職官例應迴避者，該議員不得與議。

謹案：本條係爲議員遠嫌疑起見，故定議事時迴避之例。

本省官吏不能被選爲諮議局議員，見本章程第七條，則議員之職官必爲他省之職官及中央政府之職官可知。諮議局所議，係本省之事，其與他省之職官及中央政府之職官關係較少，似無應行回避事件。然近來憲政編查館咨行浙江巡撫：凡文職之例准用本省士紳充當者，與教官一律不在停止選舉權及被選舉權限内。故本省議案與其職官有關係者，即在迴避之例。此等迴避事件，諮議局中宜設資格審查員以審查之。

第三十九條　凡議員於諮議局議事範圍内所發言論，不受局外之詰責。

議員在議院發言，於院外不負其責。日本以此條載於憲法，然議院法中對皇室不得作不敬之言語論説，又議員不得用無禮之語及涉於他人身上之言論，否則議長可警戒之，制止之，或禁止發言，退出議場。蓋議員所發言論，雖不受局外之詰責，而於局内仍有罰則，以防閑之。如本章程第五十八條是也。至督撫監督會議，惟對於全體議員所決事件，可依本章程第四十八條糾正之。若對於議員所發言論，則糾正之權，在於議長，督撫不能侵越也。

其以所發言論在外自行刊布者，如有違犯，仍照各本律辦理。

謹案：議員在議會内所發言論，於議會以外，不任其責，爲立憲國之通例。蓋議員有代表國民之重任，自應於國計民生，籌之至熟，直抒己見，不屈不撓，方爲盡職。若加以束縛，致令瞻前顧後，緘默自安，殊非設立議會之本意。故本條所定不受詰責者，謂於法律上不負責任，意在導之盡言，使無顧慮。惟以所發言論在外自行刊布者，則自係一人之責，如有違犯，仍應照各本律辦理。

第四十條　凡議員除現行犯罪外，於會期内非得諮議局承諾，不得逮捕。

謹案：本條尊重議員之身體，所以防官吏妄行逮捕之弊。若現行犯罪，則情形顯著，自不致涉於疑似，故不在此限。

現行犯罪者，謂於犯罪之時，即行發覺，或犯罪方終之際發覺，而其犯罪之事實，與犯罪之人關係明瞭，即案語所謂“情形顯著，不致涉於疑似”者是也。除現行犯罪以外，無論準現行犯罪、當時犯罪或以前犯罪，皆不受未經承諾之逮捕。又所謂諮議局承諾者，即經諮議局全體決議而承諾者也。逮捕以後，非判定罪名，應受監禁以上之刑者，則其議員之資格仍不能消滅也。

第四十一條　凡會議不禁旁聽，其有左列事由，經議員公認者，不在此限。

條文言有左列事由，又經議員公認，而後可以禁止旁聽。若未經公認，雖有左列事由，不能禁也。蓋議會本須公開，至不得已而禁旁聽，則非公認不可也。

一，督撫特令禁止者；

二，議長、副議長同意禁止者；

三，議員十人以上提議禁止者；

謹案：本條定議會公開之制，其應禁止旁聽者，必經議員公認，所以示慎重也。

第四十二條　凡議決事件，除議長、副議長同意，認爲應行秘密者外，均公布之，並應隨時報告督撫及資政院。

謹案：本條定議案公布之制督撫爲一省之行政長官資政院爲全國之議事總匯故非隨時報告不可。

此條所謂公布，乃由諮議局自行公布，與督撫之公布施行者不同。又所謂報告者，亦與呈請施行、呈請核定不同。

諮議局非地方官廳，不得發告示於人民。其公布之法，或用公報，或用印刷物分送均可。蓋告示者，有命令之意，必君主大權可以發之。或使官廳發之，若地方紳士，同爲人民，即被選爲自治團體之長，有行政之責任。如日本之市長、町村長等，其發布條例，亦祇能用公布式，不能竟用告示也。

第四十三條　議員會議時，有違背局章及議事規則者，議長得止其發議。違者，得令退出。其因而紊亂議場秩序，致不能會議者，議長得令暫時停議。

止議員發議，或令退出會場，及暫時停議，與罰則之停止到會不同。蓋此爲議長處理會議之責任，所以保持議場之秩序，非罰則也。若議長不能處理，則受督撫之監督矣。

第四十四條　旁聽人有不守規則，或紊亂議場秩序者，議長得令其退出。

旁聽人應守規則，如衣服須整潔，不得飲食吸煙，不得喧擾，不得攜帶杖傘，不得對於議員之言論置可否，不得入議員所坐之席，須依守衛者之指示之類。至旁聽之人須由官廳之照會，或議員之介紹，持有旁聽券。其攜帶兇器及醉人，均不得旁聽，皆所以整會議之紀律者也。

謹案：以上二條，定會議之紀律，以防議員及旁聽人違背章程及紊亂秩序之弊。

第四十五條　凡議事細則及旁聽規則，由諮議局議定，呈請督撫批准後，公布之。

謹案：議事細則及旁聽規則，係諮議局内部之事，均應歸諮議局自行酌定。

議事規則者，如定議席、分部屬、選舉審查委員、規定開議時間、編制議事日程，與夫發議、動議及提出之手續，討論修正及表決之方法，申覆呈請之規式，質問建議之辦法，皆是。至旁聽規則，已略述於前條注内。

第八章　監　督

第四十六條　各省督撫有監督諮議局選舉及會議之權，並於諮議局之議案有裁奪施行之權。

謹案：本條定督撫於諮議局有監督裁奪之權，如各處選出議員，督撫查明有舞弊及不合格情事，自可即行撤銷。會議如有不遵定章者，亦可隨時糾正。至裁奪施行，即指第二十二、二十三兩條所載事項而言，皆所以重行政長官之責任也。

此條總括督撫監督之權限責任而言，其事項皆另載於他條。關於選舉之事，府廳州縣衙門有監督之責任，督撫爲行政長官，則凡府廳州縣官之責任，督撫皆負其責任。故本條更明定其有監督選舉之權。案語謂“各處選出議員，督撫查明有舞弊及不合格情事，自可即行撤銷”者，蓋選舉訴訟，由府、直隸廳、直隸州及按察使等各該管衙門審判，各該管衙門自有審查之責。督撫爲行政長官，各該管衙門之責任，督撫亦負其責任，故查明撤銷即爲督撫之權。案語所言，仍就選舉訴訟言也。又選舉訴訟呈控該管衙門，以選舉日起一個月爲限，上控以三個月爲限。其所定期限，皆在諮議局未曾開議以先。誠以開議以後，議員言論，或有爲行政官吏所不喜者，司法未獨立以前，行政官廳兼司審判，則難保其審判之公平也。故查明撤銷，必在選出之時，而不能行之於開議之後。案語特就選出言，又云即行撤銷，亦即此意。若謂督撫可不問選舉訴訟之提起與否，又不論時限之經過與否，均可以隨時查明撤銷，則督撫苟欲濫用其職權，正可藉案語以逞其私意，而各議員既不能確保其地位，安能望其不屈不撓，直抒己見，以盡其職守乎？至議員選出以後，若有不合資格之情事發生或發覺，諮議局當自行公舉資格審查委員以議之，此亦議會之通例也。又監督會議之權，案語指謂不遵定章，可隨時糾正，所謂不遵定章之情事，即下第四十七條、第四十八條所列舉者。糾正之方法，即令其停會，及奏請解散是也。議案裁奪施行之權，案語所指已明，此條不過總括而復舉之而已。

第四十七條　諮議局有左列情事，督撫得令其停會。

一，議事有踰越權限，不受督撫勸告者；

議事權限，已具第六章。若有踰越，督撫有勸告之義務。勸告而不受，乃可停會。但勸告時，諮議局可聲辨其並非踰越權限之理由，經督撫之認許，仍可續議。

二，所決事件，違背法律者；

三，議員在議場有狂暴舉動，議長不能處理者；

此必議長承認其不能處理，督撫方可令其停會。

停會之期以七日爲限。

一會期内，以七日爲限。若每次七日，則被停數次，會期已過矣。

謹案：本條特將應行停會情事列舉者，以防督撫之專擅。停會之期，不得過七日者，以防事務之廢弛。

第四十八條　諮議局有左列情事，督撫得奏請解散，並將事由咨明資政院。

奏請解散者，奏請之後，必奉有諭旨，方可解散也。奏請之時，自必奏明事由，其必更將事由咨明資政院者，以資政院居全國輿論最高之地位，若督撫有濫用職權，反對輿論，其解散之事由未明確者，則資政院得上奏以彈劾之。

一，所決事件有輕蔑朝廷情形者；

條文所云朝廷與政府不同。朝廷者，大權之所自出，所謂大權統於朝廷是也。政府者，統治之一機關，執行政務而已。故朝廷云者，乃對於君上大權而言。若非難政府，不能視爲輕蔑朝廷也。

二，所決事件，有妨害國家治安者；

三，不遵停會之命令，或屢經停會，仍不悛改者；

四，議員多數不赴召集，屢經督促，仍不到會者；

多數不赴召集者，即到會不及半數，照章不得開議，故不得不督促之。屢經督促，而仍不到會，則無開議之望，議會幾爲虛設，故解散之也。

日本府縣參事會，無停會及解散，諮議局常駐議員亦然。蓋常駐議員常川到局，無所謂開會，自無所謂停會。其職任在申覆建議，無議決事件，故無本條一、二款情事。至三款之停會，四款之召集，自專就議會而言，與常駐議員無關。況常駐議員不過議員之少數，豈能以少數人之情事，而解散多數之議員乎？

謹案：本條定解散諮議局之權，一、二兩款有關國家之安危，三、四兩款有失議會之體制，自非立予解散不可。然必將事由咨明資政院，庶督撫不致濫用其權。

第四十九條　諮議局議員解散後，督撫應同時通飭，重行選舉，於兩個月以内召集開會。

議員解散以後，初選、複選均爲無效，則重行臨時選舉，需時必久，恐非兩月所能竣事。條文云兩個月以内召集開會者，蓋必在兩月以内豫定開會之日期，發召集之命令也。然議會可以暫解，不可以久停，案語已極明晰。若督撫僅於兩月以内，發召集開會之命令，而延遲開會之期日，則非章程之本意矣。

謹案：諮議局一經解散，亟當重行選舉，以示議會雖可暫行解散，不可久於停止也。

第九章 辦 事 處

第五十條 諮議局設辦事處，經理局中文牘、會計及一切庶務，由議長、副議長監理。

第五十一條 辦事處置書記長一人，書記四人，由議長選請督撫委派。

第五十二條 辦事處辦事細則，由諮議局自定。

謹案：以上三條，係明定局中庶務章程。委員與議員地位不同，故不用選舉，而用委派。

辦事處書記長、書記由督撫委派者，以其有行之責而無言之權也。日本衆議院書記長爲勅任官，書記爲奏任官，純然爲官吏之性質。諮議局辦事處委員亦爲官吏，雖用紳士充當，亦有官吏之地位。依本章程，官吏不能被選，故被選爲議員者，不能兼任辦事處委員。然近來憲政編查館咨文：凡文職例准用本省紳士充當者，不在停止選舉權、被選舉權之内。則雖以議員兼任，亦無不可。日本議院書記長及書記可以議員兼任，以日本法律許官吏得兼爲議員也。諮議局事務殷繁，書記以下，勢不能無執事之員役。章程僅言書記長及書記者，以書記以下之員役，可由書記長僱用也。

第十章 經　　費

第五十三條　諮議局經費，由督撫籌指專款撥用，其款目分列如下。

諮議局經費，由督撫籌指專款撥用者，言此項經費，應由地方經費支撥，不由國庫支辦也。故此項款目，應歸人本省豫算案内。

一，議員旅費；

二，議長副議長及常駐議員公費；

三，書記長以下薪金；

四，雜費；

諮議局雜費甚多，如印刷費、圖書費、紙墨費、郵電費、守衛費等，皆其主要者也。

五，豫備費；

第五十四條　前條公費及薪金數目，由督撫定之。

諮議局議員爲名譽職，故議長、副議長、常駐議員亦名譽職，其另給之公費，案語謂之津貼，乃津貼其辦公之費，非津貼其私人之費，故曰公費。各省地方風氣不同，物價亦異，故由督撫酌定之。日本議員有歲費，其議院閉會時，因政府之要求，而繼續審查議案之委員，除受歲費外，照議院所定，受一日不過五圓之手當，此亦與常駐議員之公費相類。但議院與諮議局地位不同，中日情形亦異，況既爲議員，不能不舍私計以圖公益，則所謂公費者，督撫自當核實酌定，計其因公之耗費而津貼之，不宜浮濫以市恩，而污損議員之名譽。至薪金與公費不同，餼廩必當稱事，諮議局事屬創辦，欲求勝任之才，自不能不厚其酬給也。

其旅費、雜費及豫備費，由諮議局會議豫算數目，呈請督撫核定。

旅費分旅行費、旅居費二類。旅行費，如舟車之費是也。旅居費，如旅館食宿之費。日本議員旅費表，所謂日當是也。議員遠道來省，在在須費，且以關於國體之故，亦不能過從儉約。其寒素之士，以學行爲衆所推服而被選者，必所匇支，故旅費由地方經費支給，其數目以會議定之，期其無所浮濫，而亦不至於賠累。浮濫則傷議員之廉，賠累則失公民之意。以公民既納税於國家，舉議員爲代表，以伸其言論，而顧使議員因此而受累，是公民負此議員也，豈公民之意乎？

日本議員旅費：每汽車一英里，計日金五錢；汽船一海里，計日金六錢；車馬每一日里，計日金二十五錢；日當每日日金三圓。每日金一百錢，合日金一圓，值我國銀一元至一元三角。附録之，以備參考。

諮議局雜費及豫備費，自宜充足，庶辦事不至侷促。蓋諮議局爲一省之重要機關，地方之整理與否，皆視此機關之完全與否爲準則，不可不多籌經費，以期設備之完全也。

第五十五條　諮議局經費由議長、副議長按月清查一次，於常年會開會時造册清報，由議員審查之。

謹案：以上三條，係明定局中經費章程。議員祗給旅費者，以其爲名譽職也。議長及常駐議員另給公費者，以其常年到局任事，必有津貼，庶可專心從事也。其費用數目，由督撫審定者，以關係議員本身之事，不便自定也。

第十一章　罰　　則

第五十六條　諮議局罰則，分爲二種，如下。

一，停止到會，但以十日爲限；

二，除名；

第五十七條　停止到會，以議長、副議長同意行之。除名，則以到會議員全體決議行之。

停止到會及除名之事項，既列記於下條，則行此處分時，不可不合於下列事項，且不可不定懲罰之手續。當有懲罰事犯時，或因議員之請求〔指自己被誹毁侮辱者言〕，或因議員之動議，由議長交與懲罰審查員，或逕由議長交與懲罰審查員，經審查員之決議報告，請議長、副議長處分之。其應除名者，由議長提出，取決於到會之全體議員。至其關於本身及親屬之懲罰事犯，仍應照本章程第三十八條回避。惟許其聲辯，而不能與於表決之數也。

議員有不合資格之事件發生或發覺，則決議除名，亦當然之辦法。惟必須經資格審查委員之審查報告，由到會議員全體決議行之。

第五十八條　凡議員屢違局章，或語言行止謬妄者，停止到會。其情節重者，除名。

違背局章者，議長得止其發議。違者，得令退出。見本章程第四十三條。此條云屢違局章，即因違局章而停止發議至數次者也。語言謬妄者，如有輕蔑朝廷，妨害治安，及不敬無禮之語，或誹毁侮辱，涉於他人身上之語是也。〔所謂他人之身上者，與官吏之職務、他人之行爲有別，不可不辨。〕行止謬妄者，亦就諮議局以内之行止而言。如抵抗議會之命令，侮辱議長之職權，釀議場之攘亂，紊議會之秩序者是也。其在諮議局以外之行止，則有司法官廳在，非諮議局所得干涉。惟有犯罪之行爲，經裁判而定監禁以上之刑者，則其行爲污損諮議局之體面，自失議員之資格矣。

第五十九條　凡議員無故不赴常年會之召集，或赴召集後，無故不到會，延至十日以上者，均除名。

此條以處無故不赴召集及無故不到會者，若確有事故，則亦不加以懲罰也。

第六十條　凡議員以本局之名義，干預局外之事者，停止到會。其情節重者，除名。

以諮議局之名義，干預局外之事者，謂以一、二人之意見，不經議長及議會之公決，而用諮議局名義，或用議長名義，或用全體議員、常駐議員等名義，干預他事，則不論其事之爲善意、惡意，均當依此條懲罰之。其僅以諮議局議員之名冠於自己之名上，以表明自己之身分地位，則不能謂之用諮議局名義也。

謹案：以上五條，係明定議員處罰章程。議員均由合格紳民投票公選，自應能舉其職。惟流弊所至，不可不預爲之防。自五十八條至六十條所指情節，均屬蔑棄職守，有玷名譽，自當酌加懲罰，以肅紀綱。惟除名必以到會議員全體決議行之者，以議員既由公選而來，亦不容以一二人之私見而去之也。

第十二章　附　　條

第六十一條　本章程自奏准奉旨文到之日起爲施行之期。

謹案：本章程一經奏准，即應先事豫備，故以奉旨文到之日爲施行之期。

第六十二條　本章程未盡事宜，得由各省諮議局擬具草案，議定後呈由督撫咨送憲政編查館，會同資政院核議辦理。

謹案：本章程甫經草創，難保無未盡事宜。各省諮議局既有所見，自可隨時提議，增添删改。其議決核定之權，仍歸之憲政編查館及資政院者，所以防各省自行改制，致有參差不一之弊。

此條言各省諮議局，對於此章程，得以全體之議決，爲修正之動議，由督撫提出於憲政編查館及資政院也。然不得謂諮議局可提出議案於憲政編查館及資政院，蓋諮議局對於立法機關及行政機關而爲請願耳。至各省督撫對於此章程，無提議修改之權者，以督撫爲行政官，不干與立法事宜也。惟於籌辦諮議局之時，遇有疑義之處，得咨詢憲政編查館，以求解釋耳。〔見憲政編查館通咨各省設諮議局籌辦處咨文〕。

孟森著作集

孟森政法著譯輯刊

中

中華書局

諮議局議員選舉章程箋釋

序

立憲國公民，皆有參與政事之公權。選舉議員，以代表輿論，爲國民之選舉權，實公權中之最重大者也。我國上下議院選舉法，依議院未開以前，逐年籌備事宜清單，定於光緒四十二年頒行，先於光緒三十五年行諮議局選舉法，選舉諮議局議員，爲各省採取輿論之地。又於是年由諮議局選舉資政院議員，於光緒三十六年在京師開資政院，以樹議院基礎。然則選舉諮議局議員者，又爲選舉資政院議員之張本，且將來上下議院議員選舉法，亦與此章程有相成而無相悖。我國民既欲行使此重大之選舉權，則於選舉之章程，不可不詳加研究，庶上對於國家，下對於本省，無負國民之責任焉。

諮議局爲一省採取輿論之地，以指陳通省利病，籌計地方治安爲宗旨。其章程由憲政編查館及資政院、王大臣會議奏呈，於光緒三十四年六月二十四日奉上諭，照所議辦理。此《諮議局議員選舉章程》，實爲《諮議局章程》之一部。《諮議局章程》第九條云：諮議局選舉事宜，照另定選舉章程行之。故《諮議局議員選舉章程》，實包括在《諮議局章程》之内。因選舉事宜甚爲煩瑣，非《諮議局章程》所能備載，故另立專章，與《諮議局章程》相輔而行。《諮議局章程》爲主法，選舉章程爲助法，《諮議局章程》爲實體法，選舉章程爲手續法，同時奏准施行。凡研究《諮議局章程》者，固不可研究此選舉章程，而研究此選舉章程者，尤不可不將《諮議局章程》先加研究也。

《諮議局章程》於各條之後，有附加之案語，以解釋條文，免致疑誤。選舉章程爲《諮議局章程》内別訂之專章，關於選舉時之手續居多，條文詳密，不復另加案語。我輩爲全國選舉人便於研究起見，就條文略加箋釋，以明章程之作用，願與當世之選舉人共研究之。

第一章　總　　綱

此章總括選舉事宜之大綱，如選舉資格、選舉區域、辦理選舉人員、選舉年限之類，皆規定於此章，故曰總綱。其下各章，則就初選舉、複選舉、選舉變更、選舉訴訟及罰則等，分別言之，而以專額議員之選舉法殿焉。更列附條，以定此章程施行修改之法。此章既總括本章程之大綱，故研究者尤宜注意也。

第一節　選舉資格

選舉資格者，有選舉權之人之資格，必其人合於選舉資格，方有選舉權也。世界各國通行之選舉法，約分二類，曰限制選舉，曰普通選舉。限制選舉者，於國民之中，限定其有學識、財産及身分者，而與以選舉權。普通選舉者，凡國中之臣民，除婦孺及有心疾者，及因一定之理由而停止選舉權者，與因犯罪或破産而剥奪選舉權者之外，皆有選舉權。我國現當初行選舉之際，勢不能驟用普通選舉，而採用限制選舉。然無論限制選舉、普通選舉，其選舉之資格，均不可不定。選舉資格，概分二類，曰積極資格，曰消極資格。如云必有何等之學識、財産、身分而後有選舉權，此有選舉權之資格，即積極資格也。又如云何種之人不應行選舉權，此不應有選舉權之資格，即消極資格也。普通選舉，但定消極資格可矣。惟限制選舉，則於消極資格外，更定積極資格，必有積極資格，而又無消極資格，乃合於選舉資格。其有消極資格者，雖有積極資格，不能合選舉資格也。其無積極資格者，雖無消極資格，亦不能合選舉資格也。

通常稱爲有選舉資格者，專就積極資格而言，其義較狹。此節標題所稱選舉資格，就本節條文按之，兼積極資格、消極資格而言。

選舉資格之外，又有被選舉資格，即有被選舉權之人之資格也。必其人合於被選舉資格，方有被人選舉之權。此資格亦有積極、消極之分。本節條文言選舉及被選舉資格，而此處僅言選舉資格者，因選舉章程以定選舉資格爲要，故本節標題僅言選舉資格，而不及被選舉資格。

第一條　凡選舉及被選舉資格，按照《諮議局章程》第三條至第八條辦理。

日本衆議院議員之選舉區域及選舉權、被選舉權，均於衆議院議員選舉法中規定之。衆議院法，僅規定議院内部之組織，及議事之方式與規定，憲法内所載議院職任權限之細則而已。其議院法與選舉法，全然爲主法、助法之關係。我國《諮議局章程》，乃包括諮議局議員選舉法在内。此《諮議局議員選舉章程》，乃《諮議局章程》内之一部，提出之以自成節目，與《諮議局章程》非純然爲主法、助法之關係。蓋《諮議局章程》已包主法與助法在内，而《諮議局議員選舉章程》則其助法之一部而已。《諮議局章程》内所舉助法，僅定議員名額及選舉權、被選舉權，而其餘則略之，以別定於選舉章程。選舉章程則不舉議員名額，於選舉權及被選舉權則略之，以互相印合。又日本之選舉人與選舉區之關係，以條文規定之，故先定選舉區域，而後及選舉權與被選舉權。我國諮議局議員之選舉人及被選舉人，與選舉區之關係，由憲政編查館另行指示，故選舉權及被選舉權規定於《諮議局章程》。選舉章程僅略及之，而選舉區域則規定之於下節。

第二節 選舉區域

選舉區域者，選舉人之區域也。以全省之人不能同至一處，行其選舉權，故分全省爲數區，使各區之人各照預定之數，以選出議員也。各國定選舉區之制，有大選舉區、小選舉區之別。大選舉區之制，其所定之區内，區域廣大，其區内得選出議員數名；小選舉區之制，其區域最小，每區僅得選出議員一名，此二者各有利害。蓋選舉區狹小，則賄賂易行，又易爲區内富豪之勢力所屈，且當選僅一人，競爭激烈，致生强迫之事。大選舉區，行賄賂、强迫較難，惟選舉人所信適任之人不一定，易爲運動選舉者之甘言所惑。凡在政黨中行聯合運動者，易於被選，而在黨派以外者較難。日本選舉衆議院議員，六回以前，皆採用小選舉區之制，頗多缺點；六回以後，改用大選舉區之制。我國上下議院議員選舉法未定，此諮議局議員選舉法所定選舉區域，採用大選舉區制度。他日下議院之選舉區域，當亦以此爲基礎矣。

第二條　初選舉以廳、州、縣爲選舉區，複選舉以府、直隸廳州爲選舉區，各以所轄地方爲境界。

直隸廳、州之本管地方，及府之有本管地方者，均作爲初選區。直隸廳無屬縣者，以附近之府爲複選區。

初選、複選之解釋，見《諮議局章程》第五條案語。府、直隸廳州爲省以下第一級行政區劃，府之所屬有廳、州、縣，直隸州有屬縣，直隸廳無屬縣。舊制直隸州與直隸廳無甚區别，今定直省官制内改正之。廳、州、縣爲省以下第二級行政區劃，其廳、州、縣之别，乃因轄境之大小，或地方之衝要與否而定。雖其行政官之品級不同，而在行政區劃上觀之，則同爲一級也。

本條之意，定省以下第一級行政區劃爲複選舉區，第二級行政區劃爲初選舉區。以初選舉人數較多，故選舉區域略小，複選舉人數較少，故選舉區域較大。云各以所轄地方爲境界者，言以行政上管轄之境界爲選舉區之境界也。

府、直隸廳州之本管地方，作爲初選舉區，而以其本管及所屬合而爲複選舉區。直隸廳之無屬縣者，即爲初選區，而與附近之府相合爲複選舉區。此本條第二項之意。查新訂直省官制第二十三條，各省原設之直隸廳有屬縣者，一律改爲直隸州。故直省官制實行以後，凡直隸廳均無屬縣矣。

選舉區雖爲選舉人之區劃，而亦爲被選舉人之區劃。其初選之選舉人，及被選舉人，以在初選區内有籍貫及寄居合格者爲限。複選之選舉人及選舉被人，以在複選區内有籍貫及寄居合格者爲限，可參看《諮議局章程》第三、四、五各條並箋釋。

第三條　府、廳、州、縣境界有更改時，選舉區一併更改。

府、廳、州、縣者，行政之區劃也。爲行政之便利計，其境界不無更改。我國選舉區劃，本隨行政區劃而定。條文之意，欲使行政區劃與選舉區劃合一，不致互有參差也。

第三節　辦理選舉人員

此辦理選舉人員，概括選舉監督、投票管理員監察員、開票管理員監察員在内。至選舉調查員，則辦理調查，非辦理選舉者，故不列入此節。

第四條　初選區、廳以該同知通判，州縣以該知州、知縣爲初選監督，複選區、府以該知府，直隸廳州以該同知通判、知州爲複選監督。

選舉爲行政之一，故以地方行政官爲之監督。日本謂之選舉長，統轄選舉事務，亦以地方長官爲之。知府、同知、通判、知州、知縣者，官廳之名。複選監督、初選監督者，官廳職務上之名也。

府、直隸廳州之本管地方，作爲初選區者，由該知府、同知、通判、知州遴派教佐員，爲初選監督。

府、直隸廳州之知府、同知、通判、知州爲複選監督，既規定於前項。其本管地方之初選監督，不能兼任，故遴派教佐員爲之。

前條言直隸廳無屬縣者，其本管地方作爲初選區，而以附近之府爲複選區。此時其直隸廳之同知、通判，既不爲複選監督，似可自任初選監督之事。其容否依本條遴派教佐員，爲初選監督，尚須研究。

教官雖爲本省官吏，依憲政編查館咨文，不停止選舉權及被選舉權。惟教官而派爲初選監督時，應否停止選舉權及被選舉權，亦須研究。因下第十二條云：凡辦理選舉人員，除監察員外，不得與於選舉人及被選舉人之數也。

選舉監督，各以本衙門爲辦理選舉事務之所。

言初選、複選時，其知府、同知、通判、知州、知縣及遴派之教佐員，凡爲選舉監督者，各以其辦事之衙門，爲辦理選舉事務之所。蓋監督選舉，本爲地方官廳之職務，無另行組織官廳之理。我國政治上之慣例，往往於其官廳職務内之事件，不由該官廳辦理，而别組織一官廳，以辦理之，名之曰局所，别設督辦、會辦以下各官吏，而其官吏仍以他官廳之官吏兼攝之。行政上之不統一，不整理，此其一端也。故本條定以本衙門爲辦理選舉事務之所，以示此爲地方官廳職務内之事。

第五條　初選、複選均應設投票管理員監察員、開票管理員監察員若干名。

就條文分析之，則爲應設初選投票管理員、初選投票監察員、初選開票管理員、初選開票監察員、複選投票管理員、複選投票監察員、複選開票管理員、複選開票監察員。其員數之多寡，條文並無制限。兹就事實上研究而酌擬其員數，則每一投票所，宜派管理員二人，監察員五人，爲至少之數。投票管理員所以須派二人者，恐其一人有事故，臨時不到。依下第三十條，須由初選監督派員代理。然投票區離監督駐所稍遠者，派員代理，往返須二、三日，有誤投票之期，故豫派二人，以防缺員，一人不到，即以餘一人兼代，非二人俱缺，不必派代也。其不能由監察員代理者，因管理員、監察員責任雖同，而性質各異，一司執行，一司監察，不能相混。且監察員有選舉、被選舉之權，不宜令其代理管理員，以妨其公權。又監察員至少須派五人者，一爲臨時缺員之豫備，一則監察員之責任，不僅在幫助管理員，以保證其管理之公平，尤重在認識投票人，以防冒用姓名之弊。人數多，則認識之人較廣，耳目易周也。且投票所内，除職員、巡警、投票人以外，不得闌入。一切投票事務，均須管理員、監察員親司之，一面檢查投票簿，代投票人檢出其姓名，視其簽字，一面給與投票紙，對答投票人詢問書寫被選人之地位款式，及換給票紙等事。此外鑑別投票之是否本人，決定投票之應否收受，監視投票之有無錯誤，維持投票所之紀律，指揮投票所之警察，事務殷繁。自午前八時至午後六時，不得少休，苟非酌量多派，恐辦理不免竭蹶。日本以市町村之區域爲投票區，以市町村長爲投票管理員，有事故則以市町村助役代理之。投票監察員，日本謂之投票立會人，由郡市長於選舉人中，選任以三名以上、五名以下爲定額。如立會人有事故，缺員至三名以下，則由投票管理者選任之。我國投票區之大小，略與日本市町村相似，故投票所職員之定額，亦可採仿其制。開票所事務，較投票所尤爲繁雜，在公衆之前辦理，尤宜精細。且決定被選之人是否合被選資格，其關係甚大。除地方官親臨監督外，宜派管理員二人至四人，派監察員十人至十四人，視票數之多寡而定。日本郡與市各自開票，以郡市長爲開票管理者，自選舉人中選任開票立會人三名至七名。我國之廳、州、縣包括市郡在内，故人數宜較多也。

管理員，不拘官紳，均可派充。監察員，應以本地紳士爲限。

管理員，即日本選舉法中所謂管理者，以郡市長及市町村長任之。監察員，即日本選舉法中所謂立會人，自選舉人中選任，與本條所謂管理員不拘官紳，均可派充，監察員以本地紳士爲限之制相同。本章程第十二條："凡辦理選舉人員，除監察員外，不得與選舉人及被選舉人之數。"故管理員若以紳士充之，則此紳士之選舉權及被選舉權均被停止，自以派官爲宜。惟投票區分設各地，同時投票，則官吏或不敷分派，或不勝管理之任，則不得不以紳士充之。

江甯諮議局籌辦處，以管理員既無薪水，又停止公權，省會及府城，或可以候補充之，偏僻州縣，每屬管理員極少，須一二十人，且非公正明達者，不能勝任，誠恐無人肯充，應如何變通辦法，請憲政編查館核示。館中核覆云：查直隸辦法，有即以巡吏、官吏、小學教員等項充當管理者，似可仿辦。

至投票管理監察員與開票管理監察員，不妨兼任。觀日本選舉法，市長兼充投票管理人及開票管理人，市之投票立會人兼充開票立會人，可知投票所職員不妨兼充開票所職員也。

“本地紳士”四字，不可不嚴密解釋。如投票監察員，不可不爲投票區内之本地紳士；開票監察員，不可不爲選舉區内之本地紳士，所以必須如此者，欲其人能熟悉選舉人及被選舉人現在之資格也。

第六條　初選監督職掌如下。

此條所列各款，有已列於他條者，有未列於他條，而於此條特定之者，亦有此條未列，而於他條參見者。蓋此條特舉初選監督職掌之概要而已。

一，監督初選投票、開票及一切選舉事宜；

投票、開票爲辦理選舉最重要之事宜，其餘如選舉調查，亦爲選舉事宜。雖設有管理員、監察員、調查員，而初選監督仍負監督之責。蓋此款專指監督他人之職掌而言。以下各款，則爲監督者自己之職掌也。

二，保薦初選投票、開票管理員及監察員；

投票、開票之管理監察員，有決定投票應否收受之權，及決定投票是否合例之權，關係甚大，責任甚重。欲保選舉之公平，則選任不可不鄭重，故初選監督僅有保薦之權，而選派之權則歸之於複選監督。

三，籌定初選投票區投票所及開票所地址；

此款分三事。一爲籌定投票區，詳見下第十五條、十六條。二爲籌定投票所，其所須在投票區之中，往來便利之處，或借用區内之公地，或暫行賃用。其房屋之大略樣式，籌辦處當預行布告。日本則由内務省定之，玆將其圖譯録於下。三爲籌定開票所，其房屋須寬大，以便選舉人前來參觀。且參觀之處與開票之處，不可不以障欄離隔之。

日本内務省頒定投票所式樣

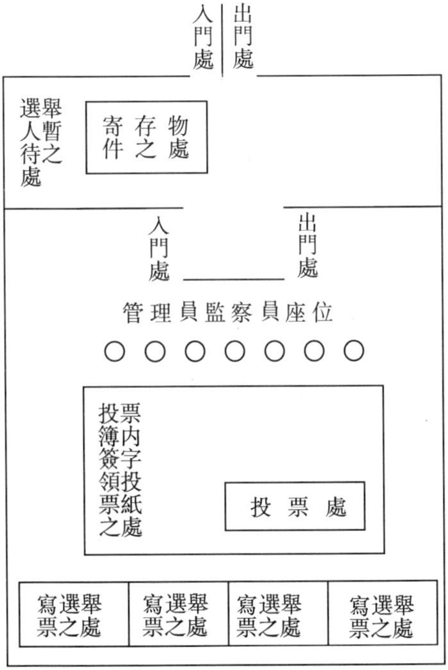

入門處
出門處
選舉人暫待之處
寄存物件之處
入門處
出門處
管理員監察員座位
○ ○ ○ ○ ○ ○ ○
投票簿内簽字領投票紙之處
投票處
寫選舉票之處
寫選舉票之處
寫選舉票之處
寫選舉票之處

四，造具初選區選舉人名册，申報複選監督；

此款分二事。一，造具人名册，申報，見下第二十一條。二，人名册確定後，造具應行補入之人名册申報，可從下第二十五條推得之。

五，徵集初選管理員及監察員報告；

此項報告已列入各員職掌内，初選監督又負徵集之責。徵集之後，由初選監督保存。在本届選舉年限以内，不可毁棄。設有人依本章程第七十九條一款、二款控告時，則此報告爲審判時最要之證據。

六，決定初選當選人；

此項決定之手續，於第五十條開票宣示以後，第六十條當選人確定榜示以前行之。其決定之範圍，有廣、狹二義，兹並列之，以待研究。

狹義之決定者，當開票宣示時，僅宣示各區選舉票之共數、作廢之票數，及被選人之姓名票數而已。雖其被選人票數多寡已定，而其中有票數相同者，孰爲當選，尚難確定也。此時，初選監督再以抽籤法決定被選人之名次，又決定其名次在當選人額數以内者，爲當選人，再行榜示。依此解釋，則所謂決定者，不過依下第二章第十節各條而決定之，屬於執行處分。其範圍較狹，故爲狹義。

廣義之決定者，當開票宣示以後，初選監督更就得票額數可以當選之人，審查其被選資格之合否，而決定之。如資格不合，可以不令其與選。如落選人對於監督之決定不以爲然，則可依下第八十八條提起訴訟。或曰：選出之人不合資格，選舉票作廢。若既得票滿額，則其票並未作廢可知，即其人非不合資格可知，無須再待選舉監督之決定。然檢票時所作廢者，僅就開票時所得檢出者而言。其不列本區選舉人名册以内者，及雖列入人名册以内，而檢票時確已知其失選舉權者，雖均已作廢，而其已列入人名册以内，或因其人之資格變動，或因名册之調查未確，實際上不能有選舉權，爲檢票時所未及覺察者，仍恐不免。既得票額數可以當選，則其人之資格，不可不更詳確審查。如其資格相符，然後決定爲當選人。至決定當選之後，則雖有不合資格之處，必須被人控告，判定實確，然後依下第八十一條三款爲當選無效，非選舉監督所得自行決定矣。依此解釋，則所謂決定者，屬於裁量處分，其範圍較廣，故爲廣義。

就全體章程觀之，則此二義均可解釋，於他條文無所窒礙。惟用廣義之決定，則得票可以當選，因不合資格，而由初選監督決定不能與選者，於當選人確定榜示時，不可不聲明此人所以不能當選之故，並關照本人。否則人於開票宣示之時，已推定此人可以當選，而榜示時並無其人，必不解其故矣。第六十條當選榜示時，無此手續，則章程之意，或主用狹義也。又日本選舉法載：投票之效力，開票管理者聽開票立會人之意見而決定之。則決定必在開票檢票之時，且須聽開票監察員之意見，其不能自行決定可知。故解釋此款條文，實以狹義爲正當也。

七，給與初選當選人執照；

詳下第十一節各條。

八，申報初選當選人姓名、職銜票數及初選情形於複選監督；

此係兩事，一爲申報初選當選人姓名職銜票數，見下第六十四條；一爲申報初選情形，參看下第七條六款。

所謂申報初選當選人姓名職銜票數，係舉其概要而言。其詳如下：一，姓名；二，年歲；三，籍貫〔本籍人以外寄居者須注明原籍〕；四，住所〔在本區以外者亦須注明〕；五，寄居年限〔本籍人不必注此項〕；六，辦過某項學務及其他公益事務，並其年限；七，出身，或學堂畢業，或舉貢生員；八，官階；九，營業資本，及不動産所值確數；十，初選當選票額。此各項所以必須申報者，爲造具複選舉人名册之豫備也。造具初選人名册，爲初選監督之職掌，造複選人名册，爲初選監督或複選監督之職掌。章程未有規定，觀下第六十六條，複選人名按照各初選區先後，依次編列，則必彙集各區而成册，當由複選監督造具可知。惟一切均須由初選監督報告，故申報時當爲造具人名册之豫備。

所謂申報初選情形者，於徵集投票所、開票所職員之報告内，節録其投票、開票時重要之情形，並附以當選知會及給與執照情形，作一報告書，呈報於複選監督。日本謂之選舉録，其製法由内務省頒定樣式，款目詳明，可以仿用。現在此式尚未頒定，各省籌辦處當另有所指示焉。

九，宣示初選當選人姓名、職銜及票數。

此事分爲數項：一爲開票後之宣示，見下第五十條；二爲當選人確定後之榜示，見下第六十條；三爲當選無效者之榜示，見下第八十二條；四爲給與當選執照後之榜示，見下第六十四條。

十，執行初選變更事務；

初選變更，見下第四章各節。分爲選舉無效、當選無效、改選、補選四事，各依章程執行。

第七條　複選監督職掌如下。

此條亦係舉複選監督職掌之概要而言。

一，監督複選投票、開票及全區選舉事宜；

全區選舉事宜者，指所轄初選舉區内初選舉事宜而言。蓋複選投票、開票及全區初選舉事宜，雖有管理員、監察員及初選監督辦理，而複選監督亦負監督之責任。蓋此款專指監督他人之職掌而言，以下各款則爲監督者自己之職掌也。

二，派定初選、複選、投票、開票管理員及監察員；

初選投票、開票管理員及監察員，當經初選監督之保薦，然後派定。複選投票、開票管理員、監察員，則由複選監督自行派定。此項辦理選舉人員，有決定投票應否收受之權，及決定投票是否合例之權，關係甚大，責任綦重，不可不慎爲遴選，以保選舉之公平。

三，分配初選當選人名數於各廳、州、縣；

見下第二十七條。

四，彙申初選各區選舉人名册於督撫；

此款分爲二事：一在人名册造成之後，見下第二十一條；一在人名册確定以後，見下第二十五條。雖第二十五條之條文内，僅言由督撫咨報，然其必由初選監督呈由複選監督彙申可知。惟呈請彙申者，或僅爲應行補人之人名耳。

五，核定初選投票區投票所、開票所，及擇定複選投票所、開票所地址；

此款分爲數事：一核定初選投票區，見下第十六條；二核定初選投票所；三核定初選開票所，即核定其投票所、開票所之地位相宜否，房屋之様式，與籌辦處所指示者合否；四爲擇定複選投票所；五爲擇定複選開票所，其様式均與初選同。

六，徵集初選監督及複選管理員、監察員報告；

此項報告，已列各員之職掌，由複選監督任徵集之責。徵集後，由複選監督保存之。於本届選舉年限内，不可毁棄。設有人依本章程第七十九條一款、二款呈控時，則此報告爲審判時最要之證據。

七，決定複選當選人；

此決定之範圍有廣、狹二義，以狹義爲當，可參看前條六款箋釋。

八，給與複選當選人執照；

見下第七十七條。

九，申報複選當選人姓名、職銜、票數，及全區選舉情形於督撫；

申報當選人姓名、職銜、票數爲一事，其年歲、籍貫、住址、寄居年限等，凡關於被選爲議員之資格者，均須一並申報，以便他日諮議局資格審查員之審查。申報全區選舉情形，又爲一事，其應申報之款目様式，當由籌辦處酌定。

十，宣示複選當選人姓名、職銜及票數；

此款分三項，可參看前條第九款箋釋。

十一，核定初選變更，及執行複選變更事務；

其事務詳下第四章。

第八條　投票管理員職掌如下。

此條兼初選、複選之投票管理員而言。

一，掌投票所啟閉；

見下第三十五條。

二，決定投票之應否收受；

此爲職掌之最重要者。其不應收受之事件列下：一爲不列名於所内之投票簿中者，見下第四十一條；二爲倩人代理者，見下第四十二條；三爲列名於投票簿内，而現無選舉權者。此事在日本選舉法以條文規定之，本章程無此規定，本無不收受之理，然實不能不有此辦法。譬如投票之人不能簽字，其不識文義可知。雖已列名投票簿内，其投票之不能收受無疑。又如現已破産、處刑，及爲僧道者，或年歲有誤，而其人實爲幼小未成年者，其決不能因列名投票簿而聽其投票可知。故選舉資格之合否，投票管理員及監察員不可不審查而決定之。惟其決定，須出於管理員、監察員之同意，且須有確實可據之事項耳。定章：監察員必以本地紳士爲之者，即取其能熟悉本區人現在之資格也。至決定不收受其投票，而本人不服，可令其爲假投票，將其所投之票，另行封存，記明其人之姓名、緣由，再行調查決定亦可。又如管理員、監察員意見不同，則可就監督決定之。總之，選舉爲國民之公權，不可輕易妨害，故有管理、監察之責者，決不可任己意而不收受其投票，必確實無疑，方可決定。否則，選舉人可依下第八十七條提起訴訟也。

三，記録投票情形，申報選舉監督；

詳見第三十四條。此記録，日本謂之投票録，其樣式由内務省酌定，各省籌辦處可依式酌定。

四，掌投票匭、投票簿、投票紙及選舉人名册；

五，稽查投票所紀律；

如下第三十一條、第三十二條及第四十六條、第四十七條之類。

第九條　開票管理員職掌如下。

此條亦兼初選、複選之開票管理員而言。

一，掌開票所啟閉；

開票所啟閉時刻，同第三十三條。但開票時刻，定於監督，其開畢之時，亦未能豫定。第三十三條乃指投票匭送到以後，及開票所未撤以前之啟閉時刻也。

二，清算投票數目；

如投票人若干，所投之票若干，作廢之票若干，有效之票若干，無效之票若干，某人得票若干，某人得票若干之類。

三，檢查投票紙真僞；

投票紙，由複選監督按照定式製成。其非複選監督所製者，爲僞票。檢出之後，須細究其由來，不可遽視爲廢票。又投票紙須由所屬投票所給發，其非所屬投票所給發者，雖非僞票，亦爲不合例之投票，可依下款決定作廢。

四，決定投票之是否合例；

此款所謂不合例之投票，當指下第五十五條所列選舉票作廢之各款而言。第四款以前決定較易，惟五款所謂選出之人不合資格則決定之，關係較大，不可不慎。初選時，選出之人仍爲區内之選舉人，故可以選舉人名對照。然亦有列人名册，而現時或有失權之疑者，苟非確實可據，且得監察員之同意，不可輕易決定。至複選時，無名册可稽，決定更難，尤宜審慎。

五，記録開票情形，申報選舉監督；

詳見第五十二條。此記録日本謂之開票録，由内務省頒定樣式，各省籌辦處可依式酌定。

六，保存票紙；

自投票匭送到之後，即負保存之責。至開票後，無論有效、無效，一並檢齊，隨開票録附送於監督。附送之後，其保存之責任，在監督矣。

七，稽查開票所紀律；

如增派巡警，禁他人闌入，定選舉人參觀限制之類。

第十條　投票監察員、開票監察員，各會同管理員，辦理投票、開票事宜，其職掌與前二條同。

監察員，如與管理員有意見不同時，得建議於選舉監督。

第十一條　凡辦理選舉人員，均爲名譽職，不支薪水。

第十二條　凡辦理選舉人員，除監察員外，不得與於選舉人及被選舉人之數。

此條非謂監察員非辦理選舉人員也，不過謂雖辦理選舉，而仍得與於選舉人及被選舉人之數耳。關於下訴訟及罰則各條所謂辦理選舉人員，監察員亦在其内也。惟選舉調查員不在辦理選舉人員之内，故可以受薪水，而訴訟及罰則内之辦理選舉人員均與調查員無關。

江甯諮議局籌辦處，關於此條，有請憲政編查館核示之處。其電文云："管理員不得與於選舉人及被選舉人之列，查管理員既無薪水，又停止其公權，省會及府城或可以候補充之，偏僻州縣，每屬管理極少，須一二十人，且非公正明達者，不能勝任，誠恐無人肯充，應作何變通辦法?"憲政編查館核覆云："管理選舉員不得與於選舉及被選舉一節，係爲預防流弊起見，似仍以限制爲是。惟查直隸辦法有即以巡警、官吏、小學教員等項充當管理員者，似可仿辦。"關於此二條之規定，有一疑問，即第一屆籌辦選舉時之司選員是也。此司選員大致爲幫助選舉監督而設，則司選員之職掌，殆與第六條、第七條同。雖監督不能因此而於其職掌内之事有所推諉，但會同辦理，殆與管理、監察員之同其職掌無異，故司選員是否屬於辦理選舉人員爲一疑問。就其職掌而言，既爲幫助監督，則不能不爲辦理選舉人員。然認爲辦理選舉人員，則固支薪水，且可與於選舉及被選舉之數，而與此二條章程不合。然吾輩細加研究，則司選員爲諮議局籌辦處之屬員，雖辦理選舉，而非章程内之辦理選舉人員，可以籌辦處之科員例之。

或曰：調查員、司選員既非辦理選舉人員，則設有不遵定章，舞弊作僞情事，將不得提起選舉訴訟乎？曰：然。但可依普通訴訟法提起訴訟。

第四節　選舉年限

第十三條　選舉年限，以三年爲一次。

自光緒三十五年起，每三年爲一次。

第十四條　每届選舉年限，以是年正月十五日爲初選日期，三月十五日爲複選日期。届期由督撫奏明，並咨報民政部立案。

日期雖已規定，仍須奏報也。

其臨時選舉日期，由複選監督申請督撫酌定，彙案奏報。

臨時選舉，不外選舉無效時之改選及補選二事。其選舉關於一區者，其日期由複選監督申請。若全省行臨時選舉，則其日期當由督撫定之。如第一届選舉因時日迫促各，省皆行臨時選舉，其日期由各省督撫定之，是其例也。

第二章　初　選　舉

第一節　投　票　區

第十五條　初選監督，應按照地方廣狹，人口多寡，分劃本管區域爲若干投票區。至多以十區爲限，每區設投票所一處。

日本投票區，依市町村之區域。我國自治區劃未定，故由初選監督籌定。

第十六條　投票區應於選舉期三個月以前，由初選監督一律籌定，詳細繪圖，申報複選監督核定。

選舉期三個月以前，即選舉年限之前一年十月十五日以前也。是日爲宣示人名册開始之期限，宣示必在投票所，故其時投票所地址必已核定可知。又是日爲頒發選舉告示之期限，選舉告示必載投票所、開票所地址，則其時投票所、開票所均已核定可知。蓋“以前”二字乃最遲期限，且非籌定之期限，亦非申報之期限，而爲核定成立之最遲期限也。宣示人名册，頒發選舉告示，皆在選舉期三個月以前。玩章程内“以前”二字之義，亦許其提早辦理，但投票所之核定，則必較宣示人名册、頒發選舉告示更爲提早，其手續方合。

第二節 人 名 册

第十七條 初選監督應按照選舉資格詳細調查，將合格者造具選舉人名册。

第十八條 調查時，初選監督應就本管各地方分設選舉調查員。

選舉調查員辦事細則，由初選監督擬訂，呈請複選監督核定施行。

選舉人名册，在日本由市町村長調製，以户籍由市町村長登記故也。我國現在城鎮鄉自治尚在萌芽時代，故造具人名册，不得不委之於官吏。又户籍登記、商業登記均未辦理，故造具選舉人名册，無可根據，不得不從調查入手。地方官吏，事務殷繁，斷難逐户調查，故另設選舉調查員以任其事。

選舉資格中，如學堂畢業者，及辦理學務者，可由勸學員調查。舉貢生員以上之出身，可由各學教官調查。曾任實缺職官，及辦理公益事務者，官署亦有案可稽。惟財産資格，及一切消極資格，非實地調查不可。調查員雖代初選監督，分任調查事務，而其一切責任，仍歸初選監督擔負，觀第十七條條文自明。故調查員有不遵定章之行爲，或於選舉人名册有舞弊作僞之事，初選監督不能不受其責也。

日本選舉法，定調製人名册之期日，以此期日之現在有選舉資格者，列入人名册。誠以人之資格不免隨時變動，若不確定期日，則今日吸食鴉片，而數日後可以戒絶，今日肄業學堂，而數日後可以畢業者，如不稍寬待，則既無期限，何以服人，可以寬待，則漫無界限。在目下不得不以人名册告成之期日，或人名册確定之期日爲限。然至此期日，人名册已成，不得不費更正之手續。且當時調查入册之資格，既係未至期限時所查得者，勢不能作爲確據。倘以後尚有變動，仍可據以爲更正之理由，則審判殊爲不易也。

選舉調查員辦事細則條文雖云：由初選監督擬訂，呈請複選監督核定，而各省現行之法，則多由籌辦處擬訂，經督撫核定頒行，殆因選舉期迫促，故爲此變通辦法耳。

第十九條　選舉人名册應載事項如下。

一，姓名、年歲、籍貫、住所或寄居年限；

二，辦過某項學務，及其他公益事務，並其年限；

三，出身；

四，官階；

五，營業資本，或不動産之某項所值確數；

第二十條　選舉人名册，應於選舉期六個月以前，一律告成。

選舉期六個月以前，即選舉年限之前一年七月十五日也。然則調查選舉，必在人名册告成之期日以前，三、四月開始可知。

第二十一條　選舉人名册告成以後，初選監督應即呈由複選監督申報督撫，並於選舉期三個月以前頒發各投票所，宣示公衆。

名曰申報督撫者，以便督撫分配議員名額也。督撫分配議員名額，須於初選舉期三個月以前榜示，故人名册不可不於六個月前造成申報。此時之人名册，雖未經宣示，尚未確定，以後尚有呈請更正而補入之姓名。然補入之姓名須俟宣示確定以後，經過呈請判定、呈訴判定各手續，其時距初選舉期甚迫，故分配議員名額決不能待至補入更正以後也。

頒發投票所宣示，在選舉期三個月以前，則核定投票所，必更提前辦理可知。

又頒發宣示時，投票所内不可無管理之人，則派定投票管理員，亦須提前辦理可知。

第二十二條　宣示人名册，以二十日爲期。如本人以爲錯誤遺漏，准於宣示期内，取具憑證，呈請初選監督更正。

呈請更正條文，以本人爲限，則他人之錯誤遺漏，不能呈請更正可知。故選舉人名册内，雖不遵定章，或舞弊作僞，而將不合資格之人登入，他人不能呈請更正。惟其人若已當選，則凡選舉人，皆可依下第八十八條呈控之。

或曰：然則人名册内有不遵定章及舞弊作僞之事，將如之何？曰：依第八十八條，凡選舉人皆得向該管衙門呈控。惟其呈控之期，須自選舉日起三十日以内爲限，與呈請更正之手續全異耳。或曰：呈控自選舉日起，其時選舉已行，雖控訴亦無可救濟，則奈之何？曰：依第七十九條一款，爲選舉無效。選舉無效，依章程，當行改選。故調查員及選舉監督對於名册不可不慎重將事，否則妨害全體之選舉權、被選權。雖章程中無規定之罰則，其能免於當世之唾駡及上官之懲戒乎？

或曰：不遵定章之行爲，及人名册有舞弊作僞之事，屬於辦理選舉人員所爲者，當在選舉訴訟期限内提起訴訟，其屬於選舉調查員或他人所爲者，苟其人非辦理選舉人員，則不必依選舉訴訟章程辦理，可依普通訴訟法辦理，隨時提起訴訟。又，不遵定章及舞弊作僞，本章程雖未規定罰則，然瀆職之罪，僞造之罪，普通刑法自有專條，各依本律處分可也。此説甚合。依此説，則人名册内若因調查員或他人之不遵定章及舞弊作僞，而將不合資格之人登入者，可隨時提起訴訟，不必待至選舉日期以後也。

前項呈請更正，初選監督應於收呈之日起二十日以内判定准否。

第二十三條　初選監督判定無庸更正時，有不服者，得呈訴於複選監督。

複選監督判定期限，照前條第二項辦理。

呈請更正，以宣示期内爲限。呈訴更正，雖不定限期，但以事實上推定之，則至遲以判定後二十日爲限。蓋宣示期二十日，期内呈請，更二十日，經初選監督判定，又二十日呈訴，又二十日判定，已須八十日。判定後，行文補入，又費手續，則已滿三月，届選舉日期矣。

第二十四條　凡過宣示期限，即爲確定，不得再請更正。其續由初選或複選監督判定更正者，應一律補入選舉人名册。

不得再請更正者，指呈請於初選監督而言。既呈請於初選監督，再呈訴於複選監督者，不在此限。更正時，祇有補入，不及删除者，以呈請更正限於本人。若本人以謂自己不應有選舉權，人名册誤列己名，而呈請更正者，必爲世情上所罕有之事。其呈請更正者，必屬於有選舉權，而名册遺漏，或登記錯誤可知，故必有補入，而無删除可知也。

第二十五條　選舉人名册確定後，應分存各投票所及開票所，並由督撫咨報民政部。

第三節 當選人額數

第二十六條 初選當選人額數，按照議員定額，加多十倍。每屆由複選監督，遵照督撫所定該複選區議員額數，十乘之爲該複選區當選人額數，分配於各廳、州、縣。

第二十七條 初選當選人分配之法，由複選監督以該複選區應出當選人額數，除全區選舉人總數，視得數多寡，定選舉人每若干名得選出當選人一名。再以此數分除各初選區選舉人數，視得數多寡，定各該初選區應出當選人若干名。其各初選區有選舉人數，不敷選出當選人一名，或敷選若干名之外，仍有零數，致當選人不足定額者，比較各初選區零數多寡，將餘額依次歸零數較多之區選出之。若兩區以上零數相等，其餘額應歸何區，以抽籤定之。

前兩項分配後，由複選監督於初選舉期兩個月以前，榜示各初選區。

上第二十六條定初選當選人額數，第二十七條定分配初選當選人於各初選舉區之法，條文精細明晰。今更申釋之，則不可不先明下第六十八條所定複選當選人分配之法。蓋全省議員定額規定於第二條，督撫依六十八條之法，分配於各複選區内，分配之議員名額已定，乃可依此二條定初選當選人額數，而分配之於各初選區也。

初選當選人之名額，十倍於所分配之議員名額。議員名額，既由督撫分配，則其複選區内之初選當選人額數，易於推定。惟分配於初選區之法，則須以各初選區選舉人之多寡爲比例。依比例之法，則爲複選區内初選舉人總數，與其複選區内初選當選人總數之比，若初選區内之初選舉人數，與其區内所分配初選當選人數之比。故以複選區内初選舉人總數爲一率，複選區内初選當選人數爲二率，初選區内之初選舉人數爲三率，求得四率，即其初選區内所分配初選當選人之數。條文不以二率乘三率，以一率除之，而用二率除一率，再以得數除三率，其理全同。

除依上比例之法，設有不敷選出當選人一名之零數，若棄其零數，則當選人將不足額。故條文對於此事又特規定之，令依次歸零數較多之區選出。其意謂，將各區依零數之多寡爲次，將不足額之當選名數，分配於其零數較多、名次在前者。若兩區以上之零數相同，則其多寡之次，以抽籤定之。

對於此分配之法，有一疑問。設如其初選區内，選舉人數不敷出當選人一名，而其零數之次第又在後，並餘額亦不得分配，則其初選區内竟不得選出當選人一名，此時將令區内之選舉人皆停止選舉權乎？抑附入於他區乎？但此問題在事實上當未必有，因議員名額最少之省分爲三十名，則其省内初選當選人之數爲三百名，必其初選區内選舉人數不及全省内被選舉人總數三百分之一，方有不足選出初選當選人一名之慮。今初選以廳、州、縣爲區劃，此等議員名額最少之省，其全省内分劃初選舉區大約不過三十區左右，則一區内選舉人數當無不及全省初選舉人總數三百分之一者，故爲事實上所無庸慮及者也。

第四節　選舉告示

第二十八條　初選監督應於該選舉期三個月以前，頒發選舉告示。其應載事項如下。

一，初選日期；

自某日某時起，至某日某時完畢。

二，初選投票區投票所及開票所地址；

全區共設投票區若干，如何分劃，各投票區内所屬鄉鎮，及投票所、開票所所在，均宜示明。

三，投票方法；

投票方法，尤宜簡明全備，因初行選舉，人或不知方法也。

此告示之樣式，可由籌辦處定之。

第五節　投　票　所

第二十九條　投票所由投票管理員及監察員掌投票一切事宜。

第三十條　投票之日，管理員及監察員均應按時齊集。如有臨時不到，應由初選監督派員代理。

臨時不到，派員代理，則往返費時。不如多派數人，則雖有一二人臨時不到，而於投票不至延誤。日本選舉法，定投票立會人爲三名至五名，故有二人臨時不到，尚有三人，仍符法定名額，不必增派。必缺至三人以下，再行增派，而尚有二人尚可辦事，可仿行也。

第三十一條　投票所周圍，得臨時增派巡警，嚴查一切。

第三十二條　投票所除本所職員，及投票人與巡警外，他人不得闌入。

日本法學家，解釋投票所分廣、狹二義。狹義之投票所者，書寫選舉票及置投票櫃之處，而管理、監察諸人之坐位不在狹義投票所之内。此狹義之投票所，凡管理員、監察員及巡警均不得入，願當事者共明此意。

第三十三條　投票所之啟閉，以午前八時至午後六時爲率，逾限不准入内。

日本選舉法，投票所定午前七時開，較早一時。又定午後六時閉，與本條同。若未至六時閉所之時，則即使投票人已全數投畢，亦不得閉所。否則，仍爲違法。日本解選舉法者如此，又未至午後六時，已入投票所，因投票人擁擠，而投票未畢，此時管理員當依法定時間閉投票所之入口，待已入投票所之人投票畢，方得閉投票櫃。

又條文言啟閉以午前八時至午後六時爲率，即午前八時啟，至午後六時閉之意，亦即投票所啟門，以午前八時至午後六時爲率之意，不可誤會。

第三十四條　管理員及監察員，應將投票始末情形，會同造具報告，連同投票匭，於投票完畢之翌日，移交開票所，並申報初選監督。

不曰投票之翌日，而曰投票完畢之翌日者，章程之意，恐投票不能一日完畢，故雖定選舉日期爲投票開始之時，而其完畢之日，則姑不規定，俾各省得斟酌情形而定之，於選舉告示内頒布可也。日本選舉法，於選舉日期投票，即日完畢。我國創行選舉，恐不能即日竣事，且邊省之地廣人稀者，雖一投票區之所屬，往返或須一二日，而道途之阻，風雨水潦之害，亦或難免，故宜隨各地情形斟酌。至完畢之日期以後，則雖未投票之人尚多，亦不能待。蓋東西各國，皆不免有放棄選舉權之人，必待投票之人一一投票，而後謂之投票完畢，恐終無完畢之日也。

投票録之式樣，當由籌辦處酌定。

第三十五條　投票所自投票完畢之日起，十五日以内，一律裁撤。

不於投票完畢之翌日裁撤者，恐因無人當選，或當選不足額，而有再行投票之舉也。十五日以後必裁撤者，以因投票選舉除三年一次以外，不過改選、補選，偶一用之，其餘毫無事事。而人或誤會以此爲國家之官廳，或認爲自治團體之建築物，而沿其名號，留其職員，一如閒散之衙署。然在選舉創行之際，實亦不可不防者，故特規定之。

第三十六條　投票所辦事細則，由初選監督擬訂，呈請複選監督核定施行。

辦事細則中所應定之事項，其重要者隨記如下：一，如投票人擁擠之時，可發號籤，按號籤先後，依次傳入投票；二，投票所職員，當於首先到所投票之選舉人面前，將投票匭開視，以示其匭内之空虚，然後加鎖投票；三，選舉人誤將投票紙污損時，可以請示給换；四，决定投票收受與否之要略；五，投票所内蓋之鑰，由監察員掌之，外蓋之鑰，由管理員掌之；六，所用投票紙及存餘各數之報告。此外一切關於紀律手續之類尚多，宜參考他國成法，酌量採取。

第六節　投票所投票簿及投票匭

第三十七條　投票紙應由複選監督，按照定式製成，於選舉期二十日以前，分交初選監督。

初選監督，應於選舉期十日以前，分交各投票所。

投票紙定式，由憲政編查館咨行，列圖説明如下。

選舉票式

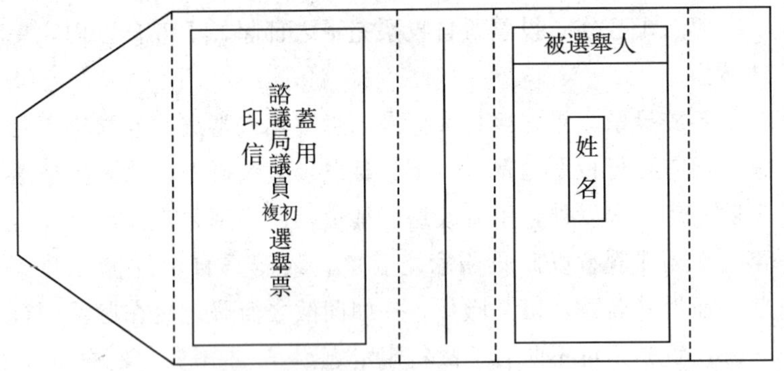

封面複初二字如初選舉票應去複字複選舉應去初字

此票選舉人不得自書姓名并夾寫他事

票用白紙，長五寸，闊一尺二寸。匀折五幅，中間一幅，切成一縫，長三寸餘，左方一幅，剪去兩角，以便插入中幅縫中。

第三十八條　初選監督，應按照各投票所所屬投票人，分别造具投票簿，並按照定式，製成投票匭，於選舉期十日以前，分交各投票所。

投票簿與選舉人名册之别，即選舉人名册全載初選舉區内選舉人之名，投票簿僅登載投票區内之選舉人名。又，選舉人名册應列事項見上第十九條，投票簿應載事項見下列第三十九條，其款式亦不同也。

投票簿格式如下。

投票簿式

號數	姓名	年歲	籍貫	住所	投票人簽字

續表

號數	姓名	年歲	籍貫	住所	投票人簽字

投票匭定式，由憲政編查館咨行，列圖如下。

諮議局選舉投票匭式

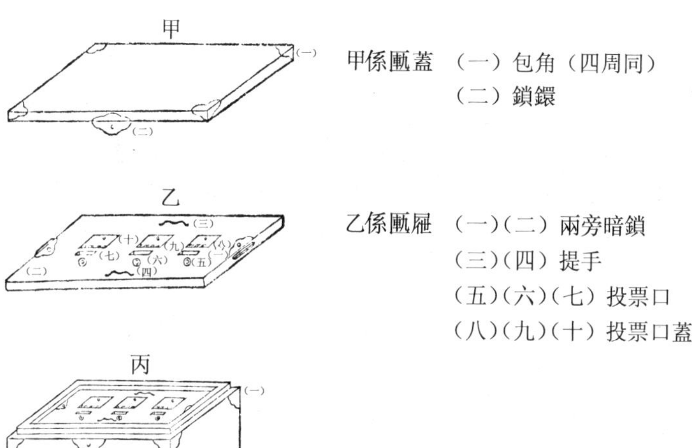

投票匭寬一尺五寸，高一尺二寸，橫一尺。投票口照票紙大小寬二寸二分，高五寸五分。

第三十九條　投票簿應載明投票人姓名、年歲、籍貫及住所。

日本選舉法施行令所定投票簿格式，僅記氏名，依假名之順序。我國投票簿姓名，可依筆畫多寡爲序，或用偏旁，或用官韻，編次以便檢查。

第四十條　投票匭，除投票時外，應嚴加封鎖。

在投票時，其内蓋亦當加鎖，惟外蓋則於投票時外加鎖。

第七節　投票方法

第四十一條　投票人，以列名本屬投票所之投票簿者爲限。

選舉人住址，與所屬投票區無疑義者，依此條投票。其或寄居外省，在本籍無住所者，或有兩住所以上者，或界在兩投票區之間，而區劃未明者，其姓名列入何區，選舉時不可不先行知悉。故宣示人名册時，似宜將所屬投票區開入，以免臨時周折。

第四十二條　投票人届選舉期，應親赴投票所，自行投票，不得倩人代理。

重大之投票權，豈容倩人代理，故必須親赴投票所，且須自行投票。故雖親赴投票所，而將投票紙委託所内職員，或他投票人代書被選人姓名，或自書被選人姓名，而託所内職員或他投票人代投，又或先親赴投票所，領取投票紙，不投票而出，復託他投票人入而代投，均爲違法之事。其中雖有爲管理、監察員所不能干涉者，然國民宜遵守法律，要在自重，固不宜待他人之干涉也。投票人必須親赴投票所，但其是否本人，頗難決定。定章：監察員必以本地紳士充之，且其人大約自三名至五名，期其所識之選舉人較多，可略免此弊。然於區内之選舉人，豈能盡人而識之，則其是否倩人代理，從何識别，則可向本人詢問其資格之條件，以與人名册對照。如有大不符合之處，則其非本人可知。此固科舉時代，令考生默寫三代之慣例也。

第四十三條　投票人應在投票簿所載本人姓名項下簽字畢，方准領投票紙。

簽字者於名下簽一“到”字可也。

第四十四條　投票人每名祇准領投票紙一頁。

但所領之一頁有污損時，可請换給一頁。惟必須换給，不能另給。换給則仍爲一頁，與條文無背，另給則爲兩頁，與條文不合矣。

第四十五條　投票用無名單記法，每票祇准書被選舉人一名，不得自書本人姓名。

日本舊選舉法，用記名投票，於被選人之外，更自書選舉人名。新選舉法，改爲無記名投票。蓋欲使選舉人不受他人之羈絆，而自出己意，以選其所當意之人也。不得自書本人姓名者，謂不得於既書被選人一名之外，再自書其姓名，表明此票爲何人所投也。或曰：條文所謂不得自書本人姓名者，兼有不得自書姓名爲被選人之意。但無名投票，既不知投者爲何人，即使自書姓名，從何檢查？且選舉票上之姓名，嚴禁漏洩窺視。他國選舉法，且有不能使他人陳述所選舉人姓名之規定，則其自書姓名者，決無受法律制裁之理。雖其人有毛遂自薦之嫌，乃道德上之問題，非法律上之問題也。

投票有聯記、單記之别。聯記者，一票得選數人，於大選舉區中用之。如一區可選出議員若干名，則每票書若干人名，此法易爲黨派所壓制，故不採用。單記者，一票祇選一人。於小選舉區用之，則爲小選舉區單記法，於大選舉區用之，則爲大選舉區單記法。日本舊用小選舉區單記法，今用大選舉區單記法，我國則採用大選舉區單記法之制，實爲選舉法之最善者。

第四十六條　投票人於投票所内，除關於投票事宜，得與職員問答外，不得涉及私言，並不得與他人接談。

投票事宜者，即投票方法内之事宜也。除此事宜得與職員問答外，其關於選舉而爲揄揚勸誘等事，或關於政治而爲詢訪討論等事，及無關於選舉之私言，皆不得涉及。至職員以外之人，則並投票事宜亦不得問答，一切談話，全然禁止。雖似過於嚴密，然章程之意，無非欲保投票之公平而已。

第四十七條　投票完畢後，投票人應即退出，不得逗留窺視。

日本選舉法施行令云：書寫選舉票之處，當爲相宜之設備，使選舉人不能伺他選舉人之投票，及交换票紙，與用一切不正之手段，可以採用。

第四十八條　投票人倘有頂替及違背定章等事，管理員及監察員得令退出。

違背定章者，即違背第四十一條、四十六條、四十七條定章是也。但違背第四十六條、四十七條定章者，若已領投票紙，未曾投票，須將其投票紙取還。退出後，令其待至投票所將閉所之時，再入而投票。日本選舉法，定退出者得最後投票，可以採用。

第八節　開　票　所

第四十九條　開票所設於初選監督所在地方，由開票管理員及監察員掌開票一切事宜。

第五十條　開票所自各投票匭送齊之翌日，由初選監督酌定時刻，先行榜示。屆時，親自到場，督同開票，即日宣示。

即日宣示者，宣示投票人數、選舉票數及被選人名與票數是也。

第五十一條　開票時，准選舉人前往參觀。若人衆不能容時，管理員得以限制人數。

此條須與下第五十三條參看。第五十三條云："第三十條至第三十三條所定各事項，開票所一律辦理。"查第三十二條云："投票所除本所職員及投票人與巡警外，他人不得闌入。"則開票所當云，除本所職員及選舉人與巡警外，他人不得闌入可知。

第五十二條　管理員及監察員應將開票始末情形，會同造具報告，於檢點票數完畢之翌日，申送初選監督。

開票録記載最關緊要，務宜詳備。其格式可由籌辦處酌定。

所有票紙，應分别有效、無效，一併附送。於本屆選舉年限内，由初選監督保存之。

有效票紙者，即當選者所得之票紙是也。無效票紙者，有法律上之無效，即下第五十五條作廢之票紙是也，有實際上之無效，即落選者所得之票紙是也，亦有單稱法律上之無效爲無效投票者，又有包括棄權及法律上無效投票，與落選者所得票而總稱爲無效投票者，意義廣狹不同。本條所謂無效，則指落選票及廢票而言。

無效之投票多，則當選不足額，有再選之煩，而亦國民平日對於政治上不甚注意，故臨時選擇無一定適當之人也。日本第一回選舉，當選票四百七十二萬有餘，落選票四百四十六萬有餘。至第六回選舉，則當選票六百九十七萬有餘，落選票一百八十九萬有餘。蓋由政黨進步，及國民之目的，漸達於一致之故也。

第五十三條　第三十條至第三十三條，及第三十五、三十六條所定各事項，開票所一律辦理。

此條文詳之，爲開票之日，管理員、監察員均應按時齊集，如有臨時不到，應由初選監督派員代理。又開票所周圍得臨時增派巡警，嚴查一切。又開票所除本所職員及選舉人與巡警外，他人不得闌入。又開票所之啟閉，以午前八時至午後六時爲率，逾限不準入内。又開票所自開票完畢之日，起十五日以内，一律裁撤。又開票所細則，由初選監督擬訂，呈請複選監督核定施行。

第九節　檢票方法

第五十四條　檢票時，應先將選舉票與投票簿對照。如有姓名不符，及放棄選舉權等事，均應另册記明。

此條屢起世人之疑問。以本章程採用無記名投票，則投票人之姓名，檢票時無從而知，不能與投票簿核對。如欲核對，則有惟將票内之被選人姓名，與投票簿内之姓名核對而已。然依此解釋，行之初選，則初選被選者，將以投票區内之投票人爲限；行之複選，則被選爲議員者，必以選舉議員之複選舉人爲限，均與他條生牴觸。故紛紛詰問。近憲政編查館對於“姓名不符”四字，解爲姓名之數目不符，則一切疑義均可消釋矣。蓋投票簿中簽字之人若干，則投票匭中應有選舉票若干，其數目必須相符。如有不符，則或由於選舉人之攜票出所，或由於舞弊作僞，不可不記明，以便查究。至放棄選舉權者，如不到所投票，投票簿中不簽字，或到所簽字而不投票，及空白投票者，皆是。記明棄權者之多寡，所以備統計考核也。

第五十五條　凡選舉票應作廢者如下。

一，寫不依式者；

此款事項，指書被選人在二名以上者，及書投票人姓名者而言。其他書寫之地位不合，或反寫、倒寫，苟其所選何人可以確認者，不能作廢也。

二，夾寫他事者，其記載被選舉人官銜、職業或住址等項者不在此限；

書官銜、職業、住址者，不在作廢之列。其書寫通用之敬稱，如某某兄、某某君、某某先生之類；書寫官銜上敬稱，如某某相國、某某尚書之類；書寫職業上之敬稱，如某某醫士、某某教師、某某政法家、某某格致士之類，皆可以此推之。其用私人之稱謂，如某某堂兄、某某表弟、某某業師、某某同學之類，有害投票之秘密者，悉當作廢也。

又書寫官銜、職業、住址，若稍錯誤，不至誤認爲他人者，固無關緊要。若其姓名與官銜、職業、住址全然不符，大相徑庭，則其爲誤記姓名乎？抑誤記其官銜、職業、住址乎？其當選之果屬何人，使人不能確認，則此票亦必作廢矣。

又姓名之下，注以字號者，亦不在夾寫他事之列。其姓名與號不符，令人不能確知其所選爲何人者，亦在作廢之列。

三，字跡模糊不可認者；

此款以不可認爲限，其用草體、俗體及墨水延瀋、筆畫潦草，爲通常人所不能識，管理、監察員均不能辨認者，則當作廢。其雖模糊，而有可勉强辨認者，即在不廢之列。其書寫篆籀古體、減筆偏旁、清文蒙文、回文藏文苟能認識，均不應作廢。至以西文書寫姓名者，雖留學經商出洋回國之人，及商埠之商家華僑之子弟，皆習用之，然不識西文者，不能認識，恐不能不在作廢之列也。

四，不用投票所所發票紙者；

投票紙雖非僞造，苟非其投票所所發者，亦當作廢。反之，其投票紙雖係僞造，而苟爲投票所所發者，亦不能作廢也。

五，選出之人，不合被選舉資格者；

初選被選，須有諮議局議員選舉權者爲合格。故在確定人名册以内無名者，即爲不合被選資格之人。其已列名册内，而現有不合資格之事實發生，管理員、監察員見聞確實，同意決定者，亦可廢之。又人名册内所載爲其正名，而選舉票内所載爲號名、小名，或人名册内所載爲號名、小名，而選舉票内所載爲正名，則僅查人名册，不能知之。若人名册内兼載號名、小名，可以知其實爲一人者，或管理、監察員同意決定，認其實爲一人者，當不必作廢。其人名册内所不載，或管理、監察員所不知者，則不能不在作廢之列。如得票額數可以當選，則落選人可自行呈控，但管理員、監察員固不能任其咎也。

複選被選，無人名册可稽。選出之人，其資格之合否，在檢票時，頗難稽核。此時，各管理、監察員確知其爲不合資格之人，可以同意決定之。惟若因此而致人落選，則落選者苟自以爲無不合資格之事，則可以呈控，管理、監察員不能不任其職。如管理、監察員不能確知其人有不合資格之事，則自無作廢之理。如其人已當選，則不合資格後，尚可令其當選無效，但非開票所管理員、監察員之職任矣。

第十節　當選票額

第五十六條　初選以本區應出當選人額數，除選舉人總數，將得數之半爲當選票額。非得票滿該額以上者，不得爲初選當選人。

當選之法，有半數當選及多數當選之二法。本條所採之法，即半數當選之法也。多數當選者，即比較得票數之最多者爲當選。二法各有利弊。半數當選可以限制政黨，使不能多占額數，而當選不足額，則有再選之煩。多數當選無再選之煩，而行於大選舉區複選制度之國，則政黨太占優勝。故在單選舉制度之國，人民於行使選舉權已有經驗之時，雖可用之，在我國今日，實爲不宜也。以我國現在情勢而論，既不能不用複選之法，其理由已詳《諮議局章程》第二條案語，而複選之制實利於政黨，故不能不以半額當選法略加限制。今舉例如下。

如某省議員爲一百名，選舉人爲十萬名，其信仰政黨之選舉人，僅選舉人之百分之一，即一千名。依理，此政黨内僅可得議員一名，至多爲二名。然苟行多數當選之法，則政黨可審時度勢，出計畫以占得議員之多額或全額。因無黨派之選舉人，或目的相同，以大多數之選舉人，向一人投票，則其票雖有效，而得票過多，溢出之票，仍歸無用。或目的不同，選出之人，太多每人僅占一二票，故政黨可以乘機制勝。每初選舉人三名，選出複選舉人一名，則千名之初選舉人，可選出三百三十三名之複選舉人。迨複選舉時，無黨派之複選舉人，又因目的相同或不同之故，致得票太多或過少，政黨又可乘機制勝。以三百三十三名之複選舉人，選出議員一百名或八十名，每人匀計三四票，則盡可當選矣。夫以百分之一所信仰之政黨，而占議員之全數或大半數，以代表輿論，詎得爲平？惟用半數當選之法，可以限制之。以十萬名之初選舉人，選出一千名之複選舉人，非滿五十票，不能當選。故信仰政黨之選舉人一千名，至多衹能選出二十名之複選舉人，又以一千名之複選舉人，選出一百名之議員，非滿五票，不能當選，則政黨内選出之複選舉人二十人，至多衹能選出議員四人，非信仰政黨之人達選舉人四分之一以上，不能占議員之全額也。

第五十七條　凡因不滿當選票額，致無人當選，或當選人不足定額，由初選監督就得票較多者，按照應出當選人額數，加倍開列姓名，即行榜示。於開票後第三日，在原投票地方，令原有投票人，即就所列姓名再行投票一次，以期足額。

半數當選之制，不免有因不滿票額，致當選無人，或不足額之事，故此手續不可不規定。此時則採用多數當選之制，而於當選人中，令選舉人再行投票。此時開列名額，僅照應選出之名額加倍，則投票之後，自無票數不足之憂。故此開列之人，殆無不可當選者。惟取多數之半額爲當選人，少數之半額依下條爲候補當選人而已。但其得票仍不足當選票額者，依章程仍不能爲當選人或候補當選人。

因不滿當選票額，致當選無人及缺額時，既不能不採多數當選之法，此時必加倍開列投票者，非僅爲候補當選人之豫備，亦非僅爲形式上之足額，實以限制政黨，使不得過占名額也。當第一次投票時，選舉人或目的相同或目的不同，致政黨可以乘機多占名額。迨第二次投票之時，其爲大多數所選出者，業已當選。其餘因目的不一，而投票無效者，此時被選姓名已限於所開列之人内，亦可無此慮，故政黨不能占優勢。今舉例如下。設使以初選舉人十萬名，選出複選舉人一千名。若信仰政黨之初選舉人爲千名，依半數當選法，得選出複選舉人二十名。今無黨派之選舉人，除以大多數當選者外，其餘所選出者，因目的不同而得票之數以三票爲最多。信仰政黨之選舉人即以三票選一人，共選出複選舉人三百三十三名，則開列之時尚有一千六百六十餘名爲無黨派之複選舉人所選出者。設使信仰政黨者所選出之複選舉人，無爲他選舉人所信仰者，則第二次投票時，以九萬九千人而舉一千六百六十人，每人匀計八十三票，信仰政黨者以一千人而舉三百三十三人，每人僅得三票，政黨必大遭失敗矣。若欲不致全數落選，勢不能不以八十三人選出一人，則僅得選出複選舉人十二名，較半數當選者爲更少矣。

第五十八條　當選人名次，以得票多寡爲序。票數同者，以抽籤定之。

因當選不足額，而再行投票時，其得票之數雖多，當次於已當選者之後。

第五十九條　凡得票滿初選當選票額，而當選人額數已滿者，作爲初選候補當選人，其名次照前條辦理。

第十一節　當選知會及執照

第六十條　當選人確定後，應即榜示，並由初選監督具名，分别知會各當選人。

開票後，即日宣示。此時所宣示者，不過開票之結果而已。或當選無人，或不足額數，故當選人尚未確定。確定以後，不可不再行榜示，同時分别知會。

第六十一條　當選人接到知會後，應自知會之日起，二十日以内，呈明情願應選。其逾期不覆者，作爲不願應選。

自知會之日起者，即自發出知會文牘之日起也。必須於二十日以内，呈覆之文已達選舉監督處，方不逾期。然設或選舉監督有意延擱，寄出之後，故意滯其達到之期，呈覆之時，延擱於門房，以爲未曾接覆，此等規則，籌辦處不可不詳細訂立。且被選之人，或宦游京外，或服賈他方，如依從前驛遞之法，則達到之時逾期已久，雖欲應選而不能，則宜用郵信或電報以達之，當選者亦可以電報呈覆，庶無貽誤。

第六十二條　凡呈明情願應選者，由初選監督酌定日期，給與當選執照爲憑。

給與執照之日期，頗難確定。故由選舉監督酌之，總期無誤複選舉期日可矣。

第六十三條　當選執照，由複選監督按照定式製成，於選舉期二十日以前，分交初選監督。

執照定式，由憲政編查館咨行。茲照録如下。

諮議局初選舉當選執照

註全官銜　初選舉監督註姓　爲
給與執照事按照諮議局選舉章程第六十二條初選舉當選者應給與
執照爲憑茲查
貴紳在註明某府某廳某州某縣選舉區被選得票與初選舉當選票額相符
合行給與初選舉當選執照以符定章須至執照者
右　給　與
紳上下註明姓名
蓋　用
宣　統　年　月　日
印　信

第六十四條　當選執照給與後，應將當選人姓名、職銜榜示，並申報複選監督。

申報複選人姓名，不可不在複選舉期之前數日，以備造複選舉人名册。故給與執照及榜示，亦不可不及早辦理。又，此條之榜示，與前第六十條之榜示不同。六十條之榜示，在尚未知會以前，其應選與否，尚在未定。此條之榜示，在給與執照以後，當選之人，不至大有變動矣。

第三章　複選舉

第六十五條　複選由初選當選人齊集複選監督所在地方行之。

第六十六條　複選人名册，以初選當選人爲限，按照各初選區先後依次編列。其册内應載事項，除照第十九條外，並應載明初選當選票數。

第六十七條　複選當選人爲諮議局議員，其各複選區應得議員若干名，每届由督撫按照各該複選區選舉人名册總數，以全省議員定額分配之。

全省議員之名額，已定於諮議局章程第二條。惟各複選區内每區應出議員若干名，則每届均由督撫分配其分配之法，則視各複選區内之初選舉人多寡而定。詳於下條。

條文内所謂各該複選區選舉人名册者，非上條所謂複選人名册，乃前第二十一條之選舉人名册，於初選舉六個月以前告成，由初選監督呈複選監督，再由複選監督申報督撫者也。

第六十八條　複選當選人分配之法，由督撫於各複選區選舉人名册報齊後，按照名册，以該省議員定額，除全省選舉人總數，視得數多寡，定若干選舉人得選出議員一名。再以此數分除各複選區選舉人數視得數多寡，定各該複選區應出議員若干名。

其各複選區，有選舉人數，不敷選出議員一名，或敷選出若干名之外，仍有零數，致議員不足額者，比較各複選區零數多寡，將餘額依次歸零數較多之區選出之。若兩區以上，零數相等，其餘額應歸何區，以抽籤定之。

前兩項分配定後，由督撫於初選舉三個月以前，榜示各複選區，並咨報民政部。此條分配之法，與前第二十八條略同，可參看第二十八條箋釋。

第六十九條　複選監督，應於該選舉期一個月以前頒發選舉告示。其應載事項如下。

一，複選日期；

二，複選投票所及開票所地址；

三，投票方法；

第七十條　複選投票所及開票所地址，由複選監督酌定其管理員、監察員及一切章程，均照第二十九條至第三十五條，及第四十九條至第五十二條辦理。所有辦事細則，由複選監督酌定施行。

第七十一條　複選投票紙投票簿及投票匭定式，與初選同。

第七十二條　複選投票方法，照第四十一條至第四十八條辦理。

第七十三條　複選檢票方法，照第五十四、五十五條辦理。

第五十四條檢票時，應先將選舉票與投票簿對照。如有姓名不符，及放棄選舉權等事，均應另册記明。此"姓名不符"四字，大起一時之疑問。以複選之投票簿内所記者爲複選舉人之姓名，選舉票中所記者爲選舉爲議員者之姓名，如須符合，是議員必從複選舉人中選出，而議員與複選人之資格必同。然複選人爲有選舉權者，議員爲有被選權者，其資格不同，故姓名勢難符合。近來憲政編查館指示謂：姓名不符指姓名之數目不符而言。其疑問遂釋然矣。

第五十五條五款，選出之人不合被選舉資格者，選舉票作廢。惟複選之時，既無名册可稽，檢票之時，又極匆促，則合格與否，勢難確知。檢票者務宜慎重，以免妨害公權爲要。

第七十四條　複選以本區應出議員額數，除初選當選人總數，將得數之半爲當選票額。非得票滿該額以上者，不得爲複選當選人。

此亦採用半數當選之法，與初選同。惟初選於當選無人或不足額時，定再行投票之手續。見第五十七條。複選不定此手續，然事實上恐不能免，仍當照第五十七條辦理也。

第七十五條　複選當選人名次，照第五十八條辦理。

第七十六條　凡得票滿複選當選票額，而當選人額數已滿者，作爲複選候補當選人。其名次照第五十九條辦理。

複選候補當選人，不可不多備名額。除當選無效時，當以候補當選人遞補外，其議員之被選爲資政院議員者，以事實上論之，勢不能兼爲諮議局議員，亦不能不以候補當選人遞補也。

第七十七條　複選當選人確定後，應即榜示，並由複選監督具名，分别知會各當選人。

當選人呈明情願應選後，由複選監督，定期給與議員執照爲憑。其呈明期限，應照第六十一條辦理。

議員執照定式，由憲政編查館咨行，兹照録如下。

諮議局議員執照

註全官銜　　　　　　複選舉監督註姓　爲
給與執照事按照諮議局選舉章程第七十七條
複選舉當選者應給與執照爲憑茲查
貴紳在註明某府某廳某州某縣選舉區被選得票與
複選舉當選票額相符合行給與議員執照以符
定章須至執照者
右　　　　　給　　　　與
紳上下註明姓名
蓋　用
宣　統　年　月　日
印　信

第七十八條　議員執照給與後，複選監督應將議員姓名、職銜申報督撫，由督撫分別諮報資政院、民政部立案。

第四章　選 舉 變 更

選舉更改凡四事，曰選舉無效，曰當選無效，曰改選，曰補選。

第一節　選 舉 無 效

第七十九條　凡遇左列各項，爲選舉無效。

一，選舉人名册有舞弊作僞情事，牽涉全數人員，被人控告，判定確實者；

選舉人名册有舞弊作僞情事，例如捏造選舉人姓名或資格，及人名册確定後，擅行增删修改之類。當宣示時，選舉人見自已之資格有誤錯遺漏，可先行呈請更正。其舞弊作僞不涉於辦理選舉人員者，如選舉調查員及其他人等，均可照普通訴訟之法，提出訴訟。惟舞弊作僞之爲辦理選舉人員所爲者，則當依下選舉訴訟法提起，必自選舉日起，方可將作僞舞弊之證據，向該管衙門呈控，且必爲選舉人而後可以呈控。至判定確實之後，如牽涉全區所選出之議員，或複選人，使選舉之結果有變動，則其選舉作爲無效。以上係章程内規定之辦法。吾輩就事實上言之，人名册有舞弊作僞情事，屬於辦理選舉人員所爲者，必待選舉期日而後呈控，則其事已無可救濟。判定之後，苟牽涉全數人員，自不能不爲選舉無效，而行改選之手續。然此手續繁重，非輕易可行，似不如於宣示之後，許人呈控，則判定後尚可更正，而無改選之繁。然確定後之舞弊作僞，非選舉時不能發見，故選舉後亦當許其呈控也。

人名册舞弊作僞，必牽涉全數人員，而後爲選舉無效，故舞弊作僞之屬於選舉調查員及其他人等所爲，可在選舉日以前呈控者，則判定後尚可更正，自不至牽涉議員及複選人。其在選舉日以後呈控者，或爲辦理選舉人員所爲，須在選舉日以後，方可呈控者，若判定確實，尚不至牽涉全數人員，則亦不能爲選舉無效。惟對於被牽涉之人員，爲之改正而已。至舞弊作僞之人，則不論其牽涉全數人員與否，皆當有以裁制之。本章程第九十五條罰則，爲舞弊作僞之一。其作僞舞弊爲九十五條所不能包括者，可依普通刑法處罰。

至如何爲牽涉全數人員，不可不加研究。例如，因舞弊作僞，至選舉人有增減。設增減之數甚巨，至分配之額數有牽涉，則可重行分配。其他區之應增減者，增則以候補當選人遞補，減則當選名次在後者爲候補當選人。因其時執照未給，尚可更正也。至舞弊作僞之區，若所增減之人數，不致牽涉票數。例如，增減不過一二人，而當選人與候補當選人之間，相差不止一二票，則界限分明。又候補當選人名次高下，其票數之差亦不止一二票，則次序亦不至牽涉選舉，仍不失效力。且依條文，必須牽涉全數人員，則雖其中之一二人員票數偶有牽涉，仍不能爲當選無效。惟增減過多，至全數人員之票數均被牽涉，而有變動之虞，則不得不重行改選。例如，於當選人票數内，減去應減之選舉人數，均不及當選票額，又落選人票數，加入應增選舉人數，則當選人均須落選，是則牽涉全數，不能不再行選舉矣。

二，辦理選舉，不遵定章，被人控告判定確實者；

辦理選舉，不遵定章，被人控告者，即依選舉訴訟章第八十七條：凡選舉人倘確認辦理選舉人員有不遵定章之行爲，得向該管衙門呈控是也。然章程條理繁密，辦理時偶有不遵定章之處，乃辦理選舉人員之咎。其於當選人員之票數無牽涉者，若概行當選無效之手續，則選舉人轉得以個人之好惡，借辦理選舉人員之過誤，以使選出之議員不能當選。故此款所謂不遵定章之行爲者，亦當比照前款，必牽涉全區所選出之議員或複選人，使選舉之結果有所變動，而後爲選舉無效。日本選舉法云："違背選舉之規定時，以當選之結果有異動之虞者爲限，裁判所得判決其選舉之全部或一部爲無效"，即此意也。又，此所謂辦理選舉，不遵定章者，專指投票、開票之不遵定章而言。例如，選舉告示之誤期及錯誤，管理員或監察員之不到，投票所啟閉之時刻不合，投票所中任閑人喧擾，投票紙在投票所外分給，違法拒絕選舉人之投票，投票櫃及投票簿有舞弊可疑之處，侵害投票之秘密，開票不榜示，或時刻、地址有誤，管理、監察員及選舉監督之不到，票數與投票名數不符，不准選舉人參觀，毀棄選舉票，及投票、開票之報告不實等類，皆是。至當選人之榜示、知會、給照等事，不遵定章，不在此款之內。因選舉訴訟之期限，自選舉日起三十日以内爲限，而當選之榜示、知會、給照等，其期限無定，倘必依選舉訴訟之期限，則其不遵定章之行爲，發生於期限以外者，將不得呈控矣。故除投票、開票以外，各事有不遵定章之行爲，當依普通訴訟法呈控，不在選舉訴訟之範圍以内，即與選舉之效力無關。至辦理選舉人員有不遵定章之行爲，自不可不有以裁制之。本章程雖無規定之罰則，然瀆職之罪、過怠之罰，在法律中自必另有規定。況懲戒處分，如記過、停委、罰俸、撤任、開缺、降調、參革之類，上級官廳或本屬長官可以裁量行之，更不必有所規定也。

三，照《諮議局章程》第四十八條已經奏請解散者；

第八十條　初選有前條第一、二款情節者，其初選爲無效。複選有前條第一、二款情節者，其複選爲無效。但初選無效者，複選雖經確定，一併作爲無效。

第二節　當選無效

第八十一條　凡遇左列各項，爲當選無效。

一，辭任；

或不應選，或應選後辭職皆是。

二，疾病不能應選，或身故；

疾病不能應選，亦須本人自不應選而後可。若辦理選舉人員謂其人有疾病，不能應選，則不可。至身故者，則必不能應選，可由辦理選舉人員決定矣。

三，被選舉資格不符，被人控告，判定確實者；

初選、複選之當選人，選舉監督均有決定之權。此決定之範圍，有廣、狹二義，見前第六條六款箋釋。主狹義者曰：凡得票可以當選者，非依本條各款，不能令其無效。如因被選舉資格不符而當選無效，非被人控告，判定確實不可，選舉監督不能擅自決定也。主廣義者曰：得票雖可當選，非經選舉監督之決定，則尚未能當選也。當選無效者，指經選舉監督決定後之當選人而言，此時非依本條各款，不能令其當選無效。然當未經選舉監督決定之時，選舉監督如知其不合資格，可不令其當選，故選舉監督有決定當選人之權。此二義雖均可解釋，然就吾輩所研究，則以狹義爲當，説已見前，不贅。

又當選人之被選資格不符，選舉人可以呈控。惟呈控期限，以選舉之日起三十日以内爲限，已逾期限，則不能控告。若此時有不合資格之條件發生，當如何辦理，則諮議局内不得不另設資格審查委員，以審查之。審查確實以後，依第五十七條以到會議員全體決議除名。至諮議局罰則内，雖無因被選資格不符而除名之規定，然第六、七、八條條文，既列載於前，則不合資格而除名，自屬當然之辦法。將來或於細則中規定之，或依《諮議局章程》第六十二條增入可也。

四，當選票數不實，被人控告，判定確實者；

當選票數不實之控告，亦以自選舉之日起，三十日以内爲限。過此限而發覺者，是否無效，尚待研究也。至當選票數雖不實，而除去不實之票，尚不礙於當選票額者，仍不能爲當選無效。即名次有變動，至不能當選，仍不失爲候補當選人。又當選票數不實，由於辦理選舉人或他人員之過誤及舞弊者，當照普通刑法辦理。

五，照《諮議局章程》第五十八條至第六十條除名者；

第八十二條　當選無效，如已給與執照，應令繳還，並將姓名、職銜及其緣由榜示。

第八十三條　當選無效，各以候補當選人遞補，仍按照第六十條至第六十二條辦理。

此候補當選人，指選出之區内候補當選人而言。

第三節　改選及補選

第八十四條　改選於每届選舉年限舉行。

選舉無效時，均一律改選。

選舉無效時之改選，不必於選舉年限舉行，如散解後之重行選舉是也。

第八十五條　補選以有左列各項情事時舉行。

一，議員缺額，無候補當選人；

二，增廣議員定額，無候補當選人；

第八十六條　改選及補選一切應有事宜，均照本章程辦理。

第五章　選舉訴訟

日本選舉法，分選舉訴訟及當選訴訟爲二。選舉人關於選舉之效力有異議，則提起選舉訴訟。落選人關於當選人之效力有異議，則提起當選訴訟。又當選訴訟不外二端：一，當選人之當選無效；二，自己之得票達定數。本章於選舉訴訟及當選訴訟之第一端，皆須選舉人提出，惟當選訴訟之第二端，則許落選人提出，而標題則皆稱之爲選舉訴訟。又選舉訴訟者，乃訴訟法中之特别法也。特别法中無專條者，仍當依普通法辦理。我國訴訟法雖未頒布，但向來通行之法律條例章程亦可適用。惟特别法有專條者，則從特别法而已。例如，財物利誘，暴行迫脅，及以詐術獲登人名册等，皆列於罰則。而選舉訴訟内無專條，當依普通訴訟法，以推事起訴，不論何人，均可告發於推事。在未立審判廳之處，即可告發於該管衙門，不在選舉訴訟之内也。

第八十七條　凡選舉人倘確認辦理選舉人員有不遵定章之行爲，或於選舉人名册有舞弊作僞之證據者，得向該管衙門呈控。

此條之原告，必爲選舉人。其被告，必爲辦理選舉人員，即選舉監督、投票開票管理監察員是也。選舉調查員，章程中不列辦理選舉人員之内，故不遵定章或人名册行舞弊作僞之事，若係選舉調查員所爲者，或係他人所爲者，不在本條範圍以内，當依普通訴訟法起訴。其原告不必爲選舉人，其期日亦不必照選舉訴訟期限。惟關於辦理選舉人員，則呈控期限當依下第九十條。又依吾輩之研究，若人名册有舞弊作僞之證據，雖係辦理選舉人員所爲，若許選舉人得於宣示後控告，則可無改選之煩。

依此條呈控者，判定確實之後，人名册舞弊作僞，必牽涉全數人員，而後爲當選無效。辦理選舉，不遵定章，亦爲選舉無效。依第七十九條二款條文内，雖無牽涉全數人員之語，然不遵定章，若不至牽涉全數人員，於選舉之結果無變動之虞者，則其不能爲選舉無效，亦當然之事，無待規定，詳見第七十九條二款箋釋。至不遵定章及舞弊作僞之人，應受如何之懲罰，在本章程中雖無規定，然僞造之罪、瀆職之罪，在普通刑法中自有專條，當各依本律處治也。

第八十八條　凡選舉人倘確認當選人内有左列情節者，得向該管衙門呈控。

一，被選舉資格不符；

二，當選票數不實；

此條之原告，必爲選舉人。被告，必爲當選人，但候補當選人亦在其内。因呈控之期，自選舉日起三十日以内爲限，故開票榜示之後，其得票額數可以當選者，或再行投票時所開列者，雖其時孰爲當選人、孰爲候補當選人，尚未確定，但既有此二款情節，則不論其爲當選人或候補當選人，皆可呈控。如必待當選確定之後而呈控，則確定之期，章程中並無定限，如在三十日以後，已逾呈控之期。且候補當選人遞補之時，自必在選舉訴訟期限以外，若候補當選時不呈控，則當選時已不能提起訴訟矣。至判定確實之後，則爲當選無效。惟第二款之票數不實者，必其實票不足定額者爲限。其實票在定額以上者，但改正其名次，或爲當選人或爲候補當選人，均無礙也。

第八十九條　凡落選人員，倘確信有左列情節者，得向該管衙門呈控。

一，得票額數可以當選，而不能與選；

二，候補當選人名次錯誤遺漏；

此條之原告，必爲落選人員，但候補當選人亦在其内。所呈控情節，當與自已有關係。其被告，則爲辦理選舉人員。至呈控之期，依下第九十條，自選舉日起三十日以内爲止。但選舉後至開票榜示，已非七八日不可，若有再行投票之手續，則開票榜示約在半月以後矣。此時選舉監督，若即行確定當選人，榜示姓名，則落選人雖尚可調查而提起訴訟，但時日已甚局促。且複選時須在按察司衙門提起訴訟，距省較遠之府已有不及呈控之慮矣。若選舉監督於確定當選之手續，遲至選舉期三十日以後，則落選人將無呈控之期。日本選舉法當選訴訟，於地方長官給與當選證書、告示其氏名於管内之後三十日以内出訴。蓋當選訴訟，非當選確定後無從提出也。至判定確實之後，則更正之。又，本條情節可分析之爲數項：一爲得票已滿定額，且其名次在當選人額數以内，而不得爲當選人者；二，得票已滿定額，可以爲候補當選人，而候補當選人名次表内遺漏不載者；三爲候補當選人，而其名次錯誤，不依得票之多寡爲序者。

第九十條　凡呈控應自選舉之日起，三十日以内爲限。

日本選舉法選舉訴訟，以選舉日起三十日以内爲限，當選訴訟於當選榜示後三十日以内爲限。本章程均以選舉日起三十日以内爲限，於第八十七及八十八兩條，固可適用。惟第八十九條之當選訴訟，其當選確定之時，逾本條期限者，則不能照本條辦理，詳第八十九條箋釋。

第九十一條　凡選舉訴訟事件，初選應向府、直隸廳州衙門呈控，複選應向按察使衙門呈控。

其各省已設審判廳者，應分别向地方及高等審判廳呈控。

第九十二條　凡選舉訴訟事件，應於各種訴訟事件内提前審判，不得稽延。

日本選舉法云："關於選舉之訴訟，裁判所不拘訴訟之次序，速爲裁判。"蓋以議員之責任甚重，故關於選舉之訴訟，不可或忽也。

第九十三條　凡不服該管衙門之判定者，初選得向按察使衙門上控，複選得向大理院上控。但自判定之日起，三個月以内爲限。

其各省已設審判廳者，照審判廳上控章程辦理。

第九十四條　凡選舉訴訟事件，所有訟費等項，悉照通行章程辦理。

各國通例，凡原告人敗訴時，一切訟費歸原告人擔負，判定確實後，訟費歸被告人擔負，又有視其訴訟事件而令原、被各擔其一部者。我國訴訟法尚未頒布，訟費章程，各地各有習慣，故條文云照通行章程辦理。

第六章　罰　　則

此爲選舉罰，乃刑法中之特别法也。其特别法所不載者，當照普通刑法辦理。

第九十五條　以詐術獲登選舉人名册，或變更選舉人名册者，處十元以上、一百元以下之罰金。

辦理選舉人員知情者，處一月以上、六月以下之監禁，或三十元以上、二百元以下之罰金。

以詐術獲登選舉人名册者，謂人名册未確定以前，有不合選舉資格之人，以詐術欺朦選舉調查員或初選監督，而以自己之姓名登入選舉人名册。又人名册確定以後，有未曾列名之人，不依章程呈請更正補入，或已判定不能更正，而用詐術以自己之姓名登入人名册内者，皆是。其因誤會或不明資格之故而登入人名册，並非出於詐術者，又他人以詐術欺朦選舉調查員或初選監督，將其姓名登入選舉人名册，而非出於本人之意者，皆不能科以本條之罰則。

以詐術變更選舉人名册者，謂人名册未確定以前，以詐術使他人登入人名册，或以詐術使他人不登入人名册，及人名册確定以後，不經判定，而將已登入之姓名删去，或將未登入之姓名增入者，皆是。惟出於無心之過誤者，不能科以本條罰則。至人名册内所列姓名，不登入投票簿，或有意歸入他區之投票簿，使本人無從投票，及將不列入人名册内之姓名登入投票簿者，亦當處以變更人名册之罰則。

本條第一項，指辦理選舉人員以外之人而言。因第二項於辦理選舉人員之情者，其處罰重於第一項，則第一項各事若出於辦理選舉人員之所爲，其罰必當更重也。故初選監督、投票管理監察員以詐術變更選舉人名册，及投票開票監察員以詐術獲登選舉人名者，不依本條第一項罰則，當依普通刑法内瀆職罪、詐僞罪辦理。至選舉調查員犯前項事情，則當仍照本條處罰。又本條第一項事情，若屬於辦理選舉人員所爲者，則當依第八十七條提起選舉訴訟。其不屬於辦理選舉人所爲者，及辦理選舉人員知情者，則不列入選舉訴訟，當依普通訴訟之法。以下各條，皆與選舉訴訟無關，亦當依普通訴訟法辦理。

本章程罰則，不外罰金及監禁二種。則爲選舉監督之知府、同知、通判、知州、知縣、教佐各官，及爲管理、監察員之官紳，與夫選舉人、被選舉人之爲職官及有出身者，當處罰時，其職官及出身等是否須先行參革乎？日本法律，官吏受刑事上之告訴或告發，即命休職，依刑法之宣告而免官。我國定制，職官犯笞杖，以處分準之，私罪至滿杖革職，公罪皆減私罪一等，則公罪犯徒者革職。監禁之刑屬於何等，雖無一定之標準，新律草案拘留當舊律笞杖，有期徒刑當舊律徒流，又拘留囚徒，監禁之於監獄或拘留場，而以不滿一月爲限，然則監禁滿一月者爲拘留刑之最長期，當舊律之滿杖可知，監禁之在一月以上者，當舊律徒刑可知。本章程之監禁皆在一月以上，則依本章程而科以監禁者，與科以徒刑無異。故職官等之處監禁者，其職官及出身當然在參革之列。又新律草案定罰金之輕重，在有期徒刑與拘留之間，受有期徒刑或拘留之宣告，其執行上實有窒礙時，易以罰金。其分則有明文者，與徒刑或拘留刑併科之。無資力完納者，易以監禁，以一日一元計算。本章程之罰金，有僅科以罰金者，如本條第一項是也；有與監禁相準者，如本條第二項及下第九十七條、九十八條、一百二條是也；有與監禁併科者，如第一百條、一百一條是也。其僅科罰金而不滿三十元者，準拘留之例，與舊律之罪不滿杖者相當，可以處分準之。其滿三十元以上者，及與監禁相準滿三十元以上者，與監禁並科者，皆準徒刑之例，革去其職官及出身。惟有職官及出身者，與年老有疾者，在舊例準其納贖，故當處以監禁時，可易以罰金。

第九十六條　冒用姓名投票者，處二月以上、二年以下之監禁，附加十元以上、百元以下之罰金。

冒用姓名投票，是竊取他人之權利，故當處以罰。至本人倩其代理而爲投票者，違第四十二條之定章，可以拒絕其投票。但與冒用姓名不同，似不能依本條處罰。又本條與選舉訴訟無關，當依普通訴訟法。

第九十七條　以財物利誘選舉人，或選舉人受財物之利誘，及居中周旋説合者，處六月以下之監禁，或二百元以下之罰金。財物入官，已用去者，按價追繳。

此條罰則之短期及寡額，不定制限。故監禁不及一月，罰金不滿三十元時，其在職官及有出身者，可以處分準之。

第九十八條　以暴行脅迫，妨害選舉人及選舉關係人者，處一月以上、一年以下之監禁，或三十元以上、三百元以下之罰金。

上二條之規定，欲使選舉人不爲利誘，不爲威迫，得自由行使其選舉權，而保選舉之公平也。利誘威迫之手段，非必出於欲被選之本人而後處罰。凡欲使他人被選，及欲使他人不得被選，而有上二條之行爲者，不論爲政黨，爲行政官，皆依此處罰。

第九十八條之選舉關係人，憲政編查館覆云貴總督咨文內，指爲游揚選舉者而言，即運動選舉之人也。日本選舉法對於選舉人、議員候補者，或選舉運動人，加迫脅者，亦處以罰，與本條大旨相同。蓋運動選舉，苟出於正當之手段，不違犯上列二條之規定者，固在所不禁。蓋立憲之國無不有政黨，各標政見，提政綱，以宣告國人，運動選舉，下以齊一國民之意志，振起國民之精神，上以輔助政府之策劃，監督政府之行爲，其於國家利多而弊少。立憲之國，莫不利賴之。惟政黨運動選舉，若行强迫利誘之時，則國民轉受其壓制，而不得自由選舉，故不可不加以裁制。地方有司，宜依據法文，體察法意，以保選舉之公平，不可妄行干涉。若對於運動選舉之人，不依據上列二條之條文，而橫加阻撓，則在己已當罹妨害選舉關係人之罰矣，不可不慎也。

第九十九條　選舉人及選舉關係人，攜帶兇器者，處一月以上、六月以下之監禁。兇器入官。

此條之罰則，以關於選舉之事者爲限。如無關於選舉之事，而有攜帶兇器之時，則不科以本條之罰。

第一百條　加暴行於辦理選舉人員，或騷擾投票所、開票所，或阻留毁奪選舉投票匭及其他有關選舉文件者，處二月以上、二年以下之監禁，附加十元以上、百元以下之罰金。

第一百一條　辦理選舉人員漏洩選舉票上之姓名者，處二月以上、二年以下之監禁，附加十元以上、百元以下之罰金。

其所漏洩非事實者，罰同上。

此所以保無記名投票法之實行，防侵害投票之秘密也。故辦理選舉人員，若無意中得知選舉人所投票内被選人之姓名，宜守秘密，切勿漏洩。

第一百二條　辦理選舉人員，違法干涉選舉人之投票，或暗記被選舉人之姓名者，處一月以上、一年以下之監禁，或三十元以上、三百元以下之罰金。

違法干涉投票者，除選舉人違背投票方法之第四十一至四十四條，及第四十六至四十八條可以干涉外，餘者皆不得干涉。如妄有所干涉，則違法干涉也。暗記被選舉人姓名者，以出於有意，且形跡顯著者，及以筆墨記出者爲限。雖未漏洩，亦應處罰。

違法擅開投票匭，或取出投票匭中之選舉票者，罰同上。

投票匭於投票之初，在選舉人之前開視，示其虚空，以後將内蓋閉鎖，不得再開。其外蓋則於閉投票所後，在所内之選舉人投票畢，即行封閉。非在投票時間及開票時，不得擅開。其違法擅開者，或於依法開匭時擅行取出投票紙者，皆當處罰。

第一百三條　凡犯本則所定各條者，於處罰後，二年以上、十年以下不得爲選舉人及被選舉人。

處罰後二年以上、十年以下不得爲選舉人及被選舉人，故雖被舉爲議員，或被舉爲複選舉人或爲候補當選人，處罰後，即資格不符，當選無效。其期限以處罰之後起算，不以違犯罰則之時起算。

依《諮議局章程》第六條，則曾處監禁以上之刑者，不得有選舉權及被選權。本條所云處罰，包監禁及罰金而言。處罰後，於二年以上、十年以下不得有選舉權及被選舉權，則經過年限，仍可復權，似與《諮議局章程》第六條微有抵觸。但第六條所云，就普通法言，本條係關於選舉之特別法，特別法有專條者，自當依特別法處分之。或曰：本條所云處罰後二年以上、十年以下不得爲選舉人及被選舉人者，專指罰金而言，其處監禁者，仍當依《諮議局章程》第六條處分。此說似未妥。

第一百四條　本則所定各條，俟新定刑律頒行後，應照新刑律辦理。

第七章　專額議員選舉辦法

第一百五條　專額議員，指《諮議局章程》第二條第二項所載京旗及駐防人員而言。

第一百六條　專額議員選舉人及被選舉人，以京旗及駐防人員爲限。

言順直諮議局專額議員之選舉人及被選舉人，以京旗人員爲限，各省諮議局專額議員之選舉人及被選舉人以各該省駐防人員爲限。

第一百七條　專額議員選舉及被選舉資格，按照《諮議局章程》第三條至第八條辦理。

第一百八條　各省駐防專額議員之數，視該省駐防舊日取進學額全數，在十名以内者，設議員一名；二十名以内，設二名；二十名以外，設三名，由各該省督撫會同將軍、都統定之。

本條定專額議員名額，略以取進學額十分之一爲準。查《諮議局章程》第二條案語，議員定額，以各該省學額總數百分之五爲準。本條於專額議員取十分之一爲準者，以京旗駐防，學額較少。若亦以百分之五爲準，則學額總數不滿二十名之各省，其駐防旗人仍無與聞政事之權，非設專額議員之意也。

第一百九條　專額議員初選當選人額數，以議員定額十倍之數爲準。其複選當選人額數，以議員定額爲準。

第一百十條　專額議員調查選舉人名册，由督撫會同將軍、都統於京旗及駐防人員内，應各酌派選舉調查員。

第一百十一條　專額議員初選投票、開票事宜，附於京旗及駐防相近之初選投票所、開票所，同日舉行。

選舉專額議員之初選當選人，亦宜依選舉人多寡分配。蓋一省之中有駐防數處者，若必令選舉人齊集一處而行其選舉權，則殊多不便。故可就駐防之地，依分選舉區之法，分配初選當選人。其投票所及開票所，則附於相近之初選區，同日舉行，不另設投票所、開票所，以爲化除畛域之倡。至投票匭不可不分別，因被選之人不能混合，且其當選之額數亦彼此不同也。

第一百十二條　專額議員複選投票、開票事宜，附於省城或將軍、都統、城守尉所駐及相近之複選投票所、開票所，同日舉行。

專額議員名額既少，似不必依複選舉區之制，分配議員名額，似宜將全省複選舉人會集一處，以行選舉。其會集之處，如省城有駐防，且其駐防人數較多於他處，則自以會集於省城，行選舉權爲最宜。其或省城不設駐防，而設於他處者，或省城雖有駐防，而駐防人數不及他處之多者，則就將軍、都統、城守尉所駐，任擇一地，會集各複選舉人，選舉議員。其投票、開票即附於將軍、都統、城守尉所駐之地，或相近之地之複選投票所、開票所，同日舉行，不另設投票所、開票所，以爲化除畛域之倡。至投票匭不可不分別，詳上條箋釋。

第一百十三條　專額議員，當選、改選、補選及訴訟罰則各項事宜，均照本章程辦理。

本條言一切當選知會、給照、改選、補選及訴訟、罰則各事宜，均照本章程辦理，其初選、複選監督及一切該管衙門均照章程所定，不另設選舉監督及訴訟衙門也。

第八章　附　　條

第一百十四條　本章程與《諮議局章程》同時施行。

第一百十五條　本章程如有未盡事宜，應行增改者，照《諮議局章程》第六十二條辦理。

本章程未盡事宜，應行增改者，照《諮議局章程》第六十二條，須由各省諮議局擬具草案，議定後，呈由督撫咨送憲政編查館，會同資政院核議辦理。是必待諮議局成立後，然後可以擬具草案，議定咨送。且所謂核議辦理者，由憲政編查館核定後，交資政院議決，議決後，必經裁可而公布之。蓋此章程既經奏准頒行，則有所增改，決非臣民所能專擅也。惟章程内之疑義，則憲政編查館爲編制法案之官廳，自有解釋之權，各省督撫可隨時諮問，各省諮議局籌辦處亦可經由督撫隨時諮詢。然解釋與增改，其範圍不可逾越。即使諮議局籌備處各官紳實有見爲窒礙難行之處，憲政編查館亦以爲應行增改，然爲尊重法律之故，決不可紊其增改之手續，使法律失其信用。竊願當事者於《諮議局章程》第六十二條及本條，深注意焉。

附録文牘

憲政編查館通咨各省設諮議局籌辦處文

爲咨行事。本館會同資政院具奏擬呈諮議局章程附加按語及議員選舉章程一摺。光緒三十四年六月二十四日，内閣奉上諭〔已恭録卷首〕。查諮議局關係重要，選舉事宜，尤屬創辦。此次所訂章程，頭緒繁多，條文細密，各省如有疑義，應隨時諮詢本館，以便詳爲解釋，俾免歧誤。其選舉票、投票匭及當選執照等件，亦經擬定格式，期歸一律。現在諮議局尚未成立，各省應就省會地方先行設立該局籌辦處，由督撫欽遵諭旨，選派公正明達官紳，創辦其事。所有各省現設之諮議局，應一律改稱諮議局籌辦處，俾免混淆。俟一年内籌辦就緒，諮議局成立後，即按照此次奏定章程辦理，將籌辦處概行裁撤。其籌辦處詳細章程，由各省自行酌定，仍咨送本館備查。至諮議局開辦後，與地方官吏來往公文體制，督撫用劄行，司道以下用照會，諮議局均用呈文，並應由本省督撫刊給該局木質關防，以資鈐用。相應恭録諭旨，刷印原奏清單，並選舉票式、投票匭式、初選當選及議員執照式共四紙，咨行貴　欽遵查照辦理可也。須至咨者。

憲政編查館通咨各省諮議局預算決算辦法文

爲咨行事。案查本館擬訂《諮議局章程》，於本年六月二十四日奏奉諭旨允准。旋經遵旨擬議憲法大綱暨議院選舉法要領，並議院未開以前，逐年應行籌備事宜，於八月初一日奏奉諭旨頒行，迭經通行咨照，各在案。惟《諮議局章程》第六章第二十一條，内開諮議局應辦事件，二議決本省歲出入豫算事件，三議決本省歲出入決算事件。而逐年籌備事宜清單内開光緒三十五年調查各省歲出入總數，光緒三十六年覆查各省歲出入總數，試辦各省豫算決算。各等語。查各省諮議局欽奉諭旨，限一年辦齊，是於三丨五年即應開辦。而逐年籌備事宜，試辦豫算決算在於三十六年，彼此年限，似有不同。惟《諮議局章程》乃總舉該局應辦事項，所謂預算決算，係概括權限職任之詞。至逐年籌備事宜，方定分年辦法，自應遵照此次欽奉諭旨辦理。即籌備事宜清單所開預算決算，雖在一年，然必先有預算，方有決算，不能同年舉辦。此條亦係總挈辦法而言，謂自是年辦起，不得因此誤會。自應按照清單，於三十五年先將各省歲出入總數，由督撫責成調查局詳細調查，以便三十六年覆查確實，編定預算案，交諮議局議決，是爲試辦預算之事。次年再行接續試辦決算，方於辦事次序不致紊亂。至交諮議局議決預算事項，應以各本省之地方辦事用費爲限，國家行政費不在其内。合併聲明，相應咨行貴　查照，分別轉行遵辦可也。須至咨者。

江蘇巡撫致憲政編查館電文

蘇省諮議局籌辦處，業經遵照奏定章程，遴選明達官紳創辦，已於本月十六日開局。所有辦法章程，及各員紳銜名，容即咨呈立案。頃據籌辦處官紳詳稱：查“諮議局選舉章程”第四十一條，投票人以列名本屬投票所之投票簿者爲限，對於被投票者，並未明定界説，疑義乃叢。在甲説，被投票人與投票人同以本屬投票區爲限，乙説被投票人以本屬初選區爲限，丙説被投票人以本屬複選區爲限。甲説最狹，自不可據，丙説最廣，亦非初選時應據，自以乙説爲近。但有同城州縣之處，如蘇人籍貫在長邑，住所在元邑，造册時應入何邑之册。依籍貫則在長邑並無住所，何從定其投票區之所屬，依住所而執丙説，則投票者將不得選其同籍之人。且蘇垣三邑同治，昔日科舉不分畛域，故籍貫、住所都不相同，彼此任事，亦幾統三邑而爲一。故投票於長邑各區者，有選舉某人，元吴各區，必有同舉某人者，設以二十票爲當選票額，某一人於三邑各得十九票，俱不爲當選人。彼得二十票於一邑者，方可爲當選人。是五十七人信仰之效力，轉不如二十票信仰效力之厚，似亦非情理之平。此種關係，有同城州縣之處皆然，非第蘇城也。開票、檢票自以各本區爲限，無併算之法，然在有同城州縣者，似實際不得不併算。可否准同城州縣於開票、檢票後，互以票數知照，一體併算，則投票區域即可依住所爲定若，不併算則或依籍貫，或依住所，皆有窒礙。現在調查造册，究竟如何辦理，謹候飭遵。又，第五十四條有姓名不符云云，投票用無名單記法，投票簿與選舉票對照，何從别其姓名之符否，如僅指姓名之數，則與下文放棄選舉權何所區别，以上兩端，懇請轉達北京憲政館等情前來，特肅詢敬懇電復，以便飭遵爲禱。

憲政編查館復江蘇巡撫電文

查“諮議局選舉章程”第二條，初選舉以廳、州、縣爲選舉區，則選舉人、被選舉人應均以籍隸各該廳、州、縣及其寄居人合格者爲限。至投票區之設，專爲投票人便利起見，故投票人當屬何投票區，自應以其居住所在地方爲準。若居住不在本籍，而本籍又無住宅，無從定其所屬者，可列入其現在相近之本籍投票區名簿内，即以該區爲其投票之地，似此辦理，即同城州縣之處，亦無窒礙。種種疑義，自然冰釋。其五十四條“姓名不符”四字，係指票數與名數多寡不同而言。惟放棄選舉權情節，卻非四字所能賅括。即如空白投票，檢票雖符，而仍與不投票者無異，故補足一語，以期周密。

雲貴總督致憲政編查館電

承准頒發《諮議局章程》，並“選舉章程”後，當即設立籌辦處，遴派司道紳士，分任總協理及參議各職務，於九月二十四日開處治事。查定章載，每届選舉年限以正月十五日爲初選期，三月十五日爲複選期，又選舉人名册於選舉期六個月以前告成。今距選舉期僅三月餘，爲時甚迫，若按照定章日期，舉行初選、複選，辦理斷趕不及。現飭迅將選舉前應辦事宜，限明年三月終一律辦竣，擬定四月初二日行初選舉，五月二十二日行複選舉，仍遵章於九月初一日開諮議局會議。雖與定章微異，然滇省交通不便，且事屬創辦，不能不援照臨時選舉辦法，酌量變通。以後初選、複選，仍照定章日期舉辦。所有設立籌辦處及變通初選、複選日期，除另行咨報外，謹將大概情形上聞。

仝　　上

“選舉章程”第九十八條，所謂“選舉關係人”者，指何種人而言？一百一條二項云“其所漏洩非事實”者，應作何解？又，五十四條所謂“姓名”，是否指被選人言？查被選人資格，寬於選舉人，被選之人似不以選舉人名册爲限，姓名之符否，如何對照？又，本章投票，採無名單記法，若此姓名指選舉人言，更無從對照。敬請鈞示，以免誤解。

憲政館覆雲貴總督電

諮議局本屬創辦，滇省交通不便，自係實情。但使不誤九月初一日開局日期，所有初選、複選日期，以本届爲限酌量變通，尚無窒礙。至“選舉章程”第九十八條所載“選舉關係人”，指爲游揚被選舉人者而言。又，一百一條第二項所載“其所漏洩非事實”者一語，謂漏洩之姓名係屬揑造，以其足以淆惑聽聞，故併處罰。又，五十四條所謂“姓名不符”，此“姓名”二字，應作名數解，謂對照票數與名數多寡，是否相符，非指被選舉人而言。

浙江巡撫致憲政編查館電

據浙省諮議局籌辦處禀，《諮議局章程》内有疑義數端。如初選舉時，被選舉人誠如貴館復江蘇電，以籍隸各該廳、州、縣及其寄居人合格者爲限，惟複選舉時，是否亦照初選舉時辦理？又，文武官被劾革而開復原銜者，應否有選舉權？未考之廩生，是否以生員論？請示復飭遵。復查停止選舉權及被選舉權條内，有“本省官吏”一項，如提學司、公所各科科長，是否在本省官吏之限？又，“巡警官吏”一項，凡本省士紳襄辦警務者，是否以巡警、官吏論？倘紳士因襄辦警務，即停止選舉及被選舉權，恐明達士紳不肯出襄警務，於提倡警務有礙。其已出襄警務者，不能與選，於議員得人亦有礙，可否以實授巡警道及有專職人員爲限？均乞核示。

憲政編查館復浙江巡撫電

複選舉被選舉人，以籍隸各該府、直隸廳州所屬廳、州、縣及其寄居人合格者爲限。文武官被參革後，業經開復原銜者，應與開復原官一律，准有選舉權。未考之廕生，得以生員論。至停止選舉權及被選舉權條内所謂“本省官吏”，專指本省實缺、候補各員而言。其學務、警務公所等處所設科長、科員文職，例准本省士紳充當者，應與教官一例，不在此限。惟巡官、警長仍應停其選舉權及被選舉權，以防流弊。

江甯諮議局籌辦處致憲政編查館電

甯屬諮議局籌辦處於本月十一日成立，除將本處章程、職員名單另行咨送備案外，所有應行請示各條，臚陳請核。〔甲〕生員以上出身，文武是否一律？〔乙〕參革職官，設其人有他項資格，如中學畢業及生員以上出身，是否一併銷滅？〔丙〕非本省人須寄居十年有一萬元財産，非本府本縣人，是否一律，有無差别？〔丁〕被選舉人既無規定資格，設所選之人或出於人名册之外，其票是否有效？〔戊〕小學堂教員停止被選舉權，查現在各屬小學堂皆係開通秀異之材，且多合他項資格，設停止其被選舉權，竊恐人人辭職，於教育普及，極有影響。可否暫爲變通，無庸停止，如果被選爲議員，令其辭教員之職？〔己〕管理選舉員不得與於選舉人及被選舉人之列，查管理員既無薪水，又停止其公權，省會及府城或可以候補充之，偏僻州縣，每屬管理員極少，亦須一二十人，且非公正明達者不能勝任，誠恐無人肯充。應作何變通辦法？

憲政編查館覆江甯諮議局籌辦處電

所詢各條，核復如後。〔甲〕生員以上出身，應以文爲限。〔乙〕參革職官，惟所有中學畢業及生員以上出身，應一併革除，至其他項資格，不在此限。〔丙〕寄居人資格，非本府本縣人，與非本省人，均係一律。〔丁〕初選被選舉人，即爲複選選舉人，自應即以人名册内所載爲限，其票始爲有效。至複選被選舉人，本無人名册，自不可拘。〔戊〕小學教員，應仍停止被選舉權。若不停被選而令當選後辭議員之職，恐有重選之煩。〔己〕管理選舉員，不得與於選舉及被選舉一節，係爲預防流弊起見，似仍以限制爲是。惟查直隸辦法，有即以巡警、官吏、小學教員等項充當管理員者，似可仿辦。

山東巡撫致憲政編查館電文

據山東諮議局籌辦處司道詳稱：現值國家多難，惟有恪遵遺詔，按逐年籌備事宜，切實辦理。兹方選舉入手，須解釋章程清晰，以免疑阻。查章程第三條第三項，舉貢生員得有選舉權，參考案語，自爲學識上之資格。且武無貢生，當指文舉貢生而言。但過渡時代，武舉應否在内，抑並及武生？又廕生比照生員，係爲忠義之裔，其孝子悌弟，曾經旌表者，應否比照？又第六條第五項，吸食鴉片，不得有選舉權。現值煙禁嚴明，應連種煙之户及賃田與人種煙者一並削奪公權，方爲平允。第七項，身家不清白，案語指爲娼、優、隸、卒等業之人，既棄其人，似不必並及其家。如娼已從良，而其子合乎資格，得有選舉權，自不必追論其母。又如學生偶演文明戲曲，似本身亦不得列爲優。惟隸爲在官人，卒爲軍界，本應停止選舉權。但案語“等”字界限太寬，恐民間疑勞動者爲賤業，均入“等”字範圍之内。應否以娼優隸卒本身爲限？以上各條，乞轉咨請示飭遵等因。理合電咨貴館，即速詳細指示，通電飭遵，以資一律。

憲政編查館覆山東巡撫電文

舉貢生員，應以文爲限，武舉等不能列入。孝子順孫，曾經旌表者，得比照孝廉方正，以舉貢論。“吸食鴉片”一項，固指本身吸食者而言。惟種煙及賃田與人種煙等户，現值厲行禁煙，如逾本省煙禁年限者，自應一併削奪其選舉權。身家不清白一項，以向例不准考試出仕者爲斷。至案語“等”字，專指娼、優、隸、卒四等人而言。其偶演文明戲曲，而並非以此爲業者，自不得列入優人之内。勞動者爲正當之工人，更不在案語“等”字範圍之中。即希轉飭遵照。

浙江巡撫致憲政編查館電文

據諮議局籌辦處稟，《諮議局議員選舉章程》：如初選不足額，照章應再選舉。倘複選舉不足額，似應再選，未有明文。又，選舉訴訟呈控及上控期間，照章共計四個月，而初選、複選距離僅止兩月，是否一面訴訟，一面複選，均請明示，以便飭遵。

憲政編查館復浙江巡撫電文

複選舉當選，即爲議員。議員額數，本有一定，一次投票不足，應即再三投票，至足額而止，自不待言，故條文從略。至選舉訴訟，本可一面訴訟，一面複選，若當選後被控確實者，可作爲當選無效。即希轉飭遵照。

浙江巡撫致憲政編查館電文

元電所示寄居人合格者，是否專指《諮議局章程》第四條，所謂外省人寄居本省者而言？請速復飭遵。

憲政編查館復浙江巡撫電文

複選舉被選舉人，諮議局議員，其資格之限制，較之初選舉時選舉人、被選舉人不同。凡他省寄居本省人，但以合於諮議局章程第五條所載，寄居十年以上、年滿五十以上之男子即爲合格，與第四條無涉。此覆。

浙江巡撫致憲政編查館電文

據諮議局籌辦處禀，號電問元電所云“寄居人”三字，意在凡係此府、廳、州、縣人寄居他府、廳、州、縣者，可否亦包含在內？乞示復飭遵。

憲政編查館復浙江巡撫電文

寄居人之義，凡此府、廳、州、縣人寄居他府、廳、州、縣者，本包含在内。此覆。

憲政編查館覆湖廣總督咨文

准咨稱：案據湖北諮議局籌辦處申稱，准本處參事、法部主事姚紳晋圻函稱，《諮議局章程》第三條第四款職官資格，類以實缺爲斷，而不逮於廢員，此亦具有深意。然自咸同軍興，髮捻回疆諸役，材官伍卒，往往以苦戰累功，積保至提鎮崇階，或且賞有翎枝勇號並黄馬褂，而終身並未一履參游之實缺。夫健兒性直，逮年衰事定，徒手歸田，自儕舊侣，苟非緣端發見，誰識腰鐮杖策中乃有故將軍乎？此類楚人至多，方今國家正殷猛士之思，顧令此輩名材，垂老而不得與一曾經尸位浮沈之徒伍，於理安乎？世職一途，名既非官，復與舉貢生員之應格者殊，亦與軍人警士之停權者或異。雖曾定爲入營入學之法，而年時已過，或家累難除，蓋亦有不能悉遵成例者，此其家世可念，似不能一概屏之也。調查之際，偶相邂逅，即位置無從，棄之於事義殊乖，録之於定章不適，似應將此議照前咨疑義隨時咨詢之文，詳詢以得確據，用便遵行等因。爲此申乞察核施行等情，到本部堂。據此，查章程第三條第四款曾任實缺職官云云，既以未被參革，劃出界限，似乎“職官”二字意義内，本含有文武候補各員在内。惟既以實缺職官相連而叙，究未能斷定兼指候補。至該主事專論武職提鎮，仍嫌疎漏，自應並文武各員，統行論及。是否文自七品、武自五品以上候補各員，即賅括於此條之内“實缺”、“職官”四字，分爲兩項，抑係不得列入？提歸一、二、三、五各條核計，其世職未經入營入學者，應比照何項？疑義既未瑩澈，辦理恐多窒礙，相應咨呈。爲此咨呈貴館，謹請查核見復施行等因前來。查《諮議局章程》第三條第四條所載，曾任實缺職官，專指曾在實缺之任者而言。如署理、代理等類，尚可包含在内。若尋常候補各員，一概不在此例。其世職未經入營入學者，應援用本款武五品以上辦理。至軍興時有保至提鎮崇階，究非實任。惟從前曾充統領營官者，其職任與緣營武職五品以上無異。至賞有勇號及黄馬褂者，係曾在軍營立功，與辦公益事務著有成績者一律，均應准有選舉權。其未充統領營官，及僅賞有翎枝者，不在此例。似此辦理，尚無窒礙。相應咨復貴督，查照轉飭遵辦可也。

江蘇巡撫致憲政編查館電文

前奉沁電，内開查“諮議局選舉章程”第二條，初選舉以廳、州、縣爲選舉區，則選舉人、被選舉人應均以籍隸各該廳、州、縣及其寄居人合格者爲限等因，遵即轉飭照辦去後。頃據籌辦處詳稱：據長元吴紳士潘祖謙、華婁紳士謝葆鈞、馬超群、武陽紳士惲祖祁、惲用康、宜荆紳士任錫汾、太鎮紳士錢三畏、顧暟、楊璞、江震紳士金祖澤、錢崇威、常昭紳士殷崇光、崑新紳士陳觀瀾、方還、錫金紳士華鴻模等呈稱：查諮議局章程第二條，初選舉以廳、州、縣爲選舉區，而於同城州縣並無特别定規。伏念同城州縣多析置於雍正之初，非設官時即定分治之制，故區畫祇存於官廳名義之上，至歷史、地理、人情、風俗，及利害關係，生活根據，其初無彼此之别。即辦事界限，與各人相互間之信仰力，亦毫無岐異。如教育會、勸學所、商會等公益團體，凡在同城州縣，莫不併合爲一。今選舉時，必令同城州縣分額各選，則實有窒礙難行之處。如甲縣人田廬、墳墓、財産以及親戚故舊皆在乙縣，則其利害關係，與所欲舉之人亦在乙縣，徒以籍隸甲縣，遂不得舉其所信仰之人，是以籍貫之虚位，拋棄其信仰之實際。且同城州縣往往有父子兄弟異籍者，彼一家之關係，尚不以籍貫而異，自更不能因籍貫之不同，而分畫全城之關係，彰彰然矣。特聯名懇請電商鈞館，准將同城州縣合造一册，併額通選，初選監督，應辦各事，俱會銜會印，庶於事實較便，而於法意亦不致抵觸等情，詳請電商鈞館前來。理合據詳電請鈞示，求速電覆，以便飭遵爲禱。

憲政編查館覆江蘇巡撫電文

查"諮議局選舉章程"，初選舉區既以廳、州、縣爲準則，無論同城與否，自應一律。蓋同城州縣所異於尋常州縣者，不過城内地方之一部。此外各鄉，便與尋常州縣無異。彼此辦法，未便兩歧。來電所稱各節，乃選舉區大小之問題，即稍有不便，亦係小選舉區所通有，不獨同城州縣爲然。且選舉議員，與辦理地方自治不同，諮議局爲代表一省輿論而設，利害關係，不必專就一州一縣立論。將來擬定自治章程，於同城州縣自應另定辦法，諮議局議員選舉仍以照章辦理爲是。即希轉飭照遵。此覆。

浙江巡撫致憲政編查館電文

據諮議局籌辦處稟稱：《諮議局章程》第三條，"凡屬本省籍貫”六字，是明以省籍爲主位，不在分府縣畛域。今讀貴館覆江甯敬電，寄居人之資格，非本府本縣人，與非本省人，均係一律。是雖屬本省籍貫，仍須以府縣籍貫爲主，似與章程第三條未能一貫。又，寄居人規定於第四條，明明專指外省人而言。今必以此府、廳、州、縣寄居他府、廳、州縣者，包含在内，又比附外省人之例，務合第四條資格，似皆出乎原章程之外。前後兩歧，究以遵照何者爲是？又，敬電生員以上之出身，以文爲限，按文武並重，武舉並不如一文生員，殊欠平允。倘以武舉武生員營私武斷，並不識文義爲慮，則自有第六條之制限，亦可不必慮及。應否准其變通辦理，乞詳示飭遵。

憲政編查館覆江浙電文

查凡稱籍貫者，向以廳、州、縣爲主。《諮議局章程》第三條所謂“本省籍貫”者，乃本省所轄各廳、州、縣籍貫之省文。局章所定，但舉大綱。至選舉章程，始詳定辦法。第二條載，初選舉以廳、州、縣爲選舉區，則選舉人、被選舉人自應以籍隸各該廳、州、縣者爲限。兩章本係一貫，毫無抵觸。至同一省内，有甲選舉區之人寄居乙區者，當選舉時，本應列入原籍，以清界限，而便調查。如本人自願就近附入寄居區内辦理者，自不得不與籍隸本區之人稍示區别，則比照局章第四條辦理，尚無不合。其生員以上之出身，以文爲限者，立法之意，在以此爲學識之標準。原章按語業經説明，武舉等如無他項資格，自不能在其列。即希轉飭遵照。

新編法學通論

緒　言　上

有法然後有學。吾國舊時，名爲法者，祇有刑法。刑法非人人所急，故學法學者，亦祇有少數之刑名、錢穀幕友。幕道雖分刑名與錢穀爲二，其實錢幕亦學刑法，蓋取刑法之涉及錢債各條，爲錢穀所學之法，以故刑與錢兩種幕道亦往往可以一人兼之。此風今尚未改，所謂學爲法學者如是。

其取徑甚高者，則以爲法不足學，學法當先學經。此所謂法亦指刑法，故經義決獄播爲美談，而詆世之學法以入幕者爲俗學，此又經生之所謂法學也。其別有二。一曰春秋派。董仲舒之《春秋決事比》一書爲漢唐所尊尚，原本不過二百三十二事，今已無復存者。其意蓋穿穴聖人筆削之旨，以斷是非曲直，説似精微而不成篇段。二曰禮派。儒者多據禮以推律，謂禮儀三百，威儀三千，而五刑之屬三千，古來所傳禮與刑之節目，其數相符。又世言出乎禮即入乎法，故以禮爲法之反面，法有所疑，以禮通之。此説往往見之名人駁案，非盡無據。其實援引禮經爲辨析律意之資料，中國本以六經爲是非之繩尺，不但於議法一端，以此爲折服衆論之地，蓋無往而不借徑焉。特禮與律較多密切之處，未可謂學禮即學法也。

自預備立憲以來，朝廷既遣使考察政治，始知今世各國之所謂法，所包甚廣。刑法乃法中之一種最大之法。規定在君主與臣民之間，是爲憲法。其次定三權分立於主權之下，立法屬之議院，是爲議院法；行政屬之中央及地方各官，是爲各種行政法；司法屬之裁判所，是爲裁判所構成法。定各種違法行爲之罰則，是爲刑法。定民與民間之相處，是爲民法。定民之商業上專法，是爲商法。定臣民生有種種爭議，所需解決之方式，是爲訴訟法。蓋合吾國所謂主極，所謂官常，所謂禮制，所謂法紀，所謂國體，所謂民生，一切範之以法，於是朝野上下，盡識法之有學。顧前數年之法學，乃外國之法學，尚未能按合本國也。

吾國以法學名書，見之功令者，自《欽定自治研究所章程》所揭研究課目，有所謂"法學通論"者始。從前京外所設法律學堂、法政學堂及各處法政講習所等，大抵傳習外國講義，參考外國學者之書。蓋當時籌備憲政，未布清單，中國究何日勒定法典，既無明文，即各種單行法文，亦少頒布。講法學者，止能依傍外國，無足怪也。此次自治研究課目，所課皆本國法文，除第一目爲"憲法綱要"，第八目爲"自治籌辦處籌辦方法"，一關本國憲法，一止關各省官廳命令籌辦處不得爲官廳，然以督撫名義行之，故可謂之官廳命令，此外亦皆屬本國之行政法，故知"法學通論"雖無所謂内國、外國之別，然内國既有單行法文，又有擬定法典，則目光自宜注重本國，與轉述外國講義者不同。故曰：吾國以法名學，而以本國法學授國民，以懸爲功令者，必自自治研究之課目始也。

雖然，"法學通論"之範圍，恒兼總論、各論而言，總論舉法律之公共原理，各論乃提各種法律之要義。今吾國六法無一頒布，僅有行政法範圍内單行之數種章程，無從析爲各論，止能示擬定六法之名，並現有及將來各行政法之種數而已，此已詳於總論中，不另列爲專篇。至現行各法，不盡合法學統系，謹照欽定自治研究課目，别爲現行法制大意，不以列入通論云。

緒 言 下

法學之成一學科，乃吾國近來學術之進步，既如前述。至“法學通論”之成一課目，其效力較各種法學如何，請分三層言之。

第一，“法學通論”之有益於專修法學者。　振衣者必挈其領，舉網者必提其綱，捉其一襟，則衣之體不見，張其一目，則網之用何存。無論何種學問，未成科學之先，本係東見一鱗，西見一爪，績而成學，則體例門徑，釐然秩然，拾級而漸登，分途而從入。吾國學人，向少循此秩序，故雖有博學之人，初無科學之目。凡學皆然，法學則較勝於他科學。因他科學逐乎事事物物，非循科學之軌轍，無可發明。法學一科，則本出乎人心之所同然，稱情而審量之，亦必於法意有所契合，特散錢無串，多解釋條文之事，少貫通學理之能。由是法學不易治，遂認刑法爲法，其餘則散見於典章、禮教各門，而彼此之關係亦甚薄弱。推原其故，皆緣無通論以爲之筦攝，故是法學與非法學，界畔不清。無通論以爲之分疏，故此法學與彼法學，條理不顯。將學法學，先授之以通論，譬如將習地理，先習全地總圖，使心目中有一方向部位，然後分洲、分國、分省、分府、分縣，指劃瞭然。否則足之所履，不過尋丈，各據其尋丈以爲地，安有地理可言乎？“法學通論”者，法學之方向部位也，故爲專修法學者計，不可無此一課目。

第二，“法學通論”之有益於普通學科。　西諺曰：吾人生活於法律，動作於法律，存在於法律。斯言也，在僅以刑法爲法律之時，法律固不足當此重視。在六法完備，如今之各法治國，則法律之足爲依據，無貴賤皆同。吾國六法雖未有成文，然籌備清單，已一一定其核訂頒布實行各期限，國民非從法律，無所措其手足於本國。蓋學理之推究，自待專修法學之人，但人人期有守法之知識，亦必於法律之語句、法律之名目，稍稍通其要旨。歐洲各國，固恒以法律大體，列爲學堂中普通課目。即吾國《奏定學堂章程》，亦於中學堂即有"法制"一科。西國以法學爲普通學而强，吾國雖亦取法於彼，然學堂木不發達，即有已設中學之處，亦多缺此一科，蓋緣本國所立之法，尚未完備故也。自今以後，法律日完，遵照功令。凡有學子，自中學以上，即授"法制"一課，以其爲普通學也。勢不能委曲繁重，各法皆有專課，有"法學通論"，恰爲各法告成後，作一提綱挈領之書。查奏定學堂課目，中學堂"法制"科所授者爲法制大意，此與自治研究課目第三項所課"現行法制大意"者相符。蓋今之法制尚難悉合六法統系，而卓然成一科學，故以"法學通論"與"法制大意"並授。若各法統系既合，則"法制大意"即"法學通論"之變名，繁簡或殊，取材則一，故爲普通學科計，更不可缺此一課目。

第三，"法學通論"之有益於普通國民。　凡學問既列於普通學科，即已將是科學問之知識，遍輸於一國之人，此在教育普及之後則然。今無論合章程之學堂，與不合章程之私塾，尚在競爭未定之間，即子弟能皆入學堂，年齒較長之人，已不盡濡染於普通各學。夫普通各學之不備，既無如何，惟法學爲年長者所易領解，而於豫備爲立憲國之國民，尤爲刻不容緩。顧法學精深浩博，未易公餘自習，亦未易集衆講習，以法學通論爲諸法之基礎，使人人知法律所以爲人保障之故，則人格於是大進。何者？法律苟爲少數人所獨知，則多數國民，並未知何者爲應享之權利，何者爲應盡之義務，於是黠者不免規避義務而獨爭權利，願者不免放棄權利而獨困於義務，以此養成風俗，在本國爲黑闇，而對於外國，全無法律之素養。强則爲一鬨之仇復，弱則爲無狀之乞憐，國民之程度既低，外人之欺藐益甚。民無法學之端倪，歷年受虧，往事具在。得言簡意賅之通論，雖一覽可盡，而法學之體例門徑、人生之權利義務大要畢備，啟發不患無資，故爲普通國民計，更不能不注意於此一課目。

第一編　法　學

第一章　法學之本體

第一節　總　　説

吾國自春秋時，百家之書，皆成學説。而學之流派，厥有法家。原“法”字之義，《周書・吕刑》云“惟作五虐之刑，曰法”，則法與刑相連，其來已久。又《君陳》云“無依勢作威，無倚法以削”，則法常可以削民，賴賢長官之不倚以爲削耳。本此意以言法，於是法家之言，恒謂上之人執此以相糾繩，而下之人欲據此以自保障，則未或聞焉。此中國之法學所以恒爲儒者所詬病也。

歐洲之法學，始於羅馬盛時。其始，羅馬以律法不公而民亂，遣三大臣往訪於希臘，旋選十人議國政，設十二律法，時當我國周貞定王之世。夫羅馬之法，雖受之希臘，然既以十二銅表之律法爲基礎，其國會又時時頒布單行之法，漸生學者之解釋，漸致法典之編纂。其法典亦先由學者私撰，而後公家復爲之，有公法，有私法，純爲今之法學所自出。蓋公私皆有法，而法爲人人所依據，較之吾國古人言法，用意不同，取徑遂有别矣。

中西古代之法學，既判然相異如是。中國法學遷流至今日，遂如“緒言”所云，仍以刑爲法之代名。西國法學，雖從羅馬分裂之後，各國各有故習，參錯於羅馬法學之中。然以法爲學之宗旨，尚如羅馬之舊。中間閲數百年，歐洲所謂黑闇時代，法學亦幾消歇。七百餘年之前，又逐漸講明，以至今日。故法學家謂，羅馬以政令統一歐洲，固見當時國力之盛。而其法律之學，終且統一萬國，自歐歷美，又浸淫日本，而轉輸吾國焉。

第二節 法學之分量

法學者，一科學也。知科學之爲何物，乃能知法學之分量。西儒謂，科學乃從多數中顯出定則。吾國科學之不發達，因各種學人，多喜就目前現狀，論斷是非，則一時共以爲甚確，歷久仍不知其妄。學問之道，遂難言矣。如醫家言，冬季寒包煖，夏季煖包寒，以井水之冬煖夏寒知之。不知夏之井水，實稍煖於冬之井水，井深不易傳地面之寒煖。其冬之覺煖，夏之覺寒，皆與地面相比而成，實無陰陽之秘奥。就冬言井，爲寒包煖，就夏言井，爲煖包寒，合一年之井水計温度，再離人身之感覺，而計井水之温度，始見井水之真面目焉。

夫寒煖猶待綜一年而後見，有亘百年而後見者，有亘千年而後見者，乃至有亘萬年或若干萬年而後見者，則所謂定則，自古至今，始發現者甚多，其未發現者尤必無盡。歷時多，更事多，易地多，皆可悟一時、一事、一地之非真相。故猝然之辨别，謂之尋常知識，研究以後之辨别，乃爲學問知識。貫串學問知識，而條理完具，次序分明，既可由淺入深，並能逐步覆按，然後爲科學知識。蓋至既成科學，則知識爲最真確，雖未敢必後此之終無改移，要可必今此之已無滯閡，此所謂科學之分量也。

法學既爲科學，則如上云云，必就法律一部分，發現一種最真、最確之知識、法律亦因時而異，因事而異，因地而異，知其所以異，則貫徹於各時、各事、各地之法律，而實有一異中之同。法國儒者孟德斯鳩之言曰：各種之殊異者，齊一也；各種之變化者，恒久也。此法律之科學知識，非可以一時、一事、一地所行之法律爲定式，亦非可以一時、一事、一地所感受之法律知識爲定衡。故今日以法之有學，而法學又自爲科學，爰就法之原理，日益講明。而無論何國，凡究心法學之後，自不覺有日趨同一之勢。法律完備之國，法文不必同，而統系則同。在昔羅馬始興法學，至今承其統焉。非承羅馬法文之統，承其以法學爲科學，而勤求其原理之統也。

政體、教宗、地勢、民俗，萬有不齊，各自立法於一隅，是爲法律上之尋常知識。各自貫串其一隅之法，是爲法律上之學問知識。夫法律有學問知識，已不失爲法學矣。故各國亦恒有各鳴其法學之一境，如吾國古有法家，今仍有習法家言者，皆是也。至欲成科學知識，則必不以一隅之所見，盡學問之能事。原理譬之光綫，政體、教宗、地勢、民俗譬之各色受光之物，山受之而見爲塊磊，水受之而見爲空明。若狃於山而謂遇光者必成塊磊，狃於水而謂遇光者必現空明，誣光甚矣。光有光之原理，即法有法之原理，研究法之原理，以成科學，此法學之分量也。

第三節　法學之位置

法學之爲一科學，前節既已説明。法學之在各種科學中，究佔何等位置，此亦不可不辨。蓋凡科學，皆有其各自獨立之界畔，與其彼此並立之關係。雖學者於科學之係屬，未有定論。然大概言之，以類相從，尚非難事。今折衷學者之説如下。

科學分兩大類：(一)物質之科學；(二)精神之科學。

物質之科學，又分兩綱：(甲)非人身之物質；(乙)人身之物質。

精神之科學，亦分兩綱：(甲)個人之精神；(乙)社會之精神。

科學既分爲兩類，每類各分兩綱，今就而分列其所屬之目如下。

第一類第一綱，非人身之物質之科學。内分二目：(一)無機之物，關於此目之各科，總名謂之物理學；(二)有機之物，關於此目之各科，總名謂之生物學。又各有子目，可分如下。

一，物理學　研究無機物之原理之學科。其子目凡三。

甲　物質論理學　就物質之現象，研究物質間所存在之原理之學科。

乙　數學　就數量之現象，研究其存在之原理之學科。

丙　理學　研究力之現象，即以此一現象，動作於彼現象之上，所生變化之原理之學科。其派别又有三，而約爲學科十種。

子　狹義之物理學　令各力分離獨立，而研究其相互之作用。

丑　化學　研究各種之力，組成一物體之作用。

以上兩種爲一派别。

寅　重學　研究力之靜狀。

卯　力學　研究力之動狀。

以上兩種爲一派别。

(辰)天文學　(巳)地質學　(午)鑛物學

(未)電氣學　(申)光學　(酉)聲學

以上若干種爲一派別，皆力之所從生。

二，生物學　研究人身以外有機物之原理之學科。其子目凡二。

甲　動物學　研究一切動物之構造、作用、發育等現象之學科。

乙　植物學　研究一切植物之構造、作用、發育等現象之學科。

第一類第二綱，人身之物質之科學。其目謂之人類學。

人類學　研究人類之物質，其構造、狀態等原理之學科。又分子目凡五。

甲　形體學　研究各生物内外部形體之學科。

乙　解剖學　研究解剖各生物内部機官之學科。

丙　組織學　研究各生物構造時，其形體之組織之學科。

丁　胎生學　研究發生各生物之學科。

戊　病理學　研究各生物疾病之學科。

第二類第一綱，個人之精神之科學，總名謂之心理學。

心理學　研究人類精神之原理之學科。又分子目凡四。

甲　論理學　研究思想之法則之學科。

乙　狹義之心理學　研究感應、意思、智力之原理之學科。

丙　言語學　研究表出思想之言語之原理之學科。

丁　算學　研究想像之原理之學科。

第二類第二綱，社會之精神之學科，總名謂之社會學。

社會學　共同生活之所生現象，是爲社會現象。社會學即就社會現象而研究其原理之學科。又分子目凡四。

甲　經濟學　人類組織社會，以爲共同生活，必需衣、食、住三者濟之。衣、食、住非社會之本體，人類以其爲社會所必需，乃欲役使之，以充吾用。於是社會之本體各個人間，與衣、食、住之所生關係，自成一種現象。經濟學乃研究其適於此現象之原理之學科。

乙　倫理學　人類知必有共同生活而成社會，則各人必憑其心之所安，以善處於各個人間，及各個人與社會之間。在吾儒謂之道德。倫理學乃就此道德之現象，研究其原理之學科。

丙　法學　人類恃倫理以善處社會，無由强不道不德者，必不踰社會之閑，即無由杜社會之害，於是以政治濟道德之窮，即以國家冠社會之上。既生政治之關係，即有種種政治之機關，如議會、官廳、公吏等是。由是人類所生現象，非復社會中人類關係之現象，實已爲國家中國民關係之現象。又有國家及其機關所生關係之現象，更有此國家與彼國家所生關係之現象，總之爲有法律之現象。法學乃爲研究此現象之原理之學科。

丁 政治學 法律既已託體於國家，而加乎社會之上，然此國家所包含之社會，不必與他國家相同。施行於本國家所包含之社會，自有一適當之現象。政治學乃研究此現象之原理之學科。其派別又有二。

子 立法學 研究立法適合於此國家之原理之學科。

丑 行政學 研究行政適合於此國家之原理之學科。

聚以上諸科學之分類，爲一表。其式如下。

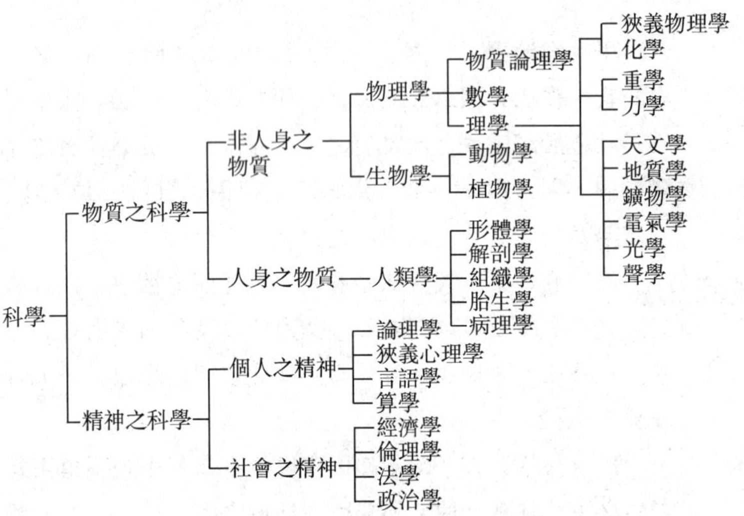

觀此表知法學在精神科學類之社會一綱，其直接相關係者爲本綱之目，必出入乎本綱諸目，而後能治本科。稍遠者爲本類之又一綱，更遠者爲物質科學類，要亦必有相關之處，如種種計算之不離乎數者，其最著也。

第二章　法學之宗派

第一節　總　　説

法學之有宗派，緣研究法學者，所執之標準不同。世之言法學者，大别之爲二派。

（一）演繹派。　演繹者，以虚構之定義爲主，由定義之所執持，推及事實。一一演繹我之定義，以符彼事實。是爲舊派。

（二）歸納派。　歸納者，以顯見之事實爲主，由事實之所發生，析爲定義。一一歸納彼之事實，以造我定義。是爲新派。

以上二派，中間又各分小派，當分節詳之如下。惟二派中之演繹派，業稱舊派，而實其中尚包有一最舊之演繹派。古代盛行，今則已絶跡於稍開化之國，不足深論。特於總説内括之。

最舊之演繹派者，西國謂之宗教法學派。原宗教之爲法律，見諸實事者，本在古代歐亞之間。（一）在印度謂之《馬紐法典》，實即婆羅門教典。其教爲佛之舊教，行於中國有虞氏之世，爲世界法律成書之最古者。（二）在猶太謂之《摩西十戒》，實即《舊約全書》。其教爲耶穌教之祖教，行於中國商大戊之世。（三）在阿剌伯謂之《穆罕默德經典》，實即回回教經，行於中國隋煬帝之世。

顧上列各法，可謂爲宗教法，而無所謂法學也。歐洲中古，學者唱法教合一之論。其言曰：正義者，虔敬也；法律者，正義也。又曰：公利民福，神所命也。蓋以教旨之所善所惡爲是非，據爲定點，而演繹之於事實，故曰演繹派之舊派。流衍至於近世，法國有革命之禍，而舊教徒務壓抑之，宗教法學乃大昌，恃爲拘束人心之具。夫宗教本以勸善閑邪爲旨，苟其教爲大多數所信仰，則是是非非之主宰，即寄於是，亦無大差忒存乎其間。自舊教衰，而人心本不視爲惟一之公是非，則此派之法學亦與之俱盡，固其宜也。此歐洲法學之演繹舊派也。

吾國法學之範圍本隘，僅一刑法，尚無神學参與其間。然溯法學之淵源，若漢儒之"春秋決事比"，以經爲法，其意與西國之宗教法學同。是學也，倡於董子，而董氏之言春秋災異，乃以孔子之筆削，合以天災人禍，而一一比附以實之，在人以法律爲懲，在天以災異爲罰。今其學派大備於《前漢書》之《五行志》，後史尚有沿之者。此其以神學爲法學，視西國尤有過之。夫災異動輒殺人，儒者乃謂爲時君失政之罰，則失政已足殃民，天罰失政，又戕賊民命以益之，是天之草芥民命更甚於失政之君也。中國神學家殘忍如此，宜此派早絶於天下，更不及西國之宗教法學，尚得略占勢力於近百年中矣。

第二節　演繹法學派

演繹派又名理想派，其於法律之現象，認定其中有一原理原則，必本此原理原則，乃可研究法理。蓋謂此原理原則，實在法律種種現象之先。吾人當由理想發見之，以哲學之理論，求其原理原則，自足演繹於法律之現象而明其理。此派或統名之爲自然法學派。然學者間見解不同，一派中又有分歧，遂別爲三種如下。

第一種自然派。　是即名爲自然派。其所謂自然法，乃指人類自然之狀態，所行之法而言。蓋初民未有建設之國家，其得生存以待國家之建設者，中間有自然之法存焉。有國家以後，乃有人定之法。人定法本定於初行自然法之人，則標準與自然法相合者，必人類所心安，足爲良法，否則必爲惡法。此派至法儒盧梭爲極盛，所謂社會契約主義者是也。其説雖盛於一時，究涉空想。後儒求法學於實驗，覺此派爲無據，其學遂微。法人雖尊盧梭，尊其當時爲功於社會耳。

第二種自然派　或名純理派，或名哲學派。此派亦認人類有自然法，但非指初民以意爲之之法，乃指人之所以異於禽獸，以有理想。理想中本有其最正當者，明辨而表出之，以爲法律之大原則，由此而演繹法律之現象。在吾儒所謂“天命之謂性，率性之謂道，修道之謂教”。董子所謂“道之大原出於天”，朱子注言“天，即理也”。後儒又倡良知之説，皆此學派。特我以此談道而彼以此談法，彼之法學實足以包我道學，而隸屬之以成一分支。在希臘則柏拉圖、亞里士多得，在羅馬則錫倫。百年以前，此派最盛，後亦以傾注於實驗派，而其勢稍衰。近有德儒康德復盛唱之。雖今世咸重實驗，然哲學亦自有顛撲不破之理論，不似社會契約之説之不可覆按。且理想本一虚靈之物，不必爲實驗所勝。社會契約之説，正緣本係理想而託之，若有實驗者然。所以，覆按而不得其據，學説遂微。若哲學派，則終不可没也。

第三種自然派　一名人性派。亦認有自然法，而又與前二者不同。既非虚構一社會契約，亦非高語道之大原，但以適合於人性者爲自然法。在吾國《大學》所謂“好惡無拂人性”，《孟子》所謂“所欲與聚，所惡勿施”，亦即此意。以人性爲法之標準，由此演繹其種種現象，知順乎人性者爲良法，否則爲惡法，無論何時何地，期無拂乎人性，則爲一定不移之真理。此吾儒之政學，而不以爲法學，蓋吾國認法之範圍甚隘故也。論其發源，亦由哲學。特哲學派求之一人之性，此派求之人人之性。西國本爲自古盛行之説，後爲純理派所勝。即若吾國言政治者，本數千年，至宋而爲道學所勝也。後盧梭派起，推翻故見，爰能風靡一時，人性派愈衰，及德儒克蘭善乃復興之。今之能樹立於實驗法學之外者，以此爲最。覩於吾國，近時學法學者，固皆重實驗派，然能持論、能應用者，仍藉舊時之政見以達之，即恃有此派之存故也。

第三節　歸納法學派

歸納派又名實驗派，蒐集實際之法律現象，綜多數現象而歸納爲可循之途徑，由是爲研究法學之趨。蓋謂實際之法律現象以外，别無法理之根據，就法求法，法學出焉。此一派中亦歧而爲三如下。

第一，分析法學派。　此即從本國已定之法律，逐一解剖之。明其一現象中，本爲各現象所組織，及包有各現象之成分。於一種法律現象中，發現其所存在之質點，以爲研究法理之標準，是爲以多數質點歸納爲一現象。

此派之宗旨，認法律爲主權者所定，有法即有理，分析之而法之真理自見。例如，所有權爲法律之一現象，其中含有佔有、使用、收益、處分四種質點。又如就佔有之法律現象分析，得其中含有意思與實力二種質點。其詳見民法物權編。更設例如契約之現象，爲合意與義務二質點。又如就合意之現象，爲通知與承諾二質點，其詳見民法債權編。逐次推究，法理自無所遁。此派古來未必全無，緣恒爲理想家之空論壓倒，學者莫肯久致其力。二百餘年之前，英國人荷布斯唱之，近世有澳斯丁者集其大成，遂爲此派鼻祖。

在吾國法學範圍既小，而理想家之壓制與泰西同。道德政治，言之斐然成理，故此種核實之學派，不見於世。然如治律例者，類聚其關涉之條，則有名法指掌，以刑之輕重爲差等，而比類之；則有律例總類，雖就現象自爲併析，未能解剖入微，故所就依然膚淺。然分析以治法學之端，實亦頗具。迄今而以既成科學之法學較之，則精粗固大不侔，而刑法爲法學一小部分，其範圍之廣狹，尤難倫比矣。

第二，沿革法學派。　一名歷史法學派。法律之現象有沿革，即於其進止興廢之所由然，研究法理。蓋其視法律之現象非一成不變，即所謂法律之原理亦非萬古不易。世界有是社會，社會有是事物，乃有此對待之法律，隨社會而變遷。故法律非一度制作之物，乃逐漸發達之物。本此宗旨，從其蒙昧以至開通，洎乎發達，以致其研究之力，而歸納爲一種法學。例如蒙昧之時，人止知强力之劫持爲可恃，而不信約言之締結爲可憑，故古止有奴主之身分，無雇傭之契約。逐次開通，而身分與契約並存。至發達之後，則有雇傭，無奴主矣。此契約之沿革也。西國似此可證社會之進化者，今吾國尚不能遍舉以爲例。何者？彼所指爲蒙昧，吾尚尊爲理道者，往往而有；彼所指爲僅稍開通，吾正習爲現行事實者，則所見尤多。即如上所云契約之沿革，吾國方議禁賣買人口，尚未實行，故舉例已不甚的當，此外更難言矣。

夫法律本主權者所制定，但主權者可時時制定，非謂一朝止可制定一次也。吾國一朝之制度，創業垂統，恒指爲萬世不可或踰，故有制作之觀念，無發達之希望，與沿革派正相反。在歐洲亦有此殊異，德國治羅馬法之大學者磯波，即以當時德意志諸邦不相統一，不足以禦外侮，欲束縛各種人情、風俗、習慣而一之，著書言必强制法典，收整齊畫一之效。同時有沙比尼者，著書力駁之，謂法律非器械，難於一定不動，順人情、風俗、習慣，以束縛其少數不順之人，非以少數人造作人情、風俗、習慣，自有此駁議。而歷史法學派卓然成一正宗，沙比尼遂爲此學之鼻祖，蓋綜前此各國之歷史派而集其大成矣。磯波之學，别爲非歷史派，則以法律爲永定之制度。此吾國自古以來所確信。周秦法家之論著，與歷代聖君賢相之創垂，皆所謂非歷史派，而遂久之無所謂法學者也。

第三，比較法學派。　此派取各國各地方之法律現象，比較對照，以研究其原理，而歸納爲一種法學，或以之印證法理，或以之斟酌法文，或以之解釋法意。例如中國法與羅馬法比較，其始草創法律，羅馬後於我者千六百年。蓋吾國皋陶作士，五刑有服，羅馬受法律於希臘，乃當我周之末造。其懸遠如此，何以羅馬法學進而不止，吾國法學止而不進，此一比較之故也。又如法國法與英國法比較，同一契約之法律，法國法必需有正當原因，英國法則但需有約因，此皆沿羅馬法而來，日本何以均不之採，此又一比較之故也。夫一種法律現象，非就各國各地方研究，安知此現象之果爲世界公理，抑僅方隅故習。故今日欲治法學，以比較爲最要。顧此種研究法，在古時交通未便，語言文字難通，無從著手，雖有此思想，名著寥寥無幾。至法儒孟德斯鳩乃集其成，後來傳流更盛，遂爲法學闢一通途。歐洲人士於同洲各國語文易於博習，故著述較多。吾國學者，往往但能就所比較，而復以東方之法比較之，此則後起之易爲功也。比較派中又分三種。

甲，法系别之比較。　法律之傳，自古至今，一綫相承，謂之一法系。據法系之區别爲本，以相互比較其法律。例如中國法系、羅馬法系、回回法系，凡從前不相混同者，皆獨立之法系也。

乙，人種别之比較。 據人種之區别爲本，以相互比較其法律。例如羅馬人種之法律與日爾曼人種之法律混合而成，今日歐洲各國之法律其法系同出於羅馬，然憲法及他公法之規定頗存日耳曼之慣習法。其保存日耳曼慣習法較多者，在大陸爲俄國及瑞典、那威，在大陸以外爲英、美。

丙，國别之比較。 據國之區别爲本，以相互比較其法律例。如執一國與一國比，或執一國與各國比，或各國互相比，是爲比較派中最有裨於法學者。法儒孟德斯鳩積二十七年之久，著《萬法精理》一書，吾國譯之，又名《法意》，實爲此派之巨子。蓋綜古今各國而比較之，與今日據各國現行法爲比較者，微有不同。要其特開此派之功，則卓絶無與並矣。

第二編　法　　律

第一章　法律之定義

法律之學派不一，既如前編所述。由是法律之定義，亦恒不一。今約舉各派之定義。則法學分派，前編原述明有理想及實驗兩大派。理想派除自然狀態之説不可覆核外，其餘各有定義。實驗派則分析派與比較派，皆就法言法。比較派即載定義，亦止舉已定之文，爲對勘之用。惟歷史派則自標宗旨，與理想派交相駁難，所下定義，各有執持。今列舉而評論之如下。

理想派之説曰：法律者，人類既在社會中爲一分子，所不可不由之道也。蓋就國家言，人爲國家一分子，不能不遵國家之規則；就道德言，人爲人類一分子，又不得不守人類之公理。況國家所定法律，不能不依道德，人守法律，即守道德。有時法律對於社會而設，保護人人，非專造就一人，則亦與道德或難盡合。以吾國慣例徵之，如道德貴累世同居，而法律不禁析産，道德貴婦人從一，而法律不禁再醮。然實爲輔道德之不及，非背道德而馳，期斯人日進於道德而後已焉。此定義與吾國持論者適合。

理想派發達最先，西國自羅馬以來，恒有論著及此者。其尤先者爲性法，即前編所云人性派，主張人性相近，萬古不變，由人性定法，即爲推行萬世之法。此論持之甚久，直至近百年來，始有反對者。蓋得三種反對之學説，而皆同出於理想一派之内。

第一説，出自德儒康德，即前編所謂純理派。其言曰：法律不宜以人性爲準，宜以實際之道理爲準。

第二説，出自法儒夫以愛。謂法律未能遽臻其極，必人性不變，然後法律亦不變。現定之法律，特本於現時之理想，理想如是，法律亦即如是。

第三説，謂性法亦有時地之異。古今東西，所處不同，法律貴因時地而支配。

其第一説乃分别道理於普通人性之外，猶吾國儒家之名，變爲道學，要其有所倚著，或人性，或道理，皆指一標準爲定點，其難語於實驗派則同。至第二説則不以人性爲固定，已含歷史變遷之意。第三説以時地支配法律，尤合比較法學之根原。理想派以此爲最進步，日本法學博士梅謙次郎即主此説。

歷史派之説曰：法律者，主權者直接或間接所制定之規則也。何謂直接？由君主制定，頒行國中，使人民遵守者是也。何爲間接？因民間自有之習慣，經主權者認定之，與法律同生效力者是也。蓋歷史派之鼻祖沙比尼氏即謂法律爲歷史之産，法由歷史自然産出，非理想所能構成，故制定而後謂之法律。其制定也，皆從歷史經驗而來。今學者尊此派爲德國派，而理想派謂之法國派，蓋法與瑞士、意大利等國猶未改其舊時之宗派也。

以上理想派與歷史派各下定義，既如前述。又歷史派之勢力，似駕乎理想派之上，良以理想派易於蹈空，歷史派必有徵實，如吾國宋學、漢學之别。然二派究以相兼爲至善，如果偏重歷史一派，則理想派亦有三難，足以窘之。述所聞於日本梅博士者如下。

一，法律不能終古不變，此歷史派所主持也。豈知道理實萬古不易，如法律之原則，皆從殺人者死、劫物者懲、負債者償而起。在今日，名之曰生命權、物權、債權。古無此名，而其維持社會之秩序，以此爲已亂之大防，則無論何時何地，皆同此理。此理既不可易，則謂各國法律，踵事加詳則有之，謂萬變而絶無根本之定點者誤也。如以法律爲歷史之產物，則最初之時，當有殺人劫物，惟力是視，而無可責償之事。若但以歷史所有之經驗爲法律，則此任意殺人，任意劫物，不當亦視爲一世之法律乎？不然，則歷史誠超出於未設法律之先，而法律實準性法或理想法中，所有不易之原則而後起。其隨歷史而有變遷，乃理想之進步，未臻極點，積此理想，乃成社會。處此社會，乃定法律。然則謂法律僅爲歷史之產物者謬也。

二，經驗固歷史派所持，其有取於經驗，但爲仿效計乎，抑爲改進計乎？仿效則同一事而立法紛如，斷無各法並用之理，將擇其善者而從之。等善矣，則擇其尤善者，此惟理想能擇之。歷史派持論不同，而改進爲學者之天職，則無以異。改者參他法以審己法而改革之，進者引初意以合他意而增進之，皆理想之作用也。

三，歷史派謂法律必經制定。夫以制定爲法律，則無從制定之始，法律何自而生？有如定法者極其周密，應規定者無不規定，用之既久，社會變矣，社會進步愈速，制定法律之缺點愈易顯。又況科學中有新發明，本非立法者所能逆料，偏執歷史派之説，豈不當以前無經驗，而屏諸法律之外。若用理想派之定義，則不生此衝突矣。

以上三端，歷史派之定義，誠不如理想派之略無罅漏。然其研究之方法，較理想派爲切實，故其學説之發達，亦視理想派爲迅速，此其優於理想派者爲有明徵。總之，理想派若純任一己之腦力，不以經驗證之，乃其流弊。歷史之所以成派，正從理想而來，以理想求證於歷史，由歷史益觸其理想，乃交相爲用之事，無庸執彼以病此也。

夫理想、歷史兩派，本其學術而各爲定義，既如前述。然常人對於法律之觀念，則不論學説，而自有兩種成見，此實謬見，試述如下。

一，法律爲主權者之命令説。此説可指其誤點有二。

（甲）古無憲法，故無主權者應守之法。主權者既自處於法律之外，餘人則所守之法律，皆待主權者之命令而後行，是本説之所由來也。今國家以立憲爲標的，預備數年，即頒憲法。憲法者，一定之後，主權者即不能以意變更，則亦聽法律之命令，而非盡以命令爲法律矣。

（乙）古時法文，簡略不備。今欲定民法、商法，即有訪求各地習慣之明文。調查民事習慣，有此必行之宗旨，而暫未實行。至調查商習慣，則政府已派員周歷各省矣。外國法文，恒留一習慣法之名目於條文中，往往加一語云“有習慣者從其習慣”，蓋定法時固宜詳查習慣以定之。然有善良之習慣，無庸矯正，而亦不能盡加入法文，以致隨地而異。其規定者，故留一從其習慣之餘地。今吾國將定民、商法，自必亦有此文。此異日之事，且勿具論。但就目前之調查習慣觀之，欲立稍良之法律，即不能純以命令從事，大端固已定矣。

二，法律必有制裁説。制裁者，示以法律而不遵，即處以相當之懲罰是也。此其誤點亦有二。

（甲）凡應使人人遵守者，皆名法律。在立憲之國，以曾經議院協贊者爲法律，否則止稱命令。吾國前無議院，但奉旨施行者，皆有人人應遵守之效力，是不能不統謂之法律。除近時頒布之《諮議局章程》、《城鎮鄉地方自治章程》，皆附有罰則數條外，其餘奏定章程，往往不設制裁，而未嘗不成法律。彼但以刑律爲法律，則刑律本專予制裁之法律，稍涉法學之途徑，當知刑律爲法律之一種。吾國雖無私法，而行政法則種類甚多，不必皆有適當之罰則從其後，此在各國之行政法亦然。如裁判所構成法，在我國謂之《法院編制法》，明明一種法律也，然所規定者，不過如是構成，或如是編制而已。吾國"會典"爲行政法之大宗，其不附制裁者亦甚夥，此本説之不足據者一也。

（乙）立憲國通例，主權者當守之法律，祇示其必應遵守，而並無不遵守以後之制裁，不若臣民之違反法律，可由主權者加以制裁，而輕重悉科其罰也。然憲法爲最重大之法律，世謂之根本法，不得以其無制裁，而外視之。夫寡助之至，天下畔之，此事實上之制裁，爲世界所同有。獨吾國更有一予謚之褒貶，名之曰幽厲，雖孝子慈孫，百世有不能改。自非秦皇之暴，孰敢以臣議其君，子議其父，悍然廢謚法，以快其私？故吾國雖無憲法，而人君之樂受制裁，爲萬國之特例。然此亦究非法律上之制裁，在法律則但有不設制裁之憲法，爲君主所當守之法律，此本説之不足據者二也。

第二章　法律與社會之關係

何爲社會，乃人類有相關係之謂。草昧之初，本無人類，安有法律？即有人類，設人與人可各自爲生，無共同之關係，則亦何用法律？人類惟相生相養，相扶相助，而後足以自存，緣此而團結爲社會。本以共同生活爲期，然人之秉性不同，强者務伸張而其慾難饜，弱者求保守而其力難勝。設定限於强與弱之間，以不侵人之自由爲伸張之界畔，以不失己之自由爲保守之籓籬，此法律所由生也。

社會中間之約法，必兩造均願服從，乃爲有效，故不遽謂爲法律，而實爲法律之母。社會間之評判，日本謂之仲裁裁判，吾國謂之親族或原中之理楚。至今民事訴訟，審判之官，每令兩造先就此範圍。吾國未確定民事訴訟法，親族理楚，原中理楚云云，見於受理詞訟之官衙，有此批牘。若東西各國，則竟以仲裁之規則，定於民事訴訟法中，是可見國内法之淵源，實尚存社會行法之遺跡。

夫社會之界説，至少必在二人以上，而充其多數，則殊無限量之可言。昔以社會積成國家，而約法進爲法律，久之而國與國又生共同之關係，則國與國又成社會。而萬國仲裁之條約，今且設裁判所於荷蘭之海牙。仲裁條約，吾國譯作“公斷規則”。仲裁裁判所，吾國譯作“公斷衙門”，近又譯作“仲裁裁判院”，見外務部印行之《丁未和會類要》。由是國際之約法，幾與法律相近焉。此社會之範圍寬，而法律之範圍，所由與之共進也。

人類之最初，祇有極小之社會，即有法律之淵源肇其間，故能維持其社交之性。愈推愈廣，以有今日。鳥獸雖繁衍，而不成社會，孔子所謂不可同群者以此。人方局於小社會時，視世界惟我社會爲可與處，其他皆在猜忌、讎殺之列，若今之所謂内山生番者是也。積無數社會之交通，而成一大國。有國之後，其始多不知國與國亦成社會，動以夷狄、禽獸待外國。强者日思屠戮以爲豪，弱者亦如避虎狼以自匿，此即生番所以待我文明之人類者。而我向時談夷夏之大防，其智識亦往往類此。近乃入國際之社會，保和會公斷條款，吾國與焉。此法律之範圍，將隨社會爲增長者也。別詳後“國際法説”。

第三章　法律與國之關係

國有三要，曰土地，曰人民，曰主權。孟子所謂：諸侯之寶三，土地、人民、政事。政事所以號令其民，以成一國共同之動作，蓋即主權之意。得此三要，則國無大小，無沃瘠，無島陸，皆有特定之封疆，以爲土地；特定之生齒，以爲人民。此人民附著於此土地，受一主權之命令，他人不得干預而阻撓之，夫是之爲國。

學者辨法律之與國，孰爲先後，則信其先有法律，而後有國。何也？法律所以範社會，社會始於夫婦，有夫婦之法律，而後有此異於禽獸之配偶，故法律爲束縛社會之物，惟其能受束縛，所以能成社會。迨其名之曰國，已有無數社會包其中，即有無數法律行其際。譬之人身，法律乃其神經，而國家則其形體也。

夫法律之於國，既如形體之於神經，則神經當遍舉其形體，而後謂之完人。國有主權，本爲國民共同之動作，由一國之元首代表之。因其代表主權，常居制定法律之地位，每忘其遵守法律之天職。由是最近於元首者，亦恒以階級之制。而雖有法律，不能平等，如元之蒙古、色目及諸僧徒是也。神經不貫全身，其身不必遽廢，而已決非知覺健全之身。法律不徹全國，其國不必遽亡，而亦斷非利害密切之國。近世文明諸國，無論爲君主，爲政府，爲人民，悉以法律爲歸，而無能軼乎其外。吾國之殷殷立憲，限期頒布憲法，所嚮向者亦然。故古以國能制法，而稱法律爲國法，今以法能統國，而稱國爲法治國。法治國者，全國受治於法，較之古以國内首出之一人，别之於法律以外，有不同焉。

第四章　法律與道德之關係

道德閑人事之未然，使一切平人皆生砥礪心。法律制人事之已然，使犯罪之人生戒懼心。是道德之效力，及乎任何人，而法律之效力，則及乎特定之人。其範圍有廣狹之分，而其勉人於爲善則一也。顧道德恒期其當如是，而以此詔之，法律恒恐其不如是，而以此防之。道德爲淑善各别之人，初不嫌其求備，法律爲維持共同之社會，則取其足以維持而止。故道德所斥爲惡者，往往爲法律所不能繩。如犯罪止論行爲，不論意念，乃其例也。

因此而法律或與道德相歧，而初亦不至相背。相歧云者，此之所禁，彼不重申，此之所命，彼不加勸。相背云者，此禁之而彼命之也。夫爲酒所困，道德所非，而法律不責釀家之售飲，然亦並非命以必爲沈湎。博施濟衆，道德所美，而法律不許乞丐之公行，然亦並非命以必爲慳吝，故謂道德或與法律相衝突者非也。

法律有變遷，道德亦何嘗無變遷？宗教之聖，名教之尊，皆有偏於壓抑，不容伸訴之日。迨其禁制既解，始恍然於前此之不情。然當其爲衆論所劫持，則儼然以道德之名義，迫法律必予以維持，此各國恒見之事故。以風俗爲道德，其力足以左右法律焉。夫一國之人，皆以爲是，此即一國之道德。但問其果否爲國民多數服從與否，文明之國，法律決於議會，以多少數判國人心理之從違，此即道德與法律恒相接近之故。

顧道德終爲法律之質幹，以法律禁人之惡行，必先以道德格人之非心。若人之知識以内，本無所謂公是非，而盡待法律爲之糾正，則法律之力亦窮。據道德以定是非，率其尊重道德之心，以去其非而即於是。至不可以理喻，乃以法律濟之。蓋法律爲道德之輔，所以人知法律之可貴，以爲此實閑我之不道不德，一返之於道德云爾。若全無維持道德之意，又何從有倚恃法律之心。“道之以政，齊之以刑，民免而無恥”，孔氏之言固不可渝也。

第五章　法律與政治之關係

以共同之團體，作共同之希望，求達其所希望，而擇一最良之方法以致之，夫是之謂政治。政治之意義，所包甚廣，法律亦其中之一物。是故道德之於人，猶政治之於國，其範圍皆大於法律。人之有需於道德，貫徹於先事後事，法律則不過事爲之制而已。國之有待乎政治，包舉乎進行動作，法律則不過持其現狀而已。

雖然，謂政治之意義廣於法律則可，謂政治之作用不受法律之範則不可。以團體爲共同之動作，不能不締之以規約。蓋一身之動作可以獨裁，團體之動作，必有彼此之傳示，然後見之施行。此傳示之規約，即法律之起因。而其可見之施行，即政治之本相，故政治皆遵守法律之動作。或因所求達之希望，以目前之政治爲方法，尚未覺其至良，則改正法律，亦政治中之能事。然未改法律以前，不能任政治家之意識有所出入。是故，有更定將來法律之政治，斷無蔑棄現在法律之政治也。

第六章 法律與經濟之關係

“經濟”二字，本“經國濟世”之意。日本則引伸其義，爲計算財用之稱。其學科有經濟學，即近人從西書譯作“計學”者也。顧今時沿用日本名詞，於此經濟之名，幾於無人不知其即指財用，於生計日寬者曰“經濟發達”，於生計日窘者曰“經濟困難”，言及生計，則曰“經濟問題”。既成口頭禪，即亦不妨承用。

除道德、政治之外，有與法律各爲蹊徑，而實具最密切之關係者，厥惟經濟。凡欲使社會發達，必以財力爲措手之本。無論何等良善之法律，若於經濟有妨，即爲自損其命脈。蓋有經濟之扶助，法律乃有施行之根據。惟經濟每非自爲發達，亦賴法律栽植而成，是之謂密切之關係。

就經濟學派而言，有主張放任之，使不爲法律束縛者，有主張宜以法律干涉之者。英取放任主義，德取干涉主義，是爲經濟學家之異派。夫以法律拘束經濟與否，自屬經濟學之範圍，而要其爲學之彼此相通，則無論如何，皆不可易，與放任、干涉兩派，無相關也。玆各言其相通之故如下。

經濟家不可不知法律，其故有二。

（一）經濟上抱一理想，欲其與治安並進，不可無法律上之知識。

（二）有礙於經濟之法律，當知其缺點所在，而後可圖改正。

法律家亦不可不知經濟，其故亦有二。

（一）定法律時，必研究經濟之原理，庶能助其經濟之發達。

(二)行法律時，必體會經濟之現狀，庶能證其法律之當否。

第七章 法律二字之由來

經傳中以“法”與“律”各一字爲通稱。《吕刑》曰“惟作五虐之刑，曰法”，晋《刑法志》云“李悝撰次諸國法，著《法經》”，歷代史志亦多有“刑法”一志，此但用“法”之一字爲名者也。又《管子》“七臣七主”篇云“律者，所以定分止爭也”，漢志云“蕭何作律九章”，晋志云“張湯《越宫律》二十七篇，趙禹《朝律》六篇”，此但用“律”之一字爲名者也。又有法與律互見於一處者，李悝所著爲《法經》，而《雜律》、《具律》乃其篇目，蕭何作律，而漢志稱其攟摭秦法，此“法”與“律”互見者也。

其以“法律”二字連綴成一名詞，則爲當世之通行語。日本承用漢字，乃定法律爲效力最堅確之名詞，非經國會協贊，不得謂之法律。雖天皇之命令，亦必得國會之承諾，乃有法律之效力，且不能以命令更改法律，是爲法律成一定名之始。而在吾國，則向祇視爲通行語者，今亦以《憲法大綱》既於上年頒布，所定法律之名稱，悉與日本吻合，於是法律之可貴，通行於文字之上矣。

《憲法大綱》中，首定君上大權，其中有欽定頒行法律及發交議案之權，注云“凡法律雖經議院議決，而未奉詔令批准頒布者，不能見諸施行”；又有總攬司法權，“委任審判衙門，遵欽定法律行之，不以詔令隨時更改”；又有發命令及使發命令之權，“惟已定之法律，非交議院協贊，奏經欽定時，不以命令更改廢止”；又，“在議院閉會時，遇有緊急之事，得發代法律之詔令，並得以詔命籌措必需之財用，惟至次年會期，須交議院協議”。此君上之尊重法律也。

次定臣民權利義務，中有云“臣民中有合於法律命令所定資格者，得爲文武官吏及議員”；又云“臣民於法律範圍以内，所有言論、著作、出版及集會、結社等事，均准其自由”；又云“臣民非按照法律所定，不加以逮捕、監禁、處罰”；又云“臣民應專受法律所定審判衙門之審判”；又云“臣民按照法律所定，有納税、當兵之義務”；又云“臣民現完之賦税，非經新定法律更改，悉仍照舊輸納”；又云“臣民有遵守國家法律之義務”。此臣民之憑恃法律也。

凡各種法律，可省言之，不必定稱某某法律。在日本恒省之曰某法，如民法、商法等皆是也。僅一“法”字，實即當“法律”二字。而在吾國，則或稱法，或稱律，省文之方法不一。其未入九年籌備清單者，有已實行之《違警律》、《報律》、《結社集會律》、《商律》，未實行之《破産律》、《訴訟法》；已入九年籌備清單者，則有《刑律》、《民律》、《商律》、《刑事民事訴訟律》皆稱律，《法院編制法》、《户籍法》、《會計法》、《憲法》、《議院法》、《上下議院議員選舉法》皆稱法，其餘稱章程者不與焉。又若現時已奏定之《國籍條例》則稱條例，而官制乃稱制，此名詞錯出之現狀也。

第八章　法律名詞之範圍

法律之義本廣，凡與衆共守者皆是。故社會之約法，與國家之制定法，爲用相等。然此在學問中言法律，非從事實上言法律也。立憲國規定法律範圍於憲法之内，經國會協贊者謂之法律，其他則止稱命令。命令必經國會承諾，而後有永久之效力，且不得以此變更法律。吾國雖未頒憲法，而已有欽定之

《憲法大綱》，所指定法律之性質正如此。且"法律"二字之連用，實起於《憲法大綱》，故言法律者，當知有此狹義，此立憲國法律名詞之範圍也。

因法律有此範圍，乃生三問題如下。

(一)豫算是否當爲法律？　豫算見於《議院法要領》，其第四條文曰"國家之歲出歲入，每年豫算，應由議院之協贊"，此與《憲法大綱》所定法律必經協贊同。然日本亦不以豫算之公布載入憲法，未嘗認爲法律，故不定其必需公布，殆以豫算不過計一年之出入，且無一定規則。然豫算案而既成立，即有施行於一年度内之效力。但其性質止及一年，不得謂即非法律之據。其規則之不定，在一年度内則爲確定。故各國多載於憲法應公布之，要之，協贊既同，僅有公布不公布之别，事實原無大異也。

(二)條約是否當爲法律？　《憲法大綱》定訂立條約爲君上大權，無取協贊，即不認爲法律，此亦效法日本。日本學者，無一人不議論此事，謂條約與外國互定，非如國内法爲全國臣民所當守。然歐美各國，皆定之於憲法，需由議會之協贊，是非法律而同於法律矣。往時日本定憲法之意，謂條約若必待國會承認，則苟不承認，國交必且決裂。此亦緣定憲法時，條約尚未改正，設付國會，勢必盡情反對，而政府恐難應付。後雖改正，而相沿不經協贊。其實改正以後，條約原不容有抵觸法律之處，故今之學者多贊成以條約載入憲法之説。吾國近亦議將條約改正矣，數年之内，未知成效如何。夫協贊與否，尚可緩圖。惟條約之爲全國所應守，則實與法律同，斷無可聽政府締結於上，而人民破壞於下者，縱不協贊，似公布斷不可少。日本固以不協贊爲詬病，而未嘗不公布。吾國人民讎視外人之見尤重，公布使知遵守，與法律並用朝旨行之，實爲要務。

（三）憲法施行以前之法令。　法律必準憲法所定，經國會協贊而後成。吾國籌備憲政清單，定於宣統八年宣布憲法，是年即選舉國會議員。蓋至宣統九年，始有遵照憲法之法律。則現今所定之各法、各律、各章程、各條例，將來作何措置乎？日本立憲方新，成例具在，蓋於憲法中解決之。其《憲法》第七十六條云："無論用法律、規則、命令以及任何名稱，凡與此憲法不相矛盾之現行法令，悉有遵行之效力。"據此云云，則效力仍在，而其爲法律及爲命令等等，則憲法無所限定。日本學者則謂此項問題，須考明法律事項以解決之。其事合乎法律，即認爲法律，合乎法令，即認爲法令。凡法律皆對於多數之事，法令皆對於少數之事，如《國税徵收法》爲法律，以其爲全國所遵守也，《國税徵收法施行規則》則可爲法令，乃以其對於收税官吏而設。吾國照籌備清單所列，如《民律》、《商律》、《民事刑事訴訟律》等業已明稱法典，此與《刑律》及《憲法》、《議院法選舉法》、《會計法》、《國家税地方税章程》、《法院編制法》、各種自治章程、《户籍法》、《官制》、文官考試任用官俸各章程、《國籍條例》等皆當爲法律，或"調查户口"及"清理財政"兩章程可爲法令。定憲法時，若一一規定，則法律與法令之别，可有明文，否則就學説定之。其區别大率如此。

第九章　法律之分類

法律恒可以對舉而爲之區别，如定一界説以括之，必有不入此界説者相對待，就而分類，兩兩相當，可得六種。

（一）性法，制定法；（二）國法，國際法；（三）公法，私法；（四）實體法，形式法；（五）普通法，特别法；（六）强行法，許容法。

第一節　性法制定法

性法即自然法中之人性派，以天理、人情爲標準。理想派有此一分支，前已言之。當法未制定之前，既以此爲法之母，迨法已制定之後，又以此濟法之窮，此亦不廢之法理也。然法律上之處置，究從制定法而生。人人以性言法，則人各以其稟性爲至正，或並其習焉者而認爲本性，彼此迭有是非，謂爲理論上之法則可，斷非實行之法也。即性法之所主張爲極正當，亦但有議改法之言論而已。制定法一日未改，即一日存其效力，不能遽以性法代之。惟正在改法之時，則性法之説大暢，如吾國今日刑律草案之簽注盈天下者是也。

制定法由主權者直接或間接定之。直接者，主權者當時所定。間接者，本社會之習慣，主權者因而定之，或稱間接之制定爲認定。學者謂古之宗教家稱法律爲神定，蓋雖社會相約而成法，固已非獨出之見解，未經公定者可比。故無論直接、間接，統名之曰制定法。特其法分爲二種，曰成文法，曰習慣法。

(一)成文法。　經主權者及主權代理人，表示己見而勒定之。主權者所勒定，則奉旨頒行者是也。主權代理人所勒定，則奉部通行，以及奉各官廳示諭遵行者是也。歐洲學者謂，筆之於書者，爲成文法。日本學者謂，此就文明國法有法典而言。其實不然。專制時代，人君以言語爲法律，生殺予奪，皆可付之執行，並可開下不爲例之例。此斷非習慣法，以其出於主權者之命，亦止可謂之成文法。嗣今以憲法規定法律之用，如《憲法大綱》所云“審判衙門之法律，不以詔令隨時更改”，則成文法之爲法典等書，庶與歐洲之説符矣。

（二）習慣法。　對於成文法而言，亦曰不成文法。凡人類必有抉擇心，一人之所爲而群以爲當，則彼此模仿，久遂通行，苟或反之，即爲指摘所及，是謂習慣法。夫習慣甚多，豈能盡認爲法，必經主權者認定而後名之曰法。其認定也，又有直接、間接之分。如制定法律之文，某事項下明載"有習慣者，從其習慣"字樣。此種法文，各國民、商法多載之，且載不勝載，是爲直接之認定。其並未明載於法律，而審判官自依其習慣而判理之，則亦可爲法。審判官何以能用習慣爲判理？蓋如日本法例第二條云"不反乎公秩序，及善良風俗之慣習，限其因規定於法令而認之者。或爲法令所無之事項，則與法律同其效力"云云。故審判官於民商等事之判理，必有用習慣之時，是爲間接之認定。或謂即不經裁判官用爲判決之例，民間自有習慣法，此殊不然。民間但有習慣，不得徑稱法也。

前言成文法不必盡筆之於書，固已。今言習慣法即爲不成文法，亦未可泥爲必不見於編撰之本也。凡法律所定，有習慣則從習慣之事，各國皆有。薈萃其事，載之典册者，是業已成文。然與法律相歧，不改其爲習慣法，且更有成文而並不得爲習慣法者。昔法國當民法未成以前，令民間以其習慣，編撰成書，以備參考。主權者未認爲習慣法，初無法律之效力。吾國今方由法律館編定商法，近已派員赴各省調查商習慣矣。按題發問，各省尚無確答。設將來彙齊答案，刊印成書，未經主權者認定，亦斷不能執以判事。此可見習慣之不得混爲習慣法，而不成文之名之未可泥也。

成文法與習慣法有三問題。

（甲）成文法與習慣法應用之先後。　各國學説不同，通行習慣法之國，間有先用習慣法者，日本則不然。又有一説，謂成文法既定之後，而新習慣法始出，則當從新習慣法，日本亦不之取。蓋日本爲偏重成文法之國，凡法律本從習慣而出者，大約重視習慣，若將賴法律改正其習慣，則不能不重制定之法律。吾國今此之改革，所取則者多非故見所有，則習慣之有待於改正者多矣。將來法律中決此問題，謂必有取於日本。

（乙）習慣法之證據。　成文法據法文，習慣法則主張時不可無所據。德國法，凡普通之習慣法，裁判官所應知者，可以無需證明。如一業之習慣法，一地之習慣法，則必提出證據於裁判所。法國法，則用習慣時，一切皆需證據。日本無所規定，蓋緣日本變法多仿他國，可用習慣者極少，故定法時不注意及此。後以事實發生，乃議證據，因取特别法爲之。所謂特别法者，如一業必有業務中之規則，一地必有地方上之規約，凡呈官立案者皆是。

（丙）成文法與習慣法之得失。　此問題截然爲兩大主義，重習慣法者爲英國主義，重成文法者爲法國主義。德國兩重之，而近今亦趨重成文法，則以德重帝國主義，常以帝國爲先，聯邦爲後，勢不能不抑習慣法以統於同，不盡關學説左右之之力。其持英國主義者謂法律不過維持社會之用，社會以爲最宜用者，豈可以少數人之所見戾之。成文法非少數人所制定乎？且習慣法能與時變遷，而成文法則不易改革，見爲不合於社會而改之，自動議以至公布實行，其間已多扞格，不便可知。持法國主義者謂法律之用，在能確定，非可徒取其便於變遷也。假如引用習慣法，而甲認乙否，乙認丙否，則判斷之道窮。勤修法律，使不牴牾於社會，自是别一義，未可圖便而聽不確定之習慣，致人民無所適從也。兩派之各有偏重，其説如此。

就吾國而論，法律之所適用，僅命盜重情。必需達部者，始於律文求其密合，雖供詞由問官僞造，而就案牘言之，未嘗不據律以處斷。乃至户婚田土細故，官何暇盡以律文昭折服，民何知必以律文爲保障？其間付之親族、董保、原中等理楚者，固止有習慣可憑，並不必有所謂習慣法。即最後必由官斷者，亦祇以意爲之。嗣今定法律，設審判廳，事事非比往昔，且國家新改憲政體以前，又經若干年之世界交通，民商各事影響於其間者，變態顯然。新習慣方待造成，舊習慣多需改正，以法律改良社會，正在今日。蓋與日本初變法時情形，適然相合。則偏重成文法之足爲吾國方針，可斷言也。

成文法中又有二别，一曰法典，一曰單行法。夫等是法文，何謂法典？何謂單行法？此而求其定義，原難的確。日本學者亦求其的證而不得，乃但以多數人所稱者當之。多數人稱某種法爲法典，即名之曰法典而已。原“法典”取名之初意，以其網羅同類之規定，彙爲一法。如《民法》，包物權、債權、親族、相續各編。就每一編而論，物權又包所有權以下若干種，枝分節解，條例繁多。若此之類，必爲法典。然憲法條文無多，而所包實以全國爲量，不能不尊之爲典。依日本慣例，《憲法》、《民法》、《商法》、《刑法》、《民事訴訟法》、《刑事訴訟法》、《陸軍刑法》、《陸軍治罪法》、《海軍刑法》、《海軍治罪法》十種，固皆裒然巨製，稱爲法典無異詞。而《府縣制市町村制》，亦共名之曰法典，其餘多謂之單行法。

吾國既有法典之名，見於憲政籌備清單。則對於法典者必爲單行法，可以推測知之。惟查法典種類之範圍，據清單則甚隘。清單惟稱《民律》、《商律》、《刑事民事訴訟律》等法典，然據“等”字之意，未必以此盡法典之種數。且如刑律即不在法典之列，自緣編訂及頒布均有先後。但彼三種爲同時編訂，同時頒布，又同應稱爲法典，故以“等”字括之。則何者果爲法典，度亦未必以明文定之。但明文所定，吾國爲有法典之國，非如英國之爲無法典國云爾。

於此又生一問題，則爲法典與單行法之得失。此問題與成文法、習慣法之得失遞嬗而生，重成文法者主法典，重習慣法者主單行法，各有主張。其互爲得失之由，可試述之如下。

主法典者曰：網羅既博，則易察其關連之處。若單行法則無所統一，動致抵觸，則立法時之得也。比類相連，則易得其權衡之當。若單行法則各有首尾，難於融貫，則用法時之得也。主單行法者曰：立法不宜複雜，庶幾各提其要，用法不宜牽制，庶幾各存其真。兩派之言如此，權其得失，則其國本宜用成文法者，自以法典爲得本；宜用習慣法者，自以單行法爲得。然雖有法典，單行法自不能廢，不過就其大端統一之而已。

法典以繁重之故，修正較難，此亦一憾。然實修正法律之組織，有未完善之故，與法典無涉。今世各國改正法律之組織較善者，則爲日斯巴尼亞。每年由裁判官提出不合之法，交司法大臣，司法大臣即設調查法律委員，審查各國法文、各國學説，以爲報告，滿十年一修。日本梅博士以爲十年之期，猶嫌拘束，急者隨時查改，緩者彙成若干條而改，總以速其進步爲貴。且其責當分寄之律師及法學家，不必專屬調查委員。故社會有法學之學會爲最要，政府設法律之館職次之。法久必弊，見弊即改，蠹腐無從而生，此事爲凡學法學者共有責焉。議會每年有增删修改之機會，固無庸以法典繁重爲病也。

第二節　國法國際法

國法又名國内法。蓋一國之主權，定一國之組織及一國之行動之法律。法律與國之關係，就土地定爲國境，就人民定爲國籍，以爲施行法律之界限。

國際法爲兩國以上之主權，定兩國以上有相關係之法律。就國與國可生共同關係之處，以爲施行法律之界限。

於此有一問題，國際法究竟是否可爲法律？學者多謂國際法不當視爲法律，其理由有二：(一)國際法無主權者命令於上，故不能通行各國；(二)國際法無主權者制裁於上，故雖有約之二國，有一國不遵，亦無可懲戒。

今就其不認爲法律之二理由，據日本學者梅謙所論，駁之如下。

(甲)謂無命令即非法令，則如君主國有憲法，誰命令之？狃於蠻野之觀念，謂必屈於勢力而後服從其法律，則所服從者勢力，而非法律矣。果以勢力爲法律，則何必復講法學。法律之效能，使人知守之則利，違之即害。故一國主權者亦自爲可守之法，則各國主權者又何不可自爲共守之法乎？

(乙)謂無制裁即非法律，則無命令，即無制裁。國内法亦有因無命令而無制裁者，憲法是也。論國際法上之制裁，證近日之進步，實已較君主國憲法上之制裁爲密。萬國仲裁，設爲裁判專院，而國際法亦於萬國保和會中協議而出。既定法文，復有審判所。不備者，處分之手續耳。古時有社會而未成國家，相約爲法，有不率法者，則訴之於武力。今人事已進於文明，而國際尚稍未離於蠻野，故最後之制裁，惟有兵力。一涉於兵，則師直爲壯，曲爲老，固亦有理道可憑，然究不能盡以是非爲勝負。則方之人道，尚在由社會將成國家之程度，人惟求其秩序之安固。故於武力制裁之外，公奉一文明之制裁，畀以無上之權力，而以己之生命財産，託庇於是。國際若利害益明，何爲不共捨其今日之武力制裁，而公奉一文明之制裁乎？故後日制裁之日益完密又可斷言也。

即論武力之制裁，其說本爲吾國古時行用主權之實例。封建之世，國與國並立，豈無共主總持於上？然其所以匡正萬國者，始而貶爵，次而削地，終乃六師移之，孟子之文可證也。史家以漢爲近古，而前漢無《兵志》，歸之《刑法志》中。其言曰："大刑用甲兵，其次用斧鉞。中刑用刀鋸，其次用鑽鑿，薄刑用鞭撲。大者陳諸原野，小者致之市朝。"豈非吾國古人言法律制裁，不廢兵力之明證乎？就中國學派言法學，更不當謂國際法非法學矣。

夫上所云云，未免偏於理想，不知法律幼稚時代，本皆由理想而成制定。國際法發明未久，且純以理道繩其曲直，絶無强權參預其間。蓋國際法純爲性法，原爲理想派中最大之證據。由理想派言之，國際法萬無不認爲法律之理，而歷史派則雖欲不認，無奈國内法之不由命令、不假制裁者爲例正多，已詳於前述"法律定義"章。故可解決之曰：國際法是法律也。

國際法既爲法律，則其中又有公法、私法之不同。國際私法將爲國際法乎？抑竟稱國内法乎？此又成一問題。而亦有甲乙二說。

(甲)法之由來。國際私法爲一國主權者所定，且各國各有此法，並無他主權者之參與，則似無國際之名義。雖或受條約之束縛，然條約亦必按合法律，期國内人民可以遵守，則條約固亦可謂之國内法。吾國條約尚未改正，相沿有抵觸法律之處，初非條約之本體宜然，故國際私法當爲國内法。

(乙)法之作用。國際私法爲兩國以上之人民所生關係而設，雖由一國主權者所制定，實讓出他國主權與他國人民有相關係之餘地。即留己國主權，得行於己國人民，與他國人民有相關係之餘地。如果可純用國内法，則何必特設變例，贅此若干條文乎？故國際私法當爲國際法。

解決此二説，則仍視主權者命令之果爲法律定義與否？蓋國際私法之爲用，純在國際。所必援以爲國内法者，不過以制定者之爲國内主權，故其發生之源在國内而不在國際耳。夫前既於國内法不用主權者命令爲定義，又於國際法亦以不用此定義而認爲法律，則國際私法亦從其作用言之，解決爲國際法而已。

國際私法之法文，在日本謂之法例。法例乃各法施行之總例，法例不盡爲國際私法。而以關於兩國以上之人民所生關係，因設爲特例以通之者爲多。凡此特設之例，即爲國際私法。歐洲或指爲民法施行法云。

第三節　公法私法

公法者，以一國或國之一部分而用其資格，以爲行動所用之法律也。夫國則以有土地、有人民、有主權者當之。國之一部分者，凡國内之公法人，即地方自治團體之謂。此在歐美各國，公法人範圍較廣，自治體之外，商會之類，恒得爲公法人。夫公法人以公法爲行動，凡公法多有强制而使人服從之性質。日本以國民程度不及，縮小其公法人之範圍，故得稱國之一部分者惟有自治團體。

資格云者，國或國之一部分，本爲全國或全部分所團結，而成一法人。以法人之名，營法人之事，則爲用其資格。以法人之名，營私人之事，則爲不用其資格。至於僅以法人之代表，行私人之事，則更不足復言資格矣。古惟不辨資格，故法無所謂公私，亦無所謂法人與其代表。今吾國法令，缺略不完，就現有者證之。如“鐵路購地章程”、“礦務章程”，皆以國家之名，謀國家之便利，資格相符，故行以公法，而使用人民之土地，無待情商。如大清銀行、交通銀行贖路公債，皆以國家之名，爲私人營利之事，是爲不用其資格，止可謂與平常營業借債無異。若夫法人之代表營私人之事，如土木、飲食、財用、玩好之類，古亦以强制徵民，近荷聖明，逐漸削除。其公法徵收之款目，如廈門貢燕之類，近漸豁除。國之主權者，捐嗜慾以就法律，且有如是之盛德。而西北各省，往往以州縣之長官所需米鹽薪菜、紙墨油燭、夫役輿馬，一切責民供億，公私不辨。自法治國言之，豈非奇聞？今者自治制行，廳州縣官，當正名爲廳州縣自治團體之代表，則資格當逐漸分明矣。

行動云者，國與國，或與國之本體之組織生有關係，並國或國之一部分，與人民生有關係，而有所舉動之謂也。對於他國之關係，而有舉動，是爲國際公法；對於組織其國之關係而有舉動，是爲憲法、行政法；對於人民之關係而有舉動，是爲賦課之税法、懲戒之刑法等，皆是也。

私法者，以本國人民，與他國人民及與同國人民，並與資格同於人民之時之國或國之一部分，生有關係，所用之法律也。

本國人民與他國人民之關係，如内外國人相與締婚姻、結契約之類。本用私法，而可不盡用本國之私法，是爲國際私法。

本國人民與同國人民之關係，如民事、商事所用之法，是爲民法、商法。

本國人民與資格同於人民之國或國之一部分之關係，即上所謂國或國之一部分，不用其資格而與私人爲賣買借貸等事，所用之法，是仍爲民法、商法。

今更就公法、私法之種類，詳其細别如下。

(甲)公法之細别：(一)國際公法；(二)憲法；(三)行政法；(四)刑法。

(一)國際公法　規定國與國之關係，是有平時、戰時之别。

國際公法，本有不認爲法律之學者。今從日本學者梅謙之説，認爲法律，即認國際公法爲公法之一種。惟梅氏又認國際刑法爲公法，緣刑法本國内之公法，施之國際，亦當認爲公法。此殊不確。凡國際公法本規定國與國之間，若國與他國之人民，則規定以國際私法。從國際私法所規定，而至於得罪，而至於受刑，在國際仍爲私法，以未涉及國與國之關係也。必從國内法之例，以刑法爲公法，轉於國際公、私法之界畫有出入矣。

(二)憲法　規定主權所在，及其作用，並作用中關於直接立法之事項，以及臣民權利義務之法律。

主權所在，各國不同。吾國採日本之制，規定其在君主，已見於欽定之《憲法大綱》。

作用，不外立法、司法、行政三權，而特定軍事及國交等大權以益之。

立法事項，獨稱議院爲協贊。蓋立法之大權，固歸之君主，而議院就立法之時，直接協贊之，非若司法、行政之承命於有法律之後。即憲法中所規定之臣民權利義務，亦皆從法律而生。故大權作用之中，以直接立法一事項，同規定於憲法。即議院法當附屬憲法，而不以之歸入行政法也。若各官衙亦有自發命令之權，此爲受君主之委任而發之，即《憲法大綱》中"君主大權"事項所謂"使發命令之權"。官衙之命令，皆爲君主所使發，是之謂間接立法。憲法但規定君主有此使發之大權，爲大權所使而爲之發命者，無庸以憲法定之也。

臣民權利、義務各事項，頗從各國憲法相沿襲而來。就《憲法大綱》所載，有一事爲各國憲法所有，而大綱内尚未定入者，則如信教自由是也。吾國本不甚有宗教之爭，釋道之見闢於儒，亦緣一時人君尊禮太過，而生反動之力。今之耶教，間於民間小有齟齬，亦緣法權歧出，别有嫌怨之媒，並非真以宗旨之異同，爲爭執之根據。此其所以不見於吾國憲法也。日本學者又謂，臣民之得爲文武官，此可入行政法。若此之類，皆緣沿襲西國，而成憲法條文。此説太泥。憲法所規定，原有包含全國之任，欲合君民而共守之。臣民之地位，定於憲法而始確，猶之君主大權，無憲法時何嘗不具，必定之以憲法，亦謂如此乃有確定之地位耳。即如國民之得爲文武官，向者何嘗不然？然或視文武官爲在上之私物，可以私惠與人，又或視爲貴者常貴，官遂成一種人民特别之權利，皆待憲法救正之。彼歐洲固緣人民要求，而以之加入憲法。東方之國，不待要求，而自以此爲改進國民程度之用，又何可輕議減省也。

（三）行政法　規定分掌主權作用之機關，並其組織及職務。又國與國之一部間，及其各部相互之間，並國或國之一部與人民間，所生關係之法律。

分掌主權作用之機關云者，凡京外官制以内之官廳，及各級自治團體之奉職者皆是。

機關之組織，即所以成立此機關者，如一官廳或一公職，各以若干員額配成之是也。

機關之職務，如外務、民政、度支、農工商之類。

關係在國與國之一部間者，謂國之對於省與廳州縣以至城鎮鄉皆是。

關係在各部相互間者，謂各省或各廳州縣或各城鎮鄉之自相對待，或省與廳州縣或城鎮鄉，以上下級之關係相對待。

關係在國或國之一部與人民間者，謂國或省或廳州縣或城鎮鄉，對於一私人之有所施行或阻止之皆是。

如上所云，則行政法之範圍極大。統吾國政治學中，所謂發號施令、議禮制度，皆可以行政法賅之。今現行法制，散漫不能遍數，且多待有所更定。就籌備憲政清單所載，除《憲法》及《議院法》、《議院選舉法》爲一類，《刑律》爲一類，乃至不屬公法部分如《民律》、《商律》者，自不並論外，自餘則皆屬行政法。至一切現行法制，如"會典"及各項奏定章程，亦大率在行政法之部分，不遑枚舉。

（四）刑法　刑法之名，係吾國文字中慣稱，日本因而用之。今新定法律中稱"刑律"，日本學者言刑字不足該本法。本法乃規定某種行爲有罪，某罪爲當某刑，其析罪之性質，當名罪法，其詳刑之制度，乃名刑法，合之當曰罪刑法。而未至乎罪，尚可救正以前，則各有本法，不宜概以刑處之。吾國行政法尚有成文，至私法則純以刑威爲規定，此法學之所以幼稚也。

刑法有廣義、狹義之不同。以舊法言，吾國律例之外，别有“處分則例”。蓋行政上之懲罰，自爲一法。猶之外國於刑法之外，别有判事懲戒法、文官懲戒法也。以新法言，《諮議局章程》、《地方自治章程》及其各選舉章程，皆有罰則。各國此例極多，既專設罰則，即不必復用刑律繩之。然吾《諮議局選舉章程》罰則末條明言：俟新刑律頒行，照新刑律辦理。“自治章程”則又無此文，蓋尚未能定其必彙入刑律否也。夫合處分則例及各種罰則，以其作用與刑律爲近，並稱刑法，是爲廣義。就刑律言刑法，是狹義也。

刑法又有本法及手續法。定其爲罪爲刑之法，是爲本法，刑律是也。定刑法所以施行之方法，是爲手續法，刑事訴訟律及將來必定之監獄法規等是也。

(乙)私法之細别：(一)民法；(二)商法；(三)民事訴訟法；(四)國際私法。

(一)民法　定私法之原則之法律，即定人民與人民之關係之法律，亦即定人民與同於人民資格之國及國之一部之關係之法律也。

私法之原則云者，凡以人民資格可生關係之事項，皆以私法定之。而私法所定，有以一事項而特定一專法者，如商法是也。既定商法，則商事當就商之專法爲適用。然商法所不備，仍取決於民法。蓋民法乃私法之本原，其餘皆私法之特别法。因某事關係尤繁，乃就其本原而細衍之耳。

（二）商法　特别規定私法中之商事之法律。夫民事多矣，他俱屬之民法，惟民爲商事，則别定之以商法。日本學者頗議其非。吾國廷議修訂法律，亦有主張民商合爲一法者，如朱學士福詵一奏是也。今就其主分主合之旨，列舉之如下。

歐洲各國，無不分爲二法，日本仍之。日本民法學家、商法學家皆有以爲不合法理者，其言曰：歐洲各國民法皆出自羅馬法。在羅馬時，原無商法專章。逮後商業漸盛，不能不求信用之法，於是沿用習慣，别設商業裁判所，是爲商法萌芽。久之，政府認其習慣爲法律。蓋自法王路易十四，始兩以勅令審定習慣，定爲商法。後各國仿行，商法遂獨立於民法之外。此商法僅由沿革而來者一也。

迨商法業已獨立，從而稱其諦當者，則有三端：（一）主信用，法律當有以維持之；（二）主迅速，法律當有以督促之；（三）主進步，由混合而分歧，即法律之進步。不知前二端，非必應令商業專美。凡百人事，孰應無信用而不迅速者？後一端所言進步，果能分析確當，毫無遺憾，猶爲名稱其實。然明爲商業而有不入商法者，如鑛業、漁業是也；明非囿於商事而有入商法者，如票據法是也。又各國會社法屬之商法，而會社實非營利事業之專名。但在吾國則稱《公司律》，公司乃專爲營利性質，此在各國可以爲批難商法分編之口實，吾國獨否。要其所分，既有出入，即無進步之可言。此商法分歧之未必合乎學理者二也。

至歐洲之先例，英國無所謂民商法，常以特别單行法行之。英之商務最盛，不因法律無所界劃而減色，瑞士聯邦以債務等法爲民商公用，民法中惟多親族法、不動産法，商法中惟有商業登記及商號及商業帳簿三種，亦不以未劈分兩大法典而有不便。此商法不與民法截然區别之例證三也。

日本學者梅謙，深主張民商合一。吾國學者，或契其説，因亦有此主張。然憲政籌備清單，已從現世通例，分《民律》、《商律》爲二。平心論之，吾國商人，以利之所在，早與外商相角逐，法律不能諉爲程度之不及，而遂於維持督促之道，有讓於外國之商法，故商法必早與各國相近。至民事則不然，使亦驟加以束縛，授受之規，皆如商法之嚴正，則吾民安其所習，不見法律之利，而轉病其煩。蓋疏漏遺誤，致不蒙法律之保護者多矣。雖法律有矯正風俗之能，亦不當去之太遠。以商法導其先，使民事之習慣，漸染於商事，而漸加矯正，法律乃從而助之，固非一旦夕之事矣。

（三）民事訴訟法　亦稱民事手續法。而吾國籌備清單，則定名爲《民事訴訟律》。其定義有廣、狹二義。廣義曰：定其以關係，而請裁判所爲之干預之手續之法律。狹義曰：關於訴訟事件及非訟事件之法律。

關係者，原告或被告或親族法中之親族會中人。干預者，爲之裁判。請其干預之手續者，起訴（吾國俗稱控告），或辯護（吾國俗稱進訴稟，今皆未知法律名詞如何定法），或從中陳説，皆有一定之方式是也。緣此定爲法律，此就廣義言也。

訴訟事件者，一名繫爭事件，有所爭而取決於裁判所者也。非訟事件者，現無所爭，然非取決於裁判所，則可以致爭者也。緣此定爲法律，此就狹義言也。

考日本法規，民法類中有《非訟事件手續法》，有《競賣法》，此皆廣義之民事訴訟法。民事訴訟法類中，有《人事訴訟手續法》，此狹義之民事訴訟法。又商法類中有《破産法》，其性質亦屬於狹義之民事訴訟法也。

惟此有一問題，民事訴訟法究爲公法乎？私法乎？主張以此爲公法者爲德國學派，謂人民借裁判所以保護其權利，與平常以官處分人民者同，故曰公法，應屬之行政法。主張以此爲私法者爲法國學派，謂人民自欲伸張其私權，而假裁判官之力，非裁判官以法律强我伸張，故曰私法。日本學者梅謙氏，學於法國學派者也。其斷定民事訴訟法爲私法，蓋有二證。

（甲）行政法除不與人民生關係者外，凡與人民生關係者，其性質無一與民事訴訟法相類。

（乙）民事訴訟固有藉裁判所之官吏，不得謂涉及官吏即屬公法。如民法中之婚姻、隱居（户主退老，使他人續其户主之責任，謂之隱居）、養子緣組（養子，即吾國之螟蛉子。養子緣組，即組成養子之緣，吾國俗謂之過房）、協議之離婚或離緣（離緣即脱離養子之緣，吾國俗謂之歸宗），皆須呈報户籍吏。然民法不爲公法，又如商法中有需公正人證書者，然商法亦不爲公法也。

以上二證，足知民事訴訟法之不必入於公法。更就其内容言之，因所舉動之事，皆爲私事，其所借於裁判所者，皆與民法中親族會等事，必由裁判所審定，其用意蓋無少異。故當以民事訴訟法爲民法之手續法，即無疑其爲私法矣。

（四）國際私法　規定兩國以上人民相互關係之法律。夫内國人民之相互關係，誠爲私法。内國與外國之人民相互關係，果亦爲私法乎？學者間蓋有兩異説焉。

（甲）謂國際私法當屬公法。同是人民，以有内外國籍之不同，而法有兩歧，則非民與民之關係，實國與國之關係也，故曰屬於公法。然以法之效力言，及於國乎？及於民乎？夫惟專及於民，故有此法，是私法也。

（乙）謂國際私法當屬憲法。憲法規定主權之所及，内外國民籍不同，法從而異，非民與法之有畛畦，實主權之有界畔也，故曰屬於憲法。然以法之本體言，國内人民之服從法律，亦原本於憲法，然其規定私事者，自爲私法。國際私法本規定私事，其所不能適用國内之私法者，仍不能不適用其本國之私法，是謂國際之私法，冠以國際，固猶是私法之稱也。

第四節　實體法形式法

實體法，又名原則法，所以規定權利義務之本體，及其發生消滅之法律。

權利義務，詳下章專論。規定其本體云者，例如憲法定君主大權，得若干項；臣民義務，得若干項。吾國自頒布《憲法大綱》以來，如君主有統率陸海軍之權，因而近奉上論，皇上自領陸海軍大元帥之尊號，此即明用憲法所規定，最爲法律造成權利之明證。權利爲法律所造成，即法律規定權利之本體也。至臣民義務，最大者爲納税、當兵。吾國向以法律不備，除農民外，不納直接税者，全國竟居多數。當兵尤視爲豢養少數無賴之政策。賦税並稱，本三代古義，合當兵、納税爲義務，此豈待取法他國哉？然不定義務之本體，臣民天然之義務，竟爾漸忘漸失。迄今雖定於《憲法大綱》，臣民固尚未有以應之。要其本體則已定矣，其餘國民一切公權私權，及凡有報償性質之義務，其本體由法律所規定者，固皆實體法也。

權利義務之發生消滅云者，人與某權利、某義務肇有關係，乃爲應享此權利、應負此義務之人。關係斷絶，則權利義務皆與此人無涉。其關係如何肇有，如何斷絶，法律之爲此規定者，是爲實體法也。

形式法，一名手續法，所以規定行使權利履行義務之手續之法律、行使權利之手續。例如君主行使其立法而使國民協贊之權，則《議院法》乃其手續法。議院必有選舉，則《議院選舉法》又議院之手續法也。

履行義務之手續，例如人民有納稅義務，則國家稅章程及地方稅章程乃納稅之手續法。

依吾國籌備憲政清單，所開逐年頒布之各種法律，其爲實體法者，《憲法》、《民律》、《商律》、《刑律》是也，自餘皆爲形式法。然實體法中未嘗不涉及手續，形式法中未嘗不定及原則，特從其大部分而言之，則有此分別耳。

第五節　普通法特別法

普通法，爲規定一切事物之法律。

一切事物云者，非一法能賅萬事萬物之謂，謂總若干事物以定法。而同類事物之中，有特提一事一物而爲專法者，則其未經特提之若干事物，得有一切之稱，而爲普通之法矣。如《民律》本一種私法，並非各法皆備於是。然民事中之商事，特提出之爲《商律》。夫商事者，民事之一。與商事相涉之事，定爲專法。而民法乃包舉其他之一切民事，故民法爲普通法，乃對於商法之爲特別法而言。若對於公、私各法，則民法亦不得謂之普通法也。

特别法，爲一種單獨之法。

單獨云者，其範圍亦以相較而始顯，非必寥寥數條，規定簡單之事之謂。蓋簡單者固爲單獨，即包含甚富，如《商律》之聯合各編而成，對於《民律》，仍爲專定民事中之一種商事，故謂之特别法。此與單行法有别。單行法在法典之中有本可列爲一篇者，因其自成首尾，亦可拆出單行。如《不動産登記法》，各國或入民法，或單行。即使單行，亦並非特别。惟特别則自合單行，單行則不必定爲特别耳。

法律又有原則與例外之别，同類之行爲，皆可以一種通法攝之，是爲原則。而其中獨有一種行爲，不受攝於此通法，不得不特設一法以待之，是爲例外。普通法每爲原則，特别法每爲例外。然普通法中有未設之規定，而設之於特别法者，如《民律》之不必盡《商律》各原則是也。特别法有從普通法中提出，並非因其性質之相異者，如《違警律》並非《刑律》之例外是也。蓋原則必可普通，而普通不足盡原則，例外必可特别，而特别不定爲例外。

總之，特别法之所以異於普通法者，常因三種標準而定：(一)因乎地；(二)因乎人；(三)因乎事。

(一)因乎地者，聯邦之國，各國各自定法，固無論矣。即一君所統治之國，其待屬地及新闢之土，往往法制不同。若我各行省之每有特例，猶曰大綱則一，至蒙藏等處，則爲普通法所不行，自昔已然。將來亦不能驟用同一之法，可斷言也。

(二)因乎人者，各國階級之制，晚近未盡鏟除。人權雖係平等，而財産往往爲貴族特設保全之法，即世襲財産是也。吾國舊時刑律則有議親、議貴之文，財産則旗地有典賣之禁，旗丁有甲米之養。近時修律大臣定刑律草案，已無八議之條，而變通旗制，又設專處，自餘惰民蛋户之陋法早經迭次削除。法因人異之習，吾國當蕩滌無遺，駕乎東西數大國之上，此爲優勝之點。

（三）因乎事者，特別法之用此類最多。吾國已定之法尚少，其必有者，如方在編訂之《商律》；其已有者，如《銀行條例》，如《報律》等皆是。

第六節 强行法許容法

强行法又分二目：（一）命令法；（二）禁止法。何謂命令法？當事者必爲此行爲，雖欲不爲，法律自督促之，務令履行而後已。何謂禁止法？當事者不得爲此行爲，苟欲爲之，法律從而裁抑於其後。此有積極消極之别，要其爲强行命令，强行禁止則同。惟刑律純然爲禁止法，其餘凡屬强行者，多兼命令與禁止二義也。

許容法則亦名隨意法，亦謂之規定法。蓋利害關係之人，欲用此法，則有如此之規定，非强使必用此法，故有此種種之稱。如契約上之行爲，負欠償還，自是正格，規定亦不過如此，以待結契約者之引用。然使契約中竟不用規定之意，載明負欠不一定索償，此契約並不以其有違法律而無效，是契約法固隨意法也，特許容其爲法律上之契約而已。

凡法律本恒有强行力，然爲公衆計，則必用强行法。爲當事者之便宜計，則可用許容法。故公法多屬强行，而私法多屬許容。惟公法亦有許容，義務不能避免，權利可任放棄也。私法亦多强行，如民法之物權全編，設定物權，效力足以對抗公衆，不僅當事者自爲約束也。

凡有行爲反乎强行法，則必無效。反乎許容法，則可以有效。但法文中何者爲强行，何者爲許容，界説原無一定。吾國法文，已定者無幾。從日本法文中漢字之意，大約稱"要"者爲命令，稱"不得"者爲禁止，皆屬强行，稱"得"者乃屬許容。然亦不盡以文字爲標準，蓋當辨其性質。如《憲法》、《刑律》爲純然强行，其餘則互有出入矣。

第十章　權利及義務

第一節　權　　利

權利者，法律之所認許，對於他人爲某行爲之界限也。此定義當分數層釋之。

(一)法律之所認許。西國古之學者，其初以權利爲天賦，謂人生之必有權利，如魚之不可以無水。次以權利爲社會契約，謂社會與各個人之契約，生此權能。又次以權利爲自由意思，謂調護個人之自由意思，而生此最大自由。最後乃曰法律以外無權利，於是舉上三説而廢之。蓋前二説爲無徵驗，後一説爲無範圍，惟合法律以言之，爲最圓滿。顧或謂權利爲法律之所授與，則又不然。法律未嘗造成權利以貽人，人固自有權利，特非經法律認許，則終不免天賦或社會契約之空想耳。

(二)對於他人。自身不能使用其權利，即以生命權論，正謂他人不能殺害，非謂自身可自加戕賊與否也。人對於物亦無所謂權利，雖往往用物爲權利之客體，以供使用，然係對抗於人而人以此物讓我，非直從此物而得之。

(三)爲某行爲之界限。權利之所在，操之固存，舍之亦未嘗亡。吾自在可操、可舍之限度，則成之、毁之、取之、棄之皆爲行使此權利之作用。拘束其成與取之一方面，即不得爲權利，故權利非惟可爭，乃並可讓。爭猶或有越畔之舉，讓則非其所應享，不能取懷而予也。故界限爲權利之大本，惟私人之權利可讓，公衆之權利，而由數人讓之。此又爲輿情順否之問題，乃内部之合理與否，非外部之法律所能拘矣。

上權利之定義，除古來之學説不計外，現時流行於學者之間，大概有四説。

(甲)意思説　謂權利爲法律所與意思之力。蓋依據法律而自主張其權利，即意思之力也。此説最不賅括。意思或從見有權利而動，權利不從挾有意思而生。故無意思者，非無權利，如未成年者、禁治産者，如法人，皆是也。

(乙)利益説　謂權利爲法律所保護之利益。此説亦未圓滿。先有權利，然後行使之而或獲享利益，不能謂權利即是利益。且如公權中之選舉等權，有何利益？私權中之親權亦然。若相續權則有遺産爲利益，有遺債且爲損失矣。故權利不可以利益當之。

(丙)勢力説　謂權利爲據法律得使他人認自己爲正當行爲之力。此説與本定義同意，但不從法律一邊，論認許之界限，而從依據法律者一邊，論主張之勢力，似異實同。更細味之，認明界限，則勢力自生。專取勢力，或忘界限之必需確認。故言界限則人有必致力於法律，先自處於正當之道；言勢力則人但思利用法律，以增殖己力而已。此不從勢力而從界限之説之所由也。

(丁)界限説　此即本定義，解已詳前，似無庸復論列矣。然吾聞日本梅謙博士之言，謂本主界限之説，後因尋繹“界限”二字之意，與論理不合。假如謂某人有處分某物之權利，不得改言之曰某人有處分某物之界限，若謂有處分某物之力則可通。故改爲勢力説，吾以爲定義當舉全文，不當僅舉借爲標的之二字。“界限”與“勢力”等字，均爲省略借用之標的字，非即權利之代名詞。故界限説未嘗不合於論理，而其較勢力説之彼善於此，則已具於前項矣。

權利之大别有二：（一）公權；（二）私權。

一 公權

公權者，國或國之一部分，以其資格，所享有之權利，及人民以其爲構成國家之一分子之資格，所享有之權利。此二者，再分列以詳之。

（甲）國或國之一部分之公權。 國即國家，國之一部分，在外國，聯邦國體者爲聯邦之各邦，及普通之各級自治體，在我國則爲各省及廳州縣與城鎮鄉兩級之自治體也。凡意思與執行，均有完全之能力者，爲有人格。有完全之人格者，乃有完全之權利。我國雖未設國會，然已有資政院，略具官民合議之機關，是亦一意思機關。下此，惟省有諮議局，廳州縣與城鎮鄉有議會，皆本意思以爲執行。僅言官署，乃執行之機關，非享有公權之主體矣。蓋以公法人享有公權，法人即有人格之謂也。

此項公權，如徵收租税權、裁判權、警察權皆是。

得享公權之公法人，所享有者，亦不盡係公權。如國有之營業或不動産，或募國債，省與廳州縣或城鎮鄉所有之營業或不動産，或募公債，此爲公法人之私權，不得因公法人所有而混作公權也。

（乙）人民之公權。　此公權，必由構成國家之一分子之資格，乃有此權。由個人之資格，無此權也。國家之利害，無事不與國民相密接，故人人有構成其國家之責，而爲構成國家之一分子。夫國民非徒無官職者之稱，言國家學者固合一國之人而謂之國民，雖君主亦對於衆民則獨爲之君，對於國則亦一國民而已。故人之爲人，各有兩資格，謀其所以自奉者，爲個人資格；謀其所以奉國者，爲構成國家之一分子之資格。官吏以上，以奉國爲其職，而不能不自恤其私。人民則以各恤其私爲其職，而不能不常顧其國。是以官吏與人民，其奉國之責任，有專與兼之異，其奉國之時間，有多與少之異，而其必有奉國之天職則同。當其爲選舉而行選舉權，被選舉而行議事權，以及爲各種官吏、公吏、律師、軍人之權，皆以其構成國家之一分子之資格而行此公權。蓋原爲公衆所付與，而使執行之。古者公、私之界未定，不辨資格，而僅以官吏、人民爲階級，人民既無參預公權之時，官吏更無限制公權之範，此不講法學之過也。

構成國家之一分子，必爲本國人，外國人並無代我構成國家之責，故外國人無公權。如見國家之强盛而幸且喜，聞國家之失敗而憤且憂，此皆負構成國家之責之原理。故以法律引進之，外國人各爲其國，義所當然。然平等之極致，則地方團體，以地方之利害關係爲主，不慮外國人參我公權之害，亦予以地方選舉權，如南美各國是也。又外交之團體，國外商埠，本國未設領事，得請他國領事爲名譽領事，此亦外國人得有公權之例外矣。

公權又名政權，又名参政權，其義自明。又名曰擔保權，謂國家職在保護人民，人民惟以己預國家之事，而後其得此保護爲可恃，故曰擔保。然學者多不取之，以與民法債之擔保，名詞相混耳。

二　私權

私權者，國或國之一部分，不以其資格，而以其同於私人之資格，所享有之權利，及人民不以構成國家之一分子之資格，而以其私人之資格，所享有之權利也。亦分列以詳之。

(甲)國或國之一部分之私權，即募債或爲營業，或置産，皆以同於私人之資格爲之，互詳前論公權之下。

(乙)人民私權，即人民不以構成國家之一分子之資格，自以個人與他個人相交涉。其大别有二。

(一)人權　無論何人，皆有此權。無論對於何人，皆可行使此權。此又名人格權，亦曰自主權、天賦權，又稱狹義之公權，是爲保護生命及身體與名譽之根要。如結社自由、集會自由、信教自由、出版自由、言論自由、身體自由、教授自由、居住自由、營業自由，皆爲文明國憲法之所定。

天賦權及狹義之公權，命名不妥，學者已駁去之。蓋性法家謂權利皆是天賦，不但此私權中之一部分。歷史法家則各法皆力闢天賦之説，故天賦之名爲無當。公權則與参政之公權相混，亦不必多此煩擾。

(二)私法權　《民律》、《商律》等私法之所定，故曰私法權。蓋對於特定之人行此權利，與人權不同。如對於負債者而有債權，對於子而有親權是也。或稱狹義之私權，亦嫌名詞相混，不足取也。

以上既詳論私權之大别，其中更可易一界説而區别之，又得兩種區别之法。

（一）國民權與人類權。　古持國界甚嚴，國民以外，不復視爲人類。世愈文明，國界愈泯，此東西各國可以相較之程度也。

然全無國界，渾然視爲同一之人類，今日各國俱未能臻此程度。大約各有限制外人，不得與國民享同等權利之法律。今就吾國法律舉之，除舊時律例，根本不同，即日將改定者不計外，如《大清銀行章程》第九條"認買股分券者，以本國人爲斷，他國人民不得購買。其原有股分者，亦不得轉賣與他國之人"，又《交通銀行章程》第三十條"認買股分券者，以本國人爲斷，外國人不得購買。其原有股分者，亦不得轉售及抵押與外國暨入外國籍之人"，又《銀行則例》内《大清銀行則例》第一條"招股章程由大清銀行自定，但不得招他國人民入股，亦不准股東將股票轉售於他國人"，又《殖業銀行則例》第二條"其股票概用記名式，祇許本國人購買，不准股東將股票轉賣或抵押於外國人及外國公司"，又《鑛務章程》第九條"外國鑛商不能充地面業主"，此皆國民權見於已定之法律者也。

因此推得外人並無土地所有權，蓋觀於《鑛務章程》而知之。日本並限制鑛山採掘權，不與外人。吾國則不限制外人之爲鑛商，而限制使不充地面業主。其餘一切地産，除教堂得自行購置外，止有租借之關係，並無完全之所有權。則以土地爲所有，固亦國民之特權矣。

除法律所限制，不與外國人之特權外，自餘一切公、私法所與人類之權，無内、外國之界限，凡人類皆得享有之，故曰人類權。人類者，對物類而言。以人爲人定法，所主張之權利，皆爲人類而設。人以外之動物及非動物，皆受人類之處分。止定此人所有之物，他人不得侵占，故物權仍爲人與人之關係，不以人類之權與物。古代法意蒙昧，有以物受人禄者，有以人償物命者，貴人之愛憎，足以顛倒人與物之位置。有法律之國，則無此事。此無論遠稽草昧，史書多野蠻之行，即在今日，人類權亦尚未確定。觀於人口之可以賣買，與物何别？國民程度之低下，豈不可恥？是在講明法學者，有以造社會之福矣。

（二）身分權與財産權　身分權爲以此人之身分，臨駕彼人之權。古人以君親並言，殊昧公權、私權之别。蓋人無不當抑私以服於公，公之對於私，恒有强制而使服從之力，故君上大權乃一國之公權，人民所相庇以安。雖以强制之權，奉之君上，實人民相與構成之，此不當以身分權論。法學既明，公私有别，身分權乃親權及親權所推廣之親族權耳。

吾國新《民律》未定，所謂親權或親族權，俱無標準。禮著尊卑，律重服制，皆吾國親權之根柢。以後即使重定《民律》，必不甚遠於古禮之範圍，而於舊律則不能無所出入，此可以推定者也。

親權與親族權，各國各因習俗而異。如吾國古重宗法，宗子之尊，加於父母之上，今已無此制度。而日本户主之制，正襲我古制。父母管理子之財産，以子之成年爲限。而户主則轉有永遠管理之權，迨分出而後已。此吾國可以無有，不必泥於古法者也。至各國有法定之後見人及親族會，後見人者，本人爲無能力，以此人從法律所認定，代本人管理一切。凡未成年之人，苟無父母，必有後見人管理之。又夫妻得互爲後見人，後見人所不能專斷者，得開親族會議之。其意與吾國所以處親族之間者略同，而彼爲法律所明定，我多習俗之慣行，人情變幻．事實糾紛，遂多不及外國之處。此當俟《民律》頒行，或仿外國之例，專設親族一編，乃可鑿鑿言吾國人之身分權耳。

財產權之意義，謂自由處置此財產之權。凡民法中分物權、債權兩編，皆爲財產之關係。蓋人與人相處，其能以身分相臨者，惟親權耳。此外之役使他人，責望他人，皆有一方爲要約，一方爲承諾，而後生此役使、責望之事。物權中除所有權外，皆屬此項性質。所有權固爲財產權，非所有而因要約、承諾之故，得有處分某財產之權利，是蓋合對人、對物而言，並合可以估價、不可估價者而言。如醫士教員，皆以知能受人酬報，則知能即其財產。而就醫求教之人，以要約而得承諾，即有受其診察，受其講授之權。此即處分其財產之權利，蓋皆債權之流別也。

惟財產兼正負而言，而權利恒爲純財產。正負云者，某人有財產若干，其數爲正，設其人又負債若干，其數即爲負。正負相抵，設財產尚不敷債項，則其終局爲負，此即有清償之義務，無權利之可言。若本無債項，或有債而，不需以財產之全數相抵，是即爲有純財產，可完全行其財產權。雖然，就每事而言，對於負債自成義務，對於財產仍不害爲權利，各別行使，固不必專就純財產爲權利之量也。

第二節　義　　務

義務者，法律之所强制，各人爲某行爲或不爲某行爲之責任也。此定義，亦分數層釋之。

(一)法律之所强制。法學未明之時，非無所謂義務。吾國較之各國，少一宗教之束縛，故其義務性質，恒對於道德而負之。至法律則既多漏略，且明悉者少，於是道德本無强制之力，義務遂無確定之時。法學中所謂義務，乃對權利而言。法律能認許在彼之權利，即必有所强制其在此之義務以應之，外此者，非法學所謂義務之意義也。

(二)各人。凡義務不因他人之迫我而始生，故權利必對於他人而始可主張，義務乃我自知其應盡而盡之。迨其挾權利以相督責，我已自處於諉避之咎矣。夫豈無因放棄權利，而負義務者即不以諉避爲咎者乎？然此係事實所有，非義務之本體然矣。

(三)爲某行爲或不爲某行爲。凡義務俱含積極、消極二義。以積極爲義務，即必需爲此行爲，凡法律所命令者皆是。以消極爲義務，即不得爲此行爲，凡法律所禁止者皆是。

(四)責任。凡義務爲法律所强制，即負法律之責任。不履行其義務，法律即得加以制裁。吾國古無義務之名詞，近始發見，而或不盡明其性質。蓋在法律爲强制，而在負義務者爲責任。即並未要索報酬，既經承諾，不能不負承諾之責，古所謂諾責者此也。若以義務爲可以寬恕之詞，則法律行爲無由成立，任事者皆無負責任之心，因有輕於承諾之事，此非法學中義務之解釋也。

定義既明，更當言義務在法律上之各有分限。蓋有對於任何人皆爲負義務者，有對於特定人而後負義務者。

(甲)對於任何人皆負義務。如人有生命權，他人皆負不可戕害之義務。人有所有權，他人皆負不可侵犯之義務。此類是也。

(乙)對於特定人乃負義務。如身分權，惟對於親而後爲子，乃有孝養之義務；惟對於夫而後爲妻，乃有同居之義務。及法律行爲，必得其許可之義務。(妻之義務，姑據外國民法而言。吾國之爲人妻者，據法律則屈抑已甚，據事實則驕亢無倫，難爲標準。《民律》定後，乃可就本國法指陳之。)此類是也。

若其對於國家之義務，此即有構成國家之權利存焉。國民自願爲有國家之民，非納税則國家無財力，非當兵則國家無威力，民本與國爲一體，故雖有義務，而即其權利。國家固以君上之權，定國民當兵、納税之法，然國民即自定法，亦舍此無以爲國，即無以庇民。是以國民之義務，乃與國民之公權爲同物，知此者乃爲立憲國之國民也。

第三節 權利義務之關係即爲法律關係

權利爲法律所認許，義務爲法律所强制，是法律對於權利爲許容，而對於義務爲强行。故權利不禁其放棄，而義務不許其諉謝。此法律與權利義務之關係一也。

法律所認許者，乃爲權利。法律所强制者，乃爲義務。故無法律以前，可準據於宗教道德之種種束縛。有法律以後，則惟法律可以取準，以爲對抗及折服之依據。此法律與權利義務之關係二也。

法律因人而設，權利義務皆爲人與人之關係。有時以直接處分物體爲權利，然仍對於他人，以其人不能處分此物，獨讓我有處分之權利。其人獨能處分此物，遂使我有讓彼處分之義務，故仍以人與人爲有關係。物衹能聽人處分，於權利義務無關，衹隨有權利或負義務之人，爲歸屬與否。蓋惟權利、義務之皆係乎人，是以適當於因人而設之法律。在物固無遵守法律之能力，法律之效用，止及於人。此法律與權利義務之關係三也。

第十一章　法律之解釋

法律爲一國之所共守，斯一國之人，皆有求其的解之事。顧專制之與立憲，用法之主義不同，解釋法律之機關亦大異。今吾國由專制而趨立憲，其遞蛻之狀，有可言者。

專制之世，以君主之意立法，以官吏執行之。律文爲原則，間有例外，則設專例。其就律文爲解釋者，不過順文敷衍，添幫貼之字於行間，綴淺顯之語於條下，以水濟水，絶非有所主張。其間官吏或有研求解釋之事，人民則並無申請解釋之權。蓋人民爲法律之客體，止有犯法、不犯法之名詞，並無守法、不守法之能力。官吏亦非矯矯大異於流俗者，不能於法律置一審量之語。於是律文無論其便不便，且無論其有此事實與無此事實，一切以威嚇人民之意出之。雖甚不便，雖久爲事實所無，但於威嚇之旨無背，即解釋之當否，俱不足深論。此千載之已事，今日君民上下，皆欲大有變革，而不以株守爲然者也。

立憲之世，則政體近於共和者且勿論，即君主政體，亦以政府爲守法之機關。其立法雖以大權歸之君上，然協贊實惟議院之責，而政府不與焉。君民一體之意，於“協贊”二字盡之。平時別設司法機關，以專門法學之士，任裁判之職，頗與以解釋之權。而法律之當有變更，仍惟議院得提議修正。是故立法之權爲君民所共，解釋則稍參以司法機關，修正之權仍在立法者。政府不居立法者之地位，立法者乃指君民一體之立法權。以故外國法學家言解釋法律，當深求立法者之意。所深求者，即此君民一體之意也。

吾國今日，不屑保存專制，亦未至完全立憲。於是有憲政編查館，以政府委員之地位，權代立法者，並自立法而自解釋之。外國所謂深求立法者之意，正是法學專門之人，俾合國民之心理以爲解釋。若以少數之政府委員，本係起草之任，遂握解釋之權，則是上移專制時代君主定法之權，下奪立憲時代國民立法之權。而於是國家法律，當其頒行時，尚需君主之裁可；迨其解釋時，則直以政府委員爲法之所從出，此必非預備立憲之本意也。

顧吾國人民，今日狃於官吏專擅之積習，不思政府委員本無解釋之權，反欲事事推之政府委員，以爲盲從之準，此亦豈政府委員之本意？夫行政官之取決於政府委員，乃其職分如是。人民則必待議院成立，乃能行使其立法之作用。就今日而言法律，則必以奉旨頒行之正文，與憲政編查館私自解釋之意見，分而爲二。夫人民以公共意思，解釋法律，尚爲立憲國淵源之所從出。至政府委員，本代政府起草，遂代國民解釋，則按之專制、立憲各政體，皆有不合。乃又以少數人之私見，轉挾一官字名義，與私字對舉，反謂人民之解釋爲私家之解釋，而一切抹摋之。不知人民以國會未成立而無立法之效，政府委員既起草而取決於諭旨，則不奉諭旨之解釋，安足生堅强之效力乎？人民不知此，而自命爲無解釋之能力，政府委員不知此，而自命爲有解釋之强權，彼此皆爲程度不及而已。

吾國今日，真能求法律之解釋者，以奉旨之法文爲準。人民固爲立法者，而國會尚待將來。政府委員斷非立法者，即受命起草，何得謂己即法律所從出。國民不善讀法文，而欲仰成於政府起草委員之意，此法學之大患也。凡法律皆有起草之人，即小至一公司之章程亦然，一經通過，則執行與解釋皆與起草人無涉。若公司章程，而永遠聽命於起草人，則總理以至股東，其有幸乎？乃至起草人并排斥總理、股東，曰吾之意本如是，固不必請命於總理，亦不許股東參一解，苟參一解即曰私人之見，此豈非稍明公司性質者所必斥乎？要之，皆不遽開國會之遷流所極也。

外國言解釋之方法，有所謂文理解釋、論理解釋之别，此皆緣立法者本不自言，乃生種種解釋之學理。如可取決於起草員，則文理必爲起草員之文理，論理必爲起草員之論理。法學家平日之講貫，固爲多事，即種種解釋所需之功用，無不一掃而空，直以政府起草委員爲專制時君主之代位，抑亦非所以設此起草員之意矣。

法律之不可由起草員隨意解釋，既如前述。則當從何者爲解釋之準乎？法學家解釋法律之法有二。

(一)文理之解釋。就法律之字句，爲之解釋。泛泛言之，不過咀嚼字句而已，其實不然。蓋又有四法。

(甲)法文有慣用之文字。　以吾國舊法文論，所有名詞均與他學問用法不同。如可矜，如情實，皆有一定分限，非尋常可憐及實在等字之意義。故向來刑名亦有專家，不以門外漢妄相干與。近日法系稍有變更，事情既非舊法所盡有，文字即不能盡沿舊法。近來新刑律之牴牾，大半由文字未慣而生。往往曾學法學者視爲尋常，而未學者詫爲奇事，一詫爲奇，不自知其未嘗學問，轉詬病他人之好用新名詞。一若非聖無法之罪，即坐此而成。殊不知舊法文在各種學問之外，早自成一種新名詞，不相通假，何得於新刑法而歧視之？或者謂：刑法字句與他書有别可也，新刑法則何不襲用舊刑法之名詞，以取記覩之便乎？

則又未知舊法簡單，不適於用。故定新律，試舉一名詞言之，“猶豫執行”此新刑律所定，而論者紛然訾議者也。比附舊法文，稍合“緩決”二字之意，但“緩決”二字在吾律文專指死罪，而“猶豫執行”則各罪皆可有之，故不能通用，勢必於“緩決”二字之外，另造一名詞，以爲區別。則稱“猶豫執行”，並無不妥。且以文義而論，吾律文之所謂緩決、立決，其實不合。何則？“決”字内並無必死之意，何故僅屬之斬、絞二罪，此真由習慣而來，無庸深求其理矣。今之“猶豫執行”乃通括一切罪而言之，實爲諦當。乃反以爲可詫，豈非未嘗慣用之故？夫不知慣用之文字，而偏與人爭法律之解釋，不論文義之當否，而偏悻悻於名詞之新舊，此今日解釋法律之第一大病也。

（乙）合觀本法全文，以前後文字之例推定之。

（丙）本法文無可資爲解釋，以他法文可證之語證之。

（丁）法律之文無可證，用法學家授受之語證之。蓋法文皆有所受之，自日本譯西國名詞爲漢文，吾國取資尤便，往往以日本人所定漢文爲底本。又有起草者根據某國法文，即從該國法印證吾法，此皆以法學之語解釋法文者也。

以上四法，漸推漸遠。其次序先甲後乙，遞推至丁，苟非本法無可證，不遽證以他法，苟非頒定之法文無可證，不遽證以法學之語，而尤以通曉慣用文字爲根本。

（二）論理之解釋。論理者，不據文字而據事理。就舊時法學而論，習刑名者爲文理解釋，而儒者引經決獄，則爲論理解釋。現時法學，雖不當泛引他文，仍不能專泥文字。蓋先文理，後論理，必如此解釋之效乃全。其法亦有四。

（甲）比較本法文中所規定者而釋之。

（乙）比較他法文中所規定者而釋之。

（丙）視所以設立此法之本旨而釋之，不當泥文字而違本旨。

（丁）視法文之通例而釋之，不當泥一條之文而乖通例。

以論理解釋濟文理解釋之窮，其用有三。

（一）能限制。　就文字言，合乎此文字者已入某罪，而論理解之，有可原者，則論理能收縮文字之範圍。此限制之説也。

（二）能擴充。　拘於文字用法已窮，濟之以論理，尚有可納之於法者。昔吾舊法有斷罪無正條，得比照他條之例，今雖不如是之漫無界限，然止於承受刑罰，及負擔義務，不許作推定之詞。民法即不然，往往條文雖備，而意義未盡賅括，賴有論理以畢宣之。此擴充之説也。

（三）能變更。　法文有本不甚當之處，則必以論理變更之。昔日本舊民法，凡禁治産者有取消訴訟權，其意實謂禁治産者，於訴訟皆可主張其無效。蓋己不能訴訟他人，人亦不得與此人爲何等行爲，而以訴訟持其後也，止可謂之訴訟自然無效，何嘗别有取消訴訟之權？若有取消訴訟之權，豈不當先有訴訟之權，然後可言及取消乎？似此解釋，直應改法文爲訴訟無效，不得曰取消訴訟之權。凡法律思想簡淺之社會，此等語病尤多，必有此變更之解釋，乃合本旨。至此類變更漸少，則法學漸進矣。

第十二章　法律之效力

法律之效力，限於時，域於地。如何時始適用此法律，此限於時者也。何地當適用此法律，此域於地者也。今分述之如下。

一　效力之限於時者。又分二説。

(甲)未來之時。　法律從公布之日起，過若干日施行，此爲未來之時。是有兩種計算之法：(一)定爲一定期間公布後，經若干日一律實行；(二)以文到之日計，即日或更經若干日施行。二者之别，以交通有便有否之故。今各國皆用第一法。日本始用第二法，今亦用第一法。吾國從前定法不甚注意施行之期限，近《諮議局章程》、《自治章程》等皆規定文到之日爲施行期，則用第二法。就吾國交通情形而論，固止能如此計算。但各地文到期限不甚可恃，向來按站計程，中間又與以風雨疾病之逾限期，既極遼遠，復不確定，此尤爲今日無可如何之事。

又有設一通例，凡法律除本法特定施行之期外，悉照通例所定計算。其通例，如云：凡法律以公布後若干日爲施行期是也。各國於法例中定爲此文，吾國法律尚未備，更無論總括之法例，此自將來之事。

(乙)已往之時。　法律不溯及已往，是爲本則。蓋已往之事實，在當時並非法律所禁止，故坦然爲之，或並非法律所命令，故漠然不爲。設以後來定新法，於此事加以禁止或命令，則當自法律定後，始責以爲或不爲之咎。若追論其已往爲不法，是法律爲陷人於罪之具矣。人烏能就未成立之法律，豫生遵守之義務乎？

然此爲適用法律者言，非爲立法者言也。立法者不能謂以前之法一定，而不可易。如舊弊可革，舊罪可免，舊徵之苛税可減。所謂政良，所謂進步，皆指變動其已往而言。拘於不溯及，非事理矣。

適用法律，固以不溯已往爲原則。惟亦有例外，如刑法即有二義。其後定之刑，嚴於前定，則不溯已往，仍從輕比。若寬於前定者，則從新刑律。所謂犯事在新刑律頒布以前，而未經舊刑律判決者，比較新舊二律，從輕處斷是也。吾國舊律如此，各國亦無不然。又民間依法律所組織之法人，如商業公司等，新法行後，必限期令從新法，變更組織，此亦溯及既往之例外。總之，法律乃維持安甯之物，因溯及已往而有所破壞，斷無此理。若衹有平允之利，或整齊之益，則以情理論，刑事之改易科斷，民事之變更組織，皆必監於前弊而更張之。後起者勝，自無不以此易彼也。吾國舊律，本不詳於民事，故不見變更組織之跡。若刑事之比較新舊，從輕處斷，正以改嚴者，必溯犯罪人之意。本非知其大惡而始犯之，故不能科以後定之重罰。若改寬者，則以後法爲平允而改從之，即改良進步之意。世人誤視甯寬無濫，乃以示仁者之用心，此則淺之乎測律意矣。

二　效力之域於地者。

凡一國之法律，行於一國境内，以國界爲法律之限域，此原則也。雖然，有二例外在。

(甲)有不盡行於國内之法律。　屬地初定，聲教未盡統一，法律即亦不無特異。此各國所有，吾國則尤多而且久。如蒙古、西藏之未設行省者無論已，新疆等處新設行省，行法既有特殊，甚且各省相望，而或稱盜多難治，輒援軍律從事，又有山僻之處，交通不便，而遂聽其淪於化外者。一國之中，本不自求齊一。且臣服其人民，版圖其土地，國家即自謂吾事已畢。後此之教訓生聚，聲明文物，凡所以增長其程度者，殊不措意。以故外國之屬地，或遠隔萬里，或新附而主權未全，乃以特別法治之。吾國不然，人民無膨脹之力，莫能以文教相灌輸，國家則又徒以邊功爲美名，並無人群進化之至計。此國内特別法之所以多也，以一國之中自爲畛域，語言文字且不可通，遑論痛癢之感覺。洎今强鄰蠶食近邊之小弱，其民族之勢力直逼諸藩，乃見治法因循之過。

(乙)有並可推行於國外之法律。　此所謂國際之關係也。據國際公法言，外交官之治外法權，兵艦之治外法權；據國際私法言，無關安甯秩序之身分權，各從其本國法，皆是文明之國，互相尊重其主權，因於不害公安之範圍，互相讓步，以保外國人之自由。此非古來一孔之見，斤斤於華夏之防者，所能解矣。

古時屬人主義，以本國法律，僅可治本國人。遇外國人之僑居國内者，不屑以法律治之。近世一變爲屬地主義，但有域於地而效力不同之法律，並不因人而異其法律之效力。雖吾國法權未能獨立，因各有領事裁判權，外人居我土地，尚不受我法律之統治。然近已知其不合公理，急謀改良法律，以撤去領事裁判權。屬地主義，不久自應貫徹。故言法律之效力，不必復持因人而異之説。或謂一國之主權者，不受法律之拘束，此爲因人而異之確據。不知元首自有大權，此亦法律所定。至私法之拘束，謂天亶聰明，自可不至逾軼，則有之。謂元首超乎法律之外，此實憲政幼稚之國，藉此爲尊君之詞，並非法意本如是也。其所可稱因人而異者，憲法上兵役之義務、參政之權利等，以及土地所有權恒限於本國人爲應遵守，此則屬人主義微留於近世者爾。

統計通論

第六编　政治统計

第六十四章　領　地

國家生存之基礎所不可無者，爲自所主宰之一定領地。而此領地，爲有影響於其國之政體、文化、及人民之精神等。故欲知國家之性質及狀態，必不可不先從觀察領地始。以關於領地之事實，重要如此其極，然即在歐美諸國，尚未得遍知其詳細，則誠以其爲國家之一大事業也。

由統計上觀察領地，大概雖爲其大小、其比例、其形狀等。設欲精察之，則地球上之位置，國境，面積分可用面積，不可用面積，可住面積，不可住面積，或耕地、牧場、山林等，周圍，廣袤，海岸綫及接陸綫，比海面上之高低，地形，地勢，水利，地質，植物帶，氣象等，亦不可不著眼。我邦現用之面積，尚據文政年間伊能忠敬之實測録及大圖三萬六千分之一，故不過得其梗概。

各國領地之面積，其調查之精粗雖各不同，兹揭千九百三年發兑之《政家年鑑》中最近事實如下，但單位則爲萬方哩。

北美合衆國　356.6	澳及匈　34.1	日　本　16.1	貌牙利　3.8	瑞　士　1.6
俄羅斯(歐)　209.6	德意志　20.9	英吉利　12.1	葡萄牙　3.6	丹　麥　1.5
土耳其(歐及亞共)　71.6	法蘭西　20.7	意大利　11.1	希　臘　2.5	荷　蘭　1.3
瑞典　那威　29.7	西班牙　19.5	羅馬尼　5.1	塞爾維　1.9	比利士　1.1

各國領土之大小雖如上，然世界地圖改變之劇甚，爲前世

紀下半之特色。故如英吉利，當千八百年，其海外領土比於本國面積僅多十六倍，至千九百年，殆達九十七倍以上。法蘭西則爲十八倍，德意志則爲五倍。加之亞細亞全面積千七百萬方哩之内，既爲歐洲領土者約千二百餘萬方哩，豈非可刮目之現象耶。

英國人華來思曾論俄國之膨脹曰：農業民族方其用幼稚之農業方法之時代，則於拓其地境最有强大之勢力，以人口之增殖，要迫其穀物之增加。而幼稚之農業容易吸盡其地力，而令農産減少。俄國民以其爲農作民族之故，而增殖人口，伴此增殖而拓其足耕之地境，又養其地味以增生産之力，皆其不可不急籌者。然而俄國之地形，乃滿目無垠之平地，不爲高山荒洋所劃，故拓其境域於平原之接地，自易應人口增殖之需用。緣此原因，遂成自然之膨脹焉。

北美合衆國於千八百三年四月三十日，買收面積百十七萬千九百三十一方哩之魯西安納州於法國。其以前北美合衆國十三州之面積爲八十七萬二千方里，自此讓渡條約之既成，拿破侖爲之語曰：北美合衆國獲此新領土以後，當永久增其勢力，而英國之海軍力，異日當有屈服於北美合衆國之時。蓋獨立之宣告，爲北美合衆國之受生，魯西安納之買收，則爲該國之長足焉。

第六十五章　人　　民

爲國家生存之要素之人民，在一方爲組織國家者由個人與全體之相互關係而成者，即國民與國權之關係，在他方爲組織社會者由人人相互之關係而成者。爲之設譬，則社會如大洋，國家如島嶼。蓋水中之物，固皆平均，而於陸地，則頗有區别。即如德與法人民之社會，則固相似，然國家之狀態則大異。故欲詳人民之情狀，則於社會生活及國家生活之上，不得不並加觀察焉。

人民之多少，爲直關於國家之强弱、社會之隆汚者。在百年前，法國爲世界之强國，澳地利、意大利、西班牙、丹麥、瑞典亦有不可侮之勢力。今則英吉利、北美合衆國、俄羅斯、德意志四國最逞雄於世界矣。是其所主，蓋因此等諸國之人口大有增加。惟欲知其人民之真況，則宜更求之人口、道德、經濟、社會等諸統計，此一定之理。今由千九百三年發兑之《政家年鑑》，抄揭各國之人口如次。但其單位則爲萬。

俄羅斯(歐)	10626	日本	4481	土耳其(歐及亞共)	2363	羅馬尼	591	瑞士	332
北美合衆國	7630	英吉利	4161	西班牙	1862	葡萄牙	543	塞爾維	249
德意志	5637	法蘭西	3896	瑞及那	741	荷蘭	526	丹麥	246
澳及匈	4541	意大利	3248	比利士	669	貌牙利	374	希臘	242

第六十六章　立　法

論究憲法之體，雖非統計之務。然由數量上觀察憲法之用，則統計之任也。在東洋先著立憲政治之鞭，如我邦者，明其憲法之用之何在，尤極爲必要。

衆議院議員之選舉權者，被選舉權者，議員之選舉，議員之發言，重要議案之可否决等，不可不以之對比於其黨派，其選出地方，其職業，其年齡，其族稱等。或人口，而觀其情狀我邦衆議院第一回通常會之議員發言，及是院第三回臨時會之重要議案可否決，其統計以余所調查爲嚆矢，載在明治二十五年發兑之《統計雜誌》第百三十三號及第百三十四號。貴族院議員，則常就其種别皇族、公侯爵、勅選、多額納稅者等黨派、職業、年齡、族稱、發言數。在多額納稅議員，尤當就其納稅額施種種之觀察。

右之外，當觀其解散、停會、休會、豫算不成立等之原因，議員之出席、闕席譯者按：出席謂到院，闕席謂不到院，或上奏案、建議案、質問，或政府政黨機關之新聞雜誌及與其讀者之比例等。而於府縣會、郡區會、市町村會，則雖非以觀憲法之用，然於地方所在議會之政，有得明其進否得失之便，亦需斟酌前揭之事項，而爲調查焉。憲政之盛於盎格魯撒克遜，而衰於臘丁人者，因前者以法爲重，而後者則以人爲貴也。我邦人憲法上之運用，由統計以觀之，果何如耶？

譯者按：憲法之最進步者，純然任法而不任人。故英爲君主之國，而實權已全移於議院。君主無權，權在内閣；内閣無權，權在政黨；政黨無權，權在一國人民之心理，此爲今日君主憲政之極軌。彼赫然以黨魁表見於社會者，皆憲政幼稚，未脱草昧時代英雄豪傑之思想者也。統計學者由統計而生原因、結果之比較，乃得微窺其故。其於臘丁人之憲法，既舉其病之所在。至幼稚之日本，不足齒及之意，固於言外見之矣。吾國學説，發明民爲邦本之意，其深切無過於孟子，然猶曰“徒法不能以自行”，則以存一保民而王之成心，而未知王保於民之真理。二三千年以前，固萬萬見不及此耳。今天下競言憲政，有能知憲政之用而觀察之者乎？則日本爲蒙稚不足法，德意志爲聯邦不能法，恐英又爲離人太遠之高格，一張目而嫌忌萬端也。則爾來之分遣考察員，真不知其所可矣。

第六十七章　司　　法

凡司法之統計，乃表章法律之充用於裁判者，故特需學問上之研究。蓋若能完全此種統計，則不但明於現行法律之優劣適否等，且於立法之發達，與以無上正確之基礎，並於國民之道德及經濟上情狀，與以判斷，皆在是矣。惟從來無論何國，皆注重刑事統計、民事統計，則從無若此之注意。是雖因刑事統計，直接現其消極的事實，故大足以惹起人之注意。然民事統計，亦除一二端之外，皆有關係於國民之經濟的狀況，故其觀察之必要，殆不讓於刑事統計也。

就民事統計所應注意者，第一爲訴訟之件數，其多少因於裁判所之數，國民健訟心之厚薄，民法及訴訟法之性質，交通之便否，訴訟上之難易，即訴訟印紙稅價之高低等；而其第二則爲訴訟之目的，即負債、所有權等；第三爲訴訟金額；第四爲訴訟之結果，即判決、取下、和解、訴訟差戾等譯者按：取下，乃自願息訟；訴訟差戾，乃退還不理；第五爲訴訟結果之種類，即人事、土地、金錢、米穀、物品、建物、船舶等；第六爲訴訟者人事上之情狀，即男女、職業、身分、年齡、族稱、住地，更或内外人等之别；第七爲訴訟費用等。此外破産及家資分散，亦當詳查之。

刑事統計，大别於重罪、輕罪、違警罪及其他之法令，其調查個條爲被告人之數、其罪狀、言渡區分譯者按：即判語、體性、年齡、身分、族稱、教育、職業、住地、産國等。雖然凡係違警罪及其他之法令者，不必盡適用以上之事項，故當適宜調查之。

登記統計，第一爲所登記法人之名稱，即分爲合名會社、合資會社、株式會社、官衙、學校等者；第二爲登記之種別，即賣買、讓與、質入、書入、記入、相續分有無遺言；第三爲登記物之種類，即地所、建物、船舶；第四爲所有者變换之情狀；第五爲登録税及手數料等。

右之統計而果完備，則公共之安甯幸福，及個人之自由權利，可以明其得有如何之保全矣。故就此等之統計，宜與人口及其他事實相對比，是爲至要。其他裁判廳，職員、辯護士、公證人、執達吏等之調查，亦爲必要。何也？此等人皆於司法事務，有密接之關係者也。

第六十八章　財　政

財政以管理國家資産及歲出歲入等，爲其任務。惟國家雖有其財産，並非以利殖爲資本、蓄積爲資産等事爲其主義。國費以令國民分擔爲通則，國家經濟爲國民之分擔，故國庫之盈虧，若伴國民之消長，可使常有彈力。譯者按：彈力者，兩相抵之力也。國庫盈，則國民消，消則國庫亦遂不盈。國庫虧，則國民長，長則國庫亦遂不虧也。且試思國家之財力，由個人之財力而成，則財政之能否，不在營利之巧拙，而專在人民之扶養，不可忘也。弗勒得力大王曰：財政者，國家之脈也。賽柳曰：財政者，運轉世界之樞機也。洛塞曰：無論古來著名之大革命，第十六世紀之宗教革命，其源要無不發於財政之困難者。縱不直出乎此，亦必由此而盛其勢。此可以察財政之於國家興廢與人民安危，其相關之大矣。余常以爲，不問何國，有大關係於國家之盛衰者，在財政、外交及置備之如何耳。

財政以向於統計，能供豐富之材料，且能現之於數字，故需最詳密之調查。而歲出則當與歲入，同分經常、臨時，且當以其需用，分物件與人事。蓋在今日，無論何國之歲出，不問絶對的與比較的，總之現有日益增加之傾向。是蓋從文化之進，新有共同之需用，並其又一方，則以國民經濟之愈益隆盛，生其相應之多大的支出力也。

額紛曰：歲入之增加，與民富之增進有密著之關係。錢財收入之增加，與所以代表其民富之錢財增加，爲相平行。國家之財源，與貨幣之價格，當由大藏大臣，同時於兩者加以精查。又若欲達此目的，當以定時，就其資本爲評價調查，與國勢調查相共爲必要。故在我邦，不可不速行美國派之國勢調查也。

今止就歇庫而苦心經營所成之組織的比較財政表，揭其個目於左。蓋於學問上之研究，及高尚政論之資料，頗爲有益。

一，私法的營業收入　領地山林、國有鐵道、國有財産雜收入，鑛山冶金、國有工業、富籤、私法的國有事業統計、行政收人、總計、與人口之比例與總收入之比例。

二，官業手數料、郵便電信、取引税　官業手數料、相續税、登記税、印紙税、取引所税、運輸税、各種取引税、郵便電信、總計、與人口之比例、與總收入之比例。

三，直接税　地租税、家屋税、資本税、營業税、所得税、鐵道礦山税、遺産税、雜種直接税、總計、與人口之比例、與總收入之比例。

四，關税及消費税　關税、酒税、煙草税、鹽税、砂糖税、燐寸税譯者按：即火柴税、小物消費税、直接消費贅澤品税、總計、與人口之比例、與總收入之比例。

五，經常不動支出　王室或大統領、議會、恩給、國債支出、總計、與人口之比例、與總支出之比例。

六，文治行政支出　外治、内務、司法、文部、總計、與人口之比例、與總支出之比例。

七，國家經濟的支出　工業、商業、殖民、農業、總計。

八，財政及國債　大藏省、資本及普通財政、財政的行政全體、國債、總計、與人口之比例、與總支出之比例。

九，陸海軍支出　陸軍、海軍共分經常豫算、恩給等，與臨時預算、總計、與人口之比例、與總支出之比例。

十，經常臨時支出比例　臨時支出、經常支出、一時支出、其他支出、總支出、徵收及其他。

國債雖得募集以國家之權利，然其得以較爲有益之規約而負債與否，則關於國家自問之良心，即其仕拂能力及負擔義務之足恃否也。夫國債，有内國債、外國債因募集之地爲區别、特約質入保證國債、特約質入不保證國債因所與於債權者之保證爲區别、任意的國債、强制的國債因法律上之性質爲區别等之種類。故當善明其類别，而分其用途，爲生産的、不生産的。

日耳曼諸國民之國債，乃於鐵道及其他事業，爲有益之運用。斯拉夫諸國民，就中俄國之國債，僅一部分誠爲化成鐵道等之物質，然他一部分則全被消耗。拉丁諸國民，法、意兩國爲世界第一之負債國，然殊無關係。即如鐵道，今猶多收支不相償者。盎格魯撒克遜諸國民，則與他國民之頻在重重負債間者相反，殆已爲償還其同額負債時矣。法國某統計家之説如此。

地方税、市税、町村税之收入支出，若亦以廣義的爲解釋，則應屬於財政統計之範圍，故當詳細觀察之。

以上所述之各項，務必以許多之年代、許多之邦國爲比較，又切記必分析其原素。

第六十九章　軍　　事

軍事行政，雖與一般行政，同依行政之機關而施行。然陸海軍之統帥本邦憲法第十一條、陸海軍之編制、常備兵額憲法第十二條、宣戰講和憲法第十三條、戒嚴憲法第十四條，皆屬大權之掌握。故軍事比之於他，爲有大異。蓋軍備非但爲國家之威力，維持祖國之獨立，擴充國權，防外敵而護國民之財産，或擁護憲法，或擔保平和，乃至爲外交之後援，通商之庇保貿易必與國旗相伴皆在是矣。故今歐洲列强，競於軍備擴張，竭其心力，殆舉一國之土，悉變而爲“哥薩克”兵營。兵術日益進步，有旭日曈曈之勢。顧兵力主義，爲現今宇内之大勢。將來國際的主要問題，依干戈而解釋者當不少。夫“曼識特”學校派之議論，涉於甘夢的空想者，既漸化去，孤立主義一變爲進取主義，孟洛主義一變爲帝國主義，實不能無故。要之在今日，評軍備爲左右世界大勢之一大原力，殆無不可。故軍備之事，不能不大費鑽研，其有能應此要求之資格者，統計其一也。況統計之爲統計，尤適於軍事研究上執簡馭繁之用者耶？

軍事統計，所不可不先加研究者，爲軍備之要素、之國力也。而其國力，第一就自國，第二就列國之比較，第三就自國及列國之時之比較，務正確且精密以爲之，是爲至要。

第一節　陸　　軍

陸軍統計上所應著眼者，編制、建制、動員、補充、徵兵、人員、教育、演習、檢閱、徵發、馬匹、兵器、彈藥、器具、材料、陣營具、運輸、通信、給與、被服、糧秣、人馬之衛生、軍事費、官有財産、土地、建物、賞罰、犯罪、監獄、測地、法規、赤十字等也。雖然，是不過爲示其綱領，每項中又各有調查之個條，其數頗多。兹就人員言之，則在其靜態，不可不分役别、階級、等級、官等、兵種、所管、年齡、族稱、位階、勳章、原籍等；在其動態，不可不分增、減二部，增之部分新任、進級，減之部分進級，豫備役、後備役、退役、轉任、免官、失官、死亡、轉出等。

以豫備役、後備役者爲動員譯者按：動即開差之意，動員者開差之軍隊也，非如現役者之完成於咄嗟之間。故觀其平時、戰時之比例，極爲必要。若夫平、戰兩時之差爲甚大，則其國向於戰爭者，必有遲緩。又兵員、軍事費等，與人口、財政等之對照，乃爲明示其國社會經濟等之關係者。故此等之點，亦不可怠於注意。

陸海軍統計調查個目，於千八百六十年第四回萬國統計會議開會於英京倫敦，以全體決定之，又追加於千八百六十九年第七回萬國統計會議開會於荷蘭海牙。由今觀之，雖有陳腐之點，亦不無起予之益。

軍人醫事統計調查個目。先年爲余所編輯，既載於《經濟及統計》之第二十五號、第二十六號譯者按：《經濟及統計》亦一種雜誌之名、《陸軍軍醫學會雜誌》，又以之轉載於第四十三號，就而觀之可也。

據千九百一年三月發行之《福郎思米利的路》，千八百九十二年至千九百一年之十年間，歐洲五尚武國之陸軍統計，大要如下。

國名	兵員	馬匹	火礮	軍費(萬法)	每現員(千)			每一人之保育費(法)	每人口(千)之兵員	每人口一之軍費(法)
					將校	馬匹	火礮			
俄羅斯	608075	163500	3194	73260	43.3	180.1	3.5	807	7.0	565
法蘭西	589251	141593	3048	64503	49.3	240.3	5.2	1024	15.7	1725
德意志	562187	96298	3444	73613	43.2	164.2	6.1	1043	10.7	1408
澳地利	350657	58864	1048	40786	61.9	167.6	3.0	1008	7.9	921
意大利	221388	46695	872	33658	61.7	210.9	3.9	996	6.6	747

第二節 海　軍

海軍統計上所應留心者，略與陸軍同一，即編制、建制、役務、人員、教育、訓練、演習、檢閱、補充、徵募、徵發、海上保安、水路、望樓、運輸、通信、艦船、兵器、測量、衛生、給與、被服、糧食、軍港、船渠、建物、賞罰、犯罪、監獄、運送船、練習艦、港灣勤務中之船舶、法規等是也。雖然，此不過揭其要領，故就各項每爲詳細之調查，實必要之事。今玆就艦船述其一。例凡艦種，當分戰艦、海防艦、甲裝巡洋艦、巡洋艦、礮艦、水雷礮艦、水雷驅逐艇、水雷艇、海中水雷艇、水雷母艦、報知艦、練習艦、測量艦、運送船、工作船、病院船、補助巡洋艦、載炭船、彈藥船等。其有等級者，於其一等、二等、三等。其船材，於其爲鋼、爲鐵、爲鋼骨鐵皮、爲鐵骨木皮、爲木。其他則於甲鐵之厚度、排水量、馬力、速力、礮數通常礮速射礮、水雷發射管、水雷防禦網、探海電燈、小兵器數、石炭載量、製造地、進水年月、乘組人員等，均須注目。譯者按：乘組即駕駛之意。

制海權之伸縮，第一，地理上之位置；第二，地形地勢之構造，並氣候物産；第三，國土之廣狹；第四，人口以上有形的要素；第五，國民之氣象性質；第六，政治以上無形的要素，皆其因也。作海軍統計者，最宜注意。

就海軍統計尚有一要點，即列國比較甚爲困難之一事。何也？海軍之强弱，雖可以軍艦之勢力爲比較，而軍艦之勢力則爲千差萬別。例如英國軍艦“託拉發而軋”號之一等甲鐵艦，固爲軍艦。“洛香科而沁”之舊式木造礮艦，亦軍艦也。雖以何等熟練之水兵，精鋭之武器，資深術巧之艦長，欲用“洛香科而沁”號以敵“託拉發而軋”號，猶緣木求魚而已。似此則軍艦不但異其大小，異其品位，帶甲之有無、厚薄、武器、速力、石炭載量、其進水年月等亦有大關係於勢力者也。故於此等事項，不善爲商量而比較之，必不得判斷彼我勢力之真强弱。夫海軍之列國比較，比於陸軍爲困難，雖如是矣。然在今日，欲支配其陸地者，不可不先有制海權，則海軍統計之研究，決不可輕易視之矣。

思庫林哥以海軍比較，以搭載兵器爲標準，頗複雜而不便。又以速力爲標準，亦爲無效。乃用戰鬬重量，即排水噸數與船齡，算定其實力焉。蓋此算定，多少雖有不完全之點，然亦可謂一種之簡易算法。今揭思氏儘千八百九十九年所算定七大海軍國之實力噸數如次。其單位爲千噸。

國　名	戰艦	裝甲巡洋艦及防護巡洋艦	普通巡洋艦、裝甲海防艦及特務艦船	水雷艦及水雷驅逐艦
英吉利	604	651	30	54
俄羅斯	222	111	33	19
法蘭西	221	255	35	10
北美合衆國	177	120	40	8
德意志	153	85	27	7
意大利	113	77	6	12
日　本	88	103	11	4

第七十章 警　　察

警察之作用，有關係於國民之身體、精神及財産，故非但其範圍之爲廣泛，且於國家之保安上爲有直接至大之影響。而其分類，雖或由學問上分豫防警察與除去警察爲二，或由便宜上分高等警察、普通警察爲二。但在後者，則其意義殊不一定。

警察統計之所應調查者，乃從其户口、保安、衛生、殺傷、火災、工場、營業、風俗、交通、犯罪、棄兒、救護，所有之警察組織及會計、警吏之静態動態、賞罰、服務等。

第七十一章 監　　獄

監獄之在往昔，則遇囚人爲極殘忍酷薄，恰與獸類同視。縛手足，施桎梏，拘禁於狹隘不潔之獸檻。至其甚者，則去爪拔筋，投於黯黯然白日無光之土窖中焉。然自中古以來，博愛慈惠之觀念次第發達，待遇囚人，頗爲寬大。至法國革命後，自由平等、天賦人權之哲理，尤滔滔然磅礴於歐洲。監獄改良之説，到處勃興。至於今，而全然一新其舊態矣。故在今日，不以監獄爲囚人之拘禁場，而以監獄爲設一監護之物，用國權牽制其自由之公共建物。蓋解釋之不同，有如此。故隨世之進步，以爲監獄之研究，不但爲志士仁人之頭腦，所應課之重税，抑亦爲國家的事業，所不可不以其情狀，就統計上觀察者也。即在我邦，自孝德帝之朝，用囚獄之語以來，亦至明治五年而改稱監獄矣。

監獄統計所應調查者，爲刑事被告人、囚人、懲治人、别房留置人及攜帶乳兒。而在刑事被告人及囚人，則其靜態、動態，當就新受刑之囚人，以其罪名，對照於刑名、犯數、年齡、體性、出生及生育區别、身上之情狀、貧富、教育、父母之有無、宗教、職業及前罪等、就放免囚人，則注意其刑期、年齡、體性、體重、在監日數。又在懲治人、别房留置人及攜帶乳兒，則其静態、動態，就中惟懲治人當調査其原因、懲治期限、入場數、年齡、出生及生育區别、貧富、教育、父母之有無、父母罪科之有無、職業等。此外就在監人之衛生在監人之死亡率高於年歲相同之自由良民者遠甚，故某學者評之爲乾性者(Guillotine)。即此一事，亦明乎監獄衛生之不可忽矣、懲罰、作業、經費、建物、職員等之諸項，亦不可不爲精密之調査也。

第七十二章 衛 生

衛生乃吾人使生路進於優勝之域者，故學理與實際常不能相離。而衛生事業之結果，則以病日之縮小、死數之減少、生命之延長邦諺有云：生命與績麻，以長爲貴。又美國人加氣思曰：人間若有能固守衛生之道，且以學理爲生活者，當能保其千歲之壽。又云：長壽之秘訣，祇在撲滅體中之寄生物而已，而顯之者也。

凡開化之人民，皆以經驗所得之衛生智識應用於國政，惟其區域則有廣狹而已。而其致力於此應用之事蹟，則在史乘。如古代埃及之人，不滿於衛生之止有私法，乃並行以公法。如莫塞斯所發布之衛生法，如布拉得、亞里士多得所論心與身勿同時操勞，不但深言兩者之勞，其驗相反，並論上水譯者按：日本謂供飲料之水爲上水、澡浴、街衢、建築之事。或如羅馬人設衛生經驗法於十二銅表，皆可以窺其一斑者也。

不規律之意國民，不留意於衛生之事，故放任而爲此狀，彼等自進而爲病魔之餌食，窮其遷流之所至，不出於漂泊與革命之二途，此該國博士息利所述於羅馬大學之一節也。又有名之勃丁壳勿而，嘗欲試定健康之價格，千八百八十七年，於某衛生會所爲之通俗演説，論罹病日數，每一病大約爲二十日，罹病一日之費額，最少額當以一"法郎"當之。次則衛生學大家名發者，以爲土地、家屋、鐵道、其他資産皆歲入之所生，故於所得税目中爲有價物。依同理，從給料營業譯者按：即得薪俸之營業及其他職務上仕拂金並報酬譯者按：仕拂金乃定額之俸，報酬乃不定額之給之類，而來之人民所得，皆當視之爲資本。以生存之人之所得，編入所得税，此非强令所得之接近也。蓋示人民之價值，爲所以表一國貧富之要件，務令接近於其真價，則可爲稍正當矣。其化所得爲資本之法，常在評定現在及未來之歲入現價。英國人民之男女，每一人之最低價，估計爲百五十九鎊，爲生産收利的之人種，即爲生來身體中保有此價格者。於其所著書中，蓋以五十二億五千萬磅，算定英國民之價格矣。又孟緑云：千八百九十三年，密特林甫柳駭之傳染病流行之際，計有患者八百五十九人，死亡七十四人，爲此之故，所及於其社會之金錢上損失，實達於二萬一千四百九十六磅之巨額。西諺云：與其見病思療，無甯防其發病。況於瞬息之間易逞威虐之疫癘耶？顧衛生之弛張，常關國運之隆替。故由統計上觀察之，以謀其進步，乃國家生存之極要也。

衛生統計之所應調查者，自土地、氣象、水、衣服、食物、家屋、生育、學校、職業、疾病（特指疫病）、死亡、出生、婚姻、檢黴、種痘，以至醫師、藥劑師、産婆、看護婦、藥種商、製藥者、病院、經費、衛生社團等諸項。

第七編　社會統計

第七十三章　勞　動　者

關於社會問題之説，雖有積極的廣義與消極的廣義二種。然其多所論究者，則在消極的之部面。社會統計中先應注目者，勞動問題也。蓋給我等麵包，不然則給我死，此現時歐美勞動者之叫聲也。此勞動問題，在歐美諸國，認爲國家一大要務。内閣之更迭，時或有本於此者。經濟家及社會問題研究家等之頭腦，亦以被擊刺於此事者爲多。勞動問題之屢屢提出於列國會議，非無故矣。

勞動者爲國之富源，當爲社會問題中之問題。則關於此之統計，不可不求其詳細。兹舉其調查個目，則爲賃金、體性(特指女子)、幼者、年齡、身分、身上之情狀、産地、給料、衛生、操行、教育(即實業學校或徒弟學校之類)、賞罰、保險、貯金、勞動時間、監督及保護如賠償條例者是、雇役年限、手當夜間或解雇之時〇譯者按：手當乃以金錢爲報酬，夜間或解雇之時作特别之工，所受者謂之手當，雇定者稱賃金，計時者稱給料、作業場之種類、身元保證金、内國勞動者相互之競爭、與外國勞動者之競爭大機關、及新發明機械之影響、對於資本主地位之隔絶地主與小作人之關係亦在内、同盟罷工、勞動組合、勞動者生活之狀況(特指給料與生活費之關係)、家族勞動之有無多少及其狀況等。

哈得忙欲解決社會問題大部分之勞動者問題，爲之説曰：欲知現今經濟組織之如何，非於生産、消費、分配及勞動上之危險等精查之後，不得明確。因而爲以下四者之研究焉。第一，生産物將來比於今日，能有最合理之分配否耶？第二，勤勞上之生産，比於今日，尚能有無上之增進否耶？第三，起於勤勞界之危險，比於今日，尚能減少否耶？第四，土地之生産力及人口之增加，如何是也？欲從事於社會統計者，亦不可無此注意矣。

第七十四章　貧　　民

國民之收人，有種種之等級。即貧民亦有樣樣之區别，雖特受公然之救恤者，亦因國而不同，加之。救恤有一時者與永久者之别，故單計人數，不足知貧民之真況，必就貧民之静態與動態，以統計的調查之，是以爲困難也。

貧民之等級，以一週之收入二十先令爲界綫。雖有言其高者，或言其低者，英國人蒲思則區分爲八等。第一，最下等級者。即無宿、輕罪人、大道商人之一部、大道演藝人。第二，隨時給役者。此種人不知儉約，手之所取，即入於口，好游樂，故常貧困。第三，無一定之利得者。此種人爲相互競爭而困難，最爲無助而且可憫。凡競爭之所犧牲，比於他業爲最甚。商況不佳之時，其影響落於此階級人民之身者分外加强。第四，雖爲最少而有一定之利得者。此種人，一家族之收人，一週得十八至二十一先令，辛苦度日，且所業爲甚苦累之事。第五，受通常標準之利得者。第六，賃金較優之給役者。第七，在中等之下者。第八，在中等之上者。據千八百八十五年普國之《公共救貧録》，貧困之原因及其百分之比例如下。但甲爲不意者，乙爲非不意者。

甲	隸屬於家族者之過失	2.20	子女多之故	2.10
	執業贍家人之過失	0.09	闕乏職業	2.80
	執業贍家人之死亡	0.50	無節度之故	1.30
乙	執業贍家人之死亡	16.30	懶惰之故	0.60
	病患	28.50	其他	5.60
	柔弱　不具	16.00	原因不詳	0.01
年齡上之柔弱		24.00	計	100.00

此外雖有蒲思之英京倫敦中貧困之原因，及北美合衆國紐約州薄法洛慈善組織會中貧困之原因，皆略之。

就貧民欲得其正確之統計，則必就個人調查其左之事項。此外貧民學校、貧民院，又勞動所(即收容乞丐浮浪人之所)等亦當調查。

氏名○體性○年齡○身上之情狀○生國○職業○教育○家族之數○兩親，又兄弟姊妹之有無○心身健康上之狀況○貧困之原因

救貧制度，各國不同。或用慈惠主義，即由衰老廢疾人情難恝之意而出；或用公益主義，即由療困窮勞動者之病，使早就業，以利社會之意而出；或有混用此兩主義者。其救恤之方法，或專由政府一方面，或公共團體及民間特志家，或官民合力爲之。雖有此種種不同，吾人苟能組成社會而爲生存，則必

有救貧制度，亦不待煩言。況乎恩惠之可貴，恰如天之膏雨灌於下界者耶？昔時中井履軒與子弟共游住吉，時乞丐相屬於途，皆云朝不保夕，請賜一錢。履軒不勝其煩，顧謂曰：汝等生無益於世，遄死爲宜，何必俟夕？是雖一可笑之談，由來富者之樂園，多貧民從地獄中所造，則貧民之事，亦不可不垂涕而道，大加觀察焉矣。

加來而曰：社會之生存競爭而失敗者，年年以非常之速力，增加於都會，蓋騷然矣。注意於貧民處置之問題，不可不遠逾於政黨之問題，而講其策。而其救濟之之道，不能不賴政府之保護干涉云。此即貧富差尚少之我邦，將來亦必有不得不持此論者，其時幾固已動矣。

第七十五章　慈善及其他

凡棄兒養育院、孤兒救育院、出獄人保護會、幼年感化院、慈惠醫院、養老院、施療所等，觀察其靜態、動態，當爲社會統計之責任。

土地兼併、都鄙生活、家族生活、住居之情狀，或階級制度、社會黨等，殆亦從社會問題或社會政策之上所當大加研究者。

既往二十年間，德意志社會黨之發達，實爲最著。千八百八十年之議員選舉，該黨得票數僅爲三十一萬二千票。千八百八十四年，則爲五十五萬票。千八百八十七年，則爲七十六萬三千票。千八百九十年，則爲百四十二萬七千票。千八百九十三年，則爲百七十八萬七千票。千八百九十八年，則增加至二百十萬七千票。又社會黨議員，千八百七十一年，二人。七十四年，九人。七十七年，十二人。八十四年，二十四人。八十七年，十一人。九十年，三十五人。九十三年，四十四人。九十八年，五十八人。千九百三年，至八十二人焉。

要之，關於社會問題之統計，其研究之日雖猶淺，然此統計之無一日而可忽，既爲有識者之所明言。而左之一項，曩於明治三十年，由澳國下院自由黨所提出之設置萬國社會統計局之建議案大意，亦可以窺銀色人種，如何注目於社會統計矣。

政府宜與外國政府相協同，尤宜協同者爲瑞士政府。而於設置萬國社會統計局，當贊同助力。蓋關於保護勞動者之種種方策，不因此而自國工業對於外國，減殺其競爭力否。此事若懸念不定，往往阻害其實行。則灼知外國社會上之狀況，與法律之實際，在自國實施社會之立法，極爲重要。於是瑞士等諸國，籌設萬國社會統計局，有種種之盡力。而該局之事務，第一，蒐集諸國社會政策之立法及法律案；第二，關於保護勞動者之諸種事項，及所報告於政府並議院之委員會各情事；第三，編纂萬國比較統計之事；第四，爲關於保護勞動者及勞動者保險之會合準備，當依其他種種方法，合同諸國而制定萬國勞動者保護法之事，皆是也。

第八编　道德統計

第七十六章　總　　論

道德統計，雖爲觀察道德的現象者，然以積極的行爲難於調查，故當用易知之消極的行爲爲主。和凝曰：好事不出門，惡事傳千里。又密爾登曰：惡事急行如馬，好事止能徐步。又在我邦，亦有寸善尺魔之諺。故以不道德統計，示國民之道德，猶畫工畫月，以薄墨周圍烘託，而儘紙絹之白地，襯成月形。惟不道德之行爲，雖不知凡幾，所當先爲觀察者，乃犯罪、私生兒、自殺、慢性的自殺等。此等現象，年年整然而循環發現，實可謂意外得之。

第七十七章　犯　　罪

犯罪統計，非獨爲立法者之指鍼，乃道德統計之好材料。其中心尤在刑事。何則？人之傾向於罪惡，及其犯罪之關係，無加於刑事統計者也。夫刑法雖各國不同，然性質上所應認爲重罪或輕罪者可得相互之比較。夫如是，故就一國民犯罪之手段，犯罪之輕重，警吏法官等所爲之巧拙，犯罪者之狡黠禿路思對伯所謂：凡罪人有二種，有破壞人爲之法律者，有以法律爲盾而行其罪者，是狡黠之説也，其他被害者注意之有無，或雖知注意而未爲之所，被害者對於警察及裁判所之意向等，皆爲增減其犯罪之總數者。刑事人類學、罪人心理學等之研究，亦爲犯罪統計之至要。

以犯罪研究之新局面，而爲統計上主要之着眼點。第一，自然的外界的狀態，即氣候、地理上之形勢、土地、四時及月時等之影響。第二，社會的經濟的狀態，即飲食物之種類及闕乏、商業上之打擊、宗教上信向等之影響。第三，生物的主觀的狀態，即犯罪者之身體構造、心意狀態，並其個人的特性等之影響是也。其屬於第三項者，依龍步洛續此人關於犯罪之著作，真不愧於十九世紀之大著述中特屈一指。氏嘗云：於刑事人類學之上，先視其人，則其所犯之罪，暗中可得。犯罪者之心身，無論如何，必有奇形。其奇形在何處，則爲何形，故其所犯罪科之若何，得豫知之。又俄國之加而洛夫云：犯罪者依其眼色，可得甚正之判斷。犯殺人及强盜之罪者，眼赤鳶色。乞食及竊盜等之眼，輝然青色。正直者之眼，則爲黑鼠色或青色云、夫愛利等之研究，比於第一第二，尤得好成績。雖然從來之統計，亦向他方面行種種之觀察。即如犯罪與時代之關係，雖尚未明，然在法國等則已漸次增加。其與開化進步之關係則尚未明，其與年齡之關係則爲最著，是因體力、情慾及智慧，與年齡共爲發達。如暴虐殘忍之罪，多犯於血氣方剛之日，逮其年長，則大概偏於智惠的犯罪。觀於賭博犯以年長者爲多，其故可知。孔子云：君子有三戒，少之時血氣未定，戒之在色；及其壯也，血氣方剛，戒之在鬬；及其老也，血氣既衰，戒之在得，蓋謂此也。在法國，由十六歲迄二十歲之年少者，有增其犯罪之傾向。與體性之關係，則犯罪者以男爲多，在法國則多於女者殆四倍。蓋女之所以少者，一，恥辱心較重，二，在從屬的位置，三，萬事尅減，不爲已甚；四，體力大概薄弱，皆其因也。身上之情狀，則未婚者爲多。蓋既婚者之所以少犯，以瞻顧家族生計之故。所謂男大不婚，如劣馬無韁，即是此意。都鄙之關係，常以都會爲大。其與生國之有關係，則既明於俄國等之經驗。與季節之關係，則頗爲親密。對於財産之罪，多在冬季。對於身體之罪，多在夏季。與經濟之關係亦爲顯著，例如在法國葡萄豐作之時，其地方犯罪較少；在英國貿易不振之時，犯罪較多。《論語》曰：小人窮斯濫矣。又《鹽鐵論》云：疲馬不畏鞭棰，弊民不畏刑法。此可以知貧富之關於犯罪者不尠。與職業之關係，則葛多利業已説明之。即所謂業勞心者，犯罪多對於人；業勞力者，犯罪多係財産。此外教育、宗教、形貌等亦有關係，則歐洲諸國之事實既明白矣。

奉龍步洛續之説之人，固謂罪人必爲遺傳之物，然亦有爲反對之説者。英國人恩達遜曰：黑羊有爲白羊之所生者，即罪人亦有時而爲良家族之所出。又依同理，即有罪家族之所生，亦有因周圍之狀況而作成德行之人者。

平素愛養各種動物之國民，犯殺人者較少。例如英倫及愛爾蘭，每人口百萬，殺人犯六人；德意志，十一人；比利士，十四人；法蘭西，十六人；澳地利，二十三人；匈牙利，六十七人；西班牙，八十三人；意大利，八十五人。其比例數，與其國民愛養動物之觀念程度，確相一致。

犯罪度數，乃證明國民與罪惡之間，所有之黏著力者，故務宜細別之。據前年神奈川縣監獄署之調查，密賣淫者二十七人中，十犯及二十犯以上者各九人，三十犯以上者六人，四十犯以上者一人，五十犯以上者二人，以婦女而累犯如此其甚。雉有食蛇時，朝雊翻可恐，俚諺云云，豈不可歎?

馬易以對於財産之犯罪，比較於其國之往住外國者及穀價，證明其現象有井然不紊之升降焉。故以關於犯罪之事實，對照於他各種事實，最爲切望之事。即在我邦，犯罪與穀價之關係者，已明甚。

第七十八章 私 生 兒

以私生兒即判定一國民之道德，雖尚難言，然以之比於公生兒，則大概體弱而易犯精神病，多白癡，多犯自殺，及其他罪惡，或多狡猾者。以故蒲洛登則云：人類之不德，在配偶之不正。葛多利則以私生兒爲社會上最重要之疑問，而曰：私生兒第一常無生計之目的，第二多爲虚弱，即偶達成人之期，亦比他人爲少數，且永不免爲素餐者。至如不正婚姻中過度之賣淫等，則尤足令女人失其懷妊力，或令羸弱。梁川星巖昔嘗有“女喪一貞百事去”之咏，設更使聞此事，更不知增幾層悲慨，譜入謳吟。夫私婚固已爲自由的行爲之結果矣，而私生兒之數乃年年殆相齊一，則真可異已。

> 明治六年一月十八日布告第二十一號，非爲人妻妾之婦女，所分娩之兒子，一切以私生論，應由其婦女承受。但若由男子認爲己子，請於婦女住所之户長，而得其免許者，其子得以其男子爲父。

欲觀私生兒，可用對於人口每千之比例，或有於每百出生兒中算私生兒幾許者，或有以私生兒比例於成年之未婚女者。雖然，認其婚姻前後之出生兒爲公生兒，情事如何，於私生兒之數有大關係，不可不爲注意。

歐洲諸國中，私生兒之最多者爲巴威里。此國儘千八百六十年，於賃金生活者之婚姻，雖已得“米你西巴黎的”市廳及市會之制止，然其後尚存此影響。故規定一國民法之時，不可不深注意。法令之外，有關係於私生兒者，則爲國民之風俗及職業，尤以職業上男女混淆者爲然。而都會之私生兒，則比村落爲多。蓋此原因，第一，村落多以私生兒爲公生兒之事；第二，都會有雖不履行正式，其實所爲家族生活，有不異公婚者；第三，因隱蔽其私生兒之懷妊，多有由村落特來都會者。又因都會有便於産婦之分娩場，或産婦救養所等。私生兒體性之關係，雖自今以前，其比例均無所異。然以公生兒、私生兒爲對照，則大不同。即男之所多於女者，在公生兒爲十六分之一，在私生兒爲二十五分之一。

據千八百五十三年法國之事實，私生兒每百中，由父或母或兩親所承認者，全國爲四十五人，在都會爲三十一人，在村落爲六十一人。其雖不認爲自己之私生兒，亦不棄之者，全國爲四十三人，在都會爲四十八人，在村落爲三十六人。又全然見棄者，全國爲十二人，在都會爲二十一人，在村落爲三人。其比例也。

第七十九章　自　殺

自殺不止爲道德家、統計家等之研究，即在他人，亦驚其慘狀而研究及之。惟此事實之常爲齊一，可謂奇事。蓋吾人期生活之得全，爲自然之性情，又爲吾人之義務庫納普云：人爲義務之體，然則自害其天壽，必爲悖於性情，反於義務者矣。

就自殺統計所應觀察者爲時代，卡來而曰：破産與自殺爲十八世紀之事實。然在歐洲，則今尚有年年增加之傾向。其與地方之關係，以中央歐洲爲多，季節則以暑熱之候爲多。醫生雷分額而曰：太陽之光熱高時，即四、五、六、七、八、九之六個月間，尤於晚春、初夏之交，爲人間心臟之動次第活潑之時，神經系倍加興奮，以故人間之心的及生理的狀態，顯然生其變動焉。又體性則以男爲多，年齡則從其長而漸增，然至高年則又減少。又其與人種之關係，在歐洲，則斯拉夫人種少於拉丁人種，身上之情狀，則配偶者少，獨身者多《梧窗漫筆》云：治世有三寶，即妻室、鐵礮、佛法是也。此言可謂有味，尤以離婚者爲最多。就中離婚男比於離婚女爲多數。據普魯士關於離婚結果之統計：某種人數之内與夫相别，或已被離婚之女，企望自殺者有三百四十八人。對於此之現爲人妻者，企望自殺不過六十一人。在男子中，則其比例較大。與妻相别，或已被離婚之男，企望自殺者有二千八百三十四人。對於此而爲有妻者，則企望自殺者不過二百八十六人云。舊教少於新教，希臘教、猶太教又少於舊教，而佛教則甚多。教育則無關於其進步。自殺者年年增加，職業則以被使役者及重名譽之軍人爲多茄路德曰：名譽若有喪失時，當以死回復之。死即雪污辱之第一方法。此等意見，即軍人之所以多自殺也，尤以無職業者爲多。住地則都會爲多，此等皆其已明者也。

自殺之手段中，最多者爲縊死，其次爲入水，刃物、銃礮、毒藥、轢死等又次之。惟男則手段大概較暴，女則較穩，是即天性之剛柔所由然也。我邦古來有某一種階級之人，多行剚腹之事。隨世運之變遷，其數漸減。又含厭世意味之佛教，度亦當爲我國人自殺之强因。又我邦之戲曲、演劇等，其誘導情死之人，當亦不尠。本邦之佛教、戲曲、演劇等，其誘導情死之事，亦保證之於太田南畝之《近松碣文》，曳尾庵之《我衣》、井上金峩之《夜間長語》等。

美國芝加谷之精神病醫直壳普思云：自殺者欲其自殺之無所苦，因設自殺室。該室備自殺中必要之器具，即繩、短銃、小刀、毒藥等，從自殺者之望，俾使用之。惟借賃者爲數極少。據所云云，豈不可駭。

據美國政府之調查，謂自殺者在一週間中月曜日最多，其時間大概爲午後九時至十二時行此自殺之事。

法國巴里一醫師曾療一絶異之自殺未遂者，其人憂家族之不和而起自殺之意。其先咽下一匙而不得死，後更飲許多器具，腹部覺病，乃請診察。醫師乃切開其胃，中有匙八柄、肉刺及其柄釘兩支、小刀兩把、鐵葉之破片十四，上有三分餘長之錐焉。醫師言：能嚥下此等物品，不能不具强壯之胃，有如駝鳥。是雖爲一珍奇之例，然將來自殺之手段，殆漸次有種種出之者。

自殺之原因，其調查甚爲困難。何也？死人不能自言也。然無論何國，其占大多數者必爲精神錯亂，次則病苦，再次則生命之困窮、薄命、色情、前非而後悔、慚愧親屬之不和等。而域古尼於法國，就二萬四千四百六十二人之自殺者，分其原因。第一，原因不詳。第二，活計困難其明白無疑者。第三，精神病狂疾鬱憂，精神薄弱。第四，與精神惑亂相聯屬之激情宗教及政治上。第五，身體苦痛。第六，激情憤怒不幸之愛嫉妬。第七，惡業酗酒，中火酒毒，無品行，勝負事，及其敗亡懶惰。第八，對於他物之上之愁傷家族之死亡，思鄉。第九，家族不和。第十，財產上之愁傷就財產之悲哀恐怖，財產不整理，損失無恒業，敗訴失望。第十一，地位之不滿社會的地位，及其尤者爲兵役等。第十二，後悔及恥辱良心刺激，恐罹恥辱。第十三，恐怖刑罰。第十四，殺人及類此之罪犯其後之自殺。

古人之評論自殺，或有非難之者，或有賞歎之者。如盧梭以自殺爲隱秘之死，死之最可恥者，顯斥之爲人類之竊盜。反之則如伏而的，則以爲人非有勇，不能短縮其死期。生命之保存，本乎天性，强爲制止，則論定其性質上不能無幾分氣力。又往昔希臘之“思篤益克派”之哲學者，以自殺者爲有輕蔑人生之證跡，大尊敬之。羅馬法則於欲免某事之發覺而自殺者，課以死後之刑罰抑没收財產。至於中古，自殺者大爲公衆所輕侮，由政府撤去其族望等，牽曳其死體於途上，然後絞掛之。又某生理學者，確言自殺爲瘋癲之所爲，或疾病之結果。他生理學者，又以爲除特別一種自殺之外，餘皆爲忿怒之影響。夫自殺之所爲，乃其任各人之意者，則表證人間自由之手段中，最爲高尚，又足證明其卓絶於人類之外。何則？如畜類，即不能自殺也。又一説，人之對於外界障害的感動，與内體之疾病及精神上之苦惱，當有抵抗之力。抵抗力減甚，而至於自殺，故當視自殺爲抵抗力減之結果。此事一因於其人，人雖有生，而乏此種抵抗力，即外來之感動不甚，尚有足亂其心者，或抵抗力亦復如常，而其逆境、負債、蕩費等刺擊非常之强，亦有因此狂易而自殺者。

英人威士洛曾於倫敦醫學會，就七千百九十人之自殺原因，所報告如下。

原因	男	女	原因	男	女	原因	男	女
貧苦	905	511	游戲損失	155	141	過度之自愛	49	37
家事係累	728	524	貪名	122	410	迷信	16	1
金錢損失	322	233	愛情	97	157	厭世	3	3
飲酒游惰	287	208	後悔	53	53	原因不明	1481	694

第八十章　慢性之自殺

慢性之自殺，統計上所應觀察者，爲飲酒、梅毒、發狂及阿片癮。惟此等事項，潛伏於社會黑闇之中，故統計上不可不極其注意，從各方向爲十分之觀察。

飲酒爲罪惡之根源，故其爲害，已被認於古代。因欲制之，遂設種種嚴酷之法律。就中回教始祖謨罕穆德，則以醉人當罰以笞刑八十之旨，命其教徒。羅馬則嚴禁女子及三十歲以下之男子飲酒，爲人妻者，若飲酒時，特公許其夫及親戚鞭撻之。或元老院議官有帶酒氣而出席於議場者，即使之退場，且以没收其乘馬之權，與行政官，著爲令焉。又以彼之酷法家，如有名之利卡路軋思者，欲絶飲酒之根株，有發嚴令伐棄葡萄樹之事。當七百四年之頃，普路軋利耶之的而哈拉士亦效之，以同一之嚴令，施行於其國。又有就一回之飲量，置法律上之制裁之國，即埃及、阿拉伯、希臘之斯巴達是也。就中阿拉伯所定一回之酒量，以十二杯爲限。此雖史家所傳，然其酒杯之大小如何，今已無由知之。斯巴達則於酒量制限法之外，尚因欲令兒童悟飲酒之爲最賤，有每年一回家家以酒飲其奴隸之定例。英國人雖不至如前所揭，以已甚之干涉，施於飲酒之上，然欲令飲者注意，不爲過量之飲，亦有嚴令於酒杯之側面，必施分量之界綫焉。又有某種類之人，專設特别之嚴罰，以示其飲酒之當爲大戒者。即如昔日之印度，國王有飲酒者，臣下以弑之爲本分。雅典則執政官有飲酒時，以重罪犯處分之。即在第二世紀頃之蘇格蘭，亦就執政官之飲酒，與雅典設同一之法令。卡路的奇則嚴禁執政官、知事、軍人、奴隸等之飲酒。法國之駭立門帝，以罷免官職與禁止職業，戒法官及辯護士之飲酒。在中國，則雖非無以酒爲美禄，或稱酒爲百藥之長者，然否認之者究多。即如所云，昔者帝女令儀狄作酒而美，進之禹，禹飲而甘之，遂疏儀狄，絶旨酒，曰：後世必有以酒亡其國者。又範魯公有戒子孫詩："戒爾勿嗜酒，狂藥非佳味。能移謹厚性，化爲兇險類。"裴楷謂之"狂藥"，陶穀謂之"禍泉"。宋儒云：聖人爲十分之地位，不飲酒之人，已造五分地位。凡此皆中國之説也。此外《涅槃經》云："酒爲不善諸惡之根本。"

《沙彌戒經》云"飲酒者，破家危身，失道喪命，皆由之"，又云"酒有三十六失"，又云"既爲現世愚癡，復爲來世闇鈍"。又在歐洲，則云：往時檢事，若遭疑讞，尚當尋犯者之妻室。今則欲其説明許多違犯，但尋德利可矣。譯者按：日本謂貯茶酒之瓶罍爲德利，言刺探機密於婦人之口，尚不如刺探於其人醉後之言也。他如尼魯，則以耽酒追加爲自殺之一因。普魯士之事實，足證酒之消費，與私生兒有親密之關係。要之飲酒之害，不但犯罪、貧困、薄命、早衰、疾病、癲狂、短命而已。如某論者所説，第一，一個人之禍害，則爲中酒精毒者；第二，集合體之禍害，則及家族；第三，遺傳上之禍害，尤爲小兒死亡之增加；第四，身心上之禍害，尋將延及種族。路皮諾活其博士則言：有酒癖之人之子，五十七人中，二十五人生後經數週間而死，十二人白癡，五人頭水症，五人癲癇，二人有酒癖，其爲尋常軀體者僅八人耳。倫敦之事實，則成年者之死亡，其七分之一爲直接、間接本於飲用酒精之過度。既有明證，是蓋文明諸國禁酒會、節酒會之所由起也。温公、荆公俱不好飲，二人往他家，主人强勸之。温公强舉一盃，荆公任强，終不把盞。温公云：此予之所以不及介甫也，不得已而强飲。温公且如此，況其他乎？

據最近之調查，歐洲諸國中，一個年一人之酒類消費量，大概如下。但其單位爲"立得而"。譯者按：立得而爲法國之液量，每一立得而當我一升三合餘。

國　名	葡萄酒	麥　酒	勃蘭地	酒精之全量	國　名	葡萄酒	麥　酒	勃蘭地	酒精之全量
比利時	3.7	169.2	14.1	11.68	澳地利	22.1	35.0	12.5	7.09
法蘭西	103.0	22.4	12.4	11.12	荷　蘭	2.9	29.0	14.1	6.14
丹　麥	1.0	33.3	26.7	26.70	俄羅斯	3.3	4.7	14.1	5.15
德意志	5.7	106.8	13.6	13.20	那　威	1.0	15.3	12.0	4.68

續表

國　名	葡萄酒	麥　酒	勃蘭地	酒精之全量	國　名	葡萄酒	麥　酒	勃蘭地	酒精之全量
英吉利	1.7	145.0	8.4	8.73	北美合衆國	1.8	47.0	7.7	4.60
瑞　士	55.0	37.5	9.3	7.90	瑞　典	0.4	11.0	4.8	2.07

那威之節酒制度，可爲諸國之模範。該國雖不以絶對的禁酒，爲之勸告，然能就應有盡有之限，養其節酒之習慣焉。即如麥酒，雖小兒飲之，亦在所許。如"威思忌"等酒精較多之飲料，則禁止發賣於國内。酩酊者，有認爲有罪之法律。警吏苟發見之，有即下之獄之制。又日曜日、祭日及土曜日之午後，禁止酒鋪之營業。土曜日爲該國勞動者領取賃金之日，此日禁止酒鋪之營業，使之不見所欲。對於不能自克者流，頗爲有益。而此日之貯金銀行，則營業儘夜十二時爲止云。

德意志柏林禁酒會中，欲使小學兒童及其兩親，皆知酒之有害，因作訓戒十則，於日用帳簿之封面印刷而發賣之。其十則乃知名之醫師教員所協議而決定之者，如下。第一，含酒精之飲料、酒、麥酒、勃蘭地決非健康者之必要品。第二，酒精於小兒爲有毒。第三，有酒精分之飲料，視其酒精分愈多而害愈大，以故勃蘭地尤爲危險。第四，酒精決非滋養品，又決非能助身體動力之物，卻爲刺激身體，而使倦於處物接事之物。第五，飲若過多，則痹其身體，鈍其腦，時而有意外猝死之事。第六，即使少飲，然若時常飲用，則身體之緊要機關次第虛弱，亦必爲死之漸近綫無疑。第七，飲酒常豪，其慾亦日進，久必遂爲酒狂。第八，酒狂則能奪凡人温雅之氣度，使粗暴於物事，遂至爲犯罪者。第九，酒狂則害精神之動，次第爲癡鈍之人。第十，酒狂則壞家族之平和，自招貧苦艱澀之境。

丹麥之壳本哈昂地方，定酒類販賣取締法。最後賣酒與醉漢之酒店，爲首應出送致該醉漢抵家之費用者。其他遇必要之時，該醉漢於第三者加以損害，該店對之負賠償之責，且醫療費等，亦悉有負擔之事。是殆認最後之飲酒，足爲酗醉之近因乎？

梅毒之起源甚古，海老特得、希波革拉第、叟路詞思、軋林、茄思壳利笛及其他古人之遺著所載，足知當時花柳病之盛行，已不讓於今日。又美國芝加谷之海特，就該國所發掘之骨，證其土民中之有梅毒，已在哥倫波發見美國之前。而梅毒又不但以其毒浸潤於身體之各機關，而爲種種之病，且以遺傳性害子孫之身命，即至少亦令其身體爲尪弱，故謂爲不治症，非過言也。抑此病當國步擾攘，男女情交易亂之時，最爲猖獗，證之史乘則然。而今則逐年似無故漸增其數，則爲大可憂之現象。蓋梅毒之害惡，所及於世者雖不一而足。然可舉其大者，第一，及患者自己；第二，及他人；第三，及家族血統；第四，及社會上經濟上；第五，及國民之元氣是也。

英國兵士每千人中患梅毒者如下。

年紀	有檢梅制度之地之兵營十四個所	無檢梅制度之地之兵營十四個所	年紀	有檢梅制度之地之兵營十四個所	無檢梅制度之地之兵營十四個所
一八六五	95	101	一八七五	35	79
一八六六	87	79	一八七六	33	82
一八六七	91	115	一八七七	35	91
一八六八	83	109	一八七八	40	131

續表

年紀	有檢梅制度之地之兵營十四個所	無檢梅制度之地之兵營十四個所	年紀	有檢梅制度之地之兵營十四個所	無檢梅制度之地之兵營十四個所
一八六九	66	128	一八七九	47	108
一八七〇	55	113	一八八〇	74	167
一八七一	51	93	一八八一	74	181
一八七二	54	123	一八八二	78	179
一八七三	50	102	一八八三	110	188
一八七四	42	88	一八八四	138	160

兵士之梅毒，不特英國爲然，即我邦陸海軍亦有增加之傾向。

法國人孔忙求舉巴里市中之登記賣淫婦與密賣淫婦所有生殖器病之比例，而明其兩者之間之差異焉。千八百八十八年以來，登記於巴里市之賣淫婦五萬一千三百八十九人內居住娼館者六千〇六十五人，自由居住者四萬五千三百二十四人，其中自由居住之賣淫婦患生殖器病者，每百人爲六・五四；娼館居住之賣淫婦患生殖器病者，每百人爲一三・三三；密賣淫婦之患生殖器病者，每百人爲三二・六六。又由千八百七十八年至千八百八十七年十年間，所施行檢梅之結果，自由居住賣淫婦，爲六・一八之百分比例其百分比例以三・一二爲梅毒，以三・〇六爲非梅毒性疾患，娼館居住賣淫婦爲五・二二之百分比例以二・七〇爲梅毒，以二・五二爲非梅毒性疾患。又已被捕縛之密賣淫婦，爲三八・四二之百分比例以二三・九六爲梅毒，以一四・四六爲非梅毒性疾患。其所有花柳病如此。

在我邦，明治二十四年，在全國三百五十九病院中者，患梅毒者三萬四千一百十二人。二十五年，則計三萬八千七百九十一人。雖僅此兩年之調查，未易推其將來，然其數似有增加之象。

呼路尼惠就患梅毒者八百七十三人，調查其從何感染，則知其六百二十五人從登録娼妓，百人從女工，五十二人從外婦，四十六人從密賣淫婦，二十四人從有夫之妻，二十人從下婢云。

千九百年，比利時之撥列寫斯，所開萬國花柳病會議，其決議條項中，有編制關於花柳病可信據之官撰統計表，又設預防花柳病之有效方法一事；又有各國之花柳病統計，務令據同一之樣式一事，其有此二條，其意皆爲防此可恐之梅毒之猖獗也。

以發狂爲道德統計上一現象者，則非特係於個人，乃以此現象於社會全體有其根柢者也。故如抱難達之目的，犯大空想之病者，亦以當之。生理的豪慢，自精神病學上論之，則易變爲誇大妄想者也。

當革命時，屢有出大空想家或狂人之事。歐几思洛而曾云：法國革命時，於人心恐懼之日所孕胎之兒女，多虚弱發神經病，或精神之感動過敏，動有發狂之患。此亦一説，可參觀者。

吸食阿片之所以流行，第一，緣娱樂或散心，使用興奮之劑，爲人類一般之傾向；第二，有多數民種，信爲有醫藥或類於醫藥之效用。其中阿片毒而爲阿片癮者，以比健康之人，則逐漸短縮其生命。我新領土臺灣之阿片煙膏製造數，特許吸食之人，死亡及廢煙者，列表如下。占該島輸入品中最高價額者，爲阿片。其價額，明治三十年至三十四年間平均爲二百四十萬圓。以之對於此數年間之平均總輸入價額千四百萬圓，則爲一成七分强，亦可以窺該島阿片之概況矣。

年次	阿片煙膏製造數(貫)	年度末現在吸食特許者	死亡	廢煙者	吸食特許者(每千)	
					死亡	廢煙者
明治三十年度	39313	50597	1181	1136	22.3	21.5
同三十一年度	48789	95449	1682	890	17.2	9.1
同二十二年度	58354	130962	2765	289	20.6	2.2
同三十三年度	55960	165752	7398	244	42.7	1.4
同三十四年度	34944	156266	7928	721	48.1	4.4

第八十一章　離婚及其他

男女兩性之大較爲同數，蓋造化所以示吾人一夫一妻之定分，與家族之均安者也。家族以開化文明之基楚，於夫妻及婚姻者之多少，又夫妻之間所舉之兒女，此比例等，最爲緊要之現象。其關於此之應起問題，首爲私生兒，次即離婚。夫人之爲婚，無不欲終生爲琴瑟之相和，敦家庭之雍睦。我邦《民法》第七百八十九條：妻則負與夫同居之義務，夫則要爲與妻同居之事。○第七百九十條：夫婦負互爲扶養之義務。乃忽遭破鏡之悲我邦之《民法》，離婚分爲二，有由協議上者，有由裁判上者，或至不得不別居之勢，人生之不幸，孰大於此？據最近之調查，歐洲諸國婚姻每一萬，離婚比例如下。

漢堡	529.5	普魯士	148.1	意大利	28.4	英倫	13.9
瑞士	472.0	瑞典	65.1	那威	28.1	法蘭西	9.8
丹抹	371.1	比利時	54.1	蘇格蘭	22.5	愛耳蘭	1.4
撒遜	262.8	澳地利	41.1	俄羅斯	14.7		

據右則各國中，離婚比例最高之漢堡，猶且對於每百婚姻，不過得五・二九。然在我邦，則於明治二十五年爲三二・五，二十六年爲三二・六，二十七年爲三一・七，二十八年爲三〇・三，三十年爲三四・〇，平均爲三二・二。西諺曰：初婚爲義務，再婚爲不智，三婚爲瘋癲。然我邦之諺則云：卧席與妻房，均以新爲好，此其狂婚之多，又何足異。又重婚之百分比例譯者按：日本律文所謂重婚，如納妾之類是也，明治二十七年爲一一，二十八年爲七，二十九年爲一四，三十年爲一九，三十一年爲一五。反之如三十二年則僅爲一，三十三年則全絶其跡。前後現象，大有差異如此，此非家族生活改進之見端，恐不過民法施行之影象耳。

男女間得乎其正之行爲，常於家族之幸福、精神及身體之健全、世間之面目並經濟之繁榮等，爲有密接之關係者。雖然，若反乎此，則即爲姦淫、密賣淫、公娼、墮胎等之結果。其猥褻姦淫，自明治二十七年以降如下。

	二十七年	二十八年	二十九年	三十年	三十一年	三十二年	三十三年
强姦十二歲以上之婦女	40	42	40	53	40	51	57
强姦未滿十二歲之幼女	4	1	9	8	7	4	3
姦淫未滿十二歲之幼女	2	4	1	5	2	1	5
對於未滿十二歲或十二歲以上之男女以暴行脅迫爲猥褻之行	6	10	9	10	11	4	10
勸誘媒合未滿十六歲男女之淫行	69	24	41	32	30	21	17
姦通	406	432	493	526	495	405	374

賣淫之淵源，其來已久。據史乘，往昔婚姻以外之賣淫，

已有一定之形式。或爲表其款待賓客之至情，有以己之妻女供客之禮，或爲謹事神祇之故，有使婦女姦淫於寺院之式。其他營業的賣淫，固爲舊有。又不但此而已，以金錢之故，令妻女供他人之玩弄，此風亦已久行。其淵源所在爲巴比侖，該國中凡少女自有生以來，至少必有一度，就寺院中委身於他人，以博金錢之利。其他則營業的賣淫之俗，亦復風行。此等寺院之淫風，由加勒底傳播於各國，遂及小亞細亞、起培路思、希臘、意大利等。是等諸國爲此淫行，亦有種種變形，漸至不關宗教，化爲普通之賣淫，而遂以之爲營業。真爲可歎！特爲父兄者，坐視其女其妹沈身苦海，豈不思古歌有云：無多之子女而尚聞賣此之有人兮，親非其親而實再來之鬼也。一念此歌，靦然人類矣。惟賣淫與社會之交通，以密接之關係爲增長，故未易於統計上，離之爲傷害衛生之事，而置之應加禁遏之列。況賣淫婦及買淫之客，亦多秘密其行爲耶？

據警視廳之調查，明治二十八年以降，東京府下之密賣淫及公娼如下。其中明治三十四年末之公娼五千一百五十八人，更分以年齡而得其百分比例，十八歲至二十歲者爲二一・二。二十歲至二十五歲者爲五一・○，二十五歲至三十歲者爲二三・三，三十歲至三十五歲爲三・八，三十五歲以上者爲○・七。夫三十歲以上者，雖百人中僅有四人五分，然如此年齡猶有營賤業者，豈非人生可悲之事乎？

年　次	密賣淫	公娼	年　次	密賣淫	公娼	年　次	密賣淫	公娼
明治二十七年	803	5113	明治三十年	304	6393	明治三十三年	284	5621
同　二十八年	643	5456	同　三十一年	403	6723	同　三十四年	288	5158
同　二十九年	392	5918	同　三十二年	389	6871			

密賣淫之調查，固甚困難，然公娼則頗易。其公娼數，各

地方皆有增加之傾向。匈牙利曩曾發令，苟非四十歲以上之婦人，不准爲酒鋪之酌婦，是蓋維持全社會之風紀也。

第八回萬國統計會議中，俄國親王没色而思基所起草之娼妓統計調查條目，有如下之決定。

第一條，本會所望，關於娼妓之精密調查，要熟知其極要用之事，且於各國大都會，要設衛生檢查委員。但此委員於娼妓之特別帳簿，必爲掌其保管之事者。〇第二條，本會所望，根原登記之下，所附加之要問，要一一回答。又望以特別帳簿保管人之義務，設於以次各格。第一，登記之年月日。第二，登記之種類公認青樓之妓，別居生活之妓，浪游之妓，無免許之妓。第三，由甲種變爲乙種之年月日。第四，廢業之年月日。第五，廢業之原因。〇第三條，根原之登記，每三個月作精確之謄本一通，由衛生檢查委員呈之統計局。〇此外，檢查委員以每年末分娼妓種類而示一切異動之表，與關於衛生上景況之帳簿摘抄，亦當呈之統計局。

關於娼妓，一切要問：

第一項，氏名。秘密檢查中之妓，當用編號，以代其氏名。〇第二項，其國國勢調查之際，所應尋問之一切個條。體性、年齡、身分、職業、宗教、教育等。但其産地，亦所當記。〇第三項，本人爲公生，爲私生？其兩親在否？若尚在，則與此爲娼之女爲同居否？不同居，則究於何時別居？此父母與爲娼之女住居同市否？〇第四項，本人有子否？若有之，則其出生年月日究如何？其子尚生存否？若尚存，則現方由何人照管之？〇第五項，本人有自己之家計否？又所住居究爲一室，或一室之一部？又其生涯究在父母之家，抑公然之妓樓，抑秘密之巢窟？其爲被養於他人耶，抑有人屬其所負擔耶子或父，或母，又或兩親？○第六項，曾於學校或其他場舍受有教育否？若有之，則爲何等學校，究有技術上之藝能知識否？○第七項，目下有職業否？從前之職業或家業究如何？究以何時廢業？○第八項，本人有曾被處刑之事否？事在何處？曾在監獄或懲治場否？曾有受公共費用之教育之事否？其例如懺悔婦女養育院之類，究以何時出院，又其原因如何？○第九項，衛生上一切狀況，機關構造上之病理，又其他特質，曾否因此而罹癎疾？曾否罹有梅毒？罹病究在何時？爲療養於病院，抑療養於自宅？○第十項，據本會第一部所提出之特別科目中人身上之報告病狀之細件，以上各條，不易適用於秘密娼妓，故不在此限。對於本文，尚有該親王之説明書，今略之。

《索族洛物語》譯者按：《索族洛物語》乃日本書名。“索族洛”蓋以音譯其假名也。索族洛之義，乃一“漫”字。《索族洛物語》猶漫志、漫録、漫筆之類：少年人等，見賣藝之女，無異以筦鍵寄之竊盜，釋狸奴之縶縛而使見生魚也。然則《我衣》一書中，宜有“近就樂人，即招七損”之説。七損者，損主人之感情，損身分，損命，損正智而增邪智，損正直，損孝，損人是也。然則當戒者，豈惟公娼私娼耶？

爲親爲子非域於今此而已兮，二世三世締無盡之緣也譯者按：此所謂二世，乃過去現在。所謂三世，乃過去、未來、現在也。插秧之女之舉步兮，猶漸逐兒啼之聲也。我自銜夜寒，嬌兒那可共。此皆作歌之人，詠親與子之情者也。然而爲親者，竟有自演溺子之悲劇，或爲墮胎之事者，豈非人生悲慘之極耶？其係溺子之統計，雖未得爲之，但關東地方土佐等處，今猶行此弊風。由此考之，其由來可謂遠矣。兹揭謀殺、故殺並墮胎之數如下。

罪　名	二十七年	二十八年	二十九年	三十年	三十一年	三十二年	三十三年
謀　殺	140	175	166	155	126	111	157
同上而未遂	118	95	112	115	138	112	87
故　殺	189	218	235	317	308	210	217
同上而未遂	56	46	43	54	56	57	70
墮　胎	348	387	416	419	389	363	374

平野金華畜貓十八頭，謂貓能誅黠鼠，守筐篋，不可無也。或問之曰：貓之爲用，一頭已足，何爲如是之多？金華曰：本是一貓，子孫繁至此，此吾室之吉祥也，豈忍溺之？汝乃忍而欲使吾溺此耶，甚矣其不仁也。蓋其鄉僻陋，有溺子之惡弊，故以此諷之。

北總土俗，有墮胎溺子之弊。新治縣富谷村户長、平山二兵衛深患之，有貧民生兒難育者，輒請而育之，費數十金不吝。

關東之習，貧民子有餘者，殺其後産之子，是爲相沿之積習，殆不復知爲慘事。貧不至於凍餓者，猶且效之，甘爲此事。見《近世畸人傳》。

飫肥之俗譯者按：飫肥乃日向國之一邑，有溺子之弊，數禁之不止。藩主用安井息軒先生之建議，設嚴法。凡婦人受胎五月，告之有司，伍家保之。若墮胎溺子者，罪之。貧而不能育者，三子以上，給子米若干。又諭之以天道好生之德，遂不戮一人，而百年積弊全止。方是時，板敷村有一老翁，年六十餘，語人曰：我曾生三子，家貧不能皆育之，乃舉長子一人，而其二子則溺之。後長子死，竟養他人子以爲嗣。若使此君出三十年前，則我亦享兒子之孝養，而不見今日衰老之窮苦也。因潸然泣下云。

寬政二年，關東賤民産子，初生之外，往往就蓐中害之，不復舉，官數禁之不止。白川封内，里正松常次郎憂之，聞人家孕子，輒給錢穀，懇諭舉之。又聞越後婦女能育兒，多撫養而嫁之，民漸有化者。定信厚賞常次郎，命監郡務。是時仙臺藩主伊達宗村，亦定育子之制。人家每産一兒，給米一石，錢五百，以革宿弊。

寶曆九年卯閏七月，土佐國藩主之達，有云譯者按：達爲文告中一種名目：自來貧不能育子者。每殺而棄之於既生，或於胎内。甚且不至以難養爲憂者，亦有此情事，浸成風俗，遂無忌憚。不畏天道，誠莫若此等之人矣。○若有産二子、三子者，或以爲恥辱之事而抑隱之，或并殺其子，本係繁榮之兆，有何嫌忌之端。下賤無知，自戕天福，愚昧至此，能弗駭然？○如上各條，捨義理，背人道。在我國内，當痛除之，切宜慎守云云。其後明和年間，則由幕府。寬政十年、文政六年，則由藩主重申告誡焉。

賈彪爲新息長，小民貧困，多不養子。彪嚴爲其制，與殺人同罪，數年間，人養子者以千數，曰：此賈父所生也，皆名爲賈。又東坡曰：鄂岳間，田野小人，例袛二男一女，過此則殺之云云。見《群談採録》。

笠間藩主某，一日詠詩，有“秧女笠回知返顧，兒啼想到耳邊來”之句。由是聞其藩内，溺子之風驟止。又安房國扶桑山日本寺中有掛軸，畫溺子之悲劇，是殆佛教界之善知識，警戒愚夫愚婦於文字以外者耶。

右之外，我邦之海外醜業婦及蓄妾等，亦於消極的行爲中有應觀察之價值，此不待言矣。

道德統計，雖如前所述，以人間社會之消極的行爲，爲觀察之主。然積極的行爲，即人命救助、德行卓絶、功勞顯著於公益事業所受褒章、褒狀、賞杯、褒詞等亦宜觀察之。

第九編　教育及宗教統計

第八十二章　教　　育

教育統計，爲研究國民智識的生活之狀態，而資學問上實務上之用者。雖然，凡社會及國家之現象，乃相互錯綜而生，故不能分離之而爲各個之論。即如教育，一則爲文化之進步，其他則又有關係於國民之身體、道德、宗教、政治、經濟、法律等。雖莊尼之言云，世縱有稱爲精神心智之統計者，其實人之精神心智，固非可以一定之測量，爲之計算。此言也，竊不敢評爲妥當。何則？凡係精神心智，固難悉數觀察。然若能立之方法，終當有達其目的時矣。

教育統計所先應調查者，爲學校及其附屬物，即小學校、徒弟學校、實業補習學校、中學校、師範學校、專門學校、技藝學校、商業學校、工業學校、農學校、高等學校、商船學校、各分科大學及官公私立諸學校、其他幼稚園圖書館、博物館等。惟是等諸學校，不但調查其校數，並不可不明其職員、學生生徒之靜態、動態。其靜態、動態，務必就左之諸項調查之。

國民教育，即關係於小學校之事實，爲教育統計上之最要者。要以之對照於學齡、就學、不就學、全國人口、教員、生徒、卒業生、卒業生之所往、中途退學、學級、學業成蹟、操行等。惟欲視此教育之結果，如英國，則從新婚者於寺院中，能否爲自署而得之。如我邦，或德意志，則於徵兵檢查或新兵入營之際，爲之調查，故不乏其事實也。

中學校不但爲亞於小學校之必要，在近世之教育，尤爲修專門學科之階梯，故其進步，實爲最著。高等學校，則爲可以進各分科大學者，故生徒所選定之學科，可以察生徒將來之志望。此外實業專門，尤有關於大學教育之事實，亦其注意之不可怠者。

女學校，不論其學科程度之高下，在今日盛唱女子必需教育之時，不可不最深注意。

> 生理學大家來浦乞大學教授穆皮阿思，著一書爲《女子之生理的無氣力》。書中言女之地位，在男子與小兒之中間，女之智能，與謂創造的，甯謂受容的；與謂起原的，甯謂模倣的。又女子於人智之發達，曾無一長可獻。即至應稱女子事業之烹飪、裁縫等事，其特出新方法者，悉爲男子。以高等教育授女子者，頗爲危險。其結果多生疾病，輒成石胎等，使女子之本能，爲之遲鈍。此論固多少不無走於極端之弊，然在任女子教育者，幸猛省之可也。

係出版者，先分著述、編輯、翻譯，次更注目於其種類、版權及著作權之登録，或出版物發賣頒布之禁止。又新聞紙雜誌，則調查其現在數、種類、開廢業、保證金之有無、發賣頒布之停止，且其與人口之關係，亦不可不察。

> 拿破侖曾語人曰：余若能管掌多維爾海峽與倫敦太晤士三日，即能君臨全世界，此余意計中事也。又其思雷利

曰：新聞紙者，太古及封建時代之人夢想所不及，乃政治上之一體也。新聞紙者，有功於帝王、僧侶及國會之任務，非淺尠也。新聞紙者，當知其能制御及教育其國民，又議其國事者也。新聞紙勢力之大如此。

郵書應從郵便事業上著眼，固無論矣。即教育上，亦爲應觀察者，即郵便書狀之多，而且活潑，則其國民，雖未必即足見高尚智識之發達，要於國民教育之普及，則足以取證而有餘矣。

此外音樂、繪畫、雕刻等事實，亦有論以爲屬於統計觀察之範圍者，則郝索忽而是也。況在本世紀中，科學之進步及其應用之大著也耶。

第八十三章　宗　　教

人之性情，各欲獨立自由者，其常也。競不欲奮其義務，而惟爭求自由，則又其常弊也。今若欲立自由之國，必先以自由養成其人民，使之慣於自由，以成權利、義務兼備之自由，是爲至要。果然，則必以宗教爲基礎。蓋欲成自由之人間，自由之社會，不可無一種結合之之力。即不可無若宗教者，以人人互相愛、互相保之道，諄諄施教，以一致結合其人心，凡以此也。顧宗教之心存於内，不知不識，漸至身行其戒之境界，始得實行其自由之治。吾人雖有所持之議論，然自感於幼時宗教的戒旨之心，其所爭論，必不違神戒之旨，必不出其境界。古今萬國，無無宗教之國，其善惡之浸入人心與否雖有别，要其必有宗教之爲物。則如適合於宗教中自由之人民者，務保護之，誘導民心，起造寺院，説教神戒，使其宗旨深入於人心，蓋不如是，不得成真鞏固之國家也。凡人與人之間，以教育及習慣之所成立者也。兵士不顧其死，而自供其國之犧牲，亦不外乎此義。試觀歐洲中所稱富强之國，無不以興寺院、盛宗教爲先，皆爲依宗教而立國家者。助俄國膨脹之原動力，乃政府與教會，甲爲該國之意志，乙爲其精神，或持此説，理或宜然。蓋所謂宗教不起，國家不得鞏固之理由，正以宗教所説，皆使人間互相愛、互相援，守四海兄弟之大義，不可護一己之私等情事。宗教之深入於國家及社會之根柢如此，故觀察之極爲必要，亦與教育同屬形而上者，不可忽也。

有爲關於宗教之説者曰：如今日學問之開，智識之進，正科學特盛之時，非有適應於此之宗教不可。即謂必去從來之迷信的、方便的，而爲真理的、科學的也。然此種新宗教，其能創立之之偉傑，益難出於將來之世界。與夫即依今日學者所創之新宗教，未必即可求人人之信仰，以爲安心立命之用。具此二理由，故知其不能創造。且今日有智識者，所望在學問之研究，其結果乃不願以空言，導人間於安心之場所。則以此之故，反令斯世不來進步之原因。故向於將來，無新宗教之必要，且不能創立之，可斷言也。但適應於將來之新宗教，雖爲全然否定。然無論何國，占多數者，必爲中等以下更爲下等之人民。對於此等之人，其必藉宗教，又不待言。然則從世運之日開，其所要求之宗教，多少必生若干之變化，亦爲一定之事。但竟謂宗教之覺其無謂，將有絶跡於社會之時，恐未必然。余則對於我邦，常望其有路德其人者出也。

尾張國知多郡龜崎町淨顯寺所藏血判之御影一物譯者按：刺血以爲拇印，謂之血判。御者，尊稱。御影即下文顯如上人小影，其包紙書云“此御影之由來，乃顯如上人與信長御爭之際，其門徒因欲顯人人效死之證據，上書言不勝恐懼，謹向御真譯者按：真即寫真，御真即御影也，加以血判奉上。今其表裏碧血尚存，一見不寒而慄”云云。自有此血判之御影，始得抵抗織田右府焉。譯者按：織田乃信長之氏，顯如爲佛教真宗之僧。織田信長欲滅真宗，故與之戰。自見此血判之小影，乃知門徒信向之堅，願效死者甚衆。織田乃輟謀也。宗教浸入人心之深，此可見矣。

滑鐵盧之戰，拿破侖對於無論如何報告，惟有前進一語，其他絶無一語及之。飲食絲毫不御，惟過量用其煙草，彼之容貌，常露微笑之狀。至最後之突擊，不克奏功，乃驟變爲蒼白色。及英近兵其身邊，遽呼：吾事休矣，神其救我！此該役爲拿破侖衛士之大谷思打所語也。古人云：人窮則呼天。以拔山蓋世之人傑，乃亦終不能不訴於神耶。嗚呼，異矣！偶拈此事，亦可察宗教之於人心影響之大，固何如也。

宗教統計所應調查者，爲宗派、寺院、境外佛堂、教會堂、其他諸種建物、財産、住職、傳導師、牧師、信徒、參詣人、改宗者、受洗禮者、宗教之學校教員生徒、宗教上之出版圖書、寄附金譯者按：寄附即捐助、歲入出、宗教的慈惠事業等。古者如在我朝，光明皇后置悲田、施樂二院，賜恤貧民病客，如第二世紀時老林士之喜捨貧民，如第三世紀時亞歷山大黎亞地方之看護病疫者，埋葬死者，皆起因於宗教的思想者也。

我邦之各教宗派，在神道則分神道、黑住教、修成派、大社教、扶桑教、實行教、大成教、神習教、御嶽教、神理教、禊教、金光教。在佛教則分天台宗，其中有天台宗寺門派、真盛派；真言宗，其中有高野派、御室派、大覺寺派、醍醐派；新義真言宗，智山派、同豐山派；律宗；真言律宗；淨土宗，其中有淨土宗、西山派；臨濟宗，其中有天龍寺派、相國寺派、建仁寺派、南禪寺派、妙心寺派、建長寺派、東福寺派、大德寺派、圓覺寺派、永源寺派；曹洞宗；黄蘗宗；真宗，其中有本願寺派、大谷派、高田派、興正派、佛光寺派、木邊派、出雲路寺派、山元派、誠照寺派、三門徒派；日蓮宗，其中有日蓮宗、富士派；顯本法華宗；本門宗；本門法華宗；法華宗；本妙法華宗，不受不施派，不受不施講門派；時宗；融通念佛宗；法相宗；華嚴宗。又在神佛道以外之宗教，則有天主公教、哈利思篤思正教、合衆國長老教會，又南派、美國利福姆特教會、蘇國一致長老教會、合衆國利福姆特教會、日本基督教會、合衆國婦人一致傳道協會、康拔郎特長老教會、組合教會、福音傳道會社、日本聖公會、聖安得烈由尼華西的教會、聖希路大教會、浸禮教會、美以監督教會、揩其密畜那利利塞的、南美以教會、日本美以教會、美普教會、布美教會、福音教會、福音路帖、同盟教會、同胞教會、普及福音教會、宇宙神教、友會、基督教會、庫利思腔、海步豈拔教會、悉文思笛阿特望豈思得、救世軍等諸派。

我邦之宗教，在德川時代，爲儒教、佛教兩者儒教雖非宗教，然於某點有準宗教之觀，並行不悖。特佛教尤多關係於往古：一，開山、起村、創屋、墾田；二，穿井、設池、築堤塘、通道路、架橋梁、航津渡、開藥園、開貧院、創病院、創造農具、定田畑畝數；三，扶老救難；四，創開茶桑；五，傳續學術；六，創造和訓，令便日用；七，開名山靈場，令其地繁昌，以興國財流通之益；八，勸善懲惡；九，開鑛山之益，通山林之利；十，開神社，創立令人民拜神祭神之道是也。然明治初年之一大維新，不論有形無形，概皆更變，宗教界亦受此影響。儒教既早潛其形，神道雖在，亦乏宗教之資格。洋教未盛，當此之間，支配多數之人心者，惟有佛教。然此佛教，今亦呈衰微之兆。古人詩云："古刹荒凉樹半遮，鐘樓倚勢夕陽斜。蛛封僧室閑牽網，兔匿蟬龕慣作家。"譯者按：此四句乃原係漢文，語氣微有不似，亦止可仍之。此種現象，到處皆是。故今日以後，我邦之宗教，當不問其爲何種類，皆必就其動靜，大爲統計之調查，以察其所向焉。

明治七八年以前，有三條云：一，當體敬神愛國之旨；二，當明天理人道；三，當奉戴皇上，遵守聖旨。此外有十七題，一，皇國國體；二，萬國交際；三，富國强兵；四，租税賦役；五，産物製物；六，國法民法；七，法律沿革；八，政體各種；九，文明開化；十，皇制一新；十一，制可隨時；十二，權利義務；十三，役心役形；十四，人異禽獸；十五，道不可變；十六，不可不敬；十七，不可不學。僧侶所用者又有十一題，一，神德皇恩；二，天神造化；三，顯幽分界；四，人魂不死；五，神樂；六，大祓；七，鎮魂；八，君臣；九，父子；十，夫婦；十一，愛國。神官所用者於説教之際，示聽衆焉。

余曾偶繙《仙臺志料》，於此書第十四卷有云：豐公之征朝鮮，群侯歸西教者，屬小西行長；信佛教者，屬加藤清正。許二將各略韓地，盛開二教。此等事，我邦史載所不及。蓋幕府禁耶穌教，悉收書史，涉教事者火之，故致絶傳也。以其事之關於宗教，抄録於此。

日本民法要義(總則編)

民　　法

民法(droit ou code civil，bürgerliches Recht oder gesetzbuch)乃所以定私法(droit privé，Privatrecht)之原則，凡屬公法(droit public，öffentliches Recht)之規定概不闌入。惟與私法之規定有密接之關係而難於分離者，則間有插入一二之處。

分私法爲民法、商法(droit commercial ou code de commerce，Handelsrecht odergesetzbuch)二種，乃近世之慣例。即在我邦，亦效之而制定民、商二法典。是雖不無可議，然欲論列此事，不在本書範圍以内，今止示本書中可論之事項而已。

明治二十三年所發布之商法，其規定動與民法之規定相複，甚且有相牴觸者。新民法力補此等缺點，以民法之規定爲原則，可適用於商事。商法所揭，全屬商事特殊之規定，故欲決商事上之法律問題，僅僅研究商法之規定未爲足也，同時必參觀民法之規定焉。

私法規定中，其屬於手續(Procédure，Verfahren)者，以《民事訴訟法》、《破産法》、《登記法》及其他特別法爲主，又或收之於民法施行法中。民法中力避此類之揭載，然其與實體法(materialrecht)相連繫者，猶不無載入民法中也。有謂《民事訴訟法》、《破産法》等爲屬於公法者，以軼出本書之範圍，兹故不論。

本法分爲五編：第一編總則，第二編物權，第三編債權，第四編親族，第五編相續。在總則編，揭諸種權利公共之規定。在物權編，揭財産權中特別一種關於物權之規定。在債權編，揭財産權中特別他一種債權之規定。其中不無稍有牽連，然終依其主要之觀察點，爲類别焉。更如著作權有謂非財産權者，余不取此説也、特許權、意匠權、商標權等，雖爲財産權，皆讓之特别法，民法中不復揭之。或又謂債權中有非財産權者，余亦不取，更至第百六十三條有所論焉。在親族編，揭非財産權而特關於親族權之規定。蓋親族權之結果，有爲財産權之所由生者，其財産權，雖以適用前二編規定爲原則，然不無略有特别之規定。在相續編，則皆財産權及親族權之主體亡失時，規定其應以何人爲承繼也。

第一編　總　　則

權利(jus，droit，Recht)云者，據法律得使他人認自己之行爲爲正當之謂也。“權利”二字之定義，雖諸説紛紛，今姑止就余所信者揭之。故權利之主體常爲人。此本編第一章，所以專論人也。然有時非人而亦可假定爲人，以爲權利之主體(Sujet，Subjekt)是曰法人。此本編第二章，所以論法人也。又權利之客體(objet，objekt)亦有謂其常爲人之行爲者，一旦既以權利爲關於行爲之力，則此説似甚確。然權利者之行爲，誠不得離於權利者之本人而觀察之，故持此説者，謂其不脱權利主體之範圍可也。權利之客體云者，所欲施權利於其上者也。故在親族權，則權利之客體，恒爲他人或其行爲。或謂決無以人爲權利客體之事，余不取之。如懲戒權，以子或未成年者爲其客體，並無不妥。在財産權，則或爲物，或爲他人之行爲，而此行爲之目的，亦多間接在物，此第三章所以論物也。又權利之得喪變更，多由法律行爲，此第四章所以論法律行爲也。又權利之得喪或效力等，定於期間者不少，而其計算法有發生種種疑問之虞，此第五章所以論期間也。又權利常直接或間接因時效而消滅，此第六章所以論時效也。

第一章　人

權利之主體常爲人，既如所論矣。然人果自何時，爲享有權利之始，又何等人乃得爲何等權利之主體，不可不定。故本章第一節，有關於享有私權之規定。又雖係享有權利者，非皆得自行使之，故第二節有關於能力之規定。又依人之所在，其權利之效力，所影響於其他者不少，故第三節有關於住所之規定。而人有失其所在之時，其權利義務當如何，不可不定，故第四節有失蹤之規定焉。

第一節　享有私權

私權（droits prires，Privatrechte）者，對公權之言也。雖學者之用語，不必一律，余謂私權乃不在國之構成分之資格之人民權利，及與人民同一資格之國或其一部之權利。然本章所論，止關於自然人。故茲所謂私權，乃除去國民參與政務之權，專指自衛其本身之安甯幸福，所需之一切權利也。

權利之享有（Jouissance）云者，對其行使（exercice）之言也。享有云者，謂其爲權利之主體。行使云者，謂其自爲權利作用所需要之行爲。故德國學者謂甲爲權利能力（Rechtsfahigkeit），謂乙爲行爲能力（Gesechäftsoder handlungsfähigkeit）。

凡人以得爲權利主體爲原則，故本節止揭稍有可疑之問題。其他則因其當然享有一切私權，玆不特揭。但又有視權利之種類，限定何人得爲其主體者，是蓋讓之法律之特別規定，玆不論及。

本節所揭，（第一）凡人享有私權自何時使，（第二）外國人與內國人享有私權同否之問題是也。

第一條　私權之享有，始於出生。人一及二

權利之主體既常爲人，則人之生存爲享有權利之要件，不容疑也。夫然則享有私權，始於出生，殆無待煩言矣乎。然而必特言之者，曷故？蓋一則别於公權（droits publics，öffentliche

Rechte),不達若干年齡,以不能享有爲常。再則私權中有雖係胎兒,當視爲享有者,如損害要償權七二一、相續權九六八、九九三、受遺權一〇六五等是也。舊民法仿羅馬法及其他多數之法律,於胎兒之利益,視與既生之兒等人二,是恐失之太泛,故今不取之爲原則。而其例外,則於胎兒必應視等既生兒之處,特限定之。

第二條　外國人除法令或條約有禁止者之外,一律享有私權。人四

古時無論何國,視外國人均如禽獸,又如仇讎,從無以法律認其權利而保護之者。世運漸進於開明,始悟外國人亦人,並其相與交通之有利無害,乃漸認外國人之權利。惟公權則以不認外國人爲原則,蓋非通其國之事情,心愛其國,與其國共利害者,不得參與其國之政治。即在私權,今日猶有以内外人不同等爲原則者。然已爲非常之例外,大抵皆以内外相同爲原則。又或依條約,或依外國之法律,而以内國人至其國,享有同等權利爲條件,乃認其國之人,與内國人權利相均。即間有尚株守内外不平等之主義爲原則者,而實際已率以大多數之權利,認外國人。諸如此類,其傾向皆足令内外人有同等之權利。即在我邦,原則亦採此主義,以仿文明國之例。但或從與某國所訂條約,限該國人不使享有某某權利,或從法令之特别規定,限某某權利,不認一般外國人或某國人,亦事所常有。今列舉現行法中所不認外國人之權利:(一)外國人不得爲日本人家之户主或家族;(二)據明治六年三月十四日,第百三號布告以三十一年七月九日法二一號改正,日本人以外國人爲養子或入夫,要内務大臣之許可,且内務大臣,非具備該布告第二條之條件時,不得許之;(三)據明治六年一月十七日第十八號布告,

《地所質入書入規則》譯者按：質入謂暫時占領其物，書入謂但執其契券第十一條云，外國人不得有土地所有權、質權、抵當權，但多數條約國之人民，以得有抵當權爲例外日德議定書第二，更有多數條約國有最惠國條款之利益；（四）據《民事訴訟法》第八十八條云，外國人爲原告，要供擔保，惟在其本國之日本人無同一之義務時，則亦無需供此；（五）又據第九十二條，以同樣之例外，外國人無受訴訟上救助之權；（六）據明治三十二年三月七日，法律第四十六號，《船舶法》第一條云，限日本人乃許爲日本船舶之所有者；（七）據明治二十九年三月二十三日，法律第十五號，《航海奬勵法》第一條，又同日法律第十六號，《造船奬勵法》第一條，及三十八年二月二十八日，法律第四十號，《遠洋漁業奬勵法》第二條云，限日本人得浴此等法律之恩典；（八）據明治二十九年四月七日，法律第七十號，《移民保護法》第七條之一云，限日本人於日本有爲主之營業所者譯者按：爲主猶言根據，得爲移民取扱人譯者按：取扱猶言專辦；（九）據明治二十六年三月三日，法律第五號，《許爲取引所法》第十一條云，限日本人許爲取引所之會員或仲買人三十二年三月九日法五八號，許外國人爲株主。譯者按：取引所即中國代客賣買之牙行，有由會員組織者，有由株式組織者會員組織，猶言合夥朋充，蓋吾法所禁而彼法所許。平心而論，禁朋充實不合商情也。株式即股分，外國人爲株主，即爲股東，蓋股東無代客買賣之職役也。仲買人猶言經手，仲與中同，謂居中代客賣買者，凡非行東而在行執代客賣買之業者，謂之仲買人；（十）據明治三十八年三月七日，法律第四十五號，《礦業法》第五條云，限日本人許爲礦業權者，又二十六年三月四日，法律第十號，《砂礦採取法》第四條舊第三條，譯者按：據《砂礦採取法》原文，砂礦云者，謂砂金、砂銀、砂鐵也，就砂礦採取業有同樣之規定；（十一）據明治十五年六月二十七日，第三十二號，《布告日本銀行條例》第五條，及二十年七月六日，勅令第二十九號，《橫濱正金銀行條例》第五條云，限日本人許爲日本銀行及横濱正金銀行之株主；(十二)據明治三十二年三月三日，法律第三十九號，《著作權法》第二十八條云，外國人，其原則，止就其在日本始發行之著作物，受其著作權之保護。

就私權之主點，依《憲法》第二章之規定，當以法律爲規定者居多。故在日本人，以命令規定其私權，多爲不得其當。然外國人則爲不受憲法之保障者，故即以命令左右其私權，亦不嫌其反於憲法之趣旨，此本條所以得以命令設其除外例也。但持法律論，苟法律中明定爲讓於命令規定者，雖法律事項憲法上應以法律定之之事項，得以命令規定之，余所信而不疑者也。

何謂外國人？乃依《國籍法》三十二年三月十五日法六六號之規定，舊民法雖揭之於人事編中人七至一八，然此之主點，乃屬於公法之事項，當爲特別法，故新民法不復揭之。

第二節　能力(capacité Fähigheit)

德國法分能力爲權利能力、行爲能力二種，既如前述。然在我國，仿法國法之語例，止稱行爲能力爲能力，既爲從來之慣例。本節所云能力，則以此意義，用能力之字樣也。

行爲能力，亦與權利能力，同爲人人所具有，是爲原則。止有事實上不得行使權利者，及以法律特定爲無能力者，則不具之。故於本節並不規定何等人有何等能力，止規定何等人不有之而已。

德國學者雖分不具行爲能力者爲無能力者(incapable unfähig)、限定能力者(geschäfts unfähig；in der Geschäftsfähigkeit beschrankt)二種。然其所謂無能力者，止爲我民法中之意思無能力者(Willensunfähig)，是爲缺於法律行爲要素之意思，故不成立其法律行爲。斯於所謂無能力者，不須特設規定。惟於此等處，如幼者、心神喪失者或法人，法律雖亦規定其代表者，然此屬權限問題，不是惹起本節所謂無能力之問題。故茲但就德國學者之所謂限定能力者，設規定焉。

一般之無能力者以外，有特別之無能力者。如後見人與舊未成年者之間，儘後見計算之終以前，不得爲契約。九三九，人二〇八又夫婦間之契約，任何時得取消之。七九二又破産者於破産債權者，不得爲可以對抗之行爲是也。舊商九八五此等規定，在《親族編》及《破産法》現行破産法乃舊商法之一部，茲故不論。我民法所認一般之無能力者，(一)未成年者(mineur minderjähriger)，(二)禁治産者，(三)準禁治産者，(四)妻是也。請依次説明如下：

一　未成年者

第三條　以滿二十年爲成年。人三

本條之規定，自明治九年以來既有之。九年四月一日告四一號即在《皇室典範》，亦就普通之皇族，同以滿二十年爲成年(Majorite Volljahrigkeit)。《皇室典範》一回惟(一)天皇及皇太子皇太孫，以滿十八年爲成年；(二)婚姻，則至男滿十七年，女滿十五年得爲之，而儘男滿三十年、女滿二十五年以前，當得在家父母之同意；七六五，人三(三)養子緣組，亦以將爲養子者滿十五年以上得爲之，但縱在此年齡，仍須得在家父母之同意；八四四，人八四六，又一一六至一一八參觀(四)遺言，亦以滿十五年以上者得爲之。一〇六，人二三至二一五，取三五七四號參觀

年齡之計算法，以明治三十五年十二月一日，法律第五十號定之。其規定之主點，不過準用民法第百四十三條，故因該條之説明，自可明之。惟年齡當以日算、以時算，又以日算則算入初日否，不無疑問。而三十五年法律第五十號，則定爲當以日算，且算入初日焉。

第四條　未成年者若爲法律行爲，要得其法定代理人之同意。但單得權利或可免義務之行爲，不在此限。

反乎前項規定之行爲，得取消之。財五四七・二項、五四八・一項

未成年者有行親權之父母或後見人，爲其法定代理人，代之管理其財産，爲契約及其他之行爲，此其常也。然未成年者，達相當年齡之後，非絶對之無能力者，故自爲某行爲，其行爲非全然無效。惟其能力不完全，非以法定代理人之同意補之，其行爲不爲完全成立者耳。而其不得法定代理人同意，以爲行爲，亦止得取消之，非即絶對無效。其取消應以何人爲之，應以何方法爲之，其效力如何等，皆當於後無效及取消節論列焉。

以上所論，乃就有意思能力而未成年者言之。若夫無意思能力之幼者，則已缺法律行爲要素之意思，故其行爲，决不得而成立。

本條所謂法律行爲中，訴訟行爲亦包含在内。更參觀第十二條第一項第四號，及《民事訴訟法》第四十三條可也。

上列乃原則，於此又有一例外。單得權利或可免義務之行爲，未成年者得獨斷爲之，是也。蓋此等行爲，法律上視爲止有利而無害故耳。

法定代理人同意於未成年者之行爲，有時要有若干條件。然此專讓《親族編》之規定，兹不復言。八八六、九二九、人一五四、一五七・一項、一九四參觀

本條就未成年者爲法律行爲，要其法定代理人之同意，泛爲規定。故凡身上財産上一切行爲，似皆適用，其實不然。蓋其原則，實止適用於財産上之行爲而已。抑法定代理人之爲何人，有何等之權限，悉爲《親族編》所規定。然於《親族編》中，

一般之規定，親權者及後見人，止定其關於財産之未成年者法律行爲，當爲之代表。八八四、九二三·一項故財産以外之行爲，通常無法定代理人，因之不必得法定代理人之同意。惟本條泛指未成年者之法律行爲，規定其要有法定代理人之同意，故或慮財産以外之行爲，未免有疑其亦需同意者。特於隱居七五六、私生子之認知八二八、婚姻之無效或取消、離婚及關於同居之訴訟行爲《人事訴訟手續法》三·一項、養子緣組之無效或取消及關於離緣之訴訟行爲同上二六、親子關係相續人廢除及關於隱居之訴訟行爲同上三九·一項等，明言不需法定代理人同意之旨。更於例外，就轉籍七三七·二項、分家、他家之相續或再興七四三、兵役之出願八八一，九二一、營某職業八八三，九二一等，定其要親權者或後見人同意之旨。雖然，特言要行親權之父或母及後見人之同意，而不言法定代理人之同意者，乃立法者用意之所在也。更於婚姻七七二、離婚八〇九、養子緣組八四四，八四六·一項、離緣八六三等，亦有需父母或後見人之同意者。此父母非必親權者，又不止關於未成年者，故與本條之規定，大不同其性質，蓋無待煩言而始解也。

第五條　法定代理人所定其目的而許其處分之財産，於其目的之範圍内，未成年者得隨意處分之。不定其目的而許其處分之財産，其處分之亦同。

據前條所揭之原則，未成年者非得法定代理人之同意，殆無論何事，皆不得爲。然則父母或後見人，事事物物，皆需未成年者之代理人爲之，而行爲之爲也頗難矣。故未成年者，達相當年齡之後，有必須以若干金錢或其他財産交付之，使自爲處分者。例如學資每月付金若干，未成年者受之，於學資之範圍以内，任如何支用，至後日不得取消其行爲。又如零用每月付金若干，未成年者受之，全然得以自由消費。蓋不如是，則實際之不便已甚，此所以有本條之規定也。

第六條　以一種或數種之營業，許此未成年者關於其營業，與成年者有同一之能力。

遇前項情事，未成年者若實有不堪其營業之事跡，則其法定代理人，得從《親族編》之規定，取消其許可，或制限之。八八三・二項，九二一，財五五〇，商五六，舊商一一

以二十年爲成年，本按合人民普通之發育。平均不達此年齡者，不宜自爲法律行爲。而達此年齡，即宜自爲各種之取引，亦不過約計之詞。故審實際之發育，或從家況所必需，既達相當年齡之未成年者，恒有不能不令營一商工業或他職業之事。若然，則當其爲職業上必有之種種取引，非盡得其法定代理人之同意，其所爲後日皆可取消，夫孰肯與此未成年者爲取引乎？是名爲許營職業，實使無業可營而已。彼舊民法，附關於不動産讓渡之制限，外國之法律，亦不乏其例，然於實際徒爲不便，且非十分保護之意。故甯可直截痛快，既已許其營業，即就所營之業，令與全然成年者有同一之能力。若其不宜與以此能力者，不如斷然不許之爲愈，以故本條中一切不加制限。惟在所許營業之外，則仍純乎爲未成年者，當從第四條之通則。余於此最後一層，雖尚有少許意見，然此自屬立法論，兹不闌入。

夫此未成年者，信爲可營職業而與以許可，迨其就業而後，竟猶有童心，往往不符初望，其所爲惟趨失敗，不宜遽營職業，形跡顯然。當此之時，原與許可者豈能袖手旁觀乎？立法者於此，又令其取消前日之許可，或制限之。例如本令兼批發門賣之業，或止令批發，或止令門賣。又如本令兼造酒賣酒

之業，止令造酒或止令賣酒，無不可也。

從以上所述，其既與許可，又取消或制限之者，究爲何人，其條件又何等，皆讓《親族編》中規定之。今據該編所規定，則所謂當以後見人得親族會之同意而爲之矣。九二一再舊民法仿法國、意國之例，注重自治產(émancipation)以營商工業爲必要之條件，然新民法則並不以此爲要，蓋全然不取自治產之制也。舊商一一，亦以立獨立之生計爲必要，是亦新民法之所不取。但自治產之制之存廢，余不無少有意見，但自屬立法論，兹亦不復闌入。

二　禁治產者(interdit, Entmündigter)

第七條　有心神喪失之常況者，裁判所因本人、配偶者、四親等内之親族、户主、後見人、保佐人，又或檢事之請求，得爲禁治產之宣告。人二二二、二二三

本條以下迄於第十三條，所規定之無能力，乃本之於精神狀態者。刑法及舊民法，雖認禁治產(interdiction, Entmündigung)爲一種刑罰，新民法初不認之，蓋與刑法之改正，同以廢去此制爲豫期。但民法之施行，先於刑法之改正，故又於民法施行法中，規定廢去此制之旨焉。民施一四至一七

精神病者，各有程度。重則精神全然錯亂，知覺毫無，至其輕者，則雖時時錯亂，平常則與普通人無少異。惟不問其精神病程度如何，精神錯亂時所爲之行爲，全不成立，殆必無疑。蓋法律行爲之第一要素，莫如意思，彼其時爲全無意思者故也。雖然，(一)法律行爲之當時，證明當事者之精神錯亂，頗非易事。(二)假令當時之事實可證明矣，然果爲精神全然錯亂乎，抑知覺尚未全失乎？欲斷定之，雖精神病之專門家，亦恐不易。特精神即不全然錯亂，必多有異於平人之態。(三)精神之錯亂者，或全不得爲法律行爲，或往往爲不利於己之法律行爲，以致有蕩盡財產之慮。(四)精神病者之症狀，往往爲他

人所不易知，故動輒誤信爲普通人，而與之爲取引，則後日難保不將認其取引爲無效。於是立法者考其精神病之程度，有心神喪失之常況者，以之爲禁治産者，一切行爲，無自爲之能力。殆即使證明其法律行爲之當時精神未爲錯亂，亦不許以其行爲爲有效。若止應認爲心神耗弱者，則以之爲準禁治産者，止爲設保佐人。此外則皆事實問題。如有於法律行爲之當時，主張其精神錯亂者，不問其主張者之爲本人，爲相手方譯者按：相手方，相字平聲，猶言對手，乃共爲法律行爲之彼一造也，但令舉其精神錯亂之明證有明證，則法律行爲全爲無效。否則，法律行爲皆爲有效。譯者按：自此外，則皆事實問題，以下言本編另有規定，與此處禁治産、準禁治産無涉，别詳下意思表示。

本條專指禁治産者，蓋人有心神喪失之常況，即精神常常錯亂，無本心復明之日。以及本心雖有時而明，然精神動輒錯亂，復其常態，轉爲例外。若此之流，一經裁判所決定，得宣告爲禁治産者。而其向裁判所請求宣告之人，則明定七項人得爲之。(一)本人，蓋本人有復其本心之時，自思其平常心神喪失之狀，爲自已利益慮，得自已請求其禁治産。(二)配偶者，蓋配偶者慮及其子或其家之利益，得請求宣告所配偶者之禁治産。(三)四親等内之親族，此據同上之理由，得請求自已親族之禁治産。何爲四親等内之親族，依《親族編》規定自明。其親等計算之法，同舊民法所據羅馬主義。惟親族中兼血族與姻族，血族雖認至六親等爲止，姻族則以三親等爲限，餘則全無親族關係矣。七二五至七三一(四)户主，此又據同上之理由，得請求其家族之禁治産。(五)後見人，此爲有時必以未成年者爲禁治産者，蓋謀其利益而請求其禁治産，後見人居最適當之地位。舊民法無此項，實爲缺典。(六)保佐人，此爲會受準禁治産之宣告者，更有必受禁治産之宣告時，請求之人，亦以保佐人爲最當。是亦舊民法所無，同爲缺典。(七)檢事，檢事職在公安，或以瘋癲者直接害及公安，而爲設監督者。或直接謀社會中一瘋癲者之利益，保護其身體財產，以間接謀國家之公益，皆得請求其禁治產。《人事訴訟手續法》四〇至六二

未成年者亦得以之爲禁治產者，既如上所言，其必要之故安在？夫未成年者既服從於親權或後見，禁治產者亦服從於後見，未成年者獨斷所爲之法律行爲，得取消之，禁治產者亦然。似既未成年，即無需再加以禁治產，然則前文何以言之？是有二故：(一)未成年者之行爲，若達其成年後經過五年，不得復取消之。一二四·一項，一二六禁治產者之行爲，則非從取消其禁治產以後，自覺知其所爲之行爲時再過五年，不能消滅其取消權。一二四·二項、一二六(二)若未成年時不爲之請求禁治產，則其人既達成年以後，未受禁治產宣告以前，其人將直爲能力者而缺其保護矣，此未成年者所以必可爲禁治產者也。其餘單得權利可免義務之行爲，雖有得爲、不得爲之别，然此特細目，玆可不論。從舊民法，兩者之差異殊甚，因之以未成年者爲禁治產者，尤爲必要，今已大減其必要矣。

第八條　禁治產者，則與以後見人。人二二四

禁治產之目的，在保護禁治產者之身體財產，兼監督之。夫有心神喪失之常況者，使之自行管理財產，至爲危險，既述如前。故特置後見人(tutor，tuteur，Vormund)，使任其身體之保護監督，財產之管理，尤爲必要。其以何人爲後見人，且應有何等之權限職務，則更讓《親族編》規定之。九〇二至九四二

第九條　禁治產者之行爲，得取消之。人二三〇，財五四七·二項

心神喪失者所爲之行爲，缺行爲之要素意思，故其爲無

效，既如上述。雖然，其行爲之當時，不但不盡可證明其喪失，並有全不得謂爲喪失之時，然其心神究以不健全之方面爲多。於是立法者於凡禁治產者所爲之行爲，無需求其心神喪失之證，而由其禁治産者或其代理人皆得而取消之，以爲保護。是則禁治産之主要目的之一，業已粗述於前。但禁治産者得其後見人同意所爲之行爲，苟其行爲在後見人權限以内，則全爲有效，不待言也。蓋禁治産者爲常有心神喪失之況者，故其本心復明，爲時極少，因之得後見人同意而爲法律行爲，極爲例外之事項，故法文中無需比照未成年者。而謂禁治産者爲法律行爲，要得後見人之同意，特常由後見人，竟代之爲法律行爲焉。然若於本心偶復之時，得後見人同意，偶有所爲，亦得視爲與代後見人而爲之者等。一〇二參觀然則其法律行爲之爲有效，何待言乎？

心神喪失之證據，提出頗難，既言之矣。然若竟萬一提出難提之證據，則果止由禁治産者或其代理人，得取消其行爲耶？抑禁治産或其相手方，得主張其行爲爲全無效耶？是在各國亦有種種之議論。然據余之所信，意思既爲法律行爲之要素，但無反對之明文，則謂無意思而有法律行爲，當不其然。今止曰禁治産者之行爲得取消之，故其行爲不能不以爲有普通之要素意思。若然，則當禁治産者爲其行爲，必提出意思全然欠缺之證據，禁治産者乃不但得取消之，其行爲必且全然無效而不成立。故雖取消權既罹時效之後，猶得唱言無效，相手方亦得唱言無效，而拒其行爲之履行，此似不利於禁治産者。然論事實心神喪失之明證，得之實難，故未必有害。此如幼兒之行爲，因其無意思，遂爲全無效，無論本人或相手方，得唱無效，蓋無異也。

第十條　禁治産之原因既了，裁判所要因第七條所揭之人之請求，取消其宣告。人二三一

本條乃當然之規定，無需説明。因其初由裁判所爲禁治産之宣告，故後之取消，亦必由裁判所。而其宣告之之利害，亦與取消其宣告，利害相同。故由同一之人，得請求其取消，但保佐人則實際當不見適用耳。《人事訴訟手續法》六三至六六

三　準禁治産者(demi-interdit)

第十一條　心神耗弱者、聾者、啞者、盲者及浪費者，爲準禁治産者，得以保佐人付之。人二三二・一項

本條所規定者，乃心神未至全然喪失，或雖有喪失而不至陷爲常況，惟精神不及常人，不能具十分之智能，辨識法律行爲之利害得失者。而聾者、啞者、盲者，各缺五官之一，其知識多不及常人，動輒有易受人欺之患。至浪費者亦精神病之一種，他智能即無所缺，理財一事已遜常人，故欲保護此等之人，必不能不劃限其能力，使不得恣爲法律行爲。此準禁治産(demi-interdiction)之制之所由起也。但此等人止得付以保佐人(conseil judiciaire)且非必付之，蓋依其精神之狀況，或有不必付之者矣。禁治産之宣告，亦止規定其得爲之耳。故在心神喪失之常況者，似亦得不爲禁治産之宣告。然法文規定裁判所得爲某事時，必一切解之爲裁判所若認其有益或必要，即當爲之。然則既有心神喪失之常況，而謂宣告禁治産，尚非必要，蓋無此理。故心神喪失之常況，既認其有此事實，禁治産之宣告，當不復生可以無庸之事也。

雖然，準禁治産者，其智力優於禁治産者，固無論矣。即其能力，亦大於禁治産者之能力，亦爲當然，因是生左之差異。

一，禁治産者以法律行爲爲原則，故必有後見人，爲其法定代理人。準禁治産者，常爲自爲法律行爲者，保佐人止監督輔佐之，保佐人不得自代準禁治産者爲法律行爲。

二，禁治産者關於財産，任何法律行爲，苟獨斷爲之，皆得取消。準禁治産者，止重大之行爲，要得保佐人之同意，其他行爲，概得獨斷爲之。

第十二條　準禁治産者，爲左揭之行爲，要得其保佐人之同意。

一，領收元本，或利用之之事；

二，爲借財或保證之事；

三，爲以不動産或重要動産之權利得喪爲目的，而爲行爲之事；

四，爲訴訟行爲之事；

五，爲贈與和解或仲裁契約之事。譯者按：仲裁，猶言居中判斷。

六，承認相續或抛棄之之事；

七，拒絶贈與或遺贈，及受諸負擔所加之贈與或遺贈之事；

八，爲新築、改築、增築或大修繕之事。

九，爲超過第六百二條所定期間之賃貸借之事。

裁判所於準禁治産者，有時得就不揭於前項之行爲，亦宣告其要有保佐人之同意。反於前二項規定之行爲，得取消之。人一九四、二一八、二一九、二三三、二三四，財五四七・二項、五四八・二項

本條所列舉之行爲，皆爲重大行爲，非精神完固者，不得任意爲之，否則有家産蕩盡之慮。此其大概。雖多屬處分行爲，中如領收元本、修繕等，其性質上亦有屬於管理行爲者。蓋爲危險較多之行爲，特與處分行爲同視，必得保佐人之同意焉。又如保證、贈與，似即全然禁之，亦無不可。但營商業者，往往於其營業上，必需互爲保證。又於家族之分家、婚

姻、養子等處，或非無必需贈與之時，故是亦以得保佐人之同意，爲得爲之者。

第二項之規定，視準禁治產者中，精神不完全之程度。至其甚者，雖如短期之賃貸借不重要動産之賣買等，瑣末行爲，恐尚有必需宣告，應得保佐人之同意者，故設此文。但其人精神若復改良，則得取消右之宣告，或變更之。又若精神益不完全，則至後日，亦得爲右之宣告或變更之，益擴其需保佐人同意之範圍也。《人事訴訟手續法》六八

準禁治產者，於必得保佐人同意之處，無同意而自爲行爲，與未成年者禁治産者同，一應視爲有效。然若準禁治産者以爲自己有不利益，則得取消之。

第十三條　第七條及第十條之規定，準禁治産準用之。人二三二・二項、二三五

準禁治産，止異其程度，至其性質，則與禁治産大有相類，此所以名之爲準禁治産也。故何人得請求之，及其原因既去，即取消之，皆與禁治産之規定，無異同之理。此本條所以準用關於禁治産之第七、第十條也。論其實際，準禁治産之爲請求者，決不由保佐人譯者按：第七條請求者七項人，其中有保佐人，乃由準禁治産遞進爲禁治産，至請求其取消，由後見人者亦罕。然準用之所以爲準用，固應合於事實而消息之。但以未成年者爲準禁治産者時，其請求準禁治産之取消，在未達成年期内，則後見人亦可有請求之事耳。《人事訴訟手續法》六七

四　妻(femme mariée，Ehefran)

第十四條　妻爲左揭之行爲，要受夫之許可。

一，爲揭於第十二條第一項第一號至第六號之行爲；

二，受諸贈與或遺贈及拒絶之；

三，爲身體應受羈絆之契約。

反於前項規定之行爲，得取消之。人六八、七二，財五五一

婦人者，婦人而已，非無能力也。故處女及寡婦，其能力以不異於男子爲原則。惟妻之爲妻，則無能力。此其理由，蓋天無二日，國無二王。若家有二主，則不能整理一家，故今日家必有户主焉。雖然隨世之進運，家族制之進化，漸入於親族制，徵諸古今之沿革，一定不可移也。故户主之權不能復如昔日之强大，漸見親權、夫權之發達。親權專對未成年者行之，夫權則對妻行之。而在新民法，即從舊民法及今日多數之立法例。其以夫權爲制限之法，在於凡妻欲爲重大之法律行爲，須受夫之許可。其行爲能力之限如此。至其能力之程度，雖稍類準禁治産者，然準禁治産者止因保護其財産，而以之爲無能力，妻則欲使之從夫，乃以之爲無能力，故其間生左之差異。

一，準禁治産者，止於受諸負擔所加之贈與或遺贈，要保佐人之同意。妻則於受諸一切之贈與、遺贈均需夫之許可，蓋如受贈與遺贈於他人，即於財産上止有利而無害，亦有於品位上或感情上不可受之者。是等之判斷，非悉任夫之意見，則其權力將有不行之虞矣。

二，身體應受羈絆之契約，亦依同理，許準禁治産者而不許妻。蓋夫爲有權利使妻與己同居者，則妻焉能不得夫之許可，自爲羈絆己身之契約，至不能從夫之命，以盡同居及其他之義務乎？

三，反之而如第十二條第八、第九號所揭之行爲，以財産上之利害言之，亦未始非其稍重大者。然妻即獨斷爲之，不得遽謂有蔑其夫權力之嫌。此本條所以不復揭之，但因新築、改築、增築之故，若又必爲借財及爲不動産或動産之重要處分，則必特受夫之許可不待言也。

四，再依同理，妻亦如準禁治產者，在法律所定行爲之外，不得以之爲當受夫之許可者，亦不待言也。

因右之理由，雖已爲妻，若有準禁治產之原因，仍必有準禁治產之宣告，其理明甚。且於後第十七條，妻有不需受夫之許可者。然若爲準禁治產者，則第十二條之行爲，必得保佐人之同意。據九〇二・二項、九〇九・一項，則夫爲妻之保佐人乃原則也。故在西洋，妻之準禁治產，可云至夥。至若有須以妻爲禁治產者，其理更明，不必復論。

第十五條　被許爲一種或數種營業之妻，關於其營業，與獨立人有同一之能力。人六九・一項，舊商一二、一三，新商五六

夫之於妻，就各個行爲，與以許可，或就一切行爲，與以許可，固隨其便。故夫若就妻之營某職業所有其中必要之行爲，得一切許之，且夫若許妻營某職業，必視爲關於其職業之行爲，一切已有許可。蓋欲使第三者毫無疑於其妻之能力，安心與之爲取引也。其餘與第六條之意同，茲故不贅。

第十六條　夫得取消其所與之許可或制限之，但其取消或制限，不得以之對抗於善意之第三者。人六九・二項

夫不因其許可，遂拋棄其夫權，故雖業與以何等完全之許可，若後又悔之，則無論何時，必得而取消之。又即不取消許可之全部，然於認爲必要之範圍以內，必得而制限之。但此取消或制限，其性質上不遡既往，此一定之理。

在西洋，往往於夫婦財產契約中，夫有與妻以一切之許可者。然恐因此之故，萬一遂爲能束縛其夫之契約，爲反於公之秩序之契約，故不能不以之爲無效。彼西洋則似乎常視爲夫豫以其夫權之作用，與妻以一切之許可。蓋夫婦財產契約，固當

與婚姻之成立共生效力者也。依是見解，則右之許可，任何時得取消之，或制限之，觀本條之規定自明。民法修正案之初次草案，雖明言及此，然終削之。故今於此等事項，當以爲不得規定於夫婦財産契約中者。四卷一五五頁參觀

夫之取消許可或制限之，自其重視夫權而言，固爲當然之事。然若得以此對抗善意之第三者，則爲害及第三者，其有妨取引之安全，實非尠少，此所以有本條之但書也。

例如不動産，業已許可其賣卻矣，後日忽全然禁其賣卻，或命以賣價必在一萬圓以上；又業已許爲布帛之零躉賣店，後日忽全禁其商業，或命以單爲躉賣；又業已許一切商業，後日又命以單爲布帛商，若此之類，設第三者不知其取消制限，而與妻爲取引，則其取引不得取消之。

或曰：第六條第二項無但書，而本條有但書，何也？此無他，未成年者之無能力，爲保護而設，故甯害第三者而必保護之。妻之無能力異是，惟重夫權，故以妻爲無能力，則即保護善意之第三者，不得謂夫或妻有受損之虞。況夫於各行爲凡經許可者，皆得取消或制限之，其害及第三者爲尤甚乎？又況其取消或制限，更不若未成年者，必有不堪其營業之事跡等，而始爲之乎？

第十七條　於左開各項，妻不必受夫之許可。

一，夫之生死不分明時；

二，夫遺棄其妻時；

三，夫爲禁治産者，或準禁治産者之時；

四，夫因瘋癲，被監置於病院或私宅時；

五，夫被處禁錮一年以上之刑，正在執行其刑之時；

六，夫婦之利益相反時。人七〇，舊商一二・二項

妻爲重大之行爲，雖以要夫許可爲原則。然法不責不能者，故有本條第一、第四號之規定。即在第二、第三、第五等號，亦多爲事實之不能。又即非全然不能，然對於遺棄其妻之夫，被處一年以上之禁錮之夫，亦必令妻請其許可，則待妻未免太酷。又不但待妻爲酷，往往極要之行爲，有不得爲之者，而於其子尤難保不生不利益之結果。又夫爲禁治産者、準禁治産者時，其身自無能力，而對妻必加許可，亦甚不得其平。或如次條所云，似可令得後見人或保佐人之同意。然妻之無能力，畢竟在確保夫權，令他後見人、保佐人等干與於其間，實爲無謂。況夫爲禁治産者或準禁治産者，以妻爲後見人或保佐人，爲其本則耶？九〇二・三項、九〇九・一項，人二二四・二項、二三二・三項此所以有本條第三號之規定。若夫第六號中夫婦利害有相反時，若此時尚要夫之許可，則既悖人情，尤於妻太嫌束縛，不能不謂之過舉。例如對夫有必起訴之時，若云要夫許可，則有終於無告焉耳。此所以有第六號之規定也。

第十八條　夫若爲未成年者，則非依第四條之規定，不得許可妻之行爲。

夫爲未成年者，則自己爲法律行爲，尚要得法定代理人之同意，故當許可其妻之法律行爲，亦同需法定代理人同意。否則自己爲法律行爲不得自由，而爲他人判斷法律行爲之利害得失，反得許可之，或拒其許可，豈非絜矩難通？此所以有本條之規定也。

或曰：前條第三號中，夫若爲禁治産者或準禁治産者，則妻不需受其許可。至本條夫爲未成年者，則可得法定代理人之同意，而許可其妻之行爲，非前後兩歧乎？余應之曰：夫雖爲未成年者，既爲婚姻，必在十七歲以上七六五，多堪自主宰其一家，故得其法定代理人同意，即得許可妻之行爲，固無不當，且不可與禁治産者、準禁治産者等視，其事更無庸説明。此本條之規定與前條第三號之規定所以不同也。

夫無法定代理人之同意，所許可之行爲，夫或妻得取消之，固已。蓋與無夫之許可等。而此種之取消，據十四條第二項，則對於第三者亦得對抗之，所不待言也。一二一

本條止規定與以許可當依第四條而已，故一旦取消其所與之許可，無需得法定代理人之同意。此無他，夫欲許可之行爲，固必得法定代理人之同意，乃得許可之。其所不欲之行爲，法定代理人初不得强令許可。此與欲取消其許可，法定代理人不得强妨其取消，其理同也。

五　通則

第十九條　無能力者之相手方，其無能力者爲能力者之後，得於一個月以上之期間内，以其得取消之行爲，是否追認，應與確答之旨，對之催告。若無能力者，於其期間内不發確答，則視其行爲爲已追認者。

於無能力者未爲能力者時，對於其夫或法定代理人，爲前項之催告，苟於其期間内不發確答，亦同。但對於法定代理人，止就其權限内之行爲得爲此催告。

要特別方式之行爲，於右之期間内，若不發既踐其方式之通知，則視爲已取消者。對於準禁治産者及妻，得於第一項之期間内，以應得保佐人同意或夫之許可，追認其行爲之旨相催告。若準禁治産者或妻，於其期間内不發已得右同意或許可之通知，則視爲已取消者。

依舊民法，無能力者所爲之法律行爲，無能力者或其法定代理人在妻則爲夫，以下同，雖得取消之，然相手方則不但不能請其行爲之取消，且不能令無能力者或其法定代理人，速決其行

此取消權與否。故取消權迄於罹時效之日以前通常爲得能力後五年，相手方不能不甘處極不確定之地位。夫與無能力者爲取引之人，雖非無若干不注意之咎，然令久在不確定之地位，不但嫌其過酷，且就經濟上言之，殊非得策。此本條所以以一種權與相手方，令無能力者或其法定代理人速確答其行取消權否也。第二項但書，在今日雖不免蛇足，在制定本編時，則尚未制定《親族編》，故過而存之，有苦心也。無能力者於未爲能力者間，即對之爲催告，亦恐不能適用本條第一項，固也。惟無能力者，若應右之催告，得法定代理人保佐人或夫之同意，而爲追認或取消，則其追認或取消之爲有效，又不待論。蓋有右之同意，即新爲同一或反對之行爲，亦無不可。惟準禁治產及妻，固有第三項之規定，未成年者及禁治產者則無之。是蓋依第九十八條之規定，其原則對於此等無能力者之意思表示，不得以之對抗於無能力者故也。

本條第三項所謂特別之方式云者，無能力者以無能力之故，自有所需之方式，固已明甚。例如後見人應得親族會之許可，未成年之夫應得其法定代理人之同意是也。故本項之規定，止在第二項中有其適用之處，蓋當然無可疑者。

或問第一項及第二項中，無能力者法定代理人等，若於其期間内不爲確答，則以可取消之行爲，視爲已追認者。乃於第三項及第四項中，又視爲已取消者，其故若何？余應之曰：第一項及第二項中受催告者，得以一己之意思爲追認，故向來未取消前，即應視爲成立有效之無能力者之行爲。因其無確答而以之爲完全之行爲，固爲允當。然第三項及第四項中受催告者，不得僅以自己之意思爲確答，必需得他人之同意及許可，故若於期間内不得其同意或許可，則其行爲甯視爲已取消者，此第一第二項與第三、第四項之所以異也。本條中所謂不發確答及不發通知云者，無他。新民法中，以第九十七條“對於隔地者之意思表示，由其通知到達於相手方時生其效力”云云之故，若本條亦但云爲確答爲通知，則其確答或通知非到達於相手方之後，不視爲業已爲之者，由是無能力者頗有生不利益之結果之患。此本條所以不據九十七條之原則，而於例外執發信主義也。

第二十條　無能力者，若欲使人信己爲能力者而用詐術，則不得取消其行爲。財五四九

無能力者，因法律行爲而負擔義務，雖多必得法定代理人之同意，然無能力者若爲不法行爲，則因此所生應賠償之損害，與能力者毫無所異。惟然而無能力者當其爲法律行爲，因欲令相手方信自己爲能力者而用詐術，是即爲不法行爲。雖無别訂明文，凡因其詐術所生損害，應賠償於相手方，固不待論。雖然，凡損害賠償一事，被害者以所受一切損害，估計其金錢之數，謂被害者即由此得充分之救濟。夫豈其然？況無能力者因詐術而損害及人，其損害究因法律行爲可以取消而起，若斷其損害之根，令無能力者不得取消其行爲，則相手方必可得充分之救濟。較之一旦既生損害，然後依不確實之標準，用金錢算定其損害，令無能力者再付還相手方，孰爲得乎？此本條之所以起也。但無能力者非特用詐術，止口稱自己爲能力者，則不能遽以本條律之。例如使用替玉譯者按：日本替玉之名，猶吾贋鼎之意，謂真物先曾出示後，以僞物易之，此處用此二字，殆謂以年貌及格之人冒己之名以集事也，宣示詐僞之身分登記謄本，使僞證人證言己之年齡及其他，是皆所謂行詐術也。參觀七二

無能力者，若因使人信其已得其法定代理人、保佐人或夫之同意，而用詐術，則本條當適用否？依裁判例，當適用之。

三十七年六月十六日大審院判決余亦以爲然。蓋有法定代理人、保佐人或夫之同意，則爲無能力者補其能力，其行爲乃與能力者同，故使人信其已有此等同意，則與本條所謂使信其爲能力者，謂毫無所異，固甚合也。四五〇・一項，一號參看

第三節　住　所

住所云者，謂法律上人所可以平常居住之處。在民法謂之生活之本據，法語之獨米西而(domicile)，德語之木恩其之(Wohnsitz)是也。與所謂現住所或居所(residence，wohnort oder Aufenthalt)者不同。何以謂之住所？讓第二十一條説明之。今先略言住所在法律上爲何用。

一，住所爲裁判管轄之標準。民訴一〇，《非訟事件手續法》三四、三八、九〇至九二、九六、九八、二〇六

二，定裁判上之期間。凡有住所於外國或島嶼者，有特别之規定。民訴一六七・二項

三，有相手方之法律行爲，意思表示，當對於相手方爲之，是爲本則。其不親對其人表示意思時，若不能確知其現在地或居所，則必於其住所，爲意思表示之通知。但有事務所則對之爲通知亦可，或有營業所則於營業事對之爲通知，亦然。

四，辨濟之場所譯者按：辨濟，即還清之意，指債項而言也，當以債權者之住所爲原則。四八四，新商二七八參觀

五，住所於手形關係譯者按：手形即票據，此日本舊名。蓋古票據以手模爲信，爲重要之事項。商四四二、四五二、四五三、四七二、四九〇、四九一・二項、四九四，舊商七〇九・一項、七二一、八〇〇

六，被相續人之住所，爲相續之開始地。九六五

七，後見人若於被後見人之住所之市或郡以外，從事公務，則爲辭任之理由。九〇七・二號

八，住所爲國際私法中應適用之法律之標準。法例四・二項、

九・二項、一二、二三・二項、二七・二項

九，據《國籍法》，由歸化而取得日本之國籍，必以有住所於日本爲本則。《國籍法》七・二項・一號、九、一〇其他喪失國籍者，回復日本之國籍，亦以有住所於日本爲必要。《國籍法》二五、二六又據明治六年第百三號布告，第二條第一號以三十一年七月九日法二一號改正，外國人爲日本人之養子或入夫，當爲一年以上有住所或居所於日本者。人九・一三、一五二項參觀

右之外，應記載其住所於書類之規定，不遑枚舉。此民法所以必設關於住所之一般規定也。試更參觀商二八九・三項

據舊民法婚姻及養子緣組之儀式，雖應於當事者一方之住所或居所行之人四三、一一三・三項新民法則無同様之規定。據《户籍法》，則應届出譯者按：届出，猶言呈報於夫或養親之本籍地或所在地之户籍吏。《户籍法》九〇、一〇四緣此無知其住所之必要。

據舊商法，商業登記，當於當事者之營業所或住所爲之。舊商一八然據新商法，則必於營業所爲之。商九故於此點，已無庸必知其住所。

第二十一條　以各人生活之本據爲其住所。人二六二、二六六

論住所，從來有二主義：一爲依届出及他形式上之條件，定其住所者；一爲離一切形式，而單據事實者。我邦向取第一主義，區别本籍與現住所。本籍之通例，固依届出定之。然此往往反於事實，至其甚者，既爲十數年所不住居之地，而仍稱本籍者不少。此本籍雖略如本法所謂住所，然事實相違，甚至爲前述諸般之效力，所不能附麗。現住所則與本法所謂居所略同，是亦非我所謂之住所。至本法則專用第二主義，乃專依事實定住所者。而認定其事實，雖全屬裁判官之權，然例如以家族居住之處爲主之財産之所在等，認爲生活之本據，即認爲住

所蓋大率爲然矣。《户籍法》中由户籍上之必要，雖仍認本籍，然其非住所，蓋不待言。

我民法，住所必執限於一個之主義，依本條之規定自明，蓋與本籍、本店同。生活之本據，亦不當有二個以上，無俟多辨。且苟如德國認二個以上之住所，則必有關於此之規定。其無之者，正其不認之也。

第二十二條　於不知住所之時，則以居所視爲住所。人二六七·一號，民訴一三

執前條專依事實而定住所之主義，以不當有竟無實際住所之人。然至一處不住流浪各地者，往往有無地可認爲住所之時。此所以有本條之規定也。但於實際雖有生活之本據，而尚不能知之之時，猶爲適用本條者。

第二十三條　不有住所於日本者，不問其爲日本人與外國人，以在日本之居所視爲其住所。但從法例所定，應依其住所之法律時，不在此限。人二六七·二號，法例九·二項、一二、二十·二項，民訴一三

有住所於外國之人，若在日本，以上所述之效力，附麗於其住所，則實際殊多不便。故特設本條之規定，以居所代住所之用也。至依法例之規定，應依當事者住所之法律時，自不能適用本條，此似無庸復論。然恐萬一生疑，乃特置本條之但書焉。

第二十四條　若就某行爲選定假住所，則關於其行爲，視之爲住所。人二六八，民訴一四三，刑訴一八

在某法律行爲，因當事者之住所遠隔，不無覺其不便之時。當此之時，當事者往往有於便利之地選定假住所者。例如

一種會社契約中譯者按：會社契約，即公司議據是也，社員若選定假住所，則因其會社關係。如有應提起訴訟之時，可訴於其假住所之裁判所。又如賣買契約，賣主若選定假住所，則買主可於其假住所爲代價之辨濟。譯者按：代價，即所買之物之價。價與物相值，故謂之代價。辨濟解見前。

第四節　失　　蹤

本節中，包含純然失蹤者(absent，Verschollener)之規定，與他不在者(none présent，Abwesender)之規定。失蹤者乃以其生死不明之事，依數年後裁判所之宣告，而被認爲失蹤者。其在宣告以前，皆謂之不在者。而其不在者中，又分二種。有生死不明者，有明爲生存而不在其向來之住所或居所，必需法律之保護者。在本節"失蹤"二字標題之下，併此各種人爲規定焉。

第二十五條　去其從來之住所或居所者，若不置其財產之管理人，則裁判所得因利害關係人或檢事之請求，就其財產之管理，以必要之處分命之。若本人不在中，消滅管理人之權限，亦同。

本人若後日自置管理人，則裁判所要因利害關係人或檢事之請求，取消其命令。人二六九至二七一、二八八

譯者按：條文中"得"字常爲權利性質，"要"字常爲義務性質。本條二項並列，字法自見。舊譯於此二字，間有輕改，性質一變，文義失矣。

本條以下，直至二十九條，乃關於不在者一般之規定。而

本條中，則併生死不明者與明爲生存者爲規定焉。蓋不拘生存之明否，但既去其從來之住所或居所者，若不置其財產之管理人，則其財產能無滅失或毀損乎？夫所以計及此者，其直接之保護，首保護所有者，次則保護相續人、債權者及其他利害關係人。其間接之保護，則保護國家經濟上之利益也。本條文與外國多數之例不同，蓋不於其中列舉裁判所處分之種類，止規定就其財產之管理，以必要之處分命之云云。此處分之中，雖以選任管理人爲主，然有時兼及，使加封印於財產，又使賣卻其易敗之物等種種處分。

本條所規定，雖以不置管理人而去從來之住所或居所者爲主，然偶有因本人置定之管理人，死亡及他原因，失其財產之管理者，亦當適用此文也。

如以上所述，本條所以必要者，正在不在者之財產無管理人之際。若至後日，本人已置管理人，則裁判所因其管理人或相續人及債權者等之利害關係人，又或保護公益之檢事，來相請求，立即取消所命之處分，且當由裁判所解其所選任管理人之職務。

第二十六條　於不在者已置管理人時，其不在者若生死不明，則裁判所得因利害關係人或檢事之請求，改任管理人。人二七〇

本條規定，止能適用於生死不明之不在者，且適用於不在者已定置管理人時。此時管理人或爲不當之管理，或因病及他事由不能履行其義務，則非改任之，不但不利於不在者，即他利害關係人並間接及國家經濟上之利益，爲害不少。故特設本條之規定。

第二十七條　依前二條之規定，由裁判所所選任之管理人，要調製其應管理之財産之目録，但其費用以不在者之財産支辦之。

不在者生死不明時，若有利害關係人或檢事之請求，裁判所於不在者所置管理人，亦得命以前項之手續。

右之外，凡裁判所所認爲保存不在者財産之必要處分，得以之命管理人。人二七三

本條以規定管理人職務爲準，而其應以不在者之費用，調制財産目録，本爲當然之規定，無庸别予説明。但由不在者已置定管理人時，則似不必適用本條之規定矣。然若不在者生死不明，則財産目録不得同命以調製。往往有因管理人之惡意及不注意，而滅盡其財産者，雖滅盡而利害關係人猶多無能證明之。此所以已置管理人，亦得適用本條也。

財産目録之調制，雖爲保存財産中最要事項之一。然他必要之處分，亦不少。例如依財産之種類，令供託於銀行及他確實之場所，又如易敗之動産，令速賣卻而换積金錢，是爲必要。裁判所亦得以是等處分，命彼管理人也。

第二十八條　管理人若必須爲超過百三條所定權限之行爲，則得受裁判官許可而爲之。在不在者生死不明之際，而其管理人必須爲超過不在者置定權限之行爲時，亦同。人二七二、二七五

本條爲管理人已定權限之規定。此管理人，本爲不在者財産之一時假管理者，其權限極受制限。即其權限，但能爲學者所説之管理行爲(actes d'administration)，即本條第百三條所規定之行爲。惟若認他行爲爲必要，則得特請裁判所之許可以爲之。例如管理困難之財産，而人有欲以高價買之者，則賣卻

之，爲極有益。或謂爲財産必如是而後保存，亦可。當此時，不可不得裁判所之許可矣。

右之所述，乃專言由裁判所選任之管理人。雖然，(一)不在者不指示所置管理人之權限，則同適用本條之規定；(二)不在者雖定置管理人之權限，若其不在者生死不明，則其權限外之行爲，如有認爲必要，亦必得裁判所之許可乃許爲之。何則？不在者若明尚生存，而居址確鑿，則管理人固可得其許可，而爲必要之行爲。今本人之生死不明，故不能得其許可，則得裁判所之許可，而後得爲其行爲宜也。

第二十九條　裁判所得使管理人，就財産之管理及返還，供相當之擔保。

裁判所得依管理人與不在者之關係與其他事情，由不在者之財産中，以相當之報酬與管理人。人二七四

本條之規定，保護不在者之財産，同時亦計及管理人之利益。蓋管理人以相當之注意，管理財産，且其權限消滅之時，即爲負以其財産返還權利者之義務者。若管理人或就管理中不無過失，或以應返還之財産有不返還，則利害關係人必蒙損害，固不待言。故裁判所依其事情，例如視不在者之財産幾何，如滅失之危險較多，必特令管理人供相當之擔保。此所以有本條第一項之規定也。

管理人管理他人之財産，而負如上所云之重任，故與以相當之報酬，亦爲當然之事。但管理人或爲不在者之親子，及其他近親或相續人、債權者、其他利害關係人，其爲管理，乃專爲自己之利益。又或管理人家道本豐，而不在者財産甚少，則此等管理人不與報酬，亦無不可。此所以有本條第二項之規定也。

第三十條　不在者之生死，若七年間尚不分明，則裁判所得因利害關係人之請求，爲失蹤之宣告。

臨戰地者，在沈没之船舶中者，遭遇其他可致死亡之危難者，其生死當戰爭止後、船舶沈没後，又其他危難去後，三年間尚不分明，亦同。人二七六

本條定應爲失蹤(absence, Verschollenheit)之宣告之條件，向來我邦，雖止於三十六個月後，即有認不在者爲既死者。交通頻繁，遠航之人益多，居今日而論，向時期間，似頗嫌短。本法特於失蹤有宣告之後，斷然視不在者爲死者，終不用向來所定之期間。在法典調查會且仿德國民法及其他之例定爲十年，由衆議院縮之爲七年焉。

以上雖爲普通之規定，然臨戰地者，在沈没之船舶中者，遭遇其他可致死亡之危難者如震災、火災、海嘯、洪水等，則可推定爲死亡，理由較足。七年之期間，遂頗覺其過長。故於此等處，仍從向來習慣，三年之後得爲失蹤之宣告焉。

第三十一條　受失蹤之宣告者，於前條期間滿了之時，視爲已死亡者。人二八〇、二八一、二八五、二八六

本條乃規定宣告失蹤之效力者，即如前所述。本法中失蹤者，視爲同於死亡者也。蓋失蹤雖有二主義，一以失蹤而推定爲死亡在德國，即明言爲死亡之宣告(Todeserklärung)，一推定爲未死亡。然試問失蹤者何以計及其死亡，不過特保護利害關係人之權利。舊民法雖執第二主義，新民法終執第一主義焉。蓋如舊民法，失蹤者疑死疑生，其權利極不確定，而他利害關係人之權利，亦同爲不確定矣。此於實際不便，於國家經濟上亦甚不利。故期間雖延長若干，至其效力則斷然視失蹤者爲死亡者，以取便利。此本法所以執右之第一主義也。

就宣告失蹤之效力，更生一困難之問題，即宣告效力應發生之時期是也。就此問題，大别外國之立法例爲三：一爲由宣告之日，或宣告既確定之日生其效力；一爲遡法定期間滿了之時，生其效力；一爲遡不在者有最後音信之日，生其效力。此三主義，各有利害得失，不易斷定其可否。又外國之立法例，派别甚嚴。雖然，依余所信，第一主義，雖似適於理論，然恐實際頗有弊害。例如狡獪之利害關係人，難保不從自己之利益或隱蔽失蹤之原因，或速請求其宣告，以計左右他利害關係人之利益。且因裁判官之勤怠及他事由，宣告不無遲速，而相續權及其他權利之所在，即因之而異，有甚不宜於實際者。雖然，第三主義又全然不合理論。何則？不在者最後音信之時，即其明爲生存之時也。由是觀之，不得不以第二主義爲最便利且最合理論焉。何也？一則從最後音信爲始，計滿七年或三年之期間，其中不能以人力移動之，故實際毫無弊害利害關係人之權利，較爲確實。再則法律本以最後音信後經過七年或三年之事實，爲失蹤之原因，故其原因完結之日，即其期間滿了之日，就此認爲死亡，不能不謂頗適於理論。此本條中所以採用右之第二主義也。

第三十二條　失蹤者若尚生存，或死時異於前條所定之時，果有明證，則裁判所要因本人或利害關係人之請求，取消其失蹤之宣告。但失蹤之宣告後，於其取消前，以善意所爲之行爲，則不變其效力。因失蹤之宣告而得財産者，則因其取消而失其權利，然止於現受利益之限度負返還其財産之義務。人二八二至二八四、二八七

第三十條，規定不在者之生死，至某期間尚不分明，則視之爲死亡者，而可爲失蹤之宣告。然此法律之所假定，有時不

合於事實，或失蹤者竟確然生存，或並不死亡於法律所定之時，而死亡於其以前或以後，至日後而分明，其時不能不取消失蹤之宣告。在外國之法律，大抵以此爲事實問題，不必定要裁判所之言渡。譯者按：言渡，猶言加以判語。舊民法中，亦採此主義。本法中，則欲其事之確實，特必需裁判所之言渡。蓋失蹤之宣告，既以裁判所爲之，令此宣告失其效力，亦依同一之手續，必需裁判所之言渡，非無故而然也。

雖然失蹤之宣告，已從法律規定。而爲之利害關係人及其他之人，依據法律規定，真以失蹤者信爲死亡於法律所定之時，而爲一切之處置，事屬當然，毫無可咎。故從失蹤宣告後，以至取消，其間利害關係人等，以善意所爲之行爲，不能不全認爲有效者。此所以有本條第一項但書之規定也。例如失蹤者之配偶，以善意爲再婚，或其相續人以善意讓渡其財産之全部或一部，其婚姻或讓渡，悉爲有效是也。

本於與右同一之理由，因失蹤之宣告而得財産者，例如相續人、受遺者等，因失蹤宣告之取消，一旦應失其既得之權利，此固爲事之所必至。然盡取消以前，信其權利爲正當所應得，實亦爲理之所固然。緣是之故，不當受毫末之損害。此本條第二項中所以止於其人等現受利益之限度負返還其財産之義務也。例如其人等以所得財産盡消費於無益，亦毫不需復爲璧返；又或因商業上之損失等，失其財産之半，則返其所餘之半，即爲已足，此類是也。

雖有右之例外，然失蹤之取消效力，終及既往。其原則，信當視爲如未嘗有宣告者。故失蹤者而既生存，其所爲法律行爲，乃人格者之行爲，本爲有效。是因本條第一項但書，及第二項之例外規定，所可推而知也。

第二章　法　人

(personne morale，juristische person)

法人云者，本非人而於法律上某範圍内，視爲與人同一。若下定義，當云非自然人而爲權利義務之主體者，是也。既爲權利義務之主體，因得爲訴訟及其他法律行爲之當事者焉。此法人有二種，一爲社團法人(association，Verein)，一爲財團法人(fondation，Stiftung)。今不論公法人，專就私法人言之。社團法人云者，因二人以上之共同行爲而設立，且以設立者及其他人格者爲構成分子而成之。財團法人云者，以供一定目的之財産爲主體而設立，且其構成分子爲無人格者。凡以會社、協會等名義，計營利圖公益者，皆爲社團法人。以社寺、養育院等某財産，欲達宗教慈善等目的而設立之法人，則爲財團法人。本章併此二者而規定之。蓋各國於此雖有各别規定之例，然二者並無大異。故新民法甯從其便，括之以一章而規定之。

本章分爲四節：第一節，規定設立法人之條例，及其直接之效力；第二節，規定管理法人必要之事項，即管理之機關、監督之機關等，組織職務等；第三節，載解散法人之原因，並爲其結果之清算等之規定；第四節，設罰則，以明以上規定之制裁。

第一節　法人之設立

第三十三條　法人非依本法及其他法律之規定，不得成立。人五

法人乃事實上非人，因法律之假定，而視爲與人同一。故非法律特認之，不得成立，是固理之所最易覩而無容疑者。然

學者中往往有説焉，以謂法人不待法律之認許，自然存在。故本條特明言法人之成立，必要法律之規定也。

外國之法律中，不設關於法人之一般規定，而以就各種法人設特别規定爲已足。此其例雖不少舊民法亦然，然從世之進於開明，法人之必要日月加多，關於此之規定，亦不得不從而密緻。故當今日，苟欲編纂民法，則不設此必要之法人規定，直難免不完全之誚。以故輓近之法典，無不設關於此之一般規定。雖然，因法人之種類，要特别規定者實多。此各種之特别規定，亦令包含於民法之中，不但費事，且於所揭爲私法原則之民法性質，有不適合之嫌。故民法止揭一般之規定，其他悉讓之特别法，是爲至當。此本條中所以明言法人當依其他法律之規定而成立也。

第三十四條　祭祀、宗教、慈善、學術、技藝並其他關於公益之社團或財團，不以營利爲目的者，得主務官廳之許可，得以之爲法人。

法人要成立於法律之規定，既如所述。然其設立之條件，從來之立法例，頗有不同。大别其主義，蓋凡有三：曰特許主義細别之又得爲三主義，一國長特許，二法律特許，三官廳特許，曰準則主義，曰自由主義是也。此三主義，雖各有利害得失，第一主義，專行於幼稚之社會，至今日殆無復有絶對採用之者；最後主義，雖似頗爲進步，然既悖於法人之性質，且恐以有害之目的，濫設立法律假定之法人，特地害立法者所設獎勵有益事業之方法，而流毒於社會，故此主義不得採用。獨第二主義，不失之束縛，亦不流於放任，稍得其中。因法人之種類，分其取締之寬嚴，又得異其取締之方法，似頗便利。但關於公益之法人，特要政府之取締，故採用官廳特許主義，必得主務官廳之許可，可謂得當。是即本條所採用之主義也。

第三十五條　以營利爲目的之社團，從設立商事會社之條件，得以之爲法人。

前項之社團法人，悉準用關於商事會社之規定。取一一八、一二〇，舊商一五五

前條規定關於公益之法人，本條規定以營利爲目的者，蓋此種法人，不但專以私益爲目的。(第一)以法人之構成分子之利益，即社員之利益爲目的，故其社員爲自己之利益，罕有無意識之舉。又監督其代表機關，常能無不當之處置。(第二)此種法人，國家之經濟上甚爲必要。若許官廳干涉，以其特許爲設立之要件，則妨事業之勃興發達，多不利於經濟上。(第三)此種法人，所能生之弊害，經驗上已略明其種類。若設防遏之規定，則可毫不需官廳之干涉，已成通例。故新法典，關於營利法人，以不取特許主義，而取準則主義爲原則。故至近年各國之趨勢，初取特許主義者，多漸次廢之而取準則主義焉。

以營利爲目的之法人，其主要者爲商事會社。雖然商事會社有商法之規定，無需設規定於此。惟商事會社，其目的限於商業，故目的事業在商事以外之營利法人，非當然必受商事會社規定之支配。然其目的爲商業與否，其規定不見爲必異。故在本條，雖目的在商業以外之法人，尚爲應從商事會社之規則者。

以營利爲目的之法人，皆爲社團法人。蓋營利必爲人法人亦得以其財産上之利益，爲營利法人之社員，所不待言，故非人之團體，無爲法人而謀營利之理。如云爲營利而供財産，其財産竟不屬受益之人，所未聞也。此本條中所以營利目的之法人，必爲社團法人也。而以營利爲目的之社團，亦非必爲法人，惟由當事

者意思得以之爲法人而已。但商事會社必爲法人果以之爲法人，須依爲商事會社所設之準則。若當事者不欲依此準則，固不得以之爲法人。然但組成非法人之團體，則固任其自由也。關於此之規定，在第三編第二章第十二節，詳論於後。

因以上所論，公益法人(établissement d'utilité publique, idealer Verein)在德國有此區別，以爲社團法人之細別。蓋財團法人皆公益法人，至言社團法人，雖與我公益法人不同其範圍，而以其爲粗同種類。後之於此，關於營利法人亦同與營利法人(établissement d'utilite prinée, wirthschaftlicher Verein)，其別自明。今欲下定義，則甲爲止以公益爲目的者，乙爲不問其關於公益與否，以社員之財產上利益爲目的者。例如以慈善爲目的之法人，雖常爲公益法人，然如鐵道會社，其事業固爲公益事業，然用以圖社員之財產上利益，故爲營利法人。

第三十六條　外國法人，除國與國之行政區畫及商事會社之外，不認許其成立。但依法律或條約被認許者，不在此限。

依前項之規定而被認許之外國法人，與成立於日本之同種法人，有同一之私權。但外國人所不得享有之權利，及法律或條約中有特別之規定者，不在此限。

法人本因法律之假定而始成立，亦止於法律效力所及之範圍内成立其爲法人。故一國之法律，限於其國内爲有效力，即依其法律所設立之法人，亦止於國内爲成立者。由是觀之，純理上外國之法人，不能成立於日本。雖然國際交通，頻繁如今日之時世，不復能株守此純理，由是即在西洋諸國，亦漸次認外國法人之成立。在本條，其原則固確守法理，外國法人當然不能成立於日本。然其例外：(第一)國及國之行政區畫，當然認之爲法人。此無他，與外國結條約，彼我之間，有種種必認爲法律關係者，故國雖外國，勢不得不認爲法人，而國之行政區畫，亦日本人所與之爲取引者，故以認之爲法人爲便。（第二）商事會社，亦認爲法人。蓋今日交通頻繁，貿易絡繹，以外國之商事會社，而不視爲法人，與内國之商事會社，因不認爲法人而生不便。情事相同，覺其不便，故從近世外國法律之傾向，認之爲法人。商二五五以下（第三）依我邦之法律，或我邦與外國之條約特認爲成立之法人。其非從右之原則，固不俟論。例如以學術、慈善等爲目的之法人，亦有由我邦主權者視爲公益必要之團體，依特別之法律或條約而認之者。此種法人，實已漸增其數。然而以政治、宗教等爲目的之團體，於本邦苟無利而有弊，則本來不認其成立，是此條之精神也。

在外國，不認國之行政區畫及商事會社爲法人者，不乏其例。本條所云，亦非認此等外國之法人，蓋止定爲其本國法律所認爲法人者，則我邦亦認其人格耳。

外國法人，即一旦認其成立，其權利能力，亦不能必與在本國者相同。（第一）在日本之同種法人，所不享有之權利，外國法人，固亦不得享有之。然在日本之同種法人，所享有權利，外國法人雖於本國不得享有者，猶能享有之於日本。（第二）外國之自然人，所不得享有之權利，外國法人亦不得享有。例如土地之所有權，外國人不得享有之，故外國人亦不得享有之。（第三）若日本之法律，或日本與外國之條約中，有特規定外國法人不享有某權利時，固不在應適用前述原則之限。然若由法律或條約，規定以普通内國法人不有之權利，與某外國法人，則固可從之。

第三十七條　社團法人之設立者，要作定款，以左之事項記載之。

一，目的；

二，名稱；

三，事務所；

四，關於資産之規定；

五，關於理事任免之規定；

六，關於社員資格得喪之規定。舊商一五八，新商一二〇

本條乃設立社團法人之特别規定。社團法人，由數人之團體而成立，故於其間，要作定款(statut，Vereinssatzung oder Statut)，就其法人之設立，令記載必要之事項。本條即列舉其必要事項者也。

本條所列舉之事項，乃必需記載之要素的事項。他事項之記載，則固隨設立者之意。此就所論於後之法律行爲，亦同。

第三十八條　社團法人之定款，限於有總社員四分之三以上之同意時，得變更之。但有別定於定款，則不在此限。

定款之變更，非受主務官廳之認可，不生其效力。舊商二〇三、二〇五，新商二〇八、二〇九

定款乃設立社團法人之基礎，依純理言之，自有定款設立法人以後，一切不得變更之。若欲變更，不但必需總社員之承諾，且必謂爲消滅前法人而更設立目的相同之法人矣。雖然，果如此則實際實多不便，故以相當之條件，許其變更定款，不遽爲消滅前法人。而其條件：(第一)有總社員四分之三以上之同意。但此定數，不妨以定款別設規定。例如必需總社員之承諾，或以社員過半數之同意爲已足，此類是也。(第二)受主務官廳之認可。蓋法人因主務官廳之許可而成立，而其所以與以許可者，不能不視爲以定款之規定爲條件。故變更其定款，亦應受主務官廳之許可，乃當然之理。

第三十九條　設立財團法人者，要以其以設立爲目的之寄附行爲，定其第三十七條第一號至第五號所揭之事項。

本條乃關於設立財團法人之規定。財團法人，雖不能有定款然，必以一人或數人之意思設立之，故不能無表明其意思之行爲，此行爲名爲寄附行爲（acte de fondation, Stiftungsgeschäft）。蓋寄附財產以供某目的，此寄附行爲殆等於社團法人之定款。法律故定其應定於定款之事項，但第三十七條第六號之事項，則爲社團法人所特別者，故兹不適用之。

寄附行爲，後日不得變更之，固不俟論。但寄附行爲中，有關於變更之之規定，其規定固爲有效。且以立法論，如事務所之變更，或以得主務官廳之許可，即得爲之，爲較便乎？

譯者按：社團法人之定款，猶吾所謂合同議據，乃一團以内共應遵守者也。吾國本有此的當之名，而相沿混用章程、條規等字，以致共定共遵之約束，與此定彼遵者無别。又其所謂合同，多屬雙方之契約。雖彼此遵守而方面各有不同。吾既混稱契約爲合同，因而混合同爲章程、條規等字，日本文無合同之名，故稱定款。在我宜正其名曰合同，似較日文尤妥也。

又寄附在我謂之捐助。“捐”者拋棄之意，拋棄則不問棄後之用，實與“助”字不貫。寄附則中有目的，與拋棄不同。雖寄附以後，不能收回。然有目的以用其財，正以其財寄附於此目的之上，故不可謂之捐。又吾國國民負擔亦謂之捐，則混義務之性質爲權利。甚至有捐官、捐免之稱，又以拋棄爲取得矣。甚矣文字之失真也！

第四十條　設立財團法人者，若不定其名稱、事務所及理事任免之方法，而死亡時，裁判所要因利害關係人或檢事之請求而定之。

社團法人設立法人之際，必需社員之生存，故其定款若有所缺，主務官廳得命其設立者使補充之。然在財團法人，往往有設立者，不定其必要事項而死亡者。如以遺言爲寄附等處，尤爲顯然。遇此等處，由其人之相續人，或執行遺言者，以法人之設立，呈之主務官廳。若以其寄附行爲之不完全，主務官廳即不能許可之。則因公益而欲設立之法人，將必不能成立，恐有辜死者之公義心而妨有益事業之發達矣。故於本條，特令裁判所得代死者，定必要之事項也。

雖然，無論如何事項，皆得由裁判所定之。則設立法人，非由死者而直由裁判所，豈非奇談，且安保不與死者之意相背？故於第三十七條所揭事項之中，立得由裁判所補充與否之別。如目的及關於資産之規定，乃設立法人之基礎，若其未定，終不能令法人爲成立。惟缺名稱、事務所及關於任免法人管理者之規定時，令裁判所得補交之而已。

第四十一條　若以生前處分爲寄附行爲，則準用關於贈與之規定。

若以遺言爲寄附行爲，則準用關於遺贈之規定。

以設立財團法人所爲寄附行爲，或以生前處分，或以遺言，均無不可。其以生前處分者，雖與贈與略同，又不得謂竟無少異。蓋贈與爲一種契約，寄附行爲乃單獨行爲，止由一方之意思而成立之者也。換言之，在寄附行爲之當時，並未有應受寄附之當事者，乃既有寄附行爲以後，得主務官廳之許可，而成立法人時，始生此應受寄附之當事者也。故不得與因當事者雙方意思之契約同視。雖然其行爲之性質，多互相類似者，故以贈與之規定準用於此。

以遺言爲寄附行爲，其行爲亦頗類遺贈。然遺贈必遺言者死亡之時，受遺者正在生存。一〇九六·一項而在寄附者死亡時，應相當爲受遺者之法人，尚未出生，故此非純然之遺贈。惟其性質頗相類，故亦以遺贈之規定準用之而已。更有對於胎兒之遺贈，最與以遺言爲寄附行爲相類。故若無法律之明文，謂對於胎兒不得爲遺贈之事，亦無不可。惟於《相續編》，計實際之便益，就遺贈一事，以胎兒爲與既生兒有相等之人格焉。(九六八，一〇六五)

第四十二條　以生前處分爲寄附行爲時，寄附財産，由有設立法人之許可時，組成法人之財産。

以遺言爲寄附行爲時，寄附財産，由遺言生效力時，視爲已歸屬於法人者。

本條所以定寄附行爲可生效力之時期。蓋法人之設立，不得止以寄附行爲，必需主務官廳之許可。故寄附行爲之時，與設立法人之時，不能同一。然則寄附行爲之效力，果應由其行爲之時，視爲已生者耶，抑應至有設立法人之許可後，始爲當生者耶，頗屬疑問。本條中謂生前處分所爲寄附行爲，應由法人設立之時，生其效力。遺言所爲寄附行爲，則由遺言生效力時，即原則所謂遺言者死亡之時，視爲已生其效力者。一〇八七斯二種寄附行爲之間，所以立其區别者，無他。在生前處分時，寄附財産即由設立法人之時，組成法人財産，亦毫不覺其不便。何也？此時之寄附者，固常生存於法人設立之時也。反之而在遺言時，寄附者既死亡矣，若寄附財産由法人設立之時，始組成法人財産，則從寄附者死亡之時，至法人設立之時，其財産不能不謂已屬於相續人。若然，則由其財産所生之果實及其他利益，但悉應歸相續人所有，且相續人得處分其財産矣。但此最後之點，不可謂實以本條之規定防遏之。何則？若有遺言執行者，依一一一五之規定，相續人不得處分其相續財産。若無遺言執行者，有多處關於登記、引渡、讓渡、債權、讓渡無形財産等規定之結果，則視相續人之處分爲有效。而至相續人之義務，則不因本條之有無，而有絲毫之異也。是與寄附者之意思相反實多，故本條區别此二者焉。

第四十三條　法人從法令之規定，於定款或寄附行爲所定目的之範圍内，有權利，負義務。

本條乃定法人之假定範圍。法人爲法律之假定，故止於其目的之範圍内，爲與人同有效力。於其目的以外，則無法律之假定，不得不視爲全無人格者。此本條規定之主旨也。

法人之目的，既以定款或寄附行爲而定之。既依第三十七條第一號及第三十九條，而明之矣。惟因法人之性質，有可以特别法令之規定，伸縮其行動之範圍者，故於本條特明言應從法令之規定。例如社寺則有特别之制限但在社寺依民施二八之規定，現時暫不適用民法中法人之規定，政社則有政社之特别監督法，以支配是等法人之行動。又學校則關其各種，有特别之規定，自限畫其事業之範圍焉。

第四十四條　法人就理事及其他代理人，行其職務所加於他人之損害，任賠償之責。

法人因不在目的範圍内之行爲，加損害於他人時，則贊成其事項之議決之社員理事，及履行之之理事及其他代理人，連帶而任其賠償之責。

法人之代理人，所爲之法律行爲，本代理之原則九九，直接能以其效力，及於法人固不待言。惟其代理人因不法行爲，加損害於他人時，法人果應爲之負責任否？此所以有本條之規定也。

就此問題，不得不以行爲之種類，大别爲二：其一，代理人行其職務所爲之行爲；其二，法人之目的範圍以外之行爲是也。因第一種之行爲加損害時，由理論上言之，代理人非據其代理權而爲此行爲乎，法人即應爲不負責任者。然於實際，頗爲不便。蓋代理人往往乏於資産，對被害者爲充分之賠償，多無此資力。反之而爲法人，則若有若干資産，賠償損害，以力能應付爲多。故法人之代理人加損害於他人時，令法人賠償其損害，以直接保護他人。同時即間接維持法人之信用，令他人樂與其代理人爲取引，得如對於自然人之代理人，實爲得策。此所以有本條之規定也。因委任之代理人，其不法行爲，當適用七一五，此亦以本人有選任或監督之之過失，故就其不法行爲負責任也。

然至第二種之行爲，則不能一例視之。何也？法人之人格，止存於其目的之範圍以内，既如前條之所説明。故離其目的之範圍，無復有此法人。因之他人亦於代理人行法人目的外之事時，無豫期法人仍應負責之理。故當此之時，以法人不負責任爲當。而其責任者，第一，爲其行爲之理事及他代理人；第二，雖不自爲其事，然贊成之之理事；第三，在社團法人，則贊成其事項而使至議決之社員是也。是等之人，即法律無特别之明文，從自己之過失所生損害，各自負賠償之義務。且依第七百十九條之規定，於其間應有連帶，固不容疑。然或其適用難保無誤，故於本條特明言之。當參觀四三二至四四五

第四十五條　法人由其設立之日，於二週間内各於其事務所之所在地，要爲登記。

法人之設立，非於其爲主之事務所之所在地爲登記，不得以之對抗他人。

法人設立之後，若新設事務所，則一週間内，要爲登記。舊商六九、七八、一六八・一項、一六九，新商四五、五一、一〇七、一四一、二四二

依以上之規定，明設立法人必要之條件，及其設立當然之結果。自本條以下，則定其法人對於他人，全其設立之效之必要條件。條件維何？登記(inscription，Eintragung)是也。登記之手續，不規定之於本法，別以《非訟事件手續法》定之。《非訟事件手續法》一一七、一一九、一二〇至一二二、一二四、一二五

關於登記，有三主義：

一，以登記爲法人設立之絶對條件，是也。據此主義，則於法人之人格，不認其關係的效力。未有登記，任何人皆視爲無此法人，有登記則任何人必認其人格。故法律上之關係甚爲明快，似最得其當矣。然退而思之，既有官廳之許可，第三者亦肯以之爲法人，而與爲取引，斯時偶因其尚在登記以前，其取引全歸無效，卻多不便。且登記本爲以法人設立及組織等，使第三者知之之方法，設立者及官廳，即無登記，亦熟知此等事項。故限於不害第三者，則登記前即已認法人之設立，何不可之有？故我民法不採用此主義。

二，登記止以保護善意之第三者爲目的，雖登記以前，知其已有官廳許可之第三者，不得否認其法人，是也。此由登記之目的言，似爲最妥。然善意、惡意之事實，往往難明，且同在第三者之中，有當認爲法人者，有得不認之者，則法律上之關係，極爲錯雜，實際之不便，固當不少。故我民法亦不採用此主義。

三，在登記前，第三者皆得爲不認法人之設立者，是也。折衷前二主義，最適事宜，我民法特採用之。

本條規定登記之期間及場所，即當法人設立之始，由設立之日起，二週間内必爲登記，是也。而其登記當於事務所所在地爲之，其事務所若有數個，則當於各事務所之所在地皆爲登記。此而怠其登記，則有二種之制裁：(一)依第八十四條第一

號，法人之理事，被處以五圓以上、二百圓以下之過料；（二）不得以法人之設立，對抗他人。但此第二種之制裁，在事務所有數個時，止於其爲主者之所在地不爲登記，則適用之。換言之，則法人依本法之規定而設立，雖已經主務官廳之許可，然儘其爲主之事務所所在地未登記以前，對於法人設立者及主務官廳固所云，法人既已成立，而對於他人則不得主張之。但由他人可自以其法人爲成立，此不待論。

以上論法人於設立之始，應爲登記。若法人設立之後，新設事務所，則其事務所亦應登記，固矣。然其期間果如何？如前所論，設立後二週間之期間，究不能適用於此。雖然全無期間，而任何時皆可爲登記，是殆與不命登記同。故於本條第三項，由既設事務所時，一週間内當爲登記。其所以縮短期間者，以非如法人設立之時，動需準備等情也。此其制裁惟定於第八十四條第一號之過料而已。

第四十六條　應登記之事項如下：

一，目的；

二，名稱；

三，事務所；

四，設立許可之年月日；

五，若已定其存立時期，則其期間；

六，資産之總額；

七，若已定出資之方法，則其方法；

八，理事之氏名、住所。

所揭於前項之事項中，若生變更，則於一週間内，要爲登記。在登記前，不得以其變更，對抗他人。舊商七九、八〇、一三八、一六八・二項、二一〇・一項，新商五一・一項、五三、一〇七、一四一、二四二本條定應登記之事項，通社團法人、財團法人而言之，右事項中之七號，稍有應說明者。蓋在社團法人，各社員常以月月或年年出金若干，供法人目的之用。即在財團法人，設立者亦未必以其法人目的之必要財産，一時寄附，往往於若干歲月之間，定期供出金錢或他物，或令相續人或第三者供出之。第七號即指是等事項而言也。

本條第二項之規定，乃關於已登記之事項，一旦復生變更，而規定者。此其更應登記，殆不待言。蓋登記爲公示之方法，將以法人之目的及其他事項，徧令第三者知之耳。惟然故已登記之事項，一旦變更，若不更爲登記，第三者必信始之登記，誤以既變更之事實爲尚存，是反受前此之登記所欺矣。故謂變更時無需登記，則不如自始即不令登記之爲愈。此登記事項之變更，所以亦必登記也。雖然，此登記之期間，固不能依始之登記期間。在本條，由既有變更之事實時，一週間内，應爲登記。蓋此時非如設立之始，迫於諸種之設備，故不必與以二週間之期間，此與前條末項所規定新設事務所同。由理論上言之，事務所之新設，亦不外於登記事項之變更。然此有前條第三項之特别規定，故在我民法之解釋，不包於本條之變更以内，止以既存之事務所，移轉於他處時，視爲包於其内，最爲妥當。且即關於移轉，亦有四八之特别規定。然尚與本條第二項，相待而爲適用也。

怠於變更之登記，制裁若何？(第一)第八十四條第一號所定之過料；(第二)登記前不得以其變更對抗於他人是也。此亦與怠於法人設立之登記，同其主義。

第四十七條　依第四十五條第一項及前條之規定，應登記之事項，要官廳之許可者，由其許可書到達之日起，算登記之期間。

本條揭登記期間起算點之特例。蓋登記事項，要官廳之許可，則從其事項既決定時起，算登記之期間，勢固有所不能。何也？事項決定以後，官廳許可以前，多有已經過其期間之全日數，或多半之日數者，而又以非官廳之許可，其事項之能否成立，殊未可知。故期間之計算，不能不以有許可時爲始。若夫官廳所在地，與設立法人者之住所或居所相隔較遠，則官廳發許可書之日，與法人設立者受取之日，其間應有若干日數，故由其許可書到達之時起算右之期間也。第九十七條中法律行爲之意思表示，常由到達之時生其效力，但官廳之許可，以非法律行爲，玆故必特言之。餘更觀後之"法律行爲"章。

第四十八條　法人若移轉其事務所，則於舊所在地，一週間内，要爲移轉之登記；於新所在地，同期間内，要爲第四十六條第一項所定之登記。

若於同登記所之管轄區域内，移轉其事務所，止要爲其移轉之登記。舊商二一〇・二項，新商五二、一四一・二項

本條規定事務所移轉時之登記。蓋法人若移轉其事務所，則不外第四十六條第二項之所謂變更。故移轉事務所，若在同登記所之管轄區域内，止登記其移轉，即其變更足矣。然若由甲登記所之管轄區域，移轉事務所於乙登記所之管轄區域，止登記其移轉即變更，決不能達登記之目的。何則？他人欲覽法人之登記，必至其法人事務所所在地之登記所，乃於現事務所所在地之登記所，並無何等登記，止仍於舊事務所所在地之登記所，有設立之登記及變更之登記，他人將何由知其法人之登記，乃在舊事務所耶？蓋即此舊事務所所在地，不能知之者已多。且即令知之，而凡欲與法人爲取引者，皆令至現事務所所在地以外，即多少不無遠隔之地，閲覽登記簿，亦極不便。故此時於舊事務所所在地，固以單受變更之登記爲已足，於新事務所之所在地，則必令與法人設立之始，同其登記。此所以有

本條第一項之規定也。但事務所之移轉，不外第四十六條第二項之所謂變更，既如所論，故登記之期間，非二週間而爲一週間也。

第四十九條　第四十五條第三項、第四十六條及前條之規定，外國法人於日本設事務所時，亦適用之。但其在外國所生事項，由其通知到達時起算登記之期間。

外國法人始設事務所於日本，儘其於事務所所在地爲登記前，他人得否認其法人之成立。新商二五五至二五七

本條乃規定外國法人設其事務所於日本者。蓋日本既認外國法人之成立，則縱於日本，不履行登記及他日本法律中必要之手續，雖亦無妨。然若外國法人設其事務所於日本時，則與設立於日本之法人，實際殆無所異。故其内部之組織及他事項，即不依日本之法律，而至形式上之條件即登記。日本法人所爲者，外國法人若亦不爲之，則與爲取引之日本人，當有頗覺其不便者。何也？日本之法人，其設事務所時必爲登記，而公示其法人之組織及他事項，獨至外國法人，雖設事務所於日本，猶可不爲登記，則其組織及他事項，終無由知之。故與爲取引者，動輒於其組織資力等不免有誤信而蒙損失之虞。此外國法人於設其事務所於日本時，所以必如日本法人之設事務所而同爲登記也。但在外國所生事項，例如由其本國之社員總會，變更其法人之目的或名稱，伸縮存立時期，增減資産之額，更迭理事，其他凡已登記之事項，一旦生有變更。在日本之事務所，未受通知，多不知之。若由有變更事實時起算其登記期間，往往期間過後，始有變更之通知，爲事之所恒有。故是等事項，當由其通知到達在日本之事務所時，起算其登記之期間也。

外國法人設其事務所於日本時，必須登記，與日本法人始成立時之必需登記無異。然則日本法人，設立之始，不爲登記，則對於他人，不得主張爲已成立者。外國法人始設事務所於日本時，非加以相等之制裁，彼此殊有不平之嫌。故本條第二項，於外國法人始設事務所於日本時，儘其未登記前，他人得認其法人爲未成立者。

譯者按：此條文一經解釋，愈顯其爲敷衍國民而設。未設事務所前，可認其爲外國之法人。既設事務所後，所謂他人之認否，自在該外國法人之信用，法律不能科以過料，徒以其自有之信用程度爲制裁。曰得不認之，則認之固無所害，充其量不過使本國法人可以免不平之念，而法文之漫無效力不計也。此恐非立法之真理矣。

本條必解爲止關於公益法人者。是因本條所適用之四五、四六條及前條之規定，乃止關公益法人者，故可明之。

第五十條　法人之住所，在其爲主之事務所之所在地。舊商七〇，新商四四·二項，民訴一四·二項

人皆應有住所，既如所論。今法人既於法律上與人等視，則不得不認其住所。而法人本無形體，故非真有生活，因非有生活本據之住所，故本條以其爲主之事務所，視爲其住所焉。蓋爲主之事務所，乃法人活動之本據，與自然人之住所同其趣也。例如對於法人而起訴者，通常當訴之於其爲主之事務所之所在地之裁判所。就裁判管轄，於民訴一四·三項，同草一四·一項，有特別之規定。其改正草案所設之規定，雖與本條全同，然現行法則稍不同其適用，但其精神則全無異也。法人有債權時，其履行債權，以在法人之爲主之事務所爲之爲原則等。總之，與自然人之住所，有同一之

效力。

第五十一條　法人於設立之時，及每年初之三個月内，要作財産目録，常備置之於事務所。但特設事業年度者，要於設立之時及其年度之終作之。

社團法人，要備置社員名簿。社員每有變更，要訂正之。舊商三二、一七四、二二二，新商二六、一七一、一七二、一九一

本條之規定，乃定監督法人所必要之手續。蓋法人非自然存在，故其財産亦動有散亂消耗之虞，故必作財産目録，豫防其散亂消耗。此雖在法人設立之初，最爲必要。然若一次作之，即爲已足，則後日生財産變更之狀況時，無由明矣。故必每年一回，作財産目録，俾得詳其增減之實況。此所以有本條第一項之規定也。

應調製財産目録之時期，必特以法律規定之。是無他，若不規定之，則法人之理事，將於可以自便之時期，方行調製。例如財産之減少時，力遲延其目録之調制，於其財産增加時，則速調製之，以冀買官廳、社員等之歡心，事所容有。果如此，則官廳、社員等，何能知法人財産之實況。故於法律，一定其調製目録之時期，以每年始之三個月内作之爲原則。惟在特設事業年度之法人，應於其年度之終作之。例如以從四月至三月爲一事業年度，或以從七月至六月爲一事業年度等情是也。

以上爲各種法人之所同。反之而爲本條第二項之規定，則爲社團法人所特別者。又命以應備社員名簿，其社員若有變更，則以其變更記載於名簿焉。蓋在社團法人，以社員爲其基礎，故社員之爲何人，最屬重要之事項。立法者有見於此，特令其必作名簿。若有變更，則必於名簿記載之。利害關係人若

有必要，令得就其名簿，了然於社員之爲何人也。

本條之制裁，在第八十四條第二號，當就觀之。

第二節　法人之管理

本節規定法人之機關，其機關如下：

一，理事乃法人之管理者，而爲其執行事務之機關；

二，監事爲監督理事之執行事務之機關；

三，總會爲社團法人中，代表法人之意思，指揮監督其理事之機關；

四，主務官廳乃因代表其國，保護公益，不令法人奔馳於其目的以外，而有最上之監督權者；

一　理事

第五十二條　法人要置一人或數人之理事。

理事有數人時，若於定款或寄附行爲無別段之定，則法人之事務，以理事之過半數決之。六七〇，取一二四，舊商八六、八七、一四三・二項、一八六，新商一〇九、一六九

本條以下，直至第五十七條，設關於理事(administrateur，Vorstand)之規定，而於本條，則規定法人之必置理事焉。蓋無管理法人事務之理事，則本非自然存在之法人，全不得爲其活動矣。

理事或置一人，或置數人，全由設立法人者之隨意。而其有數人時，爲得有各自獨立之權限，各專斷而處理法人之事務耶？抑非有總員之一致，不能處決法人之事務耶？又或應以過半數決之耶？雖當於定款或寄附行爲定之，然若設立者忘爲明定，則果當如何？若無法律規定，頗屬困難之問題矣。故於本條，限其在定款或寄附行爲無別段之定時，當以多數決之法，處理法人之事務。蓋令理事得各自專斷處理法人之事務，則各

自之行爲，動相牴觸，不便之處良多。又或非有總員之一致，不能處決一切事項，則法人之事務，又往往澁滯而礙其目的之達也不少。故本條酌乎其中，採用集合體之通則，以多數決處理法人之事務。但其多數，不可用比較多數，必用絶對多數，即過半數焉。

第五十三條　理事代表法人之一切法人事務，但不得違反於定款之規定，或寄附行爲之趣旨。又在社團法人，則要從總會之決議。六七〇，取一二四，舊商一〇八至一一〇、一四三・一項、一八六，新商六一、六二・一項、一一四、一七〇

本條所以定理事之權限。蓋理事乃應代法人而處理其事務者，既如前條中之所説明，故有代表其法人之權限，固不待論。惟代表法人之爲何等程度，非特規定之，則必止依百三條有爲管理行爲之權限而已。雖然，法人本爲無意思者，若謂管理行爲以外之事項，舉非理事之權限，則即使其事項爲必要時，亦將無論如何，無從措手。或在社團法人，則雖可特經總會之決議而爲之，然每事必開總會，而求其決議，實屬不能之事。故於本條，理事以在法人目的範圍以内，一切行爲皆有代理權爲原則。惟於定款或寄附行爲，若加制限於其權限，則從其所制限，至於社團法人，則又得以總會之決議，而縮小其權限焉。

就商事會社之代表者，區別其業務執行權與代表權，甲固以當依多數決而行之爲原則，乙則得各自獨立行之。商五四、六一、一〇九・二項、一一四、一六九、一七〇・一項、二三四，民六七〇然就公益法人之理事，則不爲此區别，是在組合之執行業務者亦同。故理事有數人時，對外而行代表權，亦以非以多數決不得爲有效之行爲爲原則。

第五十四條　所加於理事代理權之制限，不得以之對抗善意之第三者。舊商一一一、一四四、一八六，新商六二·二項、一七〇·二項

前條中，理事以就法人目的内事項，有概括之代表權爲原則。故第三者與法人爲取引之際，必可毫無游移，而與理事爲交涉。而如定款或寄附行爲之制限，又如總會之決議，第三者每不盡知，若即得以之對抗第三者，則第三者往往蒙意外之損失。此本條之所以必要也。

欲保護第三者，必於左之三主義而擇其一。

一，使公示其制限，乃得對抗第三者。此於理論雖似妥當，然其公示，無論用何方法，不能必令一切第三者知之。例如用登記，則非特地閲覽登記簿不能知也。然欲與法人爲取引之第三者，若必豫覽登記簿，則其不便，實不可勝言。此已非實際所能行矣。或以公告爲公示，則公告之爲物，不但讀者極稀，且如公告後數月，始爲取引，讀公告者亦常已忘之。故與法人爲取引者，動有不虞之損失。故此主義，未足保護第三者也。

二，使其制限，一切不得以之對抗第三者。此於保護第三者一面，固無間然。然如此則理事得逞專横，定款或寄附行爲之制限，以及總會之決議，不能於實際見其效力。由是有害及法人利益之虞。故此主義亦不能採用。

三，區別相手方之善意、惡意，保護其善意者，不保護其惡意者。此可謂最爲得當。蓋定款、寄附行爲或總會之制限，在前條爲有效。故與法人爲取引之相手方，苟已知其制限，則理事即於其制限以外，與此人爲法律行爲，法律上實無其權限，相手方既可謂熟知之。然竟與理事其人，爲其權限以外之取引，則其對於取引之法人爲無效，必已豫計，法律故無庸復

保護之。獨不知有此制限之第三者，則依普通之原則，信理事爲無論何等事項，皆有代表法人之權限，而與之爲取引，固所當然而不得認爲有過失也。故法律不保護此善意之第三者，則無論何人，不能安心與理事爲取引矣。此本條所以止保護善意之第三者也。

第五十五條　理事限於依定款、寄附行爲或總會之決議而不被禁止時，得委任他人爲特定行爲之代理。

依第百六條："法定代理人，得以其責任，選任復代理人。"故無別段之明文，則爲法人之法定代理人之理事，不能不謂以其責任，得隨意選任復代理人也。雖然，本章所規定之法人，乃以公益爲目的者，故由設立者、裁判所、總會等所特信任而選定之理事，必以自執法人之事務爲原則。惟因疾病或其他故障，有一時不能執此法人事務之時，則關於其需特種知識材能之事項，若不許其選任復代理人，當覺其非常之困難，卻多所不利於法人。故於本條特限其行爲，而得以之委任他人焉。但以定款、寄附行爲或總會之決議，全然禁其復代理時，則理事固不能不從其禁止。雖然，此禁止亦爲所加於理事代理權之制限，故依前條之規定，固亦不得以之對抗善意之第三者也。

第五十六條　理事有缺時，若有因遲滯而生損害之虞，裁判所因利害關係人或檢事之請求，選任假理事。新商一八四

理事任免之方法，應定於定款或寄附行爲。在財團法人，設立者若忘卻未定，則裁判爲應代定者，故或因始所選定者，死亡或他原因，理事全缺；又或於數人理事應一致處理法人之事務，而缺其一人，則當由定款、寄附行爲等所定方法，選任

其代員，固已。然選任常需多日，而其間無執法人之事務者，或止餘存之理事，不能處理其事務，則法人因此多有損害之虞。故於此時，裁判所當因利害關係人或檢事之請求，選任假理事，令處理急要之事務。

第五十七條　法人與理事利害相反之事項，則理事不有代理權。當此之際，要依前條之規定，選任特別代理人。新商一七六

依第百八條，無論何人，不得就同一法律行爲，爲其相手方之代理人。故理事爲法人之代理人，不得與自己爲法律行爲，固甚明也。雖然，此規定之於理事，於左之二點，有所未足。(一)正爲其法人之故，與理事必爲法律行爲，此時別無他應代表法人之人，遂致必要之行爲，亦有不得爲之慮。故於本條選任特別代理人，令爲與理事爲此行爲者。(二)雖法人與理事之間，不爲法律行爲，然利害不無相反之時。例如理事爲法人之保證人，當其與債權者爲更改或其他法律行爲，法人之利益與理事之利益每有相反。此時若仍必以理事代表法人，恐往往將爲法人生不利益之結果。此所以特設本條之規定也。

二　監事

第五十八條　法人得以定款、寄附行爲或總會之決議，置一人或數人之監事。舊商一九一，新商一六四、一八九

本條及次條，乃關於監事之規定。蓋法人非自然存在者，故不能自行監督理事之執務。然則理事有最廣大之權限，非有監督之之機關，動輒有流於專横之患。故置監事爲監督機關，頗多必要之處。雖然，因法人之性質，有不必狹少其目的之範圍，而特置監督機關者。故於本條，不以爲法律上必置監事，專任定款、寄附行爲或總會定之，止規定或由設立法人者，或

由總會以爲必置監事，則儘可置之焉耳。

或曰：縱法文無此規定，然因貫徹法人之目的，得置監督機關，蓋無疑義。然必特設本條之規定，其故如何？應之曰：即無本條規定，固不妨置監督機關。然其監督機關，果應有何等職務，若不以定款、寄附行爲或總會之決議明定之，必生疑問。然必置監事爲監督機關，此等處所，實爲不少。故有定款、寄附行爲或總會之決議不明定其職務時，亦必定監事當有何等之職務，且規定其制裁。故於本條先規定得置監事之旨，於次條乃揭其職務於後，第八十四條更定其制裁焉。

第五十九條　監事之職務如下：

一，監查法人財産狀況之事；

二，監查理事執行業務狀況之事；

三，若於財産之狀況或業務之執行，有不整之端發見時，報告之於總會或主務官廳之事；

四，若必爲前號之報告時，招集總會之事。舊商一九二、一九三，新商一八一至一八三、一八五

監事之職務，如其文義，蓋在監督法人之事務。本條列舉監督之方法，以明監事之職務焉。

三　總會

第六十條　社團法人之理事，至少每年一回開社員之通常總會。舊商一四八、二〇〇，新商一五七

本條以下至第六十六條，乃社團法人之所特别者，蓋關於其社員之總會(assemblée géneral mitgliederversammlung)者也。蓋在財團法人，雖設立者有數人時，要止以財産爲法人之基礎，故法律上設立者，無總會等之機關。在社團法人則異是，法人之基礎以社員之集合體爲主，故此社員之意思，乃代

表法人之意思者，當以指揮理事或監督其事務，爲貫徹設立法人之目的計，固所當然。雖然，數人之意思，常不能同，故若必俟其一致，則必多不能行其意思者。在文明國，無論何等集合體，皆由會議決事。其會議，又以當由多數決爲常。特社員之數，不止二人三人，若及數十百人之多數，終不能得其一致。此本條以下，所以認社員之總會，其總會則以多數決議定一切事項也。但其決議之方法，雖常以定款定之，然若未定，則從集合體之通則，當決以過半數，不待言也。六五一項參照

在社團法人，既以社員總會之意思，爲法人之意思。故每年要至少一回，招集其總會，監督理事之執務，併令就必要之事項，得加以指揮之機會，是殆各種集合體之所同。本條乃特就社員之總會規定之。但本條所定，乃通常總會(assemblée ordinaire，ordentliche，Versammlung)，其目的蓋就法人一年間之事務受理事之報告，併聽監事之意見，查定理事功過，以明其監督之實者也。

第六十一條　社團法人之理事，若認有必要，得無論何時，招集臨時總會。

若由總社員五分之一以上，示其會議之目的事項，而爲請求，則理事要招集臨時總會。但此定數，得以定款增減之。舊商一四八、二〇一，新商一五九、一六〇

本條乃關於臨時總會(assemblée extraordinaire，ausserordentliche Versammlung)之規定。臨時總會，或以理事之意見，認有必要，則無論何時，得招集之；或依社員之意見，得令理事招集之。但(第一)若社員雖止一名，而希望招集臨時總會，亦必招集之，則頗有不勝其煩雜者。故以由總社員五分之一以上有所請求爲必要，但此員數，以定款增減之，或爲非有

四分一以上之請求，不得請求招集總會，或爲即由一人爲其請求，亦不得不招集之，皆無不可。(第二)社員非示其會議之目的，而爲請求，不得從次條而爲招集，故以示其目的爲必要。

第六十二條　招集總會，要至少於五日前，示其會議之目的事項，從定款所定之方法而爲之。舊商一四九、一九九，新商一五六

本條乃關於招集總會之規定。蓋總會之爲物，非豫指示其目的而招集之，則不能知社員多數之真意思。何也？一則會議之目的，有必豫爲調查者；二則因會議目的之輕重，有或則缺席，或則念事體繁重而出席者。而其招集之時日及其目的，非於期間前通知之，則例如招集之前日或當日，雖爲其通知，社員不但不得爲必要之調查，並往往有欲出席而不能者。又況受招集之當時，因旅行及他故不在之社員，亦當不少乎？故本條必於五日前爲其招集，但招集之方法，不以法律一定之，專任定之於定款。例如社員若員數無多，則以一郵信招集之；員數若多，則當有必以新聞紙之廣告爲足者。

本條單言要爲招集，故從第九十七條第一項之規定，不能不謂必於五日前要招集通知之到達，受信主義之弊亦至此而極矣。故商法一五六·一項曰要發通知也。

第六十三條　社團法人之事務，除以定款委任於理事及他役員者之外，悉依總會之決議行之。六七〇，取一二四·三項、一二八

本條乃定社員總會之權限。蓋總會爲代表法人之意思者，故除特以定款委任於理事及他役員之事項外，法人之一切事務，舉當依總會之決議行之。此本條所規定也。

第六十四條　總會依第六十二條之規定，得止就豫爲通知之事項，爲其決議。但定款若有別段之定則，不在此限。

既如六十二條所說明，總會之決議，欲令其不至有名無實，則必豫通知其目的，必止就其所通知之目的，爲當爲決議者。雖然，因法人之性質，或從其事項之輕重緩急，即其不豫通知之事項，亦有必爲決議者。故本條不盡拘原則，止就所豫通知之事項爲決議，若定款有別段之規定，則亦有可從之例外焉。

第六十五條　各社員之表決權爲平等。

不出席於總會之社員，得以書面爲表決，或指出代理人。

前二項之規定，定款有別段之定時，不適用之。六七〇、九四七·一項，取一二四·三項、一二八，舊商八八、八九、一五一、二〇四，新商一六一·三項、一六二

本條及次條，乃定決議之方法。蓋社員常以各爲多少之出資，組成法人之財産，故爲多額出資之社員，比於爲少額出資之社員，權利加多，亦非無理。雖然，本章所規定之法人，本以公益爲目的者，非爲社員之利益而設立之，故未必因其出資之多少，即於公益之情，爲有厚薄。此本條所以以各社員之表決權平等爲原則也。即在營利目的較多之組合，六七〇條亦取同一之主義。即在常以營利爲目的之商事會社，其合名會社及合資會社，依舊商八八、一五一等之規定，亦取同一之主義。據新商五四，合名會社則準用組合之規定。又合資會社，則新商一〇九·二項，止於無限責任社員，取同一之主義。蓋如舊商法以無限責任社員，與有限責任社員，爲有同等之權利，其爲不當，固不待言。又舊商八九，爲不當之規定，故新商法削除之。

社員當以出席於總會而陳述其意見，爲本則固已。然容有法人，其社員散在各地，欲其全員皆出席於總會，有萬不可得

者。又況即使同住一地，因疾病事故不能自出席於議會者，更往往而有耶？此等人，果將不得行其表決權耶？蓋會議體之通則，會員雖當自出席，然此在法人，頗爲不便，或且至會議不見爲成立焉。故本條第二項，缺席社員得或以書面爲表決，或指出代理人，而使加於其表決，是頗屬於變則。若本條無此明文，烏能如此？或曰在株式會社之總會，株主必可指出代理人，雖無明文，理自一定。故在本條，規定其得指出代理人，甯爲通則？曰：是不然。株式會社及他商事會社，皆爲社員財産上利益設立之者。然則得使用代理人代表財産上之利益，固不待言。然本章所規定之法人，以公益爲其目的，故若無本條之規定，不能不謂代理人之不可指出也。此本條所以特需規定也。新商一六一・三項，株式會社亦於得指出代理人之旨，特明言之。

以上止普通之原則，若定款有別段之定，則可從之。例如以定款應出資之額，設社員表決權之差等，或禁以書面或代理人行表決權，或止依他社員之代理得爲代理表決者，於此等處，則不依本條之規定，而從定款之所定焉。

第六十六條　就社團法人與某社員之關係爲議決時，其社員無表決權。九四七・二項，新商一六一・四項

本條之規定，乃揭各種會議體中共通之原則。蓋議事正關某社員之利害，此社員若亦有表決權，則其決議之平而不頗，不可期矣。故此等處，必令該社員不與議決之數。但本條所云就法人與某社員之關係爲議決時云者，無他。總會之決議，固當於法人之目的範圍内爲之，即依第六十三條之規定，亦已可知。故總會之決議關於某社員之利害者，皆爲法人與其社員之關係，此本條所以云云也。例如法人因理事之執務不妥，恐生不利益之結果時；又如某社員與法人，取結一種契約，討論其

利害得失。凡此關係社員，非使之不與議事，難保不或失公平，此本條之所以規定也。

四 主務官廳

第六十七條 法人之業務，屬於主務官廳之監督。

主務官廳，無論何時，得以職權檢查法人之業務及財產之狀況。舊商二二四至二二七，新商一九八

本條乃規定主務官廳之最高監督權。蓋監事之監督，未必得充分爲之。何則？監事或對於理事過爲寛大，欲充分摘發其過愆，而對之爲適當之處分，未免或怠或不勝監事之職，不爲其應爲之監督。又或於理事之邪正，無識别之明，甚至與理事通謀，共爲不正不法之處置。又總會每年常止一開，常不能詳法人之事務及財産之實況。况無此等機關者，更不少耶？故主務官廳若認爲必要，則必於任何時，得取相當之監督方法，以圖貫徹法人之目的。而於本條之規定，則主務官廳以有檢查法人業務及財産狀況之職權爲主。

第三節 法人之解散

本節先列舉法人解散（dissolution，Auflösung）之原因次就其爲解散結果之清算爲之規定並定法人解散之後屬其所有之財産之應歸屬者。

第六十八條 法人因左之事由而解散：

一，以定款或寄附行爲所定解散事由之發生；

二，法人目的事業之成功或其不能成功；

三，破産；

四，設立許可之取消。

社團法人，於前項所揭者之外，因左之事由而解散：

一，總會之決議；

二，社員之缺亡。六八二、六八三，取一四四、一四五，舊商一二六、一二七、二三〇，新商七四、八三、一一八、二二一、二四六

本條列舉法人解散之原因，就中第一項第一號、第二號及第二項第二號，略有要説明者。

第一，以定款或寄附行爲所定解散事由之發生云者，例如存續時期之屆滿，所繫解散條件之成就等是也。

第二，法人目的事業之成功云者，例如法人希望成立一必要之制度，以用種種方法盡力爲之爲目的，則因其制度之成立，法人之目的事業，可爲成功，由是其法人不能不爲當然應解散者。又其不能成功云者，例如法人以創建一寺院爲目的，即以集必要之資本爲目的，而其資本寄附者少，至明爲該寺院到底不能創建之時，其法人因事業之不能成功，亦不能不爲當然應解散者。其他如因資本缺乏，不得繼續其目的事業等情，皆爲當依此規定而爲法人之解散原因者也。

第三，社員之缺亡云者，乃謂社員全缺並無一人。蓋社團法人以社員爲其基礎，故無社員之社團，到底不能相認。此社員缺亡，所以爲法人解散之原因。或曰：社團法人因二人以上社員之集合，始能設立。故曰：成立常要二人以上之社員，若因死亡等減至社員一名，即不能不爲法人之應解散者。雖然，法人之設立與其生存，並無條件必同之理。蓋社員雖至一人，代表其設立法人者全體之意思，而期其目的之成功，安見其必有不合？故公益法人，非至不得已，終取不使解散之方針。社員既尚有一名，社團法人即爲存續，殆不得謂之欠妥也。新商七四五號，執反對之主義者，以彼爲營利之法人也。蓋在營利法人，將以圖社員之財産上利益，故社員有二人以上，始有社員共同之利益，而與社員各自之利益相異，則法人必需設立。若社員爲一人，會社之利益，亦即其社員之利益，故法律上不能區别其社員之他利益，則勢不得不致法人之解散矣。

破産（faillite，Konkurs）在現行法，雖爲商事所特別者，然新民法爲民事、商事所通，《破産法》亦早晚當被改正。故如無關係於商事之法人，亦同爲可受破産之宣告者。但依《民法施行法》第二條之規定，儘《破産法》未改正前，以家資分散，視爲破産。

第六十九條　社團法人非有總社員四分之三以上之承諾，不得爲解散之決議。但定款若有别段之定，則不在此限。三八・一項，取一四五，舊商一二六・三號、一五一・二項、二〇三，新商七四・三號、二〇九、二二二、二四四

社團法人，本因社員之意思而設立，故又得以社員之意思解散之，固當然之理。然其初固因總社員之承諾，爲設立法人之理由，其後解散，若亦必得總社員之承諾，則苟有一人爲不同意，即決不得而解散。難保無狡猾之社員，動輒以他社員皆望解散爲奇貨，一人力試其反對，因以自營私利。此凡集合體所以以得總員同意爲極難，法律特干涉之。有若干之多數，即視爲總社員之意思，以多與決事之便。社團法人亦據此理由，雖無總社員之承諾，亦得解散。惟在普通之會議，有出席員過半數之同意。雖已得爲解散，然在解散，則爲應代總社員之意思之決議，故必有總社員四分之三以上之同意焉。此與舊商法中關於合資會社之規定全同。舊商一五一・二項，但新商法則要總社員之一致。

右爲普通之原則。然或因法人之性質，或從社員之多寡，必可以定款，定不依右原則之旨。例如無總社員之承諾，不得解散，又以過半數之同意，即得解散，皆可任意定之也。

第七十條　法人至不能完濟其債務時，裁判所因理事或債權者之請求，或以其職權，爲破産之宣告。

遇前項情事，理事要即爲破産宣告之請求。舊商九七八、九七九，新商一七四・二項

本條就法人爲無資力時而規定。在新民法，破産既如所説明，不問民事、商事，故法人無資力時，必速宣告其破産，以務公平保護其利害關係人之利益。儘《破産法》未改正前，可請求家資分散之宣告。故於本條，法人之資力，至分明不足完濟其債務時，裁判所因代表法人之理事，或最有利害關係之法人之債權者，來相請求，又或此等人皆不爲請求，則以職權，當爲破産之宣告。而理事在最應早知法人無資力之地位，故一有所覺爲無資力，同時即有速爲破産宣告之請求之義務。而其制裁，則於第八十四條第五號規定之。在現行《破産法》即停止其支付之債務者，有自請求其宣告破産之義務。

第七十一條　法人若爲其目的以外之事業，或違反所得設立許可之條件，其餘爲能害公益之行爲，則主務官廳得取消其許可。舊商六七・二項，新商四八

本條規定設立許可之取消時，蓋主務官廳之於法人，特因保護某公益事業而許可其設立，故若其法人爲目的以外之事業，則是超乎法律所與之權能，主務官廳固未容默視。又主務官廳爲設立之許可，往往附若干條件。即主務官廳以定款之全部或一部，或他事項，爲設立許可之條件，而與以許可，其事甚多。遇此等處，若法人擅變更其條件，於主務官廳所以與以設立許可之精神，豈無蔑視？則主務官廳，自必得取消其許可。其他欲保護公益，所許可其設立之法人，若爲能害公益之行爲，令其法人永遠存立，難保不益增害公益之結果。當此時，主務官廳，亦必得依其警察權，命此有害之法人以解散。例如以政治爲目的之法人，涉過激之舉動，頗有害及公安之患；又如以宗教爲目的之法人，卻有壞亂風俗之行是也。

本條所謂法人云云，法人本爲無意思者，故不能不以對外能爲代表之理事，及能代法人意思爲決議之總會行爲，爲法人之行爲，蓋無容疑也。

第七十二條　既解散之法人之財産，歸屬於定款或寄附行爲所指定之人。

若不以定款或寄附行爲指定歸屬權利者，或不定指定之方法，則理事得主務官廳之許可，得以類似其法人目的之目的，處分其財産。但在社團法人，要經總會之決議。

依前二項之規定，而不能處分之財産，則歸屬於國庫。

一〇五九，取三一五

法人本爲假定，非有自然之存在，故法人成立之間，雖視爲無形之人格，而以之爲財産之主體。然一朝遇法人之解散，則財産忽失主體，法理上當悉歸諸無主物而已。雖然，無主物本非可濫望其生，故法律許以定款或寄附行爲，特定法人解散之後，其財産應相續之人。蓋此財産，初爲法人設立者之私財，其供公益之用與否，全隨其人之意。故以供公益之用以後，雖非復其人之財産，全視爲有公益目的之法人財産。然既至解散，其法人消滅公益目的之際，則務令依財産之舊所有者即設立法人者之意思，得處分之，於法理亦毫無不可。而於獎勵設立法人者一層，尤爲得策。此本條所採主義，所以以重設立法人者之意思爲主也。

設立法人者，明表示其意思，特指定應相續法人財産之人。此時應從此意思，固已如上所述矣。然設立法人者，往往有不爲表示其意思者。遇此，則果如何？曰：是凡有三方法，不能不擇其一。

其一，法人財産當然歸設立法人者或其相續人。此在營利法人，固所當然。然在公益法人，則此主義，不但法理上難與説明，且多可反於設立當時設立者之意思。尤難保設立法人者或其相續人，不因欲得法人財産，於公益上必要之法人，乃至於促其解散。故於本條不採用此主義。蓋設立法人者，不得認公益目的之法人財産，爲可因以計自家之利益者。故此財産，依然以供公益事業爲最妥。

其二，以之没入於國庫之主義。此從爲公益之上觀之，雖非全然無理，然以有一定目的之財産，廣供關於一般公益之國用，常大戾設立法人者之意思。故此主義，亦不能採用。

其三，以法人之財産，使用於類似其法人目的之他目的之主義。此雖稍有擅斷之咎，然所生結果，最近於設立法人者之意思，蓋不容疑。故本條採此主義。但何等目的，果類似法人之目的，頗屬困難問題。故於此必要主務官廳之許可，且在社團法人，當經總會之決議焉。而其類似法人目的之他目的，示其顯著之實例，則如以甲學校之財産，爲乙學校之資本，以甲病院之資本，爲乙病院之財産，此類是也。

不以定款或寄附行爲，指定應受解散後法人財産之人，或並不定指定之方法，而又以類似法人目的之目的，不能發見，或其財産過少，不足達其目的等情，則果應如何？此時除國庫没入其財産之外，殆不見適當之方法。蓋欲供公益目的之法人之用，所棄捨之財産，縱令其目的有廣狹大小之差，然使歸其財産於國，則國固可稱爲國内公益事業之代表者，亦不能不謂當此之時，所最近法人設立者意思之處分方法也。此本條第三項，所以使歸屬右之財産於國庫也。例如欲宏通某宗教所設法人，若無他同種法人，則不能以其遺産寄附有類似目的之他法人，而其遺産之額又甚少時，並不能新設立一同目的之法人，此等皆事所恒有。除以其財産歸於國庫而外，無他道矣。

第七十三條　既解散之法人，於清算目的之範圍内，儘其清算之結了以前，尚視爲存續者。商八四

法人不過一假定者，既屢屢論之，而此假定，止爲法人之目的事業而存在。一朝法人解散，而至其目的消滅，無復有所謂右之假定。故由純理言之，則法人之假定，不能不謂與解散同時消滅。雖然，果如此，則所以設法人之假定之主目的，止可全歸泡幻而已。蓋所以設法人之假定者，以得爲權利義務之主體爲主。其財産，與社員及其他一個人之財産，爲之區别。法人之財産，爲因法人事務所生債務之特别擔保，以令其債務者不蒙不慮之損失。然則右之假定，若與法人之解散同時，忽然消散，則法人之債權者，於應請求辨濟之時，多有不能受法律之假定之利益者。法人解散前，多由法人之代表者，任意履行其債務，故債權者常無庸究其果以法人財産履行之，抑以社員等財産履行之也。然則法律欲保護債權者，而維法人之信用，令其事業得易於發達云云，其目的多不能達。如此則不能不謂此法人，不如其始即不設之之爲愈。此本條所以規定也。蓋無本條之規定，則理論上既解散之法人，即既消滅之法人。法人消滅，忽復事實之真，於是社員及其他設立法人者，雖復存在，而法人則已無有，社員等之財産雖在，法人之財産則不存。緣此之故，雖在外國罕設本條明文之例，然其實際，殆無不行本條所規定之原則者，以是知本條爲至當也。

第七十四條　法人既解散時，除破産外，以理事爲其清算人。但若定款或寄附行爲有别段之定，或由總會選任他人，則不在此限。六八五，取一五〇，新商八七至八九、二二六・一項、二四八，舊商一二九、三三二・二項、二三三

本條以下，專爲關於清算(liquidation)之規定。蓋法人解

散之後，其目的事業，雖不能復繼續之。然其法人未解散之際，或得債權，或負義務，常未終其權利義務之實行，而法人之目的則已去，故不能不以速行用其權利、速履行其義務，令利害關係人，受最公平之處分。夫欲達此目的，必總括法人之財產，視其全體之實況，以使各行其權利。故命以清算之一種組織的處分，正期各權利者不濫行其權利也。清算之定義，當云：明法人之資産與負債，由其權利之行使，收集其利益，履行其義務，以其殘餘財産，交付權利者是也。

本條則爲定應以何人爲清算人(liquidateur，liquidator)，而掌右之組織的處分者。而其原則，則直以理事爲清算人也。但此規定，決非命令規定，故得以定款或寄附行爲定其反對。例如豫定以非理事之他人，爲法人解散時之清算人，或際解散特開總會，使選定清算人，又或由主務官廳指定適當之清算人，均無不可。又即定款無何等之定，若由總會認爲必選理事以外之清算人，亦必得自由選任之。此所以有本條但書之規定也。依舊商法，於商事會社解散之時，必特選任清算人，使之執清算事務。然新商法，則不以此爲必要，或不爲清算商八五・一項，或由社員全員爲之同上八七・一項，或以取締役爲清算人同上二二六・一項，或由無限責任社員之全員，及株主總會，所選任者得爲清算人焉。同上二四八　譯者按：組織的處分，言此處分乃科算分配以爲之，非可徑直從事。命令規定，言以法律强定爲如此，蓋與隨意規定爲反對。取締役，乃商事社會之理事，猶吾公司之總協理。取締役之領袖，謂之頭取，猶吾公司總理也。

本條以破産爲除外，無他，此有破産管財人，行清算之事也。

第七十五條　若依前條之規定，而無清算人其人，又若因缺清算人而有將生損害之患，則裁判所得因利害關係人或檢事

之請求，以職權選任清算人。新商二二六・二項，舊商二三三

本條依前條之規定，就未有既定之清算人時規定之。例如於定款或寄附行爲，並無如何之定，而理事死亡或辭任時，則不得適用以理事爲清算人之規定。又定款或寄附行爲既無可依，而在社團法人亦無理事，故不能招集總會。由是法人縱使解散，其應爲清算人者，難保不一無其人。於此時，非速選任相當之清算人，損害於利害關係人者不少。故裁判所得因利害關係人或檢事之請求，又或以職權，速選任清算人也。

右雖論自始即無清算人者，然初有清算人，而中間始缺此者，亦不得不同。例如正在清算時，清算人死亡或辭任，若於定款或寄附行爲不有何等規定，則亦惟有與前項陷於相同之困難而已。

因缺清算人而有將生損害之患云者，例如清算人有三人時，若得以多數決處理其事，則雖缺一人尚可無害，若必需一致，則缺一人而不得不中止其清算事務矣。似此則損害豈尠，故必依本條爲其補缺，況有自始即止一清算人時耶？

第七十六條　有重要之事由，裁判所得因利害關係人或檢事之請求，又或以職權，解任清算人。商九六、一一二八、一一四，舊商一三一、二四〇　譯者按：解任清算人，依我文理，當曰解清算人之任。然日本文，解任與選任爲對待之名詞，頗多不能分拆之處，故仍之以免參差。

清算人，乃於清算中，負所擔重任於一身者，非與之以充分之權力，不能令清算事務，著著進步。故即清算人之處置，有若干唱言不服者，因此忽解任其清算人，頗有妨及清算事業之患。故於本條，非有重要之事由，則爲不得解任者。例如清算人行不正之行爲，或對於利害關係人顯然爲不公平之處置，又或因管理財産不得其宜，致法人之損失，惟有於此等情事，裁判所得解任之而已。

第七十七條　清算人除破産一事之外，要於解散後一週間内，以其氏名、住所及解散之原因、年月日爲之登記。又無論何種解散，均要於主務官廳呈報之。

既就職於清算中之清算人，要於就職後一週間内，爲其氏名、住所之登記，且要於主務官廳呈報之。商七六、九九七，商二九、二三四

清算人爲已解散之法人之代表者，故凡必與法人爲取引之人，皆不能不與清算人爲交涉。然則何人爲清算人，固利害關係人所最欲知之。又就法人之解散，往往有不法情事，故不能不從速公示其原因，唤起利害關係人之注意。此所以有本條之規定也。

主務官廳，乃法人之最上監督，故在其監督以下之法人，因解散而消滅之時，必令知之。故本條當呈報於主務官廳，其届出義務者，雖常爲清算人，然於破産時，則尚無之。故理事當爲届出，蓋不容疑，但法文稍嫌不備耳。

本條第二項，乃關於清算人有更選時之規定。既有第一項之規定，則第二項之爲其所必要，固不俟論。惟當解散之當時，因理事之死亡等，非直踐第一項之手續時其以理事之死亡，適爲法人解散之原因者亦不少，若因利害關係人之請求，由裁判所選任清算人，則往往解散後有空過一週間者，於此時，果應適用本條第一項耶？抑應適用第二項耶？據余之所信，則當適用第一項。惟登記則雖過解散後一週間，若别無遲滯而爲之，則必應免第八十四條第一號之制裁。何也？以此絶非怠於登記者也。然當視幾日内登記爲不怠慢乎？此雖爲事實問題，專屬裁判官認定權内之事項。然實際若於就職後一週間内爲登記，據本條之精神，殆不當視爲怠慢者乎？

第七十八條　清算人之職務如下：

一，現務之結了；

二，債權之取立及債務之辨濟。譯者按：取立，即催索；辨濟，即清償也。

三，餘賸財產之引渡。譯者按：引渡，即移交。

清算人因行前項之職務，得爲一切必要之行爲。六八八·一項，取一四九、一五一，商九一，舊商一三〇、二四〇

本條乃規定清算人之職務與權限者。

第一，清算人之職務。約言之，爲處理已解散法人之財產。而詳言之，則(一)結了現在施行中之事務，確定由是所生之權利義務；(二)法人之債權則取立之，法人之債務則辨濟之，以速明法人之費力；(三)若財產有餘賸，則當引渡於第七十二條所定之歸屬權利者。若不能以法人之財產，辨濟其債務之全部，則從第八十一條，不能不爲破產宣告之請求。是爲清算之目的，即清算人之職務。

第二，清算人之權限。最爲廣泛。凡行右之職務，必要之行爲，不問其爲裁判上之行爲，與裁判外之行爲，得一切以專斷爲之。但若有不正或失當之所爲，則對之應負充分之責任，又爲一定之理。七〇九

第七十九條　清算人從其就職之日，要於二個月內，至少以三回公告。對於債權者，以應於一定期間內申出其請求之旨，催告之。但其期間，不得下於二個月。

前項之公告，要附記債權者，若不於期間內爲申出，則其債權當除斥於清算以外之旨，但清算人不得除斥所已知之債權者。

清算人所已知之債權者，要各別催告其申出。商二三四，舊商二四三

本條乃定前條第一項第二號中辨濟債務之手續。蓋法人之債務，雖大概由帳簿可以知之。然債務之種類，千差萬別，非可令任何債務，悉記載於法人之帳簿。例如法人對他人負損害賠償之義務者是也。然則一旦清算結了，而以法人之財產，已引渡於歸屬權利者，則其債權者，失此爲債務者之法人。殆即欲請求，不知應向何人請求之。又即使債權者，於法人之財產，能指出此不當而已受之歸屬權利者，然或因其人爲無資力，或因其人爲多數，而不能對其各人請求全額之債權，苟非蒙全部或一部之損失，則亦必多方費事。故爲清算人者，不可不務遍令債權者知法人之解散，併令於一定期間内申出其債權，以便合一切債權者，速爲公平之辨濟。此本條所以命其由就職二個月内至少爲三回之公告，其公告中則定其應記載之旨。所謂定二個月以上之期間，而催告於其期間内，必爲債權之申出也。

公告中之期間，由何日起算，而爲不得下於二個月乎？曰：當由第一回之公告起算之。蓋餘二回之公告，不過反覆第一回之公告也。

清算人一經履其右之手續，則法律推定爲無論何等債權者，皆知其法人之解散。且苟重自己權利之債權者，必能於所公告之期間内，爲債權之請求。故若有於右期間内不爲請求之債權者，是可視爲拋棄其權利者，定其得全從清算内除斥之，不算入法人債權者中。但當觀次條惟若不揭此事於公告中，或不無令債權有蒙意外損失之虞，故以此旨爲當特揭於公告中也。

以上爲以不記載於法人帳簿之債權者爲主而定之者。蓋法人帳簿所記載之債權者，即不因公告，清算人固當知之。故對於此債權者，即不特爲公告，自可從帳簿，直爲辨濟。惟其債權之數額，及其他事項，或非無不確定者，又即無此事，然從債權者之自言，以爲辨濟，實際大有省事之便。故又爲當各與催告，而使速爲其債權之申出者也。

雖然，此債權者，清算人既知之。故即其債權者，不應清算人之催告而爲申出，終不當除斥之。此時清算人惟從普通之方法，辨濟於此債權者而已。而若債權額等，債權者有異議時，則當由裁判所決之。故此項債權者之有無申出，其影響固不及於其權利之消長也。

第八十條　後於前條之期間，所申出之債權者，止對於法人完濟債務之後，未引渡於歸屬權利者之財產，得爲請求。商二三四，舊商二四五

非能由法人之帳簿等，爲清算人所知，而又後於前條所定期間，始將債權申出，此債權者未必即失其債權。然清算人促其申出之必要手段，其施之也已見充分，故止就所已知之債權者，及既爲申出之債權者，視爲法人之債權者，由法人財產中爲之辨濟。若尚有餘賸，則直以之引渡於歸屬權利者可矣。此種怠慢之債權者，清算人安能取還既引渡之財產，復爲辨濟。惟幸而尚未引渡，未爲歸屬權利者之財產，則對於其財產而得爲請求者，僅此而已。

第八十一條　清算中，若法人之財產，至分明不足完濟其債務時，清算人要直爲破產宣告之請求，而公告其旨。

清算人，引渡其事務於破產管財人時，即終其任。

遇本條情事，若有已支拂於債權者譯者按：支拂，猶言支付，或已引渡於歸屬權利者之物，則破產管財人得收回之。舊商二五三，新商九一·四項、二三四

清算之規定，雖亦專以公平爲旨，充分保護債權者之權利。然較之破產手續，則寬嚴疎密，又非可同日而語。然則當

法人財産，不能辨濟其債務之全額時，尤必公平保護各債權者。故甯令清算人速請求破産宣告，最爲得策。

清算人依右之規定，而請求爲破産宣告時，必不能不停止其清算事業。故速公告其旨，使利害關係人咸加注意，是爲至要。此本條第一項所以有末段之規定。

若清算人怠於右二事，則有第八十四條第五號及第六號之制裁。

因清算人之請求，果有破産之宣告，則清算人於此結局，而爲破産手續之開始。故爾後法人之代表者，爲破産管財人，而非復清算人，清算人不能不以其事務，速引渡於破産管財人。其清算人引渡既終，則其職務權限，全然消滅，無復清算人之用。然若無法律之明文，則即破産開始之後，清算人不免疑其資格依然，在破産手續中，尚有債務者之代表者之位置。現今外國，非無破産管財人與清算人并存之例。然而法人云者，本不過法律之假定，非實有存焉者。故其破産之後，就破産手續，不必特有代表者，止以破産管財人，於特定範圍以内，爲其法人代表者，以保護一切利害關係人之權利。此所以有本條第二項之規定也。蓋清算人或有應受報酬者，若不爲終其任，則必仍與報酬，需無益之費用。右之規定，所以特爲必要。

破産手續，專保債權者間之公平，以使各債權者，受平等辨濟爲目的。故若清算人，誤就債權者之全負，爲一部之辨濟，或止於其一部，爲全額或一部之辨濟，又或有已引渡於歸屬權利者之財産，則必取戾之，而更於債權者間爲公平之分配。故本條第三項，以取戾之權，與破産管財人焉。

第八十二條　法人之解散及清算，屬裁判所之監督。

裁判所無論何時，得以職權於前項之監督，爲必要之檢查。舊商二三五

清算事務之重要，及清算人權限之廣大，既如所述。故若無監督之者，往往有不正或失當之所爲，故本條以此監督權與裁判所。裁判所無論何時，若認其監督爲必要，得以職權，檢查帳簿等焉。

據第六十七條，法人之業務，屬主務官廳之監督。既如此，則本條又以法人之解散及清算，俾屬裁判所之監督，其故云何？曰：法人生存中，專期其從業務之公益而行，是甯屬行政官廳之主管。反之，在法人解散之後，則專期保護利害關係人權利之公平，此所以自屬司法官之職務也。

第八十三條　清算若已結了，清算人要於主務官廳呈報之。商九九、二三四，舊商二五五

法人本依主務官廳許可而設立者，故清算全然結了，法人全歸消滅之時，速以其旨呈報主務官廳，固可謂當然之手續。此所以有本條之規定也。

第四節　罰　　則

本節乃定以上三節所揭之規定之制裁。蓋法人之各機關，若犯有觸於刑法之行爲，則本當受刑法之制裁。然若不觸於刑法，而違背公益上重要之規定，則民事上亦必加以相當之制裁。而其制裁則有二：一依不法行爲之通則，一使法人於其他利害關係人，爲損害之賠償；一依本節之規定，科以過料。蓋止爲損害之賠償，不但往往不能證明損害，且即無私人之損害，猶有理事及他人之非違，非懲罰之，難保公益規定，不遂至不可復行。此所以有本條之規定。至其手續，則更於《非訟

事件手續法》第二百六條至二百八條規定之。

第八十四條　法人之理事、監事或清算人，於左之情事，被處以五圓以上、二百圓以下之過料。

一，怠爲本章所定之登記；

二，違反第五十一條之規定，又於財産目録或社員名簿，爲不正之記載；

三，於第六十七條及第八十二條之情事，妨主務官廳及裁判所之檢查；

四，對於官廳或總會爲不實之陳述，又或隱蔽事實；

五，反於第七十條或第八十一條之規定，怠爲破産宣告之請求；

六，怠爲第七十九條或第八十一條所定之公告，又或爲不正之公告。商二六〇、二六二，舊商二五六至二六〇、二六二

本條定應科過料之人、情事及其額，而非各種之人，皆能爲各情事之非行。例如怠於登記公告，止爲理事及清算人能有之；對於官廳或總會爲不實之報告，又或隱蔽事實，則監事亦有犯之者，此類是也。

本條所列舉之情事，皆信爲明瞭，無待説明。獨於第一號、第四號及第六號之關係，稍有需説明者。在第六號，則云怠爲公告或爲不正之公告；第一號，則止云怠爲登記，似乎爲不正之登記，獨漏於本條之制裁。然在第四號，有對於官廳爲不實報告之制裁，則登記所之爲官廳，所不待論。故對於登記所申請不正之登記，即不能不謂對於官廳爲不實之報告，此第一號所以不曰爲不正之登記也。

第三章　物

於前二章，既論權利之主體，於本章，則欲論其客體。蓋財産權，直接或間接之目的客體爲物，既如篇首所論，故以物之規定，次於人及法人之規定，乃當然之順序。

第八十五條　本法中物之云者，謂有體物。財六

羅馬法以來，歐洲多數之立法例，及我舊民法，於物皆有有體、無體（corporelle ou in-corporelle，körperliche oder un-korperliche）之别。法文中所單稱爲物者，通例常含此二者，此在理論上似無間然。然無體物中，包含物權、人權等權利，語本如此法文中所稱無體物，大抵祇指權利，則不能不謂存於物上之權利，即物權者，得存於他物權或人權之上。如此則不得不認債權之所有權、地上權之所有權等名色，是則權利之種别，必且錯雜混淆，全無識别。蓋羅馬法之區别有體物與無體物，甯謂區别所有權與他權利。此區别，雖多少不無實際之必要，然所有權亦權利，即爲無體物，故區别有形之物與權利，及其他無體物，並無何等之實用。由此區别推論之，或且不得不認所有權之所有權者。故新民法全不採此區别。法文中若單稱爲物，則必指有體之物。權利則謂之權利，不謂之物。其他如名譽行爲等無體物，亦各依其名稱，決不用無體物之總稱，此於實際，信其便利實多。尚當看次條之説明

第八十六條　土地及其定著物，以之爲不動産。

此外之物，悉以之爲動産。

無記名債權，視爲動産。財七至一四、三四六・二項，擔一〇

二・三項

本條規定物之分類，最重要之動産、不動産(menble ou immenble，bewegliche oder unbewegliche Soche)區別，雖舊民法中於物之分類，設最細密之規定，遂至認分類有十二種。然此多屬純然之學人空論，毫無實益。惟動産、不動産之別，則在歐洲亦所公認。即在我邦，亦似從來認此區別。而法律之規定中，因動産與不動産有大不同者不少。例如，(一)關於能力權限；(二)關於讓渡公示方法；(三)關於先取特權；(四)關於質；(五)關於抵當；(六)關於時效及所謂瞬間時效；(七)關於裁判管轄；(八)關於執行方法，皆於動産、不動産之間設有區別。故動産、不動産之區別，頗爲重要。在外國，尚於此外，有許多應區别動産與不動産之理由。

動産、不動産之别，在歐洲固大有沿革，但今欲詳論，則不在本書之範圍，故略之。蓋此區别之所由生，以歐洲中古以來，輕動産而重不動産，爲其主因。此觀念在往昔，頗非無故，然至今日，則動産之富，漸爲廣大，動輒有貴於不動産之觀。則從此點而認動産、不動産之區別，似甚不當。雖然，今試就各個之物，概論其價，一個不動産，恒貴於一個動産，殆不容疑。其就能力權限等，仍有幾分輕動産、重不動産之規定，亦非無故而然。

雖然，若動産、不動産之區别，單爲因其輕重，則今日固非復如昔日之重要。兹於兩者之間，尚有顯然之區别者，無他。不動産必有一定之所在，決無移動，反之而爲動産，則其所在常不確定。今日在此之物，明日在彼，其動移爲極易，故以同一之規定支配兩者，不合之處頗多。凡讓渡之公平方法、先取特權、質、抵當、時效、裁判管轄等，恒有區别於兩者之間，全然爲此。

動産、不動産之區别，乃物即有體物之區别。有形上可動之物爲動産，不動之物爲不動産於此下一定義，則動産乃自動或不毀壞而可動之之物，不動産乃不自動且非毁壞不可動之之物，其意義極爲明瞭，似毫無可疑之餘地。然古來就此區别，生許多疑問者何故？蓋所謂可動，有自然能動之物，有可以他力動之之物。其得以他力動之之物，則又有難易之别，難動之物，即非全不得動，亦有視爲不動産者，而别其難易之程度。立法例與學説，全然不能一致，則亦實有所不得已。在新民法，務本於自然之形狀，不假思想之力，妄以人爲的，爲以動物爲不動産、以不動物爲動産等情，此所以異於舊民法及許多外國法律之例也。在外國，大抵更以動産、不動産之區别，並及無體物，故不無因此更惹起澀難之問題矣。

自然不動，又不能以人力動之者，則惟土地而已。若地球之繞太陽周圍，此則不謂爲可動之據。雖然，與土地相密著，殆至不能分離，此種物苟非亦認爲不動産，則實際之不便不少。故本條，土地之外，所定著於土地之物，亦併以之爲不動産焉。此爲各國法律，皆一其揆。惟何等物謂之定著物，雖稍屬困難之問題，然本條全以之爲事實問題，並不以法文濫下其定義，濫示其適例。況彼事實上雖不得謂爲定著物之物，因假定而視爲定著物焉者，本爲新民法所不取。故定著物之字義，雖爲多少不免有疑義者，然苟揭其細目之規定，卻恐就其各目，不免愈令生疑，而其意義，畢竟不外於前所揭不動産之定義。今特示定著物之顯著者，則(一)建物；(二)植物植物即與土地分離，多有不即枯死者，然以成爲土地之一部分之植物，與其土地分離，即不能不謂毁壞也；(三)附著於建物或植物而不易使與分離之物等是也。

非不動産之物，皆爲動産。動物、器具等，皆無不然。其稍有可疑者，(一)供一時之建築等用，所設小屋陰架之類此等物拆去，似即爲毁壞。然其物之性質，乃用畢後應拆去者，故不得視爲毁壞。譯者按：陰架爲南方俗稱，以材木構高架，備工人升降，以從事高處之工作者也。原名謂之足場，其意謂著脚之處所；(二)以移動於他處爲目的，一時栽植之植物;(三)席與裝修之類譯者按:席爲日本人敷地之物,在我國當以地板例之。裝修亦南方俗稱,凡門窗户槅之類皆是。原名建具,謂建物中之美飾品也是也。

未離土地之收穫,爲動産乎?爲不動産乎?雖向有議論。據余所信,則收穫未離土地之時,其爲不動産,固無可疑。惟當事者之意思,有著眼於分離後之收獲者。例如土地之所有者,以分離前之收穫,一併賣卻,其事頗多。此時常以當事者之意思,豫約其分離後收穫之賣買。故其賣買非不動産之賣買,乃動産之賣買,是在樹木之賣買,亦同。《民事訴訟法》,則就果實之差押,取同一之見解焉。民訴五六八·一項、五八四·一項

舊民法雖仿法國及其他之例,認所謂因用處之不動産(immenble par destination),此不但非我邦之習慣,且於次條既設主物、從物之規定,原不必認因用處之不動産。蓋因用處之不動産云者,其性質爲動産,惟常爲不動産之從,而與之相伴。若處分此不動産,則因用處之不動産,亦共被處分,若設權利於不動産之上,則其權利亦可及於因用處之不動産,常與不動産共其運命,故有此名稱。雖然,因物之主從關係,得達此目的,故背於物之性質,而認此種之不動産,殊無謂也。舊民法雖並認因用處之助産,此非徒外國本無此例,且全背學理,實際無用,故不別論之。

動産、不動産,義如其文,本限爲有體物之區别。然歐洲中古以來,以此區别,並及無體物,是或非無便利之時。然認之爲一般之規定,則誠不必。故於新民法不認無體之動産、不動産,惟因規定之性質,遇應以關於物之規定,準用於權利之時,特明言之權利,則並無動産、不動産之别者也。

雖然,於此有一例外,無記名債權(créance au porteur, Inhaberforderung)是也。蓋債權本爲無形,似不得入動産、不

動産之别。然無記名債權，常視爲屬於證書之占有者，故其價即密著於證書。殆有證書即債權之情狀，故因便宜，即視其物爲債權。且證書本爲動産，故其債權亦視之爲動産。此雖各國所略同，然外國因無一般之規定，動生疑問，其例不少。故本條特明言之，庶關於動産之規定，當然可用於無記名債權也。

第八十七條　物之所有者，若因供其物之常用，以屬於自己所有之他物，附屬之，則其所附屬之物爲從物。

從物隨主物之處分。財一五、四一・二項

本條乃規定主物、從物（chose principale ou accessoire Haupt-oder Nebensache[Zubehör]）之區别。新民法動産、不動産之外，其爲物之區别者，止認此分類而已。其所以然者，無他，既如前條所論。凡物因其主從而共其運命，其結果頗爲重要。故雖他分類，一切不規定之，猶特設本條之規定也。

從物之定義，各國之法律及學説，雖不一樣。然在本條，則有二種要素：(一)從物要供主物所常用之物。例如房屋所備附之席與裝修，井上所備附之釣瓶，又如房户箱籠橱櫃等之筦鑰是也。其供一時某物之用者，非從物。例如行厨几案之類，非常供房屋之用，故非從物。(二)主物與從物，要同其所有者。蓋因從物與主物共其運命，故需有此區别。苟非主物之所有者，所備附之物，則不能指爲從物，而以之伴主物之運命。例如賃借人所備附於賃借物之物，即使供其物之常用，然賃借物之所有者，苟處分其物，而並賃借人所備附之物，亦與處分，則豈非不當之甚？此主物、從物所以必同其所有者也。以學理下主物、從物之定義，可云：主物乃不以助他物之用爲目的之物，從物則以助他物之用爲目的之物。然以此區别之實用言，則當如本條，限局其從物之定義，如本文所述是也。

主物、從物之區别，乃示二物之關係。不得云一物之中，以某部分爲餘部分之從物。例如果實及附加物等，學者雖往往稱爲從物，此非本條之所謂從物。蓋果實未離元物之時，全爲元物之一部。既離元物之後，則全爲别物，不能因處分元物，併處分其果實。惟其未離元物之時，若爲一權利之目的，則雖離其元物之後，其爲權利目的，固自依然。似此之併爲其物之一部，以主從關係論之，頗爲不妥。但以關於果實之權利，爲關於元物之權利之從則可。(例四四七·一項)又如某物以人工附加，與成一體之物，依添附之規則，原不許與之分離，故法律上不能視之爲二物，即不能謂從物伴主物之處分。惟適用添附之規則，雖亦必分主部分與從部分，然此與本條所謂主物、從物之關係，則全然異其性質。其詳當於後"所有權"章論之。

主物、從物之區别，如以本條第二項所云者爲主，則從物與主物視爲共其處分，有實用矣。但此規定，僅爲一般之規定，仍得以當事者意思左右之。例如，當其賣屋，有除去裝修者，當其賣地，有不附井上所備之釣瓶者，其他慣習上，各别其主物、從物，以爲處分者，亦不少。當此時，當事者之意思，往往從其慣習，故常不能適用本條第二項之規定。九一、九二例如船舶與帆櫂等，常聞人分離之而處分也。

第八十八條　以從其物之用處，所收取之産出物，爲天然果實。

以應受金錢及他物，爲物之使用之對價，爲法定果實。

財五二、五三、五四·二項、五七至六三

本條及次條，乃關於果實之一般規定。蓋謂何等物爲果實，又何人應爲果實之所有者，在各處皆爲必要問題。例如關於占有一八九、一九〇、留置權二九七、先取特權三一三·一項、質權三五〇、三五六、抵當權三七一、賣買五七五、使用貸借五九三、賃貸借六〇一、夫婦財産制七九九、八〇二、親權八九〇等，皆有其必要，而本條則揭果實之定義者也。蓋果實有天然果實(fruits naturels，natürliche Füchte)與法定果實(fruits civils，bürgerliche Früchte)之别。天然果實，謂真由物所産出之物。法定果實，謂使用其物者，所應付出之使用之對價。抑果實云者，其本義謂樹木所成之果。此果實乃與法律上有同一性質之物，併加以此名稱焉。例如田畝所生之米麥，是爲天然果實。法定果實，則如物之借賃金錢之利息等。蓋借賃利息等，皆有元本，恰如樹木生果實、田畝生米麥，情形無二，故以果實擬之，遂有法定果實之名矣。

果實之要素，古來有大議論。或以爲要定期收取之物，或以爲要原物不消耗者。是等之説，本條一概不用，專以從其物之用處與否，區别其爲果實與否。例如土地之收穫物，若年年變更其耕作物，則其收穫之時期常不一定，如是則物雖不能定期收取，其爲果實，要不容疑。此無他，耕地總之當供耕作之用，而耕作物之爲何物，非所當問故也。以果實爲權利者，亦得限其耕作之種類而爲之，然此特限物之用處，非限及用處所生之果實。又例如礦物、石材，其收取之時期不定，往往時常收取。又收取之時，消耗元物，更不待言。而苟以之爲非果實，則如礦山石坑等，不能不謂爲全無果實之物矣。立法例及學説，則概以之爲果實，以其從礦山石坑之用處所收取之物也。此在本條，所以以從其物之用處，爲果實之真要素，而不認他要素也。

定期金(rente)爲果實否，從來在學者間，雖大有議論，然據本條第二項之定義，殆明乎其非果實，蓋非物之使用之對價也。但其一部，等於利息，多有可視爲果實之處耳。更從理論上觀，定期金雖大有類於礦山石坑所採取之礦物石材，然其趣亦不無所異，烏能即以爲果實乎？

第八十九條　天然果實於其由原物分離之時，屬於有收取之之權力者。

法定果實，於收取權利存續期間，以日計取得之。財五〇、五二至五四、一二六、一五七・二項、一九四・一項〇　譯者按：日計原名日割，言計日爲分割也。此爲名詞，不可分拆。今取意義較明之字，製新名詞以配之，故謂之日計云爾。

本條乃定果實權利者之變更時，其果實究應屬前權利者，應屬後權利者。此爲往往可生疑問之端，故設此一般之規定，欲豫防後日之爭議於未發也。夫舊民法及其他外國之例，雖有隨地不同之規定，然此頗無理由。蓋果實之上止有有權利與無權利二者之别，其爲有權利耶，凡可稱果實之物，皆得收取之；其爲無權利耶，則全然不能收取而已。故本條一切不爲區别焉。

一，天然果實。此在未離原物之時，不以果實獨立而存在，故果實權利者，不能取得之。例如甲以善意，占有屬乙所有之不動産，於果實未離元物之時，因乙之請求，返還其不動産，則其果實，當屬乙之所有，不當屬甲之所有。一八九

二，法定果實。當以日計取得之，故借賃利息等支付時期，即有遲速，果實權利者，並不因此而有影響。例如賃貨物之所有者甲，讓渡其物於乙之時，其讓渡之日以前之借賃，當屬於甲；其以後之借賃，當屬於乙。而其支付時期，在讓渡之前與後，毫無所異。在賣買之時，依五七五之規定，當由引渡之日，果實屬於買主。蓋法定果實，非能爲元物之一部者，故不得因支付時期之前後，分其獨立存在之有無也。

有謂法定果實，乃應受借賃利息等之權利，非物也。是説雖頗有根據。然果實權利者受取之之時，既爲金錢及其他之物，故爲物之規定，如此立論，亦不得爲不當。

第四章　法律行爲

法律行爲云者，乃謂法語之(acte juridique)阿克德・求利其庫，德語之(Rechtsgeschäft)立希之呆賽呼德，又(Rechtshandlung)立希之亨特倫哥。即以使生法律上效力爲目的之一個私法的意思表示，或數個私法的意思表示之合致，是也。例如契約、遺言、催告等。

本章網羅一切法律行爲所通共之規定，而於第一節，揭關於法律行爲之效力之一般規定，是名總則；第二節，揭爲法律行爲之根本，所謂意思表示者之通則；第三節，規定其不自爲法律行爲，由他人爲之之情事，是名代理；第四節，規定法律行爲之無效及取消，所有條件效力等；第五節，揭關於法律行爲效力之體樣(modalité)，其條件及期限等之通則。譯者按：體樣二字，即情狀二字之義。以其注有西文，不敢輕改，俟明法國文者對觀之，或更易得真解。

第一節　總　則

本節關於法律行爲，揭其一般之原則，規定其與法令慣習等之關係焉。

第九十條　以反於公之秩序或善良之風俗之事項爲目的，所爲法律行爲則爲無效。財三〇四・一項・二號、三號、三二二・一項、三二八，取四一，舊法例一五，舊商一五、六七・一項、二八四

本條規定有不法目的之法律行爲爲無效，而其所謂不法(illicite，gesetzwidrig)不但以法律明文所禁之事項，並定其應包含能害公安、能壞風俗各事項之旨。夫有此等目的之法律行爲爲無效，似不待言。然在成文法之國，疑其除法律所禁之

外，别無不法行爲。故本條特明定之，凡害公安、壞風俗之事項，亦不得以爲法律行爲之目的。由是而是等事項之有背本條規定，其爲不法明矣。

本條仿外國一般之例，併揭公之秩序(order public，öffentliche Ordnung)與善良之風俗(bonnes moeurs，gute Sitten)，故反於公之秩序之事項，例如殺人、奪人之財之類以刑法無明文者言之，則如選舉人，約必選某人爲國會議員，或地方議會議員，議員約必於議會主張某之意見，皆爲反於公之秩序者；反於善良之風俗之事項，例如終身不婚，爲猥褻之所行之類。雖然以余觀之，非此别也。夫即使反於善良之風俗，若毫不害公之秩序，則法律無所謂應干涉者。例如廢正務而觀演劇，婦人集男子而開酒宴，固可謂反於善良之風俗矣，然不必關於公之秩序，故以此爲目的之法律行爲，不得以爲無效。反之而如前所例示之終身不婚，爲猥褻之行爲，則雖不過害善良之風俗，然已直接或間接害及公之秩序。蓋人若不婚，則非婚姻外，别爲男女之交，即終生不充此天然之需要，似此則非生私生子，即全不生子，是兩皆反於公之秩序者也。若夫爲猥褻之所爲，雖直接爲壞風俗之行爲，而間接則害公秩序，本不待言。惟然，則如所云，反於公之秩序，或善良之風俗之事項者，似乎雖不反於公秩序，僅反善良之風俗，亦不得以爲法律行爲之目的，疑義豈不顯然？故余以爲本條之語病，乃仿歐洲一般之例，遂採用此等句法，以解釋上言之不能不謂反於公秩序之事項，乃直接害及公秩序，反於善良之風俗，則直接壞風俗，而間接則害及公秩序者也。

第九十一條　法律行爲之當事者，若表示其異於法令中不關公秩序之規定之意思，則從其意思。財三二八，取四一舊，法例一五，舊商一五、六七・一項本條不過敷衍前條之意義。蓋法文中，關於公秩序之項，立法者於當事者，特有命令禁止亦爲命令，此宜切記，不關公秩序，多由當事者以意思推定之項，則限於當事者不表示其反對之意思時，亦可適用。此其前一項，雖不得以當事者之意思動之，而後一項，則得以當事者之意思隨意爲之變更，是殆不俟煩言矣。然學者對於此點，尚往往不無謬見，故本條特揭此原則。但何等法文爲關於公秩序，何等法文爲解釋當事者之意思，限無他反對意思時乃可適用，則不能不就各條規判之。而因其條規之種類，判定其果應何屬，雖不無困難之時，然終不能一一以明文指定，故本條止概括的揭其原則焉。例如關於物權之規定，其大部分爲關於公秩序者，關於債權之規定，其大部分爲解釋當事者之意思者。若就立法論，而言余亦以爲就各處設爲規定，揭其明文曰某某之規定，當事若表示反對之意思，則不適用之，似亦無弗可者。然採此主義，乃頗危險。何也？若於許爲反對意思之時，偶忘揭其相許之旨，則即性質上絶非命令的規定，正以他處有隨意的規定之明文，而此處獨無之，將有叢生解釋上之議論者。是蓋新民法所以不採此主義之一理由也。

第九十二條　有異於法令中不關公秩序之規定之慣習，若法律行爲之當事者，有依之之意思時，則從其慣習。財三五九·二項

本條又爲敷衍前條之規定。蓋慣習之效力如何，各國之主義不同，學者之説又各異。其原則雖已由法例規定，法例二然法例所規定之慣習，(第一)依法令之規定而認之者；(第二)以法令無規定之事項爲限者，此二者當與法律同其效力，故謂爲慣習法(droit coutumier，Gewohnheitsrecht)，自餘則(第三)

異於法令之慣習，即學者所謂事實之慣習是也。本條乃規定此慣習之效力者。

本條於慣習之效力，所採主義，以爲慣習自慣習，非當然爲有效力者。止限於當事者有依之之意思時，認其效力耳。余據立法論，雖全然不能與之同意，然實際亦不大礙。蓋慣習若果明確，則當事者於此即不明示何等之意思，尚多有應視爲有依此慣習之意思者。故使本條不爲規定，亦不過稍不明確之慣習，入於法律家之眼，不遽認其慣習而已。故論本條之適用，若裁判官欲求適當之解釋，則其結果，正與不採用此主義者等。雖然在尤關公益之物權之規定，則處處認慣習之效力二一七、二一九・三項、二二八、二三六、二六三・一項、二六九・二項、二七七、二七八・三項、二九四，惟其多任意規定之《債權編》，乃不認之。如本條僅於當事者有依此之意思時，認慣習之效力，終非余所取也。

以上所論之慣習，皆不關公秩序者也。若其慣習異於有關公秩序之明文，則其決不得而依之，固不俟論。是恰與明示其意思，欲異於有關公秩序之規定，同爲無效。即其有欲依異於有關公秩序之規定之慣習之意思，亦不得不爲無效也。

如前條所論當事者之意思表示，苟以爲立法論，則余以爲但明定其異於何等規定之慣習，爲有效力可也。

第二節　意思表示

意思表示云者，德語謂之(Willenserklärung)姆以而林思益而克列倫哥。於此下其定義，乃以生法律上效力之意思，以得使他人知之之方法，發表之，是也。於此從來有三主義：(第一)意思主義，即止依當事者之意思，不問其特行發表與否；(第二)表示主義，即止以當事者發表爲其意思者爲意思，不問其真意思如何；(第三)折衷主義，即以意思與表示二者爲必需合致是也。在我民法，採用此第三主義。惟例外有真意思，與表示相異時，止以其表示爲據云云。蓋人之行爲，乃意思之發動，無意思則不有行爲，故以意思爲基礎，最所當然。雖然，人之意思無形而不可見，故非以之表示，法律上不能與以效力，此所以不以法律行爲之根本爲意思而爲意思表示也。若然，則意思與表示，必需二者合致，本當然之事，似乎無待煩言。然於意思與表示相異之時，他人見其表示，即可以之爲意思，故有時苟非從法律上視爲真意思，則善意者之被害不少。此新民法所以有認其例外之時也。

意思表示，有明示者，有默示者。以書面、口頭、容態等，特發表其意思者，爲明示。若陳列商品於店頭上，附定價牌，暗以代價，表示欲賣之意思，看其定價，投下相當其代價之金錢，取其商品，以表示欲買之意思者，則爲默示。在新民法，除贈與之外，五五〇略不制限其意思表示之方法即贈與，亦非不以書面，即不得爲之，惟各當事者得取消之耳，但對於第三者，則非無要有確定日附之證書時三六四、三七六、四六七・二項、四九九・二項、五一五，又於九八八，必需有絶對的確定日期之證書。更於遺言，則必要特別之方式。一〇六〇、一〇六七至一〇八六，取三六八至三八二又婚姻、離婚、養子緣組、離緣、隱居、私生子之認知、相續之限定、承認、抛棄等，亦要之。七五七、七七五、八一〇、八二九、八四七、八四八、八六四、一〇二六、一〇三八，人四三至五二、七八至八〇、九九、一一三至一二五、一三七至一三九，取三一〇又於商法，會社契約手形等行爲，要書面及他方式者，亦不少。舊商七七、一三七、一五七至一六六、三六七、二九四至三九八、六九九、七〇五、七一六、七二二、七二三、七三七、七四八、七五一至七五三、八一一、八一五至八一八，商四九、五〇、一〇五、一〇六、一二〇至一四〇、二三七至二四一、四三五、四四五、四五五、四五七、四六八、五〇三、五二五、五二九、五三〇、五三七等，舊商

七七、一三七、一五七至一六六、三六七、三九四至三九八、六九九、七〇五、七一六、七二二、七二三、七三七、七四八、七五一至七五三、八一一、八一五至八一八

一 意思與表示不合之時

第九十三條 意思表示，無因表意者知其非真意而爲之，而致妨其效力，但相手方若知表意者之真意，或可得知之，則其意思表示爲無效。

本條即爲右所述之例外情事。蓋意思與表示之不相合，大凡有四：(第一)心裏留保(Mentalreservation)，即表意者故意表示非其意思之事，而並無相手方，或有相手方而不知其事實，或表意者不知其已知等時；(第二)虛僞之意思表示(Scheingeschäft)，即有相手方之意思表示，表意者故意以非其真意之事，表示爲其意思，而相手方知其事實，且表意者亦知其知此之時；(第三)錯誤(error，erreur，Irrthum)，即信非事實者爲事實時，就意思表示言，表意者以非其真意之事表示爲其意思，而自不知其意思與表示相齟齬時以別於後所應論之理由之錯誤；(第四)强迫(vis et metus，violence，zwang)，即他人不表示某意思，示將加以不利，而使表示其所不欲表示之意思時是也。而本條則就右之第一項，爲規定者。

例如甲對於乙，表示將讓渡其所有之子不動産，而其意中則思與以丑不動産。至後日過割其不動産時，不得以真意思在丑，因不與以子而與以丑，爲即可免其義務。又即有真與以子不動産之意思，然其意思實欲附以條件，云若乙就某職云云，而此意思竟未併言，則後日乙即不就其職，亦不得不與以其不動産。又例如甲對於乙，表示將與以其所有之時錶，後日不得以此爲一時之戲言，無真與之之意思，而拒不與之。蓋不如此，則乙往往受甲之欺，將有大蒙其損害者，必且因不能取信於人言，以爲取引，遂大害信用之發達矣。故本條以特保護相

手方之故，不問其意思與表示之不合，但視其所表示者爲合於意思，即使生充分之效力焉。但相手方若於意思表示之當時，知其當事者之非真意，或因其事情，相手方常可知之。遇此等處，則不在不問之限。例如表意者平生好吐戲言，且相手方無應受表意者贈與之理由，而忽表示其以此高價之物爲贈與之旨，則不得不謂相手方爲應知其戲言者。故即使此相手方誤信此戲言之出於真意，亦不得以其贈與爲有效。但因其戲言若於相手方加有損害，則依第七百九條之規定，表意者應任其賠償之責，固不待言。本文所論，多爲關於人之意思或知覺之事，欲實際得有證跡，其事極難。然本條能有適用之時，則必以有證跡爲斷。例如表意者或相手方，於日記中記載其意思或知覺，又或以其意思或知覺曾語他人，得因此人之證言而知之等情，乃足惹起本文之問題也。

戲言(plaisanterie，Scherz)之中，學者多區别屬於心裏留保與否，德國法亦據此説。我民法則不區别之。故無關於戲言特别之明文，而戲言亦該於本條之明文，固不煩言而解矣。

相手方已知表意者之真意時，其意思表示之爲無效，雖依本條之明文而已明。然當此之時，表意者所未曾表示之真意，能生效力否乎？此則稍屬疑問。蓋由純理言之，真意思並無表示，所表示之意思，非真意思，故就此真意無所謂意思表示，即法律行爲似亦不能從而成立。然於實際，相手方既知表示者之真意，則不問其表示之不合真意，頗多於兩人之間，應視爲已表示其真意者。例如甲表示其將以其所有之子不動產與乙，其真意則將以丑不動産與之，而乙若覺其真意，即對之而表承諾之意，則不能不謂甲言子不動産入於乙耳，乃如聞丑不動産之聲也。故此時就丑不動産，在甲、乙之間能成立有效之法律行爲矣。

本條之規定，在立法論，不免稍不完全。蓋謂表意者不得以心裏留保，對抗於相手方及他利害關係人則可，然謂相手方及他利害關係人亦不得以心裏留保爲理由，主張其意思表示之無效，則與我民法所採用之意思表示主義不免稍有矛盾。且於後所應論之詐欺取財等情，尤可生不穩之結果焉。

第九十四條　與相手方通同爲虛僞之意思表示，爲無效。

前項意思表示之無效，不得以之對抗於善意之第三者。

證五〇至五二

本條乃關於虛僞之意思表示之規定。此所謂虛僞之意思表示，其定義已揭於前條之下，故不復贅。然以一言蔽之，則不外當事者通同相手方，所爲非真意之意思表示耳。例如欲得多額納税議員之資格，表面上讓受他人之所有地，並無真讓受之之意思。其人讓受之意思表示，及相手方讓渡之意思表示，兩皆爲虛僞之意思表示也。此時右之意思表示，非表示其真意思，法律上不得不爲無效。故表面上之讓受人，決不爲所有者，表面上之讓渡人，決不失其所有權。此本條第一項之所規定也。

本條與前條之但書，情事頗相類。蓋相手方既知其心裏留保，則當事者雙方之意思表示，其知表意者之非真意，恰與虛僞之意思表示等。然據前條之下，所下心裏留保與虛僞之意思表示之定義，則甲爲表意者，不知相手方之知其事實，乙則知之。以此之差，可以觀兩者之别。

雖然，若得以之對抗於第三者，則第三者往往而見欺。例如依前例，表面上之讓受人，登記其權利。若更對於第三者而欲讓渡其土地，則第三者以是誤信爲真所有者，可有讓受其土地之事。當此時，若以前此之讓渡契約，由虛僞之意思表示而成，故爲無效，而即得以之對抗第三者，其第三者之可受損害，更何待言。似此則取引之安全，一般之信用，傷害實爲不少。故本條第二項，特定虚僞意思表示之無效，不得以之對抗善意之第三者焉。由是此虚僞之意思表示，全然生其效力。前例中，表面上之讓受人，視爲真取得所有權者，讓渡人即因而失其所有權，是因兩人虚僞之意思表示，欺及第三者之結果，不得不謂爲自作之孽。此時讓受人爲不當利得(enrichissement indû，ungerechtfertigte Bereicherung)，故若爲善意讓受人自身爲善意者固少，然由其相續人，以土地讓渡第三者時，則多爲善意者矣，則依第七百三條，返還其現存之利益通常爲土地之代價；若爲惡意，則依第七百四條，於其所受利益，加以利息，而返還之。若尚有損害，則更當賠償之。惟如前例有不法之目的時，則依第七百八條，讓渡人不得求利益之返還焉。虚僞之意思表示，未必即有不法之目的。例如甲以所有之土地，賃貸於乙，因特别之理由，以廉於時價之借賃(譯者按：借賃，即地租)貸與之。然恐他人知此，將於甲之他所有地，賃貸時有不利益，故證書中仍記載普通之借賃。此種情事，其關於借賃之雙方意思表示(契約之開載與承諾)，皆爲虚僞之意思表示，然非有不法之目的也。

舊民法《證據編》，有關於反對證書(contre-lettre)之規定。就其以證書爲虚僞之意思表示，且以秘密證書即反對證書，表示真意思時，爲規定焉。證五〇至五二雖然，此非限於有證書時之問題，故新民法，泛就虚僞之意思表示規定之。

第九十五條　意思表示，於法律行爲之要素，若有錯誤，則爲無效。但表意者若有重大之過失，則表意者不得自主張其無效。財三〇九至三一一，舊商三〇一

本條乃關於錯誤之規定。錯誤之定義，既於九十二條下下之，兹不復贅。然例如甲言賣其子不動産，乙若誤解而以爲欲賣其丑不動産，以表示其買之之意思，則此爲契約目的之錯誤，而乙之意思表示，爲因錯誤之意思表示。

羅馬法以來，例别法律之錯誤(erreur de droit Rechtsirrthum)與事實之錯誤(erreur de fait，thatsachlscher Irrthum)，舊民法亦別之。財三一一例如法律上連帶債務者，而信其止負保證人應負之義務，此爲法律之錯誤。事實上債權者問曰：汝承諾爲負有連帶債務乎？承諾者則誤信其所問，以爲問我承諾負保證債務否，乃以承諾之旨答之，則爲事實之錯誤。雖然各人不可不知法律云者，不過謂不得以不知法律爲口實，而妄思免其適用。其實無人不知法律，究未可真以爲期，此固不待煩言者。故近世之法律，漸不區別於此二者。新民法亦採此新主義，不區別法律之錯誤與事實之錯誤。但有時有當以不知法律爲大過失者，此則當受本條但書之適用矣。

錯誤得大別之爲二：一爲意思之欠缺，一爲理由之錯誤(erreur sur le motif，Irrthum in Beweggründen)是也。

第一　意思之欠缺

因錯誤而能生意思之欠缺時，乃因錯誤而意思與表示不合時，即本條所謂有錯誤於法律行爲之要素者也。蓋以何者爲法律行爲之要素，乃頗有議論之問題。當其以本條爲解釋，雖不無言人人殊之患，然通讀本法之全部，熟考立法者真意之所在，則略可信一定之解釋焉。夫依本法所採之主義，則法律行爲之要素，以廣義言，行爲之目的(objet，Gegenstand)是也。蓋法律行爲，乃一種意思表示，專以使生法律上之效力爲目的者。故其爲意思主體之當事者，及其目的，二者似均可爲法律行爲之要素。甚至意思表示之相手方，亦常有誤信爲其要素者。然細究法理，則當事者之意思，固可謂爲法律行爲之要素，而其表示者之爲何人，正不必問。故當事者之爲何人，不得一般以之爲法律行爲之要素。法律行爲之要素云者，惟此當事者所表示之意思之爲主之内容，即當事者由其法律行爲欲使生爲主之效力余所謂目的是也。例如賣買之賣主，以自己之權利，移轉於買主，正欲就其代價，從買主得若干金錢之所有權。其買主則以金錢之所有權，移轉於賣主，正欲令賣主之權利，移轉於自己。而此兩人之意思，常不問相手方之爲誰，不過欲以某權利移轉於他人，或取得於自己，欲以若干金額爲得或與而已。故於賣買，則當事之爲何人，不足爲其要素。惟移轉某權利，支付代金，是爲當事者雙方，所欲由賣買而生之效力目的，則可謂爲賣買之要素耳。

又例，設言贈與，贈與者欲移轉某權利於受贈者，受贈者則欲得之。此時贈與者非不擇對手，而欲移轉某權利於泛泛之人。蓋必欲指定某人，乃移轉其權利，反之而在受贈者，則止欲取得其權利，常不以得自何人爲目的。故在贈與者一面，則以受贈者爲何人，爲法律行爲之要素；在受贈者一面，則贈與者之爲何人，非其要素也。

又例，設言免除債務，甲欲有惠於乙，而免除其債務，常必以其人爲乙之故。於此時，法律行爲之目的，不止在免除債務，而在免除乙之債務，故專以相手方之爲何人，爲其法律行爲之要素。

據以上所述，則由意思之欠缺，所生錯誤，可謂爲法律行爲目的之錯誤。雖然法律行爲之目的一語，常不用此廣義，止指其因履行法律行爲，所能生之事項，或爲其事項所繫之物。從此意味，則法律行爲之目的，與當事者常非一物。而所謂法律行爲之要素，則不得不謂爲於其目的之外，有時亦包含當事者。如前第一例，固止以目的爲要素，第二、第三例即皆以目的與當事者之一方，即相手方，成法律行爲之要素焉。

舊民法仿法國民法，以原因（cause）爲契約之要素，此雖專就契約而論，然若必認原因爲契約之要素，則於法律行爲，亦多可認之。故即以之推論於此，亦無不可。

原因者何？則曰：當事者所以能爲法律行爲之法律上理由是也。如前第一例，賣主何故由賣買契約，相約以自己之權利，利轉於他人乎？是全爲相手方，約當爲代金之支付故也。故其原因，爲相手方支付代金之義務。買主又何故由賣買契約，相約支付其代金乎？是全爲約以相手方之權利，移轉於自己故也。故其原因，則爲賣主移轉其權利於買主之義務。又第二例，甲何故將爲贈與乎？以欲令乙得財産上利益之故。故其原因，爲欲有利於乙之慈惠心。由乙之一面觀之，其可認爲契約之原因者，常爲學者所不論。是蓋所謂契約之原因，甯爲契約上義務之原因矣。其第三例，甲何故將免除乙之債務乎？是亦出於欲以利乙之慈惠心，故不能不謂此慈惠心，即免除債務之原因。

然則如上之第一例，所謂原因，不過我輩所言之目的。蓋在賣主一面，爲契約原因之買主支付金錢之義務，不過爲買主契約之目的。在買主一面，爲契約原因之賣主移轉其權利之義務，不過爲賣主契約之目的。此爲法國法學者所共認。似此則言原因與言目的，名稱之不同，正以其所觀察之人之有異。若彼我易地，則原因亦爲目的明矣，故甯以稱之爲目的爲允當。且在賣買，則知當事者各以自己負義務，同時即可對於相手方取得權利，故其目的可謂在生其自己之義務，與對於相手方之權利。又於第二例及第三例，所謂原因，以廣義言之，亦包含於目的中，固可因前文所論而自明。然今即以目的之名，用其狹義，則依法律行爲之性質，謂於目的之外，亦有以相手方之爲誰爲其要素者，其亦可也，何必以原因爲別種要素耶？此本法所以不以原因爲要素也。

世之學者，皆曰法律行爲之性質有錯誤時，則有意思之欠缺財三〇九·一項，是固然。然以余觀之，是皆爲法律行爲之目的有錯誤耳。例如贈與與賣買之錯誤，信爲贈與者，以爲止由一面移轉其權利，他一面無出報償之事；信爲賣買者，以爲不但由一面移轉權利，並由他一面付其代價，此爲就契約目的中，代價有無之一種有錯誤者。又例如賣買與賃貸借之錯誤，信爲賣買者，以爲由一面以其權利，全移轉於相手方，而相手方之支付金銀，即使用年賦或月賦等法，終非物之使用之對價；信爲賃貸借者，以爲一面對於相手方，止負以物供其使用收益之義務，且相手方對於物之使用收益，付一定之賃金，若不得爲使用收益之時，即賃金無庸復付，此爲契約之目的全然齟齬者。直以目的物爲目的之俗論者，固不能解本文。然此俗論之不足取，已信其無庸解説，故不贅。又例如連帶與保證之錯誤，信爲連帶者，以爲因此而負擔債務者，與他債務者，對於債權者，均如惟一之債務者，而各自負其義務；信爲保證者，則以爲别有主債務者，限於其人不爲履行時，因其契約而負擔債務者，應任履行之責。此以廣義言之，不能不謂契約之目的爲有錯誤，但以狹義言之，則不得謂其錯誤在契約之目的焉。限於此項，即謂爲因契約性質之錯誤，而其契約不成立焉亦可也。

法律行爲之要素，即廣義中法律行爲之目的，有錯誤時，則意思全然欠缺。所謂意思表示，非真意思之表示，故即從意思表示之原則言之，此意思表示，亦不得不爲無效。故在理論上，無論如何，不得有法律上之效力。然若表意者有重大之過失，則其表意者依不法行爲之通則，其從法律行爲之無效所生之一切損害，不容其不賠償。然損害賠償一事，乃依不確實之標準定之，令當事者真得充分之賠償，極爲不易。故立法者考實際之便宜，於此等處，與其從既生損害之後，乃與賠償，不如就其所以爲損害之原因者，即其意思表示之無效，竟謂爲不得由有過失之表意者，以之對抗，即以圖不生損害焉。但意思表示之當時，相手方若明知表意者之陷於錯誤，則不在適用本條但書之限。蓋本條但書之規定，不過欲對於過失者，保護善意之相手方而已。惟法文不明言之，或其缺點。

第二　理由之錯誤

理由之錯誤，大别爲二：曰單純之錯誤，曰因詐欺之錯誤是也。因詐欺之錯誤，當於次條説明之，此止論單純之錯誤。依舊民法及其他外國大多數之例，理由之單純錯誤，有時亦生承諾之瑕疵，即亦認爲法律行爲取消之原因。然本法概不認之，其所以然者，無他。此在意思表示之内容毫無錯誤，惟表意者爲其意思表示之理由爲有錯誤。然理由之爲物，法律上乃相手方所無庸知之，又實際亦以不知爲常事。然據其理由之有錯誤，即許取消其内容，無何等瑕疵之法律行爲，則不但無謂，且就取引重在安全之點思之，亦甚不可。又況單純之錯誤，多由表意者自不小心而致此錯誤，爲其相手方者，常毫無過失耶?

論者曰：不然。理由之錯誤，法律上固非可採用。然舊民法及外國多數之法律，所認其錯誤爲法律行爲之取消原因者，非理由之錯誤，乃存於法律行爲之原因或類似之者之上之錯誤也。例如物之本質之錯誤(erreur sur la sudstance)，在多數之國，皆以爲法律行爲之取消原因。示其實例，則如欲買金瓶，誤買真鍮之藥罐譯者按：尋常黄銅皆，爲鉛和紫銅而成。惟鍮爲真黄色之銅，故名真鍮，此爲物之本質有錯誤者，乃所謂契約之原因或類似之者之錯誤，故以之爲契約之取消原因也。余曰不然。苟明示買金瓶之意思，而誤買真鍮之藥罐，是於目的爲有錯誤，全然爲意思之欠缺。此其契約，乃以有要素之錯誤而爲無效，反之而惟於買主之意中，臆斷真鍮之藥罐，或爲金瓶，因此錯誤，即遂至買其藥罐，亦不過爲買主所以爲契約之理由。而契約之目的，本在藥罐，則固毫無錯誤，故不得云契約之要素爲有錯誤。如謂此爲契約之原因有錯誤焉，不過未辨原因之爲何物，而有此謬説耳。故本法中，以爲物之本質錯誤，未足左右法律行爲之效力，實當然之理也。

所謂理由之錯誤，無論何人所最不可强辨者，舊民法所謂緣由之錯誤是也。財三〇九・二項例如方其欲買一地，緣聞其傍近，將設停車場，始決意買之，後知其風聞爲訛傳，判然無設停車場之事，此固無論何人，皆認爲不過理由之錯誤，法律上並無何等效力矣。雖然以余觀之，此事與前文之事毫無區别之理在，稱之爲緣由之錯誤或理由之錯誤，均之一也。

第九十六條　因詐欺或强迫之意思表示，得取消之。

對於某人譯者按：言有一定之人之意思表示，若由第三者行其詐欺，則限於相手方知其事實時，得取消其意思表示。

因詐欺之意思表示之取消，不得以之對抗善意之第三者。財三一二至三一七，舊商三〇一

本條設關於詐欺(dolus dol，Betrug)與强迫二者之規定，請先論詐欺，然後論强迫。

詐欺亦爲可生錯誤者，故以詐欺爲承諾之瑕疵，未免稍嫌不確。不如以因詐欺所生之錯誤，爲其瑕疵也。

詐欺云者，使他人信其虚僞事項之謂也。故即使臚陳虚僞之事項，他人若不之信，則未爲詐欺。又因詐欺之意思表示，必爲因詐欺之錯誤，所從決意之原因。不然則意思表示，不得謂因詐欺者。例如甲對於乙，欲賣其所有之土地，欺乙謂此地傍近將設停車場，乙因信其實然，決意買其土地，而表示買之之意思。則其意思表示，固爲因詐欺之意思表示。然若乙即不信其事，亦必以同條件買其土地，則其意思表示，即非因詐欺

之意思表示，固所不容疑也。

因詐欺之錯誤，其即爲法律行爲之要素，亦有然有否。其然者，依前條之規定爲無效，固不待言。詐欺者，依第七百九條，爲不法行爲者，其當任損害賠償之之責，誠無疑義。惟其否者，則任如何言因詐欺之錯誤，終不關法律行爲之要素。然無論何國，皆以此爲意思之瑕疵，而因以爲得取消其法律行爲之故。即在本法，於單純之錯誤，固以非法律行爲之要素，而不使左右其法律行爲之效力。然於此則仍仿各外國之例，以爲取消法律行爲之一原因。蓋單純之錯誤，多出於當事者之過失，此而可取消其法律行爲，其結果每至保護過失者，轉加損害於無過失者矣。至於他人行詐欺時，表意者或毫無過失，或即有過，失亦因他人之非行而陷於錯誤，且相手方之行此詐欺，尤必爲其人故意欺此表意者，以計自己之利。故苟非可因其行爲，竟令表意者稍蒙損害，即必助表意者而抑此詐欺者。故逢詐欺者，必得取消其法律行爲也。雖舊民法不以之爲意思瑕疵，單以補償之名義，爲所以得取消其法律行爲之故，然於此項，究不得謂當事者能有充分自由，自決其意思。故以之爲意思中有瑕疵，其法律行爲即得取消，此爲最適於學理。且在法律，既一旦與以取消權，而法文明記其性質，乃加補償之名義字樣，亦殊不合法文之體裁。況舊民法之主義，如遺言等無相手方之法律行爲，畢竟有不相中乎？此本條所以止云因詐欺之意思表示，得取消之而已。

無相手方之意思表示，無論因何人之詐欺而爲之，固皆得以取消。然普通有相手方之意思表示，則以相手方之行詐欺爲取消之必要條件。此無他，無相手方之意思表示，固可謂對於萬人爲之者，有相手方之意思表示，則惟對於其人爲之，故其行爲乃表意者與相手方雙方間之行爲，他人全爲局外者。然則局外者行此詐欺，而爲當局者之相手方，既不與知，則欲以此取消其行爲，是以局外者非行之結果，使不爲非行之相手方負擔之，非理甚矣。故第三者若行詐欺，以不足左右意思表示之效力爲原則。譯者按：梅氏講義中，於此舉例云：如甲買乙屋，丙在旁詐言此地因造鐵路，或開商埠之變遷，屋價必大貶，不如早賣。甲爲所誤，而速售甲，則並不知情之類是也。惟相手方於法律行爲之當時，若能知爲事實所必不符，則當知此爲詐欺，而表意者非自由之表示，而竟利用其詐欺，是即無通謀之據，不免有通謀之嫌。故於此即取消其意思表示，相手方亦未爲蒙不虞之損害。此所以有本條第二項之規定也。

以以上之區别，因詐欺之意思表示，雖得取消之，然不得以之對抗善意之第三者。是又無他。詐欺之爲物，乃詐欺者與被詐欺者之間之事實，第三者固多不知之。以其不知，故不能責及第三者。且君子雖曰可欺，然嚴酷言之，被詐欺者亦不爲無過。然則今設有一法律行爲，取消之則害及善意之第三者，不取消則被詐欺者被其損失，無甯以保護第三者不顧被詐欺者爲至當。此本條第三項所以云云也。例如甲因乙之詐欺，賣卻其所有之屋，乙即以之轉賣於丙。若丙亦知其有詐欺而買之，則甲對於丙固亦得取消其對於乙之賣買而收回其屋。若丙不知有詐欺而買之，則甲止得對乙取消其賣買，而迫以返還其屋。若乙竟不能向丙贖屋，則所得爲者，不過令爲損害之賠償焉耳。

本條之規定，於詐欺取財之情事，亦往往有見爲適用者。例如甲欺乙商人，使信爲某大家之主人，訂定其將購入某種商品。乙果信甲爲大家之主人，故承諾之。若甲無真爲賣買之意思，則可構成詐欺取財之罪，蓋不容疑。有以爲即有其意思，亦可構成詐欺取財者。此爲余所不取。然此時乙之意思表示，無要素之錯誤，止有理由之錯誤，而其錯誤則因詐欺，故可以適用本條，不待言也。惟甲以全無爲賣買之意思爲前提，故契約即見爲不成立。然依第九十三條之規定，不能不謂甲之意思表示爲有效。故若非由乙取消其意思表示，則契約正爾成立，即取消權亦有時不免既罹於時效。一二六據此爲立法論，其爲余所不採，既如前所述矣。第九十三條下說明之末段

意思與表示不合之第四項爲强迫。强迫之定義，既於九十三條之下下之，故兹不更贅。强迫亦細別之爲二：第一意思之欠缺，第二自由之欠缺是也。

第一　意思之欠缺

例如甲提白刃，迫乙爲某種之意思表示。若不聽從，明有身首異處之禍。此時乙雖無其意思，表面如有其意思，而佯答以意思表示之旨，是爲全無意思，法律行爲不得成立。此實不待言者。故本法於此情事，毫無所用其規定焉。但因九三之適用，恒以爲得取消之而已。

第二　自由之欠缺

例如前例中，乙所爲意思表示，其不利於己之程度，較之斃於甲刃之不利，以爲不如棄後而取前。當其決意爲不利益之意思表示，固不得云無意思。然此意思乃因他之强迫，不得已而決之，所謂缺意思之自由是也。於此時，雖非如前例中法律行爲全不成立，然法律與表意者以取消其意思表示之權，是固當然之事，無論何國皆同之。而於詐欺則表意者尚不爲無過，於强迫則表意者過失毫無，其意思之不完全程度，尤爲大異。故但爲强迫，無論何人行之，無論對於何人，皆得援用之也。

恐喝取財及强盜等情，似亦可適用本條，然實際乃無此事例。如甲恐喝乙，使以其財產讓渡於己，此因其讓渡行爲有不法之目的，故爲無效。九〇何則？甲之恐喝，固謂乙若不讓渡其財産，當摘發其隱事耳。其摘發即其不法，故以受讓渡爲不

摘發之報酬，亦爲不法。夫甲非以不受其讓渡，即當告發乙之犯罪，爲恐喝耶？告發犯罪，乃關於安甯秩序者，故如獲報酬而抛棄其告發權，本爲不法。因而其財産之讓渡，亦均爲不法。至甲以不得其讓渡，當加乙以危害爲恐喝，其爲不法，乃更不待言矣。此等情事，不法之原因，止在恐喝者。故不得據第七百八條，拒其財産之返還也。又例如强盗迫脅被害者，使讓渡其財産，此以被害者無讓渡之意思爲前提，否則止爲恐喝取財。故其意思表示爲無效，而强盗則當視爲必知被害者無讓渡之意思。故依第九十三條但書之規定，自不適用該條之本文也。

强迫則生畏怖，故强迫之本物，非意思之瑕疵，畏怖即意思之瑕疵。是説也，學者夙所唱道，法理上固不得不謂爲正確之論。於是有主張凡因畏怖之意思表示，皆得取消焉者。例如火災時在二層、三層樓上，下層有火，不能下樓。然由窗跳下，又恐負重傷。於是呼路人曰：今有救吾下者，吾以千金與之。有强膽者攜梯架窗，竟救之下，其人即悔其所許之千金。有謂未嘗不可者，是非余所採，又非本法之所容也。蓋其人當其時，因恐怖心雖無充分之自由，而與以千金之意思，不能不謂爲當時所實有，而救之者乃因欲得此千金，自甘冒險。若後日竟無庸踐言，誰復爲此危難事乎？至因他人之暴行脅迫，而生畏怖心，則非專因其畏怖心，生意思之瑕疵，乃因他人之不法行爲，失我意思之自由，始許其意思表示之取消也。故如因天災等而失意思之自由，法律上無庸問之，但畏怖太甚，心神全致錯亂，則因意思之欠缺，不成立法律行爲，是又所不待言。又即無與以千金之真意，然欲欺他人而使救助自己，則依第九十三條之規定，亦明乎其必認此意思表示之效力也。舊民法財三一三·二項、三項中，以因天災而欠缺自由，亦爲無效，或取消之原因，是非余之所取。但如舊民法財三〇九至三一一，既以理由之錯誤爲取消之原因，則因天災之欠缺自由，亦非無可爲取消原因之理矣。

二　對於隔地者之意思表示

第九十七條　對於隔地者之意思表示，由其通知到達相手方時，生其效力。

表意者既發通知以後，即死亡或失能力，意思表示不因之而妨其效力。五二六，財三〇八，舊商二九五、二九七、二九八

本條乃定對於隔地者之意思表示，其能生效力之時期。蓋此問題，從來於發信主義(système de l'expedition，Vebermittelungstheorie)之外，有表示主義止以表白其意思爲畢事，其不足取固已明甚(système de la déclaration，Aeusserungstheorie)與了知主義(système de l'information，Vernehmungstheorie)二種。發信主義者，當發意思表示之通知時，即發生其效力。了知主義者，相手方知其意思表示時，始生效力。而其採受信主義(système de la réception Empfangstheorie)，爲了知主義之變體者，亦復不少。受信主義者，相手方受意思表示之通知時，推定爲即生效力。夫用了知主義，則相手方果知其意思表示與否，不能確知其實際，動輒從相手方之利益，僞以已知爲未知，欲證明其不然，極非易事。有此弊端，故理論上以此爲一主義，而實際則認爲不便，多甯採爲其變體之受信主義焉。

本條所以爲意思表示之原則者，既採受信主義矣。蓋在理論上，二種主義，如冰炭之不相容，畢竟無調和之策。特立法者不必偏於理論，專考實際之便宜，設爲規定。故在本條理論上，究以何説爲宜，殊難斷定。據余之所信，似乎無論理論上，實際上，皆宜採發信主義。蓋意思表示，乃表意者之行爲，故表意者盡爲其自己權内之事，其意思表示之行爲，即不得不謂完成。而表意者之行爲，當於發信時視爲已了，故於其時意思表示當生效力，已灼然可見。或謂意思表示，乃所以使他人知其意思，故非他人知之，未得爲終其表示。雖然，他人

知之與否，不過事實上之結果，非行爲必有此一部分而後成。故使意思雖經發表，而未採可令相手方知之之方法，誠不足爲對於相手方之意思表示。然若表意者於相手方既行適當之方法而使之知，則意思表示不得不爲完成，故理論上以發信主義爲正當。了知主義，或受信主義，爲不當。此余所信而不疑者也。

更轉我視綫，考實際之便否。發信主義，於取引有迅速之利。因行爲之性質，尤有必採發信主義者。例如第十九條無能力者，或其法定代理人等，對於催告而發確答，若非專從其發信發生確答之效力，則無能力者之保護，不過以有名無實了之。又如株式會社之招集，株主總會非竟執發信主義，則實際多有欲開株主總會而不得者。觀於新商一五六・一項，又六二、三二八・三項等處，可見受信主義之不便矣。

余之所信誠如此，然此説不幸爲新民法所不容。本條遂明採受信主義，此甚爲余所遺憾。雖然本條信其决非一定之學理，不過實際之便宜上，可採此主義而已。今尋其理由，蓋謂單獨行爲之催告通知等，大抵到達於相手方，始生效力，否則目的全不能達。而論法律行爲之種類，又以此種行爲爲多。故甯採受信主義，爲法律行爲之通則耳。然而法律行爲之最重要者，爲契約之承諾，則即在本法亦採發信主義，依第五百二十六條之明文自見。在商法，概取發信主義，到處有發出通知一語，故以實際言，本條之原則，不過呈例外之奇觀而已。蓋法律行爲中所最重要之契約，其契約之承諾一層，尤爲發信、受信兩主義，持論之絶頂要點。夫既採發信主義，則別採受信主義，爲法律行爲之通則，似亦不合法文之體裁。但此自屬立法論，今不深言，更就隔地者間之契約，於第三篇大有所論焉。或有論者，不以受信主義爲了知主義之變體，卻爲發信主義之變體，以其本非通説，今兹不論。

既一旦採受信主義，其當然之結果，如表意者既發意思表示之通知，旋即死亡或失能力，則其意思表示，至發生效力之時，已無表意者，即無意思表示之根本意思。或雖有表意者，既失能力，其意思表示，不過爲無能力者之意思表示，故不能不全爲無效或得取消之。然此不便於實際，且相手方受意思表示之通知時，常因不知表意者之死亡或失能力，而信其意思表示之效力，定可發生。至後日乃見爲不然，往往可大受損害。此本條第二項，所以特設例外。遇此情事，無妨其意思表示之效力焉。就此而觀，立法者亦終認發信主義之利矣。

譯者按：新民法之起草，梅氏、富井氏俱在事。梅主法國派，其議論發信、受信兩主義，恨其説之不行，嘵嘵如此。富井氏《民法總則》已有漢譯本，所主乃德國派，適與梅氏相反，此即梅氏所以見屈之由也。二氏在東方學者中爲老宿，持論之異，亦僅此數端。近來學派趨重德國，檢此等處對觀之，短長自見。韓柳相攻，可謂大敵，然修史之論，終以柳説爲長。梅氏名重，其待吾國人尤懇至，吾國學者亦以山斗推之。此論則富井勝矣。然或者耳食，以爲梅墨守法派，無所不用其呰嗸，盍亦從其見短之處，而觀其根柢之蟠深乎？蚍蜉撼樹，其亦未可輕試矣。

本條所云隔地者(absent，Abwesender)，非必指在遠隔之地者，惟爲對話者(présent ，Anwesender)之對文。蓋除對話之外，當事者多少必隔若干之地云爾。然細論之，法律行爲，若注重於成立之地者，則即以電話等表示意思，其發信與受信，誠不異其時。然苟有土地之距離，仍當視爲隔地者間之意思表示。若法律行爲注重於成立之時者，則不問土地之距離如何。即在一室内，亦間有以爲隔地者但據發信、受信其間有需時日，

即當視爲隔地者間之意思表示。而凡用隔地者之字樣，則以合於第二義者爲多。例五二四，商二七〇

三　對於無能力者之意思表示

第九十八條　意思表示之相手方，若受之之時，爲未成年者或禁治產者，則不得以其意思表示對抗之。但其法定代理人既知之後，則不在此限。

本條乃對於無能力者之意思表示之規定。蓋自爲法律行爲之能力，雖已於第一章論之。然他人對於無能力者所爲之法律行爲，則未之論也。然則此行爲，若對於無能力者，可生充分之效力，則與法律保護無能力者之精神，可謂相戾。此所以有本條之規定也。

本條不就一切無能力者爲規定，止就未成年者及禁治產者規定之，其所以然者無他。準禁治產者及妻，非就一切行爲，爲無能力，惟於重大之行爲，要保佐人或夫之同意耳。故準禁治產者或妻，苟非自爲法律行爲，特他人對之爲法律行爲，即不異於普通人，當亦無礙。反之而爲未成年者及禁治產者，則爲一般之無能力者，殆任何事不得獨斷爲之。故即他人對之爲法律行爲，亦當然無爲其相手方之能力。例如他人即對之爲請結契約，爲催告，爲通知等，其無能力者亦不受由是所生之不利益也。當參觀一一四、一四七・一號、四〇七、四〇九・一項、四一二・三項、四六七、四九三、五〇六、五四〇、五四一、五四七、五五六、六一七、六二一、六二六、六二七、六三一、一〇八九、一一一〇、一一二九，商四〇・一項、七八・二項、八〇・二項、一五二、一五三、二七一、二八六・一項、二八七、三〇一・一項、三四五・二項、三四六・二項、四七六、四八八・二項、五四八・二項，等參觀

右之規定，本爲保護無能力者而設，故不能令第三者因以爲利。例如上之請給、催告、通知等，於自己有不利益時，不能唱言無效以倖免。此與第百二十條同。凡無能力者所爲之法

律行爲，止得由無能力者取消之，不得由相手方取消之。即在本條右之請給、催告、通知等，亦止得由無能力者主張其無效，不得由表意者主張之。此所以不得以其意思表示對抗之也。

以上止爲無能力者受他人之意思表示，而其法定代理人則不知之。若其法定代理人所已知，則無庸復保護無能力者，此所以有本條之但書也。

契約之承諾，及他法律所取發信主義之行爲，而爲此例外者，亦當適用本條乎？曰：否。此等情事，止發意思表示之通知，即有法律上之效力。故於其到達之時，不問相手方爲能力者與無能力者。但在立法論，則不免有多少之缺點耳。

第三節　代　　理

本節併法定代理與委任代理，而爲規定。蓋當事者得依代理人爲法律行爲與否，若得爲之，其代理人所爲意思表示之效力如何？其餘代理人之權限，代理權之消滅原因等，無論法定代理、委任代理，問題如一。但本節止就代理之本物，設爲規定。代理人對於本人，果有何等權利，負何等義務，非本節之所定。是必依關於各種法定代理人之規定，及關於委任之規定而明之。

玆所云法定代理，法律所直接與以代理權，與裁判所依法律特選任其代理人，與法律所定之他機關爲選任者，均在其内。蓋右之無論何項，代理權直接、間接，皆爲由法律之規定而生者也。

委任代理，謂其代理權，由第三編第二章第十節所規定之委任契約(mandatum，mandat，Auftrag)而生。如德國民法，授與代理權，不必依委任契約。惟以本人對於代理人或第三者，表示應授與代理權之意思，即爲已足。此在學者頗有議論，余亦不能採用。蓋各人之意思，本屬自由，縱一旦表示其意思，亦可隨意復變更之，此必爲本則無疑也。惟甲乙若互相要約，定其當得權利、當負義務之事，則始受契約之拘束。其餘則於意思表示能損害他人時，因不法行爲而負義務，事則有之。然苟並非構成其不法行爲，無就其意思表示，負責任者，是爲原則。今本人即表示其應以某爲代理人之意思，當未得其人承諾以前，契約無由成立。故表意者苟無不法行爲，必不因之而負義務。即其他人有意思表示，無能生法律上效力之理。夫即不因右之意思表示，直生代理權，亦决不虞害及他人之權利。此事將於後第百九條説明中論之。而在本法，果用余説，抑採德國民法之主義，亦請至第百九條爲之説焉。譯者按：此亦德、法兩派之辨，俟下文第百九條更詳之。

委任爲代理權發生之原因，雖如上所述，然委任非常生代理權。例如因委任者以當爲某法律行爲，委託受任者，而受任者有以自己之名義爲其行爲，惟其效果當移於委任者者六四三、六四六，又間有委任者並不受法律行爲之效果者。例如甲委任乙，使其以金錢貸内是也。要之委任而生代理權，限於以委任者之名義，而以當爲某法律行爲之旨，委託於受任者時，則有之耳。

雇傭（locatio operarum，louage de services，Dienstvertrag）或組合（societas，société，Gesellschaft）之勞務者，或某組合員，有有代理權者，此代理權，果由雇傭或組合之契約自身而生耶？若然則於委任代理之外，有所謂雇傭代理、組合代理者何故？曰：不然。於此等處，代理權有二種，皆由委任而生。請説明之：（第一）締結雇傭或組合之契約後，勞務者或某組合員，有由使用者或他組合員，特受代理之委任者。此其代理權由委任而生，殆爲盡人所不能持異論者。(第二)有以雇傭或組合之契約，自始即以代理權，與勞務者或某組合員者。是謂在契約中包含其委任，換言之，則契約雖以雇傭或組合爲主，然不得不謂爲附隨之而締結委任契約者。故除法定代理之外，代理權必由委任契約而生，此余所深信不疑者也。

據以上所論，代理必生三種法律關係：一，本人與第三者之關係；一，本人與代理人之關係；又一，第三者與代理人之關係是也。而兹所謂代理，乃止謂右之第一關係，惟便宜上乃併第三種關係而規定之耳。蓋代理云者，法語謂之路伯來生泰希用(représentation)，德語謂之福而得來等哥(Vertretung)，乃謂爲其本人以爲代理人，或對於代理人所表示之意思，與即爲本人或對於本人所爲，有同一之效力之意義也。若夫本人對於代理人，負何等之義務又代理人對於本人，負何等之義務?乃毫不關代理之本物，殆與他雇傭、請負等之關係無異。區别此二關係，法理上最爲必要，且於實際亦頗便利。然在羅馬法，以不認此純然代理爲原則。至近世之法律，則混淆此二關係，而爲規定。就委任契約，多併純然代理之事，而規定之，此夙爲識者所遺憾。今倣新式之立法例，於法律行爲之總則中，設代理一節，實不得不謂爲至當之事也。

第九十九條　代理人於其權限内，示其爲本人而爲意思表示，直接對於本人，生其效力。

前項之規定，第三者對於代理人，所爲之意思表示，準用之。人一九七，取二二九・一項、二四四、二五〇・一項，舊商四八、五一・一項、一〇八、三四二，新商二六六，六年六月十八日告二一五號代人規則一、二

代理云者，謂代理人代本人而有所爲。又對於此之第三者，所爲之意思表示，恰如本人自爲之，或如對於本人爲之，

而生其效力，既如所述矣。惟代理生此效力，要何等條件，學説及立法例均不一致。如我商法第二百六十六條，惟以代理人爲本人爲法律行爲爲已足，不必以本人之名爲之。舊商三四二此於實際，頗爲便利。隨世之進運，必漸漸採此主義，乃余所深信不疑者。雖然民法中各國之立法例及學説，大抵皆不採此主義，止由代理人，爲本人爲法律行爲，殊爲未足，必需以本人之名爲之，本條即採此普通説，必示其爲本人而爲意思表示。但依次條之規定，大矯此主義之不便，令實際少障礙焉。

以上言代理人於其權限内爲法律行爲，蓋代理人若踰越權限，則非復真代理人，故以不生代理關係爲原則。俟後第百十條及百十三條以下，更論之。

右既論代理人爲意思表示，請由是更論第三者對於代理人爲意思表示。例如第三者對於代理人爲催告、追認、免除債務、請結契約等情事，亦不得不與前段所論同。即第三者若就代理人權限内事項，示以應爲本人之旨，而爲如上所揭之意思表示，則其意思表示，直接對於本人生其效力。

第百條　代理人不示爲本人之意，而爲意思表示，則視爲爲自己而爲之者。但相手方若知其爲本人，或可以知之，則準用前條第一項之規定。人一九七，取二二九・二項，舊商四八、五一・一項、一〇八、三二四，新商二六六

本條規定代理人，不充前條之條件，而爲意思表示者，蓋一旦既以示其爲本人爲代理之要素，則若缺此條件，即無復代理。故由純理言之，代理人本以其爲爲本人之意思，若不示其爲爲本人而爲一種意思表示，則無所謂代理，故其意思表示，不得對於本人而生效力。而代理人又無爲自己之意思，故其意思表示，對於代理人亦不能有效力，究之此意思表示，遂不得

不全然無效矣。雖然，似此則第三者，動輒蒙不虞之損害，害取引之安全，事必甚擾。蓋甲對於乙，當其爲一種意思表示，特不示其本以爲丙，乙於是信甲爲爲自己而爲此意思表示，固所當然。即依社會之實際而觀，亦十有八九當作是想。然甲因意中實思爲丙，而爲此意思表示，則設以此而謂其意思表示對於乙爲全然無效，乙之失望，可想而知。本條有見於此，凡代理人不示其爲本人而爲法律行爲，則不問其意思真在爲己或爲本人，總之視爲爲自己而爲之者，以期保護第三者也。參觀九三但相手方，若偶然知代理人有爲本人之意思，或依事情而足知其有爲本人之意思，則不依右之規定，全然爲有代理之效力者。例如代理在爲意思表示之當時，雖不示其爲本人，然於其前，相手方曾由他人傳聞其代理人應爲本人而爲其意思表示之旨，又或其代理人乃本人之後見人或夥友，其常代本人爲法律行爲，既爲相手方所熟知，以及因其法律行爲屬於本人之職業，又或其目的之債額甚巨，合乎本人之資産，而不合代理人之資産，凡具此等事情，其代理人縱不明示其爲本人，然其爲本人之意思，略可明瞭。此時之相手方，即並無知此意思之明證，猶爲可生代理之效力者。由此規定，而前條所採主義之狹隘，可謂能補其失矣。

第百一條　意思表示之效力，其因意思之欠缺、詐欺、强迫，又已知某事情，或有不知之過失，而應受影響時，其事實之有無，就代理人定之。

被委託爲特定之法律行爲時，代理人若從本人之指圖，爲其行爲，則本人就其所自知之事情，不得以代理人之不知爲主張，就其因過失而不知之事情，亦同。

代理人，當其代本人爲一種法律行爲，惟爲通本人之意思於相手方之機械，法律上全不認其爲代理人之意思乎？曰：不然。僅以本人之意思，齎於相手方者，非我所謂代理人。我所謂代理人，則以自己之意思，爲法律行爲。惟其法律行爲，雖全爲代理人之法律行爲，其效力恰與本人所自爲同，爲對於本人所直接能生者耳。故其意思表示，乃代理人意思之表示，非本人意思之表示，因而從意思之狀態，影響能及於法律行爲之效力時，不能不就代理人之意思判斷之。例如代理之意思，因錯誤或强暴，全然欠缺，因詐欺或强迫，致有瑕疵，從九十三條云云，代理人知爲相手方之表意者之真意，或得以知之，則其意思表示，或爲無效，或爲得取消者，蓋不問本人之意思如何也。又本人之意思，縱有如上所述之事實，苟代理人之意思完全無缺，則毫無影響，及於法律行爲之效力。本人以代理權與代理人時，假定爲其意思無瑕疵者。此本條所規定也。

右爲一般之原則，於此不能無一例外，無他。就特定之法律行爲，本人當委任代理人時，爲別段之指圖，代理人必依之而爲其法律行爲。此其原則，雖與普通處所無異。然若有本人自知，或因其過失而不知之情事，則代理人縱不知之，或並無不知之過失，然本人不得以其不知，或以其不得知爲主張。例如第九十三條所云，已知相手方之請結契約非其真意，或可以知之，乃偏以應承諾其請結之旨，委任代理人。其代理人縱不知情，然適用九十三條之但書，其契約終不能成立。此本條第二項所規定也。

第百二條　代理人，不以能力者爲要。取二三四，六年六月十八日告二一五號，代人規則三，九年四月一日告四四號

代理人，一旦非齎本人之意思於相手方，乃因自己之意思爲法律行爲，則似代理人必需有充分之行爲能力，而正不然。

蓋無能力之規定，所以保護無能力者。然代理人所爲之法律行爲，對於本人直接能生效力，若止由代理關係之點觀之，其行爲對於代理人不生何等之效力，故雖無能力者，亦得爲代理人。但宜注意左之二點：

第一，此所謂無能力者，非謂缺意思能力者。蓋代理人以自己意思爲法律行爲，故無意思者，不能爲代理人。玆所謂無能力者，乃具意思能力者。例如既達相當年齡之未成年者，一時復其本心之禁治産者，準禁治産者或妻等是也。

第二，玆所論乃止從代理關係之點爲觀察者，至於本人與代理人之關係，若代理人爲無能力者，則應從一般之規定，而受保護。例如此代理人當其依委任而爲代理，因其過失，加損害於本人時，雖以對於本人當負責任爲原則，然其代理人爲無能力，故依一般之規定，得取消其委任契約，以免其責任。故本條之意義，不過謂無能力者之代理人，所爲法律行爲，亦如能力者之代理人，所爲法律行爲，對於本人直接能生效力云爾。更觀一一七・二項

第百三條　不定權限之代理人，止有爲左之行爲之權限：

一，保存行爲；

二，於不變其代理之目的物或權利之性質之範圍内，以其利用或改良爲目的之行爲。人一九三、二七二，取一二四・二項、二三二・二項，六年六月十八日告二一五號，代人規則四

本條規定法律、裁判上之命令，或委任契約中不定代理人之權限時，其代理人有何等之權限。蓋此等處，從來代理人常止有爲管理行爲(actes d'administration)之權限。雖然，管理行爲，一語頗泛，動有異其解釋者，故本條於所謂管理行爲中，列舉應包含之行爲種類，冀防其爭於未發焉。其本條所列

舉，爲從來多數學者之所認，大約最爲允當。試揭左之一二例，説明本條之意義。

第一，保存行爲(actes conservatoires)云者，急要之修繕、時效之中斷、權利之登記等是也。

第二，以利用或改良爲目的之行爲云者。例如寄託金錢於銀行，以謀利殖，賃貸不動産於他人，或耕作之之類利用，及施相當之裝飾於不動産，以高其價格，其他在保存爲不必要之修繕，而可增加其物之價格之類改良是也。此等皆不變物或權利之性質，故爲可爲。至如以木材建築家屋物之利用，開拓山野爲田畝物之改良，賣卻公債而换金錢權利之利用，以薄利之股票，易配當多額之股票權利之改良，皆爲變其權利之性質，故不屬管理行爲之範圍也。

第百四條　因委任之代理人，非得本人之許諾，或有不得已之事由，不得選任復代理人。取二三五，舊商四七、三四七

代理人，得選任復代理人與否，乃從來學説立法例所共歧。舊民法以得選任之爲原則取二三五，舊商法以不得選任之爲原則舊商三四七。蓋由代理之性質言之，似乎舊商法之主義爲是，民法之主義爲非。何則？代理乃信用其人，而與之以代理權，故非其所信用之人而使代之，背於與以代理權之初旨。雖然，由實際之便宜而論，則又似舊民法之主義爲是。舊商法之主義爲非。何則？代理人若必自身爲一切行爲，則其負擔頗重，實際多所難堪，將不能輕易承諾其代理。且代理人所信爲他人爲其行爲，比於自爲爲有利者，亦不可得。由是代理之利益，不能完滿者必多。及從世之進運，並取引之日即頻繁，代理之需要愈益加多，乃漸至覺其不便。故據余所信，法律之傾向，大約漸趨舊民法之主義。然新民法則姑依代理之性質，於

因委任之代理，採用舊商法之主義。惟法定代理並合裁判所及他機關所選任者，採用舊民法之主義焉。本條先就因委任之代理爲規定，以示復代理之以不許爲原則也。

雖然，(第一)右之規定，非公益上之規定，故有本人之許諾，乃得選復代理人；(第二)有不得已之必要，則亦得選任之。例如訴訟之傭辯護士，管理一大商店之使用一人或數人之番頭手代譯者按：番頭手代，乃日本商夥之舊名，乃取締役以下之重要人員也，實爲不得已者。縱無本人之許諾，當然必認爲既許之也。參觀商三〇・二項

第百五條　代理人若以前條情事，選任復代理人，則對於本人任其選任及監督之責。代理人若從本人之指名，選任復代理人，則苟非知其不適任或不誠實，而怠於通知本人或解任之，不任其責。取二三五

本條乃從前條之規定，就例外選任復代理人時，示代理人之責任。蓋當代理人選任復代理人，以自己之判斷，選其人而任之，故應就其人之行爲，負相當之責任，固不俟論。雖然，若又退而思之，本人既許其選任復代理人，又以事情不得已而選任之，故其代理人之責任，不能甚重。於是本條僅以關於復代理人之選任，及監督有無過失，爲代理人之責任。苟選任適當之人，不怠其監督，則即因其復代理人之過失，加損害於本人，雖其復代理人對於本人當負責任一〇七・二項，代理人於此，則毫無可負之責矣。

右論普通之情事雖如此，若本人指名復代理人，而使選之，則代理必且全免其責任。惟代理人未失其代理權，故對於復代理人，當負若干監督之義務，又所當然。故若知其復代理人不適任，而畢竟不堪其事，或不誠實而動有害本人利益之

虞，則不可不通知本人，或急迫時即解任之。若爲代理人而怠此義務，固不得不任其責也。

第百六條　法定代理人，得以其責任，選任復代理人。但若有不得已之事由，則止負前條第一項所定之責任。人一九〇·二項，取二三五，十六年一月二十九日内務省指一，同年四月十七日同省指，十九年十月六日司法省指，二十五年七月同省指，二十七年十二月十九日大審院判決

本條乃就法定代理爲規定。法定代理人，與因委任之代理人不同，乃以得選任復代理人爲原則。是無他，因委任之代理人，若認選任復代理人爲有益，則得直請本人之許諾。然在法定代理人，不能得本人之許諾，故即以之爲有益，亦無由求其許可。然法定代理，多爲總括的，以一人處辦一切事務，困難頗多。故就法定代理，用其與因委任之代理正反對之原則也。上所引用内務、司法兩省之指令，及大審院判決，就後見人之總理或部理，爲得使用代人者。但於法人之理事，特重其責任，止就特定行爲，許以復代理焉。五五

依右之所述，法定代理人，得自由選任復代理人。故其責任，亦必從而加重。即不但任復代理人選任及監督之責，其復代理人所爲一切行爲，且必負恰如自己爲之之責任。否則法定代理人，將濫選任復代理人，而冀免其責，遂至不勝其弊矣。但如第百四條之下所例示，若有不得已之事由，則比於因委任之代理人，不應負更重之責任。故如前條第一項所定，惟就復代理人之選任及監督，負責任焉。

第百七條　復代理人就其權限内之行爲，代表本人。

復代理人，對於本人及第三者，有與代理人同一之權利義務。取二三六

本條規定復代理之性質。蓋復代理人，應止爲代理人之代理人，抑應直接視爲本人之代理人，學理上雖稍屬疑問。然本條則以復代理人爲直接應代表本人者，以計實際之便利焉。故復代理人，於其權限内，示以爲本人而爲意思表示，直接對於本人，生其效力云云，毫無異於代理人所爲之意思表示。但其復代理人，要爲行爲於自己之權限内，例如代理人即於處分行爲，亦有爲之之權限。若於復代理人，止與以爲管理行爲之權限，則就其復代理人所爲處分行爲，不能適用本條之規定也。

右論復代理人代理本人之點。請由是更論復代理人，對於本人及第三者，應有之權利義務。以純理言之，復代理人對於第三者，應有與代理人同一之權利義務，雖不容疑。然對於本人則何等權利義務，亦不能有。蓋兩人之間，任何法律行爲，皆未爲也。雖然，是不但頗不便於實際，且於代理人得選任復代理人時，是亦爲其權限内之行爲，故不得不謂爲代本人而選任之者。故於本條，以復代理人爲與代理人有同一之權利義務者，例如代理人之權限，若由委任而生，則復代理人對於本人，得行使由其委任而生之權利，負受任者應負之義務。且代理人若於其權限内選任復代理人，則於其間，當成立委任契約，此爲代本人而爲之者。故其委任契約，直接對於本人而生效力，有不容疑。由是，復代理人於本條規定之外，當有生於其委任契約之權利義務。

以上所論，乃純然復代理人，而代理人則依然不失其代理權者。若不然，第一代理人，以其代理權移轉於第二代理人，自己全脱代理關係，斯時右之所述，一切不能適用。此而有委任者之承諾，固所得爲無委任者之承諾，則決不得爲代理人矣。世之學者，往往以此與復代理相混，故一言之。

第百八條　無論何人，就同一之法律行爲，不得爲其相手方之代理人，或爲當事者雙方之代理人。但履行債務，則不在此限。人一九九，取三七，舊商四〇七、四二九・一項，新商三一七

代理人，本應一意專心，計本人之利益，爲代理人而與自己爲法律行爲。計自己之利益，有害本人利益之恐，計本人之利益，自己又有生不利益之結果之虞。此時喻義則自損，喻利則又非義，代理人有頗難自處者矣。故以法律禁之，就同一之法律行爲，同時不得以自己之資格，與他人之資格，兼當事者之雙方也。

右於代理人，同時爲當事者雙方之代理人時，亦同。蓋欲全一方之代理，而計其利益，勢必怠他一方之義務，而有害之之虞。故亦不得兼當事者雙方，與右述等。

以上所論，乃在一人不得兼利害相反之當事者雙方資格。故若一法律行爲，當事者雙方不患利益之相反，則即許其兼雙方資格，不見其有弊害。故本條但書，就履行債務，得兼雙方資格焉。蓋債務之履行，不外實行其目的。然其目的，自始即爲一定。故其實行，不當視爲雙方之利害，於其間有衝突也。

第百九條　對於第三者，表示其已與他人以代理權，於其代理權之範圍内，就其他人與第三者間所爲行爲，而任其責。取二五〇・三號

就本條之解釋，雖或可惹起議論。據余所信，本條之規定，全爲公益規定，以保護第三者爲其目的者也。請詳論之於左。

本人對於第三者，表示其以某爲自己代理人之旨，縱對某不以代理相委任，第三者固當信其已委任之。此時第三者，若信本人之通知，與某爲法律行爲，後日因某不受代理之委任，

其法律行爲，對於本人毫不生其效力，則第三者可受之損害，實非尠少。似此則不能輕信人言，而爲取引，即於取引之靈便，大有妨礙之虞。故本條於第三者，與某之間所爲法律行爲，本人必負履行之責。雖然，非因此即認某爲純然之代理人，能發生其所謂代理關係者。此余所以謂本條之規定，不過一公益規定也。

或問本條若以保護第三者爲目的，則當止保護善意者，然本條何以並不别其善意、惡意？答曰：别其善意、惡意，不但實際甚難，且當本人有通知時，第三者雖知其未有委任，然本人既爲其通知，則即信其當與第三者締結委任契約，此通例也。故以此爲第三者之必需保護焉耳。

或曰：本條正如德國民法，定其得以本人之單獨行爲，授與代理權之旨也。是乃甚謬。(第一)本條不過定本人對於第三者應負責任之旨，不定本人可得權利。惟以代理之爲物，乃使本人爲負義務者，同時亦使爲得權利者。九九參考然本條之規定，究非許本人主張以此取得其權利，故本條之規定，不得爲認本人之單獨行爲，授與代理權。(第二)若本條與德國民法，以同一之意味爲規定，則必應如該民法明言之，何以如本條，用迂遠曖昧之字句乎？且關於代理權發生之規定，當揭之本節之首，尤當然之次序。今於已揭代理人之權限等詳細規定之後，關於代理人之權限外行爲之規定以前，乃置此條，亦可見其非關於代理權發生之規定。又況前後之個條，毫無可以推測之明文，認其得以單獨行爲，授與代理權，而足以證其反對者，卻正不少乎？例如第百四條至第百六條，止規定因委任之代理人，與法定代理人，其復代理之許否。惟然而委任云者，乃第三編第二章第十節所規定，而爲一種契約。是以單獨行爲所授與之代理權，非因委任之代理權，固不待言。然則，復代理許否之問題，關於因單獨行爲之代理人，不能不謂全缺其規定矣。又第百十一條，揭代理權之消滅原因，惟揭本人之死亡與代理人之死亡，禁治産或破産爲一般之消滅原因，不示其他之消滅原因，止附言因委任之代理權，因委任之終了而消滅，是實爲得因委任者之意思，消滅其代理權。六五一然則單獨行爲，苟認其可授與代理權，必不能不令其消滅代理權，得止由本人之意思。故如德國民法，即設此規定，而第百十一條乃不揭之。是不能不謂單獨行爲所授與之代理權，轉不能以本人之意思消滅之。夫因本人與代理人之契約，所生代理權，且得止以本人之意思消滅之，由本人之意思所授與之代理權，卻不得止以其意思消滅之，實不可解。故雖反對論者，亦以爲縱無明文，本人自得止以其意思消滅右之代理權。然無奈第百十一條，又確有明文，則決不許爲此解釋。此足證立法者，不認以單獨行爲，授與代理權也。(第三)若許其以單獨行爲授與代理權，則必如德國民法，以對於代理人之意思表示，亦爲得授與之者。反對説固有之現時學説，又非無謂對於第三者之意思表示，未足以授與代理權。惟對於代理人之意思表示，有此效力者。然則止對於第三者之意思表示，有本條之規定，適足以證論者之説之無據。(第四)本條之意義，如論者所説，則不當曰表示其已與以代理權，必曰表示其必與以代理權，此亦足證其不許以單獨行爲而與以代理權也。

要之，本條之情事，以本人若告知其代理人於第三者，此人與第三者之間，所爲法律行爲，對於本人，而可全爲無效，則本人將由不法行爲，加損害於第三者矣。故必依第七百九條之規定，本人對於第三者，任損害賠償之責。惟損害賠償，乃不確實之事，往往不足實償損害。故立法者特保護第三者，使本人就此法律行爲而負其責，以防損害於未生焉耳。

本條之規定，解之爲兼有二義：一對於一定之第三者，表示其已與他人以代理權時；一以廣告等，對於一般之第三者而表示之之時，最爲妥當。

譯者按：代理關係，乃本人或代理人，與第三者之關係，非本人與代理人之關係，前已論之。則對於第三者，以得本人之意思表示爲已足，其有無契約，第三者無庸過問。蓋事實上有無契約而必爲代理者，如債權中組合員之執行組合業務是也。至法律所不明定，或有不用契約，專由本人向第三者表示，即爲代理人，而取事機之便捷者。夫業已表意，則本人之法律行爲已定，即代理關係已明。至本人與代理人，如果必需契約，自可另訂，與第三者無涉，即與代理關係無涉。梅先生辨日本民法爲不認單獨行爲授與代理權，是誠然矣。然新民法之矯正舊民法者，以多用德國派之故，獨此授權主義，仍循法國派。故梅氏以爲合宜，而富井氏則以爲遺憾，此亦德與法之大别。對觀二家之書，於斯學新舊之主張，必可得其真理解也。

第百十條　代理人，於爲其權限外之行爲時，第三者若有可信其有權限之正當理由，則準用前條之規定。取二五〇·二項·三號，舊商五二、五三、三四四、四一六

本條亦與前條，出於同一之精神，欲保護善意之第三者，所設之公益規定也。蓋代理人越其權限，所爲法律行爲，全然爲無代理權而爲之者。故於此行爲，毫無代理關係，本人無庸依第九十九條而負責任。雖然，若第三者特有正當理由，足信代理人有其權限，則非仍使本人負其責任，以保護第三者，不可期取引之安全。例如代理人從來爲同種法律行爲時，本人嘗

是認之，無拒其履行之事；又如慣習上同種之代理人，皆有此權限，此類是也。

或曰：右之情事，第三者雖有信其權限之正當理由，亦自己不免疎漏。蓋與代理人爲法律行爲者，必先調査其權限，然後爲法律行爲。然則此第三者，實有不爲調査之過失，而本人則反之，蓋不得認爲有過失者。然而保護有過失之第三者，卻不保護無過失之本人，似頗不得其當。曰：不然。第三者與代理人爲法律行爲，如一一調査其權限，實際不堪其煩。故如前所例示等情，第三者於代理人，不知其無權限，不能認爲過失。反之而在本人，選任不守權限之不誠實之代理人，正不能認無過失。故欲保取引之安全，甯令本人負責，以保護第三者。有此理由，所以本條之規定，各國大抵皆同也。

第百十一條　代理權，因左之事由而消滅。

一，本人之死亡；

二，代理人之死亡、禁治産或破産；

此外因委任之代理權，因委任之終了而消滅。六五一、六五三，人二〇二，取二五一，商四〇、二六八，舊商四三、三四六、四〇八、四六七

本條定代理權消滅之原因。而於第一項，設通於各種代理權，即通於因委任之代理權及法定代理之消滅之規定；於第二項，特置因委任之代理權之規定。本條第一項之規定，實爲當然，直可無煩解説。蓋因委任之代理權，素本於信用，本人或代理人若已死亡，則其相續人，不得爲維持其從來之關係者。又即在法定代理人，大抵亦就本人一身，設代理人。故因本人死亡，消滅其代理權，固爲當然之事。又代理人乃信其人而使爲代理者，故其人死亡，不得移轉其代理權，於其相續人。至於代理人之禁治産或破産時，或從原則，爲失其爲法律行爲之

能力，或爲財産上全失信用，已在等於死亡之地位，故以之爲消滅代理權之一般原因，亦豈非當然之事。親權者，不因破産而失其親權，是關親權，有特别規定於《親族編》。八七七、八九六至八九九，又九〇八·五號參觀。至禁治産者，則當謂爲不能行其親權者。八七七·二項、九〇〇·一號參觀。

或曰：禁治産者本得爲代理人，一〇二則代理人半途受禁治産之宣告，似不必即爲消滅代理權，是亦非無一理。然本人自始即知代理人之爲禁治産者，固可以代理委任之。當其委任此代理，爲有充分能力之人，今受禁治産之宣告，即爲自己之行爲，且陷於不得自爲之狀況，故不可認本人尚依然有使爲代理人之意思。但以特約，定以上情事，不消滅代理權，固無所礙。就禁治産，止説因委任之代理一端，法定代理人，則信其無禁治産者矣。

《商法》第三百四十六條，就商行爲不以本人之死亡，爲委任代理消滅之原因，是頗爲進步之主義。從世之進運，取引亦日益頻繁，本人死亡，代理權若即爲消滅，實際頗多不便，故漸次將用商法主義，余所深信而不疑。舊商法三四六，代理人之死亡，亦不爲代理權消滅之原因。雖然民法之一般規定，取此主義，尚嫌太早，故本條取反對之主義，爲一般之規定，較爲妥也。

因委任之代理權，本由委任契約而生，故爲其根本之委任契約若消滅，由是所生之代理權，亦自必消滅。此所以有本條第二項之規定。而其委任終了之原因，則詳第六百五十一條及第六百五十三條。但委任若已取消，則其取消前之代理行爲效力如何？曰是因其取消之原因如何而異。其取消因無能力，當依第百二條之規定，代理行爲爲有效。因詐欺，則相手方若爲善意，代理行爲固有效。若爲惡意，則代理權之原因，當遡既往而消滅，故代理行爲亦當失其效力。九六、一二一因强迫，則不問相手方之善意、惡意，代理行爲失其效力。九六·一項、一二一

第百十二條　代理權之消滅，不得以之對抗善意之第三者。但第三者因過失而不知其事實，不在此限。取二五八

本條之規定，亦爲以保護第三者爲目的之公益規定。蓋代理權之消滅原因，往往有爲第三者所不知，本人之死亡委任之解除等尤然。故第三者不知其代理權之消滅，而與代理人爲取引者不少。此時以其法律行爲，爲對於本人而無效，第三者必蒙不虞之損失，因不得與代理人，安心取引。此所以有本條之規定。但第三者不知代理權之消滅，若全因過失，則無庸保護之，因不適用右之規定。例如本人或其相續人，特通知其第三者，第三者雖受通知書，不之省覽，仍與代理人爲法律行爲；又如後見因未成年者已達成年而消滅，法律上明有原則，第三者不知之，依然以後見人爲舊未成年者之代理人，而與爲法律行爲是也。參觀六五五

第百十三條　不有代理權者，爲他人之代理人，所爲契約，非本人爲其追認，對之不生其效力。

追認或其拒絶，非對於相手方爲之，不得以之對抗於其相手方。但相手方若已知其事實，不在此限。取二五〇・二項・一號，舊商三四三、六二八

本條就不有代理權者，爲他人之代理人，結某契約時，規定之。此時以純理言，契約爲全然不得成立。何也？爲其契約者，非真代理人，故其契約對於本人，無何等之效。又其人自爲代理人，而爲其契約，故其契約對於其人，亦不能有何等之效。雖然由實際之便宜上考之，其人固爲他人之代理人，而爲契約，相手方亦以其人爲本人之代理人，而與之爲契約，故若本人同意，以其契約爲對於自已而有效力，則視之如有代理，亦任爲何人，無所礙也。苟以其契約爲全然無效，則自爲代理

人而爲契約者，及其相手方，卻有共受損害之虞。此本條所以於本人追認其契約，以爲恰如有代理者，生充分之效力也。

本人欲追認右之契約，或拒其追認，必對相手方表示其意思。若不對相手方爲之，則即本人與自稱代理人之間，其追認或拒絶追認，有充分之效力，亦不得以之對抗相手方。否則，相手方不知之間，全然無效之契約，可生充分之效力，因追認而能生效力之契約，可以永久無效，相手方將失以下二條所定之權利，不得以追認之拒絶，對抗於相手方，乃無實益之規定。何則？行使以下二條之權利，其結果與既有追認之拒絶同也頗爲不穩。但相手方若由自稱代理人之通知，或其他方法，已知本人既爲追認或既拒之，則不在此限。

以上不但適用於無代理權者，其踰越代理權者，亦適用之。惟第百十條之情事，則即無本人之追認，第三者對於本人，得求其履行契約。但本人對於第三者，欲求契約之履行，則必先追認之。

第百十四條　於前條之情事，相手方得定相當之期間，催告本人，應於其期間内，確答其追認與否之旨。若本人於其期間内，不爲確答，則視爲已拒絶其追認者。

依前條之規定，自稱代理人所爲契約，即本爲無效。然本人若追認之，則爲全然有效。由是其竟爲追認，或未明拒絶之之先，其契約之效力不定，相手方竟不能知其契約果生效力與否。以故其相手方立於頗不安心之地位，其爲不利益可想。於是立法者欲保護之，特設本條之規定焉。

本條之規定，與第十九條之規定，性質略同。惟有三異點：(一)第十九條，必定一個月以上之期間，當爲催告。本條則止言定相當之期間，不言其期間之幾日或至幾月以上。是無他，因契約之性質，距離之遠近等，有非與以一月至二月之期間，難得本人之確答者，又有僅僅數日之期間，而已足者，故甯以相手方自定期間爲便。其所云相當之期間，若定爲不當之短期間，則本人對之述其異議，相手方若不聽之，得訴於法廷而延長其期間。以理論上言之，若定爲不當之短期間，則催告爲無效。在第十九條，立法者以保護無能力者爲主，故必定其期限，止可在一個月以上。無能力者，其法定代理人等，尚需發通知於其期間內者，此爲已可。故任何情事，至一個月，則可無爲期太促之患矣。（二）第十九條，無能力者、其法定代理人等，以確答發於期間內爲已足，本條則止云若不爲確答。可見依第九十七條之規定，其確答必於期間內到達相手方。是本條固以保護相手方爲主也。（三）第十九條第一項及第二項，若無能力者或法定代理人等，不發確答於期間內，則規定其應視爲已追認其行爲者。本條則本人若於期間內不爲確答，視爲已拒追認者。是無他，無能力者之行爲，以有效爲原則，不過欲保護無能力者，乃以取消權與之。故無能力者儘未行使其取消權，必認其行爲全爲有效。故無能力者於期間內不發確答，甯確定其行爲之本性，以爲全然有效，而不復得取消之，所當然也。反之而爲本條之情事，乃無代理權者爲本人所爲之契約，法理上本全無效力，不過立法者考實際之便宜，令本人得追認之。若果追認，視其契約爲自始即成立耳。故本人於期間內不爲確答，則其契約之本性，終歸無效，又所當然矣。

第百十五條　不有代理權者之所爲契約，本人未有追認之間，得由相手方取消之。但契約之當時，相手方已知其無代理權，則不在此限。

前條乃豫想相手方，希望本人之追認。早追認一日亦佳，若終不能得本人追認，則欲早知其不爲追認之情事。本條反之，乃就相手方不欲其契約成立時，爲規定耳。蓋自稱代理人之所爲契約，法理上固無爲無效，因欲認本人之追認權，儘本人未拒絶其追認前，必假認契約爲成立。故若由相手方不欲成立，不能不特要取消之。雖然，契約本未可謂爲成立，故本人未追認前，相手方毫不因其契約而被羈束。是以本條於本人不爲追認之間，無論何時，相手方得取消其契約。但契約之當時，相手方若知自稱代理人之無代理權，當初即自欲取結不完全之契約，則本人未表示追認與否之意思，相手方不得濫行取消，是爲至當。此所以有本條但書之規定也。

第百十六條　追認若無別段之意思表示，則遡契約之時，生其效力，但不得害第三者之權利。

本條乃定追認之效力。蓋由純理言之，法律行爲，雖止向將來爲有效力。然本人於既爲追認時，若由追認之日成立契約，則由契約之時至追認之時，本人與相手方之間，將視爲無何等之法律關係，故往往生反於當事者意思之結果。例如契約之目的物，所生果實，皆歸爲讓渡人之相手方所有。爲讓受人之本人，由追認之時，始得其果實，此猶可也。若爲賣買，既假定其物爲已引渡於自稱代理人者，五七五似此則非認前之契約，直與新結契約無異，是豈當事者之意思乎？故除當事者表示別段意思之外，追認當追遡契約之時，生其效力。但此規定，乃法律之假定，不合於事實，故不得因以害第三者之權利。例如相手方於契約之後，以其爲目的物之不動産，賃貸於第三者，已登記之。假令因本人追認其契約，在當事者間，固視爲所有權，自契約時，即移轉於本人。然右第三者之賃借權，必認其全爲有效，此類是也。六〇五

第百十七條　爲他人之代理人而爲契約者，若不能證明其代理權，且不得本人之追認，則從相手方之選擇，對之履行，或任損害賠償之責。

前項之規定，相手方，於知其無代理權時，或因過失而不知之時，又或爲代理人而爲其契約者，不有其能力時，不適用之。取二四四，舊商四九、五七、三四三

本條定本人不爲追認，其對於相手方之自稱代理人，所負責任。蓋並無代理權，而爲代理人以爲契約，其過失不可謂不大。故其相手方，信其有代理權，而爲契約，若終不得本人之追認，則其相手方因此所蒙損害，實全因代理人之過失而生。故自稱代理人，對於相手方而負責任，固其分也。

雖然，此以純理言之，自稱代理人，對於相手方，止任賠償之責，無自履行其契約之責，蓋非爲自己而結契約也。然相手方之所蒙損害無他，正以所結欲其有效之契約，忽歸無效，故與其從契約無效而生損害之後，始以不確實之損害賠償方法償之，不如竟絶其損害之原因，令契約不爲無效，由相手方任其履行之責。此本條之於相手方，所以或從普通原則求損害之賠償，或對於自稱代理人求其履行本來無效之契約，與以得選擇之權也。

或云：相手方受契約之履行，本爲得其所欲，故自稱代理人，果可常使任此履行，又何必與相手方以選擇權乎？曰：不然。本條情事，認自稱代理人爲有過失，而相手方並無過失。若相手方從普通之原則，欲得損害賠償，則有過失之自稱代理人，不得强以無效契約之履行，冀免損害賠償之責，蓋相手方有時有以得損害賠償爲利者也。例如契約目的物，價格驟跌，若相手方受其履行，明明轉招損失，此時甯爲損害賠償，止償契約之費用，蓋以不求履行爲利矣。

以上欲保護善意之相手方，所規定也。故惡意之相手方，不能利用此規定。而其相手方縱爲善意，若因過失而不知自稱代理人之無代理權，則亦不得援用右之規定。例如自稱代理人，當其欲爲契約，曾通知其非受本人之委任，因相手方之疏漏，止覽請結契約之文，其信件中，載明無委任而爲之之一部分，竟未一讀，是爲過失，即不能浴本條規定之恩澤焉。

前之所論，乃就自稱代理人，有因自己行爲而負擔債務之能力時言之。若其人無爲自己爲其契約之能力，則即爲自己爲其契約，猶當得取消其因此而生之債務，故無轉負擔爲他人而爲契約，所因以生焉之債務者。但依不法行爲之原則，參觀七一二、七一三相手方若證明其因自稱代理人之過失，而蒙損害，則其自稱代理人，必任賠償之責，固所不待言也。間有自稱代理人爲未成年者，此雖有意思能力，故得爲代理行爲，然有因其未有辨識力，不負不法行爲之責任者。此時之相手方，則不能請求其損害賠償矣。

右爲假定自稱代理人，真不有代理權之事。然即真有代理權，而不能證明之，若本人不追認其契約，則對於相手方，正與不有代理權者無二。但若對於本人得證明其代理權，則對其本人有求償權，自爲一定之理。

於第百十條之情事，則本人必爲追認，故自在適用本條之範圍以外。

第百十八條　就單獨行爲，其行爲之當時，限於相手方同意於稱爲代理人者之無代理權而爲之，或不爭其代理權，則準用前五條之規定。對於不有代理權者，得其同意而爲單獨行爲，亦同。

以上止就契約爲規定，本條乃就單獨行爲規定之。蓋契約因雙方之同意而成立，由是自稱代理人及相手方，皆因以負其責任，固可謂爲當然。然在單獨行爲，則止因一方之意思而成立，故以之與契約均其效力，未免不得其當。例如因無權限者，爲本人對第三者，爲催告、通知等，後日有本人之追認，其催告、通知等，所可生不利益之結果者。蓋其爲本人雖頗便利，而相手方則甚危殆。故本條於單獨行爲，以不適用以上所論契約之規定爲原則。惟限其例外有二：(一)相手方於其行爲之當時，知自稱代理人無代理權，而同意於其所爲之行爲；(二)自稱代理人之無代理權，不問其知之與否，當自稱代理人爲其行爲，相手方並不爭論其有無權限。此二者，當準用以上所述之契約規定焉。蓋此時，相手方於自稱代理人爲單獨行爲，明示或默示其承諾，甚至自慫慂之故，毫無異於與自稱代理人爲契約也。

右論自稱代理人所爲單獨行爲，然相手方得自稱代理人之同意，而對之爲單獨行爲，亦有不得不相同者。

第四節　無效及取消

本節乃規定法律行爲之無效時，及其得取消時，其無效及取消之效力，取消權者取消之方法，取消權之消滅等。但取消之規定，以關於無能力者之行爲，及因詐欺或强迫之法律行爲爲主。

法律行爲之無效(annulable，anfechtbar)者，又謂之不成立恰如人體不具生活之必要機關，畢竟不能生存者也。法律行爲之得取消(Voidable)者，舊民法仿法國等之例，是亦謂之無效，不但文字稍有未當，並有互相牽混之虞，故新民法中常謂之得取消云恰如病體，其因病而得死亡，雖未可定，今則現尚生存。至其詳細，請就各條說明之。

第百十九條　無效之行爲，不因追認而生其效力。但當事

者若知其無效，而爲追認，則視爲所爲之新行爲。財五五八

本條規定無效之行爲。蓋無效行爲，既如所述，爲法律上全不成立(nul ou inexistant，nichtig)者，以當事者之意思，而爲有效，此必不能，故當事者雖欲追認而不得。若當事者欲由其行爲，貫徹所欲達之目的，則必别爲新行爲。蓋當事者自不顧其行爲之無效，而表示其追認之意思，法律則視爲有爲新行爲之意思。夫追認舊行爲，與爲新行爲，情節大有不同。例如有以移轉所有權爲目的之行爲，其所有權不由舊行爲之時爲移轉，止由新行爲之時爲移轉之始。

依舊民法，亦與本條之規定，略生同一之結果。然在舊民法，認爲自然義務(obligatio naturalis，obligation naturelle natürliche Verbindlichkeit)，由無效行爲，發生一自然義務，得由法律追認之，而爲法定義務(obligation civile，Klagbare Verbindlichkeit)。新民法則不認之。於是右之新行爲，爲純然之新行爲，法律上不得不視爲與舊行爲，不有何等之關係。

第百二十條　得取消之行爲，限於無能力者，或爲有瑕疵之意思表示者。其代理人及承繼人，得取消之。

妻所爲之行爲，夫亦得取消之。人七二・二項，財三一九

本條以下規定關於得取消之行爲，而本條則規定何人得取消其行爲也。但非就一切得取消之行爲規定之，止就無能力者之行爲，及因有詐欺或强迫之瑕疵之意思表示之行爲，爲規定焉。至其他得取消之行爲，則於各本條定其爲得取消者，故本節無所規定。例如債務者爲能害其債權者之法律行爲，其得取消之者，乃其債權者，此爲第四百二十四條所規定。又不依書面之贈與，得取消者爲各當事者，此爲第五百五十條所規定。其他類此。

本條之主意，在止使欲受法律之取消權所保護之人，得行其權利，故無能力者所爲法律行爲，限於其無能力者，法定代理人，本條止云代理人者，無他。蓋雖因委任之代理人，亦得行取消權，固已。若云法定代理人，恐因委任之代理人，疑在除外之列，故止云代理人也或承繼人(ayant-cause，Rechtsnachfolger)，承繼人有包括承繼人、特定承繼人之别。包括承繼人云者，即相續人，包括受遺者等，合屬於人之資産之權利與義務，承繼其全部或一部者也。特定承繼人云者，承繼其一定之權利義務者也。本條中之特定承繼人，則專謂讓受取消權者。舊民法仿法國等之例，債權者亦包含於承繼人之中。然債權者與他承繼人，不同其性質，故甯以第三者視之爲妥。新民法承繼人中，所以不含債權者，而於第三者中含之爲得取消之者。惟妻所爲之法律行爲，徒以保護夫權之故，而許其取消，是以夫亦爲得取消之者焉。或曰：若然，則謂妻不得取消所既爲之法律行爲，亦無不可。不知重夫權，正所以重一家之整理。一家整理，則夫妻共受其益。故妻以蔑視夫權，而恣爲法律行爲。若妻於後日悔之，則欲保一家之秩序，可以自取消其行爲，以全夫之權力耳。

關於無能力者自行其取消權之情事，於其無能力間爲之，與既爲能力者以後爲之，有不同焉。(第一)於無能力間取消，亦爲一種法律行爲。故關於此項情事，多要法定代理人、保佐人或夫之同意。先就未成年者言之，除因取消而止取得或回復其權利，或能免其義務之情事外，皆當得法定代理人之同意。就禁治産者言，則盡當得後見人之同意。就準禁治産者言，則在通常情事。如取消其以不動産或重要動産之權利得喪爲目的之行爲，及取消其相續之限定承認或抛棄，凡取消其當然能生單純承認之結果者，一〇一七・一項、一〇二四・二號非得保佐人之同意，不得爲之。在第十二條第二項之情事，則殆就一切行爲之取消，皆有應得保佐人之同意者。就妻言，則於通常之準禁治産者，當得保佐人之同意時，當受夫之許可。(第二)在既爲能力者之後，得悉以獨斷而爲取消，則固不待言矣。

有瑕疵之意思表示，即因詐欺或强迫之意思表示，九六限於其逢詐欺或受强迫者，並其代理人或承繼人得取消之。蓋立法者欲保護遭詐欺或强迫者，故得取消右之行爲也。

依以上所述，無能力者或爲有瑕疵之意思表示者，其相手方之不得取消其行爲，其理明甚。蓋是等之人，乃自己任意爲所欲爲之行爲，故無可以得取消之理由。且無能力者之相手方，多非其自不小心，即爲誆愚幼以博利詐欺者之非正人，更不俟論。至强迫而出自相手方，尤不可恕，何得因自己之過失或不正行爲，取消自己所爲之法律行爲乎？且依本法第十九條之規定，尤於無能力者之相手方，頗與以便利，故此亦毫無嚴酷之嫌矣。

第百二十一條　所取消之行爲，視爲自始即無效者。但無能力者，則於因其行爲而現受利益之限度，負償還之義務。財五五二

本條定取消之效力。蓋得取消之行爲，當未取消之間，爲全然有效者，能生法律上一切效力。然一旦若有取消，則其行爲如初本無有，全無異於無效之行爲。故一旦己移轉之所有權，亦復其舊主，恰如未嘗移轉於他人。因當事者所生債權，亦如初未嘗生，債務者即如未嘗爲債務者。故若當事者因其行爲而受利益，則必還之於其相手方。例如賣買，賣主若受代價於買主，必返還之。又買主若受賣買之目的物，則亦必返還於賣主也。

以上爲原則，於此不能無一例外，則關於無能力者是也。蓋無能力者，爲法律所特加保護，而與之以取消權。妻之無能力，固直接以重夫權，然畢竟以欲保一家之秩序，亦可謂間接

保護其妻之利益者矣。故要毫不使受取消之損害，然若無能力者，從右所述，當取消其法律行爲之時，既受取者即悉有返還之義務，則其所已消費者，更必傾己橐以償之，必且蒙若干之損害矣。似此則法律欲保護無能力者，而與以取消權，殊不能貫徹其趣意。故本條但書，無能力者止於因其行爲而現受利益之限度，負償還之義務焉。例如無能力者，若受取金錢而盡浪費之，則即一無所返。若費其半，即返其餘半爲已足。但現受利益云者，不必利益之存於有形，即受無形之利益，當其仍有存者，亦必對其利益而爲補償。例如無能力者，受醫師之治療，而全其生命，譯者按：生命現存，即利益尚爲現受縱不付還其所約定之報酬額，亦必付還其慣習上可認爲相當之診察料及治療代作也。

因詐欺或强迫而取消其法律行爲時，亦依不當利得之原則，當返還其現存之利益，固已。七〇三惟於實際之適用，則與無能力者有不同焉。例如因詐欺或强迫而賣卻其財産者，於取消其賣買之時，即已浪費其已受取之代價，然其人究爲能力者，不可不返還其全額。蓋可想見其不浪費此，亦必已浪費他金錢也。反之而爲無能力者之多數，除妻之外則金錢到手，即有浪費之虞。蓋此等人多以手無金錢爲常事，然因得取消之行爲而獲金錢，則罕有不浪費者，甚至有竟以浪費之目的，而爲其行爲之事。故若浪費其所受取之金錢，以無庸返還爲常，此所以雖有第七百三條之通則，關於無能力者猶特設本條但書之規定也，詳見《債權編》但本文不免稍嫌其缺於明瞭耳。

第百二十二條　得取消之行爲，若第百二十條所揭之人，已追認之，則自始即視有效者，但不得害第三者之權利。財三二〇、五五四、五五七本條規定以得取消之行爲爲完全者之方法。蓋取消權，爲其權利者之利益而與之，故得由其權利者拋棄之，與他權利之得爲拋棄同。此行爲名曰追認（confirmation ou ratification，Pestätigung），其權利者若爲此追認，則其行爲恰如自始即無暇疵，認爲全然有效者。蓋前既論得取消之行爲，儻未有取消，視爲有效。故取消權而有拋棄，則將來爲確定有效，且視爲向來有效。因而所生法律之結果，絲毫不受變更，其結局即此行爲與自始完全成立者無異矣。

以上爲原則，此原則有一例外，無他，即不得害第三者之權利是也。例如得取消之賣買，有取消權之賣主，未爲追認以前，其所賣卻之權利，若又賣於第三者，則後日雖拋棄其取消權，追認前之賣買，絶不得以此追認，害後買主之權利。故後買主所得權利，法律上爲完全者，前買主當終失其權利而已。又例如由得取消之行爲，所生債務，其以善意爲保證人者，應受主債務者有取消權之利益。參觀四四九然則由主債務者得隨意追認其行爲，甚害保證人之權利，故此追認，對於保證人全爲無效。保證人不問其有右之追認，得止援用其取消權也。

第百二十三條　得取消之行爲，於相手方確定之時，其取消或追認，依對於相手方之意思表示爲之。財五四四

本條定取消及追認之方法。蓋取消在舊民法，必請求於裁判所。此雖外國亦不乏其例，然可謂多餘之手續。本條則無庸具此手續，得止由取消權者爲意思表示，而行其權利。此新民法之所適合於常用之主義者也。五〇六、五四〇等

右之意思表示，若無相手方，則任以何方法皆可。例如依廣告之行爲，無相手方，故對於無論何人，表示其取消之意思。苟有事實，當認其意思爲確定者，即可爲已表示矣。五三〇

則就特別之廣告，有特別之規定雖然，若行爲有相手方，法律行爲則常有相手方則爲應對於其相手方，表示取消之意思者。例如賣主取消賣買契約，其取消之意思表示，必應對於買主爲之。更於相手方有數人時，非對其各人表示其意思，不得爲對於全員已生取消之效力，惟對於受其意思表示者爲已取消而已。而若因一部分業已取消，不能達其法律行爲之目的，則由他相手方請求其解除可也。即有相手方亦有不確定者，例如對於一團之群衆，投以金錢、食物等，使拾取之，固可謂拾取者即其相手方，然此乃不能豫爲確定者也。

以上雖止論取消，然於追認亦毫無所異。

第百二十四條　追認非於取消原因之情況已止之後爲之，則無其效。

禁治産者若於回復能力之後，了知其行爲，則非其了知之後，不得爲追認。

前二項之規定，夫或法定代理人，爲追認時，不適用之。財五四五、五五四

本條定由何時得爲追認。蓋爲取消原因之瑕疵尚在，縱爲追認，其追認亦爲有同一之瑕疵者，即無何等明文，依然得取消之，固爲定理。故其追認，可謂終不生其效力者。本條所以云追認非爲之於取消原因全止之後，則無其效，例如未成年者之行爲，其人既達成年之後，妻則婚姻解消之後，逢詐欺者，因其詐欺所生錯誤發見之後，受强迫者，去其强迫而全得意思自由之後，可爲追認是已。

禁治産者，全不能適用右之原則。何也？禁治産者，常失其知覺精神，故雖精神復於平態，禁治産之宣告業已取消，於其禁治産中所爲法律行爲，多絲毫不能記憶。故不得止依禁治産宣告之取消，爲其行爲之追認，必俟其了知爲行爲之情事

焉。是固當然之事，所不待言。然關於次二條之適用，頗有必要，故本條第二項特言此耳。

無能力者之行爲，夫及法定代理人得取消之，既爲第百二十條所規定，故亦得依百二十二條而爲追認。此追認亦得任何時而爲之否？有如法定代理人，止於本人無能力間，得爲追認，夫亦專於妻爲無能力間，即婚姻繼續之間，得爲追認。但法定代理人之爲追認，必具新爲其行爲之必要條件。例如後見人賣卻不動産，要親族會之同意。九二九，人一九四・二號故追認被後見人之賣卻不動産，亦要親族會之同意也。

或問無能力者，於無能力時，得夫或法定代理人及保佐人之同意，得爲追認否乎？余應之曰：必然。無能力者，得夫或法定代理人及保佐人之同意，即得新爲其行爲，故得追認所既爲之行爲，即拋棄其取消權，所不待言也。

第百二十五條　依前條之規定，從其得爲追認之時之後，就得取消之行爲。若有左之事實，則視爲已爲追認者。但若留異議，則不在此限。

一，全部或一部之履行；

二，請求履行；

三，更政；

四，供與擔保；

五，因得取消之行爲而取得之權利，讓渡其全部或一部；

六，强制執行。財五五六

本條就默示之追認而爲規定。其列舉於本條之情事，取消權者之意思，最爲明瞭，而不容疑。故法律於此，常認定爲有追認之意思，不許更證其不然。但當事者若特留異議，明言不抛棄其取消權之旨，則不在此限。

本條第一號及第四號，乃取消權者，因其得取消之行爲，而負債務。但有取消權之債權者，若不留異議，而受其履行或受其所供擔保，則亦有適用本條者第二號及第五號，乃取得之債權，第三號及第六號，乃通於爲債權者與爲債務者。

兹有一應注意者。本條之情事，本爲默示追認之情事，故必備追認有效之必要條件。苟非在前條所定，得爲明示追認之時之後，生本條列舉之事項時，不能適用本條之規定也。

據本條第五號“因得取消之行爲而取得之權利，讓渡其全部或一部”，則爲有追認之效力者。故讓受其土地之所有權者，已以其所有權之全部或一部，爲讓渡時，固無論矣。即於其土地之上，設定地上權永小作權或地役權時，亦視爲已有追認者。惟所設定，若爲質權抵當權，則於立法論當如何，縱或有以爲可同一視之者，然就解釋論，則此不得視爲已有追認。蓋質權抵當權，非所有權之支分權，二卷第二百六條下之第二後說明故不得以其設定，視爲所有權之一部之讓渡。而其追認，在原則，當以對於相手方之意思表示爲之。一二三至本條之規定，本爲例外之規定，不許其擴充解釋者也。

第百二十六條　取消權從得爲追認之時，五年間若不行之，則因時效而消滅。從行爲之時經過二十年，亦同。人七三，財五四四、五四五

本條定取消權之時效。蓋取消當遡既往而生其效力，乃第百二十一條所規定。然由行爲之時，至取消之時，若爲時甚久，則於其間可生種種之法律關係，因取消而此法律關係皆當消滅，故煩雜叢生，必多受意外之損害者。且此取消，大抵對於第三者亦有其效，故雖善意之第三者，權利亦皆當消散。其

害契約之安全，傷取引之信用，尤非淺尠。立法者有見於此，特設短期之時效。取消權以五年爲當消滅者，其起算點，在取消權者得爲追認之時。蓋時效之爲物，正如後所詳論，生於權利者不顧其得行使之權利，而有等閑視之之情事。故本條之時效，亦必由取消權者事實上得爲取消之時起算之。而取消權者，非在得爲有效之追認以後，多不得爲取消。雖無能力者，得從無能力中，爲取消之事，然其間或因智能發達尚未完全，或因精神未復常態，或因欲爲取消必爲訴訟之時，不能不受夫之許可，事實上於無能力中爲取消者甚少。故本條之時效，從得爲有效之追認時，即第百二十四條所定之時，起算之焉。

得爲追認之時，在無能力者自爲追認，則有第百二十四條之規定。惟夫或法定代理人爲追認，則無何等規定。以余觀之，是當爲夫或法定代理人，已知無能力者之有行爲時，故時效亦當由此時起算。

消滅時效之通則，以二十年爲完成，依第百六十七條第二項明矣，故本條以縮短期間而特著。雖然，第百六十七條之時效，由得行使其權利之時起算，故若由一百六十六條得行取消權之時，即爲得取消之行爲時，爲之起算，將有過二十年猶不完成本條之時效者。此時而亦止用本條之時效，則法律特欲短縮之期間，轉陷於伸長之結果。故本條末段，若由行爲之時經過二十年，則因普通之消滅時效，消滅其取消權焉。

本條之時效，亦爲一種時效，故應適用本編第六章之規定，所不待言。

得取消之行爲，雖有本條之規定，無效之行爲，則無關於時效之規定焉。蓋無效行爲，法律上爲全不成立，故其無效，雖幾十年之後，得主張之。例如甲以其所有之不動產，賣卻於乙，當時若因精神錯亂，及他事由，意思全爲欠缺，則雖幾十年之後，乙自主張爲其不動産之所有者，甲得對之而鳴其賣買之無效，以主張已之未失所有權。但若甲已引渡其不動産於乙，則乙依第百六十二條之規定，可得取得時效，此時甲不得取回其不動産，固不待言。又於右之情事，乙對於甲有付以代價之義務，當甲以此請求於乙，乙雖幾十年之後得唱賣買之無效，而拒其代價之辨濟。然乙若一旦付其代價，則因甲爲不當之利得，不妨令負返還之義務。七〇三依第百六十七條第一項之規定，當免其責，固所不容疑也。

第五節 條件及期限

條件及期限，並爲法律行爲之附隨事項，所以停其效力或使消滅者也。請從此逐序説明之。

一 條件

第百二十七條 停止條件附法律行爲，譯者按：此句當改爲附停止條件之法律行爲，文理方順，惟九字自爲名詞，故仍之從條件成就之時，生其效力。

解除條件附法律行爲，從條件成就之時，失其效力。

當事者若表示其意思，願以條件成就之效果，遡其成就以前，則從其意思。財四〇九、舊商二八五

條件(conditio，condition，Bedingung)云者，謂發生或消滅其法律行爲之效力，係於不確實之事實之意思表示，或其事實之本物也。雖羅馬法以來，例於條件之定義中，含有必爲將來事實之旨。據余所信，此甚無謂。今尋彼之所據，則曰條件之要素，在不確定之事實，而已往及現在之事，皆爲已確定者，縱當事者未及知之，究其自然，畢竟事已確定，不得以爲條件。此説非也。凡物之不確定者，惟在吾人自不確定耳。從天地之自然以觀之，殆無物不爲確定。例如言明日若雨爲其條

件，固無人不以爲宜然。由天地之自然言之，明日之雨不雨，大抵業已爲確定之事實，止吾人之智識未足確知之耳。故在吾人爲不確定，則縱於自然爲已確定，亦無不可爲條件之理。例如言昨日之選舉，某若當選，此在親臨選舉之人，已爲確定之事實，於所謂天地之自然，不得不謂業已確定。然從結約者之眼觀之，則爲未確定之事實，與不知明日之雨否毫無所異。故但言昨日之選舉，某若當選，雖多有謂此爲非條件者。然若言昨日之選舉，有某爲當選之通知，則通知之有無乃，將來之事，故無論何人，無不謂之條件矣。雖然是不過用語之異，縱僅言昨日之選舉，某若當選，於當事者意中，甯與言昨日之選舉，有某爲當選之通知，有少異乎？故如羅馬法、法國法等，固爲必以未來事實爲條件之法律，亦有以當事者之意思爲推測，非以過去事實之本物爲條件。正以其言若有通知到來爲條件，以視爲其所以爲法律行爲者。故我新民法，斷然破羅馬法之舊套，即現在或過去之事實亦得以爲條件焉。德國學説，歧爲二派。德民法第一草案，有類於我第百三十一條之規定，其理由書明示其採用與我民法相同之學説。然第二草案以後，乃不用右之規定而削除之。故今多唱限於未來事實之説，至其以現在或既往之事實爲條件，其條件之效力如何，當於第百三十一條論之。

條件有二種：一爲停止條件(condition suspensive, aufschiebende Bedingung)，一爲解除條件(condition résolutoire, aufcösende Bedingung)。停止條件，謂法律行爲效力發生之所繫。解除條件，謂其效力消滅之所繫。但多由停止條件附行爲，生解除條件附權利，由解除條件附行爲，生停止條件附權利。本條蓋定此二者效力之基礎。

條件之效力，應遡既往與否，學者間大有議論。外國之立法例，亦頗種種不同。舊民法倣法國之主義，條件之效力，遡及既往。德國民法，則其原則一般爲不遡既往者。在帝國民法施行前，大有議論。其帝國民法，則其原則，乃不遡既往者，但於條件之成否未定間，爲第三者所爲之處分，因條件成就而可歸無效，故亦殆與遡及既往者無異。雖此兩説，均不難以理論説明之。然法律若無何等之規定，則以現在事實之效力，遡及既往，究爲反於自然。故條件之效力，當以不遡既往爲妥。而考當事者之意思，及實際之便宜，則又或以效力遡既往爲當者。雖然，是惟就一般之情事言之。若當事者之意思反於此，則固以從其意思爲宜。本條採正相反對之旨，條件之效力，不遡既往，以爲原則。惟當事者得定爲反對，自有此例外。右之問題，大減其實用。當事者意思分明之際，可不依本條之規定，而專依其意思，所不待言。其所以以條件效力不遡既往爲一般之規定者，無他。一則現在事實之效力，遡及既往，反於普通法理。一則其效力既遡已往，將攪亂第三者之權利。即當事者間，亦將於既往事實多所變更，不免太覺不便故也。此而可持反對之説，余誠不能無疑。然以當事者之特約，每得不依法律之規定，則此固無庸深論也。

雖學者之於條件，多視爲停止其法律行爲之成立，至其成就之時，始有法律行爲者。以余所信，此乃誤也。條件不過停其法律行爲效力之發生或消滅，夫法律行爲之本物，自今始確然成立，由此法律行爲，始生一種之權利，毫不容疑，下二條亦明認之。惟條件未定成否間之權利，則已爲法律行爲之目的，權利不過爲附條件者耳。又法律行爲之目的權利，實由條件成就時始生，其未成就間之權利，不過一種特別之債權。此雖亦學者之間尚多議論，然據余所信，若以條件爲效力遡及既往，則可云既附條件，始生法律行爲之目的權利，今條件之效力，止向將來而生，則終不能主張彼説，必止以爲一種特別之債權而後可。本法中條件之效力，既爲不遡既往，則儘條件未成就之權利，爲一種特別之債權，蓋不容疑。其債權之目的及性質，則詳下二條。

第百二十八條　條件附法律行爲之各當事者，於條件之成否未定間，不得害相手方所能因其條件成就，生於其行爲之利益。

本條乃規定所謂條件附權利之爲何物。蓋條件附權利之性質，從無定論。於學者之間，或云儘條件成就以前，不生何等權利，或云雖條件成就之前，已發生法律行爲之目的權利，既如前條之下所論。然此兩説，皆非至當。如果條件成就以前，不生何等權利，則當事者得因自己所爲，令條件雖可成就，而法律行爲初不能生其效力，由是將不認法律行爲之拘束力，其説之未允，殆不俟辨。雖然，謂條件成就前，已發生法律行爲之目的權利，則條件效力爲遡及既往猶可，既一旦以不遡既往爲原則，則此説終難採用，亦已論之詳矣。故本條正執其中，以爲雖未生法律行爲之目的權利，然其法律行爲則已生其拘束力，當事者不能因自己所爲，或因過失，妨其一部或全部效力之發生。例如以條件附約爲權利之讓渡，不得毁壞損傷其權利之目的物，此類是也。

本條併停止條件與解除條件，而爲規定，是無他。解除條件附法律行爲，雖即時生其效力，然解除係於條件，故因其解除而可得債權者，即可謂停止條件附之債權者；因解除而可負債務者，即可謂停止條件附之債務者，故得以同一之規定支配之。以下皆同。

第百二十九條　條件成否未定間，當事者之權利義務，得從一般之規定，處分、相續、保存或擔保之。財四一〇、四一七、四二五

本條亦定條件附權利之效力。蓋既以條件附權利爲真權

利，則本條之規定，本不容疑。然從來於此有種種議論，故不如以明文規定之爲愈，而有本條之設焉。例如條件附法律行爲之目的，若爲不動産上之物權，則其債權者固得以其權利讓渡他人，然亦如無條件之法律行爲，非登記之，不得對抗第三者。一七七〇　譯者按：此登記法第二條，所以有假登記之規定又條件未成就前，當事者之一方，若有死亡，則其相續人，相續其條件附之權利或義務，無異於他財産。又以條件附而讓渡債權，於條件未成就前，其債權若因時效而消滅，則其讓受人得對於債務者，執中斷時效之方法。又條件附債務者，爲擔保其債務之故，得供其保證人，及質或抵當也。

第百三十條　因條件之成就，而當受不利益之當事者，若故意妨其條件之成就，則相手方得視其條件爲已成就者。財四一四

本條謂即敷衍第百二十八條之原則，亦無不可。蓋依第百二十八條，明條件附法律行爲之有拘束力，故當事者不可有令其法律行爲不生效力之所爲。即債務者，不可故意爲有妨條件成就之行爲。若爲之，則以相手方得視其條件爲已成就，爲制裁焉。蓋於條件成否未定之時，若當事者之一方，妨其條件之成就，例如有條件云：船舶若安抵某港，則如何云云，斯時以計沈没其船之類則其條件之果能成立與否，終不可知，而其使之不可知者，實出於當事者之所爲，故即令其相手方得觀條件爲已成就，亦不得謂之過酷。而其條件能成就之時期，亦不確定，故令得即時視爲已成就者。或曰：此因當事者一方之不法行爲，而條件至不成就，故使之任損害賠償可矣。乃使相手方以成否未定之條件，即時視爲成就，頗爲不當。雖然，此時條件之能否成就，正以未可確知，故果否能生損害，其損害果爲幾何，全無明證。故若僅與相手方以損害要償之權，相手方實際多不能行此

權利，此所以不得已而因本條之規定，以保護相手方也。

第百三十一條　條件於法律行爲之當時，若已成就，其條件若爲停止條件，則其法律行爲爲無條件。若爲解除條件，則爲無效。

條件之不成就，於法律行爲之當時，若已確定，其條件若爲停止條件，則其法律行爲爲無效。若爲解除條件，則爲無條件。

前二項之情事，當事者不知其條件之成就或不成就間，準用第百二十八條及第百二十九條之規定。財四〇八

本條規定凡以現在或過去之事實爲條件者。蓋前言羅馬法以來，法國法系之法律，不許以現在或過去之事實爲條件。若當事者於法律行爲附此條件，則其效力果如何，是其條件若爲停止條件，則於其事實業已成就時，法律行爲爲全無條件，由其行爲所生權利義務，當即履行。若其事實業已確定爲不成就時，則視爲全無此法律行爲。又其條件若爲解除條件，則於其事實業已成就時，法律行爲自始即不能有效。若其事實業已確定爲不成就，則其法律行爲完全生其效力，其效力當永久存續焉，是固然矣。本法則許以現在或過去之事實爲條件，然遇附此等條件之法律行爲，其效力正與右之所述同，亦爲一定之理。惟依羅馬法及法國法系之法律，本不認此爲條件，故雖當事者不知其事實之間，亦不得適用條件之規定。反之而如本法，則在當事者未知其事實成否之間，全然可生條件，附法律行爲之效力，得適用第百二十八條及第百二十九條之規定焉。

第百三十二條　附不法條件之法律行爲，則爲無效。以不爲不法行爲爲條件者，亦同。財四一三

本條乃就不法條件(condition illicite，unerlaubte Bedingung)爲規定者。不法條件云者，以反乎公之秩序或善良之風俗之事項，九〇及其他背於法令規定之事項，爲其條件。例如云若相手方殺人，或奪人之財，或爲猥褻之所行，此類是也。

附不法條件之行爲，即以不法爲其目的，故爲無效。九〇惟兹所可疑者，以不爲不法行爲爲條件也。此在各國之立法例及學説，頗不一定，或有以爲有效者。今尋其理由，亦同。既以不爲不法行爲爲條件，即其人以不爲不法行爲爲目的，何爲不可？例如云汝若斷殺某人之念，我與汝百金，正欲以是斷其人殺人之念，此種行爲，直可獎勵，何爲禁之？不知此實非也。夫不法行爲，不待他人之獎勵誘導，而自不爲之，本各人之定分。今乃受金於他人，而僅不爲不法行爲，以是爲盡自己之義務，以求報酬。换言之，即因圖爲不法行爲以獲利益者也。況若使之有效，恐或且有欲得金而轉企殺人者。是實甚害公秩序，不能不謂爲不法。故本條於此條件，亦規定其法律行爲爲無效焉。

本條之規定，亦爲停止條件、解除條件之所共。或曰：不爲不法行爲之停止條件，謂爲不法，則必於以不法行爲爲解除條件者，作爲有效。蓋附解除條件之債權者，明謂若爲不法行爲，當失其權利，此條件自獎勵其不爲不法行爲耳。雖然，前已言不得據不爲不法行爲以求報酬，則爲不法行爲，即忽焉消滅法律行爲之效力，由此而有不利益之事，因其爲同於前述之理由，亦不能不謂爲不法。此本條所以不分停止條件與解除條件也。

第百三十三條　附不能之停止條件，其法律行爲爲無效。

附不能之解除條件，其法律行爲爲無條件。財四一三・一

項、三項

本條就不能條件(condition impossible, unmögliehe Bedingung)爲規定。不能條件云者，以事實之性質上，所不能成就者爲條件。例如云汝若旅行於月界，或指隔六七百里之地，云汝若於一點鐘内到彼之類。

不能條件爲無效，故以之爲停止條件，則其法律行爲全然不能生效。蓋不能之事，無論待至何時，終難成就，故法律自今即視其法律行爲爲無效。若又以不能條件爲解除條件，則可解除其法律行爲之時期，分明終不能達，故全視其法律行爲爲無條件，完全應生其效力焉。

或曰：天下事絶對不能者極少。惟人智有所不及，乃以爲事之不能者多。故以現時之人智，無論何人皆信其不能之事項，若忽因一種發明，而遽爲可能，此時當謂其條件爲不能耶，抑爲可能耶？例如身體内部之狀況，不能從外部見之，雖向爲人人所信，自發明X光綫以來，不已洞見體内之狀況乎？然則於未有此發明前，若以汝若至得見體内之狀況則如何云云爲條件，以爲法律行爲，恐無人不以其條件爲不能矣。然至今日已明乎其非不能，則將謂其條件爲可能乎？夫法律行爲之效力，因行爲當時之事態而定之，故以行爲時不能之事實爲條件，則可謂其條件爲不能，而法律行爲爲無效。此説雖頗可味，然以之解釋本條，未爲得其正鵠。蓋物之能不能，雖極難絶對斷言之，然若爭執於當事者間，則法官必以其相爭時之自己知識判斷其能不能。故未發明X光綫，其時有右條件能不能之爭，而訴之法廷，法官自必以其條件爲不能而認爲無效。然若在今日之法官，來決是爭，則因今日光綫之發明，知其事不爲不能，故即行爲之當時人皆信之爲不能，今日則不可復爲此言矣。蓋不能云者，雖當謂絶對之不能，而吾人之智識極狹，信爲不能者，往往未必不能有必待後來始顯者。然吾人智識之外，無可據之標準，故不得已而據此不確實之標準爲判斷耳。今因新發明而加吾人之智識，得悟昨非，則何爲株守舊時之迷信，尚謂可能之事爲不能乎？

第百三十四條　停止條件附法律行爲，其條件若止係債務者之意思，則爲無效。財四一五

本條就隨意條件（condition potestative, potestative Bedingung）爲規定。隨意條件有二種：（一）尋常隨意條件（condition simplement potestative）。例如吾若旅行於某處，則如何云云是也。於當事者意思之外，費貴重之時間，出莫大之費用等，以令其條件成就，則爲當事者不利益之行爲。此種隨意條件，全然有效。與偶成條件（condition casuelle, kasuelle Bedingung），即以天變地異等全然意外之事實，或因第三者之意思，所生之事項爲條件，毫無所異。（二）純粹隨意條件（condition purement potestative）。例如云，吾若欲時，則如何云云，盡以意思成就其條件者是也。此種條件細別爲四：（甲）債權者之隨意停止條件，即止依債權者意思，所附停止條件之法律行爲。債權者無論何時，得請求其履行。故驟觀之，似與無條件之法律行爲無異。而正不然，若債權者不表其意思而死亡，則其債權且以終不復生了之。反之而爲單純行爲，則不問債權者請求與否，債權皆可發生。而以其當事者之意思之在於前者，强以之爲後者，非必要矣。又設令債權者曰：吾或吾之相續人，欲此時則如何云云，亦儘其未表示欲之之意思，不生爲法律行爲目的之債權，是與單純行爲所爲異也。（乙）債權者之隨意解除條件，即止因債權者意思，令法律行爲失其效力。此其條件當爲有效，殆不容疑。（丙）債務者之隨意停止條件，

即止依債務者意思之停止條件，此其法律行爲不得不爲無效。何則？債務之名，一曰法鎖(juris vinculum, lien dedroit Bechtsband)，必需有拘束力。然以債務者欲之爲條件，則令行爲全失其拘束力，故債務不能發生，由是不得不謂其行爲爲無效。債務者之隨意解除條件，即因債務者意思，令法律行爲失其效力，此亦以其條件爲無效。然因與前論債權者之隨意條件同理，正不必謂之無效。何則？債務者得止依自己意思而消滅法律行爲之效力，雖略如無拘束力，然若債務者不表欲解除之之意思而死亡，則其行爲當完全成立，而保持其效力於永久。又因債務者或相續人，表示其意思，其行爲固失效力，然未至其時，則固有十分之效力也。

本條於雙務契約之當事者，其止係一方意思之條件，非以之爲無效。當此時，其人爲債務者，同時必即爲債權者也。

二　期限(dies, terme, termin oder Befristung)

第百三十五條　法律行爲若附始期，則履行其法律行爲，儘期限到來前，不得請求之。

法律行爲若附終期，則其法律行爲之效力，於期限到來時消滅。財四〇三

期限云者，乃將來法律行爲之效力所係，實行或消滅之時期，其到來爲確定者之謂也。期限有二種：一爲始期(dies a quo, Anfangstermin)；一爲終期(dies ad quem, Endtermin)。向謂之停止期限、消滅期限始期謂係其法律行爲之履行，終期謂係其效力之消滅。例如約於方來之某月日，當履行法律行爲，則爲附始期之法律行爲。如云吾今與汝以不動産之所有權，若汝死則其所有權歸吾，此爲附終期之法律行爲。由附始期之法律行爲，生附終期之權利，由附終期之法律行爲，生附始期之權利，恰與由停止條件附行爲生解除條件附權利，由解除條件附行爲生停止條件附權利，一無所異。當更觀一二七條説明之第二段。

更於期限有確定者，有不確定者。(甲)其到來之時期爲確定者，某年某月某日，或某年某月某日之後，此類是也。(乙)其爲不確定者，某人死亡之時，今後始雨之時，此類是也。四一二

期限之效力，異於條件之效力，附於此之法律行爲，其能生效力或能失之，自始即爲確定。故由附條件之法律行爲所生權利，固於條件成就時，始爲發生。由附期限之法律行爲所生權利，則自始發生，惟其始實行之時期尚未到來焉爾。此説也，古來學者，雖皆唱之。然細審條件期限之差，不過其到來之確定與否，其本來之性質則毫無所異，似此立論，較爲允當。故如德國民法，止以關於條件之規定，準用於期限。雖然，由古來之慣習，及普通之人情而言，物權中之條件，既無遡及之效，則條件期限，性質上固毫無差異。然於債權，則不俟期限之到來，自始即發生債權。惟其履行之時期，當視爲屬於將來者耳。是無他，物權之期限到來前，止生債權，未發生或移轉其物權。此恰如以物權爲目的之條件附法律行爲，其物權之發生，固始於條件成就時，其以前則但生一種債權。一二七惟其時之到來，有確定、不確定之不同，債權性質自因而有異。確定則於法律行爲之目的物權，直接以發生或移轉爲目的，不確定則僅以不妨其物權之發生或移轉爲目的。反之而在以發生債權爲目的之法律行爲，則若爲附條件者，是未發生其債權，止發生以不妨其發生爲目的之一種特別債權；若爲附期限者，法律行爲之目的債權，必當發生。今已確定，故以發生其債權爲目的之債權，與其債權之本物，其中細爲區別，此殆非人人想像所及，且實際亦無何等之必要。由是慣習上，人情上，自必以附期限之債權爲自今即已發生，但其履行之期則屬於將來而已。

以發生或消滅債權及所有權以外之物權爲目的之法律行爲，得附期限，向爲人事之所固然。然所有權之發生或消滅，得附期限與否，則大有議論。向來立法例，亦不一致。是無他，因所有權之要素，在處分其物之權利，所有權之性質，必爲永久者也。雖然，以余觀之，以處分所有權之物之權利，爲其要素，固已。然所有權之移轉，若有始期，則迄於其始期之到來，讓渡人未失其物之所有權。故若處分其物，例如毁滅其物之類不得謂直接害讓受人之權利。惟負移轉其物之所有權之義務，故止云間接侵害相手方之債權。是恰如賃貸人若處分其賃貸物，譯者按：賃貸，即賃出是固爲行使其所有權，非直接害他人之權利，但賃借人譯者按：賃借，即賃入就其物而有債權，故間接生害此債權之結果，由是不得不任侵害債權之責。以此方彼，無殊致也。又所有權之必爲永久，雖亦古來學者所唱道，然實余所不解。蓋得以所有移轉於他人或僅抛棄之，固無論何人，所不能駁難。若然，則謂所有權亦得爲不永久者，何嘗不可？惟於普通之處，誠不知其應移轉或抛棄否，然所有權若有終期，則其可以消滅，已自今確定。從此苟對於其物爲處分，則間接將害應受期限利益人之權利，故不得濫爲之。雖然，論所有權之作用，今即任意處分之，亦直接無害他人之權利，全爲自已所有權内之動作，恰與附始期於所有權者無異。吾意彼持反對之論者，殆混合物之處分與權利之處分乎？此事至後所有權章，更大有所論。故始期、終期均得附於所有權，無庸疑也。新民法中，條件之效力，不遡既往，故若以此附於所有權，則所有權乃已前定其當於某時消滅，而曰期限獨不能附於所有權，益明乎其非持平之論矣。

本條文一切不爲區别，故所有權亦默認其得附條件，殆不待言。

第百三十六條　期限推定爲爲債務者之利益而定者。

期限之利益，得拋棄之，但不得因此害相手方之利益。
財四〇四

無論何人，得拋棄自己之利益，所不待言。本法故無條文，特揭此一原則。今期限若亦爲當事者一方之利益而設，則得由其人拋棄之，固不俟論。而期限則有時爲債務者之利益而設，有時爲債權者之利益而設。例如有期限於無利息貸借，乃止爲債務者，反之而有期限於寄託契約，則止爲債權者。故前者得由債務者拋棄之，後者得由債權者拋棄之。六六二然間有一期限而不能定其爲誰而設者，此則甯推定其爲爲債務者焉。雖然，不可因拋棄期限之利益，加損害於相手方。例如有期限於有利貸借，推定其所爲，則以爲債務者爲主。故債務者無論何時，得拋棄其期限，即還清其所借之款。參觀五六一・二項然債權者若以取息爲目的，則因債務未到期而還清債權者，失其利息，即不免害其利益。故於此時債務者於期限內之利息，或因前期還清所失之利息，不能爲不得請求之者，此本條所規定也。但債權者若受其清還而無異議，則不得請求將來之利息，蓋視爲債權者，亦拋棄其期限之利益也。

第百三十七條　於左之情事，債務者不得主張期限之利益。

一，債務者受破産宣告時；

二，債務者毀滅擔保或減少之之時；

三，債務者於負供擔保之義務之情事，而不供之之時。財四〇五，舊商五九〇、九八八

本條規定債務者，應失期限之利益之情事。

第一號之規定無他，破産時若各債權者，從其債權期限之到來，而爲辨濟，則破産手續，何日見其終局，不可知矣。即

或可供託其配當額，然當以其利息與期限附債權者，則安有此供託之之利益。若以爲此利息可分配於債權者間，則當俟最遠之期限到來後，破産手續，始能終結。且始不確定之期限，更不知其何時可以到來，故其不便，實有不堪設想者。而在現行法則，並利息亦不爲攤算，此亦稍嫌不當。故破産法案中，則已令爲此攤算焉。草九至一二

要之本條第一號，爲必要之規定，殆不容疑。類於此之規定，無不採用之矣。據舊商九八九，以破産之結果，止利息之進行，可參觀之。

第二號第三號之情事，皆因債務者自己所爲減，債權者信用之基礎，因之債權者失其與以期限之根據。故於此情事，法律特褫奪債務者之期限利益焉。例如債務者以一房屋爲抵當，而燒燬其屋，或毁壞其一部；又如債務者約明應與質物，而不履行之，則當失其期限之利益是也。

第五章　期　　間

期間云者，由一時點至他時點之間之謂也。舊民法中，期間之計算法，止就時效規定之。舊商法中，止規定關於契約上之期間。在《民事訴訟法》、《刑法》及《刑事訴訟法》，止規定訴訟行爲之期間、刑期之計算、刑事之時效等，初未定一般之計算法，是頗可爲缺典。蓋期間，或依法令之規定，或依裁判所之命令。或依法律行爲之條款，其散見頗繁。故其關於計算之法，若無一般之規定，往往不免迷其解釋。此本條所以定期間計算法之通則也。

第百三十八條　期間之計算法，除法令裁判上之命令或法

律行爲有別定者之外，從本章之規定。

本條之規定，乃限於法令裁判所之命令，或法律行爲，無何等之定時，當適用之。固無妨於適用特別之規定，或特別之意思，故於本條先明其旨。

第百三十九條　若以時定期間，則由即時起算之。民訴一六五、刑訴一五・一項

本條乃示以時定其期間之計算法之個條也。以日週月年所定期間，依次條之規定，不由即時計算，故恐以時爲定之期間，亦有疑其同例者。本條特明言其異於次條以下，當即時計算其期間焉。

第百四十條　若以日週月年定其期間，則不算入期間之初日。但其期間若由午前零時爲始，則不在此限。證九九・二項、三項，舊商三〇九，民訴一六五，刑四九・二項，刑訴一五・一項

本條以下，乃示以日週月年定其期間之計算法之個條也。此等處，不以初日算入，在西洋殆爲古來所一定。其故因若生不滿一日之零數，則不但計算頗爲不便，且期間由初日之何時爲始，往往有不能證明之者。故惟有於全算入初日全不算入初日之二主義中，任擇其一而已。而期間之經過，多令當事者失其某利益，故與其失之嚴，又甯可失之寬也。惟在《刑法》，則計犯罪人之利益，特以初日算入，又於法例第一條第一項定法律之施行期限，亦以公布之日爲應算入者焉。

不算入初日之理由，既如上述。則有即算入之而不生零數者，即不必復株守此規則。故期間若由午前零時爲始，當由即日起算之。例如於午前零時爲契約，契約後當經一定之期間而履行之，又如前期間經過之後，以即時進行之期間爲計算是也。

第百四十一條　於前條之情事，以期間末日之終了爲期間之滿了。證九九・四項，舊商三〇八、三一二，民訴一六六・一項，刑四九・二項，刑訴一五・二

本條之規定，乃前條規定之當然結果，似不待言。然在本邦，往往向有反對之慣習，故特倣各國之法律而設之。但依《商法》第二百八十三條，若有法律上或慣習上之取引時間，譯者按：如午後四時休業則債務之期限，以其時間之經過，不待其日之終，即爲期間之滿了，雖外國亦不乏其例。然民法一般之規定，則不認取引時間。其初政府所起之稿，雖設此規定，而見削於衆議院，其理由似止謂本邦人未慣此嚴重之風習。然於商業，則必需有此規定，故《商法》則設之。

第百四十二條　期間之末日，若當大祭日、日曜日、其他休日，則限於其日有不爲取引之慣習時，期間以其翌日爲滿了。財四六九，舊商三一一，民訴一六六・二項，刑訴一五・一項

本條於各國之法律，亦多其例，乃推測立法者、當事者等意思而定之。蓋時效、履行契約等，其期間之末日，若爲休日，則時效不得而中斷，契約不得而履行，不能不坐待時效之完成，或任契約不履行之責，不無稍酷。但依立法論，此規則之適用，限於以日定之期間，亦非無此理。然嫌其軼於本書之範圍，玆不具論。

在西洋，日曜日、大祭日等，各人大抵皆休其業，以不爲一切取引爲常，故徧用本條之規定，或無不妥。我邦則日曜日、大祭日等，休業者甚少，未有如西洋之慣習。若一律用此規定，頗陷於不當之結果。故本條於此等日限，於有不爲取引之慣習者，適用此規定焉。

本條所云其他休日，乃言各地方慣習上之休日。例如一月

二日，雖非大祭日，往往有休業之習慣；又民神之祭禮，譯者按：民神之土神，猶吾國之社日也亦多有休業之習慣；又舊外國人居留地，於耶穌教之祭日，則休其業是也。

第百四十三條　定期間若以週月或年，則從歷算之。

若不由週月或年之始，起算期間，以最後之週月年，相當於其起算日之日前，作爲滿了。

若以月或年定期間時，最後之月，設無相當之日，則以其月之末日爲滿期日。證九二・一項，舊商三〇八，民訴一六六・一項，刑四九・一項，刑訴一五・二項

本條之規定，亦爲推測立法者、當事者等之意思而定之。蓋立法者以爲，當事者等不以日定期間，而以月年等定之，則推測其意，固以不從日數計算，而從曆算之爲允當矣。

以週月年定期間時，若由週月年之初起算，則從曆固爲極易。若由其半途起算，則計算頗難。例如期間之初任爲某曜日，或有疑其所謂一週，當由翌週之日曜日至於土曜曰，爲計算者；又以某月之某日爲期間之初，則所謂一個月有疑爲翌月全月者；又以某年之某月某日爲期間之初，又有疑所謂一年爲全翌年者，不然則又有疑其當以含此日之月或年視爲一月或一年而計算之者。雖然是等云云，於立法者及當事者等之意思，甚多不合。故本條仿外國一般之例，採別種計算法。其計算法，依第百四十條，不以期間之初日算入，而由其翌日起算。從翌週翌月翌年順次計數，以最終之週月年中正當起算日之前日爲期間滿了焉。例如期間之初日當某週之金曜日，若言三週間，則由翌週數之以第三週之金曜日爲期間滿了。蓋初日之金曜日，不算入之故，起算日爲土曜日，由是其最後之週之相當日，即土曜日，其前日爲金曜日，是爲滿期之日。又例如在無

閏之年，譯者按：陽曆無閏之年，二月止二十八日，四年一閏，閏年則二月爲二十九日，即漢四分曆意以二月二十八日爲期間之初日，若爲五個月期，則以七月三十一日爲滿了。何則？初日之二十八日，不算入之，由翌三月一日起算，以其翌月第五個月之八月中相當日，即一日其前日爲七月三十一日，是爲滿期之日。又例如以閏年之二月二十九日爲初日，若爲二年期，則以翌年起數之第二年二月二十八日爲期間滿了。何則？爲初日之二十九日之翌日，即三月初一日，是爲起算日，相當於此之第三年分三月一日之前日，即二月二十八日，當以爲滿期日也。

月有二十八日，有二十九日，有三十日，有三十一日，故於最後之月，無相當之日者，不尠。例如由一月三十一日起算，數一個月之期間，則翌二月無相當日。又以閏年之二月二十九日爲起算日，而數三年之期間，則第四年之二月無相當日。此等處，果應如何？曰：當以其月之末日爲滿期日，即於前第一例，以二月之二十八日或二十九日爲滿期日；於前第二例，以二月之二十八日爲滿期日。蓋此等情事，從歷而算月數，已生一日至數日之餘賸。若更加翌月之日數，將益有多餘。譯者按：此言翌月大於本月時雖然，設扣除末月之日數，則全非從歷之意。此本條第二項但書，所以以其末月之末日爲滿期日也。

第六章　時　效

時效(usucapio，præscriptio longi temporis，usucapion，prescription，Ersitzung，Verjährung)云者，因時之經過，而爲權利之得喪之謂也。就時效之性質，有種種之學說。如舊民法以之爲法律所推定，乃證據之一種，於《證據編》規定之。是無論從沿革上言，從學理上言，均頗不妥，爲新民法所不採。蓋羅馬法中，以時效爲非證據，乃取得或消滅之原因，不可爭也。又縱令當事者於其權利，有移轉或不拋棄之確證，時效則猶生效力，故謂之爲法律所推定。有頗難説明者，且如取得時效，尤因佔有者之善意、惡意，不同其時效之期間，則終非推定説之所可解釋矣。

抑時效乃爲公益而設。蓋權利在永不確定之狀況，必大害取引之安全，所影響於社會之經濟者不尠。而權利者以自己之權利，付之等閑，殆爲不願。法律之保護者，此即使之失其權利，亦未必可謂過酷。況狡猾之徒，更不保無已既失其權利，偶知相手方無其證據，遂居爲奇貨，利用舊證文，以謀博不正之奇利者乎？似此則人人於各種受取證，及其他證書，必且保存於永久，是豈實際所可行乎？立法者有見於此，而設時效之制，儘其經若干歲月，終怠於行使其權利者，直令失其權利。一則戒怠慢之權利者，一則欲狡猾者流，不得逞其黠策也。

時效，不可與豫定期間（délai préfixe）、失權期間（præclusive Befristung）或除斥期間（Ausschlussfrist）相混。舊民法，爲行使訴權，所定於法律之期間，皆以之爲時效，證九二是爲極無理由，亦頗有危險。蓋法律欲特速其權利之行使，而設豫定期間，因中斷、停止等情，其期間將大有延長之會，由是而立法者有空其希望之虞。本法中，時效則明示其爲時效，他之法定期間，皆爲豫定期間，不得適用時效之規定焉。

時效有二種：取得時效（usucapio，usucapion ou prescription acquisitive）及消滅時效（præsciptio longi temporis，prescription extinctive ou libératoire，Verjährung）是也。取得時效，謂因某期間爲佔有而取得權利。消滅時效，謂因某期間不行使權利而喪失之。此二種之時效，雖稍異其性質，其規定則大抵相同。故本章先於第一節揭二種時效公共之總則，次於第二節載取得時效特別之規定，終於第三節設消滅時效特別之規定。

第一節　總　　則

一　時效之效力

第百四十四條　時效之效力，遡其起算日。證九一

本條規定時效當由何日生其效力。蓋以純理言之，時效當因時之經過，生其效力，故不得不謂經過法定期間之後，始有效力。雖然，是頗不便於實際。何則？因時效而得權利者，若認其從期間滿了時始得權利，以前則權利尚屬他人。則如以物之果實爲例，期間滿了前之果實，皆生必返還於前所有者之結果。似此則前所有者，得對於佔有者請求十年或二十年間之果實，於一時佔有者，或轉以拋棄其物之所有權爲有利益。且即遡所以設時效制度之故而思之，於十年或二十年間，存此不確定權利之情狀，正欲以事實視爲權利，就此不確定之情狀，全不得再提起法律上之問題耳。而前所有者，則必將提起十年或二十年前之事實，證明自己之權利，以冀得時效成就前由物所生之一切利益。故本條以時效之效力，爲遡其起算日焉。例如得二十年之取得時效者，不視爲二十年之後始得其所有權，由其得佔有之初，已視爲取得其所有權者。一六二・二項又即在消滅時效，若時效成就之後，債權始爲消滅。則債權者得請求其以前之利息，由是而債權成就前，時效果否存在，得爭之於法廷，恐所以設時效之立法精神，有不能貫徹之慮。此所以有本條之規定也。例如甲對於乙有債權，不行使其債權已及十年，乙之債務，非視爲十年以後始免，由甲怠於行使債權之初，已視債權爲消滅者矣。

第百四十五條　時效非當事者援用之，則裁判所不得依之而爲裁判。證九六·一項

時效之制度，乃基於公益上之理由而設，蓋無人不以爲然。大概言之，當事者縱不援用，但法廷中判事既見時效之成就，似得即據此以爲裁判。雖然，是恐轉不便於當事者焉。蓋若問良心，非實因不得已，當不欲援用時效，故當事者由他方法，有得伸張其權利之望其時，多不肯故意援用之，或且有與其援用時效，甯受相手方之請求者。然則裁判所若得强以時效之利益，不問其可由他方法，有其權利，或免其義務，但令爲因時效而得權利或免義務者，是爲動輒視人爲道德之賊。否則强並無權利或免責之證據之當事者，與以本人所不欲之利益，由設時效制度之精神而言，實不得不謂爲無用之干涉矣。蓋謂時效爲公益上必要制度者，正恐長日月間在不確定之地位，必致訟廷糾葛，生計擾亂，或轉開僥倖之端，狡者遂以證據堙滅爲奇貨，其弊至不可勝言耳。然今之當受時效保護者，自不願得此保護，殆欲提出正確之證據，以爭是非曲直於法廷。此時即不用時效之規定，生計上亦罕有因此而擾亂者。又即使其人訟不得直，亦所自甘，無庸强其必能得直也。況其人所以不援用時效，大抵本有明確之證據乎？此所以各國法律，大率皆用與本條規定同一之主義也。

二　時效之拋棄

第百四十六條　時效之利益，不得豫拋棄之。證一〇〇

本條之規定，所以證時效爲基於公益之制度。蓋時效乃立法者所不得已而設之，當事者亦不得已而援用之。而其不得已之時，若無時效之制度，當生有害公益之結果，由是設此制度。既設之，則當時效尚未成就，當事者常以其權利爲確實，不復思證明之困難，輕信其無論何時，如有必要，即得證明其

權利而伸張之，於是往往有肯豫拋棄其時效之利益者。然經十數年之星霜，證據漸歸湮滅，若相手方不認其人之權利，則不得不爭之於法廷。爭之於法廷，須提出確實之證據，而今已無復存者，其將奈何？至是必悔恨無及。此所以有本條之必要也。但當時效成就之前，止拋棄已過時期之利益，則無不可。是即謂爲承認相手方之權利，以中斷其時效可也。次條三項

三　時效之中斷

第百四十七條　時效因左之事由而中斷。

一，請求；

二，差押假差押或假處分；

三，承認。證一〇九

本條以下至第百五十七條，乃關於時效中斷(interruption，Unterbrechung)之規定。時效中斷云者，及時效之尚未成就，使消滅其已過時期之利益，更爲新時進行之始之謂也。本條先列舉中斷之原因，而其總括各原因之立法理由，則所以爲時效者無他，專使怠慢之權利者失其權利。蓋以明確其不明確之法律關係爲目的，故權利者若明其權利而並無怠慢，則無庸復適用其時效矣。請就左之各原因論之。

第一　請求

茲之所謂請求，包含一切方法之請求。即從裁判上之請求，直至口頭催告，皆有時效中斷之效。但裁判外之請求，其實際苟非由執達吏爲之，則至後有爭端，難提出爲已爲請求之證據。

第二　差押、假差押或假處分

茲所列舉，雖多行於請求之後，然(一)則偶有不爲請求而行之者，例如據公正證書，即爲差押是也；(二)則即行於請求之後，尚有必爲時效中斷之原因者。是無他，中斷後之新時

效，其起算點不同。例如明治二十九年五月一日起訴，至是年九月三十日，裁判可確定爲得直，新時效固應由其確定之日，更爲進行之始。然若於十二月一日始爲差押，至十二月三十一日，乃終其一切之執行手續，則裁判確定後進行方始之新時效，復因差押而被中斷，當更由翌年明治三十年一月一日爲新時效進行之始。惟差押若爲不生時效中斷之效者，則此於時效之成就，可早三個月耳。一五七

譯者按：差押，乃官爲收執其物。差非吾國差役之差，押亦對物而言，非收押人犯之押。差押有二原因，不外追其所欠，一欠債項，二欠訟費，皆可以差押償之。所謂一切手續，即競賣等事是也。競賣，舊稱拍賣償欠之外，其餘還之本人，此所謂得直，乃判定其佔有或負債爲無背於法耳。其利息及訟費，有當償者，則必償之。若或未償，終且出於差押，故得直後兩月，亦可有差押之事。假差押或假處分，謂不遽動其本物，但收執之，令別納款項後，復取回也。差押之不生中斷之效者，見下。

因留置權者、先取特權者、質權者或抵當權者之委任或申請，從競賣法而爲競賣。或質權者，依《民法》第三百五十四條，以質物直充辨濟。此其行爲，頗有類於差押。故立法上或以之爲債權之時效中斷之一原因，亦非無理。然在現行法之解釋，則本非差押，當然不得爲時效中斷之原因。惟於實際，多當爲有債務者之承認者，故常可爲此而中斷其時效。三五四，競賣法三・一項、八二二・一項、二七・二項、三項・二號、二九・一項、三〇、三二・二項，民訴六五八・一〇號、六六二、六七一・一項，《非訟事件手續法》八一・二項、八三之二・一項，可以參照。

第三　承認

承認云者，應受時效之利益之人，表示其甘認相手方之權利之意思是也。此承認有以書面者，有以口頭者，有明示者，有默示者。例如債務者，對於債權者求其猶豫，付其利息；佔有者，對於所有者，以償還費用爲請求，或應所有者之請求而償還其果實，則默示之，承認也。蓋承認者，既認相手方之權利，故相手方信其人之後日，未必有不認之事，此亦人情。若此爲怠慢者，卒因時效使失權利，未免已酷。且其權利，因承認而一旦遂爲明確，故以承認爲中斷之原因也。

第百四十八條　前條之時效中斷，止於當事者及其承繼人之間，有其效力。證一一〇

前條所規定時效中斷之方法，皆對於某一人之行爲，止對於其人爲有效力(Res inter alios acta，aliis neque nocere neque prodesse potest)。凡某人之間所爲行爲，不得害他人或利他人。故時效中斷之方法，亦止於當事者及法律所同視之承繼人，其間爲有效力。是與因佔有中斷之時效中斷，所以異也。一六四

第百四十九條　裁判上之請求，於訴之卻下或取下時，不生時效中斷之效力。證一一一、一一二

本條以下直至第百五十三條，規定因於請求之時效中斷。其首爲裁判上之請求，是爲起訴之請求，乃請求之最有强力者也。而此種時效中斷之效力，當因訴之提起即訴狀之提出而生，民訴一九〇・一項蓋無疑義。一五一參觀雖然此請求必爲法律上有效之件，以故以下三端，能使請求不生其效力。

第一　請求之卻下

此爲於本案之審理，以其請求爲不當，而卻下之者也。或曰此時之原告，當認爲全無權利者，故不復生時效中斷之問

題，而此層之條文爲贅，是則誤矣。時效中斷，對於特定承繼人亦有效力，既爲前條所規定。前條文僅言承繼人，故並特定承繼人，亦在其内。○特定承繼人，已見百二○條下。然判決之效力，止於當事者間，而不及特定承繼人。故請求被卻下時，在當事者間，雖認原告爲無權利者，故不復生時效之問題。然對於特定承繼人，則爲判決之效力所不及。故此請求若仍存時效中斷之效力，則對於特定承繼人必爲時效之仍有中斷者。例如對於不可分債權者，四二八連帶債務者四三四及保證人四五七·一項亦非判決之效力所及，然時效中斷之效力則及之。故若被卻下之請求，仍存時效中斷之效力，則是等之人，既不得以有利益於己之判決爲對抗，而又不受不利益判決即指以其請求不足中斷時效，又有不利益於其人之判決而言之對抗，卻因被卻下之請求，受時效中斷之利益，是則惟有生最不當之結果而已矣。故被卻下之請求，不可不明其不有時效中斷之效。此本段之所以非贅也。

第二　訴訟之卻下

此爲據管轄不同及其形式上之有缺，卻下其訴者也。其始政府所提出之原案，止云卻下，是本段與前段，皆在其内，毫無疑矣。然以衆議爲加"訴之"二字，遂有疑止斥言本段情事，特以前段之情事爲除外者。雖然，如所已述之前段情事，若以時效中斷爲有效，可生最不當之結果，故不能斷定立法者之真意，果爲如此。蓋訴之卻下字樣，非於《民事訴訟法》中有一定之意義，或爲本段情事之意味，或爲前段情事之意味，參觀民訴二二九、二四七、二四八、四二四、四二七·二項、四二八故不得因加入"訴之"二字，即視本條之意義，爲有變更。可參照一五二條，關於參加破産手續之請求，因卻下而失其時效中斷之效力。意者謂止云裁判上之請求卻下，嫌其似止就請求之卻下而言，故必加此二字乎？衆議院特別委員會中，提出右之修正意見者，蓋誤解爲請求卻下之際，不生時效中斷之問題也。在舊民法，因管轄不同及他形式之有缺，卻下其訴時，仍有時效中斷之效，卻止以請求之卻下，爲無中斷之效者焉。證一一一、一一二・一號

因管轄不同及形式有缺而卻下其訴，仍以爲可生時效中斷之效者，不乏其例。雖然新民法以一切之請求，皆得爲時效中斷之原因。故原告若豫爲催告，即足以中斷其時效。故裁判上之請求，因形式有缺，而不生中斷之效，對於原告亦不可爲過酷。而違法之訴，法律上又本爲無效，本條所以於形式有缺而被卻下之訴，亦不使生時效中斷之效也。譯者按：第二端全因衆議院添"訴之"二字而設，兩種卻下其說，頗不易斡旋，似衆議院不當加此二字，致生糾葛。

第三　取下

此爲原告自拋棄其訴訟，或因休止其訴訟手續，延至一年之久，視爲取下其訴者，皆是也。民訴一八八・三項

第百五十條　支付命令，若失其權利拘束之效力時，不生時效中斷之效力。民訴三八九・一項、三九一・二項

本條就以督促手續爲請求者規定之。此項之請求，因支付命令之申請，當生效力。民訴三八二蓋債權者之行爲，以申請爲止其送達，乃當由裁判所爲之者。故普通之訴訟，以提出訴訟生時效中斷之效力。有反對之裁判例，見《法學志林》七卷八號四頁，《法律新聞》二三三號七頁然此支付命令，苟亦失法律上之效力，即不得不失時效中斷之效力。例如《民事訴訟法》第三百九十一條第二項之情事，即支付命令之當失中斷之效力者也。

第百五十一條　因和解之呼出，若相手方竟不出頭，或和解不調，則非起訴於一個月内，不生時效中斷之效力。任意出頭時之和解不調，亦同。證一〇九・一項・二號、一一四，民訴三七八、

三八一

本條就因欲和解而呼出相手方於區裁判所，或與相手方共出頭於區裁判所等情，爲之規定。此其呼出或任意出頭，皆爲請求之一法，當生時效中斷之效力。雖然，僅此呼出或任意出頭，若當事者既不真爲和解，又不竟爲訴訟，則認此權利者，爲有充分伸張其權利之意思，殊未必然。故本條於呼出者，其相手方之不出頭，又無論呼出或任意出頭，其和解之不調，必於一個月内起訴，否則無中斷時效之效。民訴三七八、三八一

第百五十二條　破産手續參加，或債權者取消之，或其請求已被卻下時，不生時效中斷之效力。舊商一〇二五至一〇二八

本條就請求之又一方法，所謂破産手續參加者，爲之規定。雖此與裁判上之請求，殆無以異。然其手續，正自不同，固不得以此爲訴之提起。雖然，債權者伸張其權利之意思，此實最爲明確，故以此爲時效中斷之一原因。惟此僅法律上存其請求之效力者爲然，若債權者已取消其參加，或破産裁判所已卻下其請求，舊商一〇二七則無復時效中斷之效。

破産手續參加云者，申請破産或呈明債權是也。舊商九七八・一項、一〇二三，三十七年二十月九日大審院判決

第百五十三條　催告非於六個月内，爲裁判上之請求，爲因和解之呼出或任意出頭，爲破産手續參加，爲差押，爲假差押，或假處分，不生時效中斷之效力。證一一六

本條就最普通之請求方法，所謂催告者，爲之規定。催告云者，非必由執達吏，普通由書面或口頭爲之亦可。惟普通之催告，後日難於作準，故非由執達吏，則多以有收據之郵信之類爲之。

新民法矯外國多數之例，爲最易中斷時效之方法，此不過

欲免其糾纏涉訟之弊耳。雖然片言之催告，不得謂權利者伸張權利之意思，業已十分明確，故所生時效中斷之效力，欲其永久存續，權利者必於六個月内，更取最强力之行使權利方法。即必爲裁判上之請求，依督促手續之請求，自必亦包含在内因和解之呼出或任意出頭，破産手續參加、差押、假差押、或假處分等事。

第百五十四條　差押、假差押及假處分，若因權利者之請求，或因不合法律之規定，而被取消，不生時效中斷之效力。證一一七・一項、二項

本條及次條，就差押、假差押及假處分而爲規定。蓋此等事爲權利者表明其伸張權利之意思，實爲最著。但是等行爲，若全失法律上之效力，則應併失時效中斷之效力，固所當然。例如《民事訴訟法》第六百五十條第三項、第六百五十三條、第六百五十六條第二項、第七百十六條第三項、第七百二十一條第三項、第七百二十三條、第七百四十六條第二項、第七百六十一條第二項等情是也。雖然，差押若爲適法，則其差押，苟非因權利者之行爲而取消，亦不當失時效中斷之效力。民訴五〇〇・一項、五四七・二項、五四八・一項、五四九・四項、五五一、七四五・二項、七四七・一項、七五四、七五九等

第百五十五條　差押、假差押及假處分，若不對於受時效之利益者爲之，則非以之通知其人，不生時效中斷之效力。

差押、假差押及假處分，動有對於非能受時效利益者爲之之事。例如對於債務者，由抵當而來之不動産，爲差押或假差押；又如對於保管他人所佔有之不動産之第三者，爲假處分，其人皆非受時效之利益者。故非特地通知其人，而即生時效中斷之效，則其人於不知權利者行使權利之間，時效已遭中斷，

是與中斷之原理相反，即實際亦頗嫌過酷。故本條特規定之。

第百五十六條　爲能生時效中斷之效力之承認，其於相手方之權利，不要有處分之能力或權限。證一二二

本條就時效中斷之第三原因，所謂承認者，爲之規定。第百四十七條，既論任用何等方法之承認，皆生時效中斷之效。惟此承認，要有何等能力或權利者爲之，猶恐稍有疑義。蓋不爲承認，則時效完成，當即取得權利或消滅相手方之權利。今果爲承認，則時效中斷，非更經長日月，不完成其時效。故從其效力觀之，此承認殆與拋棄權利或負擔債務無異。故若無明文，則疑其爲此承認，必要有處分之能力或權限矣。不知承認之爲物，非拋棄既得之權利，或認他人所不有之權利，不過適如事實而認之。故相手方若至真無權利，則固可爭之於後日。惟於其明明有權利時，若時效不被中斷，則因其時效，而消滅相手方之權利。因其承認，則權利爲猶存，但認他人之權利，不過保存其財產或利用之之方法，即純然爲管理行爲。例如借受他人之物，至期限而不返之，必任損害賠償或其他之責。故速返還之，不過爲保存財產之方法。又例如以金錢充債務之辨濟，則可謂爲利用其金錢之方法。然返還借受之物，以及辨濟債務，乃承認他人權利之最著者。此既爲管理行爲，則凡以承認爲時效中斷之方法者，必皆爲管理行爲。故本條以爲有爲管理行爲之能力或權限者，皆得爲右之承認。例如準禁治產者後見人等，既不得保佐人、親族會等之許可，亦得爲之而有效也。一二、一〇三、九二九，人一九三、一九四

第百五十七條　已中斷之時效，由其中斷事之終了時。更爲進行之始。

因裁判上之請求而中斷之時效，由裁判之已確定時，更爲進行之始。證一〇四・二項、一〇六・二項、一一三、一二一、一六三

本條定時效中斷之效力。蓋時效若被中斷，則從來所經過之期間，不得復算入時效期間之內。然中斷之後，可更始其時效之進行，而其起算之日，則在中斷原因終了之時。例如破産手續參加，則由其手續已終了時，差押則由差押所生一切執行行爲，凡競賣配當等盡了之時，譯者按：競賣即拍賣，配當即攤派催告則由其到達相手方時，爲新時效進行之始。而裁判上之請求，則以裁判確定之時，爲請求終了之時，故應由此時始進行其時效。此本條所規定也。依舊民法及外國多數之例，往往中斷之後，輒變其時效之性質，頗多其初短期而變爲長期者。然本法不採之，蓋承認裁判等皆止認向來之權利，絶非變其權利之性質，而時效之長期、短期，則專關權利之性質如何，故性質不變而變短期時效爲長期時效，殊爲無謂。

四　時效之停止

第百五十八條　於時效之期間滿了前六個月内，未成年者或禁治産者，若不有法定代理人，則由其人爲能力者或法定代理人既就職時之六個月内，不對之而完成時效。證一三一

本條以下至第百六十一條，乃關於時效停止(suspension, Hemmung)之規定。時效之停止云者，非謂已過期間，歸於無效。惟停止原因之存在時，暫停其時效之進行，及其原因既畢，非經過一定之期間，則不完成其時效耳，是與中斷大異。但在舊式之法律，大抵停止原因尚在之期間，則全扣除之，合停止以前之期間，與停止以後之期間，以計算時效期間。然此有當論之理由，具詳於後。在新民法則不過於時效之終，有一時停止之事耳。

時效之有停止時，皆事實上不得行使權利之時。蓋時效本

因權利者怠於行使權利而生，若不得行使，即不得謂之怠，特不謂其時效爲可進行耳。法國語云：對於不得爲有效之訴追者，不進行其時效。

本法認四種停止原因：（一）以無能力者之故，所有一般停止；（二）無能力者對於其法定代理人或妻對於夫之特别停止；（三）關於相續財産之停止；（四）因事變之停止是也。本條就右之第一原因，爲之規定。

向來因欲保護未成年者或禁治産者，其無能力之間，時效全應停止，其例最多。是於保護無能力之點，似無間然。然審相手方之利害，實有可憫。蓋其人若爲平人，十年至二十年各國則三十年之時效最多，應得時效之利益，會其人爲無能力。若爲未成年者，則可動經四十年而不完成時效。若爲禁治産者，則應幾十年後時效始爲完成，殆不可料。似此則不可望其得取引之安全，因而妨社會之信用，實非輕尠。近來立法者大有見於此，思索種種方法，以矯其弊。如舊民法亦已稍稍執此方針，特有未盡者耳。試就其理由，以説明之。依《證據編》第百三十一條第二項，未成年者及禁治産者，以最後一年，時效爲有停止者，此較法荷、意等之制，雖已大進，然仍於未成年者可有四十年、於禁治産者可有終身間不完成其時效。夫正以無能力者，不能自保衛其利益，故法律自必特保護之。然何可因此而害取引之安全，妨信用之發達？今未成年者及禁治産者，必附以法定代理人，而爲此法定代理人之責任，設詳細之規定，有必要時，則令供其擔保。舊民法認此爲法律上之抵當，新民法則不認之。惟《親族編》中規定，後見人因親族會之請求，應供相當之擔保。九三三保護無能力者，可謂已至。而於種種情事，法定代理人，代本人行使權利，皆當無怠。若怠之，則得對之請求損害之賠償。故無能力者，所蒙損失極少。本法所以於無能力者，有法定代理人時，毫不阻其時效之進行。惟於法定代理人之有缺時，無人爲無能力者保護利益，則非暫止其時效之進行，事實上於無能力者，不能行其權利之間，時效有不免忽爾完成者。此時必儘其無能力者爲能力者，或後任之法定代理人就職，自不待言。且必於其後六個月内，不完成其時效。是無他，非調查書類等，多不能知其權利。若調查之，必有相當之期間故也。但此非絶對停止其時效之進行，止於時效垂成，則不能於右之期間内竟完成耳。例如二十年之時效，已過十九年十個月，更二個月即將完成。適其時權利者死亡，其相續人爲未成年者，若於此無當然之法定代理人，則必先令其選任法定代理人。此時其被選任之法定代理人，非經過六個月，不完成其時效。由是而時效之完成，當寬至四個月有餘。此事即依後之一六〇所規定，亦由相續之日至少六個月間，不完成其時效。又例如對於未成年者，十年之時效，既過九年九個月，更三個月，即將完成。若此時其法定代理人辭任，更於親族會選任其後任者，則非選任者就職後再過六個月，不完成其時效。此時時效之完成，至少當寬至三個月有餘。又例如對於禁治産者，二十年之時效，已過十九年八個月，更四個月即將完成。適禁治産之後見人死亡，暫缺其法定代理人，乃以禁治産者心神既復其常，即乘此請求取消其禁治産，遂將有取消之裁判。此非由裁判後六個月，不得完成時效。故此其時效完成，當寬至二個月有餘。

禁治産者之後見人，往往有以法律定之者。九〇二、九〇三此其禁治産之宣告，生其效力之時，即有法定代理人，《人事訴訟手續法》五二故不能適用本條。是在立法論，或當以之爲缺點乎。

第百五十九條　無能力者，對於其管理財産之父母或後見人所有權利，則由其人爲能力者，或法定代理人既就職時，六

個月内，不完成其時效。妻對於夫所有之權利，由婚姻解消之時，六個月内，亦同。證一三四、一三五

本條就無能力者對於其法定代理人，或妻對於夫之特別停止，爲之規定。蓋無能力者之權利，其法定代理人行之。故若無能力者對其法定代理人有權利時，其法定代理人往往有對於自己不行其權利者。然無能力者既不能自保衛其利益，又他人則不但無代理權。九一五四號，即人一九九，後見監督人即有代理權，然從不管理被後見人之財産，故於必需中斷時效之權利，其不及知也尤多。

併不知其權利之有無及條件等，故不能代行其權利，然其權利則當罹時效而消滅。無能力者之地位，豈不可憐？本條所以非無能力者爲能力者，或後任之法定代理人就職後，經過六個月不完成其時效焉。本條所云無能力者，止言未成年者與禁治産者，故亦可如前條明言之。惟本條渾稱無能力者，以非如前條有不明之嫌，故用此字樣。其下尚有管理財産之父母或後見人一語也，且以明父或母有無管理權者。（八九七、八九九）又有特不令法定代理人管理之財産（八九二、九三六），故本條止適用於法定代理人所管理之財産，故其文法必須如此。

夫非當然爲妻之法定代理人，又雖爲其代理人，亦多與妻之能力，無何等之關係。據八〇一條（取四二八），夫以管理妻之財産爲原則。然此與妻之無能力，毫無相關，故不妨以契約變更之。惟據七九一，則妻爲未成年者，夫有行後見人職務之事，此時則夫爲無能力者之法定代理人矣。故右之規定，當然有難適用於妻者。然夫自有對於妻之權力，故妻不能對之行其權利，其事良多。或曰：此正可謂夫婦之利益相反，妻無庸受夫之許可。一七六號不知以妻訟夫，實際頗難。若妻對夫所有權利，亦依一般之規定，同罹時效，則妻之權利有動致消滅焉爾。故此權利，非由婚姻解消時，再經六個月，不因時效而消滅焉。

本條及前條，關於無能力者死亡之情事，無何等之規定，是以有次條爲之規定故也。

第百六十條　關於相續財産，由相續人之確定，管理人之選任時，或破産之已有宣告時，六個月内不完成時效。財五四六・二項，證一二六、一二七

本條乃認關於相續財産之特别停止原因。蓋相續一事，直至相續人之確定，要經若干日。有時因無相續人當選，任一時管理人，管理相續財産，又有時因被相續人停止支拂，當爲破産之宣告。依民施二，於已有家資分散之宣告時，當由其時起算，本條之期間，在破産法案一三四，相續財産不能辨償被相續人負債之全額時，亦得爲破産之宣告此等處若不停止時效，則被相續人之權利，或於相續人未確定前，或於相續人、管理人、破産管財人等未知其有權利之前，其權利必且因時效而消滅。又對於被相續人有權利者，亦因無可訴之相手方，不得中斷時效，遂至不得已而坐視其完成。或即有相續人權利者，尚未知之，遂不能於時效完成前，請求及此。故本條由確定相續人選任管理人或有破産宣告時，非再過六個月，不完成其時效焉。但從立法論，以被相續人之權利與義務，爲同一之規定，或不得爲允當。是蓋以對於被相續人有權利者，得依《民事訴訟法》第四十六條，使裁判所選任特别代理人也。然此不在本書之範圍，故不復論。

第百六十一條　當時效期間滿了之時，若因天災及其他不可避之事變，不能中斷時效，則由其妨礙已止之時，二週間内不完成時效。證一三六

本條就因事變之停止，爲之規定。蓋時效之有停止，乃事實上不得行使權利者，將因時效而失其權利故耳。故因事變而不能行使之時，若獨不止其時效之進行，權利者必生過酷之結果。此所以有本條之規定也。例如十年之時效，當其既過九年十一個月二十五日之時，因洪水而交通盡塞，數日之間，竟無中斷時效之法。依本條之規定，則從洪水既退，再經二週間，

始完成其時效。其他戰亂震災等皆同。

據第百五十三條，若由催告而中斷其時效，則非更於六個月内，以絶頂嚴重之方法，表明其行使權利意思，仍無時效中斷之效焉。然設其六個月之期間方將滿了，而遭遇本條之事變，則如何？曰：亦依本條之適用，在事變既去後二週間内，當不完成其時效。

第二節 取得時效

本節就時效之爲取得權利之原因者，爲之規定。但就所有權，不於取得時效之外，别認消滅時效，限於甲因時效而得所有權，乙必因時效而失之。更俟第百六十七條，有所論焉。

第百六十二條　二十年間，以所有之意思，平穩且公然，佔有他人之物者，取得其所有權。

十年間，以所有之意思，平穩且公然，佔有他人之不動産者，若其佔有之始爲善意，且無過失，則取得其不動産之所有權。證一三八、一四〇、一四八

本條定所有者之取得時效。其原則，於動産、不動産之間，不設區别，共以二十年完成時效。是則取得時效，有二條件：一佔有，二期間是也。其佔有，(第一)要以所有之意思，(第二)要平穩，(第三)要公然，至其意義，雖當詳論於第二篇。然所有之意思云者，義如其文，謂行使所有權之意思。平穩云者，對强暴之詞，謂非因暴力而得，併非以暴力維持之。公然云者，對隱秘之詞，謂非特對他人秘不使知其佔有。又期間既如所述，爲二十年，而其間要無間斷。餘更觀第百六十四條所論。

右所論佔有之三條件，皆爲要於時效期間中繼續而存焉

者。故期間中若缺右之一條件，自當致時效之中斷。所有之意思中斷，則爲佔有之中斷，此其可爲中斷之原因者，當於一六四條之下論之又自始即缺其一條件，然至後具之，則當由其時爲時效進行之始。詳言之，則初止爲容假之佔有者，若至有所有之意思時，一八五、二〇四·二號初以强暴取得其佔有者，若至不受前佔有者何等之抗議，全爲平穩佔有時，或初以隱秘著手於佔有者，若至爲公然佔有時，則當由其時爲時效進行之始。

本條雖專就全無所有權而新取得之者，爲之規定。然真所有者，有他人於其所有權之目的物上，有物權時，或其所有權，因終期或解除之條件到來，應消滅時，遂爲其完全所有者，而佔有其物亦當受本條之適用。更參觀第二百十九條及第三百九十七條。

右爲合動産、不動産取得時效之通則。此外，更有止關不動産之特别時效。此時效，其第一條件之佔有，於前列分目之外，更要二目：(一)善意，(二)無過失。善意云者，對惡意而言，謂自信其真爲所有者。無過失云者，謂已爲普通人所應爲之注意。例如一覽登記簿，賣主之非所有者，自當瞭然。其不一覽之，而買取不動産，是即爲有過失者。此二分目，與前項之三分目有異。惟須存於佔有之始，其取得果實，要於收取時爲善意者，見一八九第二條件之期間，則十年已足，其應繼續者則同前項。

或問：既以不覽登記簿而讓受不動産爲過失，則本條第二項之規定，當於何等處見其適用乎？答之曰：例如詐欺者託爲讓受他人之不動産，請求登記所登記之。登記官吏見欺，竟爲登記，其後善意者讓受其不動産於詐欺者。又如登記官吏誤以抵當之登記，不揭於登記謄本中，第三者不知其有抵當，而讓受不動産。此外如因讓受不動産者，爲無權限或無能力，其讓受行爲已歸無效等情，皆是也。

仍舊民法及外國多數之例，則必有正權原(justus titulus juste titre，Ersitzungstitel)焉。此羅馬之中世法律以來爲然，誠非無理。然就羅馬法之沿革觀之，初不過欲其爲無過失之善意佔有。惟欲其無過失，故需通常一種權原耳。權原云者，謂如賣買、贈與等，以權利讓渡爲目的之法律行爲。蓋縱爲善意，若因自己之過失，而信他人之物爲己物，安足受法律之保護，必有相當之理由，致此誤信。而於普通情事，非因賣買、贈與等權原而取得其佔有，不當有誤信之理由，以故生此原則。然在羅馬，即設許多例外，縱無權原，但佔有者果無過失，則亦以爲應受時效之利益焉。例如託代理人欲買某物，其代理人與他人不爲賣買契約，妄將其物攜來，飾爲因賣買而得者，以之引渡本人。其本人爲過失者，當受時效之利益。又例如無從知相手方之爲瘋癲者，與之爲賣買契約情事，亦同云云。然至後世，誤解羅馬法之精神，以正權原爲絶對之條件，乃至不問過失之有無，止問權原之有無，殆可謂沿法文之末流，而忘其本矣。蓋有權原亦有過失，無權原亦無過失者，其事正多。例如不覽登記簿而買不動産，最爲疏忽，不可謂非大過失。然其賣買成立，則不能不謂爲有正權原。但在新民法，泛言無登記則不得以讓渡等情對抗第三者，故本文之賣買，亦非登記不能爲正權原，而以之對抗於真所有者。然買受不動産於非所有者，常不能登記其賣買，由是本文之情事，非登記官吏有大不注意之過失而不爲登記，必無此事。又例如讓受不動産於人之妻，其受夫之許可與否，殊未確。後日因夫不許可，取消其讓受行爲，則雖正權原，而不能不謂爲有過失者。財一八一・一項參觀。反之而如前所引例之適用羅馬法時，則雖無權原，佔有者亦無過失，然則苟必需正權原則，必保護前之有過失者，轉不保護後之無過失者，將陷於甚不當之結果。此本條所以斷不認正權原之必要，而專以無過失爲必要也。

據以上所述，不動産固有十年之特别時效，動産則一切無特别時效，似頗可怪。此無他，後於第百九十二條規定，善意且無過失之佔有動産，即於取得佔有時，並取得所有權，故無庸復有時效。但以百九十二條之規定，即爲時效之規定，名之爲瞬間時效(prescription instantanèe)，或即時時效。自舊民法爲始，以至外國之法律，雖亦有此例，然由時效之性質言之，甚爲不當。蓋時效正謂時之效力，此必有若干之期間，如上云云，則所有權移轉於瞬時，毫無期間之必要，强云時效，矛盾已甚。故本法不視此爲時效，止以爲佔有之效力，而規定之於佔有章焉。

第百六十三條　以爲自己之意思，平穩且公然，行使所有權以外之財産權者，從前條之區别。二十年或十年之後，取得其權利。證一四九・三項

本條以前條之規定，準用於所有權以外之財産權。即二十年間，以爲自己之意思，平穩且公然，行使所有權以外之財産權者，以取得其權利爲原則。更於行使其權利之始，若其行使者善意且無過失，則十年即取得其權利焉。

本條初用財産權(droit patrimonial，Vermögensrecht)字樣，故必於此説明財産權之爲何物。據余所信，財産權乃以得處分之利益爲目的之權利，物權、債權、版權、特許權、意匠權、商標權等是也。依法律之規定，如受扶養之權利七四七、七九〇、九五四至九六三亦爲財産權。蓋此權利雖不得而處分，然其目的物常爲金錢及他物，固得處分者。雖然，此權利不能依本條之規定而取得之，是無他，附屬於人之身分之權利，非有父子等身分者，不能有之，此不能因占有而取得，蓋本非財産權也。故如附屬其身分之受扶養之權利，亦不能因時效而取得

之。然他財産權，則苟無法令所別定，皆得依本條之規定而取得之矣。

第百六十四條　第百六十二條之時效，佔有者若任意中止其佔有，或爲他人奪之，則爲中斷。證一〇六、一〇八、一三九

本條及次條，乃關於中斷取得時效之規定。蓋取得時效，亦同於消滅時效，當由前節所詳論之中斷方法舊民法證一〇五以下，所謂爲法定之中斷者而中斷，固無論已。然此外尚有取得時效之特別中斷方法，佔有之中斷是也。舊民法同上，所謂爲自然之中斷者佔有之中斷云者，謂佔有已缺其要素，或失意思，或失所持，或併失此二者云爾。

第一，失意思時，往往有不能於將來受時效之利益者。例如甲以乙所有之不動産，爲自己之所有物而佔有之。其後因乙之請求，甲遂認乙之權利，同時又表示其爾後當爲乙以爲佔有，此時甲全然失其佔有，惟爲乙之代理人而爲佔有，名之爲容假之佔有（possession précaire，unvollständiger Besitz）。此依第百八十五條及第二百四條第一項第二號之規定，非更始其佔有，縱歷幾十年之久，決不能受時效之利益。此無他，失其第百六十二條所必要之所有之意思也。一六三謂之爲自己之意思

第二，失所持時，若爲他人所奪，則依後之二〇一條第三項，及二〇三條，於一年内提起佔有回收之訴時，當視其佔有爲繼續者。

舊民法，雖區别佔有之不繼續與其中斷，然此爲全無理由，故本法不别之。本條之中斷，當知舊民法所謂不繼續，亦包其内。至本條之適用，必於後佔有之部，始得知其詳細云。更參觀第百六十二條説明第二段

第百六十五條　前條之規定，於第百六十三條之情事，準用之。證一四九・三項

本條不過如第百六十三條之準用第百六十二條，以前條準用於第百六十三條之情事耳。至其適用，更觀於後之論佔有，思過半矣。

第三節　消滅時效

本節就一切足爲財産權消滅原因之時效，爲之規定。但各種特别時效，更有特别規定。例如一般取消權之時效，一二六地役權之時效，二八九至二九三抵當權之時效，三九六、三九七害債權者之行爲之取消權之時效，四二六因不法行爲之要償權之時效，七二四行親權之父或母、後見人、後見監督人或親族會員，與子或被後見人其間債權之時效，八九四、九四二，人二一一相續權之時效，九六六、九九三相續之承認或抛棄之取消權之時效，一〇二二因遺留分之減殺權之時效一一四五等是也。更有商法之時效，以五年爲原則，商二八五，至舊商三四五，則爲六年且商法亦多特别時效。商三二八、三二九、三五四、三七四、三八三、四一七、四四三、五七五、六一八、六五一，舊商一三五、五一六、七一二、八一九、九七六等

第百六十六條　消滅時效，由其得行使權利時爲進行。

前項之規定，因第三者佔有其始期附或停止條件附權利之目的物，自其佔有之時，不妨其取得時效之進行。但權利者欲中斷其時效，無論何時，得求佔有者之承認。證一二五、一二八

本條之規定，乃普通所視爲停止原因者，關於條件及期限，實居主要之地位焉。蓋消滅時效，因權利者怠行其權利，縱有權利，可坐失之之故耳。是以不得從權利者未能行使權利之時，爲時效進行之始。例如條件附行爲之目的權利，發生於

條件成就之時，固不得於其發生前行使之。又期限附權利，盡期限之到來，或爲未發生，或爲發生，而不得行使之。故是等權利之消滅時效，由條件成就期限到來之時，爲其進行之始，普通亦謂之停止原因。然進行未始而遽云時效停止，頗爲不妥，故新民法不認之爲停止原因也。

以上爲消滅時效之原則。雖然，此原則，毫無妨於取得時效之效力。例如爲期限附或條件附之債權目的之不動産，二十年間，佔有之者，不妨依第百六十二條第一項之規定，得其取得時效。又如爲期限附或條件附之地役權目的之不動産，無過失而不知其有地役，十年間佔有之者，不妨依該條第二項之規定，得其取得時效。或曰：有期限附或條件附之權利，儘其期限或條件之到來，其權利未爲成立，故不妨其時效之進行，非本然而不待言者乎？曰：不然。（第一）設有期限附之物權，由當事者之意思，定其期限，多不過定其引渡此目的物，及他行使其權利之時期耳。此時其物權，非因時效而消滅，則佔有其目的物者，不能完全取得其所有權。然其物權，則疑其非從得行使之之後，再經過消滅時效之必要期間，當不消滅。（第二）即使從期限或條件到來之後，始能發生權利，凡由停止條件附行爲所生物權，及由終期附或解除條件附行爲，所生原權利者之始期附或停止條件附權利，皆屬此類從登記法二二號·二項之規定，得依假登記，終期或解除條件之情事，依登三八，即本登記亦得爲之而以其權利，對抗第三者。故或疑此取得時效之結果，其權利得無當然消滅乎？譯者按：此其意，謂假登記可對抗第三者，則或疑佔有者即第三者，假登記時，已不啻中斷其佔有之時效，無從復言消滅。有此二疑，本條二項，所以杜之也。推第二項但書之精神，則期限附條件附之權利存在，適妨其佔有者之取得時效，此亦可認而知之者也。

據以上所述，則必多消滅時效尚未完成，而取得時效早已完成者。甚至有消滅時效進行未始，而取得時效業已完成者。

是雖從取得時效之原則，不得已而生此結果。然就其有權利而被消滅者言之，則頗可憫。是以本條第二項，復與以得求佔有者承認之權利。蓋佔有者，若承認其人之權利，則取得時效，即佔有者所以爲真所有者，而完全其所有權之時效，參觀前六十二條之説明語。當因之而中斷。故其人得行此權利，妨其取得時效之完成，以爲將來行使其權利計也。

第百六十七條　債權因十年間不行之而消滅。

非債權及所有權之財産權，因二十年間不行之而消滅。

證一五〇、一五五，六年十一月五日告三六二號出訴期限規則三・一項、二項、五項、六項、四

本條規定普通之消滅時效。依本條，則爲消滅時效之原則者，財産權總當歷二十年而罹時效。而於本條又認兩種例外，一爲債權，是爲歷十年而罹時效者；一爲所有權，是爲從取得時效之結果而消滅之之外，不罹消滅時效者。

蓋時效之期間，各國雖不一其制。然外國多以三十年爲普通時效，此在交通之便未如今日之時代宜然。今日則有汽船、鐵道、郵便、電信，雖隔數百千里，僅數日至數十日，必可到達。況由通信而詳其情事，尤極易易。故有權利者，縱在遠隔之地，行使亦不爲難。然且經十年、二十年猶不行使，大率必甚怠慢者，更假以三十年之長期，未免失之寬大，故新民法縮短爲二十年焉。

右雖爲消滅時效之原則，然在債權，猶非無過長之憾。蓋債權與他權利異，行使多爲極易，又債權於普通之取引，尤爲關係叢生。此關係若多不確定，則釀經濟上之不便，爲患甚大。此在外國，令債權之罹時效，短於他權利，其例亦間有之。而在我邦，向於有期之債權，尤止五年即罹時效。今遽展爲二十年，或且生權利上之劇變，來取引界之擾亂，是以衆議

院特短縮爲十年。但據余所信，我邦之版圖日益加廣，且地勢南北狹長，千餘里外之島國，交通未必盡便，故以債權之時效爲十年，不能不稍嫌其過早。然此自屬立法論，兹不深言。

第百六十八條　定期金之債權，從第一回之辨濟期，二十年間不行之，因而消滅。從最後之辨濟期，十年間不行之，亦同。

定期金之債權者，欲得時效中斷之證，無論何時，得求其債務者之承認書。證一五一、一五二

本條乃對於前條第一項之例外規定。蓋定期金債權，從第一回辨濟期得行使之，故依前條第一項之規定，從此第一回之辨濟，期歷十年而不得不罹時效。在政府本案，於此原不别設例外，然因衆議院中，短縮其債權之時效期間爲十年，於是定期金債權，將由第一回辨濟期，十年而罹時效，頗不免過短之譏。因特設例外，以之爲二十年焉。雖然此定期金不無以十年未滿之時期了其辨濟者，且即初爲長期，既過其大半之餘期，尤多即以十年爲滿者，似此則從最後之辨濟期，非更過十餘年，不罹時效，將與前條第一項所規定，頗失其平。故此又從最後之辨濟期，十年完成時效，但依次條之規定，以一年以下之時期，所定之定期金，當罹五年之時效。故從最後之辨濟期，若過五年，其定期金債權必已消滅。故本條第一項之末文，止適用於一年以上之長期，所定之定期金耳。

本條既已於定期金債權，亦以由初得行使之時，爲時效進行之始。則各期之辨濟，自當以債務者爲承認，爲時效中斷之方法，固不容疑。故以實際言，本條所定二十年之時效，於最後辨濟此定期金時，爲進行者。然此辨濟之證據，常存於債務者之手，而不存於債權者之手。蓋債權者，若受其辨濟，則債務者常交付其受取證，而其由債務者給債權者以業爲辨濟之證

書，則古今東西，舉無此種習慣。故長至數十年之定期金債權，債務者於二十年間辨濟其定期金後，後忽援用時效，以冀免其辨濟債權者，殆亦無如之何。何則？債務者若曰：汝未嘗對吾爲請求，吾亦無從對汝爲辨濟。迄今已完成時效，吾之債務目爲消滅。而債權者竟不能以年年受其辨濟之證據對抗之。此所以有本條第二項之規定也。許債權者無論何時，求其債務者之承認書，即所以使債務者不得爲如上之讕言也。

或曰：本條情事，各定期金，皆爲别個之債權，當由其各個之辨濟期，爲時效進行之始。此非也。定期金債權之爲物，乃請求定期金之元權，對於各定期金之債權，雖爲與期數爲同數之權利，然此各債權之根元權利，即所謂定期金債權，非止爲各獨立債權之集合者。但當事者之意思，若明如或者之言，則固不在適用本條之限。

定期金乃謂定期應支付之金錢及他物，法語之朗得，德語之林的(rente)是也。向譯之爲年金，然非無定爲月或半年等者，故以之爲定期金。金字雖常疑其當爲金錢，此實以普通多爲金錢，故云爾。不必定要金錢，如米穀等亦可。猶賃貸借所云賃金，六〇一《商法》所云準備金也。商一九四、舊商二一九

第百六十九條　以年或短於年之時期，所定以給付金錢或他物爲目的之債權，因五年間不行之而消滅。證一五六，六年十一月五日告三六二號出訴期限規則二·四項、三

本條以下，關於短期時效，以其第一爲五年之時效，而若利息、定期金、借賃、給料等，當按年或半年一月等支付，而不揭於以下數條者，皆當罹此時效。蓋此等物，若不嚴重以爲辨濟，常可忽生債權者之障礙。故在慣習上，債權者既罕長怠於請求，債務者亦罕長怠於辨濟，且其額常不多，故罕長保存

其受取證者，是所以設此短期時效也。

第百七十條　左揭債權，因三年間不行之而消滅。

一，醫師、産婆及藥劑師關於其治術、勤勞及調劑之債權；

二，工程師、譯者按：原名技師工師譯者按：此木工之長，原名棟梁及承攬人，譯者按：原名請負人關於工事之債權。但此時效，從其所負擔工事終了之時起算。證一五七，六年十一月五日告三六二號出訴期限規則一・九項、二・一項

本條及次條，關於短期時效第二種之三年時效。而本條所規定，則爲醫師、産婆、藥劑師及工程師、工師、承攬人之債權。是等債權，在慣習上，以速請求、速辨濟爲常。且其債權，多有歷時過久則難於證明者。

關於工程師、工師、承攬人工事之債權，則由其所負擔工事終了之時起算時效。蓋慣習上此等債權，常於工事終了後，辨濟之。但在復雜之工事，若將於全工事告終始算時效，則時效未免太長，而即論慣習，此等處之支付，亦常在每一種工事之終。例如，新構邸舍，多有先雇託工程師或工師建築房屋，乃由花匠承攬其裝飾園庭之事。其工程師或工師於建築落成後爲辨濟，花匠則於裝飾終了後支付。故其時效，亦於工程師、工師從建築落成時，花匠從裝飾終了時，爲其進行之始，最爲妥當。此本條第二號之但書，所以云其所負擔工事終了之時也。

第百七十一條　辯護士從事件終了之時，公證人及執達吏，從其執行職務之時，經過三年，則關其職務所受取之書類，爲免其責。證一六二

本條規定第二種之三年時效，乃爲辯護士、公證人及執達

吏，關其職務所受取書類之返還義務。蓋是等書類，以事畢後，即返還之爲常。且其人爲日日料理許多書類者，若就其書類負甚久之責任，則每有返還之書類，必取回其詳細收據而永保存之，此究不堪其煩。故就此等返還之書類，特縮短其時效期間也。

本條所謂事件終了，例如判結、和解、取下等是也。

第百七十二條　辯護士、公證人及執達吏，關於職務之債權，從爲其原因之事件終了之時，因二年間不行之，而消滅。但從其事件中每事項終了之時，經過五年，則雖尚在右之期限內，亦消滅關於其事項之債權。證一五八

本條及次條，就短期時效第三種之二年時效，爲之規定。而本條所規定，乃辯護士、公證人及執達吏，對於雇託人之債權。蓋是等債權，常於事件之終，即行使之。甚至有事件著手之前，已多受其辨濟者，此所以特縮短其時效也。但其事件，複雜者多，且往往有涉及數年者，似此而仍必從事件終了後經過二年，完成時效。則或有歷十餘年，而是等債權猶不消滅者。故本條但書，從其每事項終了之時，若過五年，則必完成時效焉。例如辯護士從其受事件之雇託，僅以五年爲其事件之落著，而其初墊付之提出訴訟所用印紙之價，即從提出訴訟之日，過五年後，即事件落著後，應即時完成時效。又若就每回之口頭辯論，計日受值者，從其各口頭辯論之日，經過五年，則不復能請求其日值也。

第百七十三條　左揭債權，因二年間不行之而消滅。

一，生産者，譯者按：如農夫卸賣商人，譯者按：即批發店及小賣商人譯者按：即零賣店所賣卻之産物及商品之代價；

二，居職人，譯者按：居家執業，不奔走以祇候他人者，如理髮工之類製造人，譯者按：謂專以勞力成器者，關於給事之債權；

三，關於生徒及習業者之教育、衣食及止宿之費用，校主、塾主、教師及師匠之債權。證一五六・六號、一五七・二號、一五六、一六〇，六年十一月五日告三六二號出訴期限規則一・一項、六項、七項、二・二項、三項

本條規定二年時效之第二種，乃關於生產者、卸賣商人、小賣商人、居職人、製造人、校主、塾主、教師師匠之債權。是等債權，其請求或辨濟，皆非可久怠者，故俟縮短其時效期間也。

第百七十四條　左揭債權，因一年間不行之而消滅。

一，以月或短於月之時期，所定雇人之給值；

二，勞力者及藝人之賃金，並其所供給之物之代價；

三，運送賃；

四，旅店、酒食店、賃座及娛游場之宿泊費、飲食費、座費、場門錢、消費物代價並墊錢；

五，動産之損料。證一六〇，六年十一月五日告三六二號出訴期限規則一・二項至四項、七項、八項、一〇項、一一項、二四項、三七項　譯者按：損料，即修理費

本條規定短期時效第四種之一年時效，乃關於雇人、勞力者、藝人、旅店、酒食店、賃座及娛游場之債權，並其他運送賃及損料。是等皆以立時請求或支付爲常，故其時效爲最短期，實爲至當。此所以有本條之規定也。

本條第四號所云酒食店譯者按：原名料理店者，當解爲包括一切熟食店而言，譯者按：原文稱居酒屋、蕎麥屋、天麩羅屋、鰻屋、鳥屋、牛屋等。屋酒，謂可聚飲之處，即熱酒鋪也。蕎麥，即面。天麩羅，乃油炸面裹魚蝦類之一種食物。屋即店之代名，猶言家也。吾國現惟稱酒肆爲酒家，日本稱屋，正此例爾蓋不容疑也。

孟森著作集

孟森政法著譯輯刊

下

中華書局

日本民法要義（債權編）

第三編　債　　權

債權(Créance，Forderung)云者，使或人爲某事或不爲某事之權利是也。向例雖以與(dare)及爲(facere)、不爲(non facere)三大别，爲債權之目的，然“與”字即包於“爲”字之中，余故甯以爲、不爲二者當之爲妥。即如移轉權利，與也，然亦即爲也。無可疑者，但除移轉權利之外，自有爲之之義務，例如築屋、旅行等皆是。又其不爲之義務，例如在同町内譯者按：日本之町，如我國之小街鎮與債權者不爲同一之營業，除屬於債權者所有之劇場以外，不爲演劇，使用貸主，譯者按：言以己物貸與人使用者因使借主得使用其物，不行使其所有權，即於己物不爲使用、收益或處分，此等皆是。故謂債權之目的，乃行爲、不行爲二者耳。或有謂債權之目的，常在行爲，但其行爲有積極消極之别者，是亦不誤。

債權一謂之人權(Droit personnel，persönliches Recht)，是蓋對物權而言。物權固直接行之於物，債權則常對人行之。縱在間接以物爲目的之時，債權者亦不得行其權利於此物之上，必需債務者之行爲，故謂之人權。然“人權”字樣，亦用於各人天賦之權利之一義，依日文之慣例，與債權同用，極爲不妥。故新民法常用“債權”字，不用“人權”字，然其意義，則與舊民法所謂人權無異。

債權爲財産權，既如所論。一卷總冒故縱係爲、不爲之義務，其目的不在債權者之處分者，不得謂之債權。例如夫有使妻同居之權利，七八九一項雖以妻之行爲，爲其目的，而不可謂之債權。又未成年之子，不得定居所於行親權之父所指定之場所以外，八八〇、人一五〇是有不爲之義務，而亦不得以之爲債權，此類是也。

債權所以異於物權者，一則得直接就物行之，一則止得直接對債務者，求其積極或消極之行爲。而間接則有多處，得令債權者施其行爲於物之上耳。由此性質之差異，所生兩種權利之區别：(一)物權生優先權，債權則不生之。故各債權者，以有平等權利爲原則。若債務者財産不足償其債務，則各債權者，皆應其債權之額，止受二分之一、三分之一、四分之一等之辨濟。蓋無物上擔保之債權者，於債務者財産之上，無直接之權利。故因債務者抗不辨濟，若欲就其財産爲强制執行，則各債權者之間，不能爲甲乙之區别，其勢除平等攤算之外，無他辨濟之法矣。反之，而有物上擔保之債權者，於某物之上，若一般之先取特權，則全財産之上有直接之權利。故物權者必就其權利之目的物，有優先權，當先於他債權者受其辨濟，是可謂物上擔保之效用。(二)物權生追及權，債權則不生之。故債務者若以其財産讓渡他人，則通常之債權者，不得就此復行其權利。反之，而有物上擔保之債權者，就債務者已讓渡於他人之財産，亦仍得行其權利。其事既有詳論矣。二卷總冒，二百九十五條下，第八章先取特權總冒，三百四十二條下，三百六十九條下。蓋就物有直接之權利者，從債務者讓渡其物於他人，亦不因是妨自己之權利，固不待言。然通常之債權者，則非有物上之權利，不過對於債務者，得求其積極或消極之行爲耳。故縱其行爲，有關某物，或以其不履行債務之結果，就債務者之財産，當爲强制執行，然不得就債務者已讓渡於他人之財産，行其權利。蓋債權者即得行權利於債務者之財産，然對於已非債務者財産，固無何等權利也。

債權常爲人與人之關係，依前所揭之定義自明。其債權之名，乃由權利者之側面觀之。若由義務者之側面而觀，則謂之債務(Dette，Schuld)或義務(Obligation，Verbindlichkeit)。而“義務”字樣，乃廣用以對權利之詞。如各人有不侵他人所有權之義務，妻有與夫同居之義務，皆是。故新民法，常用“債務”字對債權焉，但依行文之便，亦往往有用“義務”字樣於債務之意味者，然特指示對於債權之義務，則以常用“債務”字樣爲例由是遂生債權者(Créancier，Gläubiger)、債務者(Débiteur，Schuldner)之名稱矣。

舊民法認羅馬法以來歐洲諸國所行之自然義務(Obligation naturelle，Naturalobligation)所生效力，比於法定義務(Obligation civile，klagbare Obligation)爲薄弱焉。雖然，此特如羅馬法之極泥於形式，法律所應保護之權利，徒以形式稍缺，法律即不能保護之。於是欲矯正其法律之不備，縱不能認其效力爲完全之權利。而因聊勝於無，乃生自然義務，付之以幾分不完全之效力，以見其不得已，蓋無足怪。然從法律之進步，凡法律應保護之權利，既悉以相當之方法保護之，此外無庸認所謂自然義務者。此新民法所以於法律所定之普通義務，即法定義務之外，不別認一種異樣之義務也。但若如舊民法、新民法等，以所謂原因者爲法律行爲之要素，則其因無原因而爲無效之法律行爲，必當不尠。欲以之爲有效，往往必認自然義務之存在。新民法則不認原因爲必要，一卷第九十五條“意思之欠缺”下益不必認自然義務矣。

債權發生之原因，大別之爲法律行爲、不當利得、不法行爲、法律之直接規定四種。其法律行爲之種類，雖不一而作，然以契約爲其最重者。第二章遺言雖亦發生債權之一大原因，然此係第五編所規定。至其他法律行爲，則於總則之一般規定外，無庸更置特别規定。不當利得，則除純然之不當利得第四章外，有所謂事務管理者，其規定不同於普通之不當利得，故新民法别規定之。第三章此二者，乃組成所謂準契約(Quasi-contrat)者。不法行爲，第五章則所謂犯罪準犯罪(Délit quasi-délit)者是。而法律之直接規定，則散在法律之各部，不得包括而規定之。今言其二三例，則如扶養之義務、後見人之義務、納税之義務等，皆是。本編除揭右所揭之各種原因所生債權之特别規定外，别置總則一章，第一章揭通於各種債權之一般規定焉。請順次説明於左。

第一章　總　　則

本章别爲五節，第一節爲債權之目的，明債權目的之範圍；第二節爲債權之效力，定債權者之權利義務；第三節爲多數當事者之債權，揭債權者、或債務者有數名時之特例；第四節爲債權之讓渡，詳其債權果得讓渡否，又得讓渡者，其讓渡時必要之條件爲如何；第五節爲債權之消滅，列舉債權能消滅之原因焉。

第一節　債權之目的

債權之目的，常在債務者積極或消極之行爲，既如所論。其所決之問題，惟其行爲之性質如何，或在以某行爲爲目的之債權，其當然之結果，不惹起某行爲否；又其行爲在物之給付時，當給以何等之物；又債權之目的，在以數個行爲中之一爲之時，應以何者當之等是矣。

第三百九十九條　債權雖不得估計金錢，然得以之爲其目

的。財二九三，三二三·一項，取二六六

債權之目的，果得估計金錢與否，學者間未有一定之說。蓋在羅馬法，學者動言要估計債權目的之金錢。即至今日，凡屬羅馬法系之法律，大抵皆依此主義。雖然，此實無理之制限。何則？人生非必止以金錢爲利益，其需要亦非止有形之事物，故債權之目的，亦無庸必爲金錢所可估計。例如教師、醫師、辯護士等之勤勞，難以金錢估計，而遽不得爲債權之目的，則頗不便，終不適於文明國之需要。故即如日本舊民法，其原則固不得以此爲債權，究亦以種種間接之法，冀保護以此爲目的之債權，是何如顯然保護此債權之爲愈也。且如人之名譽痛苦等無形之物，若損害及之，非亦估計其金錢而使爲賠償者耶？若然，則天下之事物，殆無有不可估計金錢者。故以此廣義言之，當謂債權之目的，以金錢估計，殆亦無害，然即此亦可見前說之以金錢爲估計者，頗爲不當。本條所以斷言債權之目的，無庸以金錢爲估計也。

第四百條　債權之目的，若爲引渡特定物，則債務者迄於爲此引渡，要以善良管理者之注意，保存其物。財三三四、四六二·一項

本條以下至四百五條，就債權之目的，在引渡或讓渡其有體物時，爲之規定。而本條則規定負引渡義務之債權者，有保存其物之義務，併定其爲保存，當爲何等之注意者也。蓋注意之程度，有種種之標準。古來羅馬法中，有三種過失之程度，因其情事，而負重過失(Culpa lata)、輕過失(Culpa levis)、最輕過失(Culpa levissima)之責任。此爲一般之學說，然其不合學理，則已有定論。即在羅馬法，亦似非採用此區別者，惟輕過失別抽象的、成形的(Culpa levis in abstracto velin concreto)爲二。則非無若干理由，例如賣主保存其所賣出之物，固當加以善良之管理者(Bonus paterfamilias)別譯作良家父所常加之注意；無償而受寄託者，保存其受寄物，則但加以平生所加於自己財產之注意，即爲已足，是也。六五九即甲爲抽象的，而乙爲成形的。問其理由，則曰：賣主乃常因賣買契約而可受利益者，故迄其以所賣卻之物，引渡於買主，必以充分之注意，保存其物。縱平生於自己之財産，有付之等閒之癖，其所賣卻之物，則不得等閒視之。然無償而受寄託者異是，乃爲他人之利益，無償而保存其受寄物者，故視此寄託者爲專察受寄者平日之注意如何，不過欲其人以加於自己財產之注意，加此寄託物，最無疑也。雖然，所謂以成形的過失，爲注意之程度，在今日之法律，全屬例外。故甯以抽象的過失，爲注意之程度，爲其原則，例外情事，皆以揭於特別規定爲至當。此本條中一般規定，所以當以善良管理者之注意，爲物之保存也。

第四百一條　指示債權之目的物，止以種類之時，若依法律行爲之性質，或當事者之意思，而不能定其品質，則債務者要給付其有中等品質之物。

於前項之情事，債務者若爲物之給付，完了其必要之行爲，或得債權者之同意，指定其應給付之物，則爾後以其物爲債權之目的物。財三三二、四六〇・三項，舊商三〇三

本條規定以不特定物爲目的之債權，(第一)其物要爲何等品質之物，(第二)於何等時期爲特定物。請順次説明之。

第一，關於不特定物之品質，向凡分三主義：(一)債權者固不得請求最上等之物，債務者亦不得給付最下等之物之主義；(二)給付中等以上之物之主義；(三)必給付中等之物之主義，是也。舊民法倣法國法係之例，取第一主義。新民法則採

用第三主義焉，是蓋出於債權者、債務者兩不偏愛之主義。雖然，若爲立法論，余於三主義皆所不採，甯信爲債務者縱以最下等之物，苟爲包含於目的物之種類中者，即無不可。然此屬立法論，兹不深言。

以上祇適用於當事者間無特約，又不因法律行爲之性質而自定其品質之處。例如當事者言武藏之上米，則必不得不爲上米，是蓋債權目的物之種類，不在止言武藏米，而在武藏之上米也。譯者按：武藏乃日本之一國。又或製精舍之屏障，定購唐紙，縱不明定其品質，推定必爲上等者，又可以法律行爲之性質上明之也。

第二，債權在以不特定物爲其目的時，必其不特定物有竟爲特定物之時期，蓋不容疑，何則？履行此債權，必有引渡之物，而引渡則必以其物爲特定。惟其時期如何，則稍屬可疑。若無本條第二項之明文，必不免於實際上生種種疑問。於是立法者以本條第二項定其時期，而本條所採用之主義，則除債務者與債權者合意指定應給付之物，因其指定而不特定物遂爲特定物之外，以債務者爲物之給付，完了其必要之行爲時，爲其變化之時期。蓋債務者既爲物之給付，完了必要之行爲，此時在履行債務之人，已爲盡其權力以内之事。故給付其物之意思，不得不謂其全然確定。若然，則以此時期爲目的物性質變化之時期，可爲最得其當矣。

或曰：右之問題，學理上論之，固有必要，其實際果何如乎？曰：此有二種實用。(一)物權可因當事者意思而移轉。一七六苟確定爲其物，固即於確定之時，當移轉其物權。故不特定物之爲特定物，即確定其債權之目的物，則物權固當於其時爲移轉。(二)在雙務契約當事者之一方，其債務之目的物，若因天災而滅失，其他一方，仍有履行其債務之責。此後之第五百三十四條所規定也，是之謂危險債權者(Res perit creditori)。蓋物之債權者，雖實未受其物，亦應給付其對償故也。然此所謂危險問題，止從特定物而起。若債權之目的，初爲不特定者，則不得不謂由其變爲特定物之時，乃移轉於危險債權者。此不特定物變爲特定物之時期，所以必需一定也。

右之問題，不可與引渡之問題相混。蓋引渡也者，非止因債務者之行爲而成立，必兼有債權者之行爲。故僅言債務者完了其自己權力内之行爲，未可謂必有引渡，止可謂債權者受其給付之時，始有物之引渡耳。故在遠隔之地，債務者當發送其物時，其物已爲特定物，固無疑義。然其引渡，則不能不謂到達債權者之處時始有之。故第百七十八條、第三百四十四條等之規定，乃由到達之時，始適用之者也。

第四百二條　債權之目的物若爲金錢，則債務者得從其選擇，以各種之通貨爲辨濟。但以給付特種之通貨爲債權之目的者，不在此限。

爲債權目的之特種通貨，於辨濟期若失强制通用之效力，則債務者要以他通貨爲辨濟。

前二項之規定，以給付外國之通貨，爲債權之目的者，準用之。財四六三至四六六，舊商三二一、七五四，八年六月二十五日告一〇八號貨幣條例，九年三月四日告二七號，十一年五月二十七日告一二號，同日告一三號，十二年九月十二日告三五號，二十一年十一月六日敕七四號，三十年三月二十六日法一六號貨幣法

本條就債權之以金錢爲目的者，爲之規定。蓋金錢之爲物，從各國之幣制，固不一律。然有金貨，有銀貨，有銅貨白銅貨，又或有紙幣，法律上皆同一視之，其中並含支付額之有制限者此所以有本條之規定也。故例如金本位之國，因消費貸借而受取金貨值百圓者，至期即返濟以銀貨百圓，貸主亦不得拒之。

我邦初採金本位之制，明治十一年以來，暫爲可稱兩本位國之情狀，其實殆成一銀本位國。至明治三十年，乃復純然金本位之制。貨幣法二又負百圓之義務者，付十圓十枚，或付二圓五十枚，均無不可。惟補助貨則有强制通用之制限而已。雖然，此不過一般之通則，若當事者有異此之意思，則其意思固必爲有效。例如前例中貸主若必欲金貨者，則可明言其必以金貨爲返濟之旨。又後例中若必欲得十圓者，亦可明言之。此在舊民法，本非所許，然此禁制，在外國未聞其例，實爲無理之制限。蓋法律於任何種之貨幣，皆視爲同價，並無歧異，但從當事者之便宜。時喜金貨，時便銀貨，如其所豫期，而製爲種種貨幣以便之耳。故兑换爲極要之事，爲法律所公許。然自行兑换，固無不可。欲避兑换之勞，且欲於一定之時期，得某貨幣一定之額，特與某人約，合給付某種類之貨幣，於理亦何不可之有乎？此新民法所以舍舊民法之主義，以本條第一項之但書，認特約之自由也。

譯者按：此段文氣，從“我邦初採”以下至注語“貨幣法二”云云，横插不貫。蓋本書創稿，在日本用金銀兩本位時，故立論皆合兩本位之制。後日已改其幣制，因加添數語，似本夾注而誤入正文者。至理論之不改，則以幣制本不一定，法理本可兼通，但與當時事實不相應耳。直捷言之，債權以不特定之金錢爲目的，則通用之貨，皆可互用。惟補助貨有法定之制限，自不得違法以濫用耳。然有特約時，則以特定之金錢爲目的，即盡用補助貨，亦無不可。其餘本係無制限之通貨，更無論矣。舊民法不許以特定之金錢爲目的，新民法糾正之，本文乃深言其糾正之故云。

既得以特種之通貨，爲債權之目的，如上所述。則其所指定通貨之種類，辨濟期内，已失强制通行之力者，亦可偶然有之。此時又將如何？據余所信，由純然之法理言，此其債權之目的，乃某種類之通貨，非止以金錢爲目的者。謂其視此爲一種商品，而以之爲債權之目的，亦無不可。故即失其强制通行之力，債務者可依然給之。若因政府已收盡此種貨幣，即欲得之而已不能。則債務者至不能履行時，自可免其義務。然雖有是理，而多無此事，蓋多與當事者之意思相反也。夫當事者非止以金貨爲金、以銀貨爲銀而欲得之，實亦以之爲貨幣，不過比於他種貨幣，於己爲便。故至其强制通用之效力以後，即得之而無用，甯以得通貨爲便，此其常也。法律推測此意思，特設本條第二項之規定，使債務者以他通貨爲辨濟焉。但若當事者表示其相異之意思，則可從其意思，不待言也。

貨幣之爲物，本依法律之結果而有效力，止於其法律所及之地域内爲有效。是外國之貨幣，不得視爲真貨幣也。雖然，在今日交際之頻繁，貿易之絡繹，不能株守此狹隘之法理。例如欲游外國者，非齎外國之貨幣，則不能行，故其人視外國之貨幣，亦爲有貨幣效用之物，固不容疑。於是文明國之間，互認貨幣之流通，在商業及其他取引，漸覺外國貨幣之必要，殆同於内國貨幣。惟外國貨幣，不若内國貨幣之有强制通用之力，故日日生相場之變動，譯者按：相場即行情所不能免，但於實際，多不悟外國貨幣爲非真貨幣。此本條所以有第三項之規定，適用於内國貨幣者，即準用於外國貨幣也。例如言英貨若干鎊，通常則任給何種英貨皆可，然若有特約，則必供特定之貨種。而其貨種在辨濟期内，若英國自失其强制通用之力，則以其現存之貨種辨濟之，此類皆是。

第四百三條　若以外國之通貨，指定債權額，則債務者得依履行地之爲替相場，譯者按：即兑换行情以日本之通貨爲辨濟。財四六五，舊商三二一、七五四

本條情事，乃債權之目的，不在外國之貨幣而泛在金錢，惟以外國之貨幣，指示其額者耳。此純然爲金錢債權，非視貨幣爲商品者，故無庸必以外國之貨幣爲辨濟，得依履行地之爲替相場，以之换算於日本之通貨，而爲辨濟。例如定購法國書籍，其價爲法貨千佛郎，若於東京付價，則東京之法貨相場，每一圓設爲二佛郎六十生的，則付日本貨幣三百八十四圓六十一錢五釐即足，此類是也。但此時竟以外國貨幣爲辨濟，固隨債務者之意。舊商法第七五四條，於手形譯者按：即票據有同樣之規定，今則爲當然以民法適用者，商法不别以明文揭之。

第四百四條　應生利息之債權，若無别段之意思表示，則其利率爲年五分。取一八六・二項，舊商三三四，新商二七六，十年九月十一日告六六號，利息制限法三

債權往往有生利息者。利息謂專應債權之額，付與債權者，以爲使用其金錢及他物之對價也。民法中雖以不生債權利息爲本則，然法律若有特别規定，四四二・二項、五四五・二項、六五〇・一項、六六九、六七一、六九一・一項、七〇四、九二七・二項、九四〇或當事者有特約，則當附之以利息，此其利率，法律有特别規定者勿論。新商二七六即當事者有特定時，亦固當依之。若並無所定，則以年五分之息率相付。譯者按：年五分，即五釐週息蓋法律依通常之利用方法，金錢等可生年五分之利息而然也。至今日雖尚設有利息制限法，十年九月十一日告六六號然信其早晚即當廢止。但其未廢止間，則當事者之特約，止於不過乎此制限之範圍内，有其效力。若過之，則可以制限額迫令減少。其制限額，百圓未滿二分，百圓以上千圓未滿一分半，千圓以上一分

二釐。利息制限法二更據利息制限法第三條，法定利率固爲六分，是已隨民法施行而廢止矣。民施五二

第四百五條　利息延滯至一年分以上，債權者縱爲催告，債務者不付其利息時，債權者得以之組入元本。財三九四

本條乃關於重利(Anatocisme)之規定。譯者按：重字平聲。蓋重利乃外國所大忌，而力圖妨害之。新民法概認爲契約之自由，故利息制限法既豫期其廢止，同時即重利亦當不禁遏之。故依當事者之自由契約，月月從利上加利，亦無不可。雖然，若無特約，則不許濫重其利。是無他，以其多反於當事者之意思也。雖然，若債務者雖怠於支付利息，而債權者則決不能附之以重利，則債權者被害已甚，不能不謂頗失公平。又因此而債權者之於利息，生督促苛嚴之結果，適爲債務者釀成不利益之事，容或有之。故本條於延滯之利息，未達一年分以上者，固不許附以重利。若其利息既及一年分以上，則債權者既爲一應催告之後，債務者仍不支付其延滯利息，得以之組入元本，令更生利息焉。例如應年年付息者，至其應付利息之時期，由債權者既循例爲催告，債務者尚不支付，此時得即以重利附之。又月月付息者，在十二個月以內，縱債務者不支付之，亦不得竟附以重利。雖在十二個月以前，月月到期，得每爲督促，固無論已。或止就利息爲强制執行，亦無不可，此不待言。然延滯利息即及十二個月分，債權者爲一應催告之後，債務者尚不支付之，此時乃得直以之組入元本，更以利息附之矣。

第四百六條　債權之目的，若於數種給付之中，依選擇而定之，則其選擇權屬債務者。財四二八，舊商三二二

本條以下至第四百十一條，乃所謂選擇債務(Obligation

alternative)者。選擇債務，在債權之目的爲數種給付，而選擇其中之一者是也。選擇債務之性質，從來學者之議論雖不一定，然據普通學者之所唱，則似謂債權本止一個，惟其目的爲在數個給付中之一耳。雖然，據余所信，則所謂選擇債務，實由數個條件附債務而成。其各債務，如云債務者，債權者或第三者，若不能爲他種履行債務時，此所繫者不得不謂爲停止之條件。蓋債權之目的，以應確定爲其要素。如云以馬或牛，而均不確定，則不能不謂此爲缺債權之要素。故一債權則以馬爲目的，他債權則以牛爲目的。其甲之所繫，必爲一條件，即云：若債務者或他人，不履行以牛爲目的之債務，是也。其乙之所繫，亦必爲一條件，即云：若債務者或他人，不履行以馬爲目的之債務，是也。

或曰：新民法以條件成就之效力，不溯既往爲本則，故若以選擇債務爲條件附債務，則選擇之效力，亦必爲不溯既往者。然依第四百十一條，其效力溯及既往，是新民法不以選擇債務爲條件附債務，有明證也。余曰：不然。條件成就之效力，溯及既往與否，乃專關當事者之意思。新民法不過就一般情事，以爲當事者之意思，多在使條件成就之效力，不溯既往耳。然選擇債務一事，當事者之意思，止以選擇效力能溯既往爲最多，故不足以此爲選擇債務之性質。非條件附債務之理由，但以本條以下之規定，多不合於條件之一般規定，故其性質縱爲條件附，然此非普通之條件附債務，固所不容疑也。而其所以然者，專推測當事者意思而然耳。

或又曰：若以選擇債務爲條件附債務，則選擇權在債務者云云。其條件當止係債務者之意思，豈不當爲無效乎？一三四曰：不然。債務者若不選擇一種給付，則必爲他種給付，故此非止係於債務者之意思也。

選擇債務，不可與任意債務(Obligation facultative)相混。任意債務云者，謂債務之目的，縱極確定，然得由債務者以他物代之。例如言債務者雖負以馬與之之義務，若不欲與之，則與之以牛亦可，此類是也。甯可謂此爲代物辨濟之豫約，故新民法於此不別設規定焉。選擇債務之性質，不問其果爲條件附與否，數個給付中而選其一，果在何人之權内，則最要研究之問題也。蓋當事者若特定其應爲選擇者，固無論已。若當事者不自定之，則果如何？於此其選擇權，當然屬於債務者，此古來各國法律所同然，又不得不謂爲最適於法理者。夫債權之爲物，常以債務者之行爲，爲其目的，既如所論，本卷之首則凡與以馬或牛爲債務之目的，此其行爲，當出於債務者，故依債務者之選擇，既與以馬或牛，債權者不得以爲未履行之債務。此各國法律，所以皆以選擇權屬於債務者爲本則也。

第四百七條　前條之選擇權，依對於相手方之意思表示行之。

前項之意思表示，非有相手方之承諾，不得取消之。財四三〇

爲選擇者，無論其爲債務者、債權者或第三者，要皆依意思表示行之。而其意思表示，則以書面、口頭及他任何方法皆可。惟其意思表示，應對於何人爲之，則本條第一項及第四百九條第一項之所定也。而本條則就當事者之一方爲選擇時，爲之規定。依本條之規定，當事者一方，因其對於相手方爲意思表示，而後可行其選擇權，是固當然之事，無復用其説明。但相手方若有數名，則要對數人而各自爲其意思表示耳。

當事者之一方，既爲選擇之意思表示以後，相手方因此而信其權利或義務之確定，往往爲種種之準備，或有處分其目的

物中之一者。惟然，而選擇者若得隨意變其選擇，則相手方因此當被損害，夫固宜然。此本條所以於第二項，謂苟無相手方之承諾，不許取消其選擇之意思表示也。

第四百八條 債權在辨濟期，已由相手方定其期間而爲催告，然有選擇權之當事者，若於其期間内不爲選擇，則其選擇權屬於相手方。

從前二條之規定，未選擇前，當事者之權利義務爲不確定，固無論已。然或因欲爲準備，或欲得處分其目的物中之一，必速確定其權利義務者不少。故未至辨濟期以前，其債權可有不確定之狀態，固爲當事者之所豫期。既至辨濟期以後，其不特定辨濟期者，自債權發生之時，已當爲辨濟期，俟第四百十二條論之則無選擇權之當事者，對於有選擇權之當事者，得定相當之期間而促其選擇。若相手方於其期間内不爲選擇，則視之爲拋棄其選擇權，得自爲其選擇之事矣。

第四百九條 於第三者應爲選擇之時，其選擇依對於債權者或債務者之意思表示而爲之。

第三者若不能爲選擇，或不欲爲之，則選擇權屬於債務者。

本條就使第三者爲選擇時，爲之規定。蓋選擇債務之令第三者爲選擇者，事頗不少。例如購買某物品，自己於其物之品質，無識别之明，故依賴其有鑑識者，使爲選擇。又或以贈與第三者之目的，欲購買某物品，使其第三者選擇二物中之一，此亦常有之事例。夫此選擇之意思表示，究應對誰爲之？曰：應對於債權者或債務者爲之。蓋債權者及債務者，共爲債權之利害關係者，必對之爲選擇之意思表示，殆不容疑。然(第一)

應對其雙方爲之耶，抑對其一方爲之而已足耶？（第二）若以對於一方爲之爲已足，則究應對何人爲之耶？此稍有所疑。故於本條，（第一）無庸對雙方爲之，以對其一方爲之爲已足；（第二）其一方無庸必偏爲債權者或債務者，以任對何方爲已足。否則，恐選擇不易適法，將有因不適法而不生選擇之效力者，則實際之不便良多也。

依前條之選擇，於當事者一方應爲選擇之時，若其人怠於選擇，他人得代爲選擇焉，故毫無不便之患矣。然若由第三者不爲選擇，則果如何？曰：以純理言之，則既以由第三者選擇爲條件，第三者若不爲之，則因條件之不成就，而債權必且爲全不生其效力者。雖然，是多反於當事者之意思，故本條於此情事，以選擇權爲屬於債務者焉。是無他，如第四百六條所述，債權之目的，常在債務者之行爲，故可以由債務者選擇之爲本則也。

當事者有選擇權，則決無不能爲選擇之事，何則？當事者即死亡，得由其相續人爲選擇，又當事者即爲無能力，得由其法定代理人爲之。反之，而於第三者爲選擇時，大抵必第三者自爲選擇。故若第三者死亡，或其精神錯亂，則有竟不能爲選擇，於此亦當以選擇權屬於債務者，亦本條第二項所規定也。

第四百十條　應爲債權目的之給付中，若有自始即爲不能者，或至其後而爲不能者，則債權就其餘存者存在之。

若因無選擇權之當事者之過失，而爲不能給付，則不適用前項之規定。財四二九、四三一至四三四

本條就應爲債權目的之數個給付中，有自始不能者，或有至後不能者，爲之規定。此以純理言之，應爲選擇者，似可任選擇其尚餘存者，或已不能者，然似此則選權者常選餘存之

物，債務者常選不能之物，多反於當事者之初意矣。故本條第二項，仿舊民法及他外國法典，債權常以存於餘存之物爲原則。惟因無選擇權之當事者之過失，而爲不能給付時，其相手方，既可選擇此已爲不能者，且並令付其賠償，亦有時無不可也。舊民法中，其細目有與本條稍不同者。例如可以馬或牛與之之時，其馬若偶然罹病而死，則不問其選擇權，屬於債務者，屬於債權者，抑屬於第三者，爾後債權之目的，則爲止存於牛。又如畫工可酬以描畫亦可付金百圓之時，其畫工若不幸罹病，失其手之自由，則不問選擇權之誰屬，爾後其畫工當止負百圓之義務。雖然，若無選擇權之債務者，因其過失而致馬死，則有選擇權之債權者，以其馬爲有價，乃選擇其馬，得以此價額或他損害賠償，請求於債務者矣。又畫工有選擇權，而債權者若以暴行加其畫工，使其手負傷，以至不能描畫，則畫工本選擇描畫，因債權者之過失而爲不能，故得主張全免其義務，且因不法行爲，債權者有損害賠償之責，固所不待言也。七〇九

第四百十一條　選擇溯債權發生之時，生其效力，但不得害第三者之權利。財四三五

本條乃定選擇之效力者。凡一種行爲，事實上本止向將來，生其效力，故若無本條之明文，則選擇之效力，當止生於將來。即據普通之學說，亦謂未選擇前，債權之目的，當全爲未定者。又從余說，則從條件之一般規定，一二七亦於未選擇前，爲條件附法律行爲之目的之債權，全未發生，止生不妨發生其債權之一種債權而已。然此甚不便於實際，且多反於當事者之初意，故以本條，特令選擇之效力，溯於既往。選擇債務發生之時，已與其既有選擇，生同一之結果。例如應與以馬或牛時，選擇權者於選擇及馬之前，若其馬已産子，則其子亦當

屬債權者。又其馬不由選擇時，始視爲歸於債權者所有，視爲由債權發生時業已屬之，此類是也。但不得有害第三者之權利，故例如應與以不動産或金若干時，選擇權者將選擇其不動産。若於以前，債務者已就其不動産，設定地上權、永小作權、質權、抵當權等，則不能蔑視是等之權利，否則第三者必被意外之損失矣。但因登記法之作用，若就其不動産，豫登記其選擇債務，則得以之對抗第三者。登二·二號二項故就不動産言，則本條之規定，止後於第三者之登記而爲登記時，有適用耳。

第二節　債權之效力

本節定債權之一般效力，(第一)規定履行之時期及方法，(第二)規定不履行之制裁，即賠償之事，(第三)規定債權者對於第三者之權利以保護之。

一　履行

第四百十二條　履行債務，若有確定期限，則債務者由其期限到來時，任遲滯之責。

履行債務，若有不確定期限，則債務者由知其期限到來時，任遲滯之責。

履行債務，若不定期限，則債務者由受履行之請求時，任遲滯之責。財三三三、三三六、三八四，舊商三〇六、三一六

本條定履行債務之時期，併定債務者若怠其時期，則應任遲滯之責之事。蓋履行債務之時期，雖依當事者之意思或法律之規定而定之，然大别之則生三種情事：

第一　期限附債務

期限有確定期限(Terme certain)、不確定期限(Terme incertain)二種。確定期限者，其時期爲確定，如某年某月某日，

並幾年或幾月之後等。此項債務者，豫確知其當爲履行之時期，故必於其期限到來時，乃爲應履行者；若怠之，則必立任遲滯之責。

不確定期限云者，如人之死亡、今後始降雨時等。雖其必到來也甚明，然究應何時到來，則不確定。此項債務者，雖知履行時期之必來，而不知其究爲何時，故若於期限到來之即時，立爲履行，則往往有到期而不自知者，因此可生意外應負責任之事，是不得不謂爲頗失之酷。故本條第二項，於債務者知其期限到來時，乃爲當履行者；若怠之，則於此始任遲滯之責。例如人之死亡，除居於死亡之處者外，非特受其通知，常不知之。又即如降雨，若居隔地，則多不知某地果有雨否。故此等情事，由知其死亡降雨等時，爲有責任。

第二　單純債務

單純債務，謂並無期限條件等一切情狀之債務。而若債務原因，法律之規定，法律行爲等無別種之情狀，則其債務，常爲單純者。此雖於理論上，債務者當即爲履行，然不免稍嫌其苛酷。於是本條第三項，債務者苟尚未受履行之請求於債權者，則縱不爲履行，不視爲怠慢。惟受履行之請求時，則當即爲履行；不然，即任遲滯之責。但此情事，其債務之辨濟期，本與債務發生爲同時，故若債務者先於債權者之請求，任意自爲履行，是可謂極自重其義務者，債權者固不得拒之也。雖在有期限時，若其期限，止爲債務者利益而設，則債務者得於任何時拋棄其利益而立爲辨濟。依一三六之規定，可以明之。

第三　條件附債務

條件附債務，即停止條件附債務。依第百二十七條之規定，以條件成就時始能發生爲原則，一卷一二七條下故於條件成就之前，無履行之責，固不待言。然一旦若條件成就，則其債務爲單純，正如前項之情事，若於受債權者履行之請求時，不爲履行，則不得不任遲滯之責。此爲當然適用本條第三項，無庸特揭明文矣。

依以上所述，債務者應任遲滯之責時，果有何等制裁，此爲第四百十四條至四百二十二條所規定。於此時，債務者爲不履行者，所生損害，當爲賠償。且於以特定物爲目的之債務，則債務者未任遲滯之責之前，其物若因天災而滅失，債務者固毫不負其責任。參觀四一五、五三四。至既爲遲滯者以後，縱因天災而滅失其物，其天災，除早履行亦不能免者外，債務者必就其滅失，負責任焉。例如火災盜難等所謂天災，債務者遇此，以不負責任爲原則。然若債務者已爲遲滯者之後，而遭火災或盜難，則債權者得主張債務者若速爲履行，或可不生此天災。故債務者就此天災，亦爲必負責任。雖然，若如不動産，可云任何人占有之，亦必遭此火災。又即爲動産，若債務者債權者同時共遭火災，共不暇搬出其貨物，則得云縱速履行，然其物終不得免於火。故此等情事，例外得免債務者之責任。但此本爲例外，故當由債務者提出其證據，有固然也。且既因債務者言縱速履行，仍同受災害，據此理由而生例外。故其物雖因天災而明爲消滅，若債權者果速受履行，則立時讓渡於他人，猶有得免於災之事，則債務者亦必任其責焉。但此時，債權者所云立可讓渡第三者，其事應有説明，固無論已。

第四百十三條　債權者拒不受債務之履行，或不能受之，則其債權者，由已有履行之提供時，任遲滯之責。財四五一・四項、四七四至四七六，取八〇，舊商三〇四

本條規定債權者有遲滯之責之情事。蓋債務者欲爲履行，若債權者不受之，則因此生債權者之損害，債權者必自負擔之，固已。若因此而又加損害於債務者，則債權者亦必任其賠

償之責。例如債務者於適當之時期，提供其履行，因債務者不受之，不得已而仍保存其目的物。其物若因天災而滅失，則由此所損害，債權者固必自負擔之。若債務者以債權之目的物，搬運至債權者之處，因債權者不受之，而更搬回己宅。此必有所費用，其餘更或有保存之之費用，或充塞店鋪、倉庫等場所，而被損害，則其損害得令債權者賠償之。蓋此爲債務者毫無過失，債權者卻有不受履行之過失也。

右爲止就債務者欲爲正當之履行，債權者以不當拒之，或債權者別有情事，而不能受之之情事以言之者。若債務者之履行，不適債務之本旨，因而難謂爲真履行時，債權者以此爲理由，而拒其履行，則其責固在債務者，決不在債權者。故債權者無何等責任，甯以債務者爲有責，所不待言。

債務者無過失，而債權者拒其履行，此時除其惡意者，亦有不問債務者之提供其履行爲正當，已自信其爲不當而拒之者。又債權者有不能受之之事，因天災地變或疾病，債權者不能達履行之地，遂不能受債務者履行之提供，其事亦最多也。

後於第四百九十四條，除債權者不受履行之時，及不能受之之時外，别揭不能確知債權者之時，本條則不揭之。故此項當視爲不在本條内者？曰：否。是雖或爲法文之缺點，然不能確知債權者之時，即爲債權者不能受履行之時，殆不俟論。此本條之所以不特揭此項乎。

第四百十四條　債務者若任意不履行其債務，則債權者得以其强制履行，請求於裁判所。但債務之性質若不許之，則不在此限。

於債務性質不許强制履行時，其債務，若以作爲爲目的，則債權者得請求於裁判所，以債務者之費用，使第三者爲之。但在以法律行爲爲目的之債務，則得以裁判代債務者之意思表示。

在以不作爲爲目的之債務，則得請求以債務者之費用，除卻其爲之者，且爲將來爲適當之處分。

前三項之規定，不妨其損害賠償之請求。財三八二，民訴七三〇至七三六

本條乃定債務者任意不爲其履行，得强制之使爲履行與否者也。蓋在西洋，沿襲古來重視各人之自由，債務者若任意不履行其債務，則止得對之而求其賠償，不得强制之使爲履行，是爲本則。然從法律之進步，漸悟其謬。蓋債務一物，已爲奪債務者幾分自由之物，到底有債務者，不得謂爲全然享有自由者。若然，則間接已甘於强制之方法，更進而直接强制之，使爲履行，是不過程度之問題耳。且從法律之日益發達，各種權利，將愈厚其保護，以期力完其效力，故雖債權，其亦得竟强制債權者而達其目的，以至充分生其效力，蓋不能不謂爲自然之勢矣。本條於是舍舊民法、法國民法等之主義，其原則則無論如何債權，皆許其强制履行。惟其性質，若爲終不可以此許之者，則自不得不求他種之制裁。例如使俳優演藝，使畫工描畫，究非任意爲之，則且爲無如之何者。故債務者若任意不爲履行，則惟有求其賠償損害而已。但在作爲之義務，其作爲之性質上，亦有無庸債務者自爲之者，則使第三者代爲之，以充履行，惟令債務者負擔其費用可也。但此亦非真履行，謂爲一種之賠償方法，最爲妥適。例如木工修繕房屋，轉使他木工爲之；當由東京至大阪爲旅行者，若不爲之，則使他人爲其旅行，此類皆是。

法律行爲，亦需意思。若債務者不肯有其意思，則終不可望其履行。雖然，債務者負有爲法律行爲之義務時，債權者多

非欲其法律行爲之本物，實欲得由是所生之效力。故於此時，得請求於裁判所，使認債務者有爲其法律行爲之義務，直即以其裁判，代債務者之意思焉。例如甲約爲乙作保證，而對於乙之債權者，拒其締結保證契約。此時乙即請求裁判所，使認甲之有此義務，同時得竟以其裁判，代甲之意思而成立其保證契約矣。民訴七三六，登二七、三五・二項參觀

即在不作爲之義務，其性質若能容强制履行，固得强制而使履行之。例如俳優約不至某劇場演藝，而犯之，當其至某劇場，債權者得假公力以妨之。雖然有多處，債務者雖有不作爲之義務，往往於既爲其事以後，始爲犯債權者之權利，得求救濟於裁判所。故真求强制履行之事，蓋爲極少。其債務者既爲此事時，債權者得以債務者之費用，除卻其所已爲者，且得請求於裁判所，令將來爲適當之處分。例如債務者約不於其所有地，建築房屋，乃建築之，債權者得使自撤除其房屋，且得使自聲明，將來不可爲此建築，以便於後日竟爲强制執行。又例如俳優約不至某劇場演藝，乃至某劇場演藝，則債權者得使之中止其演藝，且得由裁判所，定其將來若至此劇場演藝，則每一日當付若干金額於債權者。更觀本條第三項，止言得爲請求，不似前二項言得請求於裁判所，則知其爲非必訴於裁判所者。

如上所述，於債務之性質，許其强制履行時，債權者得請求之；又即其性質不許之之時，亦有可代履行之强制方法，是皆然矣。雖然，於此等處，債權者多不無損害。例如因履行之遲延，或因可代履行之方法，不與真履行同其利益；且在不作爲之義務，債務者既犯其義務而爲某行爲時，債權者尤多被其損害，此損害當使債務者賠償之，雖似無容疑矣。設萬一不免於疑，則於本條第四項明言之矣。

二　賠償

第四百十五條　債權者若不爲從其債務本旨之履行，則債權者得請求其損害之賠償。

若因應歸債務者之責之事由，而至於不能履行時，亦同。財三八三、三八四，舊商三二三、三二五、三二八

本條以下至第四百二十二條，乃關於因不履行所生損害之賠償。蓋債務者若不履行其債務，則從前條之規定。雖以得求强制履行爲原則，然因其情事，有視債務性質而不許之者。又有時即遂其强制履行，尚可有已生之損害者，亦已如前條所論矣，更加求其强制履行，雖已得使爲之，然遲延之履行，已非與債權者以充分之利益，故有以甯請求損害賠償而不求履行爲便者。至契約上之債務，若債務者於正常之時期，不爲履行，則亦有可解除契約，止求損害賠償者，此爲後之所論。五四一、五四五

右無論何種情事，皆可惹起賠償之問題。兹所論則通於右之各情事者也。

履行若爲不能，則法律無從責其不能，故當消滅其債務，本不待論。雖然，若其履行之所以不能，乃因債務者當任其責之事由，則即債務者自致此履行之不能，是純然即不履行之情事，故於此情事，亦必由債務者任損害賠償之責。例如債務者，其爲債務目的之特定物，若因故意或過失而毁滅，則其債務，雖以不能履行而致消滅，然固因債務者當任其責之事由，故由此所生之損害，必賠償之於債權者矣。至若債務者遲滯其履行，而其物已因天災而滅失，則限於不得證明其雖速履行，債權者當同被其損失，亦當謂爲因債務者有責之事由，而致不能履行者，由是債務者爲有損害賠償之責焉。

債務者不際於遲滯之時，而其爲債權目的之特定物，若因

天災而滅失，則債務者固當全免其責。然舉證之責，果在何人？當由債權者證明其物，因債務者之故意或過失而滅失耶？抑當由債務者證明其物，因天災而滅失耶？曰：債務者爲負保存之義務者，四〇〇故非由債務者證明其爲天災，則不得免其責。

本條以下之規定，乃就債務者不履行其債務時爲規定者，固不待言。然債權者依第四百十三條而負責任時，亦得適用之否乎？曰：得適用之。蓋債權者負受其履行之義務，此義務，即不外於一種債務，但法律不明言之，或當爲缺點乎？

第四百十六條　損害賠償之請求，其目的乃使賠償其因債務之不履行，通常所可生之損害。

雖因特別事情，所生損害，然當事者若豫見其事情，或得豫見之，則債權者得請求其賠償。財三八五，舊商三二四、三二六、三二九至三三一

本條乃定賠償義務之範圍者。其原則，要於不履行與損害之間，有原因結果之關係。夫以法理言，既有原因結果之關係，債務者似當賠償一切之損害。然在本條，與債務者以幾分之保護，於是加制限焉。其制限如何，則曰：縱有原因結果之關係，若其損害，全生於特別之事情，爲當事者所不能豫見，則債務者無庸賠償之。其一般之規定，止賠償通常因不履行所生損害足矣。例如業製造者，定購其製造之原料，若受其定購之約者，至期不履行之，則製造業者，將因此而不得已停其製造，其所受若干損害，乃通常可生之損害，實當事者所當豫見，以故債務者常必任其賠償之責，固不容疑。然若業製造者，對於製造品之買主，以過分之違約金爲特約，受此定購之約，而不履行其債務，竟至不得已而付其違約金，則其損害，

全生於特别之事情，又爲債務者所不能豫見，故定購之當時，非特以此事情告債務者，即非當事者雙方豫見其事情，則債權者不能使債務者任此損害之賠償也。由特别事情所生損害，其爲當事者所得豫見者，例如遭水旱則米價必將驟貴，是也。此時負米若干石之債務者，若賠償損害，當付其所騰貴之米價。

右雖爲本條所規定，余據立法論則不取之。蓋無論損害之通常與非常，當事者之豫見與否，苟由不履行之不法行爲，所生損害，信其悉爲當使賠償者。夫使債務者賠償不豫見之損害，雖似稍酷，然債權者當此，自己無毫末之過失，止因債務者之過失，負擔其所受損害之全部或一部，不得使有過失之債務者償之，則保護無過失之債權者，實有所未盡。是則所認於債權之效力者，竟不充分，決不得爲完全之法律矣。然此自屬立法論，故不深論。

世之學者，動謂直接之損害，固得使之賠償，間接之損害則否。此實非也。縱其損害爲間接，既有原因結果之關係，則過失者當賠償之，乃當然之理。例如因債務者怠其履行，債權者亦對於第三者，將以不得已而怠其債務之履行，此其損害雖爲間接，然非使有怠慢之債務者，爲分内之賠償，將轉使無過失之債權者，被意外之損害矣。惟不履行與損害，其間本難認原因結果之關係者，則本不生賠償之責。例如債權者在病中，因債務者不履行其義務，大激其神經，竟致精神之錯亂，或緣是病勢危篤，終致死亡，此其不履行債務於債權者之精神錯亂或死亡，謂有幾分之加力，雖亦無誤，然此不得爲止因不履行之損害，何則？若債權者當其時非病體，決不生此結果也。故此損害不生於不履行，乃生於不履行與疾病之二者，故不得以此損害之責，歸於債務者。是殆爲學者之所謂間接損害乎？雖然，其用語極爲曖昧，往往致誤解之虞，余故不取之。

第四百十七條　損害賠償，若無別段之意思表示，則以金錢定其額。財三八六・一項

本條規定損害賠償之定法。蓋此賠償，雖得由當事者豫約定之，然若無特別之約定，則必定之以金錢焉。無他，金錢之爲物，乃最便利之商品，易於以此充一切需要也。

第四百十八條　關於債務之不履行，若債權者爲有過失，則裁判所就其損害賠償之責任及其金額，斟酌定之。財三八七

本條乃定債權者有過失時，果爲債務者獨有賠償之責與否。此時損害雖由不履行而生，然其不履行，則非止由債務者之過失而生，亦因債權者之過失有以招之。故若止因債權者之過失而生不履行，則債務者全無賠償之責。又債務者即稍有過失，然主重在由債權者之過失，而致不履行，則債務者亦無賠償之責。若債務者與債權者，共有過失而爲不履行之原因，則債務者固必有賠償之責，而就其金額，債權者亦必負擔其一部。例如債權者因其過失，而毁滅其爲債務目的之特定物時，債務者無賠償之責。此即由債務者置其物於易顛覆之處，因債權者之過失，顛覆之而竟毁滅之，則債務者亦無賠償之責。又若易毁壞之物，當其爲債權目的之時，債務者持之疾走，債權者亦疾走而與債務者相撞，落其物而竟至毁滅，則兩人爲共有過失者。其過失之程度相若，故裁判所得以爲應各負擔其損害之半額者。又若債權者横其足於債務者經行之處，以妨債務者之通行時，債務者竟躓而仆地，因毁壞其手持之債務之目的物，則雖以債務者爲有過失爲主，債權者亦非無幾分過失，故裁判得或使債務者負擔損害三分之二，使債權者負擔其三之一也。

第四百十九條　以金錢爲目的之債務之不履行，其損害賠償之額，依法定利率定之。但約定利率，若超過法定利率，則依約定利率。

前項之損害賠償，債權者無庸爲損害之證明，又債務者不得以不可抗力爲抗辨。財三九一、三九二，舊商三二四、三二五、三三四

本條規定，以金錢爲目的之債務，其不履行之情事。此事一則以金錢之用途，千種萬類，怠其支付，則債權者任何用途，皆爲有礙，究其損害之所被，困難已極。不但此也，更一則以金錢之爲物，付以相當利息，既甚不難，又得之者貸與他人，取相當之利息，常爲極易，故由怠其支付所生損害，多在其利息額。此本條所以於此賠償額，以法定利息即年五分者四〇四爲標準也。商二七六定商事之法定利率爲六分，故商事債權中，損害賠償之性質，有所謂遲延利息者，亦爲六分。

債務若爲無利息，或應生低於法定利率之利者，則債權者於其可受履行之時期而不受履行，當立時得改爲相當之利息，即法定利息，此其常也。然因債務者怠其履行，債權者乃不能得此利息，故必以由當爲履行之時期，使付法定利息，爲賠償最妥之法。雖然，若債務所生約定利息，貴於法定利息時，設由不履行之時，亦使付法定利息，以爲賠償，則債務者反因不履行而受利益，債權者常因之而受損害，故甯以接付其約定利息，以爲賠償，較爲妥適。蓋此種當事者間，可視其金錢之價，恰爲相當於約定利息者，因而認債權者因不履行之所損，至少當認爲被損其利息額也。

本條第一項所云法定利息，非必止言以契約定之者。雖定以單獨行爲，亦在其內。例如定以遺言，亦得謂遺言者與應受利息看相約當以此與之也。但法文不免稍有批難耳。

依以上所述之理，由於金錢債務之不履行時，視爲常必生

利息之損害，並視爲常不生多於此之損害，故債權者無庸別爲損害之證明，即得請求右之利息。又其原則，則不得主張所被之損害，實多於是。但其例外，於利息之外得求賠償時，正不少也。四四二・二項、四五九・二項、五四五・二項、三項、六四七、六六九、六七一、九四〇・二項

就金錢而付以恰相當之利息，常爲易事，故債務者不得主張其因不可抗力而怠履行。例如債務者準備應支付於債權者之金錢，忽因遇盜失之，將不得已而怠履行，法律亦以其不立付相當之利息，而借入可代之金錢，爲有過失，仍使之付利息以爲賠償也。

第四百二十條　當事者就債務之不履行，得豫定其損害賠償之額。於此情事，裁判所不得增減其額。

賠償額之豫定，不妨其履行或解除之請求。

違約金，推定爲豫定賠償額。財三八八至三九〇，舊商三三二、三三七至三四〇

本條之規定，乃舊民法所謂過怠約款(Clause Pénale, Konventionalstrafe)者也。過怠約款，謂約定當事者一造不履行時，當付一定金額於相手方，或爲他種給付，以爲其賠償。此本條所謂豫定賠償額是。蓋不履行其債務，通常可生損害於相手方，故得請求裁判所，求其損害之賠償，理論上似無疑矣。然於實際，或不易證明其損害，或即易證明其有損害，而所受果爲幾何之損害，最以評定爲苦，裁判不外據極不確實之標準，以定賠償額，故所謂損害賠償，可謂爲真賠償者實罕。於是當事者豫料債權者因不履行之所被損害，於其不履行時，無庸至裁判所證明其有損害，且爭其損害之達於何額，常定爲付一定金額，或爲他種給付，以充賠償，其事頗夥。此約定之爲有效，雖不待言，止就其約定之效力言，則從來立法例，大

别爲五：(第一)一切不許其增減者；(第二)限於履行其一部時，許其減額者；(第三)許應實損害之多少，增減其額者；(第四)限於顯然不當之時，許增減之者；(第五)證明其實際不生損害時，無庸爲其給付者。本條則採用第一主義，此余所大贊成。蓋當事者即任意贈與，亦所得爲，故縱無損害，約付若干金額，或爲他種給付與相手方，亦未見其不可，况需論其損害之多少乎？且得於裁判所爲證明之損害額，其爲極不確實，殆盡人同以爲然，甚至實際即明受損害，竟有因無法證明於法廷，不得已而廢其請求者。又況證明損害，及評定其額之多少，極爲困難，若不豫定賠償額，則當事者間，動生無益之爭訟，因此而雙方共被甚大之損害，其事良多。故即不當實損害時，欲以豫約定之金錢及他給付，避此不利益，乃當事者極正當之意思。法律當遵守此意思，其不費多辯明矣。此余所以贊成本條之主義也。即如四一八之情事，裁判所亦不得變更其豫定賠償額，但不履行若全因債權者之過失，或以此爲主因，則非債務者之不履行，故一切無賠償之義務。

就賠償額之豫定，頗生困難之問題，則在當事之爲此豫定，果以之代契約之履行乎？或既以此爲請求，更不得據其不履行，而求契約之解除乎？抑俱不然乎？是固爲事實問題，以據約定時之事情，探究當事者之真意，爲第一要義。雖然，人之意思之爲物，極不易從其外部知之，故探究約定時當事者之意思，實爲難中之難。且當事者一造之意思，即已明瞭，他當事者意思相同與否，仍不能知，其事尤夥。於是法律設一定之推定，若於當事者意思不判然時，法律上必爲有一定之意思者。其原則，賠償額即已豫定，然求其履行契約，或解除契約之權利，推定其並非因此而拋棄。是蓋以損害賠償之爲物，本止因遲延其履行而得請求之。又雖解除其契約，然既生之損害，本得求其賠償。五四五三項。故即於當事者豫定賠償額時，亦不視其性質爲已變，猶推定其意思，在併得以履行或解除，爲請求焉。雖然，不但當事者之得以特約，破此推定也，據契約當時之情事，可認爲有異於此之意思時，即不在適用本條第二項之限，固不待言。例如賠償額爲非常之多額，超過其契約目的物之價格時，當事者之意思，多非欲更請求其履行，或解除契約而免自己之履行，其故明甚。於此等處，固不能適用本條第二項之規定也。

以上所論，雖爲當事者止以某金額或他給付，定爲損害賠償之情事。然當事者往往有豫想債務之不履行，特約定違約金，以强制債務者，所定略等於契約上之刑罰焉。是果爲有效與否？學者中或非無主張其爲無效者。然如前論，當事者即贈與亦得爲之，故不能以之爲無效。惟其違約金，止爲違約之罰而當付之耶？抑又不然，而實爲賠償額之豫定者耶？是往往有難於判別者。故法律特設推定，其原則，視違約金爲純然之豫定賠償額，當適用豫定賠償額之規定。雖然，當事者往往有欲以之爲懲罰者。故本條第三項，止設一應之推定。當事者若明有反對之意思時，自不依此規定。若違約金之外，尚有實際之損害，則别使之賠償可也。

第四百二十一條　前條之規定，於當事者豫定其可以非金錢之物，充損害之賠償時，準用之。

前條中，余雖不分其爲金錢與他物而論之，然在法文，當謂爲止就金額而規定者。何也？損害賠償，以金錢定其額爲本則，此爲第四百十七條所規定。然其約當用金錢以外之物充賠償時，仍當用前條之規定，理有固然，故特置本條云。

以非金錢之物，充損害之賠償，其情事除當與以米穀及他財産之外，并含有當以廣告或其他某行爲，爲賠償之約者。

第四百二十二條　債權者若已受其爲債權目的之物或權利之價額之全部，以爲損害賠償，則債務者就其物或權利，當然爲債權者之代位。

債權者既因損害賠償，而受其債權目的之物或權利之價額全部時，其債權者不能不謂爲於所失之物或權利，已得損害全部之償還者。故若此時於右賠償之外，更得回復其物或權利，則其債權者竟受二重之利益，實可謂爲不當之利得。故即無本條之規定，前所已爲賠償之債務者，必可請求債權者，償還其所曾付與之物或權利之價額，此依不當利得之原則，雖亦所不容疑，七〇三然若債權者爲無資力，則債務者不無竟被此損失時矣。故於本條，債權者既以賠償，而已受其物或權利之全價額，則視爲已以其本有之物或權利，拋棄於債務者。債務者當然爲債權者之代位，令得取回其物於他人，或行使其權利焉。例如受他人寄託之物者，因其過失而紛失其物時，債權者雖得以賠償而受其物之全價額。然既受之，則後日即發見其物，債權者亦不得更請求之，而受寄者則必視爲代其債權者，得物之所有權矣。又例如租屋之經理人，因其對於賃借之租金，請求較怠，以致賃借人竟不能付其延滯之租金，此時債權者，固得以延滯租金之全額，請求經理人賠償之。然從此則經理人取得對於賃借人之權利，若後日賃借人已有資力，則得對之而請求其所延滯之租金矣。

三　對於第三者之債權者之權利

第四百二十三條　債權者因保全自已之債權，得行其屬於債務者之權利。但專屬於債務者一身之權利，則不在此限。

債權者於其債權之期限未到來間，非依裁判上之代位，不得行前項之權利，但保存行爲不在此限。財三三九，二十三年十月三日法九三號裁判上代位法，非訟事件手續法七二至七九本條定債權者，因保全自己之債權，得對於第三者而行使其債務者之權利。蓋債權本不過債權者與債務者之關係，故其效力，以不及於第三者爲本則。例如子即對於他人，而負債務，亦不得向其父而求其債務之履行。又如甲即於對乙已負債務之後，讓渡其所有之不動產於丙，乙亦不得以其債務之履行請求於丙是也。雖然，其例外，債權者得對於第三者而行權利，其情事蓋有二：一，代債務者而行其權利時，一，得取消債務者所爲之行爲時是也。本條乃定右之第一例外，謂之間接訴權(Action oblique)。

債權者因保全其債權云者，謂據之以確保債權之履行也。例如債務者所取得之不動產，怠於爲登記時，若非速爲其登記，則其後難保無更由讓渡人，讓受其不動產之所有權者出，忽登記其讓渡，以奪其債務者之所有權。然若其不動產，在債務者之所有，則債權者於不得任意履行其債權時，得差押其不動產，以其代價，充自己債權之辨濟。故債權者代債務者而請求其登記，非保全自己債權而何？又例如債務者亦有債務者之時，謂之第三債務者其債務者，對於第三債務者，若怠於請求其債務之履行，則債權者必得代其債務者，對於第三債務者爲請求焉，何則？若第三債務者爲辨濟，債權者即得以之充自己之辨濟。然若不爲其請求，第三債務者亦不爲其辨濟，則債權者因之而不能得其債權之履行，其事固恒有之。

對於右之規定，有二制限。

第一，其權利若專屬債務者之一身，則債權者不得行使之。例如債務者對其雇人，有爲自己而使執役務之債權，其時債權者不得代之使役其雇人。又例如債務者有受他人教授之債權，此時債權者不得代行其債權，而請求自受其教授。是無他，(第一)右之雇人教師等，雖負爲某債務者執役務、爲某爲教授之義務，然不負爲他人執役務、爲他人爲教授之義務，(第二)是等債權，即由債權者行之，常不能達保全自己債權之目的。惟或有欲評其勞役教授等之價，以充自己債權之辨濟者，然非法律之所許也。又例如對於債務者負扶養義務之人，月月當付以金若干，又有因遺言契約等，欲充債務者之膳費，負付金若干之義務者，即有此情事，債權不能代債務者，請求其金額之支付也。

第二，債權者雖於其債權之期限到來前，猶得行本條之權利。惟以此時之債權者，多未必定需行此權利，故特請求於裁判所，得裁判所許可，而爲債務者代位之後，始得行其權利焉。蓋債權之期限既到來時，債權者固欲速受其辨濟，亦可謂極正常之希望，故直代債務者行其權利，亦所可許。其期限未到來時，則債權者本未能行使自己之權利，而求債權之履行，乃欲代債務者行其權利，豈非計之已早？特有必行此權利之故，則當請求裁判所而受其許可，蓋恐債權者濫干涉債務者之權利，遂累及債務者，欲以此矯其弊也。此本條第二項所規定，其手續，更於《非訟事件手續法》第七十二條至第七十九條定之。

右之規定，有一例外。無他，債權者雖於期限前，得不俟裁判上之代位，而爲保存行爲，是也。蓋保存行爲之性質，其一方，既以非速爲則無效；又一方，則事體概爲單簡，故特無庸由裁判所調查其當否。例如爲去聲債務者爲登記，當債務之權利將罹時效而爲登記之，此等皆是。

第四百二十四條　債權者得請求於裁判所，取消債務者所爲之知其害及債權者之法律行爲。但因其行爲而受利益者或轉得者，其行爲或轉得之當時，若不知其可害債權者之事實，則不在此限。

前項之規定，不以財產權爲目的之法律行爲，不適用之。財三四〇至三四二

本條至第四百二十六條，乃關於所謂廢罷訴權(Actio pauliana，Action Paulienne ourevo-catoire，Paulianische oder Anfechtungs-Klage)之規定。廢罷訴權云者，債務者爲能害其債權者之法律行爲，由其債權者取消之之權利是也。此要有四條件：(第一)其法律行爲能害債權者。例如債務者之資産與負債，略爲同額，此時其債務者，因以其所有之不動産，讓渡他人，遂爲無資力時，或雖已爲無資力，因此讓渡，益加其無資力時。(第二)債務者之惡意，即知其能害債權者。(第三)因其法律行爲而受利益者之惡意，即知其行爲能害債權者。(第四)請求於裁判所。蓋若得私自取消，則往往不能無弊。例如債權者、債務者及法律行爲之相手方，難保無特地通謀，謬爲本條條件之已備，而取消其法律行爲者，似此則第三者往往有被其損害矣。

右第二、第三條件，債務者之惡意，與受益者之惡意，稍有異其趣者。無他，債務者之惡意，非證明之不可。此所以云知其爲害債權者而爲之，反之而在受益者之惡意，則甯由法律推定之。特非由受益者，證明其不知有害債權者之事實，則不免適用本條。蓋債務者若爲惡意，則以得取消其行爲爲本則。惟受益者若證明其爲善意，則特爲保護之之故，乃不許其取消耳。又況受益之惡意而欲有證明，則恐即爲真惡意，亦因難於實際證明之，而不能行其取消權之情事，不幾於無事而不然乎？本文所云受益者，雖大抵爲相手方，然在以第三者之利益爲目的之契約，則受益者乃其第三者矣。

在無相手方之行爲，則本條第一項但書，可無適用，因而

可無庸右之第三條件。例如知其害債權者而放棄其所有物，是也。廣告雖亦無相手方之行爲，然其生效力之際，常可有相手方，遺贈雖亦本爲無相手方之行爲，然此不能害及債權者。在舊民法雖未必然，在新民法則爲當然。蓋由一〇三三、一〇四七・三項、一〇五〇・二項，並《破產法》中相續之破産，有非從被相續人債務辨濟之後，不可履行其遺贈之規定，可以信之矣。故無相手方之行爲，其應適用本條者蓋甚少矣。

對於由法律行爲受益者，更讓受其目的物者，果得取消其法律行爲否乎？依本條之規定，則此人亦非於讓受之當時，證明其不知爲能害債權者之事實，則亦不得免本條之適用。蓋受益者與此人之間，無可設差別之理也。或問此在轉得者爲惡意，而法律行爲之相手方初非惡意之時，果得行本條之訴權乎？曰：然。蓋本條之規定，乃對於惡意者得採用之。故若轉得者爲惡意，即必得對之而行本條之訴權，而其中間之法律行爲之受益者，固無庸問其爲善意爲惡意也。或又曰：法律行爲之受益者爲善意，轉得者爲惡意，此時若轉得者可遭廢罷訴權之行使，則其轉得者，因賣買或其他有償契約，當讓受其物之時，以其可對讓渡人而請求擔保，即得令返還其物之代價。五五九、五六一故善意之讓渡人，若不爲讓渡，必不遭廢罷訴權之行使。不幸因一讓渡於他人之故，雖不自遭廢罷訴權之行使，亦將同受其結果，豈非不當之事？曰：不然。當此時，法律特對於轉得者而與以訴權，故其轉得者因自己之惡意，不得以所受訴之結果，影響於其讓渡人。故此時而欲適用賣買之規定，決非事理，由是法律上之規定，毫不患其能生不公平之結果。而在法文之解釋，足以見余説之不謬者，則如本條但書所云，因其行爲而受利益或轉得者，若不知其可害債權者之事實，則不論何人，但對於惡意者得行其廢罷訴權，其旨固甚明也。故若兩人共爲惡意，則對於兩人得行之，止其一人爲惡意，則止得對其惡意者行之而已。

舊民法及他外國之法律，雖分有償行爲與無償行爲，或於法律行爲之相手方與轉得者之間，不同其規定。此例雖夥，然新民法，則以爲無理而不取之。

本條之權利，亦爲一種取消權。故除規定於此者外，可從取消之通則，即第百二十一條之規定，亦可適用於本條之取消權。惟《總則編》第四章第四節之規定，性質上多難適用於此。本條之規定，本止欲保護財産上債權者，故不許因此而以其影響，及於財産以外之事項。故在不以財産權爲目的之法律行爲，即如隱居及家督相續之承認等，縱其影響及於財産，而債務者又知其害及債權者而爲之，亦不得取消其隱居承認等。二項但是等處之可以保護債權者之規定，則設之於《親族編》及《相續編》焉。七六一、九八八、九八九、一〇四一至一〇五〇

第四百二十五條　依前條之規定而爲取消，爲總債權者之利益，生其效力。財三四三

廢罷訴權之效力，止當爲行之者而生耶，抑當並爲他債權者生之耶？此一問題也。然在本條，則其效力，乃爲總債權者而生者也。例如債務者因讓渡其所有之不動産，而爲無資力時，其讓渡之取消，固由當時已爲債權者之一人請求之。然其取消之效力，則不但徧及於當時已爲債權者之全員，併於其後始爲債權者之人，皆爲應受其利益者。是無他，廢罷訴權，不過以其債務者財産中所不當渡出者，收回之使復入債務者財産中耳，初非因此而以特權與某債權者。故尋常之債權者，就其財産，皆可爲平等得行其權利者也。

第四百二十六條　第四百二十四條之取消權，由債權者覺

知其取消之原因時，二年間若不行之，則因時效而消滅。由行爲之時若經過二十年，亦同。財三四四

本條乃定廢罷訴權之時效者也。蓋法律行爲，於得行取消之時，常對於第三者亦可生其效力。又即在當事者間，涉數十年之久，則生既定之關係於其間。若變更之，頗致意外之紛擾。故非速行其取消權，則所生結果，必至保護債權者之規定，適令第三者被意外之損失矣。且如債務者或其相手方等，證明其善意惡意於數十年之後，尤爲困難。若許其證明，往往有惹起無限之訴訟之患。於是立法者以取消權爲當罹二年之時效，但其起算點，則在債權者覺知其取消之原因時，即覺知其有此能害自己之法律行爲時也。

本條固特別之時效，要亦爲時效，故適用時效之通則，固當從其關於中斷停止等之規定也。

本條之規定，乃以普通時效爲失之太長，特以短縮之爲目的而設此。然若止如上之所論，則萬一可有縱經過普通之時效，即二十年之期間，其取消權仍不罹時效者，即債權者遲覺知其取消之原因，由行爲之時垂二十年，或並過二十年，始覺知焉，則其時效，必經過二十年之後，非再經若干歲月，不可完成。是豈立法者所以設本條前後之規定之目的乎？故於本條後段，特明其爲適用普通之時效，而當從其短者焉耳。

第三節　多數當事者之債權

本節乃設關於債權者或債務者有數名時之規定。於此時，先就各債權者或各債務者債權之全部，而有權利義務耶？抑各就其一部，而有權利義務耶？此不可不定，是爲第一款總則。其次，關於債權之目的不可分時，有特別之規定，是爲第二款不可分債務。其次，規定數人之債務者，各如惟一之債務者而

負義務之時，是爲第三款連帶債務。其次，主債務者之傍，當其人不自履行其債務，有可代爲履行之從債務者焉，名此從債務爲保證債務，是爲第四款。

第一款 總則

第四百二十七條 有數人之債權者或債務者，若無別段之意思表示，則各債權者或各債務者，以平等之分數，有其權利或負其義務。財四四〇，舊商二八七，新商二七三・一項，六年七月十七日告二四七號，訴答文例二三、二五，八年四月二十日告六三號

在日本，從來於債權者或債務者有數名時，其本則，可由其總員或對於其總員，而請求債務之履行。而其結果，乃對於債權者之一人，或由債務者之一人，可辨濟其債務之全部。訴答文例二三、二五，八年四月二十日告六三號雖然，在歐洲，羅馬法以來，大抵取反對之主義，於債權者或債務者有數名時，則其權利義務，於其間當然爲可分者，是爲原則。是或以其便於實際乎？而當事者若不欲之，則可特約爲連帶，此本條所規定也。

一旦既以權利義務分於數人之間爲主義，則苟無特別之事情，或當事者別段之意思表示，自當各以平等之分數，有權利而負義務，殆不待言。雖然，若無明文，有時不無疑義，故本條明定之焉。

第二款 不可分債務

債權者及債務者若各止一人，則債權之目的，無庸問其爲可分(divisible，teilbar)、爲不可分(indivisible，unteilbar)。若無別段之規定，或當事者別段之意思表示，必於一時履行其債務之全部。惟債權之目的，若其性質上爲不可分，則即當事者欲分割之而爲履行，事實上亦不可得，故其別段之意思，亦終於不能實行之而已。反之，而於債權者或債務者有數人時，雖依前款之規定，其原則，各債權者或各債務者，皆足以受一部

之辨濟，或爲其一部之辨濟。然若因債權之目的，其性質上或當事者之意思表示，爲不可分，而不許其一部之履行，是雖債權者或債務者，本不過各有一部之權利義務，然不可不各求其全部之履行，或各應其全部之求，是不可分債務，與可分債務之所以異也。例如屋一間，馬一頭，物之性質上爲不可分；如地役權之設定，權利之性質上爲不可分。故若以之爲債權、債務之目的，則其債權、債務乃不可分者也。故債權者即有數人，得各自求其全部之履行。又債務者即有數名，亦不可不各自履行其全部。然如金錢、米穀、土地等，皆有形上可分之物。又房屋及他所有權，縱其目的物不得分之，然得分其權利之性質，爲數個之共有權。又金錢、米穀及他可分之物，其引渡作成等，亦作爲之可分者。若以此等爲債權、債務之目的，則其債權、債務爲可分。故若債權者或債務者有數名時，可各自止求其債權一部之履行，或止負其一部履行之義務。譯者按：此段文義，當知其爲渾括本款内法文四條而設。前言必有數人爲債權者或債務者，乃成不可分之債務，此括四二八、四二九、四三〇三條。後言若變其債權債務之目的，則不可分者亦仍爲可分，乃爲四三一條言也。

第四百二十八條　債權之目的，因其性質或當事者之意思表示，而爲不可分時，若有數人之債權者，則各債權者，得爲其總債權者請求履行。又債務者，得爲其總債權者對於各債權者而爲履行之事。財四四一，擔八六

本條就不可分債務而豫想其爲債權者有數名時者也。從來於此有三主義：(一)止債權者之全員，得共同以爲請求，又債務者，止對於債權者之全員，得爲履行之事；(二)得由各債權者求其履行之全部，或由債務者對於各債權者，得爲全部之履行；(三)止得由各債權者，以應對於債權者之全員爲履行之旨爲請求。三者中，據余所見，以右之第二主義爲最適法理，且

便於實際。蓋此時各債權者，雖本止有一部之債權，然因其實際，不得爲一部履行，不得已而遂致欲完其履行，非完其全部，即不能完其各自。而其各自之權利，乃各各獨立而生存。故或以爲非債權者之全員，不得請求其履行，又止對其全員爲當爲履行，此如第一主義者是。或以爲各債權者固得獨立請求其履行，然所求於債務者，則不得以對於債權者之一人，應爲全部履行之旨，止得以對於全員，應爲履行之旨，此如第三主義者是。是皆不能謂無背於不可分債務之性質。即論實際，覺似此必釀無窮之煩雜，不便頗多，故本條專取第二主義也。

第四百二十九條　不可分債權者之一人，與其債務者之間，即有更改或免除之情事，他債權者得請求其債務之全部履行。但其一人之債權者若不失其權利，則要以其應分與之利益，償還債務者。

此外不可分債權者之一人之行爲，或就其一人所生事項，對於他債權者不生其效力。財四四五、四四六、五〇一・四項、五一五・二項、五二一・四項、五三六，擔八九・二項、九一・一項

不可分債權之一事，債權當分於各債權者之間，既如所論，故各債權者之行爲，或關於各債權者所生事項，對於他債權者以無效力爲原則，固爲當然。雖然，立法者據債權之目的爲不可分，又思實際之便宜，與當事者之意思，設有債權者之一人，與債務者，其間有更改或免除之情事，此在他債權者，固仍得請求債務全部之履行。然其既爲更改或免除之債權者，所應受之利益，則當以之償還債務者。是無他，因債權之目的爲不可分，債權者不得求一部之履行，故必求其全部之履行。然若已更改或免除之債權者，仍得保留其所受，則當爲不當利得，故殆不得不以其一部之利益，分於他債權者。而由理論言

之，則已爲更改或免除之債權者，宜若亦爲當受其分配者。然此債權者業已因更改或免除而失其權利，若更受其分配，自不能不謂爲不當利得。而在債務者一面，對於某債權者，徒云因更改或免除而免其義務，仍由他債權者，求全部之履行而無以相抗，遂致所得於某債權者之利益，歸於泡幻。以故立法者使此受履行之債權者，以某債權者所應受之利益，償還債務者，一交互間，遂不必别爲求償焉矣。例如一債務，以建築價值一萬圓之屋爲目的。雖債權者之任何人，皆有求其全部建築之權利，然設是債權者共爲三人，其中一人，業已爲更改或免除，而失其築屋之債權，則其債權者，各當受平等之利益，不並其爲更改或免除之債權者，亦當受三千三百三十三圓三角三分三釐之利益乎？故不得不由求其履行之債權者，以右之金額償還債務者，此類是也。而其債權之目的，止因當事者之意思，爲不可分，此尤易爲右之計算矣。

混同之結果，與右述者無異，殆不容疑。然此不揭之於本條者，無他。混同之在理論上，非真消滅債務之原因，故於債務者承繼某一債權者之權利，或某一債權者承繼債務者之義務時，其人已爲債務者，雖不得不爲全部之履行，然又爲某一債權者，則當與以其一部利益之分配，有固然矣。雖然，第五百二十條，明言債權因混同而消滅，則此就更改免除，既要明文，就混同似亦不可少此明文矣。但據不當利得之原則，可有同一之結果，則余所信而不疑者也。七〇三

相殺一事，在新民法，因一方之意思表示而始生。故債務者對於某一債權者，即有相殺之原因，不得對於他人援用之，可不待論。惟既受有相殺原因之債權者之請求，乃以相殺爲對抗，則其債權者，當以其債權之利益，分與他債權者，亦不待言也。譯者按：他債權者，即分得其利益，仍償還債務者。上文已明，此故於

言下含之。

第四百三十條　於數人負擔其不可分債務時，則準用前條之規定，及關於連帶債務之規定。但第四百三十四條至第四百四十條之規定，不在此限。財四四一、四四二、四四四・二項、四四七、四四八、五〇一・一項、五〇六・二項、五〇九・二項、三項、五二一・四項、五三六，擔八六、八九・一項、九一・一項

本條就不可分債務而豫想爲債務者有數人時者也。此其原則，當準用關於連帶債務之規定。例如債權者得對其某一債務者，求全部之履行，四三二不因其一人之法律行爲，有無效或取消之原因，遂左右他債務者債務之效力。四三三債權者得加入各破産債務者之財團之配當，四四一從第四百四十二條至第四百四十四條之規定，得由既爲履行之債務者，求償於他債務者。又在因當事者意思而爲不可分時，債權者若對於一人而免除其不可分，則當準用第四百四十五條之規定，是也。但(第一)第四百三十四條至第四百四十條之規定，不得準用之；(第二)關於債權者有數人時之更改免除等前條之規定，亦當準用之於此也。

第四百三十一條　不可分債務若變爲可分債務，則各債權者得止就自己之部分，請求履行，又各債務者止就其負擔部分任履行之責。

不可分債務，時而有變爲可分債務者。例如債務之目的，在引渡其一個特定物時，雖其目的爲不可分，然若於債權者有數名時，因債務者之過失而滅失其物，則各債權者，除對於債務者求損害賠償之外，無他道矣。然金錢爲極易分之物，故各債權者可以平等之分數，各別爲其請求焉。又於債務者有數名時，各債務者已至期限而未爲履行，其間因天災而滅失其物，

則債權者亦除求損害賠償之外而無他道。此其損害賠償，各債務者當以平等之分數負擔之。是在歐洲，羅馬法以來，殆無致疑者也。

第三款 連帶債務

連帶（Solidarité，Gesammtschuldverhältniss）向分動方(Solidarité active)及受方(Solidarite passive)二種。動方連帶，乃存於債權者間之連帶；受方連帶，則存於債務者間者也。雖然，即在西洋，今日實行動方連帶者亦少，殆已不見其必要，況如日本，向無爲該約定之慣習者耶？法文故無需特規定之。新民法中，止就債務者間之連帶，即止就連帶債務爲規定焉。

連帶債務，向分完全連帶(Solidarité parfaite)、不完全連帶(Solidarite imparfaite)二種。在舊民法，止謂甲爲連帶，謂乙爲全部義務，而二者之所由分，則在代理之有無。然在新民法不以連帶爲必有代理，而於某種情事，生幾分類於代理之關係，故可謂其性質，在舊民法之連帶與全部義務之中間。而當事者若約以舊民法所謂全部義務之義務，則固爲其自由也。然據余之所信，特約以此種義務者，蓋必極少，實當止以純然之連帶爲約。又立法者於法律上欲使數人之債務者，各自就全部債務負責之時，並不言其有所謂全部義務，實止爲有連帶義務。故新民法不於連帶債務之外，別規定所謂全部義務者，但偶有自生之全部義務，不待法文之特定，其關係自爲明白者耳。例如第七百十四條、第七百十五條及第七百十八條等處，有監督無能力者之義務者，及代之而監督無能力者之人，使用者譯者按：即使用他人者及代之而監督其事業之人，動物占有者，及代之而保管其動物之人，皆各就損害之全部，任賠償之責。被害者任對其何人，得請求之。故舊民法之所謂全部義務，已具於是。雖然，是等情事，被害者由其一人而受賠償，即可無復損害，故不得更對他人而求其賠償，是固然矣。又於其義務者相互之關係，有監督義務者，使用者，占有者，對於代自己爲監督保管等者，當有求償權，其事更不待特以明文明之。此本條所以止就連帶債務爲規定也。

連帶之性質，諸説紛然，外國之立法例亦不一。然在新民法，則似以各連帶債務者由債權者視爲惟一之債務者，爲連帶之性質，而不視爲其間有代理者，僅於某情事，因便宜之故，或推測當事者之意思，生幾分均於代理關係之效力而已。至其詳細，尚當就本款之各條，有所説明焉。

連帶債務，果應視爲單一之債務，而有數人之債務者耶，抑當視爲各債務者，負擔其一個之債務耶？蓋在羅馬法雖似有幾分視爲單一之債務者，然在今日，羅馬法之方式，已收其跡，而力圖重當事者之意思，大實際之便利矣。故雖連帶債務，在各債務者亦止生一個債務，惟其間有一種之關係而已。蓋債務之要素，在當事者與目的二項，此固盡人謂然者也。然今債務者既有數人，其各自所負擔之債務，必不得不別異，而直無庸如羅馬法，以形式令一個方式中，包含其各自之債務，故謂其債務爲單一，牽强附會，所不免也。

債務生非單一之結果，乃以債務之原因、目的、情狀等，皆無庸同一故也。此雖與舊民法有所不同，然一旦既悟債務之非單一，是等皆不得不爲必然之結果，而於實際，亦毫不見其弊害焉。

連帶雖以生於契約爲本則，亦往往有生於法律之規定者，例如第四十四條第二項、第七百十九條、第九百十三條第二項。此外，則規定之於法律者極多。新商六三、一三六、一四六・二項、二一六、二七三、二九九、三三九，又刑四七舊民法亦較多法律上之連帶。又如舊民法所云，因遺言而生之連帶，雖未必絶無其事，然可謂極少，故不論之。

本款所規定，若大别之，則爲債權者與債務者之關係、債務者間相與之關係二者，請逐序説明之。

一　債權者與債務者之關係

第四百三十二條　數人若負擔連帶債務，則債權者得對於其債務者之一人，並同時或順次對於總債務者，而請求其全部或一部之履行。擔五四，六年七月十七日告二四七號，訴答文例二五

本條明連帶之性質，由是而示各連帶債務者，當由債權者視爲惟一之債務者。蓋依第四百二十七條之總則，在普通之處，債務者若有數人，則於其間，分債務爲平等。然於連帶之時，則各債務者，以一人而負責任於債務之全部。債務者受債權者之請求，不得謂自己之外尚有他債務者，以冀免其責任之一部。但其視各債務者爲惟一之債務者，則全屬債權者之權利。若債權者以爲有不利益，則無庸據此假定。故債權者同時對於債務者全員，得爲請求，況先請求甲，次請求乙，又次請求丙，本聽債權者之自由。是從今日之法理觀之，殆有不待言者。然在以羅馬法爲主之尚未十分發達之法律，則往往對於一人而起訴，即不得復對於他債務者而爲請求，故本條明其不取右之主義焉。

第四百三十三條　就連帶債務者之一人，存有法律行爲之無效或取消之原因，不因以妨他債務者債務之效力。擔五七·一項、五八

在連帶債務，各債務者各負其一個之債務，既如所論。故就其一人，所以爲連帶債務之原因之法律行爲，即有無效或取消之事由，影響亦不及於他債務者之債務。例如連帶債務者之一人，於法律行爲之當時，以精神錯亂而不成立其行爲，其人

即無有債務存焉。然若他債務者有完全之意思，則他債務者之債務，仍全爲有效者。又例如因一人於法律行爲之當時，爲無能力，固得取消其行爲，然若他債務者爲能力者，則其人不得免其義務，是也。而此外之債務者若尚有數名，則止於其間爲有連帶，蓋所不容疑也。

本條以下，每條言“連帶債務者之一人”云云，非必定爲一人，惟每一人可適用本條以下之規定，故止言一人也。

第四百三十四條　對於連帶債務者之一人請求履行，則對於他債務者亦生其效力。擔六一・一項、六二

依第四百三十二條，債權者對於連帶債務者之一人，有請求其履行全部債務之權利。然若對其一人所爲之請求，對於他人爲無效，往往非同時對於各自爲請求，有不利益於債權者矣。故各國之法律，大抵皆以對於一人之請求，爲對他人亦有效焉。

本條規定之結果，債權者若對於連帶債務者之一人，爲履行之請求，則(第一)於債務不定期限時，則由其請求之日，各債務者因以生遲滯之責，不但利息及其他賠償，從而生當付之之義務，且即其後因天災而滅失債務之目的物，若非證明其物，雖交還債權者以後，仍當滅失，則各債務者，不得不任其滅失之責；(第二)爲時效中斷之原因，一四七一號依本條對於一人之請求，同時爲各債務者，生時效中斷之效力。

第四百三十五條　連帶債務者之一人，與債權者之間，若有更改，則債權爲去聲總債務者利益而消滅。財五〇一・一項，擔五七・二項

本條與前條，略依同一之精神，有幾分認債務者間之代

理。蓋由純理言之，則各連帶債務者之債務，當各别存在。即使債權者與其一人爲更改，債權當止爲其一人而消滅，他債務者似依然存矣。然法律則推測當事者普通之意思，此其更改，無論債權者之意思，債務者之意思，總之就債權全部爲更改。舊債權中，自免其各債務者之責，但不得以一人之意思，令他人負新債務，故前債務即消滅，因更改而生之新債務，止存於爲更改之一人之債務者，而他債務者則當全免其義務焉。

第四百三十六條　連帶債務者之一人，對於債權者而有債權時，其債務者若援用相殺，則債權爲總債務者之利益而消滅。

有右債權之債務者，不援用相殺時，得由他債務者，止就此債務者之負擔部分，而援用其相殺。財五二一·二項，擔五七·二項

本條就連帶債務者之一人，與債權者之間，有相殺之原因時，而爲規定。蓋相殺一事，當於第五百五條以下詳論之，故兹但定其在連帶時之效力。此其有相殺之原因者，或爲受債權者請求之債務者，或爲他債務者，就其前一種而言，債務者恰受債權者全部之請求，故對之而援用自己之債務，欲與連帶債務之全部爲相殺，有固然矣。若其債權額，與連帶債務之額同，或又過之，則連帶債務，當因相殺而全然消滅，而此消滅當爲總債務者之利益，恰與債務者之一人爲辨濟無異。

債權對於無相殺原因之債務者，而爲請求，若他債務者對於債權者有相殺之原因，則由理論上言之，相殺止因對抗而生效力，五〇六故該債務者，似不得援用相殺，而免其債務之全部或一部。然似此則於實際，既釀無益之煩勞，且恐動生不公平之結果。故本條第二項，該債務者，得以他債務者所存相殺

之原因對抗於債權者焉。但此時若就其債務之全部，得以相殺爲對抗，則與受請求之債務者不自辨濟，而令他債務者代爲辨濟，當生相同之結果。故有相殺原因之債務者，畢竟止就應負擔之部分，得援用其相殺。蓋此時若不以相殺爲對抗，而先了其全部之辨濟於債權者，然後對於他債務者行其求償權，則有相殺原因之債務者，必與他債務者同爲辨償於前之債務者，償還其負擔部分，乃再以自己對於債權者所有之債權，請求其履行。是以本可因一次辨濟，而代其消滅兩個債權者，而此債權者乃必先受其所當受，更付出其全部或一部；又其爲辨濟之債務者，亦必對於債權者，付以不得不付之物，而更由有相殺原因之債務者，求其償還；又此債務者亦必以其所當受於債權者之物，先付於辨濟者，而更對債權者請求其支付。此非但釀無益之煩勞，且若其間有一無資力者，則尤必有一人被不公平之損失。此所以有本條第二項之規定也。

第四百三十七條　對於連帶債務者之一人，而爲債務之免除，止就其債務者之負擔部分，即爲他債務者之利益，亦生其效力。財五〇六・二項，擔五七・二項

本條亦爲實際之便宜而設之之規定。各連帶債務者之債務，各別存焉。故以純理言之，其一人縱得免除債務，他債權者，則毫無因是而可受之利益，似債權者得對之而爲全部之請求。然此不但釀無益之煩勞，且恐動生不公平之結果，故恰與前條之規定，依同一之精神，以本條設一簡便法。無他，債權者若對於債務者之一人，免除其債務，則就其人終須負擔之部分，不但本人，並他債務者，亦爲當被其利益者。故例如甲、乙、丙三人，負一萬圓之連帶債務，於就其債務受平等利益之時，若債權者免除甲之義務，則此債權者，對於所免除之甲，

雖一錢亦無從請求，對於他之乙、丙，則止得各以六千六百六十六圓六角六分七釐，請求之而已。蓋對於乙、丙，若依然得請求一萬圓，則例如乙遭債權者之請求，既付一萬圓後，當對於甲、丙兩人，各求其償還三千三百三十三圓三角三分三釐。然甲已得免除，故當更轉而對於債權者，得求其返還二千三百三十三圓三角三分三釐。此不但手數至三倍之煩，且若債權者爲無資力，則甲竟不免損失。若然，則債權者名爲免除其債務於甲，實則與不免除者情節殆相類矣，是謂不當之甚。所以有本條之規定也。

第四百三十八條　連帶債務者之一人，與債務者之間，若有混同，則視其債務者，爲已爲辨濟者。財五三五・一項，擔五七・二項

混同之性質，雖當至後第五百二十條論之，然要爲債務消滅之一原因。故連帶債務者之一人，與債權者之間若有混同，其債務者之債務，當爲消滅，不待言矣。然以純理言之，他債務者之債務，各別存焉，故當不被其影響。雖然，是可生最不當之結果，何則？債務者之一人，同時爲債權者，故不能不謂其人得以債權者之資格，對於他債務者，求債務全額之履行。然此人爲債務者，則當與他債務者，平等負擔其債務。今因混同而消滅其債務之故，乃至他債務者被其損失，亦可謂不當已甚。故當先扣除其爲債務者所應負擔之部分，殆不俟論。雖然，此尚非即爲得當也。若其人得以連帶請求其他二人，則在其一人爲無資力時，他一人將負擔兩人負擔之部分，是亦不免爲不公平。四四四故此以債權者資格爲請求之債務者，亦不得不爲負擔其無資力之一部者。然一旦對於他債務者之一人，既得除其自己之負擔分，請求其下餘之全額，則以他債務者爲無資

力之故，不得不以一旦受取之一部分，返濟於辨濟者。若於其間，受取之者又爲無資力，則辨濟者竟至不得不以一人負擔其損失，實可生不公平之結果，是名訴權之輪回(Circuit d'actions)焉。前二條之情事，亦有訴權之輪回。抑以混同爲債權消滅之原因，因視其本爲債務者之債權者，爲已立時爲辨濟之故，此爲後之所説明。故於此情事，亦視其因混同而爲債權者之債務者，或爲債務者之債權者，爲已立時自爲辨濟，從第四百四十二條以下之規定，以使對於他債務者，行其求償權爲至當。此所以有本條之規定也。

第四百三十九條　若因連帶債務者之一人，已完成其時效，則就此債務者之負擔部分，他債務者亦免其義務。擔六一

本條之規定，亦不拘泥於各連帶債務者，負各別債務之理論，專以公平爲旨而設焉者也。蓋以純理言之，即因連帶債務者之一人，完成時效，若他人之時效爲不完成，則受其時效之利益者，全免義務，未受時效之利益者，似當就債務之全部而負其責。雖然，此其結果，當爲極不公平，何則？若一人因時效而免義務，則其人不但對於債權者不負義務，即對於他債務者，亦無一切之責任。故債權者若對於他一人，而請求其債務之全部，則其人不得不爲全部之辨濟。而當其對於他債務者爲求償，其一人已全免其義務，故若爲二人，其餘一人當負擔全部；爲三人，則其人本應負擔三分之一者，今不得不負擔二分之一。而於第二説，若第三連帶債務者爲無資力，則竟儘其全額，不無併爲負擔之事矣。似此則無過失之債務者，因他債務者時效完成，至被不慮之損失，尤不免不公平之已甚。抑時效之爲物，多因債權者之怠慢而生，一卷第六章時效下之總説明甯使債權者負擔其結果，較爲允當。故本條以他債務者爲亦當免其責

焉。例如甲、乙、丙三人連帶而負義務，其負擔部分本爲均一時，甲若受時效之利益，則債權者不但不得對於甲而求其債權之履行，即對於乙、丙，亦止得請求其債務之三分之二矣。

或問連帶債務，當同時發生，故一人之債務者若時效完成，則他人似亦當完成矣。曰：不然。（第一）連帶債務，不必同時發生。（第二）其發生即爲同時，然或一人加期限而負義務，他人則無期限而負義務；又或各連帶者，即皆加期限而負義務，然其各自期限有不同時，加條件者亦同時效之起算日即有異，故其完成日，亦當然可有異矣。一六六（第三）即時效之起算日亦同，若對於一人，有中斷或停止之原因，則有止對於其人，不完成其時效，而對他人則已爲完成者。一四七至一六一此本條之規定，所由生也。因請求之中斷，則對於全員爲有效，此則於四三四既論之矣。

第四百四十條　除前六條所揭之事項外，就連帶債務者之一人所生事項，對於他債務者不生其效力。財五〇九・一項，擔五七・二項、五九、六〇、六二、七一・一項

前六條，皆對於各連帶債務者負各別之債務之原則所設之例外也。而於本條，則明言例外止於前六條，其他皆從原則，而就連帶債務者之一人所生事項，其效力不及於他債務者焉。例如對於連帶債務者之一人，所下判決，其效力不及他連帶債務者。雖在訴訟法及他手續法，未始無若干之例外，然原則則如本文。其反對者擔五九。一人所爲之自白，對他人爲無效力等，是也。反對者同上。

第四百四十一條　連帶債務者之全員，或其中之數人，若受破産之宣告，則債權者得以其債權之全額，加入各財團之配當。擔六七至六九，舊商一〇三〇、一〇三一

本條就連帶債務者之全員或其中之數人，同時受破産之宣告時，爲之規定。蓋債務者漸次受破産之宣告，而終其手續，則當先從第一破産者，受應其資力之辨濟，漸次而下及他債務者，固不待言。然若債務者同時破産，或即不同時全爲破産，而甲之破産，手續未終，乙丙等亦皆受破産之宣告，則債權者雖既以全額加入甲之破産，尚得以全額加入他乙、丙等之破産焉。是在連帶之性質則然，無足怪也。惟由各破産所受之總額，不得超於債權額，則又不待言者。例如甲、乙、丙三人，負一萬圓之連帶義務時，三人皆爲應平等以負擔此債務者。若甲先破産，其資力足償各債權之半，則連帶債務之債權者，亦得受一萬圓之半額五千圓。其後乙亦破産，其資力僅足償各債權之十分之三，則連帶債務之債權者，當受餘額五千圓之十分之三，即千五百圓。而其後丙亦破産，若其資力不過各債權之十分之二，則連帶債務之債權者，得受扣除其所受於甲、乙二人之餘額之十分之二，即三千五百圓之十分之二，即七百圓。此時債權者併其三項，不過受七千二百圓。更於此時，甲比自己之負擔部分，多付千六百六十六圓六角六分七釐，從次條以下之規定，固得請求於乙、丙也。前例中之甲、乙、丙，若不順次以爲破産，而皆於同時爲破産，即不全然同時，而於一破産未經清算期内，他人已爲破産時，亦同債權者得以全額，加入於各破産，故受五千圓於甲，受三千圓於乙，受二千圓於丙，得終受其債權之全額。如拔速那特氏之流，雖以此爲不當，然連帶之性質，固又不得不然。蓋普通之債權者，於債務者無資力時，雖必失其債權之一部。然連帶債務之債權者，特有連帶之利益，故可因此利益而受多額之辨濟於他債權者，即如上云云，竟至受其全額，亦不足怪。但依前例，若乙有十分之四之資力，則連帶債務之債權者，所受三人之破産之全額，過於其債權者千圓，故此千圓，不得不返還之；否則必由破産管財人，扣除之而付與債權者而已。而此千圓，甲、乙所出，皆多於自己之負擔分，故必以此充其償還。然據第四百四十四條，甲、乙當平等負擔丙之無資力之結果，故此千圓不得不全以與甲，使各負擔其四千圓也。

依右之第一例，甲所出多於自己之部分者，千六百六十六圓六角六分七釐，對於乙、丙，自必有求償權。然對於破産之財團，則既就債務之全額而有請求，故不得更行其求償權。止對於破産者後日有取得之財産，得行之耳。且其對於後日之財産，即如第二例之甲、乙，當有六百六十六圓六角六分七釐之求償權焉。

二　債務者間之關係

第四百四十二條　連帶債務者之一人，若辨濟其債務，或以其他自己之出捐，得共同免於其責，則對於他債務者，就其各自之負擔部分，有求償權。

前項之求償，并包含其從有辨濟及其他免責之日，以後之法定利息，及不得避之費用，並其他損害之賠償。擔六三

本條以下至第四百四十五條，定債務者間之關係。蓋連帶債務者，雖對於各債權者，負恰如惟一之債務者之義務，然於其各自之間，則多爲應分任其債務之負擔者。而苟非有特約或特別之事情，則從第四百二十七條之通則，當各以平等之開派分擔之。故債務者之一人，若辨濟債務之全部，即不全部，但所辨濟者多於自己負擔部分時，即以同理攤之，以下仿此或縱非辨濟，而因更改、相殺、和解等，消滅其債務之全部，則對於他債務者，得就其各自之負擔部分，爲求償焉。

右之求償，不但就所辨濟者及其他出捐之元本，得爲此事。且從有辨濟及其他免責事由之日，以後之法定利息，年五

分，商事則六分及不得避之費用，例如被訴於債權者之訴訟費用，債權者在隔地時之送款之匯費，其他應辨濟金錢以外之物時之運費等，亦包含之。而此外若尚有損害，則得求其賠償。例如受訴之債務者，無辨濟所必需之金額，即謀於他債務者，亦不能供此，於是不得已而付其高於法定利息之利息，以借入金錢，則此利息亦得爲求償者。又例如前言之情事，不得已而賣卻其所有之不動産，以其代價充辨濟時，因欲速賣其不動産，有不得已而特以廉價賣之者，並其他因此賣卻而受有損害，則其一切損害之賠償，得請求於他債務者焉。

第四百四十三條　連帶債務者之一人，不以受請求於債權者之事，通知他債務者。而以辨濟及其他自己之出捐，得共同免責之際，他債務者若有得對抗於債權者之事由，則得就其負擔部分，以之對抗於其債務者。但若以相殺對抗之，則有過失之債務者，得對於債權者，請求其履行因相殺而可消滅之債務。

連帶債務者之一人，因其怠於以其辨濟，及其他自己出捐，所得共同免責之事，通知他債務者，若他債務者，善意而爲辨濟於債權者，或其他有償而得免責，則其債務者，得視自己之辨濟，及其他免責之行爲，皆爲有效。擔三二、三三、六五

本條規定既爲辨濟等事之債務者，因有過失而可以失其求償權之情事。此其情事有二：

第一，連帶債務者之一人，方受債權者來相請求，不以之通知他債務者，而自爲辨濟，或以其他方法，使消滅其債務之情事。於此而他債務者，若有對於債權者，可拒其履行債務之理由，則當其自爲辨濟等事之債務者，來爲求償，可即以前項理由對抗之。例如甲、乙、丙三人爲連帶債務者，甲因受債權

者之請求，已直行辨濟矣。若乙對於債權者，有同種之債權，得以相殺對抗之。當此之時，非能對抗債務之全部，不過就自己負擔之分限而對抗之，此不待言也。於此而以甲爲應負擔乙之部分，不免失平，何則？債權者一方既受全部之辨濟於甲，他一方又因乙就其負擔之分，以相殺對抗於甲，以致就此部分，債權者當免其義務，而受兩重之利益焉。故即無本條第一項但書之規定，甲亦能對於債權者，求不當利得之償還，固不言而可決矣。然止於如是云云，則其利得，果因初時之辨濟而受之耶，抑因相殺而受之耶？此不能無疑。惟以相殺之效力，爲能溯及既往，五〇六・二項則因其相殺既生效力，甲所既爲之辨濟，卻歸無效，所已辨濟者從而可以追回，亦非無理矣。雖然，當甲之受請求而爲辨濟之時，不但未經相殺，且在甲對於債權者，自有債務存焉，毫無疑義。由是而遽以此項辨濟爲無效，豈爲得當？其勢不得不以在後之相殺，止對於甲則爲有效，而未必能以之對抗債權者。故以本條第一項但書，與甲以對於債權者，得求其履行乙所自有債權之權焉。惟甲依法律之規定，而有此權利，非爲乙之代理人以行使之，止可以自己之名義行使之。或曰：使甲追回自己已辨濟之部分則可，使其請求債權者，履行乙所自有之債權則不可。應之曰：不然。相殺云者，必其目的物爲同種，故即謂爲同一之目的物，亦無不可。若然，則即以甲爲乙之代位，殆亦不爲不當。而甲則以爲乙代位之利益，用其債權，爲有附隨之擔保，是以若乙之對於債權者，有就其債權之擔保，則甲即得利用其擔保也。

以上雖專就相殺而論，然關於他事項，亦與略同。例如乙得債權者許其免除時，若以之對抗於甲，則甲得對於債權者，求返還乙之負擔部分焉。蓋依第四百三十七條之規定，對於一人而爲免除，則就其負擔之部分，爲能有利於他債務者，是以債權者若仍得其債權全額之辨濟，則就其一部分，已爲不當利得矣。若債權者爲惡意，直可謂之不法行爲，當參觀七〇四。

第二，債務者之一人，若既爲辨濟或其他行爲，須立時以此通知他債務者。若因怠於通知，而他債務者乃不俟債權者之請求，竟已出於善意而爲辨濟或其他行爲，則其善意之債務者，得視自已之辨濟或其他行爲爲有效，即得對於他債務者爲求償。當此之時，先爲辨濟等事之債務者，已視其行爲爲無效，故對於債權者，得視之爲不當利得。如已辨濟，得取回其已辨濟之物。如因相殺而失其債權，得行使其因相殺而已失之債權。如因更改而爲新負之債務，則若未履行，得使之將來無效；若已履行，得使之償還其所已履行。但此債務者若因債權者之請求，而爲辨濟等事之時，豫以通知他債務者，則罕見爲他債務者之善意。又他債務者因債權者之請求，而爲辨濟等事之時，不以之豫通知初時之債務者，則當適用本條第一項之規定。若已通知，則恒可知初時之債務者，已爲辨濟等事，但初時之債務者，若不立時答明其辨濟等事之已爲，則亦可適用本條之第二項矣。

善意之債務者，當爲辨濟之時，可依本條第二項而受保護，固也。然於其他情事，則必需有償而得免責，乃可援例，如更改、相殺、和解等是。若遇以無償而得免除之時，則不得援用本條第二項矣。是無他，此項善意之債務者，不得爲曾被損失，而債權者既爲應消滅之免除債務，其免除不得不爲當然無效。蓋在其他情事，由理論上言之，善意之債務者與債權者，其間之行爲，雖可皆爲無效，然法律特以欲使善意之債務者，不被損失，乃設本條第二項之規定。至當無償而得免除之時，善意之債務者，惟自信爲已得意外之利益，後其利益並無實際，亦不過大失所望而已。故此時已爲辨濟等事之債務者，對於善意之債務者，直得爲求償焉爾。

第四百四十四條　連帶債務者中，若有欲爲償還而無資力者，則其不能償還之部分，求償者及他有資力者之間，應其各自負擔之部分而分割之。但求償者若有過失，則不得對於他債務者請求分擔。擔六六

本條定連帶債務者之一人，依辨濟或其他方法，而消滅其債務之全部以後，當其對於他債務者而爲求償，其中若有無資力者，則果應如何。蓋於此時，若令求償者負擔無資力者所不能償還之部分，可謂極不公平。何則？各債務者本負同樣之義務，適因債權者對於其一人而爲請求，其人負擔，乃即多於他債務者，豈非無理？彼求償者所爲之辨濟或其他行爲，乃因債務者全體之利益而爲之，以故若有損失，當由債務者全體負擔之，此當然之理也。是以無資力者所不償還之部分，求償者及他有資力之債務者，其間當視其各自負擔之部分而分擔焉。但因求償者之過失，而後有此無資力者不能償還之情事，則對於他債務者，不得請求分擔，亦固其所。例如求償者既爲辨濟之當時，債務者皆有資力，因求償者遲延其求償，他債務者中始有無資力者發生，則是所謂因求償者之過失，而致其人之負擔部分，有不得償還之全部或一部，故不得以其過失之結果，使他債務者爲之代負也。

第四百四十五條　連帶債務者之一人，得免除其連帶之時，若他債務者中，有已無辨濟之資力者，則債權者就無資力者所不能辨濟之部分，自爲已得免除連帶者，負擔其應負擔之部分。擔七一·二項

本條定債務者之一人，既得免除連帶之後，他債務者中若

發生無資力者，則其無資力者所不能負擔之部分，果應誰爲負擔者也。在外國，此種已得免除連帶之債者，仍使負擔其一部分，雖不尠其例，然我新民法與舊民法，則均令債權者自負擔之。是無他，已得免除連帶之債務者，止就其自己負擔之部分，爲有義務，就他債務者負擔之部分，乃毫無義務者也。故即使他債務者中，發生無資力者，在已得免除連帶之債務者，可謂痛痒不相關矣。不然債權者一旦免除是人之連帶，而仍以其人負擔義務，依然如連帶債務之時，是實生反於當事者初意之結果。雖然，以無資力者所不辨濟之部分，使歸他連帶債務者之負擔，亦不可不謂爲失當。蓋以債權者之意思，免除債務者中一人之連帶，不得因此而加重他連帶債務者之義務，實所不待言也。故於此時，債權者自就無資力者所不辨濟之部分，爲已得免除連帶之債務者，負擔其應負擔之部分，實爲當然之事。此所以有本條之規定也，但本條乃以當事者普通之意思爲解釋，若當事者確有與此相反之意思，則固可從其意思爾。

第四款　保證債務

保證(Oautionnement, Bürgschaft)一事，通常雖由契約而生，亦偶有裁判上或法律上之保證。例如《民事訴訟法》中，因裁判所自由之意見，使供擔保之時，得令立保證人。又依《民法》之規定，於應供擔保之情事，亦得立保證人。二九・一項、一九九、三〇一、三八四・三項、四六一、五七六、六五〇・二項、八〇三、九三三、一〇四九、一〇九三此等情事，契約上，雖無立保證人之約，而不得不立保證人。尚有依法律之規定，當然應負保證之義務者。例如合名會社之社員，以會社爲法人，於不能履行其義務之時，有負應履行其義務之責任者。舊商一一二，新商六三此責任之性質爲保證義務，但此保證義務，因有商法之特別規定，固不得以普通保證義務之規定，適用於此，當悉從商法之規定焉。

本款分爲四段：（第一）總則四四六至四五一；（第二）債權者與保證人之關係四五二至四五八；（第三）保證人與主債務者之關係四五九至四六四；（第四）保證人之間之關係。四六五

一　總則

第四百四十六條　保證人於主債務者不履行其債務時，任其當爲履行之責。擔四，八年六月八日告一〇二號，金穀貸借請人證人辨償規則一、二

本條乃所以下保證之定義。蓋保證人爲從債務者，於主債務者不履行其債務之時，任其當爲履行之責，此古來各國所皆同。惟如何情狀而爲主債務者不履行其債務，當使保證人盡其義務，則古來各國，規定不一，當專於次段講究之。在本條，止明保證人有爲從之性質而已。

因保證債務有爲從之性質，所生結果甚多。如以下三條之規定，亦不外此結果。雖然，以其不待煩言，而不揭於法文者仍不少。例如主債務爲無效時，保證債務亦爲無效；主債務爲取消，保證債務亦自然取消；主債務有期限，保證債務亦自有同一之期限；其附有條件者，保證債務亦帶同一之條件，此類是也。蓋依本條之規定，保證人止在主債務者不爲履行時，任其應爲履行之責，故於主債務爲無效時，其債務者已無應履行之債務，故決無不履行其債務之事實，於主債務爲已取消時，其始即使成立。今將視爲自始即不成立，故能與上一端生同一之結果。又於主債務附有期限時，儘其期限到來以前，其債務尚未至應履行之時期，即不能謂債務者之不履行其債務，因而保證人尚未有應履行其義務之責，不待言也。其主債務爲附有條件者，亦同。擔二五

第四百四十七條　保證債務，關於主債務之利息、違約金、損害賠償，及其他一切，悉以其爲從於債務而包含之。

保證人止就其保證債務，得約定違約金或損害賠償之額。擔四、五、八

本條定因保證所擔保之債權。蓋保證債務，乃爲主債務之從，以其目的同於主債務爲原則。此不但主債務之本款也，於其債務應生利息時，則其利息；其有違約金之特約時，則其違約金；主債務者應負損害賠償之義務時，則其損害賠償，以及其他一切從債務。例如訴訟費用等等，皆擔保之。此爲保證與連帶相異之一例。

保證債務，因其目的當與主債務相同。若以異於主債務目的之目的，約定保證債務，此非真保證債務，甯謂爲以主債務者不履行其義務爲條件，而生一種獨立之債務。此債務固爲有效，然非保證債務。故本款之規定，殆非可適用之也。

若然，則其債務之性質如何？是爲獨立之附條件債務。蓋所謂保證人，乃以主債務者不爲履行爲條件，而負異其目的之債務。惟債權者則以所謂保證人之辨濟爲條件，而免除主債務者之債務者也。且於所謂保證人與所謂主債務者之間，當依第七百三條，爲不當利得之返還焉。

保證債務之目的，不得大於主債務之目的，爲次條所規定。雖然，於主債務者，不約定違約金或損害賠償之額時，得止由保證人約定之，此不得云所約在主債務之目的以外。蓋違約金及豫定賠償額，皆所以確保債務之履行。若保證人能保其履行債務，原無庸自爲支付，故與抵當及質等相同，不可以此爲增加保證人之負擔。且損害賠償，當然爲保證人所應負擔，故於不履行時，裁判所且從不確定之標準而定其損害賠償之額，易之以與債權者豫約其額，其無妨礙，又何待言。而違約

金亦爲原則視等豫定賠償額，四二〇·三項故亦可從豫定賠償額之同一規定，又不得不謂爲的當。再進一步論之，保證人在主債務者不履行時，負與有同一目的之債務。故因確保此債務，而於損害賠償以外，得約定違約金，又何足怪也。

第四百四十八條　保證人之負擔，就其債務之目的或體樣，若重於主債務，則以主債務之限度減縮之。擔六

本條亦緣保證債務乃爲從之性質，所生之結果，其目的不得大於主債務之目的，又其體樣不得重於主債務之體樣。例如主債務爲千圓之債務，保證人不得負二千圓之義務。又如主債務爲附有期限或附有條件，保證人不得負單純之債務。又如主債務爲應履行於一年之後者，保證人不得爲六個月之後應履行其義務者。凡此情事，大抵由當事者之錯誤，致此舛錯。故法律尋繹當事者普通之意思，以保證債務爲與主債務有同一之目的或體樣焉。即如前例，保證人當如主債務者但負千圓之債務，但負附有期限或附有條件之債務。且其期限或條件，亦全爲同一者，又保證人亦如主債務者，一年以後，始爲有履行之責之人，但當事者若明有相反之意思時，則或以保證債務爲無效，或應別成獨立之債務。然謂當事者果有如此之意思，蓋極少矣。

保證人雖不得負重於主債務者之債務，然負較輕之債務，則固無妨。例如主債務爲二千圓之債務，保證人可衹負千圓之義務；主債務爲單純，保證人可衹負附有期限或負有條件之義務；主債務爲應履行於六個月之後者，保證債務可至一年之後而始履行。是蓋保證人得就主債務之一部分爲保證也。此外如主債務應加利息，保證人止就清本爲負義務。主債務有違約金，保證人不負此項義務。或保證人就損害賠償及一切爲從之

債務，爲無責任者，固皆所無妨也。

主債務爲無他擔保，保證債務則有質或抵當等之擔保者，又或在主債務，以止有私證書而不得徑求其强制執行。然保證債務則有依公正證書，從其所證而有執行力者，此等皆非加重其債務之目的或體様，故不爲應受本條之適用者。

第四百四十九條　因無能力而應得取消之債務，爲之保證者當立保證契約之時，若已知其有取消之原因，則就其債務者之不履行，或其債務之取消時，推定爲負擔有同一目的之獨立債務者。擔九二五・二項

主債務已取消時，保證人亦應免其義務，既就第四百四十六條論之矣，然余尚進一步焉。即使主債務者不取消其債務，而保證人受債權者之請求，自爲抗辯，固得以其取消爲對抗。是無他，保證人爲負應爲履行主債務之責者，四四六若其債務爲無需履行，則保證人亦不任其履行之責。蓋就其債務而論，保證人乃所謂特定承繼人也。惟然，故依第百二十條，得取消之行爲，其有取消權者之承繼人，亦得而取消之。再依第百二十二條，追認得取消之行爲，不得以之害及第三者之權利。惟然，故彼得取消之行爲之特定承繼人，就其追認觀之，則爲第三者。是以保證人即遇主債務者拋棄其取消權，尚得以其取消權對抗於債權者，況於主債務者未爲追認耶？不如是者，保證人當其既辨濟於債權者之後，對於主債務者，而爲求償，主債務者得藉其債務之取消，補一聲明之語，而遂免保證人之求償矣；又或主債務者，得以一己之意思，左右保證人之權利矣，豈不生甚不當之結果？如第一項情事，保證人雖得對於債權者，求返還其所不當利得之物，然若債權者爲無資力，則保證人終不免於損失，且債權者每以偵悉債務者爲無能力，或自爲

施詐欺或强迫者，卻得請求於善意之保證人，其損失遂致被於其保證人焉。夫如是，不得不謂爲不當之甚者也。

以上乃豫想保證人之爲善意，然保證人往往有知取消之原因者。當此時，因其原因之如何，而分其或爲仍負義務，或爲不負義務。其負義務者，乃其取消之原因爲無能力者是也。此蓋自始即知主債務之得以取消，故其意思，直可明言之曰，彼主債務者之不取消其債務，乃以已負其保證義務而然耳。若不明言及此，而止負保證之義務，則是其負此義務之意思，不得不推定爲主債務者即自取消，已實有終負之之意思矣。然則純然之保證債務，原不得存在於主債務業已取消之後，獨前項情事，則所謂保證人者非真保證人，必認爲負擔其有同一目的之獨立債務者，是所以有本條之規定也。

若其取消之原因，乃爲詐欺或强迫，則因此而許其取消，乃公益之規定。設立一豫約，謂即有詐欺强迫，債務亦不可取消，此實同於不法。所謂保證人者，即不得爲此不法之約，而謂我自應負此義務，不問主債務者因此原因而取消債務與否，何則？此爲確保債權者以詐欺强迫所取得之債權，亦得履行，不得不謂其間接之影響，即爲詐欺强迫之獎勵，故其契約之目的爲不法，即其契約爲全然無效，而非可從本條之規定矣。

第四百五十條　債務者於負應立保證人之義務時，其保證人要具備左之條件：

一，爲能力者；

二，有辨濟之資力者；

三，有住所或已定之假住所，於管轄債務履行地之控訴院之管轄内者。

保證人至缺乏前項第二號或第三號之條件時，債權者得請求其以具備前項條件者代之。

前二項之規定，於債權者自指定保證人時，不適用之。

擔一五、四七

本條定凡依契約，或法律，又或裁判上之命令，債務者有應立保證人之義務時，當立具有何等資格之保證人也。蓋債務者於有立保證人之義務時，其保證人固必不可有名無實。惟然，而保證人當債務者不爲履行之際，實爲應代之爲辨濟者。故其保證人，必爲負有效之義務，具能爲辨濟之資力，且易於對之爲請求者，此本條所規定也。由是請略言本條所規定之保證人之資格。

第一，保證人要爲能力者。例如未成年者，禁治産者，準禁治産者妻，皆不得立爲保證人，何則？此等之人，縱使獨斷而結保證之契約，後日亦得取消之，故債權者亦不得以之爲保證人，是通例也。但右之無能力者，若得法定代理人，保佐人，或夫之同意，則其無能力，可視爲已補成能力完全者。故於此時，無能力者亦得爲保證人，殆不俟論。蓋若以右之條件爲承諾，則無能力者亦可負完全之義務矣。

第二，保證人要有辨濟之資力，而其資産，則不問爲動産，爲不動産，或爲債權，但由實際財産中扣除負債之後，尚有足以履行其保證債務之資力，即可充之。蓋以保證爲目的之主債務者，在當不爲辨濟之時，可使保證人代其辨濟，故若其保證人自始即爲無資力者，是明乎其終不能達此目的矣。似此則雖立保證人，亦必無效，是此項條件之所以必要也。

第三，保證人要有住所或已定之假住所，在管轄債務履行地之控訴院之管轄内。是無他，保證人若住於遠隔債務履行地之地，則當主債務者之不爲履行，欲立爲請求於保證人而有所不能，因此必費時日，並其種種不便於使之履行者，必不少也。

右之第二、第三要件，皆非確定而不動者。今日即有充分之資力之保證人，明日因商業損失等情，忽爲無資力者不少。又如住所，亦有時時變更之事。惟然，而一旦必以有右之二條件者爲保證人，即不能以偶當爲保證時具備其條件，而即爲已足，必於凡有應對保證人爲請求時，苟非具備此條件，即爲無效。故以本條第二項，定保證人若至右二條件中缺其一時，債權者得請求其以他有資格之保證人代之。但右之第三條件，保證人縱移其住所於他處，若依然定假住所於原地，亦尚無礙，故本條第二項之適用，限於不定假住所於向來住所地者。

或問曰：保證人若至缺第一條件時，果無需更易乎？曰：然。方保證人之初負義務，苟非能力者，其義務不能有效成立，故以此條件爲必要，是爲至當。然一旦既生義務之後，縱保證人爲無能力，其義務不因而消滅，得其法定代理人，保佐人，或夫之同意，不能不爲辨濟。又法定代理人，亦可代無能力者爲辨濟，故債權者無需以更易此保證人爲請求也。

上爲一般之規定，於此不能無一種例外。無他，債權者若自行選擇保證人，指名用之，而以其所以爲保證人者爲請求，則其保證人，縱不具備右之條件，債務者亦毫不負責。況於初爲有資格，後乃爲無資格者耶？是爲債權者所自招之禍，不能以責債務者也。

債務者有應立保證人之義務時，例如方由債權者借以金錢，有約定必立相當之保證人者，又法律上有應立保證人之明文時，固無論矣。縱使無此明文，但於應供相當之擔保時，若欲立保證人，則必不可不以具有本條資格者。參觀上文本條解説之第三項下。又於裁判所曾有明文，得特命以應立保證人之旨時，亦無論矣。即於僅得命供相當擔保時，裁判所亦得即以應立保證人命之，於此時亦不得不立具有本條資格者。同上且此等情事，《商法》及《民事訴訟法》等尤多。

第四百五十一條　債務者若不能立具備前條條件之保證人，得供他擔保以代之。擔一六、四七

債務者於有應立保證人之義務時，若不能立具備前條條件之保證人，則供他擔保，如質或抵當等皆可，但需擔保其應保證債務之全額而有餘者，此不待論。蓋在客居之人，或其他狹於交際之人，往往不能得具備前條資格之保證人，然物上擔保，大概比於保證人尤爲確實。故其價格若果足額，債權者取之多有利益，本條所以特設此便宜之法也。

二　債權者與保證人之關係

第四百五十二條　債權者若以履行債務，請求於保證人，則保證人得以應先催告主債務者之旨，請求於債權者。但主債務者若受破産之宣告，或不知其行方，則不在此限。擔一八，八年六月八日告一〇二號，金穀貸借請人證人辨償規則一、二

在債權者以履行債務，請求於保證人，要用何等條件，各國之法律，殊不一定，各從其國，其學者間各有議論。在舊法，如德意志民法、瑞西債務法等，止於先對主債務者爲强制執行，而尚不得其履行時，得對於保證人爲請求焉。依八年六月八日告一〇二號，金穀貸借請人證人辨償規則一、二，限於主債務者之身代限、逃亡、死去，而無相續人之時，保證人乃爲有義務者。此以保證爲從之性質考之，雖頗有理由。然似此則保證效力，極爲薄弱，在諸事貴於迅速之開明國，不得認此爲充分之擔保，是蓋向來連帶多而保證少之一原因。且就當事者之意思，亦非通常願似此之迂遠者。故於本條，如舊民法及澳大利民法等之債權者，雖得直對證人爲請求，然保證人亦得以應先催告主債務者之旨，轉而爲請求焉。蓋保證人若既爲辨濟，得直對於主債務者爲求償之

事，故主債務者而有資力，則甯由主債務者辨濟於債權者，此無論爲保證人計宜然，即爲主債務者計，亦以此爲便。因此而債權者亦可得迅速之辨濟，故不可謂被有損害，而債務者則以此免其債務，保證人又以他人既爲辨濟，得免更求償於本人之煩。在各利害關係人，止爲有利，殆無所害。然若主債務者爲無資力，或即有資力而無立爲辨濟之準備，不能速應其催告，則債權者得更請求於保證人，而使爲是辨濟焉。是可謂爲債權者與保證人，共得合宜之保護，故於本邦，不取法意西等國之主義。彼蓋爲直請求於保證人，保證人即不得或拒焉。在法、意等國，學者間亦非無議論，然余則解釋之如本文。

右爲原則，於此有二例外：一主債務者受破産之宣告時，一不知其行方之時是也。蓋於此等時，即對主債務者而催告之，亦無實效，其事顯然。故對之爲催告，真可謂不過徒勞，當此之時，自得逕請求於保證人矣。蓋在破産之時，大抵主債務者，不但爲無資力而已，即其不完全之攤付，亦非經數月或數年之後，不得受之。苟不問其已有保證人，而當靜待其攤付，實不得不謂爲太酷。又在主債務者不知其行方時，恒非有代爲辨濟者，故終難望有辨濟。但依第二十五條以下之規定，於有管理人時，其管理人爲不在者之代表。故不在者雖本人不知其行方，然既有管理人代之，則法律上不得謂爲不知其行方矣。且即論實際，管理人亦自有能爲辨濟之權限，故可對之而爲催告，殆不待言。而債權者固爲利害關係人，故即自行請求其選任管理人，亦無不可。二五且於保證人與主債務者連帶之時，得徑請求於保證人，此第四百五十四條所規定也。

不知其行方云者，非止外出而不知其現時所在地之謂。蓋無論世俗所謂出家、夜遯、逃亡等事，皆所包括也。

第四百五十三條　債權者從前條之規定，雖既爲催告於主債務者之後，然保證人若證明主債務者有辨濟之資力，且爲容易執行者，則債權者，須先就主債務者之財産，爲執行之事。擔一九、二一，八年六月八日告一〇二號，金穀貸借請人證人辨償規則一、二

本條規定關於所謂檢索之利益，(Bénéfice de discussion)蓋非主債務者資産既盡之後，不得對保證人而爲請求，則誠無庸别設本條之規定。然如本法，止於催告主債務者之後，即得請求於保證人，則所謂檢索之利益者爲必要矣。檢索之利益云者，謂保證人當受債權者之請求時，得以一説對抗之焉。若曰：當先就債務者之財産，試其執行之後，尚有不足，乃可向我請求也。惟論其條件，各國之規定不同，但在本條，則(第一)須主債務者有辨濟之資力，(第二)須對之執行爲容易者。保證人非證明此二條件，不得以檢索之利益爲對抗。何謂有辨濟之資力？乃言其有辨濟全部債務之資力。又何謂容易執行？則言其財産，不在遠隔之地，且不生爭執，並於其上不存他人之優先權等，是也。在舊民法及外國多數之例，雖規定細密之條件，然在新民法則不取之，止以一般之原則，期其不加損害於債權者而已。故主債務者果否有辨濟之資力，或果否對之容易執行，欲加裁判，惟在裁判所之認定矣。

第四百五十四條　保證人若與主債務者，連帶而負債務時，則不有前二條所定之權利。擔二〇

本條之規定，乃對於前二條所定之權利，認有一種例外。即保證人於與主債務者連帶而負擔債務之時，債權者即不催告主債務者，亦得逕請求於保證人。而當債權者請求於保證人，保證人並不得以檢索之利益爲對抗。是無他，保證人若與主債務者爲連帶，則連帶之結果，可令各人皆如獨一之債務者而處

理之。故保證人若爲獨一之債務者，債權者即逕向請求，别無可以支吾之語。此所以必設本條之例外也。

所謂連帶保證人，蓋有二種：(一)保證人與主債務者爲連帶時，(一)保證人之間有連帶時，是也。其第一種固適用本條，然於第二種則否。蓋保證人與主債務者爲連帶時，保證人亦視爲獨一之債務者，故可由債務者逕向請求，然止於保證人間有連帶時。對於主債務者，仍用純然爲保證人，故尚爲有前二條之權利者。

第四百五十五條　保證人依第四百五十二條及第四百五十三條之規定，不拘爲何種請求，但債權者，自怠於催告或爲執行，其後遂不得由主債務者爲全部之辨濟，則保證人得於債權者逕行催告或逕爲執行，所可得辨濟之限度，免其義務。擔二二

本條乃以一定之制裁，加於第四百五十二條及第四百五十三條所定保證人之權利者也。蓋保證人依此二條之規定，不拘其或以應催告主債務者之旨爲請求，或以應就主債務者之財産爲執行之旨，以爲請求，但債權者不逕應其請求，設以後縱對於主債務者再爲請求，主債務者已失其全部辨濟之資力，則此時債權者應自負擔其怠慢之結果，固當然也。故保證人，於債權者逕行催告或逕爲執行，所可得辨濟之限度，免其義務。例如債權者，若由保證人以應催告於主債務者，或應爲執行於主債務者之旨，來相請求，此時若逕爲催告，當可得全部之辨濟。因其怠於爲此，主債務者遂爲無資力焉，竟不過得半額之辨濟，則債權者不得復以其餘半額，請求於保證人。何則？保證人得以當時逕對於主債務者，爲請求或爲執行，自可得全額之辨濟，相對抗也。又例如保證人，以對於主債務者，應催告

或爲執行之旨，請求於債權者，此時若逕行催告或爲執行，當可得半額之辨濟，因其怠於爲此，竟不能得一錢焉，則保證人止就半額爲負責任，何則？就此半額，縱債權者爲無過失，主債務者終亦不能辨濟，故此半額爲保證人有責者。然此外半額，則債權者苟無怠慢，可得之於主債務者，故保證人當免其責於該半額也。或曰：據第五十四條之情事，保證人不可不證明主債務者有辨濟之資力，然此所謂辨濟之資力，乃本謂全額辨濟之資力，故於此時，若債權者爲有過失，保證人常可免全額之責，殆非就其一部分，依然爲負責者。應之曰：不然。保證人在受債權者之請求時，即使得證明主債務者有辨濟之資力，然至債權者著手執行，需經若干時日，固不待言。本條所謂逕者，非必即時之謂，止謂不超過著手執行所必需之時日耳。故在保證人受請求之日，主債務者即尚有全部辨濟之資力，至債權者著手執行之當時，往往有已爲無資力者，此不得謂債權者爲有過失。於此時，保證人就其不足之額，不得不負責也。

第四百五十六條　在有數人之保證人時，其保證人雖以各別之行爲，負擔債務，仍適用第四百二十七條之規定。擔二三

本條乃規定所謂分別之利益(Bénéfice de division)者也。分别之利益云者，保證人有數人時，各人不負全部債務之責，止依其人數而負一部之責之謂也。在舊主義之法律，保證人以各有全部責任爲原則，惟至抗辯時有分別之利益之一名詞，得爲對抗耳。雖然，法律既於保證人一旦認此權利，則所謂分別之利益，甯視爲分別之權利，而不可視爲恩惠之之意。且於第四百二十七條，既以爲各債務者可以平等割合而負擔之，則豈有保證人獨不從此同一規定之理？是以新主義之法律，在有數

人之保證人時，其保證人，可各以平等之割合分擔債務。由是保證人中縱有無資力者，在他有資力者，不復負擔其無資力者所負擔之部分焉。惟稍有可疑者，保證人在不以同一行爲，負擔齊一債務，而各別負擔之之時，如一人在東京，他一人在横濱負擔債務；如一人今日，他一人明日，負擔債務，皆是。其各自或一人，大抵信其有全額之責任而爲保證。故於此時，或疑其無分别之利益。然保證人本皆任履行同一債務之責，則共同債務者(Codébiteurs)，即爲連合債務者(Débiteurs Conjoints)，既無連帶等之約，即不得不從第四百二十七條之總則。此所以有本條之規定也。

第四百五十七條　對於主債務者請求履行，或其他中斷時效，則對於保證人亦生其效力。

保證人得因主債務者之債權，而以相殺對抗於債權者。

財五二一·一項，據二七、四四·二項

本條定關於債務者之事項，其利害爲可及於保證人者也。蓋保證人爲從債務者，至主債務者不爲履行，始有爲履行之義務，故與主債務者，有幾分命運相共之理。

第一，對於主債務者請求履行，或其他中斷時效，則對於保證人亦生效力。蓋債權者非先對於主債務者請求履行之後，不得對保證人爲請求。故縱債權者毫無怠慢，而自其希望言之，本欲對於主債務者及保證人同時請求，然不得不先請求於主債務者。此而以爲其所請求，對於保證人毫無效力，則無過失之債權者，不免被不測之損失矣。例如由既爲履行之請求時，因不履行而生損害，得以賠償爲請求，不定期限者則然則此時之債權者，縱已先請求於主債務者，然因其不即履行，而於既被損害之後，再請求於保證人。於時保證人若得拒之曰：汝已請求履行於主債務者，故有求其賠償損害之權，然對我未有何等之請求，即無權索我賠償此損害。則是債權者雖從法律之所命，而爲請求，然對於應負擔賠償損害之保證人，四四七卒生不得求其賠償之結果，實可謂不當矣。又請求履行，即爲中斷時效之方法。一四七·一號惟然，而債權者及時效之尚未完成，以對於債務者爲履行之請求，而中斷其時效。然更轉而請求於保證人，則已經過時效之期間，此而謂其第一次之請求，對於保證人，無中斷時效之效。於時保證人爲已免其責，則其結果，亦能使無罪之債權者，被不當之損失。至其他中斷時效之方法，一四七·二號、三號其理由雖不盡同，然先對於主債務者，爲差押等情，或使之承認其債務，而後徐請求於保證人，在債權者爲當然之順序，殆可獎爲至當。惟然，而苟使對於主債務者中斷其時效，對於保證人爲無效焉。則債權者縱非出於本心，亦不得不忍而爲可憎之行爲，一面對於主債務者，爲差押等情，或使之承認其債務，他一面必逕對保證人，爲請求或差押等事矣。此本條第一項，所以定對於主債務者請求履行或其他中斷時效，對於保證人亦生效力也。

第二，保證人因主債務者之債權，得以相殺對抗於債權者。例如保證人方爲千圓債務之保證，而主債務者則對於債權者，亦有同額之債權。此時主債務者，縱不因其債權，而以相殺爲對抗，然保證人則必得以此對抗之，何則？依後之第五百五條規定，主債務者於此，法律上當然有以相殺爲對抗之權利。如不自行之，卻使保證人償其債務，此豈可許爲法律之所宜？主債務者若明知之而然也，是非惡意即怠慢，保證人則因以代他人辨濟債務，其爲不當，孰有甚於此者。主債務者若不知之而然也，保證人代爲辨濟之時，自應得向主債務者爲求償之事，四五九、四六二而主債務者則不能不更向債權者，求其履行債權，是非但繁複實甚，若主債務者或債權者爲無資力，則保證人或主債務者必更蒙其損失，方之法律所以設相殺之本意，可謂背馳。今幸而保證人知相殺之原因，於是逕使之以相殺爲對抗，則此有保證之債務，即時消滅。若兩個債務爲不同額，則止就其少額爲可相殺。今以便宜之故，姑設一同額者爲舉例也。主債務者與保證人，兩俱免其義務，且其債權者對於主債務者所負之債務，亦消滅於同時，大省實際之煩雜。並於其間設發生無資力者，能使先爲辨濟者受損失時，苟得以以上之相殺爲對抗，則此損失亦免。有資力者，無資力者，共盡其義務，可得最公平之結果。此所以有本條第二項之規定也。於保證人有檢索之利益時，則其適用此利益，亦可謂有本文之權利者。此外於主債務應得取消之時，保證人亦得取消之，及主債務爲消滅時，保證債務亦應從而消滅，前已論之，茲不復贅。

第四百五十八條　主債務者，於與保證人爲連帶，而負擔債務之時，適用第四百三十四條至第四百四十條之規定。擔二七・二項、二八・二項

本條就連帶保證而爲規定。連帶保證有二種，前既論之，第四百五十四條之解釋一爲主債務者與保證人爲連帶，一爲止於保證人之間爲有連帶，是也。在第二種情事，保證人對於主債務者，爲純然之保證人，雖當悉從本款之規定，然在保證人間，則爲純然之連帶債務，當悉從前款之規定，此最明瞭，所不容疑。故不特揭明文，本條乃就上言第一種情事而規定之者也。於此時，主債務者與保證人之間，生二種之關係，蓋一面雖互爲連帶，一面又生保證之關係，故不得全依本款或前款之規定。據本條之規定，則第四百三十四條至第四百四十條，所定之連帶規則，尚可適用於此。即凡有就保證人請求履行及其他

事項，其效力亦及於主債務者焉。至於就主債務者所有請求履行及其他事項，當不待連帶之規定，依保證之性質，對於保證人，自亦生其效力，既於前數條論列而可以稍明。惟本條雖不揭明文，然此保證人，乃較通常之保證人爲有異。蓋即依第四百三十二條，請求履行，爲與主債務者同時，或並先之，亦不得辭辨濟之責，此第四百五十四條所暗爲規定也。雖然，保證人究爲保證人，當不失保證之特質。例如依第四百三十三條，固云就連帶債務者之一人，存有法律行爲之無效或取消之原因，不因以妨他債務者債務之效力。然依第四百四十六條所暗定保證之性質，於主債務應得無效或取消時，其保證人亦當然爲免責。又以之爲可免，皆無異於普通之保證人。又依第四百三十四條及第四百四十條，對於他債務者之一人，凡以請求履行以外之方法，中斷時效，對於他債務者固無效力。然對於主債務者之中斷時效，則皆對於保證人亦生效力焉，此依第四百五十七條第一項而可明者也。而此規定，即連帶保證人亦適用之。又如連帶債務者，一人所約定之違約金，或由一人之行爲，所生損害賠償之義務等，他人亦負其責任，此固非保證人所適用。反之，而就主債務者之違約金或損害賠償等，則其應負責，乃第四百四十七條所規定。此規定則連帶保證人亦適用之。又連帶債務者固得以互異之目的或體樣，而負義務，保證人則不能以重於主債務者之目的或體樣，負義務焉。依第四百四十八條之規定，此理甚明。即此規定，在連帶保證人亦爲適用矣。

據以上所論，本條之規定，乃專定連帶之結果。主債務者，因關於保證人之事項，而能受影響之事，其關於主債務之事項，而影響及於保證人，則不在本條，當適用本款之規定矣。惟兹所應注意者，於連帶債務者之間，尋常各債務者，固皆應負擔債務之一部。然保證人則即與主債務者爲連帶，亦不有負擔之分。故當其以連帶之規定，適用於本條之情事時，不可忘此保證人爲皆無負擔分，而主債務者之負擔分，則爲債務之全額焉。但此亦非必保證人特別之效果，即在連帶債務者間，其一人應負全部之債務者亦不少也。

三　主債務者與保證人之關係

第四百五十九條　保證人於受主債務者之委託而爲保證之時，並無過失，而受應辨濟於債權者之裁判言渡，譯者按：裁判言渡，言由裁判以判詞交下也。此句之意，謂由裁判官判令代債務者償清債權者。或自代主債務者爲辨濟，及其他以自己之出捐，爲能令債務消滅之行爲，則其保證人，對於主債務者有求償權。

第四百四十二條第二項之規定，於前項之情事準用之。

擔三〇・一號

保證人或受主債務者之委託，而爲保證，亦或有不受其委託而爲之者，甚至有反於債務者之意而亦爲保證者。對於債權者，則三種保證人，雖皆負同一之責任，然其與主債務者之關係，則此三種保證人，不能不有各殊之權利。蓋受主債務者之委託而爲保證者，苟自己實無過失，則因保證而受毫末之損害，亦無此理。反之，而不受主債務者之委託而爲保證，乃以自己之隨意而爲保證者，則不得因是而以毫末之損害，加於主債務者。由是而此保證人，所求於主債務者，不能不止求其不爲不當之利得矣。況至反於主債務者之意而爲保證，則其權利，不得不更加薄弱。本條至第四百六十一條，乃規定保證人受主債務者之委託而爲之者。第四百六十二條，乃規定保證人不受主債務者之委託而爲之者，並反於主債務者之意而爲之者。請先由本條之說明爲始。

保證人之受主債務者所委託而爲保證者，若爲辨濟，則對於主債務者得求其賠償，殆不俟言。而此請求之額，視彼連帶債務者，一人獨爲辨濟，得對於他連帶債務者爲請求，蓋無以異。惟亦如前條所述，凡爲保證，保證人毫無負擔部分，主債務者應負擔債務之全額，故其實際兩者之間，固自多差異也。

以上雖專述保證人之爲辨濟時，然保證人不爲辨濟，而依更改相殺和解等方法，令主債務者免其義務時，固亦有同一之求償權。惟保證人若以無償而得消滅其債務，即得債權者之單純免除，則保證人不受毫末之損失，故亦不能對主債務者而求其賠償。此本條所以云以自己之出捐也。

以上雖就債務真存在時，而豫想其使之消滅之情事。特偶有於債務既消滅之後，保證人若爲未消滅而足以使之消滅之辨濟，或其他行爲，其對於主債務者亦有求償權焉。是無他，主債務者既自消滅其債務，因其過失而致保證人以其善意，爲辨濟等之行爲，如四百六十三條第二項之情事是也。惟此情事，必須主債務者有過失，而保證人無過失，乃可如此。例如保證人方受債權者之請求，對於主債務者，初未確知其不爲辨濟與否，而竟爲辨濟，此則保證人爲有過失。若主債務者辨濟已了，即不得對於主債務者爲求償，惟對於受雙倍辨濟之債權者，則得以不當利得之退還，爲請求焉已耳。而其債權者若爲無資力時，不得不由保證人獨擔其損失。四六三・一項此在本條，所以云代主債務者爲辨濟，及能令債務消滅之行爲，並須無過失也。

以上所豫想，雖在保證人爲辨濟，及其他能令債務消滅之行爲時。然保證人即未及爲其行爲，而已受應爲辨濟之裁判言渡，則對於債權者，應負立受其執行之債務，故保證人對於主債務者，亦爲有求償權。但就此情事，至第四百六十一條，有保護主債務者之規定，當於後文論之。

第四百六十條　保證人若受主債務者之委託而爲保證，則其保證人於左之情事，對於債權者，得豫行其求償權。

一　主債務者受破産之宣告，且債權者不加入其財團之配當時。

二　債務在辨濟期時，但在保證契約之後，債權者所許與於主債務者之期限，不得以之對抗於保證人。

三　債務之辨濟期爲不確定，且即其最長期亦不能確定者，在保證契約之後經過十年時。擔三四

本條所定，乃受主債務者之委託，而爲保證之保證人，縱未嘗自爲辨濟及他行爲，得先對於主債務者而爲求償之情事也。是雖驟見似奇，然此保證人，本爲主債務者之委任者，對於主債務者，有從委任契約所生之權利。六四三故此保證人，亦不當因保證而被何等之損失。惟然，而本條所定之情事，保證人現雖未爲辨濟或其他行爲，然對於主債務者，若非及今行其求償權，有不得復行其求償權。或雖行之而直爲無效者，此所以設本條之規定也。請就左之各情事論之。

第一　主債務者受破産之宣告時

於此一端，主債務者大抵爲無資力，故債權者大抵應對於保證人而爲請求，其理明矣。惟然，而債權者若於破産之手續終結以後，乃對於保證人爲其請求，此時之保證人，即爲求償，主債務者之財産則已盡矣。蓋一錢之辨償，有不能得，其事頗多。故於此時，保證人因豫行其求償權，得加入破産財團之配當焉。但債權者若已加入其財權之配當，則如其債權額所應受之金額，已可受之於破産財團。故保證人之義務，亦應就其部分而消滅之，假令債權者於未受配當前，已請求於保證人，保證人於辨濟之後，亦得爲債權者之代位，而加入其配當。五〇〇、五〇一然此時之保證人，若亦得豫加入其財團之配

當，則其財團，將以同一之債權，而受雙倍之請求，故當其時之保證人，尚爲不有本條之權利者。

主債務者受破産之宣告時，即應失期限之利益。一三七・一號是此情事，亦可謂爲包於第二號情事之中者。雖然，此以債權者未加入其財團之配當爲條件，故特明言之。

主債務者受破産之宣告時，應失期限之利益。雖如上所述，然保證人初不爲破産，故其期限之利益，不與之俱失也。蓋往往有主債務爲無期限，而保證債務則有期者，既於第四百四十八條論之。本條第一號之情事，則法律上主債務已在辨濟之期，而保證債務則猶有期限之利益，其一例也。故方主債務者受破産之宣告時，債權者或不之知，或厭其加入破産財團配當之煩勞，多有專信用保證人之資力，俟保證人所有期限之到來，而始爲請求者。而保證人則於辨濟之後，縱欲求償於主債務者，無奈其破産手續，業已終結，此亦事所恒有。此本條第一號之規定，所以特爲必要也。

第二　債務在辨濟期時

債務雖至辨濟期，債權者對之不爲請求，且對於保證人亦不請求，則似毫無損害於保證人也。豈知人之資力，可以一朝耗盡。現時債務者雖有資力，若放棄至數月或數年之久，安保不終爲無資力者。然債權者則因有保證人，主債務者縱爲無資力，仍得請求於保證人，可有安然儘數月或數年間，不爲請求之事。且在附有利息之債務，債權者因欲得其利息，雖故意不爲請求，亦難保其無此事。然保證人之欲速免其義務，乃人情之當然，亦不可謂非正當之希望。且主債務者果有將爲無資力之虞，則及今不令主債務者辨濟其債務，必且有竟至不能辨濟者。以故保證人保護自己之利益，可不拘己之曾爲辨濟與否，而直對於主債務者爲求償也。

債權者往往有以猶豫期限，與彼主債務者。當此時，主債務者儘其期限之到來，無庸先爲辨濟。因而保證人亦間接受其利益，儘其期限之到來，殆無慮請求之及己，是驟視之若止有利益而無損害矣。然退而思之，主債務者雖現有資力，安知儘猶豫期限之到來，不或爲無資力乎？故於此時，保證人得不認猶豫期限，而以債務爲已在辨濟期，遂行本條之權利焉。

第三　債務之辨濟期爲不確定，在保證契約之後經過十年時

例如無期年金，終身年金，以他人之終身爲期而應辨濟之債務，附條件之債務等是也。於此情事，保證人於債務未消滅之間，似依然應負義務，然此有失之太酷之嫌。蓋保證乃多出於好意而爲之者，且保證人死亡之後，其相續人對於主債務者，初無何等之關係，事亦正多。然而經幾十年之久，若仍不能免其義務，或難保不反於當事者之初意，且不確定債務之存在於長日月間，不但債務者之因以不利，間接且於國家之經濟上，亦有不良之結果，故應力與避之。然則保證人之債務，其性質既爲不確定者，若主債務者於辨濟期爲有資力，保證人固無實際之義務。若主債務者而無資力焉，保證人往往至有不得不支付債務之全額者。以如此不確定之債務，且爲之多出於好意，而爲保證契約之後，又已經過十年，猶不至辨濟期，則保證人得求一能免其義務或能不被其損失之擔保，不得不謂爲極允當之規定矣。

本條第三號所謂即其最長期亦不能確定云者，無他。如保證未成年者之後見人者，其後見人對於未成年者，應負擔其債務與否，爲不確定。故其辨濟期爲本不確定者，固也。然未成年者之後見，達於未成年者之成年，應即同時消滅，故其後見人之義務，亦與之同時消滅。或既已發生之義務，已立在辨濟

之期，有必然矣。故此情事，尚得確定債務之最長期，固未許行本條之權利。反之，而更舉前所例示之情事以外，例如禁治產者之後見人，其義務應俟幾十年之後而始消滅，有不可知，此保證人，則依本條第三號之規定，保證契約之後，經過十年，欲免其義務，固得行本條之權利矣。參觀人二二五

第四百六十一條　依前二條之規定，主債務者對於保證人果爲賠償之時，於債權者未受全部辨濟之間，主債務者得使保證人供其擔保，或以應使自己得以賠償而免責之旨，請求之。

於右之情事，主債務者，得以使爲供託，使供擔保，或使得免保證之責，以免其賠償之義務。擔三四、三五

本條乃對於保證人而保護主債務者也。蓋主債務者，於依前二條之規定，對保證人爲賠償之時，若保證人未爲辨濟，則雖受賠償於主債務者，而或消費之，竟不辨濟於債權者，此亦可有之事也。於此時，債權者則對於主債務者，得爲請求。故主債務者，動將不得不爲雙倍之辨濟。故於本條，使主債務者得免此危險焉。

其方法如何？則曰是有五者：(一)主債務者於爲賠償時，同時使保證人供其擔保；(二)保證人受賠償時，同時使主債務者得免其責；(三)使主債務者，於保證人不爲賠償，止爲供託；(四)使止供賠償之擔保；(五)使得以免保證人之責，爲同於賠償者以代之，是也。蓋於本條之情事，以保證人未爲辨濟，不必即爲賠償，惟使保證人不被損失足矣。又縱使即爲賠償，若主債務者至不得已而爲雙倍之辨濟時，是轉被保證人之損失。故力使保證人，以供擔保或更改等之方法，令主債務者得立免其責任，固至當之道也。

第四百六十二條　不受主債務者之委託而爲保證者，若辨濟債務，或以其他自己之出捐，令主債務者免其債務，則主債務者，於其當時所受利益之限度，要爲賠償。

反於主債務者之意思而爲保證者，止於主債務者現受利益之限度，有求償權。但主債務者若主張其於求償之日以前，有相殺之原因，則保證人對於債權者，得以其因相殺而應消滅之債務，請求其履行。擔三〇·二號

本條規定保證人不受主債務者之委託而爲保證之情事。而此規定，又併有二種。蓋有雖不受主債務者之委託而不反其意思者，有並反其意思而爲之者，即第一項爲第一種情事，第二項爲第二種情事。於此二種情事，保證人非受主債務者之委託，故不有因委任而有之權利，惟以不令主債務者爲不當之利得，乃與保證人以求償權焉。雖然，第一項之情事，類於管理事務，第二項之情事，乃爲純然之不當利得。六九七，七〇二，七〇三。故於第一情事，雖不能如有委任之保證人，止因無過失而受應爲辨濟之裁判言渡，或代主債務者爲辨濟及其他行爲，而遂有求償權。然保證人在爲辨濟或其他行爲之當時，主債務本爲存在，若因保證人之辨濟及其他行爲，而消滅其債務，則主債務者於其當時因此所受利益之限度，爲有賠償之義務。蓋於此時與保證事務管理者，爲有同一之理由，故利息費用及其他之損害賠償，皆不許以此爲請求也。此外之例，保證人在爲辨濟之當時，主債務者既了其一部之辨濟，則止應就其餘額，有賠償之義務。又例如保證人於爲辨濟以前，主債務者若對於債權者，曾取得同種之債權，則就其債權額，應得相殺之利益，即因保證人既爲辨濟，而於此額亦無利益之可被，故止就其餘額，爲應爲賠償者。但於此時，依次條之規定，大抵由保證人代主債務者以行使其債權，可於已所對於債權者應爲

辨濟之中，因相殺而消滅之，得與債權額之追回，生同一之結果。反之，而在保證人既爲辨濟之後，主債務者所對於債權者取得同種之債權，則對於保證人不得拒其求爲賠償矣。

於本條第二項之情事，保證人爲反於主債務者之意而爲之者，故主債務者不可絲毫因此而被不利益之事。蓋在保證人爲辨濟或其他行爲之當時，縱使其行爲爲有益，然於保證人求償之日，主債務者若現未因保證人之辨濟而受利益，則爲無庸賠償。例如保證人在爲辨濟之當時，縱債務正當成立，且主債務者並無何等抗辯方法之際，然至保證人爲求償之當時，主債務者若已取得相殺之原因，則以此對抗於債權者，自可無庸辨濟。故保證人之爲辨濟，不得云有益於主債務者。於此時，主債務者即無庸爲賠償於保證人。但其因相殺而可消滅之債權額，若不及所有保證債權之總額，則就其餘額，固當爲之賠償矣。主債務者，如於保證人之辨濟後，更爲辨濟，此時保證人固不得求償，然對於債權者，得求其退還主債務者之所辨濟，殆所不容疑也。惟主債務者若取得相殺之原因，則雖得以之對抗於求償之保證人，而其保證人，斯時對於債權者，果有何等之權利乎？詳言之，則債權者就其債權，受雙倍之利益，應以其一償還保證人，固無論已。然此保證人，果應就已所辨濟於前者而求其退還乎，抑以主債務者之得以相殺爲對抗，而當求其履行債權乎？蓋據理而論，保證人所辨濟，本爲有效，而主債務者，既以相殺之原因爲對抗，而免其責。故由其相殺之原因，似應得求債權者退還其所得之利益。雖然，是不但不確實而已，債權者所有因相殺而可消滅之債務，不保其無附著擔保。故於此時，未嘗直接受相殺之對抗之債權者，其債務爲應即履行，即以保證人代主債務者，而得請求其履行，爲頗便利，且爲無害於各方面之人。此本條第二項，所以採用右之規定也。

第四百六十三條　第四百四十三條之規定，保證人準用之。

保證人受主債務者之委託而爲保證者，若以善意而爲辨濟，或爲其他因免責之出捐，則第四百四十三條之規定，主債務者亦準用之。擔三二、三三

本條就保證人或主債務者有過失時而爲規定。蓋關於連帶債務，既有第四百四十三條之規定，今即以之準用於保證焉。故受債權者所請求之保證人，不以此通知主債務者，而爲辨濟等事，或既爲辨濟等事之後，不以之通知主債務者，則保證人當視爲有過失者。反之，而在主債務者，則自有應爲辨濟之義務，方其受債權者之請求，或既爲辨濟等事之後，均無特地通知保證人之義務，是爲原則。惟保證人之受主債務者所委託而爲保證者，主債務者因其毫不可加損於保證人，故自己受債權者之請求，或既爲辨濟，皆有通知保證人之義務。若主債務者而不爲此通知，則對於善意而爲辨濟或其他行爲之保證人，當負第四百四十三條之責任焉。

第四百六十四條　爲連帶債務者或不可分債務者之一人，爲保證者，對於他債務者，止就其負擔部分爲有求償權。擔三七

本條之規定，與舊民法之規定，全爲相反。蓋爲連帶債務者或不可分債務者之一人，爲保證者，則稍有兩種可疑：（第一）對於他債務者有求償權否？（第二）若有求債權，則應就債權之全額而有之耶，抑止應就各債務者之負擔部分而爲之耶？蓋第一之解釋，保證人所保證，乃債務者中之一人，並無保證

他債務者之意思，故即使爲全額之辨濟，似亦惟對於自己之主債務者，得爲全額之求償，對於他債務者，則無一切爲求償之權，較爲妥當。雖然，他債務者現因保證人之辨濟而受利益，若對於保證人而不爲賠償，則將爲不當之利得。故於本條，先定保證人對於他債務者有求償權焉。第二之解釋，在其求償之額，從舊民法，得以其債務之全額爲求償。尋其所據，無他，蓋以此保證人，不得以自己之名義，對於他債務者爲求償，止得代位於債權者而爲請求故耳。雖然，以余所見，(一)謂保證人無固有訴權者謬也。他債務者果有爲不當利得，即保證人得求利得之賠償。(二)代位訴權，如後之所論，止不過確保其固有訴權。故若保證人由固有訴權，止能得一部之辨濟，則由代位訴權，亦必止得一部之辨濟。(三)保證人對於他債務者之固有訴權，止存乎其各自負擔之部分。是無他，主債務者乃連帶或不可分之債務者之一人，即使自爲辨濟，他債務者爲當專就其一部分而爲賠償。則保證人代右債務者爲辨濟時，他債務者，各專就其負擔之部分，不能不認爲不當之利得。故於本條，保證人無論依固有訴權，依代位訴權，皆爲專就各債務者之負擔部分，而有求償權者，但止對於主債務者，則可爲全額之請求。是無他，以保證人曾爲其人爲全額之辨濟也。

四　保證人間之關係

第四百六十五條　有數人之保證人時，因主債務爲不可分，或因各保證人有應辨濟全額之特約，其間一保證人，若所辨濟，已達全額，其他如或已過於自己之負擔部分者，則準用第四百四十二條至四百四十四條之規定。

其非前條之情事，以不互爲連帶之一保證人，若所辨濟，已達全額，其他如或已過於自己之負擔部分者，則準用第四百六十二條之規定。擔三八至四〇本條定保證人有數名時，其間之關係。蓋於此時，或保證人之間有連帶，或主債務有不可分，或保證人間即無連帶，而有各保證人應辨濟全額之特約，或保證人間全無以上各種關係，而若其間一保證人，所爲辨濟，已達於全額，其他如或已多於自己負擔部分之額者，則他保證人，應免其義務之全部或一部，即可對之而有求償權，固不俟論。然止就其求償權之範圍，自不能無差等。蓋右之自一至三各情事，皆保證人在法律上，不得已而爲之者。所爲辨濟，亦爲不能不及債務之全部，或所多於自己負擔之額。故特力行保護，期其不被損失焉。而其第一種情事，純然爲有連帶，故無庸特著明文，自能適用關於連帶之第四百四十二條至第四百四十五條。至其餘二種情事，則以並無連帶，當然不能適用連帶之規定。然保證人自有辨濟全額之義務，與連帶之情事相同，故以本條第一項，特指爲準用關於連帶之第四百四十二條至第四百四十四條之規定也。

於右之第三種情事，豫想爲各保證人，有應辨濟全額之特約。是無他，保證人之一人，縱有應辨濟全額之特約，若他人止就一部分爲有義務，則自他保證人觀之，其既爲特約之保證人，乃任意爲之者。由是，而其所爲全額之辨濟，亦畢竟同於任意爲之，是止應入於第四種情事，而非可入於第三種情事焉。此所以必言各保證人云云也。

於右之第四種情事，並無以上三種情事之關係。故一保證人所爲全額之辨濟，及其他多於自己負擔部分之辨濟，全爲出於其任意，毫非受法律上之强制，故即因此而被損失，亦可謂自作之孽。惟他保證人，須不爲因此而享不當之利得。故止比於不受主債務者之委託而爲保證者，其有求償權，亦同於彼之所爲辨濟等事，對於主債務者所有之求償權，乃準用第四百六十二條之規定焉。而就保證人之不受主債務者委託而爲保證時，則有反於主債務者之意者，有不反之者，此保證人間亦如之。一保證人，有反於他保證人之意而付其全額者，有不反其意而付之者。故於前一種，則準用第四百六十二條第二項；於後一種，準用是條之第一項也。

第四節　債權之讓渡

本節乃規定一切債權，可得讓渡與否，於得讓渡之之時，以其讓渡，對抗於第三者，須有如何之條件等情者也。其關於指圖債權、無記名債權等規定，亦於本節中網羅之。在舊法典，雖以之規定於商法，然此不必關於商事，甯以收之民法中爲至當焉。

第四百六十六條　債權得讓渡之，但其性質所不許者，不在此限。

前項之規定，於當事者表示其反對之意思時，不適用之，但其表示意思，不得以之對抗於善意之第三者。取一六九、一七〇，九年七月六日告九九號

本條乃規定債權之原則，爲得以之爲讓渡者。蓋權利之原則，皆得讓渡之，此事毫無所疑。在他權利，常不於法文明言之，惟至債權，則爲人與人之關係，故或爲性質上不得以之讓渡者，或爲當事者之意思所不許讓渡者，非無多種之學說，故特明言之焉。且如我邦，向以不許讓渡債權爲本則，參觀九年七月六日告九九號而他權利則以當事者之意思，不得爲不能讓渡者，此當然明白之事，無煩特揭明文。惟然，而債權乃以本條第二項之規定，許當事者自認爲不得讓渡焉。蓋在外國，並不許有此反對之意思者，其例最多。然債務者之意思，有對於某人而

負義務，則承諾之，對於他人而負義務，則不承諾者，其事亦往往不少。此意思爲有相當之理由，公益上似無必應禁遏之故。況在我邦，既如前述，向以不許讓渡債權爲本則，故今若全不認當事者之反對意思，則頗反於慣習，不無實際難行之慮。此本條所以以債權許其讓渡爲原則，而認當事者之反對意思爲例外也。

當事者之反對意思云者，果爲當事一方之意思耶，抑爲當事者雙方之意思耶？蓋如遺言等之單獨行爲，則當事者爲一人，故可以其意思定之，誠不待論。然在契約，則亦可止從債權者或債務者一方之意思而定之乎？曰：不然。凡法文止言當事者之處，苟其規定之性質上，無一方之當事者之意味，則皆爲雙方當事者之意味，而本條之爲雙方當事者之意味，殆不言而可喻。蓋以債權爲不得讓渡，乃於債權之性質，與以重大之變動，故其債權，既以債權者與債務者，雙方之意思而成立，則其不得讓渡，亦需雙方之意思，爲自明之理也。

當事者之反對意思，於法律雖認其效力，然不得害及第三者之權利。蓋債權依第一項之規定爲原則，而得讓渡之，故第三者於通常之時，信其債權爲應得讓渡者，或讓受之，或於其債權之上，取得質權，參觀三四三而遇後日當事者有反對意思之明證，將至失其利權，則其第三者之被損害明矣。由是，而礙及債權之融通，本條第一項所定債權應得讓渡之原則，依然有相背而馳之慮。故以當事者之反對意思，爲不得對抗於善意之第三者焉。

以上爲本條第一項之原則，所生之例外，止就當事者之反對意思論之。然若債權之性質，爲不許讓渡者，則固不得讓渡之。例如甲於負教授乙之債務時，債權者之乙，以其權利讓渡於丙，丙不得受同樣之教授。是無他，如教授之義務，其性質爲著眼於人，故若異其應受教授之人，則其債權亦不可謂不異。易一説以明之，所教授者爲乙，與所教授者爲丙，其債權之目的，不得不謂爲全異，故此債權，性質上爲不得以之讓渡者。六二五・一項其他以明文不許讓渡之債權，亦正不尠。五九四・二項、六一二・一項、九六三等更就明文所無者示其一例，則如甲雖法律上無扶養乙之義務，而自負擔其扶養之義務時，乙不得讓渡其權利，是蓋亦著眼於人者也。右雖皆所不待言者，然一旦既規定一切債權，皆得讓渡，則使不置此但書，往往不保其不爲解釋者之惑，故特置之。

第四百六十七條　指名債權之讓渡，讓渡人非以之通知債務者，或債務者承諾之，則不得以之對抗於債務者及其他之第三者。

前項之通知或承諾，非以有確定日附之證書，譯者按：確定日附之證書，謂證書中附有確定之日期者不得以之對抗於債務者以外之第三者。財三四七・一項、三項、四項，九年七月六日告九九號

本條及次條，爲關於指名債權(Créance nominative)之讓渡。指名債權云者，謂確定債權者之爲誰某，蓋對於指圖債權(Créance á ordre)及無記名債權(Créance an porteur)而言者也，而債權則普通以指名爲本則。

指名債權之讓渡，雖亦同於他債權之讓渡，止於當事者間，因當事者之意思而完成。然對於債務者及其他之第三者，則須特爲通知於債務者，或要債務者承諾其讓渡焉。蓋債務者若不知讓渡之事實，則依然信讓渡人爲正當之債權者，止應對之而爲辨濟，爲其他關於債權之種種行爲。苟以讓渡之效力，其對於債務者，亦止從當事者之意思而生，則此債務者之於讓受人，不能不謂更有應爲辨濟之義務。如此，則其人雖毫無過

失，亦將不得不爲雙倍之辨濟矣，能不謂失之太酷乎？是以非對於債務者，通知其讓渡，或得其承諾，不能生其讓渡之效力。或問曰：對於債務者而要此手續，雖似有理，然對於他之第三者而必須此條件，則果因何故而然？曰：所謂他之債權者，殆即債權第二之讓受人，或於其債權之上取得質權者，或差押其債權之債權者等，注意較深之人焉耳。是其人，非先對於其債權之債務者，確知讓渡人等，對於其人，果有債權與否，即應不爲讓受或其他行爲。或如差押時之債務者，若直述異議，則差押債權者，應有就他財産而爲强制執行之便。民訴六〇九此所以對於是等之第三者，總之以右之條件爲必要也。雖或有批難之者曰：若債務者而爲僞言，則第三者可被其欺，而本條之規定，實際終歸於有名而無實。然一則特債務者之爲惡意，其事當不甚多，二則他無適當之公示方法，故終採用此法焉。在外國，雖間有使爲登記之例，然此不但實際所難行，且就登記之場所，設一定之規定，亦極不易，何則？設於債務者之住所爲登記，則債務者於何時變更其住所，有不可知。故於變更以後，即至債務者住所所在地之登記所，確查其債權讓渡之果有登記與否，亦尚不得就其債權，安然而爲取引。雖然，於此時而以爲非於債務者新住所之登記所爲登記，其對於第三者爲無效，則使於債權者不知之間，債務者已移其住所。是時債權者，動將於不知之間，恒遭失其權利之禍。此所以本條之規定，縱不完全，各國大抵尚皆採用之也。

或曰：債務者於承諾其讓渡之時，當必在既受讓渡人通知之後，故止以應通知於債務者之旨，爲之規定足矣。更問：債務者之承諾與否，似可不必。曰：不然。通知與承諾，其效力不同，觀次條自見。故豫規定其要具此二條件之一，最爲允當。況債務者於未受讓渡人通知之時，或自他處傳聞其讓渡之事，亦有對之而表示其承諾之旨者乎？且確定日附，亦止就通知或承諾之一端，爲所有此事耳。

依本條之規定，通知必由讓渡人爲之。是無他，非由讓渡人爲通知，即未能信其真有讓渡否也。例如讓受人因讓渡而爲應受利益之主，由此點觀察之，似令讓受人通知爲妥。現時舊民法及其他，凡使讓受人爲通知者，其例正多。然所謂讓受人，當其讓受實未定局，而因讓渡之通知，發於債務者，可以横領債權，或於讓渡成立之後，可得第一位之權利，將有豫發通知之弊，蓋不待言，故必使讓渡人爲其通知焉。而若讓渡人怠此通知，則其讓渡人，未可視爲肯履行其因讓渡所生之義務者，故讓受人得促之，使通知於債務者。若不聽，則訴之於裁判所，以其判決，代讓渡人之意思，送達債務者，以代本條之通知。四一四・二項但書若因此被其損害，則並使爲賠償可也。

右之通知或承諾，於當事者間，任以如何方法爲之皆可。例如書簡或其他書面，譯者按：凡見之於紙片者，皆謂之書面固無論矣。即以口頭或容態等爲之，均無不可。惟對於第三者，則以有確定日附(Date certaine)之證書爲要。是無他，就此通知或承諾，極易行詐，債務者與讓渡人通謀，有提早通知或承諾之時日，以謀害第三者之權利者。例如在明治二十九年十一月五日，受讓渡之證書，或爲其承諾。然其前日，即十一月四日，已就同一之債權，先有讓渡之通知或承諾焉。後之讓渡，不能不全然無效。由是而債務者與債權者通謀，以五日之所通知或承諾者，僞言十一月三日既有之，而第三者不能舉其反對之證據，其事多有。故於本條第二項定爲右之通知或承諾，欲以之對抗於第三者，必須有確定日附之證書焉。蓋確定日附云者，謂附一準日，儘是日起，至後日不能行其詐欺，以是爲確定者也。至其方法，則依民法施行法第五條以下定之，非以公正證書或具有四條件之一之私署證書，不爲有確定日附者。何謂四條件？(一)於登記所或公證人之役場，押捺有日附之印章，(二)其署名人之中有死亡者，(三)曾引用於有確定日附之證書中，(四)於官廳或公署，記入某事項，而因載其日期者，是也。

於本條第二項，所以云"債務者以外之第三者"者，無他。債務者其人，由讓渡觀之，雖爲第三者，然由通知或承諾觀之，則爲當事者。故於第二項之情事，雖止言第三者，亦或可視爲除去債務者而言。然既於第一項，以債務者包於第三者之中，故此而不言債務者以外，或且疑是亦可於第三者中包之矣。

第四百六十八條　債務者若不留異議而爲前條之承諾，則雖有得對抗於讓渡人之事由，亦不得以之對抗於讓受人。但債務者若因消滅其債務，而有所付還於讓渡人，則不妨追回之。又因此而對於讓渡人，别有負擔之債務，則不妨視爲不成立者。

讓渡人若止爲讓渡之通知，則債務者儘受其通知以前，得以對於讓渡人所生事由，對抗於讓受人。財三四七・二項、五二七

在本條，所以明通知與承諾，其效力爲有差異者也。先於第一項，定承諾之效力，債務者不留異議而爲承諾，則雖有得對抗於讓渡人之事由，亦不得以之對抗於讓受人。是無他，債務者之承諾，即承諾爾後之讓受人，應認爲自己之債權者。故若有可對抗於讓渡人之事由，而欲以之對抗於讓受人，當時不可不特留保之。譯者案：留保謂存留而不棄也。不然，即不能不認讓受人爲完全之債權者。例如債務者對於讓渡人，有相殺之原

因，而於承諾之際，不特爲留保，則後日不得以之對抗讓受人。又讓渡人嘗爲全部或一部之免除，而不爲關於承諾之際之留保，則讓受人得就其全部之債務，求其辨濟，但讓渡人不應爲不當之利得。故若債務者，嘗因欲消滅其債務而有所付還，則得追回之。又若因欲消滅其前債務，而對於讓渡人別有負擔之債務，則得視爲不成立者，此不能不然之事也。例如債務者既對讓渡人而爲全部或一部之辨濟，則對於讓受人，雖應任辨濟全部債務之責，然對於讓渡人，則已得求其退回所辨濟。又例如債務者於與讓渡人爲和解，因消滅其債務，而更負擔新債務之時，其因和解而消滅之債務，對於讓受人，雖依然負擔之，然對於讓渡人，則得免其因和解而免其所負擔之債務。或曰：於此情事，似當然爲應免其所負擔之債務者，而依本條第一項之末文，不過云不妨視爲不成立者，此何也？曰：此於大多數場所，債務者雖必以免其債務爲有利，然間有依然負擔其債務爲有利者。蓋其所負擔之債務，與他債務相牽連者是也。例如甲對於乙，主張有金千圓之債權，而乙則主張無此債務，卒由和解，而甲則拋棄其債權。乙則同時以係其所有值價千五百圓之不動產，讓與於甲，由甲轉付以千圓。當此時，以常情論，乙可免其不動產應讓與之債務，而千圓之請求權，亦拋棄之，以爲有利。然若乙竟不欲復其不動產，爲自己所有，又或有必需此千圓，甯不顧價值上之損失，而以履行其和解爲利者。況不動產之價格，更有低落時耶？此時讓渡人，決不得視其和解爲無效。且讓渡人若有惡意或過失，則依不法行爲之一般規定，應任損害賠償之責，固所不待言也。七〇九或問曰：債務者對於讓渡人，若有相殺之原因，則應竟失其相殺之利益，然乎？曰：然。雖然，於此時，對於讓渡人，得求其履行自己之債權，故債務者不當視爲被損失者。蓋在新民法，以相殺爲因一方之意思表示，而始生其效力者，五〇六故債務者對於讓渡人，若不表示其相殺之意思，而爲讓渡之承諾，則不得不全視爲已拋棄其相殺之權利者也。

止由讓渡人爲讓渡之通知，則與債務者爲承諾時有異，蓋債務者尚未認讓受人爲自己之債權者也。故債務者雖不得以受通知後所生事由，對抗於讓受人，然其以前所生事由，仍得對抗之。不然，因讓渡在債務者不知之間，將有失其對於讓渡人之權利者矣。

第四百六十九條　指圖債權之讓渡，非於其證書爲讓渡之裏書，譯者案：裏書者，就其證書而記載之情節也。凡紙必有表裏，紙背爲裏，書於紙背，即曰裏書，蓋言不另立契也。而以之交付於讓受人，則不得以之對抗於債務者及其他之第三者。財三四七·五項，舊商三九四至三九八，新商二八二、四五七、四六一、四六三

自本條以下至第四百七十二條，乃揭關於指圖債權之規定者也。指圖債權云者，乃有證書之債權，於證書定對於所指定之債權者，或其所指圖者，應爲辨濟之旨者也。例如下之所圖，即一種指圖債權。

> 證
>
> 米　百石
>
> 以上之物，無論何時，任從台駕或台駕之指圖人來取即付。
>
> 年　月　日　　　　某人
>
> 某某先生

債權之性質上，有當然爲指圖式者，例如爲替手形商四五五，譯者案：即匯票，日本謂票爲手形，蓋其最初，捺手即以爲憑證，其後於證票尚蒙此稱也、約束手形商五二九，譯者案：即期票、小切手商五三七，譯者案：即支票、倉荷證券商三六四，譯者案：即棧單等，是也。其他凡

非法律上之當然指圖式，依其明文得爲指圖式者，則如貨物引換證商三三五，譯者案：此當即吾國之包票、船荷證券商六二九，譯者案：此當即吾國之攬載等，是也。又法律雖不揭明文，苟無反對之規定，得以其一切之債權，爲指圖式者。於此情事，若讓渡其債權，要有所謂裏書(Endossement)者，裏書常以記載於證書之裏面者當之，故有此名。雖然，即以之記載於證書表面之空白，亦有效力。而其裏書之體裁，大概如下：

> 表面之金額，或表面所記之米等某某先生或其指圖人，可以照付
>
> 年　月　日　　　　　某人

於第一之裏書，署名者必需所指定於證書之債權者，而其裏書文内之人名，則爲其第一之讓受人。此第一讓受人，若欲更爲裏書之讓渡，則自爲署名者，以應爲第二讓受人者指定於裏書文内，而於第一裏書之次，爲其裏書焉。他可類推。其裏書之所最緊要者，所指定於證書之債權者，爲第一裏書之署名者。所指定於第一裏書之債權者，爲第二裏書之署名者，以下順次以債權者之氏名，連絡於各裏書而無間斷。因是權利移轉之順次，一目瞭然，使爲債務者其人，檢閲其順序，得知現在權利者之爲誰，爲甚便也。

雖然，指圖債權之讓渡，未可止以債權也，必需讓渡人以其證書交付於讓受人。蓋此債權以證書爲重，不能於證書之外，認其成立。故非讓渡人以其證書交付於讓受人，則第三者不能確知此讓受人，果爲正當之讓受與否。且裏書之順序，無間斷而證明其證書之所持人，及其他中間之讓受人，皆爲得正當之權利者，亦必不能不以證書。故此種之讓渡債權，非爲裏書於證書之後，以之交付讓受人，則不得以其讓渡，對抗於債

務者及其他之第三者。是固但爲對於債務者及其他第三者，所存之條件，在讓渡人、讓受人兩當事者之間，則縱無裏書及交付，止因雙方之同意而亦爲有效，故此時之裏書及交付，可以當普通債權之通知或承諾焉。

第四百七十條　指圖債權之債務者，雖有調查其證書之所持人及其署名捺印之真僞之權利，然不負其義務。但債務者若有惡意或重大之過失，則其辨濟爲無效。財三四七・五項，舊商四〇〇

指圖債權，本以使之容易流通爲目的，故其債務者，非如尋常債務者，必既詳債權者真僞之後，始爲辨濟。若使信爲債權者其人，實非真債權者時，必令債務者負其責焉，則其有妨於債權流通者不少。故指圖債權之債務者，雖不調查其證書之所持人，及其署名捺印，果爲真債權者，及爲其人之署名捺印與否，而爲辨濟，其辨濟亦爲有效。但(第一)若債務者有若干疑竇，則有調查其所持人及其署名捺印之真僞之權利。是蓋指圖債權之債務者，辨濟於非真債務者，固亦可免其義務，然究無應辨濟於非債務者之義務也。(第二)債務者若有惡意或重大之過失，則其辨濟爲無效。例如明知其非債權者而爲辨濟時，是出於惡意者，又如不發見裏書之有間斷，而爲辨濟，或所持人爲乞丐及其他類於乞丐之貧人，攜數千圓之指圖證券，來求其辨濟。於此，而對之爲辨濟時，是爲有重大之過失者。蓋債務者知其相手方之非債權者，或雖未知而必可知之，此時若過爲辨濟，則不得以其辨濟之有效，對抗於第三者也。

第四百七十一條　前條之規定，證書有雖指名其債權者，而仍附記其應辨濟於證書之所持人之旨時，亦準用之。

本條就證書指名債權者，而仍記載應辨濟於所持人之旨時，爲之規定。例如送金手形及政府之支拂命令等，譯者案：如吾國解單及批回之類此類甚多。就此種證書之性質，從來實際爲有疑問，又學者間亦無一定之説。即在外國，就此情事設特别之規定者亦不少。而其實際，此種證券及其他類似之者，殆必不少。且在我邦，慣習上尤多此項證券。故設關於此之規定，最爲必要。而於本條，此證券之性質，依然以爲記名證券，不視爲無記名證券。雖然，債務者而有應辨濟於證書所持人之約，則辨濟於所持人，不得不爲已免其責。蓋其意曰：吾雖承諾對某人而負債務，或於某無一面之識，或某不自來從爲辨濟，使其代理人受辨濟，時其請求辨濟者，殊難明知其果爲某或某之代理人與否。故於凡持證書而來者，即視爲某或某之代理人，向之辨濟，而吾即免其義務。而債權者則從其證書，而知債務者止負如上之義務，故亦可不生異解，此所以本條準用前條之規定。其債務者，雖得調查所持人之果否爲債權者或其代理人，又其署名捺印之果真與否，然不負必應調查之義務。但債務者若有惡意或重大之過失，則辨濟於所持人爲無效，不能不更爲辨濟於真債權者焉。

第四百七十二條　指圖債權之債務者，除所記載於其證書之事項，及由其證書性質所生當然之結果外，不得以可對抗於原債權者之事由，對抗於善意之讓受人。財三四七・五項，舊商三九九、四〇一，新商二八二、四四一

指圖債券本列爲有價證券之一，債權之價格，殆卻存於證券，雖云證券之爲物，即有債權之價格者，無不可也。故得有指圖債權者，專從其證書所記載，得知其權利之性質及範圍等，非是則指圖債權之用何在。故除所記載於證書之事項，及

由其證書性質所生當然之結果外，縱令債務者對於債權者，有何等之抗辯，其讓受人若爲善意，則不得以其抗辯而對抗之。例如證書所記載者，爲某人或其指圖人，持若干之運賃而來，則當以某貨物交付之。斯時其債權之讓受人，非支付其運賃，自不得對於債務者請求其交以貨物。又或證書縱不記明，而但載其先交運賃之旨，則其證書之最後讓受人，非付其運賃，即不能受貨物之交付。此依第二百九十五條及第三百十八條，意義明甚，故不得不云由其證書性質，所生當然之結果。雖然，證書中若不載應以運賃换其貨物，亦不揭明其運賃之已經先付，債務者自與初之債權者立有特約，言貨物應與運賃换交，則其債權之讓受人，可逕請求其交付貨物，而無支付運賃之義務矣。但其讓受人，若自始即知有右之特約，則其讓受之際，乃豫期如此而讓受其債權者，故當不得受本條之保護，固所不待論也。且據商三二四、三四九、六〇六・二項，運送營業人若發行本文之債券，則非受運賃於受貨人，無庸交付其運送品，是亦可謂由其性質，所生當然之結果也。

第四百七十三條　前條之規定，於無記名債權準用之。舊商四〇四

本條乃關於無記名債權者也。蓋無記名債權，其價格爲全然存於證券者。故既於第八十六條第三項，視之爲動產，三訂一卷本條文解釋之内若以第百七十八條適用之，則因其交付證書，對於第三者，亦可生其完全讓渡債權之效力，再訂二卷本條文解釋之内故就無記名債權之讓渡，似不必於此特揭明文。惟其債權之價格，全然存於證券，故於便宜上，其債權亦如其證券，視之爲動産，適用關於有體物之規定。然其性質之爲債權，則無或改，此由此性質，所以必需本條之規定者也。蓋債權之性質及範圍等，隨地而異，故止依證書，往往有不能確知之者，由

是苟無明文，不無惹起可疑問題之慮，而在無記名債權，則債權之價格，存於證券，其事較指圖債權而尤甚。故於本條，以之準用前條關於指圖債權之規定：(第一)其債權之性質範圍等，依證書所載爲定；(第二)縱證書所不載，而由其證書性質所生當然之結果，凡此無記名證券之各所持人，皆不可不認之；(第三)其他事項，方初作成證券之時，債務者與債權者之間，縱有何等約定，亦不得以之對抗於善意之所持人。例如鐵道之切符，譯者案：即車票爲無記名證券，此證券若揭明限於一日爲有效，則至翌日欲用此切符而乘車，鐵道會社得不允之。又縱不以之明記於證書，若依法律之明文，或從其習慣，其切符止能有一日間之效力，固亦不得不從之。雖然，爲債務者之鐵道會社，縱未受取汽車賃，而以其切符，交付於初之債權者，然其後以善意讓受其切符者，得不付汽車賃於鐵道會社，而求乘車焉。此類是也。

第五節　債權之消滅

債權消滅之原因，於本節所揭者之外，雖尚不尠，然既他有規定，自應不揭於此。例如因無能力或意思之瑕疵，所致法律行爲之取消，一二〇以下解除條件之成就，一二七・二項消滅時效，一六七以下能害其債權者之行爲之取消，四二四契約之解除，五四〇以下等是也。以上種種，其取消云者，自始即不視爲法律行爲，故其債權亦自始即視爲不發生者，故此非純然之債權消滅。又解除云者，其效力往往及於既往，此即與取消無異。但契約之解除，在當事者間，其效力雖及既往，然對第三者則不然。故於此情事，可謂有純然之債權消滅之原因者。

本節所定，(第一)辨濟，(第二)相殺，(第三)更改，(第四)免除，(第五)混同，是也。此外有如不能履行等當然不待言之消滅原因，在新民法，認此爲不必設别段之規定，但以此事有前定之第四百十五條、第五百三十四條至五百三十六條等規定，自明之矣。

第一款 辨濟

辨濟(Solutio，payement，Erfüllung)云者，謂因履行而消滅其債務。故從理論上言之，辨濟與履行，全爲同物，毫無所異，故辨濟之規定，即履行之規定，履行之規定，即辨濟之規定。惟履行乃由債權之效力而觀，辨濟則由其消滅而觀，以爲言耳。雖然，此本同爲一物，故若履行之規定，與辨濟之規定並揭，自不能免於重復。故即外國之法典，亦多規定之於一處，間亦不無兩處規定之例。然其區别，毫不適於理論，亦無益於實際之便宜，故新民法於辨濟款下，網羅履行之規定，即於債權之效力節，不復揭此規定焉。惟第四百十二條至第四百十四條之規定，雖亦關於履行之規定，然此殆無關於債權之消滅，故特以之揭於“債權效力”之節之下。但由理論上言之，本款所規定，多應就債權效力之點，著眼爲妥。然其專關於消滅之規定亦不尠，故竟以之包括於本款焉。

一 應爲辨濟之人

第四百七十四條 債務之辨濟，第三者得爲之。但債務之性質所不許可時，或當事者表示反對之意思時，不在此限。

不有利害關係之第三者，不得反於債務者之意思，而爲辨濟。財四五二、四五三

債權本爲人與人之關係，既如所論。故其履行，即辨濟者，非債務者自爲之，似應無效。由是學者中非無持此説者，而予之所信則異是。夫債權爲人與人之關係，固毫無可疑，然有不必定爲某人某人者。是無他，債權之人與人關係，甯以爲存於其權利人行爲之上，若其行爲任何人爲之，其取得債權無

異，無庸必屬於某人之行爲，故其辨濟，亦與他法律行爲同，得使代理人爲之，此人人所無異詞也。若然，則雖不在債務者之位置，苟完了其債權目的之行爲，不得不視爲已足。而如支付金錢，或移轉其他有體物之上之權利，是等行爲，任何人爲之，其爲取得債權，毫無所異。故債權而在以此等行爲爲目的時，即平常之時，則其辨濟任何人爲之，不得不皆爲有效。此在本條，所以以第三者得爲之爲原則也。惟此原則，尚有三種例外。

第一　債務之性質不許第三者爲辨濟時

例如繪畫之義務，人之服於使役之義務等，其性質爲不許第三者爲辨濟者。蓋甲畫與乙畫不同，殆不俟言。故若在甲爲債務者時，而使乙代已繪畫，是直不可爲履行其義務，因而不得云已有辨濟。況乙自任意作畫，而欲代甲充債務之辨濟，亦何可得耶？又婢僕等在負有服主人使役之義務，時其義務之目的，在某僕某婢之勞務，非他人之勞務，故亦爲不許他人代爲辨濟者。六一五・二項參看

第二　當事者已表示其不許第三者爲辨濟時

例如債權者有不欲受債務者以外之金錢者，自始即與債務者相約，定爲必由債務者自行辨濟時。又或因債務者不屑他人代已辨濟，約定即使有他人代爲辨濟，債權者不可受之之時，是也。

本條之所謂當事者在單獨行爲，則謂其行爲者，在契約，則謂其雙方。蓋新法典中之用語，其稱當事者之時，據其前後法文，凡當事者有二人以上之處，除各自明指者之外，例如六一九・二項總含有一切當事者之意。故在單獨行爲，當事者本止一人，即其意味爲一人之當事者。然在契約，則當事者必有二人以上，其意味即爲全員，從可知矣。

第三　不有利害關係之第三者方其欲爲辨濟而債務者反對之之時

例如債務者一面不識之人，或債務者爲不欲受人恩義者，方其欲代債務者爲辨濟，而債務者不之屑，又或有慮其人將來轉行其求償權，更苛酷於債權者，故不欲其代爲辨償。遇此情事，其人不得爲辨濟，若强爲之，其辨濟爲法律上爲無效。此在外國，大抵取與是相反之主義。然在我邦，則因所謂武士氣質，其向來習慣，似已認本條第二項之規則。故於新民法，特設此規定焉。但債務者若不表示何等之意思，則任何第三者，皆得代爲辨濟。惟債務者縱不明表示其反對之意思，其並無利害關係之第三者，而欲爲辨濟，則仍適用本條第二項之規定也。

有連帶關係之第三者，若連帶債務者，保證人，以自己財産供其債務擔保之第三者，擔保財産之第三取得者，爲他債權者而以爲辨濟爲有利者，此等皆是也。凡此等人，得反於債務者之意思而爲辯濟。蓋其辨濟，不但關於債務者之利害，乃關於自己之利害也。此在前二者爲辨濟時，其所辨濟，舉凡自己之債務，及他連帶債務者或主債務者之債務，同時皆爲辨濟。若無上述之各關係，則爲無利害關係之第三者矣。

凡第三者於爲有效之辨濟時，債務者因此而免其債務，故對於爲辨濟者，必不可不爲賠償。惟其賠償之程度，隨時不同。例如在連帶債務者爲辨濟時，可依第四百四十二條而爲求償，在保證人爲辨濟時，可依第四百五十九條及第四百六十二條而爲求償，而保證人則又視其受主債務者之委託與否，反於主債務者之意思與否，各不同其程度，既如所論。在以自己財産供其債務擔保之第三者爲辨濟時，可依第三百五十一條及第三百七十二條之規定，與保證人有同一之求償權。至其他之

人，或可有事務管理者之求償權，七〇二或止能有因其不當利得之求償權而已。七〇三，財四五四參觀

第四百七十五條　辨濟者若以他人之物爲引渡時，非更爲有效之辨濟，不得取回其物。財四五五・一項、二項、四項、六項

債權之目的若爲有體物，則既稱辨濟，必令債權者於其物之上得有權利。例如在以支拂金錢爲目的時，非以屬於自己所有之金錢爲引渡，殆無辨濟之效，此必然也。故非辨濟者更以自己之金錢爲支拂，殆不能消滅其債權。但其初所引渡者，爲他人之金錢，不能謂不得取回之物。雖然，若辨濟者未爲有效之辨濟，其間即令所引渡之物，得以取回爲請求，則債權者之不利益，實可想見。何則？債權者縱不於其物之上得有權利，然當有因占有而得向所詳論之種種權利，一八八至一九〇，一九〇至一九五而今則失其物之占有，且未受辨濟者更爲有效之辨濟，則債權者爲失其既得之利益，又未受可以相代之利益，故其地位之不利，有不待言。此在本條，所以定辨濟者未更爲有效辨濟之先，不得請求前所引渡之物之返還也。

在前項，余雖假定爲金錢義務，然此不過取其實際最多之債權種類，以爲例耳。其實適用本條之情事，以金錢爲目的之債務爲最少。蓋金錢乃最能互替之物，即使以他人之金錢爲辨濟，若另以金錢償還其人，其人必不容有異議，而彼受此金錢之債權者，殆亦無所利於更爲取換。至就理論上言之，債權者因所謂即時時效，即得其金錢之所有權，最爲恒事。又即使其金錢爲盜品等，非可受所謂即時時效之適用，然其本主既受他金錢之償還，當無必欲取還原有金錢之事，以故輒因滿二年間無人請求，止適用第百九十三條，其債權者或其轉得者，就此金錢，取得完全之所有權焉。況金錢之爲物，大概爲無目標

者，故某金錢果屬某之所有，又果爲某所盜取，均屬極難判別乎。是以實際上適用本條之最多者，其債權恒在以米穀及他商品爲目的之處。雖此等處，亦適用所謂即時時效，其必須適用本條者，殆亦本無多也。

或云：設辨濟者雖出自己之所有物，其前既引渡他人之物，殆亦不得取還。何則？辨濟者於其物之上，並無何等權利也。曰：不然。辨濟者於其上有占有權，苟既引渡其自己之所有物以了其辨濟，則前所引渡之物，何能不令取還，況對於真所有者，尚有速返還之義務耶？或問：辨濟者於引渡他人之物時，債權者既因所謂即時時效，而取得其所有權。在辨濟者，可另以他物爲引渡，而請求其物之取還乎？又債權者可自還其物，而請求於辨濟者，更以屬其所有之物爲引渡乎？曰：不然。依第百九十二條之規定，凡動産以具備該條所揭之條件而占有者，即於其動産之上，取得權利。然則辨濟者既由自己之過失，以他人之物爲引渡後，欲不顧債權者已得有權利於此物之上，而隨意取還者，在理爲不能。又債權者縱於後日，知其物不屬於辨濟者，而以應另換他物之旨，向辨濟者要求，辨濟者必答之曰：吾或稱他債務者對於汝，負移轉其權利之義務，今此權利已移轉於汝矣，則辨濟以前，此物不屬於吾，汝不能以責我。若債權者又曰：否，吾非由汝取得權利，乃由法律之力，直接取得權利者。則辨濟者必又答之曰：吾若不以物之佔有權移轉於汝，汝未必能取得此權利，故吾既以占有權移轉於汝，即汝之所以得此權利，其原因在吾之行爲，汝止爲取得權利者而已。故當此之時，以雙方協議而交換其物，固無不可。若一方有不願時，不能由他一方强之交換也。據本條之明文，本條之所謂物，似亦可指本來特定之物，然其規定之性質，乃止應適用於不特定物焉。不然，債權之目的物若爲有一無二，則非就其物之上移轉權利，必不得爲辨濟之事，故如取還之而更爲有效之辨濟，將卒爲事實之所無矣。

第四百七十六條　無讓渡能力之所有者，於引渡其物以爲辨濟之時，若取消其辨濟，則其所有者，非更爲有效之辨濟，不得取還其物。財四五五・一項、三項、四項

辨濟亦一種法律行爲，故其爲之也，要有相當之行爲能力，不待言矣。惟然，而無讓渡其債權目的物之能力者，四、九、一二・一項・三號、一四・一項・一號若引渡其物以爲辨濟，則其辨濟，固爲得取消者。故辨濟者若取消其辨濟，則應更爲有效之辨濟，固不容疑。即謂辨濟者尚爲無能力者時，其爲辨濟，必需或得法定代理人、保佐人或夫之同意，或由法定代理人代爲之。雖然，於此情事，若債權者於未受有效辨濟之先，即不得不返還其前所受取之物。則又恰如前條所論，債權者必專立於不利益之位置，故於本條，儘其未受有效辨濟以前，無庸返還其他所受取之物也。

本條雖於以特定物爲目的之債權，亦可適用。但其取還一層，則主在不特定物之債權，就其應辨濟之物，而於物之品質或數量，適用本條，則或止見於無能力者曾以過當之物與人時耳。

第四百七十七條　於前二條之情事，債權者若以所受辨濟之物，因善意而消費或讓渡之，則其辨濟爲有效。但債權者若因此受第三者之請求，須有所賠償，則對於辨濟者，不妨爲求償之事。財四五五・五項・六項

本條乃就前二條之情事，債權者以所受辨濟之物，因善意而消費或讓渡之之時，爲之規定者也。於此時，若令債權者有

返還之義務，則債權者不但被非常之轇轕而已，蓋已消費之物，或已歸他人所有之物，有即欲返還而不可得者。故於此時，法律以其辨濟爲有效，令債權者直無庸返還其已受之物，債務者亦無庸更爲辨濟焉。雖然，不得以此害第三者之權利，又屬當然之事。故債權者可有受第三者請求賠償之事，殆不容疑。例如債權者以其物善意讓渡之後，因原所有者未喪其所有權，對於其讓受人請求返其原物，使竟得返之，則其讓受人止有對於自己之讓渡人，即債權者，以賠償爲請求而已。又例如債權者雖以善意而消費其物之時，然因其消費，多有得受利益之處。此時其物之所有者，對於此債權者，至少亦得以不當利得之賠償爲要索焉。凡此等情，若債權者竟爲賠償，則因辨濟而得之利益，必失其全部或一部，亦不待言。故其債權者對於辨濟者，不容不得求償，此所以有本條但書之規定也。

二　應受辨濟之人

第四百七十八條　爲辨濟於債權之準占有者，則限於辨濟者爲善意時，有其效力。財四五七

辨濟以對於債權者或其代理人而爲之爲本則，固不待言。故辨濟者對於非債權者或非其代理人，誤爲辨濟，必仍無效。但此有二例外，本條乃就其一爲規定焉，則曰對於債權之準占有者爲辨濟時是也。夫依第二百五條，凡以自爲之意思行使財產權者，則爲準占有者，是蓋可準用占有之規定者也。故此所謂債權之準占有者云者，乃以自爲之意思行使其債權者。例如無相續權者，誤行相續人之權利，或乘他人之不在，橫領其財產，對於世人，爲恰如其所有之動作，凡對於此等人而爲辨濟，則限於辨濟者爲善意時，爲有效焉。是無他，欲辨濟者熟知他人之相續權，及其他人與人間之關係，極爲難事。故若於此等情事而以辨濟爲無效，往往將被不測之損失。況債權之準

占有者，方其持債權證書，來催辨濟，辨濟者信爲正當之債權者，誠當然之事耶？然則凡債權而有準占有者，殆多由其債權者自爲怠慢。故於此時，甯助善意之辨濟者，而不保護債權者，較爲妥當。且債權者對於債權之占有者，自有求償權。故從其多數言之，債權者亦罕有全被損失之事也。

第四百七十九條　除前條情事之外，凡爲辨濟於無權受領之人，其辨濟止於債權者因此受益之限度，有其效力。一一三至一一七，財四五六、四五八

本條乃規定第二例外，無他，即債權者因辨濟而受益之時是也。例如債權者從債權之準佔有者，受取其所受辨濟之物之全部或一部時或事務管理者，受其辨濟，爲債權者之利益而使用之之時是也。此等情事，理論上雖以辨濟爲無效，然若竟以爲無效，則債權者必返還其物，而辨濟者亦必更爲辨濟，徒生無謂之周折，以故甯於債權者所受利益之限度，視辨濟爲有效。若債權者未受其全部之利益，則止就其不足之部分，得更請求其辨濟焉。而在此部分内之辨濟者，對於先時受我辨濟之債權準佔有者，或其他之人，得爲求償，固所不待言也。

第四百八十條　攜收據而來之人，視爲有權受領辨濟者。但辨濟者明知其無權時，或因過失而不知之時，不在此限。舊商五五・二項

本條於請求辨濟之人，既非債權者，又非其代理人之時，因保護善意之第三者所設之規定也。蓋於此時，其人既非債權之準佔有者，則辨濟似應全然無效。然辨濟者若無過失，亦不可不保護之。故其請求辨濟之人，若攜收據而來，則縱非債權者親手交付以委任其人，來受辨濟，但就事論事，百中有九十九，可信其有委任。辨濟者信其人爲正當之代理人，而爲辨

濟，不得謂之過失。故於此時，法律特以其辨濟爲有效焉。況於此種情事，其人即不能證明其實際有權，受此辨濟，要自以有權爲多乎？但此規定，本爲保護善意無過失者而設，故若辨濟者明知攜收據而來之人，無應受辨濟之權限，或當得知之，因過失而不知，則亦不能受本條之保護。例如債權者之所用人中，有竊取其所置之自製收據者，債權者即對於其債務者，發一通知，警告以所用之人，即請求辨濟，亦不可與之云云。債務者而不讀其書面，則縱爲善意，亦有過失，故不能受本條之保護也。

第四百八十一條　已受止付之第三債務者，若爲辨濟於自己之債權者，則差押債權者，譯者按：差押，謂收他物以抵己之損失；差押債權者，即收債務者自己所有之債權，而以其債務者爲第三債務者止其支付，以抵己之所有債權也得於其所受損害之限度，以應更爲辨濟之旨，請求於第三債務者。

前項之規定，不妨由第三債務者，對於其債權者，行使其求償權。財四五九，民訴五九八

本條於特別之時，規定債務者不得爲辨濟於其債權者，即其債務者受人止付之時是也。於此時，債務者若不顧債權者之債權者，曾依法律所許之手續，來阻上其辨濟。但自認己之債權者而辨濟之，則彼既爲差押之債權者，必得於因此受損之限度，令債務者更爲辨濟。此蓋其債務者因自己之不法行爲，而負賠償之責任者也。七〇九

雖然，債務者既對於自己之債權者，爲已辨濟。畢竟已爲二重之辨濟，而其付款於差押債權者，間接仍爲自己債權者之利益，故使之對於自己債權者，得爲求償，固所不俟論也。

三　辨濟之目的

第四百八十二條　債務者若以債權者之承諾，於其所負擔之給付，代爲他之給付，則其給付，與辨濟有同一之效力。財四六一

本條就所謂代物辨濟(Datio in Solutum，dation en payement，Angabe an Zahlungsstatt)而爲規定。代物辨濟云者，謂其爲債務目的以外之給付，充其辨濟。例如於有應付金一萬圓之義務時，代之以不動産之所有權，此類是也。就代物辨濟之性質，古來大有議論，或謂之爲賣買，或謂之爲辨濟，或謂之爲更改，余從其第三説。夫賣買云者，一方欲得某權利，他一方則對於此而欲得其金錢，因成此舉。代物辨濟，則當事者之意思，專在欲令其債務消滅，惟債務者以債務之目的給付爲不便，欲代之以他便利之給付，以消滅其債務，債權者亦採用其意思，承認其債務之爲消滅而已，故不得不謂當事者之意思，於兩者之間，判若徑庭。雖然，至謂爲辨濟，則亦甚謬。夫辨濟云者，履行之謂也，即由債務之目的給付，使其債務消滅之謂也。然則代物辨濟，乃爲債務之目的以外之給付，故不能謂爲履行其原債務。此雖三尺之童，亦能知之。若然，則非謂之爲更改，終不能説明之矣。蓋即當事者先變更原債務之目的，例如代金錢以不動産，然後直履行其第二債務，則所謂代物辨濟也。故除本條所規定者之外，悉適用關於更改之規定。例如第五百十七條之規定，即爲應適用於代物辨濟者。雖然，在本條，考當事者之意思，且固實際之便利，卻與辨濟有同一之效力。故第四百九十九條以下，關於代位之規定，及其他辨濟之規定，凡其性質得適用於此者，皆可適用之也。

代物辨濟，本來從有更改性質而生之一種結果，在以代物爲所給付之權利，屬於他人之時，依第五百五十九條以下之規定，債務者與賣主，爲有同一之擔保義務。蓋更改之爲有償契

約，固已人無異言。然賣買之規定，乃應以之準用於其他有償契約者，故關於賣主擔保義務之規定，亦當以之準用於更改。若謂爲純然之辨濟，則斷難以同一之規定適用之矣。

當事者往往有爲代物辨濟之豫約者，其名謂之任意債務(Obligation facultative)。例如債務者方其負擔債務之初，即與債權者相約曰：吾照約當與汝金一萬圓，然若到期不便以此相與，則當與以某不動産，充其辨濟。是即所謂任意債務，而探究其性質，亦不過代物辨濟之豫約，此無煩多辨而可明也。三〇・一項

第四百八十三條　債權之目的，若爲引渡其特定物，則辨濟者要如應爲引渡時之現狀，引渡其物。財四六二・一項

本條規定債權之目的爲引渡特定物時，辨濟者果應以何種狀況，爲之引渡？此事至少可分三説：一曰應以債權發生時之狀況，爲其引渡；二曰應以應爲引渡時之狀況爲之；三曰應以現爲引渡時之狀況，爲其引渡是也。雖然，似以第二説爲最妥，殆不俟論。蓋在法律或當事者，定應以某物爲引渡時，其所著眼，本應以引渡時期爲主，故既不特定爲應以債權發生時之狀況，爲其引渡，則應以應爲引渡時之狀況，爲其引渡，殆不俟論。又實際上有後於應爲引渡之時而始爲之者，在法律或當事者，無豫爲債務者想像其怠於引渡，或將後時而始爲之之理，故不能以實際引渡時之狀況爲引渡，其理甚明。但本條之規定，殆非命令的規定，故當事者得隨其意，爲反於此之特約焉。

以上乃假想當事者爲無過失者而言，若夫當事者而有過失，因其過失而變物之狀況，則過失者不得不任其責。至如因債權者之過失，而變物之狀況，則不但其事爲極少，且此事恒

無損於債務者，故恒不生賠償之責。但在債務者尚留保其權利，於其應引渡之物之上時，則債權者對之有賠償之責，亦不待言。惟因債務者之過失，而致變更物之狀況，其事頗多，今爲示其一例。有如債權發生之時，其目的物純然爲無瑕疵者，因債務者怠於注意保存，以致其物生有瑕疵，債務者雖除引渡其有疵之物以外，别無他法。然債權者因此瑕疵而受損害，不可不令賠償。反之，而若其瑕疵，由天災而生，則債務者毫不負責，故即引渡其有疵之物，可不更任賠償之責也。

以上雖常以物之狀況，以變更爲不利者，爲之假想。然往往非無反對之事例，例如應以樹木爲引渡者，在債權發生之時，尚未著花或未結實，若至應爲引渡之時，已着花或結實，則又不得以債權發生時，本無花實，據此理由，遽欲摘取其花或實，然後爲之引渡也。

債務者因怠於引渡，而致其物變更狀況，則如何？曰：物之以變其狀況爲利益者，例如未實之樹而結實，則當如其現狀以引渡之，所不待言。蓋使以適當之時引渡，即在債權者之家，亦應結實故也。然若物之以變狀爲不利益者，例如花時以前，本應引渡，乃至落花以後，始引渡之，因此而有損於債權者，則債權者得求其賠償損害，事有固然，且有時並得拒此樹木而不受之矣。

四　辨濟之場所

第四百八十四條　凡應爲辨濟之場所，若無别種之意思表示，則引渡特定物，要於債權發生時其物存在之場所爲之。其他辨濟，要於債權者現時之住所爲之。財三三三・一項、七項，四六八・一項，舊商三一七至三二〇，新商二七八

辨濟之場所，當因當事者之意思定之，是爲本則。凡依法律之規定，直接所生之債務，固當從立法者之意思。然除本條規定之外，特由立法者示辨濟之場所，其事甚少。雖然，當事者特定辨濟之場所，實際上

正不多見，故立法者於本條，推測當事者之意思，於其意思不明瞭之處，定一應適用之原則焉。此有二義：第一，在以引渡特定物爲目的時，其引渡當於債權發生時其物存在之場所爲之；第二，除前一義之外，常應於債權者現時之住所爲辨濟。

以上第一原則，雖爲各國法制所大抵一致，惟至第二原則，則各國法律不一。在法國，其原則當於債務者之住所爲辨濟，是或據其習慣歟，抑因欲偏於保護債務者乎？舊民法雖採此主義，然在我邦從來之習慣，似相反對。故於本條，竟以爲辨濟於債權者之住所爲原則焉。舊商三一七，新商二七八·一項。蓋此等事項，原得以當事者之反對意思而左右之，故劃一之規定，任如何定之，殆亦無甚弊害。然當事者往往無心定及此等之事，故雖係劃一之規定，亦勉從習慣，或相宜耳。

五 辨濟之費用

第四百八十五條 凡辨濟之費用，若無別種之意思表示，則其費用，債務者負擔之。但若因債權者之移轉住所，或其他行爲增加辨濟之費用，則其增加額，債權者負擔之。財三三三·一項、二項，四六八·二項、三項，舊商三〇三、三二一

辨濟費用之負擔者，其原則雖亦當以當事者意思定之，然當事者往往有不思及此等之事者。此時則其費用，當由債權者負擔之乎，抑當由債務者負擔之乎？在本條，則以爲當由債務者爲負擔焉。蓋辨濟本專爲債務者之行爲，故若無別種規定，則以當由債務者負擔其費用較合乎當事者之意思。但此爲尋常之規定，若因債權者之行爲，而增加辨濟之費用，則其增加之額，當由債權者負擔之，所不待言。蓋債權無得以一人之意思，特重債務者負擔之理。例如在債權發生之時，債權者住近債務者之住所，其後移轉其住所於遠隔之地，因此而有旅費搬運等之費用，是宜由債權者負擔之。但如金錢，或其他得由銀

行及運送業者，輕輕送致，即可給付者，而債務者故用莫大之旅費，齎往債權者之家，此實爲無益之費用，非可指爲債權者移轉住所之結果，而使債權負擔之。又例如債務者方提供其辨濟，因債權者無故拒不受之，辨濟之目的物，一旦運至債權者家之後，更返還於債務者之住所，乃至不得已而煩重運以致諸債權者之家，則其第二第三次運費，當由債權者負擔，固其所也。

六　受領辨濟者之義務

第四百八十六條　辨濟者對於受領辨濟者，得請求其交付收據。

本條規定受領辨濟者之第一義務，即交付收據於辨濟者之義務也。蓋辨濟者若就已爲辨濟與否，有所爭執，則必提出其證據。然若不從受領辨濟者取有收據，則辨濟者欲提出辨濟之證據，其事極難。而在受領辨濟者，則不過在方受取時，付一收據，無可拒之之理。此在本條，所以令受領辨濟者，負交付收據之義務也。

辨濟者得言非與收據互換，即不爲辨濟乎？曰：然。收據本爲辨濟之證據，故辨濟既了之後，縱請求其交付收據，債權者竟言未受辨濟，亦且無如之何？故於本條辨濟者即“爲辨濟者”，受領辨濟者即“受辨濟者”，固得對之而請求其交付收據也。

第四百八十七條　於有債權之證書者，辨濟者若既爲全部之辨濟，則得請求其返還證書。

本條規定受領辨濟者之第二義務，即返還債權證書之義務也。蓋債權若有證書，則債權者可因是而證明其債權之所由生。對此以觀，若無辨濟之證明，債務者將有不能免於二重之辨濟者。惟然則僅憑收據，往往有遺失等情，且如分幾次辨濟者，失其一二，事更最多。況收據之爲物，人人不皆視如債權證書之貴重，故稍經歲月，多已不復收存。而彼債權證書，在債權者既受全部辨濟之後，則已毫無必需之處，或以爲債務者方其以此證書，交付債權者，本止以債權存在之時爲限，其理亦通。故辨濟者於既爲全部辨濟之時，對於債權者，得以返還此債權證書爲請求，實可謂之至當。若夫辨濟者而僅爲一部之辨濟，即不得求此證書之返還，則又不待言矣。

或曰：既有本條之規定，則前條之規定，似可不用。何也？債權者既不復持有證書，自不復能請求其辨濟也。曰：不然。此有三義：第一，有無需債權證書，而亦得證明其債權之發生者，此而不另有收據，辨濟者無從證明其辨濟；第二，辨濟者即持有債權證書，未足證爲必由債權者所交付，故若無收據，或因詐欺錯誤等，得佔有其證書，不無可疑之處；第三，於辨濟一部之時，債權者自應不還其證書，若無收據，辨濟者又何恃而得證明其辨濟。此所以不問有無本條規定，必需有前條之規定也。

返還債權證書，必於辨濟既了之後，始得請求。是無他，既有收據，自無難證明辨濟之事實，故即使債權者謬主張其未受辨濟，以收據對抗之，自可證明其非實。此本條所以云既爲全部之辨濟也。

七　辨濟之充當

第四百八十八條　債務者對於同一之債權者，而有同種目的之數個債務，均爲負擔之時，其因辨濟所提供之給付，若不足消滅其總債務，則辨濟者於給付之時，得指定其辨濟所應充當之債務。

辨濟者若不爲前項之指定，則受領辨濟者，於其受領之時，得以其辨濟，爲之充當。但辨濟者對於其所充當，若即持異議，則不在此限。

於前二項之情事，其所爲辨濟之充當，依其對於相手方之表示意思爲之。財四七〇、四七一

本條以下至第四百九十一條，乃關於所謂辨濟之充當(Imputation des payemonts，Am echnug der Zahlung)者也。辨濟之充當云者，於同一債權者及債務者之間，有同種目的之數個債權，斯時債務者，若爲不足消滅其全債權之辨濟，則果應消滅何債權之問題是也。蓋於此時，若當事者協議既調，則從其協議，固爲任如何定之皆可。然若當事者協議不調，則果應如何，此所以有本條以下之規定也。

就辨濟之充當，從來有種種主義。或云債權者與債務者，應有同等爲此充當之權，或云債權者應全無爲此充當之權。然在新民法，則仿舊民法及其他多數之例，第一位爲債務者先有充當權，第二位爲債權者得爲充當，第三位爲以法律之規定，定充當之順序。蓋辨濟本爲債務者之行爲，雖債權者與此非無關涉，然債權之以債務者行爲爲目的，固已人無異言，因欲完了其行爲，故爲履行，即爲辨濟，其以債務者之行爲爲主，蓋不容疑。惟然而一行爲之性質，當因行爲者之意思定之，是以第一依債務者之意思，定其當以辨濟充當何項債務，實爲理所當然。但行爲之性質，在行爲之當時已定之，故當從辨濟時之債務者意思，有固然者。蓋若得至於後日，而任爲充當，則債務者往往有以非辨濟時之意思，爲充當者。故於本條第一項，應於辨濟之當時爲充當焉。惟充當元本，不得在利息之先，此後之第四百九十一條所規定也。

債務者若不自爲充當，則債權者得爲之。蓋債務者既不爲充當，得視爲拋棄其充當權者。若然，則在受辨濟之債權者，

得以適當之性質，附其辨濟，可謂頗得其當。雖然，本應由債務者自定其性質，故若債務者對其辨濟，應陳異議，則是表示其並非抛棄此充當權。故於此時，債權者即失其充當權。又一行爲之性質，當定於行爲之當時，故債權者之充當，亦非於辨濟時即爲之，則爲無效。此蓋除英美法之外，各國凡認債權者之充當權者，其法律所盡同也。

當事者雙方若均不爲辨濟之充當，則法律取最近於債務者意思之充當方法，以定其順序，此次條所規定也。

有同種目的之債權云者，例如以任何種金錢爲目的，或以同質之米穀爲目的之類。此債權以同一種類之不特定物爲目的者爲多，但如泥水木作之計工而作之義務，亦不無適用。但在以特定物爲目的之債權，則決不惹起充當辨濟之問題，固所不待喋喋也。

余因説明之便宜，雖就平常之以債務者爲辨濟於債權者，而論列之。然於辨濟者，非債務者受領辨濟者非債權者之時，亦同，此不待言。

債務者或債權者，方爲充當，果應取何方法乎？曰：止應依對於相手方表示意思以爲之。蓋當事者僅以己意，不足爲此充當，此可不言而喻。然不但此而已也，縱令曾發表其意思，若不對於相手方爲之，則非但相手方不得知其意思，並其意思之果否確定，亦極不易知。故於本條第三項，定爲應對於相手方表示其意思焉。

第四百八十九條　當事者若不爲辨濟之充當，則從左之規定，充當辨濟。

一，總債務中，若有在辨濟期者，與不在辨濟期者，則以在辨濟期者爲先；

二，總債務若均在辨濟期，或均不在辨濟期，則以債務者之因辨濟而多得利益者爲先；

三，債務者若因辨濟之所得利益相同，則以先至辨濟者，或可以先至者爲先；

四，前二號所揭之事項，盡行相同，此債務之辨濟，則應各債務之額而充當之。財四七二

本條於債務者及債權者皆不爲充當時，所揭充當之法定順序也。

第一，若有在辨濟期之債權，與不在辨濟期之債權，則當先以在辨濟期者爲充當焉。是無他，不在辨濟期之債務，尚未應爲辨濟，故非特拋棄其期限之利益，即未可望有辨濟。而債務者既未特表示其拋棄期限利益之意思，故推定其辨濟爲以在辨濟期者爲先，此不能不謂之最當。

第二，任何債務皆在辨濟期，或任何債務皆不在辨濟期，則當以債務者因辨濟而利益最多者爲先。例如有有利息者，有無利息者，則當先以有利息者爲充當；有有違約金之約束者，有無此約束者，則大多數當以有違約金者爲，先此類是也。參觀四二○是無他，法律本推測債務者之意思，而定充當之順序，故當以債務者之利益最多者爲充當，固爲當然之事。而於任何債務，均未至辨濟期者，則就其利益最多，推定爲已拋棄其期限之利益焉。或曰：然則期限若爲債權者利益所存，似不應適用本條第二項之規定。曰：不然。於債務者不爲充當時，債權者固得自爲充當，故方其受未至期限之債務之辨濟，無論其或以期限爲有妨利益，自得爲債務之充當，並可謂爲已拋棄此權利，故隱欲從法定之充當順序者。由是而期限即爲自已利益所存之債務，然視爲已拋棄其期限者，毫不能謂爲失當。是本條第二號，所以從其廣義，定爲以債務者利益最多而先之也。

第三，債務者之利益全同，則應以先至辨濟期者或當先至者爲先。是無他，在利害相同之際，甯由較久之債務，爲順次之辨濟，是爲人情。即由公益上言之，亦以舊債務之留存，慮有證據湮滅等事。若生爭執，即難解決。有此不利益之見端，故以舊債爲先，最爲當然。但在外國，所取主義，惟以債權發生時期之舊者爲先。然以人情言之，則當以辨濟期之前後爲區別。且概言之，則辨濟之前者，債權之發生期亦前，可謂爲多數皆然也。

第四，由以上任何點觀之，皆爲同樣之債務，則當應各債務之額而爲充當，而於一辨濟應同時消滅二個以上之債務時，其一爲前三號中所指爲應先充當者，餘則爲同樣之債務。果如此，則止就餘債務適用本號之規定，此即前三號亦同此例。

第四百九十條　一個債務之辨濟，應爲數個之給付時，辨濟者所爲給付，若不足消滅其債權之全部，則準用前二條之規定。

本條就債務雖爲一種，而以數個給付爲目的時，爲之規定。此時所惹起之問題，全然與有數個債務者相同。例如按月按年所應支付之利息、租賃、攤派等情是也。凡此當悉從前二條之規定焉，蓋有全然同一之理由也。

第四百九十一條　債務者於一個或數個之債務，元本之外，有應付之利息及費用時，辨濟者所爲給付，若不足消滅其債務之全部，則費用利息及元本，要以之順次充當。

第四百八十九條之規定，前項之情事準用之。財四七〇・二項，四七二・二號

本條就元本之外，應付費用及利息者，爲規定焉。於此

時，蓋應先償費用，次付利息，最後乃辨濟元本。例如爲賣買者，賣主暫墊買主應付之費用，且買主於其正價應加付利息，於此而買主所支付之金額，若不足辨濟其全額，則當先扣費用，次取利息，以其所餘，充元本之一部。蓋如費用，大抵止爲暫墊，非可延其辨濟之期。又利息則由元本所生之果，實其果實當爲債權者之平常收入，故此亦非可久怠於辨濟者。以是任何國之慣習，付息應先於還本，全出一轍。故在債務者爲充當時，縱欲充當元本先於利息，債權者固得拒之。又於當事者不自爲充當時，則不問第四百八十九條之規定，但當爲適用本條者，惟債權者若拋棄本條之利益，而欲先於費用利息，受領元本，則是自甘少此利益，固隨其意耳。

本條雖就費用利息元本三者，定其順序，然於止應付利息及元本者，亦當以利息爲先，所不待言。而於實際，則以止有利息與元本者爲最多也。

以上於債務之有一個者，與有數個者皆同。故於甲之債務有費用利息，乙之債務亦有費用利息時，總之當先於元本，以爲充當。而其所給付，若不足辨濟費用利息之金額，則從第四百八十九條之規定，更爲定其先後。例如甲債務之利息，有明治二十八年分，與明治一十九年分之兩年，乙債務之利息，止有二十九年分一年。若同時支付，則先充當甲之二十八年分利息，其餘額若不足兩債務之二十九年分利息之全部，則當應其各利息之額而分配之。

或問：本條止準用第四百八十九條，而不準用第四百八十八條，何也？曰：費用利息，若關於别異之債務，則當然適用第四百八十八條；若關於同一之債務，乃適用前條。但費用與利息之間，則不適用前條，當適用本條第一項，有固然也。若夫明言應準用第四百八十九條者，無他，以有關於甲債務之費用利息，與關於乙債務之費用利息，而利息之中，又有數期之分，此固難於當然以第四百八十九條爲適用也。

八 辨濟之提供

第四百九十二條 辨濟之提供，由其提供之時，免其因不履行而生之一切責任。財四七四、四七六

本條及次條，乃專言辨濟之提供（Offiree de payement）者也。辨濟之提供云者，謂就履行債務，以完債務者自己權内之事項也。例如應以金錢支付於債權者，則以其金錢，持往債權者之住宅；又例如承攬工事，承攬人以其工事完成，通知債權者，任何時可交割其工事之目的物皆是也。蓋債務者方欲履行，債權者若拒其履行而不受，則以嚴格言之，未得遽謂爲已有履行者。雖然，此其結果令債務者負擔之，頗爲不當。蓋債務者履行其債，務即已完其自己權内之事，故於本條，謂債務者一經提供辨濟，則從其提供之時，即可免因不履行所生之一切責任。例如債務之目的物，有滅失毀損之危險，在方其辨濟即可移轉於債權者時，其危險亦即於提供辨濟時立移轉於債權者。又債務者若應付遲延之利息，由提供辨濟時，即不負此義務。抑豈惟如是而已，此時若債權者不受辨濟，則債權者即爲怠慢者，故若因是而令債務者被其損害，債權者且不得不賠償之。四一三例如債權者應至債務者之肆中，受取其商品時，若不顧債務者業爲催告，而不爲受取，則其商品不無因閣置債務者之肆中，而妨害債務者之商業，似此則債權者就其所妨害，不得不任賠償之責矣。

債權者於不受辨濟一事，可因種種之理由而不受之。第一，有因辨濟爲不適法而不欲受之者；第二，有因債權者之怠慢而不受之者；第三，有因事實上之故障而不能受之者；第四，有因債權者爲無能力，而無法定代理人，法律上不得受之

者；第五，有因不知債權者之行蹤，而無可爲之代表者；第六，有因債權者死亡之後，未確定相續人，不能確知應受辨濟之權利者。其他更有稍稍稀有之各情事，一經想像，竟覺不遑枚舉。就此等各事之中，又分三種：(一)債權者爲有過失；(二)債權者縱無過失，然從其意思，而致債務者不能爲辨濟之事；(三)債權者不但並無過失，且非有不受辨濟之意思，然不幸而不能受之。此三種情事，債權者當應負遲滯之責任否乎？是雖未有一定之學説，然據余之所信，以上無論何種情事，債權者必負遲滯之責。蓋債務者若至辨濟期而不爲辨濟，縱其原因全出於債務者之不幸，猶不得不負不履行之責，此爲人所共信。若然，則債務者既於自己權力所屬之範圍以内，已完其履行之必要行爲，則債權者之不受，縱使由於不幸其遲滯之責，亦不得不由債權者負擔之。要之，無論債務者與債權者，不能以其自身之不幸，嫁之於無過失之他人也。

以上所述，凡債權者以有正當理由，而拒不受其辨濟，則不適用，此固在所不待論。

第四百九十三條　辨濟之提供，要從債務之本旨而現實爲之。但債權者豫拒其受領，或履行債務而必當債權者之行爲，則以通知其已爲辨濟之準備，而催告其受領，即爲已足。財四七四、四七五，二十三年十月八日勅二一七號辨濟提供規則

本條所以定提供辨濟之必要條件者也。而其本則，則要從債務之本旨而現實爲之。例如金錢債務，債務者以其應支付之金錢，持往債權者之住宅，承攬工事，其工事如約完成，以其作成物持往債權者之處，此類皆是。此原則不能無二種例外：第一，債權者豫拒其辨濟而不受；第二，履行債務要有債權者之行爲是也。於此時，縱現實爲提供辨濟，債權者亦明明不受

之，或無債權者之行爲，即不得爲現實之提供，故債務者僅爲辨濟之準備，以之通知債權者。若既以應受辨濟之旨，催告其人，即不得不視爲業已提供辨濟者。例如債權者應往債務者之處，受其債務目的物之引渡者，債務者若已爲任何時得爲引渡之準備，而以之通知於債權者，催告以應速取物云云，則即爲已有辨濟提供者。又例如洋服縫工，既準備材料，因欲從速著手於裁縫，促令定製者開示身材，則亦視爲已有辨濟提供者。

九　辨濟目的物之供託

第四百九十四條　債權者若拒不受領其辨濟，或不能受領之之時，辨濟者得爲債權者供託其辨濟之目的物，而免其債務。辨濟者並無過失而自不能確知債權者時，亦同。財四七四、四七七・一項、四七八・一項

依前二條之規定，債務者雖提供辨濟，即得免因債務所生之一切責任。然僅止提供，固尚未能免其義務，苟欲免之，必須供託其辨濟之目的物供託(Consignation)云者。以辨濟之目的物，寄託於以法令或裁判所所指定之場所，令債權者得至此受取之之謂也。蓋債權者若無故不受辨濟，則債務者不得久爲應擔義務者。何則？債務者之欲免其債務，能早一刻亦佳，此人情皆然，亦其利益之所迫也。然則債務者若無過失而不得速了其辨濟，固不足爲能保護此債務者矣。

由以上所述，供託不過爲債務者速免其義務之方法，其理甚明。夫所謂債務者之無過失云者，第一，債權者無故拒不受其辨濟時；第二，因無能力及其他原因不能受之之時；第三，債權者無過失而不能確知債權者時。例如債權者死亡而其相續人未確定時是也。是故債權者縱拒不受其辨濟，若其辨濟，本非悉從債務之本旨，因此見拒，則曲在債務者。故債務者縱爲供託，仍不能免其債務，止有更爲適當之辨濟而已。又使債權

者縱無能力，然有法定之代理人，則債務者止有應爲辨濟於其法定代理人而已。又如債權者死亡之後，其正當之相續人，特以自己之業爲相續，通知債務者，債務者因不注意，而不讀其通知書，竟濫爲供託，此亦不足令其得免義務也。

本條所規定之供託，凡債務者欲免其義務，所可任意爲之者也。此外依法令之規定，應爲供託者不少，遇此等處，亦可因供託而免其義務，有固然矣。例三六七・三項、三九四・二項、五七八等

以上云云，余雖常就債務者爲辨濟者論之，然正當得爲辨濟者，縱非債務者，亦得從本條之規定，爲供託焉。參看四七四

第四百九十五條　供託要於債務履行地之供託所爲之。

凡供託所，法令苟別無規定，則裁判所要因辨濟者之請求，爲之指定供託所，及選任供託物之保管者。

供託者要無遲滯，通知其供託於債權者。財四七七，取二二二至二二八，二十三年七月二十五日勅一四五號供託規則，二十六年六月二十四日大藏省一三號，同年七月二十二日勅七七號，同年九月二十日大藏省二一號供託物取扱規程，同月二十一日同省訓三二號預金保管物及供託物金庫出納事務規程，三十二年二月七日法一五號供託法，同年三月十六日大藏省六號供託物取扱規程，同月十七日大藏省告示九號，《非訟事件手續法》八一、八二

本條所以規定供託之手續者也。爲供託之要素之手續，惟在以辨濟之目的物，寄託於法律所定之場所。而其場所，凡金錢或有價證券，公債票，股票，債票，各票據等及商家儲棧所保管之物品，則有明治三十二年二月七日法律第十五號所設之供託法，即金錢及有價證券，應寄託於金庫，供託法一商家儲棧所保管之物品，應寄託於司法大臣所指定之商棧。供託法五

依右之規定，供託當於中央金庫及各地之本分各金庫或商家儲棧爲之。雖然，供託本所以代辨濟，故務要使債權者，得

與辨濟相同之利益。惟然，而辨濟既應於一定之場所爲之，即供託亦應爲之於應爲辨濟之地之供託所，而各金庫自有一定之所管區域，二十二年十二月十一日勅一二六號金庫規則三・二項，二十三年一月四日大藏省告示一號金庫位置及出納區域（此後改正出納區域，不遑枚舉），二十八年九月二十四日勅一二九號故當從其區域供託焉。

凡金錢及有價證券，定一定之供託所，其事極易，又即爲之保管，事亦無難。然至其餘動產、不動產，則無論其不能寄託於金庫，並極難設一定之供託所。至商棧所保管之物品，雖應寄託於司法大臣所指定之商棧，然如司法大臣並未指定何？故在現時，右之規定，可謂全屬空文。況至其他動產不動產，有終不能設一般之供託所者。故於本條第二項，裁判所當指定供託所，且選任供託物之保管者焉。而如不動產，本來不能移轉，故其場所，無庸指定，惟定其保管者即可。加之裁判所即以債務者爲新設之保管者，固亦無妨。於此時，債務者已離爲債務者之地位，更占保管者之地位，由是免其義務之後，與他人之保管其物者無異。惟在動產，雖多應令保管者於其住宅保管之，但依便宜，有置於他所，止令其保管者負保管之責者。例如米穀藏之於一定之儲棧，而其保管者多以儲棧主人或管理人，又或無關係之第三者爲之。其供託所之必需指定，不但令物之保管，得以安全，並在債權者有受取之便也。

以上爲供託之要素之手續。此手續之外，有附屬之手續。蓋即供託者要無遲滯而以供託通知債權者也。夫供託者，令債務者免其債務之舉也，債權者於此最有利害之感，以速令知之爲有利益，故以此通知之，實爲至當之手續。但此手續爲保護債權者而設之一種附屬手續，故即使缺之，亦無妨於供託之成立。且供託之效力，非生於爲此通知之日，直生於有適當之供託所之日。惟債務者若怠此手續，因而損害於債權者，則當任賠償之責而已。

第四百九十六條　債權者不承諾其供託，或宣告供託有效之判決，未確定時，辨濟者得取回其供託物。於此時，視爲不爲供託者。

前項之規定，其因供託而消滅其質權或抵當權者，不適用之。財四七八・二項、三項，二十三年七月二十五日勅一四五號供託規則五，二十六年九月二十日大藏省二一號供託物取扱規程一〇、一三，三十二年二月七日法供託法八，同年三月十六日大藏省六號供託物取扱規程十至十二

本條所以規定供託得以取消之旨者也。據余之所信，供託爲有消滅債務之效力，故債務者不得僅依自己之意思，而取消之。蓋消滅債務，往往不止債權者與債務者間之關係，亦有關於第三者之利害者。例如債務者有連帶人或有保證人時，又或債權有質或抵當之擔保時，皆是也。故供託而得取消，其取消之效力，而並及第三者，則往往有害及第三者權利之慮。雖然，若其取消之效力，不及第三者，而惟對於債權者爲有效，則債權者被其損害，固不待言。故理論上凡債務一旦消滅，不但不可再生，且於實際，供託一經取消，足致權利義務之紛雜者不少。故余由立法論之，意或可不許取消此供託。然本條之規定，則殆以人情爲準。立法者若謂，債權者不承認其供託，或判決未定爲有效之間，則供託爲辨濟者純然之單獨行爲，除其人表示意思之外，與他人之行爲無涉。故即不以供託羈束辨濟者，不可爲有損於他人，而在辨濟者往往有悔其供託之事，要其取消此供託之結果，債務者必且再負擔債務，止爲自甘受其行爲之不利益而已。故即許其取消供託，亦毫無不可。蓋此由人情而論，即在外國，所設之類於本條之規定，其例亦最多也。

右之所言，在第三者就其債務，無何等利害之感時，即無

連帶、保證、質或抵當等情時，固無論已。即有連帶保證等情，若止有對人之關係，則連帶者乃自始即甘與其債務者共同利害之人，保證人乃諾爲其債務者擔負義務之人。故因取消供託，而此等之人，即依然爲負義務者，亦無不可。反之，而在有質或抵當等情時，則無論供其質或抵當者之爲第三者，即使由債務者供之，然質權抵當，權實係物權，故其利害之關係，常及第三者。例如他債權者，因其已有供託，而知其質權、抵當權，爲已消滅，則因此而可見己等之共同擔保，爲已增加。又如有第二位之質權、抵當權時，因第一位之質權、抵當權，爲已消滅，而其質權者、抵當權者，即當代之而占第一位。然則一朝隨辨濟者之意，而取消其供託，令既消滅之質權、抵當權，得以再生。則右所揭之一切利害關係人，實不能不受意外之損失。雖然，右之質權、抵當權，不問其爲取消供託與否，但既永久認爲消滅，則債權者必受最甚之損害。故於此時，特倣瑞士之債務法，以供託爲不能取消者焉。蓋有此規定，故本條第一項之規定，乃可爲無甚弊害也。

第四百九十七條　辨濟之目的物不適於供託，或其物易有滅失或毀損之虞者，辨濟者得受裁判所之許可，而競賣之，以其代價爲供託。其物之保存要過分之費用者，亦同。《非訟事件手續法》八一、八三

本條乃許辨濟之目的物爲難於供託之物，得賣卻其物而供託其代價者也，是不無稍嫌其失之干涉。然於此情事，債務者自己並無過失，而無免其債務之方法，不無因此而被其損害之虞，而其大多數，債權者得受辨濟目的物之價額，殆與受辨濟之利益相等，故特設本條之規定焉。

本條規定之出於不得已，如上所言，故必須辨濟之目的

物，爲難於供託之物。即第一，“辨濟之目的物爲不適於供託”。例如材木裝修等，容積甚大之物，且其數量甚多之時，極難得適當之供託所及保管者，故以此爲不適於供託之物也。第二，“其物易有滅失或毀損之虞”。例如動物，或有逸失之虞，或極難飼養，動有倒斃之患。又如植物，有易於枯死之物，有如魚菜等慮其腐敗之物，此等皆難於供託之物。第三，“其物之保存要過分之費用者”。例如雖易於飼養之家畜動物，然就其飼養，比其價格，要莫大之費用。或以糠灰等，容積甚大，而其價格極賤之，物若保存之，有需等於其物之價之費用者。是等之物，亦得賣卻之而供託其代價也。

右之賣卻，不得濫由辨濟者爲之，必也。第一，得裁判所之許可，第二，要由競賣之手續，而其詳細，則於《非訟事件手續法》八一、八三，及《競賣法》規定之。

第四百九十八條　債務者應對於債權者之給付，爲辨濟時，債權者非爲其給付，不得受取供託物。

本條乃定債權者之受供託，可有必要之條件者也。蓋本款所規定之供託，乃爲債權者而爲之。四九四其原則，債權者無論何時，得受取供託物，惟於債權者應爲反對給付(Gogenleistung)時，則非先爲其給付，不得受取其供託物。例如賣主於供託其賣卻之物時，若買主未付其代價，則非支付其代價，多不得受取其供託物。又例如定製者於供託其工事之報酬時，承攬人非引渡其工作物，多不能受其報酬。更於此類之手續，定之於供託法焉。

十　代位

第四百九十九條　有對債務者而爲辨濟者，與其辨濟同時，得債權者之承諾，得爲代位。

第四百六十七條之規定，準用之於前條之情事。財四七九・二項、四八〇

本條以下至五百四條，規定其所謂代位(Subrogation)焉。夫代位之性質，雖諸説不一，然在新民法，於第五百一條，明其性質。蓋辨濟者，在根據自己權利得爲求償之範圍以内，得代債權者而行其權利焉。詳言之，則債權既因辨濟而消滅，然欲確保辨濟者之權利，縱債權者之權利，未爲消滅，已令辨濟者爲行此權利者也。代位有二種：一曰任意之代位(Subrogation conventionnelle)，一曰法定之代位(Subrogation legale)是也。本條乃規定任意之代位焉。在舊民法及多數之外國法律，任意之代位，雖有因債權者之意思而代位，與因債務者之意思而代位，爲二種區别。然在新民法，止認因債權者之意思而代位，不認因債務者之意思而代位。蓋因債務者之意思而代位，不但以非權利者處分權利，爲不合條理，並其實際之弊害，亦正不尠，故不認之。惟因債權者之意思而代位，債權者以辨濟者之辨濟爲條件，乃對其人而處分自己之權利，故即論條理，固已極爲穩固，且於實際，亦覺既附以相當之條件，毫無弊害之可言。故於本條，特認此種之代位焉。蓋債權者既得辨濟，其權利爲不必存，而辨濟者則苟對他人而爲辨濟，僅依不當利得之原則，不過對於債務者得行其求償權，此求償權因無擔保，動有可被損失之虞。即不盡依不當利得之原則，然債權者所有之擔保，多已無有。今債權者所有之權利，爲債權者計，既已不用，則即令他人行使之，亦於債權者無損。若辨濟者而得行此權利，則其人之便利，乃不待言。而爲債務者計，縱使其人不爲辨濟，其債務當依然存在。故債權者自行其權利，與辨濟者代行其權利，均無痛癢之感覺。故爲此代位，任何人皆無所害，而獨有利於辨濟者，而因有此代位，乃有奬勵其辨濟之結果，

故債權者亦得容易受此辨濟，間接於一般之信用上，能與以重大之利益。故債權者而承諾之，則辨濟者得行債權者之權利焉。惟此非讓渡其債權，但以使辨濟者不被其損失，故依法律之假定，爲辨濟者之利益計，則以其債權爲未消滅者，不過令其易於求償焉耳。由此所生之結果，請於説明第五百一條時論之。

如以上所述，若代位而無弊害，其便利所不待言。然若不附以相當之條件，則其弊害，亦當不尠。例如第三者初信債務者爲有資力，自代爲辨濟之後，其債務者遂爲無資力焉。因是而有債務者通同債權者，於辨濟時，飾爲因債權者之意思，而爲其代位，以害他債權者之利益者。故於本條，其辨濟必與辨濟同時爲之，蓋即按理論，既消滅之權利，更令再生，其事爲法理上所不可。故非與辨濟同時，即在債權將消滅之瞬息間，依債權者之意思，移轉其權利於辨濟者，則終不能有代位之事。又此代位之爲物，能令第三者因此而生重大之結果，故僅能於辨濟者與債權者之間，逕自行之。至爲債務者或其他第三者計，若不取公示之方法，則債務者不知其有代位，將爲辨濟及其他行爲，至其他第三者，更不知有代位，而與債權者爲取引，多有因以受甚大之損害者，是殆與讓渡債權時無異。故於本條第二項，準用關於讓渡債權之第四百六十七條，當得債務者之承諾，或爲之通知焉。

第五百條　凡爲辨濟而有正當之利益者，當然因辨濟而代位於債權者。財四八二，擔三六・一項、六四・一項、二五四

本條乃規定法定之代位。蓋代位之爲物，如前條所述，殆止有利而無害。故爲辨濟而有正當之利益者，於爲辨濟時，當然爲代位於債權者，實爲至當。此代位之爲至當，不費多辨而

自明。即在羅馬法，亦不過不純然認此法定代位，而此不認之法意，亦既不盡可拘。辨濟者對於債權者，往往得求爲代位。雖然，苟既以代位爲正當，即無取自向債權者請求之迂路，直依法律之力，使爲代位，實較便利，故於法國法系之各國，乃皆認法定代位焉。惟舊民法及其他外國之法律，則於此爲辨濟而有正當利益者，列舉之以限制其範圍。然在本條，則泛言爲辨濟而有正當利益者，不復示其適用。蓋若列舉其適用，動輒有掛漏之患，其規定往往不能無膠柱之憾故也。但其重大之適用，則已於次條列舉之。

爲辨濟而有正當之利益者，若由辨濟以外之行爲，而使債務者免其義務，則即亦許其代位，似無不可。在舊民法，凡連帶、保證等，皆規定之。然在新民法，則僅規定之於辨濟。蓋辨濟乃履行債務，欲令其債務消滅，此最爲正當之行爲。反之，而如和解、更改等情，能令債務者免其債務，雖亦一道，然此非消滅債務之正道，故法律不必如辨濟之保護歟。但就立法而論，則凡辨濟以外之行爲，或亦非無許其代位之理也。

第五百一條　依前二條之規定，代位於債權者，其人於根據自己權利得爲求償之範圍以内，凡債權之效力及擔保，得行其債權者所有之一切權利，但要從左之規定：

一，保證人非豫於先取特權、不動産質權或抵當權之登記，附記其代位，則對於其先取特權，及不動産之質權或抵當權，其目的所在之不動産之第三取得者，不爲代位於債權者；

二，第三取得者，則對於保證人，不代位於債權者；

三，第三取得者之一人，非應各不動産之價格，則對於其他第三取得者，不代位於債權者；

四，前號之規定，於以自己財産供他人債務之擔保者之間，準用之；

五，保證人於以自己財産供他人債務之擔保者之間，非應其人數，不代位於債權者，但以自己財産供他人債務之擔保者，若有數人，則除保證人所負擔之部分，其餘額非應各財産之價格，則不得對之爲代位。

於右之情事，其財産若爲不動産，則準用第一號之規定。財四七九・一項、四八三、四八四，擔三六、六四、二五四

本條所以定代位之效力者也。其效力無他，即代位者，於根據自己權利能爲求償之範圍以内，得行債權者之權利。即如債權者若有保證人，則得對之而爲請求。其有留置權、先取特權、質權、抵當權、解除權等者，皆得行是等之權利。其餘則債權者若有公正證書時，得因其證書而即爲强制執行等是也。

就代位之性質，從來在學者間大有議論。或曰此即債權之讓渡，或曰不問前債權爲已消滅，但以其擔保，特移於辨濟者之求償權。然雖有以上二説，而均爲本條所不取。依本條，債權本因辨濟而消滅，誠無異詞。然法律特欲確保辨濟者之求償權，乃以其債權，恰視爲未消滅者，所以令辨濟者得行使之也。故不但辨濟者無求償權，決不能得代位，即令自有其求償權，其因代位而得爲請求之範圍，僅限於根據自己權利而得爲求償也。例如保證人因有過失，依第四百六十三條第一項之規定，不有求償權，此即從該條之規定而不能爲代位。又如保證人在辨濟債權之全額時，若依第四百六十二條之規定，止就其一部有求償權，則即因代位，亦止就其部分，得對於主債務者而爲請求，此類是也。惟代位本爲代行債權者之權利，故即使代位者根據自己權利，所得爲求償之範圍，較大於債權者所得爲請求之範圍。然因其代位，仍止於債權者之權利範圍以内，

得爲請求者焉。例如保證人於既爲辨濟時，雖依第四百五十九條第二項之規定，即請求賠償損害，亦得爲之。然債權者則恒無如此之權利，即保證亦因代位而不得爲損害賠償之請求是也。

由是觀之，代位者或以行其自己固有之權利爲有利，或以因代位而行權利爲有利，此不惟右之所述而已。第一，代位者固有之求償權，有有特别擔保者；第二，雖債權者之權利，因時效而消滅之後，然代位者固有之權利，有未罹時效者。蓋債權者之權利，雖由其辨濟到期之時，始起算其時效，然代位者固有之權利，則非但當由辨濟時起算時效，且彼債權者之權利，應罹特别時效者，其期間有六個月、商四四三一年、一七四、二四五，商三二八、三二九、三五六、三七四、三八三、四一七、五七五、六一八、六五一二年、一七二、一七三，商四一七三年、一七〇、一七一、七二四，商四四三五年一六九、八九四、九六六，商二八五等種種。然代位者固有之權利，平常止以十年之普通時效爲應消滅者，故代位者從其利益，或行固有之權利，或行債權者之權利，爲有選擇之權。若固有權利之範圍，較大於債權者權利之範圍，此則可就其一部，行其代位權，就其餘部，則行其固有之權利也。

以上爲明於代位之效力之原則，請由是更就特别之處，述法律之所規定。

第一，保證人乃前條所謂爲辨濟而有正當之利益者，故當然爲應代位於債權者之人。然其代位之範圍，從一般之原則，止於其固有求償權之範圍。其因一部之辨濟而得全部之免除時，則止就現所辨濟之數額，得行代位權。又其債權，於有先取特權及不動産之質權或抵當權時，則非於此等權利之登記，附記其代位，其對於是等權利目的所在之不動産之第三取得者，即對於買主或受贈者，或其他凡於不動産之上取得權利者，不得行其代位權。蓋保證人與擔保不動産之第三取得者之間，應互有代位與否之問題，爲自羅馬法以來，學者間囂然大有議論之問題，學説及立法例，雖均不一定。然在本條，則如舊民法，舊民法之第一草案則取與此反對之説以保證人對於擔保不動産之第三取得者，爲當爲代位焉。而右之第三取得者，則對於保證人而不爲代位，乃如下之所論。是無他，在今日登記法已備，第三取得者從觀覽登記簿之後，既取得其權利，雖無復被損失之虞，然保證人則一旦遭債務者之無資力時，常有被其損失之慮，故於保證人與第三取得者利害相反之時，甯以保護保證人而不顧第三取得者爲妥。詳言之，則保證人行債權者之擔保權，縱得免其損失，然若不得行其權利，則於主債務者爲無資力時，常不免被其損失。而第三取得者，其初既閲覽登記簿，豫知其不動産爲擔保權之目的，故無償而取得之者，可豫知其未必能無論何時，爲債權者奪去其不動産，有償而取得之者，既不即付其代價，殆無被其損失之虞，且得由滌除而消滅其擔保權焉。三七七至三八六又如交換者雖無支付代價之義務，然於有滌除權之外，又有解除權，五五九、五六七故多得免其損失。又即使有被其損失之事，亦得由登記豫知之，故不必特加保護。酷論之，則其被損失也，不得不謂爲自取之禍。此於本條，所以令保證人對於第三取得者爲代位也。

故以原則言之，雖以保證人對第三取得者爲代位爲至當。然一旦既以正當而保護保證人，則於不害其正當利益之範圍以内，亦保護第三取得者，蓋立法者所應勉也。抑第三取得者，比於如上所論之保證人，雖其應受保護之理由較少，然而先取特權、質權、抵當權等，多僅行於債務者無資力時，十有七八，可豫想其不動産，多有因此而被奪者。持此豫想而讓受其不動産之第三者，若不幸而因行使右之權利，其不動産有被奪時，則不但當盡力所能爲，以保護之，乃爲公允，且苟不保護，將使爲擔保權目的之不動産，取引艱難，大有妨其融通之慮，是爲法律所以設滌除之理由。又本條之所以保護對於保證人之第三取得者也，蓋第三取得者，因登記而知先取特權、質權、抵當權等之存在，亦當計及因滌除等之方法，能消滅此等權利，雖爲當然之事，然一旦其債權者，既爲辨濟等情而消滅是等之權利，又因其他爲一部辨濟之保證人之代位，應有更行是等權利者，此無論其非所豫料，且既聞是等權利，因辨濟而消滅，則第三取得者，自不意是等權利，復遭行使，有安然以不動産之代價，付於賣主等情者。惟然，而以其辨濟爲保證人所爲，更遭其行使此等擔保權，第三取得者，於是當被意外之損失。故本條第一號，令保證人豫在右之擔保權之登記，附記其代位，庶令第三取得者，知債權縱因辨濟而消滅，保證人仍有能據代位權，以行使是等權利者。若怠於爲此附記，則對於第三取得者，不得爲代位焉。而此附記，即爲保證人計之，亦頗可謂之有益，何則？第三取得者於爲滌除時，止於爲登記之債權者，應爲其滌除之提供。三八三故無保證人之附記，則僅對於債務者，應爲滌除之提供。既經爲此登記，即保證人亦爲已爲登記之條件附債權者，故第三取得者對之亦應爲滌除之提供，而債權者自思當受辨濟於保證人，第三取得者縱爲不當之提供，猶非無承諾之之弊。然於此時，由保證人爲增價競賣之請求，固得以相當之價額，賣卻其不動産也。

在保證人之間，常於其間當然分各別之債務，故以其一人而爲全部之辨濟，並無正當之利益，因而常無代位。惟保證之間有連帶者，及第四百六十五條所言者，則其爲全部之辨濟，爲有正當利益，因而當有代位，乃其固然。而其求償之範圍，同於固有訴權之範圍，與其他情事無異。四四二至四四四、四六五・一項第二，第三取得者既如所述，對於保證人不爲代位，其理由既已論之，故茲不復贅。

第三，第三取得者有數人時，即擔保不動産有數個時，其各不動産，若不歸於同一之取得者，或一個不動産，若於爲擔保權之目的時，分割之而讓渡於數人之取得者，則其各人在平等之位置。故於其一人爲辨濟時，各取得者，當應其不動産價格之分率，而分擔其債務焉。蓋無本條第三項之規定，則各取得者，就債務之全額，對於債務者爲有求償權，故擔保其債務之先取特權、質權、抵當權等，亦得就其全部行之。由是而對於他第三取得者，似可爲全部之代位。抑知第三取得者，皆在同一之位置，既如所論，則因甲先爲辨濟，甲即得不被損失，而盡以其損失，嫁於其他乙、丙人等，頗爲不當。況有多處，甲每以債權者隨意訴追而偶先及之，乃不得已而爲此辨濟乎？故即此一端，自羅馬法以來，即頗有議論。然在本條，則如舊民法，第三取得者，皆當被平等之損失，以此範圍，限各自之代位權焉。

第四，物上保證人(Caution reelle)即以自己之財産，擔保他人之債務者，其性質頗有類於保證人，既於第三百五十一條，及第三百七十二條，對於債務者，爲與保證人有同一之求償權焉。此所以有物上保證人之名然以自己之全財産，負其義務，而使之如保證人，應其人數而分擔債務，斷無此理。故於此點，有甯類於第三取得者之位置者，蓋無本條第四項之規定，則從一般之原則，各物上保證人，對於債務者，當就其所辨濟之全額，有求償權，而於此求償權之範圍内，可爲代位。故即對於他物上保證人，亦當就其全額，得行其權利。雖然，此如前段所述之第三取得者，可生頗不公平之結果，故於本條第四號，乃以關於第三取得者之規定，爲應準用於此情事焉。即各物上保證人，以其供擔保之財産，爲應視其價格之分率，而分擔損失者，即止就此分率，得互爲代位而已也。

第五，保證人有數人時，則限於無别種契約，可應各自之人數，分擔債務。四五六由是，而保證人之一人若辨濟其全額，或辨濟其超過自己負擔部分之額，則當以各自平等之分率，互有求償權，既如所論，四六五故於代位時，亦當以右之分率爲求償，有固然也。然於保證人與物上保證人并存時，果得以何種分率爲代位乎？是頗爲困難之問題。蓋一方爲以全財産負義務之全身義務者，他一方又爲以特定財産供擔保之第三者，而不自負義務者，故於其間定公平之分擔法，事本至難。雖然，關於此事，若無别種明文，則從一般原則，爲辨濟者對於他人，得就全部行其代位權，是固難言公平，既如前二段之所論。於是本條第五號，於保證人與物上保證人之間，爲常應其人數而互爲代位，而於物上保證人間，更從前號之規定，當應財産價格之分率而互爲代位焉。以例示之，兹有千五百圓之債權額，其間有甲、乙兩名保證人，又有以價值千圓之不動産爲抵當之丙，及以價值五百圓之鐘表爲質物之丁。此則不問其孰爲辨濟，若已有一人辨濟其全額，則因代位而應畢竟各自分擔之額。第一，先於甲、乙、丙、丁之間，假定爲各自平等分擔三百七十五圓，而甲、乙即實行負擔此額。第二，於丙、丁之間，三分其兩人應負擔之總額七百五十圓，丙負擔其二，即五百圓，丁負擔其一，即二百五十圓也。

於右之情事，物上保證人所供之財産，若爲不動産，則非保證人於其擔保之登記，附記其代位，不得對於其人而爲代位焉。是與第一號所已論，有同一之理由也。

在連帶債務者間，則從第四百四十二條至第四百四十四條之規定，得互爲求償，因而於其求償權之範圍以内，可爲代位。此依本條文而自明，故不別設明文焉。

第五百二條　就債權之一部，若有代位辨濟，則代位者應其所辨濟之價額，與債權者共行其權利。

於前項之情事，因不履行債務而解除契約，止債權者得請求之，但於代位者要償還其所辨濟之價額，及其利息。財四八五、四八六

本條就一部之代位辨濟爲規定焉。蓋辨濟者若不過辨濟債權之一部，則依西國古來之格言，所謂勿視債權者爲能使反於自己而爲代位者(Nemo contra se subrogasse censetur)云云。代位者固多循此例，非於債權者已行其權利之後，恒不得行其代位權矣。然苟已認代位爲正當，則即於一部辨濟之時，亦有一部之代位，庶爲妥當。蓋債權者於普通情事，一部辨濟，尚非真履行，故得拒而不納，又即不拒之，亦可用特約，約定止能於債權者行其權利之後，乃行其代位權也。惟其法律上當然有代位者，保證人或其餘他人，若有數名負義務之債務者時，債務者當然剖分於其間，因而不能不受一部之辨濟。斯時則債權者失其一部之擔保，非不嫌稍失之酷。然而於此情事，債權者初約定連帶時，即可約定其他一人，應爲全額之辨濟，且即無此約定，果欲不因代位而失一部之擔保，則可先行其他擔保權，然後對於保證人等，再爲請求。此於本條，所以於一部辨濟，斷然許爲有一部代位者也。例如千圓之債權，以有五百圓價格之不動産爲抵當，此而代位者若辨濟其債權之半額五百圓，則抵當不動産之價額，債權者不能受其全部，不得不與代位者各分其半額二百五十圓是也。

以上爲債權者之權利，宜於分割而行之者，則可如此。然若不宜於分割行之者則果如何？本條第二項則答之曰：遇此情

事，止債權者得行其權利，而代位者則當償還其所辨濟之金額，及其利息。此其適用，實際止在於因不履行債務之契約解除權，故於本條第二項，止就此解除權爲規定焉。例如甲以一萬圓之價，將其所有之不動産，賣卻於乙；乙以擔保其付價，而以丙爲保證人。後日乃因乙不付價，甲對於丙，請求支付，丙不能支付其全額，僅支付其半額五千圓。甲雖尚有受五千圓支付之權利，然與其請求支付，不如解除賣買契約而收回其不動産之爲有利。如欲行此解除權，則應得就契約之全部而解除之。惟甲應償還先所受於丙之五千圓，並加以年五分之法定利息耳。法定利息見四〇四

第五百三條　因代位辨濟而受全部辨濟之債權者，要以關於債權之證書，及其尚在佔有之擔保物，交付於代位者。

於一部債權有代位辨濟時，債權者要以其代位，記入債權證書，且要令代位者監督其尚在佔有之擔保物之保存。財四八七

本條定代位辨濟時，債權者對於債務者所負擔之義務也。蓋在已受全部辨濟之債權者，其關於債權之證書，及其尚在佔有之擔保物，既爲無用，而在代位者，則爲行其代位權時最要之物。故於本條第一項，令債權者以右之證書及擔保物，交付於代位者焉。

右於代位者爲全部辨濟時則可，若代位者僅爲一部之辨濟，則債權者尚行其債權之餘部，依然必需其證書及擔保物，故不能以之交付於代位者。雖然，代位者亦不得不利用之。故於本條第二項，債權者當以其代位之旨，記入債權證書，即證明其債權存在之主要證書。且當令代位者，於保存其債權者所佔有之擔保物，爲之監督。例如債權者於保存其擔保物，若缺於注

意，則代位者得以特定可信用之保管者，使之保管，爲請求焉。

第五百四條　依第五百條之規定，而有應爲代位者時，債權者若因故意或懈怠，而喪失或減少其擔保，則應爲代位者，於其因喪失或減少而至不能得受償還之限度，可免其責。財五一二，擔三六・三項、四五、七二、九一・二項

本條爲保護第五百條所規定之法定代位者，所設之規定也。蓋在舊民法及外國之法律，雖未設等於本條之概括的規定，止就保證人或連帶債務者，存此同樣之規定焉。然一旦經法律定爲當然有代位權者之辨濟者，則其爲辨濟，皆爲有正當之利益者，則其間保護苟分厚薄，頗難了解。且如本條之規定，又爲極公平之規定，縱擴充其適用，亦不患生不當之結果。此所以本條不仍他例，而特設概括的規定也。請由是說明其規定。

第五百條所揭者，爲法律上當然有代位權者，故在債權者，苟在不害於自己正常利益之限，不可不全其代位者之權利。惟然，而債權者若因故意或懈怠，而喪失或減少其擔保，則代位者方爲辨濟。因其債權者之故意或懈怠，於代位之利益，可失其全部或一部。故於此時，其應爲代位者，凡因擔保之喪失或減少，竟不能得受償還，可於不能得受之限度，爲應免其責者。蓋即債權者拋棄其擔保，亦止有損而無利。又其應注意於保存，爲自己利益計，亦所當然。然則因故意拋棄其擔保，或不注意其擔保之保存，而至喪失其全部或一部，則其不得因此而害法律上有代位權者，實不可不謂爲至當。又況債權者往往以可受辨濟於保證人或其他法定代位者，本爲確實，故不覺他擔保之必要，於是或以故意拋棄其擔保，或於其擔保之保存，自有不注意之弊乎？要之本條規定，凡能爲普通注意之債權者，即無所害，而可以保護代位權者，故不得不謂爲至當

之規定也。

本條本以公平爲宗旨，故債權者即使有故意懈怠等之責，而初不許代位權者爲不當之利得。蓋因債權者故意或懈怠之結果，止於代位權者能被損害之限度，爲應免其責者焉。例如金千圓之債權者，僅有價值五百圓之抵當，而抛棄之。在代位者縱無此抛棄，亦終不免餘額五百圓之損失，故債權者之抛棄，僅以五百圓爲害於代位者，故代位者止免五百圓之義務，餘額五百圓，乃不得不應債權者之請求而支付之。又例如抵當不動産，有各值五百圓之兩所房屋，若因債權者之不注意，而燒失其一所，則代位者亦同免五百圓之責，其餘額五百圓，可因代位而得其餘存房屋之抵當。故此五百圓，對於債權者爲不得免其責，此類是也。

第二款　相殺

相殺（Compensatio，Compensation，Aufrechnung）云者，於二人互爲債權者或債務者之時，各以其債權，充其債務之辨濟，因而使其雙方之債權債務，消滅於同時之謂也。蓋當事者以任意之契約爲相殺，本爲隨意，止要無害於第三者之權利。例如既以其債權爲質入者，譯者按：質入猶言押款，因質而有所入也縱以之與其債務爲相殺之契約，然其契約，固不得以對抗於質權者。此一條件，得於契約上之相殺，自由爲之，故法文無所特用其規定。惟其法律上當然爲有相殺者，或止因當事者一方之意思，而得爲相殺者，應特需法律之規定而已。本款即就此情事而設爲規定焉。在舊民法，雖以爲法律上當然有相殺者，然新民法，則需當事者一方之表示意思，至其詳細，尚請於第五百六條説之。

以上不問其取何種主義，要皆於當事者契約以外，特認其相殺，果因何等理由而然乎？則曰：以相殺爲實際所便利，且其結果爲公平也。何以言實際所便利乎？由甲爲辨濟於乙，又由乙爲辨濟於甲，此有二重之煩勞。今代之以各止其辨濟，而與爲二重之辨濟者有同等之效力，其爲便利，固不待言。何以言結果之公平乎？若無相殺，則因一方既速了其履行，他一方或有不爲履行者，此不無有損於誠實者，而有益於怠慢者或狡獪者，此豈不可謂之不公平乎？今認其相殺，則任何人皆不爲履行，而與雙方同時履行，得同一之結果，故得避去右之所謂不公平焉。故其主義雖非一樣，而自羅馬法以來各國皆無不認相殺者，凡以此也。

第五百五條　於二人互擔負其有同種目的之債務時，若雙方之債務均在辨濟期，則各債務者得因就對當額而相殺，而免其債務。但債務之性質所不許者，不在此限。

前項之規定，於當事者表示其反對之意思時，不適用之。但其意思表示，不得以之對抗於善意之第三者。財五一九、五二〇

本條蓋定相殺之條件者也。蓋即相殺之條件，各國亦不一，舊法典亦與新法典不同。然據余之所信，本條所定之條件，似可爲最得其當。請列舉其條件如下。

第一，要雙方目的之種類爲同一者。例如彼此均以金錢爲其目的，或均以同質之米穀爲其目的，此類是也。而如一方以金錢爲目的，一方以米穀爲目的，或一方以土地爲目的，一方以勞役爲目的者，則終不能行相殺。蓋於此而欲强行其相殺，則必致所得之結果，同於應得金錢者令得米穀，應得米穀者轉得金錢，或應得土地者令得勞役，應得勞役者轉得土地矣。雙方履行其相殺，其目的在兩有利益，反其趣意，徒以法律干涉當事者之法律關係，致當事者動輒被意外之損失，則頗爲不

當矣。

依舊法典及其他外國多數之例，應相殺之債權，其目的要必爲代替物，是雖仍不外乎本條所謂同種之目的。抑代替物(res fungibiles, choses fongibles, vertretbare Sachen)之爲文字，其意義稍有所不明，往往易招誤解，故於新民法，一切避不用此文字焉。而於多數條文，雖用"不特定物"字樣，然在本條，則以僅言不特定物爲未足，必要同種之物，故特云同種之目的。或曰：甲之以土地爲目的之債權，與乙之以土地爲目的之債權，非共有同種之目的者耶，然則其間亦得行相殺耶？曰：不然。在普通之場所，土地與土地，雖爲同種之物，然在本條，則不可不以探究當事者之意思爲主。故就當事者目中視之，甲土地與乙土地不爲同種之物，恰如土地之與米穀，故本條所謂同種目的之文字，其意義要爲當事者意思之中，任所得者爲甲爲乙，全然認爲同一者。故指其爲債權之目的，則即以米穀，在當事者之意思，若不過以其米穀之額，爲表明其價額之標準，則與以金錢爲目的之債權，得爲相殺。又即使雙方共以金錢爲目的，然於一方必欲得金貨，他一方必欲得銀貨時，其間即不得爲相殺，但此等固爲例外之情事。故非當事者之意思，最爲分明者，則不得爲如此之決定。在外國，則右之第一例，頗爲頻繁，故如舊法典乃以法律之明文，一般許其相殺焉。財五二二

第二，要雙方之債權，共在辨濟期。不然，則將致以一方之意思，奪其相手方期限利益之結果。其爲不當，不待言矣。但在新民法，凡相殺，因當事者有一方對抗之，可生效力。故爲此對抗之當事者，即得以不甘拋棄自己期限之利益，對抗其相殺，又所本不待言也。參看一三六

第三，要雙方之債權性質，均許其相殺。例如甲、乙二農

民，互以助其田地之力作爲目的，各相約每年應供若干日之勞力時，此設言不明定其勞力時期者，不然即其債權，不得爲有同種之目的若行相殺，則全不能達契約之目的。又例如至兑換之錢鋪，欲以甲種之貨幣與乙種之貨幣爲兑換，縱此錢鋪，對於其人有他債權，亦不得於其間爲相殺，是蓋以其債權之性質，爲不許相殺故也。

第四，要當事者不表示反對之意思。蓋相殺特爲計當事者之利益，所設之制度，故若有特别之理由，當事者不欲如是，是無可强之之理。例如甲以金錢寄託於乙，無論其何時取用，均得求其全部或一部之返還，由是而特約此債權不可爲相殺之目的者。又或以一定之期日，有一定金額之用度，故甲有應受於乙之債權時，有因此而特約其不爲相殺之目的者。是等特約，皆不但不害公益，且有特别之理由，而爲當事者便利之特約，故其爲有效，固不待論。惟須不因此特約而害第三者，然則第三者若不知此特約，則信其以此債權，得爲相殺之目的，而或讓受其債權，或爲之保證，此等善意之第三者，就其債權有利害之關係。於此時，則爲不得以其特約，對抗於善意之第三者焉。

第五，要法律不特禁其相殺。是雖本不待言，然於後之第五百九條及第五百十條，見其有重要適用，故豫爲揭出其條件焉。尚有關於商法所特别規定之交互計算，是亦相殺之限制，或即視爲一部之禁止可耳。商二九一至二九六

在舊民法及其他外國之法律，猶不尠其他必要條件之例，且要雙方之債權爲明確(liquide)者焉。此明確字樣，意義頗爲不明，學者往往不一其説。然若以條件附債務，或選擇債務等，據余前説，選擇債務，亦即條件附債務，可參看四百六條下之説。爲不明確，是或以未至辨濟期，或難言有同種之目的，皆與他條件自

已不合。又若以債權之成立與否爲尚有爭論，及損害賠償之債權等，爲不明確，是則頗爲無理。縱使在當事者間，不能即時確知其債權之成立或數額，然既一旦確定之於法廷，即毫不妨其爲相殺。否則僅因當事者之一方，有爭論於相手方之權利，即至不得行其相殺可也。若或不然，則以債權之成立或數額，其所據爲何種標凖，有所爭論，由是得區别其爲明確、不明確耶？又豈知本法所取之主義，既要當事者一方之意思表示，則其當事者，自己可主張其有債權，且即其債權之數額，亦可有一定之主張額。又其相手方之債權，亦復如是。故若相手方爭之，則勢不得不煩及法廷，若法廷判决其債權爲雙方成立，則就其判决所認之數額，不得不視爲有相殺者。此在本法，所以不以債權之明確，爲相殺之一條件也。

雙方之債權，不能必爲同額，故若其額不同，則就其寡額，得行相殺。

第五百六條　相殺依當事者一方對於其相手方之表示意思爲之。但其表示意思，不得附以條件或期限。

前項之表示意思，雙方之債務，均遡其適於互爲相殺之始，而生其效力。財五一九、五二〇、五三一、五三二

本條規定行其相殺之方法。關於此者，從來有三主義：第一，如舊民法及法國民法等，有以相殺爲法律上當然行之者；第二，如羅馬法，有以對抗之於法廷而始行之者；第三，如德國民法，有依當事者一方之表示意思而行之者。第一主義，雖爲最便利且最公平，然往往不保無反於當事者之意思。第二主義，雖最爲正確無謬，然其必不得不訴於裁判所，則頗爲不便。且狡獪者、苛酷者速受相殺之利益，循良者、寬大者動輒不受其利益，頗有不公平之弊。第三主義，專因當事者之意

思，故雖似極爲便利，然同有利於狡獪者、苛酷者，不利於循良者、寬大者之弊。要之以上三主義，雖各有一利一害，然余就立法論之，則以第一主義爲最合。雖然，新民法竟採用第三主義焉，是雖愈於第二主義者萬萬，然余則不能全然表同意於是。但以有本條第二項及第五百八條之規定，則實際殆與第一主義，歸於同一之結果，在我邦今日之程度，或非無應以本條主義爲可之理由也。

相殺之意思表示，要必由當事者一方對於其相手方爲之。蓋此意思表示，爲變更當事者間之法律關係者，故當然應由一方對於他一方爲之，殆所不待言矣。而於相手方有數名時，則應對於其各自爲之，是爲原則。

右之意思表示，要必爲單純者，不得以條件或期限附之。蓋相殺爲速令債務消滅之便法，若許其附以條件或期限，則當事者間之關係，未可由之確定，與立法者所以設相殺之本意，爲有背馳故也。

右之意思表示，爲必要之方式，故由純理言之，則相殺之效力，不得不由表示意思之時爲始生者。雖然，如此則狡獪者計算自己之利益，可或以相殺爲對抗，或故意遲延之，而循良者之利益，將動輒爲狡獪者之所左右。例如在甲對於乙之債權，爲有利息，乙對於甲之債權，則無利息之時，在甲務以遲其相殺之對抗爲有利。故甲爲狡獪者，乙爲循良者，則儘未受乙之請求以前，可不以相殺爲對抗，以謀可貪之利息。乙爲狡獪者，甲爲循良者，則乙俟其債權至辨濟之期，可即以相殺爲對抗，以謀免其利息之負擔。故於本條第二項，相殺之意思表示，可追遡雙方債務，具備相殺之必要條件之初，生其效力。例如甲對於乙之債權，以明治三十年一月三十一日爲其期限，乙對於甲之債權，以是年二月二十八日爲其期限，則以是年三月一日，爲雙方債權可爲相殺之日。假令當事者之一方，表示其相殺之意思，爲是年三月三十一日，亦仍以是年三月一日，視爲已有相殺者也。

第五百七條　凡相殺，雙方債務雖履行之地不同，亦得爲之，但爲相殺之當事者，對於其相手方，要賠償其因此而生之損害。財五二五

本條所以定雙方之債務，雖異其履行之地而不妨相殺者也。蓋債務若異其履行之地，則其利益自有不同，故以嚴格言之，或難全視爲有同種之目的者。然以平常言之，則僅以其履行地之有異，當事者所可受之便利，比於因相殺而得受之利益，非可同年而語。故各國之法律，大抵皆於此情事，亦許其相殺。但因其履行地之有異，當事者之利益，明有若干之損害，故於此時，以相殺爲對抗之當事者，對於其相手方，當賠償其因此所生之損害焉。例如甲對於乙，應在東京爲履行，乙對於甲，則應在大阪爲履行，若甲以相殺爲對抗，則乙於東京受取，恰與受取於大阪，可得同一之結果，故乙於其債權之目的，不得不更以由大阪輸送東京之費用償之。且目的而爲金錢，更有因匯兑行情之不同，而致受損害者。於此時，固應賠償其差額矣。又有特別之情事，有應並賠償其他損害者。例如援前例，乙應以東京所受取之金錢，即在東京辨濟於他人，因甲以相殺爲對抗，乙不得不特由大阪，以其金錢送致於東京。由是而數日之遲延，不無由他債權者，徵收其違約金或遲延利息之事，似此則甲亦不得不賠償其違約金或遲延利息也。

第五百八條　因時效而已消滅之債權，於其消滅以前，適於相殺，則其債權者得爲相殺。

本條所以定因時效而消滅之債權，得以之爲相殺目的與否者也。蓋由理論言之，以既消滅之債權，即欲與他債權爲相殺，似乎終不可得。然在本條，則計及實際之便利，與其公平，特以之爲得爲相殺目的者焉。例如甲對於乙，有金千圓之債權，乙對於甲亦有同額之債權，甲之債權於明治三十年一月三十日至其期限，乙之債權於是年十二月三十一日至其期限。此從明治三十一年一月一日，雙方債權雖已互適於相殺。然雙方皆不爲履行，又不爲相殺，直至明治四十年二月，其時甲對於乙，方求其履行債權。則以乙債權未罹時效，甲固當有履行之責，而甲債權已於期限到來之後，經過十年，爲因時效而消滅。一六七·一項故無本條之規定，則甲不得以相殺對抗於乙矣。又例如甲乙之債權，雖同時均至辨濟期，然甲債權爲應以一年之時效而消滅者，一七四乙債權爲應以十年之時效而消滅者。斯時甲債權於已罹時效之後，乙尚得爲請求於其債權，此種情事，頗爲不少。設於此而亦無本條之規定，則甲竟不得以相殺對抗於乙。然則相殺殆如陷穽，狡猾者往往俟自己債務，罹於時效，然後爲其債權之請求，從而使相手方有不得以相殺爲對抗者，豈不可謂爲最不公平乎？此所以有本條之規定也。蓋依本條之規定，在以相殺爲對抗之時，一方之債權，縱已消滅，然及其未消滅時，果曾有一日，具備相殺之條件，猶爲得以相殺爲對抗者也。

第五百九條　債務若因不法行爲而生，則其債務者，不得以相殺對抗於債權者。財五二六·一號

本條及次條，乃規定相殺之條件，雖已具備，然因特別之理由，而不許相殺者也。而本條則爲關於不法行爲所生之債務焉，蓋債務若因不法行爲而生，則令債務者速履行其債務，被

害者不受毫末之損失，此爲不可不計及焉者。若其債務者對於被害者而幸有債權，即欲以之爲相殺，法律亦不許之。蓋相殺之爲用，乃一便法，特因保護當事者而設之。惟然，故因不法行爲而負債務者，毫無應受法律保護之價值矣。

右之所言，乃謂因不法行爲之債務者，不得以其債權，與其債務爲相殺。若因不法行爲之債權者，方其債務者以履行他債務爲請求，而甯以自己債權，與之相殺爲便利，則固不礙其爲相殺也。不然，是欲保護此因不法行爲之債權者，而設本條之規定，卻轉爲其人之不利益矣。

第五百十條　債權若爲禁差押者，則其債務者，不得以相殺對抗於債權者。財五二六・三號

本條爲關於禁差押之債權。蓋禁差押之債權，其履行特爲債權者所必須者，是以禁之使不得爲差押。然則以此而得與他債權爲相殺，則有此種債權者，因此覺有非常之困難，恰與差押其債權，同陷於一般之苦境，此非法律之所欲也。故於本條，其債務者縱欲以他債權與此爲相殺，亦不可得。例如法律上受扶養之權利，或勞役者應受之報酬等，民訴六一八不得由其債務者，以他債權與此爲相殺也。

本條之債權，亦同於前條之債權。債權者由其債務者以他債權來請求時，即以此爲相殺，固所不妨。蓋於此時，其債權者當已自認爲因相殺而失自己之債權，卻比於履行自己之債務爲便利也。但受扶養之權利，則依第九百六十三條之規定，爲不得自爲處分者，故不得以之爲相殺也。

第五百十一條　受止付之第三債務者，不得就其後所取得之債權，以相殺對抗於差押債權者。財五二八

本條所以定止付之債務，得以爲相殺之目的與否者也。蓋債權者若從《民事訴訟法》之規定，已止其債務者之債權，不得支付，民訴五九四以下則其債務者，自己之債權，失其能受辨濟之權利，其受辨濟之權利，乃由其債權者代有之。故其對債務者爲債務者之第三者，於曾經止付之後，對於自已之債權者，即有取得之債權，不得以之與自已債務爲相殺，殆不待言。惟其人於未受止付以前，若已取得對於其債權者得爲相殺之債權，則雖至已有止付之後，亦仍得以之與自已債權爲相殺。蓋止付一事，非能使爲其目的之債權之當事者，變更其向來之法律關係也。

第五百十二條　第四百八十八條至第四百九十一條之規定，於相殺準用之。財五三三

本條以關於充當辨濟之規定，爲準用於相殺者也。蓋相殺爲等於二重辨濟之所生效力，故得以之準用關於辨濟之規定，固爲當然。而其得爲相殺之債權，若有多種，則因相殺而可令消滅其何種，有必須知其究竟者。此則與充當辨濟，無從設相異之規定，故悉以充當辨濟之規定，準用於是焉。蓋即可分爲三義：第一，爲相殺之意思表示者，若負數個債務，則於表示此相殺意思之時，得指定其就何種債務爲相殺；四八八・一項第二，若其人不自指定應相殺之債務，則相手方亦得從自已之便宜，充當其某種債務；同上二項第三，若雙方共不爲右之指定，則當從第四百八十九條，定其應相殺之債務。但元本之外，若有利息及費用，則先消滅其費用，次及利息，最後乃消滅其元本。四九一若夫以相殺爲對抗者，若有多種之債權，則其債權，苟已具備相殺之條件，則無妨任以何種爲相殺。何則？相殺乃本可止因當事者一方之意思表示而行之者，故其人雖就甲債權

表示相殺之意思，亦容有就乙債權而不欲爲之者，此時即不能適用第四百八十八條之文字。夫決之於辨濟之意思表示者，當依辨濟者之意思，照此則決於相殺之意思表示者，亦當依其表示者之意思，此準用之所以爲準用也。若其人不指定以何種債權爲相殺，則得逕由相手方自爲其充當。四八八·二項若相手方亦不爲其充當，則亦當準用第四百八十九條。且第四百九十一條之規定，於此時亦可準用，固所不待言矣。

第三款　更改

更改（Novation，novation，Neuerung）云者，消滅其舊債，以新債代之之謂也。惟至其條件，則各國法律不一。新民法所取之主義，請至説明第五百十三條時論之。

本款分爲二段：第一，更改之條件；第二，更改之效力是也。

一　更改之條件

第五百十三條　當事者若已爲變更其債務要素之契約，則其債務，因更改而消滅。

以條件附債務爲無條件債務，或附條件於無條件債務，又或變更其條件，則皆視爲變更其債務要素者，發行爲替手形譯者按：即匯票以代履行，亦同。財四八九、四九〇

更改之條件，自羅馬法以來，雖各國法律，不能一樣。然在本條，則以變更債務要素之契約，謂之更改。故更改之要素，第一爲契約，第二爲變更債務之要素是也。契約之爲何物，請於次章論之。惟不必特有方式，故任以何種與契約相同之方法，表示其意思，亦無不可，是所謂諾成契約（Contract consensuel）者也。而其契約之結果，要當事者皆與之同意。例如在變更債權者而爲更改時，要有三方意思之合致，（一）舊債權者，（二）新債權者，（三）債務者是也。

債務之要素，果何謂乎？是雖不免有種種之議論，然通覽新民法之全文，而求其意義，蓋可得一定之解釋焉。即一爲債權者，二爲債務者，三爲債務之目的是也。此外皆爲債務之附隨事項，非其要素。由是而可得更改之種類凡三：(一)因債權者交替之更改，(二)因債務者交替之更改，(三)因變更債務目的之更改是也。在舊民法，曾加一因變更原因之更改。蓋凡物無無原因而生者，故謂原因亦其要素，雖非不可，然無論其發生之方法如何，但既生之債務，若有一定之債權者、債務者及其目的，則其債務儼然爲成立者，多無庸復問其原因矣。若夫從原因而有變其債務之效力，是固爲附隨之事項，恰如債務之有期限，有擔保，有履行之場所，故於新民法，不以原因之變更，爲債務要素之變更，因而於此情事，不認爲有更改。更進一步論之，凡一債務，既由一定之原因而生，後日即欲變其原因，亦不可得。例如以因貸借而生之債務，爲因賣買而生者，是不謂爲一種詐欺而不可。蓋一旦因貸借所生之債務，後日不得變爲因賣買之所生也。而法律則關於貸借，設一定之規定，關於賣買，又別設一定之規定，其中往往有命令的規定。蓋因公益上之理由，而認保護甲契約之規定，與保護乙契約之規定，有不能同一者也。然則今欲止以當事者之意思，而以貸借所生之債務，與賣買所生者生同一之效力，其不能左右此命令的規定，炳焉甚明。若然，則不得因債務原因之變更，而爲更改，亦明矣。若夫因賣買或其他契約，而負以金錢或其他消費物爲目的之債務者，與其債權者結爲契約，更以貸借之名義，約爲應負擔其債務，此雖爲法律所不禁，然此非更改，乃消費貸借之一法，而於五百八十八條規定之焉。在舊法典，以原因之變更，爲更改之一法者，蓋據法律行爲，本以原因爲其要素。雖然，第一，新民法已不以原因爲法律行爲之要素，既如所論；參照總則第九十五條下之説明第二，不但法律行爲之要素，與債務之要素，大有不同，即所謂法律行爲之原因，與債務之原因，亦其名同而其實全異。有如甲爲當事者所以爲法律行爲之理由，其例如在賣買，賣主因欲得代金，約以關於賣買之目的物之權利，移轉於買主，買主因欲取得其權利，約以代金相付是也。乙爲債務發生之原因，而大抵即其法律行爲之本物，故縱使以甲爲法律行爲之要素，而要不得以乙爲債務之要素，此不待多辨而可明也。

法律行爲之要素，與債務要素，不可强同，如上所論。蓋欲法律行爲之成立，固以當事者爲最要。然其當事者之爲某人，於其成立，概無影響，故不視此爲要素，舊嘗論之。參照總則第九十五條下之説明反之，而在債務之成立，則必需有一定之債權者與債務者。法律行爲其當事者頗多，止有一人者，例如遺言催告通知等是也。若變更之，則非復同一之債務。故謂債權爲不得讓渡之學説，自古來以至近世，人無異言。雖然，讓渡一事，新債權者，爲承繼舊債權者之資格者，故法律上可視之爲同一之人。於其他事，則債權者若有變更，舊債務必爲消滅，而必發生一新債務。此法律行爲之要素，與債務之要素，所以不得爲同一也。

更改與債權讓渡(Cession, de créance Uebertragung der Forderung)頗爲相肖，如德國民法，即止認債權讓渡與債務引受(Schuldübernahme)，而不認更改。然當事者之意思，則大有不同者。在更改，則當事者所欲，乃消滅其前債務而更生新債務；在債權，讓渡及債務引受，則僅就向來之債務，爲讓受或引受者，故即至其效力，亦不得不全然相異。蓋其甲項，則以前債務之性質，及附隨於此之權利義務，盡皆消滅爲本則，惟例外設有第五百十八條之規定而已。其乙項，乃於向來債務之性質，及附隨於此之權利義務，絲毫不受變更，全然仍其向來，而移轉於讓受人或引受人焉。而其關於債權讓渡者，既有前節之規定，至債務引受，則不甚頻繁，其效力即專依當事者契約定之，亦毫無障礙，且無弊害之可憂。故不特置明文，但從契約之尋常規定足矣。

目的(Objet Gegenstand)之字樣，如前在法律行爲所論，參照總則第九十五條下之説明，至少可有二種意義，即甲種言債務所包含之物之全體，乙種僅言由履行債務所能生之利益也。亦即以甲之意義言，凡條件附債務，於某事實發生，則債務者當負以某權利移轉於債權者時，即言“某事實若發生當移轉其某權利”，是爲目的。以乙之意義言，止言“某權利之移轉”是也。如余前之所論，同上雖信其以甲之意義爲正確，然世之學者，不取此説，皆依乙之意義，甚至指其權利之目的物，直曰債務之目的。故如以條件附債務爲無條件債務，或附條件於無條件債務，又或變更其條件，殆視之爲目的變更，由是而學説及立法例，最多認此爲無更改者。雖然，條件附債務，其究能成立與否，尚爲未確定者。以此而逕確定爲應成立之無條件債務，或結反對之契約，又或以甲事實發生，可以成立之債務，乃以乙事實發生而爲應成立者，諸如此類，比之僅僅變更其債權者或債務者。又或以千圓之債務爲千二百圓之債務，更或以金千圓之債務變更爲價值相等之不動産，實爲加甚之變更，此而尚不謂之更改，則右所述之各種變更，殆亦非可謂爲更改矣。故於新民法，則以之爲更改焉。夫此目的之意義，一切學説，皆與余説不合，故非特與明言以上之更改情事，往往可招疑義，且於舊民法及其他多數之立法例，皆以之爲無更改者。此所以設本條第二項之規定也。但在羅馬法，則以是爲更改，然又於期限之變更，亦並以之爲更改焉。則又以爲期限之不同，僅異其履行之時期，而未致變更債務之要素，以此爲更改，稍有不當，故於新民法則不取之。

在舊民法，雖以變更其目的物之數量或品質爲非更改，然此明爲變更其目的物，若尚不謂之更改，則凡目的之變更，不得不以爲皆非更改矣。何則？以千圓之債務，爲二千圓，以武藏上米之債務，爲相模下米，譯者按：武藏、相模爲日本封建時代之二國名，往往比於以土地爲房屋，以金錢爲米穀，可有更大之利害。但數量之變更，往往有僅爲加一新債務於舊債務之上，或僅約定消滅其原債務之一部。此須探究當事者之意思，乃可決之。

債務者爲債權者發行一種票據，果爲更改與否，此爲向來學者間所議論，亦爲各國法制所不能一律。則以發行匯票爲更改，發行期票或支票爲非更改是無他，匯票乃將以付款人譯者按：猶言經匯之莊家爲主債務者，而出款人則不過於不履行時，應受償還之請求。故於此時，以附條件而交替其債務者，故可謂爲更改。反之，而爲發行期票，則止爲發行其表明自己爲有義務之證書。雖其效力，與向來略有不同，而非全變其性質。向來之債權者，依然爲債權者，向來之債務者，依然爲債務者，且其目的亦爲同一，終不能認之爲更改。若夫支票，其性質雖甚似匯票，然支票多係以當事者之意思，利用之爲支付金錢之方法，故不以之爲更改，以適於當事者之意思，凡爲便於實際而已。此所以於第一事視爲有更改，而第二、第三事則不爲更改也。而使於此不見明文，又恐惹起議論，故特設本條第二項末文之規定焉。

第五百十四條　因債務者交替之更改，得以債權者與新債務者之契約爲之，但不得反於舊債務者之意思。財四九六、四九七本條就更改之因債務者之交替者，爲規定焉。依前條之原則言之，則於此時，亦需當事者有合致之意思。即第一，債權者，第二，舊債務者，第三，新債務者，此三種人皆爲當事者要有合致之意思也。雖然，此在實際，並不必然。蓋一則辨濟債務，任何人皆得爲之；四七四又一則免除一事，得止因債權者之表示意思而爲之，五一九故苟於債權者與新債務者之間，既有合致之意思，則即無庸有舊債務者之意思，亦無不可。且由取引之便利言之，債務之消滅，以速爲貴。又由舊債務者之利益言之，免其債務，亦爲有利而無害。故於本條，從舊民法及外國多數之例，以此爲無庸舊債務者之意思者焉。惟照辨濟之例，四七四·二項舊債務者若表示反對之意思，則不許置之不問而自爲更改。此雖未聞有外國之成例，然其理由，實與辨濟條文取同一之主義，故於本條，亦置右之但書焉。

第五百十五條　因債權者交替之更改，非以有確定日附之證書，不得以之對抗第三者。財五〇〇

本條就更改之因債權者之交替者，爲規定焉。此更改要有各當事者合致之意思，即第一，舊債權者，第二，新債權者，第三，債務者，要皆有合致之意思，既如所論。惟因此更改，往往有害及第三者之虞。例如甲以其債權約明讓渡於乙之後，可更以丙爲債權者云云，而行更改，此而倒填其證書之日附，則即飾爲債權未讓渡前已有更改者。其債權之讓受人及其他第三者，亦不能看破其詐欺，縱能看破，亦不能證明之。由是其讓受人及其他第三者，因甲、丙之詐欺，將被不慮之損失。即云對甲而求損害之賠償，然甲若爲無資力，將不能復奈之何。本條欲防此詐欺，遂以更改之由債權者之交替者，爲必用有確定日附之證書者焉。確定日附之爲何物，既如第四百六十七條

所論，凡證書要有確定日附，即不能行如上所述之詐欺。此所以有本條之規定也。要之因債權者交替之更改，與債權之讓渡及質入，乃互由其確定日附之先後，以定權利之甲、乙。而其他第三者，乃各從其權利之關係，當與或爲更改後之新債權者，或爲讓受人，或爲質權者，受同一之保護也。

二　更改之效力

第五百十六條　第四百六十八條第一項之規定，準用之於凡因債權者交替之更改。財四九五

本條乃規定凡因債權者交替之更改之效力，蓋此事準用關於讓渡債權之規定焉。依第四百六十八條，則債務者若不留異議，而承諾其債權之讓渡，則縱有得對抗於讓渡人之事由，亦不得以之對抗於讓受人矣。至於因債權者交替之更改，則亦準之。債務者若不留異議，而承諾其更改，則縱有得對抗於其舊債權者之事由，亦不得以之對抗於新債權者。其餘凡在第四百六十八條第一項者，悉以之準用於此。蓋因債權者交替之更改，與債權之讓渡，雖於當事者之意思，大有徑庭，然其結果，殆爲同一。故於此適用同一之規定，固爲理所當然耳。

第五百十七條　凡由更改所生之債務，因不法之原因，或因當事者所不知之事由，而爲不成立，或被取消，則舊債務爲不消滅。財四九四

更改本爲惟一之法律行爲，舊債務之消滅，與新債務之發生，不可以此區別而視爲有獨立之二行爲者。故新債務發生，自當爲舊債務消滅，舊債務若不消滅，新債務亦不發生，本條則示其較重之適用者也。蓋新債務若不成立，或被取消，則其債務爲不發生，或視爲不發生者，故以舊債務爲不消滅者焉。此其債務，在因不法原因而不成立者，雖絶對有然，然於其他

情事，則有需稍加區别者。無他，在更改之當時，當事者若知有不成立或取消之原因，而相約當爲更改，則或者非純然之更改，當視爲僅相約消滅其舊債務，不過就此而加以法律上無效力之一種約束而已。又或爲舊債務無可以取消之性質，而特相約以得取消之債務易之者，其行爲之效力，不可因新債務之不成立或取消而妨之。故於此時，舊債務不得不全爲應消滅者。此本條所以言因當事者所不知之事由，而不成立或取消云云也。

或問：新債務因不法之原因而不成立之時，縱當事者知其原因，舊債務猶爲不消滅者，其理如何？曰：新債務若有不法之原因，則更改恰爲惟一之行爲。故不得不謂其更改之全部，爲皆有不法之原因者。例如新債務以殺人爲其目的，則非僅其債務有不法之目的，本條所言因不法之原因，乃對於不成立而言之，即謂不成立之原因云爾，故債務目的之爲不法，即其債務爲因不法之原因而不成立者。蓋其更改之全部，不謂爲皆有不法之目的而不得矣，故其更改爲無效。其更改既爲無效，則爲更改效果之舊債務消滅一端，自爲不可有之事爾。

因右所述之理由，在舊民法及其他外國法律，新債務若附條件，則非其條件成就，舊債務尚爲不消滅者，此例雖多，然此屬於當事者意思之解釋。若當事者之意思，真有如此，固當從其意思，然不得止因新債務附有條件，而推定當事者爲有此意思者。若當事者欲以條件附之新債務，代無條件之舊債務，則舊債務雖即時消滅，新債務乃止能於條件成就時始爲成立。但所欲其因更改而生之債務，其本體雖於條件成就時始能發生，然於其以前，則既生一種債務，已如所論，參照一卷條件節之説明故更改之性質，上舊債務之消滅與新債務之發生，雖必應相並，然於右之情事，亦爲有效之更改者。

第五百十八條　更改之當事者，於舊債務目的之限度，得以其所供擔保債務之質權或抵當權，移於新債務。但於第三者供之之時，要得其承諾。財五〇三

更改爲消滅舊債務而發生新債務，既如前所屢論。然則債務之所以爲擔保者，其債務若消滅，則必爲應共此消滅之爲從者，非可不問其債務之消滅，獨餘存其餘之債務擔保也。故由純理言之，舊債務之擔保，皆必因更改而不得不爲消滅。而其對人擔保之保證，因債務性質而存之留置權、先取特權等，皆爲當依此原則而消滅者，蓋不得因當事者之意思，而移之於新債務也。但保證既由保證人承諾之，則雖在新債務，固亦可存。蓋此非同一之保證，不過保證舊債務者，更於新債務亦爲保證焉爾。反之而爲質及抵當，則其例外，亦得由舊債務而以之移於新債務焉。是雖本不適於嚴格之理論，然立法者則計實際之便宜而許之。蓋舊債務若無更改，固爲依然可存者，當事者之爲更改，因欲得同一之利益而然耳。然則擔保舊債務之質及抵當，若必因更改而當爲消滅，是爲不以與舊債務同一之利益，畀之新債務，有大不副當事者之希望者，且更改之性質，有類於債權之讓渡，由是國自爲制，即止認爲債權之讓渡，而不認爲更改，其例亦未嘗無之。惟然而在債權讓渡之時，擔保亦可從而移於讓受人，有固然者。故即其性質與此相類之更改，亦可生同一之效力。或曰：比照保證之情事，亦得就新債務，設定其同於擔保舊債務之質或抵當，不知此決非能生同一之效力者。蓋同一之目的物，多有爲數個質或抵當之目的者。惟然而舊債務之質或抵當，縱在第一順位，若當更改之時，更欲擔保新債務，而設定其質權或抵當權，往往有其所得之權利，比於他質權者或他抵當權者之權利，爲不逮者。此本條所以特以舊債務之質權或抵當權，得直移於新債務也。惟其平常

之處，雖得由更改之當事者，隨意定之，即如因債務者交替而更改，定之於債權者與新債務者之意思；因債權者交替而更改，定之於新舊債權者與債務者之意思；因目的變更之更改，定之於債權者與債務者之意思。然在由第三者供其質或抵當之時，則其第三者，本就舊債務固承諾以其財産，供此擔保，而非承諾於新債務者，故欲移之於新債務，則特須得其第三者之承諾，固所不待言也。

第四款　免除

免除(Remise de dette Erlass)云者，債權者抛棄其債權之謂也。而其免除，有有償者，有無償者。若爲有償，則往往能構成他法律行爲。例如更改、和解等，皆是。雖然，在新民法，法律行爲，不以原因爲必要，故實際縱爲有償之免除，然應報償之行爲，與免除之本體，得各各視之爲别個之行爲。而於此時，當事者之意思，姑置弗言。由法律之眼觀之，則免除猶不得不謂爲無償者矣。此外有純然之無償免除，則債權者所欲特以恩惠，施於其債務者是也。免除之在舊法典及其他外國之法律，皆要債務者之承諾，因此常能爲一種契約焉。故如舊民法，特謂爲合意上之免除也。是蓋以債務之免除，爲直接以利益與債務者，故以無其承諾而强之，爲不妥當。雖然，凡利益任何人得抛棄之，此爲法家之格言，無俟特别言之者。新民法所以不復揭此義也，惟如第百三十六條第二項，需有但書之規定者，乃特揭之。故物權皆得以權利者一人之意思，而抛棄之，此自來人無間言，並爲各國法律所皆認。又即使有關於債務，如期限之利益，苟專爲債權者而存此，則亦得因其一己之意思而抛棄之，此亦人無異言，而爲第百三十六條第二項所明認。若然則債權亦一種權利，若謂物權得抛棄之，即債權亦得抛棄，此不免權衡未當，非論者所可主持。惟債權之抛棄，乃直接利其債務者，此非如地上權、永小作權之抛棄，直接利其所有者，地役權之抛棄，直接利其承役地之所有者乎？吾未聞彼之抛棄，要得所有者之承諾。至謂期限之利益，要不過爲債權所生利益之一部。此一部得止以債權者之意思而抛棄，其全部則不得抛棄之，則亦非權衡得當之語。此在新民法，所以改向來之立法例及學説，而於此乃專以債權者之意思，得爲債務之免除也。

第五百十九條　債權者若對於債務者而表示其免除債務之意思，則其債權爲消滅。財五〇四、五〇五、五〇七

債務之免除，得專以債權者之意思爲之，既如所論。然此意思要如他事情之表示，固無論矣。要其表示，尤必對於債務者爲之。是無他，以免除爲變更債務者，在法律上之位置，故非對之而表示意思，即不足爲法律之所謂表示意思。且於實際，債權者對於債務者，既不表示其意思，則其意思，恐多未爲決定。此所以特設本條之規定也。但本條之表示意思，亦如他事之表示意思，雖默示亦無不可。此則本不待言，例如債權者以債權證書，返還於債務者，即其事矣。

第五款　混同

混同(Confusion，Vereinigung)云者，本不得併有之兩資格，歸於同一人之謂也。此在物權，已見其例。一七九而就債權言之，則債權者與債務者之資格，同歸一人是矣。例如債權者相續於債務者，或債務者相續於債權者，又或債務者讓受債權者之權利，讓受特定之債權，雖爲絶無稀有之事，然讓受一括之權利，其中對於自己之債權，亦所包含，則殊不罕或債權者讓受債務者之包括財産，包括財産更併權務而包含之，此當切記此類是也。於此情事，由理論上言之，則債權非可視爲當然消滅者。例如其債權在已爲質

權之目的時，消滅其債權，其質權非可於同時亦消滅者，此殆所不容疑。又有因相續而以所得之財産，一旦悉數而讓渡於他人者，縱於此時，其本爲債務者之相續人，不能因其債務之消滅，以爲果受其價格相當之利益；其本爲債權者之相續人，亦不能因其債權之消滅，以爲果失其價格相當之利益，此亦一般所公認也。雖然，若專拘泥於此種理論，則實際之不便，實不可言。例如其債務爲有抵當者，若不問其既有混同，但以債務爲依然未嘗消滅，則其抵當，亦不得不謂爲依然存在者。又其債務爲有保證人者，亦不得不以其保證人，爲依然不免其義務者。然則債權者兼債務者，自己爲辨濟於自己，此事可以無有。由是此抵當及保證，除因時效而消滅之外，當永無消滅之期。似此則徒令存此無用之抵當或保證，於意外之時，將有遭債權之行使，而被不慮之損失者。例如其債權者兼債務者，又以其債權讓渡於他人之時是也。故於便宜上直以法律之力，其債權者兼債務者，有混同時，立即視爲已爲辨濟者，令消滅其債權。此爲各國法律所大抵皆同，但其說明，則不必以上述之理由，然余則信如上所述者爲最正確矣。參看四三八

第五百二十條　債權及債務，若歸於同一之人，則其債權爲消滅。但其債權若爲第三者權利之目的，則不在此限。財五三四

本條即所以明右所論之主義者也。因混同而消滅之債權，債權者兼債務者，乃自己視爲已辨濟於自己，故不得以之害第三者之權利，殆不俟言。蓋即其債權若爲第三者權利之目的，則縱有混同，亦不因以消滅焉。例如其債權在第三者爲質權之目的時，是也。但設定債權者，若同時即爲債務者，則無論其爲質此債權之債權者，抑爲債務者皆爲有辨濟之義務，實際不

能立區别於此二資格之間，即不能適用本條但書之規定。故當假想爲此質權乃由第三者所設定焉，又因與右相同之理由，凡債權在依第三百四條之規定，爲先取特權之目的時，亦爲不適用本條之但書者。

於一括其相續財産，而以之讓渡於他人時，其中所存之債權債務，不因混同而消滅，此爲古來一般所同認。在外國之法律，即往往明言之，然本條則不設此規定。是無他，如相續財産之讓渡，乃應以當事者之意思爲解釋，而定其效力，故即使其債權債務，爲已因混同而消滅。然因當事者得以意思解釋之，即無異許其與不消滅此債權債務，有同一之利益。蓋於此時，依法理言之，債權債務，雖依本條之規定而消滅。然因當事者之意思解釋，苟其當事者既云一括其相續財産而爲讓渡，則但以爲因混同而消滅之債權，其價額可由讓渡人償之，或因混同而消滅之債務，其價額可由讓受人償之，無不可也。但當事者之意思，若反乎此，則本爲應從其意思者，而於此則本條之規定，則自全然爲應受其適用者耳。

第二章　契　　約

契約字樣，其通例由拉丁語之“肯託拉庫脱司”(Contractus)，法國語之“肯託拉”(Contrat)，德國語之“微而託拉額”(Vertrag)，所譯而成焉者也。此等字樣，自羅馬法以來，固專指創生其債務之合致之意思。然至近世，即僅以當事者之意思，設定或移轉其物權，亦得爲之，其例頗多。因此自擴充契約之意義，凡以創生權利爲目的之合致意思，皆以之爲契約。據余所信，即以物權之設定或移轉爲目的之契約，亦必爲債務之所生也。加以近世之法律，以創生權利爲目的之契約，與其他合致意思之間，無相異之規定。故學者中，有以“肯託拉”爲一切合致意思之意味者。如意大利民法，即明以此意義，用“肯託拉之脱”(Contratto)之文字焉。雖然，由語原言之，則凡不以創生債務爲目的之合致意思，可用法國語“肯文西因”(Convention)之總稱。舊民法謂之合意。如德國則夙以“否而託拉哥”之文字，爲一切合致意思之意味。在我邦向無上項之區别，又至今日，亦無必設此區别之故。故以契約之文字，爲一切合致意思之意味，於本章規定之焉。蓋向來所使用之“合意”二字，果可謂爲一定之用語否。此不但甚有可疑，且二人之意思，偶然符合，似亦可謂爲合意。又如“約束”或“約定”等字樣，雖爲極妥當之文字，然爲向來俗語，通用者多，即法律上不生效力者，亦常用此語。故於新民法，選其稍有嚴格之意義者，而用契約之文字焉。

要之新民法之所謂契約乃以使生法律上之效力爲目的，所表見之二人以上之合致意思也，例如賣買、贈與、期限之許與、辨濟、更改等是也。

契約爲法律行爲中之最重者，此事無煩喋喋。故於本章，惟揭關於契約之特别規定，此外當悉依關於法律行爲之一般規定焉。

本章分爲十四節：其第一節，揭通於一切契約之總則；第二節以下，則設關於贈與、賣買、交换、消費貸借、使用貸借、賃貸借、雇傭、請負、委任、寄託、組合、終身定期金及和解種種契約之特别規定也。

第一節　總　　則

本節分爲三款：第一款，揭關於契約成立之一般規定；第二款，定關於契約效力之通則；第三款，設關於契約解除之普通原則焉。

第一款　契約之成立

本款於凡關契約成立之一般規定以外，特規定因廣告所生之義務焉。五二九至五三二

第五百二十一條　定承諾期間，所爲契約之請訂，則不得取消之。

請訂者若不於前項期間内，受承諾之通知，則請訂失其效力。財三〇八・二項、三項，舊商二九三、二九七，新商二六九、二七〇・一項

契約爲二人以上之合致意思，故必由某人發議而他人承諾之，乃能成立，是爲固然。甲謂之爲請訂（Offre，antrag），乙謂之爲承諾（Acceptation，annahme）。契約之當事者，往往有多至二人以上者，且在組合尤然。雖然，其中一人或數人爲請訂，其餘人爲承諾，此與當事者爲二人時無異。故自本條以下，苟無必要，常以當事者爲二人而立論焉。但當事者爲三人以上時，縱有二人之合致意思，若他當事者不爲承諾，則契約常不成立。雖然，此畢竟屬於當事者意思之解釋。若當事者之意，果欲今僅有二人，其餘人不爲承諾，亦成立其契約，此意既明，固可從其意思也。

請訂與承諾，共爲一個表示意思，苟無特別之規定，當適用表示意思之通則，固不待言。九二至九八且兩者共有同一之目的，故常無庸區别之。雖然，僅僅請訂，未見契約之成立，若以承諾加之，則契約可即時成立。由是而性質自有不同，從而法律之規定，亦不能無異，本條則就其請訂以爲規定者也。蓋請訂爲性質上不得單獨成立者，必逢承諾，始成完全之一行爲，此所謂可以致契約之成立者。蓋由理論上言之，請訂在未逢承諾之間，全無羈束之力，不能不謂請訂者任何時得取消

之，而苟無特别之明文，必當從此理論，此爲余所不疑。然被請訂者，從受請訂以後，至爲承諾以前，往往有要爲特别之調查，或一定之準備者。加以若同時受二人以上同種之請訂，則因欲承諾其一，對於彼一者有不爲承諾之事。若然則特遭取消其請訂，被請訂者每可被意外之損失，似此則在取引頻繁之今日，最爲不便。且在商業界，尤不堪此不便，於是請訂者多先定一定之期間，以其應於期間以内爲承諾之旨，附言之而爲請訂。此時請訂者縱不明言，然其意味，即含有期間内不取消其請訂之約，意謂不如此恐有前述之弊害也。故於本條第一項，即明此趣旨焉。

請訂亦一種表示意思，然則從表示意思之通則，對於隔地者之表示意思，乃由到達之時，生其效力。九七故關於請訂，苟無反對之規定，則請訂固亦應由到達之時，生其效力，由是而於請訂之到達以前，其取消若已到達，則其取消爲有效，蓋所不待言也。

雖然，請訂者定其期間，不可以爲專爲被請訂者之利益而定之者，甯視爲爲自己之利益而不得不定此，其意若曰：汝若爲承諾，必於若干日以内爲之，若後此縱爲承諾，其承諾即爲無效。蓋即謂其請訂，僅於期間内爲有效力者，過此期間，則當然失其效力也。而既以此爲爲請訂者之便利而定之，則被請訂者僅於期間内發承諾之通知，固未爲可也，必其通知，要到達於請訂者。不然，請訂者欲免其一切羈束於期間之後，則既至期間已過，自信爲免於羈束之時，始受承諾之通知，慮有因此而生意外之結果者。蓋此由表示意思之通則言之，則在第九十七條，已採用受信主義，故似爲當然而不待言。然在後文第五百二十六條，就契約之承諾，特採用發信主義。故於本條，必需明言請訂者應於期間以内，受承諾之通知，但本條之規定，非必專適用於隔地者間之契約，此固亦不待言。

以上所述，僅於無特别之表示意思時，所當適用。若請訂者自不拘所定期間，而以縱在期間以内，猶可取消其請訂之旨，附有成言；或以雖受通知於承諾之後，苟請訂者不明予取消其請訂，其承諾猶當有效之旨，豫爲通告；又或被請訂者，於期間内發承諾之通知，若自定爲縱其到達在期間以後，猶爲有承諾之效者，則皆當從其意思。是蓋以其不害於公之秩序，故從第九十一條之適用，自可明之。

第五百二十二條　承諾之通知，縱到達於前條之期間以後，在通常之情事，若有可知其發送在期間内可以到達之時，則請訂者要無遲滯，對於相手方而發遲到之通知。但其遲延之通知，已發於到達前者，不在此限。

請訂者若怠於發前項之通知，則承諾之通知，視爲非遲到者。財三〇八・六項，舊商二九九

本條對於前條規定之適用，設一例外，以保護被請訂者。無他，被請訂者，既發承諾之通知以後，其通知果於期間内到達請訂者與否，有不能知。雖然，電信、郵信、專人等，於一定之時期間，應到達於相手方，自有普通之標準，故據其標準而發承諾之通知，因信其通知，於適當時期，爲能到達於相手方者，乃以將履行其契約，常爲相當之準備。然則因意外之故障，而其通知有遲到時，雖依前條之規定，無承諾之效，本不待言。然請訂者正不能置其通知於度外，必要無遲滯，發遲到之通知於相手方焉。是蓋在請訂者爲極易之手續，而爲相手方計，則極爲有益，故特以此義務，令請訂者負之。但尚有三義：第一，限於請訂者在受此承諾之通知時，因書面之日附等，得想像爲若在通常場所，當爲期間内必可到達者；第二，

若請訂者及其未受承諾之通知，豫以其業因空過期間，已失請訂之效，通知於相手方，則既受承諾之通知後，無庸更通知其遲到，此固所不待論；第三，請訂者所應爲之通知，無庸依表示意思之通則，必究其到達於相手方，但發送之足矣。蓋請訂者既已發送通知，即爲無過失者，故無復應負責任之理由也。

請訂者若怠於爲右之通知，則爲不盡法律上之義務者，故若因之而於相手方有所損害，則依不法行爲之一般規定，七〇九應爲賠償，固已。然損害賠償爲不確實之事，既屢屢論之，故於本條，設一可代賠償之便法焉。無他，於此時，承諾之通知，雖爲遲到，恰視爲不遲到者，使其契約竟致成立焉耳。蓋因請訂者怠其義務，其相手方所能被之損害，要不過誤信爲正已成立，而契約設竟不成立，遂以請訂者並無通知，自爲履行契約之準備，甚至或已著手於履行，此皆可有之事實也。

第五百二十三條　遲延之承諾，在請訂者得視之爲新請訂者。新商二七〇・二項

依第五百二十一條請訂者定其期間而爲請訂之時，其承諾之通知，非於期間以内到達，則契約明爲不得成立者。雖然，請訂者往往有期間已過之後，尚不變前之意思者。於此時，雖不得云直以遲到之承諾爲有效，遂成立其契約，然使請訂者視之爲新請訂，得對之而與以自己之承諾，俾成立其契約，此其便利於請訂者固無論矣。即相手方亦既爲承諾之通知，明乎其於此契約，大概本希望其成立，故本條之規定，在雙方皆止有便利，而無絲毫弊害。但遲延之承諾，本應爲無效者，故當然不有請訂之效力，惟在請訂者得視之爲新請訂者焉爾。

第五百二十四條　不定承諾之期間，而於隔地者所爲之請

訂，則請訂者受承諾之通知，在相當之期間，不得取消之。財三〇八·一項，舊商二九七，新商二七〇·一項

前三條，雖皆假想爲請訂者已定其承諾之期間者。然在本條，則假想爲請訂者不定期間者焉。此在對話者間，因無特别之規定，自依請訂之當然性質，一得承諾，即可致契約之成立，及儘相手方爲承諾以前，任何時得取消之，固皆明甚。惟在對於隔地者爲請訂時，則其請訂者，受承諾之通知，在相當期間，爲不得取消者焉。是蓋在對話者間，立時得以其意思，示知相手方，故無庸特别之規定，然在隔地者間，則不能立時示知其意思，故如第五百二十一條所述，未免有所不便。故設本條之規定，令被請訂者，不被意外之損失也。但此亦爲許其表示反對之意思者，固不待論。例如請訂者之爲請訂，當時若即以此請訂不定其何時取消之旨，附言在先，則固無庸待其受承諾之通知所必要之期間，而皆得取消其請訂矣。

受承諾之通知在相當期間云者，非但謂受承諾通知之必要期間也，又必多少加以能爲斟酌之時間焉。例如由東京發電報於大阪而爲請訂，其電報，通常當於一點鐘之後，到達於相手方，而相手方若立發回電，則亦當一點鐘到達於請訂者。若此則雖止需二點鐘，然大阪之被請訂者，受請訂之電報以後，多少應略爲斟酌，故依其契約之性質，不得不與以一日或半日之猶豫。又若以書簡爲右之請訂，則書簡通常當於一日之後，到達於相手方，而相手方立發答書，亦當一日到達於請訂者，故似止須二日之間，然大阪之被請訂者，多少應加斟酌，當得半日或一日之猶豫，若此者皆是也。

第五百二十五條　第九十七條第二項之規定，請訂者若表示反對之意思，或已知其相手方死亡或喪失能力之事實，則不

適用之。財三〇八・五項

依第九十七條第二項，表意者既發其意思之通知以後，縱死亡或失能力，其意思表示，不因之而妨其效力焉。此規定爲原則，雖當以之適用於請訂，然在本條，則認有二種例外：第一，請訂者表示反對之意思時，例如請訂者爲病人，自知其命迫於旦夕，因附言若死亡於相手方不爲承諾之前，則契約當不復成立，又如請訂者因動輒喪失心神，既請求爲禁治産之宣告，此時若慮自己爲禁治産者以後，後見人不得不履行其契約，附言若至其時，甯以不成立此契約爲便利，則相手方不爲承諾以前，果已有禁治産之宣告，其請訂爲應失效力者；第二，若相手方不爲承諾以前，已知請訂者死亡或失能力，則其請訂不復有效。但於實際，由其相續人或後見人，通知其死亡或喪失能力之事實，而成立其契約，固無妨也。

第五百二十六條　隔地者間之契約，於既發承諾之通知時爲成立。

依請訂者之表示意思，或取引上之習慣，有不必得承諾之通知時，則契約於有可認爲表示其承諾意思之事實時，即爲成立。財三〇七・二項、三〇八，舊商二九二、二九四、一九五、二九八

本條就契約之承諾，規定其不採用表示意思通則之受信主義，而特採用發信主義之旨也。蓋發信主義、受信主義之利害得失，在第九十七條既已論之，一卷第九十七條下之説明故前不復贅。然就契約之承諾言，因取引貴乎迅速，有必須特取發信主義者，所以設本條之規定也。蓋若依受信主義，則承諾者縱發其承諾之通知，果到達於相手方與否，不但不能確知之，且即已到達於相手方，亦不能知其實在何時到達，因而契約之何時成立，有不可知。而於契約成立以前，若發生前條之事實，則

契約當竟不成立。又因契約成立之時期，不但影響及於期間之計算、利息之計算等，且承諾之通知，若不到達於相手方，則以契約之可不成立承諾者固尚在不確定之位置，取引上多所不便，此實不待煩言。故實業家之多數，皆希望發信主義之獲採用焉。

依第五百二十一條，則請訂者若定承諾之期間，而爲請訂，是非於其期間内受承諾之通知，契約爲不成立者。夫果限於此際，就契約之承諾，亦應視爲已採用受信主義者耶？曰：否。此於契約之成立，雖其承諾之通知，必須在期間内到達。然其通知，一旦既已到達，則契約固依本條之規定，由發承諾之通知時，爲已成立者。此以本條與第五百二十一條相比照而解釋之，殆所不容疑也。

依本條之規定，隔地者間之契約，先由甲對於乙爲請訂，乙於受其請訂之後，對之而發承諾之通知，因爲成立，其節次甚明。故雙方於同時就同一之契約爲請訂時，其契約不得於右之請訂中，因已有後發者適相吻合，即視爲成立者。但以契約爲必要之合致意思，果應僅以當事者雙方之意思，偶然吻合爲已足耶，抑必需有他一方之表示意思，對於此一方之表示意思耶？此爲向來學者間所有之議論。雖兩説均非無理，然依本條之規定，契約於既發承諾通知於請訂者時，乃爲成立，故明明爲要有他一方之意思表示，對於此一方之意思表示而爲之者，僅以同一契約之請訂，互不相照，而雙方齊發，亦未得爲契約之成立焉。於此時，受其請訂之一方，當因發承諾之通知，而契約始爲由此成立者，若雙方共發承諾之通知，則與先發之承諾通知，同時爲契約之成立時焉爾。

縱在隔地者間，因請訂者特別之意思表示，其爲承諾，不必以之通知請訂者，往往有之，且於商業上，尤多以不必需此爲習慣，若此則契約果應成立於何時乎？本條第二項則答之曰：契約於有可認爲表示其承諾意思之事實時，即爲成立。例如被請訂者，著手於契約之履行，或以商品或代金，發送於請訂者，或著手於契約目的物之製造，當於其時爲成立也。

第五百二十七條　取消其請訂之通知，縱到達於已發承諾通知之後，然通常之情事，若有可知其發送之時，爲能於其前到達者，則承諾者要無遲滯，對於請訂者而發其遲到之通知。

承諾者若怠其前項之通知，則視其契約爲不成立者。財三〇八·一項、六項，舊商二九九

本條爲與第五百二十二條，出於同一精神之規定。在第五百二十四條，凡請訂，請訂者於受承諾通知之相當期間後，任何時得取消之。即在第五百二十一條之情事，依特別之意思表示，亦有如本文者。而其請訂之取消，則以無別種之規定，乃依表示意思之普通規定，當於到達其相手方之時，始爲生其效力者。九七其承諾則依前條之規定，當於發信之時，即生其效力。故使請訂者，縱於承諾通知之發送前發其取消請訂之通知，然若到達於承諾通知之發送後，則固已明爲無效。雖然，請訂者或爲不知其已有承諾，而爲其請訂之取消。故其取消，果爲到著於承諾通知之發送前否，既不可知，由是而契約果爲成立與否，多有不可知者。而平常在能信其取消之通知，應到達於承諾通知之發送前者，請訂者信其到達於取消之適當時期，由是而多有自計爲契約之不成立者。故本條於此情事，承諾者負無遲滯而以取消通知之遲到爲通知之義務焉。若承諾者怠此義務，則取消爲已生其效力者，而契約則竟視爲不成立矣。其餘與第五百二十二條之所論者同，故兹不再論。

第五百二十八條　承諾者若於其請訂，加以附條件，或其他之變更，而承諾之，則視爲拒絶其請訂，並已爲新請訂者。舊商二九六

本條所以定承諾者於其請訂，加以附條件或其他變更，而承諾之之時，其承諾之性質如何者也？蓋真爲承諾者，謂不變更其請訂而與之同意也。若加以附條件，或其他之變更，則非真承諾，即未有合致之意思。雖然，承諾者已表示其條件及其他變更，即目其與請訂者爲契約之意思，故前之請訂，不得不視爲已拒絶之。然其加以條件或其他變更之意思，則又不得不視爲新請訂者。由是先請訂者更立於承諾者之地位，得對於新請訂者爲承諾，而遂成立其契約焉。例如甲對於乙，請訂以金千圓之代價賣米百石。乙若曰：現已對於丙爲買米之請訂，設丙不承諾，則吾可承諾甲之請訂，或答以千圓之價，雖不欲買之，然若爲九百圓之價則可買此。此時可先視乙所請訂於甲，爲已被拒絶，而視甲爲以右條件或變更，而爲新請訂者。故甲若欲如其條件或變更而賣米於乙，則當更以承諾之旨，通知於乙，以令其契約之成立焉。

第五百二十九條　凡以能爲某行爲者當與以一定之報酬之旨，爲廣告者，則對於爲其行爲者，負以其報酬與之之義務。

本條以下至第五百三十二條，所以揭關於廣告之規定者也。蓋至近世，廣告之用，大有進步，藉此爲種種之取引，此爲各國所皆同。而就廣告之性質，則向來有種種之學説。蓋其大凡，可別之爲三主義：曰單獨行爲説，即以廣告爲一種單獨行爲，乃獨立成立，而爲義務之原因者是也；曰請訂説，即以廣告爲契約之請訂，覽之者若爲承諾，即可因以成立其契約者是也；曰誘起請訂説，即以廣告爲不過誘起他人請訂之方法，

覽之者更對於廣告者爲請訂，因廣告者承諾之而契約始爲成立者是也。第一說，現爲德國民法所採用，第三説，亦學者間贊同其説者甚夥。然在新民法，則似採用第二説者，而余則以之爲最妥當也。蓋廣告之爲一種意思表示，人無間言，苟既云意思表示，則已爲決意者，故不得爲僅爲誘起他人請訂之方法。雖然，廣告者之意思，多待相手方出現而始負義務，故爲單獨行爲，若以爲僅依廣告之事實，即負義務，似頗不當，然則以此爲契約之請訂，其爲至當，殆所不待言矣。但廣告而即爲請訂，則其目的要爲確定。故如言某種酒一樽，價若干可賣，則因其目的之確定，固可即成契約之請訂。然如言某屋需房金若干可租，則因其目的未爲確定，不得爲契約之請訂也。蓋賃貸借契約，通常非僅以其目的物，與租金金額爲可即定，必就修繕之義務，支付租金之時期，契約之存續期間，押租之有無多少等，豫爲約定。故即在貸主，譯者按：貸與借爲相對，此古義也。近世以貸與貣混，乃與借爲同義，此吾國文字之失真，日本乃猶存古訓耳。貸主即出借之家，名詞諦當，勝於我矣。亦不能視爲因此廣告，即爲表示其無論何人，但能付如額之租金，即可貸之之意思。又在覽此廣告者，亦不能因僅覽其廣告，即可決意，必約定其他條款以後，始爲確定其取結賃貸借契約之意思。故其廣告，不過爲誘起請訂之方法，借主於租金以外，當於定其他條款，而表示其情願租屋之時，始見爲請訂之成立，貸主惟對之而爲承諾，乃始見爲契約之成立焉。故各依各處之事情，止可探究當事者之意思，以定廣告之性質。而本條以下所規定，則非關於一切之廣告，乃止關於以請負爲目的之廣告焉，即廣告者表示其應以一定之報酬，畀與曾爲某行爲者之旨者是也。於此時，若覽其廣告者，爲此所廣告之行爲，則契約由此成立，對於廣告者，得請求其先所廣告之報酬。例如廣告載明尋獲已走失之畜犬者，當與以金若干圓，此時若有尋獲其犬者，則當與之以所廣告之金額，此類是也。

類於廣告者，其數頗多。例如以標明不二價之商品陳列店頭者，以出租之招帖貼於房屋者，以汽車之價目及開與到之時刻，揭示於鐵道停車場者，此等皆是。凡此種種，果應視爲契約之請訂與否，學者間雖亦多所議論。然據余之所信，則以爲第一例及第三例，固有契約之請訂，然第二例則因與前所論之廣告爲同理，不過爲誘起其請訂契約之方法。凡此皆事實問題，新民法所不揭其規定也。

第五百三十條　於前條之情事，廣告者於尚無完了其所指定之行爲者時，得依與前廣告同一之方法，而取消其廣告。但其廣告中，若已表示其不爲取消之旨，則不在此限。

在不能依前項所定之方法，而爲取消之時，得依他方法爲之。但其取消，止對於已知之者，有其效力。

廣告者若已定其應爲所指定行爲之期間，終推定爲已拋棄其取消權者。

本條就廣告之取消爲規定焉。蓋依前條之規定，廣告之即爲請訂，雖已甚明，然其請訂，果得取消之否，是稍不能無疑。蓋廣告固確非對話者間之行爲，而與普通之隔地者間之行爲，其趣亦有所異。故第五百二十一條及第五百二十四條之規定，果應以之適用於廣告否，是頗可疑。雖然，由理論上言之，則廣告可視爲一種隔地者間之行爲，惟不定其相手方，故無庸如第五百二十四條，於爲請訂之廣告者，束縛其取消之自由。惟其定承諾期間者，則因與第五百二十一條同一之理由，於其期間内不得取消之。於是第五百二十一條之適用，將可見之於實事，此則推測廣告者之意思而然者也。故廣告者若表示反對之意思，則當從其意思，亦與第五百二十一條之情事同。

據以上所述，不定承諾之期間而爲廣告者，無論何時，得取消其廣告明矣。雖然，就其取消之方法，不能不稍有限制。蓋欲世人覽其廣告而直承諾其請訂，而此所規定之廣告，則應以爲其所指定之行爲，表示其承諾之意思，故因爲其行爲，當有費勞力、出費用等事。然則如以路旁貼紙爲廣告者，縱於新聞紙爲廣告而取消之，其初覽此貼紙者，殊未可必其亦覽此新聞紙，故著手於其行爲者，往往不知其取消，而可有完了其行爲之事，似此則可以甚有害於其人。故於本條第一項，取消廣告，必須以同於其初廣告之方法焉。即如前例，用貼紙而爲廣告者，亦當用貼紙取消之，由某新聞紙爲廣告者，亦當由同一之新聞紙取消之，此類是也。蓋如此則從前覽廣告者，亦常有覽其取消之便利矣。

雖然，有時有不能以同一之方法，爲取消者。例如從前張貼廣告之場所，當其爲取消時，此場所已禁招貼。又曾由某新聞紙爲廣告，其後因此新聞紙已經停發，或受禁而停止發行，由此而不能復爲取消，凡此等情，廣告者得用他方法爲取消焉。例如曾貼紙於甲之場所而爲廣告者，得於乙之場所，爲取消之貼紙；或於新聞紙爲取消之廣告，又曾爲廣告於甲之新聞紙者，得於乙之新聞紙或官報，廣告其取消，或用貼紙爲其取消，此類是也。但於此事，覽廣告於其初者，不覽其取消之廣告，當必不少，故若以此爲任何人皆得對抗，必多有被其損害之人。故於本條第二項之但書，僅以對於知其取消之廣告者，爲有效力焉爾。

以上雖爲一般之規定，然廣告者欲確保其廣告之效力，有特以不爲取消之旨，明言於廣告中者。於此時，則從其特別意思，不許後日之取消，有固然矣。

第五百三十一條　爲廣告所定之行爲者若有數人，則止爲其行爲於最初者，有受報酬之權利。

於數人同時爲右之行爲時，則各以平等之成分，有受報酬之權利。但報酬若於性質上不便分割，或廣告上止有一人爲應受之者，則以抽籤定之。

前二項之規定，廣告中若表示其異於此之意思，則不適用之。

廣告所定之行爲，往往有數人同時得爲之者。例如人或犬失其蹤跡之時，廣告中僅言有報知其所在者，當與以若干之報酬，此類是也。於此時，同時可有數人爲此行爲，蓋必不少。此其人，果皆應各受廣告之報酬乎，抑應由其一人受之乎，或應由數人共同受之乎？此本條之所規定也。其原則，惟最先爲其行爲者，爲應受廣告之酬報，但數人若悉於同時爲其行爲，例如報知其人或犬之所在之書面，同由郵信到達之時，將不能分權利之先後。雖然，廣告者非有各各與以廣告之報酬之意思，其勢非令此數人，皆以平等之成分而受報酬，此外更無他道。但其報酬之性質，若不便於分割，或廣告内明言止可以報酬與其一人，則當以抽籤，定其應受報酬者焉。蓋除此無適當之方法也，其報酬之性質，所以不便於分割者。例如以一個器具或賞牌爲報酬者即是。

以上爲止在廣告中不表示其别種意思時，所應適用，廣告者若以異於此之意思，爲廣告時，則當從其意思，固所不待論也。

第五百三十二條　爲廣告所定之行爲者，有數人時，若止以報酬，與其優等者，則其廣告限於曾定其應募之期間者，爲有效力。

於前項之情事，應募者中何人之行爲爲優等，以廣告中所定之人判定之。廣告中若不定其判定者，則由廣告者判定之。

應募者對於前之判定，不得持其異議。

數人之行爲，若被判定爲同等，則準用前條第二項之規定。

本條規定其廣告之曾就爲廣告所定之行爲者中，定其優等者，而止以報酬與此優等者之情事。例如以一定之條件，投寄最優等之小說者，或發明有一定目的之最便利器械者，當與以若干之報酬，以此意爲廣告，即其事也。凡此情事，以時有長短，即判定其優劣之範圍，爲有廣狹，故若其初不定應募之期間，則漫因廣告者之意思，伸長其期間，將有不知其待至何時，始能判定其優等者，似此則不足以爲發生權利義務之原因。故於本條第一項，必限定此種廣告，爲應定其應募之期限者焉。

於本條之情事，優等者固爲應與以報酬者，然其定何人之行爲爲優等，則當用何等方法乎？是固應以定之於廣告中者爲多，而其最應注重者，則何人當判定之是也。然廣告中若不定其判定者，則廣告者不得不自爲應判定之者，而應募者則不問廣告中所定之人爲判定，與廣告者自爲之，要必對於其所判定，不得持其異議，此本條第二項及第三項之所規定也。

又數人之行爲，往往有被判定爲同等之優等者。於此時果當如何？本條第四項則答之曰，當準用前條第二項之規定。蓋其原則，即當以各自平等之成分，而受報酬。惟其報酬之性質，若不便於分割，或廣告中止定爲應與其一人，則當以抽籤定其應受之者。例如最優等之小說若有二篇，其報酬金爲千圓，則兩小說之著者，可各受五百圓。若其報酬爲一金牌，或廣告中定爲必以金千圓應與一人，則當以抽籤定其應受之者之類是也。

如上所述，廣告中若不定其優者爲一人，而定其可以二人或三人，遞爲差等而與以報酬者，則不得適用之。例如定最優等者應與甲賞，其次應與乙賞，又其次應與丙賞，此類是也。於此時悉，應從廣告之趣旨而與以報酬，有固然矣。

第二款　契約之效力

本款乃所以定契約之一般效力者。第一，揭通於一切雙務契約之規定，其二，揭關於爲他人所爲之契約焉。

一　雙務契約

雙務契約（Contrat synallagmatique，gegenseitiger Vertrag）云者，謂因其成立，即令當事者雙方，負擔債務者，例如賣買賃貸借、組合等是也。使用貸借，雖古來以之爲片務契約，然余則信爲雙務契約。即在舊民法，雖其初草案之理由書，亦以之爲片務契約，然終認爲雙務契約焉。又委任或寄託，於其有報酬者，亦爲雙務契約，此外則羅馬以來，有名爲不完全雙務契約（Contrat synallagamatique imparfait）者。是蓋謂其初雖止生一方之義務，然後日則他一方亦能有發生義務之事，例如質契約、無報酬之委任及寄託等即是。向來雖以爲使用貸借，亦屬於此種，其爲舛謬，則已由所論而明之矣。

對於雙務契約者，謂之片務契約（Contrat unilatéral，einscitiger Vertrag），謂因其成立，但令當事者之一方，負擔債務者。例如贈與、消費貸借、免除債務之契約等，即是。其餘所謂不完全雙務契約，則亦爲片務契約。在羅馬法，雖有特別爲不完全雙務契約一種，在今日則毫不見其必須區別矣。

第五百三十三條　雙務契約之當事者，其一方，盡相手方未提供其債務之履行以前，得拒不履行自己之債務。但相手方之債務，若不在辨濟期，則不在此限。取四七・三項、七四、一〇九・一項

本條爲關於雙務契約同時履行之規定。蓋雙務契約，乃因契約而即於當事者之雙方，均生義務者，其一方雖履行之，他一方若怠於履行其債務，則就同一之契約，其爲履行，在守義務者則有損，在怠義務者則有益，有不公平之慮焉。故於本條，倣德國及其他之例，若當事者之一方不履行其債務，則他人亦得不履行自己之債務。蓋其究竟，非一方提供其履行，則他一方亦無庸爲應履行者，是蓋與留置權二九五及因不履行之解除權，四一爲同一之理由而據之也。參照二卷留置權之說明

履行之提供，即爲辨濟之提供，要從第四百九十三條之規定爲之。不然，當事者之一方，僅以聲明其應履行債務之旨，促相手方之履行，而其所聲明之履行，實際或有終不爲之者，似此則本條之規定，卻徒生不公平之結果而已。故從第四百九十二條之規定，欲免其不履行之責任，不得不要爲充分之提供也。

以上爲假想其雙方之債務，共在辨濟期者，若一方之債務，未至辨濟期，則其不爲履行，固所當然。因之其相手方，不得辭自己之履行，所不待言。否則非令一方所有期限之利益，因其相手方之意思而成畫餅，即令其相手方本無期限之利益者，竟無端占其利益，明明爲極不公平之事矣。若一方債務爲附條件者，則其不在辨濟期固不待言。然此事嚴格言之，甯謂其債務爲未發生者，當更參看第二百九十五條。本條之規定，乃關於雙務契約之規定。故若契約之上，不直接生債務於當事者之雙方，則縱至於後日，雙方共負擔債務，亦不能直接適用本條之規定。況乎由契約以外之關係，甲、乙兩人之間，尚有互發生其債權債務者耶？雖然，本條之規定，極爲公平，縱於雙務契約以外之情

事，亦往往有從同一之規定，而爲至當者。此第五百四十六條、第五百七十一條，及第六百九十二條，所以準用本條之規定也。

第五百三十四條　關於特定之物，以設定或移轉其物權，而爲雙務契約之目的者，其物若因不可歸其責於債務者之事由，而滅失或毀損時，則其滅失或毀損，歸債權者負擔之。

凡關於不特定物之契約，由其依第四百一條第二項之規定，而確定其物之時，適用前項之規定。財三三五，舊商三二〇

本條以下至第五百三十六條，乃關於所謂危險(Risques, Gefahr)問題者也。危險問題云者，在雙務契約，其當事者之一方，至不能爲履行之時，則其相手方，果有爲履行之責與否，是也。在本條及次條，則爲以設定或移轉關於特定物之物權，而爲雙務契約之目的者焉。蓋羅馬法以來有名之危險問題，即生乎此。關於本問題之向來所行立法例及學說，大別之，得爲二種主義：(一)危險之負擔爲在債權者者，(二)爲在債務者者，是也。而此第二主義，又得分之爲二：(甲)危險之負擔在所有者，(乙)儘引渡其物以前在債務者是也。凡以法國民法爲主之向來多數立法例，皆取第一主義，即在羅馬法，亦既採用之，即在新民法，亦仍舊民法而據此主義。其第二主義中之甲，爲英國法之所取，乙則爲日耳曼法之主義，即德國新民法之所取。請由是而説明我新民法之所以採用第一主義之故。

在債權者負擔危險云者，例如甲於買受其所有之房屋於乙之時，其契約成立以後，其房屋縱因連燒水害等情，賣主爲無過失而滅失或毀損焉，其買主甲，猶不得不支付其約定之代

價，即此之謂也。蓋已買受其房屋之後，其房屋之命運，利害共歸爲買主之甲。屋價增加，甲不因是而增加其代價，故其利益悉屬甲之所得。若其價減少，甲亦不得因是而減少其代價，故其損失亦當歸之於甲。是蓋從羅馬法以來，所謂利之所歸害亦歸之(Ubiemolumentum ibi onus)之原則也。今姑不從其無關毀損而自減房屋之價之情事，爲之想像，即在因毀損而減其房屋之價時，苟賣主爲無過失，則亦不得不由買主負擔其損失。而其毀損之極，則爲滅失，減少之極，則爲消滅，故即於物之全部，因天災而滅失，由是而其全價額即爲消滅之時，買主亦不能不負其損失。蓋如房屋，雖覓其有形之增殖，然至若禽獸草木等生物，常爲與時俱長，而爲實質上之增殖。然則因其增殖而生之利益，當悉歸之買主甲，即其減少及減少之極而爲消滅之損失，亦不得不歸買主甲之負擔。此爲羅馬法以來外國多數立法例，所以採用第一主義之故，亦即新民法所以設本條規定之故也。

向來危險問題，大抵皆就以移轉所有權爲目的之契約論之，然其設定或移轉他種物權，亦不得不相同。例如地上權、永小作權或地役權，以其設定或移轉爲目的之契約是也。但在設定此等權利之時，地上權者，大抵應定期而付地代；永小作人，則必付定期之小作料；地役權者，亦當應付定期之償金。凡此等處，其地代小作料及償金，皆爲其對於各期間之使用或收益之對價，而當支付之。故至因其物之滅失，而不得爲使用或收益之時，則此等之權利，忽爲消滅，同時即其與此相伴之報酬，亦無庸復付於將來矣。又於毀損之時，亦不得請求其減額爲原則，固無論已。二六六、二七四然至其已甚，則亦特許解除其契約焉。二六六、二七五但在地役權，則以無何等規定，故依本條之規定，爲可依然付其約定償金之全額者。

不特定物，至履行契約之時，必能變爲特定物，此事蓋不容疑。是無他，欲設定或移轉其物權，必不能不確定其目的物也。而試問不特定物，由何時而始變爲特定物乎？則於第四百一條第二項規定之，蓋曰債務者若完了其給付此物之必要行爲，或得債權者之同意，而指定其應給付之物之時是也。蓋於此時，債務者之意思，或債權者及債務者之意思，爲已確定，因而其物亦爲確定也。即在危險問題，亦依此規定，凡物皆由確定之時，其危險之負擔，爲在債權者焉。

本條之規定，與以下二條之規定同，皆推測當事者普通之意思而定之者。若當事者表示其與此相異之意思，則固當從其意思矣。

第五百三十五條　前條之規定，凡附停止條件之雙務契約之目的物，於條件之成否未定間，已滅失時，則不適用之。

凡物若因不應歸其責於債務者之事由，而致毁損，則其毁損，歸債權者負擔之。

凡物若因應歸其責於債務者之事由，而致毁損，則債權者於條件成就之時，得從其選擇，而以契約之履行或解除爲請求，但不妨請求其賠償損害。財四一九、四二〇

本條所以規定附停止條件之雙務契約，其所有之危險問題也。據余之所信，縱於此情事，似亦不必謂與他情事異其規定。然據外國立法例及學說之多數，皆採用反對於前條之主義。即在新民法，亦與舊民法同據此多數之説。蓋其意曰，附條件之法律行爲，當於條件成就之時，生其效力，故其行爲之要素，必存在於條件成就之時，即必存在於其行爲可生效力之時。而於物之有滅失者，既無此目的物，故可謂已缺其法律行爲之要素，從而其行爲不得不歸於無效。此而爲滅失其物之全

部者，關於其物之債務者，所以不得對於債權者而請求其對價也。是在法理上，雖非無大可批難之處，然恐徒騖於立法論，故於玆不具論矣。本條之規定，因本文之理由，雖爲余所信而不疑之事，然外國之立法例及學説，亦不得謂爲必因此理由者。

因以上所論之理由，物苟非全部消滅，而止毁損其一部之時，則其毁損，歸債權者負擔之。其債權者，蓋受物之一部，而不得不辨濟其對價之全部。是無他，縱令毁損，然其目的物既尚爲存在，則行爲之要素，固尚無所缺也。雖然，其毁損之程度甚高，殆近於全部毁滅時，則債權者必付全部之對價。至物爲全部滅失，則無庸復付一錢，其於實際，足生不公平之結果，固不待余之喋喋，亦可以知本條規定之爲不得其當矣。

以上就物因天災而滅失或毁損者，爲之規定，請由是而進論物因應歸其責於債務者之事由，而致毁損者。蓋物因應歸其責於債務者之事由而滅失時，其損失當然歸債務者負擔之，殆不俟言。然在本條，則即使物因天災而滅失時，亦爲應以損失歸於債務者者，故無庸特就其因過失而滅失者，設爲規定。但由理論上言之，則物因天災而滅失者，固生純然之危險問題。物因債務者之過失而滅失者，債務者對於債權者，亦當爲損害賠償之支付，蓋有多處。應賠償其物之價格，即其代價，及物之價格以外債權者所被之損害焉。於此時，物之價格，若貴於約定之代價，債務者除失其代價之外，若已受取，則返還之不得不償還其由物之價格之中，所扣除右之代價之餘款，物之價格；若賤於約定之代價，其爲損害之賠償僅，償還其物之價格足矣。價格以外之損害，假想爲不算入者。雖然，於此情事，依第五百四十三條之規定，債權者得爲契約之解除，以免其支付代價之責，或收回其已支付之代價。即其價格以外，所受損害之賠償，亦得請求之。五四五・三項。若已支付代價者，則依該條之二項，並得請求其利息焉。故於其實際之上，無論右述之何種情事，均可致同一之結果。此在本條，所以不特設關於此各情事之規定也。

在本條第三項，就物之因應歸其責於債務者之事由，而致毀損者，爲規定焉。於此情事，若其條件成就，則從其選擇，或求其契約之履行，僅以因其毀損所生之損害，請求賠償，或解除其契約，併請求其賠償由此所生之損害，均無不可，此依第五百四十三條之規定而顯然也。惟本條第三項所以又明言之者，不過與前二條之情事爲對照，欲其一目瞭然焉爾。附有解除條件之雙務契約，其所以負擔危險者如何？是爲本條所不規定，蓋此非純然之危險問題。夫危險問題云者，由雙務契約所生之雙方債務中，其一方已爲不能者時，其他一方得請求其履行債務與否，是也。惟然，而附有解除條件之雙務契約，因條件之成就而失其效力。若其目的物先因天災而滅失，則當有請求返還其物之權利，謂當事者果有返還其對價之義務與否，此非雙務契約所生之履行債務，乃由其終了所生之履行債務也。故於此不能適用前條之規定，蓋所不容疑矣。

或曰：附有解除條件之雙務契約，其中各當事者，能負附有停止條件之債務，即附有解除條件之買主，當負附有停止條件而返還其所買取之物於賣主之義務，其賣主亦當負附有停止條件而返還其代金於買主之義務，故當以本條適用於此。此說非也。本條乃關於附有停止條件之雙務契約，不能以之適用於附有解除條件之雙務契約所生之附有停止條件之債務，且由附有解除條件之雙務契約，非必能雙方皆生附有停止條件之債務。若賣主未引渡其買賣之目的物於買主，而條件業已成就，即買主不因條件之成就，而負何等應履行之義務。其權利雖一時恒移轉於買主，然因條件之成就，乃當然復歸於賣主者。不甯惟是，此節固自始即以買主爲儘條件未成就之時，爲取得其權利者，故因條件之成就，而當然消滅其權利，賣主直復其爲權利者而已。或買主未付其代金而條件業已成就，即賣主亦不因條件之成就，而負何等應履行之義務。然即於此等情事，其賣買之目的物，既滅失於條件成就之前，則買主之應付代金與否，或應失其既付之代金與否，猶爲有問題焉，故終不能適用本條之規定也。

據以上所論，則本問題除依一般之原則而決之之外，更無他道。即解除條件之成就，爲已消滅其契約之效力，故賣主於其將來，不能收代金之利益，既受取之代金，當速返還之，未受取之代金，則不能復爲受取。而在買主亦然，使物不滅失，則固當返還之，或當失其受取之之權利。然以今既滅失，縱業經受取，亦止可别無返還之義務矣。其賣主之所以不得對之而鳴其不平者，則以若本未嘗賣，其損失固當歸己，而此解除條件成就之結果，自今以往，恰復於自始即無契約之一般狀況焉。要之此事之危險，不得不謂爲賣主之所負擔也。

第五百三十六條　除前二條所揭者外，若因當事者雙方皆不能歸責之事由，而至不能履行其債務，則債務者無受其反對給付之權利。

若因不能歸責於債權者之事由，而至不能爲履行，則債務者不失其受反對給付之權利，但若因自己之免其債務，而得利益，則須以之償還債務者。財五四二

本條就不以設定或移轉其特定物之物權爲目的之一切雙務契約，爲規定焉。即以不特定物及作爲、不作爲爲目的者是也。例如賣米若干石者，賃貸動産或不動産者，約定於一定之土地，不爲一定之營業，而應受相當之酬報者。凡此等情，若因不可抗力，而致一方不能履行其契約，則他一方亦無庸履行

其契約矣。即如有應以產於一定土地之米爲給付者，因年歲不登，是年其地竟不產米，陳米亦全然絶跡，則賣主固當因不能履行而免其義務，買主亦可免付其代價之義務矣。但此情事，在實際爲極少。又如賃貸物因天災而滅失，致賃貸人不能履行其義務時，其義務之當免，固無論矣，然即在賃借人，亦可免其支付租金之義務。但於此事，如第五百三十四條，所論之地役權、永小作權等，雖依當事者之意思爲解釋，然賃借人則亦無庸付其租金焉。又如約定於一定之土地，不爲一定之營業者，若依政府之命令，而不得不爲此營業，則其人雖可免不容爲此營業之義務，然相手方亦當免其報酬之義務。此事亦於實際爲極少。此外如請負契約，譯者按：即承攬請負人因疾病或傷痍，不能完成其約定之工事，即亦無受報酬於定製者之權。是無他，凡此等情，不得比於特定物之契約。蓋特定物之契約，其爲契約目的之物之運命，已存於債權者之掌中也。例如請負一事，定製者於工事之目的物，未受引渡以前，果於何等之物之上，能取得其權利，所不可知。縱云請負人爲定製者製造某物，然請負人並無必引渡其某一物之義務，即更製作同一之物，以與定製者，亦無不可。故定製者未受其物之引渡以前，不因其物或其價格之增加，而受利益，即亦不因其物或其價格之減少，而受損失。由是而至欲爲製造而有不能時，無從言定製者有應支付之報酬矣。同種之物，若增加其價格，則定製間接能受其利益，固無論已。然因定製而製造之物，僅增加其價格，則雖增加而尚未引渡之前，定製人固未爲受其利益者。

以上就契約之不能履行，因債權者及債務者均不任責之事由者而論之。若因債務者應任責之事由，而致不能履行，則債權者不但無應爲反對給付之義務，且得對於債務者請求損害之賠償焉。四一五、五四三、五四五·三項惟若因債權者應任其責之事由，而致不能履行，則債務者又不僅免其義務，並有受反對給付於債權者之權利，可無疑也。蓋在雙務契約，雖同時生雙方之義務，然其義務既生於一旦，即各有獨立之存在，非必爲相牽連者。此依第五百三十四條之規定，業已明甚，故因債權者之過失，而致債務者不能履行其義務，在債權者初不能亦免其義務也。惟債務者若因免其債務而多少得有利益，則其利益，因與反對給付之利益相重複，非以之償還債權者，則債務者竟將爲不當之利得矣，故於本條但書規定其應以此償還債權者焉。例如甲託乙於一定期間之内，繪成一畫，斯時甲若毆乙而使之負傷，遂不得於其期間内畫畢，則乙因不能繪畫而固可免其義務，而其對於甲所得爲請求者，於因負傷所生之損害賠償以外，並可請求其對於繪畫所約定之報酬額。惟乙若已購畫具，已買畫絹，則其畫具畫絹之價額，既包含於報酬之中，即乙爲受雙層之利益，故不得不以畫具、畫絹之代價，償還於甲，此類是也。

二　爲他人所爲之契約

第五百三十七條　依契約，當事者之一方，若對於第三者，約定應爲某給付，則其第三者對於債務者有直接請求其給付之權利。

前項之情事，其第三者之權利，發生於此第三者對於債務者表示其享受契約利益之意思之時。財三二三

爲第三者所爲之契約，羅馬法以來，視爲無效，此爲學者之通說。而尋其理由，則曰無利益者無訴權(Sans intéret, point daction)。故爲不爲自已利益之契約，其當事者自不能有訴權。既無訴權，即可謂之爲無權利。故右之契約當事者不因此而生權利，而第三者則又不預於其契約。故從格言所云，或人之間所爲之事不得爲他人之利或害(Res inter alios acta, aliis neque, nocere neque prodesse potest)一語，不能由其契約而

得權利。即其究竟，右之契約，法律上爲無何等效力矣。然近世之學者，則漸悟此説之謬。雖爲第三者所爲之契約，亦爲法律上有效力者，更進而宜認其爲第三者發生權利焉。蓋無利益則無訴權之説，依向來之學説，必須爲有形之利益，此其謬，蓋不待言。何則？人非必專爲有形之利益而有動作也。若此格言而並及無形之利益，則爲第三者所爲之契約，必於當事者之一方，有無形之利益，而後結之。例如其第三者，爲自己之近親或親友，因愛情而欲結爲其利益之契約，或富於慈善心者，欲令貧困者得其利益，特締結此契約，亦非必無之事。凡此等情，當事者雖並無有形之利益，然如因愛情或慈善心等之無形利益，而欲締結其契約，其目的非但毫無不法，並有可加奬勵之理由，若法律不保護之，則此等契約，皆爲極不確實者，動輒令不德義之徒，有可以不守其約之弊。故即依古來之學説，若當事者所結之契約，無論若何些少，但與自己以直接之利益，而其中條件，則以能爲第三者利益之事項，爲約定時，或當事者之一方，約定爲若不履行其爲第三者所爲之契約，其制裁爲當付違約金或其他豫定賠償額，則其契約亦爲有效。雖其中有直同兒戲之學説，謂吾不過以此等契約，其目的雖在利及第三者，因欲付以法律上之效力，不得已而附加此附屬之條件，即由是而以其契約爲有效。如是云云之法理論，其牽强附會，爲羅馬法及其餘後世之心醉羅馬法者，所樂於利用之説。要其真目的之所在，究以右等爲有益之契約，乃使之於法律上得生效力，蓋不容疑。若然，則即斷然以凡爲第三者所爲之契約，爲亦當受法律上之保護者，夫何不可之有？

故在當事者間，右之契約，應爲有效，爲余所深信而不疑。然獨有一問題焉，其契約對於第三者，亦爲能直生其效力者否？此不能不大有可疑。據余所信，則由純然之法理論言之，據格言所云，或人之間所爲之事不得爲他人之利或害一語，在第三者但依右之契約，殆必爲不得權利者。雖然，其契約之履行，本未嘗直接利及當事者，卻止爲利及第三者，故若令第三者受此契約之利益，即可竟爲已得受其利益，是即於法理論爲有未合。然於實際之便宜上，不但簡單而毫無弊害，且可謂適合於當事者之意思。是在本條，所以視右之契約，直爲對於第三者生其效力也。而此契約，固於當事者間爲有效力，實已不言而喻，無庸特爲明言之矣。

即一旦以右之契約，爲對於第三者生其效力，然果要第三者之意思與否，是更屬應研究之問題。夫法律上無何等關係之第三者，不得强與以其所不欲之利益，不但在法理上爲甚明，即在實際亦所當然。故此契約而欲生利益，必需第三者之承諾，蓋不容疑矣。惟此契約之對於第三者能生效力，果在締結契約之時而然耶？抑在第三者表示其受此契約利益之意思時而然耶？是又有紛歧之學說。在德國民法，雖以爲從締結契約之時，即對於第三者爲生效力，但以當事者之意思，特定其發生效力之時期者，則當從之，而第三者之意思，則非其所必要者。然既以他人間之契約，對於第三者能生效力，尚爲未合於一般之法理，則第三者於不與知之時，即取得某權利，其距一般之法理，豈不更遠？而由實際之便益上計之，實亦不必從爲契約時，即發生第三者之權利，故於本條，以第三者爲由其承諾之時，契約之效力始及之焉。蓋當事者之一方，固爲第三者之利益而結契約，第三者若承諾受此利益，則於當事者與第三者之間，已生類於契約之關係。而由當事者之意思觀之，恰應視爲互相連屬之二個契約，蓋不容疑。故如本條之規定，可謂適合於理論與實際者矣。

第三者之表示意思，應對於何人爲之乎？曰：應對於債務者爲之。蓋第三者與債權者之間，若有贈與，則第三者似甯對於債權者，爲應表示其意思。然贈與爲一種契約，苟債權者對於第三者表示其意思，而第三者對於債權者，非表示其承諾之意思，則不能成立。五四九此第三者之權利，本不由贈與而生，明矣。若然，則應對於因其權利之發生，尤能感覺其利害之債務者，表示第三者之意思，可謂最得其當，此本條第二項之所規定也。

從以上所述，以使第三者能獲權利爲目的之契約，其爲有效，則既明矣。反之，而使第三者能負義務爲目的之契約，其爲無效，乃不待言。惟無代理權而爲他人爲應爲負擔之契約，則其契約，有因追認而生其效力者。一一三至一一七又在他人，於所令負擔之義務，爲應與盡力之契約，則固以自己之行爲爲目的者，其爲有效，所不待言。而此所謂他人者，若不肯負擔其義務，則相約應爲相當之賠償，亦爲有效，此等皆當然之事，不待煩言，故不特置明文也。本條之適用，雖本不一而足，然可示最頻繁之一二例如下：

第一例　甲與乙爲契約，令年年支付若干圓之金額於丙。若乙不履行其契約，則甲得迫乙令履行之。此不但與他契約無異，即丙亦苟承諾受此契約之利益，則由其承諾之時，對於乙爲直接取得債權，故丙亦得對於乙而求其履行此契約。

第二例　甲與乙保險公司爲契約，甲若死亡之後，當支付若干圓之保險金於丙。則非但甲之相續人，得迫令乙保險公司支付其保險金，即丙亦苟表示其受保險契約之利益之意思，則由其表示意思之時，對於保險公司爲直接取得債權。故甲死亡之後，丙亦得迫令保險公司支付其保險金。論實際，本文之丙，多即爲相續人，固不待言。然使丙即非相續人，亦可有本文之權利，故本文之於丙不區分其爲相續人與否。若據向來之學説，以爲他人所爲之契約爲無效，則尋常之生命保險契約，皆不得不爲無效。故世之學者，必力逞其種種牽强附會之説，而始以此契約爲有效。然一旦若認本條之主義，則不必復爲牽强附會之説矣。

第五百三十八條　依前條之規定，而第三者之權利發生以後，當事者不得變更之，或消滅之。財三二五

在前條，一旦既認第三者爲直接取得權利，則縱有當事者雙方之同意，亦不復能一旦左右第三者已取得之權利，不待言也。故於本條，定第三者一旦表示其受此契約利益之意思，則當事者即不得復變更其權利，或消滅之矣。

第五百三十九條　根據於第五百三十七條所揭之契約之抗辯，債務者得以之對抗於應受其契約利益之第三者。

第三者非另與當事者之一方爲契約者，故其權利，乃由當事者間之契約，所生之權利，由是而根據於其契約之抗辯，總之得以之對抗於第三者，有固然者。例如當事者之契約，若因債務者之無能力，而爲可以取消者，則方其第三者欲行此權利，債務者即得取消其契約。又例如契約中若就第三者之受利益，定其應爲反對給付之事，第三者非爲此反對給付，即不能行自己之權利，此類是也。

第三款　契約之解除

契約之解除(Resolutio，Resolution，Rücktritt)云者，謂一旦廢止其所取結之契約，於當事者間，恰如未締結此契約者也。此解除有種種之不同，或因當事者之意思，或依法律之規定，即其依法律規定之情事中，或有當然解除者，或有因當事者之表示意思者，或有於裁判所言渡之者。譯者按：言渡即裁判所發出判詞。至其原因，又爲千差萬别，不能悉網羅於一款之中。

故於本條，就其得以當事者之意思，而解除其契約者，爲揭一般之通則，且就其因法定情事中最重之不履行而致解除之各種契約，爲設通共之規定焉。此外則除其因條件成就而致解除其契約者外，一二七・二項更有各種特別解除其契約者，請讓他條文説明之。

本款分爲四段：(一)解除之方法；(二)解除之條件；(三)解除權之效力；(四)解除權之消滅是也。

一　解除之方法

第五百四十條　依契約或法律之規定，若當事者之一方有解除權，則其解除，依對於相手方表示其意思而爲之。

前項之表示意思，不得取消之。財四二一・二項、四二二、五六一，取八一

本條所以示有解除權者，行其權利之必要方法者也。蓋當事者之一方，而有解除權時，其權利有生於契約者，又有生於法律之規定者。即就生於契約者而論，亦有僅因當事者一方之意思而得解除之者，有於某事實之發生時，例如相手方不履行其債務之時，而得爲解除者。至論其解除權之生於法律規定，則其原因甚多，而以第五百五十七條、第六百十條、第六百十一條第二項、第六百二十一條、第六百二十八條、第六百三十一條、第六百四十一條、第六百四十二條、第六百五十一條、第六百六十二條、第六百六十三條第二項、第六百七十八條、第六百八十三條等，所規定者爲最要。在本款則以解除權之生於法律規定者爲最重，即揭其因不履行之解除權之通則也。更有各種契約特別之規定，則別於各處揭之。而此因不履行之解除，向來有三主義：一則若過一定之時期而不爲履行，即爲可解除者；一則要以解除請求於裁判所；一則僅以對於相手方之表示意思爲已足，是也。此三主義，各有長短。其第一主義雖

似極爲便利，然從此主義，則當事者雖欲稍後於時期，而仍履行其契約，然因契約之必解除，往往有戾於當事者之意思者。抑不但此而已也，多少容有怠慢，人情之常，以有少時之怠慢，其契約即必爲解除焉者，則當事者多被意外之損失，卻於實際爲不便矣。第二主義，似最爲確實，且有時有保護不幸之債務者之利，然不得不一一皆由裁判所，則不但其煩勞不能堪，且如以法官而左右其契約，濫以猶豫期限與之，蓋可謂過於干涉者矣。惟第三主義，似可爲補前二主義之短處，最便利於實際，是即本條之所以取此第三主義也。而除契約不履行之情事外，凡法律之以解除權畀當事者時，悉因類似之理由，而取同一之主義焉。又當事者雖因契約而有解除權，然若不表示其特別之意思，則猶推定爲當依同一之方法而爲解除者。

解除之意思表示，雖亦如他事之意思表示，任以何等方法爲之，皆無不可，惟需對於相手方爲之。蓋解除其已成立於相互間之契約，而欲絶其關係，其應對於相手方而表示意思，固所當然。且使相手方而有數名，則應對於其各人而表示意思，此蓋仍如第四百七條、第五百六條等也。

右之意思表示，爲能生重大之效力者，故有解除權者，止應於有十分之決意時爲之，固不俟論。故一旦既爲此意思表示，即不得復取消之，是固當然之理也。蓋此意思表示而若得取消，則相手方於權利上之位置，因以甚爲攪亂，爲常事矣。且如第四百七條第二項，關於選擇債務其選擇之意思表示，尚以爲苟有相手方之承諾，則得取消之，而於本條，則並不認此例外。是無他，一旦既爲解除，則當事者間全消滅其契約上之關係，故即有相手方之承諾，不能令已解除之契約，一旦再生效力。當此之時，若結其有同一目的之新契約，則固隨其意，然欲令舊契約爲復蘇，不可得矣。

二　解除之條件

第五百四十一條　當事者之一方，若不履行其債務，則相手方定相當之期間，而催告其履行，若於其期間内終不履行，則得爲契約之解除。財四二一、四二二，取八一，舊商三二三、五四五。

本條以下至第五百四十三條，爲定因不履行而解除之一般條件。而本條定其本則，以下二條，乃定其例外之情事者也。依本條之規定，契約當事者之一方，縱不履行其債務，相手方初不能即解除其契約，必定相當之期間而催告其履行。若於其期間内不受履行，則由此始得爲契約之解除者焉。蓋解除云者，其性質與契約之履行，正相反對，故使當事者之一方，不問其債務之已在辨濟期，而不履行，自有不履行之責。然立即爲契約之解除，則不但對於其人爲失之酷，且恐反於當事者締結契約時之意思，當甚多也。

本條之規定，與第二百九十五條，及第五百三十三條之規定，同其精神。蓋當事者之一方，不履行自己之債務，而使相手方獨爲履行，未免有失公平矣。

相當之期間云者，隨情事而不同，有固然者。依契約之性質，其履行自有難易，各設一定之法定期間，必有膠柱之嫌。故使當事者就各情事，定其適當之期間焉。但當事者若不定適當之期間，而爲催告，則相手方得訴於法廷，令延長之而卒爲相當之期間矣。

第五百四十二條　依契約之性質，或當事者之意思表示，非履行於一定之日時，或一定之期間以内，即不能達其所爲契約之目的者，當事者之一方，若不爲履行而經過其時期，則相手方得不爲前條之催告，而即爲其契約之解除。

本條乃定對於前條規定之一例外也。蓋依契約之性質，或當事者之意思表示，非履行於一定之日時，或一定之期間以內，即不能達其所爲契約之目的。似此情事，各當事者之一方，怠其履行，則其遲延而所爲之履行，當已能不利於相手方。故更令其相手方，定相當之期間而爲催告，不過悉爲無用之手續。故於此時，得逕爲契約之解除焉。例如丁一定之吉事或凶事，應使用之衣服食物等，非於其應行吉事或凶事之日得之，則多可全然無用。又欲爲旅行者，定製其旅裝時，非於出發前受其履行，則全不能達契約之目的。於此等情事，對於其已過時期不爲履行之相手方，而爲催告，其相手方即應其催告而爲履行，亦不能因此而畀定製者以契約之利益，故甯可以之爲得逕解除其契約者，此所以有本條之規定也。

第五百四十三條　履行之全部或一部，若因債務者應任其責之事由，而不能爲，則債權者得爲契約之解除。

本條亦對於第五百四十一條之通則，而揭其例外者也。蓋履行之全部或一部，若因債務者應任其責之事由，而不能爲，則縱由債權者爲催告而求其履行，亦終全不能履行，或爲完全之履行矣。故其催告，畢竟止於形式，實不過無用之手續。故於此情事，亦得逕爲契約之解除焉。例如甲對於乙，負應引渡其某房屋之義務時，甲若因過失而燒失其房屋之全部或一部，則乙得逕爲契約之解除是也。

第五百四十四條　當事者之一方有數人時，則契約之解除，止由其全員，或對於其全員，乃得爲之。

於前項之情事，解除權若就當事者中之一人爲已消滅，則就其他人亦爲消滅。

本條爲應適用於有解除權之一切情事者，所以定當事者之一方有數人時，得分割其解除權與否者也。夫解除權之性質，爲可分者耶，抑爲不可分者耶？古來學者，雖頗有所議論，然余則以其性質爲可分，信爲原則。蓋契約之目的，若爲可分，則其一部，就其目的之一部而存，其他一部，得就其目的之他部分而消滅矣。若夫契約之目的，本不可分者，則契約不得就其一部而存，故亦不得解除其一部，有固然者。是以向來學者之所有議論，惟存於契約目的爲可分時。例如契約以土地或金錢爲目的時是也，於此時，若解除其契約之一部，則得於土地之一部或金額之一部，爲成立其契約，而於他部分則爲消滅其契約也。

以上爲由理論上言之者，然於實際上，則解除契約之一部，多反於當事者之意思，或不免有所不便於實際。故於本條，特以行使解除權，爲不得分者焉。即所謂有解除權者若有數人，當由其全員爲解除。又有解除權者之相手方，若有數人，則當對於其全員爲之。且解除權若因一人之拋棄，或對於一人之拋棄，而爲消滅，則他解除權者，或對於他相手方，亦不得爲解除。因其他有解除權之一人，中斷其時效，固猶得行其權利，然若因他有解除權者，不爲中斷，就其人爲消滅解除權，則第一解除權者，亦當不得行其權利。又有解除權者之相手方，若有數人，縱對於其一人爲中斷時效，若對於他人不爲中斷，則不復得對其全員而行解除權。此外則總之爲解除權若就當事者中之一人，爲已消滅，則就其他人亦爲消滅云爾。但解除權之不可分，止於此之所論，不能以此與純然不可分之債權，視爲同一，則又有固然者。第四百二十八條以下，不得適用於兹，固無論已。解除權行使之後，其效力仍分於當事者間，此亦所不待言。更於第五百六十三條第一項之情事，明爲一部解除之情事。然欲避其誤解，乃不用一部解除之文字。故於民法，若僅稱解除，則常爲解除契約全部之意義，此不可不知者也。

三　解除之效力

第五百四十五條　當事者之一方，若行使其解除權，則各當事者，負使其相手方復於原狀之義務，但不得害第三者之權利。

於前項之情事，若應還返其金錢，則要由受領之時，附以利息。

行使解除權，不妨其損害賠償之請求。財四〇九・二項、四二一・一項、四二四、五六一・一項，取八一・一項、八二、八三，舊商三三六

解除之效力，如款首所述，在使當事者復於與無契約之初，同一之位置。例如甲若受物之引渡於乙，則當返還之；又乙若受金錢之支付於甲，則亦當償還之；而其物若生果實，則其果實亦當返還，此固不待言矣。而在金錢，縱令受取之之乙，並未更貸與他人而取利息，然仍當由受取於甲之日以後，直至返還之時，附以其應得之利息焉。是無他，金錢之爲物，不拘自使用之，與他人使用之，均視爲當然生法定利息之利益者也。參看四一九其餘則苟依嚴密之理論言之，凡使用其物者，似亦不得不付其使用之對價。如德國民法，現即令付此對價，然此實爲過密，非但實際多所不便，且金錢以外之物，非必一使用而必得一定之利益，如金錢者。故於本條，以之爲無庸支付者焉。

當事者之一方，若因其不履行而於相手方生其損害，則必當賠償之，此第四百十五條之所規定也。而此規定，非能因契約之解除而受變更者，故於當事者一方之不履行，而相手方因行其解除權之際，其解除之一般效力以外，相手方得令賠償其因不履行所生之一切損害焉。行使契約上之解除權者，即非因不履行而

由其他情事以致解除，然若同時於契約之全部，或一部有不履行之事實，則同爲有賠償之責者。

以上定解除之當事者間之效力者也。對於第三者，則不得爲解除效力之所及。例如甲受房屋所有權之移轉於乙，其後若以之轉賣於丙，則再至後日，甲因乙不付其代價，固得與乙解除其契約，然丙所得之所有權，則毫不被其侵害。蓋在解除之效力，向來立法例，雖各有不同，然由解除之性質論之，則以爲能涉及第三者之權利者，頗不乏其例。即如舊民法，亦取此主義者。雖然，似此則往往令第三者被不虞之損失，由是而缺取引之安全，實際頗多不便。故於本條，則以此爲不得害第三者之權利焉。

第五百四十六條　第五百三十三條之規定，於前條之情事準用之。

本條以第五百三十三條之規定，爲準用於解除之情事者也。蓋於當事者雙方互有應返還之物之時，若止其一方爲履行，他一方不爲履行，則其結果之不公平，不待言矣。故非一方提供其返還，即彼一方亦不得不爲無庸爲返還者。雖然，第五百三十三條之規定，乃關於履行雙務契約之規定，故於因契約之解除，當事者各自有應返還其不當利得之義務時，則不能適用此第五百三十三條，此本條所以特以此條爲準用也。

四　解除權之消滅

第五百四十七條　解除權之行使，若不定其期間，則相手方對於有解除權者，得定相當之期間，以應於其期間內，確答其爲解除否之旨，爲之催告。若於其期間內不受通知，則解除權爲消滅。取三二

解除效力之不可易視，既依第五百四十五條而明之，故有解除權者之相手方，欲從速確知其解除權之果否行使，固所當

然。然則依一般之原則言之，權利者無論何時，均得行其權利，故解除權苟未罹時效，則果何時行使其解除權，不可知也。是不但對於相手方爲已酷，且其妨取引之安全，亦殊不少。故於本條，解除權之行使，若不特定期間，則相手方得定相當之期間，而以應確答其爲解除與否之旨，爲之催告。而此有解除權者，若於其期間内，不爲解除，則解除權應爲消滅焉。其解除之意思表示，亦從一般之原則，當依受信主義，九七故其解除之通知，要必於期間内到達於相手方也。

本條之相當期間，亦爲事實問題，其所定之期間，要於審度其解除之有利與否，有十分足敷之時限。若定過短之期間，則解除權者，得對之述其異議，以防其解除權之消滅也。

第五百四十八條　有解除權者，因自己之行爲或過失，以致顯然於契約之目的物，毀損或不能返還之之時，又或因加工或改造，而以之變爲他種類之物時，則解除權爲消滅。契約之目的物，若不因有解除權者之行爲或過失，而滅失或毀損時，則不消滅其解除權。財四一九・二項、三項、四二〇

解除以使各當事者復其原狀爲目的，故有意想其契約之目的物若已滅失，似不能復爲解除者，抑知此僅爲不足取之謬見。蓋解除雖本以令各當事者復其原狀，然物之滅失，若不因有解除權者之行爲，則當視爲縱不結此契約，其滅失猶爲可發生者。故縱其目的物之債務者，不得因契約之解除而收回其物，而可以謂爲是即原狀也。於本條第二項，明此原則焉，此即於全部滅失之時，亦無消滅其解除權之事。故其一部之滅失，即所謂毀損云者，其影響亦不及於解除權，固所不待言也。

反之而滅失其契約之目的物，若因有解除權者之行爲或過

失，則自己因解除而當受其目的物之返還時，解除即爲自己之不利益，故當必不爲解除。從而解除權之消滅與否，亦不必論。但理論上則解除權爲不消滅。然有解除權者，於其因解除而當以契約之目的物返還於相手方時，若因其行爲或過失，使之滅失，以致不能返還之，則由理論上而言，其人依然爲有能爲解除之權利。但因滅失其物，當負損害賠償之責。七〇九然如向所屢言，損害賠償之爲物，乃據極不確定之標準，以金額估計其損害者，故不如令彼失其解除權之爲愈，轉得使其賠償真損害之全部也。而其以此爲説明，則亦自有法理存焉。無他，有解除權者，若故意滅失其物，則且弗論，即使因其過失而滅失之，然其不注意於保存此物，是必因其自念行解除而返還其物於相手方，爲不可有之事也。由是得視爲以其行爲，拋棄其解除權者焉。

右之所論，雖在有解除權者，滅失其契約之目的物時，然若因有解除權者，以其物讓渡於第三者，而致不能返還於相手方時，此外則顯然毀損其契約之目的物時，及因加工或改造而變之爲他種類之物時，亦不得不與同論。例如買受房屋者，拆倒其房屋之一間或數間，或讓受金塊者，以之製爲戒指，或讓受戒指者，以之造爲印章，則可視爲已拋棄其解除權者也。或曰：有解除權者，若毀損其契約之目的物，則縱使其毀損爲不甚顯然，其解除權非亦可使之消滅乎？然如於所買受房屋之壁，穿一小孔，或於所讓受之戒指，加一小疵，此不得視爲已拋棄其解除權者，固無論矣。即相手方受其已毀損之物之返還，以其非甚受損害，但依一般之規定，而受損害賠償，則亦無必拒絶其解除契約之理。故於本條，特以顯然之毀損，爲必要焉。

第二節　贈　與

論贈與(Donatio，donation，Schenkung)之性質，爲古來各國之法律及學説，所不一定。或不以之爲契約，即遺贈亦包含於其中；或以贈與爲贈與者之單獨行爲，即無受贈者之承諾，既有贈與之行爲即爲成立；又或雖以之爲契約，然以爲不生義務者，僅爲移轉權利之方法。雖然，在新民法則與舊民法同，(第一)以贈與爲契約，(第二)以之爲發生義務之原因。此所以規定之於債權編，且揭之於契約章，而規定之爲各種契約之第一種也。

第五百四十九條　凡贈與，當事者之一方，表示其以自己之財産，無償而與相手方之意思，因相手方之爲承諾而生其效力。取三四九、三五八

本條所以揭贈與之定義者也。夫贈與之定義，依右所述之諸種學説而有所異，固無論矣。然就贈與之性質，一旦即取同一之主義，其定義猶有不同者。(第一)以贈與爲要式契約，在古來歐洲諸國，大抵皆然。是蓋以贈與之爲物，在贈與者出之，爲止有損而無益，且因此於其相續人，爲極不利益之行爲。故各國之立法者，極力鄭重之，而使不得輕易爲之者也。雖然，任如何之贈與，皆要方式，此終非可行之於實際。因各國之法律，皆認有例外，而可知矣。而其必要此方式，則其有妨於有益之贈與，其事良多，而有害之贈與，果比之而得防止之效否，此其不能無疑者。且如因保護當事之利益，而干涉其自由契約，爲文明國法律所最忌。故於新民法，斷然改舊民法之主義，即贈與亦以之爲諾成契約焉。但於下條，非無多少之限制，然此固非成立其契約之所必要者也。

（第二）即在贈與之目的，亦有廣狹之别，或有以一切無償行爲，爲贈與者。然此與普通之觀念相反，故於本條，則如舊民法，限於其以“當事者之一方以自己之財産無償而與相手方”爲目的者，謂之贈與焉。例如無償而移轉或設定其所有權、地上權、永小作權等，固無論已。即新與以債權，或因既存之債權，無償而與以質權、抵當權等，亦爲贈與。反之，而因相手方之利益，抛棄其物權或債權，或無利息而貸與金錢，及其餘無償而以自己之勞力供他人之用等，則皆非贈與也。

第五百五十條　不用書面之贈與，則各當事者得取消之。但在其履行已畢之部分，則不在此限。取三五八

本條爲以贈與爲要式契約之學説之遺物，余於立法論雖不取此，然欲强爲之説明。則不作書面之贈與，或不保無贈與者之意思，尚爲未確定者，且以苟無書面，易生後日之爭也。此理由雖不限於贈與，然贈與由一時惻隱之心，約當爲此，忽焉悔之，事所恒有。由是而以此爲易生後日之爭，爲人情所不免，故特以此爲必需書面者。

因右之理由而在本條，則贈與即不依書面，固亦爲成立。然其未履行之間，則得由各當事者取消之焉。而若已履行其贈與之一部，則就其已履行之部分，不得取消之。然就其未履行之部分，亦當爲得取消者。例如約定年年應與以金百圓時，一年已履行之之後，在贈與者若悔其贈與，則由翌年取消其贈與，即不復與受贈者以一錢可也。又若在受贈者，受取其一年百圓之後，不屑復受金錢於贈與者，則亦得取消其贈與，而不復受取翌年分以後之年金焉。

第五百五十一條　贈與者就其贈與之目的物或權利，不任

其瑕疵或欠缺之責，但贈與者若知其瑕疵或欠缺，而不以告受贈者，則不在此限。

在負擔附之贈與，贈與者於其負擔之限度，任其擔保之責，與賣主同。財三九五、三九六，取三五一

本條定贈與契約之有擔保義務者也。蓋由理論言之，則贈與爲能生義務者，故贈與者若僅約爲應與以某物，則似當認爲已約定應與以無瑕疵之物，或應與以關於此物之完全權利者。雖然，溯贈與之由來，大抵出於贈與者之好意，專以利益與受贈者之恩惠的行爲。故若約爲當與以某物，則不問其物之有瑕疵與否，當視爲有儘現狀而與之之意思。又若約爲當與以某權利，則當視爲有儘自己所有之權利而與之之意思。若所有之權利不全，則專就其可信爲有之者爲贈與，其所不有者，則必視爲並無更以他權利代之之意思。此在本條，所以仿舊法典及其他各國之例，凡贈與者，以無擔保之責爲原則也。

右之原則，有一例外。無他，贈與者於贈與物之瑕疵，或所贈與之權利之欠缺，若明知而不告受贈者，而爲贈與，則爲當任其責者焉。蓋於此情事，贈與者之行爲，稍有類於詐欺者，與人以自己所不有之權利，或贈人以有瑕疵之物，而貌爲與以完全之權利，或贈以完全之物者，然實令受贈者因此而誤以爲既受過實之利益也。參看五七二但於此情事，其擔保義務之效力，有不與賣買之情事相同者。於賣買之情事，多解除其契約，且令賠償其損害，然於贈與，則受贈者即解除其契約，亦毫無利益，故止得請求其賠償損害而已。此因本條第一項，對於本文所云不負其責之但書，直云不在此限，其意即云應任其責，可以明之。蓋任其責之云者，通常即謂爲有賠償之責，如本條則尤爲其意之最明者也。

以上就純然之贈與而論之。然於贈與之中，有所謂負擔附

贈與(Donation avec charge)者。據余所信，其性質爲有償契約，然在當事者之意思，則視之爲贈與，故限於苟其性質之所許，以贈與之規定適用之。例如關於前條書面之條件，及關於次條消滅贈與效力之規定，即在負擔附贈與，亦爲應適用者。雖然，其他事項，則應適用雙務契約之一般規定，此第五百五十三條所規定也。即其擔保，亦如其他之有償契約，固應歸其責於贈與者，惟於本條第二項，則推測當事者之意思，止於負擔之限度，爲與賣主負同一之擔保義務者焉。例如甲以一種不動産之所有權與乙，乙則約年年應付金百圓於甲，爲其負擔。於此情事，若其不動産，爲他人之所有物，由是受贈者不得爲其所有者，則不但將來無庸付其所負擔之百圓，且若有已支付之款，得求其附以利息而返還之。五四五·二項、五六一而其不動産，縱有數千圓之價，亦不得對於其價而請求此損害之賠償也。又例如甲所贈與乙之馬，有嚙人之病，若無其病，則有二百圓之價，然因有此病，乃止值價百圓。然則受贈者於甲或第三者，而有應支付其金額之負擔，則其金額，若爲百圓以下，則對於贈與者，雖一錢不得請求；若超過百圓，則限於其超過於此之金額，得或免其負擔，或求其附以利息而返還其所已付之款焉。

第五百五十二條　以定期給付爲目的之贈與，則因贈與者或受贈者之死亡而失其效力。

本條之規定，亦推測當事者之意思而定之者也。故當事者若表示其反對之意思，則固當依其意思，蓋以定期給付其金錢或其他之物爲目的之贈與，多爲視其受贈之生活，又多係割其贈與者定期收入之幾成而給之。又即使不然，亦大抵依贈與者與受贈者身上之關係而給之，是爲最多之例。故限於當事者不表示其反對之意思，則於贈與者或受贈者之死亡時，其贈與爲當向將來而失其效力者。

第五百五十三條　在負擔附之贈與，於本節之規定外，適用關於雙務契約之規定。取三六三

本條爲暗定負擔附贈與之性質者也。蓋負擔附贈與之性質，從來雖於學者間尚有議論，然於本條，則明言本節規定之外，當適用關於雙務契約之規定。故其性質之爲雙務契約，即爲有償契約，蓋可明矣。惟推測當事者之意思，不過爲應適用本節之規定者，即應適用前三條之規定者。而余則信此之所據，爲最得正鵠之學説也。蓋贈與者以自己之財産與相手方，相手方亦對之而負一種之義務，則此固爲有報償者。且當事者爲雙方皆有義務，其事甚明。惟當事者若用贈與之名稱，則不得不視其意思，爲已有幾分當依贈與之特別規定焉者。故特以贈與之規定，適用於此，亦所至當。但於實際，往往於負擔附之贈與，與其他純然之有償契約，區別頗難，固未必能盡依當事者所附之名稱，以爲區別之準。然此全屬於事實問題，宜一任法官爲公平之認定，而爲法官者，則當探究爲契約時當事者之意思而定其性質，固所不待言也。

第五百五十四條　因贈與者之死亡而能生效力之贈與，則從關於遺贈之規定。取三八九

在新民法，亦如舊民法，以贈與爲契約，故遺贈之非贈與，固爲明甚。雖然，惟有一種贈與，其性質甯與遺贈相近，故與其適用贈與之規定，有不如適用遺贈之規定爲較妥者。無他，因贈與者之死亡而能生效力者是也。例如贈與者與受贈者相約定於其死亡之時，當以其所有之不動産，移爲受贈者之所

有，是也。在外國之法律，雖往往以此種贈與爲遺贈，然其性質，乃純然之贈與而非遺贈，惟當以其效力爲同於遺贈，較妥當耳。

第三節 賣　買

賣買(Emptio-venditio，vente，Kauf)爲各種契約中之最頻繁者，即契約之總則，亦於賣買爲最多見其適用。且賣買爲有償契約之最，於第五百五十九條，乃以賣買之規定，準用於其他之有償契約焉。故本節之規定，爲最重要者。

本節分爲三款：第一款爲總則，揭賣買之定義及其他關於賣買成立之規定；第二款爲賣買之效力，定其由賣買所生之賣主及買主之權利義務；第三款爲買戻，規定其賣主得返還其代金於買主，而解除其賣買之特約焉。

第一款　總則

第五百五十五條　凡賣買因當事者之一方，約以某財產移轉於相手方，相手方約以其代金付之，而生其效力。財二四、二五

本條揭賣買之定義，併定其成立之時期者也。蓋賣買之性質，自羅馬法以來，雖有多少之議論，然於本條，則先以之爲諾成契約，明其物之引渡、代價之支付等，毫無必要於賣買之成立焉；次以賣買爲以財産權之移轉爲目的者焉。就此則生二派之議論：其一，則以賣買爲不過或移轉其權利，或生其移轉之義務者。例如賣買之以移轉特定物之所有權爲目的者，所有權即時移轉，毫無暇復生義務，反之而在以移轉不特定物之所有權爲目的者，則僅爲生其義務者焉。又其一，則以賣買爲常生移轉權利之義務者。即如上之第一例，亦以爲先生移轉所有權之義務，其義務爲履行於俄頃，而賣主之所有權，遂即移轉

於買主焉。一七六而本條則爲取此第二説者，余蓋信其至當。蓋賣買即在以移轉特定物之所有權爲目的者，若其所有權不屬買主，則即無權利之移轉，雖爲固然。然賣主有移轉權利之義務，則爲第五百六十條所明爲規定。所謂追奪擔保之義務者，其實不過移轉此權利之義務。然則賣主、買主若共爲善意，則在當事者之意思。視此情事，與視所有權屬於賣主之情事，毫無所異。若然，則認爲常生移轉權利之義務者，不得不以之爲較妥也。

凡設定地上權、永小作權、地役權等，爲移轉其所有權之一部於他人者，故得以之爲賣買之目的，所不俟論。

以上止就賣買之一種目的而論之，即止就賣主之義務，亦即移轉其權利之義務而論之。然賣買必更有一目的，爲使買主負支付代金(Pretium，prix，preis)之義務也。代金之義，如其文字，要必以金錢定之，是爲賣買之所以異於交換。由理論上言之，賣買不過爲交換之一種。以廣義言之，則交換云者，其目的爲一方移轉其權利，他一方對之而移轉其他權利者也。而賣買則就其中之一方，爲必以移轉其金錢之所有權爲目的者。雖然，在今日，賣買最爲頻繁，他交換則實際甚少。故特分之爲二節，先規定賣買，次規定他交換，即狹義之交換焉。而於賣買，則必要有金錢之代價，此在羅馬法即有議論，至今日亦尚未息。然於本條，則明爲要有金錢之代價，若當事者無應給與金錢之一方，則皆以之爲交換焉。

要之賣買有二義：第一，令賣主負移轉財産權之義務，而其財産權則所有權、地上權、永小作權、地役權、債權、特許權、意匠權、商標權、著作權等皆可。惟財産權以外之權利，例如親權、後見權等，則不得以爲賣買之目的而已。第二，令買主負支付代金之義務，但代金之額，不必自始即爲確定。若示以定之之標準，即至後日定之，亦無不可。

第五百五十六條　賣買之一方所豫約，由相手方表示其完結此賣買之意思時，生賣買之效力。

前項之意思表示，若不定其期間，則豫約者得定相當之期間，而以應於其期間内，確答其完結此賣買與否之旨，催告於相手方。若相手方於其期間内不爲確答，則豫約失其效力。財四一五，取二六至二八、三一、三二，舊商五三二

本條爲關於賣買之豫約(Promesse de vente)。就賣買之豫約之性質，雖向來於學者間爲有議論，要之此不過當事者意思之解釋。而於向來所譯爲豫約者之中，有非真豫約而僅爲約束(Promesse synallagmatique)者，即賣主、買主相互之約束，是爲純然之賣買契約。縱其履行之期，尚待將來，然契約則可即時成立矣。夫賣主、買主相互之契約，實際可謂極少，由是可不必規定。反之，而僅僅賣主或買主之豫約，則爲實際所頻繁。此其解釋，多少恐不無疑義。故於本條，設關於此情事之規定焉。蓋由理論上尋豫約之性質，賣主或買主之一方，負其以某條件而締結賣買契約之義務，相手方則不過於其賣主或買主，對於自己而負右之義務者，與以承諾，故欲實行此豫約，當更締結賣買之契約。雖然，此不過無益之煩勞，故於本條第一項，特定豫約之相手方，若表示完結其賣買之意思，則賣買即爲成立者焉。蓋於此時，以豫約爲生等於請訂之效力者，但此豫約，其性質上與請訂爲異，則固無煩喋喋。夫請訂者，僅止一方之表示意思，未有相手方之表示意思者也。反之而爲豫約，則爲因雙方之表示意思，而生一種契約，即一方以應負義務之事，類於請訂。對於此之他一方，則爲承諾其相手方之負此義務者也。然豫約者比於請訂，爲有加倍有力之意思表示

者。此意思表示，苟無相手方之承諾，則終不得取消之。故相手方若欲完結其賣買，即以爲無庸其人特表示新意思焉，亦不可爲有背於理。而因計實際之便利，故特設本條第一項之規定也。

據以上所述，豫約者無相手方之承諾，則不得取消其豫約，而相手方則無論何時，得表示其完結賣買之意思，而成立其賣買之契約，然則此豫約者之位置，甚屬可憐。何則？自己不能破其豫約，而相手方之實行與否，則有自由之選擇權，其權利果何時行之，乃又不可測知。故豫約者常不能不爲實行其豫約之準備，然其畢竟不與實行，又未可知。例如甲對於乙，豫約以一定之代價，賣米千石，於時甲即無論何時，得有以米千石引渡於乙之事，因此常不得不爲其準備，此於甲頗有不利。於是以本條第二項，定爲豫約者得定相當之期間，而以應於其期間内，確答其完結此賣買與否之旨，催告於相手方，而又定爲相手方若於其期間内不爲確答，則豫約失其效力焉。但就相手方之意思表示，爲特定期間，限於其期間内，得完結其賣買者，則於其期間以内，固不得爲右之催告。蓋於此情事，豫約者非立於永久不利益之地位也。例如甲對於乙，豫約以一定之代價，賣米千石，而附加之曰，乙非於一個月之内，請求右之豫約之實行，則其豫約當失效力。斯時甲於尚未經過一月之中，即欲催告於乙，而速完結其賣買，亦不可得矣。

第五百五十七條　買主若以手附交付於賣主，譯者按：手附即定錢則當事者之一方，儘其未著手於契約之履行，買主則得抛棄其手附，賣主則得償還其倍額，而爲契約之解除。

第五百四十五條第三項之規定，於前項之情事，不適用之。取二九、三〇本條乃關於手附(Arrhes, Draufgabe)者也。手附之性質，古來各國之慣習，均不一致。蓋當事者之意思，或以之爲解約之方法，或僅爲完結其賣買之憑徵。又即以之爲解約之方法，有僅爲其一方爲解約之方法者，有爲其雙方爲解約之方法者，故法律止設推定之原則，若當事者表示其異於此之意思，則固從其意思，此各國所皆同也。惟其原則從何而定，則正需研究。而各國之法律，亦不能一其揆。在我邦，則據余之所調查，古來手附，似以爲當事者雙方爲解約之方法，乃最多之慣例，此所以有"手附損倍戾"之諺也。譯者按：手附損倍戾，謂賣主苟悔約而損既付定錢之買主，則須倍還之而爲解約也。故於本條，採用此主義以爲原則，其餘則爲當依當事者之特別意思焉。例如甲欲買受一種不動産於乙，若先以若干金與乙爲手附，則苟無特約或特別之慣習，九一、九二甲得抛棄其手附，而拒不買受其不動産，乙得倍其手附以返還於甲，而拒不賣渡其不動産也。

右止在各當事者未著手於契約之履行時爲然。若一方著手於履行，例如買主付其代價之全部或一部，或賣主引渡其賣買之目的物以後，則雙方均不得爲解約，是又習慣之所夙認也。

本條亦爲解除契約之情事，故依第五百四十五條之通則，若當事者之一方，因解除而受損害，似得求其賠償矣。雖然，似此則將以手附爲解約方法之精神，殆必全成泡幻，當事者各甯没收其手附爲己物，或受手附倍額之返還，則認爲無復受有損害，固無不可。此本條第二項，所以特定爲不適用第五百四十五條第三項者也。

第五百五十八條　關於賣買契約之費用，當事者雙方平分而負擔之。取三四

本條所以定賣買契約之費用之負擔者。此固因當事者之特

約而定之者爲多，然若當事者於此，不爲何等之特約，則於本條，以之爲應由當事者雙方平分負擔焉。此無他，在有償契約，則通常當爲雙方共受平等之利益者。且於賣買，其當事者相互之關係上，賣主則可視爲得其價格相當於可代所失賣買目的之權利之代金，買主則可視爲得其相當於所支付之代金之權利者也。

第五百五十九條　本節之規定，於賣買以外之有償契約，準用之。但其契約之性質，若不許之，則不在此限。財三九五至三九七

本條乃以如上所述賣買之規定，準用於其他之有償契約者也。蓋手附之規定，追奪擔保、瑕疵擔保等之規定，其適用於賣買爲最多。故新民法即據古來外國所行多數之例，就賣買爲之規定。然於他有償契約爲其所規定之事項，亦能見其適用。夫賣買與他有償契約之間，苟無應設差别之故，則以賣買之規定，準用於其他之有償契約，最所當然。但依契約之性質，往往有不許爲右之準用者，除負擔附贈與之本有特别明文者外，五五一・二項在組合契約，甲組合員，以不動産之所有權爲出資；乙組合員，以若干金額爲出資，於此時，縱其不動産之引渡爲有期限，然金額之支付，不得推定爲有同一之期限者。五七三在和解契約，甲以係爭物之所有權全然拋棄於乙，更由乙受取其金若干之後，其係爭物判然爲第三者之所有，縱至甲竟不得不以係爭物，返還於第三者，然不得以和解爲解除，而求返還其所與乙之金額，此類是也。

第二款　賣買之效力

本款分爲買主之權利及賣主之權利二段。

一　買主之權利

買主之權利，即賣主之義務，專在移轉其爲賣買目的之權利。故於本段，止就此爲規定焉。但權利移轉之通則，依第百七十六條至第百七十八條，第四百六十六條至第四百七十三條等，而已明之，故不於賣買特爲規定。且若以關於不特定物之權利，爲賣買之目的，則以第四百一條至四百三條、第四百七十五條等，爲已足。又雖於以關於特定物之權利爲目的時，就所謂危險問題，亦有第五百三十四條至第五百三十六條之規定，故兹不再贅。其餘則在賣主，雖有以賣買之目的物，引渡於相手方之義務，及儘其引渡以前保存之之義務，然此爲移轉權利之當然結果，不但無庸别有明文，且以既有第四百條、第四百八十三條、第四百八十四條等之規定，亦爲已足。又其他謂賣主有擔保義務云者，爲通常學者之所唱，舊民法及其他外國多數法律之所規定。雖然，此其實，亦不過移轉權利之義務，所生當然之結果。蓋但有移轉權利之義務，若賣主不能移轉之，或不能移轉其不違乎所約定之權利，斯時賣主即有擔保之義務。即如權利之全部或一部，屬於他人時，目的物之數量爲不足時，物之一部既消滅時，賣買之目的物有負擔時，賣買之目的物隱有瑕疵時，凡此等情，在賣主爲有擔保之義務。故余不以之爲獨立之義務，認爲包含於移轉權利之義務中者焉。

要之本段雖就移轉權利之義務，爲之規定。惟止以前二編及債權與契約之總則中，所未規定之事項，規定之焉。即共分其規定爲九端：第一，他人之物之賣買之效力；五六〇第二，亦就他人之物之賣買，若賣主竟不能移轉其權利，其時買主果有如何之權利，則即所謂追奪擔保之本義；五六一至五六四第三，關於數量不足及物之一部滅失者之規定；五六五第四，關於賣買目的物另有負擔者之規定；五六五、五六七第五，於强制競買時前三種之規定；五六八第六，債權中賣買之資力擔保；五六九第七，所謂瑕疵擔保；五七〇第八，因前各種規定之結果，爲契約之一部解除時，或應由賣主爲損害賠償時，特保護其買主之規定；五七一第九，無擔保之特約之效力，五七二是也。

第五百六十條　若以他人之權利，爲賣買之目的，則賣主負取得其權利，而以之移轉於買主之義務。取四二、六二，舊商五二五、五二六

他人之物之賣買，爲有效耶，爲無效耶？向來學者間爲有議論，各國之法律爲不一揆。蓋在羅馬法，以他人之物之賣買爲有效，毫無所疑，其後直至近世，殆亦無以之爲無效者。至法國民法，因特定物之所有權，一經契約之效力，即爲當由賣主移轉於買主者，遂誤信即時移轉其所有權，爲賣買之要素，竟以他人之物之賣買，爲目的之不能，故致以爲無效。而嗣後凡本於法國民法所編纂之法典中，則多傳此謬種。我舊民法亦從此謬説，以他人之物之賣買爲無效焉。至其説明，則余雖信爲必因所有權之不能移轉，而視爲目的之不能，故以其賣買爲無效。然學者則往往又以他種理由説明之，是可謂謬誤之中，又有謬誤。蓋所有權之即時移轉，非賣買之要素，此事如拔速那獨所云，得以特約，延其移轉於後日。縱尚非吾所取，參照一卷期限節之説明然以不特定物之所有權，爲賣買之目的時，其所有權，必於賣買成立之後，始能移轉於買主，多有經若干之時日而始移轉者即關於特定物，以所有權以外之權利爲目的者，其權利之移轉時期，亦得延至後日。蓋無論何人，皆無異言。又僅因契約之效力而認權利之移轉，此係近世法律所創作，古時之法律，決不認之。即在今日，凡德國法系之各國，大抵皆所不認。但賣買之爲物，皆爲契約之最，明明當因此而認之。若

然，則縱在契約之當時，其爲賣買目的之權利，尚屬他人，以此不能即時移轉於買主。然賣主若負取得其權利而以之移轉於買主之義務，則爲賣買要素之移轉權利之義務，正可成立。夫取得他人之權利，非決不可能之事，現在不特定物之賣買，其賣主悉從締結契約之後，始取得其物於他人，而以之爲其所有，再以之給付買主，其事至多，所謂供給契約，大概皆然。此在本條，所以以他人之物之賣買爲有效，惟亦如他種情事，賣買爲有移轉其權利之義務者，由是而賣主更必有取得其權利之義務也。

第五百六十一條　於前條之情事，賣主若不能取得其所賣卻之權利，而以之移轉於買主，則買主得爲契約之解除。但若於契約之當時，已知其權利之不屬於賣主者，則不得爲損害賠償之請求。財三九五，取五六至五九

本條以下，乃關於所謂追奪擔保(Garantie d'eviction)之規定。而本條則所以定凡以他人之權利爲賣買之目的者，若不能取得之而移轉於買主，則買主得爲契約之解除者也。蓋於此時，賣主爲不果其義務者，故依第五百四十一條之通則，買主自然應有解除權。惟苟無本條之明文，則從第五百四十一條，雖亦得爲解除，而非於定相當期間以爲催告之後不可。夫既爲賣主不能取得其權利，以移轉於買主，則縱由買主爲催告，亦當無何等之效力。故於本條，令買主得逕爲契約之解除焉。而賣主果應取得此權利與否，則全屬於事實問題。若有爭言，除一任法官之認定外，無他道矣。但就其實際，若見爲賣主雖對於權利者，求其讓渡此權利，而權利者不之應焉，則即認爲不能取得其權利者可也。

在賣買之當時，賣主雖有此賣買目的物之權利，然後日因

無能力或强迫等原因，賣主之取得行爲，遭其取消，因而買主亦將失其所買受之權利。若此，則取消本遡及既往，而可令其行爲爲無效，是與最初即無此行爲，爲有同一之結果。一二一故此賣主，可視爲在賣買之當時，已不有此權利者，即依本條之適用，買主固得爲契約之解除也。

論解除之效力，當適用一般之規定且當用第五百四十五條之規定。故買主非但得求其加利息於所已支付之代價，而爲返還，且若受有損害，並得請求其賠償焉。雖然，損害賠償限於相手方有過失時，得請求之。故若賣主爲無過失，則當不任損害賠償之責。夫買主而於契約之當時，若不知賣買目的之權利，爲不屬於賣主，則賣主於自己所賣之權利，有不究其果否屬於自己，而混賣之之過失，故不得不任損害賠償之責。然使買主於契約之當時，明知其權利之不屬於賣主，則賣主之果能取得此權利，而以之移轉於買主與否，本不分明，則因其爲買主所豫知，縱至後日，賣主竟不能取得其權利，以移轉於買主，亦不得謂賣主爲有過失者，故於此時，買主不得爲損害賠償之請求也。

第五百六十二條　賣主於契約之當時，不自知其所賣卻之權利，不屬於自己。於此情事，若不能取得其權利，而以之移轉於買主，則賣主得賠償其損害，而爲契約之解除。

於前項之情事，若其買主，於契約之當時，轉知其所買受者爲不屬於賣主之權利，則賣主對於買主，得僅以不能移轉其所賣卻之權利，通知其旨，而即爲契約之解除。取六〇、六一

本條爲保護以他人之物爲賣買之善意之賣主，所設之規定也。蓋賣主若不知其所賣卻之權利，屬於他人，而賣卻之，則

必爲有過失者，乃其原則。故損害賠償之責，通常不得免之，雖然不能取得其權利以移轉於買主，則其賣買終不能履行。然則賣主若於其所賣卻之權利，雖發見爲不屬於自己，而仍於其目的物，或新引渡於買主，或以其所既引渡之物，依然留之於買主之手，則賣主不得不對於真權利者而負其責。而使賣主雖以此事，注意於買主，買主乃已滅失或毀損其物，則買主亦應對於真權利者，而負責任，固無論已。然賣主既以有賣及他人之物之過失，真權利者得對之而請求損害之賠償，而賣主之對於買主，雖亦得請求其賠償損害，七〇九然而已有二損焉。第一，先負爲損害賠償於真權利者之責，第二，若買主爲無資力，則應竟歸於賣主之損失。故賣主或欲拒不引渡其物，或欲收回其所引渡之物，實不得不謂爲正當之希望。而此賣主，縱使爲有過失，究爲善意者，故有特加保護之理由。此所以於本條之第一項，以此賣主爲得賠償其損害而爲契約之解除者也。右雖就買主亦爲善意者而言，若買主於契約之當時，已知其所買受之權利，不屬於賣主，則賣主不負損害賠償之責，既如前條之所論矣。故於此時，賣主對於買主僅通知其不能移轉所賣卻之權利，以爲契約之解除，即爲可爾。

第五百六十三條　爲賣買目的之權利，若因其一部屬於他人，而賣主不能以之移轉於買主，則買主得應其所不足部分之成數，而請求其代金之減額。

於前項之情事，若僅此餘存之部分，買主將不買受之，則善意之買主，得爲契約之解除，代金減額之請求，或契約之解除。善意之買主，爲損害賠償請求之事，不爲所妨。財三九五，取六三、六四

本條規定關於一部追奪之情事。一部追奪云者，爲賣買目

的之權利，因其一部屬於他人，賣主不能以之移轉於買主之謂也。例如賣主爲共有者之一人，而賣其完全之所有權時，物之一部屬於賣主之所有，而賣其全部之時，爲賣買目的之權利能因期限或條件之到來而消滅者，而賣其永久之權利時，皆是。凡此情事，得適用全部追奪之事之原則，解除其契約之一部，應其不足部分之成數，而請求其減此代金之額焉。例如賣買之目的，爲完全之所有權時，若賣主爲半分之共有者，則使其賣買之代價爲一萬圓，買主得請求其減去五千圓之額。又如賣千坪之土地時，賣主若爲七百坪之所有者，則使其代價爲一萬圓，買主得請求其減去三千圓之額。又如賣五十年間之地上權時，其權利若因解除條件之成就，十年後已爲消滅，則使其賣買之價爲千圓，得請求其減去八百圓之額也。

以上言賣買之一部解除，然此往往爲學者所不認。蓋解除權爲不可分之說，爲通常人之所唱也。雖然，余則信其爲謬。蓋爲賣買目的之權利，若爲可分，則賣買即得就其一部而成立，故即使解除其一部，得就他部分而爲賣買之餘存，實所不容疑也。而此代價之減額，正不得不謂爲契約之一部解除，何則？爲賣買目的之權利，其一部不能移轉於買主，即對之而求減此代價之額，則謂此爲即於賣買之構成分及其代金，求爲一部之消滅者，無不可也。故余從理論，信本條爲認此一部之解除者，惟與以下所論全部解除之情事，欲明爲區別其用語，故特用代金減額之字樣，而不用一部解除之字樣焉。參看五四四

或曰：在第五百二條，解除權之不許一部代位，則豈非以解除權爲不可分者耶？此非也。解除權之性質，未爲不可分。但在契約之全部，本有解除之原因，乃欲置之不問，以爲其一人得就其一部，行此解除，他一人則得就其他部分，而不行之，是必致成立其反於當事者意思之契約矣。

以上不過爲以關於全部追奪之原則，適用於一部追奪而已，然於此有在一部追奪之所特別者。無他，一部追奪之結果，其僅存之部分，所與買主以利益者蓋尠，買主因有不欲保存之者，於此情事，若其買主爲善意，則非令其得於契約爲全部之解除，非但買主被其非常之不利益，並其所得之權利，在買主之手，殆成無用，故於經濟上亦頗有不利。此所以有本條第二項之規定也。例如買主欲建百坪之房屋，而附之以相當之庭園，因買千坪之土地，乃其九百坪全係第三者之所有，竟遭追奪，所餘僅不過百坪，則買主終不能建築適於住居之房屋。故其初苟即知之，決不買受此土地明矣。似此情事，則買主不但得請求其代金之減額，當爲得解除其契約之全部者。

或曰：右之情事，買主以得爲損害賠償之請求，當無被損失之事。又其土地，在買主即全爲無用，再賣卻於他人亦無不可，何必定須解除其契約之全部乎？則應之曰：其然，豈其然乎？夫損害賠償之爲物，常據不確實之標準定之，故罕有能真償損害者，此既屢屢論之矣。又買主縱欲賣其土地，若不能即得此適當之買主，則其土地，非久不爲用，即買主將以不當之廉價，而不得不賣之，必致益被其損失，此所以甯不如令此買主，得解除其契約之全部之爲愈也。

契約全部之解除權，限於善意之買主爲有之者。蓋惡意之買主，在賣買之當時，既知其所買受之權利，其一部有終不能得之之事。故至後日，而以不能得此爲藉口，固無令其得解除契約全部之理矣。但第一項所規定一部解除之權利，雖惡意之買主亦有之。是無他，其買主所不能得之之部分，若竟爲不得請求其代價之減額者，則賣主將僅以權利之一部與買主，而受其代價之全部，能生至不公平之結果也。

買主若爲善意，則不問其爲一部解除之情事，爲全部解除之情事，總之得對於賣主，爲損害賠償之請求。此雖可依前二條之所説明，而略明其意，然尚有二義。第一，必明言限於善意之買主，有此權利。第二，代金減額之請求，雖據余所信，即爲契約之一部解除。然在世之學者中，有疑之者，且因其字樣之不同，或疑第五百四十五條之通則，殆不能適用於是，故特於本條第三項明言之耳。

第五百六十四條　前條所定之權利，其買主若爲善意，則由知其事實之時；若爲惡意，則由爲契約之時，要於一年内行使之。取四三・三項、五四

前條所定之權利，或可測定其權利所不足之部分，應其成數而減代金之額，或可僅就餘存之部分，由買主調查其應買受之與否。夫此等調查，多困難於事實，故使之於長日月之後，得行前條之權利，則將不易得事實之證據，因而有慮其生困難之爭者。故於本條，定其應行使右之權利之時間焉。而若依其爲期間之普通時效，以之爲二十年，一六七・二項則可謂失之大長，故於本條，則又定之爲一年。而其起算之點，則因買主之善意、惡意分之。若爲善意，則在賣買之當時，買主固不知有前項之權利，故其不行使之，不得以爲買主之怠慢，即其起算之點，爲買主知其事實之時，即知其權利之一部屬於他人之時。若爲惡意，則其初早知所買受之權利，其一部屬於他人，故起算於契約之即時也。

右之期間，乃所謂豫定期間，而非時效，故不得以時效之中斷或停止之規定，適用於此。但買主若爲善意，則當由知其事實之時，爲起算點，故右之期間，往往有超過普通之時效期間者。於此情事，買主之權利，既因普通之時效而消滅，故縱在本條之期間以内，亦爲不得復行之者。

或問第五百六十一條及第五百六十二條之情事，即全部追奪之情事，其行使買主之權利，初不定別段之期間，故因普通之時效，即二十年之時效，始能消滅其權利，乃於前條一部追奪之情事，則特爲短縮其期間，其所以然之故若何？是無他，全部追奪之情事，其賣主或買主，均爲得解除其契約之全部者，故但能證明其賣買目的之權利，屬於他人，即可爲之，無庸令於特别之短期間，行其權利。反之而在一部追奪之情事，則如前所述，應證明以難於證明之事實，故特以之爲應於短期間内，行其權利者焉。

第五百六十五條　指示其數量而爲賣買之物有不足時，及物之一部在契約之當時已滅失時，若買主不知其不足或滅失，則準用前二條之規定。取四三、四八至五四，舊商五三四、五四四，新商二八八

本條就物之數量之不足及物之一部滅失時，爲之規定。此等情事，在舊民法，雖置之於擔保問題之外，然第一情事，以之爲瑕疵擔保之問題，最爲妥當。第二情事，則雖全非擔保問題，然關於此之規定，以爲與一部追奪之情事相同，實爲至當。蓋因物之一部，屬於他人，而買主受一部之追奪，此與物之一部，自始即爲滅失，物之數量，計有不足，其損害所加於買主之程度，殆無所異。故此三種情事之規定，似毫無區别之理由，此本條所以以一部追奪之規定，準用於右之二種情事也。但此情事，必須善意之買主，否則謂賣買之目的物，即在此已滅失一部之餘部，或已缺之數量，亦無不可矣。

或問：物之數量不足時，即謂爲瑕疵擔保之情事，然則但準用前二條一部追奪之規定，而不適用第五百七十條瑕疵擔保之規定，果何故歟？余答之曰：依學理上之性質言之，問者之

疑，洵爲有理。然成法不必拘泥於理論，當考實際之便否，而設規定。故或就其性質之異者而同其規定，此例不遑枚舉，如本條即其一例也。蓋在瑕疵擔保之情事，理論上以爲與一部追奪，可設同一之規定，雖無不妥，然因物有瑕疵，而能減其價格之幾分，頗爲困難之問題，從而以之爲準用第五百六十三條之規定，頗有所不便。反之而在數量不足之情事，則以不足之部分，與餘存之部分相比較，即可知其成數，故依第五百六十三條之規定，爲最容易者。此所以前者不依第五百六十三條之規定，而後者則依之也。

第五百六十六條　賣買之目的物，於爲地上權、永小作權、地役權、留置權、或質權之目的時，買主若不知之，則限於因此而不能達其爲契約之目的時，買主得爲契約之解除。於其他情事時，則止得爲損害賠償之請求。

前項之規定，於本稱存於其賣買目的之不動産之地役權，有不存時，及就其不動産已有登記之賃貸借時，準用之。

於前二項之情事，其契約之解除，或損害賠償之請求，買主要於由知其事實時之一年以内爲之。財三九五，取六五

本條就一種之一部追奪之情事，爲之規定。即就他權利附著於賣買之目的物時，及爲賣買目的物之利益，所存之地役權，有不存時爲之規定者也。此等情事，由理論言之，亦不得不謂爲一部追奪。蓋欲買完全之所有權者，而僅不過得一共有權，與欲買完全之所有權者，而僅不過得一扣除地上權、永小作權、地役權等之不完全所有權，學理上無毫末之差異。即與欲買完全所有權又加一地役權者，而僅得一所有權，亦不得不爲相同。其他如就其賣買之目的物，存有留置權、質權、賃借

權者，是等權利，固非所有權之支分權。參照二卷第二百六條下之説明。然或妨所有之占有，或生妨其使用、收益之結果，故亦可謂爲減殺其權利之一部者。若然，則是等皆爲一部追奪，似當以第五百六十三條及第五百六十四條之規定，適用於此。雖然，由實際之便益觀之，則因是等權利，存於賣買之目的物，能減其物之價格之幾分，極難量定。故於本條舍理論而從便益，若因有右之欠缺而不能達其所爲契約之目的，則得由買主爲契約之解除，至其他情事，則僅不過得求其賠償損害而已。蓋買主所現在之損害多，易於評定其權利欠缺之成數也，且損害額之評定，縱非甚易，然此事有終不能免者。五六三·三項故以權利欠缺之成數，難於評定，若更以此加之，則有益重其困難者矣。

本條止保護善意之買主。蓋於權利之一部，屬於他人之情事，則當事者之意思，當往往有以此爲應由賣主先取得之，而以之移轉於買主者，故雖惡意之買主，亦得請求代金之減額。然本條所規定之權利欠缺情事，明知之而尚爲賣買，此買主，苟非以有相當於其欠缺之廉價，殆必不爲此賣買，故惡意之買主，毫無庸復保護之。況於本條，並爲不認代金之減額者耶？故終不得依第五百六十三條第一項之類之規定也。

因本條之權利，亦與一部追奪之情事，爲同一之理由。故短縮其權利之行使期間，爲一年焉。而本條之買主，常爲善意，故右期間之起算點，即爲買主知其事實之時爾。

賃貸借，特止就已有登記者言之。是無他，無登記之賃貸借，本不得以之對抗於爲第三者之買主也。

第五百六十七條　有先取特權或抵當權，存於賣買目的之不動産之上，若因行使之而買主失其所有權，則其買主得爲契約之解除。

買主若爲出捐而保存其所有權，則得對於賣主而請求其出捐之償還。

無論右之何種情事，買主若受其損害，則得請求其賠償。財三九五，取六六

本條乃亦可謂爲條件附全部追奪之情事，理論上則加之於一部追奪之中。無他，賣買之目的物，若有先取特權或抵當權存焉，則買主非必應受追奪者。惟債務者若不履行其債務，則先取特權者或抵當權者，行使其權利，可竟致失其物之所有權，此余所以謂之爲條件附之全部追奪也。雖然，右之權利，因債務者之履行，忽消滅之，竟不累及買主，亦事所恒有。又即使右之權利，有畢竟不能不出於行使者，然其儘行使權利以前，買主爲純然之所有者，固得使用其所買受之物，故不得與他人之物之賣買，同一視之，有固然者。此余所以謂之爲一部追奪也。雖然，一旦若行使此等之權利，則其結果，與全部追奪無異，故與第五百六十一條，從同一之原則，而與買主以契約之解除權焉。惟此情事，有二特别之點。

第一，縱使買主不因行使右等之權利，而失其所有權。然若有所出捐而保存之，例如對於債權者行其滌除，或辨濟其債務之全部，以止其行使右之權利，則雖本無解除契約之理由，然其出捐之償還，固應得請求於賣主。不然，賣主將能爲不當之利得矣。三四一、三七七至三八四

第二，在本條之情事，不問買主之善意、惡意，仍如全部追奪之情事。然在全部追奪，則惡意之買主，固不得爲損害賠償之請求。五六一但書然在本條，則雖惡意之買主，亦得請求其賠償損害，而此則無論爲契約解除之情事，爲前項之情事，皆所同然。是無他，先取特權、抵當權之性質，非必需行使者，

債務者若能辨濟其債務，則竟可不行使此先取特權或抵當權。故買主即正知有是等權利存焉，猶以取得完全所有權之意思，而爲賣買，其事正多。於此情事，以賣主能速辨濟其債務，即自己非債務者亦然自必令買主安全得其權利。然則因賣主不盡此義務，買主所有權竟行被奪，或爲出捐而僅得保存之，故對於其有過失之賣主，而得請求損害之賠償，固所當然者也。

在本條，止言不動産上之先取特權，而不言動産上之先取特權者。是無他，動産之先取特權，在已引渡於第三取得者之物之上，不得行之。三三三而動産之買主，則非受其引渡之後，固不得以其權利，對抗於第三者也。一七八但在理論上，則引渡爲對於第三者之條件，在當事者間，則縱無引渡，賣買亦正可成立。故即就動産之先取特權，亦非不得想像其本條之適用。然此固罕有之事例，故法律不特設此之規定也。

本條更於二點，似爲稍不完全。

第一，止言以所有權爲賣買目的之情事，不言以他權利爲其目的之情事，故本條之規定，凡存於地上權或永小作權之上之先取特權或抵當權，則不能適用之，此似當稍爲缺點。雖然，本條之規定，本爲當然，殆不待言。故縱無明文，然於右之情事，亦可適用等於本條之原則。即在動産之先取特權亦可適用之。蓋買主若失其所買受之權利，則有移轉其權利之義務之賣主，未可謂爲已履行其義務者，故因賣主之不履行而有解除權，固所當然。夫在通常之情事，雖於一旦爲催告以後，始得爲解除，五四一然於此情事，其履行因賣主應任其責之事由，而不能爲，故買主得從第五百四十三條之規定，逕爲契約之解除焉。又買主若爲出捐而始保存其所買受之權利，則買主常爲不當之利得，故以對於買主負償還之義務，爲其通例。而於右之無論何種情事，買主皆有不履行其債務之責，故有損害賠償之義務，亦所不待言也。

第二，止言先取特權及抵當權之事，不言質權之事，是亦可謂缺點。然在質權，既有前條之規定，故買主若爲善意，則得依前條之規定，而解除其契約，或請求其損害之賠償。惟買主而爲惡意，或買主雖爲善意而不欲行前條之權利，或因既行前條權利之後，始生本條之事實，欲再行本條之權利時，則全無其規定，故不得不從前段之所述。以此爲依一般之原則，而有同一之權利者焉。或曰：不動産質，則可準用關於抵當權之規定。三六一又在動産質，則非買主受其物之引渡以後，不得以其權利，對抗於第三者，故大抵可依前條之規定，而解除其契約，從而其所須於本條規定之適用者，蓋必甚稀。然亦有二説：(一)在不動産質，非能準用關於抵當權之規定，止能準用抵當權之章所規定，三六一故於第五百一條第一號、第五百七十七條等，皆於抵當權之外，列舉質權焉，是可明質權之不包含於本條中矣。其初以不動産質，爲當準用關於抵當權之規定者，因而不列舉抵當權與不動産質權，後則改之。然本條及第三百三十九條等，仍儘原案之權而存焉，故貽此缺點。(二)在動産質，則或者之所言，雖大抵中肯，然買主得令質權者爲自己而爲占有，故有既受其物之引渡，而不消滅其質權者，但此爲稀有之情事，故即等於動産之先取特權，不特設規定，殆亦難爲缺點也。

第五百六十八條　於强制競買之情事，競落人依前七條之規定，得對於債務者爲契約之解除，或請求其代金之減額。

於前項之情事，債務者若爲無資力，則競落人對於受代金之配當之債權者，得請求其返還代金之全部或一部。

於前二項之情事，債務者知其物或權利之欠缺，而不聲明，或債權者知之而請求其競賣，則競落人得對於其過失

者，而爲損害賠償之請求。取六七

本條乃定强制競賣時之擔保義務者也。蓋强制競賣亦爲一種賣買，此事雖人所不疑，然何人果應立於賣主之地位，則向來爲學者所有之議論。據余所信，則賣主爲債務者，而非債權者。蓋債務者不待受此强制，固自應履行其債務。若當以支付金錢而爲履行者，其囊中苟無此項金錢，則須從速賣卻他財產，以得金錢，而充其債務之辨濟。然則債權者至於不得已而用强制執行，此事必由債務者不自盡其應盡之義務。故債權者，不過依同於第四百二十三條所認權利之權利，代債務者而賣卻其所有之財産。若然，則債權者於借執達吏而爲競賣之時，非自爲賣主而爲競賣，即不得不視爲代債務者而爲之者，此則本條之所認也。

在本條，就普通之情事爲規定，即就債權者競賣其債務者之財産時爲規定焉。然其例外，競賣者之目的，有不屬於債務者者，即第三者供其擔保之時，所謂物的保證之情事，是也。於此情事，其財産不屬於債務者，故賣主非債務者，而爲以其財産供此擔保者，即物的保證人是也。蓋本條止豫想普通之情事，而用債務者(Lex Statuit de eo quod Plerumque fit)之字樣，然此不過就多數之情事而爲之規定，不憶及極爲例外情事之物的保證一事。而此情事，惟當以物的保證人代債務者而適用本條，所不容疑。但在法文，則或不免有幾分之未備矣。

一旦既以債務者或物的保證人爲賣主，則當以前七條之規定，適用於此，似不待言。然論其實際，此其人非自爲賣卻，蓋多反於其意思，而由債權者爲此競賣，故不可令其因此而收不當之利得，雖無論已，然亦不能以過失責之。故競落人雖得從前七條之規定，爲契約之解除，或請求代金之減額，其實際爲可請求償還代金之一部初不得對於債務者而請求損害之賠償也。但其人若知其物或權利之欠缺，則應爲之聲明，乃當然之義務。若不爲之，而坐視競落人受其損害，則與欺之者殆無以異，故不得不對之而賠償其損害也。

前條之規定，於强制競買之情事，可不見其適用，何則？先取特權及抵當權，能因競落而消滅，此爲《民事訴訟法》之所規定，民訴六四九·二項至四項，民施五一故"前七條"三字，甯可改之爲"第五百六十一條至第五百六十六條"十五字，庶較合乎。

以上雖就債務者或物的保證人之義務而論之，雖債權者亦有時而不能不負責任。蓋於理論上，則以債務者或物的保證人爲賣主，固不容疑。蓋其實際，債權者爲自己之利益而爲競賣，固所不能諱者，故其原則，債權者雖無責任，然若債務者爲無資力，則對於受此代金之配當者，譯者按：配當二字，係日本名詞，謂照其所應取之額，而由代金內支配以當其數也。即對於債權者，得請求其返還代金之全部或一部，有不得不然者矣。蓋債權者於物或權利有欠缺時，則不外乎以此債權者爲就其全部或一部，受不當之代金於競落人者，何則？物若全然不屬於債務者之所有，則此時之債權者，原無就其物而可受辨濟之理，故方其競落人爲契約之解除，即應返還其所受取之代金，有固然者。又物或權利之一部，屬於他人之時，或數量爲不足之時，則債權者爲受其代金而得過當之金額者，故應返還其一部，固無論已。若競落人言明苟知其有欠缺即不買受其物，則此時竟得解除其契約，而求其返還代金之全額，亦爲理所當然。而於債務者有資力時，債權者本爲辨濟其債權而受取其代金者，故當令以債務者之他財産償還其代金之全部或一部於競落人。若債務者爲無資力，則勢不能不令其對於債權者而得求返還也。

因以上所述之理由，債權者之返還其代金之全部或一部，雖一不外乎不當利得之返還，然若債權者知其物或權利之欠缺，則或不當請求其競買，或應明示其欠缺而請求其競買，乃不爲之而漫請求其競買，此時殆與欺此競落人者相等，故對之而應任損害賠償之責，所當然矣。

第五百六十九條　債權之賣主，若擔保債務者之資力，則推定爲擔保其契約當時之資力者。

未至辨濟期之債權之賣主，若擔保債務者將來之資力，則推定爲擔保其辨濟期日之資力者。取六八

債權之賣買，固亦如他之賣買，賣主爲有擔保之義務。例如賣主若誤賣卻其屬於他人之債權，則務必取得其債權，而以之移轉於買主，若不能移轉之，則買主得請求其解除此賣買，且有多處，得請求其損害之賠償。又若以屬於賣主與他人共有之債權，爲屬於自己一人者而賣卻之，則買主得視其情事，或請求其契約全部之解除，或解除契約之一部，僅請求其代金之減額。又債權之額，若少於賣主所明言之額，則買主亦當有同一之權利。又於債權爲質權之目的時，多爲買主得請求其解除契約之情事，雖世之學者及立法者，大抵尚以債權全不成立之情事，爲一種擔保之情事，然此恰與普通賣買之目的物不存者相等，故不生擔保之問題，惟爲賣買因無目的物而不成立之情事而已。

以上爲當然而不待言者，故於新民法，不別設明文，惟於債權之賣買，有特別之擔保問題焉。無他，即資力擔保之問題是也。蓋債務者之有資力與否，恰與土地之有收穫與否，同爲不可知者。通常固賣主之所能擔保，雖然，債權之賣主，往往有欲其賣主保證債務者之爲有資力者。是蓋買主於債務者，多不相知，故一信賣主之言以買此債權，故於賣主謂債務者爲有資力之時，則欲其負此言責，固不能不謂爲至當。故於債權之

賣買，頗多有資力擔保之特約者。於此時，其特約之效力果如何，是本條之所規定也。

由理論言之，則賣主既言擔保債務者之資力，買主方求其債權之履行，似必保證其債務者，果有履行之資力矣。然此常非當事者之意思，可謂爲過重其賣主之義務者。夫人之資力之爲物，譬猶浮雲，今日有巨萬之富者，明日不保無失路之事。故言某人有資力，乃謂在今日爲有資力，如保證將來之某人，決不爲無資力者，則畢竟有所不能。故於本條，計事物之常理，推測結約者普通之意思，若當事者僅止於擔保債務之資力，則此惟推定爲止於契約之當時，擔保其資力者。然賣主若特爲擔保其債務者將來之資力，則亦無以此契約爲無效之理。惟於此情事，不得不於其債權，依既至辨濟期與否爲區别焉。債權而既在辨濟期，則買主得即時請求辨濟，此而猶令賣主爲擔保債務者將來之資力者。故即至幾年之後，買主請求其辨濟，若債務者於其時爲無資力，賣主不得不任擔保之責。但於此時，亦應斟酌事情，而推測當事者之意思，未必能以賣主爲有永久之義務者，蓋亦不少。此義務亦當罹一六七・一項之時效，固無論已。若債權未至辨濟期，而言債務者將來之資力，則於最多之情事，當謂債務者至辨濟期必有資力，此於本條第二項，所以推定爲擔保其資力於辨濟之期日者也。

資力擔保之義務，果謂如何之義務乎？曰：於債務者無資力時，其債務所不能辨濟之部分，賣主當代之爲辨濟者是也。其通常之情事，如因債務之不履行，所生利息，及其他損害之賠償，亦可於其中包含之。

第五百七十條　賣買之目的物若隱有瑕疵，則準用第五百六十六條之規定，但於强制競賣之情事，則不在此限。取九四至

一〇三，舊商五三四、五四四，新商二八八

本條乃關於瑕疵擔保(Garantie des Vices cachés)者也。蓋賣買之目的物若隱有瑕疵，則買主所取得之權利，不能有其所期望之價值，故因此而買主當受損害，固不待言。然則己所欲賣之物，賣主必較買主爲稔悉，故若隱有瑕疵，則不可不告之買主而使得確審其可買與否。不然，即視賣主爲保證其物之無瑕疵者，亦不可謂之過酷，此瑕疵擔保之所由生也。夫各國之於此事，雖皆有細密之規定，然在新民法，則以本條僅準用第五百六十六條之規定。若其買主有可認爲知其瑕疵即不買其物之情事，買主得爲契約之解除，於其他之情事，則止得爲損害賠償之請求而已。蓋在外國之法律，雖多於此情事，許爲代金減額之請求，然因有瑕疵而減代金，其減額應減至幾成，極難算定，往往不得不一任法官之擅斷。此恰如賣買之目的物，有地上權、永小作權等之物權，附著其上之情事，殆無二致。故甯準用第五百六十六條，於解除權之外，僅一切認其損害要償權焉爾。

瑕疵擔保，於强制競買之情事，則不認之。蓋至强制競賣之後，如行其擔保權，不但惹起極煩雜之結果，且於競賣時買物者，常於其物，豫期其多少必有瑕疵，特以幾分之廉價而買取之耳。故即使不認其瑕疵擔保之權，殆亦不至有甚不公平之結果也。

第五百七十一條　第五百三十三條之規定，於第五百六十三條至第五百六十六條及前條之情事，準用之。

於買主得請求其損害賠償時，即於有第五百六十三條至第五百六十六條及前條之情事時，其買主雖得爲損害賠償之請求，然仍負支付代金之義務。故若賣主而爲狡獪，當有先受取代金於買主，而不爲損害之賠償者；若買主而爲狡獪，又當有先受損害之賠償，而不支付代金者，是不得不謂爲兩俱有失公平。故準用第五百三十三條之規定，雙方均得爲儘其相手方未提供其債務之履行以前，拒不履行自己之債務者焉。而第五百三十三條，爲關於履行雙務契約之規定，故如損害賠償之不由契約而生之義務，則當然不能適用是條之規定。又於契約解除之情事，則雖有第五百四十六條之規定，然於契約不解除之情事，則不得不别置明文。至代金減額之情事，在理論上雖已如前此所論，即爲契約之一部解除，然既因便宜之故，不用解除字樣，遂致不見明文，則必將生適用上之疑問，容有以不能適用解除規定之説，爲至當者。此所以要有本條之明文也。

第五百七十二條　賣主雖以前十二條所定不負擔保責任之旨，爲特約時，然於其知而不告之事實，及自爲第三者設定或讓渡之之權利，則不得免其責。財三九六，取七一、九七

以上除第五百六十九條之情事以外，雖無當事者之特約，法律上悉定爲當然由賣主負擔其義務者。然此初非公益之規定，故當事者得或重以義務，或則輕之。即於五六九之情事，固亦得以特約，增減賣主之義務者。例如有追奪時，賣主得於以代金返還買主之外，更以應付等於代價之金額爲違約金之旨，相約定；或亦可約定即有追奪，僅止返還其代價，可不復賠償其損害；又或有約定買主雖有應遭追奪或發見瑕疵等事，賣主可一切不任擔保之責者。本條則就此最後一種之情事，而設爲規定者也。蓋賣主不任擔保之責，而由約定，此固隨當事者之意，然不能因此而免其詐欺之責。蓋自行詐欺，而曰不任其責，乃不法之最甚者。此種契約，以其目的之爲不法，不得不謂爲全然無效。夫賣主或自無權利，或其權利之一部屬於他人，或其數量

爲不足，或物之一部既爲消滅，或物有瑕疵。凡此等情，若可以明知而不相告，而特約爲不任擔保之責，則是明知法律上自己當有責任，而隱蔽其事實，故以不負擔保之責之旨爲相約者，是非詐欺而何耶？故於此等情事，則縱有無擔保之特約，其特約亦爲無效，賣主不得不任以上所定擔保之責。若夫賣主於既爲賣買以後，自於其目的物之上，爲第三者設定其權利，或以其所既賣之權利讓渡於第三者，因之而令買主失其權利之全部或一部，則此雖爲契約以後之事實，然實爲因賣主之行爲，而令買主失其權利者，故於此應負責任，固所不待言也。然而本條則猶必明言之者，無他，一旦既就賣主知而不告之事實，明言其有責任，則併此情事而明言之，不但欲以明賣主之責任，且於此情事，當不與普通不法行爲之情事，同其結果，甯與賣主知其事實而不告之之情事，生同一之結果，故特於本條明言之。蓋甲之情事，爲純然擔保之情事，乙之情事，則等於因賣主之所爲，奪買主之權利。故於理論上，則此二者雖有不同，然無論何種情事，皆可視賣主爲不盡其移轉權利於買主之義務者。故其責任，亦不得不爲同一也。蓋賣主有移轉其權利於買主之義務云者，非謂移轉於一時而可即奪之，固謂全然移轉之，而更不收回之也。故若雖移轉之於一旦，而旋更奪之，則猶當謂此賣主爲不盡其移轉權利之義務者爾。

或曰：賣主不盡移轉其權利之義務，或由不法行爲而負義務，於其結果，當無所異。曰：不然。於不法行爲之情事，僅由被害者，得以現被損害之賠償，請求於加害者而止耳。然賣主若不盡其義務，則買主得解除其契約，或免其支付代金之義務，或求返還其所已支付之代價，而其額乃往往有多於現在之損害額者。例如賣買目的物之時價爲千圓時，買主若以千二百圓買之，則因不能取得其權利之所受損害，雖爲千圓，然若因賣主不履行其義務，買主解除其契約，則得免其千二百圓之義務，或求返還其所已支付之千二百圓矣。

或又曰：賣主既一旦移轉其權利於買主，則縱使爲第三者，設定權利或讓渡以所既賣之權利，亦爲無權利者空設定或讓渡權利，故於法律上無何等之效力，當爲無害於買主之權利者。曰：亦不然。在當事者間，雖已移轉其權利，然若買主未爲登記，或未受讓渡，則不得以其權利對抗於第三者。一七七、七八於此情事，其賣主與買主之關係，雖爲賣主已失其權利，買主已取得其權利，然對於第三者，則賣主依然爲權利者，故其所設定或讓渡之權利，若登記之，或爲物之引渡，則買主亦不得不認其權利，此所由起右之問題也。

二　賣主之權利

賣主所主要之權利，在對於買主而請求其代金之支付。而其代金，有應附以利息者，五七五・二項此外雖買主有受其物之引渡之權利，然甯以此爲附屬於賣主引渡其物之事項。關於第四百十三條，所謂債務者遲滯之責之一般規定，足以明之，在本節不別設此規定矣。

第五百七十三條　引渡其賣買之目的物，若有期限，則其支付代金，亦推定爲附以同一之期限者。取七四，舊商五四一・二項

本條爲代金支付之定其時期者。蓋此時期，雖以定之於契約爲通例，然若不定之，則其原則，賣主爲任何時得請求其支付者。四一二・三項雖然，若賣主引渡其物之義務，爲有期限，則代金之支付，即無何等期限，亦推定其支付，爲當於其物應爲引渡之時期而爲之者。是無他，賣買爲雙務契約之最著者，從第五百三十三條之趣旨，不能不以雙方之義務同時履行爲本則，否則不但惟買主即時支付其代金，賣主則不於即時引渡其

物，且即至其期限，猶不保無怠之者。似此則爲僅有買主忠於契約之履行，而賣主則不盡其義務，頗不免於不公。故即論習慣，亦常以支付代金，與物爲即時之交換，又當事者之意思，亦多於此存焉。故於本條，爲一般之推定，而於應引渡其物之時期，即亦爲應支付其代金者。但本條之規定，不過一種推定，若當事者明有與此相異之意思，則固爲當從其意思者，即物之引渡，縱應於一年後爲之。然代金爲當即時支付，或六個月以後支付之，皆其類也。

第五百七十四條　若與賣買目的物之引渡，同時當支付其代金，則要於其引渡之場所支付之。取七五

本條蓋定支付代金之場所者也。此場所，若依第四百八十四條之通則，而無特約，則當於債權者之住所，即賣主之住所爲之。而若物之引渡，與代金之支付，其時期爲不同，則常爲當從此原則者。然若物之引渡，當與代金之支付同時，即依前條之規定。在普通之情事，爲當於引渡其物之場所，而支付其代金者，即若依第四百八十四條，而無別種之規定，則其物若爲特定物時，當於賣買之當時，其物所存在之場所，其物若爲不特定物時，當於債權者現時之住所，即賣主現時之住所，與受其物之引渡同時，爲應支付其代金者，是蓋因與前條同一之理由，而從同時履行之原則者也。

第五百七十五條　未引渡之賣買目的物，若生果實，則其果實，屬於賣主。

買主由引渡之日，負付其代金利息之義務，但代金之支付若有期限，則儘期限之到來，無庸付以利息。取七六

本條蓋定賣主於物之果實，及代金之利息，所有之權利

者也。

第一　果實

果實本爲成其物之一部者，物之所有者，當然應取得其果實，所不待言。故由純理言之，則賣買目的物之所有權，當由移轉於買主之時，果實始爲亦屬於買主者。賣買之目的物，固非必爲所有權，即地上權、永小作權、使用借權等，若爲賣買，亦生同一之問題。然欲避其煩，暫止就所有權言之。且於新民法，則依舊民法及羅馬法等之主義，以物之危險，爲由賣買之時，即移轉於買主，是爲本則。五三四故欲令其與此得其權衡，亦以使果實歸於買主，爲當然之事。而由此理由言之，則縱使物之所有權，依特約而不即移轉於買主，其果實似猶當屬於買主，然此於實際，多所不便。其故如何？蓋有三義：第一，賣主對於買主，不得不與以請求保存其物之費之權利；第二，不得不令買主，由契約之當時，即付其代金之利息；第三，更進一步論之，物於生有果實之時，既以爲當以果實與其買主，則假使其物不生果實，而由賣主使用之，亦不得不以其使用之對價，付於買主。不然，則其結果之爲不公平，更不煩喋喋矣。雖然，是之極其煩瑣，殆爲實際所難行。故於本條以便宜之故，令其儘物之引渡以前，以果實屬於賣主，於其引渡後，始以之屬於買主焉。而此爲不隨所有權爲移轉之問題，故所有權在賣買之當時，即移轉於買主，與物雖引渡而所有權尚未移轉，皆爲非所拘焉者也。

第二　利息

依一般之規定，買主若不爲應付利息之特約，則苟無遲延之責，不得不謂爲毫無庸付其利息者。而其支付代金，若有期限，參照五七三則過其期限而仍不支付代金，即有遲延之責。四一二·一項故由期限到來之時，當生支付代金之義務。若無期限，則當由受支付代金之請求時，乃任遲滯之責，四一二·三項故由受其請求之日，爲應付其利息者。然賣買之目的爲有體之物，於賣主應引渡其物之時，則如前項所論，欲保公平，當由其引渡之日，爲應支付代金之利息者焉。蓋買主當由引渡之日，取得其果實，故若不就代金而付以利息，則利專在買主而不利專在賣主矣。然於引渡以前，則果實當屬於賣主，故若於其時而以買主爲即有支付利息之義務者，則利又專在賣主而不利專在買主矣。故買主在應於物之引渡前支付代金之時，賣主固得請求其代金之支付，若買主任意不支付之，則雖得對之而爲强制執行，然不得依第四百十九條之通則，而令買主支付其利息。欲與是保其權衡，則代金支付之時期，雖在物之引渡以後，然似猶當從引渡之日，爲應付代金之利息者。然於本條第二項，則特推測當事者之意思，其代金支付之時期，在物之引渡時期以後者，以爲當事者有與買主以特別利益之意思。買主雖取得物之果實，儘其期限之到來，爲無庸付其代金之利息者焉。是果能適合於當事者之意思與否？雖稍稍不能無疑，然畢竟本條之規定，不過爲推測當事者之意思，而設大概之規定者。故若當事者有與此相異之意思，則可以之爲特約，故無庸深論本條之當否也。

第五百七十六條　就賣買之目的，若有主張其權利者，而買主於所買受之權利，有失其全部或一部之虞，則買主得應其危險之限度，而拒不支付其代金之全部或一部，但賣主若供相當之擔保，則不在此限。取七七

本條就買主支付代金之義務，應特加保護之情事爲規定焉。蓋買主有支付代金之義務者，爲其應取得權利於賣主也。然則買主取得其所買受之權利，若不確實，則止其支付代金，以謀免其損失，實不得不謂爲至當。故於本條，若有就賣買之

目的，主張其權利者，則買主以其所買受之權利，將因此而失全部，或失其一部，是以或得拒不支付代金之全部，或得拒不支付其一部焉。例如有自稱爲賣買目的物之所有者出，則買主於其所買受之權，有將失其全部之虞，故得拒不支付其代金之全部。若有第三者，自主張爲以賣買目的物之半分之共有者，則物即有失其半價之虞，故得拒不支付其半額。第三者若於其賣主之目的物之上，主張其地上權，因此而其價額因失去三分之一之虞，則得拒不支付其代金之三分之一。若第三者賣買目的之上，主張其抵當權，其物之價爲一萬圓，而第三者之債權爲七千圓，則買主就其所買受之權利，有失七千圓價額之虞，故得主張爲可拒不支付其七千圓，僅支付其三千圓也。但賣主若供相當之擔保，如第一例供其全部價格之相當擔保，如第二例供其半額之相當擔保；如第三例，供其三分之一之相當擔保；如第四例，供其七千圓之相當擔保，則買主不得拒其代金之支付矣。

或曰：若買主竟失其權利，則依第五百六十一條之規定，以爲請求，當得免其損失。然則今即有主張其權利者，乃及其買主所買受之權利，尚未確知其失否之時，遽拒不支付其代金，豈非不當乎？曰：不然。在第五百六十一條以下之規定，所認買主之權利，則誠如或者之言。然買主若一旦支付其代金，則有二種不便：第一，更對賣主而爲請求，多少不得不歷煩雜之手續；第二，賣主往往有無資力者。於此情事，則使買主必先付其代金之全部或一部，此甚不利於買主。故於本條，與之以拒不支付其代金之權，令得避右述之危險焉。而若賣主供其相當之擔保，則即時可得受其代金之支付，故不得謂爲專厚於買主而薄於賣主也。

第五百七十七條　就所買受之不動産，若有先取特權、質權、或抵當權之登記，則買主儘其滌除手續之未終，得拒不支付其代金。但賣主對於買主，得以無遲滯應爲滌除之旨，爲請求。取七八

本條之規定，乃關於賣買之目的物爲不動産，而就上有先取特權、質權或抵當權之登記者。於此情事，常有前條所論之危險，故買主常得拒不支付其代金。雖然，買主自有滌除權，三四一、三六一、三七八以下故若買主而行此權利，即得消滅其右之權利。故既行滌除權以後，買主除其因行此滌除所當請求於賣主之金額，五六七・二項、三項當以其餘額支付於賣主，而因買主之行此滌除權與否，一隨其意。其果否行此權利，及縱使畢竟當行，而究於何時行之，則全不確定，賣主有長不能受代金之支付者。於是本條乃以對於買主，得以無遲滯應爲滌除之旨，爲請求焉之權，與賣主焉。

第五百七十八條　於前二條之情事，賣主得對於買主而請求其代金之供託。取七九

依前二條之規定，則買主有得拒其支付代金之情事，是畢竟欲免損失之危險耳。雖然，若買主爲得漫然拒其支付者，則今日雖爲有資力之買主，不保無明日即爲無資力者。在本條，則以對於買主，請求其供託代金之權利，與賣主焉。似此則買主、賣主，均無被其損失之虞，故兩者之保護並行，可謂最得公平者矣。

第三款　買戻　譯者按：買戻之意義，在吾國契約之習慣，爲聽其回贖者也，故亦可譯之爲回贖。

買戻(Réméré，Wiederkauf)云者，謂依賣買當時之特約，以賣主之意思，爲契約之解除者也。蓋關於買戻之規定，各國

不一，或如德國法爲真買戻，即前賣買爲無所解除，惟云由買主以其所買受之物，更賣渡於賣主而已。然果如此，即無庸有特别之規定，而其契約之爲有效，即毫無所疑矣。雖然，如法國法及我邦之習慣等，買戻之效力，其實即原賣買之解除，此不但需特有明文，且其爲利爲害，均爲不尠。故於一方，令此契約生充分之效力，同時即於他一方，不可不制限此契約於適度之範圍以内，以力矯正其弊害。此所以要有本款之規定也。但買戻之效力，若果如此，則其文字頗爲不當。然既爲向來一般通行之用語，此其效力依本款之規定而自明，則亦不必别用新名稱矣。舊民法雖名之曰受戻(Retrait)，然據我邦之慣用語，則受戻字樣，甯用於質或抵當爲合，故新民法則不取之。

買戻之特約，於何等情事爲必要乎？曰：專在物之所有者雖不欲賣卻之，然因一時有金錢之需用，不得已而出於賣卻，至數月或數年之後，以有能得此項金錢之目的，欲至其時而以代價償還買主，以解除其賣買，是爲必要有此買戻之情事。而此必要，殆止存於不動産之上，在動産則因有第百九十二條之規定，既一旦賣渡之於他人，縱使附以買戻之特約，亦無由仿照不動産，用登記以告示第三者，故其特約，終不免有名無實。此在新民法，所以反於舊民法及其他外國多數之例，止就不動産而認其買戻之特約也。但如德國法，既以買戻爲再賣買，則任如何廣其適用，亦毫無弊害，故縱其必要爲甚少，固亦可認動産之買戻矣。然如我邦，則既以買戻爲原賣買之解除，是大害取引之自由，其弊害爲不少，故限之於必要而不得已之範圍以内，於其他則不認之焉。但如德國法之真之買戻，則亦得爲之。又依一般之規定，賣主亦得留保其解除權，惟於此情事，則不得適用本款之規定。蓋於真之買戻之情事，則當與新賣買生同一之效力。又於留保其解除權之情事，則從第五

百四十條以下之通則，止得爲契約之解除焉。由是而其解除，爲不得害第三者之權利者。五四五・一項

買戻果有如何之弊害乎？曰：買戻權存在之間，不得謂買主爲已得完全之所有權，何時當失其權利，未可知也，故買主不能就其所買受之物，投莫大之費用，以圖充分之改良。又即欲處分其權利，第三者又未知其何時遭賣主之買戻，因而不肯輕易讓受之。似此則在物既不能受充分之改良，而在人又極難於融通，不得由無用之手，移於有用之手，以致其充分之效用，是於國家之經濟上，爲最可憂。且在法律不完全之時代，則第三者往往不知有所謂買戻權，而就其物讓受其權利，後日一遭買戻，有被不慮之損失者。從而無遠謀者，則往往被意外之損失，有深慮者，則不肯輕易買受其物，至此則害及一般取引之安全，非尠少矣。然此弊害，在今日可謂已絶其跡。何則？在不動産以有登記之制，得使第三者知買戻之特約。在舊登記法，因不認買戻特約之登記，故有反對之裁判例，由是多有被不慮之損失者，此人所共知者也。然於本法第五百八十一條，則明言當以之爲登記，故可不復見此弊害。又在動産，則有第百九十二條之規定，故善意而無過失者，决無被其損害之虞也。

買戻之特約，有因欲潛脱第三百四十九條之適用，而用之者。即債務者於以質物供於債權者，而欲借其金錢之時，債權者至於期限，若債務者不爲辨濟，則縱欲即爲其質物之所有者，然以爲第三百四十九條之所禁，故兩人協議之後，先由債務者以其物賣於債權者，數月或數年之後，若以其代價返還於債權者，則債務者得復爲其物之所有者，此時其名雖爲買戻之特約，其實與爲第三百四十九條所禁之關於質契約之特約無異。余雖以第三百四十九條之規定爲不得其當然，一旦既存其規定，則爲潛脱其適用之契約，固爲不法。即不得不以之爲無效，然若從表面違背其規定，則爲無效。若云假其名於買戻之

特約，而可潛脱其適用，則法律之禁制，乃無毫末之價，固已了然。假令其名雖假爲買戻之特約，其實乃欲潛脱第三百四十九條之適用，竟得認定之據，則其契約之無效，固不待言。然似此之證據，欲於實際舉之，最爲困難。因是而當事者即有右之意思，然以實際不能舉其證據，竟不得不以其契約爲有效，其事最多，是亦可謂買戻特約之弊害。更於利息制限法尚存之時，亦當有欲依買戻之特約，潛脱其利息制限法之適用者。例如債權者於表面上，以其所有物賣於債權者，至數月或數年之後，若返還其代金，則債務者得更爲其所有者。而或借金千圓者，於一年之後爲買戻，若定爲當以千二百圓之代金，則是暗附以年二分之利息，是亦可謂買戻特約之弊害。但於前例，則苟得以當事者之意思證明之，固以之爲無效，又於後例，恰不但有右述之弊害，即在真正之買戻，賣主亦常返還其所受取之代金，而爲契約之解除。故於第五百七十九條，不得於代金及契約之費用以外，定賣主所應支付於買主者焉。且利息制限法，雖不得與民法之實施，同時廢之。然信其至終不能長保其效力，故若僅以此弊害爲慮也，則於買戻之特約，或亦不必附之以制限矣。

第五百七十九條　不動産之賣主，依其與賣買契約同時所爲買戻之特約，得返還買主所付之代金，及契約之費用，而爲其賣買之解除。但當事者若不表示其别段之意思，則不動産之果實，與代金之利息，視之爲相殺者。取八四・一項、五項、六項，舊商五二九

在本條，先明言所謂買戻之特約，必限於不動産之賣買，是爲第一限制；次規定買戻之特約，必與賣買契約同時爲之，是爲第二限制；終則由賣主應支付於買主之金額，爲決不得超

過其代金及契約之費用者焉，是爲第三限制。其設第一及第三限制之理由，則既已論之，故今止説明其設第二限制之理由。是無他，賣主依賣買契約而留保其解除權，此事固各隨其意，然一旦既不保留此權利，而爲賣買，則其權利全移轉於買主，賣主不復有何等之權利。就賣買目的之權利言之。故賣主與買主若更爲契約，以解除其原賣買，而一旦以其所移轉於買主之權利，更移轉於賣主，固無不可。然似此則其解除之效力，初不能遡及既往，而令賣主如未嘗失其權利者，買主如未嘗取得其權利者，由是而非但不得依第五百八十一條之規定，而以其解除之結果，對抗於第三者，並不得依第五百四十五條，而僅於當事者間，以解除之效力，遡及既往，此不得不然者也。但其事若止爲當事者之關係，則得以特約，令與第五百四十五條所規定，生同一之結果。然對於第三者，則任如何皆不復能之，此所以右之第二限制爲必要也。

本款所規定之買戻權，固即爲解除權，有不待言。故於本款所規定者之外，固當適用第五百四十條以下之規定。故有三義：第一，買戻當依對於買主所表示之意思爲之，且其意思表示當爲不得取消者；五四〇第二，於當事者之一方有數人時，則買戻當止由其全員或止對於其全員得爲之，又買戻權若就當事者中之一人爲已消滅，則就其他人亦爲消滅；五四四第三，賣主若爲買戻，則各當事者，當負令其相手方復於原狀之義務。五四五，即五四八之規定，於理論上似亦當適用於買戻，然以其適用，在實際爲甚少，故兹不論。雖然，就右之第三點，則依第五百四十五條之通則，雖不得害第三者之權利，然買戻則得以之對抗於第三者，此其差也。至於各當事者令其相手方復於原狀之結果，買主若受其物之引渡，則其果實，當不得不返還於賣主。又依是條第二項，則賣主所應返還之代金，不得不由其受領之時，附以利息。雖然，是頗覺其煩雜。蓋又有二義：(一)物之果實，通常與代金之利息，大抵當有同一之價格；(二)物雖不生果實之時，買主爲使用之而受其利益者，故若受代金之利息，則可謂受二重之利益。故於本條，依與第五百七十五條同一之精神，規定爲物之果實，當與代金之利息，視爲得以之爲相殺者焉。但此爲推測當事者之意思而定之者，故若當事者表示其與此相異之意思，則固爲當從其意思者矣。

第五百八十條　買戻之期間，不得超過十年，若定其長於此之期限，則以十年縮短之，已就買戻定其期間，則後日不得伸長之。

未就買戻定其期間，則要於五年内爲之。取八四・二項至四項

本條就買戻特約之第四限制所限制之期間，爲規定焉。蓋買戻既如所論，於經濟上爲頗有弊害者，故限制其期間，以期其弊害不至甚長焉。而於本條，則以十年爲最長期。在舊民法就不動産以五年爲最長期，政府草案仍之，由衆議院伸長之爲十年。蓋在我邦，買戻特約之習慣，行之最廣，故專期其不生激變於此習慣也。雖然，買戻既有弊害，則縱爲有妨習慣，亦以限制之爲有利。故余爲立法論，則以最長期縮短至五年爲宜。

若當事者以長於十年之期間，爲買戻之特約，則爲當以之縮短爲十年者焉。是蓋以右之特約爲違法，而與其全以之爲無效，猶以十年之期間，爲保持之，蓋將適於當事者之意思也。

當事者若一旦就買戻定其期間，則縱使其期間爲不滿十年，亦不得至後日而伸長之。是無他，買戻之特約，其留保解除權之事，既如所論，而解除權之留保，不可不與原契約同時

爲之，亦已詳論。故當事者依新契約而由買主更移轉其權利於賣主，固無不可，然欲以買戾之效力付之，則不可得矣。

以上就當事者已定買戾期間之情事而論之。然若未之定焉，則果無論何時得爲買戾乎？曰：否。既以買戾爲有弊害而限制其期間，則縱使當事者不定其期間，猶不得不爲應於相當之期間内，行此買戾權者。而當事者即以特約定其期間，亦爲決不得超過十年者，故當事者而不爲何等之特約，則不得謂爲固得於最長期間爲買戾者。故於本條，以爲當於最長期之半，即五年之内行之。

第五百八十一條　若與賣買契約同時登記其買戾之效力，則其買戾，對於第三者亦生其效力。

已爲登記之賃借人之權利，限於其殘期之一年間，得以之對抗於賣主，但以害其賣主爲目的，而爲賃貸借，則不在此限。取八五

本條就買戾之特質，即其對於第三者之效力爲規定焉。其事爲反於此效力之一般通則，既如所論，而其適於當事者之意思，同時亦多有弊害隨之，亦所已論。故於本條，則附之以一條件焉。無他，當與賣買契約同時登記其買戾之特約是也。蓋欲以不動産權，對抗於第三者，則當登記之此事，殆所不待言者。但在一七七，僅云關於不動産之物權，其得喪及變更，應爲登記。故若無本條之明文，則果以買戾之特約，爲應登記與否，必生疑問，且於登記法三八，更明爲規定之焉。依登記之通則，則買戾當由登記之時，得對抗於第三者，要其登記，不得不謂爲無論何時，皆可爲之。然就賣買之特約，則大有弊害，既如所論。故若從此通則，則即賣買之當時，其實無此買戾之特約，亦可有賣主與買主通謀，而造爲賣買之當時，已有買戾之特約，以請求其登記者。故於本

條，特以爲當與賣買契約同時登記其買戾之契約焉。

本條所謂不動産，乃謂更買受其不動産於買主者，受其贈與者，取得其地上權、永小作權、地役權、先取特權、質權、抵當權等者，使用借主，賃借人等。其他有一般之債權者，恐涉於煩而省之。而本條第一項之規定，雖爲可適用右之各種第三者，然惟就賃借人，則有第二項之特別規定。是無他，不動産在不自使用之者，苟非以之賃貸於他人，必不能爲其效用，故賃貸爲利用之普通方法，不得不認之也。然賣主於買戾之期間内，無論何時，得爲買戾。以特約定某時期之間不爲買戾者，固隨人意。然此於實際上，當爲甚少。而賣主若爲買戾，則賃借人之權利，當爲忽屬於泡幻者，似此則誰肯安然爲賃借其不動産者乎？縱若有賃借之者，自非以低廉之租金，必不願借，似此則買戾之弊害，不得不謂爲極深。故於本條第二項，則以短期而且無惡意之賃借，爲得對抗於賣主者焉。即賃借人之權利，限於既爲買戾後一年之間，對於賣主爲有效者也。但賃借人之權利，非登記之，則不得以之對抗於第三者。六〇五故欲以其權利對抗於賣主，固必要爲登記矣。

或曰：買主及賃借人，若以害其賣主爲目的，而爲賃貸借時，例如特以低廉之租價，爲賃貸借，以謀加損害於既爲買戾之賣主時，則縱無本條之明文，亦得因第四百二十四條之適用而取消之，故本條第二項但書之規，定得非全涉於重複者乎？曰：不然。此有二義：第一，賣主果爲第四百二十四條之所謂債權者否，是頗不能無疑。蓋賣主於既爲買戾之意思表示以後，則固爲其債權者。然於未爲買戾之意思表示間，則止有一種條件附之權利，故無本條之明文，則多少不無可惹起之疑問，此殆明甚。第二，依第四百二十四條，不得不特以法律行爲之取消，請求於裁判所。然依本條，則若有害其賣主之意思，即當然以其賃貸借，爲得對抗於賣主者，無庸特以其取消，請求於裁判所焉。此本條第二項但書之規定，所以不與第四百二十四條之規定爲重複也。

第五百八十二條　賣主之債權者，若依第四百二十三條之規定，欲代賣主而爲買戻，則買主得從裁判所所選定之鑑定人所評之價，依其不動産現時之價額，儘其達於賣主所應返還之金額，扣除之餘額，辨濟賣主之債務。尚有餘剩，則返還之於賣主，而消滅其買戻權。取八六。

買戻權爲一種財産權，故賣主之債權者，得依第四百二十三條之規定，而行使此權利，殆所不容疑也。而於賣買之代價，有爲過於廉者，若爲買戻而更以相當之代價，賣卻其物，則多少可有餘剩，因之而債權者得受其辨濟，此爲事所恒有。雖然，在債權者本不過欲依此權利而受其辨濟，故無庸必爲買戻而解除其契約。惟因此而得其所應受之利益，即無餘事，故於本條，買主得從鑑定人之評價，儘其達於由不動産之時價，扣除賣主應返還之金額，即代金及契約之費用，利息則非有特約無庸付之所餘殘額，以辨濟賣主之債務。若尚有餘剩，則以之返還於賣主，以消滅其買戻權焉。例如賣買之代金爲一萬圓，契約之費用爲三百圓，而不動産之時價爲一萬五千圓，債權者應受之金額則爲五千圓，則買主得以四千七百圓與債權者，得消滅其買戻權。若債權者應受之金額爲三千圓，則買主以三千圓與債權者，尚以餘額千七百圓，返還於賣主，得消滅其買戻權，此類是也。

右雖爲極公平之規定，然欲全其公平，則尚需一種條件。無他，即不動産之評價確實是也。而其因欲評價之確實，在本條乃定爲必當從鑑定人之評價者，更規定其鑑定人，要爲由裁判所所選任者之旨焉。而依《民事訴訟法》之一般規定，裁判所於鑑定人之意見，採用與否，雖一任其自由，參看證一一然於本條之情事，則鑑定人之選定，乃全在裁判所之自由。有時得半途改選之，或一旦於已爲鑑定之後，亦得更命鑑定。《非訟事件手續法》一九、八四，又民訴三二四·一項、三三〇四號參觀但裁判所若以鑒定人之評價爲不當，則不得增減之。蓋本條之情事，乃一種非訟事件，難適用訴訟之一般規定者也。

第五百八十三條　賣主非於期間内提供其代金及契約之費用，則不得爲買戾。

買主或轉得者，若就不動産出其費用，則賣主要從第百九十六條之規定而償還之。若但償有益之費，則裁判所得因賣主之請求，以相當之期限許與之。取八八

賣主行買戾權，必當返還買主所付之代金及契約之費用，此事既爲第五百七十九條所規定，則就其賣主，果於表示其買戾之意思以後，乃返還其代金及契約之費用爲已足耶？抑將爲買戾之意思表示，當先爲返還而後定之者耶？蓋若以賣主爲表示買戾之意思以解除其賣買，然後爲代金之返還，即爲已足，則因賣買而移轉之權利，雖復歸於賣主，然買主未受其所付代金等之返還，故往往有不易受其返還者，甚至遭賣主之無資力，有竟至失其代金等之全部或一部者焉。雖然，若以賣主爲當先爲代金等之還返，則買主又往往雖受取其自己所應受取者，而不肯返還其不動産，甚至有拒不登記其契約之解除者。於是本條爲雙方設最公平之規定，賣主非提供其代金及契約之費用，則不得爲買戾焉。似此則一方而在買主，雖失其所買受之權利，然當可有受其代金返還之事，他一方而在賣主，則亦於未返還其代金等之時，已得爲表示其買戾之意思，故縱失其

代金等，亦無不得取戻其不動産之事，且買主於此情事，尚有留置權。二九五故賣主若僅止提供其代金等，而不即時爲其辦濟，則即使權利已復歸於賣主，買主猶得拒不返還其不動産也。

本條第一項之規定，尚有一重大之必要。無他，買戻之必有期間，既爲第五百八十條之所規定，故賣主若不於其期間内爲買戻，則當失其權利，固已。然賣主有實未準備其返還代金等事，而當其期間之將過，慮失其買戻權，因此而可有漫然止表示其買戻之意思，初不爲代金等之提供者，是雖爲賣主計則便利矣，然其反於所以定此買戻期間之精神，則明甚。蓋縱使爲買戻之意思表示，然若賣主不能爲代金等之返還，則至幾經歲月之後，果能真見買戻之實乎？未可知也。故於本條第一項，定爲必應於買戻期間内，提供其代金及契約之費用焉。

買主，或由買主而取得其不動産者，於其占有此不動産之間，有加之以費用者，如設建物於土地，施修繕於房尾，此類是也。於此情事，則其買主或轉得者，固得從第百九十六條之規定，求賣主償還其費用。惟就同條之適用，其買主或轉得者，果爲善意之占有者乎，抑爲惡意之占有者乎？其有可疑，恰無異於留置權者，二九九余於理論上，則信其不得不謂爲善意之占有者。蓋買主或轉得者，乃不動産之所有者，賣買之目的雖非必爲所有權，然其爲所有權者最多，故姑就所有權言之。故就不動産爲建築、修繕等，則全然聽其隨意。雖然，就第百九十六條之適用，則有不得不視等惡意占有者之理由焉。夫既有買戻契約之情事，斯買主或轉得者，雖無異於不動産之所有者，然實豫知其將來遭賣主之買戻，可有失其所有權之事，故如投莫大之費用，而爲建築、修繕等於不動産，則未可必視爲穩當之所爲。而於實際，則如以買戻之特約，賣卻其不動産，此賣主多爲無金錢之蓄者，故若令其非償還買主所投莫大之費用，即不得取戾其不動産，則當至竟不能爲買戾矣。此所以由裁判所，視此買主或轉得者爲惡意之占有者，得因賣主之請求，許與以相當之期限，就有益之費而爲償還之也。蓋賣主誠亦不可爲不當之利得，故既爲買戾之後，於相當期限之内，爲應償還其費用者，則在賣主之一方，因此而不得爲買戾蓋尠，而在買主或轉得者之一方，固亦當令其不被損失矣。

因右之理由，買主或轉得者，就其費用，爲止有與惡意占有者同一之權利者焉。故有二義：第一，就必要之費，得即時以其全額，請求於賣主，而就此則亦得行其留置權；二九五第二，就有益之費，則爲從賣主之選擇，應償還其全額，或因此所生之增價額者。惟其償還，則不必一時爲之。例如因其全額之甚巨，或因其賣主之乏於資力，得請求其半年至一年等之猶豫期限。且裁判所視其情事，不必一時付之，得令其數次分付，亦無不可。而若裁判與以此猶豫期限，則有益費不以即時爲辨濟之期，故買主或轉得者，亦不得就此而行其留置權矣。二九五一項但書

要之買主或轉得者，若以費用加於不動産，則賣主必於代金及契約費用之外，非償還其必要之費，則不得取回其不動産。至其有益之費，則其不得與以猶豫期限者亦同，非償還之，不得取回其不動産。然若爲得與以猶豫期限者，則取回其不動産以後，於其期限内爲之辨濟足矣。

第五百八十四條　不動産之共有者之一人，若以買戾之特約，賣卻其持分以後，其不動産有分割或競賣時，賣主就買主所受或所應受之部分，或其代金，得爲買戾。但不通知於賣主而爲之分割及競賣，不得以之對抗於賣主。取九〇、九一

本條及次條，就共有者之一人，以買戾之特約，賣卻其持分時，爲規定焉。蓋即不動産之共有權，固亦爲得以買戾之特約，賣卻之者。若各共有者共同以其權利，賣卻於一人之買主，則與普通之情事，毫無所異。若欲爲買戾，則各共有者亦不得不共同爲之，固所不待言也。又共有者之一人，於以買戾之特約賣卻其持分時，若買主爲依然止有其持分者，則亦依一般之規定，由爲賣主之共有者，得對於買主而爲買戾，更所不俟論也。惟於此情事，當未爲買戾之時，不動産若有分割或競買，則買戾權不得不有多少之變更。此所以必有本條及次條之規定也。

在本條，以爲不動産因分割或競賣，買主既得不動産一部之全所有權，又於已受取其代價之一部時，或雖未受取，而其權利既爲確定時，則賣主不得就其所既賣卻之共有分，而爲買戾，而得就因分割或競賣，買主所已受，或所應受者，爲買戾焉。此由純然之理論言之，似稍爲不當。何則？買戾即爲賣買之解除，故賣主爲當復於初爲賣買時之狀態者，而此效力即對於第三者，亦可發生。五八一然在賣買之當時，則不動産爲共有之現狀，賣主乃其有一分共有權者也。雖然，此理論到底不能採用，請陳其理由有二。第一，共有物之分割，乃無論何時得請求之者，故即使賣主始終不失其權利，猶未必能免於分割或競賣。二五六但此理由，難適用於買主自以分割爲請求之情事，故不能無第二理由。第二，法律許無論何時，請求其共有物之分割。其所以然者無他，共有之爲物，乃經濟上所最忌，故欲其速行消滅者也。然則一旦既據此權利而爲分割之後，如因賣主行其買戾權，更復歸於共有，其背馳於法律之精神，最爲顯然。且以此之故，若消滅其因分割而生之權利義務，更復於共有之舊形，則不得不謂於利害關係人之權利義務，能生重大之攪亂。然其共有，且無論何時，得因分割而消滅之者，故今日復於共有，明日多不得不復爲分割，是不能不謂爲錯雜之中，復有錯雜，弊害之上，又加弊害矣。況買主縱將來可有遭遇解除之事，亦無失爲有純然之共有權者耶？故此與他共有者之間所行之分割或競賣，乃正當者，至後日可不遭取消等事，他共有者所當確信之。若不然，則於買戻權尚在之時，殆不得爲此分割，何則？縱與現爲共有者之買主爲分割，其分割當有因後日解除而取消者，而賣主則現非共有者，故不得與之爲分割，又爲固然。故本條之規定，不得不謂爲最妥當者矣。

以上雖於分割或競賣，豫想爲正確公平者而論之，然分割或競賣，往往有不正或不當者。然雖不正不當之分割競賣，亦得以之對抗於賣主，則因此而害其賣主之權利者當非鮮少。而欲避此不正不當，則惟令賣主參加之。此於本條但書，定爲分割及競賣，必當通知於賣主，若其不通知而爲之，則不得以之對抗於賣主焉。但雖以此通知於賣主，而賣主若不爲參加，則此賣主，或爲抛棄其權利，或爲信買主及他共有者之公明，故至後日而復有異言，則固不可得矣。

第五百八十五條　於前條之情事，買主若爲不動産之競落人，則賣主得付其競賣之代金，及第五百八十三條所揭之費用，而爲買戻。於此情事，賣主取得其不動産之全部所有權。

若因他共有者請求其分割，而買主爲競落人，則賣主不得止就其持分爲買戻。取八九

在前條，蓋其買主，乃爲因分割而受不動産之一部，或由競賣而以他人爲不動産之競落人，就其買主受代金之一部時，爲之規定。而在本條，則與之相異，乃豫想爲買主自爲不動産之競落人之情事焉。於此情事，其原則賣主止就其所賣卻之持

分，而爲買戻，故與買主，得合爲共有者。然此於實際，不便甚多，無煩喋喋。故有二義：第一，賣主若欲不動産之全部爲買戻，則付其競賣之代金及契約之費用，並其他第五百八十三條第二項所規定之費用，爲可取得其不動産全部之所有權者。第二，若買主自請求其分割，則賣主固有右之選擇權，然於他共有者請求其分割之時，則賣主不得止就其持分而爲買戻，必就不動産之全部爲之。是無他，其第一種情事，乃由買主自求爲不動産之競落人，且如前條之情事，不以直接之影響，及於第三者之權利，僅爲欲於賣主與買主之間，保存其向來之共有關係者。故不得不令其賣主，爲止得就其所賣卻之持分爲買戻者。反之，而在第二種情事，則非買主所自求，方其因他人之請求而爲競賣，買主僅欲無失其權利，故自爲其競落人，當此之時，賣主若不必就其不動産之全部爲買戻焉，則買主當有自己毫無過失，而被其意外之損失者。又於一方，雖在買主自請求其分割之時，固得曰賣主若自己爲共有者，未必請求之，然在他共有者請求其分割之時，則無論買主爲共有者，與賣主爲共有者，皆必不得不爲分割或競賣。故若無買戻之特約，則共有當消滅於其時，乃因偶有買戻之特約，而其一旦消滅之共有，不無更蘇生者。是與法律所許無論何時請求分割之精神，恐有背馳之處矣。此本條第二項之規定，所以爲不得已也。但由賣主買主之協議而更爲共有者，則固無所妨焉。

第四節　交　　換

凡交換（Permutatio，echange，Tausch），若以廣義言之，則取引之大多數，皆包含於此中。然自創定貨幣以來，以貨幣與他貨物爲交換，特名之曰賣買，惟外此者乃謂之交換焉。而在古代之各國，賣買以外之交換，皆爲最盛。即至近世，在國際之商業，亦往往多由此者，由是例用交易、貿易等之名稱焉。譯者按：在吾國謂之互市。雖然，洎乎今日，國内無論已，即在國際，商業亦概以金錢爲其媒介，如以金錢以外之貨物，與他貨物互爲交换，實屬異例。其在民事之取引，亦大抵罕用狹義之交换，而用賣買。此所以文明國之法律，關於賣買雖設詳密之規定，然關於狹義之交换，則大抵止準用賣買之規定也。

於新民法，其第五百五十九條，以賣買之規定，準用於其他有償契約。故於交换，不特言當準用賣買之規定。然當準用賣買規定之最多者，其莫如交换乎？

第五百八十六條　交换因當事者約以非金錢而爲所有權之財産權，互爲移轉，而生其效力。

當事者之一方，若約以金錢之所有權，與他權利共爲移轉者，則就其金錢準用關於賣買代金之規定。取一〇七至一〇九

本條第一項，乃暗揭交换之定義者也。蓋本節所論之交换，固爲狹義，故以他貨物與金錢爲交换，則是賣買而非此所謂交换。然於此外，則與賣買不異其性質，故其定義，自不得不與賣買，用略略同一之文字。蓋依右之定義，得推交换之性質如下：

第一，諾成契約；

第二，有償契約；

第三，雙務契約；

第四，以移轉其金錢以外所有權之財産權爲目的者。

依右之定義，則金錢與金錢爲交换，似非兹所謂之交换，而就此則可生三種學説。一則曰是交换也。何則？當事者於以某種類之金錢與他種類之金錢爲交换時，則不視其金錢爲純然之金錢，而視之爲一種商品也。二則曰是賣買也。何則？當事

者之一方，欲得某種類之金錢，而視之爲商品，自己則出純然之金錢，而欲買受之者也。三則曰是無名契約也，何則？賣買爲金錢之所有權，與他權利爲交換，而所謂交换乃交换其金錢以外所有權之財産權。至金錢與金錢之交换，則法律中未見附以特别之名稱，而設特别之規定也。此各説皆非無一理，然余信其第一説爲最當。雖然，此問題之於新民法，則爲純然之空理問題，故於本條，亦不敢決此問題，即余亦不欲深論之。何則？依第五百五十九條，則賣買之規定，爲當準用於他有償契約者，而若當事者雙方所應給付者皆爲金錢，則不能以本條第二項之規定，適用於是，固無論已。且如賣買之先取特權，於此情事，固亦不能適用者也。

譯者按：格氏之意，蓋惜金錢與金錢之交换，於法無可附麗，而揭其本旨，則欲於此節增補條文，以定其名稱焉爾。其增補之文若何？蓋本條第一項之"約以非金錢"五字，當作"約以兩俱金錢或兩俱非金錢"十二字，則法律庶無漏義。

凡交换，其當事者之一方所給付者，與他一方所給付者，其價格全然相同，實不多見。大抵一方之所得，爲不如他一方之所得者，於此情事，當事者往往有以金錢爲補足，以充填其差額之事。似此則其契約，猶當謂之爲交换乎，抑當名之爲賣買乎？此爲古來學者之間，所不能一定之説，各國之立法例，亦均不一其揆。在外國，於一方以金錢與他物爲給付時，若他物之價，不及金錢之額，則以之爲賣買，不然，則以之爲交换。似此之學説及立法例頗多，即於舊民法，亦爲取此主義。然據此主義，則苟他物之價，與金錢之額全爲同一，斯時將不能知其賣買交換之果何屬矣?而理論上，則似應以當事者所視爲主要之部分，定其契約之性質，較爲妥當。雖然，在新民法，既於第五百五十九條，以賣買之規定，爲應準用於其他有償契約者，故無庸强决此問題。即止就先取特權之賣買而論，亦有關於代金及其利息者存焉，則補足金(Soulte)之額，無論如何，至少亦可以先取特權之規定，安然適用。此所以有本條第二項之規定也。更加相手方由引渡其交換目的物之日，應付其補足金之利息，五七五・二項則即無本條第二項之規定，亦可因準用賣買之規定，而自明矣。

第五節　消費貸借

貸借有消費貸借(Mutuum，Pret de consommation，Darlehen)、使用貸借(Commodatum commodat，Leihe)、賃貸借(Locatio-conductio，louage，Miethe und Pacht)三種。其性質自絶然不一，故在西洋，無若我國之泛用貸借，爲廣義之文字者。法國之 Pret，其初亦止爲有二種之通用者。即在新民法，亦與舊民法，同分此三種貸借，各別其節以規定之，蓋以其規定頗有不同故也。

西洋既無泛稱貸借之文字，然反之而如賃貸借之文字，乃亦用之於雇傭及請負，謂普通之賃貸借，爲物之賃貸借，謂雇傭、請負爲人事之賃貸借，此例最多(Locatio rerum avt operis faciendi，louage des dhoses，de services，D'ouvrage ou D'industrie，Sachen-Dienstoder Verdingungsmiethe)。然此反於本邦之慣例，故於新民法，亦與舊民法同，均不取右之名稱及其類別也。在舊民法之法國文草案，則於雇傭、請負亦用賃貸借之文字。

本節則於右各種貸借中之消費貸借設爲規定者也。但本節所不規定者，固當悉從債權或契約之一般規定。就中如第四百二條至四百五條、第四百十九條、第五百五條等於消費貸借，尤多見其適用。又於借主不付其約定之利息時，則當適用第五百四十一條，更無論矣。蓋消費貸借，與賣買並爲最頻繁之契約，且債務由消費貸借而生者，尤爲最多。是在我邦，俗謂貸爲債權之總稱，謂借爲債務之總稱，甚至謂資産爲貸方、謂負債爲借方，以此可知債權、債務之由消費貸借而生者，爲最多也。

第五百八十七條　消費貸借，因當事者之一方，約以同其種類或品等及數量之物，爲返還之事，由相手方受取其金錢或其他之物，而生其效力。取一七八，舊商五八〇至五八三

本條蓋揭消費貸借之定義，併定其成立之時期者也。依本條之規定，而舉消費貸借之性質如下。

第一　踐成契約

消費貸借之爲踐成契約，在羅馬法以來之西洋各國，蓋所同然。即在我邦，亦例不言於未爲金錢或其他之授受以先，可以已爲貸借，故如瑞士之債務法，則以此爲諾成契約。此在法理上，或可爲進步之主義，然在本條，則從舊慣，以之爲踐成契約焉。故儻金錢或其他之物，未爲授受以前，即無所謂消費貸借，因而不能適用本條之規定。雖然，消費貸借之豫約，固爲有效之契約，當以契約之一般規定，適用於此，所不待言。且於本節，亦特設關於此之第五百八十九條條文，並於其初爲豫約者，至因物之授受，而爲純然之消費貸借，可盡適用本節之規定，所更不待言也。故於新民法，以消費貸借爲踐成契約，其由此所生之結果，殆止理論上爲然，可謂無實際之利害者矣。

要之消費貸借之成立，必需有物之授受。雖然，因代理占

有之結果，其實際頗多無庸實物之授受者。例如甲方爲乙占有金錢或其他之物，乙若以其物貸與於甲，則雖實際不爲物之授受，而甲則改其向來爲乙佔有，爲爲自己佔有，以此得成立其貸借。一八二·二項又例如丙以爲乙佔有之物，貸與於甲，而甲有不即時受取其物，依然以丙爲代理人，而暫使之保管其物者。於此情事，則雖無實物之授受，而丙則改其向來爲乙爲代理佔有，爲爲甲爲代理佔有，以此得成立其消費貸借。同上，一八四又例如甲雖由乙借之以物，然實際有不即時受取，暫令乙爲自己保管之者，而亦不妨其消費貸借之成立，此更不待言矣。一八三並於次條，有應得視爲本條例外之情事，當以次論之。

第二　貸主負移轉物之所有權於借主之義務

凡消費貸借，其借主以消費其物爲其目的，故此非移轉其所有權，則不足以達其目的。故在外國之法律，往往有明言之於消費貸借之定義中者。舊民法則不言消費貸借之爲踐成契約，然卻言其爲因移轉所有權而能成立之契約。雖然，有二義：第一，所有權依第百七十六條及第四百一條第二項之規定，在當事者間，應由指定其物之時，即移轉於借主，然消費貸借則爲踐成契約，故非借主受取其物，則不成立；第二，貸主雖負移轉所有權之義務，然非必於引渡其物之當時，即移轉之。蓋貸主負即時移轉其所有權之義務，故若不能於引渡之當時移轉之，則不得謂貸主因貸借之豫約，而已履行其所負之義務。然或因第百九十二條之適用，或因其他情事，後日亦由貸主已償其物之所有者，借主既無復遭所有者請求之事，即無妨達其消費貸借之目的。故消費貸借，於此等情事，亦猶可因物之引渡而成立，此本條之所以不言移轉所有權之事也。惟借主爲得以消費物之同種類、同品等、同數量之物，爲返還者，故當知爲自有移轉所有權於貸主之義務者而已。

第三　片務契約

消費貸借爲踐成契約，故在其契約成立之當時，則惟借主有返還之義務而已，貸主則無負何等義務之事。余於前段，言貸主有移轉所有權之義務者，是非由所謂消費貸借契約所生之義務，實由其豫約所生之義務也。故豫約即爲雙務契約，消費貸借則爲片務契約，故貸主若不以物之所有權移轉於借主，則賣主雖得據必應存於貸借契約前之豫約，責貸主之不履行其義務。然往往因貸主不履行其豫約而更求其履行，即當令以其所有物，代前所既與之非其所有物之物。於此情事，則前所既與之物，非當事者之所以履行其豫約者，故不由是而成立其消費貸借。於其後與以貸主所有物之時，始視爲消費貸借之成立，蓋不得不然者也。而其初之消費貸借，則爲陰解除焉者矣。參觀四七五

右雖爲普通之情事，然有時貸主以現所佔有之物，爲消費貸借之目的，而其物有不在貸主之所有者。於此情事，若有利息之約定，依新商二七五，在商事之消費貸借，即無約定，亦爲應付利息者則依第五百五十九條之規定，爲當準用第五百六十條以下之規定者。而其無利息者，則無特別之規定，故不得不探究當事者之意思，以定貸主責任之有無及其廣狹。而其最多之處，當事者爲與第五百五十一條所規定，當有同一之意思者。然此爲稀有之情事，故法文不認爲必與特置明文也。

第四　借主負返還其與所受之物同種類、同品等、同數量之物之義務

此説自舊民法以至世之學者及外國之法律，均謂當以爲消費貸借之目的物之代替物焉，然此爲余之所不取。蓋代替物有二義，或云在當事者之意思，並不必爲特定之物，但以同其種

類、品等及數量者爲足之物；或云如金錢米穀等，通常本爲無庸特定之物。夫就此第二義言之，則代替物之語，法理上殆爲無意味者。雖金錢米穀等，若特定之而以爲法律行爲之目的，則與土地家屋等無異。又雖土地家屋等，若當事者以爲無庸特定焉者，僅以種類、數量等爲應指定之物，如云在某地方以幾町步之土地，與某種之構造，成幾坪之建物等，則亦與金錢米穀等無異。故以"代替物"之字樣，欲於法理上多少爲有意味，則必不能不取第一義。雖然，消費貸借之目的物，在返還之時，固必爲第一義之代替物。然在契約成立之當時，則當云必爲特定物。甚至如前所論，在貸借之豫約時，亦已不無爲特定物者。故如舊民法所云，當事者之一方，以代替物之所有權，移轉於他一方云云，則不得不謂爲謬誤之最甚者矣。此於本條，所以不言代替物，或以類之之物爲消費貸借之目的云云也。

消費貸借之目的，以金錢爲之者十居八九，而在金錢，則以既有第四百二條及第四百三條之規定，故非特別爲消費貸借之物。蓋所謂同種類、同品等、同數量云者，假如借十圓金貨百枚，非謂必返還以十圓金貨百枚；苟爲通用之貨幣，則用任何種類皆可。雖然，在以金錢以外之物，爲消費貸借之目的時，則其同種類、同品等、同數量之物云者，當讀如其字，例如借武藏之上米百石者，當返還其相同之武藏上米是也。

在利息貸，則以加利息於元本之外，或似難謂爲同一之數量，然此爲以金錢等按合其使用之價值而支付之者。縱其支付與元本之支付同時，是亦偶然之事，嚴正言之，則此不當入返金之一部。但利息制限法尚存時，所約利息，不得超過於定率，即不得過於百圓未滿之年二分，百圓以上千圓未滿之年一分半，千圓以上之年一分二釐也。十年九月十一日告六六號《利息制

限法》二四

第五百八十八條　在不因消費貸借，而有負以金錢或其他之物爲給付之義務者時，當事者若約以其物爲消費貸借之目的，則視爲消費貸借因此而成立者。財四八九・二號

本條所規定者，若依前條之定義，則非純然之消費貸借，固無論已。雖然，當事者乃欲與所謂消費貸借，生同一之效力，故法律特視之爲消費貸借，而以此爲可適用本節之規定者焉。例如買主以應付之代價，而負金千圓之義務時，若特與賣主相約，爾後當以此爲消費貸借而負其義務，則依前條之規定，以無物之授受，似不能成立其消費貸借，然依本條之規定，則視爲爲右之契約之當時，已成立其消費貸借者。夫其以此爲消費貸借之利益，則專在得依第五百九十一條之規定，與並無先取特權。三二二、三二八且於實際，買主若欲稍怠於支付其賣買代價之事，則自有甯與賣主之間，爲貸借契約爲快者。蓋當然於若干時期之間，可無庸付其金額也。

在舊民法，則以本條之情事爲更改之情事，財四八九・二號，本卷第五百十三條下然其不當，則既論之矣。依本條規定，則於前例，當謂買主履行其支付代價之義務，更以同一之金額爲消費貸借，而與受取相同，則前債務因當事者之意思而消滅，是即免除買主乃更爲借主而負新義務已耳。

第五百八十九條　消費貸借之豫約，爾後若當事者之一方，受破産之宣告，則失其效力。

本條就消費貸借之豫約爲規定焉。此豫約，當從契約之一般規定，既如所言矣。然本條則就此而設惟一之特別規定焉。蓋由契約之一般規定言之，則一旦當事者既爲契約，縱至於後

日，當事者之位置有所變更，其影響亦不及於契約之效力。故爲消費貸借之豫約以後，當事者之一方，縱爲破産，似猶當履行其豫約。雖然，此在其人或相手方，不免有非常之不利益，何則？借主受破産之宣告時，當以貸主所約定金額之全部，引渡於破産管財人，而破産管財人，代表其債主而爲返還，大抵不能復付其全額，或則半額，或則三分之一，甚至十分之一，二十分之一，止可得如此之返還云爾。然則其所以處貸主者，最爲苛酷，不免太不公平。且於破産宣告之時，債務者當失其期限之利益，三一七·一號故貸主得忽而貸與，忽而求其返還。是無甯以自始即不貸之，令其得免於煩勞，又得免於不公平之爲愈乎？又於貸主受破産宣告之時，則貸主多不得引渡其因豫約所負貸渡義務之金額之全部，是亦當止能引渡其半額或三分之一，十分之一，二十分之一等，似此則借主多不能如其自始所豫期之用途，而使用之，由是而不能達其契約之目的。故即依契約之一般規定，借主亦得解除其契約，五四一且破産者畢竟以應受返還之金額，引渡於借主，而動輒有借主爲無資力之危險。況貸借之期限，若爲甚長，則破産管財人，當有出於不得已而競賣其債權，以其代價，分配於債權者間之事，似此則不但爲手續之煩雜，並能爲破産財團釀甚大之損失。此在本條，所以以消費貸借之豫約，爲因當事者一方之豫約，而能當然失其效力者也。

第五百九十條　於附以利息之消費貸借，其物若隱有瑕疵，則貸主要以無瑕疵之物代之，但不妨其損害賠償之請求。

於無利息之消費貸借，借主得返還其有瑕疵之物之價額，但貸主若知其瑕疵，而不以之告其借主，則準用前項之規定。取一八二本條乃關於一種瑕疵擔保之規定。蓋純然之瑕疵擔保問題，止在以特定物爲目的之契約之所生者。且其擔保之目的，恒在解除其契約，或賠償其損害。五七〇然消費貸借，則方其爲豫約之初，多以不特定物爲目的，又其擔保之目的，亦有異於普通之瑕疵擔保者。請分別其有利息之消費貸借，與無利息之消費貸借而論之。

第一　附利息之消費貸借

同附利息之消費貸借，爲有償契約。故若無本條之規定，則依第五百五十九條之明文，爲當準用第五百七十條者。而是條所規定，則如次所言：第一，爲以特定物爲目的之契約；第二，爲關於契約之解除或損害之賠償。然依本條第一項之規定，則第一，消費貸借之目的，雖極多爲不特定物，然仍就此而定其類於瑕疵擔保之責任；第二，縱使其目的物爲特定物之時，然不僅解除其契約，爲當以無瑕疵之物，而代其有瑕疵之物者焉。據余所信，則在以不特定物爲目的之契約，雖無純然之擔保義務，然能生本條第一項所規定之結果，蓋不容疑。夫負給付其不特定物之義務者，雖不特地明言其無瑕疵，然當事者之意思，不能不推測爲應以無瑕疵之物爲給付者，故若給付以有瑕疵之物，則非真履行也。故不能不令債權者，得迫之而使以其他無瑕疵之物爲給付，以履行其義務。故即在賣買，其僅云賣買之目的物者，雖不明言特定與否，亦爲當豫想其爲特定物之情事者，蓋不容疑。而其以不特定物爲目的之賣買，則因右所述之理由，爲無庸別有明文者矣。參看四〇一・二項故本條第一項之規定，若僅在不特定物爲有適用，直可以不明揭之爲妥。然本條之規定，縱於消費貸借之目的物，爲特定物之時，亦爲能見其適用者，故非僅適用其一般之原則。蓋以特定物爲消費貸借之目的，其事本不甚多，且於此情事，當事者之意思，有與普通契約大異其趣者。何則？在消費貸借之當時，固已。在消費貸借之當時，則其目的物常爲特定者，既如前論矣。即在其豫約之時，貸主或約以特定物爲貸與，然借主則爲欲即時消費之者，故其物若決爲特定之物，即非借之者之本意。在借主之眼中，不過爲欲借其金若干圓或米若干石焉耳。故貸主於引渡其物之後，借主若發見其隱有瑕疵，則有返還之，而可更請求其以無瑕疵之物重爲貸與之權。而於此情事，則視其初所與之物，不爲履行其貸借之豫約。故消費貸借，當於給付其無瑕疵之物之時，始視爲成立者，且貸主若以隱有瑕疵之物，恰如無瑕疵之物而爲貸與，即爲不履行其豫約者，故當賠償其因不履行所生之損害，殆所不待言也。

第二　無利息之消費貸借

在無利息之消費貸借，恰如贈與。五五一・一項其物即有瑕疵，以不使貸主負責任爲本則。是無他，貸主無利息之貸借，即爲恩惠的行爲，於此情事，多欲其恰如佔有此目的物者，以貸之耳。縱使不然，然若以爲應負其隱有瑕疵之責任者，則貸主除其初欲割與之自己利益之一部於借主，而爲之出捐之外，將更被意外之損失。由是而所生結果，必比當初所欲施之恩惠，其恩惠爲更大矣。但因右之理由，而無利息之貸主，將爲無復有關於瑕疵之責任者。故若貸主知其瑕疵而不以之告於借主，則貸主即非惡意，亦不得不視爲有過失者，故於此情事，則準用本條第一項之規定。第一，得令以無瑕疵之物代其有瑕疵之物；第二，得令賠償其損害。是蓋與第五百五十一條第一項，同其精神者也。

以上爲一般之規定，若以當事者之特約，定爲與此相異，則固聽人隨意。例如附利息之貸借，言明貸主不擔保其瑕疵，或無利息之貸借，言明貸主有關於瑕疵之責任，均無不可。但貸主知有瑕疵而不告借主，若就此亦相約不負瑕疵之責任，則往往當視爲有詐欺者，由是而多爲得取消其特約者焉。但於以右之特約，成其貸借契約之一部者，則多應並取消其貸借之全部矣。

第五百九十一條　當事者若不定其返還之時期，則貸主得定其相當之期間，而爲返還之催告。

借主則無論何時，得爲返還。取一七九・一項

本條蓋定其由消費貸借所生最重要之義務者也。蓋由消費貸借所生當然之義務，是爲借主返還之義務。而其應返還之物，既有第五百八十七條之規定，故茲不復贅。然其應爲返還之時期果如何，此則本條之所規定也。蓋當事者若特定其期間，則當從之，固不待論。然若不定其時期，則依債權之一般規定，其爲債權者之貸主，似應無論何時，均得請求其返還。四一二・三項。雖然，貸借之爲物，本在欲令借主得使用其物，故若以右手爲貸與，以左手促其返還，固非適合於當事者之意思者。且在消費貸借，借主當即時消費其目的物，故欲返還之，必不能不更準備其能代之之物，故非於一定期間之後，則不得求其返還，此蓋可謂當然之理。雖然，於當事者不定其返還之時期者，轉以法律定其應於一定期間之後，乃爲返還，則頗不能無膠柱之病。故於本條，貸主爲得定相當之期間，而以應於其期間内返還之旨，爲催告焉。蓋僅云相當之期間，雖頗非無泛然之嫌。然既如前所屢論，就種種情事，設一定之期間，其事極難。故令當事者定其自認爲相當之期間，此不得不謂爲最副於實際之便宜者矣。惟貸主縱定其認爲相當之期間，若借主認之爲不相當，則得請求其伸長之，而貸主若不應其請求，則或得由裁判所伸長其期間。例如金額爲巨大，而借主爲

乏資力者，則當以一月至二月之期間爲相當；其金額爲寡少，借主有相當之資産，則當以一週至十日爲相當是也。

以上雖就貸主之請求權論之，其借主則果無論何時得爲返還否乎？依一般之規定，於此情事，則以期間之不定，借主苟隨時爲返還焉，貸主固不得拒之，此似不待言矣。縱使期間有定，然其期間，亦多爲債務者之利益而設之者，故因一三六之適用，而拋棄其利益，似應無論何時，得爲返還。可並觀一卷第一三六條下之説明。惟就此有多少之疑間，無他，借主突然受返還之催告，而有大覺爲難之事，則貸主若亦突然受其返還，則因其難於保存及利用，不無受其損害之事，亦復與之相等。且在附利息之貸借，貸主多不能即以其所受取之物，貸與或寄託於他人，而得相當之利息。故立法例及學説，不無以借主爲亦於相當之期間以前，非先爲豫告，則不得爲返還者。雖然，貸主突然受返還之困難，究不能比借主突然受返還催告之困難，而借主欲爲返還，大抵爲已了然達其貸借之目的，故縱許其即爲返還，亦不能爲有反於貸借之性質。故於本條第二項，從我邦向來之習慣，借主爲無論何時得爲返還者焉。

第五百九十二條　借主若至不能依第五百八十七條之規定，而爲返還，則要償還其時此物之價額。但第四百二條第二項之情事，則不在此限。取一八〇，舊商五八二

本條雖爲實際適用極少之規定，然於其有適用之時，則頗爲必要之規定。蓋貸主有不能令返還之物，與前所借受之物，爲同種類、同品等、同數量之物者。例如定金錢之種類而爲貸借之時，此種類竟失其通用之效力，有屏絶於市場者；又古物等稀世之商品，縱搜索於全國中或世界中，有終不能得之者。於此等情事，借主果負何等之義務乎？由純然之理論言之，則

借主似當因不能履行而免其義務。雖然，似此則不能不謂借主爲不當之利得，故無論用何等方法，借主不能不以其因貸借所受之利益返還於貸主。而在金錢，以既有第四百二條第二項之規定，爲可從之而以他通用之貨幣，返還其相同之金額。在其他之情事，則爲當從本條之規定，至不能爲返還時償還其物之當時價額焉。或曰於此情事，借主當償還其貸借契約時之價額，或曰當償還其應爲返還時之價額，是兩者皆非也。在貸借之當時，借主非即應爲返還者，故若貸借契約，無變故而獲履行，貸主原不能受相當於貸借當時之物之價額之利益，止能受相當於返還時之價額而已。雖然，於本條之情事，在應爲返還之時期，則其應返還之物業已無存，故不能評定其價格。至爲非賣品，則不問存於何人之手中，然皆不能得之於市場者，其評價極爲困難，往往不免費過當之高價。故不得已而止如本條，爲應返還其物之不能爲返還時之價額，即爲應返還其物之消滅於市場時之價額焉。其物雖尚有少量存焉，若借主不能得其所借受之分量，則與此同。

第六節　使 用 貸 借

本節所規定之使用貸借，與次節所規定之賃貸借，共以使用特定物爲目的者。惟使用貸借爲無償，賃貸借爲有償，爲其差異。且依古來之習慣，使用貸借以之爲踐成契約，而以賃貸借爲諾成契約焉。其餘所有兩者規定之異，則視本節及次節之規定而可知矣。

第五百九十三條　使用貸借，因當事者之一方，約以無償而爲使用及收益之後，爲返還之事，而由相手方受取其某物，乃生其效力。取一九五本條所以揭使用貸借之定義者也。依本條之定義，使用貸借之性質如下：

第一　無償契約

使用貸借之爲無償，乃其與賃貸借之所以異，惟即有如何之報酬，其必能構成賃貸借與否，則欲於以後論之。

第二　踐成契約

由純理言之，則限於使用貸借爲踐成契約，而賃貸借則爲諾成契約，初無理由之可言。雖然，依諸國古來之習慣，使用貸借，乃由貸主以物引渡於借主之時，而爲成立；賃貸借則既有雙方意思之合致，即能成立契約，是爲通例。蓋在使用貸借，貸主即有貸與之義務，然此義務通常因引渡而履行之，借主止於既受其物之引渡以後，始生其返還之義務。若云未受物之引渡，已有返還之義務，則可謂爲反於普通之觀念者。然在賃貸借，則一方負以物供其使用之義務，他一方負支付其租金之義務，故雙方之義務，自始即爲成立，且即債主尚未經用其物，其租金多從契約之日，即應付之。如返還之義務，有不過視爲附隨之義務者。至物之引渡，當完成於何時，請就佔有權所論觀之。二卷第一八二之説明

第三　雙務契約

因使用貸借而貸主負必令借主，於其所有物爲使用及收益之義務，借主負爲其使用或收益之後，返還其物之義務。據古來一般之學説，則使用貸借，惟借主負返還之義務，貸主則爲不負何等之義務者。蓋使用貸借，概因貸主之好意，故在古代之法律，借主非有使用其物之權利，惟限於不變貸主之好意，不過於德義上，令借主爲使用其物者耳，即貸主爲無論何時，得求其物之返還者。故使用貸借，真可謂令其借主，專負義務而不與以權利者。雖然，及法律漸漸進步，則貸主亦不許無故

而求其物之返還，惟自己若有需用，則爲得求之者。其究也，並至於雖有普通之需用，亦未許求其返還，惟限於有臨時之必要時，爲得促其返還者。且於新民法，則貸主即爲自己有何等之必要，亦不得蔑視契約而求其物之返還。故借主有純然之權利，殆無疑義。但於法國法及舊民法等，在某情事，令貸主得求其物之返還。然余則夙信借主爲有一種債權而不疑之，而在法國學者中，如拔速那特氏之亦能認此，則實可謂卓見。蓋所有者得自由使用其所有物，而令他人不使用之，固屬當然。然貸主以其所有物貸與借主，則貸主於一定之時間，自不能使用其物，不得不令借主使用之，是非貸主之義務、借主之權利而何乎？而於此情事，既不認爲物權，即不得不謂爲發生債權、債務者。若夫返還之義務，爲古來學者所皆認，從古來之學説，甯以返還之義務，爲由使用貸借，所生惟一之債務。即使用貸借之性質，爲片務之契約，而借主若加費用於其物，或因物之瑕疵而受損害，則多應由貸主賠償之，於此時，貸主爲有義務。故或又以之爲不完全之雙務契約，然亦因使用貸借所生必然之義務，惟專爲借主之返還義務而已。

使用貸借，從來如其名稱之所示，令借主爲僅得爲其物之使用者。然如土地有一定之收穫者，則借主當然得取其所收穫，蓋不待言。故於新民法，特言使用及收益焉。蓋古以使用貸借，限於動産，動産則有收益者蓋尠。雖亦許其不動産之使用貸借，然於實際，其適用爲極少。縱使有之，亦常以房屋宅地等無收穫之物，令爲使用，則所或有。至如以田畑等譯者按：畑者旱田也有一定收穫之物，爲使用貸借之目的，可爲絶無稀有之事。此所以向來之立法例及學説，僅言使用之事，而即在新民法，其契約之名稱，亦依然止用使用貸借之文字也。

使用貸借所有返還之義務，與消費貸借之返還義務不同。

在消費貸借，則以與所借受之物，同其種類、品等及數量之物，以爲返還。然在使用貸借，則必不能不返還其借用物之本物，故可知使用貸借之目的，常爲特定物也。

第五百九十四條　借主要從其因契約或其目的物之性質，所定之用方，而爲其物之使用及收益之事。

借主非有貸主之承諾，則不得令第三者，於其借用物爲使用及收益之事。

借主若爲反於前二項規定之使用或收益，則貸主得爲解除契約之事。取一九七

本條以下至第五百九十六條，所以定借主之權利者也。而本條則規定借主之主權利，即規定物之使用、收益之權利焉。先於第一項，定其使用、收益之方法，爲當從其因契約或其目的物之性質，所定之用方者。例如甲以書籍貸與於乙，乙則因欲謄寫而借受之，乃既借受之之後，如不爲謄寫而僅閱讀其書籍，則可爲違反於契約。又契約雖不特示其目的，然書籍則本來應供讀之或謄寫之之用，若以之代枕或以之爲腳踏，則固爲違反其性質，又不得不謂爲違反於契約矣。

使用貸借爲無償契約，貸主無受其報酬之事，而令借主就其使用物，爲使用及收益。以此之故，大抵爲信其借主之性行，而貸與之者。然物縱爲從其用方而使用之，依其使用之方法，亦多少終有破損之危險。故平生粗暴之人，不以貴重之物品貸與之，乃人情之常也。故借主非有貸主之承諾，則必當自使用此借用物，不得令他人使用之。不然，信其借主之深於注意，而貸與以貴重之物品，乃彼竟令其子弟婢僕等爲其使用，則其子弟婢僕等，往往非能如借主同深注意之人，因此而有破損其物之虞，是多能反於貸主當初之意思。但貸主之承諾，亦

不必隨時隨事而得之，若於契約之初，或至其中頃，許可其一般之第三者，令得使用其借用物，或許可其限於某第三者，得使用之，則即不在應適用本條第二項規定之限矣。在法律本文言使用或收益，而余則僅言使用之事。是無他，在借主爲收益之情事，大抵因貸主之明示或默示之承諾，多令其第三者得爲其使用之事者也。但如榨取牛乳、或刈取羊毛，則自有巧拙，若濫使第三者爲之，則多少非無危險，故苟無貸主之承諾，借主當爲自榨取而自刈取者焉。

借主若違於物之用方，而爲其使用、收益，或不得貸主之承諾，而使第三者爲物之使用、收益，則是爲其權利以外之事，固當賠償其由是而生之損失矣。然於本條第三項，則特以解除契約之權與貸主焉。蓋此種借主，若令其久爲物之使用、收益，頗爲多所危險，故不能不令貸主得即時解除其契約，而請求其物之返還。此雖與第五百四十一條，不同其精神，惟於此情事，其借主乃非不履行其債務，實爲爲其權利以外之事者。故當然不能以第五百四十一條爲適用，因而特設本條第三項之明文焉。且在第五百四十一條，尚應先爲催告，然後解除其契約。然於本條，則以對於既爲權利以外之事之無法之借主，若以將來當止其無法行爲，爲催告之旨，豈不等於兒戲，故以貸主得即爲契約之解除者。

第五百九十五條　借主負擔借用物通常之必要費。

此外之費用，則準用第五百八十三條第二項之規定。取一九九、二〇四・一項

本條所以爲借主於借用物加以費用之時，定其求償之權利者也。依第百九十六條之原則，爲佔有者之借主，得求其必要費全額之償還。惟借用物若生果實，則通常之必要費，不能不令借主負擔之。又於有益費，則限於其物所增加價格之現存者，而從貸主之選擇，或費用額，或增價額，當擇一以償還

之。而借主在理論上，爲善意之佔有者，故裁判所就此有益費之償還，不能以期限許與貸主。再訂二卷第二九九條下之説明似此原則，有二點焉，難以之適用於借主。

第一，借主之借用物，縱爲不生果實者，然以使用之而受利益，故通常之負擔費，以悉令負擔之爲至當。例如借用馬者，應負擔其馬之食料，殆不容疑。又借用房屋者，應負擔其座之换席、屏之换紙等費用，殆亦所不容疑也。

第二，至於有益費，則似當視借主爲惡意之占有者，較爲正當，何則？借主之使用其物，雖爲善意，然畢竟非自己之所有物，明知其達於一定之時期，必不能不以其物返還於貸主，故若濫加有益費於此，不可謂爲當然之行爲。況投莫大之費用，而爲借用物之改良或裝飾等，是應爲所深畏者，或由是而使貧困之貸主，負償還其不勝負擔之費用之義務。若不償還之，則行其留置權，以拒不返還其物，竊謀横領此借用物焉，此亦事實所不保其必無者也。故於本條第二項，仿留置權、買戻等之例，令裁判所得因貸主之請求，而以相當之期限許與之焉。二九九・二項、五八三・二項

第五百九十六條　第五百五十一條之規定，於使用貸借準用之。取二〇四・二項

本條所以規定貸主之擔保義務者也。蓋貸主與贈與者，同爲無償而以利益與他人者，故不能與賣主或賃貸人等，視之爲同一。故於本條，爲當準用關於贈與之規定者焉。無他，貸主於貸與物或其所有權之瑕疵或欠缺，以不任其責爲原則。惟貸主若知其瑕疵欠缺而不告借主，則當賠償其由是而生之損害耳。

第五百九十七條　借主要於契約所定之時期，返還其借用物。

當事者若不定返還之時期，則借主要從契約所定之目的，於使用及收益既終之時，爲返還之事。但雖在其使用、收益以前，若已經過足爲使用及收益之期間，則貸主得即時請求其返還。

當事者若不定返還之時期，或使用及收益之目的，則貸主得無論何時請求其返還。取二〇〇、二〇三

本條規定借主之返還義務。此義務殆爲借主惟一之義務，又爲由使用貸借所生之主義務，此事既如所論。蓋當事者爲有隨意定返還時期之自由者，其時期若已定，則貸主於其時期以前，不得請求其物之返還，此事亦既論之。是雖似爲當然而不待言者，然與向來各國法律之所認，則有不同，此事又爲所已論。惟當事者若不定其返還之時期，則果何時當爲其返還，不能不稍有疑問。依債權之一般規定言之，則不定履行時期之債權，似可由債權者隨時求其履行矣。然貸借之爲物，本爲欲令借主得使用其物而爲之者，故即使不明定返還之時期，在借主使用其物之必要時期，亦不能不爲不得促其返還者。惟物之使用云者，一日使用之，亦爲使用，十年使用之，亦爲使用，故於如何之時期，乃得求其返還，是爲所最難定者。於本條第二項，先令借主於從契約所定之目的，既了其使用及收益之時，爲當爲返還者焉。例如因試驗之準備而借書籍者，其試驗既了之後，即當返還之；因招人讌飲而借器具者，其讌飲既了之後，即當返還之。雖然，借主往往有不爲使用、收益之事，而因此遂有經甚長之日月，不爲返還者，此其貸主之不利益且勿論，實可謂有違於締結契約時之當事者之意思。故借主雖未爲物之使用、收益，但若已經過足以爲之之期間，則貸主得即請

求其返還焉。例如因讀書一過而借之者，縱使自己怠惰而未終其一讀，遂亘許久，然若已經過通常人一讀之之充分期間，則貸主得即請求其返還矣。又因一次往反於某土地而借船者，縱使依自己之便宜，數日至數月間不使用之，然若已經過通常爲出帆準備之必要時間，以通常之速力抵到目的地之時間，在目的地了其一定事務之必要時間，及由目的地歸至出發地之必要時間，貸主即得請求其船之返還，此類是也。

以上所云，當事者即不明定其返還之時期，然以契約已示其使用、收益之目的，爲得暗知其返還之時期者，乃若當事者於返還之時期，使用、收益之目的，均爲不定。則一刻使用，亦爲使用，千日使用，亦爲使用，故於此適用債權總則之規定，貸主爲得無論何時，請求其物之返還者焉。蓋使用貸借，常爲無償，故如上之情事，當事者之意思，欲推測而無由，則甯可爲貸主之便宜，而解釋其契約矣。

第五百九十八條　借主得復其借用物之原狀，而收去其附屬之之物。

本條專定借主所伴於返還義務之權利。蓋借主欲物之便於使用，往往有以他物附屬之而使用者。於此情事，其所附屬之物，以非貸主之原物，得收去之，殆不容疑。或依添附之規定，不無疑其不得收去者。然依第二百四十二條之規定，則於依權原而以物附屬於不動産之時，固爲不能適用添附之規定者。而借主則以得爲使用、收益之權利，其結果乃得因使用、收益，而以他物附屬之，故於此不適用添附之規定明矣。又於動産，限於其所附合之物，非直至毁損不能分離者，乃適用添附之規定。故若僅止以他物附屬於借用物，則不能復適用添附之規定，以故借主得收去其所附屬之物，有不待言。惟於此情事，借主本爲據自己之使用、收益之權利，而以其物爲附屬者，故收去之之結果，使用物即與原狀有多少之不同，借主殆亦無使之復於原狀之義務，此不能無疑者。是於本條，所以以借主於借用物復其原狀乃得收去其附屬之之物之旨，爲規定也。在地上權、永小作權，土地之所有者，雖與以買取工作物及竹木之權利，二六九、二七九然使用貸主，則爲不有同一之權利者焉。是無他，使用貸借，殆常爲止就動産而存焉者，如以他物附屬之，極爲例外之事。而若分離之，則其能爲大害於國家之經濟者，當爲極少故也。其於賃貸借亦不爲同一規定之理由，尚當於後論之。

今試示借主以他物附屬於借用物之一二例。有如土地之借主，於以竹木植於其土地之情事，固得收去其竹木。然若因收去之之跡而使地有穴，則須填平之。又如借物爲袷者，若以綿裝之，則固可取出其綿，然必不能不縫紉以復於元袷，而返還於貸主，此類是也。

第五百九十九條　使用貸借，因借主之死亡而失其效力。取一九六

本條爲關於使用之終了而規定焉。即使用貸借，於因返還時期之到來，而爲終了之外，因借主死亡則爲終了者也。蓋使用貸借，常爲無償，不能不以爲特爲借主一身之利益而爲之者。加之據第五百九十四條第二項，借主以不得令第三者爲物之使用、收益，爲其本則。今於借主死亡之情事，若使用貸借猶當爲存續者，則勢不能不令借主之相續人，爲物之使用及收益，是可謂反於第五百九十四條第二項之原則者。此所以設本條之規定也。但以特約，定借主死亡之後，其使用貸借關係之應繼續者，則固無所不可爾。

第六百條　因反於契約本旨之使用或收益，所生損害之賠償，及借主所出費用之償還，要由貸主受其返還之時，於一年内請求之。

本條乃欲於返還義務之外，負由使用貸借所生之債務關係，速於了結者也。蓋貸主因反於契約本旨，而爲物之使用、收益，所生之損害，及應由貸主償還借主之費用，其額常均不甚多。且若經過一定之期間，則欲爲其確實之證明，極爲不易，因之有惹起難於裁判之訴訟之虞。故於本條，則爲當由貸主受其返還之時，於一年内爲是等之請求者焉。

反於契約本旨之使用、收益云者，專謂不從用方之使用、收益，及不經貸主承諾而使第三者爲之之使用、收益也。五九四

第七節　賃　貸　借

向來之借地、借屋、借損料等，皆爲當入此中者，乃契約中最頻繁之一種。在舊民法，則因是而生物權，新民法倣外國多數之例，不生物權，惟就不動産若登記之，則爲得以對抗於第三者者，令得因是而生等於物權之效力焉。其詳尚當論之於後。六〇五

本節分爲三款，第一款爲總則，規定賃貸借之定義及其關於成立之事項；第二款爲賃貸借之效力，定賃貸人及賃借人之權利義務；第三款爲賃貸借之終了，規定賃貸借終了之原因及其結果焉。

第一款　總則

第六百一條　賃貸借因當事者之一方，約其相手方，爲某物之使用及收益，相手方則約以其借賃付之，而生其效力。財一一五、一一七

本條揭賃貸借之定義，併明其成立之時期焉。請示賃貸借

之性質如下：

第一　諾成契約

賃貸借與消費貸借及使用貸借皆不同，無庸物之引渡，止因當事者雙方意思之合致，而契約止爲成立者焉。是於各國之法律，殆爲一律。其所以然之故，既已論之，故兹不再贅。

第二　有償契約

是專爲賃貸借與使用貸借之所以分歧，即在使用貸借，借主固毫不付其報酬，而在賃貸借，則爲必當付以借賃者，於本條則云賃金，故似當必以金錢爲借賃。然此蓋於大多數之處所，以金錢付其借賃，故云爾耳。在土地之貸借，則往往以收穫之一部與地主，以爲借賃，譯者按：借賃二字，即租金之義，前文皆譯作租金，以後文義之便，仍其原文而加注於此。蓋從本條爲始也。其例蓋不爲少。而以收穫之一部爲借賃，其情事又有二種：一則以米若干斗、麥若干石等一定之額，充借賃者；一則隨年年之收數，以全收穫之幾分與地主者。其後一種，學者謂之爲分果小作(Colonage Partiaire)云。

有償之貸借，果皆爲賃貸借乎？曰：不然。如一時與以金若干圓，以取得其數年間爲物之使用之權利，或如供其勞役，以爲使用房屋之報酬，則即非賃貸借。是等契約之爲有效，固不待言，然不能以本節之規定適用之，惟當適用契約之一般規定而已。但於右之第二例，則往往有存於雇傭契約者。

然則即此之所云借賃，果爲有如何之性質者乎？曰：應於定期支付其金錢及其他之物是也。惟其支付時期，或有每年付之者，或有每月付之者，甚至每日付之，亦容有之事，要必於一定之時期間，對於物之使用，以一定之金額及其他之物，爲支付焉而已。

第三　雙務契約

賃貸借之爲雙務契約，蓋不待論，何則？當事者之一方，負令他一方爲物之使用、收益之義務，因此之故，不但不自使用自己之所有物，而使賃借人使用之。更有進焉，蓋併爲負爲必要之修繕，以便於賃借人使用其物之義務者。而其他一方，則又不但於賃貸借終了之時，負返還其物之義務，蓋併爲負定期支付其借賃之義務者焉。

第六百二條　不有處分之能力或權限者，於其爲賃貸借時，則其賃貸借，不得超於左之期間。

一，以樹木之栽植，或採伐爲目的之山林之賃貸借，十年；

二，其他土地之賃貸借，五年；

三，房屋之賃貸借，三年；

四，動産之賃貸借，六個月。財一一九、一二二、一二三

凡賃貸借，爲於物之所有者不自使用之之時，最普通之利用方法，又在不得以土地、房屋、夜具等爲所有者，則賃借之，此於其生活上爲必要之行爲，且於各人之處理財産上，爲最頻繁之行爲焉。故其性質之爲管理行爲，殆爲人無異言。雖然，若於長歲月之間，爲賃貸或賃借，則不但因第一借賃之時值，後有高低，貸主或借主，因此而多有非常之不利益，且所有者即自己有必需時，亦不能使用其物，而借主則其物已無所用，亦仍不得不付其借賃而依然借受之。似此，則其財産上所有其他之不利益，實非尠少。故於各國之法律，大抵以長期間之賃貸借，視爲處分行爲焉。惟至其期間之長短，則各國不一其揆。在本條，則先分動産與不動産，又在不動産之中，亦分土地與房屋，更就土地之中，於以樹木之栽植，或採伐爲目的之山林，設爲特例。蓋動産之賃貸借，其期間常爲極短，故其

期間若超於六個月，則動産之爲賃貸借，殆不得不爲異常之長期者矣。反之而爲不動産，則爲稍稍長期者不少，然房屋之賃貸借，又大概短於土地之賃貸借。如自始即以三年以上之期間，爲房屋之賃貸借，在實際爲稍稀，反之而爲土地之賃貸借，則三年至四五年者，殆非少矣。惟非永小作而自始即以五年以上爲期者，則亦稍稀，而在以樹木之栽植，或採伐爲目的之山林，則其賃貸借之期間，非亘稍稍之長期，則不能達其目的。故十年以外者，猶視之爲管理行爲焉，而於山林中，所以特摘示其樹木之栽植，或採伐爲目的焉者。無他，山林中頗多以採取下草、落葉、芝蕈等爲目的者，且於爲山林之賃貸借時，有此種之目的爲尤多。然此類之山林賃貸借，無與耕地牧場之賃貸借，異其期間之理，因而在實際之習慣，亦多爲短其期間者也。

本條之適用，在視其能力與權限。其視能力者，則依第十二條第一項第九號之準禁治産者，若爲超於本條期間之賃貸借，爲必要保佐人之同意者焉。而其視權限者，則謂第百三條第二號所謂“於不變其物之性質之範圍内，以其利用爲目的之行爲”云云。其賃貸借，爲不超於本條之期間者，參看二八又依第八百二條，夫若超於本條之期間，而爲妻之財産之賃貸，則必要妻之承諾。又依第九百二十九條，則不超於本條期間之賃貸借，後見人得以其專斷爲之，而超於本條期間之賃貸借，則爲必要親族會之同意者矣。

因本條之能力與權限而有適用者，雖如上之所論。然至其制裁，則自不能無差異。蓋無能力者，即德國學者之所謂限定能力者，其行爲本非無效，惟得取消之而已。一二・三項，一卷第二節法論及第九條下之説明反之而爲無權限者之行爲，則本來應爲全然無效者。惟依第百十三條以下之規定，在新民法，則以便宜之故，得由追認而以之爲有效者焉。由是而雖在其無追認之間，但在相手方既不取消之，則其行爲，不過仍視爲假成立者耳。一一五且因促其無能力者、無權限者，行爲之追認或取消，得定相當之期間而爲催告，則尚爲第十九條及第百十四條所規定。但後見人之越權行爲，則不以之爲無效，惟由無能力者或其代理人，得取消之，又當準用第十九條之規定焉。九三六，更依八八七，在行親權之母亦有同樣之規定。

第六百三條　前條之期間，得更新之。但要於其期間之滿了以前，土地則一年内，房屋則三個月内，動産則一個月内，爲更新之事。財一二〇

前條之規定，雖爲因保護無能力者，或本人而設之規定。然其無能力者，或代理人之權限，在繼續於長年月之間時，既經過前條所規定之一期以後，猶必繼續而爲賃貸借者，其事正多。然一旦於前契約既終以後，即欲更結其契約，在當事者之一方，亦既有不欲爲之者，故及其期間未盡滿了，欲就次期更新其契約，當亦不少。雖然，若此更新爲無論何時皆得爲之者，則前條之規定，殆止爲死文而已耳。何則？今日即以三年之期間，賃貸房屋，明日若更約以經過三年之後，當再以三年之期間爲賃借，則是與六年之期間爲賃借者，殆爲相等。或如次條之由更新之時，爲不得超於前條之期間者，則雖得略矯正其弊之幾分，究未足爲貫徹全條之精神也。何則？據此主義，則由更新之時，不能復超過三年，故無前例之弊害。然若每年爲此更新，則可更於三年間羈束其契約。然立法者所以設前條之規定者，無他，在一方以借賃之時值爲有低昂，故以同一之借賃，亘長年月之間，其賃貸借爲不利益，在他一方，則於貸主有需用此物之時，或借主有不用此物之時，恐經數年月之

間，有不能使用其物，或不得不空付借賃之不利益之事。然則苟爲前例之每年一更新，則於五年間繼續其貸借者，事當不少。然方其初三年之期間將滿時，若俄而生借賃之低昂，或生土地之需用與不需用，則猶於二年有餘之間，有不能不繼續其貸借之不利益焉。故於本條，則苟一旦於前條之期間内爲賃貸借，非至其期間之將滿後，爲不得爲更新者也。而其土地、房屋、動産之各不同其期間者，則以欲更別爲貸與或别有借受，於數者蓋有難易之别焉。

第六百四條　賃貸借之存續期間，不得超於二十年。若以長於此之期間爲賃貸借，則其期間，以二十年爲之短縮。

前項之期間，得更新之。但由更新之時，不得超於二十年。財一二五

本條所以定賃貸借之最長時期者也。蓋一切之契約，皆不許永久繼續之，此爲文明國法律一般之所認。故即在雇傭及組合等，皆就期間有多少之限制。六二六至六二八、六七八、六八三且賃貸借在其期間之不甚長者，固於經濟上爲極有益，然若其期間失之過長，則爲經濟上之大不利益焉。蓋如貸主不自爲其物之使用、收益，而能改良其物，實屬例外之事，而借主則固罕施改良於他人之物者。惟貸主得要求借賃，故改良其物，則其價格因以增加，因其價格之增加，常得增加其借賃，故賃貸借之期間若不甚長，固無妨其物之改良。然若其期間失之過長，則竟不能無不顧其物之頹敗毁損之弊。此所以設本條之限制也。其最長期之所以爲二十年者，無他，永小作權必爲二十年以上，二七八又地上權，亦多爲二十年以上者。二六八·二項故若當事者有必以長於二十年之期間，賃借其土地之故，則可設定永小作權或地上權，因而可無必爲賃貸借之道矣。或曰：既以

超於二十年之賃貸借，爲公益上所不可許者，則即設定超於二十年之永小作權或地上權，非亦當禁之乎？曰：不然。永小作人或地上權者，皆於土地之上，爲有物權，地主則無復有負其義務之事，故第一先不因契約而拘束其自由。又永小作人或地上權者，殆視其土地爲自己之所有物，施改良於此者恒不爲少。且在地上權者，則以其在他人土地之上，建築房屋，或栽植竹木，固以己所必需之故，已就其土地施多少之改良。此所以賃貸借之超於二十年者則禁之，而永小作權、地上權之超於二十年者則不禁也。

以上固專就土地言之，然在房屋或動産之賃貸借，則雖以五年或十年之期間者，亦殆所未聞。故本條之規定，視爲不適用於是等之賃貸借者可也。

本條之期間，其初政府所提之案，則定爲十年，由衆議院伸長之爲二十年焉。余亦信二十年爲稍失之太長者。即以向來之習慣，十年以上之小作，似亦多以之爲永小作之例。《民事慣例類集》五五二頁以下然在衆議院，則以爲非有二十年以上，有不得視爲永小作者，故於本條，因亦改十年爲二十年也。

在本條，以賃貸借之存續期間，爲不得超於二十年者；在第二百七十八條，永小作權之存續期間，則爲二十年以上五十年以下，故耕地之貸借，若其期間有二十年者，則有或爲賃貸借，或爲永小作之二種。此或爲立法者之疏漏乎？曰：是不然。永小作與賃貸借，其性質全然不同，故兩者即同爲有用二十年之期間者，亦何不可之有？此立法者所以不定以賃貸借爲不滿二十年者，或以永小作爲起於二十年者也。二卷第二七八條下之説明本條之規定與第二百七十八條及第三百六十條同其性質，故説明讓之該兩條，兹不細論。再訂二卷第二百七十八條及第三百六十條下之説明

第二款　賃貸借之效力

第六百五條　不動産之賃貸借，若登記之，則爾後就其不動産，即對於取得其物權者，亦生其效力。財二・二項・三號、三四八・一號

本條定不動産之賃貸借，若爲登記，則得以之對抗於第三者之旨也。蓋賃貸借爲止生債權債務之關係者，故以不得以此對抗於第三者，爲其原則。雖然，在不動産，若不得以之對抗於第三者，則實際之不便良多，故若由登記而公示之，則恰如物權，得以之對抗於第三者焉。蓋登記雖本以當就物權爲之爲其本則，一七七然在本條，則從便宜而設例外，令於債權亦爲登記之事。蓋賃貸借雖不過生有債權，而其債權，乃間接以不動産爲目的，由登記而公示之，極爲易事。夫既由登記公示之矣，則第三者即得以知之，故即以之對抗於第三者，亦萬無合第三者因此而被其不虞之損害也。

第六百六條　賃貸人於賃貸物之使用及收益，負其爲必要修繕之義務。

賃貸人若欲爲保存其賃貸物之必要行爲，則賃借人不得拒之。財一二八、一二九・一項

本條所以定賃貸人修繕之義務及權利者也。蓋賃貸人對於賃借人，負使爲使用、收益之義務，故於其使用、收益，爲必要之修繕之義務，爲必伴之而生者焉。但依特約或習慣，而以其修繕之全部或一部，爲賃借人之負擔，其事非尠。例如浚渫井及水溝、水管，座之換席，屏之換紙等，依特約或習慣，當由賃借人負擔之者頗多。在本條，則惟示其原則而已。

賃貸人既負右之義務，同時又有爲修繕之權利。蓋賃貸人爲賃貸物之所有者，雖亦有非其所有者，然此固屬於例外，且即非其所有

者，要亦多於保存其賃貸物，爲有正當之利益者也。故欲保存之，而施必要之修繕。其有保護自己利益之權利，固爲當然。然若因此而妨害賃借人，爲物之使用、收益，則賃借人往往有不欲之者。且當賃貸借之臨了，賃借人爲自己計，甯忍物之破損，而欲目下不妨其物之使用、收益，尤爲人情之常。雖然，爲賃貸人計，則一日怠於修繕，有益甚其物之毁損者，故欲即時爲其修繕，此亦人情所當然，不能不謂爲最正當之希望。故於本條第二項，賃借人爲不得拒其修繕者焉。但以次條保護此種情事之賃借人之權利，亦可無不公平之患矣。

或曰：賃貸人之有此權利，此事可不待明文。曰：不然。賃貸人負使其賃借人爲物之使用、收益之義務，故若修繕而有妨賃借人之使用、收益，則賃借人非無應得拒之之理，此所以有本條第二項之規定也。

第六百七條　賃貸人欲反於賃借人之意思，而爲保存行爲之時，若因此而不能達賃借人所以爲賃借之目的，則賃借人得爲其契約之解除。財一二九・二項

本條乃以賃貸人欲反於賃借人之意而爲修繕，將保護賃借人之權利，所設之規定也。蓋依前條之規定，賃貸人雖有不顧賃借人多少能釀其不便，而決爲修繕之權利，然因此而賃貸借之目的，有歸於泡幻者，則不能不謂法律之保護，獨厚於賃貸人而薄於賃借人矣。故於本條，限於賃借人因修繕而不能達其所以爲賃借之目的時，賃借人爲得爲契約之解除者焉。例如房屋之壁，有破損之一處，若賃貸人欲修繕之，則通常在賃借人，雖不無多少覺有不便之處，然因此而致不能住其房屋，則固甚少。故賃借人依前條第二項之規定，不但不得拒其修繕而已，即因此而被損害，亦不得求其賠償。況得爲契約之解除

乎？雖然，若賃貸人欲改造其房屋之壁之全部時，賃借人當有因此而不能住其房屋者，於此情事，賃借人爲不能達其賃借之目的，故不能不令其得解除契約，以免其支付借賃之義務也。

第六百八條　賃借人若就賃借物出其屬於賃貸人所負擔之必要費，則得對賃貸人而即時請求其償還。

賃借人若出有益費，則賃貸人要於賃貸借終了之時，從第百九十六條之規定，爲其償還。但裁判所得因賃貸人之請求，以相當之期限許與之。財六九・一項、二項、一二六

本條規定賃借人出有費用時，對於賃借人得請求其償還之旨焉。蓋修繕以當由賃貸人爲之爲本則，故若賃借人一時以自己之費用而爲修繕，則得以其償還請求於賃貸人，固也。此在賃借人負擔修繕之一部時，若並爲不屬其負擔之修繕，則亦同之。但其費用若爲過當，則儘正當之額，雖得以之請求於賃貸人，然其殘餘，固爲賃借人之所應負擔，是蓋非必要之費用也。

有益費，亦得以其償還請求於賃貸人，固不待言。惟其與必要費之所異，有三：第一，必要費得請求其全額，然有益費則從賃貸人之選擇，或償還其全額，或償還其由此而增加其物之價之額；第二，必要費雖賃貸借尚在繼續之間，亦得於已出其費用之後，即時請求於賃貸人，然有益費則不然，於賃貸借終了之時，始得請求其償還而已；第三，必要費若由賃借人請求其償還，則賃貸人不得以猶豫爲請，而賃貸人則就此可有留置權，反之而爲有益費，則因賃借人之請求，就其償還，得於裁判所許與以相當之期限。因而賃貸人若請求其物之返還，賃借人固不得留置之。蓋於此點，則其賃借人，當視爲同於留置權者，二九九・二項附有買戾特約之買主，五八三・二項及使用借

主，五九五·二項各項之惡意佔有者也。

第六百九條　以收益爲目的之土地之賃借人，若因不可抗力而得少於借賃之收益，則得請求其借賃之減額，盡減至於其收益之額。但在宅地之賃貸借，則不在此限。財一三一

本條規定賃借人於因不可抗力而得僅少之收益時，請求其借賃減額之權利。蓋借賃爲賃貸借之要素，其事既爲第六百一條之所論，而其額則爲當因契約而定者。故由純理言之，則即使賃借人因荒歉及其他一切之不可抗力，而得何等寡少之收益，或並不得一錢之收益，然所約定之借賃，似猶不得不照付。但在分收之農佃，每年應其收穫之數，以其幾成爲借賃，而納之於地主。故於此情事，則可不見本條之適用矣。雖然，小作人常爲細民，家無儋石之餘蓄，若適遭兇歉，則以僅免飢餓爲幸，往往多乞哀於地主，賴其恩惠而僅得維其生命者。故此而令付約定之借賃，則殘酷已甚，於實際多不可行。或曰：似此情事，賃借人一時乞猶豫其借賃之支付，至豐年而仍爲當辨濟者，似亦可矣，何必竟免除其義務乎？應之曰：全國中各隨其地方，似非無存此習慣之處。然若以之爲一般之規定，則猶多過酷之時。蓋在凶年，賃借人縱得一時猶豫其借賃之支付，然自己及家族之生活費，頗多不能得之者。當此之時，多一時負巨債，而僅免其危急，然則翌年若爲豐收，而前年之借賃，即使之爲當辨濟者，此賃借人儘其前年因生活費而借用之金額，亦尚罕有能爲辨濟者，因而賃借人不無常陷於負債之慘境。兇歉止於一年，猶且有然，況其在遭遇比年不熟之不幸者耶？故一般之規定，則爲遭甚歉之年，必不能不令得爲請求其借賃之減免者。在西洋，亦自古即於賃借人，大抵與以請求減免借賃之權利焉。惟至其減免之程度，不但各國不一其習慣，即同在日本國中，其習慣

亦有種種。而其向來之沿用習慣者，大抵一任德義之宗旨，法律上令賃借人有請求減免之權利，則似無之。然迫於實際之必要，凡遇凶年，必常由賃貸人承諾其減免。惟至其標準，則本不視之爲法律問題，故從時宜而定之。其設一定之標準者，似甚少矣。在本條，則一方力重當事者間之自由契約，自非至不得已，不得以一方之意思左右其效力；又一方則賃借人若陷於不幸，至實際不能付其借賃，則限於其由悲境中救濟之，所有必需之程度，爲得請求其減免借賃者焉。即所謂賃借人因不可抗力而得少於借賃之收益，則得請求借賃之減額，儘減至其收益之額是也。蓋賃借人既爲無餘財者，則非由本年之收益中付其借賃，將終不復能付之，此殆不得不然之事。故賃借人苟得相當於借賃以上之收益，則固不得請求其減免。然若止得少於此之收益，或並全不得其收益，則得請求其盡實際所得收益之額，爲借賃所減之額，或得全然請求其免除焉。夫即如此，賃借人亦尚恐有難得其自已及家族之生活費用者，然此可借一時之債以彌之矣，此即所以保賃貸人也。若不然，賃貸人即遭何等之豐年，不能得其多於約定借賃之額之收益，而稍值凶歉，即忽焉不能不減其借賃之額，則可謂法律之保護，又止厚於賃借人而薄於賃貸人焉，即亦可因以生反於當事者結約當時之意思之結果矣。

以上殆爲專就田畑之小作，所存之習慣。至宅地之賃貸借，則未當聞有如上之習慣焉。此於本條，所以限於以收益爲目的之土地之賃借人，而更設一例外，如但書所云也。

第六百十條　於前條之情事，賃借人若因不可抗力，而引續二年以上，得少於借賃之收益，則得爲契約之解除。財一三一·二項凶歉若止一年，則止用前條所規定，已足保護賃借人。然若其凶歉繼續至二年以上，則因上述之理由，賃借人終不能繼續其賃貸借矣。蓋既以賃借人爲無餘財者，則以一年間收益之全部爲借賃，其支付於賃貸人者已所難堪。若二年以上繼續而負此義務，則終多難免於飢餓矣。故於此情事，先解除其賃貸借，更賃借比此利益較多或比此較爲安全之土地，否則改其職業，蓋舍此無他望也。此在本條，所以於賃借人特認其解除權焉。但本條，止於自始即以超於二年之期間爲契約者，所能見其適用。若在我邦一般所行之契約，乃限以一年者，惟當事者不表示反對之意思，則每年而爲小作。於此情事，初不待本條之適用，賃借人於一年之後，即止其前此之賃貸借，更賃借他土地，或改操他職業，固爲隨意。惟於實際，則賃借人於習慣上，若不繼續其賃貸借，則多應以其旨通知於賃貸人耳。

第六百十一條　賃借物之一部，若不因賃借人之過失而滅失之，則賃借人得應其所滅失部分之分數，請求其借賃之減額。

於前項之情事，若止其餘存之部分，賃借人不能達其所以爲賃借之目的，則賃借人得解除其契約。財一三一・二項、一四六

本條就其因天災而滅失賃借物之一部時爲規定焉。蓋借賃之爲物，本爲使用賃借物之對價，故借賃之額，大抵爲應其賃借物之大小多少，而定之者。若賃借物雖已滅失其一部，而約定之借賃，則爲當付其全部者，是多爲反於當事者契約當時之意思矣。此於本條第一項，所以於賃借人，先與以應其所滅失之物之部分，請求如其成數，以減借賃之額之權利。例如一町步之田地，以年五石之借賃爲借受時，其一反步因震災水害

等，若已崩壞，則賃借人爾後可付四石五斗之借賃。譯者按：日本畝法以十反爲町。但借賃減額之程度，不能必其專依土地廣狹之成數。若依土地之部分而不同其價，則不能不應其價而爲減額。例如在宅地之賃貸借，表坪常貴於裏坪，譯者按：日本地六尺方爲一坪，表坪謂緣市街者，而裏坪則其不緣市街在宅後者也。故於以千坪之地面，月二十圓之地代爲借受者，裏坪即崩壞二百坪，亦不得必請求其減借賃二成之額，即不能定減四圓。假如表坪有二百坪，其借賃爲每坪三分，則裏坪二百坪之相當借賃，乃三圓五角耳。

右之規定，未足爲賃借人充分之保護，何則？賃借人自始即需有一定面積之土地、房屋等，乃貸借之，其事頗爲不尠。於此情事，若滅失其一部，則縱使減其借賃之額，亦有全不能達其契約之目的者。且所滅失之部分，若爲甚大，則止其殘部，不能達契約之目的，其情事尤爲最多。當此之時，賃借人即繼續其契約，亦不能得最初所豫期之利益，故不可不令得速解除其契約。此所以有本條第二項之規定也。參看五六三至五六六

第六百十二條　賃借人非有賃貸人之承諾，則不得讓渡其權利或轉貸其賃借物。

賃借人若反於前項之規定，使第三者爲賃借物之使用或收益，則賃貸人得爲其契約之解除。財六八、一三四、一三五

在本條，所以定賃借人之權利，果得讓渡之與否，或賃借人得以賃借物爲轉貸與否者也。在舊民法，則倣外國多數之例，以許其讓渡及轉貸爲本則。然在新民法，則倣我國多數之慣例，其原則爲不許之者焉。蓋爲物之使用、收益者，自有巧拙，其注意又有精粗之別，故於欲使甲爲使用、收益而賃貸其

物之時，以其權利讓與於乙，或使乙爲其物之使用或收益，在我邦之習慣，多認爲反於當事者之意思者焉。且至於田畑，則尤往往以收穫之一部，供其借賃，故因小作人之勉不勉，才不才，而不同其收穫之額。故於此情事，即在外國，亦多不許其讓渡或轉貸之之例也。

本條之規定，同於本款大多數之規定，許當事者爲反對之契約，所不待言。又當初即無此特約，然方其賃借人欲爲讓渡或轉貸，而特經賃貸人之承諾，則其讓渡或轉貸爲有效，又於本條第一項所可明也。

違反於本條規定之制裁，先在讓渡或轉貸之無效，此不待言。然本條則以此制裁爲未足，更以第二項與賃貸人以契約之解除權焉。是無他，賃借人不得賃貸人之承諾，而欲以其權利讓渡於他人，或欲以賃借物轉貸於他人，一有見端，將來復出於同樣之不法行爲，不能無慮。故賃貸人爲得解除其契約，而令其返還此賃借物者焉。但此制裁，非止因約爲讓渡或轉貸，而即有其適用，必俟賃借人令第三者，實爲其物之使用、收益，始能適用之。蓋若僅爲其契約，則並不爲第三者生何等之權利，故若賃借人實際不令第三者爲其物之使用、收益，則不得謂爲侵及賃貸人之權利者也。

第六百十三條　賃借人若適法而轉貸其賃借物，則轉借人對賃貸人，直接而負義務。於此情事，則不得以借賃之先付，對抗於賃貸人。

前項之規定，不妨賃貸人對於賃借人行使其權利。財一三四・三項、擔一五〇・二項

本條就賃借人適法而轉貸其賃借物之情事，爲規定焉。即就其因其初之特約而得轉貸之權利之情事，或特經賃貸人承諾

之情事，爲規定也。於此情事，則若無本條之規定，賃貸人當專對賃借人而有契約上之權利義務，轉借人則專對於賃借人而有之，此固無容疑者。雖然，果如是，則有時而非無不便。蓋當此時，必多賃借人對於賃貸人而不盡其義務，而轉借人獨對於賃借人履行其義務者。若此，則爲專利益於賃借人，而賃借人則有大被損害之虞矣。而其所有物，則以轉借人爲其使用或收益，而爲當收關於此物之利益者焉。是豈可謂之公平乎？於是本條，乃以對於轉借人之直接權利與賃貸人，即令轉借人對於賃借人，因賃貸借契約所負擔之義務，有應賃貸人之請求，對之而爲其履行之責。例如轉借人當以其借賃付於賃貸人，又轉借人若有己所負擔之修繕，則應賃貸人之請求，不得不爲其修繕，此類是也。但此轉借人之義務，有兩種限制：第一，限於其對賃借人所負義務之範圍；第二，限於賃借人對於賃貸人所負義務之範圍。何則？轉借人既已適法而取得其權利，則不可謂其所負擔之債務，應較多於其因契約所負擔之債務。又賃貸人若乘賃借人適爲轉貸，遂取得其較多於對賃借人所得權利之權利，亦爲無理。例如轉借人應付每月十圓之借賃時，縱在賃借人爲每月應付十二圓，亦可僅付十圓。又轉借人即以十二圓之借賃爲賃借，若賃借人對於賃貸人止應付十圓之借賃，則轉借人亦可付以十圓，而必不能不以其餘二圓，付之於賃借人焉。又轉借人之不引受其一切修繕之負擔者，則即使賃借人有負擔其修繕之全部或一部之情事，亦無復有爲修繕之義務，此類是也。

或曰：縱使無本條之規定，然因第四百二十三條之適用，賃貸人亦得代其賃借人，對於轉借人而促其爲履行債務之事。然猶特設本條之規定者，則果如何？答曰：依第四百二十三條之間接訴權，則賃貸人仍非行自己之權利，故有二不合之點。

第一，由其轉借人所得之者，不得已獨專之，必與爲他債權者之賃借人，不能不共分之。但有三一四之規定，故賃貸人於轉借人所應付借賃之上，有先取特權，而其先取特權爲最有力者，故本文所云，殆止屬於理論而已。惟仍有二處，必需本條之規定：其一，在動産之賃貸借，則不有先取特權；其二，在以果實爲借賃時，則依三三〇・三項之規定，更有力於賃借人之先取特權者不尠。故於此等情事，固皆必有本條之規定焉。第二，轉借人往往有得一事由，可對抗於賃借人者。於此情事，若賃貸人依間接訴權而爲請求，則轉借人固得以其事由而爲對抗。然於依本條之規定而爲請求之時，則其無病於對抗者又有二義：(一)賃貸人以自己之權利，爲請求於轉借人，故由是而得之者，當全歸己之所有，其賃借人，不過能因此而免其債務之全部或一部而已；(二)轉借人不得以其得對抗於賃借人之事由，而爲對抗於賃貸人之事。例如轉借人對於賃借人爲有債權，是固得與其借賃之義務，互爲相殺。然雖有此情事，若受賃貸人之請求，則固不得對抗之是矣。

據以上所述，則賃貸人對於轉借人，直與有直接訴權者無異，然其權利之範圍，決不能脱賃借人所對於轉借人之權利範圍。惟於此有一例外，無他，轉借人不得以借賃之先付，對抗於賃貸人者是也。蓋轉借人若以其借賃，支付於賃借人，則其義務爲消滅，故無更受請求於賃貸人之理。而轉借人若於約定之時期，或習慣上及法律上之時期，以下皆同，宜將次條參看。支付其借賃，則固可適用此原則。然若爲先付，即於約定之時期前，已爲支付，則爲不得以之對抗於賃貸人者焉。是無他，既於本條，以直接訴權與賃貸人矣，轉借人即不得濫以其意思，左右其賃貸人之權利。且先付之情事，往往有因欲加損害於賃貸人，而由賃借人與轉借人通謀以爲之者，故特以之爲不得對抗於賃貸人者也。或曰：似此情事，則賃貸人可依第四百二十四條之規定，而得取消其先付。雖然，通謀之事實，爲實際所極難證明者，故於本條，則斷然塞其詐欺之路焉矣。

本條之規定，不過特以對於轉借人之直接訴權，與其賃貸人，非奪賃借人之權利，以與賃貸人也。故除先付借賃之情事外，賃借人自得對於轉借人而求其履行義務，而轉借人則亦不得拒之而不履行。而至後日，若賃貸人對於轉借人而求其履行義務，則轉借人因已對於賃借人爲其履行，而既免其義務，可即以此答之。此依本條第一項末文之規定，而略略明焉者也，何則？本條第一項之末文，特言不得以借賃之先付，對抗於賃貸人之旨，即暗示其若非先付，則得以借賃之支付，對抗於賃貸人之旨，故也。

本條本爲欲保護賃貸人而設焉者，故非因有本條之規定，而賃貸人遂失其對於賃借人之權利。蓋賃貸人爲信其賃借人，乃以其所有物賃貸之者，故雖有本條之規定，若對於轉借人而止不復爲請求，欲依然對於賃借人爲之，固爲可隨其意者。而若賃借人爲不乏於資力，或住址相近，或特供其擔保，於此情事，則賃貸人爲請求於賃借人，大概比之爲請求於轉借人爲有利。又即使於此等之點，皆無差異，然若轉借人所應支付之借賃，少於賃借人所應支付之借賃，則使由轉借人受取其一部，又由賃借人受取其一部，不免稍涉煩勞。況賃貸人所對於轉借人之權利，當與賃借人之權利，共爲消長。故賃貸人方對於轉借人而爲請求，轉借人則已對於賃借人，已了其有效之履行，此情事當非尠少。此所以有本條第二項之規定也。

本條不過特以權利與賃貸人，而非使之負義務者。故轉借人雖對於賃貸人，負直接之義務，然不得對之而直接行其權利，惟得依第四百二十三條，代行其賃借人之權利而已。

本條專就轉借之情事，爲規定焉。故於讓渡之時，固不得以之爲適用也。是無他，賃借人於得其賃貸人之承諾，其自始即有特約者，則可謂其業已以總括之承諾與之而讓渡其權利之時，則其與此牽連之義務，亦可謂已共讓之者。故不俟本條之規定，而讓受人對於賃貸人，止當與讓渡人負同一之權利。但因特約而讓渡人對於賃貸人，擔保其賃借人所應履行之支付借賃，及其他各義務，其事正多。於此情事，是則可謂賃貸人於對於讓受人之權利以外，其對於讓渡人，猶留保其權利者矣。

第六百十四條　凡借賃，在動產、房屋及宅地，則要於每月之末，在其他之土地，則要於每年之末，付之。但其有收穫之季節者，則要於其季節後，無遲滯而付之。財一三八

本條就借賃之支付時期，爲之規定。蓋借賃之支付時期，通常當以契約定之，若不以契約爲之特定，則大抵有一定之習慣而當從之，此爲最多之事。雖然，在無契約之明文及確實之習慣者，則果當何時付之，此本條之所規定也。

在本條，先分動産、房屋及宅地，與其他之土地。其甲種，以於每月末付其借賃爲原則；其乙種，則爲當於每年末付之者焉。是無他，動産房屋宅地之賃貸借，多在市中行之，其慣習上，最多爲每月當付其借賃者。反之而在宅地以外土地之賃貸借，則多行於田舍間，其借賃年一回支付之，爲實際之最多者故也。而其所以應於月末或年末付之者，無他，借賃爲物之使用之對價，故以先使用然後付之爲通例。故若於使用之前，付其借賃，則甯以爲屬於例外者焉。在房屋之賃貸借，則雖往往有先付一個月分之借賃，爲押租者，然此甯以爲押租，而不得以爲借賃也。

以上雖爲一般之規定，然在本條，則更就土地之賃貸借，其有收穫季節者，設爲特例。蓋於此情事，爲當於其收穫節後，無遲滯而付其借賃者焉。是無他，如田畑等有一定之收穫季節者，則固當以其收穫，付其借賃，故在收穫季節前，無庸

付其借賃，不待言矣。然一旦既了其收穫以後，則在賃借人，或即時付其借賃，或於後付之，通常殆不異其利害，有時卻並有以即時付之爲便者；而在賃貸人，則固必以速受其辨濟爲便。故於習慣上，亦大抵常於收穫季節後，速付其借賃焉。此所以設本條之但書也。例如米之收穫，大抵當了之於十月至十二月，故田地之借賃，當於十一月至十二月付之。至於畑地，則非無多少之疑，然一切收穫皆了之期，大抵當在田地相等之時期，故又以十一月至十二月，爲支付借賃之常例也。

第六百十五條　賃借物若要修繕，或就賃借物有主張其權利者，則賃借人要無遲滯而以之通知於賃貸人。但賃貸人若已知之，則不在此限。財一四二·二項

賃借人負返還之義務，故其結果，當以善良之管理者之注意，保存其物，固已。四〇〇惟負普通保存之義務者，則不得不自爲修繕，而在賃貸借，則以賃貸人負擔之爲本則，故賃借人常無庸自爲修繕之事。雖然，若於物需修繕之時，而放棄之，則將有破損其物之虞，故爲善良管理者之人，縱不自爲其修繕，亦必不能不促之，故賃借人當無遲滯而通知其旨於賃貸人焉。蓋賃借人計自己之利益，即無本條之規定，亦當以促其修繕爲通例。然或因修繕而一時有妨其物之使用，或因賃借人之懶怠，或因賃貸借之已臨終了，則修繕未必爲賃借人之利益，故不無不對於賃貸人而促其修繕者。於此情事，若因怠其修繕而致物有破損，則賃借人對於賃貸人，不得辭其損害賠償之責也。

善良管理人之義務，又於其賃借物，若別有主張權利者，賃借人亦當無遲滯而以之通知於賃貸人焉。蓋賃借人正占有其賃借物，故第三者欲就其物而主張其權利，不行於賃貸人之

前，而行於賃借人之前，其事非尠。於此情事，賃借人若自與其人爲談判，則以賃借人未必悉知賃貸人之權利，不能充分保護其利益，且於必需受理於法廷時，除占有訴權之外，賃借人不能自爲當事者而陳身於法廷。而若荏苒彌久，不無令賃貸人因以生不能回復權利之損害。故於此情事，當無遲滯而通知賃貸人，令速施相當之處置，實不能不謂爲善良管理者當然之義務。此所以有本條第二段之規定也。

第六百十六條　第五百九十四條第一項，第五百九十七條第一項，及第五百九十八條之規定，於賃貸借準用之。財五一、五八至六六、六九・三項、七〇、一二六、一三三、一四一、一四三、一四四

在本條，所以定賃借人之使用、收益權，與返還之義務，及伴此之收去附屬物之權者也。而凡此等之事，無分賃貸借與使用貸借之理，故止於本條，使準用關於使用貸借之規定，即第五百九十四條第一項，第五百九十七條第一項，及第五百九十八條之規定是也。而第五百九十四條之第二項，與第五百九十七條之第二項及第三項，自爲使用貸借之所特別者，故不復準用於此。若夫以五百九十四條第三項之規定，爲是條第一項之制裁，其亦應準用，固所不待言也。

第三款　賃貸借之終了

在本款，於賃貸借規定其特別之終了原因，併就其終了之效力，規定其賃貸借之所特別者焉。而本款所不規定之終了原因，猶爲不少。例如目的物全部滅失之情事，固爲賃貸借終了之一原因，然其不特以明文揭之者，無他，賃貸人負使其賃借人爲物之使用、收益之義務，其物若因天災而滅失，則其義務爲不能履行，故當然爲免其義務者。而在賃貸借，則依第五百三十六條第一項之規定，賃貸人乃反對給付者，即爲不有受借

賃之權利者。但在普通之契約，則債務者固不得以反對給付之全部爲請求。然在賃貸借，則當事者之意思，常對於日日之使用、收益而付其借賃，故賃貸人必得請求其儘賃借物滅失之日之借賃，惟不得請求其將來之借賃耳。然此爲當事者意思之解釋，故若於當事者有異於此之意思，判然明瞭之時，則固當從其意思，所不待論。且在立法論，或尚當置特別之明文，而後可焉。

賃貸借尚當因約定期間之滿了，而爲終了，又當因不履行而解除之，固不待論。其他則通於他契約，亦有普通之終了原因，兹不一一揭出之。

第六百十七條　當事者若不定賃貸借之期間，則各當事者，無論何時得聲明解約。於此情事，則賃貸借於聲明解約之後，因經過左之期間而終了。

一，在土地則一年；

二，在房屋則三個月；

三，在貸席及動産則一日。譯者按：貸席猶言借座，因貸借之本義，不能通用，故仍其原文。

在有收穫季節之土地之賃貸借，則要於季節之後，下次耕作著手之前，聲明其解約。財一四五・一項・五號、一四八、一四九、一五一

本條於當事者不定賃貸借之期間時，定賃貸借之當於何等時期爲終了者也。蓋於此情事，依純理言之，則由當事者之一方，無論何時，得促其物之返還，或爲其返還而即時終了其契約。然賃貸借之爲物，在一方，本因賃借人得爲物之使用、收益，在他一方，則又本因賃貸人得受借賃，故締結之，然則因一方之意思，忽致終了其契約之關係，則其相手方，不無被不慮之損失者。而此之反於當事者當初締結契約時之意思，固亦

不少。此在本條，所以先規定當事者無論何時，得聲明其解約之旨，而猶於此情事，不以賃貸借爲因解約之聲明，即時終了，當更經過相當期間之後，始爲終了者焉。而其期間，則在土地、房屋及動産，各各不同。是無他，依其物之種類，欲更貸與他人，或由他人借受，自有難易故也。在房屋，從東京及其他大都會之習慣，則三個月非不覺其過長。故於政府草案本爲一個月，而衆議院以爲太短，延長之爲三個月焉。至於貸席，理論上雖與房屋之賃貸借，無或相異，然以其易爲貸借，故以其期間爲一日，使僅同於動産也。

在土地，則止有右之期間，猶以爲未足，何則？收穫有期日者，如有未了其收穫之中，終了其賃貸借之事，則實際之不便良多，故必不能不勉令於收穫季節之後，下次耕作著手之前，乃爲終了。因此而並不能不以聲明解約之時期，亦爲需在右之季節後，下次耕作著手之前。蓋賃貸借之終了，當在聲明之後一年故也。

或曰：使用貸借，亦爲以物之使用、收益爲目的者，然此固因貸主之意思，無論何時，得爲終了。五九七・三項惟賃貸借，何以不因解約之聲明而即爲終了乎？是無他，使用貸借爲無償，故既不反其目的，則不得不力保護其貸主之利益。反之而賃貸借則爲有償，故不能不平等保護雙方之利益，是二者之所以異也。且在賃貸借，尚可懸斷其爲無若第五百九十七條之所規定之事者焉。在耕地之使用貸借，則因五九七・二項之適用，借主之未終其收穫以前，不得由貸主請求其土地之返還也。

第六百十八條　當事者即定賃貸借之期間，若其一方或各自，留保其爲解約於期間以内之權利，則準用前條之規定。財一五四

當事者一旦即定賃貸借之期間，然從其便宜，亦有留保其

解約於半途之權利者。例如貸主一旦即以三年之期間，貸與其房屋，然於三年以内，有慮其房屋自有必需使用之故，特留保其解約權者；或借主有慮其必有移居他處之事，而留保其解約權者；又或有雙方共慮其有右述之情事，而各各留保其解約權者。於此等處，當事者若不特定其條件，則立法者推測當事者之意思，從前條之規定，應於相當之期間前，爲解約之聲明焉。蓋因前條所論之理由，當事者之一方，當其爲解約之聲明，若立時即得免其義務，則相手方可有被不慮之損害之情事也。

第六百十九條　賃貸借之期間滿了之後，賃借人若繼續其賃借物之使用或收益，其時賃貸人若知之而不述異議，則推定爲與前賃貸借，以同一之條件，而更爲賃貸借者。但各當事者，得依第六百十七條之規定，而爲解約之聲明。

在前賃貸借，其當事者若供擔保，則其擔保因期間之滿了而消滅，但押租則不在此限。財一四七、一四九至一五一

本條乃所謂默示之再賃貸借也（Tacite reconduction）。蓋賃貸借期間滿了之後，賃借人有依然繼續其物之使用、收益等情，賃貸人若知之而不述異議，則可推定其各當事者，爲皆欲繼續其賃借關係者矣。惟於此情事，果應推定爲有以何等條件爲賃貸借之意思者耶？是雖多少不無可疑，然於大多數之情事，則認定爲安於向來之條件者，可爲最得其當。惟就其期間，若亦以爲當與前賃貸借，更以同一之期間，繼續其賃貸借之關係，則其多數，當爲反於當事者之意思。故於此情事，則以他條件爲悉與前賃貸借相同。惟就期間，則甯推定爲以無定之期間，而爲新賃貸借者，乃依第六百十七條之規定，令各當事者，得於無論何時爲解約之聲明焉。

前賃貸借若有擔保，則其擔保於新賃貸借，亦爲附著者否？曰：此爲不附著於新賃貸借者，何則？擔保乃從於債權，債權消滅之時，必不能不共以消滅，故初之賃貸借若已終了，則於其終了之霎時間，不能不謂其擔保爲已消滅者。即使以同一之條件，立時成立其新賃貸借，亦以此爲自生新債權，故不謂爲前債權之擔保，當然應附著之。且如保證人，尤爲約於一定之期間内，應負義務者，若於其期間終了之後，由前賃貸借所生債務，雖已悉數履行而全爲消滅。然由新賃貸借所生債權，猶以爲當負義務者，則將負當初所爲保證契約之目的以外之義務，其不當固不煩喋喋。又如抵當權、質權等，縱非由第三者供之者，然其涉於他債權者他第三者之權利，爲有莫大之影響，故不能僅因賃貸人與賃借人之意思，而由舊債權移之於新債權，實爲當然之理。惟押租雖亦爲擔保之一種，然此在當事者之意思，若賃借人既不於前賃貸借終了之時，促其返還，即爲依然欲爲新賃貸借，而以之存於賃貸人之手明矣。而此本不過爲賃貸人應支付於賃借人之金錢，故無就此而第三者取得其物權之事，固無論已。且即任何種權利，能取得於其上者，亦當極少。故於本條，則就押租設特別之例外焉。二卷第三百十六條下之説明

第六百二十條　於解除賃貸借之時，則其解除，止向將來生其效力。但當事者之一方若有過失，則不妨對之而請求損害之賠償。財一四五・二項

凡契約解除之效力，既於第五百四十五條定其原則，今欲據之，則解除之效力，對於第三者，雖止發生於將來，然於當事者間，則可遡及既往。然則在賃貸借之解除，有難適用此總則者。無他，以賃貸借爲目的之一方，在繼續爲物之使用、收

益，其他一方，則在定期受取借賃，故若令解除之效力遡及既往，則賃貸人不能不於其所受之借賃，附以利息而返還之，賃借人亦不能不返還其所受取之果實，是不病其過於煩雜乎？更進一步論之，則在解除之通則，固爲不付其物之使用之對價。然在賃貸借，則其物之使用、收益之對價，本爲借賃。故若賃借人自爲物之使用，則縱使不收果實，其於借賃，亦不能不謂爲已收相當之利益。然則賃貸人雖於其所受取之借賃，附以利息而返還之，而賃借人則於其因物之使用所受利益，業已不及償還，此則不能不謂爲最不公平之甚者。雖然，欲評定其使用之對價，而使之償於賃貸人，則非但需甚煩之手續，且動輒有能生不公平之結果之虞。是無他，賃貸借之當事者，在其雙方間，其物之使用、收益之價，恰爲相當於借賃，而其契約，即由此締結焉，蓋不能不作如是觀也。然則在解除之時，賃貸人既附利息於所受取之借賃，而爲返還，賃借人則當受評價所定物之使用之對價。其評價之標準，乃爲實際所收取之果實，或其債額，以及多少不確實之方法，因而將致其所受金額，或多於借賃，或少於借賃。似此，則當事者所一致評定之物之使用、收益之價額，定爲借賃，乃不以爲可據，轉據異於此之標準，别爲其物之使用、收益之評價，是不但反於當事者之意思而已，且於實際，能得不公平之結果，爲最多焉。此於本條，所以特令賃貸借之解除，爲止向將來生其效力者也。在外國，置如此之明文者，其例甚尠。然於實際，必爲同於本條，無可疑者。即在舊民法，亦往往就賃貸借之解除，用終了之字樣，蓋亦暗示此意矣。財一四五・二項

賃貸借一旦解除，既止向將來生其效力，則向來所生之損害，當有疑其亦無庸賠償者。雖然，其損害爲依然存在，故欲將來消滅其損害，則必不能不爲其賠償。故於本條但書，規定

爲當事者之一方若有過失，則固得對之而爲損害賠償之請求也。

本條之規定，乃應適用於一切之解除情事者。如第三百九十五條但書、第六百十七條至六百十九條，及第六百二十一條之情事，固無論矣。其因不履行而解除者，五四一、五四三並其屬於第六百七條、第六百十條、第六百十一條第二項，及第六百十二條第二項之情事者，亦皆爲當適用本條之規定者也。

第六百二十一條　賃借人若受破産之宣告，則於賃貸借雖定有期間，賃貸人或破産管財人，得依第六百十七條之規定，而爲解約之聲明。於此情事，則各當事者，不得對於相手方，請求其賠償因解約所生之損害。舊商九九三

賃借人既爲破産，則賃貸人於將來，常不得受取其借賃之全額。又破産管財人，即以此賃借權存於財團之中，亦多難利用之。故即使全然不付其借賃，在破産財團，仍多無所利於賃貸借關係之繼續焉。此於本條，所以令賃貸借雖定有期間，然賃貸人或破産管財人，仍得爲解約之聲明也。但其賃貸借若立時即爲終了，則相手方當被不慮之損害，故應遵守第六百十七條之豫告期間焉。惟於此情事，乃爲法律特以此解除權，與各當事者，故即使相手方因之而被損害，亦無庸爲其賠償。蓋若令爲應賠償其損害者，則往往有不能利用本條之權利者在也。

第六百二十二條　第六百條之規定，於賃貸借準用之。

本條爲準用關於使用貸借之第六百條條文者。蓋損害之賠償及費用之償還，當由貸借物返還之時，一年内請求之也。

第八節　雇　傭

雇傭(Locatio operarum，louage de services，Dienstvertrag)與請負者，勤勞之賃貸借也。此已於前文備論之。而雇傭則以勤勞之本物爲目的，請負則以勤勞之結果爲目的，此其差異之所在也。夫古來如教師、醫師、辯護士等，其勤勞有無形之價值，不得以金錢爲之估計，故多以爲不得爲契約之目的者。此説之不足，取既如前論，三九九故於新民法，則此等勤勞之賃貸借，亦以之爲雇傭焉。因而本節之規定，亦爲當適用於此者。

第六百二十三條　凡雇傭，因當事者之一方，對於相手方約爲服其勞務之事，相手方則約以其報酬與之，而生其效力。取二六〇・一項、二六五、二六六

本條乃揭雇傭之定義，併定其成立之時期者也。因此而所生雇傭之性質如下：

第一　諾成契約

雇傭與物之賃貸借，同爲諾成契約。此事爲羅馬法以來，人所共信。故若有雙方合致之意思，則勞務者對於使用者，當負服其勞役之義務，使用者對於勞務者，當負與以報酬之義務。

第二　有償契約

是亦與物之賃貸借，所同其性質者，所以有勤勞之賃貸借之名也。但此報酬，不必限於金錢，且無庸於定期與之，所不待論。故以一定之金額，支付於一時，而令相手方服某勞務，固爲雇傭，即以勞務易勞務，亦雇傭也。故如技術師教人以其技術，而同時即以相手方之勞務供自己之利益，亦爲雇傭。即如商工業學習契約，亦爲雇傭之一種，無可疑者。六二六・一項但書在舊民法，固爲之特設規定，然在新民法，則除第六百二十六條有一特別規定之外，爲應悉從雇傭之通則者，不别爲之

規定焉。或問：於以勞務易勞務之時，孰爲使用者，孰爲勞務者，是固爲事實問題，難示一定之標準。然於學習契約，則學習者爲從師匠之命，而服勞務者，故師匠爲使用者，學習者爲勞務者，此事蓋不容疑。惟如甲以教乙英語，乙以教甲法語，互爲報酬之時，其孰爲使用者，孰爲勞務者，極爲難定。惟能以當事者間之爲主者，爲以雇傭爲目的之勞務，而以其他爲報酬而已。且於此等情事，則因當事者之特別意思，多有難以本節之規定，爲必適於用者焉。

第三　雙務契約

此亦與物之賃貸借同，一方負服其勞務之義務，他一方負與以報酬之義務，故其爲雙務契約，炳然如觀火也。

第六百二十四條　勞務者，非終其所約之勞務以後，不得以報酬爲請求。

以期間定其報酬，則於經過其期間之後，得請求之。

本條蓋定勞務者所得請求其報酬之時期者也。蓋雇傭之結果，爲雙務契約，若無本條之規定，則依第五百三十三條之通則，勞務者得曰，非使用者提供其報酬，則不服其勞務；使用者亦得曰，非勞務者提供其勞務，則不與以報酬。然此爲反於當事者普通之意思，所不待言。而據普通之習慣，則勞務者常先服勞務，然後請求其報酬，此所以設本條第一項之規定也。

雖然，雇傭有繼續於某時期之間，而於其間，當定期付以報酬者。於此情事，則當事者以各期之報酬，應合其每一期之勞務，固不容疑。故了其各期之勞務以後，得即時請求其期之報酬焉。二項例如每月當付給料之婢僕，得於每月末請求其月之給料，或於每月初請求其前月之給料，以若干報酬所雇人之雇人，以當於每年末受其報酬爲本則是也。但在我邦，則縱以年定其報酬之額，其支付亦於每月末爲之者不少，即在西洋，亦以每三個月一付爲最多之例。此等情事，總當從當事者之意思，或當事者意思所應認之習慣，蓋無論已。本條則不過於當事者之意思有不明時，爲應適用之通則耳。

第六百二十五條　使用者非有勞務者之承諾，則不得以其權利讓渡於第三者。

勞務者非有使用者之承諾，則不得令第三者代自己而服勞務。

勞務者若反於前項之規定，而使第三者服其勞務，則使用者得爲契約之解除。

本條蓋定由雇傭所生之債權，能否讓渡於他人，或託他人爲其履行者也。蓋雇傭之爲物，常著眼於當事者之身上而締結之，故欲令甲服其勞務之契約，必非可令乙服其勞務之契約；以甲之勞務爲目的之契約，必非以乙之勞務爲目的之契約。故若欲令乙代甲，以乙之勞務代甲之勞務，則契約之目的爲全異，必不得爲履行其當初之契約。故在雇傭契約而中易其人，則於契約之要素，爲有錯誤，而其雇傭爲不得成立者焉。九五

因以上之理由，在本條乃生二義。第一，使用者非有勞務者之承諾，則不得以其權利讓渡於第三者。而勞務者若於當初即以此承諾與之，則是異於普通之雇傭，當視其契約之目的，爲不在於定服某人之勞務，而在於對任何人，皆可服此一定之勞務者。若至後日而始得勞務者之承諾，則因其情事，可視爲當初契約之解釋上，不必定以服某人之勞務爲目的者，或可視爲因債權者與目的之變更而有更改者焉。第二，勞務者非有使用者之承諾，則不得令第三者服其勞務。而若當初即有使用者之承諾，則其雇傭之目的，當視爲不在某之勞務。雖無論何人

之勞務，惟以有一定之性質之勞務爲已足焉。若至後日而始有承諾，則與前之情事同。因其情事，或可視爲契約之解釋上，不必以其人之勞務爲目的者，或可視爲因債務者與目的之變更而更改者。且此更改，多爲即時履行，即多爲所謂代物辨濟者是也。四八二

第三項乃定第二項之制裁者也。故若勞務者不得使用者之承諾，而使第三者服其勞務，則使用者得爲契約之解除焉。是蓋雖非純然之不履行其契約，而其事情則爲酷似，無煩喋喋。故倣第五百九十四條第三項。第六百十二條第二項等之例，認使用者之解除權也。蓋於此情事，不但現在第三者之勞務，多不能如勞務者之勞務，與使用者以同一之利益，且於將來，似此之勞務者，動輒可使他人以代自己，尤有能害使用者利益之虞也。

或問本條雖定第二項之制裁，然未定第一項之制裁，其理由如何？則應之曰：第一項爲專定使用者不得以其權利，讓渡於第三者，故若使用者反此規定，而讓渡其權利。要其讓渡，法律上全爲無效，其權利決不移轉於第三者，勞務者可依然對於使用者而服其勞務，故無庸爲他制裁也。

第六百二十六條　雇傭之期間若超過五年，或應繼續於當事者之一方或第三者之終身間，則當事者之一方，於經過五年之後，無論何時，得爲契約之解除。但此期間就商工業學習者之雇傭，則爲十年。

依前項之規定，而欲爲契約之解除，要於三個月前，爲其豫告。取二六一、二六八，舊商五九·二項，五年十月二日告二九五號

本條以下，蓋揭關於雇傭終了之規定者也。夫雇傭之終了，通常當以契約所定之期間，因其滿了爲終了。惟此期間若

失之太長，則束縛當事者之自由，因人之品位上及經濟上之理由，不得不認爲反於公益者。故於本條，則其期間若超過五年，或應繼續於當事者之一方或第三者之終身間，則當事者之一方，於經過五年之後，爲無論何時，得爲契約之解除者焉。惟商工業學習之契約，向來之習慣上，涉於十年者不少，故此種之雇傭，十年之内，爲不得解除之者。明治五年以來，雖限之以七年，然似仍其舊慣多有十年以上，繼續其學習者。

右之規定爲本於公益，既如所述，故超過五年或以終身爲期之雇傭，自始即爲無效。或經過五年之時，當爲當然終了者，似也。雖然，是卻於實際上能爲不便，何則？所以有本條之規定者，無他，如上所言之契約，爲束縛當事者之自由，不但有傷人之品位，且受似此之束縛者之勞務，比於其自由之時所得爲之勞務，當爲較劣。又其雇主，亦於受束縛而使用其人之時，則不得令其爲充分之勞務，因而在經濟上爲不利益故也。然雖經過五年之後，若當事者之雙方，共以其雇傭契約爲便，而不欲解除之，則此蓋當事者以其契約爲有利益，而任意遵守之者，故毫無傷其品位，又於經濟上亦無所謂不利益。且如婢僕，則多年雇用，殆可視爲家族，至其時而無論在雇主，在婢僕，多有均以其雇傭契約爲有利者，若强以法律解除之，則非但反於當事者之希望，卻並有可爲反於公益者焉。故於本條，縱使經過五年，亦不以其契約爲當然應解除者。惟以爲當事者之一方，無論何時，爲得解除之者耳。以此之故，苟至以其契約爲不便，則即與以立時得免其束縛之便，蓋止此固已足矣。

從右之規定，當事者之一方，即於經過五年之後，爲契約解除之時，若令得突然爲其解除，則相手方之不利益，實爲非尠。故於本條第二項，設三個月之豫告期間，凡表示其解除之意思之後，非經三個月，固不爲終了其雇傭者也。

第六百二十七條　當事者若不定其雇傭之期間，則各當事者，無論何時，得爲解約之聲明。於此情事，雇傭因解約聲明後經過二週間，而爲終了。

在以期間而定報酬之時，則解約之聲明，得對於次期以後爲之。但其聲明，要於當期之前半爲之。

在以六個月之期間而定報酬之時，則前項之聲明，要於三個月前爲之。取二六〇・二項，舊商五九・一項。

本條就當事者不定雇傭期間時，爲規定焉。於此情事，可知當事者非必欲永久繼續其雇傭關係，抑即法律而論，則固不許其有如此之意思矣。故各當事者，爲無論何時得爲解約者焉。但即此情事若許其突然解約，則相手方固亦能被其不利益，故亦定相當之豫告期間。惟其期間，則隨其情事而不同耳。

第一，不以定期付其報酬者，或一總付其報酬，或即分數次，而並不依一定之期間，以與其一定之報酬。凡此情事，其豫告期間爲二週間。

第二，以期間定其報酬者，即應以每日、每月、每三月、每六月、每年等，支付其若干之報酬。於此情事，則其解約，要先於一定之時期以前爲之，即不得於期間之半途，爲此解約，必於一期完了之後焉。而其豫告期間，則要於一期之半。例如定爲每月報酬若干者，則有二種限制：(一)不得於一月之半途爲解約；(二)不得不於應爲解約之月之前月，前半月爲解約之聲明，即大月儘十六日正午，小月儘十五日，而二月分則平年儘十四日，閏年儘十五正午，是也。譯者按：此指陽曆而言，陽曆之大月爲三十一日，小月爲三十日，而每年之二月分則平年爲二十八日，閏年爲二十九日也。但以超過六個月之期間而定報酬者，例如定爲每年報酬若干者，則無庸必於其一期之前半，對於次期以後，爲解約之聲明，以爲之於三個月以前，即爲已足。是無他，既於前條定爲超於五年之期間者，猶止以三個月之豫告期間爲已足，故如本條之情事，當事者既不定其期間，則其豫告期間，亦可爲無庸更長於三個月者，以與前條保其權衡也。且於多數之場所，其豫告期間，有較短於前條所定者，此爲大有理由之事。在前條之情事，當事者本欲特繼續其長期間之雇傭，故以一方之意思而終了之，固必需特長其豫告之期間矣。

第六百二十八條　當事者雖已定其雇傭之期間，然若有不得已之事由，則各當事者得即時爲契約之解除。但其事由，若因當事者一方之過失而生，則對於相手方而任損害賠償之責。

取二六二、二六三，舊商六一、六三、六四

本條蓋不問當事者曾否定雇傭之期間，又不論其期間是否超於五年，凡有不得已之事由，則各當事者得不守豫告期間，而即爲契約之解除者也。是蓋在一方，則重勞務者之自由，以保其品位，務使之爲經濟上最有利益之勞務；而在他一方，則務令使用者利用其尤爲有益之勞務者之勞務。所謂不得已之事由云者，固爲事實問題。然今試舉一二之例，如雇人罹父母之病時，因别無爲之看護者，欲解除其雇傭契約而歸其所居，以看護其父母；又如勞務者罹病於數日月之間，不能供其勞務時，使用者欲解除其雇傭契約，以他人代之是也。於此等情事，則爲實不得已而解除其契約者，故縱於相手方有所損害，亦以無庸賠償爲原則。惟其事由，若因當事者一方之過失而生，則對於相手方不得不任損害賠償之責焉。例如雇人即以罹病而爲雇傭之解除時，若其病之原因，在放蕩暴飲暴食等，則是因自己之過失而生病者，故對於雇主不能不爲相當之賠償。又雇人縱因罹病而由雇主爲契約之解除時，若其病因雇主與以不良之飲食，或於不健康之場所，使服勞務而生，則是因雇主之過失而生病者，故雇主對於雇人不能不付以損害賠償是也。

第六百二十九條　雇傭之期間滿了以後，於勞務者引續服其勞務之時，使用者若知之而不述異議，則推定爲以與前雇傭同一之條件，更爲雇傭者。但各當事者得依第六百二十七條之規定，爲解約之聲明。

前僱傭之當事者，若供擔保，則其擔保，因期間之滿了而消滅。但身元保證金則不在此限。譯者按：身元保證金，乃關於人之本身之押信也。吾國於押信之款項，如租賃之押信，謂之押租，又名頂首。人身之押信，依習慣語，凡商店學習之生徒，有先供一押信之款者，謂之押櫃。以從前之商店恒有櫃臺，故得此名。今既不能通用之於各種雇傭，則舊無專名，止可仍其原名詞而已。

本條乃與關於賃貸借之第六百十九條，全然同其精神者也，蓋即以勞務爲默示之再賃貸借之情事。惟於賃貸借，則知賃借人之繼續其使用、收益，而賃貸人不述異議時，爲有默示之再賃貸借。而於雇傭之時，則爲知勞務者之繼續其勞務，而使用者不述異議時，爲有默示之再賃貸借。夫勞務者爲勞務之賃貸人，則與賃貸借之賃借人，地位相反，是雖驟見之不無奇異。然在賃貸借，則其契約關係，因賃借人爲物之使用、收益而見之；在雇傭，則其契約關係，因勞務者服一定之勞務而見之，故異而實同。而其前者，則有押租之規定，即賃借人以擔保供於賃借人之規定。今則有爲勞務之賃貸人之勞務者，所供擔保之規定，即身元保證金之規定。是無他，賃借人動輒有不付借賃之虞，勞務者亦動輒有消費使用者之財産，或其他因其過失，而加損害於使用者之虞。至於賃借人則本占有其物，故賃借人之於物之使用、收益，不盡其義務者蓋尠。又使用者以大概言之，恒爲比於勞務者爲不乏於財産者，故其不付報酬之事亦尠也。

第六百三十條　第六百二十條之規定，於雇傭準用之。

雇傭關係，亦如賃貸借關係，否則竟得謂爲勞務之賃貸借關係，其爲甚複雜之事，有不待言。故方其爲此解除，若以其效力遡及既往，則其不便之非細，蓋不俟多辨而自明矣。故於本條，準用第六百二十條之規定，雇傭之解除，亦如賃貸借之解除，爲應止向將來生其效力者焉。

第六百三十一條　使用者若受破産之宣告，則雖於雇傭定有期間，勞務者或破産管財人，亦得依第六百二十七條之規定，而爲解約之聲明。於此情事，各當事者對於相手方，不得請求其因解約所生損害之賠償。舊商九九三

本條亦爲與關於賃貸借之第六百二十一條，全然同其精神者。若於第六百二十一條，不引用第六百十七條之規定，則此處直得準用之。故本條之説明，讓之第六百二十一條之説明，兹不復贅。

第九節　請　負

請負(Locatio operis faciendi，louage d'ouvrage，werkvertrag)之文字，無論在日本，在西洋，均非必有一定之意義。而在日本，則向來似多謂用一定之報酬，以完成其業務爲目的者。此定義即爲舊民法之所採用，而在外國，亦採用此義者不尠。然在新民法，則擴張其意義，縱不約以豫定之酬報，完成其業務，苟以業務之結果爲目的，約爲對於此而應付其報酬，

則皆爲有所請負者焉。蓋法律之規定，無因報酬之確然豫定與否，而遂有歧異之理由也。

第六百三十二條　凡請負，因當事者之一方，約爲完成其某業務，相手方則約爲對於其業務之結果，乃與之以報酬，而生其效力。取二七五

本條蓋揭請負之定義，併定其成立之時期者也。依本條所生請負之性質如下：

第一　諾成契約

是亦與雇傭賃貸借等無異，信其無庸説明。

第二　有償契約

是亦與雇傭賃貸借等無異，信其無庸説明。

第三　雙務契約

是雖亦與雇傭無異，惟雇傭則一方約服其勞務，他一方約與以報酬，因而成立，而請負則不以勞務之本物爲目的，乃對於其結果而約爲與以報酬者，此爲兩者之所以異，既如所述矣。例如婢僕奉雇主之命而爲勞衝，則爲雇傭無疑，然如請負師請負其房屋之建築時，則其爲請負亦無庸疑也。惟依其情事，果爲雇傭，抑爲請負，亦非無難於分别者。例如運送契約，即非無疑其或爲雇傭之事。何則？運送人乃奉送貨人之命，而爲運送者也。雖然，余則不疑其爲請負。蓋運送契約，固非僅以行船走車爲目的，乃以令其貨物，由一定之地到達於他一定之地，爲其目的，故其契約之目的，在使貨物達於到達地者也。而更就其最可疑者言之，則如雇人力車是已。於此情事，則據余所信，若其約爲由甲地至乙地，或由甲地經乙地而至丙地者，則爲請負。若其約僅爲應乘客之命，隨其所欲而行之者，則爲雇傭。其他可類推矣。

請負有與賣買相混者，依法律或學説，請負人於供其業務之材料時，是非真請負，但爲賣買，在舊民法即如是。新民法則不取此説，而專從當事者之意思。當事者之意思，苟在本條之所規定，則不問其業務爲有材料與否，亦無論其材料由當事者之何人供之，亦偶有由第三者供其材料者皆爲請負。而余則信此爲最當。蓋賣買之爲物，乃僅由賣主以移轉其權利於買主爲目的者，反之而爲請負，則爲請負人以欲爲下定人完成其業務爲目的者也。故依其業務之性質，雖有應由請負人供其材料之時，然下定人決非以取得其材料之所有權爲目的，乃以由請負人以此施之於業務，然後引渡於自己，爲其目的者也。例如制靴師方令其制靴，皮及其他一切材料，雖常由制靴師供之，然下定人決非以取得其皮及其他之所有權爲目的，惟以令制靴師能制適合於自己之足之靴爲目的者也，故其契約，非賣買而爲請負。但依其情事，則亦非無難判别其性質之果何屬者。例如由陸軍省，以有一定之品質、形狀、大小等之靴若干足，下定於制靴師時，則與其另以一定之條件而使制靴爲目的，甯以爲欲取得其具一定條件之靴之所有權者，故此非請負而爲負賣買。然於實際，則於此一事與前一事，欲有别焉，多極爲不易。惟在執法家探究當事者之意思，而決其問題，此外蓋無他道矣。

第六百三十三條　報酬要與業務之目的物之引渡，同時與之，但若無庸爲物之引渡者，則準用第六百二十四條第一項之規定。

本條蓋定報酬之支付時期者也。蓋請負爲應對於業務之結果而與以報酬者，故非業務完成之後，則不得請求之，固所不待言矣。惟在業務之需引渡其目的物時，此蓋爲最多之情事則僅止完成其業務，未得爲可以報酬爲請求者，必需實以此爲引渡焉。蓋請負之目的，其原則雖僅在業務之完成，然其業務，爲有目的物時，則非引渡之，未可謂履行之盡了。故即依第五百三十三條之適用，請負人亦非於引渡其目的物之同時，不得以報酬爲請。若引渡以前而滅失其物，則依第五百三十六條之適用，固不得復以報酬爲請求也。

其無庸爲物之引渡時，即如在以人之運送爲目的之契約，以房屋之修繕爲目的之契約等，"則不得適用右之規定，而於此情事，請負人究以何時而可謂爲履行之既了，則惟其了此運送、了此修繕等"時是已。故於其時，則準用關於雇傭之第六百二十四條第一項之規定，於了其運送、修繕等事之時，即爲得請求其報酬者焉。

第六百三十四條　業務之目的物若有瑕疵，則下定人對於請負人，得定相當之期限，而請求其爲瑕疵之補修。但於瑕疵之不爲重要時，其補修若需過分之費用，則不在此限。下定人得代其瑕疵之修補，或與其修補相並，而爲損害賠償之請求，於此情事，則準用第五百三十三條之規定。取二七八・一項

本條以下至第六百四十條，悉爲擔保其業務之瑕疵之規定，而本條則定其原則者也。蓋請負之目的，在完成其一定之業務，故其業務若爲有瑕疵，則是爲未了其履行者。故於本條，先令請負人爲當應下定人之請求，而修補其瑕疵者焉。其爲修補，則必若干之時日，故於此情事，下定人當定相當之期限，而請求其修補。惟其所定期限之果爲相當與否，若有爭論，則必需由裁判所決之。

依右之原則，則修補雖何等困難，雖需何等多額之費用，似亦不得不爲之。然此於經濟上爲不利益，即爲請負人計，亦可謂失之太酷。故於本條第一項但書，其瑕疵之不爲重要者，

而修補則需過分之費用，則以爲無庸爲之者焉。例如煉瓦所造之房屋，其中有一枚煉瓦，與他煉瓦異其品質，是固不可謂非瑕疵矣，然其瑕疵不爲重要，而苟爲修補，則往往不能不拆毁房屋之全部。故於此情事，爲無庸修補其瑕疵者焉。又例如織物中有些細之織疵，欲修補之，則有不能不全然重織者，故此亦無庸修補者也。

請負人僅負修補之義務，亦未得爲已足。蓋雖修補其瑕疵，然或其物不得復爲完全，或以修補之故，有需時日，因有損害加於下定人，皆難免之事。且依本條第一項但書之規定，於無庸修補之時，若即令其請負人爲不負何等之義務，則其爲不當，實無甚於此。故於本條第二項，以請負人爲負損害賠償之責者焉。且雖瑕疵之應修補者，若下定人不欲之，而甯爲損害賠償之請求，則請負不得强爲修補。例如下定時約明以無節之板，冪其屋底，請負人若改用有節之板，則下定人固得令其以無節之板重冪。然若下定人不要求重冪，僅請求其因此所生之損害，即請求其以無節之板冪屋，與用有節之板之差額，斯時請負人不得拒不支付。此亦本條第二項之所規定也。

凡請負人於應付損害賠償之時，若尚未受取其報酬，則準用第五百三十三條，雙方爲同時當履行其義務者，即其實際爲當於報酬之中，除去損害賠償，而以其餘額付請負人。蓋五百三十三條之規定，乃由雙務契約所生雙務之義務，故特以明文，令於本條之情事，準用之焉。至其精神，則與第五百三十三條毫無所異，專以公平爲本旨而已。

本條以下，常豫想爲有瑕疵於業務之目的物者。是無他，在業務之無目的物時，縱有瑕疵，終亦無從修補，故不適用本條以下之規定。僅得從一般之規定，請求其賠償或解除耳。四一五至四二二、五四一至五四七

第六百三十五條　業務之目的物爲有瑕疵，因此而不能達其所以爲契約之目的，則下定人得爲契約之解除。但在建築物及其他土地之工作物，則不在此限。取二七八・一項

依前條之規定，下定人對於請負人，雖有求其修補瑕疵及賠償損害之權，然止藉前條之規定，往往有未足受充分之保護者，何則？或其所修補之物，終不能爲其始所豫期之用，或因修補需莫大之時日，遂不能達下定人之目的，皆爲可有之事。例如使裁縫師裁縫上等之衣類，裁縫師若誤將其最易見之一處割裂，則縫合之而雖非全不爲用，然下定人不能以之爲上等之衣類而著用之。設欲更以同一之衣料，造成此服，而其衣料有不可復得者。於此情事，下定人當得解除其契約。又例如同上之情事，雖得更以同一之衣料，造成衣服，然下定人若欲於一定之時期，用此衣服，則縱使更爲裁縫，有不能儘其時期而了此者。於此情事，則下定人亦得爲契約之解除也。

右之規定，乃依第五百四十一條之原則，惟不必定需催告，故爲得立時爲解除者，此其差耳。故此規定，無論何等處所，皆適用之。雖然，在請負之以建築物及其他土地之工作物爲目的者，若爲契約之解除，則請負人不得不承受其所不用之建築物及其他工作物。而其土地，則爲下定人之所有，或其所借受之土地，故請負人不得不撤除其建築物或其他工作物，是不但爲請負人釀莫大之損失，即由國家之經濟上論之，亦甚爲不利。且依建築物之構造，及其他工作物之性質，若撤除之，其價往往有什僅減爲一者。故於本條但書，此等情事，不許爲契約之解除焉。故從前條之規定，止得請求其修補與賠償而已。

第六百三十六條　前二條之規定，其業務目的物之瑕疵，

若因下定人所供材料之性質，或因下定人所與之指授而生焉者，則不適用之。但請負人若知其材料或指授爲不適當，而不告之，則不在此限。取二八一·三項

前二條之規定，乃以請負不爲完全業務之過失，而使之負其責任者也。故請負人若無過失，則固不能責之。惟然而業務目的物之瑕疵，若因下定人所供材料之性質，或下定人所與之指授而生，則請負人爲無毫末之過失，故不使之任責，固不得不謂爲至當。例如建築房屋之請負下定人，供其一切之材料，因其黏嵌之品質不良，地震之際，忽然崩壞，請負人可不負其責，固不待言。又例如同一之情事，下定人若命請負人用此不良之黏嵌，則請負人亦爲不任其責者。但雖此等情事，若請負人知其材料或指授之爲不適當而不以告之下定人，則亦不得不任其責。是蓋下定人於其業務，常不能有必要之知識，故果用何等之材料，從何等之計畫，則能生瑕疵，未必詳悉。反之而在請負人，則以熟於此等之事，而可知其材料或指授之爲不適當，乃默從下定人之命，不以其不適當之故相告，則固可認其請負人之爲有過失矣。

第六百三十七條　前三條所定之修補瑕疵或賠償損害之請求，及契約之解除，要由引渡其業務之目的物時，一年以内爲之。

於無庸引渡其業務目的物之時，則前項之期間，由業務終了之時起算之。取九九、二七八·二項、三項。

瑕疵之修補，損害之賠償，及契約之解除，若不速請求之，則不但就其瑕疵之有無大小性質等，將極難舉其確證，而惹起不明之訴訟，大有可虞。且於履行契約之後，經甚長之歲月而受其請求者，不自覺其於意外之時，受意外之請求，更有

虞其人之經濟上位置，忽被攪亂者。故此等權利，要於極短之期行使之，即本條之所以於契約履行後之一年内，當爲其請求也。惟以何時爲履行之時，則與第六百三十三條同。其應引渡業務之目的物者，則爲其引渡之時，其無庸引渡業務之目的物者，則爲業務終了之時焉耳。

第六百三十八條　土地工作物之請負人，就其工作物或地盤之瑕疵，則於引渡之後，五年間任其擔保之責。但此期間，就石造、土造、煉瓦造，或金屬造之工作物，則爲十年。

工作物若因前項之瑕疵而滅失或毁損，則下定人要由其滅失或毁損之時，於一年内行使其第六百三十四條之權利。

取二七九、二八〇

本條爲關於土地工作物之特例，先以土地工作物之請負人，就其工作物或地盤之瑕疵，爲當於引渡之後五年間，任其擔保之責者焉，是爲對於前條規定之例外。蓋土地之工作物或地盤，其瑕疵爲不易於發見，多至於因其瑕疵而滅失或毁損其工作物，乃始發見其瑕疵。故僅僅一年之後，請負人即爲不負其責者，則請負人殆可謂無責任矣，故以其責任期間爲五年焉。但此期間，在木造家屋或其他之工作物，則固可矣。然在石造、土造、煉瓦造，或金屬造之工作物，則其發見瑕疵，尤爲加倍困難，故以五年爲未足，特延長之於十年焉。以上雖爲關於土地工作物之原則，然亦不能無例外。無他，工作物若因瑕疵而滅失或毁損，則其實有瑕疵，最爲明白，故即以下定人爲應立時爲擔保之請求者，亦無不可。故於此情事，則由其滅失或毁損之時，爲當於一年内行使其第六百三十四條之權利者焉。但此規定，乃應行於本條第一項期間之範圍以内，故若已經過第一項之期間，則縱未在第二項之期間内，亦不得復爲擔保之請求。例如木造之工作物，若於引渡後四年十一個月，因瑕疵而工作物滅失或毁損焉，則下定人必於一個月内，爲擔保之請求。不然，則縱使在滅失或毁損之時之後一年以内，亦不得復行使其第六百三十四條之權利矣。

第六百三十九條　第六百三十七條及前條第一項之期間限，於普通之時效期間内，得以契約伸長之。

前二條之規定，乃所以定權利之行使期間者，其性質頗類於時效，因公益上之理由而設之，蓋不容疑。故從一般之原則，則雖以特約定爲不從前二條之規定，亦不得不以之爲無效，而前條第二項之規定，則又實爲不得不如此者。然前條第一項及第六百三十七條之規定，乃專爲保護請負人而設，故若經當事者之雙方協議，以爲可有較此更長之期間之擔保責任，則亦隨其意。夫依業務之性質，有必需特爲長期之擔保者，例如時計，有保證其數十年間，機械並不損傷之事，而下定人則以其有保證爲便，因有付其加倍多額之報酬，而欲得其保證者，此實爲正當之希望，固無庸必以法律妨之。惟其期間若失之太長，殆將漫無限制，則當與所以設一般時效之同一理由，可因而有公益上之弊害。故於本條，則限於普通之時效期間内，爲得伸長之者焉。而普通之時效，在債權則爲十年，一六七・一項故於前條第一項但書之情事，雖不得延長其法定期間，然於右之本文之情事，則當得於五年間延長之；於第六百三十七條之情事，則當得於九年間延長之。其初政府原案，普通之時效，悉定爲二十年，故即於前條第一項但書之情事，亦有本條之適用。然今則遭衆議院之修正，而爲如上所述者矣。

前二條之期間，雖類於時效，然非真時效，故不得適用時效規定中之尤特殊者，若中斷停止等之規定，皆非所適用也。

第六百四十條　請負人雖以不負第六百三十四條，及第六百三十五條擔保責任之旨，定爲特約，然就其知而不告之事實，則亦不得免其責。

本條爲與第五百七十二條，同其精神者焉。蓋第六百三十四條，及第六百三十五條所定擔保之責任，爲認其下定人當然之權利者。雖然，凡權利，得拋棄其全部或一部，故下定人與請負人爲特約，或以爲所負責任，當與法律所定之責任相異，且當負其較輕之責任。似此定之可也，或即令其全不負擔保之責任，亦無不可也。雖然，契約之當事者，若以特約就自己之惡意，而使無責任，則反於公之秩序而爲不法。故凡惡意，則當事者必不得不負其責任，於是爲無擔保之特約之請負人，若隱秘其所有能生責任之事實，而不以之告下定人，則不得爲免其責任者焉。例如煉瓦造之房屋，當以黏料涂附於各個煉瓦相切之部分之全面，爲當然矣，乃以其僅僅塗附於四方之緣邊，於地震之時，明知其必忽然崩壞，然請負人並不以此告之下定人，此即已爲無擔保之特約，然若不出十年而下定人發見其瑕疵，則請負人爲不得辭其責。又例如雖知時計之機械中，有不足之物，到底不能完全運轉，乃不以之告下定人，而結無擔保之特約，則請負亦不得免其責是也。

第六百四十一條　請負人未完成其業務之間，下定人無論何時得賠償其損害，而爲契約之解除。取二八二

本條及次條，乃關請負契約之解除之規定，而本條則就其因下定人之意思而解除者，爲規定焉。依一般之原則言之，則請負契約，亦因當事者雙方之一致而成立者，故不能以一方之意思，滅卻其效力，固有所不待言。而請負人則縱於履行其契約，有何等之不利，亦不得不履行之。惟下定人則以本條之規

定，爲有無論何時，解除其契約之權利者焉。是無他，爲請負契約之目的之業務，乃專爲下定人之利益而爲之者，故若下定人而不欲之，則請負人縱加莫大之費用與勞力而完成之，在下定人亦不爲何等之效用，或雖多少非無效用，亦終不能達下定人其初所豫期之目的。而其業務之效用，乃多應止在下定人，故有不能讓於他人者，或即讓之，在他人之不爲何等效用，或比於在下定人，其效用爲更少，此爲常事。故於此時，必令完成其業務，實於國家之經濟上爲不利益，故甯中止其業務，而可免其將來，不至徒費其費用與勞力焉。此所以於業務未完成之間，以無論何時，可賠償其損害而解除其契約之權，與下定人也，而請負人則能得損害之賠償，亦非有被其損失之事。故本條之規定，亦非必爲偏愛於下定人。例如房屋之請負人，僅砌成平地之時，若由下定人解除其契約，則請負人得對於下定人請求二事：第一，平地之費用；第二，請負人由因此工事所可得之利益之中，扣除其請負人將來引受他工事所得受之利益，且請負人若已買入石材、木材等，則因其不得不更賣卻之，於其因賣卻之所需費用，及賣卻之代價所應低於買入之代價等情，其差額亦爲損害之賠償，皆爲所得請求於下定人者。

第六百四十二條　下定人若受破産之宣告，則請負人或破産管財人，得爲契約之解除。

於此情事，則請負人就其所既爲之業務之報酬，及其報酬中所不包含之費用，得加入財團之攤配。

於前項之情事，則各當事者對於相手方，不得請求其因解約而生損害之賠償。舊商九九三

本條蓋與關於賃貸借之第六百二十一條，及關於雇傭之第六百三十一條之規定，爲同其精神者焉。惟在請負之情事，則

以不得請求其報酬爲原則，六三三故若無關於此之本條特別規定，則請負人不能不爲一切報酬，皆不得請求焉者。雖然，其爲不當，殆不俟論。似此，則即以解除權與請負人，其實際亦多爲不能行使權利者而已。故於本條，則請負人就其既爲之業務之報酬，及其報酬中所不包含之費用，爲得加入於破產財團之攤配者焉。例如工事之已了其半者，以下定人已受破產之宣告，而由當事者之一方，解除其契約，則請負人當受其報酬之半額。而在當事者初定其報酬時，或有以材料之代價及其他費用，包含於其中者，或有不包含之者，其在以此包含於報酬之中，則固不得於報酬之外，別請求其費用。而若不包含於報酬中者，則其費用，亦得加入於財團之攤配，殆所不待言矣。例如請負房屋之建築者，若實費之外，應受若干報酬，則應其所既爲之業務之成數，於其報酬之外，得就其關於業務所出之費用，加入財團之攤配也。

第十節　委　任

凡委任(Mandatum，mandat，auftrag)之範圍，古來學説及立法例，均不一致。在羅馬法，則其原則，不認有純然之代理，故委任而以代理爲目的者，殆爲無有。而其範圍則極廣，殆得包含一切之事項焉，然其實際，則亦無於法律範圍之外，認其委任者。在法國法系之各國，則反於羅馬法而認爲代理，其結果竟於委任，限於以代理爲目的之事，遂至代理關係與因委任所生契約之關係混同無别。在德國法系之各國，則雖同認爲代理，然仍區别代理關係與委任關係，而委任爲任何事項，皆得包含者焉。如德國民法，則其所以區别委任與雇傭者，惟以無償爲委任，有償爲雇傭，而爲其目的之事項，則固極爲廣泛者也。

在舊民法，則仿法國法之主義，混同委任與代理，其契約之名稱，至直用“代理”之字樣焉。在新民法，則改之而明明區別其委任與代理，既於總則編規定之，而於本節，則規定其委任契約之關係，至其範圍，則以法律行爲限之。蓋使委任之目的而包含一切之事項，則於其有償者，多與雇傭難别，是與法律之所以分雇傭與委任而爲規定之本旨，未免相反，動輒有能起實際之爭論之患。雖然，若如德國民法，其委任必爲無償，則與向來沿用之“委任”字樣之意味，又有不同，而雇傭之範圍，亦似難免有過大之誚。而如法國法系之各國，混同委任與代理，從來委任目的，則或專在法律行爲，或以使爲法律行爲爲主。故於新民法，特限其委任契約之範圍於法律行爲，惟於以法律行爲以外之事務爲委託時，定爲應準用本節之規定者，因此而一方可明委任之性質，又一方則可無實際之不便也。

本節分爲左之五段：曰委任之定義；六四三曰受委任者之義務；六四四至六四七曰委任者之義務；六四八至六五〇曰委任之終了；六五一至六五五曰準委任六五六是也。

一　委任之定義

第六百四十三條　凡委任因當事者之一方，以爲法律行爲委託於相手方，相手方承諾之，而生其效力。取二二九，舊商三四一・一項

依本條之定義，則委任契約：

第一，爲諾成契約。此爲羅馬法以來所已然。

第二，通常爲無償契約。此本條之所以不言委任者有應與報酬之義務也。至第六百四十八條，則言委任者當負此義務焉。

第三，通常爲片務契約。即在無報酬者，止有受任者負處理其委任事務之義務，委任者則不負何等之義務，是也。但此

乃所謂不完全之雙務契約，若委任契約成立之後，受任者因履行委任而出其費用，則得向委任者求其償還。此外則受任者應有第六百四十九條及第六百五十條所定之權利，故於此情事，殆與雙務契約生同一之結果。在羅馬法，則雖因此而生重大之效果，然在今日，殆無必需認之之故。雖然，委任之爲有償者，是謂純然之雙務契約。蓋委任者負付其報酬之義務，受任者負處理其委任事務之義務也，但無特别之明文，則當適用第六百四十八條第二項之規定，而於第六百四十八條，則設對於此之例外之規定。故其實際，委任契約在片務契約之情事，與雙務契約之情事，其間所應適用之規定，固無大不同之處也。

第四，以法律行爲爲目的，是既如所説明矣。惟於代理以外，其以委任契約爲目的之法律行爲，莫如保證。四五九、四六○蓋保證他人，使以金錢或他物貸與之，此等皆是。但其能生代理之關係者，若非特以委任者之名，爲法律行爲，而以受任者自身之名爲之，則其事爲無代理，然可有委任，夫此固於實際爲最頻繁者矣。

二　受任者之義務

第六百四十四條　凡受任者負從委任之本旨，以善良管理者之注意，而處理其委任事務之義務。取二三七、二三九，舊商三四一・二項

本條所以定受任者義務之原則，併定其應爲注意之程度者也。蓋受任者應從委任之本旨，處理其委任事務，則已因其契約之目的而自明。夫以受任者之義務概括言之，則可謂爲有從委任之本旨，處理其委任事務之義務者。例如受任者若受買入某商品之委任，則有務以廉價買入無瑕疵之商品之義務，有不待言，是已。惟受任者應以如何之注意，處理其委任事務，則爲重要之間題，各國之法律，所未必能同一者。在本條，則定

爲受任者應於無論何時，爲善良管理者之注意焉。蓋在新民法，除特別例外之外，債務者對其債務之目的，以爲善良管理者之注意爲本則，此事既如所論矣。第四百條下之説明夫就有體物之引渡，雖已有第四百條之規定，然難以之適用於委任，故特於本條，定受任者爲應爲善良之管理者焉。例如買物之時，儘自己知識之程度，以深於注意者通常應爲之注意，而選擇其物品，爭論其代價等，是也。夫受任者縱爲平生於自己事務，不甚注意之人，然不得據此理由，以爲抗辯。蓋必爲善良管理者通常應爲之注意，即必爲深於注意者通常應爲之注意焉。

本條以下之規定，皆爲立法者推測當事者之意思而設之者。故當事者若表示反對之意思，則當從其意思，蓋所不容疑矣。九一

第六百四十五條　受任者若有委任者之請求，則無論何時，要報告其處理委任事務之狀況。又委任終了之後，要無遲滯而報告其顛末。取二四〇

本條之規定，或謂爲即前條之結果，亦可。蓋爲他人處理事務之人，非以其顛末報告於本人，則本人於受任者，果從委任之本旨，而以善良管理者之注意，處理其委任事務與否，有不能知。且其事務爲後日之省憶計，而欲知其顛末，可謂至當之事。更進一步論之，則委任事務之有若干期間爲繼續者，委任者於委任事務之終了以前，欲知其事務在何等之狀況，亦爲正當之希望。其爲受任者之人，爲當應其請求而爲報告者，固所當然。蓋委任者不但必需知自己之事務，在如何狀況而始安其心，且依其狀況容有需解除其委任，而自行處理其事務者，或則有覺其必使他人處理之者。此外之從其狀況，當爲適當之處分者，亦正不少。此所以設本條之規定也。

第六百四十六條　受任者當其處理委任事務，要以所受取之金錢及其他之物，引渡於委任者，其所收取之果實亦同。

受任者以自己之名，爲委任者所取得之權利，要以之移轉於委任者。取二四一

在前條既定受任者有報告之義務，然此尚爲未盡，殆不俟言。蓋受任者當其處理委任事務，所受取於委任者或第三者之物，乃本爲委任者之利益而受取者，故終須以之引渡於委任者，固也。惟所受取於委任者之物，通常非於委任事務處理既畢之後，常不能遽返還之。是無他，委任者固於其處理委任事務，認爲必需此物而交付之者也。在本條，則不過泛定受任者所受取之物，當引渡於委任者耳，此外則爲當悉依契約之本旨而定者焉。而受任者所受取於第三者之物，苟其物非處理委任事務之所必需，則當速以之引渡於委任者，蓋所不待言也。且受任者若由所受取之物，生有果實，則其果實，固亦明爲當以之引渡於委任者。例如受任者爲其委任者，由所受取之土地，生有果實，則當以之引渡於委任者。又受任者若受取委任者之土地、房屋等借賃，或爲委任者受取其所存金額之利息，則當速以之引渡於委任者也。

在新民法，乃以委任爲不必以代理爲目的者，故受任者爲其委任者所爲之行爲，而生權利，皆非能即時移轉於委任者。在受任者以自己之名取得權利之時，則縱爲其委任者而取得之，亦當由受任者一旦自爲權利者，固不待論。雖然，此本因委任之履行，而爲其委任者所取得之權利，故當速以之移轉於委任者，亦所無煩喋喋者也。例如受任者以自己之名，爲其委任者與第三者締結契約，其因契約而有取得之權利，則不得不速以之移轉於委任者是也。

第六百四十七條　受任者所當引渡於委任者之金額，或爲其利益所當用之金額，若爲自己而消費之，則要付其消費之日以後之利息，且若有損害，尚任其賠償之責。取二四二

本條乃關於受任者不履行前條之義務時，爲之設一制裁者也。蓋受任者爲其委任者所受取之金額，苟非速以之引渡於委任者，則當存之於確實之銀行，以圖其安全與其利殖，此爲善良管理者之注意，固所當然。惟然，而受任者若不盡此義務，則爲不爲善良管理者之注意者，此當負擔其不履行義務之結果，爲相當之損害賠償，蓋所不必有特別之明文者。四一五雖然，受任者若不但不圖其金額之利殖，乃並爲自己而消費之，則其不當爲更甚，故不能不對於委任者，負擔其充分之責任。而所謂損害賠償云者，則既如所屢論，乃由法官據不確實之標準而認定之，故其真足賠償其所被之損害額者，甯爲罕有。故於本條，則設一特例，先使受任者於其委任者所被之損害，不問其曾爲證明與否。且可更從極端言之，則在受任者縱能證明委任者之不受損害，亦必以其金錢爲當付其消費之日以後之法定利息者。若委任者已證明其所受之損害，爲更大於是，則更令受任者賠償之焉。此雖驟見似嫌其酷，然金錢之爲物，若從普通之利用方法，本當視爲常能生等於法定利息之利益者，故因受任者消費之，則本應受等於此利息之利益之委任者，當視爲失其等於此之利益者矣。而本條之規定，本爲保護委任者而設之規定，故若委任者證明其所被之損失，更比法定利息之額爲多，則其當賠償全部，固所不待論也。參照四一九、七〇四

三　委任者之義務

第六百四十八條　受任者非有特約，則不得對於委任者而請求其報酬。

受任者於應受報酬之情事，非於履行其委任以後，則不

得請求之，但若以期間定其報酬，則準用第六百二十四條第二項之規定。

凡委任，若因受任者不應任責之事由，於其履行之半途，已爲終了，則受任者得應其所既爲履行之分數，而請求其報酬。取二三一、二四五・二號、二四七

本條蓋定委任者之第一義務，即其應付報酬之義務。蓋委任契約，雖以無償爲原則，然若有報酬之特約，則此義務，乃直接從契約而生，異於委任者之他義務，必從契約成立之後而始生者。此委任者之第一義務，所以揭關於報酬之規定也。

本條先明委任契約之原則，爲無償者，惟限於有特約時，受任者爲得請求其報酬者焉。而於受任者應受其報酬之情事，果於何時得爲其請求，此本條第二項之所定也。就此可採用與關於雇傭之第六百二十四條同一之原則，惟彼所謂終其所約之勞務以後，果能即爲本條所云履行其委任以後之意味否，此稍稍不能無疑。故於本條，以非於履行其委任以後，不得請求其報酬爲本則，爲之明明規定焉。例如委任以對於第三者，爲催促貸金之談判，於此情事，惟能結了其談判，或受第三者貸金之返還，以之引渡於委任者之後，或與第三者取結契約，作爲證書，而使第三者署名，以此證書引渡，於委任者之後，始得請求其報酬是也。

若以期間定其報酬，即如所謂月若干圓、年若干圓之報酬，則其報酬，於經過每期間之後，得請求之。此因本條但書，所謂準用第六百二十四條第二項，而可明矣。

凡委任，有時而有因受任者不應任責之事由，而於半途終了者。例如因委任者或受任者之死亡，委任者之破產，受任者之禁治產，或由委任者解除其契約，而有終了其委任之事。於此等處，若適用前項之規定，則履行其委任以後始爲應受其報

酬者，當其未及履行而終了其委任，遂以爲一錢之報酬，亦莫得而請求，其對於受任者可謂頗失之酷，即與當事者當初之意思，亦多違反。故於此等情事，受任者爲得應其所既爲履行之分數，而請求其報酬者焉。例如受任者於終其履行之半之時，則可受約定之報酬之半額，於終其三分之一之時，則可受其報酬之三分之一，此類皆是。若夫因受任者應任其責之事由，而終了其委任，例如受任者解除其契約，及受任者受破産宣告之大多數之例，則雖一錢之報酬，皆非所應受，固爲當然，可無庸復説明之矣。

或問：在雇傭，無若本條第三項之規定，而惟委任則有之，其故若何？答之曰：在雇傭，以期間定其報酬者爲最多，否則其勞務之性質上，多不爲繼續於長日月之間者，因而縱於勞務之半途，竟終了其雇傭，而不能受其報酬，由是而勞務者遂被莫大之損失，是蓋極少之事。反之而在委任，則其以期間而定報酬者實尠，又其事務之性質，動輒能繼續於長日月之間，若於半途終了其委任，受任者即一錢之報酬而不能得，則於長日月之間，空費其時與力，而竟被莫大之損失者，必不少矣。

第六百四十九條　處理其委任事務，若需費用，則委任者要因受任者之請求，而爲先付。取二四六

本條及次條，乃委任者之義務，以期其委任事務之受任者，不被一切損害之旨，而定之者。而本條則令委任者應受任者之請求，先付其委任事務所必需之費用者也。蓋依次條之規定，委任者應償其受任者所出之費用，固已。然無特約之受任者，令其墊用，頗爲不得其當，此所以設本條之規定。例如受任者於因處理委任事務之故，應爲旅行之時，則得以其旅費，

請求於委任者。受任者若當爲委任者購買物品，則其代價爲若干之金額，得以當爲引渡之旨，請求於委任者是也。

第六百五十條　受任者處理其委任事務，若出有應認爲必要之費用，則得對於委任者請求其償還此費用，及由支出之日以後之利息。

受任者處理其委任，事務若負擔其應認爲必要之債務，則得令委任者代自己而爲辨濟。又其債務若不在辨濟期，則得令供以相當之擔保。

受任者因處理其委任事務，若自己無過失而受損害，則得對於委任者而請求其賠償。取二四五，舊商三四八

在本條，則以三種事項，規定爲委任者之義務焉。

第一　費用之償還

受任者處理其委任事務，若已出其應認爲必要之費用，則得對於委任者請求其償還此費用，及由支出之日以後之利息。例如受任者於因履行委任之故，當爲旅行之時，若出相應於其身分之旅費，則得求其償還此旅費之全額，及其支付之日以後之法定利息，即年五分之利息。譯者按：年五分之利息，即吾國所謂週年五釐之利息也。此費用，無庸由後日之結果爲觀察，而證明其真爲必要，但考當時之事情，凡有普通之鑒識者，能認爲必要，即已可矣。例如受任者應對於第三者爲一談判之時，訪問其第三者，則不在室，現方旅行於大坂。若據其家族之言，則非數月之後，不能歸宅。斯時受任者即整其旅裝，逕到大坂，乃其第三者因有急務，與受任者相左，已發自大坂而歸其宅。由後日之結果觀之，受任者之旅行，固全然無益，然由當時之事情言之，則無論何人，當認其旅行爲必要者，故此旅行之費用，得對於委任者而請求其償還之矣。

或問：在本條，則言應認爲必要之費用，在第七百二條，則言關於管理事務之有益之費用，然則受任者於必要費，固有求其償還之權利，然於有益費，則無求之之權利，卻令任意管理他人之事務者，雖至有益費，亦得請求，其故如何？曰：不然。依本條之規定，則雖實際不爲有益，但依當時之事情，若應認爲必要之費用，則固悉得請求其償還。然在第七百二條，則非真爲本人有益之費用，乃無庸償還之。故如前揭之情事，若在事務管理之項下，本人即可無此償還之義務矣。蓋受任者於委任之範圍以内，乃爲從委任者之意思，而處理其事務者，故凡應認爲履行委任之結果之事項，委任者固不能不悉任其責。然在事務管理，則僅以不使本人爲不當之利得爲主眼，故苟於本人不爲有益之費用，縱應認爲事務管理中當然之結果，亦不使本人任其償還之責焉。但事務管理者，本不爲因本人之意思而爲此管理者，故無論何等事項，但於有益之限度，固常得對於本人而爲償還之請求。而受任者乃止於委任之範圍内，爲對於委任者有契約上之債權，故於其委任之範圍内，則不問其事項，實際爲有益於委任者與否，均得令委任者償還其一切之費用矣。然若一出委任之範圍，則對於委任者爲全無關係之人，故縱不當利得之一般規定，或事務管理之規定，對於委任者而取得債權則有之，然契約上之債權，則決乎其無有。例如委任者僅令受任者買一房屋之時，若受任者因恣於其所買之房屋，施其裝飾，而出莫大之費用，是爲在委任之範圍以外，故委任者對於受任者，不負契約上之任何債務。惟能視受任者之於委任者，爲事務之管理者，故以第七百二條之規定適用之，於因其費用而增加其房屋之價之限度，得對於委任者請求其費用之償還而已。且其費用，所增加其房屋之價，若多於其全額，則委任者可僅付其全額，固所不待言也。又例如受任者於保管其房屋之間，因自己之便利，而加以造作，則此非所以爲本人者，故僅從第七百三條限於因此所生之增價額，現存之時，得於其限度請求償還而已。反之而若加裝飾或造作於房屋，在委任之範圍以内，則苟以相當之注意，加裝飾或造作焉，不拘其增價額之有無多少，常得以其費用之全額，請求於委任者矣。故於委任之範圍内，則受任者之權利，比於事務管理者之權利實爲廣大，此不費多辯而可明也。

第二　債務之辨濟

受任者處理其委任事務，若負擔其應認爲必要之債務，則得使委任者代自己而爲辨濟，是因與前項同一之理由，固所當然。例如受任者在爲委任者購買物品之時，若不以現金付其代價，則生支付代價之義務，固已。而受任者若以自己之名，締結其賣買，則支付代價之義務，自當由受任者負之，其於賣主之關係，受任者並不負支付代價之義務。雖然，在受任者與委任者之關係，則委任者固必當支付之。又例如就其處理委任事務，有必需金錢，而以無利息或相當之利息，借入金錢之時，縱其借主爲受任者，亦當由委任者代之而爲辨濟，是也。而其債務，則無庸證明，其於實際真爲必要，惟據當時之事情，以常識所能認之爲必要者，則已可矣。

以上於債務之既在辨濟期者，則固可矣。然若債務而未在辨濟期，則不得令委任者即爲辨濟，固已明甚。雖然，委任者於現在固有資力，安保其將來不爲無資力者，故受任者，不得不令供相當之擔保，以圖至於期限，若委任者不爲辨濟，則即受任者自爲辨濟，亦可不被其損失焉。此所以有本條第二項末文之規定也。

第三　損害之賠償

右之外，受任者因處理其委任事務，若自己無過失而受損害，則得對於委任者而請求其賠償。例如受任者因履行其委任，有必需用之金錢，而以自己商業資本之金錢，爲之使用，以此之故，若減殺其商業上之利益，則於其所減殺之限度，得求委任者償還之，以爲賠償損害。但若受任者不使用其金錢，亦易於求委任者自行付與，則於其時，當以其使用金錢爲有過失，故委任者不任賠償其由是所生之損害之責。又例如不受報酬之受任者，日日由其固有之職業，得若干之報酬，乃因休其職業，以處理其委任事務，遂不能得此報酬，則得以相當於此之金額，請求於委任者，以爲賠償其損害。但如普通人一日所能畢之事務，而費二日之時，則其一日爲因受任者之過失而費之者，故委任者但付其相當於一日分之報酬，以爲賠償可矣。

四　委任之終了

委任終了之原因，於本節所定者之外，可依普通之原則而明之者不少。例如當事者若定委任之期間，則可因其期間之滿了而消滅，其因一定之事務而爲委任者，則可因其事務之結了而爲終了，當事者之一方若不履行其義務，則他一方得解除其契約，五四一此等皆是。

以委任契約爲特別，而於本節所規定之終了原因則有三種：（一）任意之解除；六五一（二）委任者或受任者之死亡或破產；六五三（三）受任者之禁治產，同上是也。

在本節，不僅揭委任之終了原因，並設關於其終了之結果之特別規定焉。六五二、六五四、六五五

第六百五十一條　委任之各當事者，無論何時，得解除之。

當事者之一方，若於不利其相手方之時期，而解除其委任，則要賠償其損害。但若有不得已之事由，則不在此限。

取二五一·一號、二號、二五二、二五四至二五六

本條乃關於因任意解除之委任終了，而爲規定。蓋當事者之一方，若不履行其契約，則相手方得解除之，此依一般之原則而自明，既如所論矣。又當事者若不定委任之期間，則其契約，固不得視爲必能繼續於永久者，或可因當事者一方之意思，而終了之矣。然即使因契約而確定委任之期間，或雖委任事務未終之際，然當事者之一方，無論何時得任意解除其契約，此則可謂委任契約之特質。夫古來委任契約，所以認此特質者，無他，凡委任乃專據當事者間之信用，故不能令自己所不信任者處理其事務，又設以自己所不信任之人，處理其事務，實爲受任者人情之所難堪故也。但此不能無兩種限制：第一，在外國，且勿問其有反對之立法例，即本條之規定，亦非可認爲公益之規定，故當事者得特約於一定之期間，當互不解除其委任契約；第二，當事者之一方，無論何時，雖以得解除其契約爲原則，然若於相手方特爲不利之期間，而爲此解除，則爲當賠償其因此所生之損害者焉。蓋委任契約之性質上，雖許其任意解除，然此不能不謂爲因當事者一方之便宜而爲此解除焉者。若然，則於因此而能特生損害於相手方之時期，因行其權利而生損害，則以使爲解除者賠償之，爲至當焉。例如受訴訟之委任者，若於訴訟之中途，俄而辭其委任，則依賴者往往因不即得能代其人之辯護士，而其權利大被影響，此恒事也。當此之時，則辭其委任者，爲有賠償其損害之責任，但若當事者之一方，實有不得已之事由，而爲解除者，則不能適用之。例如受任者以甘受其第一審之判決爲有利益，而委任者則必欲爲翻控時，即是。於此情事，受任者不欲反於自己之良心，而爲訴訟，固爲至當，故縱因其人之辭此委任，而於委任者有所損害，亦不能使之賠償其損害矣。

第六百五十二條　第六百二十條之規定，於委任準用之。取二五三

本條所以定委任契約之解除之效力者也。蓋契約之解除，若依一般之原則，則爲當令各當事者復於原狀者。五四五雖然，若以此適用於委任，則往往需錯雜之計算，且令受任者向來已爲委任者所供之勤勞，則爲全無報酬，而其所已受取之報酬，卻不能不附以利息而返還之，五四五・二項此不可不謂爲甚不公平矣。故仿賃貸借、六二〇雇傭六三〇等之例，委任之解除，僅爲應向將來生其效力者焉。並可參觀六八四故就向來所已經過之事項，無庸更溯及既往而爲計算。即如向來受任者所受取之報酬，亦無須以此返還之於委任者焉。惟受任者將來應受取之報酬，則不得爲受取。受任者所應爲委任者處理之事務，則得停止其將來之處理。其餘受任者所因處理委任事務，而受取於委任者或第三者之物，則還付於委任者足矣。六四五、六四六且依第六百五十四條，則雖向將來，受任者亦有不得即免其義務者焉。

第六百五十三條　凡委任，因委任者或受任者之死亡或破產而爲終了，受任者若受禁治產之宣告時，亦同。取二五一，舊商四三・一項、三四六，新商二六八

本條以委任者或受任者之死亡或破產，及受任者之禁治產，爲委任終了之原因焉。蓋委任專基於信用，既如所論，故委任者而死亡，則其相續人，非復受任者所信用而受其委任之人，受任者而死亡，則其相續人亦非復委任者所信用而爲委任之人，又委任者或受任者，若受破產之宣告，則即其相互之信用，亦應大減，固無論已。且於此情事，破產者多爲不能履行其義務者。故如委任等契約，有應繼續於若干期間之性質者，設不問其相手方之破產，依然保維其契約關係，乃爲極不利益。故於此時，以即時終了其契約關係爲便。況委任者或死亡

者若已破產，則於財產上之關係，破產者殆與死亡相等，由代表債權者之利益之管財人掌握其破產者之權利義務，故由實際之狀況言之，則與委任者或受任者之死亡之情事，相距亦不遠。又受任者若受禁治產之宣告，則當失其能力，故欲自行處理其委任事務，乃實際之所不能，不得不以其法定代理人，代之而爲處理。然法定代理人，固非委任者所信任之而爲委任者，故以委任契約爲當然終了，最爲妥當。此所以有本條之規定也。

或曰：在第百十一條，既列舉代理權之消滅原因，爲本人或代理人之死亡，及代理人之禁治產、破產，故就其同焉者，則不能無重複之嫌，而就其所不同焉者，則又有前後不得其平之象矣。曰：不然。此有二義：第一，代理權即爲消滅，委任契約不必即爲應終了者。蓋受任者得以自己之名，處理委任者之事務也。且委任者與第三者之關係，與夫委任者與受任者之關係，自爲各別之事項，縱無甲之關係，而其僅存乙之關係者，自當不少。第二，在代理之一般規定，則不能以本人之破產，爲代理權消滅之原因。蓋如後見人，乃被後見人之法定代理人，然非能因被後見人之破產，而失其代理權者。此於本條，所以特規定委任終了之原因，而以不爲代理權消滅之一般原因之本人破產，爲委任終了之原因也。依一一一・二項之規定，委任終了之結果，代理權固亦當消滅矣。

依《商法》第二百六十八條之規定，則因商行爲所委任之代理權，不因本人之死亡而消滅焉。是雖本就代理權而爲此規定，於委任關係，在立法者殆亦豫期其能生同一之結果，是蓋因商法上之必要，乃對於民法而設此例外。雖然，在民法之一般規定，則以因委任者或受任者之死亡，而爲委任終了，是爲本則。惟當事者若表示其反於此之意思，則固當從其意思矣。

第六百五十四條　於委任終了之時，若有急迫之事情，則受任者或其相續人，或法定代理人，要直至於委任者，或其相續人，或法定代理人，得處理其委任事務以前，仍爲其必要之處分。取二五九

凡委任，不問因何等之原因而終了，苟既爲委任終了，則當事者總之互不負何等之義務，此殆理之所當然。雖然，若拘泥此理論，則委任者往往有被其不測損失之患。蓋委任者於以其事務委任於受任者之時，多全然依賴於受任者，而不復視爲己事，動輒於其處理事務所必需之書類或財産，悉存於受任者之手，且於受任者在遠隔之地時，委任者尤有即欲立時自執其事務而不能者。惟然，而受任者若以終了其委任爲名，一切不顧委任者之利害，雖有急迫必需之事項，亦得袖手以旁觀，則是現在之受任者，縱無復爲委任者處理事務之義務，然對於向來之委任者，亦不能謂爲完全履行其所負之義務。蓋此可謂爲既著手之委任事務，自有此當然之結果也。例如在受任者行使委任者之權利時，其權利之一種，於委任終了之後，有忽罹時效之情事，若袖手旁觀，則委任者竟將被不可救之損失。故於此情事，委任雖已終了，受任者不能不仍取時效中斷之方法是也。

第六百五十五條　委任終了之事由，不問其出於委任者，與出於受任者，非以之通知於相手方，或相手方爲已知之，則不得以之對抗於其相手方。取二五七

委任與他契約之所以異，特在異於終了，此既由前所説明而可明矣。然苟以爲有此原因，則相手方縱尚未知之，亦在法律上爲已無委任者，是善意之相手方，將動輒有損害被焉矣。例如在委任者已死亡時，其相續人若不以之通知於受任者，則

受任者多不能知之，故信其委任爲尚未終了，當有爲其委任者爲權限内之種種行爲者。然受任者既因委任之終了而失其權限，則縱其行爲，在委任之範圍以内，而其委任苟尚未終了，固爲得依第六百五十條，令委任負關於此之充分之責任者。然若已無其權限，則僅得依事務管理之規定，對於委任者之相續人，止能令於因此而有益之限度，負其責任矣。七〇二又受任者若受破産之宣告，則苟不特以此通知於委任者，委任者多不能知之。故委任者依然依賴於受任者，而不自顧其事務，而受任者則既受破産之宣告，不能復盡其義務，則因此委任者之事務，若陷於不利益之狀況，是其委任雖爲終了，然受任者不能以終了爲主張，而免其責任，必不能不對於委任者，恰如繼續其委任，而負充分之責任是也。

五　準委任

第六百五十六條　本節之規定，於非法律行爲之事務之委託，準用之。

本條乃如前之所已説明，以委任之規定，準用之於非法律行爲之事務之委託者也。例如使他人述慶事之祝詞，爲病人之慰問，致死者之弔詞等，是也。即於此等情事，在受其委託者，亦當以善良管理者之注意，處理其事務。又若因此而出其必需之費用，則得以其償還，求於委託者等，悉無異於純然委任之情事也。

第十一節　寄　託

寄託(Depositum，Déôt，Verwahrung)乃羅馬法以來，所數爲踐成契約之一種者。僅爲寄託之約束，未足成其所謂寄託契約，必爲物之引渡，始爲成立者焉。如瑞士之債務法，則以之爲諾成契約，然此外未聞有同其例者。故於理論上，雖以瑞士債務法之主義爲正當，然仍仿一般之立法例，而以之爲踐成契約焉。

旅店、飲食店、浴場，及其他凡以客之來集爲目的之場屋之主人，其受客所寄託之物，及客攜帶於其場屋中之物，固有必需負特別之責任者。然此自屬於商法之規定，故於本節中不揭之，蓋以其爲商業中營業之結果也。新商三五四至三五六

第六百五十七條　凡寄託，因當事者之一方，約爲其相手方爲保管之事，以受取其某物，而生其效力。取二〇六、二〇七

本條蓋揭寄託之定義，併定其成立時期者也。依本條之規定，而舉寄託之性質，則：

第一，爲踐成契約。

是爲前所已論。而其寄託之成立，所必需之實踐行爲，則爲物之引渡是也。其物之引渡，應成立於何時，則以其爲前所已論，故兹不復贅。二卷第百七十八條下之説明

第二，爲有償契約或無償契約。

在舊法典及其他羅馬法以來歐洲各國之法律，大抵以寄託爲無償契約。雖然，至於今日，則求其報酬而保管他人之物者，殊爲不少。故以之爲非寄託，頗非無理，而於實際則徒爲不便。故於新民法，則以寄託爲不必無償，即有償亦未嘗不可焉。惟原則則亦如委任爲無償者，故若報酬之約，則受寄者不得爲請求報酬之事項。六四八・一項、六六五但於商法，則採用關於商人之與此相反之原則焉。新商二七四

第三，爲片務契約或雙務契約。

以寄託爲無償行爲之結果，向來雖以之爲無償契約。然在新民法，則認寄託有可爲有償之事。故在有報酬之約者，則不得不以之爲雙務契約，即受寄者當負爲其相手方爲物之保管，

且寄託終了之後，返還其物之義務，寄託者當負對於受寄者付其報酬之義務。惟在無報酬者，則其爲片務契約，固不待言。夫寄託乃以無償爲原則，故亦當以片務契約爲原則，殆無容疑者。即止由受寄者負爲其相手方爲物之保管，且於寄託終了之時，返還其物之義務，而寄託者則不負何等之義務爲原則也。但在羅馬法，則此片務契約，謂之爲不完全之雙務契約，有若干之異於其他片務契約者。是無他，依其契約，乃止生一方之義務，故以爲片務契約。然於締結契約之後，若受寄者加費用於物，或因此物而受其損害，則得令寄託者償還其費用，或賠償其損害，故其後將至雙方生其義務者，爲不少也。雖然，如前所論，在今日則無庸認此所謂不完全之雙務契約，僅謂之爲片務契約可矣。第六百四十三條下說明之第三號

寄託之目的物，要必爲動産，其例最多，雖然，此亦爲乏於理由者。雖在不動産，亦非無必使他人保管之之事，此而不名之爲寄託，因而不適用本節之規定，則不但不得其平，且於實際大爲不便。故在新民法，則不問其目的物之爲動産與不動産焉。蓋在舊法典及外國多數之法典，其以寄託限於動産者，無他，凡不動産，僅以之爲保管者極少，其爲此保管者，大抵皆不得不爲爲其本人，爲某法律行爲者，故甯謂之爲委任也。雖然，數日或數月之間，止爲土地或房屋之保管，不受其應爲修繕或利用等之委任，既爲恒有之事，又況即於數年或數十年間，爲土地或房屋之保管，亦偶有代其本人，並無爲法律行爲之權限者耶。

第六百五十八條　受寄者非有寄託者之承諾，則不得使用其受寄物，或使第三者保管之。

受寄者於得使第三者保管其受寄物之時，則準用第百五

條，及第百七條第二項之規定。取二一三，舊商六一八

自本條以下至第六百六十條，乃專定受寄者保管中之義務者也。此外則依第六百六十五條，準用關於委任之規定焉。而於本條，則先定受寄者於保管中，無使用其受寄物之權，併定其保管必自爲之，不得使第三者代已爲之。蓋寄託之目的，在爲其寄託者之利益計，而保管其物，不在爲受寄者之利益計，而使用其物。若僅爲受寄者計，以使用其物爲目的，則是非寄託而爲使用貸借矣。又寄託乃由受寄者信任其人而爲之，故不得令寄託者所不信任之第三者代爲保管，乃可謂副其寄託契約之性質。惟此規定，非公益規定，故若寄託者自始即許之，或至後日而許之，則受寄者亦得使用受寄物，或使第三者保管之矣。惟於其第一種情事，則須常以保管爲主目的，不然，則如前所言，非復寄託而直爲使用貸借。又於第二種情事，代受寄者爲此保管之第三者，理論上似與寄託者無何等之關係，然此於實際，種種多所不便。故恰如復代理之情事，第三者對於寄託者，爲有直接爲受寄者之權利義務者焉。一〇七·二項又就第三者之行爲，受寄者所負擔之責任，亦與代理人所負關於復代理人之責任相同，即其原則爲止應負選任及監督其第三者之責任。其例外爲若由寄託者指名其可使爲保管之人，則受寄者僅於知其人之不適任或不誠實時，爲有怠爲通知於寄託者，或怠於爲之解任之責任也。一〇五

第六百五十九條　無報酬而受寄託者，就其受寄物之保管，任其與自己財産爲同一之注意之責。四〇〇，取二一〇，舊商六〇七、六〇八，新商三五三

凡受寄者之保管責任，以有償寄託與無償寄託爲區別。在有償寄託，則從一般之原則，受寄者自當爲善良管理者之注意

矣。四○○惟在無償寄託，則以爲當與自己財産，爲同一之注意者焉。此與新民法不因法律行爲之有償、無償，而區别其責任之主義，似乎相反。然於寄託，則自有特别之理由，以爲此之區别。蓋寄託者知受寄者之平生，爲深於注意之人與否，乃鑒其人之平生，而以自己之財産託之。故受寄者而爲與自己財産同一之注意，則其大概，即此固已能副寄託者之意思矣。雖然，寄託之爲有償者，受寄者乃就保管而受報酬，故其對於報酬，自不得不爲特别之注意。故於此時，即依普通之原則，以之爲應爲善良管理者之注意者，亦不能爲失之過酷。即其人雖於自己財産，爲極不注意之人，然於受寄之物，乃不能不爲深於注意之人之注意焉。但本條以下，皆許爲反對之契約者，故當事者若有異於右之所述之意思，則固可以之爲特約也。

在商法，則關於商人取反於本條規定之注義，是蓋於商業上，自有特重其責任之理由也。新商三五三

第六百六十條　就寄託物主張其權利之第三者，若對於受寄者而提起其訴，或爲差押，則受寄者要無遲滯而以其事實通知於寄託者。取二一八·三號

第三者就寄託物而主張其權利，若竟對於受寄者提起其訴，或爲差押，則受寄者當無遲滯而以之通知於寄託者。蓋受寄者常不能詳知其寄託者之權利，故若不通知於寄託者，而自答辯其訴，或對於差押而不述異議，則寄託者將竟至失其權利，必爲恒有之事。反之而速以之通知於寄託者時，若其訴或差押爲不當，則寄託者乃得即時參加於訴，或就差押而述異議，以保存其權利也。民訴五三至五八、五四五

第六百六十一條　寄託者於因其寄託物之性質或瑕疵，所

生之損害，要賠償於受寄者。但寄託者無過失而不知其性質或瑕疵時，或受寄者知之之時，則不在此限。取二一九

本條蓋定受寄者於因其寄託物而受損害之時，得求其賠償於寄託者焉。蓋寄託乃常爲寄託者之利益計，而爲之者，故即無特約，亦不可令受寄者因寄託物而受其損害，是爲本則。惟於此設三種之限制：

第一，其損害要由寄託物之性質或瑕疵而生。故寄託物若爲易於爆裂之物，受寄者因其爆裂而受損害，指性質言或寄託物爲犬，其犬有狂疾而噛受寄者，指瑕疵言則寄託者固有賠償之責。然若寄託物爲有重量之物，受寄者置之於高處，因地震而墜落，以致受寄者負傷或碎壞受寄者之所有物，則寄託者無賠償其損害之責也。

第二，寄託者要知其寄託物之性質或瑕疵，或因過失而不知之。故寄託者新由他處買入之物，不知其物之有瑕疵與否，或寄託者一時一併取得多數之財産，而即時寄託之，當時並不詳其各財産之性質，則縱使因其瑕疵或性質而受寄者受其損害，寄託者亦爲無過失，而無賠償之責者焉。反之而寄託者若知其性質或瑕疵，則且勿論，即使不知，然以通常人所得知其性質或瑕疵者，自己特以迂闊而不之知，則對於受寄者，爲有賠償其因此所生之損害之義務者矣。

第三，受寄者要不知其受寄物之性質或瑕疵。若已知之，則得拒其寄託；若自不拒之，則不能不謂爲自甘受其損害者，故不得以其賠償請求於寄託者也。

以上爲本條之所規定。雖然，在立法論，則對於受寄者或非無稍失之酷之嫌，且與第五百七十條，及第六百五十條第三項之規定，尤似爲不得其平矣。

第六百六十二條　當事者雖已定其寄託物返還之時期，然寄託者得無論何時，而請求其返還。取二〇六·一項，舊商六一一

自本條以下至第六百六十四條，乃定受寄者之返還其寄託物之義務者也。而在本條，則先規定其原則，爲寄託者，無論何時，得請求其寄託物之返還焉。夫此蓋不問寄託物之已定返還時期與否者也，誠以寄託乃常爲寄託者之利益計而爲之者，故即使定其寄託物返還之時期，亦視爲專爲寄託利益計而定之之期限。在寄託者，固無論何時，得拋棄之，而請求其物之返還焉。但此惟爲推測當事者意思而設之之規定，故若當事者表示反對之意思，則固爲當從之者。例如受寄者爲有使用其物之權利者，且勿論已。有時而有遭返還之請求於意外之時，將由倉庫中取出其物，或於使他人保管其物之時，將由其人處取返之，皆能致非少之混雜，亦爲可厭。故有確定其寄託物返還之時期，於其以前，定爲不爲其返還之事者矣。

第六百六十三條　當事者若不定其返還寄託物之時期，則受寄者無論何時，得爲其返還。

若返還時期有定，則受寄者非有不得已之事由，不得爲返還於其期限以前。舊商六一二

本條蓋定受寄者爲受寄物之返還之權利者也。蓋寄託，通常不過爲受寄者之一種負擔，故以其速爲返還爲希望，固所當然。而受寄者通常爲不受報酬，或即使受其報酬，其額亦常不甚多，故寄託物苟不定其返還之時期，則爲無論何時得爲返還者，以是而得與寄託者之權利爲相平也。

反之而爲當事者定其返還時期，則受寄者以不得於其期限前爲返還爲原則。惟據右所述之理由，若有不得已之事由，則雖於其期限前，亦得爲返還焉。例如受寄者本以住大廈而受寄

託，然因營業上之損失，意外之不幸等，若至不得已而賣卻其住宅，則受寄者有苦於寄託物無能容之處者，於此情事，則雖在返還期限以前，亦得爲返還受寄物之事矣。

第六百六十四條　寄託物之返還，要於其應爲保管之場所爲之。但受寄者若因正當之理由，而轉置其物，則得於其現在之場所返還之。取二一七

本條蓋定返還寄託物之場所者也。而其場所，則要在應爲物之保管之場所焉。是無他，寄託物乃常爲應在其場所者也。惟受寄者因正當之理由，而轉置其受寄物，則得於現在之場所返還之。不然，則受寄者之負擔過重，或於實際可有不能於應爲保管之場所，爲此返還之事也。例如寄託物當於受寄者之倉庫保管之，則亦當於其倉庫爲返還，固爲本則。然若因受寄者修繕其倉庫，有必需以受寄物移置於他處者，則即於其場所爲返還，亦無不可。但究應以何等場所爲應爲保管之場所，又以何等理由爲應移置其物之正當事由，則固爲事實問題，而不得豫爲之明定矣。

第六百六十五條　第六百四十六條至第六百四十九條，及第六百五十條第一項第二項之規定，於寄託準用之。取二〇六·二項、二一三、二一四、二一九，舊商六一〇、六一四

本條乃以關於受任者或委任者之義務之規定，準用之於寄託者也。即如受寄者見受寄物之易於腐敗，不耐保存，而賣卻之之時，則當以其所受取之代價，引渡於寄託者。若未受取之，則要以其權利，移轉於寄託者。又寄託物若生果實，則當以之引渡於寄託者。又受寄者受右之代價，若爲自己而消費之，則當付其消費之日以後之法定利息，並於寄託者若有損

害，則當爲之賠償。又報酬苟非有如前所論之特約，則不得由受寄者對於寄託者請求之。又於應受之時，則必寄託終了之後，始得以此爲請求。但若有應受每月或每年若干圓報酬之約，則得於其每期之終了後請求之。又寄託若無受寄者應任其責之事由，而於其期限前已爲終了，則受寄者得應其期間之分數，請求其報酬之一部。又因保管物之故，若需費用，則寄託者要因受寄者之請求，而豫付與之。又受寄者若不豫受其費用，自爲墊款，則對於寄託者得求償還其費用額，及支出之日以後之法定利息。又受寄者因受寄物爲必要之修繕，若對於他人而負擔其修繕費之債務，則得令寄託者爲其辨濟，或供其相當之擔保是也。

第六百六十六條　受寄者於依契約而得消費其受寄物之時，則準用關於消費貸借之規定。但契約若不定其返還之時期，則寄託者無論何時，得請求其返還。舊商六一五、六一七、六一九、六二〇、六二二

本條乃所謂消費寄託(Dèpôt de consommation)，即所謂不規則寄託(Dèpôt irregulier)是也。蓋寄託之普通性質，受寄者不能消費其受寄物，必當儘其現物以爲返還。然有特約，則即清費之亦可，而此在實際，則就金錢米穀等，爲多見其例。有如所謂存款，即若無特約，皆許其消費者也。於此情事，其契約之性質，學者間多有議論，立法例亦頗有不同。然據余之所信，則契約之性質，依然爲寄託而非消費貸借，而其差異，則爲因當事者之意思而生焉者。即消費寄託，以保管其物或其價額爲目的；消費貸借，乃以其使用爲目的也。惟其適用法律之規定，則二者多能爲同一，因而在本條即以關於消費貸借之規定爲準用，然亦可以證其不失寄託之性質矣。若契約不定其

返還之時期，則寄託者爲無論何時，得請求其返還者焉。蓋消費貸借，固爲借主之利益計而爲之者，然寄託則視爲爲寄託者之利益計而爲之也。與五九一、六六二、六六三相對照。但即於此點，亦與普通之寄託有異，若已定其返還之時期於契約，則寄託者不得於其期限之到來以前，爲請求其返還之事矣。

第十二節　組　　合

凡組合或會社（Societas，sociètè，Gesellschaft）之意義，則有種種之議論，而未爲一定。然就其重者而言之，則有二別：一則以組合爲限於以攤配利益爲目的者；一則以共同之事業爲目的者之總稱也。羅馬之速西愛達司，明明有此第二義，然在近世之法律，則取第一義者頗多，舊民法乃亦採此義焉。取一一五然以利益之攤配爲目的而營共同之事業，與以他目的營之者全然區别，使之一則於民法置特别之規定，一則僅依關於一般契約之規定，此不但於學理上爲不得其當，即於實際，亦往往有覺其不便者。故於新民法，則傚羅馬法、德國法等之主義，總稱其以營共同事業爲目的者，而謂之組合焉。惟本節之規定中，亦非無專關於利益之攤配者，六七四然此外則盡爲能適用於一切之情事者矣。

兹之所規定者，向來多謂之會社，故其始政府之草案，即謂之會社，乃於衆議院則改之爲組合焉。余殆不能知其何故，以意度之，似不過以會社之意味，爲有嫌於商事會社之類之法人耳。譯者按：商事會社，吾國沿舊習，謂之公司。雖然，向來之會社，本悉非法人，此事爲人所盡知。又於組合中，如水利組合，即非無組成法人者。此亦有若干議論故甯謂其“組合”之字樣，比於“會社”之字樣，或因其適於立法者之嗜好，而舍彼取此耳。

“組合”或“會社”之字樣，向來多以團體爲其意味。然於本節之標題，則以創設其團體之契約之意味，而用組合之文字焉。但於條文中，則組合乃團體之意味，契約乃特謂之爲組合契約焉。

組合往往有以之爲法人者，而其目的若在公益，則當從民法第三十四條之規定；若以營利爲目的，則從民法第三十五條，當依關於商事會社之規定。於此情事，乃立法者所欲稱之爲會社者。於此等之情事，則法人與第三者及社員之關係，固無論已。即社員間之關係，亦爲當適用關於民法中法人之規定，或關於商法中商事會社之規定者。但商事會社，則準用於本節之規定中者，亦不尠也。新商五四

本節分爲左之三段：第一，組合之定義；六六七第二，組合之效力；六六八至六七七第三，組合之終了，六七八至六八八是也。

一　組合之定義

第六百六十七條　凡組合契約，因各當事者，約爲出資以營共同之事業，而生其效力。

出資得以勞務爲其目的。取一一五、一一七，舊商七四、七七，新商四二、五四、七一

在新民法，廣其組合之範圍，凡以共同事業爲目的者，悉網羅之，而使包含於此中，則既如前所論矣。故組合之要素有二：第一，各當事者圖共同事業之成功；第二，爲出資之事，是也。第一要素之結果，惟以從契約之本旨，直接或間接，力求其事業之成功，與不爲一切能妨其成功之行爲，爲各組合員之義務而已。又其爲第二要素之出資，或亦得謂爲第一要素之結果，然此乃各組合員常負其積極之義務者，故必須特論之。而其出資之目的，則有多種，或以不動産之所有權，或以動産之所有權，或以不動産之使用權，或出金錢，或出版權、特許權、意匠權、商標權等之財産權，或以勞務供會社之用等，皆

是。惟信用則果得以之爲出資之目的否，此向來所頗有議論。而於新民法，則從民法之一般規定，以信用爲出資，其事無必需承認之故。雖然，在新商法則且明許其以是爲出資焉。新商七一今僅就以信用爲出資説明，其當爲何等之事。蓋謂凡能博世人之信用者，爲組合員，以其名列於組合之名簿，雖與他組合員有同樣之權利義務，然惟普通之組合員，納其金錢或其他之出資，而右之組合員，則但以其信用爲出資，不別以金錢及其他之物或勞務，出於組合之謂也。故或有謂右之組合員，爲並無何等之出資，有缺於組合契約之一要素者，甚至以此爲一種詐欺之行爲，亦非無之。然此不過爲未知人之信用有如何之價值者，所發之愚論而已。惟除商事會社等，在僅從本節規定之組合，則非必認其以信用爲出資，但以本條第二項，認其以勞務爲出資者而已。

組合之人數，毫無限制，故二人共同而營漁業、農業等，亦爲組合；有數千人之會員之學會，亦爲組合。惟人數之尤多者，則最多以之爲法人焉。

二　組合之效力

第六百六十八條　各組合員之出資，及其他之組合財産，屬於總組合員之共有。取一一五，舊商七四、九三，新商四四・一項

本條蓋定組合財産之屬於組合員所共有者也。蓋在法人會社，則會社財産，固屬於法人之所有；在普通之組合，則組合財産之當爲共有，其事殆不俟言。惟因是而暗示各組合員之出資，於組合解散之時，當然不能復歸於出此之組合員之所有耳。但以特約，定爲可復歸於各社員之所有者，則固亦無所妨也。

本條規定之結果，各組合員之出資，乃既以關於此之一部之權利，讓渡於他組合員者，故於此而應適用關於讓渡之一切

之規定，即其不動産當爲登記，其動産當引渡於組合之業務執行者，其債權當通知於債務者或受其承諾。不然，則不得以之對抗於第三者矣。一七七、一七八、四六七

在本條之情事，似難適用關於共有之一般規定，蓋於本節有特别之規定也。惟於各組合員之出資額，有不分明之時，似當適用第二百五十條之規定。然此甯爲紙上之空論，如各組合員之不知其出資之額者，實際蓋未嘗有也。

第六百六十九條　在以金錢爲出資之目的時，組合員若怠於爲其出資之事，則要於付其利息之外，並爲損害之賠償。取一二一・二項，舊商九五，新商五五

本條蓋定怠於金錢之出資者之責任也。蓋依一般之規定，則怠於金錢債務之履行者，其損害賠償，僅爲當付其法定利息者矣。四一九此在普通之情事，雖以此爲已可，而在組合，則因組合事業，有必需此金錢，乃所以爲此出資，故僅以使付其法定利息，多未足償組合之損害。且在以營利爲目的之組合，則尤罕以欲得其法定之利息，而組織其組合者。故於本條，特爲例外，當於法定利息之外，並付其損害之賠償焉。參觀四四二・二項、四五九・二項、六四七、六六五、六七一、七〇四

第六百七十條　組合之業務執行，以組合員之過半數決之。

以組合契約，委任其業務之執行者，若有數人，則以其過半數決之。

組合之常務，則不拘前二項之規定，各組合員或各業務執行者，得專行之。但於其結了以前，他組合員或他業務執行者，若述其異議，則不在此限。取一二四、一二五、一二八，舊商八六至八九、九一、一〇八至一一一，新商五六至五八六、一六二

自本條以下至第六百七十三條，乃關於組合之業務之執行者也。而本條則先定其何人以何等權限，執行此組合之業務焉。

第一，不以組合契約定其業務執行者時。

於此情事，爲當以組合員之過半數，決其業務之執行者焉。蓋就此雖有或以必需組合員之一致，或以各組合員得以專斷執行其業務之二說。然此皆極不便於實際，又多不副於當事者當初之意思，何則？若無論瑣瑣之小事，亦需組合員之一致，則組合之事務，不免常爲澀滯，而頗有妨其事業之成功。雖然，各組合員若得以專斷而無事不可爲之，則各自之行爲，動相矛盾，不但多有不能決行之情事。且一組合員，往往可爲全反於他組合員之意思之行爲，而將亦得以其行爲爲有效矣。惟決於過半數，則可謂最適於實際，且最多副於當事者當初之意思。但其得以過半數爲決者，惟有組合之業務執行而已，即惟有所定於組合契約之事業，實行時所必需之行爲而已。若夫變更其組合契約，或決其所不包含於契約之中之事項，則必需總組合員之一致，此又其所不待言者矣。右之外，非無以比較多數決，爲其執行業務之法。然此頗有所危險，動輒有反於當事者當初之意思者，故其難於採用，有不俟言，而本文亦不復論之矣。

本條之所謂過半數決，固依其人數者也。雖外國之法律中，或非無以出資之額而定之者，且於商法亦見其例。然在普通之組合，則常不必依出資額，故於本條，不取此主義也。但當事者若以特約，定爲當依出資額以算其多數，則固無所妨耳。

過半數決，固爲便法，然若每事而必爲當依總員之過半數決者，則又往往不勝其煩矣。且組合之數若甚多，則亦有終不能行於實際者。故組合員以其過半數所決，由組合員中，或組合員外，選任其一名或數名之業務執行者，或以關於業務執行之一切行爲委任之，或限其行爲之種類而委任之，均無不可。是即爲關於業務執行之行爲，故亦當依本條第一項，以過半數決之。

第二，以組合契約定其業務執行者時。

於此情事，則以業務執行者之過半數決，爲可執行其業務者焉。雖就此亦非無要業務執行者總員之一致，或得以其各自專斷而決行之之主義。然於新民法，則因與前段同一之理由，而取過半數決之主義焉。

以上雖豫想其爲業務執行者爲有數人之情事，然其爲一人者亦不少。於此情事，則組合之業務執行，常當以其人之獨斷決之，固所不俟論矣。

業務執行者，不必定需組合員，惟因其爲組合員與否，而有當適用其第六百七十二條與否之别。然至於其權限，則毫無所異。在舊商法，雖似爲必以社員充之者，然於新商法，則不取之，惟會社之代表者，乃爲必當以社員充之者焉。新商五六、六一、六二、一〇九、一一四、一六四、一六九、一七〇、二四〇但在組合一般之規定，則多以爲此限制爲不便。故於新民法，不復如舊民法而設一切之限制也。舊民法驟觀之，似取反對之主義，其實亦不然。

以上爲一般之原則。雖然，若事事物物，必須依此原則，則其不便，實不可言。故以本條第三項定爲組合之常務，則不問曾以組合契約，定其業務執行者與否，無庸必依右之原則焉。其不定業務執行者，則由各組合員專行之；其已定業務執行者，則由各業務執行者專行之，無不可也。然此不無動輒流於擅斷之弊，故以本條第三項但書，定爲於其行爲之結了以前，若他組合員，指第一種情事而言或他業務執行者，指第二種情事而言述其異議，則爲不得專行之者焉。故於此情事，則爲仍當用過半數之意見，而處分之者。

所謂組合之常務，果爲何等事務？是固事實問題，蓋謂凡營其組合之事業，所日日應行之小事也。例如在漁業之組合，則日日放出漁船，或賣卻其漁獲之魚等是也。又如學會，則在定期發行雜誌，或定期應開研究會之時，其雜誌之發行，及其研究會之開會等，苟從既定於前之規約以爲之，則當以之爲常務，可勿論也。

第六百七十一條　執行組合之業務組合員，準用第六百四十四條至第六百五十條之規定。取一三〇至一三五，舊商九二一〇一至一〇三，新商五四

本條乃以業務執行者，爲準用關於委任之規定者也。蓋業務執行者之爲純然之受任者與否，則於學者間稍有議論。蓋若以組合員以外之人爲業務執行者，則其爲受任者，固無論何人皆不疑之。然若以組合員充之，則往往有不以之爲受任者者。現如德國民法，即因此理由，而特明言其關於委任之規定，當準用於組合之業務執行者焉。今尋其理由之所在有二：一則在組合員執行其組合之業務時，可認爲兼行自己之事務與他人之事務者，故謂不能當然直以關於委任之規定適用之；其一則在組合成立之後，若特以組合員中之一人或數人，爲業務擔當者，則其爲受任者固已，然若以組合契約定之，則於當事者間，別無委任契約存焉，乃僅以組合契約之結果，而以其組合員爲執行其業務者，故謂當然不得爲能適用委任之規定者。此其第一理由，固薄弱而不足取。何則？組合之業務，固合自己之事務與他人之事務，而無所別。然其爲自己之部分，固非因委任，餘部分則以爲因委任者，亦何不可？譬如甲股東兼爲乙股東之代理，而臨股東總會之時，甲得以自己之名義投一票，又以乙之代理之名義，更投一票，當此之時，一票固爲自己，

餘一票即爲他人，故就此投票言之，固已爲委任之成立矣。組合之業務執行者，方其執行業務時，亦何以異此？惟一則以各投一票，得爲區別；一則以同一之行爲，爲自己即爲他人，而生其效力。故有難於區別之差而已，在理論則固毫無所異也。

至第二理由，則多少有可味者在。據余所信，則從理論上言，若以組合契約定其業務執行者，則似可謂爲純然之組合契約與委任契約相合併者。然業已區別委任契約與組合契約，而各爲規定矣，則其依組合契約之規定，而使某組合員有執行其組合之業務之權利義務，此而謂爲仍非委任契約之結果，亦組合契約之結果，未爲不當。要之，組合契約中，包含委任契約與否，則爲一種疑問。故置本條之明文，最爲實際所必要，其不云適用，而云準用者，蓋不必視爲組合契約中，包含委任契約也。

第六百七十二條　若以組合契約，委任其一人或數人之組合員，執行業務，則其組合員，非有正當之事由，不得爲辭任之事，又無被解任之事。

因正當事由而爲解任，則要有他組合員之一致。取一二六、一二七

組合之成立後，所選任之業務執行者，則不問其是否組合員，皆當從委任之一般現定，得隨意解其任或爲辭任矣。六五一然若以組合契約定其業務執行者，則未必得如是爲之。先就其以組合以外之人，爲業務執行者之情事而論，其人固得爲辭任者。蓋其人與組合之關係，非因組合契約而爲當然所生，乃別據組合契約之趣旨，於其人與組合之間，當成立一種委任契約而已。故其人與組合之關係，乃一依其委任契約而定之者，因而其人以得任意辭任爲本則，此依第六百五十一條之規定而

自明也。惟其由組合而爲解任，對於業務執行者，無論何時得爲解任，固也。然於組合員間，則此爲變更其契約之一條項，故非有組合全體之同意，則不能決行之。但若同以組合契約，定爲得依過半數決，或其他方法解其業務執行者之任，則固當從其規定，又所不待言矣。

惟在以組合契約定，爲以組合員之一人或數人，爲業務執行者時，則此常爲組合契約之一條項，故據理論，則非業務執行者及他組合員爲皆同意，不能罷其業務執行者。雖然，其業務執行者，縱有何等事由，亦非得他組合員全體之承諾，則不得爲辭任。是於其人之自由，束縛已甚，必致反於文明國近世法律之主義。且如組合之業務執行，苟非任意爲之，究不能令其組合之事業，得滿足之結果。再者，因正當之事由，而由他組合員之全體，欲罷其業務執行者，此時若令其人得頑踞業務，自欲繼續其執行，他人即無如之何，則甚害他組合員之利益，將有竟不能貫徹其組合之目的者。故於本條，若有正當之事由，則第一，業務執行者得不問他組合員之意思如何，而爲辭任之事；第二，他組合員之全體，若一致而欲解其業務執行者之任，則其人不能抵抗之。若夫正當事由云者，固爲事實問題，除任法官認定之外，蓋無他道。然例如業務執行者之意見，與他組合員之意見，甚爲衝突之時，或業務執行者因疾病或公務等，至不能執其業時或其人爲不正當之行爲時，皆不能不謂爲有正當之事由者也。

本條之規定，固非公益規定，故以組合契約，而設異於此之規定，固無所妨也。

第六百七十三條　各組合員，雖不有執行其組合之業務之權利者，亦得檢查其業務及組合財産之狀況。舊商九〇、二二二、

二七三，新商五四、一一一、一九一・二項、三〇四

本條蓋欲保護其不與執行業務之組合員，而設者也。蓋若已特定其業務執行者，則他組合員，固不能妄干與於組合之業務。然而組合之事業，則爲各組合員全體之事業，故其事業之成功與否，則固爲各人利害之所關，故常不可無監督其業務執行之權利。而欲監督業務之執行，則必須得檢查其業務，及組合財産之狀況。此所以有本條之規定也。

第六百七十四條　當事者若不定其損益分配之成數，則其成數應各組合員出資之價額而定之。

若止就利益，或止就損失定分配之成數，則其成數，推定爲共通於利益及損失者。取一三六、一三七、一四一，舊商一〇五、二二一、二六九，新商五四、一九七

本條所以定各組合員分配損益之成數者也。蓋當事者若明定其成數，則固當從之。然當事者往往有不定之者，又或有止定利益或損失之一種成數，而不定他種之成數者。在本條，則第一，當事者若不定何等之成數，則其成數，爲當應於各組合員出資之價額者；第二，若止就利益或損失之一種定其成數，則其成數，推定爲通於利益與損失者焉。故當事者若欲主張其結約當時之意思，與此相異，則必不得不舉其反證也。

凡損益分配之成數，非各國皆用本條之主義。在羅馬法及德國法，則以人數劈分爲原則，此從以組合業務爲着眼於人者之趣意而推之，似頗爲妥。當然有二説：第一，依出資之量，而其組合因於所與利益之程度，爲有多少，此爲不可爭之事實，故全然度外置之，甚爲不得其當；第二，以人爲著眼之處，從世之漸趨於開明，漸減其注重於此之程度，將大注重於出資額焉。故至今日，則其原則，甯以出資額爲分配損益之成數爲標準，較爲妥當。此爲法國法之主義，我新舊民法之所採

用也，並於商法，亦取此主義焉。新商五四、一九七

第六百七十五條　組合之債權者，若於其債權發生之當時，不知其組合員所分擔損失之成數，則得對於各組合員，就其均一之部分，行其權利。取一四三・二項，舊商一一二，新商六三

組合本止生契約之關係，故於組合員之外，無對於債權者而負義務者，而其組合員間爲無連帶，故其原則爲當應其組合契約所定之成數，而負擔其對於組合之債權者之義務。雖然，組合契約本爲組合員間之行爲，第三者乃無知之之義務者也。且業務執行者若不以實告之，則其債權者往往可有受欺之事，而不得以之對抗於他組合員。參觀七一五故組合之債權者，於取得其債權之當時，若不知各組合員分擔損失之成數，則視組合員爲各自就其均一之部分，當分擔其損失者，得對之而行其權利焉。

第六百七十六條　組合員若就組合財產而處分其持分，則其處分，不得以之對抗於組合及與組合爲取引之第三者。

組合員不得於清算前求分割其組合之財產。取一四二、一四八・二項、三項、一五三，舊商九九、一三二、一三三、二一六、二四九，新商五九、八五、九五、二三四

組合財産，屬於組合員全體之所共有，此既爲第六百六十八條所規定，然則依共有之一般規定，各共有者，無論何時，得爲處分其持分之事。雖然，在組合則其共有財産，恰爲組合事業所應使用者，故若於半途而以之讓渡於他人，則將至不復能繼續其組合，故組合員就組合財産，處分其持分，明爲反於組合契約之目的者。故於本條，則雖非必絶對禁其處分，然若處分之，則爲不得以其處分，對抗於組合及與組合爲取引之第三者焉。故於組合之存續中，當以其財産依然供組合之用，

又組合之債權者，得就其財産行自己之權利。

共有財産，又以無論何時，得求其分割爲原則。二五六雖然，組合之締結，乃恰爲由共通之出資，而營一種事業者，故若分割其組合財産，則全然能生反於組合目的之結果。故以本條之規定，特反於共有之一般規定，而以組合員爲在組合之清算以前，不得求其分割組合之財産者焉。

各組合員之債權者，雖得行其組合員之權利，四二三然固不得行其組合員所不有之權利。故代組合員而對於組合，求其利益之分配，則得爲之，又得於組合清算之後，求其組合財産之分割。雖然，未至組合之清算以前，就其組合財産，不能於其組合員之持分，差押或公賣之，以受自己之辨濟。況得求其財産之分割耶？但組合員之權利，固爲一種財産權，故其債權者，無不得以之充其辨濟之理，故此權利之本物，得由公賣而得其相當之代價，由是而受辨濟，蓋所不容疑也。惟其權利，則不外乎二者：一則代組合員而受其利益之攤配之權利；一則當組合清算之時，受其組合財産之一部之權利，且於破産之時，組合員爲當然脱退。故其結果，當遭持分之付還，而破産管財人，則當以其所受自付還者算入破産財團之内，固所不待論也。六七九・二號、六八一

第六百七十七條　組合之債務者，不得以其債務與對於組合員之債權，爲相殺之事。舊商一一八

組合不成爲法人，其結果爲組合之債權，即各組合員之債權，組合之債務，即各組合員之債務。就其一部分而言故其債權者若對於一組合員而負義務，似得依是而以相殺爲對抗，其債務者若對於一組合員而有債權，似當依是而受相殺之對抗。雖然，是頗於組合爲不利益，何則？其結果必至於以組合事業所

用之財産，爲一組合員而用之矣。於是本條乃定爲不得由組合之債務者，主張以其債務，與對於組合員之債權爲相殺焉。

在本條，不言組合員不得對於爲其債權者之組合之債務者，主張其援用組合之債權，而爲相殺，則法律果爲許之者耶？曰：否。其不許之之故，依前條之規定而自明，故不於此特爲明言之耳。夫組合之債權，乃一種組合財産，故因是而以相殺爲對抗，即爲處分其組合之財産，此固前條之所不許也。

三　組合之終了

組合契約終了之原因有二：一爲組合員之脱退，一爲組合之解散，甲爲某組合員之組合契約所由終了，乙爲各組合員之所由終了者也。在羅馬法以來之外國，雖多認第一種之終了，然此於實際，頗有所不便，且在我邦之習慣，似亦多不認之者。在商法，既就商事會社，破歐洲一般之成例，而認其退社，故於組合亦認之，似不得謂爲新民法之所新發明也。據余所信，則法律之進步，不緣些小之事由，而爲解散組合之事。在某組合員，不得依然爲組合員之時，則甯可脱退其人，而止以他組合員，爲得繼續其原組合者。即在歐洲，以特約認其組合員之脱退，其例不尠，以此可知今日社會之需要，誠在認其脱退。若然，則即無特約，亦可以法律之原則認之矣，此新民法所以認脱退爲一般之法也。

第六百七十八條　若不以組合契約定組合之存續期間，又定某組合員之終身間，當存續其組合，則各組合員，得無論何時，爲此脱退。但除有不得已之事由者外，不得於有所不利於組合之時期爲之。

雖既定組合之存續期間，然各組合員若有不得已之事由，則得爲脱退。取一四五・二號、三號，舊商一二〇、一二七、二七

一，新商六八、三〇一

自本條以下至第六百八十一條，乃關於組合員之脱退者也。而在本條，則定組合員所任意得爲脱退之情事。蓋若以組合契約，定組合之存續期間，則不能不於其期間，以不得任意脱退爲本則。惟若定爲組合應存續於某組合員之終身間者，則是其組合員終身之自由，將爲此而受其束縛，不但應存續於長歲月之間，且其組合，究應存續於幾年間，亦多爲不能豫知者。故於此時，則視之爲恰與不定組合之存續期間者爲同一，因即於此一端與不定組合存續期間之一端，均令各組合員，爲無論何時得爲脱退者焉。蓋組合若不定存續期間，則其契約之性質上，似欲其組合，爲能存續於永久者。然此於束縛組合員之自由，實爲已甚，故在歐洲，大抵得請求其組合之解散焉。但在新民法，則力避解散，而取止由組合員自爲脱退之主義，故以本條之規定，認組合員之脱退權。其第六百八十三條，雖亦認請求解散之權，要惟限於有不得已之事由者耳。

組合員請求脱退之權利，以其必要而認之。雖無異説，然脱退本出於組合員之便宜，故若因是而大有損害於組合，則不可許之。即在有所不利於組合之時期，以不得爲之爲本則。例如在已定決算期之組合，則於決算期以外，組合員爲脱退，大抵爲組合之所不利益，故其原則，當於決算期之終，爲脱退焉。又例如在熟於組合事業之組合員，以一人擔當組合之業務者，若突然爲脱退，則不能即時發見其可代之人，因有於組合事業釀爲大不利者，於似此之情事，則未發見可代之人，不能不姑令猶豫其脱退是也。但若有不得已之事由，則亦得即時爲脱退。例如脱退員與他組合員意見相衝突，脱退員以爲爲某種行爲，於組合極爲危險，他組合員則欲斷然行之，於此時，脱退員非速爲脱退，則其行爲動有累及自己財産之虞，遂有立時欲爲脱退之事。似此情事，則不拘時期之如何，固得即爲脱退矣。

如上所云，乃於不以組合定組合之存續期間，或當準之者之情事，定其組合員得爲一般脱退之旨者也。然此未可爲已盡，蓋雖定其組合之存續期間，亦非無應爲脱退之不得已事由。例如組合員與組合員，意見常相衝突，有終不能融洽以繼續其組合之事業者，於此情事，則其組合員雖以組合契約，定其組合之存續期間，亦不得不爲脱退。又例如某組合員，爲以其勞務爲出資者，若因疾病傷痍等，至不能以其勞務供組合之用，則不得不於半途脱退其組合。此所以有本條第二項之規定也。

第六百七十九條　於前條所揭情事之外，組合員因左之事由而脱退：

一，死亡；

二，破産；

三，禁治産；

四，除名。取一四四·五號、一四七，舊商一二一，新商六九

本條所以揭組合員當然脱退之普通事由者也。

第一　死亡

組合乃本以信用而成之者，故組合員之一人若已死亡，自不能如他種法律關係，以相續人爲當然承繼其死亡者之權利義務者。故在外國，大抵以之爲組合解散之原因焉。舊民法亦然然因前所既論之理由，在本條乃僅令脱退其死亡者，以應由其餘存者繼續其組合爲原則，並以其因死亡之脱退，爲不關於公益者。故若組合員特約其可以死亡者之相續人，爲組合員之時，則其死亡者之相續人，當然得爲組合員，以繼續其先人之權利

義務焉。

第二　破産

破産者於財産上，殆已等於死亡，既所屢屢論之。故以之爲脱退之原因，既一旦認其脱退矣，則覺其實所當然，而不待言者。在舊民法，則此亦爲解散之原因。

第三　禁治産

禁治産者，殆已失其行爲能力之全部。故如本於信用之組合契約，因社員之禁治産而當然失其效力，極爲至當。惟不以之爲組合解散之原因，而止其組合員之脱退，則同於前就死亡之所論。但於此情事，組合員若以特約，令後見人可代禁治産者，行組合員之權利義務，亦可不致其人之爲脱退也。舊民法同上。

第四　除名

除名一事，在被除名者，不但害其財産上之利益，且其名譽，亦往往有被其污辱者，故不可輒許之，所不待言。而其條件，則於次條定之。

第六百八十條　組合員之除名，限於有正常之事由時，得以他組合員之一致爲之。但非以其旨通知除名之組合員，則不得以之對抗於其組合員。舊商九四、九五、一〇四、一〇六、一二七・二項，新商七〇、八三

本條乃於組合員之除名，定其必要之條件者也。凡除名，在除名者，其財産上及名譽上，有生其重大損害之虞，此事如前所論矣，故其條件特鄭重之。

第一，要有正當之事由。例如一名之組合員，特爲剛愎，與他組合員不相和熟之時，或一名之組合員，因其疾病，不能以其所以爲出資之勞務，供組合之用之時，即是也。

第二，要有他組合員之一致。蓋組合關係乃因契約而成，

故使之終了此關係，亦要有當事者全體之一致，爲當然之理。然組合員中，其有應被除名之原因者，多不肯自脱退於組合，故於本條，則以既有他組合員之一致，爲得以之爲除名者焉。而其應除名之組合員，同時有數名時，則得止由其他組合員對其數人爲除名之事。但應除名之組合員，若甚多時，則實際亦多以其組合，爲不得已於解散者矣。六八二、六八三

若已具備以上二條件，則除名在法律上正爲成立。而若其有無正當事由，有爭論時，則止能出訴之於裁判所，而使判其曲直而已。其確定爲真有正當事由者，則可於他組合員一同表示其意思時，爲除名之成立。惟若欲以之對抗於除名者，則必以其所以除名之旨爲通知焉，是固可謂當然之事。蓋除名之於除名者，爲有重大之利害，要之欲於實際，使其除名生充分之效力，其勢固不得不以其旨通知於除名者也。

第六百八十一條　脱退之組合員，與他組合員之間之計算，要從脱退之當時，組合財産之狀況爲之。

脱退之組合員之持分，不問其出資之種類，如何得以金錢付還之。

於脱退之當時，所未了結之事項，得於其結了後爲計算。取一四七·一項，舊商一二三、一二四，新商五四、七一

本條所以定脱退之效力者也。蓋脱退乃以其向來爲組合員者，失其將來爲組合員之資格，故脱退之原因發生以後，脱退員固不有組合員之權利義務。然以向來之組合員，其脱退前爲組合員之權利義務，則無脱退之事，故由理論上言之，則於脱退之當時，而爲清算。其脱退者，若有利益，則當受其利益；有損失，則當償其損失。且組合財産，當於其權利之限度，受其分配似也。雖然，果若此則法律所以許其脱退之趣意，殆不

能貫徹。蓋與一旦解散其前組合，而更組織新組合，殆無以異。故於本條，僅止爲帳簿上之計算，而以組合財産，估計金錢，以相當於脱退者之持分之金額，付還其人足矣。而其脱退當時，有未了結之事項，則許其以此留至結了後，姑爲計算焉。例如脱退當時，其組合若有着手之事業，於其事業之成績未明時，得姑延其計算之期，俟其至成績既明，然後爲計算也。故於此情事，先假以其事業，置之度外，而計算其脱退之持分，後日若有利益，則攤配其一部於脱退者；若有損失，則以其一部令歸於脱退者之負擔可也。

以勞務爲出資之脱退員，果得與於財産之分配乎？曰：然。組合財産，本爲組合員之共有財産，六六八且依各組合員出資之協合，保存或增殖之者也。故苟無特約，則即以勞務爲出資之組合員，亦當與於財産之分配，殆不俟論。惟通常之出資，在組合成立之當時，全行付入，而勞務則大抵於組合之存續間，漸次以供組合之用，故應其所供勞務之年數之成數，於其出資之價額，爲有多少，是爲實際所不易評定者。然若當事者不評定之，則不得不斟酌種種事情，爲之評定。惟即在當事者評定之之時，其評價通常亦當就組合所應存續之全期以爲之，故其組合員若半途脱退，則當儘其脱退之歲月，應其成數而定其價額焉。是在解散之時，則有第六百八十八條之規定，故爲所不待言者。然在脱退之時，亦不得不爲同樣。蓋得依第六百八十八條第二項之規定，於脱退時之脱退員權利，亦默爲推測而知之矣。在舊商法雖有反對之規定，其爲不當，由前所既論而自明，故於新商法置相反之明文焉。且在新商法，則其以信用爲出資者，亦適用同一之規定也。舊商一二四・二項，新商七一

第六百八十二條　凡組合，因其目的之事業之成功或不能成功，而爲解散。取一四四・二號，舊商一二六・二號、一二七・一項、二三〇・一號、四號、二七一，新商七四・二號、二二一・一號、三〇二一號

自本條以下至第六百八十八條，爲關於解散組合之規定，而本條及次條，乃所以定其原因者。本條則關於當然解散之情事，次條則關於因請求而解散之情事也。蓋組合解散之原因，除本條及次條所揭者之外，殆不遑枚舉，然大概皆當然而不待言者，故兹不規定。例如以組合契約定爲存續期間之滿了，或解除條件之成就，或組合員全體之一致等，是已。本條所定組合目的之事業，成功或不能成功，亦或可爲無庸明文者，然多少非無可疑之處，故特定之。例如因欲於某地架一鐵道，而設某道期成同盟會之組合。若因此組合之盡力，竟至於其地架設鐵道，則其組合，爲已達其目的。故雖或假定其存續期間，亦不俟其存續期間之終了，止可解散其組合，而況其存續期間之未嘗豫定者耶？又例如以本國之商品輸出於外國，更裝還其國之產物，以之販賣於日本國内，欲如是者一度，而設組合，則因了其航海，賣盡其由外國裝還之商品，爲已達其組合之目的，故其組合應當然解散。又如欲以某人全集數千部爲出版，而締結其組合，此時若由内務大臣禁其出版，則因組合目的之事業，不能成功，其組合爲當然解散。又例如組合因損失之故，痛耗失其財產，僅其餘額，終不能望事業之成功，於此情事，組合亦因是而當然解散，即是也。

第六百八十三條　若有不得已之事由，則各組合員得請求其組合之解散。取一四五・二號、三號，舊商一二七・一項，新商八三、三〇一・二項

本條乃規定其因請求而解散之情事者也。蓋在新民法，則以第六百七十八條，許其組合員之任意脱退，又以第六百八十

條，許組合員之除名，故似無必需因一人之請求，而解散其組合者。然在脱退與解散，以其效力有不同時，則即解散亦有不得不許者。例如組合員中，多有不正之行爲者，他組合員縱爲脱退，亦不易得有公平計算之望。於此情事，則有必需全然解散其組合，以爲公平之清算者。又即使組合員無不正之行爲，而組合之帳簿，太不整頓，非全然解散之而爲清算，則組合財産上之狀況，有不能明者。於此等之情事，則組合員不僅得爲脱退，而得請求其組合之解散焉。至所謂不得已之事由，雖與第六百七十八條無殊，然僅於脱退爲不得已者，固未必即爲解散之不得已事由也。

第六百八十四條　第六百二十條之規定，於組合契約準用之。取一四四・一號一、四五・三號

自本條以下至第六百八十八條，則定其解散之結果者也。而於本條，先定其解散止能向將來生其效力。蓋組合之解散，即爲契約之解除，故據一般之原則，則其效力，在當事者間，不得不溯於既往。五四五在關係錯雜如組合者，若其解散之效力，能溯於契約之初，則非但需錯雜之計算，且動輒有能生不公平之結果之虞。故以本條，定組合之解散，如賃貸借與雇傭及委任等，止能向將來生其效力焉。即各組合員因組合之事業而出資，所付出之動産、不動産及其他財産，若以組合事業之結果而爲減少，則無庸返還其所付出於組合之物之全部價額。又各組合員以利益而已受攤配之金額，則無庸返還之，況於其所附之利息乎？且依次條以下之規定，而當爲清算，故其清算之結果，各組合員，原不能必於自己所付出於組合之財産，儘其原物而取還也。

第六百八十五條　組合若已解散，則清算由總組合員之共同，或其所選任者爲之。

清算人之選任，以總組合員之過半數決之。取一五〇，舊商一二九、二三二・二項、二三三，新商八五至八九、二二六、二三四、二四八

如前條所述，於組合解散之時，則爲應爲清算（Liquidation）者。清算云者，處理其組合事業之結末，組合之財産，速履行之，組合之債務，速辨濟之，其餘賸之財産，則以之分配於各組合員之謂也。七八、六八八蓋若以組合契約，豫定其不爲清算而可結組合之局，則固當從其契約。然苟無此特約，則必爲應爲清算者，而即以清算論。若以組合契約，或定清算人，或規定清算之方法，則亦當從之，固已。但若不以組合契約定之，則總組合員，爲應共同而爲清算，或以其過半數所選任者爲之。

第六百八十六條　清算人若有數人，則準用第六百七十條之規定。舊商一三〇、一三一、二四〇，新商九三、二三四

總組合員，在共同而爲清算之時，則清算人必有二人以上。又雖特定其清算人之時，其有二人以上者，殆亦不少。於此情事，清算人果非一致而即不能執其清算事務乎，抑當以過半數決之乎？此爲本條之所規定。而以其與組合之業務執行者有數人時，毫無相異之理，故準用第六百七十條之規定，其原則爲當以過半數決之者。惟清算之常務，各清算人得專行之。但於其結了以前，若有他清算人述其異議，則非有過半數之同意，不能決行之焉。

清算之常務云者，果何謂乎？曰：清算之所日常必要之事務，即是也。例如督促其組合之履行債權，或爲無庸爭執之債務之辨濟，是也。

第六百八十七條　若以組合契約，由組合員中，選任其清算人，則準用第六百七十二條之規定。舊商一三一、二四〇，新商九六、二二八、二四九

如前所論，往往有以組合契約，豫定其清算人者。於此情事，則無異於以組合契約，選定其業務執行者之情事。即如所選定者若別在組合員以外，則固依委任之一般規定，無論何時，得解其任。清算人，亦無論何時，得爲辭任矣。然若在組合員間，則欲解其任，要有組合員全體之一致。是無他，以此爲改其組合契約之一條項者也。反之而若由組合員中，選定其清算人，則非有正當之事由，不得爲之改任，清算人亦不得爲辭任。至若有正當事由，則欲解其任，但以其他組合員之一致足矣。至其理由，則同於以組合契約定其業務執行者之情事，故兹不再贅。

第六百八十八條　凡清算人之職務及權限，準同第七十八條之規定。

餘剩財産，應各組合員出資之價額，而分割之。取一四九、一五一至一五四，舊商一三〇至一三三、二四〇至二四二、二四九，舊商五四、九一、九四、九五、二二七、二二九、二三四

本條定清算人之權限，併定其餘剩財産之分割成數者也。而就清算人之職務及權限，則準用關於法人之清算人之規定焉。蓋組合不組成法人，故其性質，有大不同者，然至清算之目的，則毫無所異，因而就清算人之職務及權限，無特設爲差異之理。即清算人之職務，(一)爲了結其現務，(二)爲收取其債權且辨濟其債務，(三)爲分配其餘剩之財産，是也。而其權限，則在得爲其因行右之職務所必需之一切行爲。惟其餘剩財産之處置，則有與法人之情事爲大不同者。蓋法人之財産，即在社團，亦非社員之財産，況在財團法人之外，更不能有其財

產之主體。反之而在組合，則組合財產，乃組合員之共有財產，故清算之結果，則餘剩財產，當以之分割於各組合員，而其分割之成數，以應其各組合員出資之價額爲本則。其爲公平之故，既如第六百八十一條所論。惟餘賸財產之分割成數，得爲别定，固不待言。即就清算人之職務權限，亦得以組合契約，或組合員之一致，定爲與本條相異之規定也。

第十三節　終身定期金

終身定期金之契約(Contrat de rente viagére，Leibrentenvertrag)，在我邦，猶乏其例。然在歐美，則頗爲頻繁，即我邦亦逐漸當生其需要無疑。蓋我邦向來以家名爲重，有餘財者恒欲傳之子孫，即無親子，亦恒欲迎養子而以財産讓之。譯者按：日本每以養子繼其家氏族之名稱，故謂之家名。吾國則更以血統爲重，立嗣必以同姓爲貴，由親而及疎，是家族主義爲更甚，又不僅重家名已也。習俗不同，即家名二字之義爲難曉，故釋之。故以自己財産之全部，或其大部分讓於他人，而欲得受其人終身若干之年金；或其他之定期金，因是而送其安樂之餘生者，殆爲未有。且邦人概乏於遠慮，豫爲老後之計者，可謂實爲少數。故如終身定期金之契約，未能發達。然個人獨立之風漸行，又因生活之困難，勢不得不爲其老後計，故如終身定期金之契約，當漸赴頻繁，此爲自然之勢。即在現今，欲結此種契約者，已非無有。故於民法中設此規定，決不可謂之蛇足也。

向來不謂之約身定期金而謂之終身年金，此其常也。蓋在外國，大抵爲當年年支付者故耳。雖然，在我邦，則每月應付若干金之契約，頗爲頻繁，又每半年付若干金之契約，亦不爲少，故云終身定期金也。參觀一六八、三七四。

定期金有非終身者，如月賦金、年賦金，亦爲定期金。是即在我邦，亦頗爲頻繁。又在西洋，則所謂無期定期金，直至子子孫孫付其定期金者亦甚不少。然則惟就終身定期金而置特別之規定如何？曰：如月賦金、年賦金，則通常不過定一種債務履行之方法。無期定期金，則即在西洋，除公債之外，亦有逐漸滅跡之傾向，況在我邦本無似此之習慣。又邦人之性質，若負此等無際限之義務，亦爲其所不欲。惟至終身定期金，則因前所論之理由，今後當漸赴於頻繁，而其欲得終身定期金之債權，特意結此契約者當不少，故特設其規定焉。但此契約亦多有牽連於他契約而結之者，且以賣買之代價爲終身定期金，在西洋頗謂頻繁。故或非無不以爲一種契約，而以爲可於債權總則中規定之者。然因右所述之理由，當以特種契約爲之規定，較爲要當。但本節之規定，即終身定期金之遺贈，亦當準用，此依第六百九十四條之規定而可明矣。

第六百八十九條　終身定期金契約，因當事者之一方，直至自己或相手方或第三者之死亡，約於定期，以金錢或其他之物，給付於相手方或第三者，而生其效力。取一六四至一六八

本條蓋下終身定期金契約之定義，併示其爲諾成契約者也。而本條之意義，則極爲明瞭，故不復説明之。惟揭應注意之二點於左：

第一，即謂之終身定期金，亦無庸必以金錢爲目的。其用金之字樣者，在實際，以金錢爲目的者爲最多。而契約之名稱，則謂之終身定期金，以其簡而易曉故耳。然如以米穀爲目的之情事，則必不爲少也。

第二，終身定期金契約，或有償，或無償，皆得爲之。例如甲若僅約於乙之終身，年年應以金若干圓與之，則其契約爲無償。反之而若約爲乙以其所有之不動産，讓渡於甲，或以稍稍多額之金額與之，對於此而由甲年年應付其金若干圓，則其

契約爲有償。在西洋，則往往爲讓渡其不動産，由其收益之中當付以年金者，而以其不動産擔保其權利，此事爲頗頻繁。至其無期者，則往往以之爲一種物權焉。

第六百九十條　終身定期金，以按日計算之。取一七二

終身定期金，不問其以年爲期，與以半年或月爲期，其計算以應按日爲之爲原則。例如由明治三十年六月一日，以債權者之終身爲期，而結年金契約，債權者若於明治三十二年一月三十一日爲死亡，則縱其支付時期，定於每年之末，然於明治三十年，當付其年金之三百六十五分之二百十四；於明治三十一年，當付其全額；於明治三十二年，當付其三百六十五分之三十一也。但此爲推測當事者普通之意思而定之者，故若當事者有異於此之意思，例如有以按月計算其年金之意思，則固當從其意思矣。

第六百九十一條　定期金債務者，於受此定期金之元本之時，若怠於其定期金之給付，或不履行其他之義務，則相手方得請求其元本之返還。但要由其所既受取之定期金中，以扣除其元本之利息之餘額，返還於債務者。

前項之規定，不妨其損害賠償之請求。取一七三、一七五

本條乃關於終身定期金契約，因不履行而解除，爲之規定者也。依一般之原則，則定期金債務者，若不履行其債務，債權者先定其相當之期限，而催告其履行。若於其期間内債務者不爲履行，則始得從此而解除其契約。五四一而若解除之，則當於自己所受取之定期金總額，附以利息而返還之，而其所與於相手方之元本，若爲金錢，則亦均得以應附利息而爲返還之旨，爲請求焉。若其元本爲他種動産或不動産，則止得請求其

返還。若生果實，則亦僅得請求其返還。然果如此，則多能生頗不公平之結果，何則？第一，在元本爲金錢者，於定期之中，自不得不視爲包含其利息者，然以定期金債務者，更請求其元本之利息，而其債權者，乃更當於所受取之定期金總額，附以利息而爲返還，是定期金之債務者，因自己之不履行其義務，轉得受取其自己所付利息之利息矣；第二，元本若爲金錢以外之物，則債務者僅能返還其所受取之物，而債權者則當以利息，附於所受取之定期金而返還之，故有不履行之責之債務者，將比前段之情事，倍博多額之奇利，是豈能不謂之不公平乎？或曰：若依本條之規定，則定期金債權者，當於定期金中，收其相當於所包含之元本之利息之利益。是則誠如或者之言，欲計算此利息，則頗涉於繁，而定期金之債務者，乃本有不履行之責者。故甯忍其繁雜，而無庸保護之，如本條之所規定焉。

本條所云利息，固謂法定利息，即謂年五分之利息。四〇四、四一九而其元本若爲金錢以外之財産，則必爲之評價，就其價額，以五分之利息爲計算也。

在外國，則終身定期金之契約，不得因不履行而解除之，其例頗多。即在舊民法，亦採用此主義。今爲尋其理由，則曰：終身定期金契約，乃射倖契約(Contrat aléatoire，gewagter Vertrag)，其爲定期金債權者之利乎，抑爲定期金債務者之利乎，所不能豫知者也。然則定期金債務者，若已於數年間，冒其不利益之危險，一有不履行之責，則忽然奪其將來所獲利益之希望，向來所冒之危險，均歸無效，是爲頗不公平。且以定期金中，包含元本與利息，若許解除，則其計算，當爲極其困難也。雖然，此未足爲不許其解除之理由，蓋因不履行之故，定期金債務者，即失其利益之希望，則真如論者之言。

然此實自貽伊戚，有過失之債務者，固不能有鳴其不平之權。且即在任何種契約，當事者亦常當冒多少之危險。例如普通賣買之並非射倖契約，此事爲人無異言。然賣主因物之市情之騰貴，有將來失其應受利得之危險；買主因物之市情之下落，抱受其利益之希望，以此爲賣買契約，其事最多。然於一方之不履行時，他一方非得解除其賣買者耶？且在條件附契約，當事者之冒其危險爲尤甚，然猶因不履行而許其解除焉。然則惟此終身定期金，無獨不許其解除之理。又定期金中包含元本與利息，雖如所既論，然就此而苟如本條之所規定，則其計算，殆不可謂甚爲煩雜。故於新民法，斷然許其終身定期金契約之解除焉。

本條第二項，似乎不待煩言。然於第一項，以不明言其契約之當有解除，難遥適用第五百四十五條第三項，故置此明文焉。

第六百九十二條　第五百三十三條之規定，前條之情事準用之。

在本條之情事，定期金債務者負返還其定期金之元本之義務，相手方則負返還其相當於定期金中之元本之額之義務。且相手方於受其損害之，時則定期金債務者，有爲賠償之義務。然則一方即履行其義務，他一方若不履行自己之義務，其結果之不公平，固不俟言。故依本條之規定，一方若未提供其義務之履行，他一方亦得爲拒其自己之履行者焉。蓋前條之情事，若明爲解除之情事，則可適用第五百四十六條，故本條爲非必要。然如前所述，前條之規定，其實雖與認其解除權者無異，然以其不明言之故，特需本條之規定焉。且前條之規定，與第五百四十五條所定，稍稍有所不同，故學理上或得謂非純然之解除權也。

第六百九十三條　死亡若因定期金債務者所應任責之事由而生，則裁判所因其債權者或相續人之請求，得宣告其以相當期間爲債權之存續。

前項之規定，不妨其第六百九十一條所定權利之行使。

取一七七

本條之情事，即謂爲亦一債務不履行之情事，亦無不可，故得適用第六百九十一條，固也。雖然，此未足爲充分之制裁。蓋本條之情事，因定期金債務者所應任責之事由，即有時爲因其故意之所爲，以定期金之債權所繫，爲短縮其人之生命者。故若僅適用第六百九十一條之規定，則止能即時求其定期金元本之返還，債權者則亦返還其相當於所已受取之定期金中元本之額，故若所已受取之定期金已達於多額，其時債權者之利益，當爲甚尠。然若其死亡得其正命，則猶當於數歲月之間，由債務者付以定期金，故依第六百九十一條之規定，債權者所得利益，往往比於因履行契約之所得利益爲少，此爲恒有之事。而於理論上，雖得以損害賠償之名義，估計其將來所應受定期金之額，令債務者償還之，然若無本條之規定，則法官動能躊躇於發此損害賠償之命。故以本條，使定期金債權者，於有解除權之外，並測定其未至天然應死之期間。於其間，猶視其人如未死亡者，得以依然應付定期金之旨爲請求也。

以上雖就定期金債務者受取定期金之元本時論之，然本條則即於無償而爲之契約，亦得以之爲適用。於此情事，則無第六百九十一條之解除權，故債權者爲止能依本條而受其保護者矣。

測定人之生命，蓋爲裁判所之所難。然惟斟酌其體格之强弱，年齡之老少，及其他之事情，而測定之，此外無他道矣。

第六百九十四條　本節之規定，於終身定期金之遺贈準用之。取一六四・二項、一七三・二項、一七五・二項、一七七・二項、三項

本條蓋定本節之規定，當準用於終身定期金之遺贈者也，此爲前所既論。蓋遺贈雖與契約大異其性質，然本節所規定，則遺贈亦不得不同，是以置本條之規定，避其更於《相續編》，置同於本節之規定之煩也。

第十四節　和　解

和解(Transactio，transaction，Vergleich)與裁判，同爲決其爭執之方法。而依裁判決爭，則爲戰鬥之方法，依和解決之，則爲平和之方法。故苟以相當之條件爲之，則不能不比於請其裁判爲有利益，且訴訟多需莫大之費用，與不少之時日。故和解之條件，即多少有不利益，亦多比於用裁判決爭爲有利益。又況用裁判決爭，則當事者間，永有遺其怨恨之患。然和解者則和合其互相乖剌之當事者，而有再敦其交誼之利。故於當事者之權利不明時，尤以和解爲有利。蓋訴訟之結果，其一方多全然歸於敗訴，故即有一旦欲起訴者，亦得先試爲和解，因於區裁判所，召喚其相手方焉。民訴三八一又即一旦既爲訴訟之後，法官亦得試其和解，二二一此法律所以特爲和解設一節而規定之也。

第六百九十五條　凡和解，因當事者間互爲讓步，而相約止其所存於其間之爭端，而生其效力。取一一〇

本條下和解之定義，併示其爲諾成契約焉。蓋和解之要素有二：(一)決爭之事，(二)互爲讓步之事是也。羅馬法以來，

和解之定義，各國不一，學者亦不同其説。然於本條，則採用最正確之定義，以爲非具右之二要素則非和解焉。蓋不爭而互爲讓步，普通之有償契約，大抵皆然。例如債務者已至逾限而不爲辨濟之時，以一種擔保供於債權者，債權者則與以若干之猶豫期限，是即互爲讓步者也。然不爭在當事者間，故不爲和解，又假使能決其爭，然非當事者雙方互爲讓步，則亦無和解之事。例如原告於一旦已提起其訴訟之後，復取下之，或被告認諾原告之權利，則訴訟皆能因是而告終局。然止爲一方之割捨，而非互爲讓步，故此爲取下與認諾，而不爲和解。且爭之爲義，不必定需訴訟，於法廷以外，爭其權利，亦得爲爭，而可以之爲和解之目的。例如甲以乙所占有之不動産，爲屬於自己之所有者，對於乙而以其收回爲請求，乙則主張爲自己之所有者而不肯返還。於此情事，兩人乃結一種契約，甲則抛棄其權利，承諾其以乙爲不動産之所有者，而其報酬，則由乙約爲當以金千圓付甲，是即和解。又甲對於乙，主張其有千圓之債權，乙對於甲，主張其不負一錢之債務，竟爲訴訟，乃於訴訟中，甲、乙間爲一種契約，甲以金五百圓付乙，因是而甲之債權，視爲應消滅者，則是亦和解也。

似和解而非和解者，則爲仲裁契約於有爭之當事者間，指定其第三者，相約因其人之判斷，而當定其當事者間之關係者也。例如即就前例，當事者不自決其爭，而使第三者決之，其第三者，以乙爲所有者，惟以爲應對於甲，付其千圓，或以爲甲對於乙，僅得請求其五百圓，則其結果，雖與和解無異，然固不能以之爲和解，蓋以其非必互相讓步者也。夫就前例之第三者，僅以乙爲所有者，對於甲而一錢亦無庸相付，或以甲之債權，爲全部有效而成立，而乙當以其全額付之，當事者亦不得不從。即仲裁契約，不必爲當事者雙方互爲讓步，往往有以其一方爲全然有理者，此與和解之所以異其性質也。

和解乃有償契約，而爲雙務契約？蓋以當事者互爲讓步，其爲有償，殆不容疑。又其爲雙務契約與否，雖非無可爭執，然余則斷之爲雙務契約。蓋當事者方其互爲讓步，則必當互負義務，其事殆已明甚也。惟其義務，往往履行於即時，由通常人之眼觀之，似不遑生其義務。然由法律家言之，則不得不謂爲一旦發生其義務者。如前例，甲認乙之所有權，其報酬爲受金千圓於乙，於此情事，則依次條之規定，乙以和解之結果，有即時取得其所有權者。然不得不謂甲先對於乙，負視之爲所有者之義務，其義務履行於即時，遂以乙爲所有者。又甲方主張其千圓之債權，約爲乙但付其五百圓，則當抛棄其權利，於此情事，則同依次條之規定，不得不謂乙之和解之結果，爲失其債權之半者。然實止甲對於乙，就其所主張之債權之半額，一旦負不主張之義務，其義務履行於即時，竟消滅其債權之半額而已，故和解常爲雙務之契約也。

第六百九十六條　當事者之一方，由和解而認爲有“所爭之目的”之權利者，或認其相手方爲不有之者。於此情事，若能出其人從來不有此權利之確證，或相手方有之之確證，則其權利，爲因和解而移轉於其人，或爲已消滅者。取一一四

本條所以定和解之效力者也。蓋其和解之效力，爲認定的(Declaratif)耶，爲付與的(Attributif)耶，學者間雖大有議論，然據余之所信，則和解之必爲認定的，抑付與的，不能明言，其性質以全然不明爲原則。惟至後日，當事者之權利既明，則和解有爲認定的者，有爲付與的者，然若當事者不出其權利之確證，則其性質爲終於不明而已。惟若有必需明其性質時，則要據是而由主張其權利者，證明其和解之爲認定的或付與的，

此本條之所規定也。例如就前例，甲雖認乙之權利，然當時非認自己爲全無權利者，不過欲受金千圓於乙，乃因是而拋棄其所主張。雖然，後日若出乙爲其真爲所有者之確證，則不得視乙爲取得甲之權利者，即和解爲認定的也。又爲甲主張債權千圓，因受五百圓而拋棄其主張，後日若出甲並無一文債權之確證，則不得不謂甲因和解而取得五百圓之債權，即和解爲付與的也。反之而就第一例，甲若出其爲所有者之確證，則其權利，因和解而不得不認爲移轉於乙，故其和解亦爲付與的。又就第二例，甲若出其有千圓債權之確證，則就其半額五百圓，爲拋棄其權利者，故亦可謂爲付與的。而其餘半額，則爲甲之權利，因和解而消滅者，於此情事，則學者往往謂和解爲消滅的(extinctif)矣。

第三章　事務管理

事務管理(Negotiorum gestio，gestion d'affaires，Geschäftsführung ohne Auftrag)云者，無義務而爲他人管理其事務者也。蓋依契約而爲他人管理其事務者，爲受任者；依法律上之義務而管理其事務者，爲法定代理人。是等依委任或代理等之規定，爲有權利義務者。惟事務管理者，不依契約，亦無法律上之義務，乃任意爲他人管理其事務者。故自與他受任者或代理人等不同。今示事務管理者之義務與本人之義務之概要，如下：

第一　事務管理者之義務

一，事務管理者，要以最適本人之利益之方法，而爲管理；

二，事務管理者，一旦既開始管理，要儘本人得爲管理以前繼續之；

三，事務管理者，要以爲其本人所受取者，引渡於本人。其餘則要就其管理，爲報告於本人。

第二　本人之義務

一，事務管理者若爲本人出有益之費用，則要由本人償還之；

二，管理者若爲本人負擔有益之債務，則要由本人辨濟之，或供其擔保。

在舊法典，則以事務管理爲不當利得之一種情事，學者亦多從此説，此於學理上爲毫無駁難。蓋管理者非以爲其本人所受之物，爲之引渡，則當爲不當之利得，故此義務，可謂爲以不當利得爲其源者。又本人於管理者爲出有益之費用時，若不償還之，則亦爲不當之利得，故此義務，亦得爲以不當利得爲其源者。惟事務管理之情事，與普通之不當利得之情事，大異其結果。在通常之不當利得，則債務者返還其現受之利益爲已足。而在事務管理，則本人當償還其有益費用之全部，而不問其利益之現存與否。且其管理者有以其所受取之物之全部，引渡於本人之義務。故即有不幸而失之之事，苟不能謂之天災，即不得不以其全部，引渡於本人。又況管理者之義務，不僅在以其所受取之物，引渡於本人。其可謂之爲主義務者，卻在一旦開始其管理，即當以適當之方法爲繼續。此或可以不法行爲之原理，爲之説明，然決非關於不當利得者。此在新民法，所以特爲事務管理，專設一章，以與不當利得爲相別也。

一　管理者之義務

第六百九十七條　無義務而爲他人開始其事務之管理者，要從其事務之性質，依最能適於本人利益之方法，而爲其管理。

管理者若知本人之意思，或可得而推知之，則要從其意思而爲管理。財三六二

本條蓋暗示事務管理之性質，併定管理者之第一義務者也。在新民法爲他人所爲普通之注意，乃所謂善良管理者之注意。四〇〇、六四四惟在本條，則云能適於本人利益之方法，並加於此而云從事務之性質，云從本人之意思，是果與善良管理者之注意，爲異其程度乎？曰：不然。在保存其應引渡之物，則其目的極爲明瞭，故僅言善良管理者之注意，即得略知其注意之程度。又於委任之時，則以事務之目的，從契約而定，既從其契約之趣旨，即足以爲所謂善良管理者之注意。反之而在事務管理之時，則其目的爲不一定，而並無契約，故當然不得爲明其本人之意思者。故僅云善良管理者之注意，其意義亦非無頗涉於曖昧之恐。此於本條，所以詳細定其注意之程度也。

第六百九十八條　管理者若對於本人之身體、名譽或財產，欲免其急迫之危害，而爲其事務之管理，則非有惡意或重大之過失，不任賠償其因此所生損害之責。財三六二三項

本條乃對於前條之例外。蓋在特別之情事，欲奬勵其事務管理，乃大輕其管理者之責任者也。蓋若有對於本人之身體、名譽或財產之急迫之危害，則以有人管理其事務，以免其危害，其事極爲必要。然則若於此情事，亦猶令管理者負前條之責任，則甘於管理其事務者，蓋亦稀矣，而本人之身體、名譽或財產，遂將受不可回復之損害。故於本條，則限於此情事，其管理者，止就其惡意或重大之過失，爲當負其責任者焉。例如本人於罹急病之時，有因夾抱之而損污其衣類者，苟無惡意或重大之過失，則不負其損害賠償之責。又例如本人不在之時，有以損其名譽之記事，揭於新聞紙者，管理其財產者，若

任意費其財産之一部，以詳細之反駁文，廣告於新聞紙，則苟無惡意或重大之過失，對於本人，亦不負其損害賠償之責。又例如在火災之時，本人之房屋，因連燒而將歸於灰燼，有毀壞其房屋之一部，以免其連燒者，本人縱因此而受莫大之損害，苟無惡意或重大之過失，亦不負損害賠償之責，即是也。

第六百九十九條　管理者要以其管理之開始，無遲滯而通知於本人。但本人若既知之，則不在此限。

事務管理，本爲不得已之事，法律雖特保護之，有時且奬勵之，然其反於本人之意思者實不少。故管理者若開始其管理，則必須無遲滯而通知於本人。若其管理不適於本人之意，則令其得有速定適當之管理者之便。其本人於受此通知之後，若不更設適當之管理者，是即以事務管理者之管理，爲有益於己，或爲不發見其比此更良之管理者。此所以必有本條之規定也。但若不俟管理者之通知，本人已知其管理事務之事實，則固爲無庸通知者矣。

本條之制裁，蓋爲損害賠償，即管理者若怠於爲本條所定之通知，則因此而有賠償其所及於本人之損害之義務。惟此其適用，則爲極少。例如本人若能證明其早受通知，則即時定其更適任之代理人，因此而能比於此事務管理者，多得若干之利益，則此事務管理者，爲有應付其相當於右之利益額之損害賠償之義務也。

第七百條　管理者要儘本人，或其相續人，或法定代理人，得爲管理以前，繼續其管理。但其管理之繼續，若明爲反於本人之意思，或不利於本人，則不在此限。財三六二・二項

本條蓋定管理者之第二種主義務者也。即儘其本人，或其

相續人，或法定代理人，所得爲管理以前，繼續其管理之義務是已。蓋管理者本非負應爲管理之義務，故自始即不爲管理則可。然若已開始其管理，苟半途而放棄之，則本人將多被加倍之損害。何則？若其人不爲管理，則他人或爲之管理，亦未可知。又有時而自始即不著手於管理，損害卻少。若一旦已著手之管理，放棄於半途，則有能生更大之損害者矣。右爲一般之原則，於此更有二例外：

一，其管理之繼續，若反於本人之意思，則不得不放棄之。例如本人知管理者開始其管理，若即刻以應放棄其管理之旨命之，則不得不從其命。

二，其管理之繼續，若明爲不利於本人，則不得不速放棄之。例如本人之不在中，其債者，對於本人之家族，爲嚴重之督促，是時其友人以其好意，插身其中，計欲令債權者儘本人未歸以前，稍爲猶豫。於此情事，債權者若不快於其友人之干涉，有將益爲嚴重處置之形勢，則其友人，甯中止其談判，儘本人歸宅以前，有以不如傍觀之之爲愈者。

第七百一條　第六百四十五條至第六百四十七條之規定，於事務管理準用之。財三六二

本條乃以管理者計算之義務，爲準用其關於委任之規定者也。即管理者要應本人之請求，無論何時，報告其事務管理之狀況。又管理終了之後，要無遲滯而報告其顛末。六四五又管理者爲其本人所受取之金錢及他物，要引渡之，爲其本人而以自己之名，所取得之權利，要移轉之。六四六又管理者若以應屬於本人之金錢，爲自己而費之，則負付其消費之日以後之法定利息之義務，且若因是而有大損害，則負賠償之之義務也。

二　本人之義務

第七百二條　管理者若爲本人出有益之費，則得對於本人

而請求其償還。

管理者若爲本人負擔其有益之債務，則準用第六百五十條第二項之規定。

管理者若反於本人之意思而爲管理，則止於本人現受利益之限度適用前二項之規定。財三六三

管理者若爲本人而出有益之費用，則本人負償還之之義務。例如管理者若適當以修繕本人之房屋，則本人要償還其修繕之費用。然若管理者出過分之費用，而爲其修繕則止於其適當金額之範圍内，本人爲有償還之義務者。若夫管理者出無益之費用，則本人一切不負償還之義務，固所不待言也。

或問：在本條則言爲本人之有益費用，然關於委任，則言處理委任事務所應任爲必要之費用，六五〇·一項然則受任者止有求其償還必要費之權利，而管理者轉得迄於有益費而使之償還耶？曰：否。此有二義：第一，處理委任事務所應認爲必要之費用云者，無庸爲事實之必要。惟依當時之事情，通常人所應認爲必要之費用，委任者皆不可不償還之。故於其中，由後日之結果觀之，爲非有益之費用，亦其所包含者。第二，受任者雖於其費用之利息，亦得請求，然管理者則僅得請求其費用額而已。故法律爲厚待受任者而薄待管理者，其事固一目瞭然也。

或又問：在本條僅言有益之費用，故必要費轉似不得令其償還者？曰：不然。必要費若不出之，則能致其物之滅失或毀損，故是可謂有益中尤有益之費用。故於本條，則不特言必要費之事。蓋本條所謂有益之費用，不可以之與所謂有益費者相混也。一九六·二項、二九九·二項、五八三·二項、六〇八·二項

要之在如前所論委任之情事，則事務之性質，因契約而自定。故其事務非必要之事項，即不屬於其契約之範圍。雖然，

此其必要無庸必於結果上爲必要，以普通知識所得認爲必要者足矣。事務管理之情事則異是。管理之目的，非因契約而定，惟管理者爲其本人之所欲爲者，皆可屬於其管理之範圍。故以“必要”二字爲一定之目的，不能定其權利之區域。此則所以僅以有益於本人爲標準也。若夫受任者於委任事項，出其不能認爲必要之有益費，則此爲契約以外之事項。故因其意思之如何，或以之爲事務管理者，當受本條之適用。或以之爲占有者，當受第百九十六條之適用，即第七〇三之適用此事既如前所論矣。第六百五十條下之説明管理者若爲其本人負擔有益之債務，則如關於委任之第六百五十條第二項所定，得令委任者爲辨濟。又其債務若未至辨濟期，則得令供其相當之擔保。惟其有益與必要之關係，則與前段所述者同，故兹不復贅。

以上就本人不表示其反對之意思時之爲管理者之所定也。反之而管理者若反於本人之意思而爲管理，則無應受同一保護之理。故於本條第三項，僅欲其不爲不當之利得，乃止於本人現所受利益之限度，爲當適用其右之所述者焉。例如管理者在出其費用之時，雖其費用爲有益，然當管理者對於本人而求其償還之時，其費用所加之物，既因天災而滅失，本人毫無現受之利益，故即一錢之償還，亦無庸復爲之。又因出右之費用，管理者爲其本人借財以爲之，本人亦均無辨濟之之責也。

或曰：如上之情事，但有不當利得之問題，無所謂事務管理矣？是又非也。事務管理云者，乃如前所述，無義務而爲他人管理其事務之謂。故即反於本人之意思，亦不得謂非事務管理，惟法律所保護之之點，自有厚薄之差而已。

第四章　不當利得

不當利得(Enrichissement indû，ungerechtfertigte Bereicherung)云者，無法律上之原因，而因他人之財産或勞務，受其利益，由是而即以損害及於他人之謂也。於此情事，依羅馬法，則生利得賠償訴權(Actio de in rem verso)。並於此外，認爲非債取戻訴權(Condictio indebiti)，即事務管理，亦能生不當之利得，此事如前所述。在外國則事務管理與非債取戻之外，不認一般之利得賠償訴權，亦非無其例，然此固不得不謂爲缺點。夫事務管理，既於前章别規定之，所餘即非債取戻，及其他一切不當利得賠償之情事，是已。其關於非債取戻之情事，雖非無特例，然其原則，則與他不當利得之情事，無應爲區别之理。故於本條，除事務管理之外，網羅其一切不當利得之情事焉。

第七百三條　無法律上之原因而因他人之財産或勞務，受其利益，由是而以損失及於他人者，於其利益所存之限度，負返還之之義務。財三六一、三六四

本條所以揭關於不當利得之原則者也。即以受益者爲於利益所存之限度，負返還之之義務者焉。蓋縱以損害及於他人，然既無不當利得，即非能受本條之適用。例如於自己之所有地，造建築之物，因害鄰地之眺望，有從而損其價格者，雖然，是非不當利得，故不生賠償之義務。惟無故以損害及於他人，因之而受其利益者，若保有其利益，則無法律上之原因，即爲不當而受其利益者，此爲當返還其利益者也，夫此固最爲公平之道。蓋即在不以本條之原則，揭於法文之國，如法國之類，其學者亦往往務欲採用本條之原則焉。故此原則之公平，可知其至當矣。但若雖受利益，而損失不及於他人，則不復能受本條之適用。例如有因於鄰地設下水道，譯者按：下水道即埋於土中，洩瀉活水之水管受其利益者，然鄰地之所有者，不得因而令

其負擔費用之一部。是無他，因鄰地之下水道而受益者，不害於鄰地之所有者也。

余嘗以通常之情事而想象之，似當謂受益者應返還其所受利益之全部。然往往有不然者，蓋因不當利得而所以生其債務者，無他，以不令返還其利益，則當生無故而害甲以利益之結果也。然一旦雖受利益，若已失之，則不能復爲返還矣。設不問受益者現已不受其利益，以爲當返還其自始所受利益之全部，則勢不能不出其自己財産之一部以償之。似此，則對於普通之受益者，則爲頗失之酷，又不合於不當利得之原則。故於本條，則止於其利益所存之限度，爲有返還之義務者焉。例如受益者受取其物之當時，其市情固有百圓之價，然當其爲此返還，若價格已減爲止有九十圓，則賠償其九十圓可矣。但本條之適用，非必同於第百二十一條之但書。彼之但書，蓋法律欲保護無能力者，而許其取消。故其取消之結果，要令無能力者，不被毫末之損失。且未成年者、禁治産者、準禁治産者，因其知能之有不發達，或多少有不完全，故動輒恐其爲不利益於自己之行爲，而特附以法定代理人或保佐人。故其一旦所受之利益，忽然失之，竟至不存其利益，其事最多。例如未成年者爲借財時，一時固受取其金錢於貸主，而增加其財産，固不待言。然若浪費已盡，則方其取消此貸借，已毫無利益之存焉者。故雖取消其貸借，然未成年者對於貸主，無庸爲一錢之返還矣。反之而在普通之情事，則一旦所受之利益，當視爲有直接或間接之留存者。例如成年者無故而受取金錢於他人時，其人雖即時浪費其金錢，亦不得免其返還之義務。是無他，其所受之利益，雖已即時浪費，似無復餘存者，然其人苟既已成年，則若不浪費此金錢，可信其必將浪費自己所有之其他財産。故其所受之金錢，已間接與其人以利益，而其利益，不得不視爲尚存焉者。此在本條，其原則雖止於利益所存之限度，爲有返還之義務。然就第七百五條以下之非債取戻，則所稱爲最初債權者，規定其當返還其所受取之物焉。然其原則，不能不謂止於利益所存之限度，有返還之義務。今示其應適用本條而無可疑者，則如受益者雖受取百石之米，然其所受取之米之一部，因火災而燒失現所餘存之石數，不過爲七十石，則返還其七十石而已足爾。

本條有以爲在僅受他人所有權之移轉，或受其物之引渡時，則不能適用之者，是實謬也。若所有權一旦移轉於受益者，則受益者非再以之移轉於原主，即當爲不當之利得。又受物之引渡者，非返還之，即亦當同爲不當之利得。故其人從本條之規定，不得不謂爲負義務者。若夫在此等情事，或有謂其即不依本條之規定，視爲有債務者，然依所有物取戻之訴，或占有之訴，亦能受適當之保護者。余則答之曰：若受益者留存其所有權或占有，則當爲不當之利得者，故於所有權或占有權之外，以別生一種債務爲妥當。此就次條，所能特覺其必要也。

在本條，則謂因他人之財産或勞務，受其利益云云。故即使不直接減他人之財産，然若因他人之勞務而受其利益，則不能不返還之。例如甲並不受乙之倚託，亦無爲乙爲之之意思，而以勞力加於乙之財産，以增加其價，則乙對於甲，不能不返還其因其勞力所生之價額。蓋其勞務若用之於他事，乃必能受相當之酬報者，故因乙受其利益，得謂爲已以損失及於甲也。

一九六、二四六、二四八

第七百四條　惡意之受益者，要以利息附於其所受之利益而返還之。若有損害，則並任其賠償之責。財三六四、三六七・一項、三六八本條乃關於惡意之受益者也。蓋惡意之受益者，於不當利得之外，乃亦爲不法行爲者，故僅返還其所受之利益，猶以爲未足，必須賠償其所生之損害。此由關於不法行爲之第七百九條之規定，雖爲當然所生，然若僅言損害賠償，則判事往往無可依之標準。令賠償其實際之損害額，其事實稀。然於本條之情事，則其爲不法行爲之根本之不當利得，即有一定之財産上利益。故由此而至少得視爲有相當於法定利息之損害，即有相當於其價額之年五分利息之損害者，並於得證明其有多於此額之損害時，則當併使之賠償焉。例如他人之金千圓者，其千圓，假定爲年五分之利，即一年以後爲返還者，當加五十圓，共爲千五十圓，此其所必不能不返還者。然被害者因失其金，或釀商業上之損失，或不得履行自己之債務，而不能不付其違約金或其他之賠償，則爲當賠償此損害，其事與他之情事無異。又例如由知其非自己之債務者，來履行其債務，而受取其百石之米者，不但不能不返還其米。且假定其價格爲四百圓，若半年之後返還之，則其利息，不能不付以十圓。若此外尚有辨濟者所受之損害，則亦不得不賠償之也。

第七百五條　以債務之辨濟而爲給付者，若其當時知無債務之存在，則不得以返還其所給付爲請求。財三六五、五六三

自本條以下至第七百七條，則專關於非債取戾焉。又謂之不當辨濟取戾。而本條則定其雖知無債務而爲辨濟，以有某給付者，不得請求其返還也。蓋於此情事，苟非喪心之人，其爲欲以由其給付所新生之利益，與相手方也無疑。然在新民法，則不以原因爲契約之要素，故於此情事，其所謂辨濟，雖非純然之辨濟，然可生一種新契約之效力，即爲無償之契約，故能構成一種贈與焉。辨濟者雖非無受反對之給付，而爲所謂辨濟之情事，然此當

爲極少，故於本文，則常假想爲無債者而論之。是以辨濟者不得以無債務爲理由，而請求其所給付之物之返還也。

第七百六條　債務者若辨濟其不在辨濟期之債務，而爲給付，則不得請求其所給付之物之返還。但債務者若因錯誤而爲其給付，則債權者要返還其因此所得之利益。財三六六・二項

本條就債務者誤爲辨濟於辨濟期前之情事，爲規定焉。於此據古來有勢力之學説，則債務正爲成立，故非非債之辨濟，因而謂爲不得請求其返還。雖然，據余所信，則此説謬也。債務非從其本旨而履行之，即非真辨濟。故於期限之有定者，於期限前所爲之履行，即非辨濟。縱以其時爲不有應辨濟之債務，而謂爲非債之辨濟，無不可也。故債務者若誤於期限前爲辨濟，則不能有不得請求其返還之事。或曰：債務者若於其期限前爲辨濟，則是爲抛棄其期限者。夫債務者雖知其期限之尚未到來，而已爲辨濟，則誠如論者之言。一三六然若債務者因錯誤而爲辨濟，則決不能爲抛棄其期限之利益者。債務者雖知其期限之尚未到來，而爲辨濟，於此情事，其期限之利益，若存於債權者，則似不得爲抛棄其期限。然債權者若無異議而受其給付，是即由債權者抛棄其利益，故於此情事，無所謂非債之辨濟也。

或又曰：債務者誤於期限前爲辨濟，則不得不謂其疎漏。然債權者，則信債務者爲抛棄其期限，而受其辨濟，當爲常事。故後日若遭其返還之請求，則往往有被其意外之損失者。是雖可爲令債務者賠償其損害之理由，然不得據此而拒不爲返還之事。而如債務者誤前於期限數年，即爲辨濟，則此時縱付些少之賠償於債權者，亦當以取戾其所給付之物爲有利矣。且以有次條之規定，債權者畢竟無被其損失之虞也。債務者之爲無資力，雖亦容有之事，然此乃債權者所自始即當豫期者。

以上之立法論，不過爲余於本條之規定，不表贊成之意之

故。在本條則不幸而採用反對之主意焉。即辨濟期前之辨濟，亦以之爲辨濟而有效。即其誤爲之者，亦不得請求其返還也。惟以但書，防其債權直接之不當利得而已。蓋即債務者因錯誤而爲辨濟期前之辯濟，債權者爲要返還其因此所得之利益者焉。例如金錢債務之債權者，若前於期限者一年，而已受其辨濟，則當利其一年分之利息，故不得不以其法定之五分利息，返還於債務者。又前於期限者六個月，而受不動産之引渡之債權者，若受其引渡之後，即以之賃貸於他人，則當以六個月分之借賃，支付於債務者是也。

本條就期限附債務而於其期限到來前爲辨濟者，爲規定焉。故不得以之適用於條件附債務。夫條件附債務，乃儘條件之成就以前，未爲成立者也。一二八至一三〇所定事項，則爲別種。故若於條件成就前爲辨濟，則此真爲非債辨濟，故得取戾之，所不待論也。

第七百七條　非債務者之人，於因錯誤而爲債務之辨濟之時，若債權者以善意而毀滅其證書，抛棄其擔保，或因時效而失其債權，則辨濟者不得爲返還之請求。

前項之規定，不妨其辨濟者對於債務者而行使其求償權。財三六五・二項、三項

在非債辨濟之情事，苟債權者既爲善意，則其過失，實在債務者，故不可因此而以損害加於債權者，固也。然債權即正爲存在，而非債務者之人若誤爲其辨濟，則債權者往往自料其證書爲無用，而毀滅之，又料其擔保亦當然爲消滅，而以保證契約書返還於保證人，以免除其義務，返還其質物，承諾其抵當之抹消，或債權於應罹時效之時，亦既信爲已受有效之辨濟，不爲時效之中斷，竟令其得完成之。此後，辨濟者若主張

其辨濟之無效，而得請求其返還，則債權者因此而對於真債務者，失其證據，失其必要之擔保，或並失其債權之本物，故當被其損失，固無論已。然此本由辨濟者之疎漏，而爲辨濟者，故令債權者被其損失爲不當。故於本條，則辨濟者爲不得請求其返還者焉。

以上乃定債權者與辨濟者之關係，其真債務者，則固不當因此而受其利益，故辨濟對於債務者得爲求償之事，殆所不待言矣。此本條第二項之所規定也。即其因辨濟者之辨濟，而免其債務之債務者，應以其債務之價額償，還於辨濟者，此亦可謂第七百三條之適用也。

第七百八條　因不法之原因而爲給付者，不得請求返還其所給付之物。但不法之原因，若止存於受益者，則不在此限。

財三六七・二項

本條乃定其因不法原因所爲之給付，爲不得取戻者也。尋其理由，則曰：凡爲此給付者，若欲取戻之，則必不能不證明其債務，因不法之原因而不成立。夫自爲不法之事，而敢以此主張於法廷，其厚顔不亦已甚乎？故法律不保護此人也。而本條之原則，即據此理由，故若不法之原因，止存於受益者，則爲得請求其返還者焉。例如二人爲賭博，輸者若引渡其賭物於赢者，則不法之原因，存於雙方，故不得請求其返還。反之而如乙知甲欲殺人，乃以金錢與之，以絶止其殺人之意思，則不法之原因，止存於受其金錢者，而與之者則不過欲防止其惡事，故就此不得爲有不法之原因，惟債務則於此亦爲無效，此事固所嘗論矣。一卷第百三十二條下之説明。故於此情事，則乙爲得取戻其所支付之金錢者。如上之本條所規定，外國之立法者及學者中，以此爲然者不尠，即舊民法亦取此主義。在我國之裁判例，所謂有名之角石事件，亦竟採用此説焉。雖然，余則不能與之同意。夫不法債務之無效，此固人無異言，故由理論言之，於此情事，明有非債之辨濟，從第七百三條之原則，不可有不得取戻之之事。雖偶有不以辨濟之名義，而爲給付者，然於此情事，亦與非債辨濟無異。惟據希圖爲不法之事者，自以此主張於法廷，而仰法律之保護，爲太厚顔，乃竟生本條之主義。然似此云云，法律上實尠其例。假如甲對於乙，以應與以金千圓之證書交付之，因不履行，乃由乙訴之於法廷，而甲則證明其千圓，全爲賭博上之債務，以此而得拒其履行，則此豈非以自己之不法行爲爲主張，而仰法律之保護者耶？然謂未爲履行之間，則可仰法律之保護，一旦既爲履行之後，即不得仰之，此實苦於無從索解。更進一步論之，則於本條之情事，其請求返還者，不主張其不法之原因，而相手方卻主張之，其事不尠。即如原告僅對於被告，證明其無債務而誤爲給付，則被告轉將證明其不法之原因，主張其因此而可受給付矣。例如甲對於乙，若證明其曾無借用金錢之事，此外亦不對之而負何等之義務，但誤付以金錢云云，則乙將證明其因賭博之結果，故對之而受取其千圓，以此而拒不返還焉。似此情事，則不能不謂此被告更比原告爲厚顔矣。要之本條之規定，以立法論，雖爲余所不取，然以法律論，則因其文意顯然，竟不能復如之何也。

惟余所不堪其疑訝者，則在後之第七百十九條，於共同不法行爲者間，規定其有連帶。因而一人若爲辨濟，則對於他人皆爲有求償權者，蓋不容疑，四四二是固可謂當然之事，何則？法律使共同不法行爲者負連帶之義務，而若於其間不許其求償，則雖爲對於不法行爲者而然，而法律之規定，究未免爲不公平也。雖然，若以之對照於本條之規定，則頗不能無不平之謗，何則？若因數人共同之不法行爲，而加損害於他人，則於其間，據不法行爲，得仰法律之保護，於他之情事，乃初不能受其同一之保護也。

倘令採用余之主義，則以有第七百五條之規定，主張其不法之原因，而求返還其一旦所爲之給付者，其事蓋當不甚多，何則？給付之當時，辨濟者若知其無債務，則固不得請求其返還也。但本條非與第七百五條之規定相重複者，何則？此有二例：第一，有不以爲辨濟債務，而用不法原因以爲給付者。例如以害其債權者之意思，有以自己之財産，爲他人之名義，而引渡之者。第二，縱以辨濟而給付之，亦有當時不知其爲不法原因者。彼格言所云，凡法律，無論何人，均不視爲不知之者，非能適用於此處也。

第五章　不法行爲

不法行爲(Unerlaubte Handlung)，一曰犯罪或準犯罪(Dèlit on quasi-dèlit)。其債權發生之原因，乃羅馬法以來所夙認也。

民事上之犯罪，與刑事上之犯罪，不可相混。刑事上之犯罪，有不爲民事上之犯罪者；又民事上之犯罪，則多不爲刑事上之犯罪。例如未遂犯，大抵爲未生損害，故爲民事上之犯罪者甚少；而其爲刑事上之犯罪，則有當受處刑者。又例如因故意或過失，而妨他人權利之行使，有因而釀莫大之損害者。於此情事，則雖有民事犯罪，而無刑事犯罪，故不受刑事上處罰，而有當負民事上責任之事。

犯罪，乃以故意加損害於他人之謂。準犯罪，乃因過失怠慢而加損害於他人之謂。例如故意毁壞他人之所有物，則爲犯罪。因自己之不注意而毁壞他人之財産，則爲準犯罪也。

第七百九條　因故意或過失而侵害他人之權利者，任賠償其因此而生之損害之責。財三七〇

本條所以定因不法行爲而生之債權之原則者也。關於此則大凡有二主義：一爲英國法之主義，苟有侵害他人權利之事實，則縱實際不生損害加害者，猶當負損害賠償之責；一爲歐洲大陸之主義，非有損害，則不令賠償。而我新舊民法，皆取第二之主義，蓋侵害他人之權利，其爲不法行爲，固無論已。然此自有制裁，苟以金錢爲賠償，則被害者非被其損害，何能賠償？此於本條，所以斷然要分侵害權利與損害爲二者也。

第七百十條　不問其害於他人之身體，或自由，又或名譽，與害財産權，但依前條之規定，而任損害賠償之責者，即對於財産以外之損害，亦要爲其賠償。

在前條，泛言侵害他人之權利者云云。而其權利，初不謂之財産權，故應包含一切之權利。夫其害人之身體，或自由，又或名譽，此情事固無論已。即其害於財産權之情事，亦不僅財産上之損害，對於財産以外之損害，亦應爲其賠償者焉。例如設以不法而拘束人之自由，縱其人不因此而受金錢之損害，亦爲當爲賠償者，故如其人因奪其自由之間，至不得已而休其職業，因而損其賃金者，則雖爲財産上之損害，並得以因奪自由所生不愉快之感情，估計其金錢而使之賠償。且雖直接害他人之財産權時，亦有不以損害及於財産上者，而對於其無形之損害，則不得不爲其賠償。例如竊盜奪其必要之書籍時，若返還其書籍，則所有者固於財産上不受一錢之損害，然因無此書籍，或缺於公務或不得爲必要之研究，有因此而被其無形之損失者。於此情事，則以此損害，亦得估計其金錢，而令其爲賠償也。

第七百十一條　害他人之生命者，對於被害者之父母或配偶及子，則即爲不害其財産權者，亦要爲損害之賠償。

人於自己生命，爲有權利固已。然若因他人之故意或過失，殞其生命，則其人業已死亡，不復能對於加害者求損害之賠償，而相續人則於被相續人之生命，非有其權利者，故不得代死者而請求其損害之賠償。於此情事，則加害者似不負一切賠償之責。雖然，被害者之死亡，往往對於父母或配偶者或子等，有加以有形或無形之損害者。例如此等之人，於受死亡者扶養之時，則因其死亡而將不得受其扶養，財産上有被莫大之損失者。於此情事，對於加害者，得令賠償其損失，殆不俟言。惟父母或配偶者及子，即不受似此之財産上損害，然對於加害者，猶不能有不得請求其賠償損害之事，何則？此等之人，因被害之死亡而大陷於悲哀，由其悲哀所生損害，亦不得不以之賠償於加害者，是名曰慰藉金（Schmerzengeld）。蓋悲哀大釀無形上之損害，此事殆不俟言。若得金錢以爲此賠償，則或以此而買其他之快樂，稍稍得遣其憂悶也。

以上若無明文，則往往有惹起疑惑之恐，且於生命權之存否，學者間頗不無異論。此所以設本條之明文也。

第七百十二條　未成年者，以損害加於他人之時，若其所具知能，不足辨識其行爲之責任，則就其行爲，不任賠償之責。財三七六

自本條以下至第七百二十條，所以揭關於不法行爲之責任者之特別規定者也，而本條則爲關於未成年者之責任。蓋未成年者，就法律行爲，則爲無能力。然就法律行爲，則未必爲無能力。換其語以言之，則未成年者，若無法定代理人之同意，而爲法律行爲，其法律行爲，固得取消之。然未成年者若加損

害於他人，則不得免其因此而生之責任。惟行爲必要意思，無意思之行爲，非真行爲，因而其行爲即害他人之權利，加損害於他人，亦不得爲不法行爲。故未成年者若甚幼稚，未具足辨其行爲之責任之知能，則就其行爲爲不負責任者，且此情事之責任者，並於第七百十四條規定之焉。

第七百十三條　於心神喪失之間，以損害加於他人者，不任賠償之責。但因故意或過失，而招一時之心神喪失者，則不在此限。

本條所以定心神喪失者之無不法行爲之責任也。蓋如前條所言，行爲必要有意思，故心神喪失者之行爲，非真行爲，因而其行爲即害他人之權利，加損害於他人，亦不能以之爲不法行爲。故心神喪失者就其行爲爲無責任者，而其心神喪失之原因，不問其因疾病與因他原因。例如因治療之故而用麻睡劑，致喪失其心神者，其害他人之權利，加損害於他人之時，則於此不負責任。雖然，若其心神喪失，爲因其人之故意或過失而生者，則已就自己之喪失其心神，爲有責任。故於其心神喪失中，有以損害加於他人之事，則不能不爲其所豫期，故於此情事，不得不負其充分之責任。例如因欲招其一時之心神喪失，而特飲多量之酒，或即無似此之意思，然其飲多量之酒之結果，若已一時喪失其心神，則於其心神喪失間，加損害於他人，不得不賠償之矣。但其初即因故意或過失，而招其心神之喪失，然其心神喪失非一時者，於長長繼續之間，若加他人以損害，則是不得爲故意或過失之直接之結果，故就此亦爲不負責任者。例如火酒之結果，全喪失其心神，而爲純然之狂者時，或喫鴉片煙之結果，竟喪失其心神時是也。

雖禁治産者，於其本心已復之間，所爲行爲，亦不能不負十分之責任。又即未受禁治產之宣告，然喪失其心神者，所爲行爲，亦悉爲當受本條之適用者。

第七百十四條　依前二條之規定，於無能力者無責任時，其有應監督之之法定義務者，爲其無能力者，任賠償其所加於第三者之損害之責。但監督義務者若不怠於其義務，則不在此限。

代監督義務者監督此無能力者之人，亦任前項之責。財三七一、三七二

本條所以定監督者於二條之情事，所應負其責任之旨者也。蓋未成年者，當在行其親權之父或母或後見人之監督之下，又禁治產者，則常在後見人監督之下，於此等情事，無辨識力之未成年者，或全失其心神之禁治産者，若加損害於他人，則其父母或後見人，爲有監督之而使不以損害加於他人之義務者，故不得不自負其損害賠償之責。但此原因怠其監督之義務，而負此責任，非就無能力者之不法行爲，而負其責任者。因而右之監督義務者，若證明其不怠於其義務，則固爲無賠償之責者。又監督義務者，往往有不自監督其無能力者，而使他人監督之者。例如在未成年者入於學校，或禁治産者入於瘋癲病院之時，則其校長或院長，爲受監督義務者之依賴，而監督其人者，然則此等人因怠其義務，而致無能力者加損害於他人，則同於監督義務者，不得不負其損害賠償之責任。但於此情事，若監督義務者，不問其爲不足託於校長或院長之監督者否，而概託之，則亦不得謂監督義務者爲已盡其義務，故監督義務者亦不得不負本條第一項之責任。於此情事，在監督義務者與校長或院長等之間，則校長或院長等，對於監督義務者，固當負契約上之責任。然對於被害者，則兩人皆不得不負責任。故於此情事，則被害者得從其選擇，向監督義務者，或

校長院長等，爲賠償之請求焉。而若其一人已爲全部之賠償，則爲無復損害，故不得更對於他人而爲賠償之請求，固無待言。但一人若止賠償其損害之一部，則就其餘部，爲請求於他人，亦無不可。以下皆同。

以上雖止就從民法而有法定之監督義務者論之，然亦非無依他法律而負監督之義務者。例如未成年者因父或母之請求，有以之入於懲戒場者，於此情事，則懲戒場長，當定爲有監督其未成年者之義務者，殆不容疑。又不受禁治産宣告之瘋癲者，亦以之入於瘋癲院，其事極多。而瘋癲病院長，常當爲有監督其患者之義務者，亦爲必要。若此等之特別法，業經制定，則其場長、院長，即可謂有法定之監督義務者。而於此等情事，其受場長院長之命，實際監督其無能力者之人，則當適用本條第二項之規定，固所不待言也。

第七百十五條　因某事業而使用他人者，就於被用者爲其事業之執行，任賠償其所加於第三者之損害之責。但使用者就被用者之選任，及其事業之監督，既爲相當之注意，或即爲相當之注意，亦應生損害者，則不在此限。

代使用者而監督其事業者，亦任前項之責。

前二項之規定，不妨由使用者或監督者，對於被用者之求償權之行使。財三七一、三七二・四項、五項、三七三、三七七

本條與前條之規定，略同其性質，就他人之不法行爲，定其應負責任者焉。即因某事業而使用他人者，以被用者爲應就其事業之執行，賠償其所加於第三者之損害也。例如車夫於曳車之際，若因其不注意而加損害於他人，則其車夫，對於被害者，固當負其賠償之責。然主人則亦既選任此等不注意之車夫，且於其曳車之際，有加損害於路人之虞，則應特與以注

意，乃不爲之，遂致以損害加於第三者，故就自己之不注意，亦不得不負賠償之責。但此亦非就車夫之不法行爲，而負責任，乃就自己之誤其選任或怠其監督，而爲負責任者。故若其選任及監督已爲相當之注意，或證明其即爲相當之注意，猶應生此損害，則爲可免其責者。例如方主人之雇其車夫，已就其性質或伎倆等爲充分之檢點，似已毫無欠缺，而竟雇用之，則就其選任，可謂已爲相當之注意者。又車夫曳車之間，業以在稠人中行走，不可加損害於路人之旨，令其注意，且方其損害加及路人之時，亦告以危險，命以速止其車云云，然竟至生其損害，則亦不得爲怠於監督者。又使雇人以貨物裝載於貨車，運至他人之處，斯時其雇人於途中誤傷路人，則即使使用者毫不爲其監督，然就此等之事，爲監督者相當之注意，亦爲應有之事項。故苟於選任雇人，已爲相當之注意，即爲不負損害賠償之責者矣。

主人之用掌櫃也，其掌櫃若因怠於監督其夥友學徒，以致其夥友學徒爲不法之行爲，則其掌櫃亦不得不負其責任。故於此情事，則主人與掌櫃，共負賠償之責，其事頗多。惟如前條所述，被害者若由一人而已受其全部之賠償，則不得更對於他人而爲賠償之請求，固所不待言者。且其主人與掌櫃之關係，則掌櫃當對於主人而負其責任，亦所不容疑也。

於前條之情事，無能力者爲無責任。故監督義務者，或受其委任而爲監督者，不得不全負擔其損害之賠償。反之而於本條之情事，則被用者亦當負其責任。故第一，被害者若已得損害之賠償於被用者，則不得更對於使用者或監督者求其賠償，固無論已。第二，被害者若已受損害賠償於使用者或監督者，則其使用者或監督者得對於被用者而爲求償之事，而此屬於委任及其他契約關係所生之權利，故似無待於明文。然本條特以使用者或監督者爲責任者，故或疑被用者對於是等之人，爲無責任，以既有此嫌，乃特置本條第三項之規定焉。

第七百十六條　請負人就其業務，以損害加於第三者，下定人不任其賠償之責。但就其下定或指授，下定人爲有過失，則不在此限。

前條之被用者，乃受使用者之命，而爲某事業者。如請負人之就其事業之執行，爲在獨立之地位，則不能適用之，所不俟論。惟被用者之字樣，在文義上，有并包含及請負人之嫌，故特置本條之規定焉。且如本條但書所云，若就業務之下定或指授，其下定人若有過失，則下定人不得不任其責，故特要有本條焉。例如雇路旁之車夫，曳車由甲之場所，抵於乙之場所，此雖爲一種請負，然乘客若於其初，即以應疾走於稠人中之旨命之，或在途中，當其應通行於稠人中時，以應極力疾走以爲通行之旨命之，則乘客不得不負此項情事之責任。但於此情事，車夫固亦有責任，故被害者得對於兩人中之一人求其賠償也。

第七百十七條　設置或保存其土地之工作物，因有瑕疵而致損害於他人，則其工作物之佔有者，對於被害者任損害賠償之責。但佔有者若已爲防止其發生損害之必要注意，則其損害，要所有者賠償之。

前項之規定，於竹木之栽植或支持，有瑕疵時，準用之。

於前二項之情事，就其損害於他之原因，若有應任其責者，則佔有者或所有者，得對之而行使其求償權。財三七五、三七七前數條乃就他人之不法行爲，定其應負責任之情事，與不負責任之情事。在本條，則就土地之工作物或竹木，定其應有責任之情事焉。蓋佔有物或所有物即加損害於他人，亦不因此而於其佔有者或所有者當然生損害賠償之事。然若佔有者或所有者爲有過失，則不得不任其過失之責。在本條，則其土地之工作物之設置或保存，若因有瑕疵而致損害於他人，則其原則，其工作物之佔有者，對於被害者，當任其損害賠償之責焉。是蓋以工作物之設置或保存，其有瑕疵，直接或間接，究爲佔有者之過失也。佔有者若無過失，則當不負其責任。即其防止損害之發生，若已爲必要之注意，則其損害，佔有者不賠償之，而當由所有者賠償之矣。蓋於此情事，則其本來之所有者，方其設置工作物時，以不爲充分之注意，而致生其損害，爲可知也。例如房屋之基礎脆弱，因小小之地震，遂已崩壞，致加損害於他人，則不問其佔有者，爲偶然之佔有者，與爲賃借人或使用借主等之依權原而佔有其房屋者，皆對於被害者，不得不任其損害賠償之責。又房屋之建築，即爲堅牢，但於已朽腐垂頹廢之時，若不施支柱或其他豫防之工事，則其房屋，將動輒崩壞，而有加損害於他人之虞。然則若缺此注意，至損害遂及他人，則其佔有者，亦不得不任賠償之責。雖然，於前二例，佔有者縱已施其支柱或其他適當之豫防工事，然其房屋，因基礎之脆弱，或因已朽腐，損害遂及於他人，則佔有者無毫末之過失。而所有者則以建築基礎脆弱之房屋，或於未至朽腐之前，怠於爲適當之修繕，有此過失，當任其賠償之責矣。

以上雖就土地之工作物論之，然於竹木，亦不得不同。即植之之法，不得其宜，或方其傾倒，不爲施適當之支柱，因以損害及於他人，則其原則，由佔有者任其責。若佔有者爲無過失，則所有者當任其責矣。

以上雖論對於被害者之佔有者或所有者之責任，然佔有者或所有者，不自建築其工作物，或不自栽植其竹木，及此外不爲此等物之保管，其事甚多。故於此等情事，則他人有對於佔有者或所有者而應負其責任者，例如令請負人建築其房屋之時，有因請負人就其工事，不爲十分之注意，而其房屋之基礎爲脆弱者；或竹木，多使橐駞師植之，然橐駞師就其栽植，有缺於注意，竟招其傾倒者；又有使雇人保管其房屋及竹木，而於此情事，若因其雇人之過失，不施必要之修繕於建築物，或不施必要之支柱於竹木，竟傾倒而加損害於他人，則佔有者或所有者對於被害者而負其責任，雖如所既述，然其佔有者或所有者對於右之請負人，或橐駞師，或雇人，得責其不履行義務，而使之對於自已爲賠償也。

第七百十八條　動物之佔有者，其動物加損害於他人，則任賠償之責。但從動物之種類及性質，若已以相當之注意，爲其保管，則不在此限。

代佔有者而保管其動物者，亦任前項之責。財三七四

本條乃就動物，定其應負責任之情事者也。蓋僅因動物加損害於他人，其佔有者或所有者雖不必負其責任，然若因缺於相當之注意，而加損害於他人，則不得不爲其賠償。而佔有者苟非特證明其業從動物之種類及性質，以相當之注意，爲其保管，則常視爲有過失者焉。例如虎嚙人時，則虎本猛獸，非特與注意其保管，其有嚙人之患，雖三尺童子而可知。然因容之於粗造之檻之中，而不晝夜監視之，虎破其檻而走出，遂至傷人，則佔有者爲有過失無疑。又犬雖非通常皆嚙人者，然其有狂病者，則非特與注意其保管，即動有嚙人之患，然則因放置

之而嚙及路人，是亦佔有者之過失，固無論已。於此等之情事，佔有者不得不任損害賠償之責。雖然，若佔有者監禁其虎於堅牢之檻之中，且時時巡視其檻，而仍由檻中傷人，則此不得爲佔有者之過失。又以鐵鎖繫其狂犬，置之於通常人所不入之場所，會有至其處者，而犬若嚙之，則不得爲佔有者之過失。從而在此等之情事，佔有者爲不負其損害賠償之責者。

在前條，則有時而所有者爲有責任。在本條，則僅佔有者常當負其責任。其故維何？曰：在前條之情事，則所有者因設不堅牢之工作物，或不注意其保存，而損害及於他人，當其時，佔有者有縱爲相當之注意，猶加損害於他人者，因而所有者非無損害賠償之責任。然在本條之情事，則動物非所有者造之，其損害之及於他人，乃多專坐保管之注意，不得其宜，故以之專爲佔有者之責任，乃理之所當然也。

佔有者往往有使他人代自己爲動物之保管者，於此情事，則其保管者亦不得不負其責任。例如前例之虎或犬之佔有者，在使其雇人保管之之時，則其雇人亦對於被害者而不得不負其責任。惟此情事依第七百十五條之規定，其佔有者亦當負其責任，固不待言。因而被害者得從其選擇，對於佔有者或其雇人而爲請求焉。且其佔有者與雇人之關係，雇人對於佔有者，尚當負賠償之責，此依第七百十五條第三項之規定而自明也。

於本條之情事，此佔有者若使他人造其檻或鎖，其人反於契約之旨趣，造不堅牢之檻或鎖，竟因而奔逸其動物，則封於被害者固當任賠償之責。然其佔有者則得更對於檻或鎖之製造人爲求償焉，是固所不待言者，故不置明文也。若夫前條第三項，乃置類似之規定，則以其適用之最頻繁耳。

第七百十九條　數人因共同之不法行爲，而加損害於他人，則各自連帶而任其賠償之責。若共同行爲者中，不能知其孰加損害者，亦同。

教唆者及幫助者，視之爲共同行爲者。財三七八

本條於數人共同爲一種不法行爲之情事，定其各自負連帶之責任者也。例如數人共謀而毁他人之房屋，則其各自當應被害者之請求，賠償其房屋之代價及其他損害之全部。此外並爲應悉負連帶債務者之責任者，是無他。於此情事，則各加害者之行爲，皆爲損害之原因，故被害者對於其中之任何人，得請求其損害之全部，殆所不待言也。法律乃特計被害者之便，於加害者間，定爲有連帶之責任者焉。

右爲就因數人共同之不法行爲，而加以一種損害者而論之。然往往因數人之不法行爲，雖有一種損害，加於他人，然究爲何人之行爲，生此損害，恒有不能知者。例如數人同時向他人之房屋投石，其一命中房屋，而毁壞其一部，其石雖必爲一人所投，然不能知其誰投此石，而同時投石者既有數人，則法律恰視如因其共同之行爲，而生此損害者，爲當同任其連帶之責也。此在理論上觀之，似稍難索解，然於此情事，而不以爲有連帶之責，則被害者得竟向誰人而請求其賠償乎？故立法者特保護被害者，以右之行爲者之全體，令其負連帶之責任焉。蓋縱其實際，爲因其一人之行爲，而生損害，要爲各自皆有生其損害之意思，故使之負連帶之責任，亦不爲失之太酷矣。

本條之責任，爲連帶責任，故悉當適用第四百三十二條至第四百四十五條。因而依第四百四十二條以下之規定，各債務者，皆對於他債務者爲有求償權。此與採用第七百八條之主義，雖非無不相容者，然於本條之解釋上，則不得不然，既就第七百八條論之詳矣。

第七百二十條　對於他人之不法行爲，爲防衛自己或第三者之權利，不得已而爲加害行爲者，不任損害賠償之責。但不妨由被害者對於爲不法行爲者，請求損害賠償。

前項之規定，因欲避他人之物所生急迫之危難，而毀損其物者，準用之。

本條就正當防衛之情事而規定焉。蓋正當防衛，即在刑法，亦爲不論罪之原因，刑三一四、三一五故於民法，亦無不法行爲之責。例以甲打乙而乙乃不得已打甲，因而致甲受負傷之損害，則乙可不負其責任。又例如甲向乙投物，在其旁之丙，不得已而揮其手中所持之杖，以抵其物，其物飛而破損丁之器物，則丙對於丁，不負賠償之責，惟丁對於甲，得求其損害之賠償。蓋其損害，甯可視爲由甲之所爲而生者也。

以上就對於他人之不法行爲，不得已而爲損害行爲者而論之。然使其人無不法行爲，以防衛自己或第三者之權利，不得已而爲損害行爲，則其情事，不得不爲悉同。例如在他人之家，適值地震，其架棚上之器物，將墜落自己或他人之頭上，不得已而向旁抛擲之，則即使毀損其物，其所有者已受損害，然不任其賠償之責是也。

第七百二十一條　胎兒之於損害賠償之請求權，則視爲既生者。一、人二

依民法第一條，私權之享有，爲始於出生者，故從此原則，則胎兒固不有損害賠償之請求權。雖然，就不法行爲，則有必須認胎兒之權利之處。例如甲爲乙所殺，甲有遺腹之子，則其子對於乙，不得不爲有損害賠償之請求權者。蓋其子不但有生而無父之悲，且因此而無適當之扶養者及教育者，故有形上及無形上，皆能受莫大之損害也。

雖然，胎兒於尚在胎内之間，非已有損害賠償之請求權。蓋即視胎兒爲既生者，是亦不過一假定耳。其真享有權利，則當在出生之後，故若生死體之胎兒，則竟無此享有之權利矣。惟若無本條之規定，則其父之被殺者，於其殺害後，既經數月而生之子，不能必爲因其殺害而受損害者。何則？其父縱不被殺，然直至其子之出生時，或已自死亦未可知，加之其殺害之行爲，固不能云其損害直接及其子也。

以上爲想像其胎兒之父遭殺害之情事，然僅其父或母因他人之不法行爲而負傷時亦同，蓋所不待言者。

第七百二十二條　第四百十七條之規定，因不法行爲而損害之賠償，準用之。

被害者若有過失，則裁判所得就其所賠償之額，爲之斟酌。財三七〇・二項、三八六、三八七

本條乃就損害賠償之方法，爲之規定者也。而先以第四百十七條所規定，債務不履行之時，其損害賠償之方法，以爲當準用於此焉，蓋即謂應以金錢定其額也。第四百十七條，雖以有别段之意思表示爲除外，然於不法行爲之情事，則難謂當事者有豫表示之意思，故此自爲不適用於本條之情事者。

被害者於因他人之行爲而受損害之時，自己若有過失，則裁判所就其損害賠償之額，得斟酌之。例如甲駡詈乙，乙因而毆打甲，使之負傷，則乙固負損害賠償之責，然甲亦有駡詈乙之過失，故裁判所得不使乙償甲所受損害之全額，而以其一部，令甲自負擔之。余於立法論，雖不之取，然在本條之解釋，則絲毫不容疑者也。

依第四百十八條，債權者若有過失，則裁判所不專就其損害賠償之額，而於定其責任，亦當斟酌之焉。是無他，債務之

不履行，未必盡因債務者之過失。若過失在債權者，則債務者不無全不負責之事。反之，而在不法行爲，則加害者常不得免其所爲不法行爲之責任。故被害者即有過失，加害者亦不得全免其責。又於第四百十八條，固必不能不斟酌債權者之過失，然於本條，則但以之爲斟酌焉。蓋若加害者之過失大，被害者之過失小，則固無庸必爲之斟酌矣。

第七百二十三條　對於毁損他人之名譽者，則裁判所得因被害者之請求，命以代其損害賠償，或與損害賠償相共之回復名譽之適當處分。

在本條，則定名譽之被毁損者，得以損害賠償以外之方法，而受其保護焉。蓋名譽之爲物，極難以金錢爲估計，又有雖得任如何多額之賠償，不能回復其一旦被傷之名譽者。故於此情事，不得不許以其他救濟之法。例如由法廷使爲謝罪，或使於新聞紙登謝罪之廣告，凡此等皆是也。而此或單獨命之，亦可。或與損害賠償共命之，亦無不可。其單獨命之，抑與損害賠償共命之，雖當因被害者之請求，然於當認爲因名譽已傷，而受有損害之時，則固得因被害者之請求，而於他方法之外，命以損害賠償。然若未能視爲已受顯著之損害，當認爲止可以他方法爲充分之救濟者，則固可不命以損害賠償也。

裁判所對於被告，命以應於法廷之上爲謝罪之旨，然若被告不之聽焉，則果應如何？此自爲《民事訴訟法》之問題，或即科以罰金，其亦可乎？

裁判所命以應用謝罪文爲廣告之旨，然若被告不從其命焉，則果應如何？曰：於此情事，原告得以被告之費用，爲其廣告。此第四百十四條第二項之適用也。

若由新聞社不肯揭載其廣告，則果應如何？曰：於此情事，則以屬於事實之不能，其判決爲終於不受執行而已矣。蓋裁判所之命令，止對於當事者爲有效力。故對於爲第三者之新聞社，則固不有强制之效力。故新聞社從其營業之自由，縱不引受其自己所不欲之廣告，亦不能如之何也。但欲其無如此之事，而以《新聞紙條例》或其他特别法，强制其新聞社，或亦可耳。

第七百二十四條　因不法行爲之損害，其賠償之請求權，被害者或法定代理人若由知其損害及加害者之時，三年間不行之，則因時效而消滅。若由不法行爲之時經過二十年，亦同。
財三七九，證一五〇，刑訴八至一二

本條乃定因不法行爲之損害賠償，其請求權之時效者也。此權利固爲債權，故若無本條之規定，則依第百六十七條第一項之通則，當因十年而罹時效。雖然，果有不法行爲與否，又其不法行爲，果生何等之損害，久經歲月之後，欲證明之，極爲困難，往往有提起曖昧之訴訟者，此事所宜力避。故於本條，特置三年之短期時效焉。惟其起算點，非爲不法行爲之時，而爲被害者或法定代理人知其損害之事實，及加害者之爲誰之時，蓋欲被害者或法定代理人不至於不知之間，而已失其請求權也。雖然，被害者或其法定代理人知此損害之事實，與加害者之爲誰，不無已在爲不法行爲之時之數十年以後。於此情事，若猶從其時起算，而止於三年之間，爲有損害賠償之請求權，則當全反於本條之精神。故由不法行爲之時，既經過二十年，則其請求權，乃爲應以時效而消滅者。但於第百六十七條第一項，既以債權之普通時效爲十年，則本條末段之二十年，或可改之爲十年乎？

依《刑事訴訟法》第九條以下之規定，則刑法上當以爲罪之行爲，其私訴亦與公訴爲當罹同一之時效者焉。即重罪十年，輕罪三年，違警罪六個月，是也。刑訴八惟公訴若既有刑之言渡，譯者按：言渡謂與以判詞則當從民法之所規定者，刑訴九・二項是固爲特別規定。故苟未改正《刑事訴訟法》，則刑法上應以爲罪之行爲，除既有公訴之判決者外，宜適用《刑事訴訟法》，非可適用本條者矣。